U0649271

2024 世界交通运输大会 （WTC2024）论文集

（交通工程）

世界交通运输大会执委会　编

人民交通出版社
北京

内 容 提 要

本书为2024世界交通运输大会（WTC2024）论文集（交通工程），是由中国公路学会、世界交通运输大会执委会精选的130篇论文汇编而成。此论文集重点收录了交通工程领域的前沿研究及创新成果，可供从事交通运输工程等领域工作的人员参考，也可供高等院校相关师生学习。

图书在版编目（CIP）数据

2024世界交通运输大会（WTC2024）论文集. 交通工程 /
世界交通运输大会执委会编. — 北京：人民交通出版社
股份有限公司, 2024.6. — ISBN 978-7-114-19578-5

Ⅰ. U-53

中国国家版本馆CIP数据核字第2024S7P356号

2024 Shijie Jiaotong Yunshu Dahui（WTC2024）Lunwenji（Jiaotong Gongcheng）

书　　名：	**2024世界交通运输大会（WTC2024）论文集（交通工程）**
著 作 者：	世界交通运输大会执委会
责任编辑：	郭晓旭　姚　旭
责任校对：	赵媛媛　宋佳时
责任印制：	刘高彤
出版发行：	人民交通出版社
地　　址：	(100011)北京市朝阳区安定门外外馆斜街3号
网　　址：	http://www.ccpcl.com.cn
销售电话：	(010)59757973
总 经 销：	人民交通出版社发行部
经　　销：	各地新华书店
印　　刷：	北京虎彩文化传播有限公司
开　　本：	889×1194　1/16
印　　张：	52.5
字　　数：	1588千
版　　次：	2024年6月　第1版
印　　次：	2024年6月　第1次印刷
书　　号：	ISBN 978-7-114-19578-5
定　　价：	148.00元

（有印刷、装订质量问题的图书，由本社负责调换）

编 委 会

目　录

交　通　工　程

交通工程

夜间安全视角下公众对 CAV 编队控制接受度研究

孙锦军[1] 李洪涛[*1] 李宏刚[2] 刘原志[1] 王瀚立[3] 李景初[1]

(1. 东北林业大学土木与交通学院；2. 东北林业大学机电工程学院；

3. 东北林业大学计算机与控制工程学院)

摘 要 公众对网联自动驾驶汽车(CAV)编队控制的看法和接受度直接影响到该编队控制技术的推广和应用，其中需要充分考虑和回应安全性、效益、隐私、数据安全以及相关的法律法规和监管机制等因素，以赢得公众的信任和支持。本文从夜间行车安全角度开展了公众对于 CAV 编队控制接受度的研究。首先通过因子分析进行数据降维，找出潜在的影响因素，将变量归纳为"效益预见与态度""个体特性与经济"等四个主要因素。然后使用多元逻辑回归分析建立上述四个因子与接受编队控制意愿之间的联系。结果表明，个人利益的可预见性以及受益评判是影响公众对 CAV 编队控制在夜间行车安全方面的看法与接受度的关键。该研究有助于交通政策制定者与管理中心做出更加有效、准确的决策，寻求提高公众对 CAV 编队控制的接受度的方法，以及帮助研究人员初步了解其中的关联，同时也能为后续研究提供参考，从而促进智能交通系统的进一步发展。

关键词 公众接受度 CAV 问卷调查 编队控制 多元逻辑回归 夜间行车安全

0 引言

网联自动驾驶汽车(CAV)是一种基于智能化技术和互联网技术的新型汽车。CAV 在提高行车安全性、基础设施利用率和驾乘舒适性等方面具有巨大的潜力，使得相关的环境感知、网联通信、运动控制和系统优化等领域成为近年来的研究热点。而 CAV 编队控制是一种基于车辆间通信和自动驾驶技术的行驶策略。通过编队控制，车队可以在高速公路等适当的道路条件下，实现紧密编队、高效通行，减小车辆之间的间距，提高路面通行能力。编队控制技术的应用有助于降低交通事故发生的风险，提高道路通行效率，减少交通拥堵，并降低能源消耗和排放。此外，编队控制还可以提供更舒适的驾驶体验，降低驾驶人的疲劳程度。

虽然编队控制的技术优势比较明显，但是其自动驾驶技术在公共道路上的部署和应用都还面临着许多问题与挑战，其中一个无法避免的问题便是公众对于相关技术的看法与接受度。关于这方面的研究，Qu 等通过文献回顾分析了公众对自动驾驶汽车的兴趣和态度，其结果表明公众对自动驾驶汽车的态度和兴趣受多种因素影响，包括年龄、性别、教育水平、职业等。有学者从技术应用背景展开研究，Li 等对新冠疫情时期下公众对自动驾驶车辆的看法与接受度进行了研究，探索了心理因素与接受度之间的变化。

其实早期的相关研究主要集中在个人变量上，如个性和自动驾驶系统的经历。类似的，有一些研究关注国家变量，如不同收入的国家与不同人口密度的国家。许多学者从公众对于技术的信任的角度进行研究，Siu 等通过构建结构模型对香港驾驶员进行调查分析，来确定影响驾驶员对自动驾驶汽车接受度的关键因素，其结果表明信任是塑造对使用自动驾驶汽车(AV)的积极态度的最重要因素。Chen 等研究了澳大利亚社会民主因素与公众对自动驾驶汽车的接受度之间的关联发现，年龄、性别、教育水平和职业等社会民主因素对公众对自动驾驶汽车的接受度有显著影响。Luo 等的研究也表明信任是影响人们接受自动驾驶汽车的关键因素之一，而态度也对接受性产生影响。其研究还发现，人们对自动驾驶汽车的信任和态度可能会随着技术的发展和个人经历而发生变化。类似的，Xu 等对自动驾驶汽车的可行性进行了研究，来探索人们对其的接受度，其研究结论同样认为自动驾驶汽车的可行性取决于消费者的信任、风险感受度、价值观和经验等。Liu 等对自动驾驶汽车采用率及其相关因素进行了研究，其结论表明,信任和风险感受对自动驾驶汽车的采用率有显著影响,且信任对风险感受的缓和作用也是显著的。

另外,通过开展公众宣传和教育活动,提高公众对 CAV 编队控制技术的认知和理解,减少不了解或误解带来的担忧和抵触情绪,有助于建立起更加开放和透明的交流机制。Jing 等通过对社交媒体的文本挖掘来研究公众对自动驾驶汽车的接受度与看法,其结果表明,在事故前和事故后公众对具有 L2 驾驶自动化的汽车的责备程度高于人类驾驶员,并且对 L3 ~ L5 级别 AV 的当前发展存在误解,这与汽车公司和媒体的宣传有关。

人们显然都会关注于新技术的安全性,在这部分,夜间行车是一个特殊的场景,具有更高的风险和挑战。随着城市化进程和汽车保有量的增加,夜间交通事故频发成为一个严重的社会问题。根据统计数据,夜间行车事故的发生率较高,而且更容易导致严重的人员伤亡。而 CAV 编队控制技术有潜力在夜间行车中发挥重要作用,通过车辆之间的高度协同和自动化操作,可以减少人为因素对行车安全的影响,提高夜间行车的安全性。因此,从夜间行车安全角度来探索公众对 CAV 编队控制的看法与接受度,具有重要的研究意义。本研究结果将为技术研发者提供指导,帮助他们改进技术设计,提高安全性和可靠性;为政策制定者提供决策依据,推动相关法规和标准的制定;为市场参与者提供市场定位和营销策略建议,促进技术的推广和应用。

1 方法

1.1 问卷调查

本文采用问卷调查法对公众接受编队控制的意愿与夜间主动组队的意愿进行研究。该问卷对可能会影响这两种目标决策的多重影响因素进行了设计,包括性别、年龄、教育程度、驾驶时长、个人每月收入、每月的电费或燃油费、车辆类型为代表的常规问题,高级辅助驾驶体验、一年内交通违法次数、是否拥有辅助驾驶功能、每月出行里程之类的交通出行相关问题,对 CAV 编队控制的了解程度、对社会上关于智能网联车辆宣传推广的看法、对夜间出行安全的评价为主的交通环境问题,对 CAV 编队控制提升夜间交通安全的认可为例

的效益相关问题,同时根据之前的研究引入了对 CAV 的第一印象、家庭车辆保有量等相关问题。本次问卷具体内容如附表 1 所示。

1.2 因子分析

在完成数据的收集后,本文对数据进行因子分析来确定在夜间行车安全角度下,影响个体接受编队控制和夜间主动组队的意愿的潜在因素。因子分析过程的数学表示如式(1)所示。

$$X = LF + E \qquad (1)$$

式中:X——观测变量;

L——因子负载矩阵,其表征观测变量与潜在因素之间的关系;

F——潜在因素;

E——误差项。

通过观察分析这些潜在因素,交通管理与控制中心可以设计出更有效、更全局的交通政策与措施,从而促进智能网联车辆编队控制的推广与实施,同时更精准有效地提高交通参与者的体验感,优化交通进行效率。

1.3 多元逻辑回归

当需要探究多个自变量对一个多分类因变量的影响时,多元逻辑回归是一种常用的统计方法。它可以帮助我们了解不同自变量的影响程度和方向,并同时控制其他变量的影响。所以本文采用多元逻辑回归作为分析方法,从夜间出行安全角度对公众接纳 CAV 编队控制的影响因素进行研究。本文所使用的多元逻辑回归模型如式(2)所示。

$$Q = \beta_1 X_1 + \beta_2 X_2 + \cdots + \beta_k X_k \qquad (2)$$

式中:Q——因变量;

β_k——回归系数,表示各自变量对因变量的影响;

X_k——自变量。

2 结果

2.1 问卷调查结果分析

本次研究收集了大量与公众和 CAV 编队控制相关的数据。总计发放问卷 650 份,得到了 608 份有效问卷。为了确保所使用的数据具有一定的可靠性和有效性,在分析前,本文对得到的数据进行了信度检验和效度检验。信度公式如式(3)所示。

$$\alpha = \frac{k}{k-1} \cdot \left(1 - \frac{\sum s^2}{s_t^2}\right) \qquad (3)$$

式中：α——信度；

　　　k——问卷项目数；

　　　s^2——每个项目的方差；

s_t^2——所有项目的总方差。

本文得到最后的信度结果为 0.762，表明数据具有较好的信度。然后本文还对数据进行了效度检验，得到效度结果为 0.917，也表明了数据是有效的。问题的选项分布如表 1 所示。

选项占比表 　　　　　　　　　　　　　　　　　　　　　　表 1

因变量	占比（%）				
	1	2	3	4	5
Q_1	52.96	47.04	—	—	—
Q_2	33.55	30.43	27.14	8.88	—
Q_3	25.99	19.57	27.96	16.45	10.03
Q_4	62.99	37.01	—	—	—
Q_5	16.45	40.13	18.75	14.31	10.36
Q_6	59.38	16.78	15.79	8.06	—
Q_7	49.01	50.99	—	—	—
Q_8	19.74	27.96	32.40	19.90	—
Q_9	20.07	28.29	31.91	9.87	9.87
Q_{10}	27.96	20.39	14.64	21.05	15.95
Q_{11}	28.45	28.45	32.89	10.20	—
Q_{12}	72.20	19.24	8.55	—	—
Q_{13}	15.79	13.49	27.30	22.86	20.56
Q_{14}	13.82	16.78	24.51	20.07	24.84
Q_{15}	13.32	15.63	24.84	23.85	22.37
Q_{16}	14.47	14.64	24.84	21.88	24.18
Q_{17}	9.87	17.11	25.49	19.57	27.96
Q_{18}	12.83	16.78	22.70	22.04	25.66
Q_{19}	15.79	14.14	23.68	22.86	23.52
Q_{20}	16.61	13.32	26.64	22.37	21.05
Q_{21}	15.95	14.14	21.71	24.51	23.68
Q_{22}	12.17	17.27	22.70	24.01	23.85

由表 1 可知，本次问卷的参与者中男女比例相对均衡。年龄方面，参与者大多都在 60 岁以下，其中以 18～35 岁最多，占比 33.55%。在教育程度上，分布相对均匀，本科学历参与者最多，占比 27.96%。62.99% 的参与者表示有高级辅助驾驶的体验。关于拥有车辆类型，参与者中大部分都是 SUV，占比 40.13%。在交通违法次数上，参与者一年内的交通违法次数基本都在 3 次以内，占比 59.38%。关于车辆是否拥有辅助驾驶系统，参与者的答案分布比较均衡，有辅助驾驶系统的占比 49.01%。最后，在接受编队控制与夜间主动组队上，大部分参与者也表现出积极的态度。

总体来看，在本次的调查问题中，参与者总体都表现出了积极的态度，很大一部分参与者表明他们对 CAV 编队控制及其对于夜间交通安全的积极影响都是相对肯定的，这对于后续的研究有着积极的影响。

2.2　相关性分析

本次研究中,本文对与驾驶人相关的因素进行了调查分析,包括性别、年龄、教育程度、收入、每月电费或燃油支出、一年内的交通违法次数等。

本文对这些常态因素和夜间接受与主动参与编队控制之间的相关性进行了研究。各变量(问题)之间的相关性矩阵如图1所示。

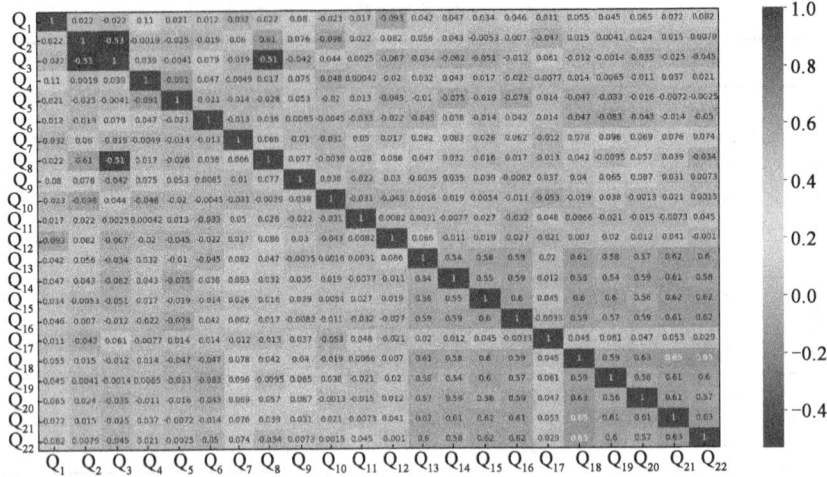

图1　相关性矩阵

由分析结果可知,性别(Q_1)与其他变量之间的相关性较弱,最高相关系数为0.082。这表明性别与对CAV编队控制提升夜间交通安全的态度(Q_{20})、接受编队控制(Q_{21})以及夜间主动组队(Q_{22})直接具有轻微的正相关。虽然分析没有显示出性别与其他变量之间有很强的相关性,但是这不代表性别对其他变量没有影响,关于这方面可能需要更深入的研究。然后,年龄(Q_2)总体也没有表现出与其他变量之间具有很强的相关性,但是年龄(Q_2)与驾龄(Q_8)存在着自然的正相关性,相关系数为0.61,这也间接地表明了本次分析的可靠性与科学性。同时,与CAV编队控制相关的变量($Q_{13} \sim Q_{16}$、$Q_{18} \sim Q_{22}$)之间表现出了较强的相关性,这些变量之间的相关系数都在0.5以上,有些在0.6以上,表明这些变量与接受编队控制以及夜间主动组队之间存在着显著的相关性。这些相关性的体现有助于对参与者在编队控制方面的态度与行为在各个维度之间的关联进行研究。这些数据对交通决策者做出更全面的政策与决策有着重要作用。所以有必要进行深入的研究。

2.3　因子分析结果

在进行因子分析后得到了四个主要因素,它们在总体数据方差中占比较大。本文根据各因子

中负载最大的变量进行因素命名,得到因子的负载得分图如图2所示,因子相关性热力图如图3所示,因子相关性矩阵如图4所示。

图2　因子负载得分图

图3　因子相关性热力图

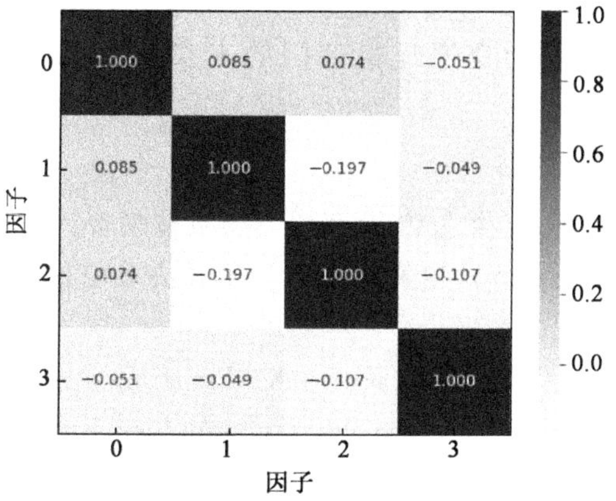

图 4　因子相关性矩阵

①因子1:"效益预见与态度",代表了个人对编队控制的态度、接受度和对编队控制在个体效益方面的认可性预见,包括辅助驾驶功能拥有,接受编队控制和夜间主动组队的意愿等变量。②因子2:"个体素养与经验",代表了个体所获经验与知识积累,该因素包含年龄、驾龄等变量。③因子3:"个体特性与经济",代表了个体经济状况、属性及其行为习惯,该因素主要有高级辅助驾驶体验、性别、个体收入等变量。④因子4:"行为选择与社会影响",代表个体在不同状况所作出的选择和其周围环境对其评判的影响,该因素主要有交通违法次数、对相关技术了解及对相关宣传的看法等变量。

2.4　多元逻辑回归结果

本文主要是从夜间行车安全的角度来开展智能网联车辆编队控制看法与接受度的研究,所以这里首先探究因变量 Q_{22} 与因子1中的自变量(Q_7、Q_{13}、Q_{14}、Q_{15}、Q_{16}、Q_{18}、Q_{19}、Q_{20}、Q_{21})之间的关系。该模型的 AUC 为 0.738,表明其预测性能较好,F1 值也尚可,整体拟合比较显著,相关 P 值接近于0,表明 Q_{22} 与因子1中自变量的集体解释能力显著。具体逻辑回归结果如表2所示。

逻辑回归结果 1　　　　表 2

Item	Coef	Err	t	$P > \lvert t \rvert$	F1	AUC
Q_7	0.041	0.107	0.388	0.698		
Q_{13}	-0.057	0.126	-0.453	0.650		
Q_{14}	0.315	0.202	1.555	0.120		
Q_{15}	0.333	0.196	1.697	0.090	0.474	0.738
Q_{16}	0.253	0.193	1.310	0.191		
Q_{18}	0.091	0.128	0.709	0.479		
Q_{19}	0.683	0.192	3.559	0.000		
Q_{20}	0.664	0.195	3.397	0.001		
Q_{21}	0.654	0.201	3.253	0.001		

接着本文探究因变量 Q_{22} 与因子2内的自变量(Q_1、Q_2、Q_3、Q_8、Q_9、Q_{10}、Q_{12}、Q_{19})之间的关系。得到模型的 AUC 为 0.718,说明其预测性能较好,相关 P 值接近于0,说明 Q_{22} 与因子2中的自变量具有较强的集体解释能力。具体逻辑回归结果如表3所示。

逻辑回归结果 2　　　　表 3

Item	Coef	Err	t	$P > \lvert t \rvert$	F1	AUC
Q_1	0.038	0.105	0.367	0.714		
Q_2	-0.032	0.104	-0.310	0.757		
Q_3	0.002	0.103	0.019	0.985		
Q_8	-0.021	0.103	-0.200	0.842	0.458	0.718
Q_9	-0.078	0.130	-0.600	0.548		
Q_{10}	0.816	0.140	5.819	0.000		
Q_{12}	0.830	0.139	5.959	0.000		
Q_{19}	0.842	0.140	6.010	0.000		

然后研究因变量 Q_{22} 与因子3中自变量(Q_1、Q_4、Q_6、Q_7、Q_8、Q_9、Q_{12}、Q_{14}、Q_{17}、Q_{20}、Q_{21})之间的关系。该模型的 AUC 为 0.742,表明其预测性能较好,F1 值为 0.421,整体拟合比较显著,相关 P 值接近于0,表明 Q_{22} 与因子3中自变量的集体解释能力显著。具体逻辑回归结果如表4所示。

逻辑回归结果 3　　　　表 4

Item	Coef	Err	t	$P > \lvert t \rvert$	F1	AUC
Q_1	0.038	0.123	0.306	0.759		
Q_4	-0.018	0.119	-0.152	0.879		
Q_6	-0.028	0.123	-0.228	0.820		
Q_7	-0.059	0.126	-0.464	0.643		
Q_8	0.322	0.202	1.590	0.112		
Q_9	0.336	0.196	1.711	0.088	0.421	0.742
Q_{12}	0.257	0.194	1.326	0.185		
Q_{14}	0.086	0.129	0.661	0.509		
Q_{17}	0.693	0.192	3.612	0.000		
Q_{20}	0.672	0.195	3.443	0.001		
Q_{21}	0.664	0.200	3.327	0.001		

最后观察因变量 Q_{22} 与因子4中自变量(Q_3、Q_4、Q_5、Q_6、Q_8、Q_{11}、Q_{14}、Q_{16}、Q_{17}、Q_{19})之间的关系。该模型的 AUC 为 0.760,表明其分类性能较好,准确率、精确率、召回率以及 F1 值也尚可,其中 Q_{14}、Q_{15}、Q_{16}、Q_{18}、Q_{20}、Q_{21} 对目标变量的影响较显著。具体逻辑回归结果如表5所示。

逻辑回归结果4　　　　表5

Item	Coef	Std err	t	$P > \|t\|$	F1	AUC
Q_3	0.189	0.118	1.599	0.110		
Q_4	0.144	0.118	1.223	0.222		
Q_5	−0.025	0.153	−0.164	0.870		
Q_6	0.044	0.166	0.267	0.789		
Q_8	−0.028	0.157	−0.178	0.859	0.447	0.760
Q_{11}	−0.011	0.169	−0.065	0.948		
Q_{14}	−0.067	0.130	−0.513	0.608		
Q_{16}	0.725	0.150	4.822	0.000		
Q_{17}	0.745	0.149	4.996	0.000		
Q_{19}	0.771	0.147	5.227	0.000		

3　讨论

本文研究发现,"效益预见与态度"相关因素对公众夜间主动组队参与编队控制的愿意起着关键作用,同时"个体素养与经验""个体特性与经济""行为选择与社会影响"等相关因素也有着相对明显的正向影响,如家庭车辆保有量、出行成本、社会上对编队控制相关宣传、现有夜间交通安全状况等。总之,对个人利益的可预见性以及受益评判是公众对 CAV 夜间编队控制态度的关键因素,但随着经济形势等不定因素的变化,该情况可能还需进一步研究。

4　结语

本研究从夜间行车安全角度探索了公众对 CAV 编队控制的看法与接受度。通过因子分析将所考虑的因素归纳为"效益预见与态度""个体特性与经济"等四个主要因素。在多元逻辑回归中,发现"效益预见与态度"相关因素对公众夜间主动组队参与编队控制的意愿起着关键作用。个人利益的可预见性以及受益评判是影响公众对 CAV 编队控制在夜间行车安全方面的看法与接受度的关键。但同时本研究还需进一步地深入,模型的性能仍有待改进,后续可以通过调整模型性能来挖掘更深层的潜在关系,如第一印象和家庭车辆保有量。

本文得到的研究结果有助于交通政策制定者与管理中心做出更加有效、准确的决策,寻求提高公众对 CAV 编队控制的接受度的方法,帮助研究人员初步了解其中的关联。同时也有助于 CAV

技术的发展与实施,进一步协调交通参与者之间的关系,为交通运输部门的未来发展提供研究基础。

参考文献

[1] 李立,徐志刚,赵祥模,等. 智能网联汽车运动规划方法研究综述[J]. 中国公路学报,2019, 32(6).

[2] DANIEL J F, KARA K. Preparing a nation for autonomous vehicles: opportunities, barriers and policy recommendations [J]. Transportation Research Part A, 2015, 77: 167-181.

[3] KAREEM O. Impact of Autonomous Vehicles on the Physical Infrastructure: Changes and Challenges[J]. Designs, 2021, 5(3):40.

[4] QU W, XU J, GE Y, et al. Development and validation of a questionnaire to assess public receptivity toward autonomous vehicles and its relation with the traffic safety climate in China [J]. Accident Analysis and Prevention, 2019, 128: 78-86.

[5] LI J, HU Z Q, LIU L. A survey on public acceptance of automated vehicles across COVID-19 pandemic periods in China [J]. IATSS Research, 2023, 47: 482-490.

[6] SIU S M, WEI X, CHANG F, et al. Critical Factors Influencing Acceptance of Automated Vehicles by Hong Kong Drivers [J]. IEEE Access, 2020: 109845-109856.

[7] CHEN Y L, NIRAJAN S, PETER S, et al. Exploring the association between socio-demographic factors and public acceptance towards fully automated vehicles: Insights from a survey in Australia [J]. IET Intelligent Transport Systems, 2023.

[8] KYRIAKIDIS M, HAPPEE R, DE WINTER J C F. Public opinion on automated driving: Results of an international questionnaire among 5000 respondents[J]. Transportation Research Part F, 2015, 32: 127-140.

[9] PRATEEK B, KARA M K, AMIT S. Assessing public opinions of and interest in new vehicle technologies: An Austin perspective [J]. Transportation Research Part C, 2016, 67:

1-14.

[10] LAURA A M. Relation between big five personality traits and Hofstede's cultural dimensions： Samples from the USA and India[J]. Cross Cultural Management： An International Journal, 2011, 18(1)：38-54.

[11] PAYRE W, CESTAC J, DELHOMME P. Fully automated driving： impact of trust and practice on manual control recovery[J]. Human factors, 2016, 58(2)：229-241.

[12] LUO C J, HE M L, XING C. Public Acceptance of Autonomous Vehicles in China[J]. International Journal of Human-Computer Interaction, 2022.

[13] XU Z G, ZHANG K F, MIN H G, et al. What drives people to accept automated vehicles? Findings from a field experiment[J]. Transportation Research Part C, 2018, 95： 320-334.

[14] LIU H W, YANG R, LIN W, et al. Evaluating Initial Public Acceptance of Highly andFully Autonomous Vehicles[J]. International Journal of Human-Computer Interaction, 2019：913-931.

[15] JING P, CAI Y H, WANG B H, et al. Listen to social media users： Mining Chinese public perception of automated vehicles after crashes [J]. Transportation Research Part F, 2023, 93：248-265.

问卷设计与描述　　　　　　　　　　　　　　　　　附表1

变量	问题	选项
Q_1	性别	1 = 男;2 = 女
Q_2	年龄	1 = 18 ~ 35 岁;2 = 36 ~ 50 岁;3 = 51 ~ 60 岁;4 = 60 岁以上
Q_3	教育	1 = 小学及以下学历;2 = 初中学历;3 = 高中学历;4 = 本科学历;5 = 硕士及以上学历
Q_4	高级辅助驾驶体验	1 = 有;2 = 无
Q_5	车辆类型	1 = 轿车;2 = SUV;3 = 越野车;4 = 货车(大中小);5 = 客车(公交或出租)
Q_6	一年内交通违法次数	1 = 3 次以内;2 = 3 ~ 5 次;3 = 5 ~ 10 次;4 = 10 次以上
Q_7	辅助驾驶功能	1 = 有;2 = 无
Q_8	驾龄	1 = 3 年及以内;2 = 4 ~ 6 年;3 = 7 ~ 10 年;4 = 10 年以上
Q_9	每月收入	1 = 5000 元以内;2 = 5000 ~ 7999 元;3 = 8000 ~ 9999 元;4 = 10000 ~ 15000 元;5 = 15000 元以上
Q_{10}	每月的电费或燃料费	1 = 200 元以内;2 = 200 ~ 399 元;3 = 400 ~ 599 元;4 = 600 ~ 799 元;5 = 800 元及以上
Q_{11}	每月行驶里程	1 = 400km 以内;2 = 400 ~ 650km;3 = 651 ~ 1300km;4 = 1300km 以上
Q_{12}	家庭车辆保有量	1 = 1 辆及以内;2 = 2 ~ 3 辆;3 = 3 辆以上
Q_{13}	对智能网联车辆的第一印象	1 ~ 5 代表从消极到积极的 5 个等级的态度
Q_{14}	对智能网联车辆编队控制的了解程度	1 ~ 5 代表从消极到积极的 5 个等级的态度
Q_{15}	为自动驾驶技术支付的意愿	1 ~ 5 代表从消极到积极的 5 个等级的态度
Q_{16}	对社会上智能网联车辆宣传推广的看法	1 ~ 5 代表从消极到积极的 5 个等级的态度
Q_{17}	夜间出行安全评价	1 ~ 5 代表从消极到积极的 5 个等级的态度
Q_{18}	对编队控制节省夜间出行时间的认可度	1 ~ 5 代表从消极到积极的 5 个等级的态度
Q_{19}	对编队控制缓解夜间交通拥堵的认可度	1 ~ 5 代表从消极到积极的 5 个等级的态度
Q_{20}	对编队控制提升夜间交通安全的认可度	1 ~ 5 代表从消极到积极的 5 个等级的态度
Q_{21}	接受编队控制的意愿	1 ~ 5 代表从消极到积极的 5 个等级的态度
Q_{22}	夜间主动组队的意愿	1 ~ 5 代表从消极到积极的 5 个等级的态度

基于扩展计划行为理论的乘客后座安全带使用行为研究

陈 洋* 金 玲

(重庆交通大学交通运输学院)

摘 要 为研究后座乘客系安全带使用行为的影响因素,提高乘客的乘车安全性,引入影响乘客后座安全带使用行为的潜变量:描述性规范和执法情况,构建了扩展的计划行为理论模型。通过问卷星获取 515 份主观评价数据,并借助 R 语言预处理和 Stata 软件检验数据的内部一致性及可靠性,运用结构方程模型进行假设检验及中介效应分析检验影响因素间的关系。结果表明:行为态度(ATT)和执法情况(ENFORCE)直接影响行为意向(BI),通过行为意向(BI)间接影响行为(BEHA),执法情况(ENFORCE)直接影响行为(BEHA)。

关键词 后座安全带 扩展计划行为理论 结构方程

0 引言

随着汽车行业的飞速发展,道路的交通安全状况日益恶化,近年来由于交通事故造成的死亡人数越来越多,安全带能显著保护汽车乘客的安全,但目前我国仅强制要求小汽车前座乘客系安全带,绝大部分城市对后座乘客是否系安全带不做强制要求。研究后座乘客系安全带的影响因素,对于提高乘客的乘车安全性具有显著作用。

Jermakian J S[1]对后座乘客对安全带使用态度进行了研究,发现提醒他们系上安全带、制定更严格的安全带使用法规以及佩戴更舒适的安全带等干预会让乘客更有可能在后座上使用安全带。

王东[2]通过问卷调查法研究人们安全带佩戴习惯产生的原因,并对主要原因和次要原因进行归类。

王秋鸿[3]通过研究佩戴安全带行为的影响及制约因素,运用计划行为理论构建安全带使用行为模型,从行为态度、主观规范、感知行为控制三个方面对安全带使用行为进行解释,为交通管理实践提供参考。

宋正林[4]以计划行为理论为基础,建立基于计划行为理论的结构方程模型来研究变道行为的影响因素。

黄浩[5]通过加入知识和感知风险这两个预测变量,形成了扩展的计划行为理论模型,讨论了影响出行者使用和共享自动驾驶汽车选择意向的关键因素。指出计划行为理论在强调行为意向时忽略了客观环境及外界条件等因素的影响。

Taylor[6]根据扩展的计划行为理论的模型因子来研究自动的驾驶汽车和共享的自动驾驶汽车出行的方式选择行为意向。实证结果表明,整合了潜在变量的离散选择模型具有更好的模型拟合度和更强的解释力,扩展的计划行为理论模型中的潜在变量对自动的驾驶汽车和共享的自动驾驶汽车的选择具有不同的影响。

杨留花[7]在计划行为理论的基础上引入后果感知和制度感知这两个预测潜变量,形成了扩展计划行为理论。

目前研究缺乏对乘客后座安全带使用行为因素的探讨,并且缺少以计划行为理论为基础新增潜变量,形成扩展计划行为理论对乘客后座安全带使用行为展开研究的研究方法。

1 基于拓展 TPB 的乘客后座安全带使用行为研究模型

1.1 变量选择

扩展计划行为理论(Extended Theory of Planned Behavior,ETPB)是指在研究过程中除了行为态度、主观规范、感知行为控制以及行为意向等影响因素之外,在计划行为理论的基础上增加新的潜在变量来提高其预测能力。

本研究以计划行为理论为基础,根据乘客后

排安全带使用行为的特征,以及综合考虑佩戴安全带行为影响因素,引入乘客后座安全带使用行为的潜变量:描述性规范和执法情况,构建扩展的计划行为理论模型,并将其纳入计划行为框架,用来提高模型精度,以此来探究乘客行为态度、主观规范、感知行为控制、行为意向、描述性规范和执法情况与其主动佩戴后座安全带之间的相互关系(表1)。

模型变量描述 表1

潜变量	测量指标	题目
行为意图	BI1	以后,坐在小汽车后座时,肯定系安全带
	BI2	以后,我会时刻提醒自己,坐在小汽车后座时,要系安全带
	BI3	以后,我会督促家人,坐在小汽车后座时,系上安全带
	BI4	以后,和其他人一起坐车时,我会提醒坐在后排的人系上安全带
行为意愿	BW1	假如你坐大巴,你有多大可能性系安全带
	BW2	假如你坐出租车后排,你有多大可能性系安全带
	BW3	假如你坐在朋友车的后座上,你有多大可能性系安全带
	BW4	假如你开车,你家人坐在后座上,你有多大可能性叫家人系安全带
	BW5	假如你开车,你朋友坐在后座上,你有多大可能性叫朋友系安全带
态度	ATT1	我觉得后座不系安全带,驾驶员不能开车
	ATT2	应该加大对后座不系安全带行为的执法力度
	ATT3	应加大宣传力度,督促人们坐小汽车后排也系安全带
	ATT4	坐在小汽车后排,系上安全带,可以减少受伤的风险
感知行为控制	PBC1	后座系安全带,一点都不难
	PBC2	后座系安全带,一点都不麻烦
	PBC3	后座系安全带,很容易记住
主观规范	SN1	我的家人一直督促我,坐在后座时系上安全带
	SN2	坐出租车时候,如果坐在小汽车后座时,驾驶员会督促我系上安全带
	SN3	经常看到广告宣传后座系安全带的重要性
	SN4	我的朋友会督促我,坐在后座时系上安全带
描述性规范	DN1	我的家人坐在小汽车后座时,一直系安全带
	DN2	我的朋友坐在小汽车后座时,一直系安全带
	DN3	大部分人坐在小汽车后座时,一直系安全带
范式好感度	PF1	我觉得在坐汽车后座系安全带的人,很明智
	PF2	我觉得在坐汽车后座系安全带的人,很小心
	PF3	我觉得在坐汽车后座系安全带的人,对生命很负责
	PF4	我觉得在坐汽车后座系安全带的人,十分注重防范风险
范式相似性	PS1	我觉得我和那些在后座上系安全带的人,一样明智
	PS2	我觉得我和那些在后座上系安全带的人,一样小心
	PS3	我觉得我和那些在后座上系安全带的人,一样对生命负责
	PS4	我觉得我和那些在后座上系安全带的人,一样注重防范风险
执法情况	EN1	交警对坐小汽车后座不系安全带的行为,管理严格
	EN2	如果坐在小汽车后座,不系安全带,会被交警拦下来的
	EN3	交警要求人们坐在小汽车后座系安全带

1.2　研究假设

本研究选择计划行为理论(TPB)作为基本理论框架,基于 1.1 节中探讨的模型变量建立基于扩展 TPB 的乘客后座安全带使用行为影响因素分析模型。模型由 TPB 基本变量和扩展变量两部分组成。

(1)H1:行为意愿对后座安全带使用行为有正向作用。

(2)H2:行为意图对后座安全带使用行为有正向作用。

(3)H3:感知行为控制对后座安全带使用行为有正向作用。

(4)H4:主观规范对后座安全带使用行为有正向作用。

(5)H5:描述性规范对后座安全带使用行为有正向作用。

(6)H6:范式好感度对后座安全带使用行为有正向作用。

(7)H7:范式相似性对后座安全带使用行为有正向作用。

(8)H8:执法情况对后座安全带使用行为有正向作用。

2　数据来源

量表由一组语句组成,每个语句有"非常同意""同意""不一定""不同意""非常不同意"5 个答案,分别标为 5、4、3、2、1,每个回答者的态度总分就是其对每个问题的回答的总和,这一总分可以表明他的态度或他在量表上的存在。因此,李克特量表被用来描述潜在变量影响因素。

本次调查采用实地调查问卷的方式,调查地点选择平顶山市居民聚集较为集中的地点,本研究选择的是步行街和大型社区等地方。问卷设计完成之后,通过问卷星的形式在平顶山市开展了问卷调查,通过剔除规律选择、前后矛盾和网络填写时间不足 3min 的无效问卷后,获得 515 份有效问卷,问卷有效率为 93.6%。

3　数据分析

本章为数据分析,可以先进行数据处理,通过利用 R 语言进行乘客后座安全带使用行为划分;其次利用 Mplus 进行问卷检验,分析影响乘客佩戴后座安全带划分的因素,比如态度、行为意图、主观规范、描述性规范、感知性控制、执法行为等因素;其次对 ETPB 模型进行分析,分为总体结构方程模型分析、研究模型假设检验、模型中介效果分析;最后对数据回归分析结果进行应用。

3.1　信度分析

3.1.1　单个潜变量模型配适度分析

单个潜变量模型配适度分析即检验显变量对潜变量的解释程度,证明每一个潜变量对应的显变量是否都能很好地解释其相应的潜变量;如果不能,需要删除相关性低的显变量;如果设置的潜变量只有对应的 3 个显变量,那么就不需要检验该潜变量模型的配适度。

(1)潜变量 BEHA 的配适度分析过程。

①运行软件后,测量模型标准化参数估计值都大于 0.7,为理想。

②模型拟合卡方检验 Chi-Square Test of Model Fit,其中 χ^2 约为 15,自由度为 2,它们的比值大于标准比值(标准比值应该小于 3),因此不满足要求。

③CFI > 0.9、TLI > 0.9,运行结果均满足要求。

得出的结论是拟合度不好,表示有可能残差不独立,在 Mplus 中修正指标 MODEL MODIFICATION INDICES 寻找解决办法:

MI 表示修正指标 MODIFICATION INDICES;EPC 表示预期的参数改变量 expected parameter change;Chi-square 值越小越好,所以删掉比较大的数值对应的一个变量。模型变成:BEHA、BY、beha1、beha2、beha4。

④删除 beha3 之后的运行结果。

其中测量模型标准化参数估计值都大于 0.7,为理想;其中 χ^2 与自由度的比值小于 3;CFI > 0.9、TLI > 0.9,均满足要求。

(2)其他潜变量的配适度分析。

按照潜变量 BEHA 的模型配适度检验过程,对其他潜变量的模型配适度进行检验,最后得到所有潜变量及其对应的显变量:BI BY bi1 bi2 bi3 bi4;BW BY bw1 bw2 bw3;ATT BY att1 att2 att3;PBC BY pbc1 pbc2 pbc3;SN BY sn1 sn2 sn4;DN BY dn1 dn2 dn3;PF BY pf1 pf2 pf3 pf4;PS BY ps1 ps2 ps3 ps4;ENFORCE BY enforce1 enforce2 enforce3。

3.1.2 潜变量整体模型配适度分析

本次研究共包含 10 个潜在变量：BEHA、BI、BW、ATT、PBC、SN、DN、PF、PS、ENFORCE。对应显变量：

beha1 beha2 beha3 beha4 bi1 bi2 bi3 bi4 bw1 bw2 bw3 bw4 bw5 atti1 att2 att3 att4 pbc1 pbc2 pbc3 sn1 sn2 sn3 sn4 dn1 dn2 dn3 pf1 pf2 pf3 pf4 ps1 ps2 ps3 ps4 enforce1 enforce2 enforce3。

经过软件分析，10 个潜变量的 CFA 分析结果如表 2 所示。

各潜变量 CFA 分析指标　　　　　　　　　　　　表 2

变量	ML χ^2	DF	ML χ^2/Df	CFI	TLI	RMSEA	SRMR
BEHA	* * *	0	—	1	1	* * *	* * *
BI	5.897	2	2.95	0.993	0.98	0.062	0.01
BW	4.78	2	2.39	0.995	0.984	0.052	0.011
ATT	* * *	0	—	1	1	* * *	* * *
PBC	* * *	0	—	1	1	* * *	* * *
SN	* * *	0	—	1	1	* * *	* * *
DN	* * *	0	—	1	1	* * *	* * *
PF	* * *	0	—	1	1	* * *	* * *
PS	* * *	0	—	1	1	* * *	* * *
EN	* * *	0	—	1	1	* * *	* * *

从 Mplus 软件分析的结果中可以看出，各个潜变量的所有指标参数都是显著的，非标准化残差均为正值并且显著，证明没有存在违反估计的情况存在。从表 2 中可以看出，行为意图的 ML χ^2/Df = 2.9485，处在 1~3 的区间内，CFI 和 TLI 值均大于 0.9 的最低标准，RMSEA 的值小于 0.08 的最低标准；其他的潜变量态度、感知行为控制、主观规范、描述性规范和执法情况的所有参数都是显著的，各个验证性因素分析的 CFI、TLI、RMSEA、SRMR 指标均符合要求；因此可以认为所有潜变量都具有良好的模型配适度。

3.1.3 信度和收敛效度分析

各个潜变量的各个显示变量的题目信度如下表所示，结果中还包括标准差、Z 值和 P 值。题目信度检验完成之后，需要进行组成信度（CR）值的计算，信度与收敛效度分析结果见表 3。

信度与收敛效度表　　　　　　　　　　　　表 3

潜变量	显变量	估计值 Estimate	标准差 S.E.	Z 值 Est./S.E.	P-Value	R Square	组成信度 CR	AVE
BEHA	BEHA1	0.789	0.024	32.242	* * *	0.623	0.911	0.674
	BEHA2	0.891	0.016	54.919	* * *	0.794		
	BEHA4	0.899	0.012	73.346	* * *	0.809		
BI	BI1	0.915	0.013	68.062	* * *	0.837	0.931	0.732
	BI2	0.91	0.014	64.002	* * *	0.829		
	BI3	0.908	0.014	62.902	* * *	0.825		
	BI4	0.868	0.023	38.194	* * *	0.753		
BW	BW1	0.583	0.051	11.538	* * *	0.340	0.890	0.626
	BW2	0.898	0.017	54.021	* * *	0.806		
	BW3	0.916	0.015	62.257	* * *	0.839		
	BW4	0.851	0.023	36.223	* * *	0.724		
ATT	ATT1	0.722	0.038	18.826	* * *	0.521	0.890	0.622
	ATT2	0.865	0.025	35.183	* * *	0.748		
	ATT3	0.835	0.036	23.047	* * *	0.697		

续上表

潜变量	显变量	估计值 Estimate	标准差 S.E.	Z 值 Est./S.E.	P-Value	R Square	组成信度 CR	AVE
PBC	PBC1	0.846	0.03	27.762	＊＊＊	0.716	0.918	0.693
	PBC2	0.923	0.012	74.926	＊＊＊	0.852		
	PBC3	0.87	0.026	33.822	＊＊＊	0.757		
SN	SN1	0.835	0.054	15.41	＊＊＊	0.698	0.898	0.641
	SN2	0.762	0.064	11.863	＊＊＊	0.581		
	SN4	0.885	0.037	23.75	＊＊＊	0.783		
DN	DN1	0.923	0.015	61.921	＊＊＊	0.852	0.932	0.737
	DN2	0.932	0.012	78.197	＊＊＊	0.869		
	DN3	0.906	0.019	48.298	＊＊＊	0.821		
PF	PF1	0.854	0.028	30.485	＊＊＊	0.730	0.922	0.706
	PF2	0.89	0.022	40.764	＊＊＊	0.792		
	PF3	0.886	0.021	41.964	＊＊＊	0.786		
	PF4	0.898	0.02	45.93	＊＊＊	0.806		
PS	PS1	0.848	0.027	31.271	＊＊＊	0.719	0.914	0.683
	PS2	0.868	0.021	41.317	＊＊＊	0.753		
	PS3	0.892	0.019	47.362	＊＊＊	0.795		
	PS4	0.852	0.027	31.783	＊＊＊	0.727		
EN	EN1	0.919	0.015	63.101	＊＊＊	0.845	0.930	0.728
	EN2	0.941	0.01	92.658	＊＊＊	0.886		
	EN3	0.876	0.02	42.755	＊＊＊	0.768		

注：“＊＊＊”表示数值小于 0.001。

（1）显变量标准化参数估计值 Estimate 要求大于 0.6，每个显示变量的标准化参数估计值均大于 0.6，达到要求。

（2）Z 值要求均大于 1.96，P 值要求均小于 0.001，表中数据均满足，表示所有题目均为显著。

（3）题目信度 R Square 是标准化载荷量 Estimate loading 的平方，反映显变量对潜变量的解释能力，要求大于 0.36，其中大于 0.5 及以上具有良好的题目信度。

（4）组成信度 CR 是指维度题目的内部一致性对题目的解释能力，要求大于 0.7，表中数据满足。

（5）平均方差萃取量 AVE 是指维度对题目的平均解释能力，要求 >0.3 可接受（>0.5 解释能力好），表中数据满足要求。

3.2　效度分析

表 4 为量表中各因子区分效度检验结果，可见，各因子的 AVE 平方根均大于该因子与其他构面的相关系数，表明不同构面上的测量题项具有差异性，量表区分效度良好。

区别效度　　　　　　　　　　表 4

因子	BEHA	BI	BW	ATT	PBC	SN	DN	PF	PS	EN
BEHA	0.812									
BI	0.737	0.856								
BW	0.724	0.717	0.791							
ATT	0.638	0.731	0.733	0.789						
PBC	0.583	0.644	0.681	0.729	0.832					
SN	0.796	0.716	0.758	0.684	0.720	0.801				

续上表

因子	BEHA	BI	BW	ATT	PBC	SN	DN	PF	PS	EN
DN	0.809	0.700	0.738	0.641	0.624	0.714	0.858			
PF	0.524	0.625	0.591	0.767	0.726	0.622	0.548	0.840		
PS	0.437	0.559	0.535	0.703	0.650	0.526	0.470	0.702	0.826	
EN	0.761	0.703	0.713	0.614	0.598	0.797	0.830	0.544	0.579	0.853

上表中对角线元素为收敛效度的平方根,非对角线部分为维度的皮尔逊相关值。由表中数据可知,对角线的元素值同时大于同一列、同一行的元素绝对值,表明区别效度存在。

3.3　ETPB 模型分析

3.3.1　总体结构方程模型分析

根据上一节分析,问卷具有良好的信度、效度,因此对问卷进行结构方程模型分析。本研究在计划行为理论的基础上加入描述性规范(DN)和执法情况(ENFORCE)两个潜变量,构建扩展计划行为理论模型,经 Mplus 常规分析得到模型的拟合度指标。

常规分析得到模型的拟合度指标如表 5 所示,结构方程模型的各项拟合度指标均符合要求。

模型拟合度指标　　　　　　　　　　　　　　　　表5

拟合度指标	关键值(建议值)	模型指标	符合
ML χ^2	越小越好	768	
Df	越大越好	191	
ML χ^2/Df	1 ~ 3		基本符合
CFI	>0.9	0.919	符合
TLI	>0.9	0.902	符合
RMSEA	<0.08	0.077	符合
SRMR	<0.08	0.075	符合

由上表数据可知,ML χ^2/Df 模型指标为4.02,大于标准要求的1 ~ 3,但是数值相差不是很大,在可接受的范围之内,结构方程模型的其余各项拟合度指标均符合要求。

3.3.2　研究模型假设检验

根据标准规范规定:Z 值大于 1.96,P 值小于 0.001,R^2 大于 0.36。由表中数据可知,主观规范(SN)、感知行为控制(PBC)和描述性规范(DN)解释行为意图(BI)的 P 值和 Z 值均不满足要求;感知行为控制(PBC)解释行为(BEHA)的 Z 值和 P 值均不满足要求。因此可以得知,主观规范(SN)、感知行为控制(PBC)、描述性规范(DN)对行为意图(BI)均没有显著影响,但行为态度(ATT)、执法情况(ENFORCE)对行为意图(BI)均有显著影响;感知行为控制(PBC)对行为(BEHA)没有显著影响,但执法情况(ENFORCE)对行为(BEHA)有显著影响(表6)。

研究模型假设分析结果　　　　　　　　　　　　　　　　表6

被解释变量	解释变量	参数估计值 (Est.)	标准误差 (S.E.)	Z 值 (Est./S.E.)	P 值 (P-Value)	R^2	假设	支持与否
BI	ATT	0.497	0.129	3.864	* * *	0.772	H1	支持
	SN	0.088	0.079	1.117	0.264		H2	不支持
	PBC	-0.089	0.112	-0.798	0.425		H3	不支持
	DN	0.163	0.112	1.45	0.147		H4	不支持
	ENFORCE	0.246	0.093	2.64	* * *		H5	支持

续上表

被解释变量	解释变量	参数估计值 (Est.)	标准误差 (S.E.)	Z 值 (Est./S.E.)	P 值 (P-Value)	R^2	假设	支持与否
BEHA	BI	0.587	0.058	10.152	＊＊＊	0.655	H6	支持
	PBC	−0.01	0.055	−0.188	0.851		H7	不支持
	ENFORCE	0.368	0.056	6.623	＊＊＊		H8	支持

从图1中可以得知,行为态度(ATT)和执法情况(ENFORCE)直接影响行为意图(BI),通过行为意图(BI)间接影响行为(BEHA);执法情况(ENFORCE)直接影响行为(BEHA)。

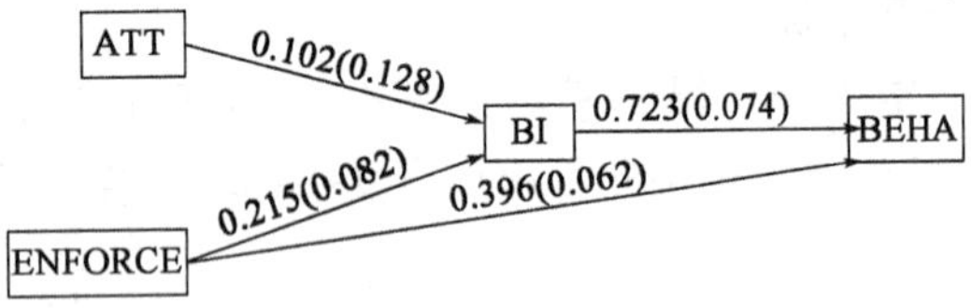

图1　研究模型结果

3.3.3　模型中介效果分析

为了进一步分析显著潜变量感知行为控制(PBC)、行为态度(ATT)、描述性规范(DN)对行为(BEHA)的间接影响,对模型的中介效果进行分析,如表7所示。

各潜变量对行为的影响　表7

影响因素	直接影响	间接影响	总影响
ATT	—	0.07 (0.000)	0.07 (0.000)
ENFORCE	0.396 (0.062)	0.155 (0.000)	0.551 (0.062)

注:1. 括号外的数据为影响参数,括号内的数据为影响参数的 P 值,P < 0.05 表明影响参数显著;

　　2. 影响参数为非标准化系数。

其中间接影响是 CONFIDENCE INTERVALS OF TOTAL, TOTAL INDIRECT, SPECIFIC INDIRECT, AND DIRECT EFFECTS 中 Total indirect 的估计值。由此可知行为态度(ATT)、执法情况(ENFORCE)对行为(BEHA)具有显著间接影响(图2)。

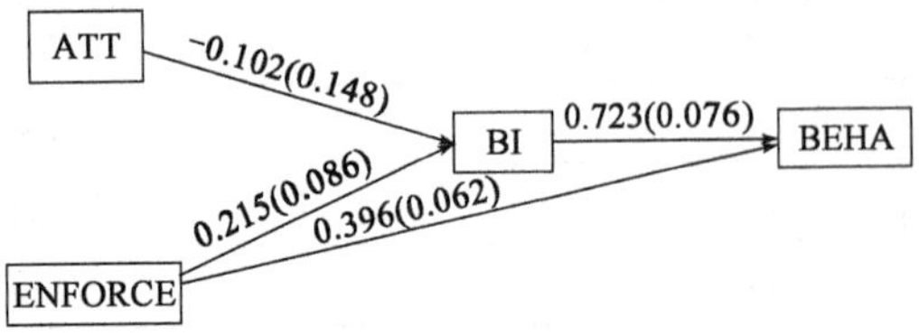

图2　各潜变量对行为的间接影响

3.4　主要结论

(1)主观规范解释行为意图的 P 值为 0.264,感知行为控制解释行为意向的 P 值为 0.425,描述性规范解释行为意向的 P 值为 0.147,感知行为控制解释行为的 P 值为 0.851。根据现行规范规定:Z 值大于 1.96,P 值小于 0.001,R^2 大于 0.36,此数据表明主观规范、描述性规范、感知行为控制的显著性均不成立,对行为意向无显著作用。

(2)在构造的扩展计划行为理论模型中,主观规范、感知行为控制、描述性规范对乘客佩戴后座安全带的行为意图均没有显著影响,但行为态度、执法情况对乘客佩戴后座安全带的行为意图均有显著影响;感知行为控制对后座安全带使用行为没有显著影响,但执法情况对后座安全带使用行为有显著影响。为了能够更好地保证行车安全,交管部门对于不系安全带的行为,会根据道路交通安全法对违规的乘客进行处罚,也会对驾驶员有连带的处罚行为。

4　结语

本文基于扩展的计划行为理论,构建乘客后座安全带使用行为的影响因素模型,并探讨其直接和间接影响。结果表明,基于扩展 TPB 研究乘客后座安全带使用行为具有较好的可行性和适用性;行为态度、执法情况对后座安全带使用行为有显著影响。基于上述研究结果,本文提出了相应的对策建议,可为交通安全政策的制定和实施提供参考。在后续研究中,可考虑扩大调查范围和样本数据量,进一步检验研究结论的可信度和适用性,并通过对比分析,提出更精准有效的对策建议;也可考虑在模型变量选取时增加新的扩展变量,进行深入探索。

参考文献

[1] JERMAKIAN J S, WEAST R A. Passenger use of and attitudes toward rear seat belts [J].

Journal of safety research, 2022, 64（2）: 113-119.

[2] 王东. 北京市机动车驾乘人员安全带佩戴行为研究[D]. 北京:北京工业大学,2016.

[3] 王秋鸿,周志强. 安全带使用行为研究:基于计划行为理论模型的分析[J]. 汽车与安全,2015,211(7):47-49.

[4] 宋正林,杨润凯. 基于结构方程模型对驾驶人变道行为的研究[J]. 交通节能与环保,2020,16(6):49-53.

[5] 黄浩. 基于扩展计划行为理论的自动驾驶汽车方式选择行为研究[D]. 镇江:江苏大学,2019.

[6] TAYLOR. Self-reported factors that influence rear seat belt use among adults[J]. Journal of safety research, 2021, 70(9): 25-31.

[7] 杨留花,诸大建. 扩展计划行为理论框架下共享单车规范停放行为意向的影响因素分析[J]. 中国人口·资源与环境,2018,28(4):125-133.

基于 XGBoost 的短时 OD 交通流量预测

张博闻   李大韦*
（东南大学交通学院）

摘 要 随着人工智能技术和智能交通系统的发展,交通流预测问题越来越被人们重视。在智能交通系统中,对道路交通流量进行准确、高效地预测可以为政府部门或者企业决策提供数据依据和理论支撑。通过分析交通流量来评价城市道路交通状况,可以疏导交通拥堵、提高道路通行效率、减少能源消耗、提升出行满意度。本文采取XGBoost(分布式梯度增强库)进行流量预测,对无锡市滨湖区某路口电子警察的多维脱敏数据进行预处理以及特征衍生,通过交叉验证选择合适的参数,得到拟合效果好、泛化能力优、预测流量的精度和可信度高、训练效率高的预测模型,为交通管理者和相关企业提供合理的参考依据。

关键词 短时交通流量预测   XGBoost   交通工程   OD 需求   智能交通

0 引言

为了获得市民的出行状况、交通资源的合理配置以及出行决策,政府部门、出租车公司、公交运营系统等需要提前预测城市中居民从一个区域到另一个区域的汽车出行需求数量,这样的问题被称为OD需求预测。以往的研究大多只考虑了出发地的汽车需求预测,而忽略了目的地的具体情况,相比于仅仅对区域的进入与开的小汽车流量进行预测,OD需求预测结果能够更加准确地反映交通出行需求。通过预测交通OD流量,共享汽车租赁公司可以更好地把握各区域汽车投放规划与方案设计,交通管理部门可以更好地规划交通路线、优化交通信号、调整公共交通班次等,从而提高城市交通运行效率,缓解交通拥堵。同时,对于出行者来说,可以提前了解交通状况,选择合适的出行方式,节省时间和成本。

近年来,随着机器学习方法的不断更新进步,交通时间序列数据预测研究也得到了迅速发展,其中常见的方法包括:人工神经网络、支持向量机模型、聚类分析、回归树分析法[1,2]。Kidando 等人[3]通过对美国佛罗里达州的主要公路数据进行分析,根据道路占有率、地理信息等重要交通特征,利用Bayesian理论在线性模型方法上进行改进,完成了交通流预测任务。Parsa[4]利用Catboost和XGBoost多个模型分别分析预测未来某区域内交通事故发生的数量,通过对预测结果的准确率分析,表明Boost方法尤其是XGBoost在预测时间序列数据方面有着较强的优势。陈喜群[5]等针对路网本身的几何拓扑关系,结合交通流数据的时间相关性以及空间相关性,将图卷积网络理论运用到道路网,以交叉口为节点,同时以路段为边,建立了城市道路交叉口短时流量预测模型,得到了较为准确的预测结果。杜圣东等[6]在原始

LSTM方法的基础上进行了改进,加入了编码层以及解码层,并且结合注意力机制(Attention mechanism)来实现模型端到端的功能,注意力机制的引入可以显著提升模型对序列中重要部分的建模能力,从而提升了模型的性能和对长序列的处理能力。模型可以自主学习与城市交通流量相关的特征,再通过特征分析和衍生操作,得到非常优秀的预测效果。

本文通过XGBoost模型构建城市路网的OD需求预测框架,以充分捕捉时序数据的依赖关系,得到短时OD交通流量预测结果,为交通部门和相关企业决策提供数据依据。

1 数据处理

1.1 数据预处理

本研究使用的数据是无锡市滨湖区某路口电子警察的多维脱敏数据,根据2023年8月1日至2023年8月30日的交通流量,结合路口路况进行特征处理并构建算法模型,预测2023年8月31日8:00到9:00的早高峰时间每15min的路口交通流量。

原始数据集包括四个部分:车道数据,路口灯态相位数据,进口道数据以及路口车流量数据。由于原始数据集结构不能直接作为模型输入,需要对数据集进行预处理,道路交叉口的相位变化和车道的布置是固定的,对交通流量的影响是较为稳定的,因此本文不考虑将路口信号灯相位数据和车道数据作为流量变化的特征。结合路口车流量数据和进口道数据,对各车道的流量值进行整合,得到无锡市滨湖区某路口10个OD对的每15min流量数据,起始时间为2023年8月1日0:00,终止时间为2023年9月1日0:00。

1.2 数据特征衍生

由于原始数据的特征较少,在进行建模之前,对原始数据先进行特征衍生,可以将原始特征转换成更加有用或具有独特解释力的特征。例如,可以通过组合两个或多个特征来创建交互项,或者使用特征工程技巧,如多项式特征、离散化、分箱等来生成新的特征,这有助于提高模型的预测能力。特征衍生还可以帮助发现数据中潜在的关联关系。通过对数据进行探索性分析和特征衍生,可以发现有关目标变量的隐藏模式,对时间特

征进行分解,可以发现数据中的季节性或周期性规律。在实际应用中,往往拥有大量原始特征,而且其中某些特征可能对模型拟合没有太大影响。通过特征衍生,可以提取出更具影响力的特征,从而减少特征空间的维度。这有助于降低模型的复杂度,减少计算成本,并提高模型的泛化能力。通过填充缺失值或引入新的特征来处理数据中的缺失值和异常值。通过合理的特征处理,可以减少对样本的删除或局部处理,提高数据的利用率和模型的鲁棒性。经过数据特征衍生后的OD流量特征表如表1所示。

OD流量特征表   表1

序号	特征	特征描述
1	year	年份
2	month	月份
3	day	该月的第几天
4	weekdays	是否为工作日
5	dayofw	该周的第几天
6	dayofy	该年的第几天
7	quarter	季度
8	hour	该天的第几个小时
9	minute	该小时的第几分钟
10	period_5	该天第几个5min段内
11	period_15	该天第几个15min段内
12	day_part	凌晨、早晨、上午、中午、下午、傍晚、晚上、深夜
13	season	季节

2 模型的建立与评价

2.1 XGBoost

XGBoost(Extreme Gradient Boosting)是一种高效、灵活和准确的梯度提升决策树框架,广泛应用于回归预测和分类等机器学习任务中。XGBoost基于原始梯度提升机(GBM)的构想,同时引入许多创新的改进机制,是Boosting算法的一种实现方式。其核心思想是串联多个弱预测模型(常用决策树)以逐步改善整体预测性能。每一轮迭代都在前一轮的基础上调整模型,从而构建更强大的学习者,通过优化损失函数来使残差最小化,它采

用多个基学习器,每个基学习器都比较简单,并且通过引入正则化方法,如正则项、剪枝等来防止过拟合问题。XGBoost 具有出色的性能,主要得益于两项关键的创新。首先,它采用了一种基于特征的列块压缩算法,将稀疏数据结构转化为稠密数据结构,从而可以进行高效的并行计算。其次,XGBoost 利用一阶和二阶导数对损失函数进行二次近似,提供了更强大的凸优化框架,以改善模型的收敛速度和精确性。此外,XGBoost 还具有一些其他重要的特性。例如,它支持自定义损失函数,允许用户根据特定问题的需求进行个性化定制。XGBoost 还提供了特征重要性评估、模型解释性和并行计算等实用功能,方便了对模型性能和特征贡献的理解和分析。

假设数据集中有 n 个样本,其中独立变量为 x_i,每一个变量对应有 m 个特征和因变量 y_i,那么有 $x_i \in R_m, y_i \in R$。

$$y_i^0 = 0$$

$$y_i^1 = f_1(x_i) = y_i^0 + f_1(x_i)$$

$$y_i^2 = f_1(x_i) + f_2(x_i) = y_i^1 + f_2(x_i)$$

自变量 x_i 和 k 个函数预测因变量被用于树的集合模型中,如下所示:

$$y_i^t = y_i^{t-1} + f_t(x_i) = \sum_{k=1}^{t} f_k(x_i) \quad (f_k \in F)$$

式中:f_k——具有叶分值的独立的树结构;
　　　F——树的空间。
目标函数如下所示:

$$\mathrm{Obj}(\theta) = L(\theta) + \Omega(\theta) = \sum_i l(y_i, y_i^t) + \sum_k \Omega[f_k(x_i)]$$

式中:l——损失函数;
　　　Ω——惩罚模型的复杂系数。

另外,XGBoost 的复杂程度包含两个重要的部分,一是树中叶子节点的个数 T,二是树上叶子节点的得分 ω 的 L2 模平方。对 ω 进行 L2 正则化,相当于针对每个叶节点的得分增加 L2 平滑,目的是为了避免过拟合:

$$\Omega(f_k) = \gamma T + \frac{1}{2} \varphi \|\omega_i\|^2$$

式中:T——决策树叶节点数目;
　　　ω_i——第 i 个决策树叶节点得分。

$$g_i = \partial_{y_i^{t-1}} l(y_i, y_i^{t-1})$$

$$h_i = (\partial_{y_i^{t-1}})^2 l(y_i, y_i^{t-1})$$

令:

$$G_j = \sum_{i \in I_j} g_i, H_j = \sum_{i \in I_j} h_i$$

则目标函数转化为:

$$\mathrm{Obj}^t = \sum_{j=1}^{T} G_j \times \omega_j + \frac{1}{2} (H_j + \lambda) \times \omega_j^2 + \lambda T$$

对目标函数求导得到:

$$\omega^* = -\frac{G_j}{H_j + \lambda}$$

将 ω^* 代入目标函数中,得到结构分数:

$$\mathrm{Obj}^t = -\frac{1}{2} \sum_{j=1}^{T} \frac{G_j^2}{H_j + \lambda} + \lambda T$$

2.2　模型参数设置

对于模型训练,选取 80% 数据进行训练,20% 进行模型测试,本文使用了 XGBoost 包的分类器和 Scikit-learn 库。经过交叉验证后选择的最优超参数值如表 2 所示。

模型训练参数　　　　　　　表 2

模型训练参数	值
Max_depth	3
Min_child_weight	5
Gamma	0
Subsample	0.6
Colsample_bytree	0.6
Objective	Squarederror
Lambda	0
Eta	0.05
Seed	27
Booster	Gbtree

表 2 中,Booster 表示指定学习算法的类型,这里设置为"Gbtree",表示使用基于树的模型。Max_depth 表示每棵树的最大深度,树的深度较大会使模型更复杂,可以学到更多复杂的关系,但是深度过大容易导致过拟合。Min_child_weight 用来定义叶节点上所有样本权重之和的最小值,用于控制

叶节点的分裂,较大的值能够防止过拟合。Gamma 表示控制叶节点分裂的条件,只有当分裂后损失函数的减少大于 Gamma 时,才允许分裂,Gamma 值较大可以保守地进行分裂。Subsample 表示训练每棵树时使用的样本的比例,范围在(0,1]之间,较小的值使模型更加保守,可防止过拟合。Colsample_bytree 表示训练每棵树时使用的特征的比例,范围在(0,1]之间,较小的值使模型更加保守,可防止过拟合。Objective 表示指定学习任务的目标函数,这里设置为 Squarederror,表示回归问题,使用均方误差作为损失函数。Lambda 表示控制模型复杂度的 L2 正则化权重,较大的值使模型更加保守。Eta 表示学习率,即每一步权重调

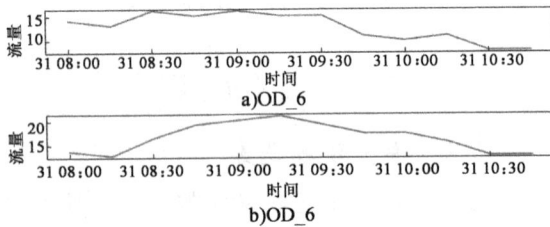

整的大小,较小的值可以使模型更加保守,缓解过拟合问题。Seed 表示随机种子,用于伪随机数生成,如果设置了相同的值,将会得到可复现的结果。

2.3　模型输出

模型在测试集上的误差表现如表 3 所示,计算所有 OD 对在预测时段内的平均绝对百分比误差(MAPE)指标,由于部分 OD 对的交通流量值较小且存在大量 0 值,选取交通流量较大的 OD_6 和 OD_8 进行结果对比展示,2023 年 8 月 31 日 8:00 至 11:00 OD_6 和 OD_8 的流量预测值与真实值对比如图 1、图 2 所示。

图 1　OD_6 和 OD_8 的流量预测结果

图 2　OD_6 和 OD_8 的流量真实值

结果显示 OD_6 和 OD_8 预测值和真实值基本吻合,且存在同样的早高峰出行趋势,说明 XGBoost 对于流量数据的特征捕捉效果较为优秀。

各 OD 对预测误差　　　　　　　　　　　表 3

预测范围	15min 粒度下高峰小时预测误差 MAPE(%)	预测范围	15min 粒度下高峰小时预测误差 MAPE(%)
OD_0	20.04	OD_5	11.03
OD_1	18.40	OD_6	9.13
OD_2	10.47	OD_7	12.92
OD_3	14.64	OD_8	12.85
OD_4	18.49	OD_9	18.49

3　结果与分析

3.1　误差分析

MAPE(Mean Absolute Percentage Error)是衡量预测精度的一种常用指标,它用于度量实际值与预测值之间的平均百分比误差。MAPE 在时间序列预测分析中被广泛使用,与其他评价指标相比,MAPE 以百分比的形式表示预测误差,更容易理解和解释。它可以提供预测误差相对于实际值的大小,使决策者更容易识别误差的影响程度。

同时,MAPE 对实际值的规模不敏感,适用于各种不同范围的数据集,它可以同时处理小值和大值,并提供对预测准确性的全局评估。因此本研究选用 MAPE 作为评价指标。

$$MAPE = \frac{100\%}{n} \sum_{i=1}^{n} \left| \frac{\tilde{y}_i - y_i}{y_i} \right|$$

式中:$\tilde{y}_i$——预测流量;

　　　y_i——真实流量;

　　　n——测试集样本量。

3.2 特征重要性分析

根据特征重要性结果图(图3)可知,对检测路段交通流量影响较大的特征为5min时段特征和天数特征,这与实际情况相符,交通流量在上下班期间存在明显的峰值,在早晚存在对称性,夜间道路交通流量存在明显下降趋势。交通流量与是否为工作日关系较小,表明该路段交通量较为稳定。

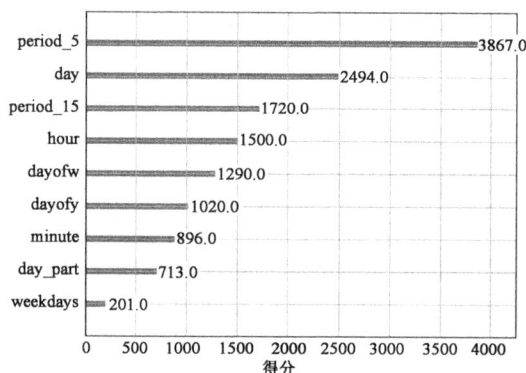

图3 特征重要性

4 结语

本文研究了城市道路交通流量OD需求预测问题,通过对无锡市滨湖区某路口流量进行处理得到10个OD对的时间序列流量数据,利用XGBoost模型对全路段未来短时间的动态分布进行了预测,结果表明,XGBoost模型能够较为准确学习流量变化规律,实现小粒度高精度的短时城市OD交通流量预测。预测数据可为政府部门决策以及网约车平台等提供数据依据与商业价值,帮助从业人员及时掌握路段交通需求的动态变化,但OD区域的划分方式不同,会导致某些OD区域的流量值较小,实际值和预测值都出现大量的0值,对预测效果造成负面影响。因此可以进一步改进OD区域的划分或者对不同类型的OD区域采取不同的处理模式,进一步提升模型的精度和泛化能力。本文为进一步使用机器学习方法进行城市道路交通状态预测的网络框架设计以及实时交通预测分析平台的设计奠定了良好的基础。

参考文献

[1] CHIOU Y C. An artificial neural network-based expert system for the appraisal of two-car crash accidents[J]. Accident Analysis & Prevention, 2006,38(4):777-785.

[2] ZENG Q,HUANG H L. A Stable and Optimized Neural Network Model for Crash Injury Severity Prediction [J]. Accident Analysis and Prevention,2014,73:35-81.

[3] KIDANDO E, REN M, OZGUVEN E E, et al. Evaluating Traffic Congestion Using the Traffic Occupancy and Speed Distribution Relationship: An Application of Bayesian Dirichlet Process Mixtures of Generalized Linear Model[J]. 交通科技期刊(英文),2017,3:7.

[4] PARSA A B,MOVAHEDI A,TAGHIPOUR H, et al. Toward safer highways, application of XGBoost and SHAP for real-time accident detection and feature analysis[J]. Accident Analysis & Prevention,2020,136:105.

[5] 陈喜群,周凌霄,曹震.基于图卷积网络的路网短时交通流预测研究[J].交通运输系统工程与信息,2020,20(4):7.

[6] 杜圣东,李天瑞,杨燕,等.一种基于序列到序列时空注意力学习的交通流预测模型[J].计算机研究与发展,2020,57(8):14.

基于通道注意力机制的深度强化学习车辆跟踪算法

王金龙* 李洋洋

(长安大学信息工程学院)

摘 要 针对深度学习车辆跟踪算法在复杂场景中由于背景杂乱、光照变换、运动模糊、物体相似等因素导致跟踪漂移的问题,提出了一种基于通道注意力机制的深度强化学习车辆跟踪算法。首先,采用 Actor-Critic 框架对车辆跟踪问题进行建模，其中 Actor 网络根据当前跟踪状态做出动作决策，Critic 网络则对动作进行反馈打分以指导 Actor 网络优化跟踪策略；其次，在特征提取阶段引入通道注意机制来提升卷积特征的表征能力。实验结果表明，所提的算法在公开数据集 OTB100 上精度和成功率分别达到了 89.4% 和 67.3%，性能超越其他主流跟踪器；对 OTB100 数据集中车辆视频序列进行可视化与分析，所提算法具有更稳定的跟踪性能，能够有效应对背景复杂、光照变化、运动模糊、物体相似等多种复杂场景。

关键词 车辆跟踪 强化学习 注意力机制

0 引言

随着智慧交通系统的快速发展，车辆跟踪技术在交通管理、公共安全等领域得到了广泛的应用，是保护城市安全、跟踪与抓捕违规逃逸车辆的有效手段，为城市交通顺畅提供了有效措施。因此基于视频的车辆跟踪方法也成为近年来的研究热点。虽然现在已有大量研究，但仍然存在很多问题亟待解决，例如雨雪雾极端天气、夜晚等会导致局部遮挡、背景杂乱、光线变换等诸多难以跟踪的问题。如何设计一个针对复杂的场景的鲁棒、实时的车辆跟踪算法仍然具有很大的挑战。

图像的外观模型[1]已经从强度模板、颜色直方图和稀疏特征发展到了由卷积神经网络提取的深度特征。在图像分类任务上预先训练的卷积神经网络已经被证明在跟踪任务中同样有效。由卷积生成的特征表示具有很强的判别能力，被广泛用于在视频序列中定位目标。但当跟踪目标所在场景复杂时，会导致模型漂移或目标丢失。单纯使用深度网络提取特征还不足以满足跟踪任务的需求，需要进一步增强模板的表征能力，并且在提升跟踪精度的同时保证算法具有较高的跟踪速度。

深度强化学习是一种通过与环境不断交互、试错并获得奖励的过程，以学会选择行动来最大化累积奖励，从而得到解决问题的最佳策略。随着人们对深度强化学习的不断研究和发展，基于深度强化学习的目标跟踪方法大量涌现。Yun 等人[2]率先提出顺序性跟踪动作控制的目标跟踪方法 ADNet（Action-Decision Network），用于学习寻找目标位置和大小的良好离散动作策略；Chen 等人[3]提出了基于"Actor-Critic"框架的实时跟踪器 ACT（Actor-Critic Tracker），在连续动作空间中推测最佳选择动作；Matteo 等人[4]提出了一种利用强化学习和专家智能体演示进行学习的目标跟踪算法。这些算法的核心思想为将目标搜索过程视为序贯决策问题。但由于以上算法均采用较浅的深度神经网络作为状态观测网络，存在特征表示不足的问题，进而导致在尺度变化、遮挡、背景相似等场景下目标丢失、跟踪漂移等问题。

为了解决以上问题，提出了一种基于通道注意力机制的深度强化学习车辆跟踪算法。采用 Actor-Critic 强化学习算法，Actor 网络根据当前跟踪状态在连续动作空间中做出动作决策，Critic 网络根据 Actor 的动作进行反馈打分，Actor 网络再根据反馈调整策略；在特征提取阶段，引入轻量级通道注意力机制让跟踪器更专注于目标本身，抑制其余的无用背景信息，进而提高特征的表征能力，显著提升跟踪器的跟踪性能。在训练阶段，采用两阶段式训练方法，分别为初始监督学习阶段和基于异步优势行动者评论家算法 A3C[5] 的微调阶段。

1 本文算法

算法有两张输入图像，分别为上一时刻图像 F_{t-1} 和当前时刻图像 F_t。整体框架由三部分组成：改进的状态观测网络、特征融合网络、Actor-Critic 网络。改进的状态观测网络采用嵌入通道注意力机制后的 ResNet18 网络对输入的图像提取特征；特征融合网络将提取到的特征进行拼接并进行特征融合与增强；Actor 网络根据当前环境的状态做出动作决策，Critic 网络则根据动作进行反馈打分。本文算法的整体框架图如图 1 所示。

1.1 马尔可夫决策过程

我们将视觉跟踪问题看作是一个序贯决策问题，算法遵循马尔可夫决策过程。跟踪器被视为一个智能体，预测每帧中跟踪目标的边界框。智能体通过一系列的状态观察 $s_1, s_2, \cdots, s_t$、动作 $a_1, a_2, \cdots, a_t$ 和奖励 $r_1, r_2, \cdots, r_t$ 与环境进行交互。状态 $s \in S$、动作 $a \in A$、状态转移函数 $s' = f(s, a)$ 和奖励 $r(s, a)$ 的详细设置如下。

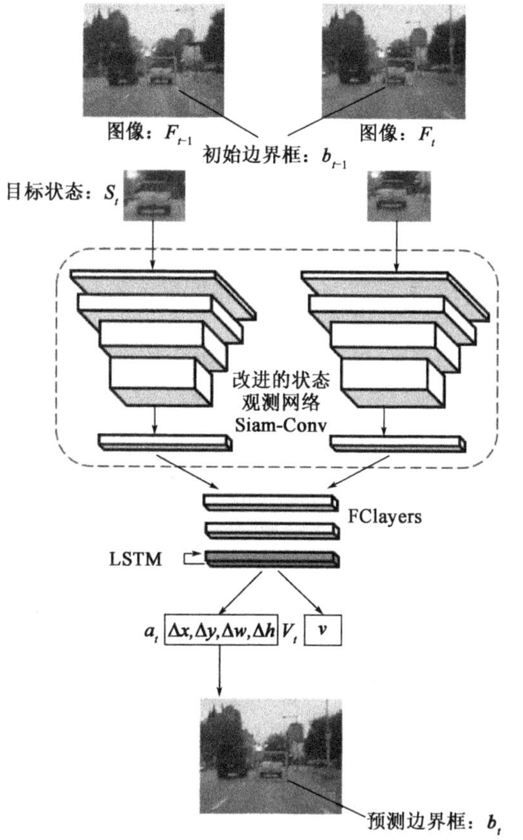

图1　整体框架

（1）目标状态。边界框 $b = [x, y, h, w]$，分别表示中心位置、高度和宽度。状态 s_t 被定义为使用边界框 b_{t-1} 裁剪前后两帧 F_{t-1}、F_t 所获得的一对图像块。具体来说，状态 $s_t = \rho(b_{t-1}, \mu, F_{t-1}, F_t)$，其中 $\rho(\cdot)$ 表示为裁剪函数，根据边界框 $b'_{t-1} = [x_{t-1}, y_{t-1}, \mu h_{t-1}, \mu w_{t-1}]$ 对 F_{t-1} 和 F_t 进行裁剪。其中，边界框 b'_{t-1} 位于与 b_{t-1} 相同的中心位置，但高度和宽度放缩了 μ 倍。

（2）动作。动作空间被假设为连续的，动作 $a_t = [\Delta x_t, \Delta y_t, \Delta w_t, \Delta h_t]$，用来描述被跟踪目标的相对运动及变化，包括目标中心点的相对偏移量以及宽度和高度的相对比例变化。

（3）状态转移。由函数 $\psi(\cdot)$ 可将相对动作 a_t 转换为其对应边界框 b_t，计算方式如式（1）所示。当获得预测的新边界框 b_t 时，通过使用裁剪函数 $\rho(b_t, \mu, F_t, F_{t+1})$，状态 s_t 将会转移到新的状态 s_{t+1}。

$$\psi(a_t, b_{t-1}) = \begin{cases} x_t = x_{t-1} + \Delta x_t \cdot w_{t-1} \\ y_t = y_{t-1} + \Delta y_t \cdot h_{t-1} \\ w_t = w_{t-1} + \Delta w_t \cdot w_{t-1} \\ h_t = h_{t-1} + \Delta h_t \cdot h_{t-1} \end{cases} \quad (1)$$

（4）奖励。奖励函数 $r(s_t, a_t)$ 表示在状态 s_t 处采取的动作 a_t 获得的即时收益。奖励的定义基于预测框 b_t 和真实框 g_t 之间的 GIoU（Generalized Intersection over Union）度量，计算方式如式（2）所示。

$$GIoU(b_t, g_t) = \frac{|b_t \cap g_t|}{|b_t \cup g_t|} - \frac{|c_t - (b_t \cap g_t)|}{|c_t|} \quad (2)$$

式中：c_t——两个子框的最小外接矩形框。GIoU 是对传统的 IoU（Intersection over Union）的改进，旨在提供更准确和稳健的框重叠度量。

在每个时刻 t，奖励被定义为：

$$r(s_t, a_t) = \begin{cases} GIoU(b_t, g_t) & (GIoU(b_t, g_t) \geq T) \\ -1 & (其他) \end{cases}$$
$$(3)$$

式中：T——GIoU 的阈值。GIoU 的取值范围为 $(-1, 1)$，可以更好地扩大差异性。

1.2　注意力机制

为增强网络对车辆跟踪的精度和鲁棒性，本文在状态观测网络 ResNet18 的残差块中引入了通道注意力机制提取特征，该机制可以利用各通道之间的相关性来抑制无关的背景特征，增强关注的目标特征。引入通道注意力机制的残差块如图2所示。

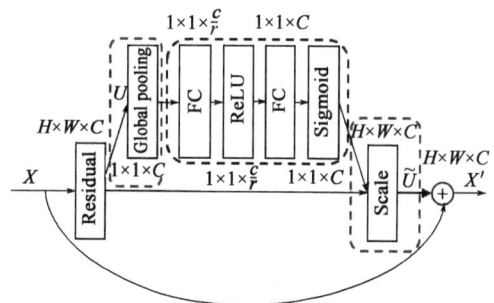

图2　引入通道注意力机制的残差块

可见通道注意力机制可以分为压缩（Squeeze）、激发（Excitation）、特征缩放（Scale）三个操作。

（1）压缩操作。给定残差特征信息 $U \in \mathbb{R}^{H \times W \times C}$，其公式为：

$$Z_c = F_{sq}(U_c) = \frac{1}{H \times W} \sum_{i=1}^{W} \sum_{j=1}^{H} U_c(i, j) \quad (4)$$

式中：F_{sq}——压缩操作；

　　　H、W——特征图的高和宽；

　　　$U_c(i,j)$——第 C 个通道的第 (i,j) 个元素；

　　　Z_c——采用全局池化(global pooling)将高宽为 (H,W) 的第 C 个通道的特征压缩成一个通道权重。

(2)激发操作，其公式为：

$$S = F_{ex}(Z,W) = \sigma_2[W_2\sigma_1(W_1Z)] \quad (5)$$

式中：F_{ex}——激发操作；

　　　σ_1——Sigmoid 激活函数；

　　　σ_2——ReLU 激活函数；

　　　W_1、W_2——放缩比例为 r 的通道下采样和上采样。

(3)特征缩放操作，其公式为：

$$\widetilde{U}_c = F_{scale}(U_c,S_c) = S_cU_c \quad (6)$$

式中：F_{scale}——特征放缩操作；

　　　U_c——通过特征放缩的残差特征信息 X 的第 C 个通道；

　　　S_c——第 C 个通道的注意力权重。

综上，在通道注意力机制中首先通过压缩操作将给定的残差特征信息进行降维，得到每个通道所对应的权重；接着通过激发操作学习每个通道之间依赖关系，并过滤掉权重较低的无关信息；最后进行特征缩放操作，动态调整原始特征图每个通道的重要性。

1.3　模型训练策略

我们提出一种新的两阶段训练方式，包括初始监督学习阶段和强化学习微调阶段。

(1)监督学习阶段，Actor 通过观察当前状态执行动作 a_t 和获得奖励 r_t 来与环境交互，其与环境交互的最大步骤为 t_{max}。在每个 t_{max} 步骤，利用 L_{SL} 损失函数的梯度更新模型权重 θ，其计算过程如式(7)所示。

$$L_{SL} = \sum_{t=1}^{t_{max}} |a_t - \phi(g_t, b_{t-1})| \quad (7)$$

式中：$\phi(g_t,b_{t-1})$——移动 b_{t-1} 获得真实框 g_t 的实际动作。

在强化学习微调阶段时，模型可以在此基础上建立更优的跟踪策略，从而减少了随机探索的过程并且可以相应地加快学习过程。

(2)强化学习微调阶段，采用异步优势行动者评论家算法 A3C 来微调网络。在每个时间步 t，Actor 从正态分布 $N(\mu,\sigma)$ 中随机采样动作 a'_t，其中 $\mu = a_t = s_\pi(s_t|\theta')$ 为预测动作，$\sigma = |s_\pi(s_t|\theta') - \phi(g_t,b_{t-1})|$ 为预测动作与通过移动 b_{t-1} 获得真实框 g_t 的动作之间差的绝对值。Actor 网络的损失函数 L_π 如式(8)所示：

$$L_\pi = -\frac{1}{t_{max}}\sum_{i=1}^{t_{max}} \log s_\pi(s_i|\theta') A_\pi(s_i|\theta') \quad (8)$$

式中：$\log s_\pi(s_i|\theta')$——策略梯度，由正态分布 $N(\mu,\sigma)$ 可得；

　　　$A_\pi(s_i|\theta')$——衡量在某个状态下执行某个动作相对于期望累积奖励的优越性，其计算过程如式(9)所示：

$$A_\pi(s_i|\theta') = r_i + \gamma s_v(s_{i+1}|\theta') - s_v(s_i|\theta') \quad (9)$$

Critic 用来拟合价值函数 $v_t = s_v(s_t|\theta)$，预测由 s_t 到交互结束期间获得的累积奖励值。Critic 网络的损失函数 L_v 如式(10)所示：

$$L_v = \frac{1}{t_{max}}\sum_{i=1}^{t_{max}}\frac{1}{2}[R_i - s_v(s_i|\theta')]^2 \quad (10)$$

式中：R_i——累积折扣奖励，引入了折扣因子 γ 来衡量未来奖励的重要性。其计算过程如式(11)所示：

$$R_i = \sum_{k=1}^{i}\gamma^{k-1}r_k \quad (11)$$

总体来说，在每个 t_{max} 步骤，利用整体损失函数 L_{rl} 来梯度更新模型的共享权重 θ，如式(12)所示：

$$L_{rl} = L_\pi + L_v \quad (12)$$

2　实验结果与分析

2.1　实验环境及设置

实验中使用的 GPU 配置为：2 × NVIDIA GeForce GTX 1080Ti，显存为 12GB。CPU 配置为：Intel(R) Core(TM) i7-11700，主频为 2.5GHz，内存为 16GB。所使用操作系统为 Ubuntu22.04，深度学习框架为 Pytorch 1.8.1。

本实验在 GOT-10[6] 数据集上进行训练，视频序列以 32 帧为一组进行处理，缩放因子 μ 被设置为 1.5，最大探索步长 t_{max} 为 5，阈值 T 为 0.5，折扣率 γ 为 1。由于硬件设备的限制，两个显卡上最多可以部署 6 个独立智能体。使用 Radam 优化器进行优化,初始学习率设置为10^{-6},权重衰减系数设置为10^{-4},训练40000回合(episode)直至收敛。

2.2 评估指标

为了验证本文算法的性能,将在OTB-100[7]公开数据集上来评估算法跟踪性能。采用两个主要评价指标来衡量算法的目标跟踪性能。成功率(AUC):表示预测框和真值框之间的重叠率大于设定阈值的帧数占所有帧数的百分比。精准度(Precision):衡量预测框中心点和真值框中心点的像素差值小于设定阈值的帧数占所有帧数的百分比。

2.3 实验分析

2.3.1 定量分析

为了验证提出方法的性能,我们将ADNet、ACT、SiamRPN[8]、SRDCF[9]、Stable[10]、SiamFC[11]和A3CTD[4]七种已被证明取得优秀跟踪效果的方法作为对比方法。SiamRPN、SiamFC为基于孪生

神经网络的跟踪器,ADNet、ACT和A3CTD为基于强化学习的跟踪器,Staple和SRDCF是使用注意力机制的跟踪器。采用一次性评估(OPE)方法,在整个视频序列中进行跟踪。

在OBT-100数据集上的对比结果如表1所示,第一名的结果进行了加粗,第二名采用下划线,第三名采用虚线。我们提出的方法取得了优秀的跟踪性能,优于其他跟踪器、图3为成功率对比图,反映边框重叠率大于给定阈值的视频帧的百分比曲线。图4为精准度对比图,反映中心位置误差小于给定阈值的视频帧的百分比曲线。我们的算在所有方法中取得了最好的成绩。相比与ADNet,我们提出的方法在成功率、精准度和速度方面都取得了一定的成功,成功率高于其0.009,精准度高于其0.007,跟踪速度提升了10倍有余。与同样是采用Actor-Critic算法的ACT相比,得益于通道注意力机制和训练策略的不同,所提出的跟踪器在成功率和精准度提高到0.655和0.887。

8种算法在OBT100数据集上的对比结果 表1

算法	成功率	精准度	跟踪速度
ADNet	0.646	0.880	3
SiamRPN	0.637	0.851	**160**
ACT	0.625	0.859	30
SRDCF	0.598	0.789	5
SiamFC	0.586	0.772	86
Staple	0.578	0.783	80
A3CTD	0.535	0.717	25
Ours	**0.655**	**0.887**	34

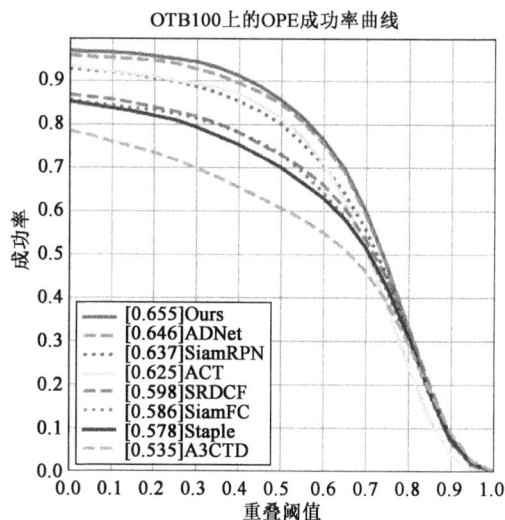

图3 成功率对比图

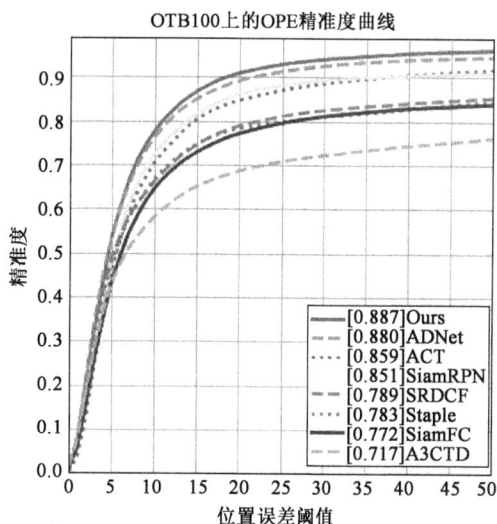

图4 精准度对比图

2.3.2　定性分析

为了验证所提算法在车辆跟踪任务中的性能,图5给出4种不同算法在OTB100数据集上不同场景的车辆视频序列进行测试对比。分别为背景复杂与光线昏暗、视频模糊与相似物体、尺度变化与遮挡场景。

a)背景复杂与光照昏暗

b)视频模糊与相似物体

c)尺度变化与遮挡

—— Ours　　　SiamRPN　　　—— ADNet

图5　定性分析对比图

（1）背景复杂与光线昏暗:在CarDark视频序列中,由于光线昏暗、以及杂光的干扰,SiamRPN发生错误定位,ADNet存在跟踪精度偏失的问题,而本文的算法依旧可以保持目标的精准定位,如图5a)所示。

（2）视频模糊与相似物体:在BlueCar2视频序列中,由于存在于跟踪车辆相似的车辆,SiamRPN跟踪效果欠佳;由于相机抖动产生的视频模糊,SiamRPN同样跟踪失败。在这两种情况中采用强化学习策略的跟踪算法ADNet和本文的算法均可很好地保持跟踪目标,如图5b)所示。

（3）尺度变化与遮挡:在CarScale视频序列中,车辆在行驶中常常伴有大尺度变换以及杂物的遮挡。面对尺度变化与遮挡情况,ADNet存在一定的定位偏差,而SiamRPN和本文均可持续精确定位被跟踪车辆,具有良好的鲁棒性,如图5c)所示。

3　结语

本文提出了一种基于注意力机制的深度强化学习目标跟踪算法。采用Actor-Critic框架对出车辆跟踪问题进行建模;通过引入通道注意力机制增强骨干网络特征表达能力,为后续的动作决策提供可靠的特征信息。定量和定性实验表明,相比ADNet、SiamRPN、ACT、等主流算法,本文方法具有最先进的跟踪性能,能够对抗车辆跟踪领域中背景复杂、模糊、相似物体、遮挡、光线昏暗、车辆尺度变换与旋转等多种常见问题。

参考文献

[1] LI X, HU W, SHEN C, et al. A survey of appearance models in visual object tracking [J]. ACM transactions on Intelligent Systems and Technology (TIST), 2013, 4(4): 1-48.

[2] YUN S, CHOI J, YOO Y, et al. Action-decision networks for visual tracking with deep reinforcement learning[C] // Proceedings of the IEEE conference on computer vision and pattern recognition. 2017: 2711-2720.

[3] CHEN B, WANG D, LI P, et al. Real-time' actor-critic' tracking[C] // Proceedings of the European conference on computer vision (ECCV). 2018: 318-334.

[4] DUNNHOFER M, MARTINEL N, LUCA F G, et al. Visual tracking by means of deep reinforcement learning and an expert demonstrator[C] // Proceedings of The IEEE/ CVF international conference on computer vision workshops. 2019.

[5] BABAEIZADEH M, FROSIO I, TYREE S, et al. Reinforcement learning through asynchronous advantage actor-critic on a gpu [J]. Preprint arXiv, 2016:1611.

［6］ RUSSAKOVSKY O, DENG J, SU H, et al. ImageNet Large Scale Visual Recognition Challenge ［J］. International Journal of Computer Vision, 2015, 115(3): 211-252.

［7］ BHAT G, DANELLJAN M, GOOL L V, et al. Learning discriminative model prediction for tracking［C］// Proceedings of the IEEE/CVF international conference on computer vision. 2019: 6182-6191.

［8］ LI B, YAN J, WU W, et al. High performance visual tracking with siamese region proposal network ［C］ // Proceedings of the IEEE conference on computer vision and pattern recognition. 2018: 8971-8980.

［9］ DANELLJAN M, HAGER G, SHAHBAZ K F, et al. Learning spatially regularized correlation filters for visual tracking［C］// Proceedings of the IEEE international conference on computer vision. 2015: 4310-4318.

［10］ BERTINETTO L, VALMADRE J, GOLODETZ S, et al. Staple: Complementary learners for real-time tracking ［C］ // Proceedings of the IEEE conference on computer vision and pattern recognition. 2016: 1401-1409.

［11］ BERTINETTO L, VALMADRE J, HENRIQUES J F, et al. Fully-convolutional siamese networks for object tracking［C］// Computer Vision-ECCV 2016 Workshops: Amsterdam, The Netherlands, October 8-10 and 15-16, 2016, Proceedings, Part II 14. Springer International Publishing, 2016: 850-865.

基于智能网联道路感知数据的车辆运行轨迹还原系统

田希雅* 于 壮

(天翼交通科技有限公司)

摘 要 在智能网联道路和数字化交通基础设施大力发展的背景下,本文构建了基于智能网联道路感知数据的车辆运行轨迹还原系统,旨在满足城市交通管理和安全监管需求,通过实际项目验证了其有效性。文章详细介绍了六层系统架构,重点关注智能感知数据的多样特征和安全隐私。通过苏州高铁新城项目案例展示了系统成功应用,系统车辆追踪综合准确率达到95%以上,呈现了实时追踪和历史轨迹还原的效果。总体而言,该系统在提高交通管理、安全性和导航方面表现出显著效果,但仍需应对技术挑战,包括提高实时性和准确性、强化安全隐私保护以及增强可扩展性。未来的研发将推动智能网联道路系统更加安全和可靠的发展。

关键词 智能网联　智慧道路　感知体系　车辆追踪　轨迹还原

0 引言

《国家综合立体交通网规划纲要》提出全方位布局交通感知系统,推进交通基础设施数字化、网联化,实现"双智协同";《"十四五"全国城市基础设施建设规划》明确提出建设泛在先进的智慧道路基础设施,推进面向车城协同的道路交通智能感知设施系统建设[1]。智能网联道路作为道路交通智能感知设施系统建设的载体,旨在通过感知、通信和决策等技术手段,实时信息共享、智能信号控制和协同行驶,提高交通效率、减少交通拥堵、降低能源消耗和排放,提升交通事件检测效率[2-3],同时为城市规划与管理[4]、交通监控与预测[5]提供科学支持。它不仅提升了出行体验,还是未来智慧城市构建[6]中不可或缺的组成部分,为城市交通的可持续发展奠定了基础。

为了满足现代城市交通管理、安全和导航等多方面需求,需要实时还原车辆运行轨迹,以优化提升交通效率,为事故调查提供依据,实现智能导航与路径规划,并为车辆安全与保险业提供个性化服务。然而,实现车辆运行轨迹的需求面临一系列技术挑战。传统方法多利用装有车载 GPS 装置的车辆所产生的实时定位数据来拟合车辆的行驶路径。但对于城市庞大的汽车保有量来说,装有 GPS 设备的车辆比重相对较小,无法做到对每一辆车的实时追踪[7-9]。

本文的创新性体现在基于智能网联道路感知数据[10]能够解决车辆轨迹还原存在问题。通过利用多种传感器产生的感知数据,能够实时而准确地还原车辆的运行轨迹,从而优化交通流、提高道路使用效率,为事故调查提供准确信息,预防潜在交通危险。在提供有效数据的同时也关注隐私保护与安全,基于智能网联道路感知数据能够还原车辆轨迹,推动城市交通向更为安全、智慧、高效的方向发展。

1 智能网联道路感知数据特征

智能感知是智能网联道路的核心部分,通过构建满足不同成本约束范围下的"多种类传感器,多组合使用"分级感知体系,能够输出支撑不用应用场景的感知数据服务。

1.1 智能网联道路分级感知体系

按照国内智能驾驶与智慧化交通应用需求,可以将智能网联道路感知体系分为三级,分别是全息赋能道路、智能服务道路和网联式交互道路。

(1)全息赋能道路通过组合激光雷达、补盲雷达和高清相机等设备,提供高精度融合感知及厘米级定位数据,支持在交通对象密集、交通态势复杂、交通流量较大的区域开展高级别自动驾驶辅助服务,并提供精细化交通信息统计服务。

(2)智能服务道路通过毫米波雷达和高清相机等设备组合,提供融合感知及分米级定位数据,支持在各类城市道路、城际公路上开展通用智能驾驶辅助服务、交通信息统计与管理服务。

(3)网联式交互道路主要以高清相机设备为主,提供单传感器感知数据,支持各类城市道路、城际公路上开展通用道路安全信息提示服务、交通信息统计与管理服务。

1.2 感知数据特征分析

智能网联道路感知数据具有多样的特征,这些特征有助于实现对交通环境的全面感知和理解。通过整合来自不同传感器和通信模式的数据,实现多模态融合,以提高对复杂交通环境的理解和感知精度。主要特征包括实时性、多源性、高精度、位置信息、目标识别与分类、环境参数。除此之外感知数据具有安全性和隐私保护特征,确保感知数据传输和存储的安全,防范潜在的网络攻击和数据泄露。

2 架构设计

车辆行驶轨迹还原系统架构分为6层,分别是基础设施层、感知融合层、基础架构层、核心计算层、应用服务层和用户层(图1)。

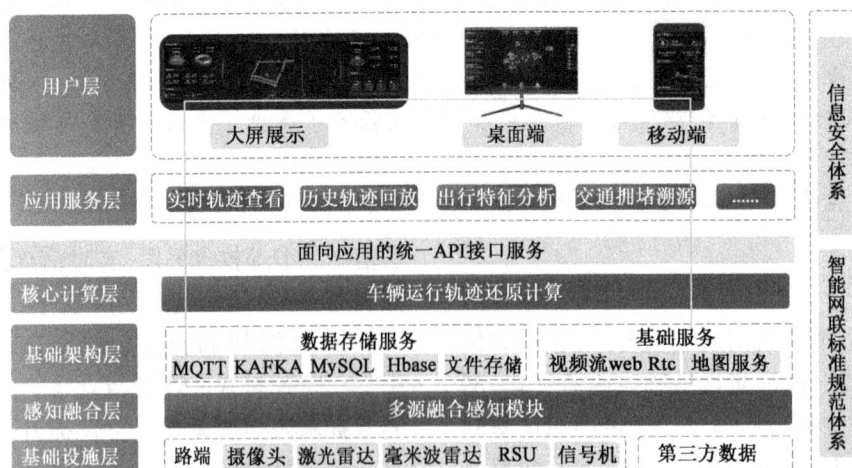

图1 系统整体架构设计图

(1)基础设施层。
智能网联道路的道路基础设施[11]层主要由
路侧感知设备、交通信号灯、网络通信设施和高精定位设备等软硬件基础设施构成。其中,路侧感知设备包括高清摄像头、激光雷达、毫米波雷达、气象传感器等。

（2）感知融合层。

智能网联道路的感知融合层分为各传感器原始数据接入、数据融合、基于人工智能和机器学习的多目标检测与跟踪等。

通过将不同类型的传感器数据整合在一起，包括摄像头、激光雷达、毫米波雷达等，以获取更全面和准确的环境感知信息。将来自不同传感器的数据进行融合，采用融合算法来生成更为综合、可靠的环境感知结果。使用机器学习和深度学习技术，对感知数据进行实时分析和学习，以改善对复杂交通状况的理解和预测，提高系统的智能化水平。利用计算机视觉技术，实时识别和跟踪道路上的车辆、行人、自行车等目标，提供准确的位置和运动信息。

（3）基础架构层。

智能网联道路基础架构层是一个由多个关键组件构成的基础架构，用于存储、处理和管理大规模数据。包括分布式文件系统、分布式计算框架、数据管理与存储系统、关系型数据库和NoSQL数据库、数据仓库系统、数据集成与ETL工具。这些组件协同工作，包括批处理、实时流处理和机器学习，支持智能网联道路多种应用场景，本文介绍的车辆运行轨迹还原系统是其中的一类应用场景。

智能网联道路基础架构层还包括高精度地图和高精度定位两个重要的基础服务能力。高精度地图的地理信息数据和车道级别信息是进行多目标分类检测与追踪的基础。高精度定位服务通过融合卫星定位、惯性导航和视觉传感器等多源数据，实现对交通参与者的高度准确和实时追踪，支持车辆轨迹追踪与还原的可靠性和精准性。

基础架构层的存储计算技术架构见图2。

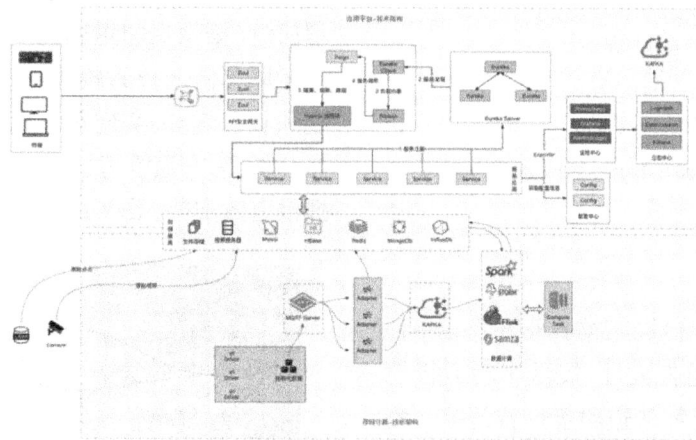

图2　技术架构

（4）核心计算层。

本应用系统的核心计算层主要是基于智能网联道路的多目标分类检测与追踪结果实现机动车的长距离追踪与轨迹还原。

利用上文感知融合层输出的目标分类检测与追踪结果，将目标的运动轨迹进行建模，形成每辆车辆的运行轨迹序列。这可以通过在一定时间间隔内记录车辆的位置信息，得到车辆的运动轨迹。利用建立的轨迹序列，通过插值、拟合等数学方法，对车辆在长距离上的运动轨迹进行还原。整个技术流程通过结合目标检测、追踪、轨迹建模和轨迹还原等步骤，能够从视频或图像数据中获取车辆的运行轨迹，使得在长距离上对车辆的行驶过程进行还原。多目标检测结果在地图投影如图3所示，一般都出现在交叉路口感知设备覆盖范围内。机动车的轨迹还原结果如图4所示。

（5）应用服务层。

应用服务层的应用平台技术架构见图2。

本平台基于Spring Cloud微服务架构，它是Spring生态系统中的一部分，提供了一系列的分布式系统开发工具，主要包括服务注册与发现、配置管理、负载均衡、熔断器（Circuit Breaker）、分布式追踪、API网关，服务链路跟踪、微服务安全等。

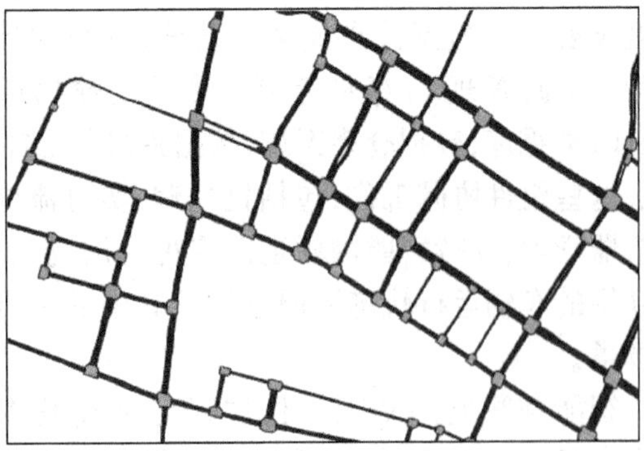

图3　多目标检测结果地图展示

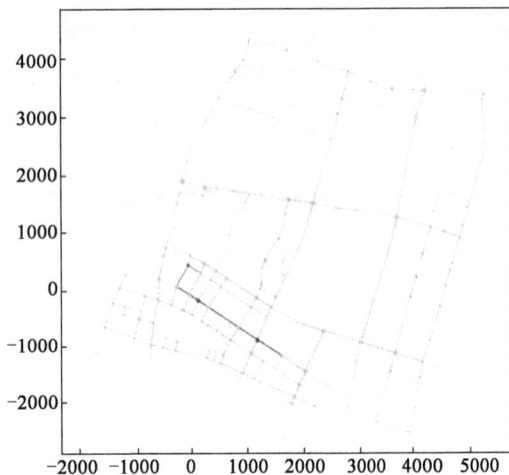

图4　机动车的轨迹还原结果展示

(6)用户层。

用户层主要为用户提供三类服务方式。一种是用户指挥中心或者监控大厅,展示车辆运行轨迹、交通状况、交通流特征与道路运行特征等。第二种是桌面计算机浏览器,通过直观友好的用户界面,展示实时车辆异常监控和轨迹还原、路况信息等。第三种是移动 App 或者小程序,提供便捷的信息查询服务。

3　实践与效果

本文在"苏州高铁新城智能网联(三期)道路车联网系统"项目中得到应用实践,该项目实现对苏州高铁新城主要道路的智能网联化改造升级,其中核心道路建设为全息赋能道路,重点道路建设为智能服务道路,普通道路建设为网联式交互道路,共计 162km。其中,全息赋能道路 51km,打造全息路网(激光雷达 + 摄像头 + RSU),路口和

路段实现全息感知,实现了协同自动驾驶、全息数字孪生等高等级应用;智能服务道路 46km,在路口布设摄像头 + 毫米波雷达 + RSU,路段无覆盖,可在路口实现弱势交通参与者碰撞预警系统、路口通行辅助信息服务等中等级应用;网联式交互道路 65km,仅在路口布设摄像头 + RSU,可在路口实现红绿灯消息、其他道路动态信息的下发等基础应用。

3.1　应用效果介绍

依托于智能网联道路建设情况和多源融合感知结果数据,项目除了协同式高级别无人驾驶、全息数字孪生展示之外,还上线了一系列应用,包括车辆运行轨迹还原系统,也被称为鹰视监控指挥中心。包括首页概览、实时车辆追踪、历史运行轨迹还原和异常事件预警等功能。

(1)实时车辆追踪与历史运行轨迹还原。依托于车辆运行轨迹结果数据,支持任意机动车辆实时位置监测、历史运行轨迹还原和行驶过程视频回放(摄像头捕捉到的车辆影像),系统能够准确还原车辆运行的轨迹和最后一次出现位置、速度和状态信息,实现对车辆行驶过程的全面监控与分析,为交通管理、安全预警和智能导航等领域提供有效支持,效果如图5所示。

图5　车辆实时追踪

(2)异常事件预警。系统能够自动捕捉到一些机动车违法行为,如违停、超速、闯红灯等,并进行异常事件预警,助力提升交通运行效率以及降低安全隐患,减少交通事故的发生。

3.2　轨迹还原准确性评估

轨迹还原准确性评估主要依托于苏州高铁新城智能网联(三期)道路车联网系统的实时高精感知结果和原始视频流数据,主要数据口径如下:

✓ 2023.10.17 09:00:00 - 10:00:00 的感知数据:3.5GB

✓ 2023.10.17 09:00:00 - 10:00:00 的视频数据:58.5GB

(1)评估指标:车辆轨迹准确率 = 还原正确的车辆数/车辆追踪的总车辆数。

(2)评估结果:综合追踪准确率≥95%,如图6所示。

模拟情景	样本数量	还原正确数量	准确率	轨迹还原示例
场景一	2088	2065	98.90%	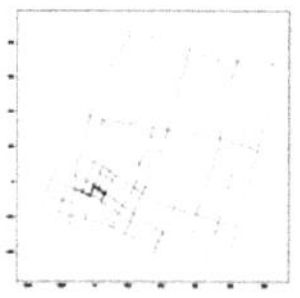
场景二	2088	1990	95.3%	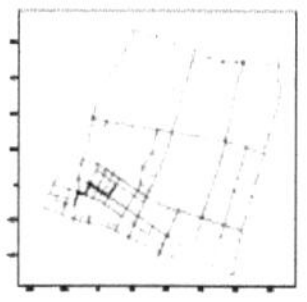

图6 轨迹还原准确率评估结果图

4 结语

本系统依托于智能网联道路数字化感知体系,提出了车辆运行轨迹还原算法,构建了车辆运行轨迹还原系统,能够广泛应用于交通管理、智能交通系统和车辆安全领域。通过实时追踪车辆位置、速度和状态信息,系统可用于优化交通流,提高道路通行效率;实现智能导航和路径规划,缓解交通拥堵;实施违规行为检测,提升交通安全;同时,系统还可为紧急救援、车辆调度和车队管理等提供支持,全面提升道路运输的智能化水平。

尽管基于智能网联道路的实时车辆运行轨迹还原系统在提高交通管理和安全性方面取得了一定效果,但仍然存在一些需要提升的方面。首先,精准度和实时性仍然是挑战,如在感知设施无法覆盖的区域,需要进一步优化提升车辆运行轨迹预测算法,确保车辆位置信息的准确性和连续性。其次,涉及车辆运行隐私信息,系统的安全性和隐私保护需要不断强化,以防范潜在的数据泄露和恶意攻击。继续研发和改进这些方面将有助于使智能网联道路的实时车辆运行轨迹还原系统更加健壮、安全和可靠。

参考文献

[1] 庄立坚.关于城市智慧道路建设与发展的思考[EB/OL].(2023-06-14)[2023-06-15].https://mp.weixin.qq.com/s/VbeMwSxUCHTxZS-zN2qQbw.

[2] 陈山枝.C-V2X车联网赋能智能驾驶和智能交通[J].智能网联汽车,2023(1):36-39.

[3] 刘亚俊,周斌彬.一种智能的高速公路交通事件检测方法[J].浙江树人大学学报(自然科版),2015(3):1-4.

[4] HAO J,ZHU J,ZHONG R. The rise of big data on urban studies and planning practieces in China:Review and open research issues[J]. Journal of Urban Management,2015(4):92-94.

[5] ZHOU Z,DOU W,JIA G,et al. A method for real=time trajectory monitoring to improve taxi service using GPS big data[J]. Information & Management,2016(53):964-977.

[6] 牟乃夏,张恒才,陈洁,等.轨迹数据挖掘城市应用研究综述[J].地球信息科学,2015,17(10):1136-1142

[7] 卢守峰,王杰,薛智规,等.基于二流体模型的交通分析及OD出行时间矩阵[J].公路交通科技,2015,32(11):132-137,142.

[8] 张化安.智能交通系统中车辆路径识别方法的研究[D].广州:广东工业大学,2014.

[9] 王京.基于交通流参数的动态OD估计方法研究[D].长春:吉林大学,2012.

[10] 余悦.智能网联交通系统在完善交通发展中的运用[J].数码设计,2019,8(7):1.

[11] 郭志杰,张斌,杨涛,等.智能网联汽车与智慧交通应用示范区项目设计[J].交通科技,2020(6):129-133.

4DRCSFD: Fusing 4D Radar and Camera with Dual Point Cloud Attention Fusion Strategy for 3D Object Detection

Ling Huang[1]　Runmin Wen[1]　Zhenyu Yu[1]　Feng You[*1,2]　Xingyu Huang[1]

(1. School of Civil Engineering and Transportation, South China University of Technology;

2. Pazhou Lab, Guangzhou)

Abstract　With the rapid development of 4D millimeter-wave radar technology, the fusion of cameras and 4D millimeter-wave radars for 3D object detection in autonomous driving systems has gained increasing research attention. Concurrently, the fusion of images and original point clouds through the generation of pseudo point clouds has been widely explored in the field of lidar detection as a mature multimodal fusion strategy. However, there is a notable lack of research on this fusion approach in the domain of 4D radar detection. Additionally, the inclusion of camera images in the fusion model significantly reduces the inference speed compared to single 4D radar models, limiting its real-time detection capability in autonomous driving scenarios. To address these challenges, this study proposes the integration of the image-based pseudo point cloud concept into the fusion of 4D radar and cameras. Specifically, the method leverages 4D radar point cloud-assisted image to generate pseudo point clouds, which are then fused with the original point clouds using the 4DRCSFD(4D Radar Camera Sparse Fusion Dense) model for 3D object detection. Regarding pseudo point cloud feature extraction, a feature extractor RConv(Residual Convolution) is introduced to effectively capture both 2D semantic features and 3D structural features embedded within the pseudo point clouds. For feature fusion, a fusion strategy DPCAF(Dual Point Cloud Attention Fusion) is employed at the 3D level to finely integrate the features from pseudo point clouds and original point clouds, thereby maximizing the retention of target information present in the original images and point clouds. Experimental evaluation conducted on the View-of-Delft(VOD) dataset demonstrates the efficacy of the proposed method in extracting and fusing features from images and 4D radar point clouds, leading to competitive detection performance and inference speed.

Keywords　3D object detection　4D radar　Camera　Autonomous driving

0　Introduction

With the rapid development of intelligent sensors and deep learning techniques, the autonomous driving technology in intelligent connected vehicles has made substantial strides. The autonomous driving system represents a complex framework, within which 3D object detection stands as a pivotal and indispensable functionality for intelligent connected vehicles.

Intelligent connected vehicles commonly employ cameras, lidar, and (4D) millimeter-wave radar as sensors for 3D object detection. In the field of automotive radar, traditional 3D millimeter-wave radar provides only horizontal angle information and lacks elevation angle information. In recent years, emerging 4D millimeter-wave radar systems have been developed, which not only provide horizontal angle information but also include elevation angle information. This enables the acquisition of additional height information about targets, allowing for capturing the spatial coordinates and velocities of surrounding objects. Moreover, 4D millimeter-wave radar has advantages over the widely used lidar, such as lower cost and all-weather operability (Han et al., 2023), making it highly promising for various applications. Some studies (Palffy et al., 2022; Xu et al., 2021; Tan et al., 2022) have already explored 3D objection detection using single 4D radar and demonstrated its feasibility.

In the domain of 3D object detection, the limitations of relying on a single type of sensor include restricted information acquisition, lower reliability, and limited suitability for various scenarios. To address these challenges, it is common practice to fuse information gathered from different sensors, thereby enhancing the environmental perception capability of autonomous driving systems. Leveraging the complementary characteristics of 4D millimeter-wave radar and camera sensors, they are often selected as suitable choices for fusion-based detection. Recent research efforts have emerged to explore this fusion-based approach. For instance, Zheng et al. (2023) and Cui et al. (2021) have investigated the fusion of 4D radar data transformed to the bird's-eye view (BEV) perspective with images, utilizing the resulting fused features for subsequent 3D object detection tasks.

Despite some advances in the fusion-based detection of 4D millimeter-wave radar and camera sensors for autonomous driving, current research exhibits two main shortcomings. Firstly, the existing studies primarily compress 4D radar features to the 2D BEV perspective and fuse them with image features, resulting in partial information loss and inadequate integration of radar point cloud and image data. Secondly, the integration of image information and 4D radar significantly reduces the inference speed of the detection model, rendering it unsuitable for real-time detection requirements. Moreover, in the field of lidar, the detection method that employs lidar point clouds to assist image conversion into pseudo point clouds and subsequently fuses the two

types of point clouds has been widely applied (Wang et al., 2019; Wu et al., 2022). However, the effectiveness of this approach in the domain of 4D radar detection remains unexplored.

To address the aforementioned limitations, we propose a novel approach in the fusion-based detection of 4D millimeter-wave radar and camera sensors. Our approach involves leveraging radar point clouds to assist in generating pseudo point clouds from images. Subsequently, we employ dedicated feature extractors to extract discriminative features from both the radar point cloud and the image pseudo point cloud. The 3D region of interest (ROI) features from the two point clouds are then fused to enhance the detection performance. Through extensive experimentation, we demonstrate the superior performance of our proposed method in 3D object detection by effectively fusing the information from 4D radar and image pseudo point clouds. In summary, our contributions can be summarized as follows:

a. Based on theSFD (Sparse Fusion Dense) model, we propose the 4DRCSFD (4D Radar Camera Sparse Fusion Dense) model, which involves fusion pseudo point clouds generated from images with original point clouds to enhance 3D object detection. We evaluate the performance of our model on the View-of-Delft (VOD) dataset (Palffy et al., 2022) and achieve competitive detection results with impressive inference speed.

b. By introducing an efficient residual convolutional feature extractor, we perform feature extraction on the pseudo point clouds generated from images. Experimental results demonstrate its capability to effectively extract both 2D image features and 3D geometric features from the pseudo point clouds.

c. Through the application of feature attention fusion at the 3D level, we effectively integrate the finer-grained modalities of point cloud and image information by merging the radar features and pseudo point cloud features. We validate the efficacy of this fusion approach through rigorous ablation experiments.

1　Related work

1.1　Detection methods based on 4D radar

Presently, the point cloud density of 4D millimeter-wave radar has reached a level comparable to that of low-beam LiDAR, while showcasing exceptional robustness under challenging conditions such as low visibility and adverse weather. Consequently, researchers have been endeavoring to adapt LiDAR point cloud processing models to perform 3D object detection tasks using 4D millimeter-wave radar.

Several studies have focused on direct processing of 4D radar point clouds. Palffy et al. (2022) introduced PointPillars (Lang et al., 2019) to 4D radar point clouds for 3D detection of multiple classes of road users. They improved performance by incorporating temporal aggregation and additional features such as elevation angle and Doppler velocity. Tan et al. (2022) proposed a 3D object detection framework based on multi-frame point clouds. They extracted ego vehicle velocity and compensation velocity information from the point cloud and accumulated neighboring frames up to the final frame. In recent research, SMURF (Liu et al., 2023) employed a multi-representation fusion strategy, combining the PointPillars (Lang et al., 2019) backbone and kernel density estimation to extract distinct radar features in parallel, thereby generating enhanced feature maps for radar points.

Apart from direct processing of perception tasks on radar point clouds, researchers have also turned their attention to the development of maps or 4D tensors to explore the utilization of additional underlying information. Notably, the K-Radar dataset (Paek et al., 2022) proposed a 3D object detection baseline that directly employs 4D tensors as input, demonstrating the significance of height information for accurate 3D object detection.

1.2　Detection methods based on camera and 4D radar

Given the limitations of single-modality sensor information, such as its singular nature and limited reliability, some researchers have explored the fusion of 4D radar with cameras for object detection in order to enhance the accuracy and robustness of perception models.

In recent studies, the 4D radar signals have often been transformed into 2D image-like features for practical deployment alongside camera images. Meyer et al. (2019) adapted a network based on Ku et al. (2018) for the fusion of 4D radar and cameras, originally designed for camera-LiDAR fusion. To address data format discrepancies, they discarded Doppler information and retained only the positional information and reflectivity of the 4D radar point cloud. Subsequent research by Cui et al. (2021) utilized the self-supervised model adaptation block (Valada et al., 2020) for further investigation. This block dynamically adjusts the fusion of different modalities based on object attributes. Moreover, front-view images and BEV images were generated separately from the radar point cloud, with features extracted from the BEV perspective and fused with RGB image features. RCFusion (Zheng et al., 2023) introduced aninteractive attention module that effectively fuses dual-modal BEV features. By leveraging a specifically designed shared attention encoder, they obtain enhanced and fine-grained image BEV features.

Although fusion-based detection models offer the aforementioned advantages, the existing models primarily rely on the visual branch with the camera as the main component. These models project the 3D features from the 4D radar onto a 2D BEV plane to aid camera-based detection. However, this approach results in the partial loss of radar information, limiting the effectiveness of multimodal fusion. Moreover, the introduction of images significantly increases the computational demands of fusion models, leading to frame rates per second (FPS) commonly below 10, which fails to meet real-time detection requirements (Wang et al., 2021). Therefore, in this study, we address these challenges by utilizing the 4D radar as the primary component for fusion-based 3D object detection and introducing the concept of pseudo point clouds generated from images.

2 4D RCSFD

2.1 Overall architecture

The overall architecture of our proposed method is depicted in Figure 1. This method comprises three branches: a 4D radar branch with voxelized sparse convolutional networks, an image branch utilizing RGB pseudo point cloud generation and RConv (residual convolution) networks, and a feature fusion and detection branch employing a DPCAF (dual point cloud attention fusion) network.

The 4D radar point cloud feature extraction branch is responsible for voxelizing the point cloud and extracting 3D ROI features from the radar point cloud. The image branch generates pseudo point clouds with RGB features based on the 4D radar point cloud-assisted image and employs RConv to extract key 3D structural and 2D semantic features from the pseudo point clouds. The feature fusion and detection branch performs attention fusion on the original point cloud 3D ROI features and the pseudo point cloud 3D ROI features with accurate correspondence between them. The detection head component is responsible for bounding box regression and classification for each potential object in the scene, where two auxiliary heads are used to regularize our network.

Further details regarding the proposed method will be elaborated in the subsequent sections.

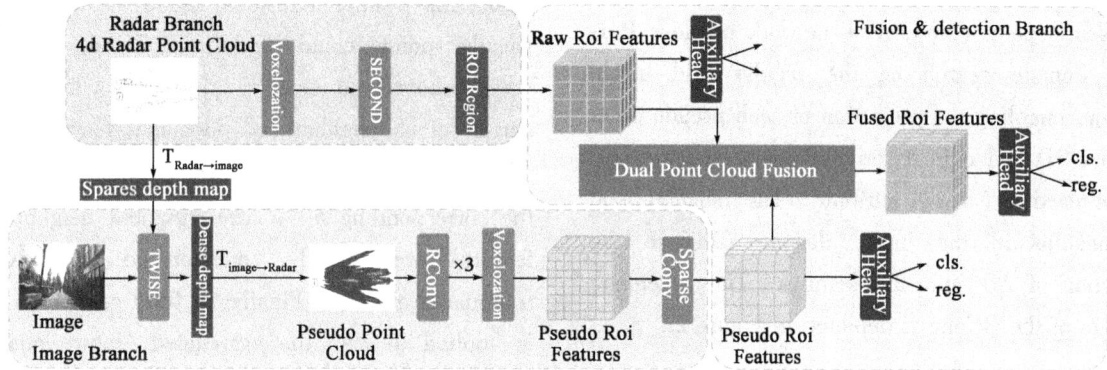

Figure 1 The overall architecture diagram of 4D RCSFD

The 4D radar branch and the image pseudo point cloud branch are responsible for extracting 3D ROI features from their corresponding modalities. Subsequently, the fusion and detection branch processes these two sets of ROI features, producing a unified fusion feature representation that is employed for accurate prediction of target object boundaries.

2.2 RGB pseudo point cloud generation

In the process of RGB pseudo point cloud generation, given a frame of original 4D radar point cloud R, it can be transformed into a sparse depth map S using the known projection $T_{4D\ radar \rightarrow image}$. Correspondingly, the image I associated with R is utilized as input alongside S to a selected depth completion network called TWISE (Imran et al., 2021), which yields a dense depth map D. Leveraging the known projection $T_{image \rightarrow 4D\ radar}$, the dense depth map D is then converted into a point cloud, resulting in a pseudo point cloud P that incorporates RGB information.

2.3 4D radar point cloud feature extraction

In the branch of 4D radar point cloud feature extraction, the initial step involves partitioning the raw point cloud into regular voxels and performing sparse feature extraction using the SECOND (Yan et al., 2018) backbone network. Subsequently, the sparse 3D voxel features are converted into a BEV representation. A region proposal network (RPN) is then applied to this BEV representation to generate 3D region proposals. These region proposals are subsequently utilized in voxel ROI pooling to extract 3D ROI features from the point cloud. These ROI features effectively capture significant spatial and contextual information specific to the radar modality and will be further fused with the ROI features obtained from the pseudo point cloud.

2.4 Residual convolution

For a given frame of pseudo point cloud P, the RGB values (r, g, b) and coordinates (u, v) of each pixel in the image are concatenated with their corresponding pseudo points. Thus, the ith pseudo point p_i can be denoted as $(x_i, y_i, z_i, r_i, g_i, b_i, u_i, v_i)$.

To perform point-wise feature extraction on the pseudo cloud prior to voxelization, aiming to effectively capture both 2D semantic features and 3D structural features, we incorporate the RConv (residual convolution) network proposed in SFD (Wu et al., 2022) for extracting information from the pseudo point cloud. This network employs RoI-aware domain search on the regular grid image domain, enabling the projection of each pseudo point within a 3D RoI onto its original image space based on the carried (u, v) attribute. The neighborhood relationships in the image domain facilitate the extraction of 2D semantic features. The schematic diagram of the RConv is depicted in Figure 2.

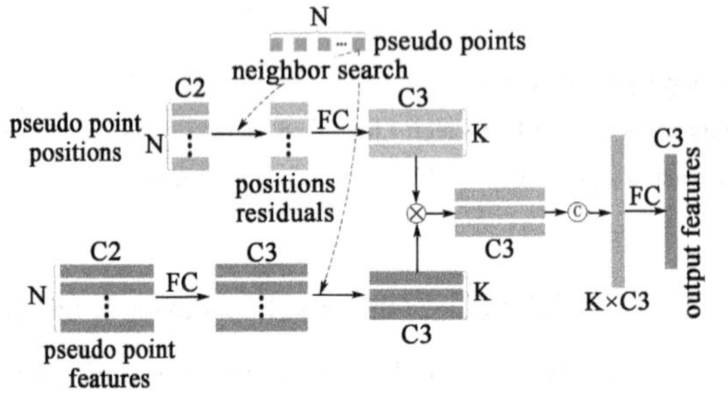

Figure 2　Illustration of residual convolution

For the ith pseudo point p_i, we denote its feature representation as $f_i = (x_i, y_i, z_i, r_i, g_i, b_i)$, comprising 3D spatial features (x_i, y_i, z_i) and 2D semantic features (r_i, g_i, b_i). Taking inspiration from Deng et al. (2021), we increase the number of feature channels in the pseudo point cloud to C, aiming to reduce computational complexity.

We employ the 3D and 2D positional residuals between p_i and its neighborhood to enrich the understanding of p_i's features in both 3D and 2D

spatial domains, thereby facilitating the capture of local relationships. For the kth neighbor p_i^k of p_i, the positional residual h_i^k between p_i and p_i^k is computed as described in Equation (1).

$$h_i^k = (x_i - x_i^k, y_i - y_i^k, z_i - z_i^k, u_i - u_i^k, v_i - v_i^k, \|p_i - p_i^k\|)$$

$$(1)$$

Whereby, the calculation method for $\|p_i - p_i^k\|$ is shown in Equation (2).

$$\|p_i - p_i^k\| = [(x_i - x_i^k)^2 + (y_i - y_i^k)^2 + (z_i - z_i^k)^2]^{1/2}$$

$$(2)$$

For the K neighboring points of p_i, we collect their positions and compute positional residuals. Subsequently, we pass the positional residuals through a convolutional layer and a fully connected layer, increasing their feature channels to C_3. At this point, the positional residual features align with the pseudo point cloud features. Given a set of neighborhood features $F_i = \{f_i^k \in \mathbb{R}^{C_3}, k \in 1, \cdots, K\}$ and a set of neighborhood positional residuals $H_i = \{h_i^k \in \mathbb{R}^{C_3}, k \in 1, \cdots, K\}$, we weight each f_i^k with the corresponding h_i^k. The weighted neighborhood features are directly concatenated to maximize information fidelity. Finally, a fully connected layer is applied to map the aggregated feature channels back to C_3. Additionally, we stack three consecutive RConvs and concatenate the outputs from three positions to obtain features with different levels and receptive fields.

2.5 Dual point cloud attention fusion

Due to the dimensional discrepancy between images and point clouds, prior works (Zheng et al., 2023; Cui et al., 2021) have employed a method of stacking the features of 4D radar along the Z-axis to generate BEV feature maps. They further fused the 2D radar RoI features and 2D image RoI features from the BEV viewpoint. However, this approach represents a coarse RoI fusion strategy. Firstly, compressing the features of 4D radar along the Z-axis results in the loss of certain feature information. Secondly, at the 2D level, it fails to adequately integrate the information from both modalities. In contrast, our employed DPCAF network (Wu et al.,

2022) addresses these limitations by transforming 2D images into 3D pseudo point clouds. This enables a more detailed fusion of image and point cloud RoI features at the 3D level.

To adaptively fuse the features of each grid pair in the original point cloud RoI and the pseudo point cloud RoI, we employ a weight prediction mechanism to determine a pair of weights for each grid pair. These weights are then utilized to perform a weighted fusion of the grids, resulting in fused grid features. For grids with sparse original point cloud data, the pseudo features are strengthened, while for grids with inaccurate pseudo point cloud data, the pseudo features are weakened. To validate the effectiveness of the dual point cloud fusion, we conduct an ablation study in Section 3.4.

Here, we provide a comprehensive description of the dual point cloud fusion process. Let b represent a single 3D RoI region. We denote the original point cloud RoI features and the pseudo point cloud RoI features within b as $F^{raw} \in \mathbb{R}^{n \times C}$ and $F^{pse} \in \mathbb{R}^{n \times C}$, respectively. Here, n (defaulted to $6 \times 6 \times 6$, following our baseline Voxel-RCNN (Deng et al., 2021)) represents the total number of grids within the 3D RoI, and C denotes the number of grid feature channels. The ith RoI grid features of F^{raw} and F^{pse} are indicated as F_i^{raw} and F_i^{pse}, respectively. Given a pair of RoI grid features (F_i^{raw}, F_i^{pse}), we concatenate F_i^{raw} and F_i^{pse} to form a joint representation. Subsequently, this concatenated representation is fed into fully connected and sigmoid layers, generating a pair of weights (w_i^{raw}, w_i^{pse}) for each grid feature, where w_i^{raw} and w_i^{pse} are scalar values. Finally, we apply the weights (w_i^{raw}, w_i^{pse}) to perform a weighted fusion of (F_i^{raw}, F_i^{pse}), resulting in the fused grid features F_i. The computation of F_i follows equations (3) and (4).

$$(w_i^{raw}, w_i^{pse}) = \sigma\{ \mathrm{MLP}[\mathrm{CONCAT}(F_i^{raw}, F_i^{pse})]\} \tag{3}$$

$$F_i = \mathrm{MLP}[\mathrm{CONCAT}(w_i^{raw} F_i^{raw}, w_i^{pse}, F_i^{pse})] \tag{4}$$

2.6 Loss function

We adopt the RPN loss L_{rpn} and RoI head loss L_{roi} from Voxel-RCNN (Deng et al., 2021). To mitigate the dominance of gradients by a specific modality, we introduce auxiliary RoI head losses, namely L_{aux_1} and L_{aux_2}, on the 4D radar point cloud branch and the image pseudo point cloud branch, respectively. L_{aux_1} and L_{aux_2} are aligned with L_{roi} and encompass both classification confidence loss and regression loss. Consequently, the overall loss is defined as depicted in equation (5):

$$L = L_{rpn} + L_{roi} + \lambda_1 L_{aux_1} + \lambda_2 L_{aux_2} \tag{5}$$

Here, λ_1 and λ_2 represent the weights assigned to L_{aux_1} and L_{aux_2}, respectively, with a default value of $\lambda_1 = 0.5, \lambda_2 = 0.5$.

3 Experiments

Here we provide the implementation details and results of the experiments conducted on the View-of-Delft (VoD) dataset (Palffy et al., 2022) to validate the proposed 4DRCSFD method. Furthermore, we report the results of the ablation study on the RConv and DPCAF components to demonstrate the influence of these essential components on the outcomes.

3.1 Dataset and evaluation metrics

The VoD dataset comprises three object categories used in our experiments: cars, pedestrians, and cyclists. We employ the data splits provided by the dataset, with a total of 5139 frames allocated for training and 1296 frames for validation.

For the VoD dataset, two evaluation metrics are provided by the official benchmark: Average Precision (AP) over the entire annotated area (EAA AP) and AP for the Region of Interest (RoI) within the driving corridor. The driving corridor is considered as the region of interest (RoI) located near the ego-vehicle position and defined as a specific area in the camera coordinate system, denoted as $D_{RoI} = \{(x, y, z) \mid -4m < x < 4m, z < 25m\}$. When computing AP, the Intersection over Union (IoU) thresholds used for cars, pedestrians, and cyclists are 0.5, 0.25, and 0.25, respectively.

3.2 Implementation details

The implementation of this model is based on

OpenPCDet, an open-source framework specifically designed for 3D object detection tasks. Our model was trained on two NVIDIA GeForce GTX 3090 Ti graphics processing units (GPUs).

Following the official guidelines of the VoD dataset, the point cloud range was set to a specified range ((0, 51.2), (−25.6, 25.6), and (−3, 2.76) m) along the X-axis, Y-axis, and Z-axis, respectively. This involved filtering out radar points outside the camera view and excluding ground truth bounding boxes to ensure data consistency. To augment the data, we employed global scaling and performed X-axis flipping.

The model was trained for 35 epochs using the Adam optimizer. A batch size of 6 was utilized, with an initial learning rate of 0.001. The learning rate was updated using a cosine annealing strategy.

3.3 Results and analysis

The experimental results on the VoD validation set are presented in Table 1. The 4DRCSFD method exhibits relatively higher RoI AP for cars and cyclists. However, the RoI AP for pedestrians is constrained due to two primary factors. Firstly, the smaller spatial volume of pedestrians often results in a limited number of points in the point cloud that can be effectively received and reflected. This poses a challenge for the network to accurately regress the pedestrian bounding boxes. Moreover, the weaker reflection of non-metallic objects by millimeter-wave sensors leads to less precise measurements for pedestrians.

Comparison with different methods on the VoD validation set   Table 1

Method	Modality	Entire Annotated Area (%)				In Driving Corridor (%)				FPS
		Car	Ped	Cyc	mAP	Car	Ped	Cyc	mAP	
PointPillars(Lang et al., 2019) †	R	37.06	35.04	63.44	45.18	70.15	47.22	85.07	67.48	N/A
SMURF(Liu et al., 2023)	R	42.31	39.09	71.50	50.97	71.74	50.54	86.87	69.72	30.3
RCFusion (Zheng et al., 2023)	R + C	41.70	38.95	68.31	49.65	71.87	47.50	88.33	69.23	N/A
4DRCSFD(Ours)	R + C	41.07	43.59	69.40	51.35	72.43	54.95	84.45	70.61	42.6

Compared to the baseline model PointPillars (Lang et al., 2019) of the VOD dataset, 4DRCSFD achieves the best performance across all metrics for both the entire annotated area and the driving corridor. Its 3D mAP results exhibit a notable improvement of 6.17% and 3.13% over PointPillars†, respectively. In contrast to cutting-edge research approaches like RCFusion (Zheng et al., 2023) and SMURF (Liu et al., 2023), our 4DRCSFD demonstrates higher detection accuracy in terms of 3D mAP for both the entire annotated area and the driving corridor. This highlights the effectiveness of our proposed framework, which incorporates the multimodal fusion of image and point cloud features through the innovative concept of 4D radar-assisted image pseudo point cloud.

Table 1 also includes the inference speeds of 4DRCSFD and other models. The findings depicted in the table provide compelling evidence of the superior inference speed achieved by our 4DRCSFD method through the implementation of the pseudo-point cloud strategy. Notably, our approach achieves an impressive 40% increase in inference speed compared to the SMURF model, which exclusively operates in the radar modality. This notable advancement in speed significantly surpasses fusion-based detection methods that directly process images and point clouds. Considering the frame rate of at least 10 FPS is deemed sufficient for real-time object detection applications (Wang et al., 2021), this further underscores that 4DRCSFD can meet the demands of real-time detection while maintaining a high level of detection performance.

Figure 3 showcases the 4DRCSFD visualization results on randomly selected scenes from the VOD validation set. The detection results are projected onto the image with distinct colored bounding boxes, corresponding to different object categories. The findings substantiate that 4DRCSFD achieves precise target localization, accurate detection of nearby vulnerable road users, and successful identification of static vehicles at greater distances. This signifies the effectiveness of our approach in effectively fusing camera and 4D radar multimodal data, thereby enhancing the overall performance of object detection.

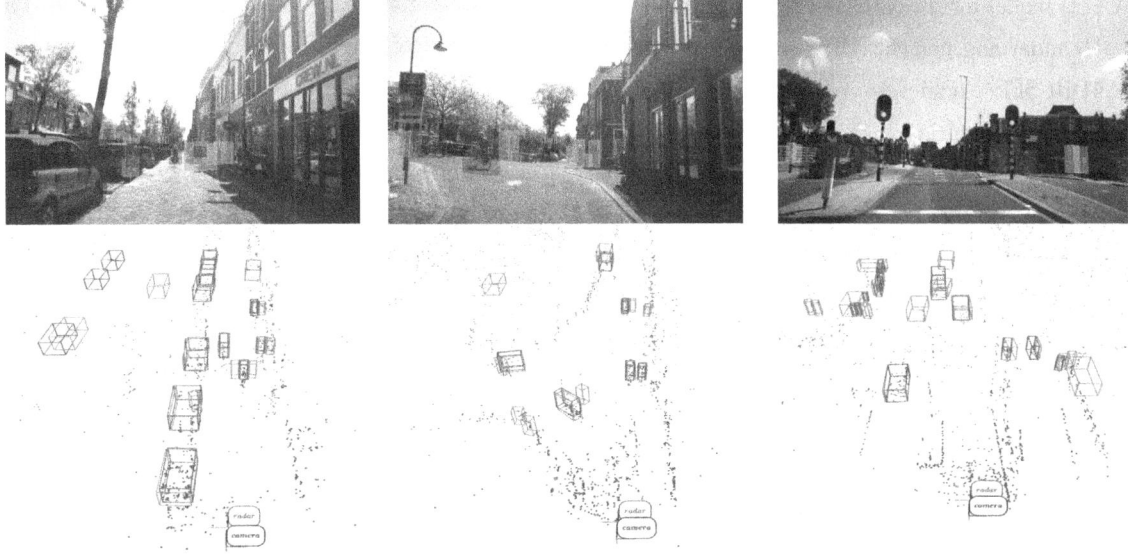

Figure 3　Visualization results on the VoD validation

Each column corresponds to a data frame in the BEV representation, encompassing both the image and radar points (highlighted as red dots). In the first row of images, the blue bounding box represents the predicted bounding box for vehicles, the red for bicycles, and the green for pedestrians. In the second row of images, the red bounding box indicates the ground truth, while the green bounding box represents the predicted results obtained by 4DRCSFD.

3.4　Ablation study

In this section, our primary focus is on investigating the impact of RConv and DPCAF on the performance of 4DRCSFD. The baseline model Voxel-RCNN (Deng et al., 2021), which solely employs the original point cloud as input without utilizing either of the two modules, serves as a reference in Table 4. To ensure a fair comparison, all three sets of comparative experiments employ identical data augmentation techniques.

As depicted in Table 2, the integration of RConv improves the 3D mean Average Precision (mAP) by 0.75% and 0.44% in the entire annotated area and the driving corridor, respectively. This indicates that RConv effectively extracts richer pseudo point cloud features, highlighting its efficacy as a feature extraction mechanism. Furthermore, the inclusion of DPCAF enhances the 3D mAP by 2.12% and 1.00% in both areas, respectively. This underscores the superiority of the DPCAF strategy over directly concatenating point cloud and image features, as it enables more fine-grained fusion of features from both modalities. It facilitates cross-modal complementarity and adaptive selection of significant features, thus demonstrating the superior performance of the DPCAF strategy.

Ablation Study of 4DRCSFD on the VoD Validation Dataset　　　Table 2

Method		Entire Annotated Area (%)				In Driving Corridor (%)			
RConv	DPCF	Car	Ped	Cyc	mAP	Car	Ped	Cyc	mAP
		41.25	39.92	64.29	48.48	72.37	51.26	83.87	69.17
√		41.06	42.52	64.10	49.23	72.39	53.95	82.50	69.61
√	√	41.07	43.59	69.40	51.35	72.43	54.95	84.45	70.61

4　Conclusions

In this paper, we draw inspiration from the concept of generating pseudo point clouds from original point cloud-assisted image and propose a 4DRCSFD model for fusion-based 3D object detection using 4D radar and cameras. The study demonstrates that 4DRCSFD achieves cutting-edge detection accuracy while ensuring high detection speed. This performance improvement can be attributed to the utilization of RGB pseudo point clouds as a computationally efficient alternative to image data, effectively replacing the need for extensive computational resources. The model's DPCAF strategy facilitates the effective utilization of semantic information from images while mitigating the computational complexity associated with image processing. Furthermore, the incorporation of RConv in the model facilitates the efficient extraction of features clouds. Experimental results on the VoD dataset highlight the superiority of our proposed method compared to the cutting-edge multi-modal model RCFusion, with a notable 1.70% improvement in EAA AP. Moreover, in terms of FPS, our method exhibits a significant 40% improvement over the single-modal 4D radar detection model, SMURF. These findings underscore the potential of our approach as an effective solution for real-world scenarios.

References

[1] CUI H, WU J, ZHANG J, et al. 3D detection and tracking for on-road vehicles with a monovision camera and dual low-cost 4D mmWave radars[C]//2021 IEEE International Intelligent Transportation Systems Conference (ITSC). IEEE, 2021: 2931-2937.

[2] DENG J, SHI S, LI P, et al. Voxel r-cnn: Towards high performance voxel-based 3d object detection[C]//Proceedings of the AAAI Conference on Artificial Intelligence. 2021, 35 (2): 1201-1209.

[3] HAN Z, WANG J, XU Z, et al. 4D Millimeter-Wave Radar in Autonomous Driving: A Survey [J]. arXiv preprint arXiv:2306.04242, 2023.

[4] IMRAN S, LIU X, MORRIS D. Depth completion with twin surface extrapolation at occlusion boundaries[C]//Proceedings of the IEEE/CVF Conference on Computer Vision and Pattern Recognition. 2021: 2583-2592

[5] KU J, MOZIFIAN M, LEE J, et al. Joint 3d proposal generation and object detection from view aggregation[C]//2018 IEEE/RSJ International Conference on Intelligent Robots and Systems (IROS). IEEE, 2018: 1-8.

[6] LANG A H, VORA S, CAESAR H, et al. Pointpillars: Fast encoders for object detection from point clouds[C]//Proceedings of the IEEE/CVF conference on computer vision and pattern recognition. 2019: 12697-12705.

[7] LIU J, ZHAO Q, XIONG W, et al. Smurf: Spatial multi-representation fusion for 3d object detection with 4d imaging radar[J]. IEEE Transactions on Intelligent Vehicles, 2023.

[8] MEYER M, KUSCHK G. Deep learning based 3d object detection for automotive radar and camera[C]//2019 16th European Radar Conference (EuRAD). IEEE, 2019: 133-136.

[9] PAEK D H, KONG S H, WIJAYA K T. K-Radar: 4D radar object detection for autonomous driving in various weather conditions[J]. Advances in Neural Information Processing Systems, 2022, 35: 3819-3829.

[10] PALFFY A, POOL E, BARATAM S, et al. Multi-class road user detection with 3 + 1D radar in the View-of-Delft dataset[J]. IEEE Robotics and Automation Letters, 2022, 7 (2): 4961-4968.

[11] TAN B, MA Z, ZHU X, et al. 3D object detection for multi-frame 4D automotive millimeter-wave radar point cloud[J]. IEEE Sensors Journal, 2022.

[12] VALADA A, MOHAN R, BURGARD W. Self-supervised model adaptation for multimodal semantic segmentation [J]. International Journal of Computer Vision, 2020, 128 (5):

1239-1285.

[13] WANG Y, JIANG Z, LI Y, et al. RODNet: A real-time radar object detection network cross-supervised by camera-radar fused object 3D localization[J]. IEEE Journal of Selected Topics in Signal Processing, 2021, 15(4): 954-967.

[14] WANG Y, CHAO W L, GARG D, et al. Pseudo-lidar from visual depth estimation: Bridging the gap in 3d object detection for autonomous driving[C] // Proceedings of the IEEE/CVF Conference on Computer Vision and Pattern Recognition. 2019: 8445-8453.

[15] WU X, PENG L, YANG H, et al. Sparse fuse dense: Towards high quality 3d detection with depth completion[C] // Proceedings of

the IEEE/CVF Conference on Computer Vision and Pattern Recognition. 2022: 5418-5427.

[16] XU B, ZHANG X, WANG L, et al. RPFA-Net: A 4D radar pillar feature attention network for 3D object detection[C] // 2021 IEEE International Intelligent Transportation Systems Conference (ITSC). IEEE, 2021: 3061-3066.

[17] YAN Y, MAO Y, LI B. Second: Sparsely embedded convolutional detection[J]. Sensors, 2018, 18(10): 3337.

[18] ZHENG L, LI S, TAN B, et al. RCFusion: Fusing 4D Radar and Camera with Bird's-Eye View Features for 3D Object Detection[J]. IEEE Transactions on Instrumentation and Measurement, 2023: 72.

江苏省科技兴安示范路建设与后评估研究

杨 曼* 孙菲阳 刁舍楼
(华设设计集团股份有限公司)

摘 要 为提升道路交通安全水平,本文归纳总结现有经验,以科技赋能,围绕公路路网运行安全、基础设施安全、网络通信安全、科技兴安"一张图"平台四个方面,形成体系化的科技兴安建设框架,依据否决指标、定性指标及定量指标三类评价指标,提出科技兴安示范路后评估指标体系,打造平安交通发展样板,客观评估现有科技兴安示范路工程建设成效,推动考核评价机制建设,推进江苏省普通国省道科技兴安示范路创建工作,为科技兴安示范路的有序建设和推广提供指导。

关键词 普通国省道 道路安全 后评估 指标体系

0 引言

经济发展,交通先行;安全保障,科技先行。近年来,越来越多的政策文件强调要加强科技兴安能力,提升道路安全水平。2022年7月,《江苏省交通运输厅公路事业发展中心关于组织开展科技兴安样板路创建工作的通知》发布,要求开展全省普通公路科技兴安样板路示范创建工作。

目前,针对提升道路交通安全水平的研究,美国、日本与欧洲等发达国家和地区主要集中在车端产品和安全风险评估[1]。相比之下,国内相关研究偏重路侧基础设施建设与运行安全管控[2-3],

在道路交通安全水平提升方面取得了丰富的实践成果。江苏省各地市积极响应上级要求,结合地方特色和技术发展,试点打造科技兴安示范路,取得了一定成效[4]。然而各地科技兴安示范路建设大都在"点"上进行,建设重点、建设场景、应用产品各不相同,公路科技兴安建设应该包含哪些应用场景和产品,建成后的科技兴安成效如何评价等关键问题尚无标准规范和相关研究。

因此,本文结合现有建设经验,从路网运行安全、基础设施安全、网络通信安全、科技兴安"一张图"平台四个方面归纳总结科技兴安示范路建设框架,明确建设范围、建设内容和产品布设性能等要求,同时提出科技兴安示范路后评估指标体系,评估现有科技兴安示范路工程建设成效,为科技兴安示范路建设提供指导。

1　科技兴安示范路建设框架

1.1　建设范围

适用于江苏省普通国省道科技兴安示范路建设和在役公路安全提升项目的建设。

科技兴安示范路主要以公路基础设施安全和交通运行安全为重点,以"小成本解决大问题"为基本理念,坚持问题导向和需求导向,选取普通国省道试点路段,运用成熟、先进的科技手段解决传统方式难以解决的突出问题,落地一批示范项目,打造一批富有区域特色、主题特色的样板路。

1.2　建设内容

主要包括路网运行安全、基础设施安全、网络通信安全、科技兴安"一张图"平台四大内容,且应符合网络安全等级保护的要求,如图1所示。

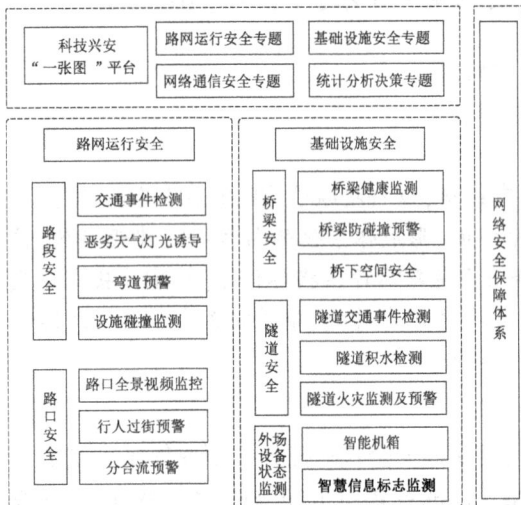

图1　科技兴安示范路建设总体架构

1.2.1　路网运行安全

路网运行安全专题面向路段安全和路口安全两个主要场景,提出示范路建设规范建议。

1)路段安全

(1)交通事件检测。

功能要求:应具备交通异常事件检测报警、车辆参数检测报警、低能见度事件监测、系统自诊断报警、录像、多重报警等功能。

安装布设要求:交通事件极速感知系统主要

由AI摄像机、雷视一体机组成,宜在事故多发、复杂交通路口、重要道路平交路口等特殊部位布设,在现有道路信控基础上,实现全线视频全覆盖,加密沿线视频监控,提高外场全息感知能力;检测区域应尽可能开阔,避开高的建筑目标或树木,以免遮挡视线,削弱系统的有效视野。

性能要求:AI摄像机应支持异常事件检测,包括交通事故、逆行事件、拥堵事件、路面/护栏明显损坏、抛撒物事件、超速事件、违法变道事件、区域入侵事件等检测,支持交通流参数检测及交通评价。雷视一体机应支持卡口抓拍、车型识别、针对路口拥堵等复杂场景可提供更为精准的流量统计和事件检测数据。

(2)恶劣天气灯光诱导。

功能要求:宜在易发生雨雾冰雪等恶劣天气的路段布设,通过结冰检测器、接入气象检测器等方法,实现能见度、暴雨、结冰等恶劣天气监测,当恶劣天气出现时,通过上桥前显示屏提示、诱导灯闪烁等方式,提高行车安全性。

安装布设要求:主要由交通气象环境感知设备、智能行车诱导装置、现场控制主机设备组成。宜参照《雾天公路行车安全诱导装置》(JT/T 1032—2016)布设在道路或桥梁两侧护栏,每隔25m安装一个。

性能要求:交通气象环境感知设备的测量范围应不小于10m,智能行车诱导装置检测车辆通过检测模块的检测光束有效距离不小于30m,通过检测响应时间不大于40ms。本地控制主机布设在智能行车诱导装置安装路段,控制及数据采集半径不超过1km,支持能见度、气象、交通数据传感器和摄像机的接入,通过本地主机直接查询采集的气象和交通流量数据,查看智能诱导装置运行情况,可通过工业以太环网进行数据上传和指令读取。

(3)弯道预警。

功能要求:宜在路段下坡转弯处易发生交通事故位置布设弯道预警系统,当车辆即将经过预警系统时,控制器迅速做出回应并发出信号,显示屏及语音系统开始提示"前方弯道,减速慢行",同时显示速度,提示驾驶员进入弯道路段。

安装布设要求:弯道预警系统由雷达探测器和弯道预警单元组成,弯道预警单元有警示灯和显示屏组成。宜参照《公路交通安全设施设计规范》(JTG D81—2017)在弯道危险路段前30~50m处选择合适位置安装。

性能要求:雷达探测器应适用于多车道,测速范围:1~200km/h;目标捕获范围:0~100m;方向判定自动区分方向,可以设置来向,去向双向输出。弯道预警单元的警示灯可视角度>30°;可视距离>300m;工作寿命>50000h。

(4)设施碰撞监测。

功能要求:通过在现有护栏及标志牌上安装碰撞传感器,当护栏及杆件发生被移动、震动、倾斜等情况时,通过通信模块,向本地分中心发送数据信息,监控平台显示当前GPS地址状态和报警信息。

安装布设要求:主要由碰撞传感器、通信基站及配套软件组成。宜在易发生设施碰撞的位置安装交通安全设施碰撞监测系统。

性能要求:碰撞传感器的碰撞等级支持分级调节,支持定期上报工作状态,异常设备及时预警,提醒更换。通信基站的通信距离不少于3000m。碰撞监测软件支持计算机端接收报警信息,可实时查看设施碰撞情况。

2)路口安全

(1)路口全景视频监控。

功能要求:宜通过高杆上安装的全景摄像机的拼接镜头实现对路口无死角监控,通过摄像机上细节镜头对路口远近视角监控。

安装布设要求:路口全景监控系统主要由全景摄像机和立杆组成,宜在路口三角区域内部署安装。

性能要求:全景摄像机的视场角宜支持多角度可连续旋转的性能要求,支持内置高效红外补光灯,最大红外监控距离宜达到400m。

(2)行人过街预警。

功能要求:在事故多发路口,设置行人过街预警系统,采用LED屏文字提示等多种方式对车辆和行人进行相互预警提醒;使车辆在通过路口时,能够提前减速避让行人和非机动车,避免碰撞事故发生。宜参照《江苏省普通国省道智慧公路建设技术指南》(JSITS/T 0002—2020)的相关要求实现车辆监测、行人监测和联动警示三大功能。

安装布设要求:系统由主线检测雷达、辅路检测雷达、电子显示屏、落地警示柱、智慧斑马线灯具组成。宜在事故点位附近交通路口,主路距人行横道线150~200m布设雷达,以及电子显示屏

(共杆安装),辅路距人行横道线50m布设雷达及落地警示柱,在人行道两侧布设智慧斑马线灯具。

性能要求:雷达检测器应支持机动车,非机动车,速度,运动方向的检测;检测范围支持纵向覆盖80m。落地警示柱宜具备文字、声、光预警显示,可视距离>300m。电子显示屏的屏幕亮度不小于5500cd/m²,支持双基色显示颜色。智慧斑马线灯具宜支持100t以上承重压力,可控制闪烁时间和颜色。

(3)分合流预警。

功能要求:为提升分合流区域的行车安全性,通过地面诱导灯闪烁对驾驶员进行预警,减少事故发生概率。

安装布设要求:宜参照《江苏省普通国省道智慧公路建设技术指南》(JSITS/T 0002—2020)的相关要求,分、合流警示系统由地面诱导灯、控制基站、控制系统(包含软件硬件)组成。宜布设在易发生交通冲突的主线和匝道汇流处,诱导灯贴合分合流实线间隔和位置布设。

性能要求:地面诱导灯宜支持低功耗无线通信方式,具备超亮防雾LED显示器件,支持亮度、频率、占空比可调,支持常亮、闪烁、流水等模式;可视距离不小于15m;应采用嵌入式安装方式;使用寿命不少于5年,可更换内芯。控制基站宜支持半双工或者全双工的工作模式,可采用以太网和无线网络方式,不低于IP67防护等级,并且易于安装,支持10kA防雷保护。

1.2.2 基础设施安全

基础设施安全专题面向桥梁安全、隧道安全和外场设备状态监测三类对象,提出科技兴安示范路基础设施基本要求。

1)桥梁安全

(1)桥梁健康监测。

功能要求:主要包含结构应力、桥梁变形、结构裂缝、环境腐蚀、交通荷载和结构温度等功能。

安装布设要求:宜在交通运输部规定的"三特"(特大、特殊结构、特别重要)桥梁上进行桥梁状态监测。

性能要求:桥梁健康监测的具体性能要求应参照《公路桥梁结构安全监测系统技术规程》(JT/T 1037—2016)。

(2)桥梁防碰撞预警。

功能要求:采用激光、热成像、AIS、VHF无线

电预警等现代智能技术,实现船舶偏离航道预警、船舶超高预警、桥区超速航行报警、图像监控及拍照取证、声光预警及LED警示、数据查询及大数据统计等功能。

安装布设要求:船舶超高监测采用激光测距检测方式在桥墩安装一对激光探测器,并在桥梁上形成一定的交叉夹角,依据激光反射时长,获取超高船舶距离位置。船舶偏航监测在桥梁区域布设激光雷达、红外线图像识别探测仪、视频图像分析等多类传感器,监测船舶在航道区域相对位置是否偏离正常航道。宜在桥梁桥底布设航道区域布设摄像头、实现抓拍取证功能。宜在通航明显位置布设LED提示屏、爆闪灯、声控等告警提醒设备。

性能要求:船舶超高监测宜参照《公路桥梁防船撞装置通用技术条件》(JT/T 1414—2022)具备抗干扰性能,检测效果不受环境影响,宜具备防尘防水性能,激光测距检测方式的探测距离宜不少于1.0km。船舶偏航监测量程宜不少于500m。

(3)桥下空间安全。

功能要求:主要包括火灾烟雾监测(火焰识别)和垃圾堆放监测。火灾烟雾监测(火焰识别)采用热成像球机和桥下空间烟火识别算法实现桥下空间火点的准确检测,对公路桥梁下产生的火点、烟雾等消防火灾事件进行预警提醒,方便消防等处置人员及时处置。垃圾堆放监测采用桥下环视一体机和桥下空间堆积物识别算法实现桥下垃圾堆放检测,将违规信息实时传送推送给相关公路养护人员查看处置。

安装布设要求:热成像球机和桥下环视一体机的安装宜根据点位实际情况,满足监控范围条件下优先考虑与附近已建杆件共杆或桥梁悬挂立杆、桥墩抱箍安装等方式。

性能要求:热成像球机应支持烟火检测、温度异常报警功能,宜具备全黑夜视,主要发现目标物体轮廓和探测高温目标物体。环视一体机宜支持水平环视范围不小于270°,可自动控制环动速度,支持多种天气环境的目标检测、跟踪、抓拍、预警等功能。

2)隧道安全

(1)隧道交通事件检测。

功能要求:基于雷视一体机、视频监控等设备,融合应用机器视觉等先进算法和模型,实现拥堵事件、异常停车事件、逆行事件、大货车低速预警、路面抛洒预警、路障施工检测等功能。

安装布设要求:隧道交通监测设施安装过程中,宜保证视线良好,避免相关设施的遮挡。宜尽量利用既有杆体,降低工程造价,条件受限时杆件需要单独建设。

性能要求:设备宜支持多目标的特征识别、位置,车道、速度、方向、轨迹等信息检测。

(2)隧道积水检测。

功能要求:应支持隧道积水检测、报警显示等功能。

安装布设要求:积水监测设备宜在隧道最低洼处附近,两个隧道布设专用积水检测器和智能摄像机,用于检测隧道积水情况。LED屏、报警灯、语音播报器宜放置在明显的立杆上方固定安装。

性能要求:积水检测设备宜耐温、耐热、耐轻微腐蚀,具有更强抗干扰能力,支持全天候环境工作。

(3)隧道火灾监测及预警。

功能要求:采用光电感烟火灾探测报警器等,探测隧道火灾时产生的烟雾,及时发出报警,并可获取现场事件信息,报送至系统进行报警提示。

安装布设要求:按照国家安全标准,布设多套独立式光电烟感探测器,用于隧道消防检测。

性能要求:隧道火灾探测报警器探测范围宜符合《建筑设计防火规范》(GB 50016—2014)。

3)外场设备状态监测

(1)智能机箱。

功能要求:具备外场设备通信、供电、防雷、门控、温湿度、非授权开箱等信息实时监测功能,将异常信息类型和设备位置发送至后台预警,实现快速发现、快速定位、快速排障、快速恢复系统运行,形成完整的故障闭环处理流程。

安装布设要求:尽量利用既有杆体,降低工程造价,条件受限时杆件需单独建设。

性能要求:智能机箱应实现电源状态、网络状态、温湿度、开关门状态等运行环境数据采集功能,并将相关数据显示在系统自带的液晶屏上;宜配置漏电检测装置,实现弱电柜漏电检测并报警。宜配置二维码标牌,实现扫码开门、扫码查询和扫码报单等功能。

(2)智慧信息标志监测。

功能要求:具备信息标志发布信息监测及情报板运行状态监测功能。

安装布设要求:智慧信息标志监测由视频监

控及感知平台组成,视频监控设施通过悬臂布设在智慧信息标志前方能完全覆盖信息标志内容信息位置,避免树木等障碍遮挡。

性能要求:监控设施宜不受光照、可见度、恶劣气候等自然条件的影响。宜符合《LED道路交通诱导可变信息标志》(GA/T 484—2018)的相关要求。

1.2.3 网络通信安全

一般要求:主要包含网络结构安全、访问控制、网络设备防护。宜符合《信息安全技术网络安全等级保护基本要求》(GB/T 22239—2019)的相关要求。

建设要求:网络结构安全应保证关键网络设备的业务处理能力具备冗余空间,可根据各部门的工作职能、重要性和所涉及信息重要程度,划分不同的子网或网段,分配地址段。访问控制应能够通过在系统区域边界部署防火墙或其他访问控制设备、设置访问控制策略,实现边界协议过滤。网络设备防护应具备鉴别登录用户身份、限制网络设备管理员登录地址、处理登录失败、防止网络远程管理被窃听等功能。

1.2.4 "科技兴安"一张图

一般要求:主要包含路网运行安全专题、基础设施安全专题、网络通信安全专题、统计分析决策专题等。系统宜依托各市已有公路平台基础

建设[5]。

建设要求:路网运行安全专题应能展示全线交通运行状况,包含全线视频监控影像、车辆流量、平均速度、交通异常事件、恶劣天气事件、设施碰撞事件等信息。

基础设施安全专题应能展示全线桥梁、隧道、视频监控、机箱、信息标志等设施的位置、类型、运行状态、维护提醒等信息。

网络通信安全专题应能展示网络安全事件类型、事件发生时间、事件处理方式及结果、事件数量统计等信息。

统计分析决策专题应能实现基于外场监测数据统计分析的综合性指标展示,包括设备状态统计分析、不同交通事件类型发生频次统计、恶劣天气预警频次统计、信息标志异常状态统计、行人过街预警统计等信息。

2 科技兴安示范路后评估指标体系

针对科技兴安示范路的成效评价暂无标准规范的问题,本节结合《交通强国建设纲要》《江苏省"十四五"平安交通发展规划》政策文件中公路交通安全类的评价指标,借鉴交通运输部科学研究院在平安交通评价评分方法[6],提出江苏省科技兴安示范路后评估指标体系,由3个否决指标、2个定性指标、13个定量指标构成,如表1所示。

科技兴安示范路后评估指标体系 表1

指标类型	评价指标	序号	具体指标	分值
否决指标	安全事故指标	1	交通运输特别重大死亡责任事故1起以上,重大死亡责任事故2起以上	—
	环境事件指标	2	交通运输特别重大环境污染事故1起以上,重大环境污染事故2起以上	—
	群体性事件指标	3	由于交通运输行业原因引发严重社会公众事件1起以上	—
定性指标	新建智能设施效用评价	4	新建智能设施有效程度	15
	智慧化安全管控水平	5	示范路段智慧化安全管控水平	15
定量指标	安全事故类	6	百万车公里事故数年增减率	5
		7	百万车公里死亡人数年增减率	5
		8	工程建设百亿元投资事故件数年增减率	5
		9	工程建设百亿元投资事故死亡人数年增减率	5
	应急保障类	10	一般灾害情况下灾害公路路段抢通平均所需时间	10
	基础设施类	11	智能设施专项应用	5

续上表

指标类型	评价指标	序号	具体指标	分值
定量指标	基础设施类	12	交通核心先进装备国产化率	5
		13	路段运行监测设施密度	5
		14	交通关键结构物安全耐久可靠度	5
	风险预防类	15	交通事件检测准确率	5
		16	外场智能基础设施在线率	5
		17	长大桥隧健康监测系统覆盖率	5
	支撑保障类	18	科技兴安工程的投入占当地年交通运输总投资的比例	5

指标体系由否决指标、定性指标和定量指标三部分构成，共计 100 分。其中，否决指标起否决性作用，每出现一项否决指标则扣除总分 40%（即 40 分），若否决指标不出现，则否决指标分值不计入总分，仅计算定性和定量指标。定性指标和定量指标权重分别为 30% 和 70%，即计算后的定性指标和定量指标总分分别为 30 分和 70 分。

3 工程实例分析

以江苏省扬州市 G233 高邮段科技兴安示范路工程为例，结合地方特色和安全提升需求，主要围绕"路网运行安全、基础设施安全"两大重点，通过交通事件极速感知、全景视频监控、智慧信息标志监测、行人过街预警、桥梁健康监测、外场设备状态监测等建设，构建 G233 一体化安全监管平台模块，提升公路安全通行保障水平和主动安全防控能力。

自 2022 年底完工运行一年来，示范路段内未发生交通事故，伤亡事故数量较近三年大幅下降，交叉路口、路侧开口、行人过街等交通安全问题得到明显改善，交通安全事件预警准确率超过 90%，公路基础设施主动安全智能防控能力和交通运行安全水平得到显著提升。

结合上文提出的科技兴安示范路后评估指标体系进行初步评价，结果未出现否决指标，结合各智能设施建设效用，对定性和定量指标经过估算，分别为 25 和 60 分，总计 85 分。下一步，江苏省将推广运用好 G233 样板路示范项目的建设经验，推进全省科技兴安示范路创建，不断提升公路安全通行保障水平。

4 结语

本文研究了江苏省科技兴安示范路建设架构，围绕路网运行安全、基础设施安全、网络通信安全、科技兴安"一张图"归纳总结了科技兴安建设范围、建设内容和产品布设性能等要求，同时从否决、定性、定量三个方面初步构建后评估指标体系，结合实例验证了可行性，可为现有科技兴安示范路工程建设成效评价提供指导依据。后续将结合科技兴安建设架构，进一步强化网络安全系统架构安全性方面的研究，同时完善后评估指标体系的评分细则，增强后评估的可操作性，并不断结合实际建设情况优化调整，为江苏普通公路科技兴安工作提供经验，以点带面持续提升公路基础设施主动安全智能防控能力和交通运行安全水平。

参考文献

［1］RAZAK A A ，MOHAMED H ． Active Road User Interactions With Autonomous Vehicles：Proactive Safety Assessment［J］． Transportation Research Record，2023，2677（7）：74-89.

［2］李思胜,周胜,王强.公路安全风险智能预警预控系统研究［J］.交通世界,2023,（19）：7-9.

［3］胡方霞.基于车联网的智慧路网监测系统安全构架研究［J］.电子世界,2020(19):22-23.

［4］曹廷.江苏省科技兴安公路建设探索与思考［J］.科技资讯,2021,19(33):107-109.

［5］陈昱.普通国省道智慧公路建设研究与应用［J］.智能城市,2022,8(3):16-18.

［6］张宇,陈宗伟,张青松.平安交通评价指标体系构建［J］.交通运输研究,2015,1(6):8-13.

荒漠单调路域环境下驾驶员视觉特性研究：基于模糊聚类法和眼动数据分析

彭文语* 马永季 杨厚福 万志远

（长安大学公路学院）

摘要 为研究不同驾驶经验的驾驶员在荒漠单调路域环境下的视觉特性，在酒泉市荒漠公路上开展了实车试验。利用眼镜式眼动仪采集30名驾驶员的注视持续时间、扫视幅度、扫视速度和水平及垂直方向搜索广度等视觉特性参数，采用模糊聚类法综合分析单调环境下驾驶经验对驾驶员视觉特性的影响。结果表明：单调路域环境下，相较于新手驾驶员，驾驶经验丰富的驾驶员注视持续时间较短，扫视幅度更大，扫视速度更快，水平及垂直方向视觉搜索广度更大；模糊聚类法能有效对不同视觉特性的驾驶员进行分类。

关键词 模糊聚类法 眼动仪 荒漠单调路域 驾驶员视觉特性

0 引言

在现代交通运输领域，驾驶员的视觉行为对于维护道路安全和提高交通效率至关重要。驾驶员的视觉特性直接影响驾驶行为的安全性，而不良的视觉特性导致信息采集不足或出现信息采集偏差而诱发交通事故[1]。在我国的一些荒漠地区，如甘肃、青海和新疆，其单调路域环境相较于其他环境更为显著，具体表现为道路线形的单调性、路侧环境的单一性以及呈现自由流的交通流。这种独特的路段特性对驾驶员的视觉特性产生不同的影响。一般来说，驾驶里程和驾龄直接影响驾驶员视觉特性的优良性，但部分驾驶员也有例外情况。模糊聚类法在研究驾驶员视觉特性方面具有显著的优势，首先，模糊聚类能够处理多源异构数据，将眼动仪采集的眼动数据进行综合分析；其次，驾驶员的视觉特性的优良性不存在绝对的界限，模糊聚类法通过实现层次化和动态变化的建模对数据结果进行分类，使得驾驶员视觉特性研究结果更加准确且具备更强的可解释性。眼镜式眼动仪在拍摄真实荒漠道路场景的同时可以还原最真实的驾驶员驾驶行为，为探明驾驶员在荒漠单调路域环境下的视觉特性提供深入有效的洞察力。

Shinar等[2]开发了第一个眼睛追踪系统，用其监测和记录驾驶员在道路上的视觉行为。David Crundall[3]研究发现熟练驾驶员能根据道路的复杂程度选择性地改变其视觉搜索策略，而非熟练驾驶员的视觉搜索策略显得太过于僵硬死板；Adam Galpin等[4]研究发现驾驶员视觉的改变确实受到视觉经验的影响；Peter Chapman[5]研究发现训练对于驾驶员的视觉搜索有显著影响。张贵满等[6]研究发现景观色彩显著影响了驾驶员视觉特性；胡月琦等[7]运用统计分析方法分析不同经验驾驶员在特长隧道和普通路段的眼动数据，得到驾驶经验和驾驶环境对驾驶安全的影响；王芳等[8]研究发现驾驶员注视持续时间是驾驶员视觉搜索变化的关键；郭应时[9]指出当视野环境变得复杂时，驾驶员的眼睛运动会变得频繁，对事物的平均注视时间变短。

国内外现有研究主要针对驾驶经验、年龄、性别和路段环境对驾驶员视觉行为和驾驶行为的影响，但是由于条件限制和实际变量复杂，实际路段的实车试验较少，且没有平衡被试驾驶员的驾驶经验、年龄和性别比例[3-13]。同时在考虑路段环境时多拘束于一些特殊路段，如隧道、弯道、上下坡及交叉口处，缺乏整体道路环境下的驾驶员视觉特性的系统研究。鉴于此，本文将基于荒漠单调路域环境下进行实车实验获得的眼动数据和模糊聚类算法，探明不同经验驾驶员在荒漠单调路域环境下的视觉特性，对于优化驾驶员的视觉搜索模式和完善道路基础设施具有现实意义。

1　研究方法

1.1　试验路段

本文通过开展实车驾驶试验来获取自然驾驶状态下的驾驶员眼动数据和车速数据。所选试验路段为 G214 酒航二级公路酒泉段和肃航一级公路酒泉段,如图 1 所示。酒航路试验路段的设计速度为 70km/h,行车道宽度为 3.5m,路面采用沥青材料,为双向两车道;肃航路试验路段的设计速度 80km/h,车道宽度为 3.75m,路面采用沥青材料,为双向四车道。在交通量方面,肃航路试验路段为近年新通车的路段,因此交通量很低,交通流呈现自由流状态;相比之下,酒航路试验路段的交通量适中,大型车比例低。2 条试验路段以路基路段为主,路基路段以低填方为主,其中酒航路试验段有少量桥梁路段。肃航路试验段路侧为 A 级双波形梁护栏,中央分隔带为 SAM 级双波形梁护栏;酒航路试验路段没有设置护栏。试验路段两侧环境呈现出典型的荒漠景观,展现了辽阔的荒漠和单调的景色。

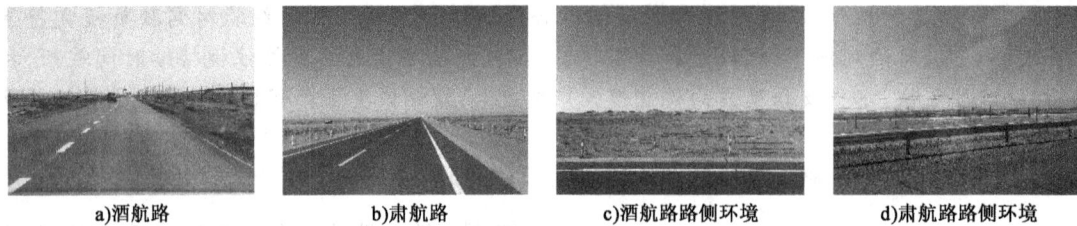

a)酒航路　　　b)肃航路　　　c)酒航路路侧环境　　　d)肃航路路侧环境

图 1　试验路段及路侧环境

1.2　试验仪器与试验人员

本次试验采用 aSee Glasses 眼镜式眼动仪,在拍摄记录真实场景的同时,通过搭配电脑软件 aSeeStudio 记录和分析 20 余项眼动数据,不影响驾驶员的正常驾驶行为,该设备数据输出频率为 120Hz;OBD(On-Board Diagnostics)车载仪器用于记录驾驶时的实时车速;试验车辆为大众迈腾 2016 款 5 座车;试验车辆上还配备车载 GPS 记录道路线形和行车轨迹,移动电源为车载仪器和电脑持续供电,车载仪器和试验车如图 2 所示。

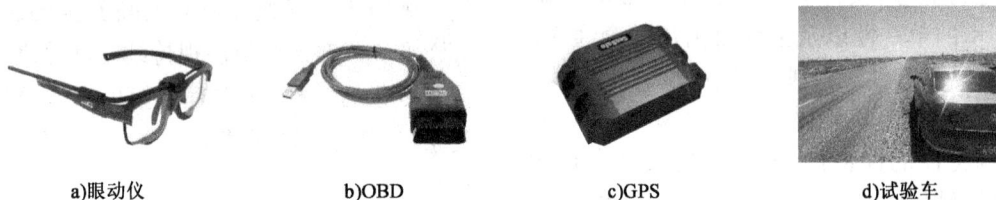

a)眼动仪　　　b)OBD　　　c)GPS　　　d)试验车

图 2　车载仪器与试验车辆

在试验地点酒泉市招募了 30 名驾驶员作为被试者参与本次试验,职业包括了企业员工和职业驾驶员等,其中男性驾驶员 18 人,女性驾驶员 12 人,年龄在 23～55 岁之间,其中包括驾驶里程不足 1 万 km 且驾龄低于 3 年的新手驾驶员,也包括驾驶里程高于 10 万 km 且驾龄超过 10 年的熟练驾驶员。性别比例和年龄分布均符合公安部 2023 年发布的全国机动车驾驶人数据统计特征,30 名驾驶员均达到心理和身体健康标准,视力良好(不佩戴眼镜),在此次试验之前未接触过驾驶员视觉特性的相关研究。

1.3　试验方案

试验开始前仅告知驾驶员预定的行驶路线,正常驾驶过程中其他人不做任何干预和提示,最大程度保持驾驶员的自然驾驶状态,每位驾驶员都会沿预定驾驶路线行驶一个来回。副驾驶位的试验人员负责为驾驶员讲述相关要求并在行驶过程中观察驾驶行为保证试验安全顺利地进行;后排一个人操作眼动仪配备的计算机记录眼动数据,另一个人操作 OBD 连接的计算机记录车辆的实时车速数据。驾驶试验在 9:00～11:30 和

13:00~16:30 开展,避免高峰时期车流量升高带来的干扰和日出及日落的光照变化带来的干扰,试验期间天气状态良好。

1.4 视觉特性相关指标选取

选取平均注视持续时间、平均扫视幅度、平均扫视速度和水平、竖直方向视觉搜索角度标准差作为视觉评价指标,旨在系统性地研究驾驶环境和驾驶经验对驾驶员视觉特性的影响,从而为驾驶员培训和交通安全领域提供更为具体和实质性的见解。

1.4.1 平均注视持续时间

根据前人研究成果,在 aSeeStudio 软件中设置注视点的筛选机制和聚合条件,最小注视时长为 200ms,即认为持续时间大于等于 200ms 为一次注视。在相同道路环境下,驾驶员较长的注视持续时间可能与信息获取的困难程度相关。注视持续时间的增加暗示着驾驶员在特定情境下对视觉信息的处理较为耗时或面临认知负荷的增加,这可能是认知资源分配的结果,驾驶员不得不在特定目标上投入更多的认知资源,以解析信息或做出决策。

1.4.2 平均扫视幅度

扫视幅度是指一次扫视从开始时到结束时所覆盖范围,本文以像素 px 为单位。扫视幅度与道路环境的复杂程度和驾驶员的视觉搜索模式相关。扫视幅度可以反映驾驶员的信息获取策略,较大的扫视幅度表明驾驶员更倾向于在广泛范围内搜索信息。

1.4.3 平均扫视速度

扫视速度可用于评估驾驶员的信息处理效率,较快的扫视速度表明驾驶员能够迅速浏览和解析环境中的信息,高度训练或经验丰富的驾驶员以更快的扫视速度更有效地过滤和识别关键信息。

1.4.4 水平、竖直方向视觉搜索角度标准差

采用水平及垂直方向视觉搜索角度的均值及标准差作为评价搜索广度的指标,显然搜索标准差越大反映出驾驶员视觉搜索范围越广。

1.5 模糊聚类理论

聚类是指给定样本,依据它们之间的距离或相似度,划分为若干个"类"或"簇"。使得相似度较高的样本聚集在同一个类,不相似的样本分散在不同的类。聚类属于无监督学习,方法很多,最常用的是:层次聚类、K 均值聚类(K-means)、模糊聚类(模糊 C-means)。在聚类中十分重要的概念就是距离或者相似度度量。聚类的输入是样本数据,每个样本又由 m 个属性的特征组成,所以输入定义为 $X = \begin{bmatrix} x_{11} & x_{12} & \cdots & x_{1m} \\ x_{21} & x_{22} & \cdots & x_{2m} \\ \vdots & \vdots & \ddots & \vdots \\ x_{n1} & x_{n2} & \cdots & x_{nm} \end{bmatrix}$,其中,行数是维度的个数,列数是样本的个数。

模糊聚类是指模糊 C 均值聚类(Fuzzy C-means),是一种被广泛应用的聚类算法。通过测试,发现,模糊 C-means 的聚类效果比 K-means 要优秀。模糊聚类引入一个隶属度矩阵 u,它是衡量当前样本属于某个类的可能性大小。当前样本可能属于类 1,也可能属于类 2,因此这种聚类成为模糊聚类。

2 数据分析与结果

从 30 名驾驶员中选取 12 名驾驶员眼动数据,见表 1。

驾驶员眼动数据统计值　　表1

驾驶员编号	平均注视持续时间(ms)	平均扫视幅度(px)	平均扫视速度[(px/ms)]	水平方向视觉搜索广度标准差(°)	垂直方向视觉搜索广度标准差(°)
01	465.82	194.70	2.36	9.18	4.82
02	345.71	178.47	2.67	6.62	4.75
03	513.43	161.41	2.22	7.31	5.65
04	489.94	160.22	2.15	7.80	4.84

续上表

驾驶员编号	平均注视持续时间（ms）	平均扫视幅度（px）	平均扫视速度[（px/ms）]	水平方向视觉搜索广度标准差（°）	垂直方向视觉搜索广度标准差（°）
05	469.43	170.58	2.48	7.33	6.21
06	462.09	160.02	2.41	6.32	5.43
07	521.95	154.32	2.27	7.22	4.77
08	617.97	138.37	2.00	3.41	5.64
09	985.66	144.89	2.03	5.68	2.48
10	756.91	139.23	1.90	5.78	3.60
11	833.09	140.31	1.55	3.06	3.95
12	976.36	135.08	1.73	4.65	4.92

用单一眼动参数对驾驶员视觉特性和驾驶员视觉搜索模式进行研究存在着片面性和较大的误差，即有可能出现同一驾驶员某一项表征参数较优而其余表征参数较差的现象。因此本文运用模糊数学理论将 5 个眼动参数综合起来分析驾驶员视觉特性。

2.1 聚类数据的标准化

根据模糊聚类理论，设论域 $U = \{X_1, X_2, \cdots, X_n\}$ 为被聚类的对象，每个对象由 m 个指标表示其性状：$X_i = \{x_{i1}, x_{i2}, \cdots, x_{im}\}$ 于是得到原始数据矩阵为：

$$X = \begin{bmatrix} x_{11} & x_{12} & \cdots & x_{1m} \\ x_{21} & x_{22} & \cdots & x_{2m} \\ \vdots & \vdots & \vdots & \vdots \\ x_{n1} & x_{n2} & \cdots & x_{nm} \end{bmatrix} \quad (1)$$

原始数据矩阵 X 中 5 中眼动数据对应不同的量纲，为了对不同量纲的数据进行比较以及满足模糊矩阵的要求，对矩阵进行适当的变换，变换后的矩阵元素必须在区间 $[0,1]$ 上。采用式（2）进行平移极差变换：

$$x'_{ik} = \frac{x_{ik} - \min\limits_{1 \le i \le n}\{x_{ik}\}}{\max\limits_{1 \le i \le n}\{x_{ik}\} - \min\limits_{1 \le i \le n}\{x_{ik}\}} \quad (k = 1,2,\cdots,m)$$

$$(2)$$

依据式（2），利用 Python 编程计算，经过标准化变换后的矩阵 X' 为

$$X' = \begin{bmatrix} 0.47 & 1 & 0.88 & 1 & 0.78 \\ 0.35 & 0.92 & 1 & 0.72 & 0.76 \\ 0.52 & 0.83 & 0.83 & 0.8 & 0.91 \\ 0.5 & 0.82 & 0.8 & 0.85 & 0.78 \\ 0.48 & 0.88 & 0.93 & 0.8 & 1 \\ 0.47 & 0.82 & 0.9 & 0.69 & 0.87 \\ 0.53 & 0.79 & 0.85 & 0.79 & 0.77 \\ 0.63 & 0.71 & 0.75 & 0.37 & 0.91 \\ 1 & 0.74 & 0.76 & 0.62 & 0.4 \\ 0.77 & 0.72 & 0.71 & 0.63 & 0.58 \\ 0.85 & 0.72 & 0.58 & 0.33 & 0.64 \\ 0.99 & 0.69 & 0.65 & 0.51 & 0.79 \end{bmatrix}$$

2.2 建立模糊相似矩阵

得到标准化后的数据矩阵可以依照传统聚类方法确定相似系数，由此建立模糊相似矩阵，构造模糊相似矩阵的传统方法有 13 种之多，本文采用最大值最小值法来求取模糊相似矩阵。最大值最小值法计算公式为

$$r_{ij} = \frac{\sum\limits_{k=1}^{m}(x_{ik} \wedge x_{jk})}{\sum\limits_{k=1}^{m}(x_{ik} \vee x_{jk})} \quad (3)$$

依据式（3），利用 Python 编程计算，计算出模糊相似矩阵 R 为：

$$R = \begin{bmatrix} 1 & 0.86 & 0.86 & 0.9 & 0.86 & 0.86 & 0.88 & 0.7 & 0.64 & 0.7 & 0.61 & 0.66 \\ 0.86 & 1 & 0.84 & 0.86 & 0.87 & 0.89 & 0.87 & 0.71 & 0.65 & 0.72 & 0.62 & 0.67 \\ 0.86 & 0.84 & 1 & 0.94 & 0.93 & 0.93 & 0.95 & 0.82 & 0.7 & 0.76 & 0.66 & 0.73 \\ 0.9 & 0.86 & 0.94 & 1 & 0.89 & 0.9 & 0.95 & 0.77 & 0.71 & 0.78 & 0.67 & 0.73 \\ 0.86 & 0.87 & 0.93 & 0.89 & 1 & 0.92 & 0.89 & 0.76 & 0.65 & 0.71 & 0.62 & 0.68 \\ 0.86 & 0.89 & 0.93 & 0.9 & 0.92 & 1 & 0.91 & 0.8 & 0.7 & 0.77 & 0.66 & 0.73 \\ 0.88 & 0.87 & 0.95 & 0.95 & 0.89 & 0.91 & 1 & 0.79 & 0.73 & 0.8 & 0.69 & 0.75 \\ 0.7 & 0.71 & 0.82 & 0.77 & 0.76 & 0.8 & 0.79 & 1 & 0.71 & 0.8 & 0.8 & 0.81 \\ 0.64 & 0.65 & & 0.71 & 0.65 & 0.7 & 0.73 & 0.71 & 1 & 0.86 & 0.77 & 0.83 \\ 0.7 & 0.72 & 0.76 & 0.78 & 0.71 & 0.77 & 0.8 & 0.8 & 0.86 & 1 & 0.84 & 0.83 \\ 0.61 & 0.62 & 0.66 & 0.67 & 0.62 & 0.66 & 0.69 & 0.8 & 0.77 & 0.84 & 1 & 0.84 \\ 0.66 & 0.67 & 0.73 & 0.73 & 0.68 & 0.73 & 0.75 & 0.81 & 0.83 & 0.83 & 0.84 & 1 \end{bmatrix}$$

2.3 建立模糊等价矩阵

得到模糊相似矩阵后为了进行聚类,需要进一步计算得到模糊等价矩阵。本文采用平方法得到模糊相似矩阵 R 的传递闭包 $t(R)$,即当一个模糊相似矩阵的平方等于其本身时,该矩阵为模糊等价矩阵,计算公式为式(4)

$$R^* = t(R) = R^{2k}, R^{2k} = R^{2k-1} \quad (4)$$

即根据相似矩阵,利用传递闭包法得到模糊等价矩阵 R^* 为

$$R^* = \begin{bmatrix} 1 & 0.89 & 0.9 & 0.9 & 0.9 & 0.9 & 0.9 & 0.82 & 0.81 & 0.81 & 0.81 & 0.81 \\ 0.89 & 1 & 0.89 & 0.89 & 0.89 & 0.89 & 0.89 & 0.82 & 0.81 & 0.81 & 0.81 & 0.81 \\ 0.9 & 0.89 & 1 & 0.95 & 0.93 & 0.93 & 0.95 & 0.82 & 0.81 & 0.81 & 0.81 & 0.81 \\ 0.9 & 0.89 & 0.95 & 1 & 0.93 & 0.93 & 0.95 & 0.82 & 0.81 & 0.81 & 0.81 & 0.81 \\ 0.9 & 0.89 & 0.93 & 0.93 & 1 & 0.93 & 0.93 & 0.82 & 0.81 & 0.81 & 0.81 & 0.81 \\ 0.9 & 0.89 & 0.93 & 0.93 & 0.93 & 1 & 0.93 & 0.82 & 0.81 & 0.81 & 0.81 & 0.81 \\ 0.9 & 0.89 & 0.95 & 0.95 & 0.93 & 0.93 & 1 & 0.82 & 0.81 & 0.81 & 0.81 & 0.81 \\ 0.82 & 0.82 & 0.82 & 0.82 & 0.82 & 0.82 & 0.82 & 1 & 0.81 & 0.81 & 0.81 & 0.81 \\ 0.81 & 0.81 & 0.81 & 0.81 & 0.81 & 0.81 & 0.81 & 0.81 & 1 & 0.86 & 0.84 & 0.84 \\ 0.81 & 0.81 & 0.81 & 0.81 & 0.81 & 0.81 & 0.81 & 0.81 & 0.86 & 1 & 0.84 & 0.84 \\ 0.81 & 0.81 & 0.81 & 0.81 & 0.81 & 0.81 & 0.81 & 0.81 & 0.84 & 0.84 & 1 & 0.84 \\ 0.81 & 0.81 & 0.81 & 0.81 & 0.81 & 0.81 & 0.81 & 0.81 & 0.84 & 0.84 & 0.84 & 1 \end{bmatrix}$$

2.4 聚类结果与分析

计算得到模糊等价矩阵后发现当阈值 $\lambda = 0.82$ 时,有两类分类结果。

$$R^*_{0.82} = \begin{bmatrix} 1 & 1 & 1 & 1 & 1 & 1 & 1 & 1 & & & & \\ 1 & 1 & 1 & 1 & 1 & 1 & 1 & 1 & & & & \\ 1 & 1 & 1 & 1 & 1 & 1 & 1 & 1 & & & & \\ 1 & 1 & 1 & 1 & 1 & 1 & 1 & 1 & & & & \\ 1 & 1 & 1 & 1 & 1 & 1 & 1 & 1 & & & & \\ 1 & 1 & 1 & 1 & 1 & 1 & 1 & 1 & & & & \\ 1 & 1 & 1 & 1 & 1 & 1 & 1 & 1 & & & & \\ 1 & 1 & 1 & 1 & 1 & 1 & 1 & 1 & & & & \\ & & & & & & & & 1 & 1 & 1 & 1 \\ & & & & & & & & 1 & 1 & 1 & 1 \\ & & & & & & & & 1 & 1 & 1 & 1 \\ & & & & & & & & 1 & 1 & 1 & 1 \end{bmatrix}$$

类型一包括 01~08 号驾驶员,这 8 位驾驶员中有 6 位驾驶员的驾龄超过 10 年,有 7 位驾驶员的驾驶里程超过 10 万 km,有一位驾驶员从驾龄和驾驶里程角度评判不属于熟练驾驶员,但是驾驶员的熟练程度还与很多其他因素相关,例如职业、年龄、性别和驾驶习惯相关,而根据回看眼动仪记录的视频和记录的驾驶行为数据来看,该驾驶员全程车速和行车轨迹稳定,有良好的视觉搜索模式,因此根据 5 种眼动参数的综合分析评价,与其他熟练驾驶员分为一类。类型二包括 09~12 号驾驶员,这 4 位驾驶员的驾龄均低于 10 年且驾驶里程均小于 10 万 km。

综合来看,类型一为熟练驾驶员,类型二为新手驾驶员,在荒漠、戈壁单调路域环境道路上,熟练驾驶员的平均注视时间较短,表明熟练驾驶员能在更短的时间获取需要的道路信息来做出驾驶

决策;熟练驾驶员的平均扫视速度更快且平均扫视幅度更大,分析认为熟练驾驶员能够迅速从一个需要获取信息的注视目标转移到另一个注视目标,而新手驾驶员则会注视其他目标;熟练驾驶员水平及竖直方向视觉搜索广度标准差更大,表明熟练驾驶员视觉搜索范围更广,即熟练驾驶员具有更优秀的视觉搜索模式。在一般城市道路上驾驶员平均注视持续时间为220ms远小于荒漠、戈壁单调路域环境道路的620ms,究其原因一般城市道路上交通量大且横向干扰较多,而在荒漠、戈壁公路上路侧景观单调且交通量低,驾驶员在两种环境道路上获取的信息量相差较大,所以呈现两极化的视觉特性。

在聚类结果中还发现当阈值 $\lambda = 0.84$ 时,有三类分类结果。

$$R_{0.84}^* = \begin{bmatrix} 1 & 1 & 1 & 1 & 1 & 1 & 1 & & & & & \\ 1 & 1 & 1 & 1 & 1 & 1 & 1 & & & & & \\ 1 & 1 & 1 & 1 & 1 & 1 & 1 & & & & & \\ 1 & 1 & 1 & 1 & 1 & 1 & 1 & & & & & \\ 1 & 1 & 1 & 1 & 1 & 1 & 1 & & & & & \\ 1 & 1 & 1 & 1 & 1 & 1 & 1 & & & & & \\ & & & & & & & 1 & & & & \\ & & & & & & & & 1 & 1 & 1 & 1 \\ & & & & & & & & 1 & 1 & 1 & 1 \\ & & & & & & & & 1 & 1 & 1 & 1 \\ & & & & & & & & 1 & 1 & 1 & 1 \end{bmatrix}$$

类型一为01~07号驾驶员,类型二为08号驾驶员,类型三为09号~12号驾驶员,区别于前一种分类结果的是08号驾驶员,在第一种分类结果里08号驾驶员与01~07号驾驶员为一类,通过视频回放和数据分析发现,08号驾驶员的水平方向视觉搜索广度标准差较小,试验的平均车速较高,表明较高的车速使得驾驶员的水平方向的视觉搜索范围缩小,即由于驾驶员的驾驶习惯存在个性差异,即使在同样的道路环境中,个体特例的出现在所难免。

3　结语

本文基于模糊聚类法和30名驾驶员的眼动数据研究分析了荒漠单调路域环境下不同经验驾驶员的视觉特性,结果表明拥更多驾驶经验的熟练驾驶员具有更优秀的视觉搜索模式,能根据

道路的复杂程度选择性地改变其视觉搜索策略,而新手驾驶员的视觉搜索模式则有待完善,缺乏整体性和灵活变通性;不同驾驶员间存在不同的驾驶个性,即熟练驾驶员也会因其驾驶习惯而出现部分不符合其优秀视觉搜索模式的驾驶行为。但是本文的研究缺乏一般路段的对照试验,在未来的研究中可以增加道路信息复杂的城市道路或者普通环境的高速公路作为对照试验。本文研究内容探明了不同经验驾驶员在荒漠单调路域环境下的视觉特性,对于优化驾驶员的视觉搜索模式和完善道路基础设施具有现实意义。

参考文献

[1] 袁伟,付锐,郭应时,等.驾驶员视觉搜索模式模糊聚类评价方法[J].中国公路学报,2011,24(1):103-108.

[2] SHINAR D. Looks Are (Almost) Everything:Where Drivers Look to Get Information [J]. Human Factors:The Journal of the Human Factors and Ergonomics Society, 2008, 50(3):380-384.

[3] CRUNDALL D, CRUNDALL E, CLARKE D, et al. Why do car drivers fail to give way to motorcycles at t-junctions? [J]. Accident Analysis & Prevention, 2012, 44(1):88-96.

[4] GALPIN A, UNDERWOOD G, CHAPMAN P. Sensing without seeing in comparative visual search [J]. Consciousness and Cognition, 2008, 17(3):672-687.

[5] CHAPMAN P, UNDERWOOD G, ROBERTS K. Visual search patterns in trained and untrained novice drivers [J]. Transportation Research Part F: Traffic Psychology and Behaviour, 2002, 5(2):157-167.

[6] 张贵满,朱守林,戚春华.单调路侧景观色彩对驾驶员眼动指标的影响分析[J].科学技术与工程,2016,16(18):284-289.

[7] 胡月琦,刘浩学,朱彤,等.高速公路特长隧道环境中驾驶员视觉特性研究[J].中国安全科学学报,2017,27(6):31-36.

[8] 王芳,陈飞,倪富健,等.公路平面线形与驾驶员视觉搜索模式相关性分析[J].东南大学学报(自然科学版),2009,39(5):1070-1074.

[9] 郭应时,付锐,张建峰,等.不同通道宽度条件

下汽车驾驶员注视点分布规律[J].交通运输工程学报,2006(2):51-54.

[10] VOS J, DE W J, FARAH H, et al. Which visual cues do drivers use to anticipate and slow down in freeway curve approach? An eye-tracking, think-aloud on-road study [J]. Transportation Research Part F: Traffic Psychology and Behaviour, 2023, 94: 190-211.

[11] MOLLOY O, MOLESWORTH B, WILLIAMSON A, et al. Improving young drivers' speed compliance through a single dose of feedback [J]. Transportation Research Part F: Traffic Psychology and Behaviour, 2023, 95: 228-238.

[12] VICTOR T W, HARBLUK J L, ENGSTRÖM J A. Sensitivity of eye-movement measures to in-vehicle task difficulty [J]. Transportation Research Part F: Traffic Psychology and Behaviour, 2005, 8(2): 167-190.

[13] SHINAR D. Looks Are (Almost) Everything: Where Drivers Look to Get Information [J]. Human factors, 2008, 50(3): 380-384.

基于数值型数据的驾驶人认知分心行为识别

王恺丽　　张敬磊*　　张一达

（山东理工大学交通与车辆工程学院）

摘　要　本研究致力通过模拟驾驶试验数据构建驾驶人认知分心行为识别模型,旨在提高车辆智能辅助系统的准确性和实用性。利用深度学习技术,特别是改进的门控循环单元(GRU)神经网络,结合驾驶人行为和车辆运行信息,本文研发一套能够有效识别驾驶员在不同认知分心水平下的驾驶行为的方法。研究通过因子分析提取关键特征,采用 Adam 优化器优化学习率,并引入 Dropout 机制减少模型过拟合,以增强模型泛化能力。经过严格的试验设计和模型验证,本研究的模型在识别正常与分心驾驶行为方面达到了84%的准确率,显示出了良好的性能。此外,通过混淆矩阵等评价指标的应用,进一步证实了模型的有效性和实用性。本研究不仅为驾驶分心行为的识别提供了新的视角和技术手段,而且对于智能辅助驾驶系统的设计与优化提供了有价值的指导。

关键词　驾驶行为　认知分心行为识别　门控循环单元(GRU)　模拟驾驶试验　智能辅助系统

0　引言

现代社会汽车行业的迅速发展和机动车数量的不断增加,随之引发的交通安全问题已经成为人们关注的焦点。在这个复杂的交通系统中,驾驶人作为至关重要的一环,其行为直接关系到整体交通的安全性。其中,分心驾驶行为尤为令人担忧,严重影响交通安全。因此,对驾驶人分心行为进行准确地识别并在合适的时间提醒驾驶人,这对研究驾驶安全行为有着重要的现实意义。

驾驶人分心识别指标的研究方面,Nakano 等人为研究驾驶人认知分心行为,进行了驾驶模拟试验,通过采集在注意力集中时的正常状态和注意力分散的状态下驾驶时的车辆数据(如车速和发动机转速等)以及驾驶行为数据(如转向角等),并且提出了从驾驶数据中开发实时认知分心检测方法[1]。Kountouriotis 等人发现,驾驶人驾驶处于认知分心时,车辆的车道保持性能提高,驾驶人对道路中心的注意力更加集中,横向操控指标体现在转向盘反转率和转向熵增加[2]。Sonnleitner 等人研究了驾驶人在驾驶时执行听觉次任务时,其反应时间和 EEG 中的 alpha spindle 波频率与专心驾驶时相比要明显的高,并且会随着任务时间的增加而增加[3]。马欣从分心驾驶人的眼动角度进行探究,选取瞳孔直径为切入点,得出驾驶人处于认知分心时瞳孔直径逐渐变大,结束分心后瞳孔

基金项目:山东省自然科学基金(ZR2017LF015,ZR2018BF024),国家自然科学基金(61573009)。

回归正常水平的结论[4]。

驾驶人分心识别算法的研究方面，Oscar 研究在高级驾驶模拟器下不同的道路基础设施和交通复杂性下分心驾驶人的速度适应性，使用决策树对速度适应进行建模，从决策树中识别出的道路基础设施和交通特征组随后使用广义线性混合模型（GLMM）进行建模，通过重复测量得出关于分心驾驶人速度适应行为的推论[5]。周扬等人采集驾驶人正常驾驶和认知分心驾驶下的眼动数据（注视持续时间、眨眼持续时间），根据随机森林模型构建了驾驶人分心识别模型[6]。盖娇云运用长短期记忆神经网络（LSTM）选取代表性较高的特征指标所组成的时间序列，建立了驾驶人认知分心识别预警模型[7]。

跟驰状态下驾驶人行为的研究方面，Zatmeh 等人建立了微观仿真模型，对分心驾驶下的跟车行为进行研究，结果表明，在驾驶人发短信和打电话时，会使车辆的平均速度降低，速度的变异系数升高[8]。李鹏辉等人通过模拟驾驶试验，探究城市道路车辆跟驰场景中驾驶人认知分心和驾驶安全之间的联系，结果表明，转向盘回转率和车辆的横向位置标准差会随分心程度的增高而相应的增大[9]。高岩、罗毅等人开展了模拟驾驶试验，分析了不同的手机分心操作行为对跟车绩效和驾驶人视觉特性参数的影响，并得出结论：特定的手机操作行为对前后跟车间距、车头时距等车辆运行指标和驾驶人最大注视时长、眨眼频率等视觉特性指标有显著影响[10]。

综上所述，虽然国内外目前对驾驶人分心行为的早有研究，大多以单一的驾驶绩效指标、生理指标等展开研究，针对某一数据类型的驾驶人认知分心行为识别的研究还相对较少。因为本文针对车辆运行信息数据和人因数据这一数值类型的数据研究驾驶人认知分心行为进行研究。本文以认知分心驾驶行为为研究对象，在面临实车驾驶试验存在危险性的情况下，采用驾驶模拟器进行跟驰驾驶状态下的试验。通过精心收集了车辆运行信息数据和驾驶人因数据，通过特征提取的方法构建了庞大的驾驶行为数据集。为提高模型的准确性，采用了优化过的门控循环单元神经网络（GRU）。经过多次迭代和训练，模型的准确率成功达到了 80%以上，显示出良好的性能。最终，研究结果为认知分心驾驶行为的准确识别提供了有

力的支持，为未来高级驾驶辅助系统的设计与实施提供了重要的理论基础。

1　试验设计及实施

1.1　试验相关设备

本研究在仿真试验室进行模拟试验。试验的硬件设备是多人多机交互驾驶模拟器，同时配有计算机主机和三星曲面显示屏，人因设备采取的是 PsyLAB 人因工程试验系统来获取驾驶人的生理信号数据，包括心电信号（ECG）、皮电信号（EDA）、肌电信号（EMG）等。软件设备采用的是日本 FORUM8 公司的三维实时虚拟仿真软件 UC-win/Road，以及如人因设备与之配套的 PsyLAB 软件系统。驾驶模拟器、曲面显示屏以及人因设备图如图 1 所示。

图 1　相关试验设备图

1.2　试验对象

从最初招募到最后确定试验人员为 16 人，年龄在 18～55 周岁之间，均取得国家规定的驾驶执照，所有驾驶人近一年内没有发生过道路交通事故，视力及矫正视力均达到 1.0 及以上，达到国际标准水平视力。表 1 为试验人员相关信息。

试验人员相关信息　　　　　表 1

项目	年龄（岁）	驾龄（年）	年平均驾驶里程（×10⁴km）
均值	34.9	6.6	2.3
标准差	1.8	2.9	0.8

1.3 试验场景设计

本次试验的驾驶状态分为正常跟车驾驶状态和驾驶人处于认知分心跟车驾驶状态,由于跟车距离不能直接测出,所以本文将跟车距离定义为引导车沿道路的行驶距离减去试验车跟随引导车行驶的距离,横向偏移是指从行驶车道中心线为标准的车辆位置偏移量。根据 UC-win/Road 仿真软件搭建城市道路环境,道路全长 10km,车道数为双向六车道,车道宽为 3.75m,城市道路限速为 60km/h,设置车流状态为自由流,引导车以 50km/h 的速度稳定行驶。图 2 为该试验场景的示意图。

图 2 试验场景示意图示例

1.4 认知分心次任务设计

本文研究设置不同程度等级的认知分心次任务,分别为与乘客交谈、思考回答问题和难度较高的数字计算,作为对照试验,驾驶人进行一段正常的跟驰驾驶。王国华等人将认知负荷的测量方法从主客观性和因果关系上划分了四类[11],本文运用其中的主观直接测量法来评定认知负荷,即设计不同程度等级的分心任务采用调查问卷的形式,调查这三种不同工作任务的负荷量,填写问卷人数共计 280 人,对不同任务的负荷量进行 OW(Overall Workload Scale)量表评分,评分分值在 1~100 之间,其中 1 表示最低负荷,100 表示最高负荷。结果表明,低负荷、中负荷、高负荷的分心任务评分分别在 1~30、30~60、60~100 之间的结果达到了 95% 以上,因此,本文设计不同程度等级的认知分心任务具有一定的普适性。因此,本文共有四个等级的驾驶任务,分别为无分心任务、低负荷分心任务、中负荷分心任务、高负荷分心任务。

(1)无分心任务:作为此阶段驾驶人不执行分心任务,以正常状态跟驰引导车行驶一段时间。

(2)低负荷分心任务:此阶段试验人员坐在相当于副驾驶的位置,与驾驶人进行聊天,内容与车辆驾驶行为和日常生活相关,交谈的具体问题示例如下:你第一次开车上路的感觉怎么样?目的

地是哪里?

(3)中负荷分心任务:此阶段模拟驾驶人进入沉思,试验开始前,试验员向驾驶人讲解此次任务的具体实施方案,试验人员任选一组词语朗读,朗读完后,驾驶人回答试验人员提出的问题。此类问题的灵感来源于中小学生听知觉注意力训练课程。问题具体示例如下:第一组:花店、体育馆、纪念馆、体育馆、花店、体育馆、纪念馆、花店。第一组问题:读了几次花店?答案:三次。

(4)高负荷分心任务:被试驾驶人听到试验人员的口令,试验员口头陈述 2 位数或 1 位数三项或四项的加减法运算,为了使驾驶人尽快进入认知分心状态,要求驾驶人尽快回答。问题示例如下:56 + 78 - 23 + 19 = ?

为保证试验数据的准确性,问题回答率在 80% 以上即为合格。

1.5 试验流程

本试验的流程分为以下部分:

(1)对进行本次试验的驾驶人进行简单的培训,由试验工作人员讲解试验设备的操作规范步骤。

(2)在进行正式试验之前,被试驾驶人在驾驶模拟场景中熟悉驾驶 10min 左右,为避免学习效应,选取的试验路段与正式试验不同。

(3)对进行本次试验采用的设备进行调试,由试验人员为被试人员佩戴人因设备,被试驾驶人进行熟悉驾驶之前,保证人因设备电量充足,并且与采集数据的计算机连接良好。

(4)进入正式试验部分,整个试验过程,驾驶人的主任务为跟车驾驶,首先进行 9min 正常跟车驾驶,引导车以 50km/h 的速度在单侧中间车道匀速行驶,被试车辆以适应速度跟随引导车;接下来,进入认知分心试验,被试驾驶人按照试验员的要求,进入到低负荷分心任务时期,驾驶人跟车行驶 3min 左右,同时还要与试验人员进行简单交谈;驾驶人休息 1min 左右后,进行中负荷分心任务时期,驾驶人听取并回答试验人员的问题;同样休息 1min 左右的时间后,进入高负荷分心任务时期,驾驶人听取试验工作人员提问的数字计算,尽快完成回答。

2 数据预处理

在模拟驾驶试验中,由于试验人员操作不当

以及外部环境等因素,采集的试验数据会存在异常值,本文选取箱形图对数据中的异常值进行处理,根据特征的描述信息以及特征值范围来检测数据中的异常值,利用数据中的 5 个统计量:最小值、第一四分位数(Q_1)、中位数、第三四分位数(Q_3)、最大值来描述数据,异常值被定义为小于$Q_1 - 1.5IQR$或大于$Q_3 + 1.5IQR$,IQR 是指四分位数间距,是第一四分位数与第三四分位数之差,也就是全部观察值的一半。

若采集的数据中存在异常值,其超出极大值或极小值,异常值就会展示位圆点的形式,图 3 是箱形图检测异常值的原理图。

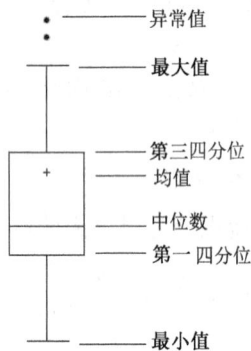

图 3　箱形图检测异常值

2.1　车辆运行信息数据预处理

本文所进行的驾驶模拟试验,在模拟仿真试验室中进行,车辆运行信息数据由与驾驶模拟器相配套使用的仿真软件 UC-win/Road 导出,一次试验任务 18min,从试验工作人员的开始口令到结束口令为止。根据前人研究,本文选取车辆速度、横向加速度、纵向加速度、车辆跟驰距离、转向盘的转动幅度以及从行驶车道中心的车辆位置的偏移这 6 项参数进行研究。

为了保证试验数据的有效性,本试验将截取掉每次分心任务试验的前 5s 和后 5s 试验数据,为便于样本数据的划分,将 9min 的正常跟驰驾驶数据划分为 3 段 3min 的正常跟驰驾驶试验数据,最终获得 3 个 170s 的正常跟驰驾驶数据、170s 的低负荷分心驾驶数据、170s 的中负荷分心驾驶数据、170s 的高负荷分心驾驶数据,本文选取速度均值、速度标准差、横向加速度均值、横向加速度标准差、纵向加速度均值、纵向加速度标准差、跟车距离均值、跟车距离标准差、转向盘转动幅度、车辆距行驶车道中心的车辆位置偏移量的均值、车辆距行驶车道中心的车辆位置偏移量的标准差共 11

个变量作为特征指标。

由于驾驶人处于认知分心是一个持续的过程,所以本文将每 5s 采集到的车辆速度、横向加速度、纵向加速度、前后车辆行驶距离相减后得到的跟车距离、车辆位置偏移取平均值和标准差、方向盘转动幅度取平均值,作为处理后的一个跟驰样本数据。样本数据划分按照 1 ~ 5s,2 ~ 6s…166 ~ 170s 来进行划分。表 2 是部分车辆运行数据的样本处理结果。

部分车辆运行数据样本　　　　　表 2

编号	分心类型	v'	a'_x	…	L_s
16	正常	40.28	0.035	…	0.52
92		52.37	0.016	…	1.04
7	低负荷分心	54.22	0.127	…	0.93
82		30.96	0.213	…	1.28
13	中负荷分心	49.10	0.044	…	0.46
87		49.98	0.021	…	0.70
34	高负荷分心	43.82	0.001	…	0.25
35		34.60	0.012	…	0.22

表 2 中,v'指 5s 内的速度均值,单位为 m/s,a'_x指 5s 内的横向加速度均值,单位为 m/s^2,L_s指 5s 内的车辆距行驶车道中心的车辆位置偏移量的标准差,单位为 m^2。

2.2　人因数据预处理

根据每次不同的试验情景,由连接到数据采集计算机主机上的传感器接收信号,采集相对应的皮电、心电、肌电等生理数据,由于导出的数值为原始数据,需要对其进行量化,均值能够反映数据的集中趋势,标准差又称标准偏差,其是一组数据平均值分散程度的一组度量,可以反映数据集的离散程度。根据前人研究,本文选取以下数据指标来研究认知分心驾驶人的特征,分别为心率均值(AVNN)、平均心动间隔、心动间隔标准差(SDNN)、皮电均值(E_m)、皮电标准差(E_s)、肌电标准差(H_s)。为了保持时间上的一致,对于人因数据信息的采集与车辆运行信息数据的采集保持时间上的一致,同样,样本数据划分方式与车辆运行信息数据保持一致。

3　基于因子分析的特征提取

如果用单一的数据特征建立识别模型,对分心行为的识别率会较低,所以本文将获取的车辆运行信息数据和人因数据指标进行特征级融合，因子分析法能够用较少的变量解释数据中的大部分变量。

首先对前文中划分的车辆运行信息数据的人因信息样本数据进行 Z－score 标准化处理。接下来对上述 17 个特征指标进行计算相关系数矩阵，以此来检验是否可以进行因子分析，由上所述，共获得 15936 个数据样本，为了便于样本集的划分，选取 15000 个样本量用于分析。

接下来求解因子载荷矩阵，运用主成分法进行求解，并对求解的因子载荷矩阵进行最大方差正交旋转，最后运用回归法计算因子的得分，本文运用 SPSS 对因子进行充分性检验，经检验，得到 KMO 的值为 $0.673 > 0.5$，说明适合做因子分析，然后进行 Bartlett 球形检验，检验各个变量是否各自独立。经检验，其 P 值小于 0.05，说明各变量是相关的，可以进行因子分析。总方差解释表见表 3。

总方差解释 表 3

编号	特征值	方差贡献率（%）	累计方差贡献率（%）
1	4.747	27.924	27.924
2	2.974	17.495	45.419
3	2.768	16.285	61.704
4	1.870	10.998	72.703
5	1.411	8.302	81.005
6	1.286	7.564	88.569
7	0.853	5.017	93.586
8	0.440	2.589	96.176

从表 3 可以看出，前 8 个公因子共同解释了总方差的 96.176%，可以解释原有的大部分变量，因此本文将得到的这 8 个公因子用于后续基于改进门控循环单元神经网络模型的输入。表 4 是将经过因子分析后获得的 8 个公因子进行数据的归一化处理。

数据归一化结果 表 4

样本编号	特征数量			
	Y_1	Y_2	…	Y_8
1	0.1304	0.0672	…	0.1235
2	0.4319	0.0751	…	0.5689
⋮	⋮	⋮	⋮	⋮
14999	0.1628	0.1547	…	0.3452
15000	0.2153	0.1894	…	0.0421

4 模型建立

4.1 改进 GRU 识别模型

由于本文所获取的数据信息依照时间维度在不断地变化，其属于时间序列模型，GRU（Gated Recurrent Unit）神经网络是一种适用于序列数据的循环神经网络（RNN）的变体，能有效地捕捉数据中的时序信息，包括驾驶人的行为随时间的变化。GRU 引入了门控机制，具有更新门和重置门，这些门控机制有助于控制信息的流动，使得网络能够处理长期依赖关系，从而改善了模型在长序列上的表现。相比标准的 RNN，GRU 在训练过程中更容易捕捉和保留长期的上下文信息。图 4 为 GRU 的网络架构图。

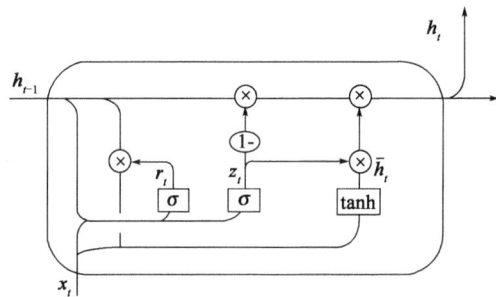

图 4 GRU 网络架构图

（1）更新门 z_t：更新门用于控制当前状态 h_t 需要从上一时刻的隐藏状态 h_{t-1} 中保留的信息和需要从候选隐藏状态 $\bar{h}_t$ 中接收的信息。

（2）重置门 r_t：重置门用于控制候选隐藏状态的计算是否依赖上一时刻的隐藏状态 h_{t-1}，其决定了如何将新的输入信息与前边的信息结合。

$$z_t = \sigma(W_z x_t + U_z h_{t-1} + b_z) \tag{1}$$

$$r_t = \sigma(W_r x_t + U_r h_{t-1} + b_r) \tag{2}$$

$$\tilde{h}_t = \tanh[W_h x_t + U_h(r_t \odot h_{t-1}) + b_h] \tag{3}$$

$$h_t = z_t \odot h_{t-1} + (1 - z_t) \odot \tilde{h}_t \tag{4}$$

式中：x_t——当前 t 时刻的输入信息；

h_{t-1}——上一时刻的隐藏状态，隐藏状态相当于神经网络的记忆，包含之前所见过的数据信息；

h_t——传递到下一个时刻的隐藏状态；

h_{t-1}——候选隐藏状态的值；

σ——sigmoid 函数，其可以将数据变为［0，1］之间；

tanh——函数，可以将数据变为［-1,1］之间。

为了获取更客观的模型准确率，本文将对 GRU 网络进一步优化，采用 Adam 这一优化器来自动调整参数的学习率，能够快速收敛且减少训练时间，更加准确地找到损失函数的最小值。

接下来在神经网络训练的过程中，引入 Dropout 机制，通过一定概率让隐藏层中的神经元节点值为 0，这样可减少隐藏层节点之间的相互作用，从而提高模型的泛化性。图 5 是 Dropout 的原理图，左侧为未加入 Dropout 机制的神经网络图，右侧为加入 Dropout 机制的神经网络图。

图 5　Dropout 机制原理图

根据上述方法对模型改进后，本文搭建的改进 GRU 神经网络模型其输入层为 1 层，由上述经过因子分析提取的 8 个公因子作为输入节点，3 个 GRU 层和 1 个全连接层作为隐藏层，最后还有输出层，基于车辆运行信息数据和人因信息数据建立的模型如图 6 所示。

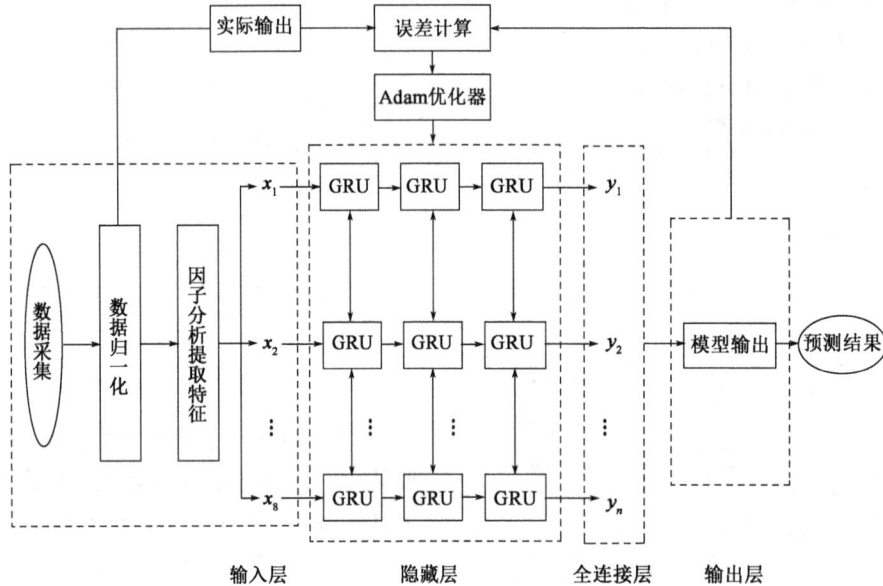

图 6　改进 GRU 模型图

4.2　模型验证及分析

按照 8∶2 的划分比例，训练集数据样本为 12000 个，测试集样本为 3000 个，其中 3000 个数据样本中，包括 1500 个正常跟驰驾驶样本，500 个低负荷认知分心样本，500 个中负荷认知分心样本，500 个高负荷认知分心样本。正常跟驰驾驶样本标记为 0，认知分心驾驶样本标记为 1，在对模型进行迭代训练 25 次后，准确率变化曲线如图 7 所示。

同样，在对模型进行迭代训练 25 次后，损失值维持在 0.48 左右，损失值的变化曲线如图 8 所示。为评估该模型的效果，通常需要运用某些评价指标来衡量模型的好坏，对于分类模型来说，常用的有混淆矩阵、准确率（Accuracy）、精确率（Precision）、召回率（Recall）等。

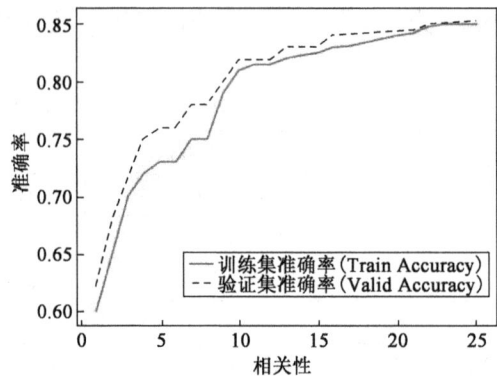

图 7　改进门控循环神经网络准确率曲线

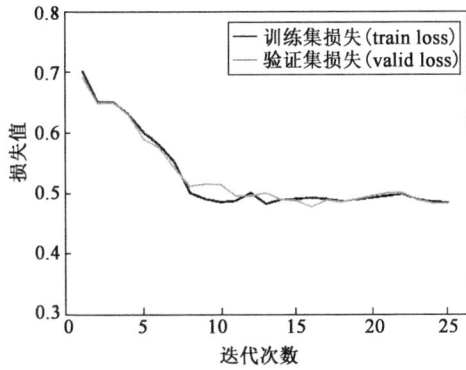

图8 改进门控循环神经网络损失值曲线

混淆矩阵主要用于监督学习中,作为比较分类结果和实例的真实信息,它的每一列表示预测的类别,每一列的总数代表预测为该类别的数据的数目;每一行表示数据的真实归属类别,每一行的数据总数为该类别的数据实例的数目。图9是混淆矩阵的图例。

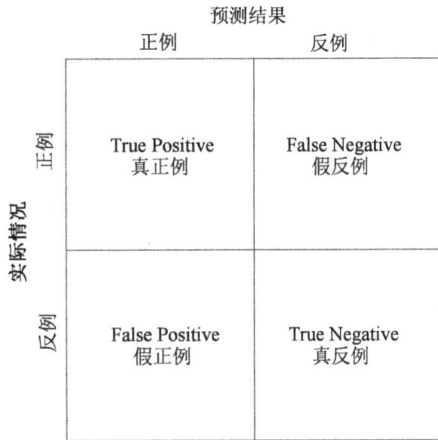

图9 混淆矩阵图

根据混淆矩阵其可在测试集上得到四种分类结果,分别为真正例真正例(True Positive,TP)、假正例(False Positive,FP)、真反例(True Negative,TN)、假反例(False Negative,FN)。根据以上四种情形,就可计算出准确率、精确率等指标。

准确率(Accuracy)是指在分类模型中所有判断为正确的结果占所有结果的比重,公式如式(5)所示。

$$\text{Accuracy} = \frac{TP + TN}{TP + TN + FP + FN} \quad (5)$$

精确率(Precision)是指在模型预测为正例的所有结果中,模型预测对的所占的比重,公式如式(6)所示。

$$\text{Precision} = \frac{TP}{TP + FP} \quad (6)$$

召回率(Recall)是指模型正确预测正例样本

的比例,公式如式(7)所示。

$$\text{Recall} = \frac{TP}{TP + FN} \quad (7)$$

在以上指标的基础上,还可运用F1-Score指标的结果来评估模型,F1-Score的具体计算公式如式(8)所示。

$$F1 - \text{Score} = \frac{2PR}{P + R} \quad (8)$$

基于改进 GRU 网络建立的识别模型得到的混淆矩阵如图10所示,其中,3000个测试样本中,在1500组正常驾驶数据样本中,有1284组被模型正确预测,有216组被模型错误预测;在1500组认知分心驾驶数据样本中,有1236组被模型正确预测,有264组被模型错误预测。

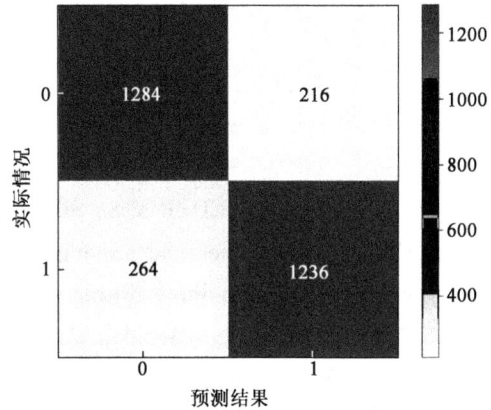

图10 改进门控循环神经网络混淆矩阵

根据图10的混淆矩阵图,可以得到模型结果,如表5所示。

模型结果图	表5
评价指标	结果
准确率(Accuracy)	84%
精确率(Precision)	85.1%
召回率(Recall)	82.4%
F1-Score	83.75%

根据结果可知,在1500组正常驾驶样本中,有1284组被模型正确预测,有216组被模型错误预测;在1500组认知分心驾驶数据样本中,有1236组被模型正确预测,有264组被模型错误预测,准确率达到了84%,该模型表现出了较好的识别性能,可为分心驾驶行为研究提供一定的依据。

5 结语

本文通过设计模拟驾驶试验,采集了跟驰状

态驾驶人行驶的车辆运行信息数据以及驾驶人的人因信息数据这两类数值类型的数据,根据选取的特征指标对其进行因子分析提取特征,运用 Adam 优化器以及引入 Dropout 机制来对 GRU 神经网络识别模型进一步优化,建立基于改进 GRU 神经网络模型的驾驶人认知分心行为识别模型,获得了 84% 的识别准确率,该模型可为高级驾驶辅助系统的研究提供一定的研究依据。

参考文献

[1] NAKANO K, CHAKRABORTY B. Real-time distraction detection from driving data based personal driving model using deep learning[J]. International Journal of Intelligent Transportation Systems Research,2022,20(1):238-251.

[2] KOUNTOURIOTIS G K,SPYRIDAKOS P,CARSTEN O M J,et al. Identifying cognitive distraction using steering wheel reversal rates[J]. Accident Analysis & Prevention, 2016,96:39-45.

[3] SONNLEITNER A, TREDER M S, SIMON M, et al. EEG alpha spindles and prolonged brake reaction times during auditory distraction in an on-road driving study[J]. Accident Analysis & Prevention,2014, 62:110-118.

[4] 马欣.虚拟现实驾驶仿真环境下的驾驶分心研究[D].北京:北方工业大学,2017.

[5] OSCAR O T. Effects of road infrastructure and traffic complexity in speed adaptation behaviour of distracted drivers[J]. Accident Analysis and Prevention,2017,101:67-77.

[6] 周扬,付锐,袁伟,等.驾驶人认知分心识别随机森林模型研究[J].中国安全科学学报,2018,28(1):20-25.

[7] 盖姣云.基于人因数据及车辆运行信息的认知分心驾驶状态识别及预警[D].淄博:山东理工大学,2021.

[8] ZATMEH S, TOLEDO T. Car followin-g and microscopic traffic simulation under distracted driving [J]. Transportati-on research record,2021,2675(8):643-656.

[9] 李鹏辉,廖呈玮,郑志晓,等.认知分心对车辆跟驰过程操控安全性的影响[J].中国公路学报,2018,31(5):167-173.

[10] 高岩,罗毅,尤志栋,等.手机操作类型对驾驶人跟车行为的影响[J].中国公路学报,2018,31(4):1-9,58.

[11] 王国华,聂胜欣,薛瑞鑫.多媒体学习中的认知负荷:测量方法与技术纵览[J].电化教育研究,2022,43(4):19-25,54.

高速公路合流区驾驶行为规律研究

高孝舵[1] 李延虎[2] 郑兆宇[3] 王 琦[4] 刘晓雷[*1] 吴建清[4]

(1.济南先投城市发展投资集团有限公司;2.济南先投新创城市开发建设有限公司;
3.济南新旧动能转换起步区管理委员会建设管理部;4.山东大学齐鲁交通学院)

摘 要 为降低高速公路合流区的交通冲突风险,对驾驶员的行为模式进行了分析,为交通管制和冲突风险预警提供理论依据。首先利用无人机采集了高速公路互通式立交与服务区两种不同类型的合流区视频数据,构建基于 YOOLv5 与 Deep SORT 的车辆追踪检测模型,提取车流量、车速、车型、行驶轨迹等数据。针对两种合流区,对不同车道的车流量、车速、加减速度分布、车辆换道行为进行分析,总结不同车型对车速、换道行为的影响,并基于主成分降维后的特征数据进行 K-means++ 聚类,避免了特征之间的冗余信息,得到三种驾驶风格。结果表明不同类型合流区的车辆驾驶行为有明显区别,在进行交通冲突预警时应充分考虑不同区域的特点。

关键词 合流区 视频检测 驾驶行为 驾驶风格

基金项目:本文由国家重点研发计划(2022YFB2602100)资助;泰山学者工程专项经费资助。

0 引言

随着行车流量的不断增加,高速公路分合流区的交通压力也越来越大,行车冲突越来越明显,车辆的加减速、变换车道等复杂驾驶行为极易造成驾驶员操作失误,交通安全问题日益突出。尽管分合流区在高速公路系统中所占里程比例不高,但在其区域内发生的交通事故总数却占有很大比例。如2014—2016年,我国东部某省互通式立交总长度占比约9.5%,事故总数却占全省高速公路事故总数的34.5%,伤亡总数占比24.95%[1]。美国一项统计研究也表明,美国高速公路互通式立交的总里程占比不足5%,但发生的事故数占比18%,致死事故数占比21.8%[2]。合流区作为高速公路的重要组成部分,是辅助互通立交完成路网车辆转向功能的重要"阀门"(图1)。在合流区域内,由于匝道车辆不断汇入主线车道,车辆加减速、换道行为更加频繁,驾驶员极易采取不当交通行为,引发交通事故。因此研究行车过程中的车速变化、轨迹变化等驾驶行为规律,对识别与消解交通冲突,提升交通安全水平具有重要意义[3-4]。

当前驾驶行为规律研究多为对城市道路的驾驶行为特性分析[5],针对高速公路合流区的驾驶行为规律的研究较少[6]。行为特性分析也大多是围绕对驾驶风格的影响因素展开,对车速变化、换道行为等微观驾驶行为的获取能力不足。所以,本文利用无人机采集高速公路合流区实测数据,基于YOLOv5与Deep SORT的车辆追踪识别方法提取车速、车型等数据,分析不同类型合流区、不同车道、不同车型对驾驶行为的影响,为高速公路合流区冲突识别研究提供理论基础。

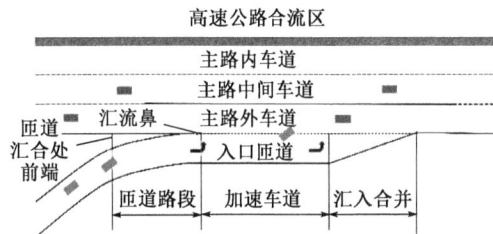

图1 合流区车道区域图

1 车辆特征检测

本文采用大疆无人机定点拍摄的方法与监控的实时采集数据,记录高速公路合流区范围内主路和匝道整个跟驰和换道过程,真实地反映了驾驶员在实际道路上的正常行驶行为。视频数据包括互通式立交与服务区两种类型,拍摄时间均为14:20—15:20,拍摄高度固定在15~20m,合流区拍摄范围约450m。具体技术路线如图2所示。

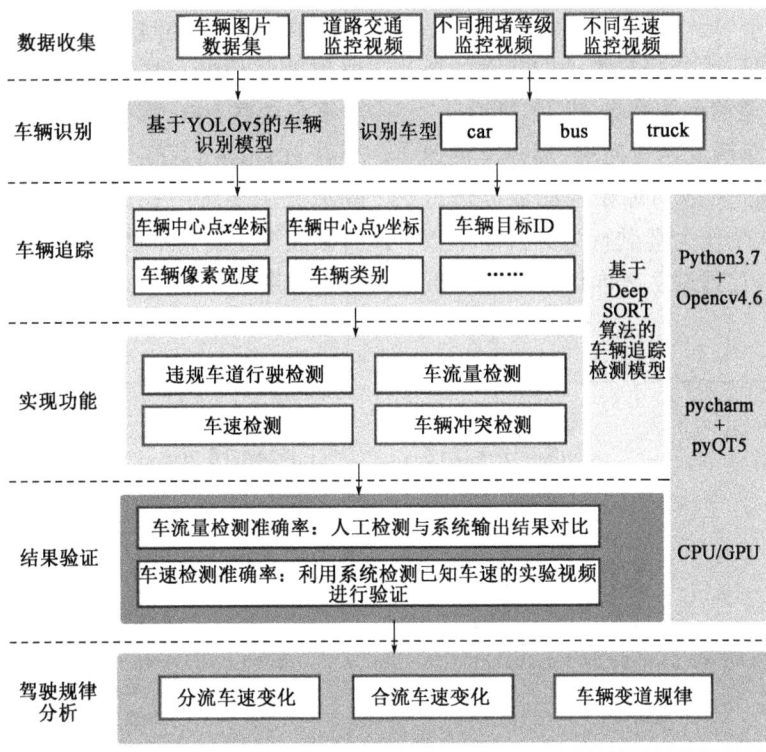

图2 技术路线图

首先为数据集分类,并赋予标签。将车辆识别数据集中的车型划分为 3 类:truck、bus、car,并将数据集分为 3 部分:Train、Test、Valid,其中 Train 数据集包括 1488 张样本图片,Test 数据集包括 31 张样本图片,Valid 数据集包括 507 张样本图片。利用 YOLOv5 模型训练得出最优权重 best. pt,将权重带入识别程序中,识别效果如图 3 所示。其中,up 和 down 分别表示两个方向的行驶车辆。

图 3　车辆识别效果

通过 Deep SORT 模型可追踪目标当前帧的相关属性,包括中心点 x 坐标、中心点 y 坐标、目标序号、车辆类别、车辆像素宽度等。通过目标车辆在视频图像中的位置变换信息得到在实际交通道路上的移动位移,结合计时时间便可得到车辆的实际行驶速度。

基于此方法提取高速公路视频中的合流区车流量、车速及车辆变道情况等数据,共计 2450 个,由于视频拍摄角度、车辆遮挡等问题,部分车辆速度变化情况记录不完整,故对原始检测数据进行整理筛选,选取 2000 个作为驾驶行为分析样本数据,其中包含 1000 个互通式立交与 1000 个服务区合流区数据。

2　不同类型合流区车辆驾驶规律分析

2.1　车速变化分析

速度百分比可以较为明显地看出速度分布的集中状况,为了更好地分析分合流区车辆运行速度的分布情况,从而确定各车道速度的分布情况,采用百分比作为指标进行分析,相应的数学表达如公式(1)所示。

$$P_j = \frac{N_j}{\sum_{j=1}^{13} N_j} \tag{1}$$

式中:P_j——某车道车辆速度位于第 j 个速度区间的百分比;

N_j——某车道车辆速度位于第 j 个速度区间的数量。

通过统计提取的车辆速度数据,发现互通式立交与服务区合流区各车道速度分布有明显区别,且大部分速度分布于在 60km/h 至 120km/h 之间,为此,将 0 ~ 60km/h 作为 1 个速度区间,再以 5km/h 为间隔,从 60km/h 至 120km/h 依次将速度划分为 12 个速度区间,按照公式(1)分别统计两种不同类型合流区各个车道车辆速度在对应速度区间的百分比。

根据统计数据,绘制了合流区各车道车辆行驶速度百分比。

图 4a)互通式立交干线内车道行驶速度主要集中在(110、120]km/h,干线中车道行驶速度主要集中在(100、115]km/h,干线外车道行驶速度主要集中在(90、95]km/h,入口匝道行驶速度主要在 60km/h 以下;图 4b)服务区,主线内车道行驶速度主要集中在(105、120]km/h,主线中车道行驶速度主要集中在(90,110]km/h,主线外车道行驶速度主要集中在(80,100]km/h,入口匝道行驶速度主要集中在(85,100]km/h。

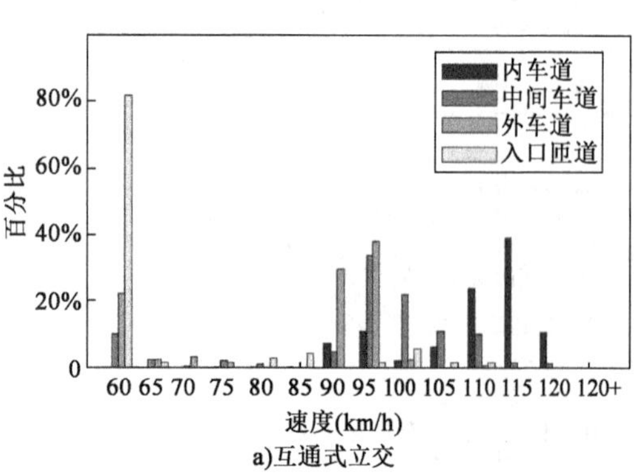

a)互通式立交

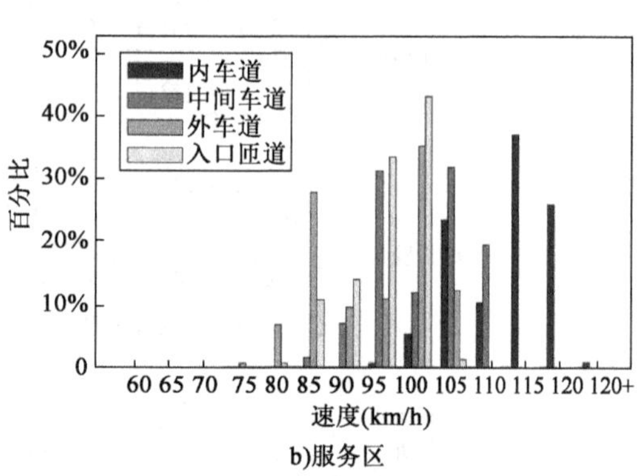

b)服务区

图 4　各车道车辆车速百分比分布

两张图的综合比较表明,两种类型的合流区从内侧车道到入口匝道的速度都呈逐渐下降的趋势。合流区主线的三车道和入口匝道的单车道速度都集中在一定的区间内,但互通式立交各车道速度的总体分布更加分散,而服务区相对集中,尤其是互通式立交入口匝道车速大多在60km/h以下,明显小于服务区入口匝道区域的平均车速。

2.2 各车道车辆加减速分布

加速度作为汽车行驶速度变化的要素因素,是体现汽车行驶状态的主要参量之一,同时也是反映汽车驾驶稳定性、舒适性、安全性和分析驾驶

行为的核心指标,能够客观反映驾驶员的驾驶行为规律。本节将车辆加速度分为9个区间,并分析各车道车辆加(减)速情况。

从柱状图整体来看,加速度分布呈现中间高两端低的趋势,表明各车道车辆加减速大多较为稳定,主要分布于[-2,2]m/s²区间内,但互通式立交合流区的车辆急加(减)速频率高于服务区合流区。从图5a)来看,中间车道速度较为稳定,内车道加(减)速频率相对较高,外车道与入口匝道关联较为密切,车辆加(减)速频率相似;从图5b)来看,各车道车辆加速度分布情况相似,外车道、入口匝道加(减)速频率相对较高,急加(减)速频繁。

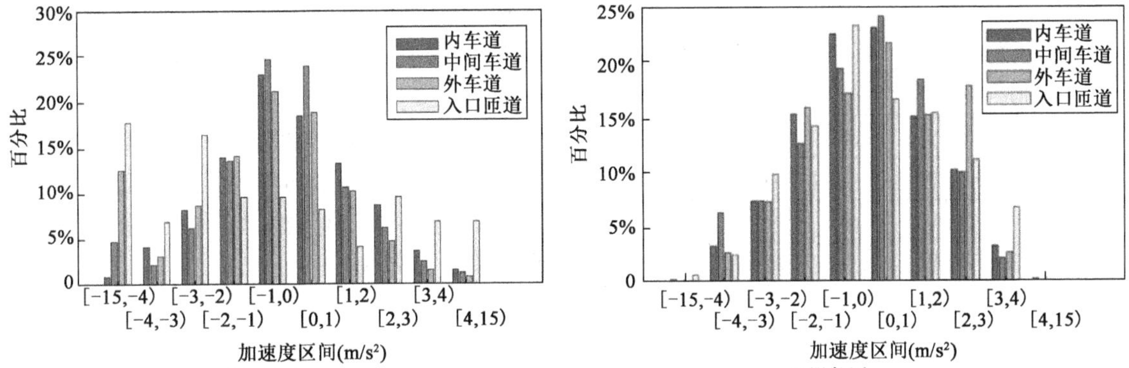

a)互通式立交   b)服务区

图5 各车道车辆加速度百分比分布

2.3 车辆换道行为分析

为了更好地分析车辆在并线区域不同车道变道的频繁程度,采用变道率作为分析指标,变道率定义为某区域内车辆变道次数与该区域车辆总数的比值,如公式(2)所示。

$$\beta_{\mathrm{lcr}} = \frac{t_{\mathrm{lc}}}{N_{\mathrm{tv}}} \qquad (2)$$

式中:β_{lcr}——车辆换道率;

t_{lc}——某区域车辆换道次数(次);

N_{tv}——某区域车辆总数(辆)。

规定车辆从一条车道驶入另一条相邻车道为变道,并将并线区域划分为9个区域,如图6所示,从中提取不同区域内各车道的车辆变道数据。

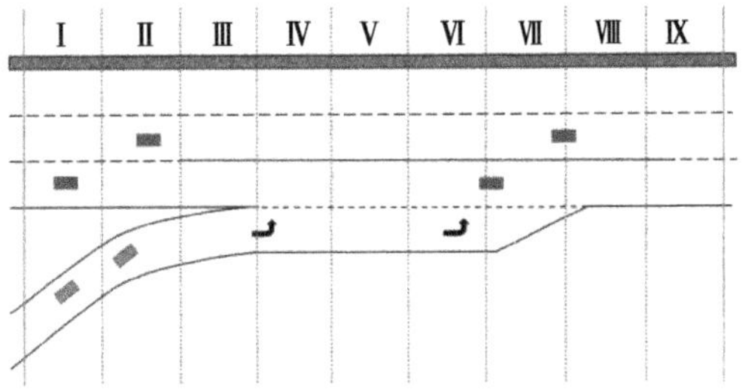

图6 高速公路合流区分区示意图

(1)主线车道换道频率。

为观测匝道车辆的合流对主线车辆造成的影响,总结了主线各车道的车辆换道频繁程度,得到如表1所示结果。互通立交合流区主路共有115辆车进行换道,服务区合流区主路共有259辆车进行换道。

不同区域车辆变道频率   表1

	合流区类型	β_{I}	β_{II}	β_{III}	β_{IV}	β_{V}	β_{VI}	β_{VII}	β_{VIII}	β_{IX}
互通式立交	中间车道→内车道	7.2%	12.2%	1.4%	0.0%	0.0%	4.3%	9.4%	13.7%	2.9%
	外车道→中间车道	23.0%	18.7%	0.0%	0.0%	0.0%	0.0%	0.0%	0.0%	15.1%
服务区	中间车道→内车道	25.6%	12.2%	3.7%	1.2%	1.2%	0.0%	6.1%	22.0%	32.9%
	外车道→中间车道	20.7%	3.7%	0.0%	0.0%	0.0%	0.0%	0.0%	0.0%	18.3%

由于区域Ⅲ到区域Ⅷ的中间车道与外车道的车道线为实线,禁止换道,主线车辆为免受匝道车辆合流的影响,在区域Ⅰ、Ⅱ的换道频率很高;当中间车道与外车道的车道线将变为虚线时,在区域Ⅷ的中间车道与内车道换到率升高;服务区合流区各车道换道率整体略高于互通立交。

(2)入口匝道换道位置。

为总结车辆由匝道汇入位置的规律,对区域Ⅳ到区域Ⅶ的匝道汇入车辆数进行统计,得到如表2所示结果。互通立交合流区匝道共计70辆车,服务区合流区匝道共计163辆车。

各区域匝道车辆换道率　　　　表2

类型		Ⅳ	Ⅴ	Ⅵ	Ⅶ
互通式立交	区间(m)	0~50	50~100	100~150	150~200
	车数	14	34	15	7
	占比	20.0%	48.6%	21.4%	10.0%
服务区	区间(m)	0~50	50~100	100~150	150~200
	车数	30	63	41	29
	占比	18.4%	38.7%	25.1%	17.8%

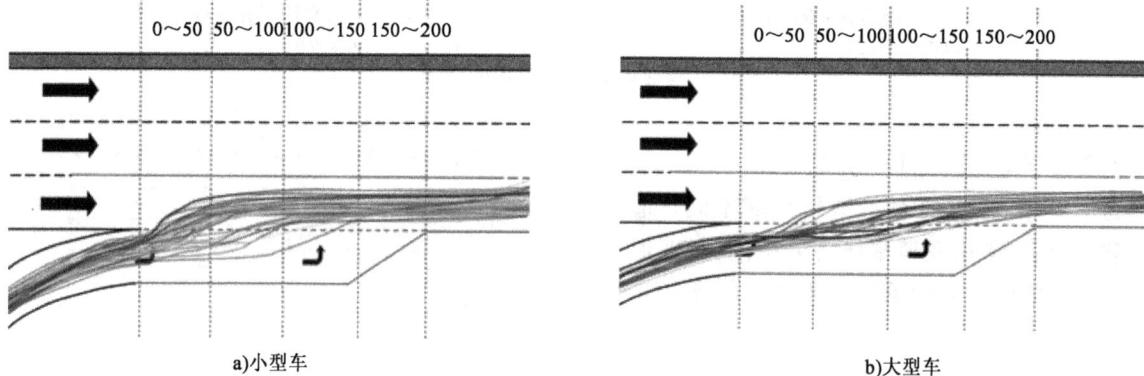

a)小型车　　　　　　　　b)大型车

图7　合流区不同车型换道轨迹图

据统计,小型车换道位置集中于0~50m内,占小型车总数的76%;大型车换道位置集中于50~150m区间内,占大型车总数的85%。从换道轨迹图可以看出,小型车换道至匝道整体位置偏前,且大型车换道轨迹更为平稳。

2.5　驾驶风格聚类

为对驾驶风格进行聚类,首先需要获取能够表征驾驶风格的特征,本文主要从能够表征行车安全性的角度提取特征对驾驶风格进行聚类,主要提取的特征有速度、加速度和变加速度等,分别计算这些指标的常用统计值作为特征,累计获得6个特征。基于Python进行特征归一化与PCA降维,可以得

由此可知,互通式立交合流区有20%的车辆在加速车道50m内已汇入主路,这与驾驶员的驾驶行为激进或主线交通量较少有关;10%的车辆从加速车道末端汇入主线,当主线交通量太大或速度提升较慢时,会导致车辆无法汇入主线。服务区车辆汇入位置与互通立交相似,在50~100m区域内时汇入车辆数最多,占比达到38.65%。

2.4　不同车型对车速与换道行为的影响

样本数据集中互通立交共有899辆小型车、101辆大型车;服务区共有816辆小型车、184辆大型车。由于不同车型的自身特性,在合流区的驾驶车速及换道行为将有明显区别。本节将选取合流区的特殊点位或区段,分析不同车型的驾驶规律,采集地点的合流区均为单车道平行式加速车道。

将合流区加速车道按50m一个区间分为4个区间,记录不同车型的车辆换道轨迹。样本中共有179辆小型车,54辆大型车由匝道汇入主路,轨迹图如图7所示。

到主成分的累计贡献率如图8所示,可以看出,前3个主成分已经能够表征原始特征85%以上的信息,因此本文选择前3个主成分进行后续分析。

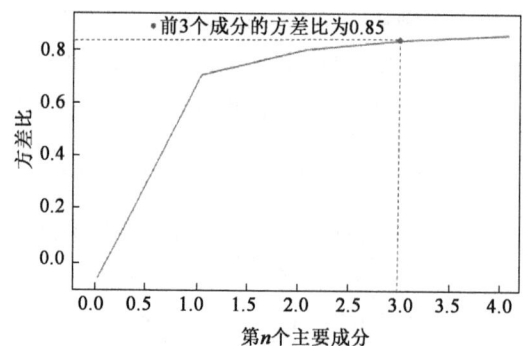

图8　PCA累积贡献率

计算 K-means 和 K-means++算法在不同聚类簇数下模型 CH 分数,结果如图 9 所示,由 CH 分数可知当簇数为 3 时,聚类效果最佳。

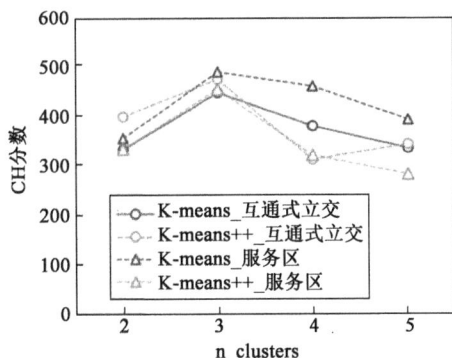

图 9　CH 评估分数

使用 K-means 和 K-means++聚类方式对降维后的结果进行聚类,在不同的聚类簇数下,K-means++的综合聚类效果为最佳。此外,通过对比两种聚类算法的结果发现,两者的聚类结果标签相同的比例为 89.62%,K-means++聚类产生的三类驾驶风格可以较好地对应驾驶风格由保守到激进的变化过程。

3　结语

本文构建了基于 YOLOv5 与 Deep SORT 的车辆追踪检测模型,并对驾驶风格分析模型进行主成分降维,相比于现有研究,有效避免了特征冗余,总结了两种合流区的车辆的车型、车速、换道行为等规律。结果表明:①与互通式立交合流区相比,服务区各车道的车速分布更为分散。在互通立交合流区,约 80% 的车辆车速低于 60km/h。在服务区合流,各车道车辆的平均速度集中在 85 ~ 120km/h。同一车道内的车速差距大多在 20km/h 左右。②两类合流区的车辆加速度分布呈现中间高、两端低的趋势。加速度主要分布在 $-2 \sim 2m/s^2$ 之间。互通式立交合流区的车辆急加速和急减速的频率较高。③服务区合流区车辆变道率较高。每条车道上大型车辆的平均速度比小型车辆低约 10%。其中,大部分车辆选择在 0 ~ 50m 范围内并线。④与服务区相比,互通立交合流区的驾驶员具有更激进的驾驶风格。通过总结驾驶员的行为规律,为高速公路合流区冲突预警提供理论依据,可进一步针对不同类型的合流区或不同车型,提出相应的管理办法,对提升道路交通安全水平具有重要意义。

参考文献

[1] 胡江碧,何禄诚,王荣华.高速公路互通立交安全性评价研究综述[J].中国公路学报,2020,33(7):17-28.

[2] DARREN J TORBIC, DOUGLAS W HARWOOD, DAVID K GILMORE, et al. Safety Analysis of Interchanges [J]. Transportation Research Record, 2009,2092 (1):39-47.

[3] 吴建清,王其峰,厉周缘,等.互通式立交风险冲突识别与预警综述[J].山东大学学报(工学版),2022,12:1-19.

[4] YANG Y, YIN Y X, WANG Y P, et al. Modeling of Freeway Real-Time Traffic Crash Risk Based on Dynamic Traffic Flow Considering Temporal Effect Difference [J]. Journal of Transportation Engineering Part A:Systems, 2023, 149(7):22-33.

[5] 石京,柳美玉.基于驾驶模拟试验的驾驶风格对高速公路换道行为的影响简[J].东南大学学报(自然科学版),2017(5):1037-1041.

[6] BLAWAL H, TOMIO M, HITOMI S, et al. Subjective evaluations of self and others' driving behaviors:A comparative study involving data from drivers in Japan, China, and Vietnam[J]. Journal of Safety Research, 2023, 84:316-329.

基于主客观分析方法的驾驶风格分类

宋淑敏　　徐良杰*　　李鹏宇

(武汉理工大学交通与物流工程学院)

摘　要　为衡量不同驾驶风格的安全风险性,实现驾驶风格的有效分类,将驾驶行为作为研究对象,首先设计驾驶行为量表,利用互联网开展调查,对获得的数据进行有效性分析;并基于 NGSIM 数据,通过 Savitzky-Golay 滤波算法对原始数据作平滑处理,采用一定的规则筛选数据,提取包含完整换道行为的 16s 行车轨迹数据。其次,利用主成分分析法对驾驶行为量表数据进行降维,根据特征值所占权重计算驾驶风格总得分;基于 NGSIM 数据选取 14 个指标表征驾驶风格,主成分载荷矩阵表明车辆行驶速度、跟驰间距、加速度能更好地反映驾驶特性。最后,使用 K-means 和谱聚类两种算法分别将驾驶风格分为 3 类;基于轮廓系数和 CH 分数评价两种算法的聚类效果,得出谱聚类算法的结果更优。

关键词　驾驶风格　K-means 聚类　谱聚类　轮廓系数　CH 指数

0　引言

驾驶风格是受驾驶者驾驶技能、个性特征影响,在长期驾驶过程中形成的一种驾驶决策倾向特征。为更科学客观地反映驾驶行为与驾驶安全性的关系,有必要研究驾驶人的驾驶风格,便于评估不同驾驶风格的安全风险性,以更好地衡量驾驶安全性。

国内外学者对于驾驶风格的研究,前期多从统计学角度出发,基于驾驶风格量表,如:刘洁莹等[1]基于自填式调查问卷获得了 200 名驾驶人的驾驶行为数据,采用主成分分析法将 200 名驾驶人分为激进型和非激进型两类;黄晶等[2]设计多维度驾驶风格量表,采用"滚雪球"的方式展开调查,将驾驶风格分为激进型、普通型、谨慎型三类。但此种度量方法基于驾驶人的主观判断,随着车联网等技术的发展,学者提出基于自然驾驶数据和驾驶模拟的方法,此种方法较为客观,研究结果更具说服力,如:李立治等[3]通过设计道路试验采集驾驶数据,综合分析后选取 30 个表征指标,对数据进行模糊均值、K-means、层次聚类,得到驾驶员驾驶风格的标签;王旭等[4]基于车联网数据选取 18 个参数表征驾驶风格,采用 K-means 和 K-means + +算法进行聚类分析,并利用轮廓系数评价两种聚类算法的有效性。

研究者们对驾驶风格的研究日趋成熟,可以使用比较科学的统计学方法提取驾驶风格评价指标,通过主观评价和客观分析的方法准确识别驾驶风格,但鲜少有学者对比主观评价和客观分析两种方法结果的差异。基于此,文中将驾驶员行为作为研究对象,设计驾驶行为量表,对驾驶行为量表调查数据进行统计分析,同时基于美国 NGSIM 提供的 US101 路段的行车数据完成驾驶风格的分类,通过主观评价和客观分析的方法实现驾驶风格的有效分类。

1　驾驶行为量表与 NGSIM 数据

1.1　驾驶行为量表

1.1.1　驾驶行为量表设计

基于自述式驾驶行为调查问卷采集驾驶员主观驾驶特性,选取能准确反映驾驶风格的 12 个问题[5-6]。量表采用李克特量表 6 点评分,通过"从未出现""很少出现""有时出现""时常出现""频繁出现""总是出现"6 种回答对驾驶员每一种行为发生的频率进行定量表示,最终共获得 384 份有效数据。

1.1.2　量表有效性分析

采用 Cronbach-α 系数和 Pearson 相关系数分别检验问卷的信度和效度。信度指检测的可信程

基金项目:湖北省国际科技合作项目(2023EHA033)车联网边缘计算的多源数据融合研究;湖北省重点研发计划项目(2023BAB022)基于时空数据驱动的跨路域交通流状态辨识及迁移技术研究与应用。

度,信度系数的计算公式如下:

$$\alpha = \frac{q}{q-1}\left(1 - \frac{\sum\limits_{i=1}^{q} S_i^2}{S_T^2}\right) \qquad (1)$$

式中:q——问题的总数;

S_i^2——第 i 个问题得分的方差;

S_T^2——所有样本总分的方差。

计算得该量表的 Cronbach-α 系数为 0.899,说明该量表具有良好的可靠性[6]。

效度可以反映出问卷的有效性和准确性,该相关系数的计算公式如下:

$$r_{xy} = \frac{\sum(x_i - \bar{x})(y_i - \bar{y})}{\sqrt{\sum(x_i - \bar{x})^2(y_i - \bar{y})^2}} \qquad (2)$$

式中:x_i——每个题目的得分;

$\bar{x}$——各题目得分的平均值;

y_i——每份问卷的总得分;

$\bar{y}$——总得分的平均值。

借助 SPSS 的双变量分析法计算调查数据的相关系数,结果如表 1 所示。调查问卷的各题目得分均与总得分呈正相关,并呈现出极显著的相关性,说明该问卷内容的效度较高。

驾驶人问卷调查表   表 1

题号	题目内容	平均值	标准差	相关系数
1	跟车行驶时与前车保持较近的跟车距离	1.37	1.140	0.537**
2	在高速公路上超速行驶	0.77	0.952	0.657**
3	在城市道路上超速行驶	0.86	1.004	0.690**
4	在城市道路交叉路口闯红灯	0.68	1.006	0.688**
5	在道路上和其他车辆竞速行驶	0.61	0.930	0.750**
6	连续按喇叭鸣笛发泄对其他车辆或行人的不满	0.82	1.008	0.777**
7	被其他车辆超越时,产生追赶的意图	0.85	1.078	0.743**
8	当信号灯为黄灯的时候加速冲过路口	0.91	1.039	0.757**
9	对某些类型的驾驶员比较反感并表达不满	1.23	1.108	0.667**
10	前车行驶速度较慢时,更倾向于换道超车而不是减速跟车行驶	1.30	1.209	0.621**
11	在车队中"蛇"形穿梭	0.77	1.033	0.744**
12	在马上要关闭的车道上行驶直到迫不得已才换道	0.94	1.034	0.678**

注:** 在 0.01 级别(双尾),相关性显著。

1.2 NGSIM 数据

1.2.1 原始数据与滤波处理

选取美国联邦公路管理局 NGSIM 项目提供的 US101 路段行车数据,该数据集包含车辆编号、车辆等级、瞬时车速等 18 个参数。文中研究数据选用早上 7:50 至 8:35 的时间段,共 45min。

US101 路段约 640m,有 5 条主线贯穿该区域。

采用平滑窗口为 19 的 Savitzky-Golay 滤波算法对车辆运行数据进行平滑降噪处理,以获取更精确的行车数据。以编号为 1069 的车辆为例,平滑处理前后的车速、横向位置以及加速度的对比情况见图 1。

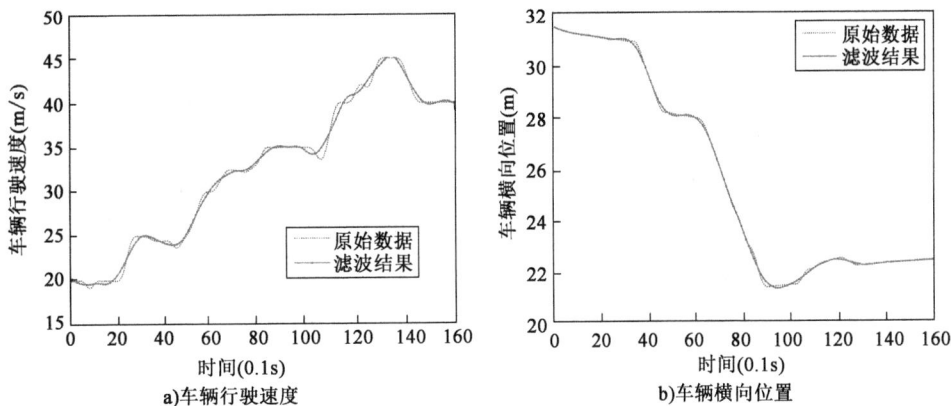

a)车辆行驶速度

b)车辆横向位置

图 1

c)车辆加速度

图 1　Savitzky-Golay 滤波器平滑效果图

1.2.2　数据筛选

按照如下规则筛选数据：①车辆类型选择为小汽车。②剔除没有前车的车辆数据。跟驰特征能反映驾驶人在道路上的态度和习惯，如果车辆不存在前车会导致无法准确表征驾驶风格。③筛选只有 1 次换道行为的车辆轨迹数据。车辆在短时间内多次换道，可能正在驶离或刚刚并入高速公路，也可能车辆正处于其他不正常驾驶情况。④筛除中途停车的车辆轨迹[7]。数据集中出现车速长期为 0 的情况，此部分车辆由于特殊原因而中途停车，不属于驾驶环境因素所致，故需剔除。⑤筛选出具有完整 16s 换道轨迹的车辆数据，即车辆换道前 8s 以及换道后 8s 的行驶轨迹。基于现有研究可知几乎所有的正常换道行为单次换道动作均可以在 16s 内完成[8-9]。

经过筛选后，符合条件的车辆轨迹数据共有384 组。

2　驾驶风格特征参数选取及处理

2.1　驾驶行为量表的参数处理

选用主成分分析法对原始数据进行降维，各评价指标的特征值等相关数据如图 2 和表 2 所示。以累计贡献率超过 70% 为原则保留主成分，前 4 个主成分的累积贡献率为 70.389%，符合要求。

量表数据主成分相关数据　表 2

成分	特征值	方差贡献率	累计方差贡献率
1	5.827	0.486	0.486
2	1.105	0.093	0.578
3	0.838	0.070	0.648
4	0.677	0.056	0.704

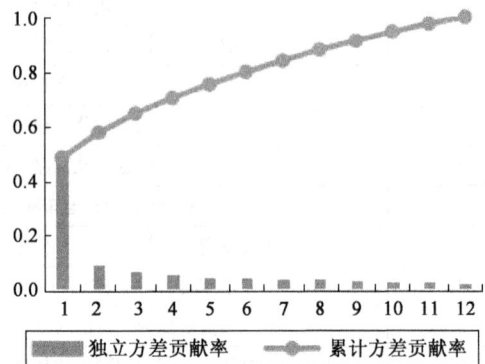

图 2　量表数据方差贡献率

将各成分的初始载荷量与特征值的平方根相除，得到每个指标对应的得分系数，将各系数与标准化后的数据相乘，得到各样本数据的主成分得分，再按特征值所占的权重将各成分得分相加得到驾驶风格总分[10]，计算公式见式(3)，其中 F_1、F_2、F_3 和 F_4 为前 4 个主成分所得分。

$$F = 0.583F_1 + 0.101F_2 + 0.084F_3 + 0.068F_4$$

$$(3)$$

2.2　NGSIM 数据的特征参数选取及处理

2.2.1　表征指标选取

文中选取 14 个表征指标，如表 3 所示。车辆行驶速度、加速度、跟车距离和车头时距直接由NGSIM 数据集获得，其他指标经过计算间接获得。

NGSIM 数据驾驶风格表征指标　表 3

编号	评价指标
X_1	速度平均值
X_2	速度标准差
X_3	横向速度绝对值平均值
X_4	横向速度绝对值标准差

续上表

编号	评价指标
X_5	加速度绝对值平均值
X_6	加速度绝对值标准差
X_7	总体车速均值以上的时间比例
X_8	16s 内车辆行驶距离
X_9	跟车距离均值
X_{10}	跟车距离标准差
X_{11}	车头时距平均值
X_{12}	车头时距标准差
X_{13}	加速度冲击度绝对值平均值
X_{14}	加速度冲击度绝对值标准差

其他指标计算公式如下:

$$v_{yt} = (y_t - y_{t-1})/\Delta t \quad (4)$$

$$v_m = \frac{1}{384} \sum_{i=1}^{384} \frac{1}{16}(x_{160}^i - x_1^i) \quad (5)$$

$$s^i = x_{160}^i - x_1^i \quad (6)$$

$$J_t = (a_t - a_{t-1})/\Delta t \quad (7)$$

式中:v_{yt}——横向速度;

y_t——t 时刻的横向位移;

Δt——$(t-1)$ 和 t 的时间间隔,取 0.1s;

v_m——总体车速的平均值,即 384 辆车在 16s 内的平均速度;

x_{160}^i——第 i 辆车最后一帧时的纵向位移;

x_1^i——第 i 辆车第一帧时的纵向位移;

s^i——车辆 16s 内的行驶距离;

J_t——加速度冲击度;

a_t——t 时刻的加速度。

2.2.2 主成分分析法降维

采用 PCA 对数据降维,各评价指标的特征值等相关数据如图 3 和表 4 所示,前 4 个主成分的累计贡献率为 78.160%,超过 70%,符合要求。

NGSIM 数据主成分分析相关数据 表 4

成分	特征值	方差贡献率	累计方差贡献率
1	4.723	0.338	0.337
2	2.912	0.208	0.545
3	2.226	0.155	0.699
4	1.081	0.0817	0.782

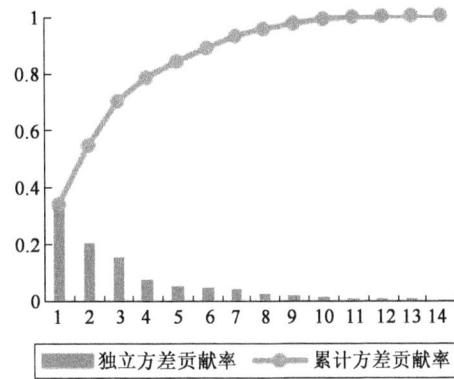

图 3　NGSIM 数据方差贡献率

主成分载荷矩阵计算结果如表 5 所示,主成分 1 与 X_1、X_3、X_5、X_7、X_8 和 X_{13}、X_{14} 有较强的相关性,它主要反映车辆的加速度以及速度特征;主成分 2 与 $X_9 \sim X_{11}$ 有较强的相关性,它主要反映车辆的跟驰特征;主成分 3 与 X_5、X_6、X_{13}、X_{14} 有较强的相关性,它主要反映车辆的加速度特征。由此得出车辆行驶速度、加速度和跟驰距离可以更好地表征驾驶风格。

NGSIM 数据主成分初始载荷矩阵 表 5

指标	主成分 1	主成分 2	主成分 3	主成分 4
X_1	0.785	−0.292	−0.492	0.165
X_2	0.164	0.344	0.389	0.691
X_3	0.547	−0.099	0.240	−0.489
X_4	0.393	0.464	−0.035	−0.180
X_5	0.788	−0.012	0.462	0.137
X_6	0.546	0.165	0.639	0.265
X_7	0.721	−0.304	−0.472	0.211
X_8	0.816	−0.143	−0.506	0.108
X_9	0.499	0.626	−0.489	−0.062
X_{10}	0.306	0.798	−0.308	0−.013
X_{11}	−0.122	0.921	−0.071	−0.131
X_{12}	−0.089	0.674	0.144	0.052
X_{13}	0.826	−0.105	0.338	−0.188
X_{14}	0.688	0.005	0.447	−0.318

3　驾驶风格聚类分析

3.1　K-means 算法

3.1.1　驾驶行为量表的聚类结果

根据驾驶风格分类的研究现状[11],给定聚类中心个数 k 为 3,按照驾驶风格总得分将驾驶人分为平稳型、保守型、冒进型三类,得分越高冒进程度越明显。聚类结果如表6和图4所示,384位驾驶人中包含驾驶风格平稳型163人、保守型153人、冒进型68人。

量表数据 K-means 聚类结果 表6

种类	聚类中心	人数	类型
1	1.984	163	平稳型
2	-13.361	153	保守型
3	25.305	68	冒进型

图4 量表数据 K-means 聚类结果示意图

3.1.2 NGSIM 数据的聚类结果

给定聚类中心个数 k 为3,聚类结果如图5和表7所示,主成分2的得分差异最大,而类型2的驾驶人得分最高,倾向于以较小的跟车距离行驶,发生交通事故的危险系数更高,驾驶风格较为冒进;类型3的驾驶人在主成分1上得分最低,与其他类型得分差距较大,倾向于以较低的车速行驶,驾驶风格较为保守;类型1的驾驶人在4个主成分上的得分较为均衡,均处于中等分数,属于平稳型驾驶风格。根据各主成分的特征值所占权重,计算驾驶风格总得分,即聚类中心分别乘以对应的特征值,得分越高冒进程度越明显,计算结果与上述分析结果保持一致,故384组驾驶人中包含驾驶风格平稳型182人、冒进型26人、保守型176人。

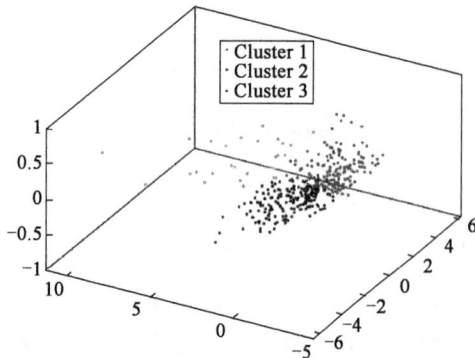

图5 NGSIM 数据 K-means 聚类结果示意图

NGSIM 数据 K-means 聚类结果 表7

类型	F_1	F_2	F_3	F_4	数量
1	1.641	-0.531	-0.066	-0.048	182
2	0.617	4.682	-0.823	-0.180	26
3	-1.788	-0.143	0.190	-0.023	176

3.2 谱聚类算法

3.2.1 驾驶行为量表的聚类结果

利用谱聚类算法对驾驶风格总得分进行聚类,给定聚类个数为3。聚类结果如表8和图6所示,384位驾驶人中包含驾驶风格冒进型56人、平稳型158人、保守型170人。

量表数据谱聚类结果 表8

种类	聚类中心	人数	类型
1	3.607	158	平稳型
2	-12.158	170	保守型
3	26.731	56	冒进型

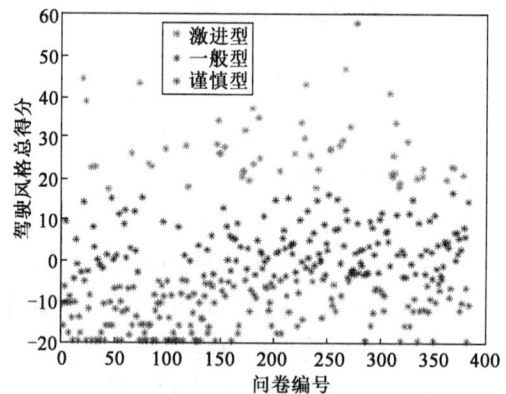

图6 量表数据谱聚类结果示意图

3.2.2 NGSIM 数据的聚类结果

给定聚类个数为3,聚类结果如图7和表9所示,主成分2的得分差别最大,而类型2的驾驶人得分最高,此类驾驶人习惯于以较小的跟车距离行驶,发生交通事故的危险系数更高,驾驶风格较为冒进;类型3的驾驶人在主成分1上的得分最低,与其他类别得分差距较大,此类驾驶人习惯以较小的车速完成换道,驾驶风格较为保守;类型1的驾驶人在4个主成分上的得分较为均衡,均处于中等分数,属于平稳型驾驶风格。根据各主成分的特征值所占权重,计算驾驶风格总得分,计算结果与上述分析结果保持一致,故384组驾驶人中包含驾驶风格平稳型196人、冒进型28人、保守型160人。

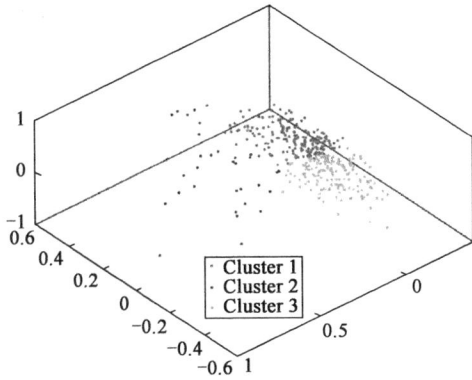

图7　NGSIM 数据谱聚类结果示意图

NGSIM 数据谱聚类结果　表9

类型	F_1	F_2	F_3	F_4	数量
1	1.457	−0.570	0.066	0.056	196
2	0.923	4.440	−1.123	−0.175	28
3	−1.946	−0.079	0.116	−0.038	160

3.3　聚类有效性评价

文中选用轮廓系数和 CH（Calinski-Harabasz）指数评价两种算法的聚类效果。

3.3.1　轮廓系数

对于一个孤立的数据点，设 a 为与它同一类别中其他数据点距离的平均值，b 为与它距离最近的不同类别中数据点距离的平均值，轮廓系数（Silhouette Coefficient）的计算公式如下，数据集的轮廓系数是集合中所有数据点轮廓系数的平均值。

$$s = \frac{b-a}{\max(a,b)} \tag{8}$$

3.3.2　CH 指数

CH 指数为类间离散与类内离散的比率，该分值越大说明聚类效果越好。计算公式如下：

$$CH(K) = \frac{tr(B)/(K-1)}{tr(W)/(N-K)} \tag{9}$$

$$tr(B) = \sum_{j=1}^{K} \|z_j - z\|^2 \tag{10}$$

$$tr(W) = \sum_{j=1}^{K}\sum_{x_i \in z_k} \|x_i - z_j\| \tag{11}$$

式中：$tr(B)$——类间距离差矩阵的迹；

$tr(W)$——类内离差矩阵的迹；

z——整个数据集的均值，为第 j 个簇的均值；

N——聚类的个数；

K——当前的类。

3.3.3　结果分析

有效性评价的结果如表10和表11所示。对

于驾驶行为量表数据，由于将驾驶风格总分作为单一指标进行聚类，两种算法的轮廓系数和 CH 分数均较高；对于 NGSIM 数据，聚类时采用降维后的四维数据，有效信息分散于4个维度中，因而 NGSIM 数据的轮廓系数和 CH 分数较低，但对比两种算法的聚类结果，谱聚类算法的聚类结果更优，故谱聚类算法更适合用于驾驶风格聚类。

量表数据有效性评价结果　表10

类别	轮廓系数	CH 分数
谱聚类算法	0.400	590.015
K-means 算法	0.421	445.242

NGSIM 数据有效性评价结果　表11

类别	轮廓系数	CH 分数
谱聚类算法	0.114	0.416
K-means 算法	0.110	0.310

以谱聚类结果为依据，驾驶行为量表数据的分类结果中平稳型、保守型、冒进型的比例约为3:3:1，冒进型所占的比例约为1/7；NGSIM 数据的分类结果中平稳型、保守型、冒进型的比例约为7:6:1，冒进型所占的比例约为1/14，表明 NGSIM 数据中冒进型驾驶人所占的比例更小，驾驶行为量表获取的数据来自驾驶人的主观判断，主观性较强，缺乏准确性，而实际行车数据更具客观性。

4　结语

（1）本文以驾驶行为作研究对象，基于 NGSIM 数据提取包含完整换道行为的16s 行车轨迹数据，综合选取14个评价指标，主成分载荷矩阵表明车辆行驶速度、加速度、跟驰间距更能表征驾驶风格。

（2）本文使用 K-means 和谱聚类两种算法分别将驾驶风格分为3类，基于轮廓系数和 CH 分数评价两种算法的聚类效果，表明对于一维数据两类算法均可以实现较好的分类效果，但对于多维数据，谱聚类算法的效果更优。

（3）以谱聚类结果为依据，驾驶行为量表数据中冒进型驾驶人所占比例约为1/7，NGSIM 数据中冒进型驾驶人所占比例约为1/14，主观评价和客观分析的结果偏差较大，驾驶行为量表数据源于驾驶人的主观判断，缺乏客观性，后续将以实车数据继续深入研究驾驶风格。

（4）本文从不同驾驶人行车历史轨迹中提取轨迹特征，缺乏多车交互的影响分析，未来将深入

考虑车辆之间的跟驰行为、相对速度变化、变道行为,继续探索如何将驾驶行为与事故风险相关联,评估不同驾驶风格的安全风险性。

参考文献

[1] 刘洁莹.不同驾驶风格下驾驶人换道轨迹分析及辅助换道系统设计[D].长沙:长沙理工大学,2017.

[2] 黄晶,蔺仲勋,彭晓燕,等.考虑驾驶人风格的换道轨迹规划与控制[J].中国公路学报,2019,32(6):226-239,247.

[3] 李立治,杨建军,刘双喜,等.国内人群的驾驶风格分类及识别方法研究[J].重庆理工大学学报(自然科学),2019,33(11):33-40.

[4] 王旭,马菲,廖小棱,等.基于多分类监督学习的驾驶风格特征指标筛选[J].交通信息与安全,2022,40(1):162-168.

[5] 刘思源,喻伟,刘洁莹,等.考虑驾驶风格的车辆换道行为及预测模型[J].长沙理工大学学报(自然科学版),2019,16(1):28-35.

[6] 蔺仲勋.考虑驾驶员风格的车辆换道轨迹规划及跟踪控制研究[D].长沙:湖南大学,2019.

[7] 王科银,杨亚会,王思山,等.驾驶风格聚类与识别研究[J].湖北汽车工业学院学报,2021,35(3):1-6,10.

[8] WANG Q, LI Z H, LI L. Investigation of Discretionary Lane-Change Characteristics Using Next-Generation Simulation Data Sets [J]. Journal of Intelligent Transportation Systems, 2014,18(3):246-253.

[9] TOMER T, DAVID Z. Modeling Duration of Lane Changes [J]. Transportation Research Record,1999,1(2007):71-78.

[10] 黑凯先.基于驾驶风格的车辆交互行为特性及其模型研究[D].青岛:青岛理工大学,2021.

[11] 刘通,付锐,张名芳,等.融合 K-means 与高斯混合模型的驾驶风格聚类研究[J].中国安全科学学报,2019,29(12):40-45.

A 2016 Road Traffic Crash(RTC) Fatality Short-Term Extrapolation Model for Annual Forecast

Muzammil Umar*

(School of Traffic and Transportation, Beijing Jiaotong University)

Abstract　Effective resource allocation, decision-making, and policy formulation in road safety require accurate predictions of future trends in road traffic crash (RTC) fatalities. This study introduces a Short-Term Extrapolation Model for annual forecasting of RTC fatalities, leveraging data from the Federal Road Safety Corps (FRSC), Nigeria and International Road Traffic and Accident Database (IRTAD) Fact Sheet on forecasting tools. The proposed statistical model generates a best estimate for the most recent year's fatality counts, accompanied by confidence intervals (upper and lower limits) and the predicted percentage change relative to the previous year's final fatality counts. The model's application provides organizations with a reliable method to set targets and anticipate future trends in RTC fatalities, thereby enhancing strategic planning and intervention efforts aimed at reducing road traffic fatalities.

Keywords　Short-term Extrapolation model　Road Traffic Crash (RTC) fatalities　Annual forecasting　Statistical prediction　IRTAD data analysis

0　Introduction

For any organization to be able to set a target on a certain statistical parameter, then the need for prediction of the nature and behavior of such parameter in the future for a proper allocation of resources, decision making and policy formulation. It is at this backdrop that I wish to introduce the use of short-term extrapolation model for annual forecast using the International Road Traffic and Accident Database (IRTAD). Fact Sheet on forecasting tools, this statistical model produces a best estimate together with confidence interval (upper and lower limits) for the most recent year's Fatality Counts (parameter), in addition with the predicted change of the best estimate in relation to the last year's final Fatality Counts.

I selected a fatality data fromFederal Road Safety Corps, Nigeria (FRSC) as example. FRSC as a world class organization and lead agency on Road Safety Administration in Nigeria has quality data amongst which is Road Traffic Fatalities data. The model in this paper seeks to:

a. Predict Nigeria's fatality Counts; predict change to the management on whether or not the reduction of fatality by 25% could be achieved.

b. The geometrical mean of the observed factors.

c. The standard deviation of the observed factors.

d. The standard error of the observed factors.

e. Finally predict the best estimate, the confidence interval for a given confidence level of 95% in order to identify the "upper" and "lower" limits of the Fatality Counts. Given that t-value is (2.447, $n-1 = 7-1 = 6$) i. e. the t-distribution where 95% of the values are situated (i. e. for 5% error probability).

1 Method

The basic assumption of the model is that for any country, for example Nigeria, over several years, a fairly stable factor between provisional half-year figures and the final outcomes can be established, given that Nigeria's acquisition procedures of collating RTC remained largely unchanged over theseyears (2009—2016).

The model is constructed as follows:

i. Takes historical data for seven years (e. g. 2009—2015):

a. Monthly provisional data for January—June.

b. Final annual figures.

ii. Calculates a common factor between preliminary and final figures by averaging the factors of these 7 years (geometrical mean).

iii. Takes provisional January—June data for the most recent year (e. g. 2016).

iv. Uses the above factor to predict "best estimate" annual figure for most recent years.

v. Calculates a confidence interval for a given confidence level (e. g. 95%) in order to identify "upper" and "lower" limits.

2 Results

i. Geometrical mean of the observed factors (fatality count) of last 7 years (2009—2015 of current years 2016):

$$F_{\text{geom.}, \text{Year 2016}} = \sqrt[7]{\prod_{i=1}^{7} \frac{Fatality\ Count_{\text{Year } x-i}}{Fatality\ Count_{\text{Half year } x-i}}} = \cdots$$
$$= \sqrt[7]{113.33} = 1.97$$

ii. Standard deviation of the observed factors:

$$\sigma_{\text{Factors of last 7 years}} = \sqrt{\frac{\sum_{i=1}^{7}(F_{x-i} - F)^2}{6}} = \cdots$$
$$= \sqrt{\frac{0.082}{6}} = \sqrt{0.0136} = 0.117$$

iii. Standard error of the observed factors:

$$\sigma(\theta) = \frac{\sigma_{\text{Factors of last 7 years}}}{\sqrt{7}} = \cdots = \frac{0.117}{2.646} = 0.044$$

iv. Best Estimate for the Fatality Count of the current year (2016 in this case):

$$Fatality\ Count_{\text{Year 2016}} = Fatality\ Count_{\text{Half year 2016}} \times F_{\text{geom.}, \text{Year 2016}}$$
$$Fatality\ Count_{\text{Year 2016}} = 2626 \times 1.97 = 5137\ fatalities$$

Hence, 5137 is the Best estimate for Nigeria's Fatality Count for 2016.

v. The Predicted Change (decrease or increase) at the end of the year 2016:

$$\frac{Best\ Estimate - 2015\ Fatality\ Count}{2015\ Fatality\ Count} \times 100\% = \frac{5173 - 5440}{5440} \times 100\% = -4.90\%$$

Hence, -4.90% is the predicted decreace in Fatality Counts at the end of the year 2016.

vi. The Actual Change (Decrease):

$$\frac{Actual\ Fatality\ Count\ as\ Recorded\ in\ 2016 - 2015\ Fatality\ Count}{2015\ Fatality\ Count} \times 100\% = \frac{5053 - 5440}{5440} \times 100\% = -7.11\%$$

Hence, -7.11% is the Real Change(decrease) in Fatality Counts at the end of the year 2016, given that the Actual Value is available as at Now；recorded to be 5053 fatalities.

vii. Summary of the Computations and Chart from Excel Data Sheet（Figure 1、Figure 2）.

COMPUTATION TABLE 1

						0.05 for 5% Error Probability= 95% Confidence Interval	2.447t-Values								
3	Extrapolation of annual fatality outcomes based on provisional Jan.-June counts														
4	Country	Year	January-June Provisional	January-December Final	Factor Final (Jan-Jun.)	Mean Factor	Mean Factor Upper	Mean Factor Lower	Standard Error	Error Tol.	Best Estimate 2016	Upper limit	Lower Limit	Predicted Change %	Real Change %
5	Nigeria	2009	3113	5693	1.83	1.97	2.11	1.83	0.044						
6		2010	3224	6052	1.88										
7		2011	2863	6054	2.11										
8		2012	2939	6092	2.07										
9		2013	3227	6544	2.03										
10		2014	3254	5996	1.84										
11		2015	2699	5440	2.02										
12		2016	2626	—							5173	5541	4806	−4.90	−7.11

COMPUTATION TABLE 2

Geometrical Mean		Standard Deviation				Standard Error		
Step 1	Step 2	Step 1	Step 2	Step 3	Step 4	Step 1	Step 2	Step 3
113.33	1.97	−0.141	0.020					
		−0.093	0.009					
		0.145	0.021					
		0.103	0.011			7	2.646	0.117
		0.058	0.003					
		−0.127	0.016					
		0.046	0.002					
			0.082	0.0136	0.117			0.044

	Best Est.	5173
→	Lower	4806
→	Upper	5541

Actual 2016 Jan.-Dec. Fatality= 5053

Figure 1　From Computation and chart from Excel data sheet

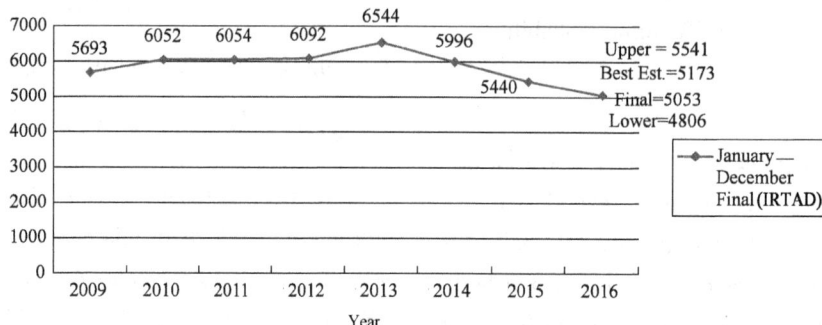

Figure 2　Nigeria Road Fatality January—December Final

3　Conclusions

a. The best estimate of the Fatality Counts for 2016 is 5173.

b. The confidence interval, upper and lower limits is ［5541,4806］.

c. The geometrical mean is 1.97 (central tendency).

d. The standard deviation is 0.117 (amount of variation or dispersion).

e. The standard error is 0.044.

f. The predicted reduction in Fatality Counts is −4.90%.

g. The actual reduction in Fatality Counts is −7.11%.

The model has the capability of predicting the best estimate, change in Fatality Counts and the confidence interval for a given confidence level of 95% i. e. for 5% error probability. Hence it can guide an organizational management for management decision making, policy formulation and allocation resources in order to curtail the menace.

基于边绑定算法的客运航线网络演化研究

季佳欣[1]　顾伟杰[2]　王宇琛[1]　陆　婧[*1]　吴薇薇[1]

（1. 南京航空航天大学民航学院；2. 东部机场集团有限公司）

摘　要　为了科学优化我国客运航线网络发展布局，掌握我国客运航线网络的发展演化规律和结构特征，以 2004—2018 年全国客运航线网络时空数据为研究对象，运用复杂网络理论测度全国客运航线网络基本结构特征演变情况，基于力导向边绑定算法将多元统计数据与航线网络相结合，可视化客运航线网络演化。结果表明：我国客运航线网络具有向主要城市群枢纽机场节点紧密集中趋势；机场节点与航线数量增长呈现时空差异；航线网络连通性、可达性显著提高；不同区域的节点与航线数量呈现差异化增长模式，增长优势区域逐步向中西部地区转移；航线网络布局趋于稳定，区域差异逐渐缩小。

关键词　航空运输　客运航线网络　可视化　边绑定算法　复杂网络

0　引言

随着国民经济高速发展，我国航空运输网络的规模与结构发展取得了显著成效[1]。从航线数量看，2019 年共开设 4868 条航线，与 2000 年相比增长了近 18 倍，通航城市的数量增长了 200%。尽管疫情对民航客运量造成了严重影响，但运输机场数量仍在持续增加，航线网络结构也在不断优化[2]。航空运输作为一种重要的现代化交通运输方式，其对社会经济的溢出效应不容忽视。因此，有必要从时空层面多维度探究我国客运航线网络发展演化情况，了解客运航线网络结构特征，有助于有针对性地提出航线开发策略。

复杂网络理论被广泛应用于航线网络演化研究[3]。张瑞等[4]使用复杂网络分析方法研究了机场群的客运航线网络的网络基本结构特征。韦佩妮等[5]使用度、聚类系数等网络节点指标与中心性指标进行了欧洲两家航空公司的比较分析。然而复杂网络指标局限于宏观层面航线网络结构特征的数值分析，难以展现航线网络的局部演化情况与时空分布特征，因此，部分学者结合可视化与图论方法，使用点线连接图刻画航线网络的分布特点。

传统的点线连接图极易受数据体量的影响出现线路堆叠的问题，导致图像失去可读性。基于力导向的边绑定算法是解决上述问题的有效途径之一。通过可视化算法进行边捆绑减少节点间的复杂路径，能够降低视觉混乱程度[6]。基于力导向的边绑定算法，将力导向模型应用于边，能够根据力的大小绑定相近的边[7]。当前在交通运输领域边绑定方法多应用于铁路[8]、城市公共交通[9]等方面，较少基于边绑定的客运航线网络可视化研究，特别是应用于客运航线网络演化方面。

为解决上述问题，本文以 2004—2018 年我国客运航线网络为研究对象，运用复杂网络理论定量分析客运航线网络演化基本结构特征，在此基础上，进一步使用边绑定可视化技术刻画 15 年间我国客运航线网络的演化情况，以探究我国客运航线网络发展趋势与演化规律，有助于制定正确的客运航线网络发展策略，为新航线开发、航线市场开拓提供参考依据。

1　客运航线网络结构特征分析

1.1　数据来源与网络生成

本文的客运航线网络是以连接我国民用运输机场的客运航线为边，机场为节点构成的复杂航线网络。其中，客运航线网络所需数据来自于《中国民航统计年鉴（2005—2019）》，机场吞吐量数据来自于各年的《全国民用机场生产统计公报》。为了便于网络生成与分析，将经停航线拆分为航段

基金项目：国家自然科学基金项目（U2033205）；中央高校基本科研业务费项目（NS2022068）；南京航空航天大学校创新计划（xcxjh20230722）。

进行统计;对多机场城市航线进行合并;将网络进行对称化、无向化处理。本文所用数据不包括港澳台地区,通过数据清洗与处理,共得到23492条客运航线数据。

1.2　客运航线网络基本结构特征

1.2.1　复杂网络理论

本文选取以下复杂网络指标对我国15年中客运航线网络结构基本特征进行定量数据分析。

（1）度分布。

度表示一个节点与该节点以外其他节点的连接数量。设客运航线网络中共有 M 个机场节点,其中第 i 个机场节点的度为 k_i,客运航线网络的平均度 $\langle k \rangle$ 为所有节点的度的算术平均数:

$$\langle k \rangle = \frac{1}{M}\sum_{i=1}^{M}k_i \qquad (1)$$

网络中机场节点度的分布情况可用度分布函数表示。当其分布函数服从幂律分布时,表明该客运航线网络是一个无标度网络。

（2）聚类系数。

聚类系数,也即簇系数,能够刻画与同一个机场节点相连的两个机场节点也能相互联系的概率。实际存在的连边数量 n_i 与理想数量的比值就定义为机场节点 i 的聚类系数 C_i:

$$C_i = \frac{2n_i}{k_i(k_i-1)} \qquad (2)$$

该客运航线网络的聚类系数 C 则为网络中所有机场节点聚类系数的平均值,即:

$$C = \frac{1}{M}\sum_{i=1}^{M}C_i \qquad (3)$$

其中,$0 \leq C \leq 1$,当 C 为0时,所有机场节点的邻点也连通的概率为0;C 为1时的客运航线网络是全连通航线网络。

（3）平均路径长度。

两机场节点最短连通路径的边数为两节点的路径长度 d_{ij}。任意两机场节点的路径长度的平均值则为网络的平均路径长度 $\overline{L}$。

$$\overline{L} = \frac{2}{M(M-1)}\sum_{i \geq j}d_{ij} \qquad (4)$$

（4）中介中心度。

中介中心度能够反映机场节点在网络中的中介能力。N_{ij}^t 是节点 i 和节点 j 之间经过节点 t 的最短路径数,G_{ij} 是节点 i 与节点 j 之间的最短路径数目。

$$\overline{B} = \frac{2}{M^2-3M+2}\sum_{i \neq j \neq t}\frac{N_{ij}^t}{G_{ij}} \qquad (5)$$

1.2.2　客运航线网络结构特征分析

2004—2018年我国客运航线网络规模呈扩张趋势,机场节点与边数量持续增加,网络结构得到不断优化,连通性逐年上升。

从网络平均度来看,2018年网络平均度为23.8,是2004年近4倍。这意味着我国客运航线网络规模正日益增长,机场通达性显著提高。图1为各年的节点度分布情况,其中,纵坐标为不同度值节点概率,横坐标为各节点度值。可见度分布近似服从幂律分布。时间维度上看,低度值节点数量逐渐减少,中间度值节点数量增加。度值为1的机场节点占比在2010年达到高峰,之后呈现出明显的下降趋势,到2017年已降至0.1以下,这反映了全国运输机场已经完成了从总体数量增加到运输能力稳步提升的阶段性变化。同时,网络中度值较高的节点数量也有所增加,尤其在2017年,度值超过100的节点从3个增加到8个,表明部分机场运输地位的提升。

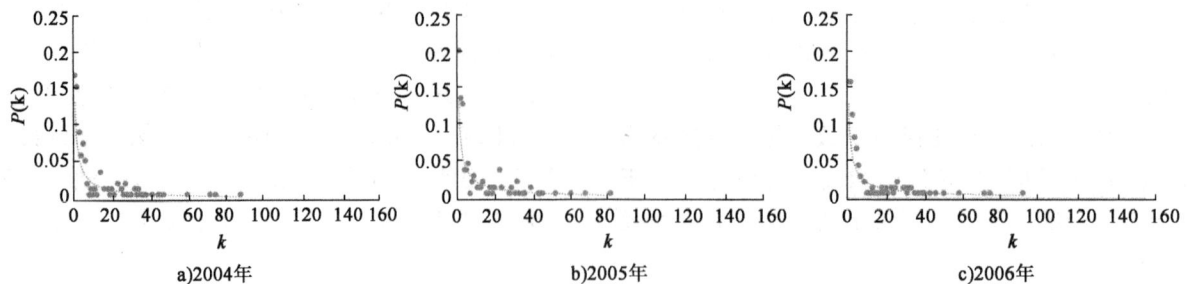

a)2004年　　　b)2005年　　　c)2006年

图　1

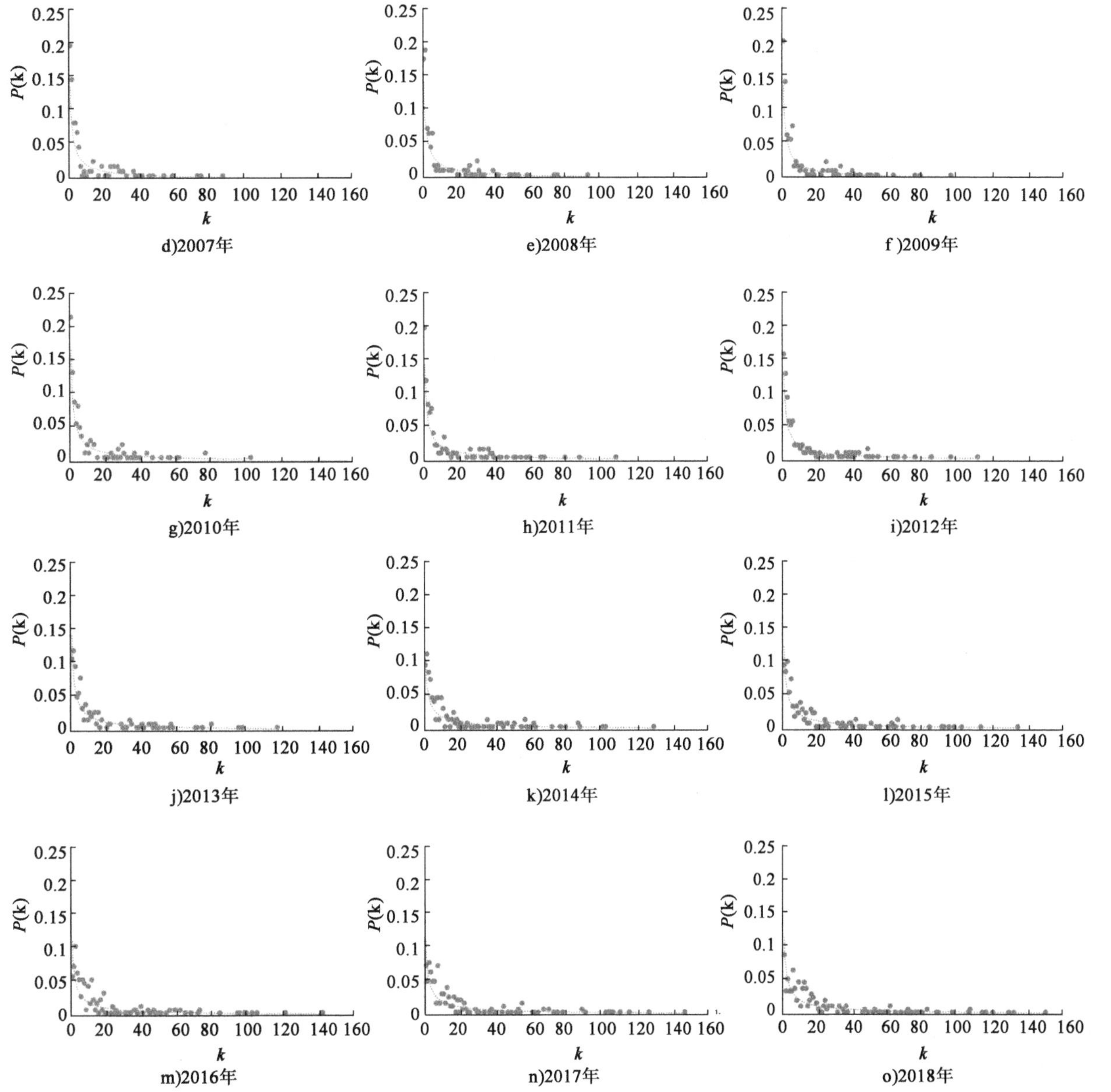

图 1 2004—2018 年客运航线网络度分布图

如表 1 所示,随着我国客运航线网络平均路径长度逐年降低,航线网络的运行效率与可达性也随之提升,任意两机场间的连通成本显著降低。从数据看客运航线网络平均路径长度呈下降趋势。2018 年的平均路径长度较 2004 年下降 0.15,2012 年后,平均路径长度的下降速度显著加快。此外,多数中小机场间的连通需要旅客平均中转 1 次方可到达。网络的演化最终趋向于多个小聚集区——机场群的发展模式,网络的聚类系数仍然处于强聚集性状态。中小节点的聚类系数逐年增加,这表明其邻点之间产生了更多的连接。随着网络发展,不同层级的枢纽客运航线网络逐渐形成,网络的层级结构得到加强。从中介中心度来看,网络中的中介能力总体有大幅提高,网络中介枢纽进一步向内陆城市转移。

全国客运航线网络结构特征		表 1
时间	平均路径长度	集聚系数	中介中心度
2004	2.27	0.35	0.019
2009	2.29	0.63	0.023
2014	2.18	0.73	0.021
2018	2.12	0.65	0.025

2 基于边绑定算法的客运航线网络可视化与演化分析

2.1 基于力导向的边绑定算法

2.1.1 点线连接图

在航线网络研究中多数学者采用点线连接图

刻画航线网络结构特征。点线连接图通过抽象化机场节点和航线的实际连接关系,对数据格式要求低、构建速度快,但具有诸多局限性,如当网络规模扩张到一定程度时,航线之间会存在密集现象,造成辨识困难,缺乏美观性与可读性。现有的可视化处理方法是使用曲线代替直线,但仍无法避免交叉重叠的问题。基于边绑定算法将性质类似的边捆扎成束状,能够有效解决上述问题。

2.1.2 力导向边绑定算法

边绑定技术目前已在计算机可视化领域得到诸多应用。可视化压缩算法能在不改变现有点、边数量与连接关系的前提下,将图像中的线捆扎成束从而减少视觉上的杂乱程度。图2为边绑定后的航线效果图,通过重新设置边的曲率,地理上或语义上相近的航线被捆扎成束,可以清晰地分辨线的连接关系与紧密程度。

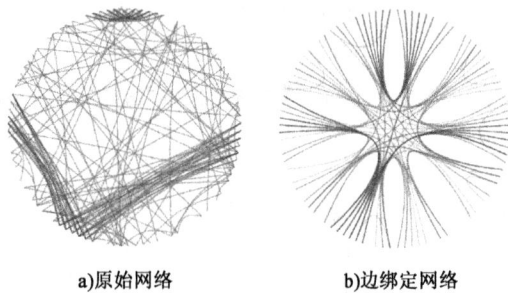

a)原始网络   b)边绑定网络

图2 航线边绑定效果图

力导向边绑定算法的操作步骤包括:首先初始化控制点位置,计算同一航线上两个控制点间的斥力 F_e,接着计算相互作用航线上的引力 F_c,然后根据控制点所受的合力计算控制点位置的偏移量,根据偏移量更新每一个控制的位置,并不断迭代直到达到预设的收敛条件。

以某个控制点 s_i 为例,其受到的斥力 $F_{e,i}$ 定义为:

$$F_{e,i} = q_s \cdot (\|s_{i-1} - s_i\| + \|s_i - s_{i+1}\|) \quad (6)$$

式中: s_{i-1}、s_{i+1} ——航线 S 上控制点 s_i 的前后两个控制点;

q_s ——航线 S 的弹性系数, $q_s = \dfrac{U}{|P|}$;

U ——全局弹簧常数用于确定边的刚度;

$|P|$ ——航线 S 的初始长度。

点 s_i 与交互边的某一控制点 r_i 间的引力 $F_{c,i}$ 如下所示:

$$F_{c,i} = \frac{1}{\|s_i - r_i\|} \quad (7)$$

合力 $F_{T,i}$ 是由 s_{i-1} 和 s_{i+1} 施加的两个相邻斥力 $F_{e,i}$ 和引力 $F_{c,i}$ 的总和。合力定义为:

$$F_{T,i} = q_s \cdot (\|s_{i-1} - s_i\| + \|s_i - s_{i+1}\|) + \sum_{R \in V} \frac{1}{\|s_i - r_i\|} \quad (8)$$

式中: V ——与航线 S 交互的所有边集。

考虑到存在不适合捆扎到一起的方向与长度,本文引入了边缘兼容性属性值 $W_e(S,R) \in [0, 1]$ 以规定边的相互作用:①被绑航线间夹脚不能趋于垂直;②被绑航线间长度近似;③被绑航线间距离相近,能够相互投影。将融合边缘兼容性的 $F_{T,i}$ 定义为:

$$F_{T,i} = q_s \cdot (\|s_{i-1} - s_i\| + \|s_i - s_{i+1}\|) + \sum_{R \in V} \frac{W_e(S,R)}{\|s_i - r_i\|} \quad (9)$$

2.2 客运航线网络演化分析

可视化结果如图3所示,采用了 d3.js 库中的函数来计算航线之间的相容性矩阵,考虑了多个因素,包括长度、角度、尺度和可见性等。核心算法基于输入参数(如迭代次数、弹簧系数、重力系数等)对边集合进行处理。算法首先初始化相关变量,然后计算航线之间的相容性矩阵。通过迭代更新每条航线的控制点位置,直至航线之间的相容性达到稳定状态,从而生成优化后的航线集合。

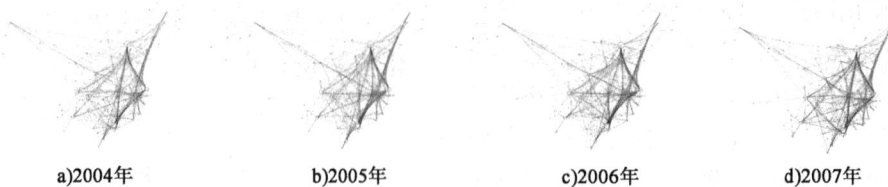

a)2004年   b)2005年   c)2006年   d)2007年

图 3

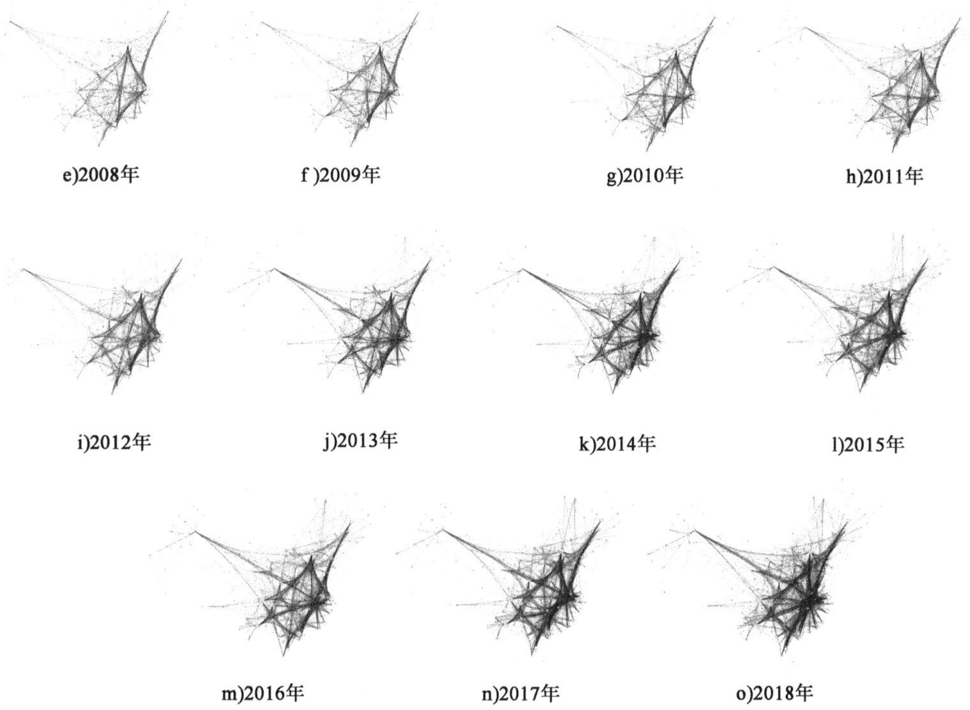

图3 2004—2018年我国客运航线网络边绑定演化示意图

我国客运航线网络演化趋势主要分为以下三个方面：

（1）民用运输机场空间布局不均衡。

2004—2018年间全国民用运输机场数量逐年增加，但东西部地区分布严重不均，按胡焕庸线呈现明显的东西分离态势。具体地，由于沿海地区社会经济飞速发展，2004—2012年间东部地区运输机场数量快速增长，但2016年后因空域资源逐渐趋于饱和，增速放缓。相反，2012年后在国家政策引导下，中西部地区运输机场布局逐渐完善，机场数量保持较快增速，但短时间内全国民用机场布局在较长一段时间内仍将呈现东西不均衡的态势。

（2）我国客运航线网络逐步呈现枢纽聚集特征。

2004年，客运航线网络初步形成以京津冀、成渝、长三角、珠三角四大城市群为主的田字形布局。2005—2008年东部地区航线数量率先增多，京津冀、长三角、珠三角城市群间的联系加强，2009—2011年成渝城市群的航线开始增多，西部地区的田字形布局更加突出。2012—2015年，客运航线网络进一步扩展，中原地区与新疆地区的航线网络密集程度显著提高，东北地区与珠三角地区的城市联系更加紧密，田字形布局演变为以京津冀、成渝、长三角、珠三角、中原、关中六大城市群为中心的六边形布局。2016—2018年，客运航线网络进入复杂化与中小分支迅速增加的阶段，航线网络结构更为清晰，以几个枢纽机场为核心向多数中小型机场辐射，新疆地区、云南昆明、海南等地区与大型枢纽节点的航线增多。北京、上海、广州等仍然是网络中最重要的枢纽节点，成都、西安、重庆等内陆城市的中心性和影响力显著提升，客运航空网络逐步趋于均衡发展。

（3）航线网络密度与增速呈现时空差异。

从网络密度上看，长三角城市群的航线密度在所有观察年份中均高于其他城市群，表现为航线资源的平衡分布，区域内拥有多个大型运输机场，具有多枢纽网络特征。中西部地区航线网络规模扩张虽时间上滞后于长三角、津京冀与珠三角地区，但增长速度极快，成渝、关中、西南等地的航线网络密度在近年来显著提升，航线网络布局更加优化。

3 结语

本文基于2004—2018年我国客运航线网络时空数据，采用复杂网络理论与力导向边绑定算法分析客运航线网络结构与发展演化趋势，对把握航线网络未来的发展方向，有针对性地制定航线开发策略具有重要意义。结果表明,15 年间我国客运航线网络规模迅速扩大,呈现枢纽聚集特征;机场数量分布存在空间不平衡特征;东部地区机场节点与航线数量率先开始增长后逐步增速放缓,中西部、东北地区航线密度增长滞后但增速较快;中小型机场度值持续增加,东西部地区差距进一步缩小。

本文探讨了我国客运航线网络结构特征与演化情况,但未对网络演化的影响因素与作用机理进行进一步探究,未来将就此方面继续展开探索。

参考文献

[1] 曹炜威,钱基德,李凡,等.国内主要航司航线网络结构特征比较研究[J].科技和产业,2022,22(9):361-367.

[2] 张皓瑜,吴薇薇,华何,等.新冠疫情下中国国际航线网络演化特征[J].北京航空航天大学学报,2023,49(10):2699-2710.

[3] LI P C, RU W, HANG S, et al. Structural properties of US flight network [J]. Chinese Physics Letters, 2003, 20(8): 1393.

[4] 张瑞,朱春彦,王琼,等.基于复杂网络的中国四大机场群多极航线网络结构特征分析[J].科学技术与工程,2023,23(18):8002-8010.

[5] 韦佩妮,杨文东.基于复杂网络的欧洲航空公司网络特征分析[J].哈尔滨商业大学学报(自然科学版),2023,39(4):477-484.

[6] PENG D, LU N, CHEN G, et al. Sideknot: edge bundling for uncovering relation patterns in graphs[J]. Tsinghua Science and Technology, 2012, 17(4): 399-408.

[7] HOLTEN D, VAN W J J. Force-directed edge bundling for graph visualization[C] // Proceeclings of Computer Graphics Forum. Oxford: Blackwell Publishing Ltd, 2009, 28(3): 983-990.

[8] 朱立霞.面向智慧出行的铁路数据可视化方法研究与实现[D].成都:西南交通大学,2019.

[9] 陈超.城市公共交通数据可视化研究与实现[D].成都:西南交通大学,2020.

Unveiling Urban Mobility Patterns: A Graph Clustering Approach to Community Detection Using Laplacian Matrix Characteristics

Di Wang[*1]   Shouhua Wang[2]   Shuxin Jin[3]

(1. College of Civil Engineering and Architecture, University of Jinan;

2. Jintian Industrial Development (Shandong) Group Co., Ltd.;

3. Department of Port & Shipping Management, Guangzhou Maritime University)

Abstract   Identifying community structures in mobility graphs is crucial for understanding transportation patterns. In this study, we propose a graph clustering method for community detection by leveraging the characteristics of the graph's Laplacian matrix. This method constructs a block diagonal similarity graph from the original graph, directly revealing the underlying community structure. Compared to existing methods, our method is advantageous due to its independence from prior knowledge and increased robustness. Applying this method to mobility service data from Xiamen, China, we uncover distinct community structures within their origin-destination (OD) graphs. Notably, ride-hailing services exhibit significant spatial segregation with well-defined community boundaries, while traditional taxis facilitate more cross-community trips, indicating divergent usage patterns. Investigating trip-purpose variations, we utilize Poisson regression to analyze spatial patterns. Results show that trips for housing, health, education, and government exhibit community-based spatial differentiation. In contrast, dining and commuting needs are consistent across communities, impacting trip frequency universally. Our findings should provide valuable insights for formulating strategies towards sustainable urban mobility.

Keywords Community detection Mobility graph Graph clustering Laplacian matrix

0 Introduction

Urban geographers have long been fascinated by the self-organized morphology of cities. Distinct from natural or man-made barrierssuch as administrative divisions, mountainous terrains, or waterways, the collective patterns of individual journeys shed light on how different city locations interact. Additionally, urban morphologies can exhibit considerable variation when comparing different modalities, such as taxi versus ride-hailing service behaviors. Examining these patterns allows for a deeper understanding of urban self-organization and the dynamics of human movement (Wang et al., 2021; Wang et al., 2022; Yildirimoglu and Kim, 2018).

Historically, the exploration of urban morphology through the lens of mobility patterns has faced obstacles due to scarcity of data and limitations of analytical methods. Thankfully, advancements in urban sensing technology have equipped researchers with expansive mobility data, including taxi routesand ride-hailing logs. Furthermore, innovations in graph theory have enriched the analysis of urban morphology. Scholars have explored neighbourhood interconnectedness and city organization via mobility patterns, thereby gaining important insights (Wang et al., 2021; Yildirimoglu and Kim, 2018).

In the domain of graph theory, community detection aims to identify sub-structures within a graph. This process involves segmenting the graph into communities or clusters of nodes that are densely interconnected, with fewer connections between these clusters (Fortunato, 2010; Fortunato and Hric, 2016; Lancichinetti and Fortunato, 2009). Such methodologies have been applied to study real-world graphs representing locations, with nodes symbolizing locations and weighted edges reflecting the frequency of trips between them. However, existing algorithms have faced challenges regarding the quality, complexity, and robustness of the graphs they produce.

This study introduces a community detection method grounded in graph theory, utilizing the Laplacian matrix's characteristics. By transforming the initial affinity graph into a block diagonal similarity graph, it facilitates an explicit and unique partitioning of the graph into communities, with a set number of segments. This technique surpasses other algorithms, as it is more apt for practical scenarios by imposing a k-community structure on sparse graphs and avoiding the reliance on uncertain post-processing steps. We first validate its efficacy on synthetic graphs and then apply the method to actual mobility graphs from taxi and ride-hailing services for community detection. We then explore the implications of the discerned community structure on spatial segregation and trip-purpose differentiation.

1 Method generation

Notation: in this paper, all matrices are represented using boldface capital letters, e.g., X; all vectors are written in boldface lowercase letters, e.g., x; all scalars are in lowercase letters, e.g., x. For a matrix $X \in \mathbb{R}^{m \times n}$, the i-th row (with transpose) vector and the (i,j)-th entry are denoted by x_i and x_{ij}, respectively. $\mathrm{Tr}(X)$ means the trace of X. The Frobenius norm and the L_p norm are denoted by $\|.\|_F$ and $\|.\|_p$, respectively. A boldface $\mathbf{1}$ represents a column vector with all entries equal to one.

1.1 Objective formulation

The objective is to learn a new similarity graph, $S \in \mathbb{R}^{n \times n}$, from the initial affinity matrix, $A \in \mathbb{R}^{n \times n}$, where S is enforced to have exactly k components. The solution starts from the following theorem (Mohar, 1991), where $Q(G)$ denotes the quotient graph Q of graph G:

Theorem Let G be a (weighted) graph with all weights nonnegative, then

- $Q(G)$ has only real eigenvalues,
- $Q(G)$ is positive semidefinite,
- its smallest eigenvalue is $\lambda_1 = 0$ and a corresponding eigenvector is $(1,1,\cdots,1)^t$. The multiplicity of 0 as an eigenvalue of $Q(G)$ is equal to the number of components of G.

Interpretation If $\text{rank}(L_S) = n - k$, the learned graph S is an ideal graph where all n nodes are assigned to k communities. Further discretization of S is unnecessary; S can be block diagonal with proper permutation (Figure 1).

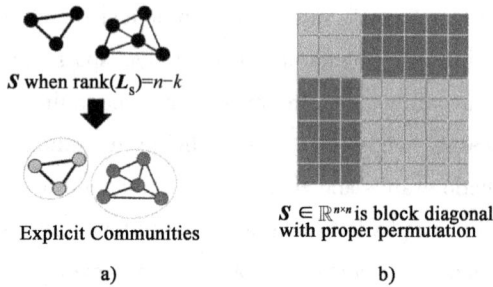

S when $\text{rank}(L_s)=n-k$

Explicit Communities

a)

$S \in \mathbb{R}^{n\times n}$ is block diagonal with proper permutation

b)

Figure 1   Illustration of a) Graph Partition and b) an ideal S

Based on Mohar's theorem, the objective can be formulated to learn a similarity graph S that best approximates the affinity matrix A, leading to the following optimization problem:

$$J^S = \min_S \|S - A\|_F^2$$
$$s.t. \ \forall i, \forall j, s_{ij} \geq 0, s_j^T \mathbf{1} = \mathbf{1}, \text{rank}(L_S) = n - k \tag{1}$$

The constraints ensure that the similarity graph matrix S is nonnegative and normalized, with each row summing to one. Problem (1) is difficult to solve, because $\text{rank}(L_S) = n - k$ presents a complex nonlinear constraint, and L_S depends on the target variable S:

$$L_S = D_S - \frac{S^T + S}{2} \tag{2}$$

where D_S is a degree matrix, defined as a diagonal matrix in which the i-th diagonal entry value is $\sum_j (s_{ij} + s_{ji})/2$.

1.2   Solutions to subproblems

Let $\sigma_i(L_S)$ represent the i-th smallest eigenvalue of L_S, then $\sigma_i(L_S) \geq 0$ because L_S is positive semi-definite (Mohar, **1991**). Problem (1) is equivalent to Problem (3) for a large enough regularization parameter λ:

$$J^S = \min_S \|S - A\|_F^2 + 2\lambda \sum_{i=1}^k \sigma_i(L_S)$$
$$s.t. \ \forall i, \forall j, s_{ij} \geq 0, s_i^T \mathbf{1} = \mathbf{1} \tag{3}$$

where $\sum_{i=1}^k \sigma_i(L_S)$ is the sum of the k smallest eigenvalues of L_S; here, k represents the predefined number of communities. Because $\sigma_i(L_S)$ is nonnegative, the optimal solution S for Problem (3) will lead to $\sum_{i=1}^k \sigma_i(L_S) = 0$, and thus the constraint $\text{rank}(L_S) = n - k$ will be satisfied according to Mohar's theorem.

Let $H \in \mathbb{R}^{n \times k}$ be the clustering indicator matrix (von Luxburg, 2007). $h_i \in \mathbb{R}^{k \times 1}$, the i-th row vector (with transpose) of H, indicates the assignment of node i in the proper cluster. The columns in H are orthonormal to each other, so $H^T H = I$. The second term of Problem (3) is equivalent to a standard form of a trace minimization problem, so we have

$$J^S = \min_S \|S - A\|_F^2 + 2\lambda \text{Tr}(H^T L_S H)$$
$$s.t. \ \forall i, \forall j, s_{ij} \geq 0, s_i^T \mathbf{1} = \mathbf{1}, H \in \mathbb{R}^{n \times k}, H^T H = I \tag{4}$$

Problem (4) is much easier to solve than Problem (1). Assuming that S is fixed, Problem (4) then reduces to solving for H:

$$J^H = \min_H \text{Tr}(H^T L_S H)$$
$$s.t. \ H \in \mathbb{R}^{n \times k}, H^T H = I \tag{5}$$

The optimal solution to Problem (5) is to form $H \in \mathbb{R}^{n \times k}$ as a matrix which contains the first k eigenvectors (corresponding to the k smallest eigenvalues) of L_S as columns. With H held fixed, Problem (4) then becomes

$$J^S = \min_S \sum_{i,j=1}^n (s_{ij} - a_{ij})^2 + \lambda \sum_{i,j=1}^n \|h_i - h_j\|_2^2 s_{ij}$$
$$s.t. \ \forall i, \forall j, s_{ij} \geq 0, s_i^T \mathbf{1} = \mathbf{1} \tag{6}$$

Problem (6) can be solved independently for each index i, so it is possible to solve the following problem for each index i separately:

$$J^S = \min_{s_i} \sum_{j=1}^n (s_{ij} - a_{ij})^2 + \lambda \sum_{j=1}^n \|h_i - h_j\|_2^2 s_{ij}$$

s. t. $\forall\ i,\forall j,s_{ij}\geqslant 0,s_i^T\mathbf{1}=1$ (7)

Let $u_{ij}=\|h_i-h_j\|_2^2$, and let $\boldsymbol{u}_i$ be the vector with the j-th element equal to u_{ij}. Problem (7) can be transformed as

$$J^S=\min_{s_i}\sum_{j=1}^n\left[s_{ij}-\left(a_{ij}-\frac{\lambda}{2}u_i\right)\right]^2$$

s. t. $\forall\ i,\forall j,s_{ij}\geqslant 0,s_i^T\mathbf{1}=1$ (8)

Problem (8) can be solved by finding the roots of its Lagrangian, or by using an efficient iterative algorithm (Huang et al., 2015).

1.3 Optimization algorithm

The algorithm below outlines the steps to solve the optimization problem referred to as Problem (1). It specifies that updates should be confined to the nearest similarities for each data point within S. As a result, the computational demand required to update S and H is greatly reduced, especially since this involves only the calculation of the first k eigenvectors of a highly sparse matrix.

Algorithm for Solving Problem (1)

Input: an affinity matrix $A\in\mathbb{R}^{n\times n}$; predefined number of communities k; a large enough λ.

Output: a similarity matrix $S\in\mathbb{R}^{n\times n}$ exactly associated with k communities.

Initialize the indicator matrix $H\in\mathbb{R}^{n\times k}$ by the k eigenvectors of L_A (Laplacian matrix of A) corresponding to the k smallest eigenvalues.

While not converge **do**

(1) For each i, update the i-th row of S by solving Problem (8), where the j-th element of u_i is $u_{ij}=\|h_i-h_j\|_2^2$.

(2) Update H, which is formed by the k eigenvectors of $L_S=D_S-\dfrac{S^T+S}{2}$ corresponding to the k smallest eigenvalues.

End While

Convergence: the regularization term in Problem (4), i. e., $2\lambda\mathrm{Tr}(H^T L_S H)$, approaches zero; or the algorithm stops after reaching the maximum number of iterations.

1.4 Convergence analysis

Problem (1) is not a convex optimization problem, but it has been divided into several subproblems, each being a convex subproblem. Thus, the alternating process is expected to converge, which is proven as follows.

Update S. Given the indicator matrix H fixed, S is to be updated by solving Problem (6), which is expected to converge, as stated in the following lemma:

Lemma For any non-zero matrix $M\in\mathbb{R}^{n\times n}$ and $N\in\mathbb{R}^{n\times n}$, the following inequality always exists:

$$\|M\|_F-\frac{\|M\|_F^2}{2\|N\|_F}\leqslant\|N\|_F-\frac{\|N\|_F^2}{2\|N\|_F}$$ (9)

Let $\widetilde{S}$ represent the updated result of each iteration and $\mathcal{G}(S)=2\lambda\mathrm{Tr}(H^T L_S H)$. We have

$$\frac{\|\widetilde{S}-A\|_F^2}{2\|S-A\|_F}+\mathcal{G}(\widetilde{S})\leqslant\frac{\|S-A\|_F^2}{2\|S-A\|_F}+\mathcal{G}(S)$$ (10)

Based on the Lemma, we have

$$\|\widetilde{S}-A\|_F-\frac{\|\widetilde{S}-A\|_F^2}{2\|S-A\|_F}\leqslant\|S-A\|_F-\frac{\|S-A\|_F^2}{2\|S-A\|_F}$$ (11)

By summing Inequalities (10) and (11), we have

$$\|\widetilde{S}-A\|_F+\mathcal{G}(\widetilde{S})\leqslant\|S-A\|_F+\mathcal{G}(S)$$ (12)

From Inequality (12), we know that when updating S, Problem (6) decreases monotonically in each iteration, until it converges.

Update H. Given $\widetilde{S}$ fixed, the indicator H is to be updated by solving Problem (5). The corresponding Hessian matrix is as follows:

$$\frac{\partial^2\mathrm{Tr}(H^T L_S H)}{\partial H\partial H^T}=L_S+L_S^T$$ (13)

where L_S is positive semi-definite, so that the Hessian matrix of Problem (5) is also positive semi-definite. Problem (5) is actually convex with respect to H updated by $\mathrm{argmin}\ \mathrm{Tr}(H^T L_S H)$ in each iteration.

2 Experiments on synthetic graphs

We evaluate the algorithm's performance using synthetic data graphs that have predefined community structures. In this evaluation, undirected graphs are constructed with 100 nodes, and each graph is divided into four known communities of equal size. Affinity values between nodes are assigned randomly within the interval (0,1). Conversely, noise values are distributed within the interval $(0, e)$, where e signifies the noise level and satisfies $e < 1$. To mimic real-world conditions, we introduce an element of randomness to account for the possibility of strong connections arising from atypical events, such as a major city event. Specifically, we randomly choose 25 links from outside the community blocks and set their values to 1, so that $r = 25$.

The algorithm's accuracy is defined as the proportion of nodes that the algorithm correctly places into their true communities. As depicted in Figure 2, when we impose a structure of four communities on the synthetic graphs, the algorithm successfully assigns nearly every node to its appropriate community. While a greater noise level leads to a less dense similarity matrix, the communities can still be accurately formed, albeit in a more dispersed fashion.

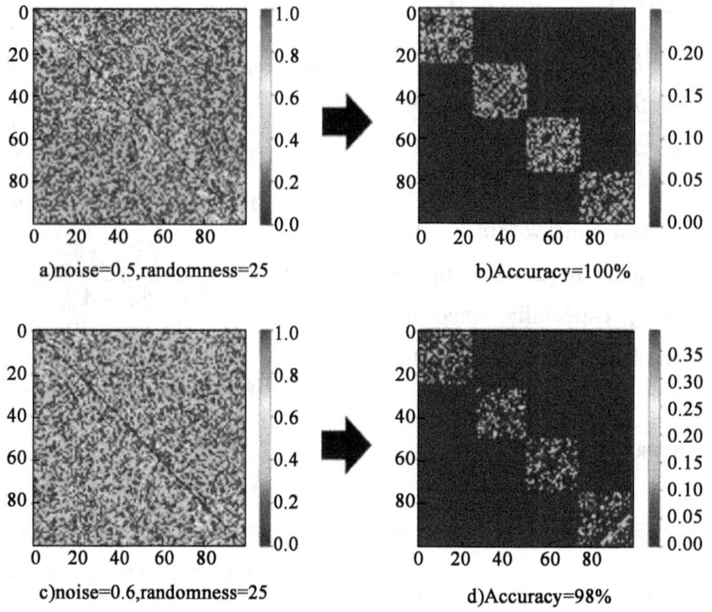

a)noise=0.5,randomness=25   b)Accuracy=100%

c)noise=0.6,randomness=25   d)Accuracy=98%

Figure 2　Experiment results on synthetic data

The algorithm isthen compared with k-means, which also involves a predefined k to determine the number of communities. The test datasets include Yeast (Web-3), Abalone (Web-1), and Ecoli (Web-2). Normalized Mutual Information (NMI) is the evaluation criterion (Newman and Girvan, 2004):

$$\text{NMI} = \frac{-2\sum_{i=1}^{C_A}\sum_{j=1}^{C_B} C_{ij}\log\left(\frac{N_{ij}N}{N_{i\cdot}N_{\cdot j}}\right)}{\sum_{i=1}^{C_A} N_{i\cdot}\log\left(\frac{N_{i\cdot}}{N}\right) + \sum_{j=1}^{C_B} N_{\cdot j}\log\left(\frac{N_{\cdot j}}{N}\right)} \qquad (14)$$

where N is a membership matrix, with rows and columns corresponding to the detected communities and the benchmark, respectively. N_{ij} represents the count of shared nodes between benchmark community i and detected community j. C_A and C_B represent the counts of benchmark and detected communities,

respectively.

NMI quantifies the degree of correlation between the detected community structures and the benchmark classifications, ranging from 0 (no mutual information) to 1 (perfect correlation). Table 1 provides a summary of the NMI test results.

NMI Test Results   Table 1

Methods	Yeast	Abalone	Ecoli
Graph-Clustering	**0.2722**	**0.1964**	**0.7144**
k-means	0.2685	0.1508	0.5335

The data in Table 1 indicate that the proposed method shows better performance than k-means on the benchmark datasets.

3　Experiments on mobility graphs

The method is applied to taxi (TX) and ride-hailing (RH) origin-destination (OD) graphs in Xiamen, China. Xiamen, an economically advanced tourist city on the southeast coast, spans 1,700 km^2 and had a population of 4.29 million in June 2020, with the highest population density on Xiamen Island.

Mobility data are segmented into Weekdays (2020/06/22-24), Weekends (2020/06/20-21), and Public Holidays (2020/06/25-27), resulting in six service-time combinations for analysis, including TX-Weekday and RH-Weekend.

3.1 Community structures of RH and TX

Figure 3 shows the community structures identified after spatially aggregating OD graphs on a 500m grid. The algorithm assigns nodes to specific communities, leading to the formation of exclaves—nodes assigned to one community but geographically closer to another, effectively isolated segments.

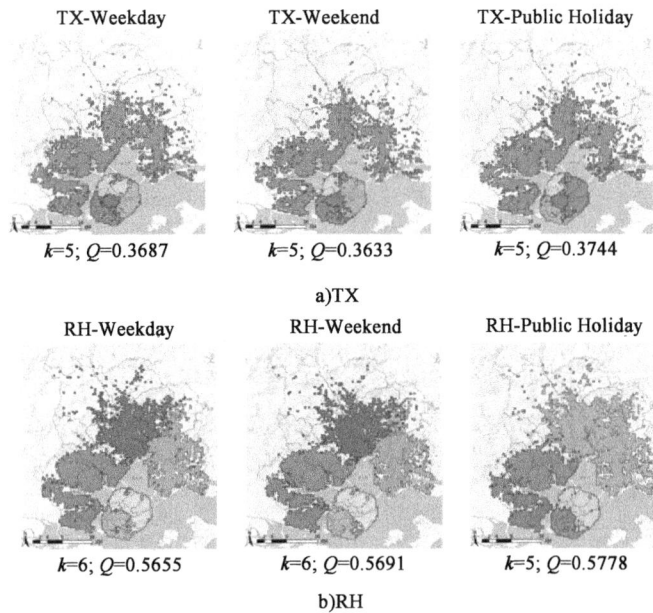

TX-Weekday   TX-Weekend   TX-Public Holiday

k=5; Q=0.3687 k=5; Q=0.3633 k=5; Q=0.3744

a)TX

RH-Weekday   RH-Weekend   RH-Public Holiday

k=6; Q=0.5655 k=6; Q=0.5691 k=5; Q=0.5778

b)RH

Figure 3　Community structures of a) TX and b) RH for different day types

Modularity (Q) measures the degree of division within a graph's community structure, ranging from 0 to 1, with values closer to 1 indicating stronger divisions (Fortunato and Barthélemy, 2007; Newman and Girvan, 2004). The results in Figure 4 demonstrate that ride-hailing (RH) communities are more distinct than those of traditional taxis (TX) and exhibit day-to-day stability. During public holidays, two RH communities merge in the northeast, suggesting changes in mobility patterns due to holiday tourism.

For TX, no significant divisions or partitions are observed on the mainland part of the city. A distinction between working and non-working days emerges in the island's northern region, where the weekday community, which includes Xiamen International Airport, expands. This implies that business travellers' trips connect more locations around the airport in comparison to those of tourists or locals.

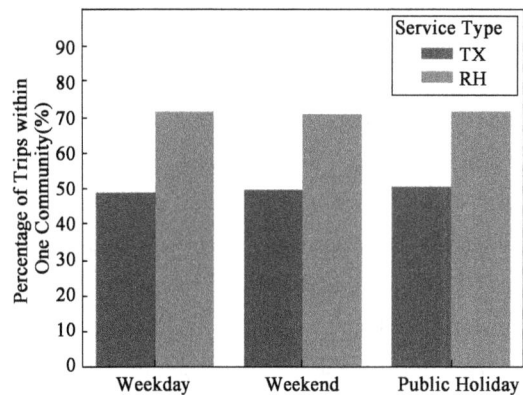

Figure 4　Proportion of trips within one community

The RH community structure remains largely stable across different days. RH drivers seem to prefer serving their respective regions, resulting in a clear community structure with higher modularity and fewer exclaves, suggesting limited cross-regional services. Figure 4 further supports the observation of RH drivers' preference for serving within their communities.

Figure 5 illustrates the proportion of trips occurring within the same community. Across all day types, the majority of RH trips occur within the same community, whereas about half of TX trips do not. Due to the app-based ride-hailing model, RH drivers can better control

trip start and end locations, unlike TX drivers who encounter more varied origin-destination pairings. As a result, RH drivers tend to reinforce spatial segregation defined by communities, possibly to sustain profitability or operate within familiar territories.

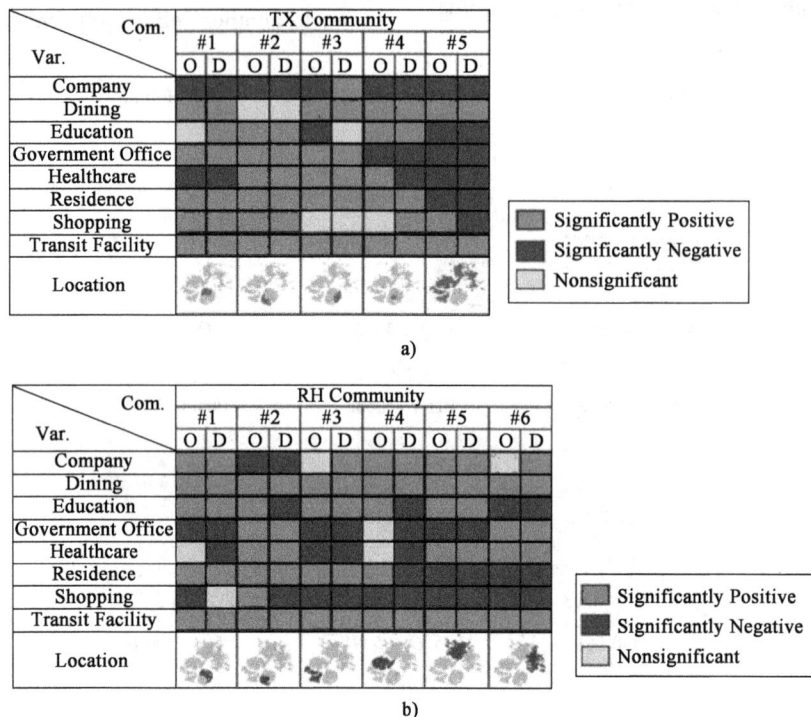

a)

b)

Figure 5　Differentiation of trip purposes by community

3.2　Differentiation of trip purposes

We employ Poisson regression to examine the relationship between trip purposes and community structure formation. We aggregate Point of Interest (POI) densities on a grid basis, defining separate variables for the origin (O) and destination (D) of each POI category, and estimate the parameters using maximum likelihood estimation (MLE). Figure 5 presents the results, highlighting statistically significant parameters at the 5% significance level.

The results in Figure 6 indicate that communities use TX or RH for varied purposes on weekdays. Dining and transit facilities drive trip generation across communities. RH is preferred for business, while TX is favored for shopping. Dense communities, like those on the island, have higher residential travel demands. In sparser areas, RH significantly caters to healthcare travel. Mainland

residents favor RH for educational travel, while TX is marginally more popular for government-related trips, which may be attributed to government employees' preference for public transport.

4　Conclusions

This paper introduces an innovative approach to community detection within graphs, focusing on urban location interactions. The method leverages the attributes of the Laplacian matrix to effectively divide graphs into distinct communities, demonstrating superior performance over current algorithms. Data from taxi (TX) and ride-hailing (RH) services' mobility graphs is utilized to identify community structures. The findings show that these structures are markedly different within mobility graphs, with RH drivers generally avoiding trips spanning multiple communities, unlike TX drivers who undertake such journeys more frequently.

Poisson regression analysis reveals disparate preferences across communities regarding the use of TX and RH services for various activities. While dining and transit arecommon trip motivators across most communities, RH services are predominantly chosen for business-related travel, and TX services are preferred for shopping excursions. Additionally, a community's nature seems to influence transportation choices for residential, healthcare, and educational travel.

The discerned community structures carry significant practical value for urban planning and mobility management. They illuminate the functional segmentation of urban areas and contribute to improving the mobility network's connectivity, which can inform strategies to improve access to key facilities such as public hospitals and government service centers. For TX and RH service operators, community detection insights can pinpoint areas needing improvement in the mobility network, thereby facilitating enhancements in system efficiency.

References

[1] FORTUNATO S, BARTHÉLEMY M. Resolution limit in community detection [C] // Proceedings of the National Academy of Sciences of the United States of America, 2007, 104(1): 36-41.

[2] FORTUNATO S. Community detection in graphs [J]. Physics Reports, 2010, 486(3-5): 75-174.

[3] FORTUNATO S, HRIC D. Community detection in networks: a user guide [J]. Physics Reports, 2016, 659: 1-44.

[4] HUANG J, NIE F, HUANG H. A new simplex sparse learning model to measure data similarity for clustering [C] // Proceedings of the 24th International Conference on Artificial Intelligence, 2015: 3569-3575.

[5] LANCICHINETTI A, FORTUNATO S. Community detection algorithms: a comparative analysis [J]. Physical Review E, 2009, 80(5): 056117.

[6] MOHAR B, ALAVI Y, CHARTRAND G, et al. The Laplacian spectrum of graphs [J]. Graph Theory, Combinatorics and Applications, 1991, 2: 871-898.

[7] NEWMAN M E J, GIRVAN M. Finding and evaluating community structure in networks [J]. Physical Review E, 2004, 69(2): 026113.

[8] VON LUXBURG U. A tutorial on spectral clustering [J]. Statistics and Computing, 2007, 17(4): 395-416.

[9] WANG D, MIWA T, MORIKAWA T. Comparative analysis of spatial-temporal distribution between traditional taxi service and emerging ride-hailing [J]. ISPRS International Journal of Geo-Information, 2021, 10(10): 690.

[10] WANG D, MIWA T, MORIKAWA T. Interrelationships between traditional taxi services and online ride-hailing: empirical evidence from Xiamen, China [J]. Sustainable Cities and Society, 2022, 83: 103924.

[11] YILDIRIMOGLU M, KIM J. Identification of communities in urban mobility networks using multi-layer graphs of network traffic [J]. Transportation Research Part C: Emerging Technologies, 2018, 89: 254-267.

[12] UCI machine learning repository: Abalone data set [EB/OL]. (n. d.)[2022-07-16] https: // archive. ics. uci. edu/ml/datasets/abalone.

[13] UCI Machine Learning Repository: Ecoli Data Set [EB/OL]. (n. d.)[2022-07-16] https: // archive. ics. uci. edu/ml/datasets/ecoli.

[14] UCI machine learning repository: Yeast data set [EB/OL]. (n. d.)[2022-07-16] https: // archive. ics. uci. edu/ml/datasets/Yeast.

Time Headway Prediction in Expressway Merge Areas Based on NGSIM

Kan Zhang[1]　Lin Cheng[*2]　Jinjiang Zhao[1]

(1. College of Suzhou United Graduate, Southeast University; 2. College of Transportation, Southeast University)

Abstract　The time headway in expressway merging areas is one of the key indicators for evaluating driving safety and conducting traffic flow studies. This study, based on NGSIM data and using the example of the I-80 expressway in the United States, aims to investigate the factors affecting time headway in expressway merging zones and build a predictive model. Firstly, a correlation analysis of time headway using NGSIM data set was conducted, selecting four significant influencing factors: own vehicle speed, preceding vehicle speed, following vehicle speed, and the distance between vehicles and the merge point. Subsequently, machine learning was employed to train the data set and compare the performance of various models. The results showed that the random forest model performed the best in time headway prediction, with the average absolute percentage error of 9.88% and the lower-10% APE (proportion with an absolute percentage error less than 10%) of 81.13%. This study innovatively introduced the distance between vehicles and the merge point (ramp) as one of the influencing factors for time headway in merge areas, achieving good results. It also provides valuable reference for expressway traffic management research, contributing to the improvement of the transportation system and enhancing traffic safety.

Keywords　Time headway　Expressway merge area　Ramp　NGSIM　Random forest　Prediction

0　Introduction

The time headway is an important traffic characteristic that reflects the arrival pattern of vehicles, road traffic volume, road service level, and so on (Wu et al., 2023). The merging area of a highway has characteristics such as high traffic volume, significant speed differences, and multiple traffic conflicts, making it a concentrated region of traffic conflicts and safety hazards (Calvi et al., 2023). Therefore, in the merging area of the highway, predicting the time headway of vehicles plays a crucial role in improving highway traffic safety and enhancing control of highway traffic flow.

Qu (2021) analyzed macroscopic traffic flow and lane-changing behavior in entrance ramp merge areas, constructing a state-dependent queue model with performance evaluation indicators. Zhu and Tasic (2021) introduced a Conflict Merge Headway (CMH) to assess safety in autonomous vehicle merging at freeway entrances. Varga et al. (2018) proposed a bus speed control system through vehicle-to-vehicle communication for consistent time headway when multiple lanes merge. Yu et al. (2016) developed a predictive model for parking-level time headway in buses using intelligent card data, employing a least squares support vector machine regression method to detect bus clustering. Zhou et al. (2013) used the M3 model and time headway acceptance theory to develop a merging probability model, determining optimal merge sign positions for various highway traffic conditions through differential calculus. Zang et al. (2010) studied time headway variations in merge areas, proposing an absolute value Weibull function model. Li et al. (2003) surveyed time headway data in highway merge areas, proposing a variable-order Erlang distribution for one-lane merge areas. Considering the above, previous studies have taken into account the influence of merging areas on time headway. However, specific research on the impact of the distance from a vehicle to the merging point on time headway is relatively rare.

Time headway is influenced by many potential factors. Yerly, M et al. (2023) demonstrated that a simple method to improve the regularity of time headway is to linearly stratify drivers based on their historical driving speeds. Siebert and Wallis (2019) found through their research that the comfortable time headway distance of highly automated driving vehicles is not constant at different speeds but decreases with an increase in speed. Maurya et al. (2016) discovered varying distribution patterns for vehicle speed and time headway at different density levels. Sun et al. (2020) modeled how time headway during car-following and lane-changing is influenced by the accelerations of the own vehicle, lead vehicle, and following vehicle. Wang et al. (2016) discovered significant impacts on time headway from factors including own vehicle speed, relative speed, preceding vehicle acceleration, and traffic density through analysis of natural driving data.

To sum up, building upon the existing research achievements in related fields both domestically and internationally, this study, based on the NGSIM dataset and using the American I-80 highway as an example, introduces and verifies the distance from the vehicle to the ramp (merging point) in the merging area as one of the influencing factors for time headway. Whereafter, machine learning is applied to the dataset, and finally, a random forest model is used to predict time headway and evaluate the prediction effect.

1　Data preprocessing

1.1　Data source

This article relies on data sourced from the NGSIM open dataset, a traffic data collection initiative led by the United States Federal Highway Administration. Specifically, we focus on NGSIM's vehicle trajectory data obtained from the I-80 highway in California, Los Angeles. The NGSIM program employs a synchronized digital camera network to capture data, and custom software applications transcribe vehicle trajectory data from recorded videos (Coifman and Li, 2017). This process enables precise vehicle positions at one-tenth of a second intervals within the research area, including detailed lane positions and their relationships with other vehicles (Coifman and Li, 2017). The dataset encompasses various parameters such as vehicle identification numbers, time, coordinates, vehicle dimensions, instantaneous velocity, acceleration, time headway, and space headway.

1.2　Data filtering and cleaning

NGSIM provides data on three vehicle types: Type 1 motorcycles, Type 2 cars, and Type 3 trucks. Due to limited sample sizes for motorcycles and trucks, analyzing their headway may introduce randomness and potentially interfere with predominant small car data. Thus, the initial step involves filtering out Type 1 and Type 3 vehicles, retaining only relevant Type 2 car data. This article aims to investigate the time headway in the merging section of a highway. Therefore, traffic data from the merging lane, namely lane 6, of the I-80 highway is selected as the dataset. Simultaneously, data from the ramp lanes, namely lane 7 and 8, are retained for the analysis of the merging ramp's positional information. Besides, since NGSIM provides distance in feet, which is uniformly converted into meters for better understanding and calculation.

Beyond data filtering, processing involves adding parameters for each vehicle's speed, acceleration, and IDs of preceding and following vehicles. Environmental factors often introduce anomalies, necessitating data cleaning. The dataset contains duplicate and invalid data, removed during cleaning. Time headway outliers are also eliminated using the boxplot method. Figures 1 and 2 depict the scatter plot distribution of time headway data before and after outlier removal, revealing a concentration between 0.5s and 8s, significantly improving prediction accuracy compared to the previous frequent occurrence of 10000s time headway.

Figure 1　Scatterplot of Time Headway distribution
（before removing outliers）

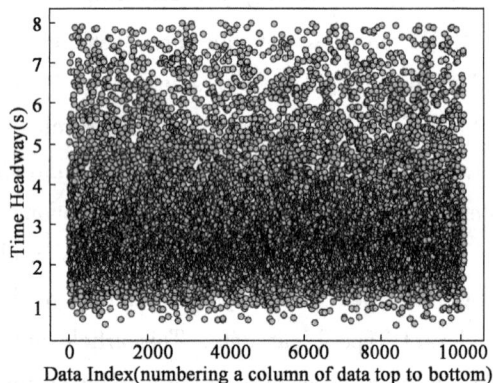

Figure 2　Scatterplot of Time Headway distribution
（after removing outliers）

2　Selection of influencing factors of time headway in merge area

2.1　I-80 lane map

The selected I-80 highway detection section layout diagram by NGSIM is shown in Figure 3. It is a unidirectional 6-lane road, with the 7th lane in Figure 3 designated as a merging ramp, and the 8th lane as a diverging ramp.

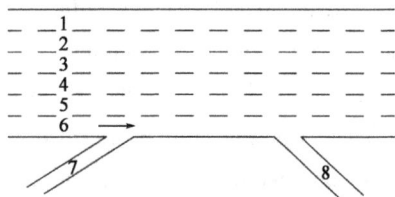

Figure 3　I-80 lane map

As this study considers the distance from the vehicle to the ramp entrance（merge point）as one of the influencing factors affecting the time headway in the highway merging area, it is necessary to calculate the distance of each vehicle from the ramp entrance, i. e. , the intersection point of the sixth and seventh lanes. NGSIM provides the longitudinal（Y）coordinates of each vehicle relative to the entrance edge in the travel direction. Therefore, it is also essential to determine the Y-coordinate of the intersection point of the sixth and seventh lanes relative to the entrance edge in the travel direction. According to the geometric relationship in Figure 3, it is known to be the maximum value of Local_Y（longitudinal coordinate）for vehicles on the seventh lane.

Setting the parameter name for the distance from each vehicle to the ramp entrance as " Distance_Ramp," and retrieving the maximum value of Local_Y for the seventh lane from the NGSIM dataset for I-80 highway vehicle information as 202. 94 meters, the relationship can be expressed as follows:

$$Distance\_Ramp = Local\_Y - 202.94 \qquad (1)$$

Numeric annotations for Figure 3 result in Figure 4 as shown below.

Figure 4　Annotated I-80 lane map

2.2　Correlation analysis

Selecting seven potential factors provided by the NGSIM dataset, including self-vehicle speed（v_vel）, self-vehicle acceleration（v_Acc）, preceding vehicle speed（Preceding_v）, preceding vehicle acceleration（Preceding_acc）, following vehicle speed（Following_v）, following vehicle acceleration（Following_acc）, and the distance between vehicles and the merge piont（Distance_Ramp）, we conducted a correlation analysis with the time headway（Time_headway）as the outcome variable. The results are shown in Figure 5.

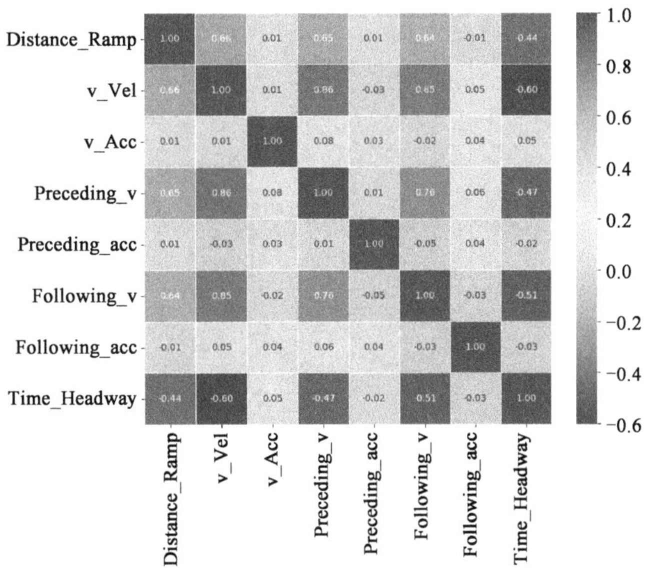

Figure 5   Correlation analysis of potential influencing factors

Through Figure 5, it can be observed that the correlation values of the four influencing factors—Distance_Ramp (distance between the vehicle and the ramp (merge point)), v_vel (own vehicle speed), Preceding_v (preceding vehicle speed), and Following_v (following vehicle speed)—with the time headway are significantly larger than other potential influencing factors. Additionally, the correlation values of three potential influencing factors—v_Acc (own vehicle acceleration), Preceding_acc (preceding vehicle acceleration), and Following_acc (following vehicle acceleration)—with the time headway are close to 0, indicating that they have almost no impact on the time headway. Therefore, in this study, we selected the distance between vehicles and the merge point, own vehicle speed, preceding vehicle speed and following vehicle speed as the four influencing factors for the time headway in the highway merging area. These factors are chosen as indicators for the subsequent prediction of time headway.

3 Model building

3.1 Comparative analysis of machine leaning models

Machine learning in AI enables computers to learn from data, automatically identifying patterns for accurate predictions or decisions.

The NGSIM dataset for the I-80 expressway in the United States is divided into training, validation, and test sets in a ratio of 6 : 1 : 1. Six machine learning models, namely LSTM neural network, linear regression, decision tree, random forest, K-neighbors, and support vector regression, are selected. These models are individually trained on the training set data, and their performance is evaluated on the validation set. The mean squared error for each model on both the training and validation sets is compared, and the results are visualized as shown in Figure 6. After this, evaluate the model on the test dataset, obtaining the mean absolute percentage error for each model during testing, as visualized in Figure 7.

Focusing on Figure 6, when the validation set MSE performance surpasses that of the training set MSE, there may be a situation of overfitting. Here, we use the example of the LSTM neural network model for analysis. Figure 8 presents the curve of the training set MSE and validation set MSE changes after 500 iterations of the initial LSTM neural network model.

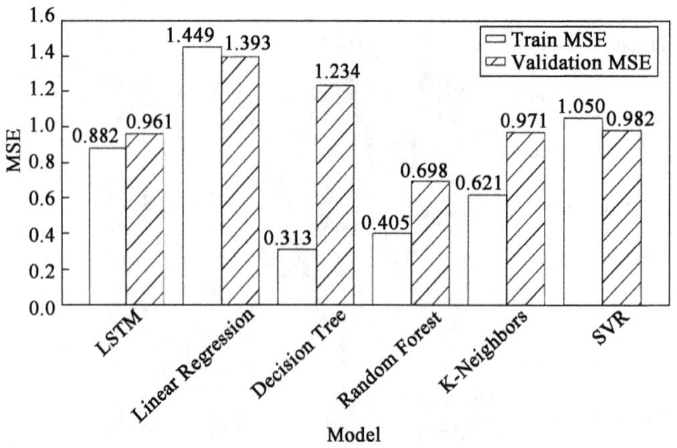

Figure 6 Comparison of mean square error (MSE) between training set and validation set of each model

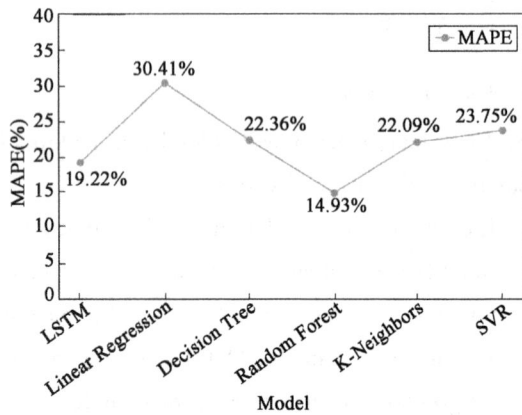

Figure 7 Comparison of mean absolute percentage error (MAPE) of each model

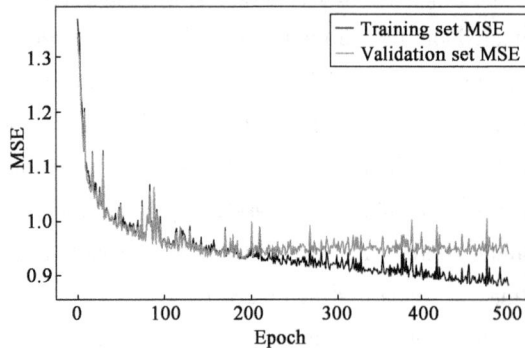

Figure 8 Change of the training set MSE and the verification set MSE with Epoch

3.2 Model optimization and selection

Through Figure 8, it is evident that after iterating 200 times, the validation set MSE tends to stabilize, and even shows a slight increase. Meanwhile, the training set MSE consistently decreases. This indicates that the initial LSTM neural network model begins to exhibit overfitting after 200 iterations. Therefore, it is necessary to regularize the initial model to prevent overfitting. Figure 9 presents the curve chart of the training set MSE and validation set MSE for the LSTM neural network model after regularization.

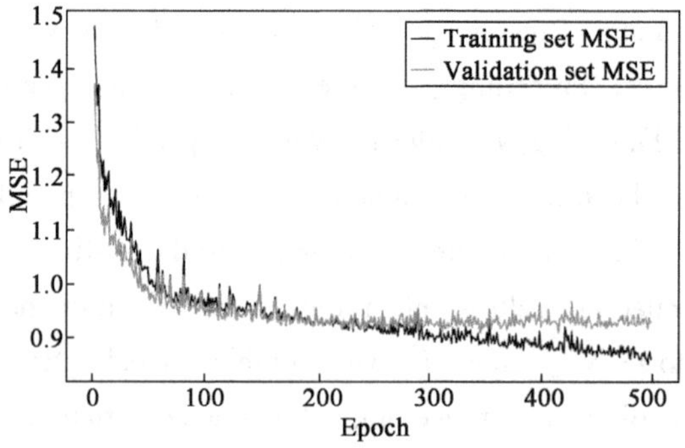

Figure 9 Change of the training set MSE and the verification set MSE with Epoch after regularization

Through Figure 9, it is evident that the training set MSE and the validation set MSE begin to exhibit distinct trends around 300 iterations, indicating that regularization plays a significant role in addressing overfitting. Furthermore, through cross-validation, model performance can be further optimized, reducing prediction errors.

After regularizing and cross-validating the LSTM neural network model, similar operations were applied to linear regression, decision tree, random forest, K-nearest neighbors, and support vector regression models to reduce prediction errors. The evaluation indicators of each optimized model are shown in Table 1.

Comparison of evaluation indexes of the six optimized models Table 1

Model	Train MSE	Validation MSE	Test MSE	Train MAPE	Validation MAPE	Test MAPE
LSTM	0.865	0.844	0.852	14.11%	15.01%	14.33%
Linear Regression	1.218	1.067	1.058	26.63%	28.28%	28.36%
Decision Tree	0.832	0.895	0.898	15.67%	16.38%	16.19%
Random Forest	0.506	0.541	0.536	9.64%	9.77%	9.88%
K-neighbors	0.657	0.860	0.864	17.16%	18.11%	18.08%
SVR	1.053	0.929	0.935	20.02%	22.86%	22.52%

Figure 10 visually illustrates the MSE of each model across their respective training, validation, and test sets following the processes of regularization and cross-validation. Figure 11 contrasts the MAPE of predictions on the test set after optimization through regularization and cross-validation with the original model's predicted MAPE.

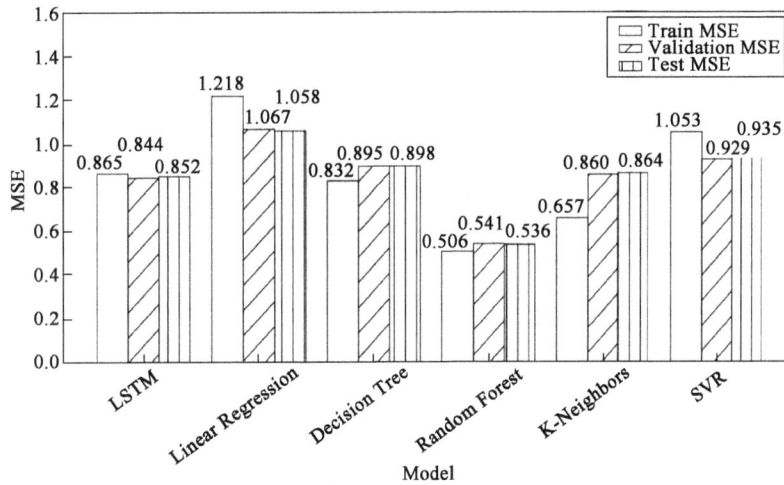

Figure 10 MSE for Different Models (after regularization and cross-validation)

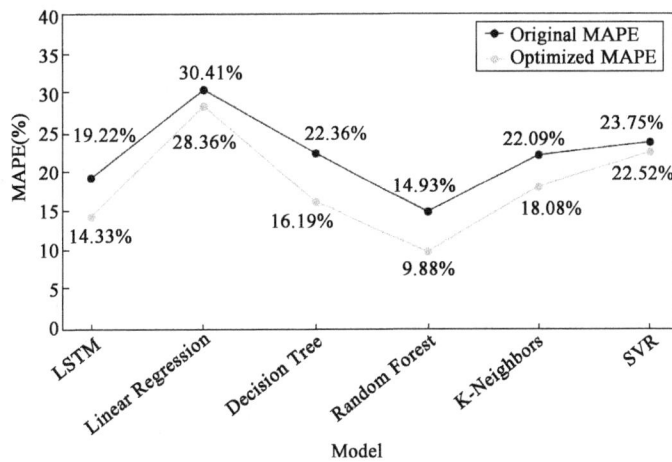

Figure 11 MAPE on Test Set (Original vs Optimized)

After comparison, it is evident that among these six machine learning models, the random forest model performs the best in terms of MSE and MAPE. This indicates that it is the most suitable for application in this study. Hence, the random forest model is chosen for the final prediction of time headway distance.

4　Prediction effect of random forest model

Through the previously regularized and cross-validated high-performance random forest model, predictions are made on the test set data. Statistical analysis is then conducted on the absolute percentage errors for each data point obtained. The scatter plot is illustrated in Figure 12, and the calculated MAPE for the predictions on the test set is 9.88%, as indicated by the dotted line in Figure 12.

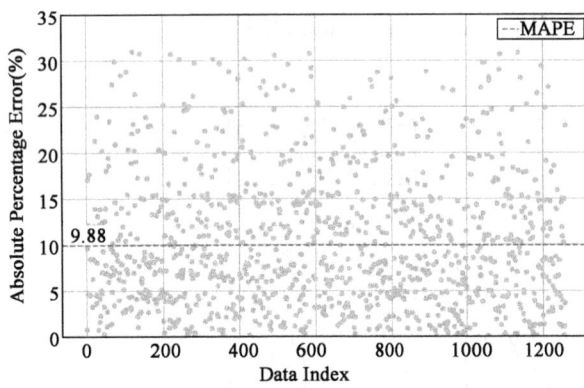

Figure 12　Predictive APE of test sets under random forest model

The following introduces a common measure of effectiveness: Lower-10% APE. Note that the Lower-10% APE means the absolute percentage error is less than 10%, that is, that the accuracy is higher than 90%. Its function lies in providing a standard for assessing the accuracy of prediction models. Especially in the field of traffic volume prediction, by setting a threshold (here it is 10%), we can quantify our tolerance for model errors.

To assess the accuracy of the random forest model's prediction results, through calculations, its Lower-10% APE is 81.13%, reaching a relatively high proportion. This indicates that the model's predictions are relatively accurate, with errors controlled within a small range.

Therefore, the predicted results obtained by introducing the distance from the vehicles and the merging point as one of the factors affecting the time headway are satisfactory.

5　Conclusions

The article investigates time headway prediction in expressway merging zones using NGSIM data, specifically focusing on the I-80 expressway in the United States. Through comprehensive data preprocessing and analysis, the study identifies influential factors such as own vehicle speed, preceding and following vehicle speed, and the distance between vehicles and the merge point. Employing various machine learning models, the random forest model emerges as the best results, boasting an average absolute percentage error of 9.88% and a lower-10% APE of 81.13%. In this study, the distance between vehicles and the merge point is introduced as one of the factors affecting the time headway, and good results are obtained. This enables better planning of the time headway, thereby enhancing the safety of road traffic and reducing the probability of accidents. Through an in-depth investigation of the time headway and its influencing factors, valuable insights can be provided for the future development of traffic management and automotive technology, fostering advancements in intelligent transportation systems and autonomous driving technologies.

References

[1] CALVI A, D'AMICO F, FERRANTE C. Evaluating the Effectiveness of Countermeasures in Improving the Safety of Highway Merging Zones [J]. Transportation Research Procedia[J]. 2023, 69: 53-60.

[2] AKHILESH K M, SANHITA D, SHREYA D, et al. Study on Speed and Time-headway Distributions on Two-lane Bidirectional Road in Heterogeneous Traffic Condition [J]. Transportation Research Procedia, 2016, 17: 428-437.

[3] BALÁZS V, TAMÁS T, BALÁZS K. Optimal headway merging for balanced public transport service in urban networks [J]. IFAC-PapersOnLine, 2018,51(9):416-421.

[4] COIOFMAN B, LI L Z, A critical evaluation of

the Next Generation Simulation (NGSIM) vehicle trajectory dataset [J]. Transportation Research Part B：Methodological, 2017, 105：362-377.

[5] ZHU D H, ZHAO M, ZHENG L J. A Method for determining the following acceleration and modeling the following behavior of the following vehicle considering the Front Vehicle changing lanes and leaving[P]. Chongqing, CN107452201B, 2020-05-08.

[6] FELIX W S, FARES L W. How speed and visibility influence preferred headway distances in highly automated driving[J]. Transportation Research Part F：Traffic Psychology and Behaviour, 2019, 64：485-494.

[7] YU H Y, CHEN D W, WU Z H, et al. Headway-based bus bunching prediction using transit smart card data, Transportation Research Part C：Emerging Technologies, 2016, 72：45-59.

[8] ZHU J, TASIC I. Safety analysis of freeway on-ramp merging with the presence of autonomous vehicles[J]. Accident Analysis & Prevention, 2021, 152：105966.

[9] WU S B, ZOU Y J, WU L T, et al. Application of Bayesian model averaging for modeling time headway distribution[J]. Physica A：Statistical Mechanics and its Applications, 2023, 620：128744.

[10] LI W Q, WANG W, ZHOU R G. Distribution characteristics of 1-lane headway in expressway confluence area [J]. Highway Traffic Science and Technology, 2003, (1)：114-117.

[11] ZANG X D, ZHOU W. Time distribution characteristics of urban expressway interchange confluence area [J]. Journal of Beijing University of Technology, 2010, 36(7)：961-965.

[12] WANG X S, ZHU M X, XING W L. Impact of collision avoidance warning based on natural driving data on car following behavior [J], Journal of Tongji University (Natural Science Edition), 2016, 44(7)：1045-1051.

[13] ZHOU X H, LI G F, GUO Z Y, et al. Study on Merging Sign Installation in Work Zone of Expressway based on Changeable Critical Headway[J]. Procedia-Social and Behavioral Sciences, 2013, 96：1185-1190.

[14] QU Y. Expressway ramp feature of the bottleneck in the confluence area and mechanism research [D]. Chong qing：Southeast university, 2021.

[15] YERLY M E, FELIPE D, JUAN C M, et al. Improving the performance of headway control tools by using individual driving speed data [J]. Transportation Research Part A：Policy and Practice, 2023, 174：103761.

基于 GA-BP 的城市道路交通事故严重程度预测

张矢宇[1] 桂 林[1] 朱月琴[*2]
(1.武汉理工大学交通与物流工程学院;2.浙江工商大学杭州商学院)

摘 要 道路交通事故一旦发生,对人身和经济都有严重的影响,对道路事故严重程度的研究对我国的发展有着重要意义。本文基于美国某城市道路交通事故数据,以 15 个包括人、车、路等影响因素为自变量,交通事故严重程度为因变量,运用遗传算法(GA)优化 BP 神经网络对道路事故严重程度进行预测。研究表明,遗传算法优化后的 BP 神经网络,相比于单一 BP 神经网络而言,有更好的预测精度,对轻微交通事故预测效果最好。整体交通事故准确率高达 80% 以上,可以作为一种交通事故严重程度预测的方法。

关键词 事故严重程度 BP神经网络 遗传算法 预测

0　引言

近年来我国道路交通事件频繁发生。截至2021年,中国已有273098起道路交通事件,造成62218人死亡,281447人受伤,直接财产损失高达145035.9万元。由此可见,道路交通事故的发生不仅对人心理生命造成影响,还会对经济发展造成冲击。道路交通事故的影响因素有许多,例如人、车、路等因素,其中人的因素有年龄、精神状态、饮酒状况等;车的因素有车辆类型、车速等;路的因素有路面条件、道路线形、道路坡度等。因此,通过科学有效的计算方法,对道路交通事故影响因素进行分析,预测道路交通事故的严重程度,有利于相关部门对道路进行有效管理,能够预防严重道路交通事故的发生。

国内针对道路交通事故的影响因素以及严重程度进行了大量研究。罗玉屏等人建立了包括人、车、路、交通特性等因素的公路隧道交通安全的综合评价指标体系,为隧道安全管理者提供有效决策。王秀将灰色模型与BP神经网络(Back-Propagation Network)相结合,对道路交通事故进行预测,结果表明组合模型的预测精度高于单一模型的预测精度。李世民等建立了累计的Logistic模型,证明了车辆比例、车辆控制和土地开发强度对交叉路口交通事故的严重程度有显著影响。江山等人融合灰色关联分析与Apriori关联规则算法的方法来分析RTA数据,得到了与交通事故发生有很强相关性的因素,即路面状况为施工和天气状况为雨天的时候容易导致交通事故的发生。

由于数据收集渠道有限,全面地选取事故影响指标是交通事故预测中的一个难点。虽然基于机器学习的神经网络模型能够较好预测道路交通事故,但其在数据训练时往往会出现局部最优,可能会导致预测精度较低。在前人研究中,组合算法能够提高模型的泛化能力,因此,本文针对道路交通事故严重程度的影响因素,选取了包括人、车、路、天气环境等指标,运用遗传算法优化后的BP神经网络对道路的交通事故严重程度进行预测。

1　数据描述

1.1　输入变量、输出变量设置

(1)输入变量。输入变量涉及人、车、路、环境、碰撞类型五个方面,综合确定15个变量为影响因素指标。①人的因素。主要包括年龄、性别、饮酒状况、吸毒状况、安全带使用等。人的年龄会影响驾驶中的反应时间,性别不同可能导致驾驶习惯不同,饮酒和吸毒影响驾驶途中人的精神状态,安全带未使用会出现二次碰撞,加剧事故严重程度。②车的因素。在事故发生时,小汽车因为出行时间拘束较多,驾驶人容易出现冲动驾驶,从而加大事故严重程度。③路的因素。主要包括道路限速、道路线形、道路坡度、交叉路口类型4个指标。④环境因素。主要包括光照条件、天气、高峰期等。可见度影响人的视觉,天气对路面情况有一定影响,高峰期车流量增大,对驾驶人的精神状态也有影响。⑤碰撞类型。包括追尾碰撞、正面碰撞、角度碰撞、侧面碰撞4种类型,追尾碰撞在事故中占有很大比例,且碰撞的危害程度较大。

(2)输出变量。输出变量为事故的严重程度,基于美国某城市道路的交通事故数据,数据集中以人员的受伤程度来代表事故严重程度:无损伤、轻微损伤、致死或严重损伤,本文将这三种类别分别划为轻微事故、一般事故和严重事故。

1.2　数据量化

选取美国2020年某道路上421条交通事故数据,由于数据中变量均为文字格式,无法代入到GA-BP模型中进行计算,需要对数据进行量化处理,模型才可计算求解,具体数据量化见表1。

数据量化　　　　表1

变量	变量取值
严重程度	1=轻微事故;2=一般事故损伤;3=严重事故
年龄	1=16~25岁;2=26~65岁;3=65岁以上
性别	1=男性;2=女性
饮酒	1=是;0=否
吸毒	1=是;0=否
安全带使用	1=是;0=否
车辆类型	1=小汽车;2=SUV;3=货车
道路限速	1=≤30km/h;2=30~60km/h;3=>60km/h
道路线形	1=直线;2=曲线

续上表

变量	变量取值
道路坡度	1 = 水平;2 = 有坡度
交叉路口类型	= 非交叉路口;2 = 十字交叉路口;3 = 其他交叉路口
碰撞类型	1 = 追尾碰撞;2 = 正面碰撞;3 = 角度碰撞; 4 = 侧面碰撞
光照条件	1 = 可见度高;0 = 可见度不高
天气	1 = 晴天;2 = 阴天;3 = 雨雪
高峰期	1 = 高峰;0 = 非高峰
周末	1 = 周末;0 = 非周末

数据量化后需要将变量进行归一化,将变量取值控制在 0 ~ 1 之间,提高模型预测精度,归一化方法见式(1)。

$$x^* = \frac{x - x_{min}}{x_{max} - x_{min}} \tag{1}$$

式中:x_{min}——变量最小值;

x_{max}——变量最大值。

2 分析方法

2.1 BP 神经网络

BP 神经网络即反向传播网络系统,涵盖于人工神经网络之中,结构包含输入层、一个或多个隐含层、输出层。这是一套前向多层网络系统,对网络训练的方法是误差反向传播。当系统接收到学习数据时,神经元的激活值从输入层、隐含层,输出层依次传递。各个连接权值的调整是通过减少目标输出和实际输出的偏差,反过来从输出层传至输入层。其中,BP 神经网络需要应用可微的传递函数。BP 神经网络的过程包括:

(1)在开始之前,需要对网络进行初步调整,包括确定每一级的节点数量,并对每一级的权重和偏置进行调整。

(2)正向传播。通过收集有效的学习数据,设置网络结构和之前每次迭代的权值和阈值,从网络的第一层开始逐步计算各个神经元的输入值和输出值。

(3)反向传播。通过反向传播,比较每个输出神经元的预期输出与实际输出之间的差异,从而调整各层的权重和阈值,以达到最佳的效果。

(4)正向传播和反向传播反复进行,当误差达到学习过程前设置的期望值时,网络训练停止。

BP 神经网络虽然具有出色的泛化能力和容错性,但由于训练次数过多,其收敛速度受到了一定程度的影响,降低了性能。在网络中有许多极小值存在,导致局部极小值,不能找到全局最优值等。

2.2 遗传算法

遗传算法(Genetic Algorithm,GA)是一种随机全局搜索优化算法,是基于对生物进化和遗传过程的一种模拟。遗传算法找到全局最大值的可能性更大,因此,可以用于优化 BP 神经网络,以减小 BP 神经网络出现局部最小问题的可能。同时,遗传算法具有很强的鲁棒性、并行性的特点,能够处理一些复杂问题。遗传算法的步骤如下:

(1)初始化种群。选择问题的有效个体组成初始种群,可以加快收敛过程。

(2)评估适应度。对于遗传算法的表现而言,准确地衡量其适应度是至关重要的。需要设置合理的适应度函数来确保种群的整齐划一,从而实现对各成员的有效遗传。

(3)选择。即将种群中具有优势的个体选取出来,作为父代和母代。优先选用种群中适应度高的个体。

(4)交叉。对父代和母代进行操作,将双亲染色体上的部分进行互换,生成新的个体,目的是为了在更大的搜索范围来找到最优权值,从而避免出现局部最小问题。

(5)变异。对新生成的子代染色体的某部分进行随机变化,使种群变得更加丰富。

2.3 GA-BP 神经网络

本文运用遗传算法来优化 BP 神经网络的初始权值和阈值,利用遗传算法全局寻优特点来解决 BP 神经网络出现局部最小值问题。优化流程如图 1 所示。

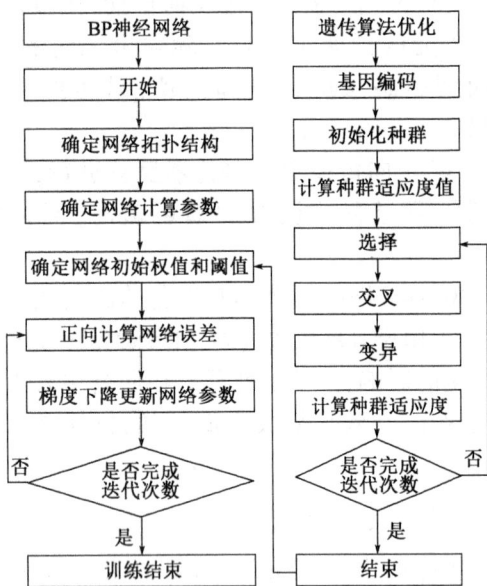

图 1　GA-BP 神经网络流程图

3　基于 GA-BP 道路交通事故严重程度的预测模型

3.1　GA-BP 神经网络构建

使用 Matlab 进行编程,以年龄、性别、饮酒、吸毒、安全带使用、车辆类型、道路限速、道路线形、道路坡度、交叉路口类型、碰撞类型、光照条件、天气、高峰期、周末等 15 个指标作为输入层,事故严重程度作为输出层。隐含层节点数计算公式见式(2)。

$$L = \sqrt{m + n} + a \tag{2}$$

式中:m——输入层神经元个数;

n——输出层神经元个数;

a——经验数,$1 \leqslant a \leqslant 10$;

L——隐含层节点数。

根据式(2)计算,得 $L = 9$。

以 trainlm 作为训练函数,作用为按照负梯度方向调整网络权值和阈值。Sigmoid 函数作为隐含层到输出层之间的激活函数,见式(3)。

$$S(x) = \frac{1}{1 + e^{-x}} \tag{3}$$

选取遗传算法进化代数 $m = 50$,种群规模 $N = 5$。设定最大迭代次数为 1000,期望误差为 0.01,学习率为 0.01。最终神经网络训练过程误差图如图 2 所示,适应度变化曲线如图 3 所示,在第 22 代达到最优。

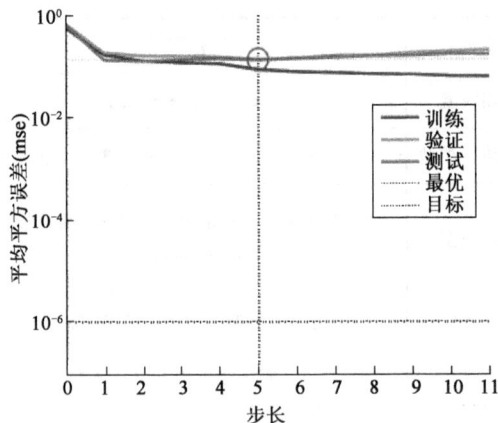

图 2　训练过程误差图

图 3　适应度变化曲线图

3.2　模型预测结果分析

对 421 条交通事故数据进行分析,将数据划分成 315 条训练集和 106 条测试集。模型预测结果以均方误差(MSE)作为主要评价指标,其计算公式见式(4)。其中,ρ_i 为预测值,y_i 为真实值。

$$\text{MSE} = \frac{1}{n} \sum_{i=1}^{n} |\rho_i - y_i|^2 \tag{4}$$

表 2 给出了未经过遗传算法优化的 BP 神经网络和 GA-BP 神经网络的 MSE 对比。

误差对比表　　　　　　　　　　　表 2

模型	训练集 MSE	测试集 MSE
BP	0.406	0.408
GA-BP	0.33	0.264

从表 2 中可以得出,通过遗传算法优化后的神经网络总体误差更小,且 GA-BP 模型训练集和测试集的均方误差均小于 BP 模型训练集和测试集的均方误差。与 BP 模型相比,GA-BP 模型训练集预测效果提高 18.71%,测试集预测效果提高

35.29%。

模型预测结果对比如图4和图5所示,训练集和测试集的预测准确率均大于80%,一般认为模型的预测准确率大于或等于80%时,模型预测的效果比较好,因此,可以认为GA-BP模型对道路交通事故严重程度的预测较为准确。

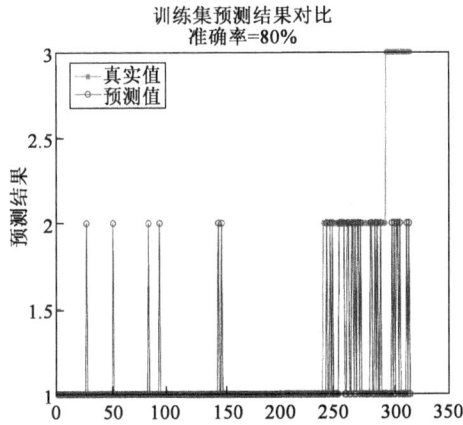

图4　训练集预测准确率

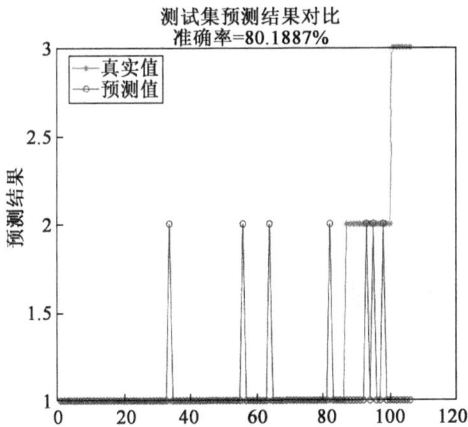

图5　测试集预测准确率

表3为三种事故类型的预测准确率,轻微事故训练集和测试集预测准确率分别为97.5%和95.3%,预测准确率很高;一般事故训练集和测试集的准确率分别为37.5%和21.4%,预测准确率不高;严重事故的准确率为0。

不同类型事故预测准确率　　表3

事故类型	训练集准确率(%)	测试集准确率(%)
轻微事故	97.5	95.3
一般事故	37.5	21.4
严重事故	0	0

预测结果的混淆矩阵如图6和图7所示。从图6和图7可以看出,在训练集中有6条真实情况

为轻微事故的样本被预测为一般事故,35条真实情况为一般事故的样本被预测为轻微事故,15条真实情况为严重事故的样本被预测为轻微事故,7条真实情况为严重事故的样本被预测为一般事故。在测试集中有4条真实情况为轻微事故的样本被预测为一般事故,有11条真实情况为一般事故的样本被预测为轻微事故,有6条真实情况为严重事故的样本被预测为轻微事故。

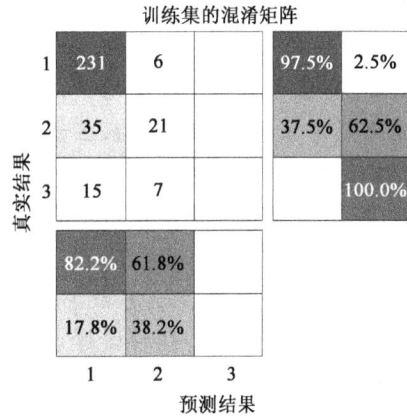

图6　训练集预测结果混淆矩阵

图7　测试集预测结果混淆矩阵

这是因为样本数据中大多为轻微事故,一般事故和严重事故的样本量很少,模型对一般事故和严重事故的预测效果不好,但从实际情况中三种事故类型比例来看,模型对整体数据预测效果较好。

4　结语

本文采用基于遗传算法优化的BP网络建立了城市道路事故严重程度的预测模型,并用模型对美国某城市道路的事故数据进行分析。结果表明,GA-BP对整体事故预测准确率大于80%,相比于BP神经网络,GA-BP的预测精度更好,泛化能

力更强,可作为事故严重程度预测模型,为交通管理者在决策上提供了有效的参考。

本研究中,GA-BP 模型对轻微交通事故预测适用性较好,对一般交通事故和严重交通事故的预测还需进一步优化,同时收集的数据只包括了15 个相关影响因素,其他因素(如车道数量、车辆数量)并未纳入考虑,需再进一步研究。

参考文献

[1] 王国华.道路交通事故的防范[J].城市与减灾,2012,1:43-45.

[2] 罗玉屏,高桂凤,武红丽.公路隧道交通安全模糊评判体系研究[J].石家庄铁道学院学报,2006,19(3):75-79.

[3] 王秀.灰色组合预测模型应用研究[J].长沙大学学报,2010,24(2):24-27.

[4] 董四辉,史卓妽.道路交通事故 BP 神经网络预测研究[J].中国安全科学学报,2010,20(9):15-20.

[5] 石雪怀,戚湧,张伟斌,等.基于组合模型的交通事故严重程度预测方法[J].计算机应用研究,2019,36(8):2395-2399.

[6] 李世民,孙明玲,关宏志.基于累积 Logistic 模型的交通事故严重程度预测模型[J].交通标准化,2009(2):168-171.

[7] 江山,宋柯,谢维成,等.基于灰色关联与Apriori 算法的道路交通事故数据分析[J].公路工程,2019,44(4):67-73.

[8] 魏凌峰,姜文龙.基于支持向量机的交通事故影响因素分析[J].山东交通科技,2022(1):84-87.

[9] 李贵阳,张福明,王永岗.基于 SVM 模型的山区高速公路多车事故影响因素分析[J].武汉理工大学学报(交通科学与工程版),2020,44(6):1046-1051.

[10] 向红艳,易英杰,范宝文.基于 K-最近邻的交通事件持续时间预测模型[J].昆明理工大学学报(自然科学版),2014,6:45-50.

[11] 杨蕾,王继博.基于 BP 神经网络的城市道路交叉口事故预测研究[J].交通建设与管理,2019,5:86-90.

基于贝叶斯优化的 TCN-BiLSTM 模型地铁短时客流预测

刘威东[1]　陈　峻[*1,2]　张　楚[1]

(1.东南大学交通学院;2.南京现代综合交通实验室)

摘　要　地铁短时客流量预测对于交通管理与进站限流措施的制定意义重大。现有研究在客流预测中较少关注时间序列数据本身的特征提取,并且多采用人工调参方法确定超参数。本文在分析不同时间段城市轨道交通客流特点的基础上,注重时间序列上特征信息提取能力的提升,提出了基于 TCN-BiLSTM 网络的短时客流预测模型,并且通过 TPE 算法确定网络的超参数。依据该模型框架,采用上海市地铁站刷卡数据,对位于商业中心的人民广场站进站量进行预测分析。并使用 MAE、均方误差等作为评价指标,将预测结果同传统的 LSTM、GA-LSTM、BiLSTM、CNN-BiLSTM 网络进行对比分析。结果表明,与CNN 相比,TCN 在时间特征提取能力上更强,且经过贝叶斯优化后得到的最优模型,在小样本情况下,预测精度和泛化能力也有较优秀的表现。

关键词　城市轨道交通短时客流　TPE　贝叶斯优化算法　TCN-BiLSTM 网络　Savitzky-Golay 平滑滤波　Pearson 相关性分析

基金项目:南京综合交通实验室开放课题(MTF2023001);国家自然科学基金项目:The National Natural Science Foundation of China(52302388);江苏省自然科学基金项目:The Natural Science Foundation of Jiangsu Province (BK20230853)。

0　引言

随着城市轨道交通的迅猛发展,越来越多的人选择地铁作为出行工具。依据历史客流量对地铁站点的短时进站客流量进行预测,逐渐成为地铁运营部门的列车运行图编制、应急管控的重要辅助依据,也有助于地铁运营公司提供更为高效便捷的出行服务,从而提升城市交通系统的整体效率。

根据国内外现有研究,地铁短时客流量的预测方法可以分为三类。第一类是基于数理统计学方法,但是这类方法往往适用于稳定的时序数据,而地铁进站客流存在较大的波动性。第二类是基于机器学习模型,例如支持向量机[1-2]、KNN[3]模型等,但是这类方法存在训练时间长,预测指标结果较差的情况等问题。第三类是基于深度学习方法,包括 BP 模型[4]、LSTM 模型[5-7]、Bi-LSTM 模型[8]等,因为其具有的特征提取能力强,适应性好,基于数据驱动等优点,近年来逐渐成为短时客流预测的主流方法。

地铁客流时空分布变化受多种因素共同作用,由于各种因素之间相互作用机理复杂,要素间影响程度难以确定,因此,本文为提升预测模型的精度与预测算法对小样本情况的泛化能力,构建 TCN-BiLSTM 模型,采用 TPE 算法对模型超参数进行优化,并以上海市地铁客流为例,进行针对短时客流的预测,与其余几种常用模型进行对比分析,进而验证模型的有效性。

1　相关理论

1.1　贝叶斯优化

贝叶斯优化算法由 Ahn 等人[9]在 2000 年前后提出的,它是一种全局优化的方法;同时引入采集函数,以较少的评估次数获得复杂目标函数的近似解。因而该算法已经成为超参数优化的主流方法。

本文采用的 TPE(Tree Parzen Estimators)算法是一种基于树状结构的 Parzen 密度估计非标准贝叶斯优化算法,具有收敛速度较快、在高维空间下效果好等优点。

1.2　Savitzky-Golay 平滑滤波

Savitzky-Golay 平滑滤波是由 Savitzky 和 Golay 于 1964 年提出,广泛应用于数据流平滑除噪。它通过选取一定长度的滑动窗口,对窗口内的数据点进行 k 阶多项式的最小二乘拟合,即可得到平滑后的时间序列。对于地铁短时客流这种时间序列,它不但能够滤除噪声,而且可以保留原始数据的形状和宽度,有利于后续工作的进一步展开。

1.3　时间卷积网络

时间卷积网络 TCN 是由 Bai 等人[10]提出,它是以 CNN 模型为基础,充分发挥并结合 RNN 和 CNN 两者的优势,使用因果卷积进行改进,使其和 RNN 一样可以记忆前后文信息,同时保留 CNN 并行计算的能力,使模型处理问题更加高效。与传统的卷积神经网络相比,TCN 网络在以下三方面进行了改进[10]:

(1)针对时间序列问题,TCN 提出了因果卷积,有效避免了信息泄露。同时,因果卷积可以限制滑动窗口的大小,进行时间束缚。

(2)针对传统卷积神经网络存在对时间的建模长度受限于卷积核大小的问题,TCN 提出扩散卷积(Dilated Convolutions),在不损失信息的前提下,扩大了模型的感受野,从而可以提取更大范围的特征信息。

(3)针对随着网络层数的增加,容易产生梯度消失或者梯度爆炸等问题,TCN 中加入了常用的残差连接方式,它使得网络可以跨层传递信息,增加了网络的深度,提高了 TCN 的特征提取能力。

1.4　Bi-LSTM 模型

Bi-LSTM 是在 LSTM 的基础上,加入了对前后信息的理解,不再局限于传统 LSTM 网络只能从过去的信息得到结论。Bi-LSTM 在 2005 年由 Alex Graves 提出,通过将 Bi-RNN 中的处理单元换成了 LSTM 单元,相比 Bi-RNN,Bi-LSTM 具有更好的处理梯度消失和梯度爆炸问题的能力,同时结合了 LSTM 具有长短时记忆和 Bi-RNN 双向传播,从而可以获得前后时序信息的优点。

2　研究框架

本文的研究框架如图 1 所示,主要分为数据预处理、TCN-BiLSTM 短时客流预测模型的构建、基于 TPE 的贝叶斯优化算法优化模型超参数三部分。

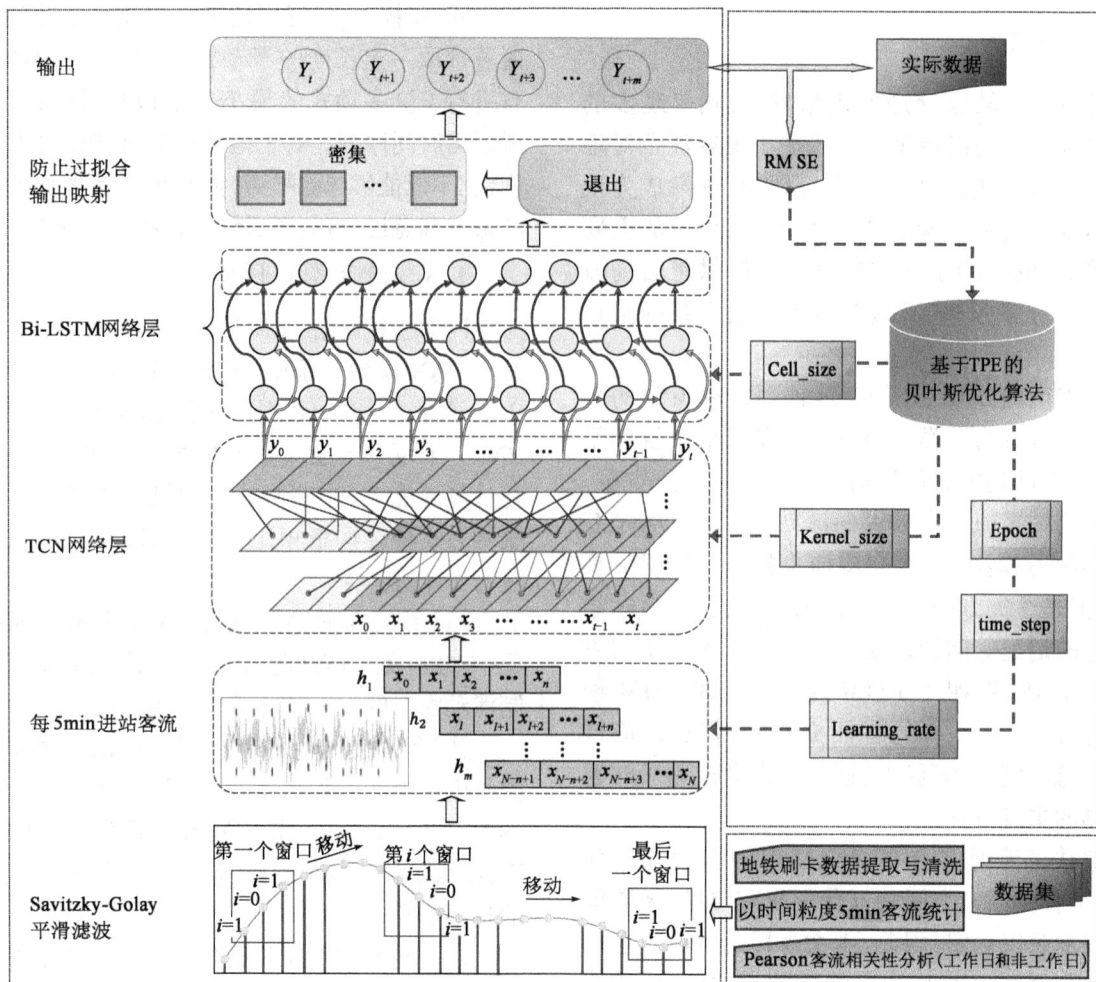

图1　研究框架

（1）数据预处理：完成字段筛选、异常值处理、时间片段划分、平滑滤波和归一化等操作，并且将数据划分为训练集和测试集。

（2）组合模型构建：由于不同网络层数对最后精度具有较大的影响，需要通过评价指标来确定 TCN 以及 Bi-LSTM 的层数，从而构建组合模型。

（3）超参数优化：使用 TPE 优化算法，对学习率、卷积核大小等超参数进行优化，提高模型性能。

3　客流预测分析实例

3.1　数据集简介

本文采用上海市 2015 年 4 月 1 日至 4 月 30 日的市政一卡通刷卡数据，数据中包含的信息有刷卡日期、刷卡 ID、进出站时间、线路与站点、交通方式、价格和优惠情况。

3.2　数据预处理

（1）剔除重复值和异常值。

由于每一个旅客的进出站信息都唯一，需要对由于设备故障造成完全相同的数据进行删除。同时，地铁的运营通常为白天运行，夜晚进行维修养护，因而存在超过运营时段内仍有地铁工作人员进出记录的地铁进出客流量，因此，需要根据运营时间，对这部分数据进行剔除。

（2）线路与站点字段分割。

市政一卡通数据比较集中，地铁闸机数据和公交刷卡数据往往是存储在一起的，因此，需要先进行字段的筛选，提取出地铁刷卡数据；再以位于市中心的人民广场站作为研究对象，对数据进一步筛选。

（3）进站客流预测时段的划分。

为了验证模型的有效性，采用以 5min 时间间隔预测进站客流。对进站客流每 5min 进行统计，每天的客流数据大约 230 个。

（4）SG 平滑滤波与归一化

采用 SG 滤波器进行平滑，其中滑动窗口长度、阶数 k 的合理设置对于平滑滤波的效果至关重要。

滑动窗口宽度设置越大,k 值设置越小,对原始数据的偏离会越高。因此,将窗口长度设置为 7,阶数设置为 5。在完成时序数据平滑后,为了加快神经网络的收敛,还需要对数据进行归一化操作。

3.3 Pearson 相关性分析

为研究人民广场站一天的客流变化规律,分别绘制工作日和非工作日进站客流曲线,如图 2、图 3 所示,可以看出节假日及周末的客流量在时间上的性质相似,而工作日在时间特性上类似。工作日和非工作日之间的客流变化规律具有明显差异性。

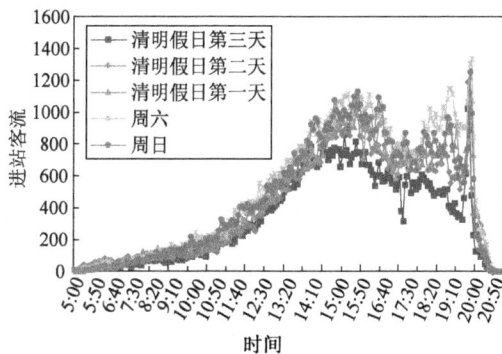

图 3 某周工作日进站客流

鉴于工作日和非工作日客流的明显差异,考虑对这两类客流分别建模。为进一步研究工作日和非工作日客流之间的相关性,采用 Pearson 相关性分析方法,通过观察相关性系数和显著性两个指标判定两类数据的相关性。

如表 1 和图 4 所示,非工作日和工作日之间客流相关性较弱,最终决定将工作日和非工作日数据分开,分别对神经网进行训练,建立工作日和非工作日两种进站客流预测模型。

图 2 非工作日进站客流

客流相关性统计 表 1

时间	指标	星期一	星期二	星期三	星期四	星期五	星期六	星期日
星期一	相关系数	1	0.993207	0.968566	0.988906	0.956176	0.758352	0.760168
	显著性(双尾)	—	0	0	0	0	0	0
星期二	相关系数	0.993207	1	0.974978	0.995089	0.971557	0.785237	0.777015
	显著性(双尾)	0	—	0	0	0	0	0
星期三	相关系数	0.968566	0.974978	1	0.972655	0.959005	0.792245	0.781584
	显著性(双尾)	0	0	—	0	0	0	0
星期四	相关系数	0.988906	0.995089	0.972655	1	0.979337	0.807992	0.794345
	显著性(双尾)	0	0	0	—	0	0	0
星期五	相关系数	0.956176	0.971557	0.959005	0.979337	1	0.870475	0.826229
	显著性(双尾)	0	0	0	0	—	0	0
星期六	相关系数	0.758352	0.785237	0.792245	0.807992	0.870475	1	0.963399
	显著性(双尾)	0	0	0	0	0	—	0
星期日	相关系数	0.760168	0.777015	0.781584	0.794345	0.826229	0.963399	1
	显著性(双尾)	0	0	0	0	0	0	—

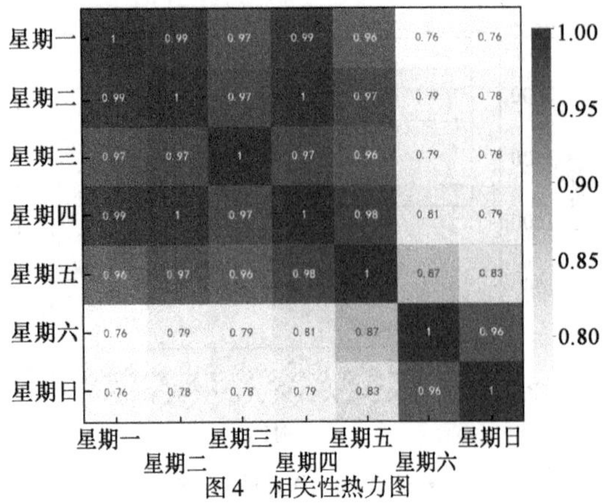

图4　相关性热力图

3.4　模型参数的确定

3.4.1　TCN 层数

TCN 网络层数影响模型对数据时序特征的提取能力,在保证其他超参数不变的情况下,分别设置 TCN 层数为 1～4 层建立模型,选取 RMSE 为评价指标,不同 TCN 层数下的模型精度如图5所示,可以看到,当随着 TCN 层数的不断增加,总体呈现出先降低后增加的趋势,这说明过度的卷积反而会造成信息的缺少,影响模型的预测精度,因此,选择设定 TCN 网络层数为 2。

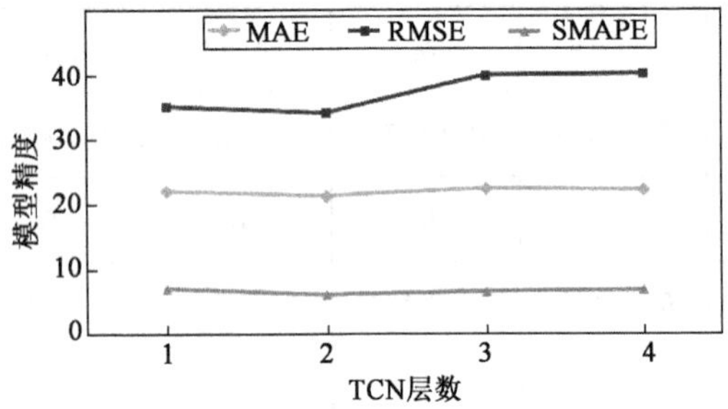

图5　不同 TCN 层数下的模型精度

3.4.2　Bi-LSTM 层数

同理选取 RMSE 为评价指标,计算不同 Bi-LSTM 层数下的模型精度,如图6所示,可以看出总体变化趋势不明显,因此,综合权衡参数量与评价指标最终选择最优 Bi-LSTM 网络层数为 1。

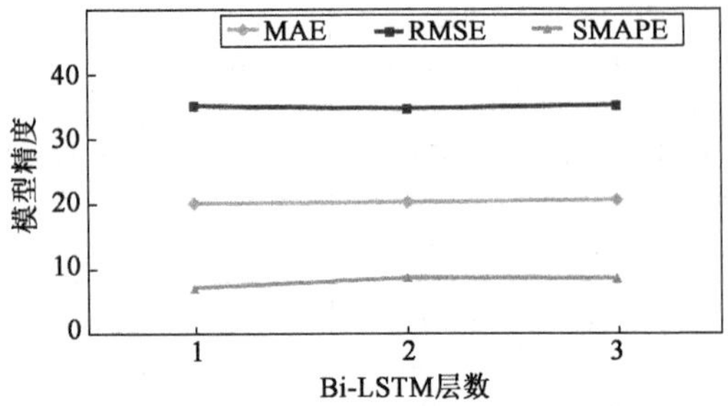

图6　不同 Bi-LSTM 层数下的模型精度

3.4.3　贝叶斯优化超参数

TCN-BiLSTM 组合模型结构中需要设置的常规超参数主要包括迭代次数、学习率、卷积层中卷积核的大小等。使用基于 TPE 的贝叶斯优化算法进行参数寻优,指定参数空间,如表2所示。

参数寻优空间　　　　　　　　表2

寻优参数	参数空间
学习率	$[0.1, 0.01, 0.001]$
卷积核大小	$[1, 3, 5]$
隐藏层细胞个数	$[130, 135, 140, \cdots, 165, 170]$
批处理大小	$[8, 16, 32, 64]$
时间步长	$[5, 6, \cdots, 14, 15]$
训练次数	$[200, 300, 400]$

指定寻优次数为 100 次,并且以 RMSE 作为优化指标,得到最佳超参数,如表3所示,其他参数的设置较为常规,例如优化器使用的是 Adam 优化器。

最佳超参数　　　　　　　　表3

学习率	训练次数	第一个卷积核大小	第二个卷积核大小	隐藏层细胞个数	批处理大小	时间步长
0.001	300	3	3	130	64	8

3.5　预测结果分析与比较

本文将基于贝叶斯优化的 TCN-BiLSTM 模型与传统的 LSTM、BiLSTM、GA-LSTM 和 TCN-BiLSTM 模型[8]进行预测效果对比分析,其中五种算法使用的训练数据一致,结果如图7～图10所示,从每张图中可以看出,各算法预测值与真实值在整体的趋势变化上基本相同。对于工作日(图9、图10),在进站首次高峰时段 17:00—20:00,由于数据的波动较大,传统的 LSTM 神经网络预测曲线与实际拟合效果最差,在峰值处偏离较为明显,而基于贝叶斯优化的 TCN-BiLSTM 模型的预测曲线在多个峰值处与实际值高度拟合。

对于周末(图7、图8),在平峰时段 14:00—18:00,可以看出,LSTM 和 GA-LSTM 的预测效果都不理想,尤其是 4 月 19 日(图8),14:00—18:00 这段时间内预测值与实际值相差在 200 人以上。除此之外,在 4 月 19 日 17:00—18:00,CNN-BiLSTM 和 Bi-LSTM 出现波动较大的锯齿状曲线,对高峰值的预测存在偏差,而本文所用模型预测值与实际值更为接近,主要原因可能是因为训练集中关于非工作日的数据相对较少,仅有 5 天的数据用于训练,因此导致其余模型在非工作日的预测上效果相对较差,但同时也反映了虽然样本量小,加入了 TCN 的 Bi-LSTM 对时间序列趋势的捕获能力仍然能保持良好,使得预测曲线更为接近真实曲线。

图 7　4 月 18 日人民广场站客流预测

图 8　4 月 19 日人民广场站客流预测

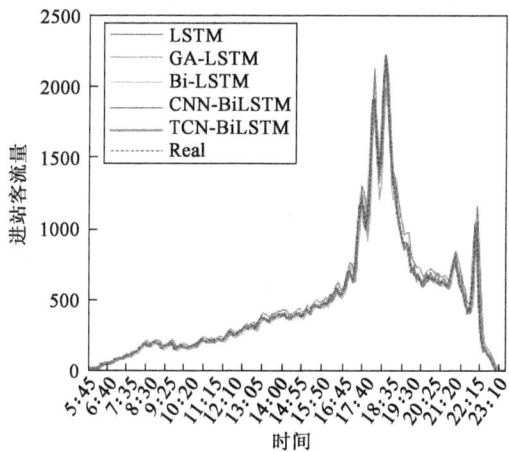

图 9　4 月 27 日人民广场站客流预测

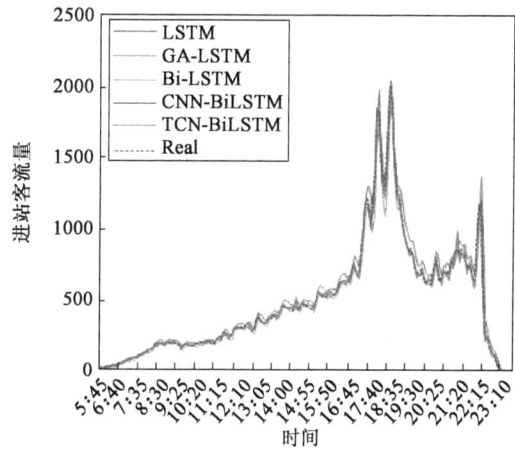

图 10　4 月 29 日人民广场站客流预测

3.6　模型评价对比分析

3.6.1　评价指标选取

为了对预测结果进行定量的评价,除了必要的可视化外,还需要采用指标对模型的预测结果进行分析。以下 4 个指标从模型预测的准确性、稳健性等多个方面量化。

(1)平均绝对误差 MAE。

MAE 是预测值与实际值之间绝对差值的平均值。它衡量了预测误差的平均大小。

$$MAE = \frac{1}{n}\sum_{i=1}^{n}|y_i - \hat{y}_i| \tag{1}$$

式中:y_i——实际值;

　　　$\hat{y}_i$——预测值。

(2)均方根误差 RMSE。

均方根误差常用来衡量预测模型的准确性,表示模型预测时产生误差的大小。

$$RMSE = \sqrt{\frac{1}{n}\sum_{i=1}^{n}(y_i - \hat{y}_i)^2} \tag{2}$$

式中:y_i——实际值;

　　　$\hat{y}_i$——预测值。

(3)决定系数 R^2。

决定系数反映了因变量 y 的波动,可以衡量模型对数据的拟合情况,其定义如下:

$$R^2 = 1 - \frac{\sum_{i=1}^{n}(y_i - \hat{y}_i)^2}{\sum_{i=1}^{n}(y_i - \bar{y}_l)^2} \tag{3}$$

式中:y_i——实际值;

　　　$\hat{y}_i$——预测值;

　　　$\bar{y}_l$——真实值的平均值。

（4）对称平均绝对百分比误差 SMAPE。

SMAPE 是针对 MAPE 指标的修正，可以避免因为真实值 y_i 太小而计算结果太大的问题，其定义如下：

$$\text{SMAPE} = \frac{100\%}{n} \sum_{i=1}^{n} \frac{|y_i - \hat{y}_i|}{\frac{1}{2}(|\hat{y}_i| + |y_i|)} \quad (4)$$

式中：y_i——实际值；

$\hat{y}_i$——预测值。

3.6.2　模型对比分析

从表4可以看出，在时间的维度上纵向分析，各模型的性能指标在工作日当天大多数都比非工作日当天表现良好。以 TCN-BiLSTM 的 MAE 为例，周末两天的 MAE 平均值为19.5，而工作日的 MAE 平均值为17.1，说明非工作日模型有待进一步优化。

对5种模型横向对比，具有双向长短时记忆神经网络的模型无论是在预测性能，还是模型拟合上均优于传统的长短期记忆网络模型。

除此之外，本文所提出的模型与单一的 Bi-LSTM 相比，4天的 MAE 平均值降低了22.03%，SMAPE 的平均值降低了10.47%，RMSE 的平均值降低了23.08%；

而与同样是组合模型的 CNN-BiLSTM 相比，4天的 MAE 平均值降低了17.43%，SMAPE 的平均值降低了18.17%，RMSE 的平均值降低了14.6%。

综合以上分析，基于贝叶斯优化后的组合模型在多种模型的对比中综合评价最佳，而且在 Bi-LSTM 之前加入卷积层，提高了神经网络的时序特征提取能力，预测精度会更高，同时本文的 TCN-BiLSTM 模型要优于 CNN-BiLSTM，也说明 TCN 相较于 CNN，具备更强的时间序列特征提取能力。

模型评价指标结果　　　　　　　　　　　　　　表4

日期	评价指标									
	MAE（%）					R^2				
	TCN-BiLSTM	CNN-BiLSTM	Bi-LSTM	GA-LSTM	LSTM	TCN-BiLSTM	CNN-BiLSTM	Bi-LSTM	GA-LSTM	LSTM
2015-4-18（周六）	18.671	22.710	23.166	26.626	29.808	0.99	0.99	0.99	0.98	0.98
2015-4-19（周日）	20.309	27.572	29.693	45.572	50.979	0.99	0.98	0.98	0.95	0.94
2015-4-27（周一）	16.215	18.514	20.134	37.879	44.245	0.99	0.99	0.99	0.96	0.97
2015-4-29（周三）	18.087	19.957	20.991	38.099	44.128	0.99	0.99	0.99	0.97	0.97
平均	18.320	22.188	23.496	37.044	42.290	0.99	0.9875	0.9875	0.965	0.965

日期	评价指标									
	SMAPE（%）					RMSE（%）				
	TCN-BiLSTM	CNN-BiLSTM	Bi-LSTM	GA-LSTM	LSTM	TCN-BiLSTM	CNN-BiLSTM	Bi-LSTM	GA-LSTM	LSTM
2015-4-18（周六）	10.367	12.101	11.671	13.105	14.149	29.197	33.914	35.892	42.618	46.867
2015-4-19（周日）	11.960	15.213	13.773	15.347	18.550	31.324	41.422	45.430	74.995	83.510
2015-4-27（周一）	7.317	9.912	7.826	15.075	14.953	24.264	26.417	33.987	75.379	72.749
2015-4-29（周三）	8.752	9.695	9.614	16.136	15.216	29.873	32.525	33.745	73.149	72.512
平均	9.599	11.730	10.721	14.916	15.717	28.665	33.570	37.264	66.535	68.910

4　结语

本文提出了一种基于贝叶斯优化的 TCN-BiLSTM 的组合模型，通过对上海市人民广场站的进站客流量数据进行了实例分析，得到的具体结论如下：

（1）通过使用基于 TPE 的贝叶斯优化算法，可以使得参数寻优以后的模型具有更好的效果。

（2）通过对时间序列模型 Bi-LSTM 引入 TCN 结构，实现对客流时序特征的高效提取，从而提高了单一模型的预测性能。

（3）通过对比，TCN-BiLSTM 模型性能优于

CNN-BiLSTM 模型,说明 TCN 网络中的因果卷积和膨胀卷积比 CNN 中的标准卷积对于处理时间序列具有更强的能力。

(4)由于数据有限,模型对于非工作日的客流预测效果不如工作日,下一步可以通过获取更长时间的客流量数据,对神经网络进行训练,从而使得客流预测模型更加完善。

参考文献

[1] TANG L, ZHAO Y, CABRERA J, et al. Forecasting short-term passenger flow: An empirical study onshenzhen metro[J]. IEEE Transactions on Intelligent Transportation Systems, 2018, 20 (10): 3613-3622.

[2] SHI Z, ZHANG N, SCHONFELD P M, et al. Short-term metro passenger flow forecasting using ensemble-chaos support vector regression [J]. Transportmetrica A: Transport Science, 2020, 16(2): 194-212.

[3] 邬宁,谢俏,叶红霞,等.基于改进 KNN 算法的城轨进站客流实时预测[J].交通运输系统工程与信息,2018,18(5):121-128.

[4] YANG R, WU B. Short-term passenger flow forecast of urban rail transit based on BP neural network[C] // 2010 8th World Congress on Intelligent Control and Automation. IEEE, 2010: 4574-4577.

[5] LI Y, YIN M, ZHU K. Short term passenger flow forecast of metro based on inbound passenger plow and deep learning[C] //2021 International Conference on Communications, Information System and Computer Engineering (CISCE). IEEE, 2021: 777-780.

[6] KANG L, LIU H, CHAI M, et al. A LSTM-Based Passenger Volume Forecasting Method for Urban Railway Systems[C] // Robotics and Rehabilitation Intelligence: First International Conference, ICRRI 2020, Fushun, China, September 9-11, 2020, Proceedings, Part I 1. Springer Singapore, 2020: 368-380.

[7] LIU Y, QIN Y, GUO J, et al. Short-term forecasting of rail transit passenger flow based on long short-term memory neural network [C] // 2018 International Conference on Intelligent Rail Transportation (ICIRT). IEEE, 2018: 1-5.

[8] 温惠英,罗晨伟.基于深度学习的地铁短时客流量预测[J].广西大学学报(自然科学版), 2020,45(2):389-395.

[9] AHN C W, RAMAKRISHNA R S. On the scalability of real-coded bayesian optimization algorithm[J]. IEEE Transactions on Evolutionary Computation, 2008, 12(3): 307-322.

[10] BAI S, KOLTER J Z, KOLTUN V. An empirical evaluation of generic convolutional and recurrent networks for sequence modeling [EB/OL]. (2018-5-4) [2023-12-23]. https: // arxiv. org/1803. 01271.

基于大数据的港城集装箱货车运输活动时空特征及停车需求分析

王雪莹 钟 鸣*

(武汉理工大学智能交通系统研究中心)

摘 要 随着全球化的发展和全球贸易的增长,港口集装箱运输的高波动性为港城集装箱货车交通管理带来了巨大的挑战,出现了集装箱货车违停引起的"集装箱货车围城"问题,严重阻碍了港城融合发展。学术界目前针对于港城集装箱货车的物流作业链及相关停车需求研究较少,缺乏指导如何破解"集装箱货车围城"问题的相关知识与决策支持工具。为了探究集装箱货车的作业时空特征以及停车需求特性,本文基于浙江省宁波市北仑区集装箱货车轨迹大数据,获取其活动范围及相应的 OD 数据,通过起讫点分析,挖掘集装箱货车运输作业的时空特性;使用 K-means 聚类算法,探究不同作业目的的港城集装箱货车的运行与停车特性,分析其停车需求,为港城科学开展停车场规划提供依据。

关键词　起讫点分析　停车需求　K-means 聚类　时空大数据

0　引言

　　随着水路交通运输需求的迅猛增长,水路运输的运输能力不断提升,但是大型港口的集疏运体系与港城交通运输基础设施建设完善进度滞后,特别是港口后方的道路系统的集疏运压力逐步增大,港城发展之间的矛盾日渐突出。集装箱货车主要负责港口与港城及其腹地的道路货物运输。目前,基本上所有的大型海港和内河港口都存在着集装箱货车违停、超速、恶性事故、排放超标等较为突出的交通顽疾,严重影响了港口运输效率和城市发展品质。

　　正确分析港城的运输作业停车需求对于解决港城发展矛盾有重要意义,而集装箱货车轨迹数据的处理与分析是集装箱货车停车需求研究的基础。车辆轨迹数据的处理主要集中在停留点的识别。例如,AZIZ 关于基于车辆轨迹选择基于空间密度的 K-Means 算法,对停留点进行聚类分析以及类型识别[1]。完成停留点的识别之后,可以使用聚类分析和频繁项集挖掘技术来发现集装箱货车的出行链以及出行模式,从而确定集装箱货车运输作业运输的运输特征。

　　通常,在货运出行链方面,会根据主要停车点和活动类型(例如 MA 等)的特征差异,将货运个体的出行模式划分为访问出行、本地出行以及环形出行,并将这些出行模式与货运车辆类型相匹配[2]。基于这种思路,我们可以利用连续 3 天的全球定位系统(GPS)数据来构建单个货车的出行链,并深入挖掘出行链的模式[3]。PATEL 借助车辆的起讫点以及停车需求识别出了不同货运公司车辆的出行链[4]。GAN 从大量轨迹数据中提取主要的 OD 点,并将货运个体的出行划分为三种典型出行模式:走廊模式、环形模式和枢纽辐射模式[5]。YOU 等对一年的 GPS 数据进行分析,将出行链分为了四种模式[6];基于改进最大熵模型,分为全年各季的货运需求[7]。通过出行链以及出行模式的分析,可以对集装箱货车的停车需求进行分析以及预测。DUAN 从 GPS 数据中提取多日出行特征,从而研究轨迹数据的时空特征[8]。甘蜜、卿三东等研究者认为,货运关键特征的研究主要

集中在货运行程时间、空间位置和出行需求等主题,并已证明基于轨迹数据预测货运特征的可行性,但仍然需要深入研究具体的货运任务、货车驾驶员特征以及货运政策[9]。

　　目前对于港口集装箱货车路径的停车需求研究较少,现有的停车需求辨识方法多移植于旅客出行研究,因此,需要考虑集装箱货车驾驶员的行业特性以及出行链模式并开展针对性的研究。

1　集装箱货车轨迹数据介绍及清洗

1.1　原始数据介绍

　　本文主要以集装箱货车轨迹数据为基础,对集装箱货车运力需求以及拥堵进行预测研究。在本文的研究中,选取浙江省宁波市集装箱货车出行的全样本 GPS 时空轨迹数据进行挖掘和分析。数据集的时间为 2022 年 5 月 10 日。轨迹数据字段包括了集装箱货车车牌号、时间戳、GPS 记录点(经度和纬度)、速度、方向,原始数据见附表1。

1.2　数据清洗以及 OD 点提取

　　由于原始数据存在不稳定、重复、混乱、轨迹点的漂移、轨迹数据的"跳跃现象"和采集路段的不连续性等多种问题,在进行数据研究之前,首先需要对原始数据进行清洗。包括以下操作:删除重复的数据,这里的重复指的是相同的时间戳的数据;删除不在研究范围内的数据和无效数据,即所记录的经纬度超越边界的数据,包括处理定位经纬度无效的数据以及定位时间无效的数据,异常数据(突然变为0或者突然有速度又突然为0);按标准数据格式,对轨迹数据的各个字段进行数据转换,要得到的 OD 数据形式是,每一行记录包括了信息:车辆 ID、上车时间、上车地点、下车时间、下车地点。并且由于原始数据的车辆轨迹信息记录了全国各地轨迹的,因此需要根据经纬度信息进行城市的轨迹坐标筛选;判断每一辆集装箱货车的 OD 数据中最靠近整点时刻的记录。清洗整理结果例如表 1 所示,并进行地图匹配可视化。

分时间段 OD 轨迹清洗后数据　表1

货车 ID	经度	纬度	时间
浙 B00679D	121.527755	29.954155	0:00—1:00
浙 B02ZJ5	121.8144	29.933568	0:00—1:00
浙 B08178D	121.520445	29.9566	0:00—1:00
浙 B0A102	121.078833	30.06942	0:00—1:00
浙 B0A103	122.02372	29.832486	0:00—1:00
浙 B0A116	121.968868	29.885561	0:00—1:00

1.3　K-means 聚类

为了进一步研究集装箱货车作业的时空特征,了解集装箱货车轨迹的作业热点,接下来对城市每个小时的停留点分别进行聚类处理,这里选择 K-Means 算法进行数据分析。原始数据见附表1,聚类质心见附表2。

K-means 算法是一种经典的聚类算法,用于将数据集分成不同的组或簇。它是一种迭代算法,目标是将数据点划分为 k 个簇,使得每个数据点都属于与其最近的簇的中心点。

算法的步骤如下:

(1)初始化:选择 k 个初始的聚类中心点,可以是随机选择或者根据数据集的特征选择。

(2)分配:将每个数据点分配到最近的聚类中心所代表的簇中。

(3)更新:根据分配的结果,重新计算每个簇的中心点。

(4)重复:重复步骤(2)和步骤(3),直到满足某个停止条件,比如簇中心点不再发生变化或者达到最大迭代次数。

在批量操作之前,需要考虑应该使用怎样的 k 值,在这里需要计算不同 k 值情况下的误差平方和 SSE(Sum of Square Error),用于计算最佳 k 值。SSE 被用来评估聚类模型的好坏,其值越小表示样本点越接近它们所属簇的质心,从而反映了聚类效果的好坏。

$$SSE = \sum_{i=1}^{k} \sum_{p=Ci} \| p - m_i \|^2 \quad (1)$$

式中:p——点;

m——各聚类中心。

由计算结果,选择聚类数目 k 值为7。

所得聚类质心以及聚类数量部分结果如表2所示。

24h 部分聚类结果　表2

时刻	质心经度	质心纬度	数目
1:00	121.8270	29.9278	1044
	122.0286	29.8754	882
	121.8777	29.9004	1223
	121.9895	29.7766	483
	121.9365	29.8966	913
	121.7450	29.9155	518
	121.9154	29.7921	255
2:00	121.9366	29.8967	1087
	121.7483	29.9158	613
	122.0292	29.8753	1185
	121.8348	29.9274	1467
	121.9890	29.7761	609
	121.8807	29.8963	1286
	121.9158	29.7928	304

2　集装箱货车出行时空特征分析

K-means 聚类簇与地图匹配,可知车辆密度最高的出行区域 A~G,结果如图1所示。

图1　质心匹配结果

经过兴趣点(POI)匹配后,得到分析结果如下:

聚类质心区域 A:位于大榭岛与柴桥地区交界处,此处与集装箱货车活动有关的地区包含三大队码头、信业码头、华埠码头、大榭招商国际码头、宁波勃远集装箱服务有限公司第三堆场、宁波长胜物流中心、甬行物流、百亚集装箱堆场、柴桥停车区等。

聚类质心区域 B：位于郭巨区域中北部，此处与集装箱货车活动有关的地区包含四期码头、外峙渡口、神马渡口、宁波远东码头经营有限公司堆场等。

聚类质心区域 C：位于北仑码头南部，此处与集装箱货车活动有关的地区包含二期码头、北仑集运基地、宁波长胜物流中心、霞浦集装箱货车之家、海丰堆场、北仑区荣腾堆场等。

聚类质心区域 D：位于二期码头、三期码头南部，此处与集装箱货车活动有关的地区包含天翔货柜堆场、福洋堆场、进港路停车场、大港货柜、黄河路西停车场等。

聚类质心区域 E：位于梅山港口，此处与集装箱货车活动有关的地区包含梅山岛堆场、梅山保税港区、梅山码头卡口停车场等。

聚类质心区域 F：位于春晓区域，此处与集装箱货车活动有关的地区包含新瀚堆场、均悦充电停车场等。

聚类质心区域 G：位于小港与大碶交界处，此处与集卡车辆活动有关的地区包含中集六堆场、北仑木材码头、兴发码头等。

按聚类簇中元素的数量来看，数量最多的簇对应的地块为区域 A、区域 C、区域 D，反映出这三个地块是集装箱货车作业最频繁、物流设施企业最密集的三个片区。

由于集装箱货车驾驶员作业具有时间特性，按聚类簇的时间分布特征来看，每小时的车辆运行情况如图 2 所示。

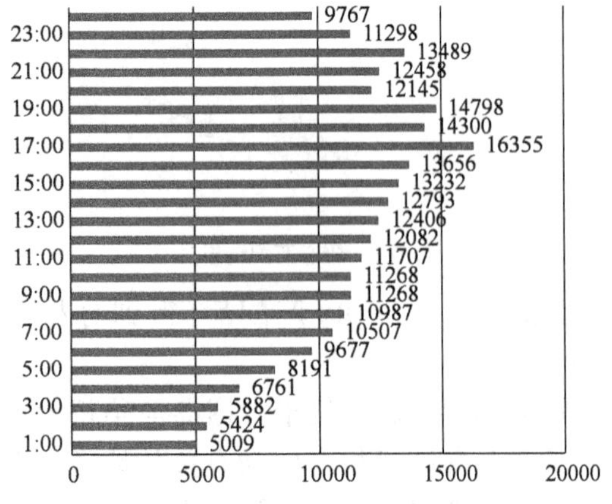

图 2　每小时车辆运行情况

1:00—7:00 期间，可以从 SSE 分布曲线中看出，SSE 值相对较大，说明此时各要素分布较为离散。此时，车辆一般停留在停车场内，随着时间推移缓慢。

8:00—16:00 期间，簇的分布较为集中，车辆数平稳增加。主要集中在区域 A、区域 C、区域 D。

17:00—22:00 期间，簇的分布总体较为平稳均匀，此时间段所记录车辆数全天最多，集卡作业最频繁。

23:00—0:00 期间，簇的分布与 1:00—7:00 类似，车辆数缓慢减少，此时集装箱货车驾驶员开始结束工作，将集装箱货车停至停车场。

3　集装箱货车停车需求分析

结合运输需求，集装箱货车细分为 5 种运输目的：提空、驳空、进重、提重、还空。

提空：集装箱货车驾驶员接收到装货计划之后，空车前往空箱堆场提取空箱，再前往指定货主或是仓库进行货物的装载，之后运送至港内重箱堆存区域。

进重：进口货物运至港内堆存区域后，货代安排集装箱货车前往取箱，集装箱货车在港口装载重箱并将其运往货主或指定仓库处，进行卸货。

驳空：集装箱货车车队按照船公司安排，将堆放在码头的空箱统一运至指定堆场进行集装箱的临时堆放和维护工作。

还空：仓库或货主在完成进口货物装卸之后，返还集装箱空箱，集装箱货车车队接到还空运输指令后前往仓库或货主提取空箱，再将空箱运至指定堆场，完成空箱还空。

提重：提重则是针对前面提空和进重作业流程中，出现的重箱暂落情况，集装箱货车接到运输指令后，前往重箱暂落点提取重箱，并完成提空和进重的后续运输任务。

集装箱货车的 5 种工作状态，结合上文所研究的集装箱货车作业时空特征，得出集装箱货车作业具有明显的时空差异以及状态差异，因此其停车需求也有显著的特征，将其分为以下类别：

日间停车需求：白天可能会有大量货车在港口进行装卸货物或者运输货物，因此需要大量停车位来满足这一需求。

夜间停车需求：晚上货车需要停入停车场进行休息或等待，因此停车场需要能够容纳晚间停车需求，包括提供足够的安全和便利的停车设施。

不同工作状态的停车需求:不同工作状态的货车可能会在不同时间段停放在停车场。例如,提空和驳空的货车可能更多地在白天使用停车场,而进重、提重和还空的货车可能会在晚间停放。停车场需要根据这些需求进行规划,确保能够满足各种工作状态下的停车需求(表3)。

停车需求分类   表3

时段	工作状态	作业停车点
日间	提空	港口→仓库→停车场
	驳空	港口→堆场→停车场
夜间	进重	港口→堆场
	提重	堆场→港口→停车场
	还空	仓库→堆场→停车场

综上所述,港口的集装箱货车停车需求受到白天作业晚上停入停车场的时空特征和不同工作状态的影响,停车场规划应该充分考虑这些特征,以满足货车在不同时间段和工作状态下的停车需求。

4 结语

本文基于集装箱货车轨迹大数据,对集装箱货车轨迹进行POI匹配、起讫点分析,分别从空间以及时间两个维度对港城集装箱货车的作业特性进行分析,通过K-means聚类算法分析其分时间段作业热点区域,从而为其分时间段的停车需求研究提供依据。

通过轨迹大数据研究了解到集装箱货车具有白天作业晚上停入停车场的时空特征,这意味着白天内可能会有更多的货车在港口工作,需要停车场来提供停车空间,晚间集装箱货车需要停靠在停车场休息或等待下一次作业,这会增加停车场在晚间的使用率。结合提空、驳空、进重、提重、还空的集装箱货车作业状态,可以将集装箱货车停车需求进行分类,除停车场(在停车场产生停车需求)以外,在其他地方由于排队等待也会造成道路拥堵、产生临时的停车需求,所以港城集装箱货车的停车需求涉及停车场、堆场、仓库、港口多个地点。

如果进一步对港城集装箱货车停车场进行选址规划,首先需要优先在作业密集区进行停车

场的布置,其次需要考虑日间夜间不同时间段、不同集装箱货车工作状态涉及的停车需求点与待规划停车场的可到达性、到达时间成本等因素,进行综合、多目标的集装箱货车停车场规划选址。

参考文献

[1] AZIZ R. Identifying and Characterizing Truck Stops from GPS Data[J]. Industrial Conference on Data Mining, 2016.

[2] Ma X, MCCORMACK E D, WANG Y J T R R, Processing Commercial Global Positioning System Data to Develop a Web-Based Truck Performance Measures Program, [J] Transportation Research Record. 2011,2246:100-92.

[3] MA X, WANG Y, MCCORMACK E D, et al. Understanding Freight Trip-Chaining Behavior Using a Spatial Data-Mining Approach with GPS Data[J]. Transportation Research Record. 2016, 2596,44-54.

[4] PATEL V. Big Data Mining to Construct Truck Tours[C]. 2018.

[5] GAN M, NIE Y M, LIU X, et al. Whereabouts of truckers: An empirical study of predictability[J]. Transportation Research Part C: Emerging Technologies. 2019.

[6] YOU S I, RITCHIE. A GPS Data Processing Framework for Analysis of Drayage Truck Tours [J] KSCE Journal of Civil Engineering. 2018, 22:1454-1465.

[7] YOU S I, RITCHIE S G. Tour-Based Truck Demand Modeling with Entropy Maximization Using GPS Data [J]. Journal of Advanced Transportation, 2019:1-11.

[8] DUAN M, QI G, GUAN W, et al. Comprehending and Analyzing Multiday Trip-Chaining Patterns of Freight Vehicles Using a Multiscale Method with Prolonged Trajectory Data[J]. Journal of Transportation. Part A: Systems, 2020, 146 (8):1-12.

[9] 甘蜜,卿三东,刘晓波,等.货车轨迹数据在公路货运系统中应用研究综述[J].交通运输系统工程与信息,2021,21(5):91-101,113.

原始数据　　　　　　　　　　　　　　　　　　　　　　附表1

序号	车辆ID	信息时间	经度	纬度	速度(km/h)	方向
0	浙B00022D	2022/5/10 06:42	121.25124	30.337051	0	0
1	浙B00022D	2022/5/10 06:43	121.25124	30.33701	0	0
2	浙B00022D	2022/5/10 06:43	121.25124	30.33701	0	0
3	浙B00022D	2022/5/10 06:45	121.25284	30.337596	22	92
4	浙B00022D	2022/5/10 06:45	121.25284	30.337596	22	92
⋮	⋮	⋮	⋮	⋮	⋮	⋮
25673132	浙BY0995	2022/5/10 23:54	121.94339	29.788975	0	147
25673133	浙BY0995	2022/5/10 23:54	121.94339	29.788975	0	147
25673134	浙BY0995	2022/5/10 23:56	121.94339	29.788975	0	147
25673135	浙BY0995	2022/5/10 23:58	121.94339	29.788975	0	147
25673136	浙BY0995	2022/5/10 23:59	121.94339	29.788975	0	147

聚类质心　　　　　　　　　　　　　　　　　　　　　　附表2

时刻	质心经度	质心纬度	数目	时刻	质心经度	质心纬度	数目	时刻	质心经度	质心纬度	聚类数目
1:00	121.8270	29.9278	1044	5:00	121.9355	29.8970	1972	9:00	121.9290	29.8962	5885
	122.0286	29.8754	882		122.0300	29.8756	2322		122.0298	29.8752	4858
	121.8777	29.9004	1223		121.7497	29.9157	1068		121.7438	29.9121	2280
	121.9895	29.7766	483		121.9879	29.7760	983		121.8255	29.9256	5600
	121.9365	29.8966	913		121.8805	29.8954	2663		121.9863	29.7756	1988
	121.7450	29.9155	518		121.8373	29.9270	2970		121.8706	29.9027	6938
	121.9154	29.7921	255		121.9175	29.7961	496		121.9162	29.7950	1069
2:00	121.9366	29.8967	1087	6:00	121.9282	29.8959	3335	10:00	121.9292	29.8963	6703
	121.7483	29.9158	613		121.7456	29.9131	1312		121.8703	29.9031	7875
	122.0292	29.8753	1185		121.8714	29.9017	3732		121.9866	29.7758	2271
	121.8348	29.9274	1467		121.9871	29.7759	1220		122.0295	29.8752	5487
	121.9890	29.7761	609		121.9174	29.7959	627		121.7408	29.9105	2566
	121.8807	29.8963	1286		121.8287	29.9268	3407		121.9158	29.7942	1261
	121.9158	29.7928	304		122.0298	29.8755	2983		121.8232	29.9262	6374
3:00	121.8390	29.9264	1937	7:00	121.8277	29.9263	4238	11:00	121.9352	29.8962	6217
	121.9891	29.7760	706		122.0299	29.8753	3662		121.7436	29.9126	3144
	121.9395	29.8976	1141		121.9172	29.7961	773		121.9864	29.7758	2567
	122.0297	29.8752	1449		121.8709	29.9019	4760		121.8268	29.9258	7470
	121.7491	29.9161	704		121.9867	29.7757	1474		121.8759	29.9007	9481
	121.9164	29.7940	346		121.9285	29.8958	4177		122.0296	29.8752	6086
	121.8856	29.8930	1467		121.7441	29.9114	1560		121.9158	29.7937	1510
4:00	121.8796	29.8970	2006	8:00	121.9283	29.8960	5065	12:00	121.8704	29.9031	9622
	122.0298	29.8754	1792		122.0296	29.8752	4304		121.9857	29.7754	3024
	121.8349	29.9276	2123		121.8242	29.9262	4915		121.7398	29.9101	3195
	121.9883	29.7760	812		121.9860	29.7754	1717		121.9152	29.7931	1661
	121.7473	29.9154	789		121.7411	29.9092	1725		122.0293	29.8752	6668
	121.9355	29.8977	1555		121.8700	29.9030	6008		121.9293	29.8963	8298
	121.9169	29.7953	401		121.9167	29.7953	911		121.8227	29.9264	7906

续上表

时刻	质心经度	质心纬度	数目	时刻	质心经度	质心纬度	数目	时刻	质心经度	质心纬度	聚类数目
13:00	121.8759	29.9008	11367	17:00	121.9856	29.7750	8548	21:00	121.8706	29.9023	14500
	122.0294	29.8753	7217		121.8717	29.9007	21992		122.0288	29.8752	9530
	121.9858	29.7753	3445		121.7471	29.9071	8521		121.9290	29.8955	13291
	121.7434	29.9124	3848		121.8258	29.9261	19458		121.9856	29.7749	5253
	121.9351	29.8967	7614		121.9286	29.8956	21351		121.7428	29.9053	5027
	121.9151	29.7932	1840		122.0288	29.8754	15015		121.8219	29.9260	12142
	121.8269	29.9261	8992		121.9154	29.7930	3958		121.9153	29.7926	2533
14:00	121.9294	29.8967	10026	18:00	121.8705	29.9028	14863	22:00	121.8706	29.9022	16296
	121.7400	29.9099	3852		122.0289	29.8754	9783		122.0290	29.8753	10810
	122.0293	29.8754	7835		121.9292	29.8961	13153		121.9288	29.8957	15099
	121.8704	29.9032	11483		121.9857	29.7751	5069		121.9857	29.7750	6008
	121.9858	29.7752	3864		121.7397	29.9088	4881		121.7427	29.9051	5590
	121.8225	29.9268	9416		121.8220	29.9266	12156		121.8219	29.9259	13626
	121.9149	29.7926	2051		121.9144	29.7927	2608		121.9156	29.7926	2833
15:00	121.8222	29.9268	10289	19:00	121.8706	29.9026	15996	23:00	121.9287	29.8958	13101
	122.0292	29.8754	8463		122.0288	29.8753	10473		121.7465	29.9073	5216
	121.9293	29.8966	10993		121.8219	29.9264	13206		121.9858	29.7750	5245
	121.8703	29.9033	12578		121.9858	29.7751	5578		122.0289	29.8753	9374
	121.9146	29.7925	2220		121.7410	29.9071	5491		121.8242	29.9258	11453
	121.7401	29.9097	4205		121.9290	29.8958	14371		121.8709	29.9019	13885
	121.9859	29.7752	4226		121.9148	29.7925	2793		121.9157	29.7929	2419
16:00	121.8704	29.9032	13690	20:00	121.9291	29.8955	12351	0:00	121.8708	29.9020	12374
	122.0290	29.8754	9120		121.8219	29.9262	11307		122.0287	29.8753	8164
	121.8222	29.9268	11220		122.0287	29.8752	8904		121.9858	29.7750	4580
	121.9145	29.7927	2402		121.9857	29.7749	4854		121.8219	29.9260	10454
	121.7399	29.9092	4533		121.7418	29.9063	4699		121.9286	29.8958	11472
	121.9294	29.8964	11954		121.8706	29.9024	13591		121.7428	29.9053	4148
	121.9858	29.7752	4607		121.9150	29.7925	2382		121.9157	29.7928	2100

基于运载大数据的港城集装箱船舶到达与集装箱卡车活动规律耦合关系研究

郭建霞[1]　钟　鸣[*2]

(1. 武汉理工大学交通与物流工程学院；2. 武汉理工大学智能交通系统研究中心)

摘　要　大数据已经成为当前交通物流运输研究的关键工具。本文以宁波舟山港北仑区相关集装箱码头集疏运体系不健全，交通拥堵、交通事故频发及港城融合发展矛盾突出等问题为研究对象，采用 Python 编程语言中强大的 Pandas 数据分析库，结合 GIS 地理空间信息技术，分析了该区域的自动识别系统(AIS)数据，挖掘该港口六个集装箱码头船舶到达的规律；同时利用宁波市北仑区集装箱卡车的定位数据筛选出进出这些集装箱码头的集装箱货车的行驶轨迹,研究其在港城之间运输货物过程中所造成的道路拥堵状况。结果发现船舶到达频率与集卡的活动存在着较强的耦合关系。本文的创新之处在于将海上和陆上交通数据整合,使用了空间数据分析、时间序列分析、数据可视化等方法直观展示了港城船舶和卡车运输活动的时空互动耦合关系,对于理解和改进港城集疏运系统具有一定的参考价值。

关键词　自动识别系统　北斗定位系统　大数据分析　船舶到达规律　道路拥堵评价　可视化

0　引言

港口作为货物进出口的重要节点,是供应链物流中承担着货物的转运、集散和分配功能的环节。然而,近些年船舶数量不断增加、资源要素趋紧等外部因素的影响,为港口与城市之间货物的协同运输带来了越来越大的挑战,"集卡围城"、交通拥堵和事故等负面现象频频出现。如何统筹港口船舶和道路集装箱卡车的运输,是研究如何提升港城物流运输效率的一大难题。本文的重点是通过数据分析和地理空间信息技术,综合利用 AIS(Automatic Identification System)和集卡北斗定位数据来研究船舶到达港口的模式,并结合地图匹配和可视化技术对港城道路流量情况进行分析和拥堵评价,探讨船舶到达与集卡运输在时空上的联系。

船舶到达规律可根据历史数据进行统计和分析,用以预测未来船舶到达时间和频率的情况。孟范立[1]建立多种模型模拟船舶到达规律,并利用 AIS 数据挖掘获取船舶航向、长度等参数,通过实验证明负二项分布模型能很好地模拟船舶到达。刘敬贤[2]在研究港口水域船舶交通流模式和进港航道特征的基础上,构建基于航道多约束条件和船舶行为特征的进港航道通过能力计算模型;并通过对船舶到港历史数据的统计,寻找船舶的到港规律。TASSEDA 等[3]通过分析东京湾部分水域的船舶 AIS 信息和交通流基本图模型,探索了船舶在水域上的自由速度、堵塞密度以及区域内的最大流量,得出了在繁忙水域与道路交通流类似的交通流特征。

有关货车定位数据的研究主要通过利用不同的方法对货运轨迹数据进行信息挖掘,对城市货运特征进行画像。母万国等[4]选取基于速度、时间和空间阈值的平均行程速度方法,对城市之间的货运出行特征规律进行分析。蔡静[5]则融合了货车 GPS(Global Positioning System)数据与交通运行等数据,利用 OD 反推模型对北京市不同货车通行管理政策情境的货流量进行预测。

然而,较少有文献运用大数据分析手段聚焦于车、船等交通运输工具基于地理位置信息的时空互动耦合关系研究,本文则在这点上进行了创新。

1　数据来源与预处理

1.1　AIS 数据介绍与预处理

本文采用的船舶 AIS 数据,时间为 2022 年 5 月 1 日—5 月 31 日,地理范围为 121.46°~122.17°E、29.69°~29.98°N,涵盖宁波舟山港北仑区,数据存储格为 .CSV。部分原始数据如表 1 所示。

AIS 数据　　　　　　　　　　　　　表 1

项目	MMSI	Ing	lat	state	speed	rot	direction	heading	voyage	time
0	413553650	122.053696	29.741710	8	6.0	128.0	320.0	21.7	1977	2022-05-24 00:00:44
1	413556520	122.014854	29.754417	0	0.0	128.0	511.0	360.7	1984	2022-05-24 00:00:01
2	413437560	122.059720	29.760683	0	7.2	0.0	33.0	13.8	2264	2022-05-24 00:00:09
3	413274780	122.067080	29.785500	0	7.3	127.0	56.0	38.0	229	2022-05-24 00:00:21
4	538004090	122.089264	29.783210	5	0.0	0.0	94.0	269.4	145	2022-05-24 00:00:21

AIS 数据中包含大量有关船舶航行速度、时间、位置等内容的动静态信息,可以用来获取船舶航行轨迹、航速等多个实时活动水平动态信息。字段说明如表 2 所示。

AIS 数据字段说明　　　表 2

参数	参数说明	数据类型
MMSI	船舶 MMSI 编码	string
time	船舶数字时间戳	Timetample

续上表

参数	参数说明	数据类型
latitude	纬度	float
longitude	经度	float
direction	船舶航向	float
state	船舶状态	float
speed	航行速度	float

由于船舶设备精度、信号异常等因素的影响，可能会导致部分船舶 AIS 数据存在异常和丢失。在利用 AIS 数据进行分析之前，我们要先对数据进行预处理[6]，包括以下内容：

（1）重复数据清洗及填补：对于船舶 AIS 中的重复数据，删除重复数据仅保留一条记录即可。

（2）异常数据清洗及填补：对于船舶 AIS 数据中轨迹、速度、时间异常的记录，根据相邻 AIS 数据的均值进行清洗填补；根据异常字段具体特征填补格式异常的记录；删除 MMSI 编码不符合九位数规则的数据。

（3）缺失数据清洗及填补：对于数值型数据的缺失，根据临近 AIS 数据相应参数的均值进行填补；对于非数值型数据的缺失数据作删除处理。

1.2 北斗定位数据介绍与预处理

采用的集装箱卡车北斗定位数据，时间为 2022 年 5 月 10 日—5 月 20 日，一共 11 d，地理范围 120.92°~122.27°E，28.85°~30.55°N，涵盖宁波市北仑区的道路路网，数据存储格式为.CSV。数据包括唯一车辆编号、时间戳、经纬度、速度和方向这几个字段。部分原始数据如表 3 所示。

北斗定位数据   表 3

项目	vehicle_id	message_time	longitude	latitude	speed	direction
0	浙 B00022D	2022-05-10 06:42:50	121.251235	30.337051	0	0
1	浙 B00022D	2022-05-10 06:43:11	121.251235	30.337010	0	0
2	浙 B00022D	2022-05-10 06:43:41	121.251235	30.337010	0	0
3	浙 B00022D	2022-05-10 06:45:40	121.252840	30.337596	22	92
4	浙 B00022D	2022-05-10 06:45:41	121.252840	30.337596	22	92

为了保障后续特征分析的可靠性和精度，在正式进行数据挖掘之前需要对数据进行清洗处理[7]：

（1）删除错误和重复数据，错误数据包括经纬度、时间、速度等明显错误的数据。

（2）删除不完整的数据，由于设备或信号问题，轨迹数据中可能存在经纬度、时间等重要字段的缺失，无法从中获取完整的信息。

（3）删除异常数据，包括时间、里程等字段信息异常增大或减小的数据。

2 船舶到达规律分析

2.1 停泊点判断

对港口船舶到达规律的挖掘和分析，重点在于对船舶靠港状态的识别，即通过船舶 AIS 轨迹数据准确地判断船舶停泊点。本文将船舶行驶速度小于 0.3 km/h、静态数据中"state"状态一列为"靠泊"或"停泊"的数据初步判断为船舶的停泊点。为了更精确地通过速度判断状态，不直接采取 AIS 动态数据中的瞬时速度作为行驶速度，而是通过相邻两个 AIS 轨迹点间的距离和时间差求取两点之间的平均速度，然后进一步判断。相邻两个 AIS 轨迹点间的时间差通过时间戳相减获取；计算两个 AIS 轨迹点间的距离，代码用到 Python Transbigdata 库里面的 getdistance 函数，该函数的原理依托的是哈弗赛公式[8]：

$$d = 2R\arcsin\left[\sqrt{\sin^2\left(\frac{\text{lat}_2 - \text{lat}_1}{2}\right) + \cos(\text{lat}_2)\cos(\text{lat}_1)\sin^2\left(\frac{\text{lan}_2 - \text{lan}_1}{2}\right)}\right] \quad (1)$$

式中：d——两点间的距离（km）；
    R——地球半径；
  lat_1、lat_2——两点的纬度；
  lan_1、lan_2——两点的经度。

2.2 泊位提取

泊位是码头设施的一部分，集装箱船舶会靠岸各个码头的泊位并进行装卸作业。目前宁波舟山港北仑区有六个集装箱码头，分别宁波北仑国际集装箱码头、北仑第二集装箱码头、港吉码头、远东码头、大榭招商国际码头、梅山岛国际集装箱码头。将上文求取的停泊点与各个集装箱码头的泊位坐标范围结合,筛选出经纬度落在泊位坐标范围内的船舶[9],将其定义为靠码头作业船舶,以便于后续港口船舶到达规律的分析。

本文使用卫星地图精确查找各个码头的位置以及泊位,根据官方的泊位信息,进行坐标拾取,泊位区以卫星地图的各个码头岸线为长,宽度定为400m,以满足绝大部分集装箱船舶的停泊需求。从码头岸线的左下角为起点,构建矩形围栏,记录其四个顶点的坐标,最终汇总形成集装箱码

头泊位区网络围栏坐标表。例如,宁波北仑国际集装箱码头泊位区矩形围栏如图1所示。

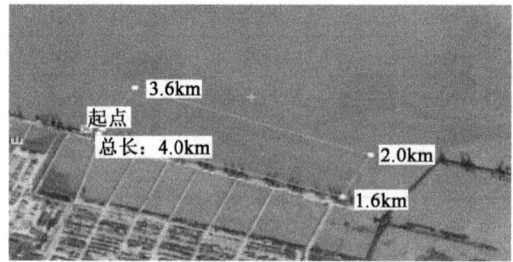

图1　宁波北仑国际集装箱码头码头泊位区矩形围栏

六个集装箱码头的泊位区网络围栏坐标表以及其泊位数量如表4所示。

集装箱码头泊位区网络围栏坐标表　　　　　　　　　　表4

码头名称	中心点经度(°)	中心点纬度(°)	左下顶点		左上顶点		右下顶点		右上顶点	
			lat_1	lon_1	lat_2	lon_2	lat_3	lon_3	lat_4	lon_4
宁波北仑国际集装箱码头	121.873	29.933	29.944	121.867	29.947	121.869	29.938	121.884	29.942	121.887
宁波港北仑第二集装箱码头	121.850	29.939	29.954	121.834	29.956	121.837	29.945	121.856	29.948	121.857
宁波港吉码头	122.037	29.891	29.900	122.039	29.904	122.041	29.894	122.059	29.898	122.061
宁波远东码头	122.054	29.892	29.894	122.059	29.899	122.058	29.894	122.076	29.899	122.076
宁波大榭招商国际码头	121.944	29.937	29.936	121.932	29.939	121.930	29.942	121.945	29.946	121.942
宁波梅山岛国际集装箱码头	122.002	29.774	29.780	122.023	29.777	122.025	29.769	122.010	29.766	122.013

2.3　船舶流量提取与到达规律分析

筛选出经纬度落在泊位坐标范围内的停泊船舶后,发现每个集装箱码头的集装箱码头每天到达的集装箱船舶数量为1~10艘不等,其中每个小时每个码头达到数量分布在0~3艘,为克服其到达船舶时空上的偶然性,本文将2022年5月份三十天的船舶到达数量,按照24h的每个小时进行聚合分析,以此观察船舶到达的时空规律。2022年5月份宁波舟山港北仑港区各个码头船舶小时流量情况如图2所示。

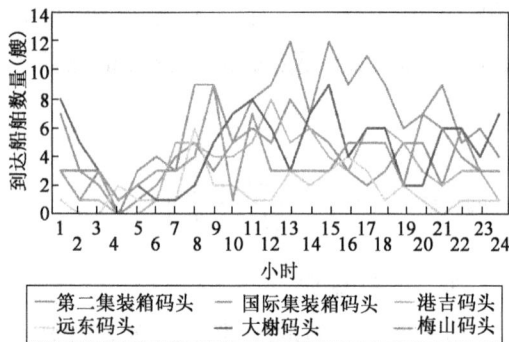

图2　2022年5月份宁波舟山港各个集装箱
码头船舶小时流量情况

在7:00—9:00以及12:00左右,六个集装箱码头均显示有较高的船舶流量,此外,从15:00—18:00是另一个高峰时段。凌晨直到5:00左右各码头的船舶流量相对较低,这表明夜间港口的活动有所减少。

3　集装箱货车活动分析

3.1　集装箱货车OD点提取

对货车停留点即对静止状态的识别是货运出行信息提取的关键步骤之一。通过识别停留点,可以为识别货运活动热点区域,进而可以提取不同尺度的货车出行OD对。本文利用预处理过的宁波市的集装箱卡车的北斗定位数据,提取了集卡车辆的OD矩阵,然后筛选出O点和D点有一者或两者在宁波舟山港北仑区六个集装箱码头的出行OD对。

研究采用规则判别法,使用行驶距离与停留时间作为判别标准,提取主要的货车停留点,进而获得OD对信息[10],具体的步骤如下:

(1)将同一辆车的同一天的轨迹数据按照时间字段进行排序,依据里程字段没有变化的记录,

提取停留的首尾两条记录,作为停留点备选点,两条记录的时间差即为停留时间,两条记录的里程差即为行驶距离。

(2)为了排除等红绿灯或者短暂休息、加油等情况形成的次要停留点,将停留时间小于某一时间阈值的停留记录去除,本文将此类时间阈值定为5min。

(3)装卸货过程可能存在货场内的货车驾驶行为,因此,本研究将两次停留之间的行驶距离小于某一距离阈值的备选点去除,作为一次连续停留,本文将此类距离阈值定为800m。

(4)最后筛选出O点和D点有一者或两者在六个集装箱码头的OD对:以六个码头中心点坐标为圆心,3km为半径确定圆形区域范围,O或D点有一方的坐标落入这六个圆形区域范围内,则满足条件。

以5月11日一天的集装箱卡车北斗定位数据为例,提取满足起点或终点位于宁波舟山港北仑区六大集装箱码头的货运OD数据,进行可视化,如图3所示。图中橘色可视化线条越粗,表示该以该路径为OD的车辆越多。

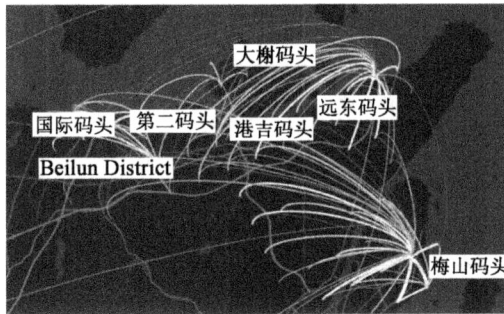

图3　OD分布图

3.2　地图匹配和流量提取

由于轨迹漂移等误差影响,车辆轨迹数据与实际所行驶的路段可能存在位置偏差。本文采用基于空间位置的地图匹配算法进行车辆轨迹和快速路的匹配,将轨迹点匹配到相应道路集计为道路的交通流状态[11]。该方法的思想是:基于空间位置为每条道路两侧生成一定宽度的缓冲区,落在该缓冲区内的轨迹点视为该道路上行驶车辆的轨迹点。本文利用宁波北仑路网的SHP地理矢量文件,结合Python编程语言中的Pandas、Geopandas和Shaply地理空间数据处理库,取缓冲区宽度为道路每侧20m,对集装箱卡车的定位数据进行了详尽的地图匹配处理,并剔除了未能成功匹配到有效道路的数据。

此处以2022年5月11日宁波北仑区集卡车辆的北斗定位数据为例进行分析,将宁波舟山港北仑区的六个集装箱码头按地理分布分为四个港区,分别为北仑港区(国际、第二集装箱码头)、穿山港区(港吉、远东码头),大榭港区(大榭码头)、梅山港区(梅山岛码头)。先利用OD数据筛选出起终点是四个港区的车辆,再将北斗定位数据进行地图匹配,提取其行驶道路每个小时的车辆流量,其中一天集卡流量在150辆以上的道路每小时的集卡流量如图4～图7所示。

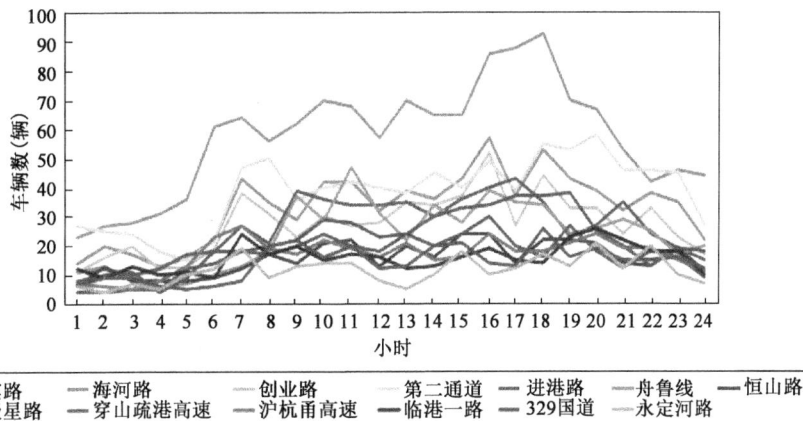

图4　起终点为北仑港区的集卡车主要道路流量

图 5 　起终点为穿山港区的集卡车主要道路流量

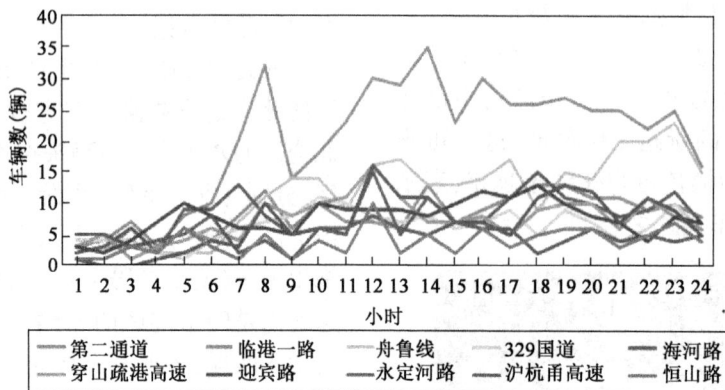

图 6 　起终点为大榭港区的集卡车主要道路流量

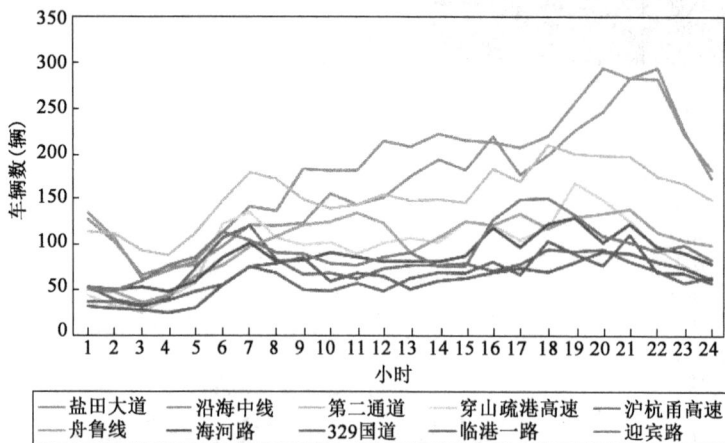

图 7 　起终点为梅山港区的集卡车主要道路流量

3.3 道路拥堵评价

基于海量的交通数据和城市实际交通状况建立交通拥堵指数评价模型,对交通流状态的定量和定性分析,以识别道路网络中的拥堵程度,对优化道路交通系统、促进城市可持续发展有重要的意义[12]。

本文采用的拥堵指数方法是:以路段自由流车速/平均行程车速为路段的基础拥堵指数算法核心进行计算。自由流的速度取道路上所有车辆顶部速度的10%平均值。采用数据上传的间隔为30min。

通过计算,最终所得的交通拥堵指数固定在范围0～10,指数小于0赋值0,指数大于10赋值10。指数数值越高,表示这条路的交通拥堵状况越严重,按等级划分,共分为五级,分别代表道路

的畅通(0～2)、基本畅通(2～4)、轻度拥堵(4～6)、中度拥堵(6～8)和严重拥堵(8～10)[13]。

同样以2022年5月11日宁波市北仑区起终点是四个港区的集卡车辆的轨迹数据为例,进行道路拥堵评价,根据计算得出的指数,绘制热力图[14],如图8～图11所示。

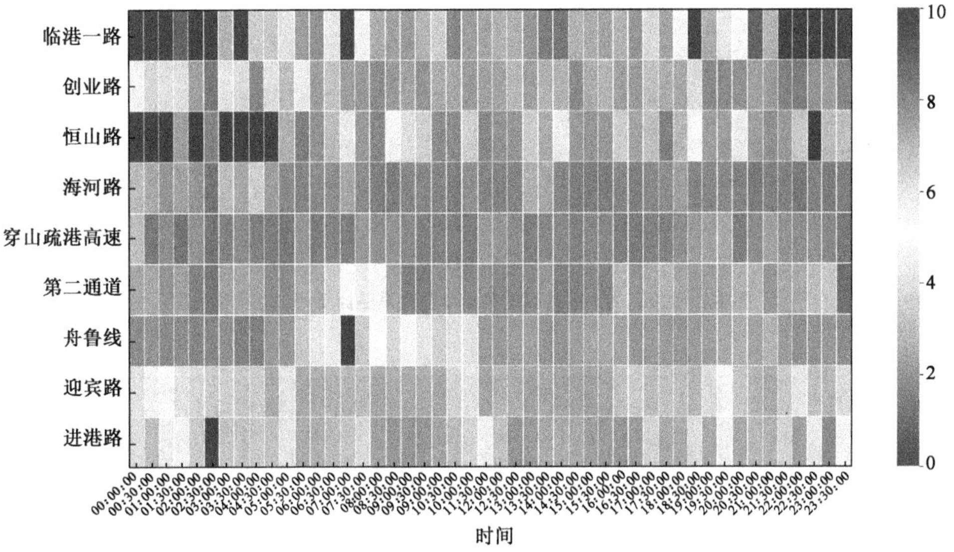

图8 起终点为北仑港区的集卡车主要道路拥挤评价时空热力图

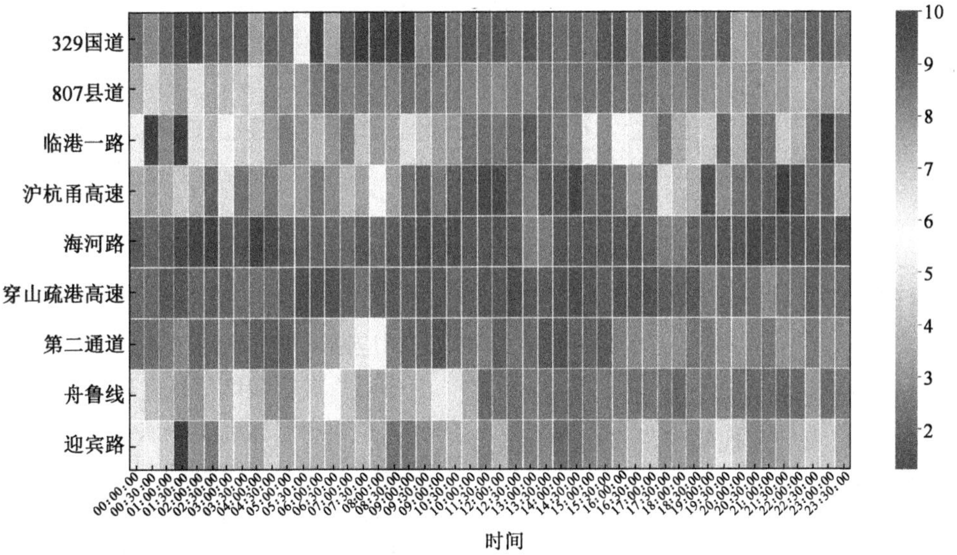

图9 起终点为穿山港区的集卡车主要道路拥挤评价时空热力图

由此可见,整体集卡进港的道路在夜间凌晨容易出现中度至严重拥堵的情况,传统的早晚高峰时期也会出现不同程度的拥堵但总体拥挤程度轻于夜间和凌晨。

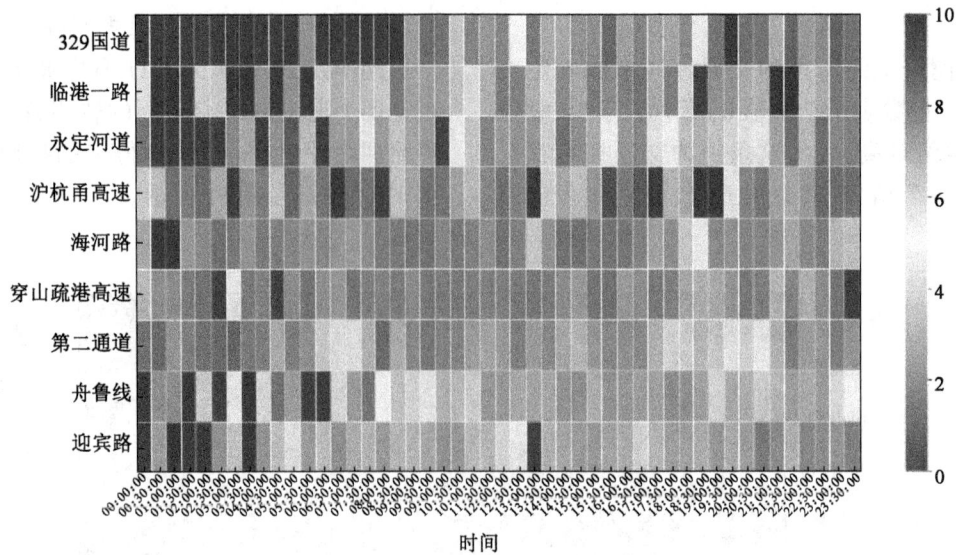

图 10　起终点为大榭港区的集卡车主要道路拥挤评价时空热力图

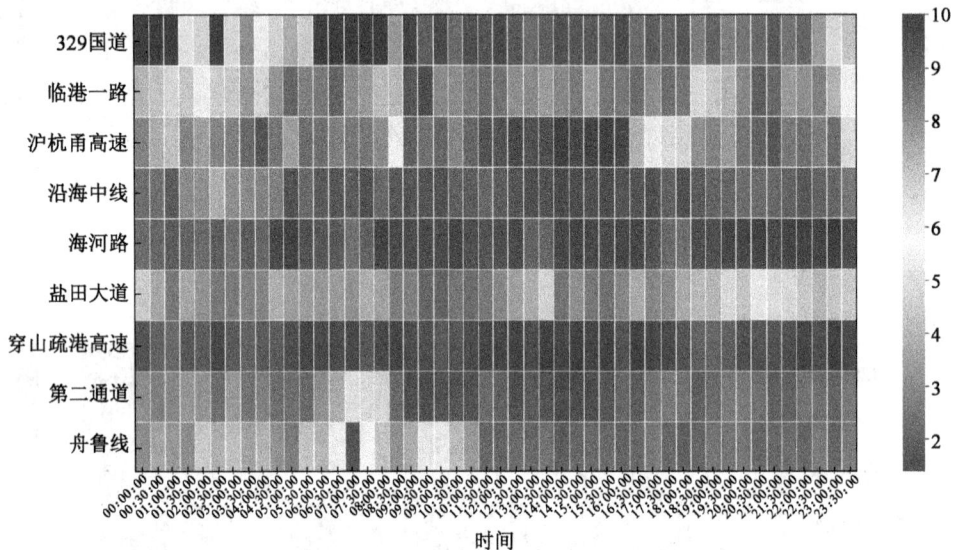

图 11　起终点为梅山港区的集卡车主要道路拥挤评价时空热力图

4　船舶到达与集卡活动在时空上的耦合关系

在探讨港区内船舶到港与道路集卡运输活动的时空耦合关系中,我们发现集卡流量的变化与船舶到达时间存在一定联系。

在第二集装箱码头,早晨 6 点至下午 3 点期间,即船舶到港高峰时段前后,集卡总流量达到日最高值,特别是在 6 点至 17 点间,迎宾路等主要道路的集卡流量持续较高。相比之下,国际集装箱码头虽然船舶到达峰值较低,但在 7 点至 12 点间,船舶到达量也有小幅上升,相应地,舟鲁线、恒山路及北极星路在早高峰期间的集卡流量随之增加。这表明,船舶到达峰值后通常会在 1～2h 引起相应路段集卡流量的增加,特别是当集卡需要前往码头进行装卸货作业时。

在穿山港区港吉码头,尽管上午 11 点船舶到达高峰期,807 县道的车流量并未见高峰,反而在早高峰时段达到顶峰,意味着船舶到达与集卡运输流量峰值之间存在时差效应。远东码头在早上 7 点船舶到达高峰,与 807 县道、第二通道和舟鲁线等路段的早高峰车流量峰值相近,显示出船舶到港与集卡运输高峰之间的紧密时空耦合关系。大榭码头的情况也类似,船舶早晨和上午到达高峰直接影响了集卡流量,尤其是在第二通道等路段。这些现象说明港城的集卡活动主要是由于相关码头的船舶装卸作业引起的,所以二者存在着较强的耦合关系。

对于梅山港区,早晨 6 点至 9 点的高峰期间,集卡流量在主要道路上迅速增加,与梅山码头的船舶到达高峰一致。而在 18 点至 21 点的晚高峰时间段,尽管码头船舶到达量不高,集卡流量却达到最高水平,反映出晚高峰时段集卡运输活动可能与整日的装卸作业和物流需求累积有关。

综上所述,船舶到达与集卡流量之间存在明显的时空耦合关系。早高峰时段船舶到达量的增加会在随后的几小时内引起集卡流量的增加,尤其是在集卡需要前往码头进行装卸集装箱的时间段。此外,虽然晚高峰期间集卡流量高峰不完全是对船舶到港时刻的直接响应,但与全天的物流活动和需求累积密切相关。这一耦合模式对于理解港区物流系统及相关运输需求的动态变化具有重要意义,能够帮助优化港口运营和交通流量管理,以提高效率和减少拥堵。

5 结语

本文利用 Python 编程语言对船舶 AIS 数据和集装箱卡车的北斗定位数据进行处理和分析,结合地理空间信息技术,得到港城的港口船舶到达规律和道路交通情况,并且发现船舶到达频率与集卡在道路上的活动存在一定的关联,这种联系反映了海港物流活动与城市交通的内在联系。下一步将考虑运用交通四阶段模型,将船舶到达情况转换成码头的集装箱卡车需求,建立港城集装箱综合运输需求模型,重新进行货运流量的分配,以更合理地调配资源和优化道路使用情况,提高运输效率。

参考文献

[1] 孟范立.利用 AIS 数据挖掘建立船舶到达规律模型[J].舰船科学技术,2016,38(10):28-30.

[2] 刘敬贤.大型海港进港主航道通过能力及交通组织模式研究[D].武汉:武汉理工大学,2009.

[3] TASSEDA E H, SHOJI R. Macroscopic traffic analysis of vessel traffic strea-ms in Tokyo Bay[J]. Navigation,2015,191:16-17.

[4] 母万国,杨文辉.基于 GPS 数据的物流车辆出行特征分析[J].综合运输,2020,42(1):83-89.

[5] 蔡静.货车交通需求预测模型及通行管理政策效果评价方法研究[D].北京:北京工业大学,2019.

[6] 冯宏祥,ANNA MC,杨忠振.基于距离分布的 AIS 异常数据处理方法[J].中国航海,2021,44(4):26-31.

[7] GAN M, NIE Y, LIU X ,et al. Whereab-outs of truckers: an empirical study ofpredictability[J]. Transportation Research:Part C, 2019, 104:184-195.

[8] DAUNI P, FIRDAUS D M, ASFARIANI R ,et al. Implementation of Haversine formula for school location tracking[J]. Journal of Physics:Conference Series,2019,1402(7):077028.

[9] 孙书盛.基于轨迹大数据的内河集装箱船舶航行效率研究[D].重庆:重庆交通大学,2018.

[10] 罗天玥.基于货车 GPS 数据的货运交通需求预测研究[D].武汉:武汉大学,2022.

[11] 陈田,刘根旺,李健.基于浮动车数据的快速路拥堵征兆识别方法[C]//中国城市规划学会城市交通规划学术委员会.绿色·智慧·融合——2021/2022 年中国城市交通规划年会论文集,2022:20.

[12] 郑淑鉴,杨敬锋.国内外交通拥堵评价指标计算方法研究[J].公路与汽运,2014,(1):57-61.

[13] 潘雨诗,钟鸣荟,杨益,等.基于新能源汽车轨迹数据的交通拥堵评价方法研究[J].交通与港航,2021,8(4):58-63.

[14] 黄盛,张祎.重型货运车 GPS 数据处理与轨迹分析研究——以上海外环隧道通行车辆为例[J].交通与港航,2023,10(4):15-20.

基于 NV-GRU 的大规模高速公路路段级
交通流量预测方法

张翔宇[1]　唐　蕾[*1]　李　彬[2]　段继昌[1]　行本贝[1]　马骏驰[1]
(1.长安大学信息工程学院;2.长安大学汽车学院)

摘　要　精准的高速公路交通流量预测可优先获知全路网交通流时空分布信息,为拥堵防治、优化运输效率提供决策依据。现阶段交通流量预测方法均假设路段空间关系固定不变,难以适应因现实道路运行条件变化造成的不确定路网结构,进而影响长期预测的准确性。针对上述问题,本文运用 node2vec 模型实时编码某省高速公路全路网结构,基于门控循环单元(Gate Recurrent Unit,GRU)建模路段级交通流的时序演变过程,构造预测模型(NV-GRU)估计大规模路段级的交通流量。本文使用覆盖 2021 年 1 月到 2023 年 9 月共计 3.87TB 的某省高速公路门架真实数据集,验证 NV-GRU 的预测准确性。试验结果显示 NV-GRU 在 4 个典型路段上的平均误差为 17.053%~23.849%,均低于其他对比模型。NV-GRU 模型能有效捕获路网交通流量的动态时空依赖关系,可显著提高预测精度,为高速公路智能化管理提供有力支撑。

关键词　路段级交通流量预测　长期预测　时空依赖关系　动态路网结构

0　引言

近年来,我国高速公路交通路网结构的复杂性和规模急剧增加,公众的高速公路出行需求也持续增长[1]。自 2017 年至 2022 年,全国汽车保有量由 2.17 亿辆增长至 3.15 亿辆,增长率为 45.16%。汽车给人们出行带来了极大的便利,同时也给高速公路带来了日趋严重的各种交通问题,如交通拥堵等[2]。精准的交通流量预测技术,不仅有助于管理决策者识别路网中潜在拥堵因素进行防治与预判高交通流量区域,规划交通设施,而且可协助物流企业优化车队运输出行计划。因此,准确高效的路段级交通流量预测尤为重要。

在预测交通流量的相关工作可分为三类,分别是参数建模方法、机器学习方法和深度学习方法。

(1)参数建模方法。

赵鹏等人[3]基于对轨道交通站点客流量周期性波动规律和变化趋势的深入分析,构建了自回归积分滑动平均模型(Autoregressive Integrated Moving Average,ARIMA)进行站点进站客流量的短期预测;Emami 等人[4]提出了一种卡尔曼滤波

(Kalman Filtering,KF)技术,使用装备有蓝牙车辆的信息来预测城市干道的短期流量。这些参数建模方法模型简单,早期被广泛使用,但是这些方法一般都需要假设数据是平稳的,而交通数据由于受到道路本身的交通状况影响,通常无法满足这些假设。并且参数建模方法处理非线性关系的能力有限,对空间特征缺少考虑,在实际应用中预测准确率较低。

(2)机器学习方法。

Tang 等人[5]考虑到外部因素会对原始交通流数据造成干扰,并引入噪声,从而导致预测性能下降,提出了一种结合去噪方案和支持向量机(SVM)模型的预测方法,以提高交通流预测的准确性;Liu 等人[6]针对城市交通流的强非线性特性以及多种动态和静态因素的影响,提出了一种基于混沌粒子群优化算法——光滑支持向量机(CPSO/SSVM)的城市交通流预测模型,进一步提升了光滑支持向量机算法的计算效率;Yao 等人[7]以青岛地铁 65 个车站的多源数据为实验数据,提出了一种基于多源数据和随机森林回归模型的客流预测方法,并与线性回归、梯度提升回归等模型进行比较,实验表明随机森林回归具有最

基金项目:陕西省重点研发计划项目(2024GX-YBXM-001)。

佳的预测精度。传统的机器学习方法,可以捕获更为复杂的非线性关系,然而机器学习方法难以捕获交通数据中复杂的时间和空间关联,因此预测精确度受限。

(3)深度学习方法。

近年来,随着计算机计算能力的不断提高和不断丰富的数据源,深度学习技术已经成功地应用于交通预测领域。它能够捕获复杂、动态的交通流量时间和空间特征[8]。陈刚[9]设计了基于改进门控循环网络高速公路交通流预测模型,并与门控递归单元模型(GRU)、长短期记忆模型(Long Short Term Memory Networks,LSTM)进行对比,结果表明采用改进 GRU 交通流预测模型所得结果与实际交通流量的变化趋势更吻合,但该方法未考虑数据的空间相关性。Yao 等人[10]提出了一种创新的时空动态网络(STDN)模型,该模型中融入了流门控机制,用于捕捉不同位置间的动态相似性。通过结合长短期记忆网络(LSTM)和卷积神经网络(CNN),该模型能够有效地对时间上的复杂动态和空间上的依赖关系进行建模。但是 CNN只适用于规则的网格结构数据,对于复杂的路网拓扑并不是很适用。Zhao 等人[11]结合了图卷积网络(GCN)和门控递归单元(GRU),提出了一种新的流量预测方法,GCN 用来学习复杂的拓扑结构,捕捉空间依赖性,GRU 用来学习交通数据的动态变化,捕捉时间依赖性,从而提高预测精度。但是 GCN 的计算复杂度较高,且此预测方法假设路网空间结构固定不变,忽略了交通流量对各节点动态空间关系的影响,不能很好地捕获交通流量特征。

为了解决上述问题,本文提出基于 NV-GRU 的路段级交通流量预测模型。其中,node2vec 用来实时编码各路段的空间结构,从而捕捉路网的空间依赖性,门控递归单元用来学习交通数据的动态变化从而捕捉时间依赖性。通过该模型充分同时捕获空间和时间依赖性来预测路段级交通流量,提升预测准确率,以求实现交通的智能化管理。

1 大规模路段级预测模型

1.1 问题定义

交通流量,定义为在给定时间段内通过某个空间单元(如路段或交通传感器点)的车辆数量[12]。路段级交通流量预测的目标是预测未来某一时间段内各路段的交通流量。本文基于高速公路路网上的历史交通信息进行预测,使用一个无向图 $G=(V,E)$ 来表示高速公路路网的拓扑结构,将每个路段视为一个节点,其中 V 是路段节点的集合,$V=\{v_1,v_2,\cdots,v_N\}$,N 是节点数量,E 是反映节点连通性的边集。其中节点属性为:路段上的总交通流量和路段长度。在 t 时刻,图 G 的特征向量表示为特征矩阵 $X_t \in R^{N\times D}$,其中 N 为图 G 中路段节点的数量,D 为各个路段的特征向量维度。因此,路段级交通流量预测问题可以表示为在路网拓扑图 G 和特征向量矩阵 X 下,学习映射函数 f,计算接下来 M 时段的交通流量,预测过程可描述为公式(1)。

$$\{Y_{t+1},\cdots,Y_{t+M}\}=f(X_{t-T},\cdots,X_t) \qquad (1)$$

式中:Y_{t+M}——$t+M$ 时刻的预测交通流量。

1.2 NV-GRU 模型

NV-GRU 模型由两部分组成:node2vec 和门控递归单元(GRU)。模型框架图如图 1 所示,首先基于历史交通数据和真实路网信息,运用 node2vec 实时捕获高速公路各路段的拓扑结构,以获得路段级的空间结构特征,对路段进行空间依赖性建模。其次,将获得的具有空间特征的嵌入向量按时间顺序输入到门控递归单元模型中,通过单元之间的信息传递获得各路段交通流量动态变化,从而对各路段的交通流量进行时间依赖性建模。最后,通过全连接层网络得到各路段的预测交通流量。

1.3 路段空间依赖性建模

交通流量与空间有很强的相关性,某一路段的交通流量对其附近位置的流量具有较大影响[13]。获取各路段复杂的空间依赖是交通流量预测中的核心问题。传统的卷积神经网络(CNN)能捕获局部空间特征,但是 CNN 只适用于规则的网格结构。高速公路路网不是二维网格,CNN 不适合处理高速公路路网的复杂拓扑结构,且不能实时提取各路段的空间特征。近年来,node2vec 算法在节点分类、聚类和链接预测等多种网络分析任务中表现出良好的性能。node2vec 的核心思想是通过保留网络结构中的节点邻近性来学习节点的嵌入表示,它可以帮助理解和分析道路网络中的复杂关系和模式。故本文选择 node2vec 算法实时编码各路段的空间结构,以获取路段空间依赖性。

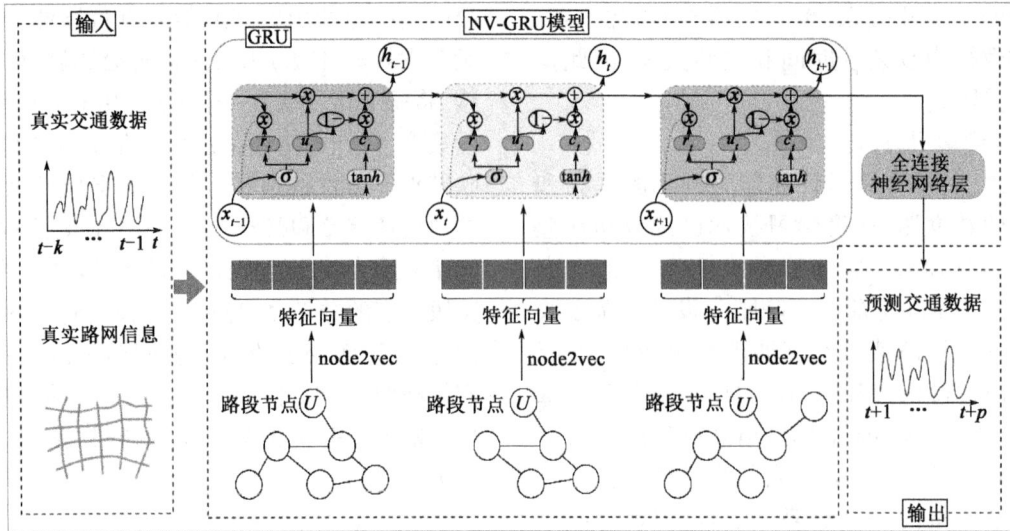

图1 模型框架图

node2vec 算法是一种基于游走的图嵌入技术,它致力在网络图中为每个节点学习一个低维特征表示。

本文通过将高速公路路网实时建模为一个拓扑图,其中路段作为节点,路段之间物理邻接则连接边。node2vec 算法基于随机游走策略,通过考虑节点间的邻接性和同质性,生成一个反映路段节点间各种路径依赖的低维度特征向量。

node2vec 算法的核心在于随机游走策略,这种策略融合了深度优先遍历(DFS)和广度优先遍历(BFS)的原理来采样路段节点序列。如图2所示,深色箭头标示的是 DFS 过程,算法能够随着采样的进行逐渐远离初始路段节点,从而探索并捕获路网的全局结构特征。相对地,浅色箭头所标示的 BFS 过程则倾向于在初始路段节点的邻近区域内游走,这样的采样策略有助于捕获路段节点之间的局部特征。

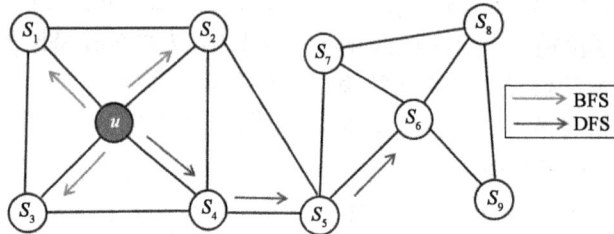

图2 node2vec 随机游走策略

1.4 交通流量时间依赖性建模

交通流量具有很强的时序性,各路段自身的交通流量会在一定时间间隔内呈现相同的状态和变化趋势[13]。获取各路段的时间依赖是交通流量预测的另一个关键问题。传统的循环神经网络(RNN)存在梯度消失和梯度爆炸的问题,在处理长时序列预测方面有一定的局限性。门控循环单元模型(GRU)和长短期记忆模型(LSTM)通过引入门控机制来记忆信息,从而解决传统循环神经网络存在的问题。但是 LSTM 的门单元较多,结构更复杂,从而导致训练时间较长;GRU 模型结构相对简单,参数较少,训练速度更快。因此,本文选择使用 GRU 模型来捕获高速公路交通流量的长期时间依赖性。

如图3所示,h_{t-1} 表示 $t-1$ 时刻的隐藏状态;x_t 表示 t 时刻的交通流量;r_t 是重置门,用于控制忽略上一时刻状态的信息;u_t 是更新门,用于控制将上一时刻的状态信息带入当前状态;c_t 是在 t 时刻存储的记忆内容;h_t 是 t 时刻的输出状态。GRU 通过获取 $t-1$ 时刻的隐藏状态和当前交通流量作为输入来获得时刻 t 的交通流量。

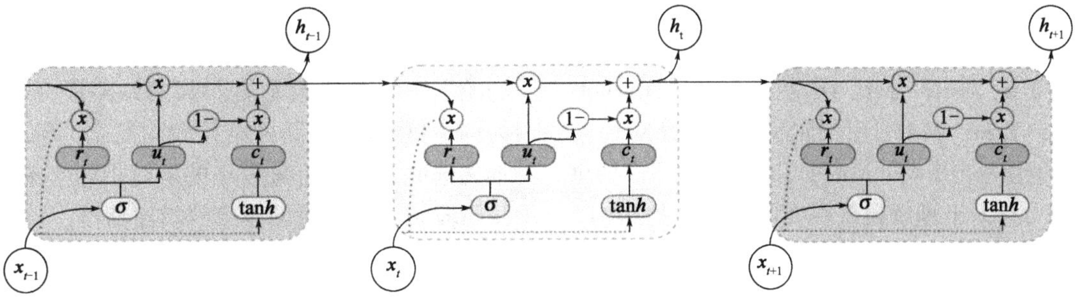

图 3　门控循环单元模型结构

2　实验描述与结果分析

2.1　数据描述

本文选取 2021 年 1 月—2023 年 9 月覆盖某省全网高速公路真实 ETC 门架数据。原始数据字段如表 1 所示,包含路段代码、路段长度、起始收费站代码、终止收费站代码、正方向交通流量、反方向交通流量。

ETC 门架原始交通数据主要字段及含义

表 1

序号	字段名称	字段含义
1	线路代码	路段代码
2	距离	路段长度
3	rk	起始收费站代码
4	ck	终止收费站代码
5	AB_Flow	正方向交通流量
6	BA_Flow	反方向交通流量

2.2　数据预处理

本文在完成原始数据的基本清洗之后,首先通过遍历计算各个路段的公共起始收费站代码和终止收费站代码寻找各路段的邻居路段,进而构建全网路段的邻接矩阵。其次,使用 networkx 库搭建高速公路路网拓扑图:路段代码被定义为图中的节点,而路段之间的物理邻接关系则决定了节点间边的连接。此外,每个节点包含两个关键属性:一是路段的总交通流量,即正反方向交通流量之和;二是路段的实际长度。随后,对所构建的高速公路网络拓扑图进行了详细的可视化处理,最后将搭建好的无向图作为模型的输入数据。

2.3　参数设置

本文提出的 NV-GRU 模型参数分为:模型训练超参数和网络结构参数。依据不同超参数对随机游走策略进行训练选定最优参数,如表 2 和表 3 所示。

模型超参数表

表 2

参数名	参数含义	值
dimensions	嵌入向量维度	16
walk_length	随机游走长度	40
num_walks	随机游走次数	200
sequence_length	历史序列长度	7
num_epochs	训练轮次	500
lr	学习率	0.001
batch_size	批大小	32

网络结构参数表

表 3

参数名	参数含义	值
input_size	输入特征维度	21
output_size	网络输出的维度	1
hidden_size	GRU 神经元个数	50
num_layers	GRU 层数	2

2.4　评价指标

本文采用以下 4 个指标来评估模型的预测性能,如式(2)~式(5)所示。

$$\text{MSE} = \frac{1}{n}\sum_{i=1}^{n}(y_i - \hat{y}_i)^2 \qquad (2)$$

$$\text{RMSE} = \sqrt{\frac{1}{n}\sum_{i=1}^{n}(y_i - \hat{y}_i)^2} \qquad (3)$$

$$\text{MAE} = \frac{1}{n}\sum_{i=1}^{n}|y_i - \hat{y}_i| \qquad (4)$$

$$\text{MAPE} = \frac{1}{n}\sum_{i=1}^{n}\left|\frac{y_i - \hat{y}_i}{y_i}\right| \times 100\% \qquad (5)$$

均方误差(Mean Squared Error,MSE)是预测误差的平方和的平均值,通常用于量化连续变量预测的准确度。其中 n 是样本数,y_i 是实际值,$\hat{y}_i$ 是预测值。

均方根误差(Root Mean Squared Error,RMSE)是 MSE 的平方根,提供了预测误差的标准差量度。

平均绝对误差(Mean Absolute Error,MAE)是

实际值与预测值之差的绝对值的平均。其中，符号｜·｜表示绝对值。

平均绝对百分比误差（Mean Absolute Percentage Error，MAPE）是预测误差的绝对值与实际值的比例的平均。MAPE 以百分比形式提供误差大小，有助于理解误差在实际应用中的影响。

以上指标都是用于衡量预测误差，值越小，说明预测效果越好。

2.5　实验结果及分析

根据上述评价指标，本文使用实测交通数据集对模型进行验证。结合课题组实地调研情况，选取 4 个典型路段，分别是交通流量中等的下坝枢纽至龙里西收费站路段，该路段为贵阳绕城高速公路与贵新高速公路连接的路段，是贵阳市区通向贵新高速公路的重要路段；选取交通流量大的龙里东收费站至龙里西收费站路段，线路两端为两个枢纽站点，路网结构较为复杂。除此之外，本文选取了交通流量较小的麻驾枢纽至麻尾收费站路段和下司收费站至麻驾枢纽路段。

本文在 4 个典型路段上与以下基线模型进行对比，①历史平均模型（Historical Average Model，HA）；②自回归移动平均模型（Autoregressive Integrated Moving Average model，ARIMA）；③长短期记忆模型（Long Short Term Memory Networks，LSTM）；④门控递归单元模型（Gated Recurrent Unit，GRU）。结果如表 4 所示。

NV-GRU 模型及其他对比模型在数据集上的预测结果（数据归一化处理）　　　　　　　表 4

测试路段	评价指标	不同的模型				
		HA	ARIMA	LSTM	GRU	NV-GRU
下坝枢纽 至龙里西收费站 路段（423 号）	MAE	0.042	0.035	0.036	0.025	0.021
	MSE	0.002	0.002	0.002	0.001	0.001
	RMSE	0.048	0.045	0.043	0.034	0.028
	MAPE(%)	33.905	28.946	29.125	20.389	17.053
龙里东站 至龙里西站路段 （435 号）	MAE	0.041	0.045	0.027	0.027	0.025
	MSE	0.002	0.003	0.001	0.001	0.001
	RMSE	0.047	0.054	0.036	0.036	0.032
	MAPE(%)	33.823	37.230	22.914	22.135	20.560
麻驾枢纽 至麻尾收费站路段 （135 号）	MAE	0.045	0.050	0.047	0.033	0.030
	MSE	0.004	0.005	0.005	0.003	0.003
	RMSE	0.067	0.068	0.068	0.058	0.050
	MAPE(%)	36.633	40.673	37.742	26.895	23.849
下司收费站 至麻驾枢纽路段 （137 号）	MAE	0.063	0.068	0.041	0.037	0.033
	MSE	0.009	0.009	0.004	0.003	0.003
	RMSE	0.094	0.092	0.061	0.058	0.058
	MAPE(%)	40.371	43.383	26.183	23.966	21.416

从表 4 可以看出，NV-GRU 模型的各项误差指标均不高于其他对比模型，并且在不同的典型路段上都表现出了很好的预测精度。HA 模型和 ARIMA 模型前提是历史数据分布平稳，但由于交通流量数据具有显著趋势变化，不是平稳数据，所以 HA 模型和 ARIMA 模型预测精度较差。LSTM 和 GRU 模型能够很好地捕获交通流量的时间依赖性，预测精度较 HA 模型和 ARIMA 模型有很大的提升，但是没有考虑各路段空间上对交通流量的影响，预测精度均低于本文提出的模型。

NV-GRU 模型在 4 个典型路段上的预测情况如图 4 所示，从图 4 可以看出，本文提出的模型可以较好地捕获各路段的整体流量变化趋势。其中，下坝枢纽至龙里西收费站路段（423 号）和龙里东站至龙里西站路段（435 号）因为都有相同的枢纽站点，所以整体流量趋势接近，且此两处路段交通流量偏大，整体预测效果缓和，故这两个路段预测误差较低。但由于龙里东站至龙里西站路段（435 号）所处路网位置比较复杂，故该路段预测误差比下坝枢纽至龙里西收费站路段（423 号）

大。麻驾枢纽至麻尾收费站路段(135号)和下司收费站至麻驾枢纽路段(137号)有相同的麻驾枢纽,整体流量趋势相近。相比下坝枢纽至龙里西收费站路段(423号)和龙里东站至龙里西站路段(435号),麻驾枢纽至麻尾收费站路段(135号)和下司收费站至麻驾枢纽路段(137号)由于交通流量较少,捕获的整体流量趋势更准确。

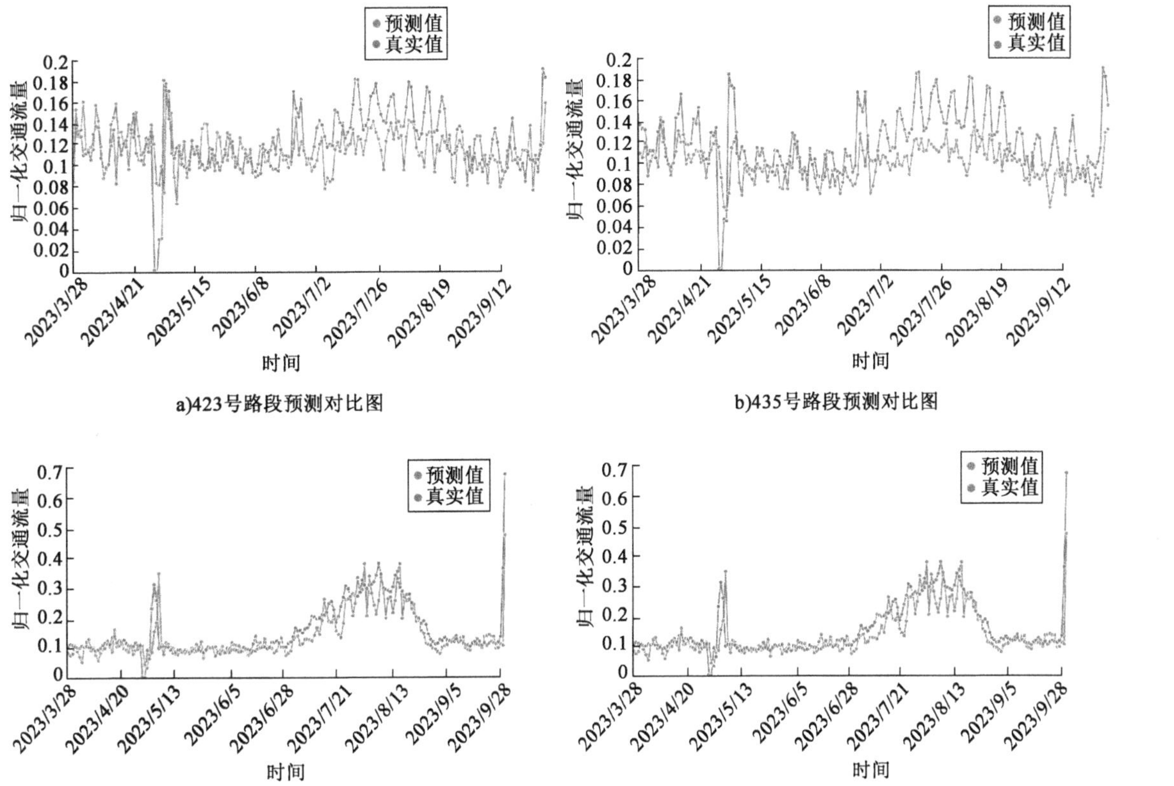

a)423号路段预测对比图

b)435号路段预测对比图

c)135号路段预测对比图

d)137号路段预测对比图

图4 各典型路段预测情况

3 结语

本文提出了 NV-GRU 预测模型,运用node2vec算法实时编码各路段空间结构,将每个路段的特征映射为低维向量,实时地提取了各路段的空间特征。同时使用 GRU 模型对提取的每个路段特征向量捕获交通流量时间依赖性。相较于其他时序预测模型,GRU 克服了长时间预测中梯度爆炸、梯度消失的问题,且模型参数也较少,更加快捷和轻量化。本文提出的模型在实测交通数据集上进行验证,且与 HA 模型、ARIMA 模型、LSTM 模型、GRU 模型进行对比,在 4 个典型路段上都表现出更高的预测准确率。

本文提出的模型在预测高速公路交通流量方面表现出了高准确率和可靠性。这一模型对于高速公路的拥堵防治、路线优化以及智能交通系统的发展具有重要意义。但本文只考虑了时空因素对各路段交通流量的影响。在未来,研究将整合多源数据,包括天气状况、区域经济发展水平、客运和货运等多方面影响因素,深度挖掘交通流量变化规律,进一步提高预测准确率。

参考文献

[1] 孙兴辉.基于深度学习的城市交通流量分析与预测[D].长春:吉林大学,2023.

[2] 张安勤,秦添.基于多通道时空编码器的交通流量预测模型[J].计算机应用研究,2023,41(1):1-7.

[3] 赵鹏,李璐.基于 ARIMA 模型的城市轨道交通进站量预测研究[J].重庆交通大学学报(自然科学版),2020,39(1):40-44.

[4] EMAMI A, SARVI M, BAGLOEE S A. Short-term traffic flow prediction based on faded memory Kalman Filter fusing data from connected vehicles and Bluetooth sensors[J].

Simulation Modelling Practice and Theory, 2020, 102：102-125.

［5］ TANG J, CHEN X, HU Z, et al. Traffic flow prediction based on combination of support vector machine and data denoising schemes ［J］. Physica A：Statistical Mechanics and its Applications, 2019, 534：120-142.

［6］ LIU F, MA X, AN X, et al. Urban traffic flow prediction model with CPSO/SSVM algorithm under the edge computing framework ［J］. Wireless Communications and Mobile Computing, 2020, 2020：1-11.

［7］ YAO K, GAO G, LIU Y, et al. A stable passenger flow forecast approach for newly opened metro stations based on multi-source data and random forest regression model［C］// 2022 3rd International Conference on Intelligent Design (ICID). Xi'an, China：IEEE, 2022：249-254.

［8］ 董成祥,魏昕,张坤鹏,等.基于 Graph Transformer 的大规模路网交通流量预测［J］.工业工程,

2023,26(5):159-167.

［9］ 陈刚.基于改进 GRU 的高速公路交通流量预测模型［J］.计算机技术与发展,2023,33 (7):208-214.

［10］ YAO H, TANG X, WEI H, et al. Revisiting spatial-temporal similarity：A deep learning framework for traffic prediction［C］// Proceedings of the AAAI conference on artificial intelligence. Menlo Park, CA：AAAI, 2019, 5668-5675.

［11］ ZHAO L, SONG Y, ZHANG C, et al. T-gcn：A temporal graph convolutional network for traffic prediction［J］. IEEE transactions on intelligent transportation systems, 2019, 21 (9)：3848-3858.

［12］ 徐梦奇.基于视觉量化的异质交通流量预测方法研究［D］.杭州：杭州电子科技大学,2023.

［13］ 赵军.基于时空特征融合的城市路网交通流预测及优化控制研究［D］.济南：山东大学,2023.

基于轨迹大数据的港城集装箱货车业务热点和货运出行链识别与提取方法研究

王钜茗　钟　鸣*

（武汉理工大学智能交通系统研究中心）

摘　要　为了挖掘港城集装箱货车轨迹大数据所蕴含的时空信息,本文创新性地提出了基于集装箱货车运行状态检测的"潜在停留点"识别方法、基于时间累积分布的"有效停留点"识别方法、基于路网数据的地图匹配方法、基于改进 DBSCAN(Density-Based Spatial Clustering of Applications with Noises) 聚类算法的"非路网停留热点"识别方法,基于兴趣点（POI）数据的"业务热点"识别方法,并使用上述方法成功从宁波市原始集装箱货车轨迹数据中识别出了业务热点。结合非路网停留热点的属性信息,总结出了集装箱货车货运出行链的含义与提取方法。研究发现,宁波市集装箱货车货运出行的普遍规律是：从其主要停放基地出发,按照时间先后顺序通过一系列的行程至业务点,完成业务活动之后,最终又返回其主要停放基地,即集装箱货车货运出行链是一条具有时间序列且闭合的出行链接。本文研究成果可为港城集装箱货车货运行为建模和相关物流基础设施规划研究提供决策支持基础。

关键词　轨迹大数据　集装箱货车　DBSCAN 聚类算法　出行链

0　引言

截至 2022 年,全球集装箱港口 50 强中,有近

三分之一位于中国,港口规模的扩张导致对大型集装箱运输卡车（简称"集卡"）的需求不断提高。以本文的集卡轨迹数据来源地宁波舟山港为例：

宁波舟山港连续 13 年吞吐量位居世界第一,集装箱运输发展速度惊人。随着宁波舟山港货物吞吐量的持续增长,北仑区集卡数量急剧增加,再加上当时受新冠疫情影响,不少货物转运至宁波舟山港出港,使得货运车辆进一步增多,造成集卡"围城"、严重交通拥堵等,严重影响正常的城市交通秩序。因交通运输管理部门要求,集卡都已安装定位装置,挖掘定位装置产生的大量时空轨迹数据中所蕴藏的集卡出行规律,有助于解决上述问题。

如何针对轨迹数据进行切分和识别停留点,是利用轨迹数据来研究车辆运输活动的基础[1]。Alho 等[2]采用外部信息辅助判别法,通过对驾驶员进行人工访谈调研,结合对轨迹数据的研究成果,识别货车的停留点类型。Siripirote 等[3]使用经验规则判断法,同时设置了停留点间的距离阈值和停留时间阈值,用来更准确地判断货车真实的停留点位置。Yang 等[4]基于纽约市的货车全球定位系统(GPS)数据,通过机器学习技术对货车运送地点进行分析辨识,结果具有较高的准确率。以上三种方法都有自己的特点:外部信息辅助判别法简单、真实,但信息获取难度大、时间长、成本较高,不适合大范围使用;经验规则判断法则是误差较大,适合用来初步筛选或者简单筛选;使用机器学习技术进行停留点识别往往具有较高的准确率,但是要根据情况选取合适的算法并加以改进。

在识别停留点后,即可构建集卡的出行链,以便探索集卡的运输活动规律。目前,关于出行链的研究主要聚焦于城市客运领域,采用链接方式阐述居民和乘客的出行活动,以此来分析人们的出行行为规律及选择倾向[5]。有少量学者开始尝试将出行链概念应用于货物运输研究,结合货运轨迹来探索单个车辆的出行链特征。但在构建出行链时,现有研究大多以现有的省或地级市为单位,先提取车辆的起讫点,而后将所属不同区域的点按先后的发生顺序相连生成出行链,这通常仅能反映行政区域间的货运发生量以及出行量分布情况,容易忽视区域内部的详细货运动态[6-8]。

相比普通货运车辆,本文研究的是集卡在港城内部的运转,因其拥有更稳定的供需关系,出行模式更加固定,因此更有利于出行链的提取。本文提出了一套完整的业务热点识别流程,其中有

效停留点识别方法将经验规则判断与数据的统计分析结果相结合,非路网停留热点识别使用了改进的 DBSCAN 聚类算法,均提高了识别的准确性。最后,基于 POI 数据匹配得到非路网停留热点的属性信息,总结得出了港城集卡出行链的一般模式,为港城集卡货运行为建模和相关物流基础设施规划研究打下基础。

1 集卡轨迹数据预处理

1.1 轨迹数据介绍

本文所使用的数据是所属宁波市北仑区的 300 辆集卡在 2022 年 5 月 11 日到 5 月 20 日共计 10d 的时空轨迹数据。这组数据是通过北斗卫星导航系统记录并提取的,采用的坐标系为 WGS84。本文数据共 10217800 条,对于每辆车来说,其搭载的定位设备平均每 30 ~ 60 秒记录一次轨迹信息。表 1 直观展示了轨迹数据包含的多个属性信息。

轨迹数据主要信息示例　　　　表 1

字段名	示例	字段说明
车辆 ID	浙 B ×××39	车辆唯一标识
上传时间	2022-05-11 00:00:30	2022 年 5 月 11 日 00 时 00 分 30 秒
经度	121.810325	以度为单位,精确到百万分之一度
纬度	29.884993	以度为单位,精确到百万分之一度
速度	73	73km/h
方向角	274	与正北方向的夹角(单位:°)

1.2 数据整理

为了方便数据的后续处理,确保车辆轨迹在时间和空间上的连贯性,进而更好地挖掘集卡的出行规律,将以天为单位进行存储的原始轨迹,使用 Python 程序语言整合成 1 个 csv 文件,并将同一个 ID 下 10d 的轨迹数据按照时间的先后顺序整合到一起,每个字段信息数据单独成列,方便后续查询筛选,并剔除方位角等对后续识别集卡车辆有效停留点信息没有帮助的字段。

本文研究的是集卡在港城（宁波市）的货运行为，因此需要将轨迹数据的研究范围限制在宁波市内。使用 Python 中的 TransBigData 包，导入宁波市的 shp 文件，将不在宁波市的轨迹点剔除，并将结果可视化，从而对轨迹数据的空间分布情况进行初步判断。依据可视化结果，车辆活动覆盖整个宁波市，北仑区的车辆活动最为频繁，轨迹分布显示出以北仑区为中心的辐射状扩散模式。此外，车辆轨迹的密集程度与该区域内码头、堆场和物流园区等物流基础设施的数量息息相关。

1.3　异常数据处理

在收集集卡的北斗卫星导航系统定位信息过程中，多种因素可能影响数据的准确性，如隧道和大型建筑阻碍信号、极端恶劣天气条件、设备的不稳定性以及数据传输和存储过程中的错误。这些问题可能导致记录的轨迹数据与实际驾驶情形不符，呈现异常。为了确保能准确识别车辆的停留点等重要信息，对这些异常轨迹数据进行清理是必要的。分析发现，这些异常数据通常出现在几种特定的情况中，需要依据各自的具体特征来定制处理策略。

（1）数据重复：保留首条重复数据以反映车辆的实际行驶状态，并删除其他重复数据。

（2）数据缺失：删除缺失的数据条目以确保轨迹数据的完整性。

（3）数据速度值异常：根据异常的类型采取不同的处理措施：

类型一（速度过高）：如果速度值超过 120 km/h（高速公路最高限速），则认定为异常数据并将其删除，因为这超出了集卡正常行驶的最高速度限制。

类型二（速度不为 0，位置不变）：如果速度值不为 0 但经纬度位置未发生变化，表明车辆实际上是静止的。这可能是定位设备的传输异常导致的，需要将这类数据剔除。

类型三（速度为 0，位置变化）：如果速度值为 0 但经纬度位置发生变化，说明车辆处于正常行驶状态，速度值错误。为避免误判为停留状态，需要通过计算相邻轨迹点之间的距离和行驶时间来估算速度，并填充替换这些速度值为 0 的数据，以更准确地反映车辆的实际行驶情况。

2　集卡业务热点识别

集卡北斗卫星导航系统轨迹数据包括一系列时间序列的轨迹点，这些点主要分为移动点和停留点。对于集卡这类货运车辆，其停留点揭示了车辆的运输行为和活动信息，从集卡轨迹中准确识别出有效停留点，分析集卡的停留热点及其空间分布，进而识别出集卡的业务热点是研究集卡货运行为模式的关键步骤。

2.1　集卡业务热点识别流程

在本部分，我们将探讨如何从大量北斗卫星导航系统轨迹数据中逐步识别出有效停留点，并通过聚类得到集卡非路网停留热点，最后结合 POI 数据最终得到业务热点。鉴于本研究涉及多个专业术语，为了清晰理解，在此处对这些术语进行明确的定义和解释。

（1）潜在停留点

潜在停留点是指那些记录中某段时间内某辆集卡瞬时速度都显示为 0 所对应的轨迹点，表明该车辆在这段时间内没有移动，即车辆处于停留状态。这些停留点可能是一些临时停留点，也可能是真正的物流作业点，所以统称为潜在停留点。

（2）有效停留点

有效停留点是从潜在停留点中筛选出来的，去除交通信号灯、轻微交通阻塞等原因引起的短暂停留之后，留下的停留点。

（3）非路网停留热点

非路网停留热点是指通过建立路网缓冲区，将路网上的有效停留点剔除后，基于剩余有效停留点的空间分布情况通过聚类形成的，处于某空间范围内的停留点集群。

（4）业务热点

业务热点是指基于非路网停留热点结合 POI 数据识别到的集卡因业务原因访问频繁的码头、堆场、仓库等物流基础设施。

图 1 为基于轨迹数据的集卡业务热点识别流程图。首先从预处理后的轨迹数据中提取出有效停留点集合，然后通过建立路网缓冲区并利用改进 DBSCAN 聚类算法得到非路网停留热点，在此基础上，结合 POI 数据，在剔除服务区、加油站等位于道路附属设施的停留热点后最终识别出业务热点。

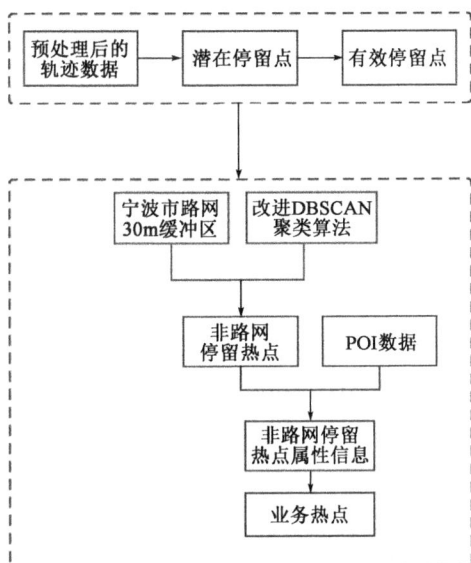

图1 集卡业务热点识别流程

2.2 集卡有效停留点识别

2.2.1 基于集卡运行状态检测的潜在停留点识别方法

通常,当货运车辆处于移动状态时,其定位装置记录的速度应为非零值,而在停止时速度应记录为0。因此,通过分析速度数据,可以确定车辆是否停止,进而确定其潜在停留点。作为一种特定类型的货运车辆,集卡的运输活动通常基于特定的供需关系,并遵循一定的运输模式,导致其速度数据在某些区间内聚集。因此,通过分析集卡轨迹数据中的速度记录,可以推断出车辆的实际运行状态。本研究假设,如果集卡的瞬时速度为0,则表明其停止;反之,如果瞬时速度不为0,则车辆在行驶。基于此原则以及对数据速度值第三类异常情况的处理,我们可以识别出车辆的潜在停留点集合:当检测到某辆车某段时间内速度均为0,这段时间内的轨迹点的经纬度不变,视为一个潜在停留点,其时间间隔便是停留时间。

2.2.2 基于时间累积分布的有效停留点识别方法

在本研究中,我们通过分析数据中车辆停留时间的累计分布特征来设定停留时间的阈值,以此有效地排除那些由短暂的交通延误或红绿灯引起的非目标停留点。图2是潜在停留点集合中集卡停留时间的累积概率分布图。

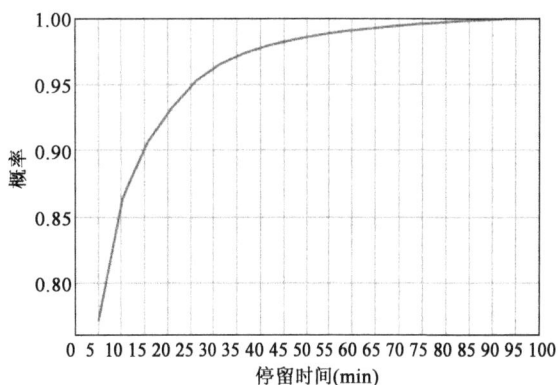

图2 潜在停留点停留时间累积概率分布

从图2可以看出,大约73%的停留点的停留时间不超过5min,这表明集卡在行驶过程中比较容易出现短暂停留情况,也说明了去除短暂停留点工作的必要性。根据以往研究,本文认为停留时长在5min以内的停留点并非货运活动的停留点,因此,将这些短暂的停留点从数据中移除,从而得到有效停留点集合。

2.3 基于路网数据的地图匹配方法

在有效停留点集合内,因长时间的交通拥堵、收费行为产生的停留点是位于道路网内部的,这种类型的停留点会干扰集卡业务热点的识别工作。采用地图匹配技术,通过将有效停留点与实际的道路网络进行对比匹配,我们可以识别并移除那些位于路网上的停留点,进而有效解决上述问题。

本研究中所用到的宁波市路网数据全部来自开放街图(OSM)。根据集卡的行驶特征,选取宁波市范围内的次级道路、主干道、立交桥以及快速通道进行路网提取。提取的路网数据在地理信息系统(GIS)中表现为道路的中心线,这种表示方式无法直观反映道路的实际地理特性,因此,本研究还需要构建与路网相对应的缓冲区,以更准确地表示这些信息。鉴于常见的高速公路和主要道路大多为双向八车道,根据国家对机动车道宽度的设计标准,车道宽度约为3.75m。据此计算,八车道总宽度为30m,本研究据此将路网缓冲区的双边距离阈值定为30m。

如图3所示,将所有车辆的有效停留点数据导入路网图层中,然后标记位于路网缓冲区内部的点并将其删除,剩余的点就是不在路网上的有效停留点,将这些点导出即可。

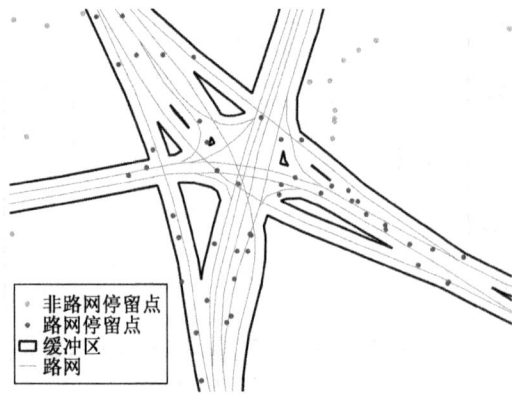

图3　路网缓冲区示例

2.4　基于改进 DBSCAN 聚类算法的非路网停留热点识别方法

基于密度的 DBSCAN 算法因其能自动确定簇数量并识别任意形状的簇,适合识别形状不规则且分布密度更高的集卡非路网停留热点。算法通过设置 ε-邻域和最小点数 $MinPts$ 两个参数来定义密度,将低密度区域的点视为噪声。聚类质量通常用轮廓系数评估,得分越高,聚类效果越好,0.6以上即视为良好。

综上所述,针对集卡非路网停留热点的识别问题,本文采用一种基于轮廓系数的参数自适应选择的 DBSCAN 算法,同时考虑聚类结果的噪声点占比情况。将轮廓系数大于 0.6 且噪声比最小的 5 组参数对应的聚类结果可视化到高德地图上,挑选出最佳参数方案。

改进的 DBSCAN 密度聚类算法主要流程为:结合集卡实际的出行情况与先前的实验结果,设定 ε-邻域为 30~100m,$MinPts$ 为 2~30 个。将参数范围内的所有不同组合带入算法计算轮廓系数,对比所有该值大于 0.6 的参数组合的噪声比,再从中选择噪声比最小的 5 组参数,此时将聚类结果可视化对比得到最佳参数组合,具体流程如图 4 所示。

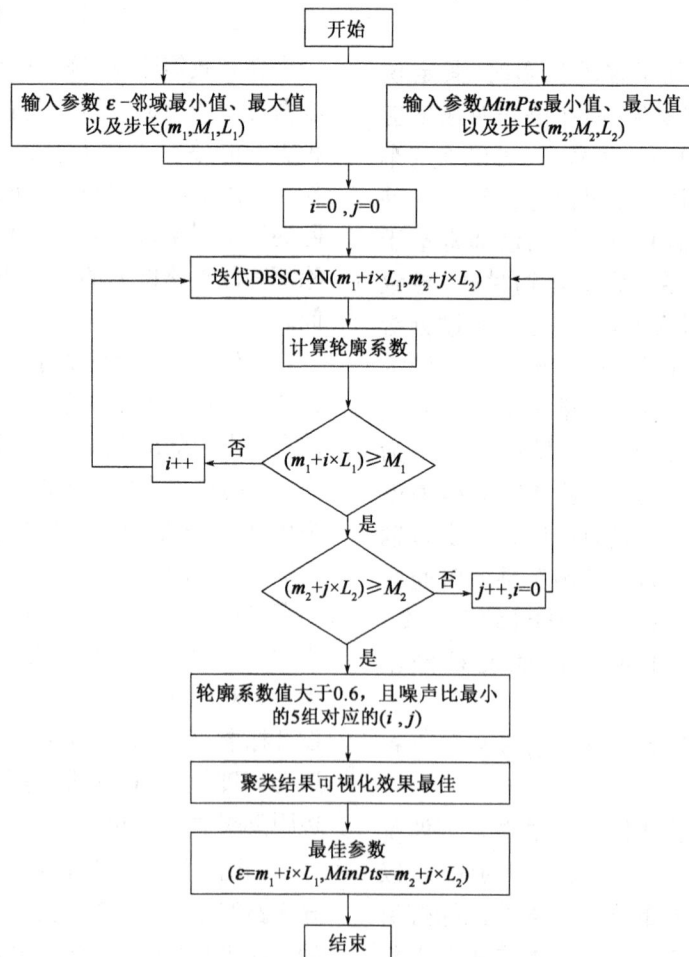

图4　改进 DBSCAN 聚类算法流程图

经过迭代并对比后,发现(50m,9 个)为最佳参数组合,其对应的轮廓系数为 0.614,噪声比为 33%,共计识别出 142 个非路网停留热点,其聚类结果呈现明显的空间聚集,这与集卡驾驶员通常会访问固定的物流基础设施的实际情况相符合。

2.5 基于 POI 数据的业务热点识别方法

基于 2.4 节的工作,已经得到了基于集卡轨迹的非路网停留热点,结合对宁波市北仑区集卡驾驶员工作情况的问卷调查以及一般货运车辆的出行规律,本文将集卡在非路网上的停留热点分为两类:

业务热点:集卡因业务原因访问频繁的码头、堆场、仓库等物流基础设施。

非业务热点:高速公路服务区、加油站、集卡"司机之家"等集卡访问较多的为集卡出行提供服务的基础设施。

因此,需要从非路网停留热点中筛选出业务热点。同时,由于码头、堆场、仓库等物流基础设施的规模有大有小,聚类算法中使用的 50m 邻域半径可能会造成相近的几个停留热点同属于一个物流基础设施。

POI 数据是地图上任何非地理意义的有意义的点,其包含的名称、地址、坐标、类别 4 个属性信息可以帮助我们解决上述问题,具体方法为:

将聚类得到的结果导入 GIS 软件,生成停留热点的矩形边界,从而得到其几何中心坐标,将停留热点匹配给距离其几何中心最近的 POI 点。依据 POI 点的名称、类别判断该停留热点是否属于业务热点。表 2 为识别出的部分具有代表性的业务热点。图 5 是集卡在业务热点的停留时间累积概率分布图。从图 5 可知,集卡在业务点的作业时长通常为 20~70min,这与文献资料给出的货车一般作业时长范围相符。

集卡业务热点示例 表2

业务热点	车辆访问次数	几何中心点 (经度,纬度)
梅山岛堆场	396	122.0161053 29.78790225
百亚集装箱堆场	282	121.9513529 29.88308527
北仑码头	273	121.8617364 29.9284091
宁波鸿强物流	225	121.9069879 29.89318181

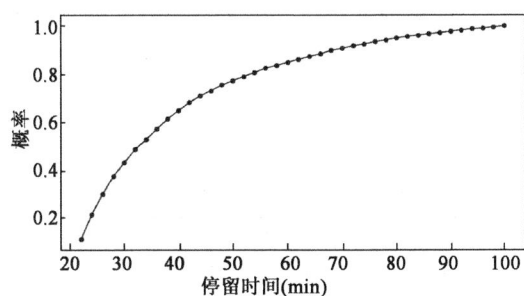
图5 业务热点停留时间累积概率分布

3 基于非路网停留热点属性信息的集卡货运出行链提取方法

基于 2.5 节的成果,本文已经获取了每辆车每个非路网停留热点的属性信息。统计分析后发现,在宁波内部运行的集卡,其出行存在一定的规律:例如表 3,是车辆 ID 为浙 B××96 的集卡从

5 月 11 日到 5 月 20 日内按照时间的先后顺序排列的停留热点的属性信息表。从表 3 中可以明显看出,北仑集运基地为浙 B××96 的主要停放基地,该车辆主要的货运出行链为从北仑集运基地出发,在按照时间先后顺序完成了一系列业务活动后,最终又返回北仑集运基地。结合集卡在宁波出行需求的产生机理以及出行链理论,港城集卡货运出行链在本文中的含义为:在港城内部以集装箱运输为主要出行活动目的的车辆,从其主要停放基地出发,按照时间先后顺序通过一系列的行程至业务点,完成业务活动之后,最终又返回其主要停放基地的过程,即集卡货运出行链是一条具有时间序列且闭合的出行链接。

综上所述,可以基于集卡非路网停留热点的属性信息,按照本文港城集卡货运出行链的含义提取出集卡货运出行链。

浙 B×××96 停留热点的属性信息表   表3

停留时间(min)	停留热点名称	停留热点属性
388.20	北仑集运基地	物流园区
375.82	中国海油宁波北仑 LNG 加气站	加气站
63.67	北仑集运基地	物流园区
13.15	宁波天翔货柜有限公司(珠江路)	物流企业(堆场)
73.00	北仑集运基地	物流园区
6.68	中国海油宁波北仑 LNG 加气站	加气站
21.20	宁波地中海集装箱堆场有限公司	物流企业(堆场)
12.77	鑫达物流仓储	物流企业(仓库)
13.13	宁波常丰物流有限公司	物流企业
1571.70	北仑集运基地	物流园区
58.12	铃与物流	物流企业
6.50	宁波长胜物流中心	物流企业
75.33	北仑集运基地	物流园区
7.07	宁波常丰物流有限公司	物流企业
7.65	宁波众拓集装箱科技有限公司	物流企业
9.10	北仑第二集装箱码头公司	物流企业
38.50	北仑集运基地	物流园区

4 结语

本文提出了轨迹数据预处理的一般流程,并制定了面对不同异常数据的特定处理策略,对潜在停留点、有效停留点、非路网停留热点、业务热点的概念做了明确,分别提出了对应的识别方法,形成了从轨迹数据中挖掘其业务热点的完整流程,成功从集卡的原始轨迹数据中挖掘出其在宁波市的业务热点。基于对集卡业务热点的挖掘成果,总结出港城集卡的货运出行链的含义,提出了基于非路网停留热点属性信息的集卡货运出行链提取方法,成功从非路网停留热点中提取出集卡的市内货运出行链。

本文针对原始集卡轨迹数据的预处理原则,提高了数据的质量,同时也为将来处理此类数据提供了新的处理策略;挖掘集卡停留信息的流程与方法可以用于挖掘其他类型的货运、客运车辆轨迹数据所蕴含的信息;提出的出行链识别方法,对比传统货运交通调查方法,成本低、信息准确性较高;总结出的港城集卡货运出行链的含义,表明了集卡货运出行遵循的规律;提取的出行链为港城集卡货运行为建模和相关物流基础设施规划研究提供决策支持基础。本文基于集卡的北斗卫星导航系统轨迹数据开展研究工作,在后续研究中,可以融合多源数据细致分析车辆的出行规律,例如结合车辆载货信息去挖掘集卡的货运需求等。

参考文献

[1] 陈子睿,孙泽彬,熊思敏,等.基于货车轨迹数据的货运空间识别及特征研究——以广州市黄埔区为例[C]//中国城市规划学会.人民城市,规划赋能——2023 中国城市规划年会论文集.北京:中国建筑工业出版社,2023.

[2] ALHO A R, YOU L, LU F, et al. Next-generation freight vehicle surveys: Supplementing truck GPS tracking with a driver activity survey[C]// 2018 21st International Conference on Intelligent Transportation Systems, 2018:2974-2979.

[3] SIRIPIROTE T, SUMALEE A, HO H W. Statistical estimation of freight activity analytics from Global Positioning System data of trucks[J]. Transportation Research Part E: Logistics and Transportation Review, 2020, 104: 101986.

[4] YANG X, SUN Z B, BAN X G. Urban freight delivery stop identification with GPS data[J]. Transportation Research Record: Journal of the Transportation Research Board, 2014, 2411

（1）：55-61.

[5] 丁威,杨晓光,伍速锋.基于活动的居民出行行为研究综述[J].人文地理,2008（3）：85-91.

[6] 张瑞.基于低碳视角的城市配送车辆出行链建模与仿真研究[D].南京：东南大学,2018.

[7] YOU S I, RITCHIE S G. A GPS data processing framework for analysis of drayage truck tours [J]. KSCE Journal of Civil Engineering, 2018, 22(4):1454-1465.

[8] PROTOPAPAS A. Travel characteristics of urban freisht vehicles and their effects on air quality [D]. Knoxville：The University of Tennessee, 2004.

基于智能手机传感器数据的网约车行业驾驶行为研究

王福建[1,2]   田　辉[1,3]   贾胜强[*2]   梅振宇[1,3]

(1.浙江大学建筑工程学院；2.浙江大学建筑设计研究院有限公司；3.浙江大学平衡建筑研究中心)

摘　要　驾驶行为分析是智能交通领域研究的重点之一,在交通安全中起着重要作用。网约车作为共享经济的产物,在国内成为人们出行的热门方式。然而,目前针对网约车群体的驾驶行为研究还停留在传统调查问卷与车载终端数据方面,缺乏客观性与便捷性。因此,本文基于网约车行车过程中收集的智能手机传感器数据,通过统计分析方法,对转弯、变道等驾驶操作特征进行定量分析,并分析了网约车在不同驾驶任务下的数据特征,旨在为城市的智能交通运营及交通安全提供辅助决策支持。

关键词　网约车　智能手机传感器　驾驶行为　统计分析

0　引言

移动互联网的发展推动了互联网与传统产业的创新和整合,互联网技术也推动了出租汽车行业的变革,网约车凭借着快捷、方便的服务,被广大出行用户接受。智能手机设备具有体积小、成本低、计算能力高、网络带宽高(4G/5G标准)、普及率高、便携易带等特点与优势[1]。出于对乘客安全和舒适度考虑,政府和网约车平台投入了大量资源对网约车驾驶员的驾驶行为进行监管。基于智能手机传感器数据,可以远程实时监测和评估驾驶员的驾驶行为,并及时提醒驾驶员的危险驾驶操作行为,避免交通事故的发生[2]。

驾驶员的驾驶行为影响着行程安全和乘客体验。网约车驾驶员是特殊群体,不同于普通驾驶员,一方面,其驾驶熟练度更高,另一方面,在不同驾驶任务下(有无订单)其驾驶行为也有差异。目前针对网约车驾驶员的驾驶行为研究仍为调查问卷的形式[3-4],此类方法可以直接获得该群体的驾龄、性别、驾驶习惯等基础信息,但存在费时耗力、主观性强等问题。随着信息技术的发展,部分学者[5-6]使用专门的定位设备收集网约车出行数据,通过确定阈值来对驾驶员的驾驶操作进行研究,然而,该方法成本高,确定的阈值也缺乏通用性。本文以智能手机为载体,基于网约车出行过程中收集的手机传感器数据,对转弯、变道及避障等驾驶操作特征进行定量分析,并对不同驾驶任务下(有无订单)的驾驶行为特征进行描述。

1　数据描述与处理

1.1　数据描述

本研究中使用的真实驾驶数据是通过智能手机传感器收集的,其中包括加速度计、方位计、角速度计以及全球定位系统(GPS)定位器等传感器。加速度计、方位计和角速度计采样频率为100Hz,GPS定位器采样频率设为1Hz。使用 Matlab mobile

基金项目：浙江大学平衡建筑研究中心科技项目（K横-20212792）。

App 收集手机传感器数据,并实时传输到 Matlab 云端以进行后续处理分析。

　　数据收集在银川市进行。我们招募了 3 名驾龄相近的网约车驾驶员,为了减少外部环境和交通状况带来的影响,所有数据都在相同天气状况下的工作日同一时段内收集得到,总共收集了 30 次行程,这里的行程指一个网约车完成订单的整个过程,即接到订单到送乘客至目的地。收集数据时,一台手机用于收集表征车辆运动的驾驶数据,一台手机用于记录车辆的行驶过程。订单数据从驾驶员手机的平台端获得,它能够记录驾驶员接到每个订单的时间以及订单间的间隔时间。数据收集工作征得相关网约车驾驶员同意,收集过程不影响驾驶员的日常操作,也不会影响交通安全。图 1 展示了网约车驾驶员手机放置位置和本研究实验收集手机放置位置情况。

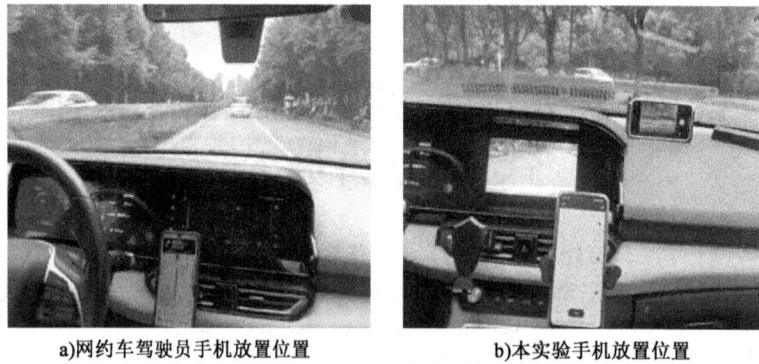

a)网约车驾驶员手机放置位置　　　　　b)本实验手机放置位置

图 1　手机放置位置情况

1.2　数据处理

　　智能手机传感器数据可以描述车辆行驶特征,然而,为了符合现实场景,本实验手机是倾斜放置,因此,三轴原始数据并不能直接用来分析,需要把该坐标系下的数据转换为车辆坐标系下的数据。Android 软件驱动智能手机内置传感器,以设定的频率采集数据。第一个是三轴加速度 $a = [a_x, a_y, a_z]^T$,其中,a_x, a_y, a_z 分别表示加速度传感器沿 X、Y、Z 轴的值。第二个是三轴角速度 $\omega = [\omega_x, \omega_y, \omega_z]^T$,其中,$\omega_x, \omega_y, \omega_z$ 分别表示围绕 X、Y、Z 轴旋转的角速度。第三个是姿态角 $R = [\psi, \theta, \phi]^T$,其中 ψ, θ, ϕ 分别表示方位角、俯仰角、滚转角,姿态角能够记录智能手机在车辆中的实时姿态。通过使用"旋转矩阵"[7]可以把手机坐标系下收集的加速度数据等"旋转"为车辆参考坐标系下的值,以表征车辆驾驶特征。为了说明数据转换的效果,截取某段 Z 轴加速度传感器数据进行转换前后对比。当手机以"标准姿势"放置,也就是手机坐标系与车辆坐标系保持一致时,Z 轴加速度传感器数值理论上来说为 9.8m/s^2 左右,即重力加速度,然而,为了与实际生活相符,实验中手机是倾斜放置的。如图 2 所示,原始采集即转换前的 Z 轴加速度在 1.8m/s^2 左右,经过旋转矩阵转换后,加速度计 Z 轴的读数稳定在 9.8m/s^2 附近,这说明数据处理工作是成功的。

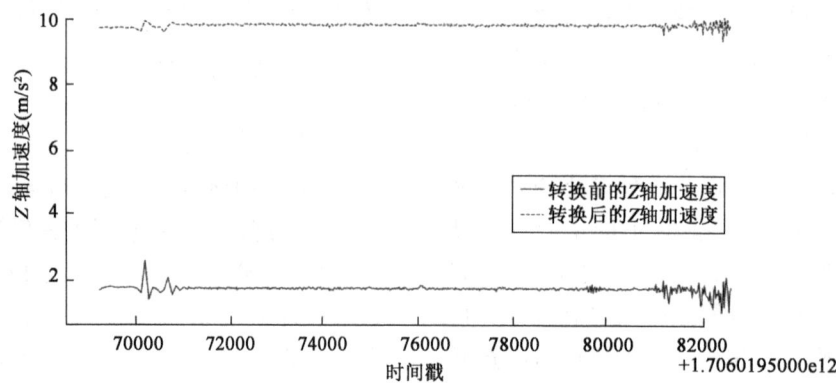

图 2　数据转换

2 驾驶行为特征统计分析

2.1 驾驶行为提取

不同于传统的阈值提取驾驶行为片段,本文基于视频录像,人工手动以秒为单位针对90°转弯、变道等驾驶行为进行提取。最终提取的片段数量为:90°左转42个、90°右转65个、左变道76个、右变道93个。根据对应时间片段和传感器记录时间戳提取该驾驶行为片段对应的传感器数据。

2.2 特征选择及描述

考虑到与驾驶行为特征的相关性,本文选取加速度计的 X 轴和 Y 轴数据、陀螺仪的 Z 轴数据、GPS 定位器的速度数据和持续时间对驾驶行为特征进行描述。

由于转弯等驾驶行为是一个时间序列片段,因此基于统计域对各个驾驶行为的最大值、最小值、均值、标准差、中位数等进行描述性统计。

以表1为例,首先对提取的所有驾驶行为片段分别进行统计,将其作为该行为特征。至此,本文得到每个驾驶行为的21个数据特征,包括驾驶行为持续时间,以及加速度计 X 轴和 Y 轴、陀螺仪 Z 轴、速度值的均值、标准差、最大值、最小值和中位数。

某次右变道事件统计示例　　　表1

特征	ACCX (m/s^2)	ACCY (m/s^2)	GYRZ (rad/s)	速度 (km/h)
均值	0.151	0.891	0.016	12.21
标准差	1.457	0.636	0.162	2.763
最小值	-2.602	-1.803	-0.373	8.253
中位数	0.151	1.012	0.017	11.171
最大值	2.168	2.201	0.481	16.250

特征重要性分析在数据科学中扮演着重要角色,有助于理解数据中每个特征对目标变量的影响程度[8]。对于不同的驾驶行为,表征其差异性的重要特征会有所不同。受限于数据量,本文使用 F 检验选取重要的特征进行统计分析。F 检验,又称方差检验,是用来捕捉每个特征与标签之间的线性关系的方法。F 值较高的特征通常意味着它们在区分类别上具有更高的统计显著性。P值则可以表明这些关系在统计上是否显著(通常 P 值小于 0.05 被认为是显著的)。表2、表3分别显示了变道和90°转弯时 F 检验结果。

驾驶行为变道 F 检验结果　　　表2

特征	F 值	P 值
ACCY 中位数	9.568	0.003
ACCX 标准差	7.120	0.006
ACCY 均值	3.300	0.028
ACCY 最小值	2.749	0.031
变道持续时间	2.201	0.039

驾驶行为 90°转弯 F 检验结果　　　表3

特征	F 值	P 值
速度最小值	15.206	0.0004
速度均值	10.796	0.002
速度中位数	7.655	0.009
转弯持续时间	6.426	0.016
速度最大值	4.957	0.033

根据方差分析结果,本文选取具有显著性差异的前五个特征进行后续统计分析。对于变道,重要性排序前五的特征从大到小依次为:ACCY 的中位数、ACCX 的标准差、ACCY 的均值、ACCY 的最小值以及持续时间;对于90°转弯,重要性排序前五的特征从大到小依次为:速度最小值、速度均值、速度中位数、持续时间以及速度最大值。很明显,不同的驾驶行为其特征重要性有明显差异。一般情况下,人们会在超车时变道,这个时候纵向加速度和横向加速度会有明显变化。而对于90°转弯,由于交通规则限制,左转受信号灯控制,而右转在大多数情况下不受灯色限制,这个时候,速度值差异就凸显出来,因为左转需要停车等信号灯,而右转可能只需减速即可。对于90°转弯和变道,重要性排序前五的共同特征是持续时间。这也符合现实交通场景,在变道时需要观察前后车况,这个过程中驾驶员会更加谨慎,所耗费的持续时间也会有所不同,对于转弯,90°左转在大多数情况下持续时间都要高于右转。

小提琴图是一种绘制连续型数据的方法,可以认为是箱形图与密度图的结合体,四分位距(Interquartile Range, IQR)是描述统计学中的一种方法,以确定第三四分位数和第一四分位数的区别。使用 Origin 软件统计分析绘制小提琴图,如图3、图4 所示,小提琴针中的中间原点表示中位数,中间的箱线盒表示下四分位点到上四分位点

的数据,其延伸的黑线代表 1.5 倍四分位距的数据,外部形状表示核密度估计量[9]。对前文计算出的前五位重要性特征,分别绘制小提琴图以描述数据特点。

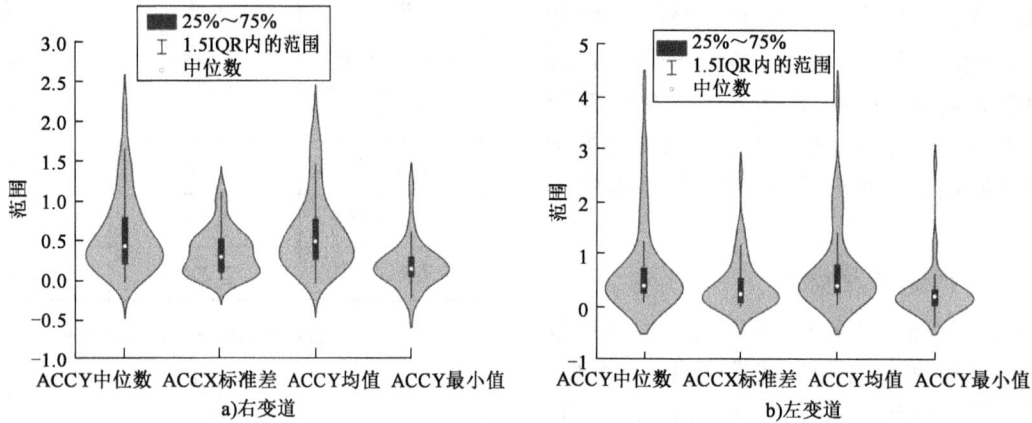

a)右变道

b)左变道

图3　变道行为特征统计

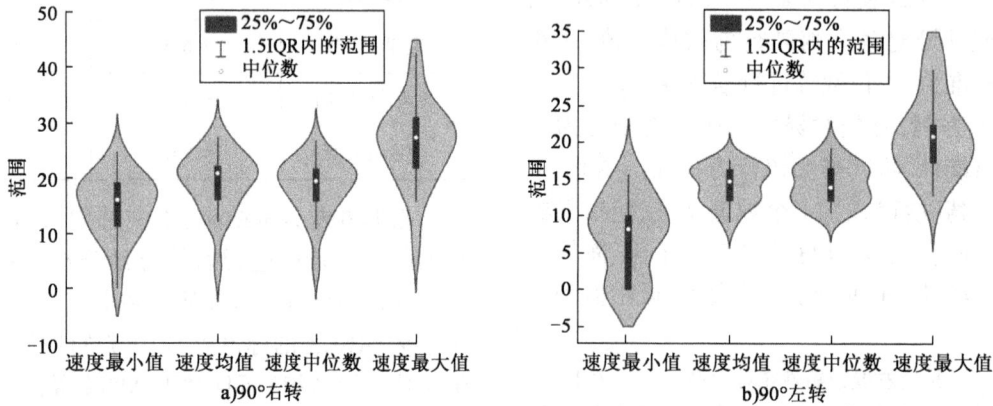

a)90°右转

b)90°左转

图4　90°转弯行为特征统计

对于 90°转弯和变道的共同重要性特征——持续时间,图5 显示了其差异。如前文所述,一方面,90°左转所需的路径要大于 90°右转,另一方面,90°左转受限于信号灯影响,大概率需要停车排队,因此转弯初始速度为0,这点在图4 的速度特征值分布上也能明显体现。对于变道,持续时间差异性不是特别明显,主要是因为左变道和右变道这两项驾驶行为一般是连贯发生的,如在超车情境下,先左变道加速超车再右变道回到原车道。

2.3　不同驾驶任务下的数据特征

本文的研究对象是网约车驾驶员群体,与普通驾驶员不同的是,其在不同驾驶任务下的驾驶状态是有差异的,这是由职业特殊性决定的。本文将驾驶任务分为两类:一类是无订单,即平台无

订单派送,此时网约车驾驶员空车在城市内巡游,等待派单;另一类是有订单,即接到订单派送,此时网约车驾驶员前往接客,并送乘客至目的地。

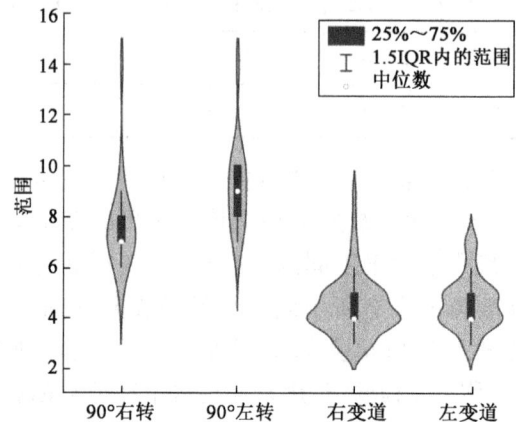

图5　持续时间行为统计

根据收集到的30次行程数据,统计出有订单的驾驶任务持续时间占比为64%,无订单的驾驶任务持续时间占比为36%,并在此基础上统计其对应的速度特征值。表4显示了两种驾驶任务下的速度特征值。

不同驾驶任务下的速度特征值差异　表4

有无订单	均值（km/h）	标准差（km/h）	最小值（km/h）	中位数（km/h）	最大值（km/h）
有订单	24.91	25.69	0	15.63	79.84
无订单	20.754	21.72	0	14.72	68.46

由表4可知,在有订单的情况下,网约车的速度均值、中位数和最大值均要高于无订单任务。这是由于无订单任务下车辆在巡游,等待平台派单,驾驶员此时处于较为放松的状态,同时考虑经济成本[10],没有必要高速度行驶。在有订单的情况下,一方面考虑到乘客的时间需求和满意度,另一方面平台对网约车驾驶员接送乘客的快捷性也有奖惩措施,因此网约车驾驶员会在确保安全的情况下尽量以最快速度完成订单。

3 结语

本文利用智能手机传感器收集了网约车的行程数据,首先对网约车驾驶员在变道和90°转弯等驾驶行为下的数据特征进行了描述统计,并对其特征重要性进行分析,得到两个主要结论。①对于变道,其重要性排序前五的特征依次为:Y轴加速度的中位数、X轴加速度的标准差、Y轴加速度的均值、Y轴加速度的最小值和变道持续时间。②对于90°转弯,重要性排序前五的特征依次为:速度最小值、速度均值、速度中位数、转弯持续时间和速度最大值。其次,对得到的重要性特征再次进行统计描述,其中90°左转的持续时间均值明显高于90°右转,90°左转的速度均值明显低于90°右转。最后,对不同驾驶任务下的速度特征进行了统计分析,结果表明,网约车在有订单的情况下速度均值、速度中位数和速度最大值均高于无订单时。

参考文献

[1] 裴亚丽,谢思源.基于手机数据的交通方式识别研究综述[J].综合运输,2021,43(10):54-59,67.

[2] 谢非,汪壬甲,沈世斌,等.基于手机惯性传感器与多特征CNN的驾驶行为识别算法[J].中国惯性技术学报,2019,27(03):288-294.

[3] EISAPAREH K, NAZARI M, et al. Effects of an educational intervention program based on the PRECEDE-PROCEED model for anger management and driving performance of urban taxi drivers: A comparison of traditional and online methods [J]. Safety Science, 2023, 157:105933.

[4] XIAO Y. Analysis of the influencing factors of the unsafe driving behaviors of online car-hailing drivers in China[J]. PLoS ONE,2020, 15(4):e0231175.

[5] MA Y F, LI W L,TANG K, et al. Driving style recognition and comparisons among driving tasks based on driver behavior in the online car-hailing industry [J]. Accident Analysis & Prevention,2021,154:106096.

[6] ZHOU Z J, DOU W C, JIA G C, et al. A method for real-time trajectory monitoring to improve taxi service using GPS big data[J]. Information & Management, 2016, 53 (8): 964-977.

[7] RAMAH S E,BOUHOUTE A, BOUBOUH K,et al. One step further towards real-time driving maneuver recognition using phone sensors[J]. IEEE Transactions on Intelligent Transportation Systems, 2021,22(10): 6599-6611.

[8] 党杨瑞,陈韬,张杰,等.基于指定到达追踪间隔的高铁车站接车进路长度研究[J].综合运输,2021,43(2):84-88.

[9] 张凯,张科.基于LightGBM算法的边坡稳定性预测研究[J].中国安全科学学报,2022,32(7):113-120.

[10] CHEN H, GUO B, YU Z, et al. The framework of increasing drivers' income on the online taxi platforms[J]. IEEE Transactions on Network Science and Engineering, 2020, 7 (4): 2182-2191.

大范围场景的交通可达性对旅游选择影响特性

姚舜禹　朱顺应*　王红

（武汉理工大学交通与物流工程学院）

摘　要　交通可达性是否影响游客的旅游选择是学术界持续讨论的问题。为验证该问题，本文选取了大范围多类型的旅游场景，以新疆内有代表性的景点为研究对象，采用成本栅格加权距离算法计算了景点的交通可达性；针对本文场景定义并计算了全域交通可达性；同时基于手机LBS（Location Based Services）数据对游客进行画像；采用Pearson检验分析了全域交通可达性与游客画像之间的相关性。结果表明全域交通可达性与不同画像的游客选择在显著性水平至少为0.05级别上相关性显著，且相关性程度体现为淡季大于旺季，同季节下男性大于女性，疆内大于疆外，疆外相关性程度基本与地区距新疆的距离呈正相关，即验证了交通可达性对不同属性的游客的旅游选择存在不同程度的影响。研究考虑了特定场景下的交通可达性计算方法，具有更强的场景适应性；同时采用了手机LBS数据作为分析游客选择的基础，相比传统方法数据精度及可信度更高。

关键词　交通可达性　景点选择　成本栅格加权距离算法　手机LBS数据　Pearson检验

0　引言

新疆具有得天独厚的旅游资源。随着旅游红利的释放，新疆成为国内外游客的首选目的地之一。而新疆各地的旅游高质量发展水平存在着明显的区域差异性特征，体现为旅游资源的南北疆差异性明显[1]，其中交通发展韧性不足成为制约新疆旅游体验和旅游经济的发展的瓶颈[2]。

为充分开发新疆的旅游资源，改善新疆的旅游交通是一个有效的手段。对游客而言，提升交通可达性是最直观的旅游体验改善[3]。关于"旅游是否受交通可达性的影响"话题的讨论在学术领域持续存在。现有研究中，交通对于游客群体的影响可以分为外在因素和内在因素。内在因素可以归结为游客层面的因素，即旅游的目的、行为感知、游客自身特性等多方面的因素[4-7]，外在因素则包括了游客的收入、旅游的消费、交通的畅通性等因素[8-10]。然而，在研究"交通可达性是否会影响游客选择"的问题时，学者的研究结论并不统一。王亚娟等[11]认为交通可达性是提高地区旅游资源供需耦合效率的主要因素，是影响游客选择的重要因素。而左晶晶等[12]提出了基于顾客价值的旅游体验影响因素模型，并基于该模型分析提出了游客体验是影响游客选择的主要因素。不同学者在研究范围和区域旅游特色上具有一定差异，更多局限于较小旅游区域的研究。为弥补交通可达性对大范围旅游的影响特性的研究不足，本文以新疆全域旅游为基础，研究交通可达性对于游客选择的影响，进而探究交通可达性对游客选择的影响程度和作用方式。

1　数据基础

1.1　研究区域

本文的研究区域是新疆。新疆地区的景点具有数量多、范围广的特点，选取全部的景点作为分析对象在数据获取和分析上具有较大的困难，可操作性较低，因此本文选择具有代表性的部分景点作为分析对象，选取的主要原则如下：①尽可能保留高等级的景点。②尽可能保留各类型的景点。③尽可能使景点的空间分布遍布每个地市州级行政区域。

其中景点的分布参考国家现行标准中的评价体系和等级标准划分。选定景点后，根据地图上景点的空间范围确定研究区域，所选取的景点的空间分布主要呈现为两个特征："三带两环"和"六点集聚"。在"三带两环"分布中，三带即为沿阿勒泰山、天山和昆仑山三大山脉的带状；两环即为沿塔里木盆地和准噶尔盆地两大盆地的边缘带状区；"六点集聚"即以乌鲁木齐、吐鲁番、阿勒泰、伊犁、阿克苏、喀什为中心的六点状集聚分布，其中乌鲁木齐、吐鲁番及伊犁的集聚效应最明显。

1.2 手机 LBS 数据

1.2.1 数据获取

为保证足够的数据量及精度,本文通过手机 LBS 数据采集游客数据。手机 LBS 数据通过手机用户在基站之间的信息交换来确定用户的空间位置,能相对准确的记录人流的时空轨迹。

手机 LBS 数据包括手机信令数据和基站工参数据。手机信令数据体现为用户的个人行为和信息,包括主动行为和被动行为两部分;基站工参数据包括与用户对应的基站编号、基站经纬度等。因手机 LBS 数据涉及用户的隐私,因此直接获取全部源数据可操作性较低,需经过加密处理再进行学术研究。为使获取数据具有可操作性,本次研究将采用运营商扩样的方法。具体流程如下:

(1)确定目标运营商及统计年份。

经过对比市场用户体量,考虑到数据成本及处理难度等相关因素,本次采集数据的对象为中国联通的游客用户。考虑到 2019 年底至 2020 年初的疫情影响,在疫情之后的时间段内的旅游可能存在"低落"或"报复性消费"的特性,因此选取 2019 年的数据可信度最高。考虑到新疆旅游具有明显的淡旺季差异性,将采集时间定为淡旺季各一周,其中旺季为 2019 年 7 月 22 日至 2019 年 7 月 28 日,淡季为 2019 年 11 月 4 日至 2019 年 11 月 10 日。

(2)数据统计和加密处理。

完成源数据搜集后,为了保护用户隐私,需要对敏感信息进行 MD5 加密处理(算法不可逆),进而从中抽取所需要的用户 ID、信令发生时间、信令发生的基站编号、信令事件类型等。

(3)异常排除和数据清洗。

由于手机 LBS 数据统计存在一定的信号误差,部分手机信令数据可能缺少相应的经纬度坐标,影响分析。因此,对影响使用和判别的信令记录予以直接剔除。

在移动通信系统中,如果在一定区域里两基站信号强度剧烈变化,手机就会在两个基站间来回切换,对应的信令记录亦会不断产生,形成所谓的"乒乓效应"。为尽可能消除"乒乓效应"对数据有效性的影响,本文根据数据切换的时间和空间尺度对相应数据进行筛选。2019 年新疆地区网

络环境仍以 4G 网络为主,考虑到 4G 网络基站覆盖范围约为 1km,结合新疆景点间相距较远,因此对"乒乓效应"的范围上下阈值设为 1km 和 20km。如果在短时间内切换数量过多,且为短距离切换,如图 1 所示,即认为存在"乒乓效应",在数据处理中进行剔除;图 2 的远距离信令切换,则认为是有效数据,进行保留。

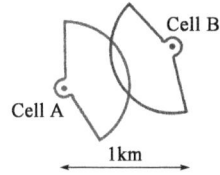

图 1 "乒乓效应"数据示例

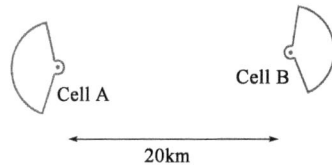

图 2 合理的数据切换示例

(4)确定扩样系数。

依据中国联通的智慧足迹全量人口外推专利算法,在识别并剔除了无效号卡之后,将市场占有率从省域细化至区县级地区,同时尽可能消除一人多卡和无卡的影响,最终获得扩样系数。

1.2.2 数据整理

本次获取的数据包含用户 ID、时间戳、基站编号、经纬度等核心 LBS 字段,具体字段如表 1 所示。

抽取后的信令字段　　　　表 1

字段	释义
User_Id	脱敏用户 ID
Timestamp	信令发生时间/s
Loc_Id	基站编号
Long	经度/Wgs84 坐标系
Lat	纬度/Wgs84 坐标系
Evevnt_Type	不同的事件类型

经整理,在本文淡旺季各 7 天、共 14 天的时间范围内,所选的 77 个景点游客到访总量为 7662067 人,旺季日均游客到访量为 675006 人/天,淡季日均游客到访量 419575 人/天。由此可

以看出,本文获取的手机 LBS 数据的数据量充足、覆盖景点范围广且精度高,能够为本文提供充足可信的数据基础。对数据进行统计整理,可获得景点的淡旺季到访客流。为了更准确地描述游客属性差异对旅游选择的影响,本文选取了性别和常住地两个游客属性作为画像对数据进行画像提取,部分数据如表 2 和表 3 所示。

性别画像数据示例 表 2

日期	景点 ID	性别	客流人数
20190722	0	女	4
20190722	0	男	23
20190723	0	女	8
20190723	0	男	16
20190724	0	女	14
20190724	0	男	19

常住地画像数据示例 表 3

日期	景点 ID	常住地	客流人数
20190722	0	新疆维吾尔自治区	27
20190723	0	河北省	5
20190723	0	河南省	2
20190724	0	北京市	5
20190724	0	四川省	9
20190724	0	山东省	2

2　可达性计算与相关性分析

2.1　可达性计算基础标准

交通可达性的计算一般采用成本栅格加权距离算法[13],其原理是用 1km × 1km 栅格网将原矢量底图栅格化,根据规范中规定的设计速度给各等级道路的速度进行赋值,计算路网通行时间,并赋予栅格相应的时间成本值,对景点计算路网中的最短成本,即为景点的可达性,具体计算公式如式(1):

$$A_i = \min(M_j T_{ij}) \tag{1}$$

式中:i,j——测度区域内的景点;

　　　　T_{ij}——景点 i 通过交通网络到达景点 j 的最短通行时间(s);

　　　　M_j——景点 j 的权重,在仅研究交通可达性时取 1;

　　　　A_i——景点的可达性。

2.2　路网拓扑结构建立

本文所获取的路网数据来源于开源网站 OSM 网站,在 ArcGIS 将其投影至网络中建立路网拓扑结构,对拓扑结构(悬挂点、交点互通性等)进行检查和修正,可建立路网拓扑结构

由于新疆景点种类繁多、分布广泛,为简化问题并保持景点交通可达性计算标准的一致性,本次计算将在合理的范围内作以下假设:①景点的权重 M_j 均设为 1;②默认景区内的道路拓扑悬挂点为该景区的空间位置。

2.3　景点可达性计算标准优化

本文景点可达性的计算采用成本栅格加权距离算法,该方法主要体现了景点的交通可达性。利用成本栅格加权距离算法可计算两两景点对之间的可达性,部分有代表性景点的计算结果如表 4 所示。

部分景点可达性 A_i 表 4

ID	景区名	可达性(h)
16	博格达尔森林公园	10.66
17	赛里木湖国家级风景名胜区	11.53
53	昆仑湖公园	17.72
54	青年公园	18.07
55	于田县城市公园	18.78
81	人民公园	6.21
82	新疆国际大巴扎	6.22

表 4 中 ID 为 16 和 17 的景点属于伊犁地区,ID 为 53、54 和 55 的景点属于喀什和和田地区,ID 为 81 和 82 的景点属于乌鲁木齐。根据表 4 可知,新疆景点的可达性 A_i 的空间分布以乌鲁木齐为中心向四周呈放射环状逐渐降低。考虑到 A_i 体现的是景点间的时间可达性极小值,不同景点 A_i 的差值较大,A_i 无法较好体现景点在新疆全域范围内的可达性。

景点间的 OD 成本矩阵可以更准确地定量描述景点在新疆全域的可达性。考虑到新疆地域较为广阔,除各旅游景点外,还加入了 3 个道路流量较高的节点作为入疆口岸,以充分考虑先至集散点后至景点的旅游模式和直至景点的旅游模式。为更直观景点在新疆全域范围内的可达性,本文定义 A_{i2} 为景点 i 的全域可达性,具体如下:

$$A_{i2} = \frac{\frac{1}{n}\sum_{j=1}^{n}A_{ij}}{A_i} \qquad (2)$$

式中:A_{i2}——景点 i 的全域可达性;

　　A_{ij}——景点 i 至景点 j 的可达性;

　　n——景点数量。

由式(2)可知,A_{i2} 的值越大则景点在新疆全域的可达性越高。部分有代表性景点的全域可达性如表 5 所示。

部分景点全域可达性 A_{i2}　　表 5

ID	景区名	全域可达性
16	博格达尔森林公园	0.91
17	赛里木湖国家级风景名胜区	0.84
53	昆仑湖公园	0.55
54	青年公园	0.54
55	于田县城市公园	0.52
81	人民公园	1.57
82	新疆国际大巴扎	0.56

景点的全域可达性的空间分布与表 4 相比差值更小,更能直观体现景点在新疆全域的可达性强弱,因此景点全域可达性在本文的场景下具有更强的适应性。

2.4　相关性分析

2.4.1　检验变量

本次相关性分析采用的是 Pearson 检验,自变量是 A_{i2},因变量是各类游客画像。在游客画像中,以不同景点不同类型的游客的人数来表示游客的旅游选择。具体变量如表 6 所示。

Pearson 检验变量　　表 6

自变量	因变量			
	旺季		淡季	
A_{i2}	性别	男	女	男	女
	常住地	疆内	疆外	疆内	疆外

本次检验的假设为:H_0:自变量与因变量之间没有关联;H_1:自变量与因变量之间有关联。

2.4.2　检验结果

(1)旺季男性游客-A_{i2}

由表 7 可知,在旺季,男性游客的旅游选择与 A_{i2} 在显著性水平 0.01 级别相关性显著,Pearson 相关性系数为 0.307,即拒绝 H_0,接受 H_1,认为二者相关。

旺季男性游客-A_{i2}相关性检验　　表 7

变量	指标	可达性	旺季_男
可达性	Pearson 相关性	1	.307**
	Sig.(双尾)		.007
	个案数	77	77
旺季_男	Pearson 相关性	.307**	1
	Sig.(双尾)	.007	
	个案数	77	77

注:** 在 0.01 级别(双尾),相关性显著。

(2)旺季女性游客-A_{i2}

由表 8 可知,在旺季,女性游客的旅游选择与 A_{i2} 在显著性水平 0.01 级别相关性显著,Pearson 相关性系数为 0.300,即拒绝 H_0,接受 H_1,认为二者相关。

旺季女性游客-A_{i2}相关性检验　　表 8

变量	指标	可达性	旺季_女
可达性	Pearson 相关性	1	.300**
	Sig.(双尾)		.008
	个案数	77	77
旺季_女	Pearson 相关性	.300**	1
	Sig.(双尾)	.008	
	个案数	77	77

注:** 在 0.01 级别(双尾),相关性显著。

(3)淡季男性游客-A_{i2}

由表 9 可知,在淡季,男性游客的旅游选择与 A_{i2} 在显著性水平 0.01 级别相关性显著,Pearson 相关性系数为 0.430,即拒绝 H_0,接受 H_1,认为二者相关。

淡季男性游客-A_{i2}相关性检验　　表 9

变量	指标	可达性	淡季_男
可达性	Pearson 相关性	1	.430**
	Sig.(双尾)		.000
	个案数	77	77
淡季_男	Pearson 相关性	.430**	1
	Sig.(双尾)	.000	
	个案数	77	77

注:** 在 0.01 级别(双尾),相关性显著。

(4)淡季女性游客-A_{i2}

由表 10 可知,在淡季,女性游客的旅游选择与 A_{i2} 在显著性水平 0.01 级别相关性显著,Pearson 相关性系数为 0.380,即拒绝 H_0,接受 H_1,认为二者相关。

淡季女性游客-A_{i2}相关性检验　　表 10

变量	指标	可达性	淡季_女
可达性	Pearson 相关性	1	.380**
	Sig.(双尾)		.001
	个案数	77	77
淡季_女	Pearson 相关性	.380**	1
	Sig.(双尾)	.001	
	个案数	77	77

注:**在 0.01 级别(双尾),相关性显著。

（5）旺季疆内游客-A_{i2}

由表 11 可知,在旺季,疆内游客的旅游选择与 A_{i2} 在显著性水平 0.05 级别相关性显著,Pearson 相关性系数为 0.271,即拒绝 H_0,接受 H_1,认为二者相关。

旺季疆内游客-A_{i2}相关性检验　　表 11

变量	指标	可达性	旺季_疆内
可达性	Pearson 相关性	1	.271*
	Sig.(双尾)		.017
	个案数	77	77
旺季_疆内	Pearson 相关性	.271*	1
	Sig.(双尾)	.017	
	个案数	77	77

注:*在 0.05 级别(双尾),相关性显著。

（6）旺季疆外游客-A_{i2}

由表 12 可知,在旺季,疆外游客的旅游选择与 A_{i2} 在显著性水平 0.05 级别相关性显著,Pearson 相关性系数为 0.264,即拒绝 H_0,接受 H_1,认为二者相关。

旺季疆外游客-A_{i2}相关性检验　　表 12

温度	指标	可达性	旺季_疆外
可达性	Pearson 相关性	1	.264*
	Sig.(双尾)		.020
	个案数	77	77
旺季_疆外	Pearson 相关性	.264*	1
	Sig.(双尾)	.020	
	个案数	77	77

注:*在 0.05 级别(双尾),相关性显著。

（7）淡季疆内游客-A_{i2}

由表 13 可知,在淡季,疆内游客的旅游选择与 A_{i2} 在显著性水平 0.01 级别相关性显著,Pearson 相关性系数为 0.372,即拒绝 H_0,接受 H_1,认为二者相关。

淡季疆内游客-A_{i2}相关性检验　　表 13

变量	指标	可达性	淡季_疆内
可达性	Pearson 相关性	1	.372**
	Sig.(双尾)		.001
	个案数	77	77
淡季_疆内	Pearson 相关性	.372**	1
	Sig.(双尾)	.001	
	个案数	77	77

注:**在 0.01 级别(双尾),相关性显著。

（8）淡季疆外游客-A_{i2}

由表 14 可知,在淡季,疆外游客的旅游选择与 A_{i2} 在显著性水平 0.01 级别相关性显著,Pearson 相关性系数为 0.349,即拒绝 H_0,接受 H_1,认为二者相关。

淡季疆外游客-A_{i2}相关性检验　　表 14

变量	指标	可达性	淡季_疆外
可达性	Pearson 相关性	1	.349**
	Sig.(双尾)		.002
	个案数	77	77
淡季_疆外	Pearson 相关性	.349**	1
	Sig.(双尾)	.002	
	个案数	77	77

注:**在 0.01 级别(双尾),相关性显著。

由表 11 ~ 表 14 可知,疆外游客的旅游选择与交通可达性的相关性普遍低于疆内游客,可见疆外游客入疆旅游普遍具有更强的目的性。为进一步明确全域交通可达性对疆外游客的影响程度,本文选取了入疆游客量最多的 10 个省级行政区,包括北京、四川、广东、山东、陕西、河南、江苏、河北、甘肃和上海,这些地区的入疆游客量在游客总量中的占比在旺季为 4.17% ~ 8.88%,在淡季为 3.28% ~ 15.98%,具有较强的代表性。所选取的省(市)入疆游客量分布体现为淡季的疆外游客的常住地的集聚性更强,而旺季的疆外游客来源分布则相对较均匀。对相应地区游客的旅游选择与全域交通可达性进行 Pearson 检验,结果如表 15。

疆外部分地区相关性检验　　表 15

省(市)	Pearson 相关性系数	
	旺季	淡季
北京	0.216*	0.246*
四川	0.219*	0.342*

续上表

省(市)	Pearson 相关性系数	
	旺季	淡季
广东	0.258 *	0.334 *
山东	0.238 *	0.315 *
陕西	0.253 *	0.353 *
河南	0.238 *	0.312 *
江苏	0.228 *	0.281 *
河北	0.214 *	0.282 *
甘肃	0.276 *	0.327 *
上海	0.259 *	0.376 *

注:* 在 0.05 级别(双尾),相关性显著。

由表15可知,所选疆外地区的淡季 Pearson 相关性系数都大于旺季,说明游客入疆旅游的选择受气候影响较大。无论是淡季还是旺季,疆外地区的 Pearson 相关性系数基本与该地区至新疆的距离成正相关,近至北京和河北等地区的 Pearson 相关性系数较低,远至上海、广东等地区的 Pearson 相关性系数较高。

3 结语

3.1 结论与总结

本文利用 LBS 数据将游客分为不同的群体,并依此将各群体与交通可达性进行了 Pearson 检验。经过检验,可以发现以下结论:

(1)同组画像淡季的 Pearson 相关性系数大于旺季。

无论是针对性别画像还是常住地画像,淡季的游客选择与交通可达性的相关性都强于旺季。淡季道路条件相对苛刻,因此游客在旅游时更倾向于选择容易到达的景点。

(2)同季节下男性的 Pearson 相关性系数大于女性。

无论是淡季还是旺季,男性游客的旅游选择受交通可达性的影响均大于女性游客,说明男性游客在入疆旅游时更注重便捷性,而女性游客更注重便捷之外的旅游体验。

(3)同季节下疆内的 Pearson 相关性系数大于疆外,且疆外的 Pearson 相关性系数基本与该地区距新疆的距离呈正相关。

疆内游客自驾游的比例更高,因此疆内游客的旅游选择受交通可达性的影响程度较高;疆外游客在入疆旅游时更多考虑交通成本的问题,因此疆外游客的旅游选择基本与该地区距新疆的距离呈正相关。

总结可知,在大范围的旅游场景下,当道路条件良好时,游客倾向于选择更丰富的旅游体验,道路条件受限时,游客倾向于选择更便捷的旅游体验,且游客的旅游选择与性别和常住地存在着不同程度的关系,这些结论的体现均与新疆旅游的现状基本相符。

3.2 讨论与展望

本文利用大数据分析了特定场景下的交通可达性对不同属性游客的旅游选择的影响。本文的研究可总结出两点优势和两点不足。

3.2.1 研究优势

(1)数据优势。

本文以手机 LBS 数据作为分析游客旅游选择的数据基础,数据量更丰富,数据精确度和结果可信度更高。

(2)方法优势。

本文针对大范围的旅游场景,以栅格成本加权距离算法为基础提出了适用性更高的可达性计算方法。经过相关性检验,本文方法计算所得的可达性与游客选择的相关性表现与新疆的旅游现状基本一致,说明方法合理。

3.2.2 不足

(1)本文选取的场景是大范围的旅游场景,而实际旅游也存在范围较小的场景,在这种情况下游客的选择可能更具有针对性,本文未考虑这种场景,有待后续研究。

(2)本文在进行常住地画像时受限于旅游范围较大,旅游数据量过大,因此划分的常住地画像精度为省级行政单位,在其他场景下可以考虑更精细的常住地划分。

总结可知,本文的局限主要在于场景受限。选择这样的场景可在数据量上获得足够支撑,但也给分析带来了较大难度。

3.2.3 展望

本文的结果指出了新疆冬季冰雪天气造成的旅游交通条件韧性不足的现状。新疆冬季旅游资源丰富,但旅游交通的发展尚未能完全释放旅游资源的吸引力。本文的结果为指引新疆旅游交通发展提供了方向,为大力改善冬季旅游交通条件提供了有力支撑。

　　本文虽然场景受限,但通过数据与方法的创新,在一定程度上弥补了这一限制,使得结果具有合理性和可信度。在未来的研究中,可以考虑多元化的旅游场景,也可以考虑更丰富的游客属性。

参考文献

[1] 杨丽,王姣姣.新疆旅游高质量发展水平测度及障碍因素分析[J].新疆农垦经济,2023(7):74-83.

[2] 张晓洁,李玲,罗煜湘.区域陆路交通与旅游协同发展分析——以新疆为例[J].四川师范大学学报(自然科学版),2023,46(1):108-116.

[3] 杨肖肖,牛锦荣,倪渝然,等.基于 GIS 网络分析的汉中市旅游交通路网的空间结构特征[J].城市勘测,2022,(4):6-11.

[4] KAUL R N. Dynamics of tourism:A trilogy[M]. New Delhi:Sterling Publishers,1985:111.

[5] WU C L, CARSON D. Spatial and temporal tourist dispersal analysis in multiple destination travel[J]. Journal of Travel Research,2008,46(3):311-317.

[6] SUSANNE B, SCHIFF A. Distance models for New Zealand international tourists and the role of transport prices [J]. Journal of Travel Research,2011,50(3):303-320.

[7] KOO T T R,WU C L,DWYER L. Transport and regional dispersal of tourists:Is travel modal substitution a source of conflict between low-fare air services and regional dispersal? [J]. Journal of Travel Research,2010,49(1):106-120.

[8] LIN C H, MORAIS D B. The spatial clustering effect of destination distribution on cognitive distance estimates and its impact on tourists' destination choices [J]. Journal of Travel & Tourism Marketing,2008,25(3-4):382-397.

[9] NICOLAU J L. Characterizing tourist sensitivity to distance [J]. Journal of Travel Research, 2008,47(1):43-52.

[10] SANTOS O G E, EDUARDO G, RAMOS V, et al. A microeconomic model of multidestination tourism Trips[J]. Tourism Economics,2011, 17(3):509-529.

[11] 王亚娟.交通可达性与旅游资源供需耦合效率提升——以长三角为例[J].商业经济研究,2022,(11):155-158.

[12] 左晶晶,杨柯楠.基于顾客价值的旅游体验影响因素研究综述[J].经济研究导刊,2022,(5):67-69.

[13] 窦启轩,蒋雨芮,陈樟焰.基于 ArcGIS 的城市文旅景点交通可达性研究——以广汉市为例[J].城市建筑,2022,19(15):68-71,80.

基于驾驶人意图的车辆轨迹预测方法

周俊平　张明恒*　王春淇　徐程钟
(大连理工大学机械工程学院)

　　摘　要　针对车辆轨迹与驾驶人意图间的关联性,本文在对驾驶人意图产生与执行机理分析的基础上,提出一种考虑驾驶人意图特征的车辆轨迹预测方法。同时,考虑到不同驾驶意图表征特征的敏感性及不同驾驶人风格之间的差异性,分别对意图特征敏感性分析模块和意图辨识自适应策略进行了针对性设计,有效提升了意图辨识模型的鲁棒性。基于高速公路的仿真场景测试结果表明:通过驾驶意图特征敏感性及自适应策略的引入,基于隐马尔科夫模型(Hidden Markov Model,HMM)的驾驶意图辨识模型的准确性提高了22.4%;考虑驾驶人意图特征的车辆轨迹预测结果相较于长短期记忆网络(Long Short-

基金项目:国家自然科学基金面上项目"人机共驾汽车驾驶风险分析及控制权智能交互机理"(52272413)。

Term Memory，LSTM)模型，其预测精度提高了约10%。

关键词 轨迹预测 驾驶意图 驾驶风格 HMM LSTM

0 引言

轨迹级交通控制是交通领域研究的重点与难点[1]。其中，轨迹预测作为车路协同感知技术的重要组成部分[2-3]，同样被广泛研究。

文献调研结果表明，车辆轨迹预测总体上基于以下方法展开：车辆物理模型、经典机器学习和深度学习。其中，基于车辆物理模型的方法[4-5]主要通过车辆自身固有参数，结合动力学与运动学模型，对车辆轨迹进行预测。但其假设条件较为理想，应用时具有一定局限性。基于经典机器学习的轨迹预测方法[6-7]则是基于车辆历史轨迹信息进行建模，进而对未来轨迹进行预测。但是大部分研究者更多关注车辆的状态，忽略了驾驶人的行为特征。与以上两种方法相比，基于深度学习的方法[8-10]更加灵活、高效。但是，当前轨迹预测方法往往只关注其他车辆的运动，忽略了运动背后的背景或意图[11]。在交通安全方面，造成交通事故的主要原因与驾驶人相关。统计数据表明，人为因素在事故诱因中的占比高达72.1%。由此可见，将引起车辆轨迹变化的驾驶人意图与轨迹预测方法相结合具有重要的研究意义。

因此，本文围绕车辆轨迹预测问题，在对轨迹预测模型合理设计的基础上，考虑驾驶人意图与轨迹预测的强相关性，对不同风格驾驶人换道及车道保持意图产生与执行机理进行深入分析，构建了考虑特征敏感性的HMM驾驶人意图自适应辨识模型，进而结合驾驶人意图特征进行车辆轨迹的预测，本文提出方法的总体框架如图1所示，具体细节将在后文详细论述。

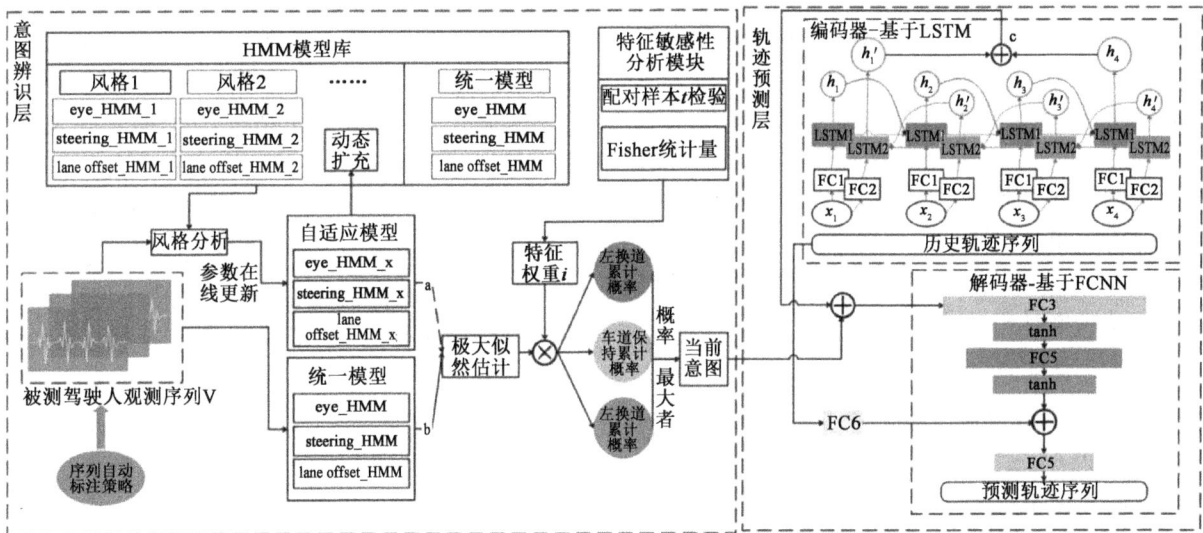

图1 本文提出方法总体框架

1 实验场景及数据采集

基于本文研究目的，在图2所示的模拟仿真平台上构建高速公路仿真场景，所采用的驾驶人行为数据采集设备见表1。

实验设备 表1

设备名称	作用
Carla仿真平台	构建仿真环境、采集车辆各项数据
Logitech G29驾驶套件	驾驶人模拟驾驶器
Tobii X2-30 Compact眼动仪	驾驶人眼动数据采集
ErgoLAB人机环境同步平台	驾驶人各项数据同步

图2 模拟仿真平台

根据相关研究分析[12-17]，本文确定了采集的数据类型，相关数据采集方案如图3所示。实验共采集25位驾驶人的驾驶数据，构成驾驶人行为数据集与车辆轨迹数据集。本文的工作在上述两个数据集上展开。

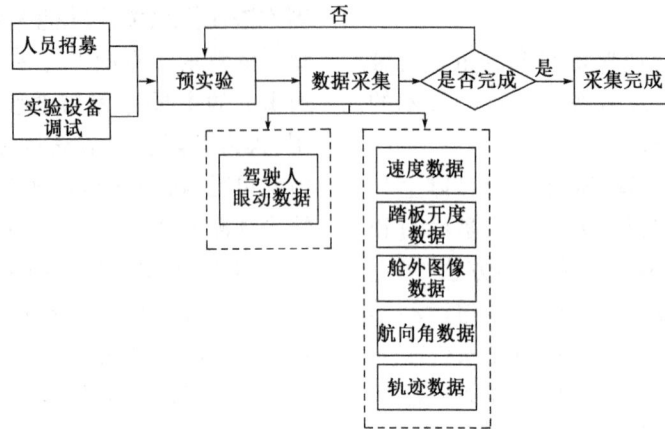

图3　数据采集方案

2　驾驶人意图辨识模型

驾驶人意图是指驾驶人接收到外界信息并决定执行某种驾驶行为的思维活动，是驾驶行为的内在状态[18]。驾驶人意图的产生具有较为显著的时序特性，各关联特征对意图的表征敏感性也不尽相同。除此之外，驾驶风格也对意图辨识有较大影响。基于此，本文利用假设检验与特征敏感性分析对相关特征进行分析，进一步基于HMM对驾驶人时序特征进行建模，并采用自适应策略降低驾驶风格对意图辨识的影响。

2.1　特征分析

特征选择：本文将驾驶人意图集合定义为 $I = \{i_k | k = 1, 2, \cdots, m\}$，其中 m 表示驾驶意图的类别总数。将特征集定义为 $C = \{c_i | i = 1, 2, \cdots, d\}$，其中 d 表示特征的类别总数，特征集中包括驾驶人行为特征与车辆状态特征。为了寻找在不同的驾驶人意图上有显著性差异的最优特征子集，本文引入假设检验中的 t 检验方法，流程如下：

（1）提出原假设 H_0——两种意图下，行为特征 c_i 无显著性差异，及其备择假设 H_1，如式（1）：

$$\begin{cases} H_0: \mu_1 - \mu_2 = 0 \\ H_1: \mu_1 - \mu_2 \neq 0 \end{cases} \quad (1)$$

式中：μ_1、μ_2——两种意图下观测到的同一种驾驶人行为特征的均值。

（2）计算检验统计量 t，如式（2）：

$$t = \frac{\overline{X} - 0}{V / \sqrt{n}} \quad (2)$$

式中：$\overline{X}$——行为特征差值的样本均值；

　　　V——行为特征差值的样本标准差；

　　　n——样本总数。

（3）选择检验统计量位于拒绝域的特征。

在高速公路场景下，除了上下匝道外，驾驶人仅有左换道、右换道和车道保持3种驾驶意图，即驾驶人意图集合为 $I = \{\text{left}, \text{right}, \text{keep}\}$。经过特征选择，对应驾驶意图子集的最优特征子集为 $\overline{C} = \{e_x, W_\theta, d_1\}$，其中 e_x 为驾驶人注视点横坐标；W_θ 为车辆方向盘转角；d_1 为车道线中心偏移距。

特征敏感性分析：不同特征对分类结果的敏感性存在差异。本文引入 Fisher 得分[20]来表征特征的敏感性，如式（3）所示：

$$S_i = \frac{\sum\limits_{j=1}^{K} n_j (\mu_i^j - \mu_i)^2}{\sum\limits_{j=1}^{K} n_j (\sigma_i^j)^2} \quad (3)$$

式中：K——分类类别数，即意图子集 $\overline{I}$ 中的类别数量；

　　　n_j——第 j 类意图中样本的数量；

　　　μ_i^j、σ_i^j——第 i 个特征在第 j 类意图中的均值和方差；

　　　μ_i——第 i 个特征所有样本的均值。

通过 Fisher 得分，可以得到与驾驶人行为特征子集 $\overline{C}$ 对应的特征敏感性权重矩阵 $S \in \mathbb{R}^{N \times 1}$，$N$ 为特征子集中的特征类别数。具体而言，$S = (0.741, 0.836, 0.917)^T$，分别对应的是 e_x、W_θ 和 d_1 的权重。

2.2 基于 HMM 的意图辨识模型构建

HMM 是深度信念网络（DBN）的一种典型模型，在解决序列数据问题上应用较多。鉴于驾驶意图的形成本质上表现为各表观特征的时序变化结果，因此这里基于 HMM 对驾驶人意图的辨识进行建模。

对于给定状态空间 Y、观测空间 X 下的 HMM 模型参数 $\lambda = \{\pi, A, B\}$，驾驶意图子集 $\bar{I} = Y$，驾驶人行为特征子集 $\bar{C} = X$，发射概率矩阵 B 由统计方法获得，初始概率分布矩阵 π 与状态转移矩阵 A 采用随机初始化策略。本文通过 Baum-Welch 算法估计模型参数，并将意图预测问题看作 HMM 中的解码问题，使用 Viterbi 算法进行求解[21]。如式（4）所示，本文分别对每种特征进行 HMM 建模，通过结合特征敏感性矩阵，确认意图类别。

$$\begin{cases} O = HMMs(x_{obs}) \\ P = OS \end{cases} \qquad (4)$$

式中：$O \in \mathbb{R}^{K \times N}$，$N$——特征的数量；

$\quad K$——意图子集中的类别数；

$\quad x_{obs} \in \mathbb{R}^{1 \times T}$——观测序列；

$\quad T$——最长观测时间；

$\quad P \in \mathbb{R}^{K \times 1}$——最大分量所对应的驾驶意图即为模型预测结果。

2.3 驾驶人自适应策略

图 4 表明不同驾驶风格驾驶人在同一驾驶环境下的行为特征具有明显差异，这对驾驶意图预测模型的泛化性能具有较大影响。

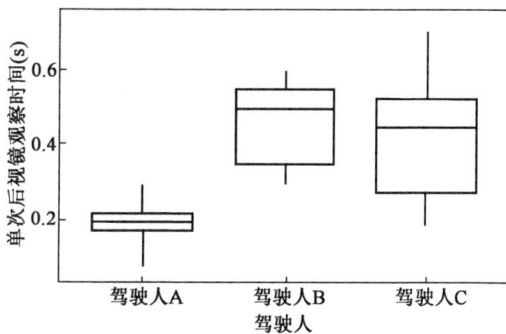

图 4 不同驾驶人单次后视镜观察时间

因此，本文结合驾驶人行为特征数据的分析，采用模糊 C 均值聚类（Fuzzy C-means clustering，FCM）对驾驶人风格进行聚类。通过最小化目标函数以获得聚类中心，如式（5）：

$$\min_{U,C} J(U, Z) = \sum_{i=1}^{q} \sum_{j=1}^{q} u_{ij}^m d_{ij}^2$$
$$s.t. \sum_{i=1}^{q} u_{ij} = 1, j = 1, 2, \cdots, n \qquad (5)$$

式中：$U = \{u_{ij}\}_{c \times n}$——隶属度矩阵；

$\quad u_{ij}$——第 j 个样本属于第 i 个类别的隶属度；

$\quad q$——类别总数；

$\quad n$——样本总数；

$\quad Z = \{z_i\}_{q \times 1}$——类别中心矩阵；

$\quad z_i$——第 i 个类别的聚类中心；

$\quad d_{ij}$——第 i 个类别中心与第 j 个样本之间的欧氏距离；

$\quad m$——模糊加权指数。

参考前人的研究[17,21,22]，本文将驾驶人风格分为 3 类，分别为激进型、正常型和保守型。25 位驾驶人的聚类结果见表 2。

驾驶人聚类结果　　　　　表 2

驾驶人类别	驾驶人编号
第一类（激进型）	2,4,5,8,12,14,19,24
第二类（正常型）	1,6,11,15,17,21,22
第三类（保守型）	3,7,9,10,13,16,18,20,23,25

根据驾驶人风格聚类结果，针对每一类别训练相应的 HMM 模型，并额外训练与驾驶风格无关的一致性意图辨识模型用于系统的初始状态辨识。在实际驾驶过程中，首先采用一致性模型，当经过风格分析，确定驾驶人驾驶风格之后，最终采用相应驾驶风格的辨识模型。

3 基于驾驶意图的车辆轨迹预测模型构建

鉴于车辆轨迹预测实质上是序列数据下的预测问题，本文选用 Encoder-Decoder 架构作为模型网络的框架。

3.1 基于 LSTM 的历史轨迹数据编码

对于给定车辆行驶轨迹 $X_{traj} = \{(x_i, y_i) | i = 1, 2, \cdots, T\}$，其中 (x_i, y_i) 为 i 时刻的轨迹点坐标，T 为最大时间步。网络结构如图 5 所示。经过编码后，可获得隐藏向量 c：

$$c = LSTM1(X_{traj}^{obs}) \oplus LSTM2(X_{traj}^{obs}) \qquad (6)$$

式中：$LSTM1(\cdot)$、$LSTM2(\cdot)$——LSTM 网络；

$\quad X_{traj}^{obs}$——历史观测轨迹。

3.2 基于 FCNN 的轨迹解码

图 6 为本文所提出的轨迹解码器结构示意图。其计算公式为：

$$\hat{\boldsymbol{Y}} = f(\boldsymbol{I}_i \oplus \boldsymbol{c}, \boldsymbol{X}_{\text{traj}}^{\text{obs}}) \qquad (7)$$

式中：$\hat{\boldsymbol{Y}}$——预测的轨迹序列；

　　$f(\cdot)$——多层全连接神经网络；

　　$\boldsymbol{I}_i$——预测的第 i 种意图；

　　$\boldsymbol{c}$——隐藏向量。

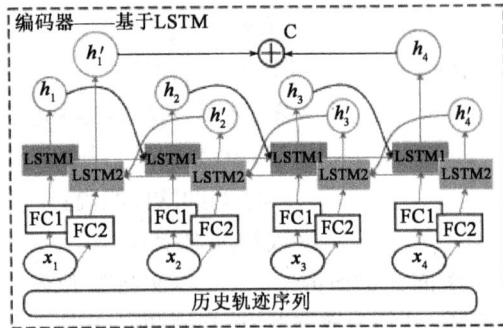

图 5　编码器结构

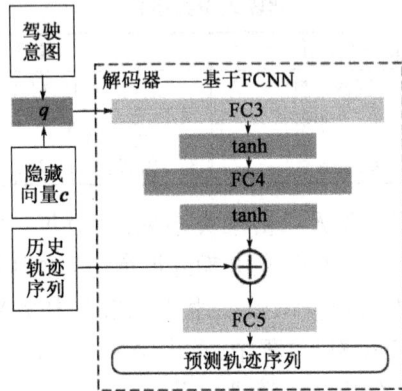

图 6　解码器结构

4　实验及分析

本节将基于高速公路仿真场景，对本文提出的方法进行实验验证。验证分为两个部分：意图辨识模型与轨迹预测模型。

4.1　实验配置

本研究的环境配置及部分超参数见表3。

参数配置　表3

名称	型号/版本
CPU	Intel Core i7 8700K
GPU	NVIDIA Geforce 1080Ti
Pycharm	Community 2020.2.2
Python	3.6
Pytorch	1.8.1
Learning rate	0.001
Batch size	128

4.2　驾驶意图辨识模型实证

评价指标：该部分采用的评价指标为准确率（Accuracy）、命中率（Precision）、召回率（Recall）和混淆矩阵。

采样时间窗确定：本文通过调整不同的采样时间窗来探究采样时间对意图辨识的影响，结果见表4。根据采样时间窗的试验结果，本文选定的采样时间窗大小为3s。

不同大小采样时间窗的对应评价指标　表4

时间窗	Accuracy	Precision	Recall
1s	0.783	0.727	0.742
2s	0.838	0.800	0.808
3s	0.927	0.917	0.912
4s	0.916	0.903	0.898
5s	0.846	0.814	0.817

消融实验：该部分针对本文提出的方法进行消融实验。消融实验中分别从本文提出的模型中去除自适应策略与敏感性权重矩阵，得到3个对照组。实验结果如图7、表5所示，其中 Base_HMM 表示不使用自适应策略与特征敏感性权重矩阵；Ada_HMM 表示使用仅在 Base_HMM 的基础上添加自适应策略；HMM（+S）表示在 Base_HMM 的基础上使用特征敏感性权重矩阵；Ours 表示本文设计的完整的意图辨识模型。

意图辨识模型消融实验结果对比　表5

模型	Accuracy	Precision	Recall
Base_HMM	0.748	0.613	0.623
Ada_HMM	0.818	0.776	0.785
HMM(+S)	0.802	0.757	0.766
Ours	0.916	0.903	0.898

由表5、图7可知，本文设计的完整意图辨识模型性能最好，相较于基础模型，精度提高了22.4%。同时，含有自适应策略的模型相较于基础模型精度提高了9.3%；结合特征敏感性权重矩阵的模型相较于基础模型精度提高了7.2%，表明本文提出的方法是有效的。

4.3　轨迹预测模型实证

评价指标：在轨迹预测部分，本文采用的评价指标是均方根误差（RMSE）。其计算公式如式（10）所示：

$$\text{RMSE} = \left(\frac{1}{n} \sum_{i=1}^{n} (x_i - \hat{x}_i)^2 + (y_i - \hat{y}_i)^2 \right)^{1/2} \quad (8)$$

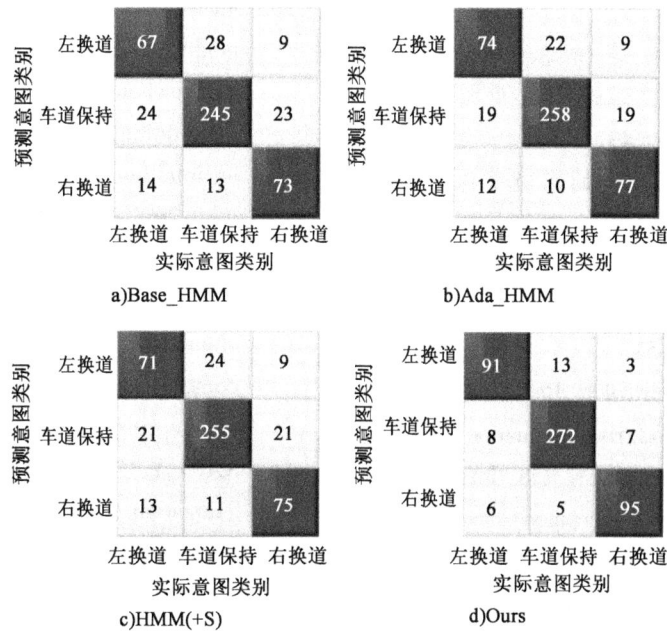

图7 意图辨识模型消融实验混淆矩阵

该部分的目的在于验证通过辨识模型预测的意图在轨迹预测任务当中的有效性,故使用不包含意图的 LSTM 模型与包含意图的 LSTM_i 模型进行对比实验。实验分析如下:

(1)定性分析:轨迹可视化如图8所示。从图中可知,LSTM 模型的预测轨迹不稳定,存在振荡现象,而 LSTM_i 模型的预测轨迹与 LSTM 相比,更平顺,稳定性更好。

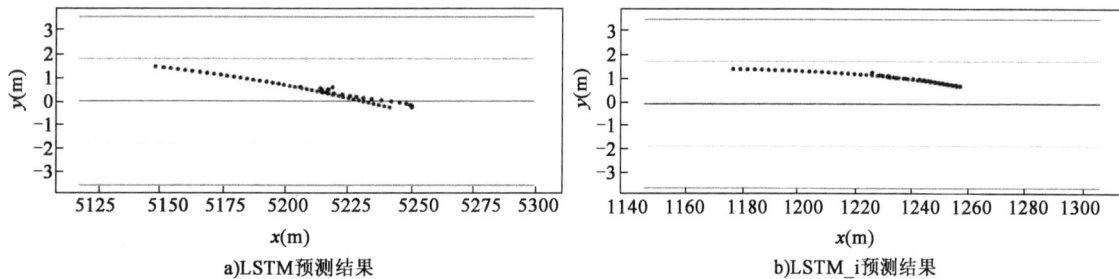

图8 对比实验轨迹可视化

(2)定量分析:如表6所示,对比两者的 RMSE,可以看出 LSTM_i 相较于 LSTM 具有更小的预测误差,平均精度提高了10%左右。

对比实验结果 表6

模型	LSTM	LSTM_i
RMSE	2.954	2.628

综上所述,本文通过实验分析可知:不同的采样时间窗对意图预测的准确率有较大影响;引入特征敏感性与自适应策略的意图辨识模型的意图预测准确率达到了0.916,均高于其他对比模型,证明了方法的有效性;引入意图的轨迹预测模型的精度相较于未引入意图的模型提高了10%左右,证明了轨迹预测任务中考虑驾驶人意图的必要性。

5 结语

本文针对传统车辆轨迹预测并没有直接考虑驾驶人意图的问题,提出了一种考虑驾驶人意图的轨迹预测方法。并基于高速公路场景对本文提出的模型进行验证,结果表明引入特征敏感性分析与自适应策略显著提高了意图辨识的准确性;同时,驾驶人意图的引入提高了轨迹预测模型的预测精度,验证了本文提出方法的有效性。

受实验数据库数据不足及研究时间所限,本文的研究仍存在一定问题,有待进一步改进和提升,未来可以考虑扩增数据库与简化意图辨识模型,从而进一步提高模型的性能。

参考文献

[1] 杨晓光,赖金涛,张振,等.车路协同环境下的轨迹级交通控制研究综述[J].中国公路学报,2023,36(9):225-243.

[2] 胡煜.面向车路协同感知的车辆重识别与轨迹预测方法研究[D].镇江:江苏大学,2022.

[3] 张毅,姚丹亚,李力,等.智能车路协同系统关键技术与应用[J].交通运输系统工程与信息,2021,21(5):40-51.

[4] AMMOUN S, NASHASHIBI F. Real time trajectory prediction for collision risk estimation between vehicles [C] // 2009 IEEE 5th International Conference on Intelligent Computer Communication and Processing, Cluj-Napoca, 2009: 417-422.

[5] RAJAMANI R. Vehicle Dynamics and Control [M]. Boston: Springer, 2006.

[6] HE G, LI X, LV Y, et al. Probabilistic intention prediction and trajectory generation based on dynamic bayesian networks[C] // 2019 Chinese Automation Congress (CAC), Hangzhou, 2019: 2646-2651.

[7] 毛莺池,陈杨.不确定性车辆路口的轨迹预测[J].计算机科学,2018,45(3):237-242.

[8] 伍淑莉,尹慧琳,王杰,等.基于 LSTM 的智能车变道预测研究[J].信息通信,2019(5):7-11.

[9] 季学武,费聪,何祥坤,等.基于 LSTM 网络的驾驶意图识别及车辆轨迹预测[J].中国公路学报,2019,32(6):34-42.

[10] 柴进.基于聚类和 LSTM 算法的车辆轨迹预测模型研究[D].北京:北京交通大学,2020.

[11] BHARILYA V, KUMAR N. Machine learning for autonomous vehicle's trajectory prediction: A comprehensive survey, challenges, and future research directions [J]. Vehicular Communications, 2024:100733.

[12] KISHIMOTO Y, OGURI K. A modeling method for predicting driving behavior concerning with driver's past movements [C] // 2008 IEEE International Conference on Vehicular Electronics and Safety, Columbus, 2008:132-136.

[13] MORANDO A, VICTOR T, DOZZA M. A reference model for driver attention in automation: glance behavior changes during lateral and longitudinal assistance[J]. IEEE transactions on intelligent transportation systems, 2019, 20(8):2999-3009.

[14] KIM I, KIM J, HAUFE S, et al. Detection of braking intention in diverse situations during simulated driving based on EEG feature combination [J]. Journal of neural engineering, 2015,12(1):1-12.

[15] GUO Y Q, WANG X Y, YUAN Q, et al. Transition characteristics of driver's intentions triggered by emotional evolution in two-lane urban roads [J]. IET Intelligent Transport Systems, 2020,14(13):1788-1798.

[16] GU X P, YU J F, HAN Y P, et al. Vehicle lane change decision model based on random forest [C] // 2019 IEEE International Conference on Power, Intelligent Computing and Systems (ICPICS), Shenyang, 2019: 115-120.

[17] 郑奇.智能驾驶中驾驶员风格识别及车辆行为预测研究[D].杭州:浙江大学,2022.

[18] 冀秉魁.基于驾驶员视觉特性的驾驶行为预测方法研究[D].长春:吉林大学,2014.

[19] GU Q Q, LI Z H, HAN J W. Generalized fisher score for feature selection[C] // Proceedings of the Twenty-Seventh Conference on Uncertainty in Artificial Intelligence, Virginia, 2011:266-273.

[20] RABINE L R. A tutorial on hidden Markov models and selected applications in speech recognition [J]. Proceedings of the IEEE, 1989,77(2): 257-286.

[21] DENG Z, CHU D, WU C, et al. A probabilistic model for driving-style-recognition-enabled driver steering behaviors[J]. IEEE Transactions on Systems, Man, and Cybernetics: Systems, 2022,52(3):1838-1851.

[22] 蓟仲勋.考虑驾驶员风格的车辆换道轨迹规划及跟踪控制研究[D].长沙:湖南大学,2019.

Driving Behavior Analysis of Networked Autonomous Vehicles with Multi-Directional Multi-Vehicle Expected Response

Hanzhang Qu[1,2a]   Xiaojing Zhang[*2b]   Qikun Wang[2a]   Tao Wang[2a,3]

(1. Chang'an Dublin International College of Transportation; 2a. School of Mechanical and Automitive Engineering, Qingdao University of Technology, 2b. Journal Editorial Department;

3. Intelligent Manufacturing Institute, Qingdao Huanghai University)

Abstract In order to improve simulation accuracy and efficiency of microscopic urban traffic, a unified modeling method considering the behavioral characteristics of vehicle drivers is analyzed by taking the lane-changing vehicles on the inlet lanes of signalized intersections and their approaching following vehicles on the target lanes as the research objects. Based on the driver's multidirectional multi-vehicle anticipation ability and introducing lateral vehicle influence coefficients, the full velocity difference car following model was extended to the microscopic traffic models that take driver's capacity of multi-direction multi-vehicle anticipation into account. The extend model can describe longitudinal movements of lane changer and car follower in virtue of lateral vehicle influential parameter. The influences of traffic control signal and type of lane changing on drivers' decisions were integrated in the model by reformulate optimal velocity function of basic car following model. The results of the study show that: the influence of lateral vehicle motion state and lane change type on the following behavior is higher than that on the lane change behavior during the lane change process; as the lane change vehicle gradually enters the target lane, the vehicle observes the driving condition and adjusts its own driving behavior in different ways; the driver's main focus on external stimuli changes in different types of lane change scenarios; and the full-speed difference model is more suitable than the Gipps model to be used as a basic model to simulate the urban roadway as a base model to simulate the microscopic traffic flow on urban roads.

Keywords Driving behavior   Unified modeling   Lane changing model   Car following model   Multi-direction multi-vehicle anticipation

0 Introduction

Vehicle lane changing behavior is one of the triggers of macro traffic flow phenomena such as traffic oscillation, capacity drop and traffic breakdown[1]. The degree of impact of lane-changing vehicles on neighboring vehicles is directly related to the formation, duration and dissipation speed of traffic bottlenecks [2]. In the simulation of traffic flow density in the case of lane changing scenarios, many microscopic traffic flow simulation software will output anomalous vehicle trajectories, showing that the lane-changing vehicle "jumps" from the original lane to the target lane, resulting in frequent acceleration and deceleration of the vehicles behind the two lanes of traffic, triggering abnormal fluctuations in the traffic flow of the lanes [3]. The continuous driving action of vehicles is decomposed into two types of sub-behaviors, namely, following and lane changing, for which a relatively independent model system is constructed[4-6]. Scholars in the Ministry of Transportation recognized that ignoring the continuity of driver decision-making behavior and action execution during lane changing would affect the accuracy of traffic flow simulation, and carried out targeted research [7-8]. A small number of studies[8-9] constructed microscopic traffic flow models to describe the continuous driving action of lane changing vehicles, but the existing various types of microscopic traffic flow model system did not form a consistent rule on how to switch between the two states of vehicle following and lane changing, which led to a lot of the following model is difficult to reflect the continuous impact of the lane changing vehicle on the neighboring following driver and the following driver's ability to actively adjust.

Studies[1,4] have pointed out that the decision-making and behavioral mechanisms of drivers in continuous traffic flow are not fundamentally different from their counterparts in intermittent traffic flow, except that since the driving environment in the latter is usually more complex, there are more factors that may influence driver behavior. Several classical following models, such as the optimal velocity (OV) model and the Gipps model, are often extended into microscopic traffic flow models for various driving scenarios [9-10]. Due to the high separation of the existing microscopic traffic flow model system between the following model and lane changing model, most of the models only simulate the behavioral mechanism of a single driver, and the model variables are measured from the driver's perspective, so the calibrated model parameters reflect the behavioral characteristics of a single driver. In addition, the influence of multi-vehicle interaction is more obvious in urban road lane-changing scenarios, and it is necessary to fully understand the influence mechanism of human-vehicle-road multidimensional elements on different drivers and their relationship with macroscopic traffic flow phenomena. To study the behavior of multiple drivers participating in the same lane changing process on the inlet lane of a signal-controlled intersection of an urban road, and to understand the influence of external factors on driving behavior during the lane changing process and their respective adjustments of driving behavior.

1 Driving behavior analysis

1.1 Driving scene analysis

Figure 1 shows the spatial locations of the vehicles involved in the lane changing process, in which the lane changing vehicle (LCV), potential following vehicle (PFV) and potential leading vehicle (PLV) in the target lane The influence on each other is more significant, so the driver behaviors of the three vehicles are selected as the research object. Since LCV and PFV are always traveling behind PLV, it is assumed that PLV drivers are not affected by them, but the actions of PLV will affect the decisions of LCV and PFV drivers. As a lane-changing initiator, the LCV driver needs to decide the position and timing of lateral insertion based on the traveling conditions of the PLV and PFV. The PFV driver's adjustment action in response to the LCV insertion directly affects the motion state of the vehicle behind him, and the magnitude of his adjustment determines the degree of disturbance that the lane-changing vehicle causes to the traffic flow in the target lane. Similar to PFV drivers, LCV drivers are affected by changes in the travel status of the remaining two vehicles parallel and perpendicular to the direction of the lane during the lane change process.

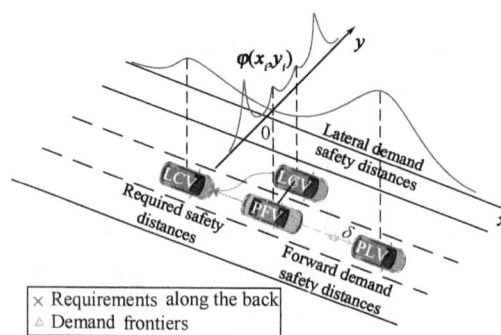

Figure 1　The interaction relationship of vehicle-vehicle

1.2 Effects of lateral vehicles on driving behavior

1.2.1 Follow-through modeling considering the effect of lateral vehicles

It has been found that road geometric factors

such as insufficient lateral clearance or excessive lane width affect the longitudinal stability of following vehicles. In recent years scholars have begun to model and analyze the behavior of following drivers in response to crossing vehicles ahead of them. The Gipps model simulates the avoidance driving behaviors of following drivers who use the gap of this lane to avoid the deceleration of the front vehicle or use the adjacent lane to go around the front vehicle, and analyzes the effects of the lane width on the following speed and the degree of offset of the two vehicles on the following distance.

1.2.2　Lane change modeling considering the influence of lateral vehicles

Most of the lane-changing models include variables reflecting the state changes of vehicles traveling sideways in the target lane, however, the existing studies mainly focus on the lane-changing decision-making mechanism of LCV drivers in the target lane under the influence of PFV and PLV and their lane-changing preparation actions in the original lane, and only a few studies constructed a microscopic traffic flow model that can completely depict the successive actions of preparing for a lane-changing, inserting into the target lane, and until completing the change of lanes. As a representative of early research in this direction, the longitudinal acceleration and deceleration behaviors of lane-changing vehicles during the whole process of moving from the original lane to the target lane are simulated by expanding the GM model:

$$\begin{cases} c_i(t+\tau_i) = \mu_0 v_i(t+\tau_i)^{\mu_1} \dfrac{[v_{i+1}(t) - v_i(t)]^{\mu_2}}{[x_{i-1}(t) - x_i(t)]^{\mu_3}} \\ d_i(t+\tau_i) = \mu_0 v_i(t+\tau_i)^{\mu_1} \dfrac{[v_{i+2}(t) - v_i(t)]^{\mu_2}}{[x_{i-1}(t) - x_i(t)]^{\mu_3}} \end{cases}$$

$$(1)$$

where: $v_i(t)$, $v_{i+2}(t)$, $v_{i-1}(t)$ and $v_{i-1}(t)$ are the vehicle speeds of vehicle i, $i+1$, $i+2$, and $i-1$ in Fig. 1 at time t, respectively; $x_{i-1}(t)$ and $x_i(t)$ are the positions of vehicle $i-1$ and i at time t, respectively; $c_i(t+\tau_i)$ and $d_i(t+\tau_i)$ are the longitudinal acceleration and deceleration of the lane-changing vehicle i at time $t+\tau_i$, respectively; τ_i is

the reaction time of the driver of vehicle i; and μ_0, μ_1, μ_2, and μ_3 are the coefficients to be calibrated. However, this model still has some defects, for example, the change of vehicle spacing when the speed difference is zero does not affect $c_i(t+\tau_i)$ and $d_i(t+\tau_i)$, and the effect of vehicle $i-1$ on the driver of vehicle i is not considered. Based on the longitudinal speed and steering angle of lane-changing vehicle i, its lateral speed is determined, and the time-varying lateral influence coefficients $\theta_i(t)$ is introduced to simulate the effects of vehicle $i+2$ and $i-2$ on the longitudinal acceleration of vehicle i, using the OV model as a basis:

$$v_i(t+\tau_i) = \theta_i(t)v_{i-1}(t+\tau_i) + [1 - \theta_i(t)]v_{i-2}(t+\tau_i) \qquad (2)$$

Where: $v_{i-1}(t+\tau_i)$ and $v_{i-2}(t+\tau_i)$ are the speed adjustment values calculated by the lane-changing driver at moment $t+\tau_i$ using the OV model based on the movements of vehicles $i-1$ and $i-2$ at moment t, respectively; $\theta_i(t)$ is used to characterize the influence weights of vehicles $i-1$ and $i-2$ on the lane changing driver. The lane changing scenarios are categorized into cooperative lane changing and forced lane changing. In the collaborative lane changing scenario, the model structure of Eq. (2) is followed to modify the Gipps model to describe the longitudinal driving action of lane changing vehicle i. The forced lane changing scenario further extends Eq. (3) as:

$$v_i(t+\tau_i) = \theta_i(t)v_{i-1}(t+\tau_i) + [1 - \theta_i(t)]\{\varphi_i(t)v_{i-2}(t+\tau_i) + [1 - \varphi_i(t)]v_{i+2}(t+\tau_i)\} \qquad (3)$$

Where: $v_{i+2}(t+\tau_i)$ is the adjusted speed of the lane-changing driver at moment $t+\tau_i$ according to the action of vehicle $i+2$ at moment t. The lateral influence coefficient characterizes the influence weights of vehicle $i-2$ and $i+2$ on the lane-changing driver.

Changes in inter-vehicle angle and the degree of lateral vehicle intrusion were used to simulate the impact of lateral vehicle driving state changes on driver behavior, respectively. It is more difficult for drivers to accurately measure angle changes than distance changes under real driving conditions.

1.3 Impact analysis of expected capacity of multi-directional multi-vehicle

1.3.1 Characterization

Following drivers and lane-changing drivers have the driving skill of anticipating the future driving conditions of multi-vehicles in multiple directions, which is called "multi-vehicle anticipation ability", and this ability is characterized by the following features in PFV drivers and LCV drivers:

(1) Frequency. In the collaborative lane changing scenario, the PFV will actively reduce its speed before the LCV enters the target lane to create a larger insertion gap for the LCV[3], however, active deceleration is not the only way for PFV drivers to cope with the influence of LCV, and their driving behaviors will be affected by the traffic environment in which they are located. The multidirectional multi-vehicle anticipation capabilities of PFV drivers in lane changing scenarios all come into play, just with different manifestations.

(2) Gradual and shared. PFV drivers need to observe PLV and LCV continuously for a period of time before they can judge their driving intentions, and gradually form stable expectations of their future driving conditions. In addition, since the risk of collision between LCV or PFV and neighboring vehicles exists at the same time, drivers of both vehicles need to continuously observe the driving conditions of other vehicles and adjust their driving behavior accordingly.

1.3.2 Interaction relationship

The driving relationship between PLV, LCV and PFV is shown in Figure 2. PFV and LCV constitute a pair of lane-changing vehicle groups, PFV and PLV constitute a pair of longitudinal following vehicle groups, andLCV and PLV constitute a pair of lateral following vehicle groups. The influences of the surrounding vehicles on the driver of PFV or LCV can be decomposed into the two directions of perpendicular to the lanes and parallel to the lanes. Since LCV only

need to cross one lane to complete a lane change, it is assumed that LCV drivers can better control the degree of vehicle lateral deviation and PFV drivers can accurately observe the degree of LCV lateral deviation.

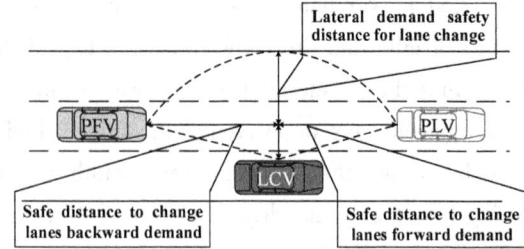

Figure 2　Interaction relationship analysis of lane changing scenario

2 Unified modeling of driving behavior

Vehicles traveling on the inlet lane of urban road intersections have the characteristics of low average speed and frequent acceleration and deceleration. It is found that the full velocity difference (FVD) model can better simulate the nonlinear acceleration and deceleration actions of vehicles compared with the Gipps model and the OV model, so this model is chosen as the basis for the unified modeling of the longitudinal driving actions of LCV and PFV in the process of changing lanes. The structure of the FVD model is as follows:

$$a_i(t) = \beta_i \{ V_i[\Delta x_i(t)] - v_i(t) \} + \lambda_i \Delta v_i(t) \tag{4}$$

Where: $a_i(t)$ is the acceleration of vehicle i at time t; $\Delta x_i(t)$ is the headway between vehicle i and the vehicle in front of it at time t; $v_i(t)$ is the speed of vehicle i at time t; $V_i(.)$ is the optimized speed function identified by driver i; β_i is the sensitivity coefficient of driver i to the difference between $V_i(.)$ and $v_i(t)$; $\Delta v_i(t)$ is the speed difference between vehicle i and the vehicle in front it; λ_i is the sensitivity of the driver of vehicle i to $\Delta v_i(t)$. The FVD model can be extended to a longitudinal multi-vehicle following model that takes into account driver reaction time and the effect of multiple vehicles ahead:

$$a_i(t+\tau_i) = \beta_i \{ V_i[\sum_{j=1}^{J}\delta_j \Delta x_{ij}(t)] - v_i(t) \} + \sum_{j=1}^{J}\lambda_j \Delta v_{ij}(t) \tag{5}$$

Where: J is the number of vehicles ahead affecting vehicle i; $\Delta x_{ij}(t)$ is the spacing between vehicle i and vehicle j at moment t; δ_j is the coefficient of influence of $\Delta x_{ij}(t)$ on the driver of vehicle i, with the sum of all δ_j being 1; $\Delta v_{ij}(t)$ is the difference in speed between vehicle i and vehicle j at moment t; λ_j is the coefficient of influence of $\Delta v_{ij}(t)$ on the driver of vehicle i, with the sum of all λ_j being 1; $V_i(.)$ is defined as:

$$V_i[\Delta x_i(t)] = V_{i1} + V_{i2}\tanh[C_{i1}\Delta x_i(t) - C_{i2}]$$
(6)

where: V_{i1}, V_{i2}, C_{i1} and C_{i2} are the parameters to be calibrated.

3 Test data acquisition and validation analysis

A section of Binhai Avenue in Qingdao City with a length of about 220 m, a speed limit of 60 km/h and signalized intersections upstream and downstream, is selected as the study site. It is assumed that drivers on the roadway can observe the signal lights at the downstream intersection. The traffic flow video of the study section is collected from a high-rise building on the side of the road and vehicle trajectories are extracted from it. A total of 250 sets of vehicle trajectory data are collected, and the collection points of each set of data include the corner points of the front end of PFV, the rear end of PLV, and the front and rear end of LCV as shown in Figure 2, with a sampling frequency of 10 hz. At the same time, the intersection signal color and the lane change type of the target vehicle were manually observed on the roadside, and the speed values were extracted from the data and compared with those obtained by the on-site radar speedometer to verify the accuracy of the trajectory data extraction. Figure 3 shows the study road section and the control points used for trajectory data calibration. Figure 4 shows the movement trajectory of the test fleet LCV perpendicular to the lane direction. Variables extracted from the vehicle's transverse longitudinal and bi-directional movement trajectories and manual observation data validate the evaluation and analysis models.

Figure 3　Vehicle and trajectory data acquisition

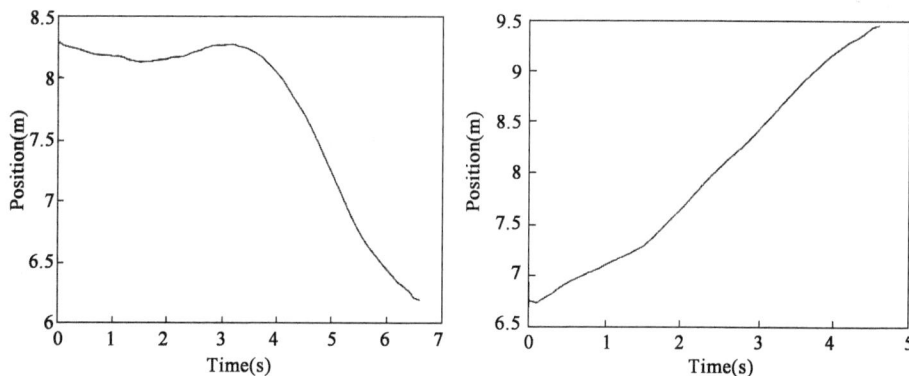

Figure 4　Vehicle lateral movement trajectory

4 Model calibration and evaluation

The model calibration is divided into three main steps: (1) selecting the driver reaction time τ_{LCV} and τ_{PFV}; (2) selecting the calculation method for the lateral influence coefficients $\theta_{LCV}(t)$ and $\theta_{PFV}(t)$; (3) calibrating the remaining parameters in the model.

4.1 Driver reaction time

Since the trajectory data are collected at a frequency of 10 Hz and the driver's minimum reaction time is usually not shorter than 0.2 s, the candidate values of τ_{LCV} and τ_{PFV} are substituted into the lane-changing model and the follow-up model one by one in intervals from 0.2 s to 1 s and at intervals of 0.1 s. By comparing the U-values of Theil's function computed from the model calibrations, the values of τ_{LCV} and τ_{PFV} with the highest fit to the original data are searched for. The results in Table 1 show that the best fit of the lane-changing model and the follow-through model is achieved when $\tau_{LCV} = 1$ s and $\tau_{PFV} = 0.7$ s. Since τ_{PFV} is less than τ_{LCV}, it can be seen that the sensitivity of PFV drivers to external stimuli during lane changing is higher than that of LCV drivers.

Driver reaction time   Table 1

Driver reaction time(s)	$U[\tau_{LCV}(t)]$	$U[\tau_{PFV}(t)]$
0.2	0.6022	0.6389
0.3	0.5994	0.6392
0.4	0.5964	0.6422
0.5	0.6017	0.6380
0.6	0.5964	0.6369
0.7	0.6031	0.6301
0.8	0.6003	0.6313
0.9	0.5987	0.6341
1.0	0.5886	0.6326

4.2　Lateral influence coefficients

Based on the selected τ_{LCV} and τ_{PFV}, the calculation of lateral influence coefficients τ_{PFV} and $\theta_{PFV}(t)$ were selected and introduced into the model, and the calculations of $\theta_{LCV}(t)$ and $\theta_{PFV}(t)$ were determined by comparing the U-values calculated using the different forms (see Table 2).

Lateral influence coefficient   Table 2

$\theta_{LCV}(t)$	$U[\theta_{LCV}(t)]$	$\theta_{PFV}(t)$	$U[\theta_{PFV}(t)]$
$\theta_{LCV1}(t)$	0.5900	$\theta_{PFV1}(t)$	0.5900
$\theta_{LCV2}(t)$	0.6360	$\theta_{PFV2}(t)$	0.6360
$\theta_{LCV3}(t)$	0.5923	$\theta_{PFV3}(t)$	0.5923

4.3　Other parameters

Substitute the selected driver reaction time and lateral influence coefficients into the lane changing model and the follow-through model to calibrate the other parameters in the model the LCV driver in the active lane changing scenario ensures the safety of driving mainly by adjusting the spacing with the PLV and the speed difference with the PFV. Similarly, it can be seen that the PFV driver in the active lane-

changing scenario mainly avoids driving risks by adjusting the spacing and speed difference between the PFV and the PLV. The Relationship between PFV and LCV driving behavior is shown in Figure 5.

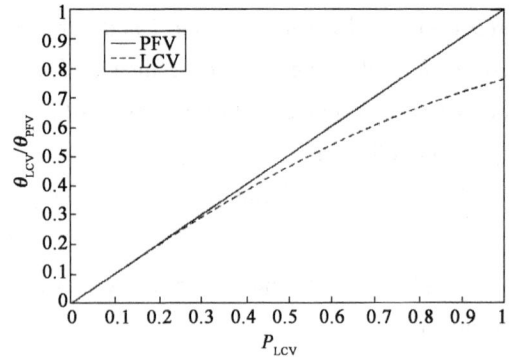

Figure 5　Relationship between PFV and LCV driving behavior

5　Conclusions

Vehicle following and lane-changing behaviors all have the ability to anticipate multi-directional multi-vehicle driving conditions, and driving behaviors are modeled in a unified way to improve the accuracy and efficiency of microscopic traffic flow simulation. Based on the full-speed difference following model, the model is expanded into a lane-changing model and a following model that consider the driver's ability to anticipate multi-directional multi-vehicle traffic conditions, and factors such as traffic control signals and lane-changing types are incorporated into the model. Since the models are structurally unified, comparing the parameters of the different models provides insights into the ways in which following drivers and lane-changing drivers respond to external stimuli, as well as the effects of the different underlying studies on the performance of the models.

Considering the effect of sideways moving vehicles in the lane-changing and following models significantly improves the model performance. The effects of changes in sideways moving vehicle motion and lane change type were stronger for following drivers than for LCV drivers. Compared with the Gipps following model, the extended full speed difference model better simulates the vehicle driving state on urban roads. Compared with the lane-changing behavior, the following behavior is more sensitive to external stimuli. As the lane-changing vehicle gradually enters the target lane, its effect on the following driver increases linearly, while the effect of the following vehicle on the lane-changing driver lasts longer. Driving behavior's focus on external stimuli changes with lane-changing scenarios.

References

[1] ZHENG Z D. Recent developments and research needs in modeling lane changing[J]. Transportation Research Part B, 2014, 60(1): 16-32.

[2] DAI S C, QU D Y, MENG Y M, et al. Evolutionary game mechanisms of lane changing for intelligent connected vehicles on traffic flow frequently changing sections[J/OL]. Complex Systemsand Complexity Science: 1-11[2023-12-07].

[3] SAIFUZZAMAN M, ZHENG Z D. Incorporating human-factors in car following models: a review of recent developments and research needs[J]. Transportation Research Part C, 2014, 48: 379-403.

[4] WANG X, JIANG R, LI L, etal. Capturing car-following behaviors by deep learning[J]. IEEE Transactions on Intelligent Transportation Systems, 2017, 19(3): 910-920.

[5] QU D Y, YANG J, ZHANG X J, et al. Dynamic characterization of traffic operation and control [M]. Beijing Science Publishing, 2016.

[6] HUANG X, SUN J, SUN J. A car-following model considering asymmetric driving behavior based on long short-term memory neural networks[J]. Transportation Research Part C: Emerging Technologies, 2018, 95: 346-362.

[7] WAN X, JIN P J, YANG F, RAN B. Merging preparation behavior of drivers: how they choose and approach their merge positions at a congested weaving area [J]. Journal of Transportation Engineering, 2016, 142(9): 05016005.

[8] QU D Y, ZHANG K K, WANG T, et al. Analysis of lane-changing decision-making behavior and molecular dynamics modeling for autonomous vehicles [J/OL]. Journal of Jilin University (Engineering and Technology Edition): 1-13 [2023-12-07].

[9] WANG H, LI Y, WANG W. Modeling lane changing execution on the basis of car following theory [C] // Proceedings of Transportation Research Board 94th Annual Meeting, Washington DC, 2015.

[10] YANG D, ZHU L L, RAN B, et al. Modeling and analysis of the lane changing execution in longitudinal direction[J]. IEEE Transactions on Intelligent Transportation Systems, 2016, 17(10): 1-9.

An Approach for Identifying Traffic Phases Based on Transition Points within General Congested Patterns

Qiucheng Chen*   Shunying Zhu   Jingan Wu   Yu Wu   Yixuan Wang

(Department of Transportation Engineering, Wuhan University of Technology)

Abstract In this paper, the authors introduce an approach for identifying traffic phases within congested traffic patterns, framed by the three-phase traffic theory. Utilizing a model based on transition points, thresholds for speed and time intervals are established using change point detection techniques coupled with kernel density

Fund program: the National Natural Science Foundation of China (Grant NO. 52272337), and the Wuhan Pilot construction of a strong Transportation Country Science and Technology Joint Research Projects (Grant NO. 2023-2-9).

estimation in two-dimensional space. The Binary Segmentation and PELT (Pruned Exact Linear Time) methods are examined and compared. The results indicate that while the Binary Segmentation method identifies more phase transition points, these points lack consistency. In contrast, the PELT method demonstrates higher accuracy and consistency. The proposed approach is validated as both reasonable and practical, offering a solid foundation for further research into congestion patterns.

Keywords　Three-phase traffic theory　Vehicle trajectory data　Phase transition points　General congested traffic pattern　Change point detection

0　Introduction

Traffic congestion has become a growing concern in recent years, leading to a greater focus on the behavior and characteristics of jammed traffic[1-2]. The characterization of these dynamics is essential for the prediction and management of traffic flow within Intelligent Transportation Systems (ITS). Traditional methodologies often divide traffic states into free flow and congested flow; however, emerging research indicates that congested traffic exhibits a range of distinct characteristics[3-4]. As a result, these findings suggest that classical traffic flow theories fall short of fully capturing the intricate dynamics of congestion.

As a response to the limitations of traditional traffic flow theories, Kerner introduced the three-phase traffic theory[5], dividing traffic flow into three distinct phases: (1) free-flow phase F, (2) synchronized flow phase S, and (3) wide moving jams J. S and J collectively compose general congested traffic pattern (GP), corresponding to the congested flow in traditional models. To delineate the dynamic differences between these phases, Kerner developed a theorical method[6] that utilized the transition points to identify the process of these phase transitions. However, the original method was designed for probe vehicles, which depends on the observation of probe vehicle drivers and the percentage of probe vehicles in traffic flow, with thresholds established through simulation.

Subsequent research has honed in on traffic phase identification methods leveraging real trajectory data[7-8]. These methods primarily examine the correlation between density and flow rate. When examined with microscopic criteria[9], these

approaches demonstrated significant efficacy. Nonetheless, they necessitate the determination of numerous thresholds, and their effectiveness in the context of GP has not been conclusively validated. In brief, the phase-classification method is of great importance, and a reasonable and practical identification method adaptable to the broader spectrum of congestion scenarios is needed.

In this study, the authors employ a changepoint detection based approach to ascertain the thresholds for transition points, thereby facilitating the identification of the S and J within the general congested traffic pattern (GP). This method provides a solid foundation for subsequent in-depth analysis of congested traffic behavior.

1　Data source

In the exploration of GP, the authors focused on the Erqi Yangtze River Bridge in Wuhan, China. For data collection, a 5.5-minute video was captured during the morning rush hour, from 7:41 a. m. to 7:46 a. m., on September 18, 2023. The analysis concentrated on the inner two lanes, where the GP was most prominently exhibited. The video was recorded using a DJI Air 3, and trajectory data, including longitude and latitude of the center of each vehicle identified by a unique number with speed and acceleration. These data were extracted by a company named Data From Sky. The company employs a general homography model with 8 degrees of freedom to describe frame transformations and utilizes the standard Random Sample Consensus (RANSAC) for parameter estimation. In addition, local and global registration levels leverage ORB descriptors and motion analysis for precise results. Following manual verification and processing, which involves identifying the leading vehicle and calculating the time headway, the resulting dataset of 550 vehicles includes information such as vehicle IDs, lane IDs, accumulated traveled distances, timestamps, velocity, acceleration, and time headways.

2 Methodology

2.1 Definition of transition points between traffic phases

Kerner[6] elucidates that a transition point is a point between two distinct traffic phases on a probe vehicle's trajectory. This point provides both a specific road location and a temporal instant at which a driver of the probe vehicle perceives the shift between phases (as illustrated in Figure 1). A probe vehicle automatically detects a phase transition point under two conditions: (1) a speed change along the vehicle trajectory surpasses a chosen speed threshold, and (2) the new phase persists for a time interval longer than a chosen time threshold. Adopting a bird's-eye view perspective can treat each vehicle as a probe vehicle, ensuring a more precise and detailed identification outcome.

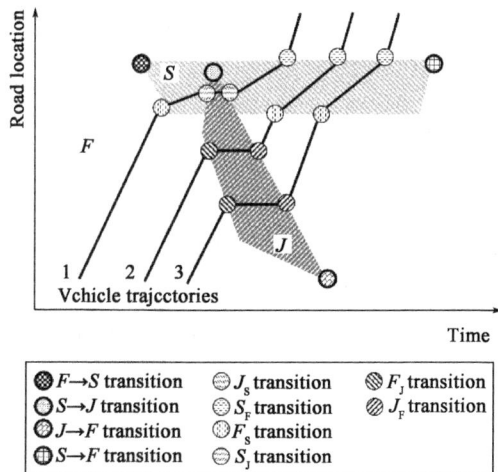

Figure 1 Illustration of transition points and phase transitions (adapted from [6])

Further, he delineated a set of conditions for the detection of phase transition points, as detailed in Table 1. Additionally, Table 2 presents a series of parameters that facilitate an approximate identification in his work.

Phase transition points detection condition

Table 1

Phase Transition Points	Speed Condition	Time Interval Condition
F_S	$V < V_{FS}$	$T > T_{FS}$
F_J	$V < V_{FJ}$	$T > T_{FS}$
S_F	$V > V_{SF}$	$T > T_{FS}$
S_J	$V < V_{SJ}$	$T > T_{FS}$
J_F	$V > V_{JF}$	$T > T_{FS}$
J_S	$V > V_{FS}$	$T > T_{FS}$

Speed and time intervals for phase transition point recognition

Table 2

Threshold speeds	Values (km/h)	Threshold time intervals	Values (s)
V_{FS}	60	T_{FS}	15
V_{FJ}	15	T_{FJ}	25
V_{SF}	65	T_{SF}	10
V_{SJ}	10	T_{SJ}	25
V_{JF}	60	T_{JF}	10
V_{JS}	20	T_{JS}	20

2.2 Changepoint detection

The values presented in Table 2 are derived from simulation results, highlighting an area where further refinement may be necessary. A method that is both reasonable and practical for obtaining speed and time thresholds is essential. Given the authors' concentration on GP, it is imperative to accurately identify the transition points between the **S** and **J**—that is, the values of V_{SJ} and T_{SJ}, for the transition from synchronized to jam flow, as well as V_{JS} and T_{JS} for the transition from jam to synchronized flow.

Change point detection is a statistical technique frequently utilized to identify points of significant change within time series data. Indeed, the two primary approaches to changepoint detection are categorized based on whether the number of changepoints is known beforehand. In this study, two specific changepoint detection techniques were applied:(1)Binary Segmentation: This method is suited for situations where the number of changepoints is known or estimated beforehand. It is an iterative procedure that partitions the data into segments, each of which is analyzed for a single changepoint, and this process is repeated on the segments until no further changepoints are found or the predetermined number of changepoints has been reached. (2) PELT (Pruned Exact Linear Time)[10]: PELT is a technique that does not require prior knowledge of the number of changepoints. It is designed to be computationally efficient, even in the context of large datasets, by using a pruning technique to reduce the computational cost of evaluating numerous potential changepoint configurations.

The PELT method is as follows: The speed data observed from time s to time t is denoted by $\boldsymbol{O}_{s;t} = (o_s, \cdots, o_t)$ and there are k changepoints in the history. This corresponds to the data split into $k+1$ distinct segments. The location of the jth changepoint was set to τ_j for $j = 1, \cdots, k$. Without loss of generality, $\tau_0 = 0$ and $\tau_{k+1} = n$ were also set. Thus, the jth segment contains the acceleration $o_{\tau_{j-1}+1}, \cdots, o_{\tau_j}$, and the changepoint set is $\tau = (\tau^0, \cdots, \tau^{k+1})$. Thus, the problem can be described as

$$\min \sum_{i=1}^{k+1} \left[C(y_{\tau^{i-1}+1;\tau^i}) \right] + \beta f(k) \qquad (1)$$

where C is the cost function of each segment, $\beta f(k)$ is the penalty item that prevents overfitting, and β is a constant independent of the position and number of change points. Gaussian kernel was selected as the cost function.

The PELT method assumes a constant M for all $s < o < t$.

$$C(y_{(s+1);o}) + C(y_{(s+1);t}) + M \leqslant C(y_{(s+1);t}) \quad (2)$$

Let $\tau^* = 1, \cdots, t-s+1$, respectively.

$$F(\tau^*) = \min_{\tau \in R_{\tau^*}} \left[F(\tau) + C(y_{\tau+1;\tau^*}) + \beta \right] \quad (3)$$

where $F(0) = -\beta$. Let

$$\tau^1 = \mathrm{argmin}_{\tau \in R_{\tau^*}} \left[F(\tau) + C(y_{\tau+1;\tau^*}) + \beta \right] \quad (4)$$

Accordingly,

$$cp(\tau^*) = \left[cp(\tau^1), \tau^1 \right] \qquad (5)$$

$$\{ \tau \in R_{\tau^*} \cup \{ \tau^* \} : F(\tau) + C(y_{\tau+1;\tau^*}) + M \leqslant F(\tau^*) \}$$

$$(6)$$

where $R_1 = \{0\}$, $cp(0) = NULL$, and $cp(n)$ is the detected changepoint.

By using change point detection method, the threshold for each trajectory can be determined.

2.3　Kernel density estimation for speed and time threshold

In the preceding section, each changepoint was identified with the corresponding speed and occurrence time. The authors then computed the time differences to ascertain the time intervals associated with each changepoint. Utilizing the kernel density estimation (KDE) under the premise of a two-dimensional space-time plane, the most frequent values were determined. This application within the two-dimensional plane reveals an intricate time-speed relationship, offering a new perspective compared to separate aggregate methods. The region of highest frequency within this two-dimensional space ultimately defines the definitive intervals for speed and time thresholds.

3　Results

Figure 2 displays the Kernel Density Estimation (KDE) results from the application of the two changepoint detection methods.

From Figure 2, it is evident that the two regions of high density are highlighted in deep blue, indicating the locations where the threshold values have been determined.

By applying the determined thresholds to the trajectory data, the final results are shown in Table 3 and the identification results on trajectory plot are shown in Figure 3. Notice that using the value in Table 2, no transition points were detected.

a)Binary Segmentation

b)PELT method

Figure 2　KDE results for two change point detection methods

Determined threshold　Table 3

Threshold	Binary Segment	PELT
V_{SJ}	15	10
T_{SJ}	20	15
V_{JS}	25	20
T_{JS}	10	15

The identification process yielded two key findings:

(1) The use of the Binary Segmentation method resulted in the highest number of identified transition points. This is attributable to the predefined number of changepoints. As shown in the corresponding figure 3a), the transition points identified by this method are inconsistent along the front of phases due to the imposition of a fixed number, leading to the identification of superfluous points that may introduce confusion.

(2) Employing methods that do not require a known number of changepoints (i. e. PELT), allowed for the elimination of changepoints associated with a high level of uncertainty. The identified transition points using this approach showed consistency with other points(Figure 3b), suggesting a more reliable detection of true traffic phase transitions.

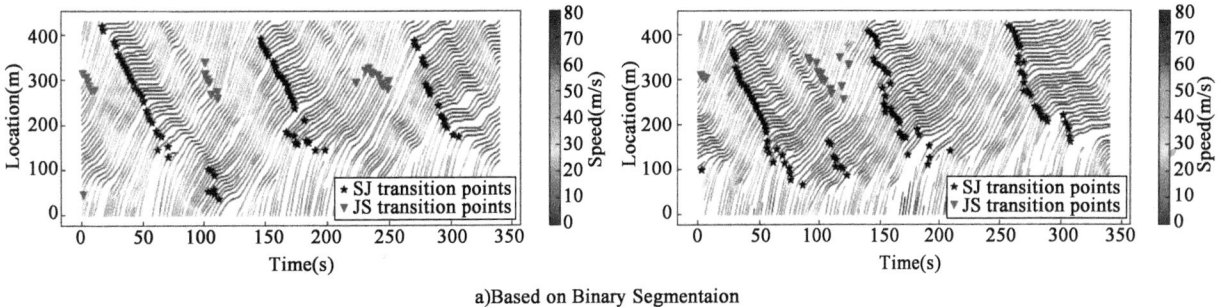

a)Based on Binary Segmentaion

Figure　3

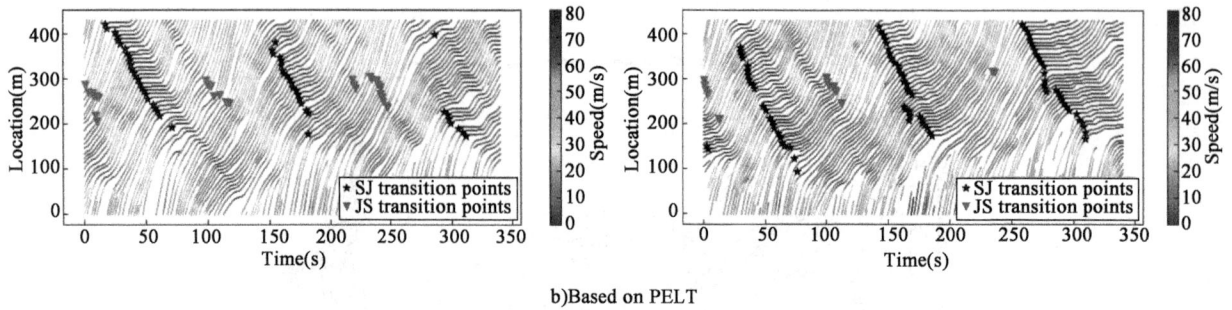

b)Based on PELT

Figure 3　Transition points on trajectory data

4　Conclusions

This study aims to establish a reasonable and practical method to identify the phase transition points in the congested pattern, i. e. *S* and *J*. Two kind of changepoint detection method was used and KDE was used to aggregate the speed and time interval. The extracted trajectory data in Erqi Yangtze River Bridge was applied. Results show that the known number method detected many transition points but not consistent. On the contrary, the unknown number method detected points that are fewer but consistent with each other. In brief, the unknown number method is more recommended in GP. This study has proved the effectiveness of proposed method. Due to the limitation of data, more congested phenomena is not observed. In future research, more videos will be captured to prove the effectiveness of proposed method.

References

[1] KONONOV J, BAILEY B, ALLERY B K. Relationships between safety and both congestion and number of lanes on urban freeways[J]. Transportation Research Record: Journal of the Transportation Research Board, 2008, 2083(1): 26-39.

[2] KNOSPE W, SANTEN L, SCHADSCHNEIDER A, et al. A realistic two-lane traffic model for highway traffic [J]. Journal of Physics A: Mathematical and General, 2002, 35 (15): 3369-3388.

[3] KERNER B S, REHBORN H. Experimental properties of complexity in traffic flow [J]. Physical Review E, 1996, 53(5): 4275-4278.

[4] NAGEL K, WAGNER P, WOESLER R. Still flowing: Approaches to traffic flow and traffic jam modeling[J]. Operations Research, 2003, 51(5): 681-710.

[5] KERNER B S. Three-phase traffic theory and highway capacity [J]. Physica A: Statistical Mechanics and its Applications, 2004, 333: 379-440.

[6] KERNER B S, REHBORN H, SCHÄFER R P, et al. Traffic dynamics in empirical probe vehicle data studied with three-phase theory: Spatiotemporal reconstruction of traffic phases and generation of jam warning messages [J]. Physica A: Statistical Mechanics and its Applications, 2013, 392(1): 221-251.

[7] XU C, LIU P, WANG W, et al. Safety performance of traffic phases and phase transitions in three phase traffic theory [J]. Accident Analysis and Prevention, 2015, 85: 45-57.

[8] LIU T, LI Z, LIU P, et al. Using empirical traffic trajectory data for crash risk evaluation under three-phase traffic theory framework[J]. Accident Analysis & Prevention, 2021, 157: 106191.

[9] WEGERLE D, KERNER B S, SCHRECKENBERG M, et al. Prediction of moving bottleneck through the use of probe vehicles: a simulation approach in the framework of three-phase traffic theory[J]. Journal of Intelligent Transportation Systems, 2020, 24(6): 598-616.

[10] KILLICK R, FEARNHEAD P, ECKLEY I A. Optimal detection of changepoints with a linear computational cost [J]. Journal of the American Statistical Association, 2012, 107 (500): 1590-1598.

Traffic Flow on the Curved Road Incorporating Psychology of Drivers: Modelling and Stabilization

Jingxu Chen   Shihao Li   Bojian Zhou*   Yong Zhang

(College of Transportation, Southeast University)

Abstract   Traffic accidents regularly occur due to special topographical characteristics of curved roads, and psychological elements of drivers further compound this problem. In order to investigate the influence of drivers' psychology on the stability of traffic flow on curved roads, this paper categorizes drivers into three types: aggressive, timid, and ordinary, based on their perceptual speed and headway in various psychological driving scenarios. Subsequently, a modified model is proposed and string stability conditions are derived using the transfer function method. Furthermore, numerical simulations are conducted to analyze impact of drivers' psychology on traffic flow stability. The results indicate that on curved roads, the proportion of different psychological types of drivers significantly affects the stability of traffic flow. An increase in the proportion of aggressive drivers leads to greater instability in the traffic flow on curved roads. Additionally, for the same proportion of aggressive drivers, larger radii of the curved road are associated with poorer stability of the traffic flow. In order to address the issue of traffic flow instability caused by drivers maneuvering vehicles on curved roads, this paper proposes a driver assistance strategy. The research findings in this paper contribute to enhancing our understanding of the evolution of traffic flow on curved roads. Moreover, the proposed driver assistance strategy has the potential to bolster the stability of traffic flow on curved roads, thereby reducing the occurrence of traffic accidents.

Keywords   Drivers' psychology   Car-following model   Traffic flow stability   Driver assistance strategy

0   Introduction

Global transportation safety remains a critical concern for scholars worldwide[1-3]. According to statistics, there is a reported death in traffic accidents every 24 seconds. Traffic accidents usually occur deriving from multiple factors such as road geometry, vehicle's characteristics and drivers' psychology[4]. Among them, drivers' psychology, which directly reflects the participation of people in traffic, may have a significant impact on the stability of the traffic flow. To be specific, negative drivers' psychology may aggravate the instability of the traffic flow and increase the risk of traffic accidents. In addition, study by Hummer et al.[5] revealed that the occurrence of traffic accidents on curved roads is three times higher compared to other road segments. Due to the constraints imposed by limited visibility[6] and the centrifugal force[7] on curved roads, drivers' psychology plays a crucial role and exerts significant influence on the stability of traffic flow in such road segments. Therefore, it is strongly necessary to investigate the traffic flow considering the psychological effect and propose an effective driver assistance strategy aimed at mitigating the psychological impact on curved roads and thereby enhancing the stability of traffic flow.

Numerous microscopic models have been proposed to investigate the dynamics of traffic flow. The car-following models, which are widely used,

Fund program: the National Natural Science Foundation of China (Grant No. 72071041) and Guangxi Science and Technology Major Program (Grant No. AA23062021-4).

have been proved to be effective and representative models to describe the motion of the following vehicle in response to the action of the guiding vehicle. The earliest car-following model was proposed in 1953[8]. Later, the General Motor based car-following model (GM)[9], the Optimal Velocity Model (OVM)[10], the Generalized Force Model (GFM)[11], the Full Velocity Difference Model (FVDM)[12] was proposed. In 2000, Treiber et al.[13] proposed Intelligent Driving Model (IDM) model by considering the expected headway. IDM has been widely used to simulate human-driving vehicles, automated vehicles and connected automated vehicles and developed into many branches, such as considering the task difficulty (TD) of dynamic interaction of driving tasks Intelligent Driving Model (TDIDM)[14], IDM-GARCH model considering the fluctuation of rear vehicle speed caused by driver perception uncertainty[15], IDM considering horizontal and vertical dimension influence[16], and so on[17-18]. Given the robustness of IDM in simulating traffic flow dynamics across various scenarios, this study utilizes IDM as the basis for investigating the influence of drivers' psychology on traffic flow in curved road conditions.

During the process of car following, the psychological aspect of the driver plays a crucial role, and numerous models addressing various aspects of drivers' psychology have been proposed. In 1963, the first physio-psychological model was proposed which measures acceleration and deceleration according to changes in the driver's vision[19]. Later, other models considering different psychological factors were proposed, namely expected distance safety corrections[20], driver's anticipation effects[21], headway memory[22] and so on. Subsequently, a novel car-following model was proposed with the consideration of the incorporating timid and aggressive behaviors on single lane and the result shows that aggressive driver response to the variation of the velocity of the leading car more rapidly than timid drivers[23]. Zhao et al.[24] investigated the delayed decision and aggressiveness

of drivers and automation for longitudinal driving. Moreover, Hassan et al.[25] conducted an evaluation on driver attributes, self-reported psychological metrics, and driving performance metrics pertaining to aggressive driving during nine distinct driving scenarios. Scholars have conducted extensive research on the influence of drivers' psychology on traffic flow, but these investigations have been predominantly concentrated on straight roadways and neglected investigation into the psychological impacts on traffic flow stability on curved roads.

The geographical conditions exert a significant influence on car-following behavior, a subject that has garnered considerable scholarly attention and investigation. A new traffic flow model considering triple factors on a gyroidal road was proposed and its stability analysis and nonlinear analysis were conducted[26]. Zhai et al.[27] designed a vehicle-to-vehicle communication based feedback control to ensure efficient and safe vehicular motion on gyroidal roads. Zheng et al.[28] proposed an extended car-following model considering the road consisting of curved part and straight part and the control theory method was applied into analysis of the stability condition for the model. Two extended car-following model on the curved road were proposed to consider the influence of electronic throttle dynamics[29] and driver's desire for smooth driving[30], respectively. Zhang et al.[31] proposed a car-following model based on the influence of the two-point preview steering decision and stopping sight distance on the car-following behavior on small-radius curved roads. The aforementioned studies indicate that specific terrains significantly influence traffic flow stability. However, current research has not simultaneously taken into account both curved road segments and drivers' psychology.

In summary, while considerable research has been devoted to the stability of traffic flow on curved roads, there remains a paucity of studies examining the influence of drivers' psychology on traffic flow under such conditions. Therefore, this paper establishes a model to address this gap by taking into account the psychology of drivers during navigation through curved roads and proposes a driver assistance strategy aimed at addressing the issue of traffic flow instability on curved roads arising from drivers' psychology. The main contributions of this study are:

(1)The car-following model on the curved road considering psychology of drivers is proposed and its stability condition is derived.

(2)The impact of radii of the curved road and the proportion of people with different psychology on traffic flow stability is investigated through numerical simulations.

(3)A driver assistance strategy is proposed and its control effect in mitigating the traffic turbulence triggered by drivers' psychology is verified.

The remainder of this paper is structured as follows. Section 2 models the traffic flow dynamics on the curved road considering the psychology of driver. In Section 3, the conditions for string stability are derived considering the influence of psychological

factors on the curved road. Then numerical simulations are conducted, and the results of the simulations are analyzed in Section 4. In Section 5, a driver assistance strategy is proposed and its ability to enhance traffic stability on the curved road is confirmed. Section 6 is conclusions and future work.

1 Modelling traffic flow on the curved road incorporating of drivers

In order to evaluate the stability of traffic flow considering psychology of drivers on curved roads, thischapter proposes a new car-following model by introducing psychological parameters into the classic Intelligent Driving Model (IDM)[13] and using a specific modeling method for curved roads[29]. IDM can describe the car-following behavior of various traffic flow mostly on straight roads in a unified form effectively and the dynamic equation of the model is written as:

$$\dot{v}_n(t) = a\left[1 - \left(\frac{v_n(t)}{v_0}\right)^4 - \left(\frac{h_0 + v_n(t)T + \frac{v_n(t)\Delta v_n(t)}{2\sqrt{ab}}}{h_n(t)}\right)^2\right] \quad (1)$$

where $v_n(t)$ is the nth vehicle's velocity at time t and v_0 is free flow speed; $h_n(t)$ is the actual gap; a is maximum acceleration and b is comfortable braking deceleration; $\Delta v_n(t)$ is the relative velocity between the leader and the follower; h_0 is the jam distance; T is the safe time headway.

Similar to the approach in reference [23], this study introduces coefficients η_m, ε_m to represent the heterogeneity of drivers with different psychological factors in the platoon, in which η_m, ε_m are characterization coefficient of the type m driver's psychological response on the angular velocity and headway angle. In this paper, the psychological

characteristics of drivers are mainly divided into three categories: aggressive drivers, timid drivers and ordinary drivers[23]. Aggressive drivers tend to perceive their vehicle speed as slower than the actual speed and perceive the distance to the preceding vehicle as larger than the actual distance. Consequently, they exhibit a higher perceived speed and a smaller headway, indicating that the speed coefficient η_m is greater than 0, while the headway coefficient ε_m is less than 0. For timid drivers, the values are opposite, while for ordinary drivers, the values are all 0. After introducing psychological parameters, Eqs. (1) can be transformed into:

$$\dot{v}_n(t) = a\left[1 - \left(\frac{\sum_{m=1}^{M}p_m(1+\eta_m)v_m(t)}{V_0}\right)^4 - \left(\frac{h_0 + \sum_{m=1}^{M}p_m(1+\eta_m)v_m(t)T + \frac{\sum_{m=1}^{M}p_m(1+\eta_m)v_n(t)\Delta v_n(t)}{2\sqrt{ab}}}{\sum_{m=1}^{M}p_m(1+\varepsilon_m)h_n(t)}\right)^2\right] \quad (2)$$

where p_m is the proportion of type m drivers' psychology[32].

In this paper, in order to study the traffic flow on the curved road, the curved road is simplified into circular curve as shown in Figure 1[30].

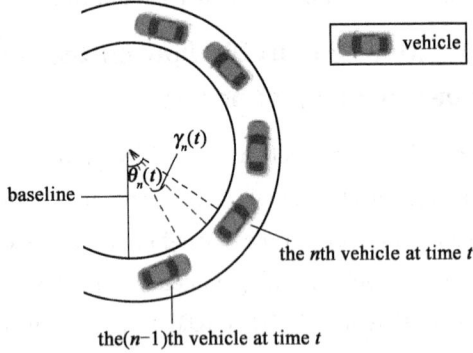

Figure 1　Vehicles move on the curved road

The relationships between radius and radian of the curved road, as well as velocity and angular velocity of the vehicle, are formulated as:

$$h_n(t) = r \cdot \gamma_n(t), v_n(t) = r \cdot \omega_n(t) \qquad (3)$$

where $\gamma_n(t)$ is headway angle between $(n-1)$ th vehicle and n vehicle at time t, $\omega_n(t)$ is angular velocity of nth vehicle at time t, r is radius of the curved road.

Considering the relationship between centrifugal force and friction on the curved road,

$$m\omega_{max}^2 r = \mu m g \qquad (4)$$

we get

$$v_0 = \omega_{max} r = \sqrt{\mu g r} \qquad (5)$$

where m is weight of the vehicle, ω_{max} is the max angular velocity, μ is friction coefficient and g is acceleration of gravity.

Then, by converting the velocity and distance on the straight road into the relationship between angular velocity, radian, and radius on the curved road, Eqs. (2) can be rewritten as:

$$\frac{d^2\theta_n(t)}{dt^2} = \frac{a}{r}\left\{1 - \left(\frac{r\sum_{m=1}^{M}p_m(1+\eta_m)\omega_n(t)}{\sqrt{ugr}}\right)^4 - \left(\frac{s_0 + r\sum_{m=1}^{M}p_m(1+\eta_m)\omega_m(t)T + \frac{r^2\sum_{m=1}^{M}p_m(1+\eta_m)\omega_n(t)\Delta\omega_n(t)}{2\sqrt{ab}}}{r\sum_{m=1}^{M}p_m(1+\varepsilon_m)\gamma_n(t)}\right)^2\right\} \qquad (6)$$

where $\theta_n(t)$ is angel of nth vehicle at time t (Figure 1), s_0 is the jam distance on the curved road and $\Delta\omega_n(t) = \omega_{n-1}(t) - \omega_n(t)$ is angular velocity difference between $(n-1)$th vehicle and n thvehicle at time t.

As suggested in reference [33], the typical values of parameter in IDM is used, maximum acceleration a is 2m/s^2, friction coefficient μ is 0.6, minimum headway s_0 is 2m, time gap T is 1.6s and maximum deceleration b is 4m/s^2.

The generalized form of the car-following model considering psychology on curved roads is given as:

$$\frac{d\omega_n(t)}{dt} = f(\omega_n(t), \theta_n(t), \Delta\omega_n(t)) \qquad (7)$$

2　Derivation of string stability conditions

In this section, in order to study the evolution of disturbances in each vehicle in the fleet system, we first established the equation of state of the traffic flow. On this basis, the string stability inequation considering influences of drivers' psychology on the curved road is derived through the transfer function method[34].

In the equilibrium state, the average speed of vehicles in the traffic flow is equal to the equilibrium state speed, the speed difference between adjacent vehicles is 0, and the angular speed of vehicles is 0, that is to say:

$$\begin{cases} \sum_{m=1}^{M}p_m(1+\eta_m)\omega_n(t) = \omega_e \\ \Delta\omega_n(t) = 0 \\ \dot{\omega}_n(t) = 0 \end{cases} \qquad (8)$$

Assuming that the fleet system has a slight disturbance in a steady state, the relationship between disturbance, angular velocity and headway angle is shown in Eqs. (9) and Eqs. (10),

$$y_n(t) = \sum_{m=1}^{M} p_m(1+\varepsilon_m)\gamma_n(t) - \gamma_e \qquad (9)$$

$$y_n(t) = \sum_{m=1}^{M} p_m(1+\varepsilon_m)\gamma_n(t) - \gamma_e \qquad (10)$$

In actuality, the traffic flow system can be regarded as a nonlinear and highly coupled complex system. The majority of car-following models exhibit nonlinearity in their functional forms, making the investigation of their properties relatively challenging. Hence, a linear approximation is made using a first-order Taylor expansion near the equilibrium point,

omitting the higher-order term[35], as shown in Eqs. (11),

$$\dot{\omega}_n(t) \approx f(\gamma_e, \omega_e, 0) + [\sum_{m=1}^{M} p_m(1+\varepsilon_m)\gamma_n(t) - \gamma_e] f_n^{(\gamma)} + [\sum_{m=1}^{M} p_m(1+\eta_m)\omega_n(t) - \omega_e] f_n^{(\omega)} + (\Delta\omega_n(t) - 0) f_n^{(\Delta\omega)} \qquad (11)$$

where $f_n^{(\omega)}$, $f_n^{(\gamma)}$, $f_n^{(\Delta\omega)}$ are derivative values of the car angular velocity, the headway angle and angular velocity difference considering the driver's psychology at the equilibrium point. They are expressed by mathematical formulas as follows,

$$f_n^{(\omega)} = \frac{\partial f(\sum_{m=1}^{M} p_m(1+\varepsilon_m)\gamma_n(t), \sum_{m=1}^{M} p_m(1+\eta_m)\omega_n(t), \Delta\omega_n(t))}{\partial(\sum_{m=1}^{M} p_m(1+\eta_m)\omega_n(t))} \qquad (12)$$

$$f_n^{(\gamma)} = \frac{\partial f(\sum_{m=1}^{M} p_m(1+\varepsilon_m)\gamma_n(t), \sum_{m=1}^{M} p_m(1+\eta_m)\omega_n(t), \Delta\omega_n(t))}{\partial(\sum_{m=1}^{M} p_m(1+\varepsilon_m)\gamma_n(t))} \qquad (13)$$

$$f_n^{(\Delta\omega)} = \frac{\partial f(\sum_{m=1}^{M} p_m(1+\varepsilon_m)\gamma_n(t), \sum_{m=1}^{M} p_m(1+\eta_m)\omega_n(t), \Delta\omega_n(t))}{\partial(\Delta\omega_n(t))} \qquad (14)$$

where $\begin{cases} \sum_{m=1}^{M} p_m(1+\eta_m)\omega_n(t) = \omega_e \\ \sum_{m=1}^{M} p_m(1+\varepsilon_m)\gamma_n(t) = \gamma_e \\ \Delta\omega_n(t) = 0 \end{cases}$ (15)

By embedding Eqs. (10) into Eqs. (11), we obtain

$$\dot{\omega}_n(t) = \frac{\dot{u}_n(t)}{\sum_{m=1}^{M} p_m(1+\eta_m)}$$
$$\approx f_n^{(\gamma)} y_n(t) + f_n^{(\omega)} u_n(t) + (\omega_{n-1}(t) - \omega_n(t)) f_n^{(\Delta\omega)}$$
$$\approx f_n^{(\gamma)} y_n(t) + \left(f_n^{(\omega)} - \frac{f_n^{(\Delta\omega)}}{\sum_{m=1}^{M} p_m(1+\eta_m)}\right) u_n(t) + \frac{f_n^{(\Delta\omega)} u_{n-1}(t)}{\sum_{m=1}^{M} p_m(1+\eta_m)} \qquad (16)$$

Then Eqs. (9) and Eqs. (10) can be rewritten as:

$$\dot{u}_n(t) = [\sum_{m=1}^{M} p_m(1+\eta_m)] f_n^{(\gamma)} y_n(t) +$$
$$\{[\sum_{m=1}^{M} p_m(1+\eta_m)] f_n^{(\omega)} - f_n^{(\Delta\omega)}\} u_n(t) +$$
$$f_n^{(\Delta\omega)} u_{n-1}(t) \qquad (17)$$

$$\dot{y}_n(t) = \sum_{m=1}^{M} p_m(1+\varepsilon_m)\dot{\gamma}_n(t) = \frac{1}{r}\sum_{m=1}^{M} p_m(1+\varepsilon_m)(\dot{s}_{n-1}(t) - \dot{s}_n(t))$$
$$= \sum_{m=1}^{M} p_m(1+\varepsilon_m)(\omega_{n-1}(t) - \omega_n(t))$$
$$= \frac{\sum_{m=1}^{M} p_m(1+\varepsilon_m)}{\sum_{m=1}^{M} p_m(1+\eta_m)}(u_{n-1}(t) - u_n(t)) \qquad (18)$$

Therefore, the state equation of the fleet system is

$$\begin{cases} \dot{u}_n(t) = \Big[\sum_{m=1}^{M} p_m(1+\eta_m) \Big] f_n^{(\gamma)} y_n(t) + \\[2mm] \Big\{ \Big[\sum_{m=1}^{M} p_m(1+\eta_m) \Big] f_n^{(\omega)} - f_n^{(\Delta\omega)} \Big\} u_n(t) + f_n^{(\Delta\omega)} u_{n-1}(t) \\[3mm] \dot{y}_n(t) = \dfrac{\sum_{m=1}^{M} p_m(1+\varepsilon_m)}{\sum_{m=1}^{M} p_m(1+\eta_m)} (u_{n-1}(t) - u_n(t)) \end{cases}$$

$$(19)$$

The string stability analysis is mainly applied to investigate the propagation of perturbations of the vehicle fleet. Generally speaking, there are two types of methods in common use: the characteristic equation method and transfer function method[34]. In this paper, the transfer function method is adopted. The basic concept of using the transfer function method is to observe the frequency response between the input and output of the system. If the speed disturbance of the vehicle is taken as the input signal, the acceleration and deceleration behavior of the vehicle against the disturbance of the head vehicle will produce a certain speed disturbance named output signal.

The complex time domain differential equation is

replaced by a relatively simple complex frequency domain algebraic equation through Laplace transformation, and the stability of the fleet is analyzed by the amplitude of the transfer function. Perform Laplace transformation on Eqs. (19) respectively,

$$\mathcal{L}[\dot{u}_n(t)] = sU_n(s)$$
$$= \Big[\sum_{m=1}^{M} p_m(1+\eta_m) \Big] f_n^{(\gamma)} Y_n(s) + f_n^{(\Delta\omega)} U_{n-1}(s) +$$
$$\Big\{ \Big[\sum_{m=1}^{M} p_m(1+\eta_m) \Big] f_n^{(\omega)} - f_n^{(\Delta\omega)} \Big\} U_n(s)$$

$$(20)$$

$$\mathcal{L}[\dot{y}_n(t)] = sY_n(s)$$
$$= \dfrac{\sum_{m=1}^{M} p_m(1+\varepsilon_m)}{\sum_{m=1}^{M} p_m(1+\eta_m)} (U_{n-1}(s) - U_n(s))$$

$$(21)$$

where $U_n(s) = \mathcal{L}[\dot{u}_n(t)]$ and $Y_n(s) = \mathcal{L}[\dot{y}_n(t)]$, $\mathcal{L}(\cdot)$ is Laplace transformation.

The transfer function of speed disturbance passing through the vehicle can be get by combining Eqs. (20) and Eqs. (21),

$$G_n(s) = \frac{U_n(s)}{U_{n-1}(s)} = \frac{s f_n^{(\Delta\omega)} + \sum_{m=1}^{M} p_m(1+\varepsilon_m) f_n^{(\gamma)}}{s^2 - s \Big[\sum_{m=1}^{M} p_m(1+\eta_m) f_n^{(\omega)} - f_n^{(\Delta\omega)} \Big] + \sum_{m=1}^{M} p_m(1+\varepsilon_m) f_n^{(\gamma)}} \qquad (22)$$

where $G_n(s)$ means the transfer function of car-following vehicle pair, $U_n(s)$ and $U_{n-1}(s)$ represent the Laplace transformation forms of perturbation in following vehicle n and preceding vehicle $n-1$, s is

a complex variable.

Based on the transfer function theory[34], if traffic flow system is string stable, there exists

$$|G(s)| = |G(jw)|$$

$$= \left| \frac{f_n^{(\Delta\omega)}(j\omega) + \sum_{m=1}^{M} p_m(1+\varepsilon_m) f_n^{(\gamma)}}{(jw)^2 + \Big[f_n^{(\Delta\omega)} - \sum_{m=1}^{M} p_m(1+\eta_m) f_n^{(\omega)} \Big] (jw) + \sum_{m=1}^{M} p_m(1+\varepsilon_m) f_n^{(\gamma)}} \right|$$

$$= \sqrt{\frac{\Big[\sum_{m=1}^{M} p_m(1+\varepsilon_m) f_n^{(\gamma)} \Big]^2 + (f_n^{(\Delta\omega)})^2 w^2}{\Big\{ \Big[\sum_{m=1}^{M} p_m(1+\varepsilon_m) f_n^{(\gamma)} \Big] - w^2 \Big\}^2 + \Big[\sum_{m=1}^{M} p_m(1+\eta_m) f_n^{(\omega)} - f_n^{(\Delta\omega)} \Big]^2 w^2}} < 1 \qquad (23)$$

where $|\cdot|$ denotes the amplitude of transfer function in frequency domain; j and w represent the

imaginary number and frequency in frequency domain.

Then, Eqs. (23) can be simplified into

$$\left[\sum_{m=1}^{M} p_m (1 + \varepsilon_m) f_n^{(\gamma)} \right]^2 + w^2 (f_n^{(\Delta \omega)})^2$$

$$< \left[\sum_{m=1}^{M} p_m (1 + \varepsilon_m) f_n^{(\gamma)} - w^2 \right]^2 + w^2 \left[\sum_{m=1}^{M} p_m (1 + \eta_m) f_n^{(\omega)} - f_n^{(\Delta \omega)} \right] \tag{24}$$

Hence, the string stability condition for traffic flow of vehicles is obtained as follows,

$$\frac{1}{2} \left[\sum_{m=1}^{M} p_m (1 + \eta_m) f_n^{(\omega)} \right]^2 - \sum_{m=1}^{M} p_m (1 + \varepsilon_m) f_n^{(\gamma)} -$$

$$\sum_{m=1}^{M} p_m (1 + \eta_m) f_n^{(\omega)} f_n^{(\Delta \omega)} > 0 \tag{25}$$

According to Eqs. (12), Eqs. (13) and Eqs. (14) , $f_n^{(\omega)}$, $f_n^{(\Delta \omega)}$ and $f_n^{(\gamma)}$ are calculated as

$$f_n^{(\omega)} = -\frac{4 a r \omega_e^3}{(ug)^2} - \frac{2aT(s_o + T\omega_e r)}{r^2 \gamma_e^2} \tag{26}$$

$$f_n^{(\gamma)} = \frac{2a (s_0 + \omega_e r T)^2}{r^2 \gamma_e^3} \tag{27}$$

$$f_n^{(\Delta \omega)} = -\frac{\sqrt{a}}{\sqrt{b}} \frac{\omega_e (s_0 + \omega_e r T)}{r \gamma_e^2} \tag{28}$$

Combing Eqs. (6) and Eqs. (8), γ_e can be calculated as

$$\gamma_e = \frac{\left[s_0 + \sum_{m=1}^{M} p_m (1 + \eta_m) r \omega_e T \right]}{r \sum_{m=1}^{M} p_m (1 + \varepsilon_m) \sqrt{1 - \left(\dfrac{\sum_{m=1}^{M} p_m (1 + \eta_m) r \omega_e}{\sqrt{ugr}} \right)^4}} \tag{29}$$

By substituting the values of Eqs. (26), Eqs. (27), Eqs. (28) and Eqs. (20) into Eqs. (25), the linear stability condition is achieved. Through this stability condition inequality, we can observe that the stability of traffic flow is influenced by the radius of the curve and the proportion of drivers with different psychologies, as well as the values of their psychological coefficients. A detailed analysis will be conducted in the next section through numerical simulations.

3 Numerical simulation experiments

To further investigate traffic flow considering drivers' psychology on curved roads, numerical simulation experiments are designed in this section to analyse the string stability under different radii and proportions of drivers' psychology.

3.1 Experiment settings

Simulation of starting process will be carried out by choosing the same conditions as that in reference [36]. A platoon of 50 vehicles are moving on a curved road in which the behavior of overtaking and lane-changing is prohibited. In the meantime, the periodic boundary condition is set to capture the evolution of little traffic perturbation over time. For this purpose, supposing the current lane is a ring road, that is, the preceding adjacent vehicle of leading vehicle is the 50th vehicle. To characterize the perturbation in the vehicle flow, we set the initial headway for leading vehicle is 24. 8m and for other vehicles are 14. 8m. Then, one can investigate the string stability of vehicles flow by observing the evolution of headway over time. The schematic of simulation scenario is presented in Figure 2, in which the vehicle A and vehicle B represent the leading vehicle and 50th vehicle respectively.

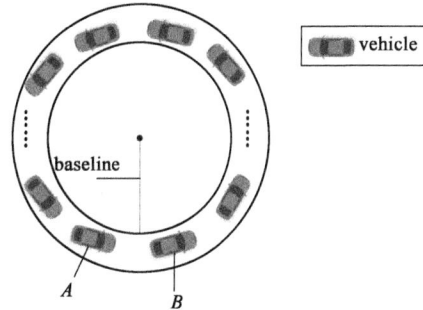

Figure 2　Schematic of simulation scenario for numerical experiments

As is suggested in reference[32], for convenience of simulations, we choose a value of 3 for m, which represents there are three types of drivers: aggressive, timid, and ordinary. According to reference [30], the value of radius starts from 40m.

3.2 Investigation of string stability

In order to study stability of traffic flow on curved roads, we draw numerical simulation diagrams under different radii from 40m to 80m. Considering the proportion of people with different psychology on the road is uncertain in reality, we adopt some typical values to investigate the stability of traffic flow (the proportion of ordinary people is 10%, the parameter pm in the graph represents the proportion of aggressive drivers, while the proportion of timid drivers is expressed as $1 - 0.1 - pm$).

Figure 3 to Figure 5 depict the changes in car-following distances between vehicles with varying proportions of aggressive drivers under different curvature radii conditions. The higher the frequency and magnitude of fluctuations in the headway spacing between vehicles, the more indicative it is of the traffic flow's instability. From Figure 3, it can be observed that when the radius is relatively small, at 40meters, an increase in aggressive drivers slightly reduces stability, but overall, it does not significantly affect the stability. Figure 4 and Figure 5 clearly

reveal that with an increasing proportion of aggressive drivers, the fluctuations in car-following headways become more pronounced in both magnitude and frequency. This indicates that a higher prevalence of aggressive drivers progressively destabilizes traffic flow on curved road sections. By comparing Figure 3 to Figure 5, it can be observed that, at radii of 40 meters (Figure 3), the increase in aggressive drivers results in a gradual amplification of car-following distance fluctuations. However, this effect on overall stability is significantly less pronounced compared to the scenario with radii increased to 60 meters (Figure 4) and 80 meters (Figure 5). This implies that when the curvature radius is smaller, drivers' psychology has a relatively minor impact on traffic flow stability, while when the radius increases beyond a certain threshold, drivers' psychology significantly influences traffic flow stability.

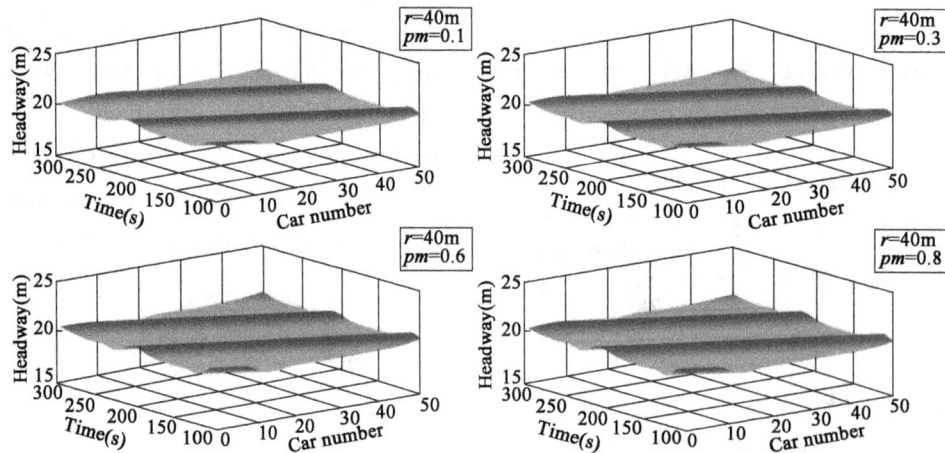

Figure 3　Headway evolution with a radius of 40 meters under different proportions of aggressive drivers

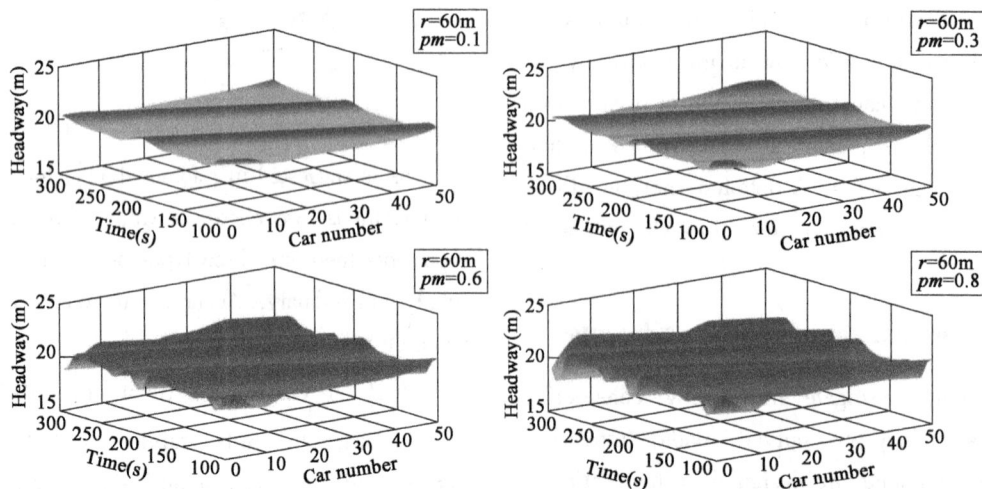

Figure 4　Headway evolution with a radius of 60 meters under different proportions of aggressive drivers

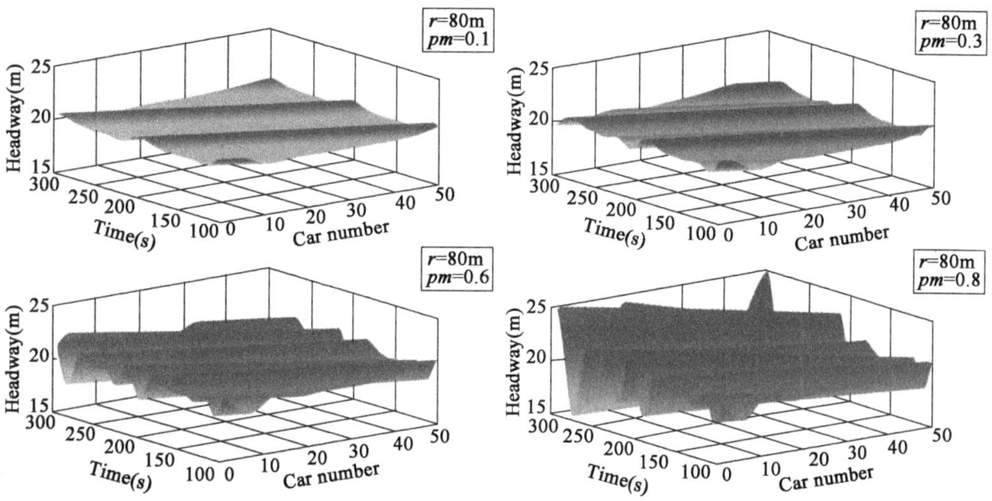

Figure 5　Headway evolution with a radius of 80 meters under different proportions of aggressive drivers

Based on the results obtained from numerical simulations, we can draw the conclusion that an increase in aggressive drivers leads to a decrease in traffic flow stability when vehicles traverse curved roads. However, for curved roads with smaller radii, the psychological influence of drivers on traffic flow stability is relatively insignificant. Conversely, for curved roads with larger radii, the psychological impact of drivers on stability experiences a significant increase. In other words, as radius of the curved road increases, the increased presence of aggressive drivers will further compromise traffic flow stability.

4　Design and verification of the driver assistance strategy

In the previous chapter, it was validated through numerical simulations that an increased proportion of aggressive drivers in a roadway with larger curvature radius leads to an augmentation of traffic flow instability. In order to address this issue, this chapter focuses on devising a driver assistance strategy to ensure traffic flow stability and effectiveness of the strategy is assessed utilizing simulation-based methodologies.

4.1　Formulation of the driver assistance strategy

Due to the critical importance of safety during maneuvers on curved roads, a driver assistance strategy has been devised to prioritize collision avoidance. To achieve this, we consider the time to collision (TTC)[37] as a suitable metric. According to the definition applicable on straight roads, the expression for Time-to-Collision (TTC) on curved roads is represented as:

$$TTC_n(t) = \begin{cases} \dfrac{\gamma_n(t)}{-\Delta\omega_n(t)} & (\forall \omega_n(t) > \omega_{n-1}(t)) \\ \infty & (\text{otherwise}) \end{cases}$$

$$(30)$$

According to reference [38], reorganizing the TTC, we obtain the collision sensitivity coefficient (CSC) of host vehicles with its preceding adjacent vehicles at time t as:

$$CSC_n(t) = -\frac{1}{TTC_n(t)} = \frac{\Delta\omega_n(t)}{\gamma_n(t)} \qquad (31)$$

Nevertheless, the TTC metric cannot be directly applied to regulate the motion of the vehicles as its structure is inconsistent with that of the vehicles' dynamics. Reference [39] suggests that the control strategy should have a feedback structure similar to that of the vehicles' dynamics to ensure easy implementation and acceptance by passengers and other road users. To regulate the velocity of host vehicle, we utilize the $CSC_n(t)$ metric as a regulation metric at time t, to formulate the Collision Sensitivity Coefficient Controller (CSCC), as follows:

$$CSCC_n(t) = k \cdot CSC_n(t) \cdot \omega_n(t) \quad (32)$$

where k is control gain.

The implementation process for the driver assistance strategy is depicted in Figure 6 as follows.

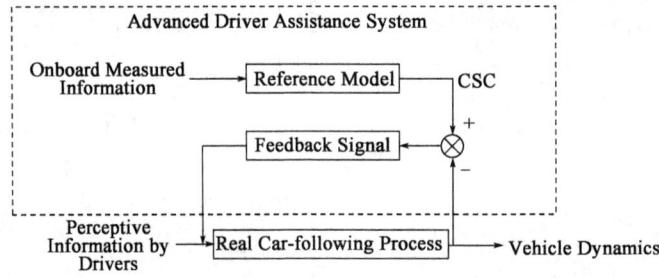

Figure 6   The car-following process with the driver assistance strategy

4.2   Evaluation of the proposed driver assistance strategy

The application of Eqs. (32) to the vehicles traveling on curved roads is as follows:

$$\frac{d^2\theta_n(t)^{CSCC}}{dt^2} = \frac{d^2\theta_n(t)}{dt^2} + k \cdot CSC_n(t) \cdot \omega_n(t) \quad (33)$$

In this chapter, we have established experimental conditions similar to the numerical simulations conducted in the preceding chapter. We specifically selected the traffic flow scenario that exhibited the highest instability in the previous chapter to validate the effectiveness of the proposed driver assistance strategy. This scenario involves a curved road segment with a radius of 80 meters and a composition of drivers with varying driving behavior,

where the proportions of aggressive, timid, and ordinary driving styles are set at 80%, 10%, and 10%, respectively. By varying the value of the control coefficient k, we can assess the impact of the driver assistance strategy on the stability of traffic flow. The effect of this driver assistance strategy is drawn as follows.

From Figure 7, it is evident that when the value of control gain k is set to 0, the resulting traffic flow represents the uncontrolled scenario. However, as k increases to 0.1, both the frequency and amplitude of traffic flow fluctuations are significantly reduced. Further increasing k up to 0.4 leads to a nearly complete stabilization of the traffic flow. This driver assistance strategy demonstrates significant importance in enhancing the traffic flow stability considering the psychological aspects of the drivers on curved roads.

Figure 7   Headway evolution of vehicles with different control gain k

In conclusion, the proposed driver assistance strategy can reduce negative effect of drivers' psychology on curved roads, thereby improving the string stability of vehicles. Besides, its feedback architecture aligns harmoniously with the inherent car-following dynamics of human-driven vehicles. Furthermore, its straightforward and uncomplicated implementation renders it advantageous, as it does not necessitate any modifications to the overall structure of vehicles.

5 Conclusions

This study explores the string stability of traffic flow incorporating psychology of drivers on the curved road and proposes a driver assistance strategy capable of effectively enhancing traffic flow stability on the curved road. First, modified IDM considering different proportions of drivers' psychology on the curved road is proposed. Then, we derive the traffic flow stability conditions considering drivers' psychology on curved roads. Subsequently, numerical simulations are conducted to further investigate the impact of drivers' psychology on traffic flow stability under different radii of the curved road, yielding two significant findings:

(1) As vehicles navigate through curved roads, an increase in the proportion of aggressive drivers results in a decline in traffic flow stability, whereas timid drivers have the opposite effect.

(2) With the increase in the radius of the curved road, the impact of drivers' psychology on traffic flow stability on such curved roads becomes progressively more pronounced.

Finally, in response to the issue of traffic flow instability on curved roads resulting from drivers' psychology, this paper proposes a driver assistance strategy and the effectiveness of this strategy in mitigating the impact of drivers' psychology on traffic flow stability has been validated, consequently enhancing the stability of traffic flow on curved roads.

To enhance the accuracy of our study, future work should replace numerical simulations with real-car experiments to validate the findings of our research. Additionally, as traffic flow is inevitably complex and comprises a mixed fleet of automated vehicles, connected automated vehicles, regular vehicles, and so on, it is important to consider these factors when investigating the impact of different radii and drivers' psychology. Thus, our future research direction will focus on extending the current study to encompass a wider range of vehicle types, providing further insight into the factors that influence the string stability of vehicles on curved roads.

References

[1] LIU W, ZHANG T, LU Y, et al. THAT-Net: Two-layer hidden state aggregation based two-stream network for traffic accident prediction [J]. Information Sciences, 2023, 634: 744-760.

[2] YE F, YANG L, WANG Y, et al. A data-driven rule-based system for China's traffic accident prediction by considering the improvement of safety efficiency[J]. Computers & Industrial Engineering, 2023, 176: 108924.

[3] LIAO X, WU G, YANG L, et al. A real-world data-driven approach for estimating environmental impacts of traffic accidents[J]. Transportation Research Part D: Transport and Environment, 2023, 117: 103664.1-103664.13.

[4] HARMSI, BURDETT B, CHARLTON S. The role of route familiarity in traffic participants' behaviour and transport psychology [J]. Transportation Research Interdisciplinary Perspectives, 2021, 9: 100331.

[5] HUMMER J, RASDORF W, FINDLEY D, et al. Curve Collisions: Road and Collision Characteristics and Countermeasures [J]. Journal of Transportation Safety & Security, 2010, 02: 203-220.

[6] GOOCH J, GAYAH V, DONNELL E. Safety performance functions for horizontal curves and tangents on two lane, two way rural roads[J]. Accident Analysis & Prevention, 2018, 120: 28-37.

[7] KAUR R, SHARMA S. Analysis of driver's

characteristics on a curved road in a lattice model[J]. Physica A: Statistical Mechanics and its Applications, 2017, 471: 59-67.

[8] PIPES L. An operational analysis of traffic dynamics [J]. Journal of Applied Physics, 1953, 24: 274-281.

[9] CHANDLER R, HERMAN R, MONTROLL E. Traffic dynamics: studies in car following[J]. Operations Research, 1958, 06: 165-184.

[10] BANDO M, HASEBE K, NAKAYAMA A, et al. Dynamical model of traffic congestion and numerical simulation[J]. Physical Review E, 1995, 51: 1035-1042.

[11] HELBING D, TILCH B. Generalized force model of traffic dynamics[J]. Physical Review E, 1998, 58: 133-138.

[12] JIANG R, WU Q, ZHU Z. Full velocity difference model for a car-following theory[J]. Physical Review E, 2001, 64: 7101.

[13] TREIBER M, HENNECKE M, HELBING D. Congested traffic states in empirical observations and microscopic simulations[J]. Physical Review E, 2000, 62: 1805-1824.

[14] SAIFUZZAMAN M, ZHENG Z, HAQUE M, et al. Revisiting the task-capability interface model for incorporating human factors into car-following models[J]. Transportation Research Part B: Methodological, 2015, 82: 1-19.

[15] XIAO X, JIANG P, WEN J, et al. Uncertainty of velocity fluctuation based on an improved IDM-GARCH model [J]. China Journal of Highway and Transport, 2019, 32: 155-164.

[16] SHARATH M, VELAGA N. Enhanced intelligent driver model for two-dimensional motion planning in mixed traffic[J]. Transportation Research Part C: Emerging Technologies, 2020, 120: 102780.

[17] KURTC V, TREIBER M. Simulating bicycle traffic by the intelligent-driver model-reproducing the traffic-wave characteristics observed in a bicycle-following experiment [J]. Journal of Traffic and Transportation Engineering, 2020, 07: 19-29.

[18] LI Z, LI P, XU S, et al. Stability analysis of an extended intelligent driver model and its simulations under open boundary condition [J]. Physica A: Statistical Mechanics and its Applications, 2015, 419: 526-536.

[19] MICHAELS R. Perceptual factors in car-following [C] // Proceedings of the second internatation symposiun on the theory of traffic flow, 1963.

[20] DERBEL O, PETER T, HOSSNI Z, et al. Modified intelligent driver model for driver safety and traffic stability improvement [J]. Periodica Polytechnica Transportation Engineering, 2012, 40: 53-60.

[21] ZHENG L, TIAN C, SUN D, et al. New car-following model with consideration of anticipation driving behavior [J]. Nonlinear Dynamics, 2012, 70: 1205-1211.

[22] CAO B. A new car-following model considering driver's sensory memory [J]. Physica A: Statistical Mechanics and its Applications, 2015, 427: 218-225.

[23] PENG G. HE H, LU W. A new car-following model with the consideration of incorporating timid and aggressive driving behaviors [J]. Physica A: Statistical Mechanics and its Applications, 2016, 442: 197-202.

[24] ZHAO H, CHEN Q, SHI W, et al. Stability analysis of an improved car-following model accounting for the driver's characteristics and automation[J]. Physica A: Statistical Mechanics and its Applications, 2019, 526: 120990.

[25] HASSAN A, CRAMER C, LAFRENIERE K. Analysis of driver characteristics, self-reported psychology measures and driving performance measures associated with aggressive driving [J]. Accident Analysis and Prevention, 2023, 188: 107097.

[26] ZHU W, YU R. A new car-following model considering the related factors of a gyroidal road[J]. Physica A: Statistical Mechanics and Its Applications, 2014, 393: 101-111.

[27] ZHAI C, WU W, XIAO Y. Cooperative car-following control with electronic throttle and perceived headway errors on gyroidal roads [J]. Applied Mathematical Modelling, 2022, 108: 770-786.

[28] ZHENG Y, CHENG R, GE H. The feedback control research on straight and curved road with car-following model [J]. Physics Letters A, 2017, 381: 2137-2143.

[29] SUN Y, GE H, CHENG R. A car-following model considering the effect of electronic throttle opening angle over the curved road [J]. Physica A: Statistical Mechanics and Its Applications, 2019, 534: 122377.

[30] SUN Y, GE H, CHENG R. An extended car-following model considering driver's desire for smooth driving on the curved road [J]. Physica A: Statistical Mechanics and Its Applications, 2019, 527: 121426.

[31] ZHANG X, SHI X, YU S, et al. A new car-following model considering driver's desired visual angle on sharp curves [J]. Physica A: Statistical Mechanics and Its Applications, 2023, 615: 128551.

[32] REN W, CHENG R, GE H. Bifurcation analysis of a heterogeneous continuum traffic flow model [J]. Applied Mathematical Modelling, 2021, 94: 369-387.

[33] LI S, ZHOU B, XU M. Longitudinal car-following control strategy integrating predictive collision risk [J]. Applied Mathematical Modelling, 2023, 121: 1-20.

[34] SUN J, ZHENG Z, SUN J. Stability analysis methods and their applicability to car-following models in conventional and connected environments [J]. Transportation Research Part B: Methodological, 2018, 109: 212-237.

[35] LI S, ZHOU B, XU M. Analysis and improvement of car-following stability for connected automated vehicles with multiple information uncertainties [J]. Applied Mathematical Modelling, 2023, 123: 790-809.

[36] CHEN Y, KONG D, SUN L, et al. Fundamental diagram and stability analysis for heterogeneous traffic flow considering human-driven vehicle driver's acceptance of cooperative adaptive cruise control vehicles[J]. Physica A: Statistical Mechanics and Its Applications, 2022, 589: 126647.

[37] KUSANO K, CHEN D, Montgomery J, et al. Population distributions of time to collision at brake application during car following from naturalistic driving data[J]. Journal of Safety Research, 2015, 54: 95-104.

[38] JIAO S, ZHANG S, ZHOU B, et al. Dynamic performance and safety analysis of car-following models considering collision sensitivity [J]. Physica A: Statistical Mechanics and Its Applications, 2021, 564: 125504.

[39] GE J, AVEDISOV S, HE C, et al. Experimental validation of connected automated vehicle design among human-driven vehicles [J]. Transportation Research, Part C: Emerging Technologies, 2018, 51: 335-352.

城市隧道入口段交通流效率与安全综述

胡 娜*

(重庆交通大学交通运输学院)

摘 要 城市隧道作为一种基本的道路构筑设施,在城市道路中较为常见,尤其是山区城市。城市隧道段作为城市主干道的重要组成部分,交通流情况复杂,也是交通拥堵多发路段。隧道出入口交通状况对城市路网的交通效率有着重要影响。研究城市隧道入口段安全与效率优化问题对缓解交通拥堵、提高城市道路通行效率有着重要意义。研究表明,驾车通过隧道入口时,驾驶人视觉上会产生"黑洞效应",因而对车外的环境认知不清,很容易引发追尾事故。为应对驾驶员驶入隧道入口环境的突然变化,克服驾驶员产生紧张和恐惧的心理,降低驾驶操作的难度,有必要对城市隧道段作限速处理。隧道入口区域的交通状况对隧道整体的通行效率有较大影响,隧道入口段与城市一般路段之间的限速落差,会大大降低道路利用率,致使隧道交通流安全与效率问题日益突出,为解决这一问题,本文拟对隧道入口段效率与安全研究进行综述。

关键词　城市交通　隧道入口段　交通流　交通安全

0　引言

随着我国经济发展,城市人口飞速提升,城镇化进程逐渐加快,大城市、特大城市的数量稳定增加。同时,城市人口的增长使得我国汽车保有量不断增长,带来了一系列新的交通问题,也对交通行业提出了更高的要求。伴随城市道路网的发展,城市隧道相关研究的必要性也逐渐提升,隧道中发生的交通事故具有难处理、耗时长、后果严重等特征[1]。

传统交通流优化方法主要通过对区域城市道路网本身的设计和优化来进行调整,即在宏观层面上通过道路交通网络的布局和设计提升交通效率。这一优化方式过于粗糙,只能在某一片区的层面上提升交通流效率,而对部分特殊路段的针对性优化效果不够明显,需要针对关键路段的交通特性设计出适用性更高、提升效率更加明显的优化方法,以部分关键路段为突破点,进而提高路段整体的运行效率和交通安全。

1　研究背景和意义

目前,国内外城市道路隧道车速控制多采用静态限速控制[2]。然而静态限速控制存在以下缺陷:一方面,少部分车辆的实际车速高于设计车速,驾驶员对限制车速的服从度较低,与正常降速行驶车辆的速度差会降低车流运行平稳度;另一方面,在接近隧道入口处,大部分车辆会经历一个较为明显的降速过程,导致隧道交通流效率降低[3]。

我国隧道路段发生的交通事故中,由违章超速引起的事故占比36%[4],比例最高。这表明车辆在隧道入口段的车速不满足限速要求,而隧道路段的限速值低于实际车速,是导致事故发生的重要原因。因此,本文提出城市隧道入口段车速诱导策略目的,另一方面,控制车流在入口段的运

行速度平稳变化,降低车速离散性,提高车辆运行效率;一方面诱导车辆以最佳限制车速行驶,减少不同车辆之间车速差所导致的交通事故。而现有车辆行为预测方法较少考虑车辆之间交互信息,且车辆运动数据往往存在特征条件多、各数据权重不明确等问题,难以应用于存在强交互的密集交通流场景。且城市隧道入口段较其他路段交通情况复杂,基于此,对强交互密集交通流下城市隧道入口段影响机理进行分析研究,具有重要意义。

2　研究现状

通过对现有隧道入口段交通问题研究、车辆协同行驶以及车速诱导策略研究相关领域的代表性研究成果进行展开分析,具体如下。

2.1　隧道入口段交通问题研究现状

当前对隧道入口区域的相关研究主要集中于以下四个方面:隧道入口区域环境对驾驶员生理和心理的影响、隧道入口环境对车辆行驶的影响、隧道入口段交通流特性分析、隧道入口段交通控制方法研究。

2.1.1　隧道入口区域环境对驾驶员生理和心理的影响

张兰芳等[5]通过进行双向通行长隧道的实车试验,研究驾驶员的视认距离、车速、车灯三者之间的互相影响,并确定不同车速与车灯情况下驾驶员视认性受影响的程度。陈云等[6]通过在小半径公路短隧道入口环境中开展实车试验,分析不同车型对视觉负荷和驾驶安全的影响,得出大货车驾驶人的暗适应位置点距离洞门比小型汽车驾驶员暗适应位置点更近,在隧道入口段行驶时存在更严重的视觉负荷,导致行车安全性较差的结论。朱彤等[7]以心率和心率变异性指标为基本参数,通过数据挖掘构建基于因子分析的心理负荷计算模型,得到驾驶人心理负荷在交通事故中的

具体作用,以及其他条件如何影响驾驶员心理负荷水平。Xu 等[8]使用 UC-Win/Road 模拟软件搭建不同长度的隧道模型进行模拟驾驶试验,使用运动平台测量表征驾驶性能的车辆的横向位置,分析隧道出入口前后 300m 内驾驶员心率(HR)增长率、RMSSD、瞳孔直径增长率和车辆横向偏差的空间变化规律。

2.1.2　隧道入口环境对车辆行驶的影响

张天根等[9]以不同光过渡设施的效果及优缺点为基础,结合驾驶人的视觉特性,建立隧道入口光过渡设计最优变化曲线,并提出综合性减光构筑物应用方案。陶盼盼等[10]根据收集到的高速公路隧道入口段车辆行驶状态数据,结合驾驶员模拟实验获取的眼动数据,综合分析车辆行驶状态及驾驶员瞳孔面积的变化规律,建立车辆行驶状态及驾驶员瞳孔面积变化率间的趋势面模型,得出在隧道入口段设置横向减速标线及红色警示路面均对车辆行驶状态及行车舒适性有显著性影响这一结论。Fang 等[11]利用驾驶模拟器,根据速度、车道横向偏移、变道行为、固定行为和操作载荷 5 个指标,对 3 种典型标志和标线进行了对比和测试,得到对驾驶员车速的影响最大的因素、静态设施的位置、警告标志和减速措施的不当组合会造成的负面影响。

2.1.3　隧道入口段交通流特性分析

现有的针对隧道入口段的交通流研究主要基于传统的交通流理论,通过建立宏观或微观的交通流模型来刻画隧道车辆行驶行为。康留青[12]等通过分析城市快速路隧道与立交间车辆的行驶特征,构建快速路隧道出入口与立交最小间距计算模型,定性、定量地分析车辆进行车道变换全过程所需长度,提出不同运行速度下安全间距的推荐取值。胡立伟等[13]以隧道路段的行车特点为依据,参考隧道外设施设置位置,对隧道入口过渡段进行划分,通过实车试验采集路段行车速度数据,分析各区段车辆速度变化规律和行车安全影响因素,建立高速公路隧道入口过渡段行车安全性评价模型并计算得出各区段行车危险性系数。Lu 等[14]在 Guzman 提出的单车道 CA 模型(LAI－E 模型)的基础上,提出了一种隧道段的双车道元胞自动机(CA)交通模型,从时空图中捕捉了汽车远离卡车的行驶模式,揭示了两条车道的不平衡

利用。

在微观尺度上,Shao 等[15]通过使用 D-Lab 系统同步采集驾驶员的心率(HR)、眼球运动与瞳孔直径,根据因子分析程序中各因子的权重得分,提取出能够反映纳米级驾驶行为的综合度量(FE),在从众多反映驾驶员纳米行为的原始测量方法中提炼出一种综合测量方法,衡量城市隧道出入口的安全性。徐进等[16]通过采集不同车型车辆在隧道出入口区段的断面速度,分析车辆行驶速度的变化规律和影响因素并以此建立运行速度预测模型,得到驾驶人在隧道不同路段、不同道路条件下速度变化行为。吴玲等[17]提取特长隧道全路段全样本高精度时序速度数据,对比分析特长隧道不同路段车道速度分布特性,构建精度更高基于时序 Transformer 框架的特长隧道环境下多车道行驶速度短时预测模型。Wen[18]调查影响变道潜在风险状态的因素,对隧道入口相邻路段的不同变道场景车辆轨迹数据进行分析,提出变道风险边际(LCRM)来估计变道过程中是否存在潜在风险,建立混合 logit 模型验证风险因素对隧道入口相邻区段变道安全的影响。

2.1.4　隧道入口段交通控制方法研究

崔健等[19]建立宏观下的可变限速控制优化模型,并采用遗传算法对模型求解,以此确定隧道入口段可变信息板数目与相应的可变限速值。Pu 等[20]通过在 DIALUX 软件中构建测试场景仿真和现场测试来评估 LED 交通引导标志的选址和布局,通过设置不同交通引导标志并在若干隧道进行现场测试得到城市隧道进行易读距离的优化设计。唐正光等[21]通过对采集隧道路段运行车速数据,运用 SPSS 对车速数据进行处理得到隧道路段车速分布特征,从而分析总结隧道路段车速分布规律并提出相应的车速管控措施。Ma 等[22]通过考虑隧道断面特性对车辆运行的影响,加入变限速单元和变长单元,对单元传输模型进行改进,建立动态交通流模型和隧道出入口变速限速控制优化模型,采用遗传算法解决控制功能问题,提出隧道出入口变速限速控制方案。

2.1.5　隧道入口段交通安全问题

Mehri 等[23]通过使用亮度计测量平均亮度,使用照相机拍摄隧道入口安全停车距离的照片,确定等效亮度证明黑洞现象在隧道入口处产生,

可能会导致司机的眼睛对隧道入口处的亮度变化产生错误适应，从而增加在此地带发生交通意外的风险。倪娜[24]通过分析隧道密集段的交通环境特点，从交通流三参数研究隧道密集段各个数据采集点的分布特征，研究得到高速公路隧道密集段发生交通事故的分布特征并确定隧道密集段交通事故的主要成因。杜志刚等[25]分析隧道驾驶安全影响因素和现有安全改善措施及其优缺点，提出将隧道照明与隧道视线诱导技术相结合以缓解隧道出入口参照系的剧烈过渡，构建隧道驾驶安全优化评价指标体系。Jung 等[26]探究变速限速（VSL）作为安全对策对减轻隧道入口碰撞的效果的定量审查，使用历史碰撞数据和隧道特征校准的统计模型得到 VSL 实施的当前位置和优先级。

综上所述，隧道入口区域的交通系统受到的影响因素众多。隧道入口环境对驾驶员生理和心理的影响主要体现在亮度突变对驾驶员心率、眼动规律和环境判断能力的影响。隧道入口区域对车辆行驶的影响主要体现在隧道的速度调控、道路线型设计优化等条件对车辆速度的影响。在交通流特性分析方面，宏观模型主要研究隧道突发事件对隧道内部车流影响，微观模型则考虑了在安全间距、限速和禁止换道等条件下车辆行驶的连续的物理运动过程。在隧道入口区域的交通控制方面，现有研究大多采用可变限速的控制方案，并取得了较好的控制效果。隧道入口段交通安全问题多集中在因速度或视野变化而导致的碰撞与剐蹭。

现有研究在隧道入口区域车辆之间影响机理方面尚存在不足。在低限速及禁止换道的交通规则约束下，城市隧道入口区域车辆行驶具有典型的多车跟随的行为特征。现有研究多以环境条件对车辆的影响为主，较少地考虑了车辆间行驶状态的互相影响，以及车流状态的动态变化。

2.2 车辆协同行驶研究现状

车辆协同行驶理论以保障交通安全、提升交通效率、降低交通能耗为优化目标，以整个车辆群体为研究对象，着重解决目标车辆与其周围车辆和行驶环境的协同问题，是研究车对车、路对车的互相影响的重要交通理论。随着路侧信息收集与发送设备这类硬件的发展，以及高精度定位系统、数据处理模型等这类软件的更新升级，车辆协同行驶成为当前较为热门的研究领域。

2.2.1 以跟驰理论为基础的车辆协同行驶模型

车辆跟驰模型将车辆的运动描述为运动学方程，是研究最多的微观交通模型之一，同时也是将微观驾驶行为和宏观交通流联系起来的重要纽带。

郭海锋等[27]针对 Gipps、IDM 和 Newell 三个主流跟驰模型，通过选取不同的性能指标参数进行参数标定，并对标定过程中误差产生的原因进行定性及定量的分析。在经典跟驰模型的基础上，在不同方向进行了模型的优化与创新。周桐等[28]提出新的拥堵控制跟驰模型，运用系统控制理论得到系统保持稳定的判据。刘大为等[29]通过分析车辆在跟驰状态下行驶所受影响因素同时增加驾驶员心理这一影响因素，在优化速度模型的基础上结合侧向车辆的影响，以此建立新的交通流跟驰模型。Li[30]提出一种利用自适应卡尔曼滤波算法的建模方法，将长短时记忆神经网络（LSTM）数据驱动模型与 IDM 理论驱动模型相结合，构建汽车跟随模型。李林波等[31]设计了基于模糊感知时间窗的深度学习跟驰模型，训练深度学习跟驰模型。邓红星等[32]提出一种考虑前车加速度信息的改进智能驾驶员模型（AIDM），与 IDM 相比，提出的 AIDM 的拟合精度提高。王天方等[33]以 GPS 采集到的车辆行驶轨迹数据为基础，提取输入车辆行驶状态，进而输出后车下一时刻的车速，建立 BP 神经网络跟驰模型，并使用遗传算法（GA）对该模型进行优化。

随着车联网技术的发展以及车载传感器种类和数量的增加，目标车辆获取周围车辆行驶状态的能力得到了提高，这使得车辆获得前车甚至是多前车的行驶信息成为了可能。在这一条件下，许多学者研究了多车信息对跟驰模型的影响，提出了相应的车车协同模型。

秦严严等[34]建立比已有模型（CAV 的 T-FVD模型及常规车辆 FVD 模型）优化后的模型具备更优的稳定域和更稳定的效果的新模型。纪艺等[35]提出一种基于多前车最优速度与紧邻加速度（MHOVA）的智能网联车辆跟驰模型，能够使车队整体达到稳定状态的时间更短，同时速度和车头距波动幅度相对较小，从而较好地吸收交通扰动和增强车队行驶稳定性。蒋阳升[36]对未来异质交通流的稳定性与安全性进行研究,利用全速度差模型和协同自适应巡航控制模型分别描述不同控制下车辆的跟驰特性。安树科等[37]引入车头间距反馈信息,通过考虑前方多辆车优化速度信息改进模型和多速度差反馈控制策略。宗芳等[38]建立适用于 AV 和 RV2 种车辆的混行车辆跟驰模型,定量化周围车辆对主体车辆的影响程度,利用 RV 和 AV 混行场景跟车数据对所有参数进行标定。Zhang[39]根据车联网的特点,提出了新的控制项,考虑了前置车辆之间的优化加速度和速度差信息,对原有的跟驰模型进行了改进该模型。同时,对所提模型进行了线性稳定性分析,并给出了稳定性判据。Song[40]分析不同交通流状态下所需距离的特征,制定汽车跟随过程中所需距离的一般功能形式,比较不同条件下跟车排的跟车效果,改进的 CACC 模型在跟车效率方面表现出更大的优势,能够较好地描述不同交通流参数和跟车行为条件下跟车队列的状态,对跟车波动具有较强的抗干扰能力排队。

2.2.2 以元胞自动机为基础的车辆协同行驶模型

元胞自动机是一种将个体状态离散到有限状态的元胞当中,并按照特定的规则约束,在离散状态下进行演化的动力学系统。

黄何瑶静等[41]根据交通流量与车辆平均速度搭建模型,根据不同道路的最大流量判断道路交通状态,对元胞自动机的运动过程进行分析并提出建议决策方案。侯培国等[42]将协同自适应巡航控制自动驾驶跟驰模型与元胞自动机理论结合,建立人工驾驶与自动驾驶车辆混行交通场景模型并进行数值模拟,得出混行交通流的图形以及数据。Storani 等[43]提出一种基于聚合模型(细胞传输模型)和分解模型(元胞自动机模型)组合的混合交通流模型,该模型在波传播方面的局部一致性及其相对于基准模型以及存在联网车辆的适用性。蒋阳升等[44]提出考虑智能网联车队的混合交通流元胞自动机模型,对不同智能网联车渗透率下的混合交通流特性及拥堵情况进行了分析。

Liu[45]引入了 Gipps 规则来建立遵循和变道规则的安全条件,提出了一种双车道异构交通流元胞自动机模型,并利用 Matlab 对其进行仿真。

2.2.3 以宏观模型为基础的车辆协同行驶模型

与微观模型着重于对车辆个体建模不同,交通流宏观模型主要以整个车辆集体为对象,研究整个系统的平均行为。王力等[46]以多子区状态可达成一致为目标的子区边界状态反馈控制设计方法,解决实现子区交通流分布的均衡性,缓解子区拥堵状态,从而提升路网运行效率。王庞伟等[47]建立基于车路协同系统的新型区域路径实时决策方法。裴华鑫[48]构建路网分解模型,将大规模区域协同决策问题,分解成若干个同质小规模子问题,同时基于虚拟车辆映射技术构建了车辆群体协同决策模型,设计了上、下游区域之间的协作机制。

综上所述,车辆协同的相关研究国内外研究理论数量繁多,相关理论侧重点不同,优劣势也有差异性。从这些交通理论出发,推广得到的车车协同模型之间既有内在的联系,也各自具有独特差异性,适用交通状况不同。目前所存在的模型不适用于隧道入口段交通流特性研究。可以选择以上三类模型之外的跟驰模型进行优化。

2.3 车辆行驶一致性研究现状

2.3.1 车辆行驶一致性分析方法研究

Fax 等[49]将车辆协同系统抽象为网联环境下的多智能体系统,利用奈奎斯特理论探讨了车辆协同系统的稳定性问题,即车辆协同系统能否随时间的变化实现一致性。随后,Ren 等[50]从车辆协同行驶的编队问题出发,研究了车车协同系统的稳定性,以判定系统最终能否实现一致性。Wang 等[51]在网联智能交通系统的背景下,提出了一种实时的、基于车间距驱动的一致性量化方法。该方法将车辆间距引入一致性的计算当中,能够有效地降低交通系统网络中的能量消耗。

2.3.2 车辆行驶一致性控制协议的研究

研究车辆行驶一致性控制协议的目的在于确定合适的车辆控制算法,以控制队列中的车辆状态,从而确保车辆协同系统能够实现一致性。

何德峰等[52]根据纵向车辆队列的运动学关系,建立并转化了系统状态空间模型,为解决网联条件下异质车辆队列的协同巡航控制问题,提出参数化协同预测控制算法。杨依琳等[53]构建混行车流队列模型,研究人工驾驶车辆与智能网联车辆的协同控制方法。闵海根等[54]提出基于深度强化学习的车辆队列纵向控制策略，解决车辆队列控制中的车辆连续精确控制问题和行驶过程中车辆队列纵向稳定性问题。

现有的针对一致性的研究主要以多智能体为主体，将一致性作为多智能体系统演化的重要指标，研究多智能体系统中的各项状态能否随时间的变化最终收敛。由于交通系统中的车辆也可看作智能体的形式，因此在交通背景下对车辆行驶的一致性研究也十分深入，主要体现在对车辆一致性分析方法研究、车辆行驶一致性控制协议的研究两个方面。

3 结语

综上所述，国内外对城市隧道入口段安全与效率问题相关研究较多，但仍存在不足之处：

（1）国内外的隧道效率提升研究多集中于高速公路与公路隧道，对城市道路隧道的研究较少，虽然城市道路隧道事故发生频率略低于其他等级隧道，但是城市道路隧道的运营更为复杂，由于特殊的位置，事故发生严重程度也比其他隧道要高。

（2）国内外对城市隧道相关研究集中于隧道基本路段的研究，针对城市隧道入口段的研究相对较少，多驾驶员生理与心理特性作为突破口，通过改善隧道入口段环境提升行驶安全。对城市隧道入口段跟驰影响机理分析部分存在不足。

（3）目前对隧道入口段车辆协同行驶相关研究较少。随着科技的进步、硬件设备的更新与研发、软件系统的升级，相关研究将不断增多。

参考文献

[1] 刘静,关伟.交通流预测方法综述[J].公路交通科技,2004(3):82-85.

[2] 代东林,邹小春.高速公路隧道入口"黑洞效应"监测与评估方法[J].公路,2023,68(4):232-237.

[3] XU X D, LIN L. Study on the relationship between the traffic characteristics and speed at the access of urban tunnels[J]. Applied Mechanics & Materials, 2015, 743(1): 568-574.

[4] 崔健,赵建有.高速公路长隧道入口段可变限速研究[J].安全与环境学报,2016,16(1):119-122.

[5] 张兰芳,陆薇,刘硕,等.双向长隧道入口段驾驶员视认性影响分析[J].地下空间与工程学报,2017,13(S1):487-492.

[6] 陈云,杜志刚,焦方通,等.小半径公路短隧道入口段不同车型视觉负荷研究[J].武汉理工大学学报(交通科学与工程版),2019,43(4):708-711,717.

[7] 朱彤,吴玲,胡月琦,等.基于因子模型的高速公路特长隧道驾驶人心理负荷特性研究[J].中国公路学报,2018,31(11):165-175.

[8] XU J, ZHANG X, LIU H, et al. Physiological indices and driving performance of drivers at tunnel entrances and exits: a simulated driving study[J]. PLoS One, 2020, 15(12): 0243931.

[9] 张天根,张兰芳,刘硕.公路隧道入口自然光过渡研究[J].公路交通科技(应用技术版),2017,13(1):137-140.

[10] 陶盼盼,于海臣,赵晓华,等.高速公路隧道入口段减速标线与红色警示路面减速效果及舒适性研究[J].公路,2019,64(1):157-163.

[11] FANG Y, ZHOU J, HU H, et al. Combination layout of traffic signs and markings of expressway tunnel entrance sections: a driving simulator study[J]. Sustainability, 2022, 14(6): 3377.

[12] 康留青,黄向东.城市快速路隧道立交安全间距分析[J].交通与运输,2019,35(1):13-16.

[13] 胡立伟,尹宇,刘泽,等.基于速度特性的高速公路隧道入口过渡段行车安全性分析[J].安全与环境学报,2021,21(6):2407-2414.

[14] LU X, ZHU H, WANG J, et al. Modeling impacts of the tunnel section on the mixed traffic flow: a case study of Jiaodong'ao Tunnel in China[J]. Physica A: Statistical Mechanics and Its Applications, 2022, 603: 127840.

[15] FEI S, QIAN X, CHAO M, et al. "Measuring safety for urban tunnel entrance and exit based on nanoscopic driving behaviors[C]// Proceedings of 2016 Eighth International

Conference on Measuring Technology and Mechatronics Automation (ICMTMA). Macau, China, 2016: 386-392.

[16] 徐进,曾粤.高速条件下隧道出入口行驶速度特性[J].交通运输工程学报,2021,21(4):197-209.

[17] 吴玲,刘建蓓,单东辉,等.高速公路特长隧道环境车道行驶速度特性及短时预测模型研究[J].隧道建设(中英文),2023,43(6):1035-1044.

[18] WEN H, CHEN Z. Modelling the risks of lane-changing on adjacent sections of tunnel entrances[J]. IEEE Access, 2023.

[19] 崔健,赵建有.高速公路长隧道入口段可变限速研究[J].安全与环境学报,2016,16(1):119-122.

[20] PU Y F,CHEN X, PAN J, et al. The legibility of LED traffic guide signs in urban tunnels [C] // Proceedings of 2017 4th International Conference on Transportation Information and Safety (ICTIS), Banff, Canada, 2017: 1111-1116.

[21] 唐正光,付用国,董文武,等.高速公路隧道路段车速特性分析[J].重庆交通大学学报(自然科学版),2020,39(6):25-32.

[22] MA C, GUO J, ZHAO Y. Variable speed limit control strategy at the entrance and exit of freeway tunnel [J]. Physica A: Statistical Mechanics and Its Applications, 2023, 632: 129292.

[23] MEHRI A, HAJIZADEH R, DEHGHAN S F, et al. Safety evaluation of the lighting at the entrance of a very long road tunnel: a case study in Ilam[J]. Safety and Health at Work, 2017, 8(2): 151-155.

[24] 倪娜.山区高速公路隧道密集段交通特性及安全保障技术研究[D].西安:长安大学,2018.

[25] 杜志刚,梅家林,倪玉丹,等.城市水下道路隧道驾驶安全影响因素分析和改善思路[J].隧道建设(中英文),2020,40(11):1558-1569.

[26] JUNG S, QIN X. Identifying the local impacts of speed-related factors on tunnel entrance crash severity [J]. Transportation Research Record, 2023.

[27] 郭海锋,袁鑫良,徐东伟.车辆跟驰模型参数标定中的性能指标选择[J].中国公路学报,2017,30(1):103-110.

[28] 周桐,郑林江,刘卫宁,等.考虑多车稳态期望速度效应的拥堵控制跟驰模型[J].重庆大学学报,2018,41(1):51-60.

[29] 刘大为,史忠科.基于侧向车辆影响的跟驰模型建模及仿真[J].交通信息与安全,2019,37(1):35-41.

[30] LI Y, LU X, REN C, et al. Fusion modeling method of car-following characteristics [J]. Ieee Access, 2019, 7: 162778-162785.

[31] 李林波,李瑞杰,邹亚杰.考虑驾驶员模糊感知的深度学习跟驰模型[J].同济大学学报(自然科学版),2021,49(3):360-369.

[32] 邓红星,胡翼,王猛.考虑前车加速度信息的改进 IDM 模型研究[J].重庆理工大学学报(自然科学),2022,36(5):226-232.

[33] 王天方,刘学渊.基于 BP 神经网络的车辆跟驰模型研究[J].南方农机,2023,54(6):20-23.

[34] 秦严严,王昊,冉斌.考虑多前车反馈的智能网联车辆跟驰模型[J].交通运输系统工程与信息,2018,18(3):48-54.

[35] 纪艺,史昕,赵祥模.基于多前车信息融合的智能网联车辆跟驰模型[J].计算机应用,2019,39(12):3685-3690.

[36] 蒋阳升,胡蓉,姚志洪,等.智能网联车环境下异质交通流稳定性及安全性分析[J].北京交通大学学报,2020,44(1):27-33.

[37] 安树科,徐良杰,钱宇辉,等.考虑前方多车优化速度信息的车辆跟驰模型[J].东南大学学报(自然科学版),2020,50(6):1156-1162.

[38] 宗芳,王猛,曾梦,等.考虑多前车作用势的混行交通流车辆跟驰模型[J].交通运输工程学报,2022,22(1):250-262.

[39] ZHANG X, ZHAO M, ZHANG Y, et al. An improved car-following model based on multiple preceding vehicles under connected

vehicles environment[J]. International Journal of Modern Physics C, 2022, 33(5): 2250067.

[40]　SONG C J, JIA H F. Car-following model optimization and simulation based on cooperative adaptive cruise control [J]. Sustainability, 2022, 14(21): 14067.

[41]　黄何瑶静,黎婷.基于元胞自动机的交通流状态研究[J].城市公共交通,2019(5):40-45.

[42]　侯培国,曹军.手动驾驶-CACC自动驾驶车辆混合交通流建模与仿真[J].北京交通大学学报,2021,45(6):94-102.

[43]　STORANI F, DI PACE R, DE LUCA S. A hybrid traffic flow model for traffic management with human-driven and connected vehicles[J]. Transportmetrica B: Transport Dynamics, 2022, 10(1): 1151-1183.

[44]　蒋阳升,王思琛,高宽,等.混入智能网联车队的混合交通流元胞自动机模型[J].系统仿真学报,2022,34(5):1025-1032.

[45]　LIU K, FENG T. Heterogeneous traffic flow cellular automata model mixed with intelligent controlled vehicles[J]. Physica A: Statistical Mechanics and its Applications, 2023, 632: 129316.

[46]　王力,李敏,何忠贺,等.基于宏观基本图的路网多子区状态一致协同控制[J].交通运输系统工程与信息,2019,19(3):81-87,102.

[47]　王庞伟,邓辉,于洪斌,等.车路协同系统下区域路径实时决策方法[J].北京航空航天大学学报,2019,45(7):1349-1360.

[48]　裴华鑫,杨敬轩,胡坚明,等.大规模路网中分布式车辆群体协同决策方法[J].交通运输工程学报,2022,22(3):174-183.

[49]　FAX J A, MURRAY R M. Information flow and cooperative control of vehicle formations [J]. IEEE Transactions on Automatic Control, 2004, 49(9):1465-1476.

[50]　REN W. Consensus strategies for cooperative control of vehicle formations[J]. IET Control Theory & Applications, 2007, 1(2): 505-512.

[51]　WANG J, LIU F, LIU Y, et al. Distance-driven consensus quantification [J]. IEEE Transactions on Intelligent Transportation Systems, 2018, 19(5):1471-1484.

[52]　何德峰,顾煜佳,罗捷.异质车辆队列系统参数化协同预测巡航控制[J].浙江工业大学学报,2020,48(6):591-597.

[53]　杨依琳,边有钢,胡满江,等.混合交通环境车辆队列协同控制[J].控制与信息技术,2021(1):9-16.

[54]　闵海根,杨一鸣,王武祺,等.基于深度确定性策略梯度的队列纵向协同控制策略[J].长安大学学报(自然科学版),2021,41(4):90-100.

基于Logistic回归模型的地铁站台高密度人群踩踏风险量化评估

张立业　李居孔*　文天润　李乐恒
(山东科技大学交通学院)

摘　要　为系统地完成地铁站台区高密度拥挤人群踩踏概率风险量化,通过调查问卷及视频观测的方式采集青岛地铁9座车站行人疏散数据,利用Tracker软件提取行人交通特性基础数据,从而分析站台区域高密度人群的疏散特征,发现人群密度与人群速度之间存在明显的负相关关系。同时,针对地铁站特殊场景,考虑将行人年龄、性别结构及行李尺寸因素通过加权平均法修正人体占用空间面积,得出适用于地铁站踩踏场景的最大静态理论密度阈值 ρ_{max} 为 7.84 人/m²。利用 SPSS 软件，依托人群密度、人群速度及疏散时间 3 个因素建立风险函数并确立模型权重系数，从而构建基于逻辑回归的行人踩踏风险概率模型 $P(M)$，实现踩踏风险的量化分级，踩踏风险量化模型可为未来地铁疏散安全管理提供重要决策支持。

关键词 踩踏风险概率模型 风险量化分级 最大静态理论密度阈值 高密度人群 二元逻辑回归模型

0 引言

地铁交通以方便、快捷、稳定的特点成为现代化城市不可或缺的交通工具。地铁出行的低成本吸引了大量乘客，也导致地铁系统拥挤程度剧增。由于地铁交通的高密度、有限空间特点，存在发生踩踏事件的潜在条件，如人员拥挤、空间封闭和环境多变。若有延伸性的原因引发了乘客的心理恐慌，踩踏事件就更容易发生，而在这种情况下，事态可能难以控制，局面会变得极其混乱。地铁拥挤踩踏事故所带来的严重后果往往成为地铁系统中的灾难事件，其社会和经济影响极为显著。在我国，尤其是在上下班高峰时段，地铁系统基本处于超负荷运行状态，地铁设施的稳定运行面临巨大挑战。因此，如何有效预防和控制地铁拥挤踩踏事件引起了政府的高度关注。

从应对突发紧急事件构建疏散模型角度考虑，部分学者侧重于地铁火灾风险分析和紧急疏散，包括集群恐慌行为和疏散行动能力的研究。英国 SERT 中心提出了 ORSET 模型的概念，并开发了大量的人员疏散模型；NIST 研究人员则关注人员的心理反应。日本注重将火灾统计与疏散安全评估相结合，进行火灾风险评估和基于性能的设计。从数理统计理论角度考虑，Ren C、Wu Z 等进行了城市典型公共情境和设施风险评估的关键技术研究，并对城市公共场所的拥挤踩踏事件进行了分析。Song B、Zhang N 等通过引入"聚类指数"来表征高度聚集的参数，系统分析了公众拥挤踩踏事件的影响因素，并提出了相应的预防对策，对地铁客流安全预警机制进行了基础研究。当前研究通过对历史拥挤踩踏事件数据的统计分析，揭示了人为因素对此类事件的影响。然而，这种方法在适应环境的动态变化方面存在一定局限性。

本文通过系统性的调查问卷和视频观测，采集青岛地铁台东站、青岛北站及五四广场站等 9

座站点行人疏散数据，并结合 Tracker 软件提取的行人运动基础数据，着重分析了站台区域高密度人群的疏散特征，揭示人群密度与人群速度之间的关系，并综合考虑地铁站特殊场景下的行人年龄、性别结构及行李尺寸等因素，通过加权平均法修正人体占用空间面积，得出适用于地铁踩踏场景的最大静态理论密度阈值为 7.84 人/m²。其次，通过建立风险函数，综合考虑人群密度、速度和疏散时间，构建了基于逻辑回归的行人踩踏风险概率模型 $P(M)$，实现了踩踏风险的预警与量化分级，踩踏风险分级量化模型对于增强地铁站台高密度拥挤人群踩踏风险的识别和预警具有重要价值。

1 研究方法

1.1 数据源

本文收集 18 座地铁站数据，其中 9 座地铁站发生过踩踏事故，其余 9 座未发生过事故的为青岛市区下辖车站。通过查阅历史文献及官方权威媒体，获取发生踩踏事故车站事故现场的行人交通基础数据。通过青岛地铁监控视频数据、自行拍摄行人出行视频数据获取青岛市 9 座地铁车站行人疏散基础数据，每个站点观测总时长为 14h，对视频数据逐帧播放，设置 1.5s 为间隔，依托 Tracker 软件，提取行人轨迹，获取行人速度、密度等数据，制作数据样本，如图 1 所示。

考虑地铁站作为特殊的出行交通枢纽，多数行人在出行时携带行李，而携带行李对人体占用空间有显著影响。此外，出行人员的年龄结构、性别结构所占空间同样具有明显差异。因此，行李尺寸、行人年龄结构、性别结构因素对地铁站台区域行人密度具有重要的影响，本文参考国家标准《中国未成年人人体尺寸》（GB/T 26158—2010）、《中国成年人人体尺寸》（GB/T 10000—2023），在人体占用空间的计算中，以 95% 分位设计尺寸作为计算标准，使用加权平均法，基于实地调查问卷结果对行人携带行李尺寸大小、年龄结构及性别结构按照不同比例求解,获得地铁场景下人体占用空间修正面积及最大理论静态密度阈值 ρ_{max},数据见表1。

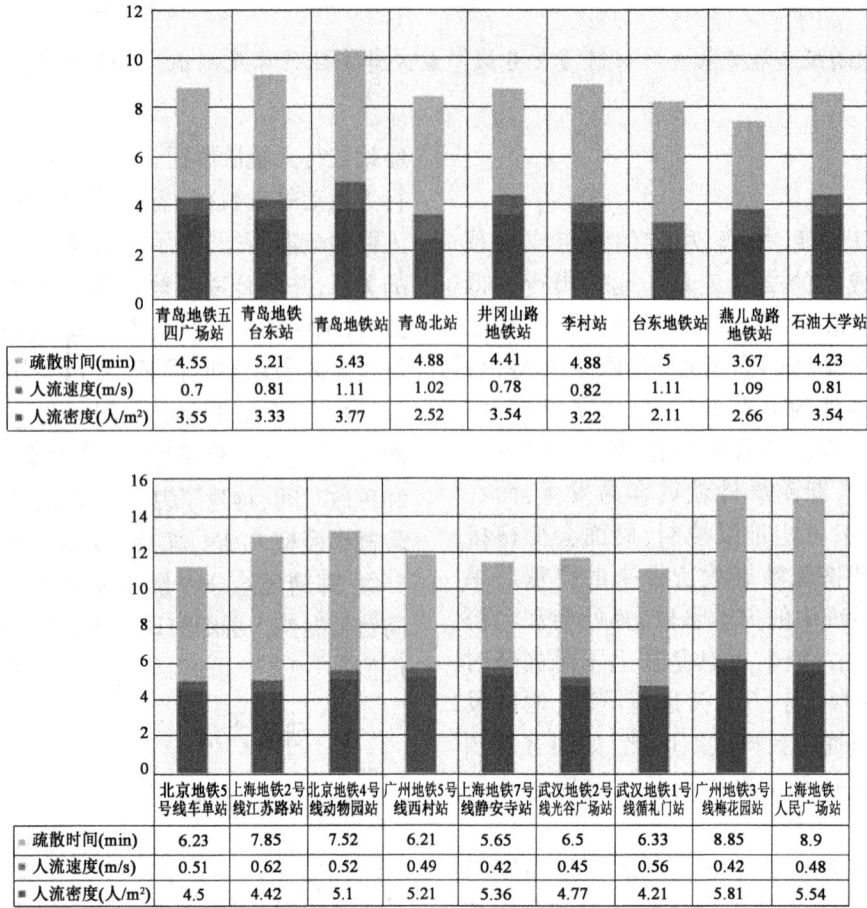

	青岛地铁五四广场站	青岛地铁台东站	青岛地铁站	青岛北站	井冈山路地铁站	李村站	台东地铁站	燕儿岛路地铁站	石油大学站
疏散时间(min)	4.55	5.21	5.43	4.88	4.41	4.88	5	3.67	4.23
人流速度(m/s)	0.7	0.81	1.11	1.02	0.78	0.82	1.11	1.09	0.81
人流密度(人/m²)	3.55	3.33	3.77	2.52	3.54	3.22	2.11	2.66	3.54

	北京地铁5号线车单站	上海地铁2号线江苏路站	北京地铁4号线动物园站	广州地铁5号线西村站	上海地铁7号线静安寺站	武汉地铁2号线光谷广场站	武汉地铁1号线循礼门站	广州地铁3号线梅花园站	上海地铁人民广场站
疏散时间(min)	6.23	7.85	7.52	6.21	5.65	6.5	6.33	8.85	8.9
人流速度(m/s)	0.51	0.62	0.52	0.49	0.42	0.45	0.56	0.42	0.48
人流密度(人/m²)	4.5	4.42	5.1	5.21	5.36	4.77	4.21	5.81	5.54

图1　地铁站内行人疏散特征数据

地铁场景下人体占用空间修正面积及 ρ_{max}　　　　表1

年龄结构及占比	行李状况 占比	最大理论静态密度(男)(人/m²)	最大理论静态密度(女)(人/m²)	最大理论静态密度性别加权平均(人/m²)
成年人(16~70岁)(82.66%)	未携带行李(46.7%)	8.595	9.805	9.188
	携带单肩包(18.5%)	6.065	6.789	6.419
	携带双肩包(16.3%)	5.577	6.239	5.901
	携带拉杆箱(10.3%)	1.666	1.786	1.725
	双肩包+手提包(2.3%)	4.254	4.701	4.472
	拉杆箱+手提包(5.9%)	1.418	1.512	1.464
未成年人(4~16岁)(17.34%)	—	12.226	13.345	12.773
ρ_{max}(人/m²)		7.84		

1.2 流程设计及模型构建

1.2.1 风险量化及预警流程分析

本文采用问卷调查及视频采样的方式收集行人疏散过程中运动特征及行人个体的尺寸特征。通过对基础行人速度、密度及人流量数据的分析，得到地铁站台场景高密度人群的速度与密度之间的负相关关系。对行人的年龄、性别及携带行李结构尺寸同人体投影尺寸进行加权平均，得到应用于地铁场景的行人踩踏最大理论密度阈值 ρ_{max}。为预防地铁高密度人群发生踩踏事故，本文设立踩踏风险函数并构建基于逻辑回归的踩踏概率模型，实现高密度人群踩踏风险的量化，依据风险量化实现风险预警的目的，最后本文以台东地铁站为例，验证模型在评估风险方面的可行性。本文逻辑流程图如图2所示。

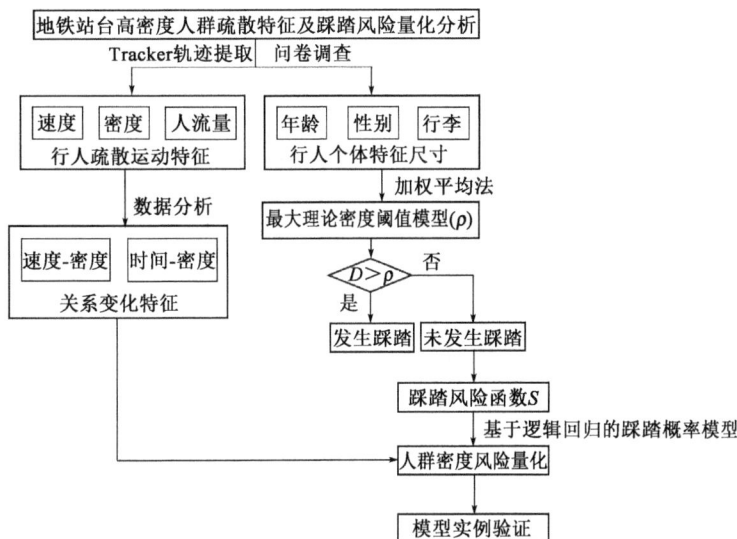

图2 踩踏风险概率量化流程图

1.2.2 风险踩踏概率量化模型

在地铁站瓶颈区域内，踩踏风险受到多种因素的影响，如人群密度、人群速度和疏散通道的宽度等。本文主要考虑以下参数：人流密度（D）、人流速度（V）、疏散时间（T）。

根据这些参数，定义一个踩踏风险概率模型 $P(M)$，M 代表踩踏发生的事件，P 表示事件发生的概率，具体求解风险踩踏概率模型步骤如下。

（1）确定基线概率（B），表示在没有考虑个体危险因素即所有协变量都为基准水平时，事件在特定时间的发生概率。

（2）确定不同风险因子下的单一风险函数。

$$\begin{cases} f(D) = D - D_{safe} \\ f(V) = |V - V_{ideal}| \\ f(T) = T - T_{safe} \end{cases} \quad (1)$$

式（1）中，计算人流密度超过安全阈值（D_{safe}）的增量，即 $f(D)$。如果人流密度没有超过安全阈值，则此增量为零。计算人流速度与理想速度（V_{ideal}）的差值的绝对值，即 $f(V)$，理想速度是指在该瓶颈区域能保持流畅且安全的人流速度。计算疏散时间超过安全疏散时间的差额，即 $f(T)$。如果疏散时间未超过安全阈值，则此差额为零。

（3）利用历史数据中每次事故的人流密度、人流速度和疏散通道参数，结合是否发生踩踏事故的二元结果（1表示发生事故，0表示未发生），构建逻辑回归模型。

$$P = \frac{1}{1 + e^{-S}} \quad (2)$$

$$\ln\left(\frac{P}{1-P}\right) = S \quad (3)$$

式中：$\ln\left(\dfrac{P}{1-P}\right)$——发生的概率，服从二元 logistic 分布；

$1-P$——没有发生的概率；

S——风险函数。

$$S = \alpha \times f(D) + \beta \times f(V) + \gamma \times f(T) + U \quad (4)$$

式（4）中，确定风险函数（Risk score）S，其将上述三个差值作为输入，并结合权重系数 α、β、γ 和 U 来计算风险函数 S。

（4）将基线概率 B 与风险分数 S 相结合,得到踩踏事件发生的综合概率 $P(M)$ 。

$$P(M) = h(B, S) \qquad (5)$$

（5）利用逻辑回归函数,将风险函数转换为踩踏事件发生的概率 $P(M)$,将三个独立风险函数加权得到综合的风险函数 S 。

$$P(M) = P = \frac{1}{1 + e^{-s}} \qquad (6)$$

式（6）中,求得风险函数值 S ,此时,即可求解风险踩踏概率 $P(M)$ 。

2　结果分析

2.1　踩踏风险因素权重分配

本文在构建风险量化预警分级过程中,首先考虑最大理论密度阈值的影响,若站内人群密度超过最大理论密度阈值,则一定发生踩踏事故,踩踏概率 $P(M) = 1$ 。若未超过最大理论密度阈值,则踩踏事故的概率趋近于 1 表示风险越高,趋近于 0 则表示风险越低。此外,本文利用 SPSS 软件,对过去 18 座车站（9 座发生过踩踏事故）的行人基础数据进行 Logistic 回归检验,首先经 Hosmer-Lemeshow 拟合度检验,检测结果 P 值 > 0.05,验证模型拟合度较高,依照回归结果 B ,确定风险函数的权重系数。检验结果见表 2、表 3。

Hosmer-Lemeshow 拟合度检验　表 2

步骤	卡方	自由度	显著性
1	6.664	7	0.465

二元逻辑回归检验结果　表 3

风险因子	B	标准误差	自由度	显著性	$Exp(B)$
人流密度	0.500	0.008	1	0.000	1.280
人流速度	0.190	0.003	1	0.000	1.051
疏散时间	0.310	0.150	1	0.000	1.018
常量	-1.200	0.120	1	0.000	0.992

Hosmer-Lemeshow 拟合度检验用于判断模型拟合优度。P 值大于 0.05 则说明通过 HL 检验,反之则说明模型没有通过 HL 检验,模型拟合优度差。从表 2 可知:检验对应的 P 值大于 0.05,说明本次模型通过 HL 检验,模型拟合优度较好。

表 3 即模型参数估计与检验表格。B 列为各回归系数,根据检验结果确认回归模型权重系数密度 $\alpha = 0.5$,速度 $\beta = 0.19$,疏散时间 $\gamma = 0.31$,即 $S = 0.5 \times f(D) + 0.19 \times f(V) + 0.31 \times f(T) - 1.200$ 。

2.2　踩踏风险概率量化预警分析

基于收集到的数据集,其中包括人数、行人密度及疏散时间等因素,参考国务院发布的《国家突发公共事件总体应急预案》风险分级标准,本文将踩踏发生概率分为五个等级,超过最大理论静态密度阈值发生踩踏、极有可能发生踩踏（Ⅰ级）、很有可能发生踩踏（Ⅱ级）、有可能发生踩踏（Ⅲ级）、不可能发生踩踏（Ⅳ级）。依据逻辑回归模型,通过变化一个风险因子（行人密度 D ）,观察模型输出的概率变化。发现随着密度的增加,踩踏概率不断增大,因此,本文构建不同人群密度条件下的踩踏风险等级,定义的等级见表 4。

Ⅳ级对应小于 0.05 的发生概率,行人密度小于 2.6 人/m^2 ,人群处于自由流动状态相关,此时人群处于安全状态,不存在踩踏事件;Ⅲ级对应 0.05~0.25 的发生概率,行人处于密度为 2.6~3.5 人/m^2 的拥挤状态;Ⅱ级对应 0.25~0.5 的发生概率,处于行人密度为 3.5~5.7 人/m^2 的十分拥挤状态;Ⅰ级表示超过 0.5 的发生概率,代表极度拥堵情况,行人密度超过 5.7 人/m^2 。

地铁场景人群密度风险预警分级　表 4

人群踩踏事故发生概率等级	不可能发生踩踏（Ⅳ级）	有可能发生踩踏（Ⅲ级）	很有可能发生踩踏（Ⅱ级）	极有可能发生踩踏（Ⅰ级）	发生踩踏（$> \rho_{max}$）
发生概率	<0.05	0.05~0.25	0.25~0.5	>0.5	1
人群运动状态	自由流动,没有拥堵	初始拥挤,初步限制流动性	明显拥挤,行走缓慢	极度拥堵,行走困难	极度拥堵,无法行走
行人密度（人/m^2）	<2.6	2.6~3.5	3.5~5.7	>5.7	>7.84

3　结语

本文收集到 9 个地铁站行人踩踏事故案例及其踩踏时刻发生地行人密度、速度等基础数据,结合青岛地铁 9 座地铁车站节假日大客流人群数据,对地铁站内特殊场景下的高密度人群疏散特征及踩踏风险进行研究,研究表明:

（1）基于 Logistic 回归,构建地铁站台高密度人群踩踏风险概率模型。将人流密度、人流速度和疏散时间三个因素作为模型自变量,经 Hosmer-

Lemeshow 拟合度检验,检测结果 P 值 >0.05,验证模型具有较高的拟合度,通过逻辑回归检验,确认风险函数的权重系数,从而建立风险函数 S。将 S 带入到踩踏风险概率模型中,最终确立概率模型 $P(M)$。

（2）分析行人数量、行人密度、行人人体结构及疏散时间等数据,采用加权平均法修正人体占用空间面积,得出适用于地铁踩踏场景的最大静态理论密度阈值为 7.84 人/m^2。通过逻辑回归模型估计了不同密度等级下对应的踩踏事故发生概率,构建了一个踩踏风险量化分级预警系统,将踩踏发生概率划分为五个等级,实现踩踏风险的量化。

参考文献

[1] DAI B Q, WANG T, JIANG Y K, et al. Study on index system of comprehensive safety assessment for subway operation system [J]. China Safety Science Journal,2006, 16(12):13-18.

[2] LI W, TANG Z. Analysis on metro operation accidents and study on their countermeasures [J]. China Safety Science Journal,2004, 14(6):108-111.

[3] DIRK H, MICHAEL S. Cellular automata simulating experimental properties of traffic flow [J]. Physical Review E: Statistical Physics Plasmas Fluids and Related Interdisci Plinary Topics,1999,159(3):2505-2508.

[4] NURIA P, ALI M. Evacuation simulation models: challenges in modeling high rise building evacuation with cellular automata approaches[J]. Automation Construction,2008, 17(4):377-385.

[5] REN C, WU Z, LIU M. Analysis of Accident due to Swarm and Jostlement at Urban Public Place[J]. China Safety Science Journal, 2005, 15(12):102-106.

[6] SONG B, ZHANG N, WANG T, et al. Investigation on emergency equipment for metro disasters in Beijing, Tokyo and Pusan City[J]. China Safety Science Journal,2007, 17(7):111-118.

[7] HUANG H, YE Y, HU Q. Analysis on the current situation of risk management of Metro operation safety [J]. China Safety Science Journal,2008, 18(7):62-64.

[8] 于华龙.基于三维社会力模型的场馆内人员疏散优化研究[D].哈尔滨:哈尔滨工业大学,2021.

[9] 叶建红,陈小鸿,刘莹.行人交通人体设计尺寸研究[J].武汉理工大学学报(交通科学与工程版),2010,34(01):10-14.

[10] WANG Q, WU J, LI L, et al. Analysis of the risk assessment of subway stampede [C] // Man-Machine-Environment System Engineering: Proceedings of the 18th International Conference on MMESE 18 [M]. Springer: Singapore, 2019: 489-497.

[11] 曹青.人群踩踏风险分级及预控策略研究[D].武汉:武汉理工大学,2017.

[12] 周继彪,赵鹏飞,董升,等.基于蚁群算法的地铁车站行人拥挤等级划分方法[J].城市交通,2019,17(4):105-113.

[13] TIAN W, SONG W G, LV W, et al. Experiment and analysis on microscopic characteristics of pedestrian movement in building bottleneck[J]. Science China Technological Sciences, 2011, 54: 1730-1736.

高等级公路交通流量和速度模型参数标定

刘文芝* 王 兰 黄 聂
(交通运输部规划研究院交通规划基础研究所)

摘 要 流量-速度关系模型是交通流理论的基础模型之一,在路网规划、建设、管理、控制与决策等全生命周期多领域的工程项目实践中产生应用价值。既有的流量-速度关系模型,受当时的技术环境限制,标定模型所采用的调查样本覆盖范围小、样本量有限、代表性不足,进而在模型应用过程中经常出现模型预测精度过低、可移植性差等问题。本文基于全国公路交通情况调查数据,以流量和速度之间的 BPR 函数形式为基础,标定不同适用条件下的流量-速度关系模型参数,以提高模型的预测精度及可移植性,并采用拟合优度、混淆矩阵、测试集等方法多维度验证模型参数可靠性。

关键词 高等级公路 交通流量 速度 参数

0 引言

流量-速度关系模型,即 $S = f(V)$,其中 V 是交通流量,S 为交通流速度,是交通流理论的基础模型之一。它作为交通阻抗函数普遍应用于四阶段法的交通分配过程,从而在路网规划、建设、管理、控制与决策等全生命周期多领域的工程项目实践中产生应用价值。这吸引了众多理论研究者和交通工程师投入大量的精力研究交通阻抗与流量及道路条件之间的函数关系,构建了以经典的道路阻抗函数 BPR 模型为代表的一系列道路阻抗函数,并取得了广泛应用。但现有模型在使用过程中仍存在一些问题,如阻抗分析精度过低导致实际交通量与通行能力之间不匹配,将特定区域的阻抗模型移植到其他地区时不再适用等情况,究其原因如下:

(1)受技术环境限制,标定模型所采用的调查样本覆盖范围小、样本量有限。而不同道路条件、不同车辆构成下的流量-速度关系差异性较大。因此,小样本数据标定的参数并不具有很强的说服力。同时,局部范围特定数据标定的参数也缺乏可移植性。

(2)各国学者往往根据各自国家的道路交通情况,标定其阻抗函数模型。因此,其他国家的模型并不完全符合我国交通流特性。

(3)随着经济社会发展和机动化水平的不断提高,我国实际交通流特性正在发生变化,不再适合沿用既有模型。

因此,挖掘我国现状交通流特性、设计流量-速度关系模型参数标定和优化方法、研究不同适用条件下的流量-速度关系差异性及其参数演化机理,从而解决阻抗分析精度和模型可移植性提升等两个关键科学问题是亟待研究的领域,将对交通路网规划和决策提供重要理论依据和实践支持。

1 文献综述

Greenshields(1935)最早提出流量-速度关系符合一条二次曲线模型,1985 年的美国 HCM 道路通行能力手册就以该曲线为研究基础。美国公路局(Bureau of Public Roads,BPR)在 1966 年对大量路段进行交通调查,通过回归分析得到以下 BPR 函数。

$$t_a = t_0 \left[1 + \alpha (v_a / c_a)^{\beta} \right]$$

式中:v_a——通过路段 a 的交通量;

c_a——路段 a 的通行能力;

t_0——零流时间,即通过路段的交通量为 0 或极小时的自由流时间;

t_a——当路段上的交通流为 v_a 时的行程时间;

α、β——待标定的参数。

Huntsinger 等(2011)利用高速公路检测器数据对瓶颈和列队进行分析,改进了道路阻抗函数。考虑测速点的数据获取更容易、数据量更大、模型拟合精度较高,Rafal 等(2022)从测速点角度出发提出利用交通量-速度-密度之间的关系代替 BPR 函数交通量,解决了交通拥堵情况下 BPR 函数不适用的问题,此方法与 Huntsinger 的方法较为相似。类似统计分析模型还有英国的 Trrl 模型、Underwood 指数模型、Greenberg 对数模型、Drew 模型曲线族、Edie 分段指数模型、Pipe 模型曲线族模型等。

国内对道路流量-速度关系的研究起步比较晚,国家"九五"科技攻关项目"公路通行能力研究"中,项目承担单位历时 4 年在国内进行了广泛的大规模调查,以 BPR 函数为基础,通过 S 曲线线性拟合修正,建立了符合我国各级公路交通特点的路段阻抗函数模型,国内著名交通规划软件 TranStar 以此模型为基础进行阻抗分析。根据建模方法不同,主要可分为统计分析、统计分析 + 模型推导、模型推导及仿真 4 类模型。

2 流量-速度关系模型理论基础

经典流量-速度关系 BPR 模型的数学表达式为:

$$S = S_0 \left\{ 1 / \left[1 + \alpha \left(\frac{v}{C} \right)^\beta \right] \right\}$$

$$T = T_0 \left[1 + \alpha \left(\frac{v}{C} \right)^\beta \right]$$

式中：T_0——交通流的自由行驶时间（min）；

T——交通流的实际行驶时间（min）；

v——交通流量（pcu/h）；

C——实际通行能力（pcu/h）；

S_0——交通流的自由行驶速度（km/h）；

S——交通流的实际行驶速度（km/h）；

α、β——待定参数。

基于国家公路交通调查系统数据，采用普通最小二乘法对 BPR 等经典流量-速度关系模型的 α 和 β 参数进行辨识。

常用的模型验证方法有 Holdout 检验、K-Fold 交叉验证、自助法等。Holdout 检验是简单且直接的验证方法之一，它将原始的样本集合随机划分成训练集和验证集两部分。通常将样本数据按照 70% 和 30% 的比例划分，70% 的样本用于模型训练，30% 的样本用于模型验证。评估模型性能采用回归模型评估指标，即平均绝对百分比误差。平均绝对百分比误差是一种评估模型预测精度的指标。它反映了预测值与实际值之间的差异，以百分比的形式表示。平均绝对百分比误差的值越小，说明模型的预测精度越高。MAPE 的计算方式是对每个预测值与实际值之差进行绝对值和百分比的计算，然后取平均值。

$$\text{MAPE} = \frac{1}{n} \times \sum_{i=1}^{n} \left| \frac{p_i - a_i}{a_i} \right| \times 100\%$$

式中：MAPE——平均绝对百分比误差；

p_i——预测数据；

a_i——观测数据；

n——样本量。

3 流量-速度关系模型参数标定及验证

交通部公路规划设计院在《山区公路技术经济指标》研究中提出交通流量-速度关系的主要影响因素包括地形及道路几何特性、车辆特性、非机动车的混入、路边"摩阻"等。因此，结合高等级公路流速数据实际情况，本文选取"公路技术等级""地貌""公路设计速度"等因素组合形成 18 种不同的适用条件，分别为"高速平原 120""高速平原 100""高速平原 80""高速微丘 120""高速微丘 100""高速微丘 80""高速山岭 120""高速山岭 100""高速山岭 80""一级平原 100""一级平原 80""一级平原 60""一级微丘 100""一级微丘 80""一级微丘 60""一级山岭 100""一级山岭 80""一级山岭 60"。

参数标定结果和模型验证结果如表 1 和表 2 所示。可见，"高速平原 120"等 18 类适用条件下，模型预测值与实际值之间相对误差的平均百分比 MAPE 分别为 9.7%、10.1%、12.5%、8.3%、9.1%、6.7%、8.6%、7.9%、9.7%、9.0%、11.9%、10.7%、6.7%、9.3%、10.6%、11.2%、7.6%、6.0%，除个别情况外，大部分模型预测结果较理想，表明本研究所设计的交通流量-速度模型参数标定方法均稳定可靠。

不分车型的流速模型参数标定结果　表 1

公路等级	地貌	设计速度（km/h）	α	β
高速	平原	120	0.41	1.82
高速	平原	100	0.66	2.64
高速	平原	80	0.45	2.81
高速	微丘	120	0.72	2.44
高速	微丘	100	0.62	2.76
高速	微丘	80	0.91	2.02
高速	山岭	120	0.85	1.76
高速	山岭	100	0.93	1.64
高速	山岭	80	0.37	2.11
一级	平原	100	0.15	3.01
一级	平原	80	0.92	4.02
一级	平原	60	0.55	2.13
一级	微丘	100	0.34	1.53
一级	微丘	80	0.38	3.17
一级	微丘	60	0.94	1.24
一级	山岭	100	0.88	1.68
一级	山岭	80	0.16	3.97
一级	山岭	60	0.72	3.60

不分车型的流速模型验证结果　表 2

公路等级	地貌	设计速度（km/h）	MAPE
高速	平原	120	9.7%
高速	平原	100	10.1%
高速	平原	80	12.5%
高速	微丘	120	8.3%

续上表

公路等级	地貌	设计速度 （km/h）	MAPE
高速	微丘	100	9.1%
高速	微丘	80	6.7%
高速	山岭	120	8.6%
高速	山岭	100	7.9%
高速	山岭	80	9.7%
一级	平原	100	9.0%
一级	平原	80	11.9%
一级	平原	60	10.7%
一级	微丘	100	6.7%
一级	微丘	80	9.3%
一级	微丘	60	10.6%
一级	山岭	100	11.2%
一级	山岭	80	7.6%
一级	山岭	60	6.0%

4 结语

本文基于全国公路交通情况调查数据，以流量和速度之间的 BPR 函数形式为基础，标定不同适用条件下的流量-速度关系模型参数，以提高模型的预测精度及可移植性。本文采用拟合优度、混淆矩阵、测试集等方法多维度验证模型参数可靠性，结果表明本研究所设计的交通流量-速度模型参数标定方法稳定可靠，标定结果能为我国交通路网规划和决策提供支持。

参考文献

[1] LIU W Z,LU H P,SUN Z Y,et al. Elderly's travel patterns and trends：The empirical analysis of Beijing[J]. Sustainability,2017,9:981.

[2] BERGMEIR, CHRISTOPH, ROB J. et al. A note on the validity of cross-validation for evaluating autoregressive time series prediction [J]. Computational Statistics & Data Analysis, 2018:70-83.

[3] CERQUEIRA, VITOR, LUIS T, et al. Evaluating time series forecasting models：An empirical study on performance estimation methods[J]. Machine Learning, 2020, 11(109):1997-2028.

[4] YU H Y, JIANG R J, HE Z B, et al. Automated vehicle-involved traffic flow studies：A survey of assumptions, models, speculations, and perspectives[J]. Transportation Research Part C, 2021,127:1-22.

[5] SHEN R F,LEUNG C F,CHOW Y K. Negative skin friction on end-bearing piles[C] // NG C W W, WANG Y H, ZHANG L M. Physical Modelling in Geotechnics：Proceedings of the Sixth International Conference. London：Taylor & Francis, 2006：875-880.

基于跟驰模型的交通震荡研究方法综述

齐思博*　宁子尧　金宇铮　韦涤斌　夏嫣姿

（长安大学公路学院）

摘　要　本文梳理了近年来基于跟驰模型的交通震荡传播机理研究方法，归纳了交通震荡现象相关的研究热点；从传统模型与大数据模型两个角度对跟驰模型的相关研究进行了综述；分析结果表明：跟驰模型分为传统物理模型和数据驱动模型，而数据驱动模型为研究热点，其利用机器学习与数据科学等理论方法，可在测试对比和考虑因素方面进一步优化；驾驶人因素与轨迹数据分析研究方面，在传统物理模型中考虑驾驶人特征因素可以提高模型精度。同时，本文提出了传统物理模型、数据驱动模型以及交通震荡整体研究的不足之处与今后的研究思路。

关键词　交通震荡　跟驰模型　传统物理模型　数据驱动模型

0 引言

最新统计数据显示,至 2024 年 1 月,我国机动车总保有量已攀升至 4.35 亿辆,其中汽车数量为 3.36 亿辆,机动车驾驶人数量达到了 5.23 亿人。一些经济发达地区等,由于交通需求旺盛,公路运输长期处于供不应求的状态,在这种情况下,哪怕是一个小小的扰动,都很容易造成交通的震荡,甚至会形成拥堵的交通状况。深化新科技应用,强化交通智能化,是《"十四五"现代综合交通运输体系发展规划》的通知中提出的。突破机制瓶颈,推动科技与体制双改革,助力交通行业迈向高质智能发展新阶段。推动大数据、AI 等高新数字技术与传统交通行业融合,创新解决交通问题,是当前研究热点。交通震荡理论与分析方法的研究正积极响应政策号召,稳步推进。

交通震荡是指车辆在行驶过程中出现的走走停停的现象,这种现象一旦形成,就会从下游以震荡波的形式向上游扩散,严重时会造成长达数小时的拥堵,严重影响通行效率[1]。震荡现象主要源于换道行为或高速公路运力减少[2],会加剧车辆行驶过程中碳排放量和燃油消耗[3],驾驶员舒适度下降明显,增加了交通事故发生的潜在风险[4]。科学阐释交通震荡现象,降低其不利影响是当前交通流研究领域的重点工作。目前相关研究众多但内在机理仍不清晰,分析方法有待改进。由此,本文从传统物理模型与数据驱动模型入手,针对已有成果进行归纳、总结和分析,并展望未来研究方向。

1 传统物理模型

跟驰模型在交通流理论中具有重要地位,其建模过程通过精确量化车辆间的纵向相互作用,有助于深化我们对交通流基本特性的理解。这一模型能够揭示交通拥堵、震荡等现象背后的深层机制。目前,许多经过验证的仿真软件都将跟驰模型方法作为核心,以精准地模拟和预测交通流的行为。研究者根据不同的交通环境和考虑因素提出了多种跟驰模型,可以将传统模型归纳为安全距离模型、刺激反应模型、优化速度模型、模糊推理模型四类,分类总结见表 1。

跟驰模型分类 表1

类别	原理	优点	缺点	代表方法
刺激反应模型	把前车对后车驾驶员的作用看成刺激,依次传递给后车的另一位驾驶员	形式浅显,物理含义清晰,深刻地影响了后继学说的发展	模拟结果具有部分不稳定性,在实际应用中受到一定的限制	NETSIM 跟驰模型[5];改进驾驶员敏感性参数跟驰模型[6]
安全距离模型	假定车辆行驶规律在牛顿运动学公式的基础上;为了便于跟车时使用,尽量保持安全的车间距	具有广泛应用、明确物理意义的少量模型参数	仅关注拥挤状态下前后车辆保持的最小安全距离所对应的最小车速,严重限制跟驰车行驶速度	诺伊维尔跟驰模型[7];CARSIM 跟驰模型[8];改进模型[9]
模糊推理模型	将驾驶员行为与特征模糊化,运用模糊规则来构建模型	对于跟踪性的行为特征,可以在一定程度上加以描述,但很难准确表现	模糊集合很难对其对应的隶属函数进行准确的标定,限制其适用的范围	Wiedemann 模型[10];连续跟驰模型[11]
优化速度模型	假定驾驶员一直保持期待速度,并引入期待计量变量(如期待速度、车距等)	结构简单,相对于刺激反应模型预测准确度更高	对计量变量精确赋值的预期能够保证模型的准确度,但取值在实际交通运输中难以观察	全速度差模型[12];考虑随机参数模型[13]

近年来,随着智能网联汽车、大数据等新技术的兴起,车辆跟驰模型的研究内容和方法都发生了新变化。在早期的跟驰模型构建过程中,研究者们致力于通过建模来实现交通流的仿真,但忽略或简化了驾驶人因素对交通流的影响,之后的研究中逐渐将驾驶人因素产生的影响考虑到模型

里,其中还有研究将新建模型理论或新机器学习方法应用于跟驰行为的研究建模中,比如数据驱动类模型,在思想转变与方法创新的过程中提高了模型的精度。表 1 中的四类研究模型都是利用传统的数学物理方法构建意义明确的模拟模型,然后对模拟结果和交通现象进行模型变换推演、数据拟合和参数标定、对比验证,进而形成描述跟驰行为的理论框架,更深入地研究交通拥堵和震荡现象。

2　数据驱动模型

数据驱动类跟驰模型[14]是目前的研究热点模型。推动该模型发展的是大数据、信息感知和人工智能技术的迅猛发展。该模型基于真实车辆数据,运用机器学习与数据科学,经训练、学习、迭代,深入揭示跟驰行为规律,有力支撑了交通流理论研究。近年来数据驱动模型类别与各自评价内容见表 2。

数据驱动模型分类　　　　　　　　　　　　　　表 2

类别	机器学习方法	评价	研究人员
基于传统机器学习的跟驰模型	神经网络	①正确分类率在96%以上; ②速度预测拟合优度为96.89%	PANWAI 等[15] 王天方等[16]
	支持向量机	①采用加权混合核函数的支持向量回归模型不仅显著提升了预测精确度,还大幅降低了误差范围; ②对于大规模训练样本难以实施,且预测精度有限	ZHANG 等[17]
	k 近邻	①任一输入内容缺失均无法重现典型交通特征,其作为最小模型,在揭示交通流规律中的作用不可替代; ②测试显示,交通现象与真实特征高度吻合,验证了模型有效性和准确性	HE 等[18]
基于深度学习的跟驰模型	长短期记忆神经网络	①能精准捕捉并记忆时刻间信息的依赖关系,在构建跟驰模型时具有显著优势; ②当前参数选取多依赖遍历网格搜索,虽有效但开销大;设定学习率、神经元数量以及迭代次数等参数仍然是一项具有挑战性的任务	LIN 等[19]
	多序列对多序列	①训练集与测试集的平均误差分别为 19.26 和 15.17; ②均方误差值平均值如下:智能驾驶人模型为 28.59,长短期记忆神经网络模型为 29.29,而多序列对多序列模型则达到了 19.26。尽管所有模型都能对观测轨迹变化进行有效跟踪,但多序列对多序列模型与轨迹之间契合度更高,表现出更为一致的跟踪性能	MA 等[20]
	深度强化学习	①误差均小于其他模型; ②在预测车间距和速度变化方面展现出更高的有效性	ZHU 等[21]
	生成对抗模仿网络	比智能驾驶模型和递归神经网络模型更有优势	ZHOU 等[22]
模型与数据混合驱动跟驰模型	Gipps 模型和神经网络	组合模型整体误差最小为 0.3585,比单一模型低,表现较为优异	丁点点等[23]
	径向基函数神经网络和智能驾驶人模型	①RBF 神经网络展现出了高度预测精度,其预测的相对误差基本保持在 1.2% 以下; ②短时交通拥堵预测分类正确率达到 95%,预测结果准确可靠	张生瑞等[24]
	智能驾驶人模型和长短期记忆网络	①预测效果卓越,均方误差低至 0.010,平均绝对误差仅为 0.074; ②在重现车辆轨迹方面表现出色,加速度和速度的预测值更贴近真实值	LI 等[25] Cao 等[26]

根据表 2 中所列出的模型分析结果可知,数据驱动跟驰模型的发展先后历经了两次发展高潮,第一次是神经网络研究复兴期间的 1998—2007 年,第二次是随深度学习热潮自 2017 年至今持续繁荣。高精度车辆轨迹数据集的出现也极大地推动了其发展。尽管现有研究多基于高精度 NGSIM 车辆轨迹数据,但该类模型的泛化能力和可移植性仍有待研究。当前模型需要解决的三大问题是如何将驾驶行为变量更多进行综合,行为特征变量是否需要引入更多,输入输出是否可以更换。

3 以数据驱动模型为主的研究方法发展

当前模型测试与对比不足。部分学者仅针对少量车辆实验,忽视车辆间时空相互作用,由此进行全局预测可能掩盖局部关键点误差。实验车队长度不足也会影响模型准确性,仅观察十几辆车难以判断震荡波演变,建议跟驰模型进行上千辆车、几十分钟起的交通演化测试,以减小误差并获得可靠数据。此外,在研究中提出 AB 组合方法时,仅将其与单独使用 A 或 B 方法的结果进行比较,以评估其性能,显然这样的对比是不够全面的,应该将其与另一种最新的同等级跟驰模型进行对比,还应选择最近两年内经过充分检验的模型作为对比对象,以确保对比结果的时效性和可靠性。

现有研究基本考虑到了驾驶人年龄、性别、驾驶风格以及反应时间等因素均可能导致不同跟驰表现,而车辆的特性差异,如重型车辆与普通车辆之间在加减速性能上的不同,以及智能车辆与普通车辆在车间距控制上的区别,也显著影响着跟驰行为,建议将其引入模型建立的影响参数。

机器学习方法的迭代更新一直有力推动着跟驰模型的发展。先进的车辆控制技术在作出生态和安全决策时,高度依赖于精准的速度预测。但传统预测算法在达到一定的预测精度后,提升空间就变得极为有限,甚至可能因过度拟合等问题而降低准确性。因此,将天气变化、交通事故等外部因素考虑到模型的建立中,采用融合多源数据并进行协同分析的策略,揭示这些数据与交通震荡现象之间的内在联系。通过上述方法,我们能够发现隐藏在数据背后的相关性,进而提升模型模拟预测的准确性。

4 结语

交通震荡现象机理与演化方式的研究对于揭示交通拥堵本质、改善交通状况与提升交通安全具有重要作用。本文以传统物理模型和数据驱动模型为主要研究对象,首先分析了跟驰模型的研究历程,分时间、广度、深度三个维度对模型进行归纳总结,对交通流及其中震荡现象的研究现状进行了综述,并从模型与机器学习、人工智能和智能网联汽车技术开发的结合进行了研究分析。尽管交通震荡研究已取得一定进展,但驾驶人因素研究仍显不足,数据提取的广度和精度尚需加强,且数据驱动模型的跨领域研究也亟待完善。深入探索这些问题,将为交通震荡研究提供新视角,有助于保障交通流畅、缓解拥堵,并进一步提升交通安全整体性能。

参考文献

[1] 尹荣玲,刘婕.城市道路交通拥堵特性及治理对策分析[J].时代汽车,2023(20):189-191.

[2] 程国柱,王婉琦,王连震,等.车辆换道行为风险评价方法研究进展[J].哈尔滨工业大学学报,2023,55(3):139-150.

[3] LUO H, DRIDI M, GRUNDER O. A branch-price-and-cut algorithm for a time-dependent green vehicle routing problem with the consideration of traffic congestion [J]. Computers & Industrial Engineering, 2023, 177: 109093.1-109093.14.

[4] 赵晓华,刘畅,亓航,等.高速公路交通事故影响因素及异质性分析[J/OL].吉林大学学报(工学版):1-10[2024-04-10]. https://doi.org/10.13229/j.cnki.jdxbgxb20221036.

[5] NEWELL G F. A simplified car-following theory: a lower order model[J]. Transportation Research Part B: Methodological, 2002, 36(3): 195-205.

[6] 岳永恒,肖凌云,吴凯丽,等.基于刺激反应车辆跟驰模型的交通流稳定性分析[J].森林工程,2020,36(3):92-97.

[7] RATHI A K, SANTIAGO A J. The new NETSIM simulation program[J]. Traffic engineering & control, 1990, 31(5): 317-320.

[8] BENEKOHAL R F, TREITERER J. CARSIM:

Car-following model for simulation of traffic in normal and stop-and-go conditions［J］. Transportation research record, 1988, 1194: 99-111.

[9] 曲昭伟,潘昭天,陈永恒,等.基于最优速度模型的改进安全距离跟驰模型[J].吉林大学学报(工学版),2019,49(4):1092-1099.

[10] DAS S,BUDHKAR A, MAURYA A K, et al. Multivariate analysis on dynamic car-following data of non-iane-based traffic environments ［J］. Transportation in Developing Economies, 2019, 5(2): 17.

[11] FABIANI F, GRAMMATICO S. A mixed-logical-dynamical model for automated driving on highways［C］∥ 2018 IEEE Conference on Decision and Control （CDC）, 2018: 1011-1015.

[12] WANG W, XI J, ZHAO D. Learning and inferring a driver's braking action in car-following scenarios[J]. IEEE Transactions on Vehicular Technology, 2018, 67(5): 3887-3899.

[13] 潘义勇,全勇俊,管星宇.考虑异质交通流的随机参数优化速度跟驰模型[J/OL].深圳大学学报(理工版):1-8[2024-04-10]. http:∥ kns. cnki. net/kcms/detail/44. 1401. N. 20231221.0841.002. html.

[14] 王少杰,曲大义,刘浩敏,等.面向数据驱动的车辆跟驰行为建模[J].公路交通科技, 2023,40(11):222-228.

[15] PANWAI S, DIA H. Neural agent car-following models［J］. IEEE Transactions on Intelligent Transportation Systems, 2007(8):60-70.

[16] 王天方,刘学渊.基于BP神经网络的车辆跟驰模型研究[J].南方农机,2023,54(6): 20-23.

[17] ZHANG J Y, LIAO Y, WANG S, et al. Study on driving decision-making mechanism of autonomous vehicle based on an optimized support vector machine regression ［J］. Applied Sciences, 2017, 8(1):13.

[18] HE Z, ZHENG L, GUAN W. A simple nonparametric car-following model driven by field data[J]. Transportation Research Part B: Methodological, 2015, 80:185-201.

[19] LIN Y, WANG P, ZHOU Y, et al. Platoon trajectories generation: A unidirectional interconnected LSTM-based car-following model［J］. IEEE Transactions on Intelligent Transportation Systems, 2022, 23 (3): 2071-2081.

[20] MA L , QU S . A sequence to sequence learning based car-following model for multi-step predictions considering reaction delay ［J］. Transportation Research Part C: Emerging Technologies, 2020, 120: 102785. 1-102785. 19.

[21] ZHU M, WANG X, WANG Y. Human-like autonomous car-following model with deep reinforcement learning ［J］. Transportation Research Part C: Emerging Technologies, 2018, 97:348-368.

[22] ZHOU Y, FU R, WANG C, et al. Modeling car-following behaviors and driving styles with generative adversarial imitation learning[J]. Sensors, 2020, 20(18).5034.

[23] 丁点点,孙磊,陈松.机器学习——动力学耦合车辆跟驰模型[J].交通运输系统工程与信息,2017,17(6):33-39.

[24] 张生瑞,连江南,焦帅阳,等.融合FCM-RBF的短时交通拥堵状态预测模型[J].重庆理工大学学报(自然科学),2023,37(3): 12-21.

[25] LI Y, LU X, REN C, et al. Fusion modeling method of car-following characteristics ［J］. IEEE Access, 2019, 7: 162778-162785.

[26] CAO B. A car-following dynamic model with headway memory and evolution trend ［J］. Physica A: Statistical Mechanics and Its Applications, 2020, 539: 122903.

Dynamic Calibration of Car-following Models Considering Driver Compliance with Speed Limits

Shijie Li [1]　Li Lei [2]　Zichuang Deng [2]　Bin Sheng [3]　Li Song [*1]

(1. School of Transportation and Logistic Engineering, Wuhan University of Technology;

2. Hubei Intelligent Transportation Research Institute Co. , Ltd. ;

3. Central South Survey Design Institute Group Co. , Ltd.)

Abstract　In traffic simulations, substantial efforts are devoted to minimizing the disparity between simulated and actual traffic flows, aiming to enhance the reliability of simulated traffic on speed-limited highways. This paper introduces a method of assignment of speed factors to simulated vehicles to reflect the heterogeneous compliance of drivers with road speed limits. Initially, characteristics of road segments, speed limits, and vehicle speeds are extracted from the Caltrans Performance Measurement System (PeMS) dataset to analyze the distribution of speed factors during that timeframe. Subsequently, the speed factors are fitted into a normal distribution to derive the mean, standard deviation, and lower and upper limits of speed factors for peak morning, peak evening, daytime off-peak, and nighttime off-peak periods. Additionally, the Intelligent Driving Model (IDM) for the car-following simulation is dynamically calibrated using morning peak-hour traffic flows. Initially, stable speed factors during the whole peak hour are calibrated in the simulation, followed by segmenting the peak hour into four uniform periods and calibrating specific IDM parameters for each period using genetic algorithms dynamically. The research findings indicate a significant improvement in car-following simulations when considering driver compliance with speed limits, particularly with an enhancement of approximately 53.42% in the first stage (06:00—06:30). Lastly, the comparison with the database shows that the speed and flow curves of the driver compliance with speed limits closely match actual data.

Keywords　Traffic simulation　Car-following model calibration　Genetic algorithms　Compliance with speed limits

0　Introduction

Traffic simulation is extensively applied in various domains of traffic engineering research. It does not require physical operation on real roads, offering advantages of cost-effectiveness, speed, and reproducibility. However, since traffic simulation is built upon traffic flow models, discrepancies exist between vehicle movements in simulation and real traffic flow. These discrepancies mainly manifest in vehicles' longitudinal and lateral movements, with longitudinal movements depicted as car-following behaviors and lateral movements as lane-changing behaviors. Main traffic simulation platforms like SUMO and Vissim embed multiple car-following and lane-changing models to better approximate real traffic flow dynamics. These embedded car-following models often involve numerous parameters that describe individual driver driving styles, varying with different driving behaviors, such as the desired speed and desired gap in the Intelligent Drivers Model (IDM) proposed by Treiber (Kesting and Treiber, 2008), and car-following state thresholds and stopping accelerations in the Wiedemann model (Wiedemann, 1974; Fellendorf and Vortisch, 2010).

To minimize the variability in longitudinal vehicle speed in traffic simulation and make the simulated longitudinal trajectories closer to real traffic flow, this study attributes the differences in longitudinal vehicle motion trajectories between simulated and real traffic flow to driver speed compliance and car-following model parameters. Accordingly, the study fits the speed compliance and integrates it into SUMO, followed by the dynamic calibration of car-following model parameters using IDM. Therefore, the research aims to explore a method to reduce the discrepancy in longitudinal flow between simulated traffic and real flow.

The remaining structure of this paper is as follows: In Section 1, the paper will review and summarize some classical methods for realistic traffic flow simulation and car-following model parameter calibration. In Section 2, the selected dataset will be introduced, detailing the studied road segments and periods, and preprocessing the data to fit the driver compliance with speed limits requirements. Section 3 will present the method of dynamic calibration of the car-following model, the objective function and constraints, conducting simulation experiments for parameter calibration on SUMO, and providing calibration results. Section 4 will discuss the research conclusions and prospects.

1 Literature review

1.1 Calibrating parameters of car-following models

Calibration of car-following model parameters is fundamental to traffic simulation research, as it influences the longitudinal interactions between vehicles on a microscopic level and describes traffic flow on a macroscopic scale. Optimizing various parameters that describe vehicle motion characteristics in the car-following model enables the establishment of longitudinal traffic flow that aligns with real traffic scenarios. To investigate the car following behavior characteristics of domestic drivers, Wang et al. (2020) utilized genetic algorithms to calibrate the GHR, GIPPS, IDM, FVD, and Wiedemann models based on the Shanghai Naturalistic Driving Data, with results indicating the IDM had the smallest calibration error. Guo et al.

(2017) calibrated the Gipps, IDM, and Newell models using the NGSIM dataset and compared the effects of different performance indicators. They observed that the impact of headway on calibration effectiveness outweighed that of the following vehicle speed. Previous research relied on microscopic trajectory data, which posed challenges in acquisition and processing Therefore, Bian (2020) proposed a density-flow model based on GHR, enabling researchers to directly utilize macroscopic datasets for parameter calibration, facilitating the transition from micro to macro levels.

In considering driver behavior factors, Lin and Wu (2023) comprehensively examined four driving behavior characteristics: lane changing, acceleration, braking, and cruising. They extracted these behavior parameters from the NGSIM database, conducted cluster analysis, and developed a car-following model that considers driver driving style. On the other hand, Chen and Liang (2023) focused on the compliance of connected vehicle drivers with the lead vehicle information, integrating this factor into IDM. They established an improved IDM that considers compliance and calibrated using the Root Mean Square Percentage Error (RMSPE) as a goodness-of-fit function. None of the aforementioned studies considered the impact of driver compliance with speed limits on car-following behavior. In relevant speed control traffic systems, such as variable speed limit control systems, the effectiveness of control is influenced by gathering traffic data for longitudinal traffic flow to assess traffic operation status. Longitudinal traffic motion trajectories are crucial factors affecting control effectiveness. Ke (2020), in studying variable speed control strategies, integrated driver compliance with speed limits into the mesoscopic traffic flow model (Cell Transmission Model, CTM), enabling traffic simulation to replicate traffic flow under different compliance levels. While existing car-following models have considered human driving factors, research on driver compliance with speed limits in car-following models remains unexplored. To address this gap, this study incorporates driver compliance with speed limits into the calibration of car-following model parameters to better simulate longitudinal traffic trajectories in speed-limited scenarios.

1.2 Parameter calibration methods

The effectiveness of calibrating car-following model parameters depends on the selection of three key factors: measures of performance (MoPs), goodness-of-fit (GOF) functions in the objective, and optimization algorithms. Extracting characteristic parameters from datasets that reflect dynamic car-following behaviors as performance indicators can simplify the construction of GOF and maximize the reproduction of vehicle car-following behaviors. Commonly used GOF include Mean Absolute Error (MAE), Mean Absolute Relative Error (MARE), Root Mean Square Error (RMSE), Root Mean Square Percentage Error (RMSPE), and Relative Error U coefficient (Guo, Yuan and Xu, 2017; Bian, 2020; Chen and Liang, 2023; Lin and Wu, 2023). Guo et al. (2017) selected headway and car-following speed as performance indicators, utilizing RMSE and U coefficient as GOF, and compared the calibration effects under different performance indicators. The research results indicated that using headway as a performance indicator better represents the car-following behavior. Since this study aims to reveal the impact of driver compliance with speed limits on the calibration results of car-following model parameters, only speed and flow were considered for calibration effects, with macroscopic data on speed and flow chosen as performance indicators. Furthermore, the calibration of car-following model parameters involves a nonlinear optimization process, necessitating optimization algorithms with strong search and solving capabilities. Methods commonly used to solve such optimization problems include heuristic algorithms (such as Genetic Algorithms, GA), Downhill simplex, and OptQuest Multistart. Punzo et al. (2012) have shown in their research that GA has strong global search capabilities and greater robustness compared to other optimization algorithms.

However, GA may converge to local optimal solutions. Therefore, this study employed GA for five parameter calibrations from different starting points and selected the optimal result from these five calibrations as the reference value for the final solution (Brackstone and McDonald, 1999).

2 Data preparation

2.1 Data source

This study calibrates the parameters of the Intelligent Driver Model (IDM) using traffic data from the Caltrans Performance Measurement System (PeMS) dataset. Combining data from OpenStreetMap and the California Highway Network traffic data from PeMS, the research focuses on a segment located 6.42 miles south of I-405 in California, USA. The study examines traffic flow and speed data during the morning peak hours from November 6th to November 10th, 2023 (Monday to Friday) between 6:00 and 8:00. In the PeMS dataset, detectors are installed on the mainline, upstream, and downstream, as well as the on-ramp and off-ramp of this segment, identified as 718245, 718242, 716645, and 718241, respectively. The first two detectors provide traffic flow and average speed data in 5-minute intervals for the study period, while the latter two detectors only offer traffic flow data at the same intervals. The simulated road network established in SUMO is depicted in Figure 1.

Figure 1   Simulated Road Network

2.2 Data preprocessing

To simulate the adherence of drivers to speed limits in traffic simulation, this study incorporates the concept of Speed Factor defined in SUMO for vehicle types. The Speed Factor, acting as a multiplier, determines the vehicle's speed about the road speed limit. The study models the compliance of drivers with speed limits using the Speed Factor. During specific time intervals within the study period, including morning peak (06:00—08:00), evening peak (16:00—18:00), daytime off-peak (10:00—12:00), and nighttime off-peak (02:00—04:00),

the Speed Factors governing vehicle speeds on the same road segment were calculated. These Speed Factors were fitted to a normal distribution, with Figure 2 presenting the density histogram and normal distribution curve, while Table 1 outlines the mean, standard deviation, lower limit, and upper limit of the Speed Factors for different periods. It can be inferred that the speed factor generally adheres to a normal distribution.

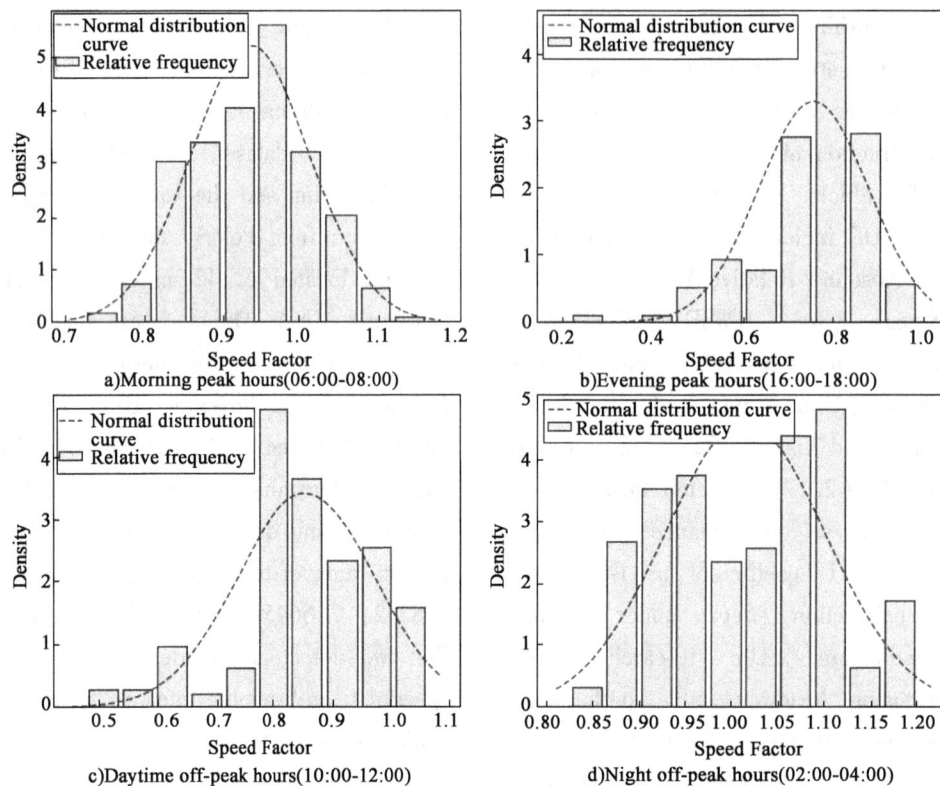

Figure 2　Normal Distribution Curve Fits for Different Periods

Parameters of the Normal Distribution for the Speed Factor at Different Time Intervals　Table 1

Time	Mean	Deviation	Skewness	Kurtosis	Lower limits	Upper limits
Morning peak	0.936	0.077	−0.065	−0.442	0.724	1.160
Daytime off-peak	0.853	0.117	−0.677	0.590	0.479	1.061
Evening peak	0.756	0.122	−1.277	2.224	0.217	0.986
Night off-peak	1.015	0.087	0.018	−1.024	0.826	1.200

3　Dynamic calibration

3.1　Dynamic calibration of car-following models

In various spatiotemporal contexts, the following behavior of drivers may be affected by road traffic conditions. For example, during traffic congestion, the desired speed of drivers decreases. If the same desired speed is used in car-following models, it may distort the following vehicle acceleration computed by car-following models, thereby widening the longitudinal flow difference between simulated traffic flow and real traffic flow. The dynamic calibration method divides traffic flow time series data into equal intervals based on historical road traffic flow data and calibrates the following model parameters separately. Therefore, each segmented traffic flow period has personalized following model parameters. This method discretizes the following behavior of drivers in the time dimension, which helps reduce the difference between simulated traffic flow and real traffic flow. Theoretically, the proposed dynamic calibration approach is universally applicable to pursuit models with tunable parameters. This paper, using the IDM as a illustrative case, will present a comprehensive overview of the standard dynamic calibration methodology.

IDM is a widely applied car-following model, known for its clear and concise parameters. Essentially, it calculates the acceleration of a following vehicle based on the speed of the lead vehicle and the distance between them. The calculation formula for the following vehicle using the IDM is represented by equations (1) and (2).

$$a_n(t) = \alpha_{\max}^{(n)}\left[1 - \left(\frac{v_n(t)}{\tilde{v}_n(t)}\right)^\beta - \left(\frac{\tilde{s}_n(t)}{s_n(t)}\right)^2\right] \quad (1)$$

$$\tilde{S}_n(t) = S_{\text{jam}}^{(n)} + V_n(t)\tilde{T}_n(t) + \frac{v_n(t)\Delta v_n(t)}{2\sqrt{\alpha_{\max}^{(n)}\alpha_{\text{comf}}^{(n)}}} \quad (2)$$

where $\alpha_{\max}^{(n)}$ represents the maximum acceleration/deceleration of the following vehicle; V_n denotes the actual speed of the following vehicle; $\tilde{V}_n$ is the desired speed of the following vehicle; $\tilde{S}_n$ stands for

the desired headway of the following vehicle; S_n indicates the actual headway between the following vehicle and the lead vehicle; $S_{\text{iam}}^{(n)}$ represents the minimum headway; $\tilde{T}_n(t)$ signifies the desired time headway of the following vehicle; $\alpha_{\text{comf}}^{(n)}$ refers to the comfortable deceleration of the following vehicle; and β is the acceleration exponent.

The traffic data of the research road section during the morning peak period (06:00—08:00) lasting for 2 hours is selected for parameter calibration. The 2-hour traffic data is divided into 30-minute segments, resulting in 4 segments in total. These 4 temporal segments are defined as different vehicle types, with each type corresponding to different IDM parameters to achieve personalized following model parameter goals.

3.2 Objective function

For the PeMS dataset used in this paper, the average speed and flow are selected as performance indicators to measure the difference between simulated and real traffic flows. To accurately describe the functional relationship between the selected performance indicators and the differences, it is necessary to introduce a fitting goodness function as the calibration experiment's objective. The study adopts Normalized Mean Absolute Error (NMAE) as the objective function (Ciuffo, Punzo, and Torrieri, 2008) and formulates the calculation when using average speed and flow as performance metrics as shown in Equation (3).

$$\text{Min } NMAE(q,v) = \frac{1}{N}\sum_{i=1}^{N}\left(\frac{|q_{\text{obs},i} - q_{\text{sim},i}|}{q_{\text{obs},i}} + \frac{|v_{\text{obs},i} - v_{\text{sim},i}|}{v_{\text{obs},i}}\right) \quad (3)$$

where N represents the total number of detections in the current period. The variables $q_{\text{sim},i}$ and $v_{\text{sim},i}$ denote the simulated traffic flow and average speed within the i-th observation during the current period. Similarly, $q_{\text{obs},i}$ and $v_{\text{obs},i}$ represent the actual flow rate and average speed corresponding to the i-th observation in the current period.

3.3 Constraints

In the calibration process of IDM parameters,

the optimization algorithm adopted in this paper is GA. The algorithm generates initial solutions within a specific range and continuously evolves to explore the optimal solution for the parameters. Therefore, it is necessary to set the approximate range for each parameter to be calibrated, as in Equation (4).

$$x_i \in [l_{xi}, u_{xi}] \quad (4)$$

The parameters to be calibrated in IDM include

the comfortable deceleration α_{comf}, the maximum acceleration/deceleration α_{max}, the desired time headway $\widetilde{T}$, the desired speed $\widetilde{V}$, the blocked spacing at standstill S_{jam}, and the acceleration exponent β. Following the parameter ranges for IDM calibration from previous literature, the ranges for these six parameters are set as detailed in Table 2.

Range of Parameters for Calibration

Table 2

Parameters	Unit	Range
α_{comf}	m/s²	$[0.1,5]$
α_{max}	m/s²	$[0.1,5]$
$\widetilde{T}$	s	$[0.1,5]$
$\widetilde{V}$	km/h	$[1,150]$
S_{jam}	m	$[0.1,10]$
β	—	$[1,10]$

3.4　Simulation calibration experiment

The study conducted simulation dynamic calibration experiments using the PeMS dataset's morning peak data (06:00—08:00). Traffic flow and average speed at the exit of road segments were obtained through the Python and SUMO combined simulation interface Traci to calculate the objective function arrays for each generation. To prevent GA from getting stuck in locally optimal solutions due to a single calibration, five dynamic calibrations were conducted separately for the baseline (without considering speed compliance) and the speed compliance groups. The calibration process involved continuous iteration to achieve the optimal target value. Additionally, the traffic flow was divided into four stages, with each stage's simulation calibration using the IDM parameters completed in the previous stage. After the completion of the five calibration experiments, the optimal target value stages from the two calibration methods were selected to generate the final simulation calibration results. Refer to Table 3 for details on the simulation calibration results at different stages, and Figures 3 and 4 for the corresponding GA evolution curve.

Simulation calibration results for different stages　　　Table 3

Item	Value	Stage 1	Stage 2	Stage 3	Stage 4
Base	Comfortable deceleration(m/s²)	4.137	1.222	1.222	0.119
	Maximum acceleration/deceleration(m/s²)	1.797	3.955	3.955	3.274
	Desired time headway(s)	0.666	0.589	0.579	0.579
	Desired speed(m/s)	35.003	41.097	40.772	40.158
	Blocked spacingat a standstill(m)	3.158	0.777	0.768	5.703
	Acceleration exponent	9.736	7.528	7.563	5.487
	Optimal objective function value	0.161	0.269	0.124	0.072
Compliance	Comfortable deceleration(m/s²)	4.003	1.222	1.222	1.222
	Maximum acceleration/deceleration(m/s²)	2.593	2.478	2.958	3.955
	Desired time headway(s)	0.215	0.589	0.589	1.692
	Desired speed(m/s)	39.817	41.133	40.483	40.493
	Blocked spacingat a standstill (m)	6.526	2.461	1.842	0.748
	Acceleration exponent	9.613	5.487	5.284	5.372
	Optimal objective function value	0.075	0.164	0.072	0.069

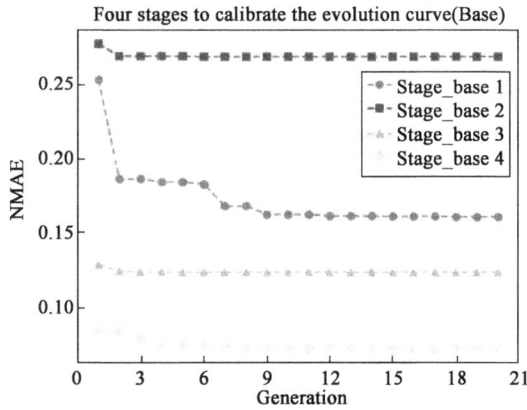

Figure 3　Evolution Curve(Base)

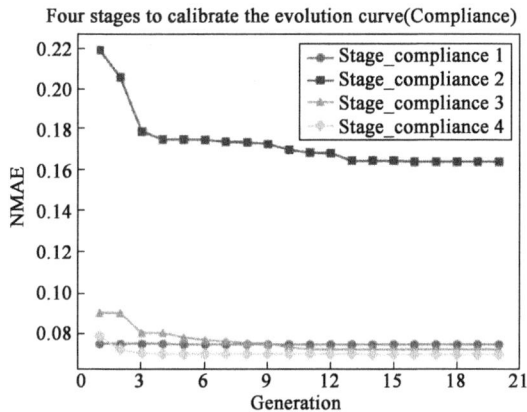

Figure 4　Evolution Curve(Compliance)

Dynamic calibration results indicate that after using this method, the optimal objective function values for different calibration stages considering driver speed compliance are lower than those without considering speed compliance in the baseline. Analysis of the evolution curve of GA reveals that in the four-stage calibration process, the average value of the objective function is consistently lower than that of the baseline, indicating that considering driver speed compliance brings the calibration results closer to the optimum and improves the overall quality of the population compared to the baseline. In the first stage of the calibration process (06:00—06:30), the optimal objective function value for the baseline is 0.161, while it is 0.075 after considering driver speed compliance, representing a 53.42% improvement. In the second stage (06:30—07:00), the baseline's optimal objective function value is 0.269, and it

becomes 0.164 after considering driver speed compliance, showing a 39.03% improvement. Moving to the third stage (07:00—07:30), the baseline's optimal objective function value is 0.124, which reduces to 0.072 after considering driver speed compliance, resulting in a 41.94% enhancement. Finally, in the fourth stage (07:30—08:00) of the calibration process, the baseline's optimal objective function value is 0.072, while it decreases to 0.069 after considering driver speed compliance, resulting in a 4.17% improvement.

To further evaluate the practical impact of introducing driver speed compliance into dynamic calibration, the optimal IDM parameters obtained from the baseline approach were implemented in SUMO. Flow and speed were monitored at the road segment exit using detectors, and the flow and speed curves from both approaches were compared with the actual dataset. The comparison graph of flow-speed calibration effects is presented in Figures 5 and 6. From these figures, it is observed that, in terms of both flow and speed, the curves after considering driver speed compliance closely align with the curves of the actual dataset, resembling the baseline approach. However, notable deviations are still present in certain localized segments. This discrepancy could be attributed to the formulation and solution algorithms of the objective function, yet the deviations in flow and speed after considering speed compliance are consistently smaller compared to the baseline approach.

Figure 5　Speed Contrast Curve

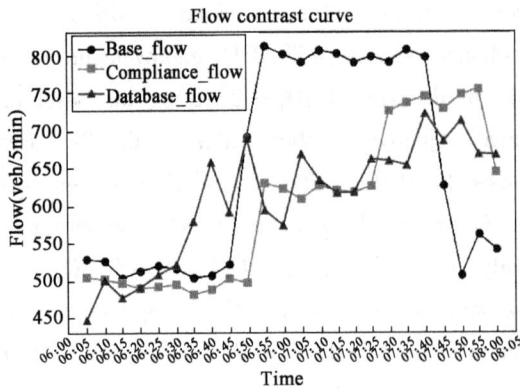

Figure 6　Flow Contrast Curve

4　Conclusions

To investigate methods for reducing the longitudinal speed discrepancies between simulated and actual traffic flows under speed limit conditions, this study analyzes speed distributions on the specified research segment and period. By calibrating speed factors based on normal distributions, the study derived the mean, standard deviation, upper limit, and lower limit of the speed factors, effectively minimizing the speed distribution errors between simulated and actual traffic flows.

This study dynamically calibrated the Intelligent Driver Model (IDM) by segmenting the traffic flow data uniformly and dividing them into distinct calibration stages. Experimental outcomes demonstrate that the dynamic calibration approach considering driver compliance with speed limits significantly reduces the disparities between simulated and actual traffic flows, with the most notable enhancement observed in the initial stage (6:00—6:30), showing a 53.42% improvement.

Future research needs to provide a systematic evaluation of the balance between selecting time lengths of the traffic flow at different stages and the associated calibration costs, as well as exploring the appropriate selection of traffic flow time lengths at each stage when using micro-data for calibration purposes.

References

[1] KESTING A, TREIBER M. Calibrating Car-Following Models by Using Trajectory Data: Methodological Study [J]. Transportation Research Record: Journal of the Transportation Research Board, 2008, 2088(1): 148-156.

[2] WIEDEMANN R. Simulation Des Strassenver-kehrsflusses [D]. Karlsruhe: University of Karlsruhe, 1974.

[3] FELLENDORF M, VORTISCH P. Microscopic Traffic Flow Simulator VISSIM [J]. Fundamentals of Traffic Simulation, 2010, 145:63-93.

[4] WANG X S, SUN P, ZHANG X C, et al. Calibrating Car-following Models on Freeway Based on Naturalistic Driving Data[J]. China Journal of Highway and Transport, 2020, 33(5): 132-142.

[5] BIAN M Y. Research on Parameter Calibration of Car-following Model Based on Simulation Detector Data[D]. Beijing: Beijing Jiaotong University, 2020.

[6] GUO H F, YUAN X L, Xu D W. Selection of Measures of Performance on Calibrating Parameters in Car Following Models[J]. China Journal of Highway and Transport, 2017, 30(1): 103-110.

[7] LIN Z K, Wu X Z. Car-Following Model Considering Driver's Driving Style [J]. Journal of Geo- information Science, 2023, 25(9): 1798-1812.

[8] CHEN D J, LIANG R J. Driver Compliance Model Parameter Calibration Method Based on Feature Clustering[J]. Computer Simulation, 2023: 1-8.

[9] KE Z. Optimization and Transfer of Deep Reinforcement Learning-Based Variable Speed Limit Control Strategy [D]. Chengdu: Southeast University, 2020.

[10] PUNZO V, CIUFFO B, MONTANINO M. Can Results of car-following Model Calibration Based on Trajectory Data be Trusted? [J]. Transportation Research Record: Journal of the Transportation Research Board, 2012, 2315(1): 11-24.

[11] BRACKSTONE M, MCDONALD M. Car-Following: A Historical Review. Transportation Research Part F, 1999, 2(4):181-196.

[12] CIUFFO B, PUNZO V, TORRIERI V. Comparison of Simulation-Based and Model Based Calibrations of Traffic-Flow Microsimulation Models [J]. Transportation Research Record: Journal of the Transportation Research Board, 2008, 2088(1): 36-44.

二流理论在宏观交通流中的应用综述

林 永* 文 聪 牟玮玮

(青岛市交通规划设计院有限公司)

摘 要 二流理论可以很好解释宏观交通流的状态,是识别城市路网状态、评价路网服务水平的重要理论基础。本文首先总结了宏观交通流的研究,然后介绍了二流理论的基本内涵、模型参数和实际含义。在此基础上,系统整理了国内外应用二流理论分析宏观交通流的研究成果,并指出目前存在的问题和研究重点,本文可以为计划基于二流理论来研究宏观交通流模型的学者提供参考。

关键词 交通工程 二流理论 宏观交通流 综述

0 引言

近年来,对城市道路交叉口、主要道路路段交通运行状态的评价是学者研究的重点,大多从微观和中观两个方面评价交通运行效果的好与坏。区域交通运输路线节点性能的评估,是以某个交叉口或某条路线为对象,基于区域交通运行网络局部改建可行性及区域交通运行组织管理规则,研究交叉口或者运行路线的容量、延误、事故、环境影响、服务水平等。改革开放以来,我国城市化进程迅速,居民的生活水平迈上了新的台阶,人民群众对交通的满意度不止局限于交叉口或者单条线路,如何从宏观角度对城市道路网络的交通运行效果进行评估十分重要。因此,构建一个契合城市道路网络宏观交通特性的评价模型具有非常积极的现实意义。

针对城市交通网络系统,结合国民经济五年发展规划、城市国土空间规划以及城市综合交通体系规划等,可评判交通网络的总体发展水平、布局能级以及系统容量等。针对路网宏观交通状态的分析,Wardrop学者考虑的因素有3个,包括车道宽度、绿信比及交通流量,构建了城市主干道平均运行速度的数学模型,同时将研究成果应用到城市次干道路网宏观交通流分析中,构建起城市道路网络层面的车辆区间平均运行速度的评估数学模型[1]。Herman和Prigogine两位学者基于对道路网络交通特性进行分析,确定行驶的车辆和停放的车辆是构成交通流的两种状态,首次将二流理论模型应用到道路网络宏观交通运行状态的分析中[2]。从目前的研究进展来看,二流理论对于研究道路网络宏观交通运行状态研究具有很好的应用前景,将成为交通流理论研究的重点之一。本文在介绍宏观交通状态和二流理论的基础上,系统整理了国内外学者基于二流理论研究宏观交通的成果,可为广大学者研究这一领域提供参考。

1 宏观交通状态的研究

要构建城市综合交通管理平台需要各种基础信息的支撑,而同步、准确地判断城市道路网络宏观交通状态是其中重要构成部分。本小节介绍没有使用二流理论分析城市路网宏观交通状态的研究成果。

1.1 国外城市路网宏观交通状态研究成果

Smeed选取一个城市中心区,重点考虑许可驶入驶出的车辆数,创新性提出一般情况下的道路网络通行能力定义,同时指出道路网络基本布局、车道宽度、交叉口控制类型(信号、无信号)、车型比例和出行分布是影响道路网络通行能力的因素,进而构建一般道路网络通行能力的模型。

从路网系统出发,Wardrop研究单位道路宽度上平均交通流量、信号控制交叉口密度以及绿信比等因素对车辆区间平均速度的影响,并建立了关系模型,进一步研究了在整个路网层次上网络平均速度、平均流量和密度关系[4]。

Godfrey借助无人机航拍和浮动测试车获取试验数据,系统研究了道路网络平均速度和道路网络内车辆总数的内在关系、道路网络平均行驶速度和道路网络内所有车辆单位时间行驶总里程的内在关系[5]。

1.2　国内城市路网宏观交通状态研究成果

通过对国内学者研究成果的梳理,主要从两大类对道路网络状态进行研究。

第一类:从网络连通性层面,通过交叉口和道路路段连通性来判别道路网络的交通状态。例如,张毅等人在研究中,从中观交通状态变量入手,基于交通拥堵的不同阈值构建了时空分层模型,获取交叉口可达性、道路路段可达性和道路网络整体交通状态的研究结论[6]。

第二类:从检测器等采集工具获取交通基础数据入手,分析交通网络的各类状态参数来评价道路网络所处的状态。邵春福等学者将道路网络中邻近道路的相互影响这一因素考虑在内,把道路网络一定范围内所有道路的交通运行状态作为研究对象,采用检测器获取到多条道路、多个节点的交通流量数据,研究建立状态空间模型来分析路网交通状态[7]。江龙晖则选择浮动车试验获取道路网络中车辆行程时间,采用路段行程速度变化率作为交通拥堵度量指标,将交通拥堵阈值作为分析道路网络交通状态的工具[8]。邹亮等学者采取融合技术,将检测器和浮动车测量的数据作为基础数据,进一步提高了道路网络运行状态的评价精确度[9]。

2　二流理论

2.1　基本理论

通常情况下,行驶的车辆和停放的车辆构成了交通流的两种状态。此处,我们指停放的车辆是在交通流中由于交叉口交通信号、道路拥堵、轻微车祸等外在因素造成的临时停车,地下机动车库停放和地面停车场停放等长时间停放车辆不属于此类状态。为了定量地分析路网的运行状态,学者将交通流分划分为两种状态。二流理论模型的建立假设了2个条件[3],具体情况如下。

假设条件1:道路上的车辆在道路网络中的平均车速与处于行驶状态的车辆占道路上总车辆(行驶+停放)的占比存在一定的相关性。

假设条件2:整个道路网络中测试车辆的停车时长占总行驶时长的比例和同时段行驶车辆的停车时长占总行驶时长的比例是同一数值。

笔者按照波尔-爱因斯坦凝聚模型中温度与密度的数学函数关系,假设条件1所提到的平均车速 V_r 和行驶的车辆占比 f_r 有如下关系:

$$V_r = V_m \times f_r^{\alpha} = V_m \times (1-f_s)^{\alpha} \qquad (1)$$

式中: V_r——道路网络中车辆的平均车速(km/h);

V_m——道路路网中车辆的最大平均车速(km/h);

f_r——道路路网中行驶的车辆占道路上总车辆(行驶+停放)的比例;

f_s——道路路网中停放的车辆占道路上总车辆(行驶+停放)的比例,其中 $f_r + f_s = 1$;

α——道路网络的阻尼参数,这个参数受到道路网络的布局、交通出行分布、路线规划和交通管理措施(信号控制、无信号控制)、驾驶员特性等多个方面的相互作用。

道路网络中车辆的平均行程速度用下边的公式表示:

$$V = V_r \times f_r \qquad (2)$$

这里把式(1)代入式(2),可以得到下边的式(3),式(3)构建道路网络中车辆平均行程速度与道路网络中停放的车辆(行驶+停放)的比例之间的函数关系:

$$V = V_m \times (1-f_s)^{\alpha+1} \qquad (3)$$

接下来,我们把3个公式($T=1/V$, $T_r=1/V_r$, $T_m=1/V_m$)代入式(3),经过计算可以得到式(4):

$$T = T_m \left(1 - \frac{T_s}{T}\right) - (\alpha+1) \qquad (4)$$

另一方面,我们把将 $T = T_s + T_r$ 代入式(3),得到式(5):

$$T_s = T - T_m \left(\frac{1}{\alpha}+1\right) T \left(\frac{\alpha}{\alpha+1}\right) \qquad (5)$$

$$T_r = T_m \left(\frac{1}{\alpha} + 1 \right) T \left(\frac{\alpha}{\alpha + 1} \right) \quad (6)$$

式中：T_s——道路网络中一定距离范围内车辆停车时间的平均值；

T_r——道路网络中一定距离范围内车辆行程时间的平均值。

这里我们构建的式（5）道路网络中一定距离范围内车辆停车时间的平均值和车辆行程时间的平均值的数学关系可以作为判别不同交通运行状态下道路网络中一定距离范围内车辆行程时间的平均值随车辆停车时间平均值的相互变化关系。

这里建立的二流理论模型中道路网络的阻尼参数 α 和道路网络中一定距离范围内车辆行程时间的平均值，受到道路网络的布局、交通出行分布、路线规划和交通管理措施（信号控制、无信号控制）、驾驶员特性等多个方面的相互作用，我们可以使用道路网络中一定距离范围内车辆停车时间的平均值和车辆行程时间的平均值这两个指标确定阻尼系数的具体数值（或者在某一范围内）。

2.2 二流模型参数

这里，我们对建立的模型中各个参数进行进一步的讨论：

对于参数 T_m，它指的是道路网络中一定距离范围内车辆最短行程时间的平均值。该参数的现实意义是在现状道路网络布局和交叉口信号控制管理的前提条件下，路网中的车辆运行或者停止只受到交叉口信号控制的作用，车辆行驶一定距离花费的时间长短。通常，我们可以获得近似值 T_m，当道路路网交通流量比较低（或者说交通负荷较低，车辆自由行驶状态）。参数 T_m 这个数值越小，这个区域内道路网络的基础条件就越好，换句话说，道路网络布局和交叉口信号控制管理是比较合适的。另外一种情况，参数 T_m 这个数值越大，两者是不合适的。

对于参数 T_s，它指的是道路网络中一定距离范围内车辆停车时间的平均值。T_s 与 α 成正比，α 减少则 T_s 也减少。另一方面，道路网络中一定距离范围内车辆行程时间的平均值 T_r 也是同步减少的。这两个参数有相互关系 $T = T_s + T_r$。因此，道路网络中一定距离范围内车辆行程时间应该与车辆停车时间的增长或者降低是同等速度的。我们从上边式（6）可以看出，假设 $\alpha = 0$，则 T_r 就等于一个常数，道路网络中一定距离范围内车辆总的行

程时间和车辆停车时间是按同等速度增长或者降低。因此，我们可以看出，α 的取值一定是个正数（大于 0 的数）。这是交通堵塞导致了道路网络中一定距离范围内车辆停车时间的增长，同时交通状态不断恶化的情景也会进一步降低道路网络中其他车辆的平均车速。在最后导致了道路网络中一定距离范围内车辆行程时间总耗时的提高。

对很多城市道路网络中一定距离范围内车辆停车时间的平均值 T_s 和车辆行程时间的平均值 T_r 进行研究，发现这样的规律，α 值的取值范围是 $0.8 \sim 3.0$。所以，通过以上分析，我们总结出以下规律：α 这个参数的值越小，伴随道路网络中交通需求的减少，道路网络的交通状态好转的速度也越快。

二流理论模型的参数是可以阐述道路网络对车辆需求的敏感性关系的，因此，很多学者应用二流理论模型分析和评价城市不同交通需求状态下的道路网络状态[10]。

3 国内外应用二流理论进行交通研究的现状

3.1 国外二流理论研究现状

Herman 和 Prigogine 两位学者首次把网络交通流里的车辆划分为运动、停止两类，并在路网宏观交通状态研究中首次引入了二流理论[2]。在提出这个理论之后，许多学者的研究成果也证实了二流模型在分析宏观交通流中的合理性。

Herman 和 Ardekani 两位学者指出路网的交通状态可以通过二流模型参数 α，T_m 进行有效的描述[3]。

路网的交通服务水平很大程度上受到道路网络布局和交通管理措施（信号控制、无信号控制）的影响。为了定量描述具体的关系，许多学者进行了相关研究，建立了路网形态与二流模型参数关系的定量模型，并基于此提出了合理的改进措施。Ayadh 选择了 7 个方面路网特征，通过 4 个城市的数据并进行实地研究，确定单向交通所占比例、平均每条街道的车道数、一定片区范围内道路平均长度比为有用变量。Ardekani 等人选择了 10 个因素，通过 10 个城市的实地研究，确定单向交通比例、平均每条街道的车道数、信号灯密度等 6 个为有用变量[3]。通过上述两个研究可以发现，模型的准确度受到有用变量的选择和数据的影响，之前的

研究只能为后续工作的展开提供一定的思路借鉴，但依然需要根据研究对象具体问题具体分析。因为被选择的因素可以通过实际操作来改变。

3.2　国内二流理论研究现状

国内基于二流理论研究主要分两个方向：一个方向是基于二流理论的宏观路网运行状态的研究；另一个方向是基于二流理论建立的当量排队长度模型来研究单车道以及多车道的拥堵等交通现象。下面将分别进行介绍。

为了便于对比分析，本文选取论文建立的模型、仿真（或者实例）和应用三个方面对相关论文进行整理分类。

基于二流理论的宏观路网运行状态的研究综述，如表1所示。

宏观路网运行状态研究综述　　　　　　　表1

研究内容	模型	仿真	应用
基于二流理论的城市干道交通特性及其评价方法研究	城市干道交通特性和评价模型	上海市北京路段	为交通管理人员掌握城市干道运行状况和制定有效的交通控制措施提供依据
基于二流理论的宏观交通评价模型的建立	道路网络宏观交通特性的评价模型	3×3的道路网络	从城市的整体道路网络交通体系出发，为宏观交通流的更深入研究奠定了基础
基于二流理论的路网宏观交通状态判断模型	路网宏观交通状态判断模型	VISSIM	准确地判断路网宏观交通状态，便于服务于交通控制

张翛等人采用了二流理论方法建立了模型，并且基于该交通模型提出了一种评分函数和评分体系，可以比较全面地反映城市干路的服务水平[11]。之后的学者在此基础上，分析宏观路网运行状态。田亮等人以二流理论为基础，引入图论的分析方法，考虑可达性的评价指标和街道的实际交通情况，全面而抽象地描述城市道路网络路段与交叉口之间的关系，并给出道路网络宏观交通特性的评价指标，建立道路网络宏观交通特性的评价模型[12]。王殿海等人用二流理论进行了推导，得到了宏观上道路网的交通状态参数间的具体函数，并基于此明确了城市道路网络宏观交通状态的判断模型和最佳路网容量的计算方法[13]。

基于二流理论建立的当量排队长度模型来研究单车道以及多车道的拥堵等交通现象综述，如表2所示。

当量排队长度模型研究综述　　　　　　　表2

研究内容	模型	仿真	应用
基于二流理论的拥挤交通流当量排队长度模型	多车道路段平均当量排队长度模型	VISSIM	为城市交通控制系统优化等提供理论依据
拥挤交通流当量排队长度变化率模型	单车道和多车道路段的当量排队长度变化率模型	VISSIM	从定量的角度进行了分析，得到了车辆在拥挤交通流中排队的演化速率
过饱和状态下路网均衡控制方法研究	路网均衡控制方法	VISSIM	过饱和交通引起的路网不均衡情况在很大程度上得到了有效的缓解
基于车辆排队模型的单交叉口信号实时控制研究	当量排队长度模型	VISSIM	有利于对信号机的控制做合理改进，达到提高交叉口的通行能力的目的
基于二流理论对占用车道引发交通拥堵的研究	交通排队模型	SPSS	为占用车道引发的交通拥堵的管理疏散工作提供参考

姚荣涵等学者依据二流理论模型,系统性地提出将道路网络交通流实际运行状态转变成二流运行状态的思路。利用流量守恒方程,首先针对单车道,提出了路段排队长度当量的相关模型,然后将该模型进行再次推导深化,应用到多车道上建立了相关模型,最终使得拥挤交通流中的排队现象有了更好的描述[14]。在接下来的研究中,姚荣涵等学者在采用二流理论当量排队模型的基础上,首次引入微积分的方法,分别以单车道、多车道的当量排队长度为研究对象,提出了排队长度变化率的模型,可以定量描述道路网络拥堵缓行交通流中机动车辆排队形成、消散的演化速率[15]。后来的研究学者在此基础上,根据自己研究的对象,建立了相应的排队模型。宋夏为了提高识别过饱和状态的正确率,选择信号控制的相关评价指标时最终确定了排队长度,用经过改进的能够较为准确反映交通实际运行状况的二流理论排队模型来作为道路排队长度的计算方法[16]。康佳黎研究单交叉口信号实时控制时,将强拥挤交通流中过渡状态的定量描述用当量排队模型来解释,在一定程度上更有效地表述了交通流拥挤程度[17]。黄智根据二流理论构造交通流量排队的数学模型,计算事故疏通前后道路的通行能力,为占用车道引发的交通拥堵的管理疏散工作提供参考[18]。

国内学者基于二流理论建立当量排队模型,在此基础上从各方面分析路网的状态,并通过VISSIM 仿真软件进行试验验证。为交通管理人员制定有效的交通控制措施提供了依据。

4 结语

宏观交通流理论研究一直是交通工程中重要的研究课题。二流理论能够定量描述路网的运行状况,是评价路网服务水平的重要工具。从国内外研究现状来看,二流理论模型参数 n 的物理意义尚未描述、变化规律及评价原理不够明确等问题需要进一步解决。总的来说,将二流理论应用到宏观交通流研究领域,在城市路网状态识别、服务水平评价等方面具有较好的应用前景。

参考文献

[1] WARDROP J G. Some theoretical aspects of road trafficresearch [J]. Proceedings of the Institution of Civil En-gineers ,1952,1(3): 325-362.

[2] HERMAN R,PRIGOGINE I. A two-fluid approach to towntraffic [J]. Science,1979,204(4389): 148-151.

[3] 陈松.基于二流理论的城市路网敏感区域交通需求控制研究[D].长春:吉林大学交通学院,2011.

[4] WARDROP J G. Journey speed and flow in central urban areas [J]. Traffic Engineering and Control,1968,9(11): 528-532.

[5] GODFREY DL. The mechanism of a rod network [J]. Traffic Engineering and Control,1969,11 (7): 323-327.

[6] 张和生,张毅,胡东成,等.区域交通状态分析的时空分层模型[J].清华大学学报:自然科学版,2007,47(1):157-160.

[7] 姚智胜,邵春福.基于状态空间模型的道路交通状态多点时间序列预测[J].中国公路学报,2007,20(4):113-117.

[8] 江龙晖.城市道路交通状态判别及拥挤扩散范围估计方法研究[D].长春:吉林大学交通学院,2007.

[9] 邹亮,徐建闽,朱玲湘.基于融合技术的道路交通状态判别模型[J].清华大学学报:自然科学版,2007,47(2):1822-1825.

[10] HERMAN R,ARDEANI S. Characterizing traffic conditions in urban aeras [J]. Transportion Science,1987,21(1):1-16.

[11] 张俪,杜豫川,董茂强,等.基于二流理论的城市干道交通特性及其评价方法研究[J].交通与计算机,2005,23(2):4-7.

[12] 田亮,刘其鑫.基于二流理论的宏观交通评价模型的建立[J].科技与经济,2008,45 (1):83-85.

[13] 王殿海,陈松,魏强,等.基于二流理论的路网宏观交通状态判断模型[J].东南大学学报:自然科学版,2011,41(5):1098-1103.

[14] 姚荣涵,王殿海,曲昭伟.基于二流理论的拥挤交通流当量排队长度模型[J].东南大学学报:自然科学版,2007,37(3):521-526.

[15] 姚荣涵,王殿海.拥挤交通流当量排队长度变化率模型[J].交通运输工程学报,2009,9

(2):93-99.

[16] 宋夏.过饱和状态下路网均衡控制方法研究[D].成都:西南交通大学,2007.

[17] 康佳黎.基于车辆排队模型的单交叉口信号实时控制研究[D].兰州:兰州交通大学,2013.

[18] 黄智.基于二流理论对占用车道引发交通拥堵的研究[J].科技广场,2017,4:11-15.

交通控制与诱导协同对交通流的影响研究

罗小丽*

(重庆交通大学)

摘　要　交通控制与诱导系统协同研究的主要目的是提高城市交通运输效率和交通流量的稳定性,从而降低交通事故的发生率。该研究的核心是将交通控制系统和交通诱导系统有机结合,以实现交通流量的平衡和优化。具体而言,交通控制系统通过控制信号灯、限制交通流入和流出等方式控制交通流量;而交通诱导系统则通过提供实时路况信息、路线规划和车辆导航等方式,引导驾驶员选择最优路径,避开拥堵路段,从而降低交通阻塞的发生率。在这个系统中,控制系统和诱导系统之间通过信息交流实现协同工作,使整个系统能够实现高效的交通控制和优化。

关键词　交通流　交通控制　交通诱导　协同模型

0　引言

近年来,社会经济快速发展,交通运输的发展也极大地丰富了人们的出行方式。但经济的发展也对交通环境带来了一些负面影响,事故率上升、环境污染加重等问题也随之产生。交通拥堵问题也正日益严重,交通运输的发展速度已远远快于基础设施的建设速度,现有的道路资源和设施已无法满足经济刺激下的交通运输需求,导致供需矛盾加剧,交通环境混乱。传统措施无法满足如今飞速发展的社会背景下的交通需求。必须对车辆和道路进行管理和控制,充分实现人、车、路、环境四者的有效协调,从而形成安全、高效和环保的道路交通系统。因此,对交通控制与诱导系统进行协同研究意义重大。

1　国内外研究现状

1.1　国内研究现状

天津大学的马寿峰等[1]从交通信号控制系统(UTCS)和车辆路线诱导系统(VRGS)的多个方面进行论述,认为在研究两个系统时应该充分考虑系统的整体性,通过两者的关联性可以得出,对UTCS和VRGS进行协同具有一定的研究意义,并采用仿真交通网络进行系统模拟协同验证。

李瑞敏等[2]在分析了交通控制与诱导的特点之后,提出了多智能体的交通控制与交通诱导的集成体系,并阐述了控制和诱导相互作用的智能体模型结构。

魏连雨和李巧茹[3]分析了我国城市交通系统的特点和结构,以及在实现协同的过程中可能遇到的问题,研究了要实现控制和诱导的协同基础,提出了一种基于自组织理论和协同学原理的交通协同策略等。

周八益和李琰等[4]提出了动态交通控制-交通分配组合模型,以该模型为基础对求解模型的算法进行了研究,利用计算机的算法思想对设有信号控制的交通网络求解,得到了相关数据,对这些数据分析,验证了算法的合理性。

1.2　国外研究现状

英国的Allsop[5]在1974年发表的论文中,为交通控制方法与交通信号灯相连接的使用建立了理论框架。行程分布和交通分配给出的估计出行次数和交通流量被视为交通控制参数的函数,以便选择这些参数以及根据适当的标准改善交通模式。

Gartner[6]认为目前的研发工作包括可以预测

未来交通状况的动态交通分配能力和用于生成信号控制策略的实时交通自适应控制系统。他提出了一个框架,用于将两个模型集成到一个组合系统中,并采用实用的方法来实现它。首先,讨论涉及经常性条件下旅行者(需求)和交通设施(供应)之间相互作用的静态案例。然后,将框架扩展到动态案例中,使用自适应控制系统的分层结构,介绍了该框架在高级交通自适应信号控制中的创新应用。

Yang H 和 Yagar[7] 研究了在饱和道路网络中确定交通分配和优化信号时序的模型和过程。在预测平衡流量和为从起点到目的地的固定模式行程需求设置信号分割参数时,明确考虑了排队和拥堵的情况。把组合控制和诱导问题表示为二层规划,上层是最优化交通控制问题,下层是静态用户平衡分配问题。

Belleta1[8] 提出了交通控制和诱导协同的两种方法:一是低水平协同,即两系统的数据共享,二是高层次协同,即两系统相互影响和相互作用。

从国内外研究现状可以发现,协同模型研究已经较为成熟,在其过程中加入了动态策略选择与动态交通分配环节,可以在一定程度上解决和避免交通拥堵的情况,并且能够将模型应用到实际的路网中,对交通环境的改善有较大意义。

2 交通控制与诱导系统协同基础

在交通控制与诱导中,动态交通分配可以更加有效地提高通行效率[9]。交通控制系统和诱导系统分别从时间和空间上对交通流进行合理分配,两者具有很强的关联性。

2.1 交通控制系统

交通控制是道路交叉路口交通管理的有效手段之一。随着城市发展,通过城市道路的交通量增加,交通运行速度不断降低,事故发生频率增加,因此组织好交通变得更加重要[10]。其目的是安全准确地控制、协调和管理多个同时移动的物体。根据不同的划分依据,可以将交通控制分成不同的类型。

2.1.1 按控制方法分类

(1)定时控制

通过历史的交通流数据,分析交通流变化的规律,从而制定出交叉路口不同情况下的信号配时方案。在一天的时间里,配时不会改变,只使用一种配时方案的称为单段式定时控制;在一天的时间里,由于到达交叉路口的流量不同而改变配时的方案,称为多段式定时控制。线控制和面控制也可以采用定时控制,称为静态线控系统和静态面控系统[11]。

(2)感应控制

感应控制是在路口的进口车道上设置流量检测器,通过智能化信号控制机或计算机计算得出信号配时方案,当流量改变时,信号配时方案会根据实际的路口流量而改变的一种控制方式。

(3)自适应控制

ITS 中的自适应交通信号控制(ATSC)是在道路网络的信号交叉路口管理交通流的有效方法。但是,设计一个有效的 ATSC 系统是很复杂的,因为很难准确表征交通流的复杂结构。它是一种通过对车辆流量、延误时间、排队长度等进行测量,并运用模型对未来的客流进行预测,从而作出相应的配时优化。通过将交叉路口的实际情况与期望的动态性能进行对比,并根据不同情况调整其调节参数,从而确保在不同情况下,能够获得最佳的控制效果。自适应控制具有精确性和实时性的特点[12]。

2.1.2 按控制范围分类

(1)单点交通控制

信号控制方案只按照各自交叉路口的现状进行运行,与路段上其他路口的运行状况无关。点控制是最基本的、静态的信号控制方式,控制设备相对简单,便于维护。

(2)干线交通控制

干线交通控制是通过调整一条干线上的连续交叉路口的信号控制参数,将交通信号协调起来,使该路段上的车流能够缩短通过时间,减少干线上的延误,俗称线控。

交通系统是一个较为复杂的系统,各车辆行驶的速度很难统一,交叉路口左、右转弯车辆的进出和支路流量的汇入等都是影响因素。因此很难保证车辆在干线道路上行驶时一路都是绿灯,但通过将各个交叉口的交通信号通过一定的方式协调起来,可以大大降低时间延误[13]。

(3)区域交通控制

选择交通系统中的某一区域,将其全部的信控路口视为协同控制目标,称为"平面控制"。在实际的交通网络上,相邻道路上的车流会由于多种因素而互相干扰，一个路口的信号控制方案会直接影响到相邻路口的交通流量的到达情况，在此基础之上，所研究的路网上的车流分布也会受到较大的影响。随着检测技术、计算机技术、控制算法等技术的不断发展，在一定的条件下，把该区域的交叉路口信号控制统一协调起来，可以最大限度地减少某一路段的延误和排队长度，提高交通系统的运行效能[14]。

2.2　交通诱导系统

2.2.1　交通诱导系统概述

交通诱导系统是一种交通管理技术，旨在通过使用各种信息和通信技术，向驾驶员提供有关交通状况的实时信息，从而改善交通流和提高道路使用效率[15]。交通诱导系统可以提供路况信息、建议最佳路线、提供周边服务信息等，使驾驶员能够更好地决策和规划行驶路线。

交通诱导系统通常使用数字地图、车载导航设备、通信技术、道路传感器等来获取交通信息并向驾驶员提供相应的信息。

2.2.2　交通诱导系统的综合评价

（1）微观评价

城市道路交通诱导的微观评估多以单一车辆的诱导为基础。对单一车辆的诱导，以最佳路线为主导，以走行成本为主要基础，主要包括行驶时间、耗油量等。在现实生活中，大部分人考虑的是出行时间。

（2）宏观评价

在对实施效果进行评估时，需要根据实际情况进行，主要分析内容为：诱导率固定，不同车流密度下路网状态改善效果对比分析；车流密度固定，不同诱导率下路网状态改善效果对比分析[16]。

3　控制与诱导协同对交通流的影响

3.1　缓解交通拥堵

交通控制与诱导协同可以通过多种方式，共同缓解交通拥堵，提高道路运输效率，改善交通出行环境[17]，主要的措施有：

（1）信号协调控制：在城市道路网中，通过对各个路口信号灯的协调控制，使得交通信号灯的开放与关闭时间相互协调，达到顺畅通行的效果，缓解交通拥堵。

（2）动态交通信息发布：通过电子屏幕、电视、

媒体、无线电等，及时发布路况信息和交通指导信息，引导驾驶员绕行或改变出行时间，减少交通拥堵。

（3）车道诱导系统：在高速公路等路段上，通过车道诱导系统，指导车辆选择最佳车道行驶，减少换道和变道的次数，缓解交通拥堵。

3.2　提高通行效率

交通控制和诱导对通行效率有很大的影响。其中，交通控制主要通过限制交通流量、调整车速和优化车道布局等方式来控制交通，而交通诱导则是通过引导车辆流动、提供路况信息和指示行驶路线等方式来促进交通流畅。交通控制与诱导系统协同可以根据交通流的实时变化情况，合理调配交通资源，提高交通效率。例如，在交通高峰期对路口信号灯的设置进行调整，使车辆通行效率得到提高[18]。

4　结语

交通拥堵是大多数城市的一个关键问题，低效的交通管制会浪费时间和燃料，同时带来道路交通事故和众多经济问题。交通控制和诱导可以有效改善交通环境，是管理和控制城市交通系统的有效措施。然而，单一的交通控制系统仅对交通流量的分布产生一定的时间效应；单一的交通诱导系统只能在空间上均衡交通流的分布。在交通路网中，交通控制系统和交通诱导系统相互影响，只有两者相互协同才能更好地解决交通拥堵问题，改善交通环境。

参考文献

[1] 马寿峰,李艳君,贺国光.城市交通控制与诱导协调模式的系统分析[J].管理科学学报, 2003,6(3):71-78.

[2] 李瑞敏,史其信.基于多智能体系统的城市交通控制与诱导集成化研究[J].公路交通科技,2004,21(5):109-112.

[3] 魏连雨,李巧茹.城市交通系统的可协调发展[J].河北工业大学学报,1998,(3):119-124.

[4] 周八益,李琰,周溪召.动态交通控制—交通分配组合模型的求解算法研究[J].交通运输系统工程与信息,2003,3(1):55-61.

[5] ALLSOP R E. Some possibilities for using traffic control to influence trip distribution and route

choice [C] // Proceedings of the 6th International Symposium on Transportation and Traffic Theory, 1974, 6:345-373.

[6] GARTNER N H, STAMATIADIS C. Integration of dynamic traffic assignment with real-time traffic adaptive control system [J]. Transportation Research Record, 1998, 1644(1): 150-156.

[7] YANG H, YAGAR S. Traffic assignment and signal control in saturated road networks [J]. Transportation Research Part A: Policy and Practice, 1995, 29(2): 125-139.

[8] 张纪升,梁乙朝,梁玉庆,等.智能化交通控制系统技术原理及其复杂性研究[C]//全国智能交通系统协调指导小组,2008第四届中国智能交通年会组委会.2008第四届中国智能交通年会精编论文集.北京:人民交通出版社,2008:102-109.

[9] 李旭,周彤梅.基于动态交通分配的交通诱导与控制协同研究[J].中国人民公安大学学报(自然科学版),2017,23(4):79-81.

[10] 李岿林.基于交通流量预测的城市交通信号控制研究及系统设计[D].广州:华南理工大学,2018.

[11] 苏妩渊.城市交通网络信号优化[D].西安:西北工业大学,2003.

[12] 徐建闽,周湘鹏,首艳芳.基于深度强化学习的自适应交通信号控制研究[J].重庆交通大学学报(自然科学版),2022,41(8):24-29.

[13] 谭景元,钟添翼,闫建华,等.山地城市干线交通控制子区划分方法研究[J].现代交通技术,2021,18(05):60-65.

[14] 雷凯婷,杜志刚,许富强,等.低等级公路隧道应急诱导系统设置方法[J].武汉理工大学学报(交通科学与工程版),2023,47(6):1004-1009.

[15] 吉柯,唐进君,曾捷,等.基于递阶优化的城市区域路网交通控制[J].铁道科学与工程学报,2023,20(01):63-73.

[16] 王川.车路协同环境下的交通控制与诱导协同研究[D].兰州:兰州理工大学,2014.

[17] 程耀林.一路一线全覆盖模式解决城市交通拥堵的研究[J].人民公交,2023,160(04):76-82.

[18] 赵凤娟.基于信息化的城市交通效率提升探索[J].智能城市,2023,9(02):119-121.

MRI-GAN: A Trajectory Prediction Method for Electric bicycles at Unsignalized Intersections Considering Interaction Among Multiple Road users

Ling Huang[1]   Zhenyu Yu[1]   Runming Wen[1]   Shuo Wang[*2]   Zongqing Xu[1]

(1. School of Civil Engineering and Transportation, South China University of Technology;

2. School of Architecture, South China University of Technology)

Abstract   Trajectory prediction is a crucial component of local planning for autonomous vehicles. To maintain long-term safety and comfort during driving, it is particularly important for autonomous vehicles to study the trajectories of surrounding road users. Building upon existing research on the behavior analysis of electric bicycles and trajectory prediction methods for pedestrians and motor vehicles, this paper addresses the scenario of unsignalized intersections involving multiple road users (including motor vehicles, electric bicycles,

Funding: This work is supported by 1. Guangdong Basic and Applied Basic Research Foundation (2023A1515010742); 2. Open Project of Key Laboratory of Interactive Media Design and Equipment Service Innovation, Ministry of Culture and Tourism (202008)

bicycles, and pedestrians). We propose a novel trajectory prediction model, MRI-GAN, based on improvements to the SOCIAL-GAN framework. This model contributes to maintaining safe and comfortable driving experiences for autonomous vehicles in complex scenarios. We conducted experiments on both the publicly available HNU dataset and our own collected dataset. Compared to the baseline model SOCIAL-GAN, our model demonstrated satisfactory performance on both datasets, with improvements of 4% and 17% in ADE.

Keywords　Multiple road-users　Electric bicycles　Trajectory prediction　Unsignalized Intersections Social-GAN

0　Introduction

As one of the road users, non-motorized cyclists constitute a vulnerable group among road users. According to statistics (China Statistical Yearbook 2023), in 2023, there were over 250,000 road traffic accidents in China, resulting in over 320,000 casualties. Among them, non-motorized cyclists accounted for over 48,000 casualties, causing significant harm to residents' personal and property safety. In traffic accidents, non-motorized cyclists have fewer protective measures compared to motor vehicle drivers, rendering them more susceptible to danger. Moreover, due to their higher speed and less protection, electric bicycles pose even greater risks. Especially in underdeveloped areas where the ownership of electric bicycles is high, they play an indispensable role in traffic. In recent years, trajectory prediction research has made considerable progress, but the main focus has been on motor vehicles and pedestrians, with limited studies on non-motorized vehicles, especially electric bicycles. Predicting their trajectories has been a persistent challenge due to the uncertainty of electric bicycles movements and the complexity of their environment.

Compared to pedestrians, electric bicycles have higher speeds and greater risks, and compared to motor vehicles, they have higher maneuverability and greater uncertainty. The movements of electric bicycles riders are often constrained by the behaviors of other road users around them. For example, electric bicycles riders typically maintain movement trajectories similar to pedestrians while traveling at faster speeds. Additionally, they tend to maintain consistent speeds and directions, unlike pedestrians

who may suddenly change direction. The behavior of electric bicycles riders is also more likely to be constrained by traffic rules, as they consciously ride on the right side of the road and generally do not cross road curbs. However, due to the much faster speed of cyclists compared to pedestrians, even small prediction errors in direction and speed can lead to significant deviations from the actual path. Furthermore, since bicycles and electric bicycles are not subject to strict legal regulations like motor vehicles in some countries, electric bicycles often compete with other typesof road users for road rights. Therefore, considering the high ownership and risk of electric bicycles in China, along with relatively light legal regulations, research targeting electric bicycles is necessary.

Addressing the aforementioned shortcomings, we propose MRI-GAN (Multiple Road-users Interaction Generate adversarial networks), a model that focuses on electric bicycles. Specifically designed for scenarios involving multiple types of road users at unsignalized intersections, we introduce a novel pooling module to better predict the trajectories of electric bicycles.

The primary contributions of this paper are as follows:

(1) We propose a MRI-GAN model framework suitable for scenarios involving interactions among multiple typesof road users. The model assigns an independent network to each traffic participant in the scene, utilizing LSTM hidden layers to encapsulate the historical motion characteristics of each participant. A multi-category interaction pooling layer is introduced to extract interaction information among road users. By dividing the interaction pool into

grids, spatial information of vehicles is obtained, and their motion characteristics are pooled, enabling dynamic interaction modeling among road users.

(2) Building upon the existing social pooling module, we introduce a novel pooling module tailored to the distinct interaction patterns between electric bicycles and motor vehicles, pedestrians, and other non-motorized vehicles. This module is grounded in the reality that interactions involving electric bicycles differ from those involving other road users. It facilitates the differentiated association between the target electric bicycles and other road users, thereby more effectively extracting interaction information between the target and other road users.

(3) We collected our own experimental dataset due to the limited availability of existing datasets for electric bicycles trajectory prediction. This allowed us to assess the applicability of the proposed model in the traffic environment of China.

1 Related work

Research on the behavior of non-motorized vehicles and pedestrians is of great interest to scholars in the field of intelligent driving. This research can be divided into two main focuses: studying the interaction between road users and space, and studying the interaction among road users. The former focuses on learning the kinematic characteristics of road users, while the latter aims to simulate the interaction features among road users within a given scenario. Our work primarily emphasizes the latter aspect: learning the interaction content among road users, with a particular focus on the interaction between electric bicycles and other road users.

1.1 Kinematic features

As significant participants in road traffic, the behavior analysis of non-motorized vehicles has long been a focus of scholars' attention. Some researchers have conducted studies on the behaviors of pedestrians and non-motorized vehicles in road traffic. (Huang et al. 2009) focused on cyclists at unsignalized intersections and proposed a bicycle

route planning model based on fuzzy logic by analyzing cyclists' behaviors at unsignalized intersections with the most concentrated conflicts in mixed traffic flow. (Zhu et al. 2023) analyzed the turning behaviors of electric bicycles and quantified the complex behavioral features. (Dong et al. 2024) conducted in-depth analysis of personal attributes and violation behavior characteristics of electric bicycles at signalized intersections using video recording surveys. (Weinert et al. 2007) conducted investigations on cyclists in Shijiazhuang to study the differences in travel characteristics and attitudes among people, as well as the impact of electric bicycles on public transportation use and safety.

In addition, some scholars have conducted early studies on trajectory prediction with pedestrians and non-motorized vehicles as research subjects. (Schöller et al. 2020) found that the performance of constant speed models is very effective in scenarios with straight paths, but this conclusion is only validated in straight path scenarios. (Zernetsch et al. 2016) proposed a model for predicting periodic motion based on physical models utilizing driving forces, inertial forces, etc. However, these models are only suitable for short-term trajectory prediction in simple scenarios.

1.2 Interaction features

Researching the interaction between road users is crucial for trajectory prediction. In macroscopic models, scholars study individual behaviors from a collective perspective, while in microscopic models, they investigate the independent behaviors of road users from an individual perspective. (Helbing et al. 1995) introduced the social force model, which simulates pedestrian behavior by using attractive forces guiding them toward goals and repulsive forces encouraging collision avoidance, providing new insights for subsequent studies on interaction features (Leal-Taixe et al. 2014), (Huang et al. 2022). (Robicquet et al. 2016) constructed a Social-LSTM neural network model that utilizes social pooling layers to model nearby pedestrians, allowing spatially close pedestrians to share each other's motion patterns. (Gupta et al. 2018) proposed a new pooling mechanism based on GAN networks to aggregate information among pedestrians and predict reasonable future trajectories through generative adversarial networks. Building upon the research outcomes of Social-GAN, (Amirian et al. 2019) introduced a new framework called Social ways, which outperforms previous studies in retaining the multimodal nature of prediction distributions. (Zhi et al. 2020) proposed an LSTM-based bicycle motion trajectory prediction model that integrates multiple interactions between bicycles and the environment as well as motion characteristics into a unified framework, enabling better prediction of bicycle riders' motion trajectories.

Despite significant progress in trajectory prediction research, existing methods and achievements are still primarily focused on motor vehicles and pedestrians, with limited studies on non-motorized vehicles.

2 Trajectory prediction problem

2.1 Problem definition

The objective of this paper is to construct a model that considers the interactions between electric two-wheelers and allroad users within their perception range (including motor vehicles, non-motorized vehicles, and pedestrians), and to complete their trajectory prediction. In response to the interaction differences between electric two-wheelers and other diverse road users within their perception range, we propose a multi-modal pooling module (Figure 1). The problem of predicting the motion of the target is described as predicting the future trajectory of the target based on the historical trajectory information

and spatial position information of the target and surrounding road users.

2.2 Input and output

We taking trajectory data of all agents in the scene as input, we set the observation sequence length t_{obs} and the prediction sequence length t_{pred}. From time $t \sim t + t_{obs}$, we observe the information of the agents and predict the positions of the agents within the prediction frames from $t + t_{obs} + 1 \sim t + t_{obs} + t_{pred}$.

At any given time t, the trajectory information of agent i in the scene is defined as $S_i^t = (x_i^t, y_i^t, t_i)$.

The input x of the model in this paper consists of the historical trajectory information of the target agent as well as surrounding agents within the observation sequence length t_{obs}:

$$x = [x_1, \cdots, x_{t_{obs}} - 1, x_{t_{obs}}] \qquad (1)$$

$$x_t = \{ [S_0^t, S_1^t, \cdots, S_i^t] \mid t = 1, 2, \cdots, t_{obs} \} \qquad (2)$$

The above is the input data of the model. The output of the model is the trajectory data of the target electric bicycles rider within the future time t_{pred}. The output y is:

$$y = [y_{t_{obs}+1}, \cdots, y_{t_{obs}+t_{pred}}] \qquad (3)$$

$$y_t = \left\{ \begin{array}{l} (x_i^t, y_i^t) \\ t = t_{obs} + 1, t_{obs} + 2, \cdots, t_{obs} + t_{pred} \end{array} \right\} \qquad (4)$$

In the equations, x_i^t and y_i^t denote the spatial position coordinates of agent i at time t.

3 Model framework

Our model includes a generator, a multi-category pooling module, and a discriminator. The generator predicts future trajectories based on observed data, connected to the encoder-decoder framework via the pooling module. The discriminator distinguishes between real and predicted trajectories.

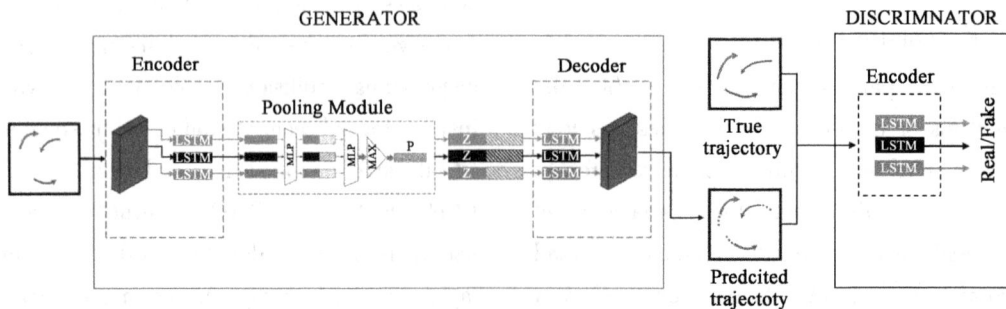

Figure 1   illustrates the overall architecture of MRI-GAN

3.1 Generator

The generator takes a latent vector as input, producing synthetic data resembling real data. Its aim is to generate high-quality fake data that closely matches real data distribution. Comprising an encoder-decoder network, our model first embeds position and category information of each target using a single-layer MLP to obtain fixed-length vectors e_i^t. These vectors serve as inputs to the encoder's LSTM units at time:

$$e_i^t = \gamma(x_i^t, y_i^t, k_i; W_{encoder}) \tag{5}$$

In equation (5), e_i^t is the fixed-length vector storing the position of each target, γ is the multi-layer perceptron after ReLU non-linear activation, (x_i^t, y_i^t) are the central coordinates of each agent at a given time t, k_i is the category label of each target, and $W_{encoder}$ is the embedding weight of the encoder unit.

$$h_{ei}^t = \text{LSTM}(h_{ei}^t - 1, e_i^t; W_{encoder}) \tag{6}$$

In equation (6), h_{ei}^t is the hidden state of the LSTM unit constituting the encoder.

Subsequently, the encoder stores the historical trajectory data of each target, which is then passed to the pooling module. This module models the interactions between all targets in the given scene.

The decoder generates future trajectories based on the given historical trajectories and the pooled tensor generated by the pooling module. The initialization formula for the decoder is as follows:

$$c_i^t = \gamma(P_i, h_{ei}^t, W_c) \tag{7}$$

$$h_{di}^t = [c_i^t, z] \tag{8}$$

In equations (7) and (8), p_i is the pooled tensor generated by the pooling module, W_c is the embedding weight, c_i^t is the initial vector input to the decoder unit, and z is random noise.

The decoder formula used for prediction is as follows:

$$e_i^t = \gamma(x_i^t - 1, y_i^t - 1, W_{decoder}) \tag{9}$$

In equation (9), $W_{decoder}$ is the embedding weight in the decoder unit.

$$h_{ei}^t = \text{LSTM}[\gamma(P_i, h_{di}^t - 1), e_i^t; W_{decoder}] \tag{10}$$

In equation (10), h_{ei}^t is the hidden state of the LSTM constituting the decoder unit.

$$(x_i^t, y_i^t) = \gamma(h_{di}^t) \tag{11}$$

In equation (11), (x_i^t, y_i^t) represents the predicted coordinates of agent i, and γ is the multi-layer perceptron function.

3.2 Pooling Module

We address the interaction among various road users using a multi-category pooling based on the social interaction grid. This approach aims to effectively handle interactions between target units and surrounding road users of different categories, which influence trajectory prediction differently. By considering the relative positions and category relationships of each traffic participant, we calculate their hidden states to enhance the model's ability to model various interactions and improve information capture efficiency during decision-making.

As depicted in Figure 2, our interaction mechanism computes the relative positions between the target and other types of road users within the grid. The hidden states of each participant are determined based on these relative positions and their category relationships. Subsequently, an MLP individually processes these hidden states, followed by element-wise pooling to compute the pooling vector p for the target unit.

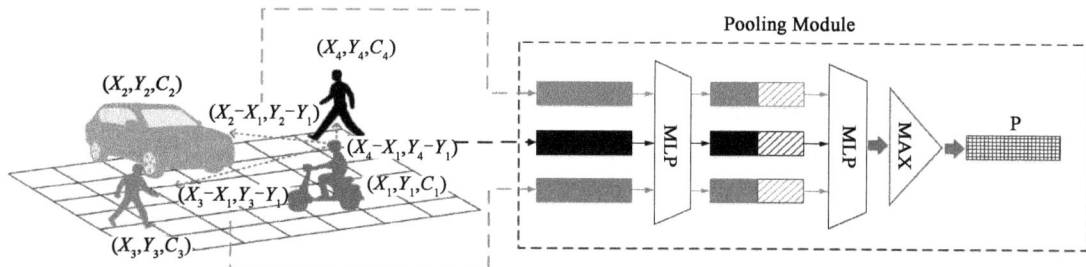

Figure 2　Multivariate Interaction Pooling Module

3.3 Discriminator

The discriminator consists of a single encoder. It takes $T_{\text{real}} = [x_i, y_i]$ or $T_{\text{fake}} = [x_i, \hat{y}_i]$ as input and categorizes them into true or false. A multi-layer perceptron is used on the last hidden state to calculate scores. Through training, the discriminator will be able to more accurately classify trajectories as real or fake.

3.4 Loss Function

The loss function of the proposed model mainly consists of two components: one is the adversarial loss L_{gan} of the generative adversarial network, and the other is the position offset prediction loss L_p between the real trajectories and the predicted trajectories.

The loss function L_{gan} of the traditional GAN network's generator can be expressed as:

$$L_{\text{gan}} = E_x\{\log h[D(x)]\} + E_z[\log(1 - h(D(G(z))))] \quad (12)$$

Additionally, to encourage the network to generate diverse samples, for each scenario, we select the trajectory with the smallest position offset error to compute the position offset loss. This can be represented as L_p:

$$L_p = \min \|y_i - \hat{y}_i^k\|_2 \quad (13)$$

In summary, the overall loss function of the model can be represented as:

$$L_{\text{total}} = L_{\text{gan}} + L_p \quad (14)$$

4 Data processing

4.1 Data collection

In the current research, datasets specifically focused on trajectory data of two-wheeled electric vehicle riders are scarce. Although some datasets for pedestrian trajectory prediction include trajectories of various types of road users, data for two-wheeled electric vehicles remains limited. To address this gap, we conducted data collection at an unsignalized intersection in South China University of Technology, as depicted in Figure 3, using aerial imagery captured by a drone. This intersection connects two

campuses, with significant traffic flow during peak hours.

Figure 3　Schematic Diagram of Data Collection Scene

In the collected data, we have four object categories: motor vehicles, two-wheeled electric vehicles, bicycles, and pedestrians. Most riders of two-wheeled electric vehicles and bicycles are students aged 18 or above, while most drivers are university staff. The videos captured frequent and complex interactions among two-wheeled electric vehicle riders and other road users, including various maneuvers such as straight riding, turning, and curved riding. To obtain object trajectories in the world coordinate system, we adjusted the drone to be parallel to the ground during data collection, ensuring that the image coordinate system in the captured videos is nearly parallel to the plane of the world coordinate system of the actual collection area, facilitating subsequent coordinate data processing.

4.2 Data preprocessing

To facilitate subsequent experimental processing and model computation, the original collected data underwent preprocessing as follows:

(1)Data Filtering

Video segments where the drone did not reach the specified shooting position or where the camera orientation adjustment was incomplete were removed. Video segments with a downward-facing camera, stable flight status, and clear imaging effects were selected as the raw video data.

(2)Object Detection and Tracking

Videos were sampled at a rate of 30fps, with a time step of 4 frames/step, resulting in a time step of 0.132s. Object calibration was performed on the obtained image frames using square bounding boxes manually labeled for all objects. Considering real-world conditions and a total of 2000 annotated image samples, we constructed a dataset of multiple types of road users from the drone's perspective. Following frame image annotation, our custom YOLOv7 object detection model was trained on the annotated data to perform object detection. The trained object detection model was then applied to the Strongsort object tracking algorithm to obtain object trajectory data, thereby completing the object detection and tracking tasks. Target positions were tracked frame by frame using the aforementioned algorithms, ultimately yielding complete trajectory data.

(3) Data Filtering

To ensure selected trajectory data aligns with physical reality, we applied speed as an outlier filtering criterion. Maximum walking speeds for pedestrians ranged from 4 ~ 6 km/h, while maximum speeds for non-motorized vehicles and motor vehicles ranged from 15 ~ 25 km/h and 25 ~ 35 km/h, respectively. Trajectory data not meeting these criteria were subjected to additional filtering and smoothing using linear interpolation with cubic spline curves. The resulting trajectory data was then used for model training and prediction. The ratio of training, validation, and test sets was 3 : 1 : 1.

5　Data processing

5.1　Parameter configuration

The experiments were conducted on a desktop computer equipped with an Nvidia GTX 1050Ti GPU. The algorithms were implemented using the Python language under the Pytorch deep learning framework. During the training process, we configured the hidden state dimension of the encoder to be 16 and that of the decoder to be 32. The input coordinate information was embedded into a 16-dimensional vector. The batch size was set to 64, and the number of training epochs was set to 100. The learning rate for the generator was set to 0.0005, and the learning rate for the discriminator was also set to 0.0005. The observation and prediction steps were both set to 10.

This study employed the following two metrics to characterize the accuracy of trajectory prediction:

(1) Average Displacement Error (ADE)

Represents the average Euclidean distance between the predicted trajectory and the ground truth trajectory sequence at each time step.

(2) Final Displacement Error (FDE)

Represents the Euclidean distance between the predicted trajectory and the ground truth trajectory sequence at the final time step.

5.2　Analysis of experimental results

The present study selects representative S-LSTM and S-GAN network models as comparative benchmarks, evaluating them on the HNU dataset (Zhi et al. 2020) and a self-collected dataset (hereinafter referred to as GZMUI). The comparative results are summarized in Table 1. The units preceding the slash represent pixels, while those following the slash represent meters. Bold data indicate the best results. The comparison results in Table 1 indicate that MRI-GAN, due to its incorporation of interaction characteristics among multiple road users during the pooling process, tends to integrate information that affects the future trajectory of the target electric two-wheeler. Consequently, the model demonstrates superior prediction accuracy, better capturing the interactions among various road users at unsignalized intersections. This underscores the effectiveness of interaction-aware pooling in acquiring the interaction features between the target electric two-wheeler and its surrounding targets in the scene, thereby further enhancing the model's prediction accuracy. Overall, as evident from the data in the table, MRI-GAN exhibits improvements in both ADE and FDE metrics compared to other models.

Comparison of Experimental Results
Across Datasets for Each Method

(pixels/meters)　　　　　Table 1

Dataset	Metric	S-LSTM	S-GAN	MRI-GAN
MCUI	ADE	27.54/0.31	14.26/0.23	13.71/0.19
	FDE	53.46/0.73	25.63/0.35	24.85/0.32

continued

Dataset	Metric	S-LSTM	S-GAN	MRI-GAN
HNU	ADE	38.24/0.51	26.13/0.47	26.11/0.45
	FDE	79.84/1.13	49.84/0.91	49.86/0.95

In order to qualitatively evaluate the impact of considering interactions among multiple typesof road users on model prediction accuracy, Figure 4 illustrates two representative pedestrian trajectory prediction scenes. In each scene, solid lines represent the true object motion trajectories, while dashed lines represent the predicted object motion trajectories. Scene 1 demonstrates the model's predicted motion trajectories when the pooling grid for the predicted target includes only the target itself, without considering other road users, i. e. , when the predicted target temporarily has no other interacting objects. Scene 2 illustrates the model's predicted motion trajectories when other road users need to be considered in the pooling grid. In this scene, the solid red star line represents the true trajectory of the predicted target, while the black dotted line represents the model's predicted trajectory. Other solid dot lines represent the true trajectories of other road users in the pooling grid. It can be observed that when there are road users in other directions around the predicted target, the model can effectively model group interactions, reasonably avoiding other road users to prevent collisions. From the above two typical scenarios, it can be seen that MRI-GAN is capable of capturing complex interaction information such as mutual avoidance among multiple typesof road users within intersections, resulting in predicted trajectories that better conform to real-world scenarios.

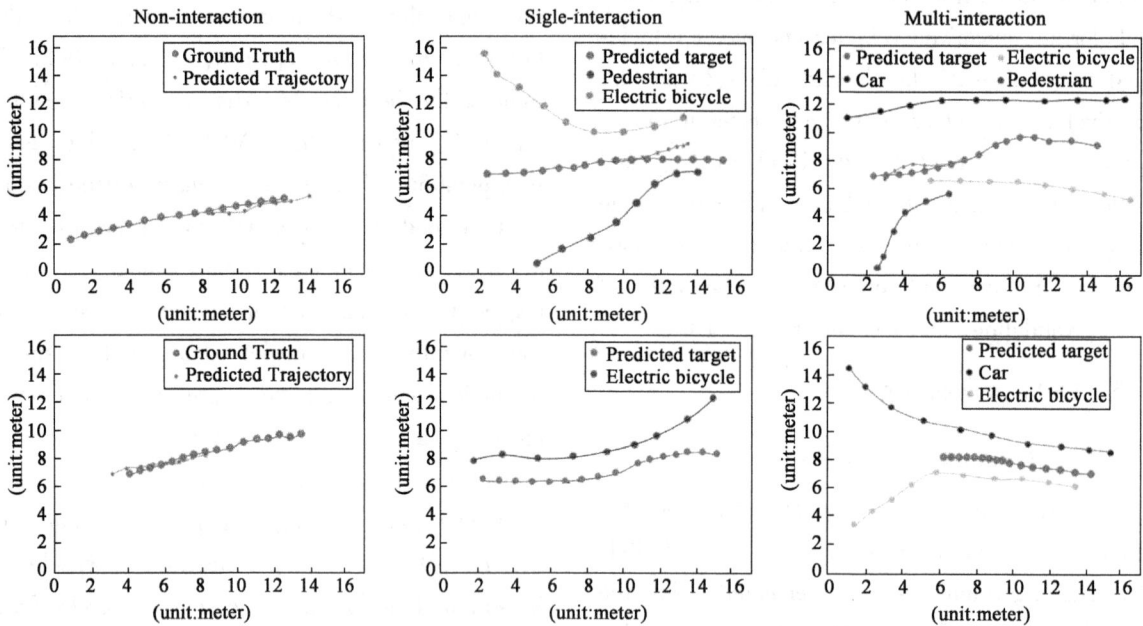

Figure 4　Visualization of forecast trajectory

6　Conclusions

In this paper, we address the scenario of unsignalized intersections involving multiple road users (including motor vehicles, electric two-wheelers, bicycles, and pedestrians). Considering the different interaction patterns between electric two-wheelers and various road users, we propose a trajectory prediction method for electric two-wheelers that takes into account the presence of multiple road users. This method aims to predict the motion trajectories of electric two-wheelers within unsignalized intersections. By improving the pooling mechanism of the original Social-GAN and incorporating the category information of road users into the input data, our network can better learn the interaction features among different types of road users and their respective impacts on predicting the target motion trajectories. Comparative experiments conducted on two datasets demonstrate that the proposed MRI-GAN method achieves significant improvements in prediction accuracy. This validates the effectiveness and robustness of the model, which is conducive to maintaining a safe and comfortable driving experience for autonomous vehicles in complex scenarios.

Reference

[1] AMIRIAN J, HAYET J B , PETTRÉ J. Social ways: Learning multi-modal distributions of pedestrian trajectories with gans [C] // Proceedings of the IEEE/CVF Conference on Computer Vision and Pattern Recognition Workshops. 2019.

[2] China Statistical Yearbook Editorial Board. China Statistical Yearbook [R]. China Statistical Publishing House, 2023.

[3] DONG C, LU Y, MA S, et al. Analysis and modeling of multi-category violations of electric bicycles at signalized intersections [J]. Journal of South China University of Technology (Natural Science Edition), 2024, 52 (01): 83-89.

[4] GUPTA A, JOHNSON J, FEI-FEI L, et al. Socialgan: Socially acceptable trajectories with generative adversarial networks [C] // Proceedings of the IEEE conference on computer vision and pattern recognition. 2018: 2255-2264.

[5] HELBING D, MOLNÁR P, Social force model for pedestrian dynamics[J]. Phys. Rev. E1995, 51:4282-4286.

[6] HUANG L, CUI Z, YOU F, et al. Vehicle trajectory prediction model for multi-vehicle interaction scenarios [J/OL]. Journal of Jilin University (Engineering Edition): 1-10[2024-02-22]. https: // doi. org/10. 13229/j. cnki. jdxbgxb20220728.

[7] HUANG L, XU J. Bicycle route planning model at unsignalized intersections based on cyclist behavior[J]. Control theory and application, 2009,26(09): 993-998.

[8] LEAL-TAIXE L, FENZI M, KUZNETSOVA A, et al. Learning an image-based motion context for multiple people tracking [C]. CVPR, IEEE,2014:3542-3549.

[9] WEINERT J X, MA C, YANG X, et al. Electric two-wheelers in China: effect on travel behavior, mode shift, and user safety perceptions in a medium-sized city[J]. Transportation Research Record, 2007, 2038(1): 62-68.

[10] ROBICQUET A, SADEGHIAN A, ALAHI A, et al. Learning social etiquette: Human trajectory understanding in crowded scenes [C] // Computer Vision-ECCV 2016: 14th European Conference, Amsterdam, The Netherlands, October 11-14, 2016, Proceedings, Part VIII 14. Springer International Publishing, 2016: 549-565.

[11] SCHÖLLER C, ARAVANTINOS V, LAY F, et al. What the constant velocity model can teach us about pedestrian motion prediction [C]. IEEE Robot. Autom. Lett, 2020, 5: 1696-1703.

[12] ZERNETSCH S, KOHNEN S, GOLDHAMMER M, et al. Trajectory prediction of cyclists using a physical model and an artificial neural network[C]. IEEE Intell. Veh. Symp. (IV),2016.

[13] ZHU Y, YU R, CUI S et al. Analysis of two-wheeled electric vehicle's changing direction behavior [J]. China Bicycle, 2023,6: 80-86.

交通事件下考虑驾驶行为的城市道路
有效通行能力分析

李鹏宇　　徐良杰*　　宋淑敏

(武汉理工大学交通与物流工程学院)

摘　要　城市道路发生交通事件后导致部分车道失效,道路实际通行能力降低,同时由于换道跟驰等驾驶行为,进一步降低发生交通事件所在路段的通行能力,为了定量分析交通事件发生后由于驾驶行为等因素对城市道路通行能力的影响,本文通过建立 VISSIM 仿真的城市道路典型路段交通事件模型,分析不同失效车道数量、考虑交通事件位置的驾驶行为及大车比例对交通事件路段通行能力的影响,并构建考虑驾驶行为的交通事件下道路有效通行能力计算模型。运用 VISSIM 仿真模型得到城市道路有效通行能力折减系数,结果表明考虑交通事件位置的驾驶行为会对城市道路通行能力造成影响,3条车道中1条车道失效时,中间车道失效的场景对道路通行能力的折减幅度较大,折减系数为 0.851,两侧车道分别失效的两种场景下,道路通行能力的折减幅度相比较小且大致相同,折减系数约为 0.91;3 条车道中两条车道失效时,两侧车道失效中间车道通行的场景对道路通行能力的折减幅度较大,折减系数为 0.762,一侧相邻两车道失效的两种场景下,道路通行能力的折减幅度相比较小且大致相同,折减系数约为 0.87。

关键词　交通事件　通行能力　驾驶行为　交通仿真

0　引言

城市道路在发生交通事件时,部分车道失效、交通运行秩序混乱,导致通行能力下降,形成交通瓶颈,若此时的道路容量无法满足当时及未来一段时间的交通需求,将会诱发交通拥堵,而在发生交通事件时对道路通行能力的预估可判别拥堵是否将会发生,可以在道路交通拥堵发生之前进行干预。

对于道路交通事件路段通行能力的研究,张亮[1]等人分析了高速公路在发生交通事故后对道路交通的影响因素,利用 VISSIM 进行多场景仿真,研究得出交通量、大车占比、事故封闭车道数、追尾车辆数、持续时间在道路发生交通事故后对道路交通影响较大,但其缺少对道路通行能力的进一步量化研究。刘伟铭[2]等人定量分析了交通事故对高速公路通行能力的影响,构建了高速公路发生交通事故时有效通行能力计算模型,利用 VISSIM 对不同交通场景进行仿真,分析失效车道

数、阻塞车道长度、大型车占比和交通事故总体持续时间对交通事故处流量的影响,得到模型参数。然而,在人、车、路、环境构成的道路交通系统中,驾驶员是道路交通系统中的关键因素之一,驾驶员的驾驶行为特征对通行能力影响的相关研究也逐渐增多,黄天伊[3]等人将驾驶员类型分为冒进型、一般型和稳重型3种,利用 VISSIM 交通仿真软件构建一般路段仿真场景,研究得出跟驰行为与换道行为显著影响道路通行能力,同时提出一般路段通行能力的修正系数,但其并未考虑在发生交通事件时,跟驰换道等驾驶行为对剩余道路通行能力的影响。

综上,目前研究对于城市道路发生交通事件时,驾驶行为对剩余道路通行能力的分析研究较为缺失,故本文以双向六车道城市快速路为研究对象,研究驾驶行为及其相关影响因素对发生交通事件的路段的通行能力影响,构建考虑驾驶行为的交通事件下道路有效通行能力计算模型,并进行定量分析得到模型参数。

基金项目:湖北省国际科技合作项目(2023EHA033)车联网边缘计算的多源数据融合研究;湖北省重点研发计划项目(2023BAB022)基于时空数据驱动的跨路域交通流状态辨识及迁移技术研究与应用。

1 通行能力影响因素分析

1.1 失效车道数量

道路发生交通事件时，交通事件所在的车道无法正常通行，导致部分车道失效，造成道路通行能力骤减，故失效车道数量是影响通行能力的因素之一。但折损的道路通行能力与失效车道数不一定是线性关系，由于失效车道的车辆需换道至可通行的车道，产生交通冲突，车辆间的驾驶行为会对可通行车道的通行能力造成折减。

1.2 驾驶行为

1.2.1 换道行为

在发生交通事件后，出现部分车道失效的情况，驾驶员为保证车辆通行需进行换道决策。当车辆进行换道时与目标车道的正常行驶车辆产生冲突，并且若驾驶员频繁变换车道或变换车道时不注意与周围车辆的协调，导致车速下降，进而影响正常车道的通行能力，将进一步折减剩余可通行车道的通行能力。

1.2.2 跟驰行为

在部分车道失效的情况下，车辆可通行的横向距离减少，为保证行驶安全，驾驶员需要根据交通状况调整车速和跟车距离，采取降低行车速度或者加大车头间距的行为，以避免事故发生。在失效车道附近也会出现车辆堆积或是跟车过于密集的情况，导致道路通行能力进一步降低。

1.3 交通事件位置

有相关学者[4]分析了3条车道的6种不同的占道情况，并将其分成两类分别为3条车道有一条车道被占据和3条车道有两条车道被占据的情况。但该研究并未考虑驾驶行为的影响，比如三条车道一条车道被占据的情况，若三车道两边的车道的其中一条被占据，被占据车道的车辆由于换道等驾驶行为会影响其旁边一条车道，而如果是3条车道中间车道被占据，则会影响两侧的车道通行，本文在其基础上进一步探究不同的交通事件位置对通行能力的影响。

1.4 大车比例

在车辆进行换道时，较多动态空间会被道路中的大车占用，同时大车动力性能与制动性能均明显低于小汽车，大车难以在短时间内改变原运动状态，故大车的换道时间较长[5]。当交通条件变化时，大车需要较大的车头间距，导致交通流存在较大空隙。因此，大车比例对道路通行能力影响较大。

2 通行能力模型构建

根据交通事件下考虑驾驶行为的通行能力影响因素分析对道路有效通行能力模型进行构建，构建的模型如下：

$$Q_f = N_a \cdot f_N \cdot f_{D_{xyz}} \cdot f_{HV} \qquad (1)$$

式中：Q_f——发生交通事件后的道路通行能力；

N_a——路段达到饱和连续车流的实际通行能力；

f_N——失效车道折减系数；

$f_{D_{xyz}}$——驾驶行为折减系数；

f_{HV}——大车比例的折减系数。

根据上文分析，由于跟驰换道等驾驶行为，交通事件的位置对通行能力也有影响，故其与驾驶行为折减系数存在一定相关性，$f_{D_{xyz}}$ 中 x、y、z 取值为 0 或 1，分别表征 1、2、3 条车道的阻塞状态，0 表示可通行状态，1 表示阻塞状态。

f_N 失效车道折减系数计算公式如下：

$$f_N = \frac{N - n}{N} \qquad (2)$$

式中：N——路段的车道总数；

n——发生交通事件的阻塞车道数。

3 仿真建模

3.1 仿真参数设置

本文以城市快速路为研究对象，探究驾驶行为对道路通行能力的影响，并得到通行能力计算模型，需要根据实际情况对仿真的道路条件、驾驶行为及交通事件参数进行设置。

3.1.1 道路条件参数设置

道路条件包括车道宽度、行驶方向、坡度、车道数量、路段长度等，参考武汉市二环线道路条件，单条车道宽度均设置为 3.5m，同时为方便研究设置为单向三车道，不考虑坡度对通行能力的影响，故将坡度设置为 0，路段长度设置为 1000m。

3.1.2 驾驶行为参数设置

本文考虑的是跟驰换道行为对通行能力的影响，根据一般驾驶行为在 VISSIM 仿真软件中对驾驶人的驾驶行为参数进行设置,跟驰模型采用适用于城市道路驾驶行为的 Wiedemann74 模型[6],平均停车间距为 2m,安全距离的附加部分为 2m,安全距离的倍数部分为 3m,前视距离最小值设置为 30m,最大值设置为 250m,换道模型设置为自由的车道选择。本研究结合文献[7]对驾驶人驾驶行为特性描述和微观建模参数基础进行设置,最大减速度为 $-3.94m/s^2$,后车最大减速度 $-2.95m/s^2$,可接受减速度 $-0.98m/s^2$,后随车最大减速度 $-0.49m/s^2$,安全距离系数 0.6,最大协调减速度 $-2.95m/s^2$,设计车速为 60km/h。

3.1.3 交通事件参数设置

发生交通事件的车道,车辆无法通行,且不考虑发生交通事件道路的长度对通行能力的影响,故在交通事件点设置红绿灯模拟事故发生过程,通过在各个车道设置信号灯来模拟各个车道的事件发生场景[8]。当信号灯为红灯时,事故开始;当信号灯为绿灯时,事故结束,事故持续时间设置为 600s,事故位置发生在 600m 处。

3.2 仿真流程

根据上述分析,设定不同交通事件场景的 VISSIM 仿真模型,利用仿真结果对交通事件下城市道路的通行能力进行分析。同时为减小仿真的偶然误差,进行多次仿真试验,取其平均值。仿真流程如图 1 所示。

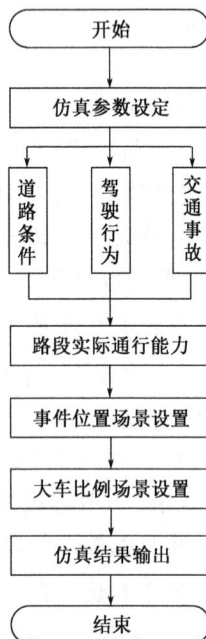

图 1 仿真流程图

4 仿真及结果分析

4.1 模拟路段实际通行能力

当前研究针对交通事件下各影响因素对通行能力的折减主要是道路基本通行能力的折减,多为定值,但不同的道路条件下道路的通行能力不同,为精确计算模型的折减系数,有必要对模拟路段的通行能力进行测定,仿真结果如图 2 所示。

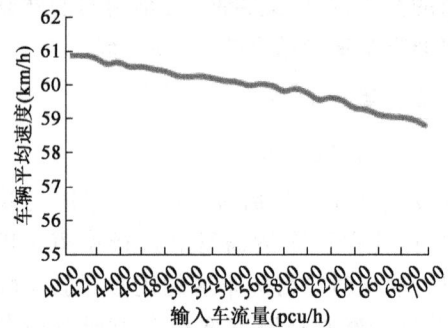

图 2 仿真路段流量-速度图

从图中可以得出,当流量达到 6000 辆/h 的时候,车速开始急剧下降,由此可知,根据道路的理想条件,模拟路段各车道达到饱和流率的通行能力为 2000pcu/h。

4.2 驾驶行为影响分析

在仿真模型中,从道路内侧到外侧依次标记为车道 1、车道 2、车道 3,大车占比为 0,车流量为模拟道路实际通行能力设定为 6000 pcu/h,以车道 1 被占据的情况对驾驶行为的影响进行探究,通过调整随机种子进行多次仿真实验,结果见表 1。

车道 1 失效通行能力仿真结果 表 1

车流量(pcu/h)	阻塞车道数折减通行能力
3618	
3630	
3600	4000
3612	
3546	

从上述结果可知,发生交通事件后实际车流量要小于由于阻塞车道折减后的道路通行能力,可以得出在驾驶行为中的跟驰换道行为会对道路的通行能力造成影响,并且不同的车道阻塞位置由于驾驶行为不同也可能会对道路通行能力造成不同程度的折减。

4.3 交通事件位置影响分析

道路上发生交通事件时,不同的车道将被占据,根据占道数目的不同分为车道1占据、车道2占据、车道3占据、车道1和2占据、车道1和3占据、车道2和3占据共6种占道情况。本文不考虑同时占据车道1、2、3的情况,为简化表达,车道占据情况由 L_{xyz} 表征,x、y、z 取值为0或1,分别表征1、2、3条车道的阻塞状态,0表示可通行状态,1表示阻塞状态,通过调整随机因子进行多次仿真实验取平均值,结果见表2。

交通事件位置折减系数　　表2

道路占据情况	车流量(pcu/h)	$f_N \cdot f_{D_{xyz}}$	$f_{D_{xyz}}$
L_{100}	3624	0.604	0.906
L_{010}	3402	0.567	0.851
L_{001}	3648	0.608	0.912
L_{110}	1722	0.287	0.861
L_{101}	1524	0.254	0.762
L_{011}	1758	0.293	0.879

经仿真结果分析,当1条车道被占据时,L_{100} 与 L_{001} 的驾驶行为折减系数大致相同均为0.91,L_{010} 的驾驶行为折减系数较 L_{100} 与 L_{001} 更低为0.851,中间道路发生交通事件时,其跟驰换道行为影响旁边的两条车道,致使道路的通行能力进一步降低;当两条车道同时被占据时,L_{110} 与 L_{011} 的驾驶行为折减系数大致相同为0.87,L_{101} 的驾驶行为折减系数较 L_{110} 与 L_{011} 更低为0.762;当两侧道路发生交通事件时,中间道路通行受两侧失效道路影响,而 L_{110} 与 L_{011} 的通行车道有一侧受失效车道影响。

4.4 大车比例影响分析

考虑到模型通用性,交通事件位置场景设置为3条车道中间车道失效,大车占比范围设置为0～30%,递增步长为5%[9],仿真结果见表3。

大车比例折减系数　　表3

大车比例(%)	车流量(pcu/h)	$f_N \cdot f_{D_{xyz}} \cdot f_{HV}$	f_{HV}
5	3270	0.545	0.961
10	3150	0.525	0.926
15	3078	0.513	0.905
20	3036	0.506	0.892
25	2928	0.488	0.861
30	2838	0.473	0.834

根据VISSIM仿真软件得到的仿真数据利用SPSS软件进行回归分析,得出大车比例的折减系数与大车比例的函数关系式如下:

$$f_{HV} = -0.05HV + 0.981 \quad (3)$$

式中:HV——大车比例,经评价该线性回归方程的相关性和适配度良好。

5 结语

(1)本文以双向六车道城市快速路为研究对象,模拟探究了其中1个方向的3条车道发生交通事件的场景,经仿真探究,通行能力影响因素即失效车道数量、驾驶行为、交通事件位置及大车比例在一定程度上影响发生交通事件路段的通行能力。

(2)本文探究了交通事件位置对发生交通事件路段通行能力的影响,考虑了车道被占用的6种情况,结果表明,1条车道被占用的情况下,车道2被占用对事件路段的通行能力影响较大,车道1与车道3被分别占用对交通事件路段的通行能力影响大致相同;两条车道被占用的情况下,车道1、3被占用时,对交通事件道路的通行能力影响较大,车道1、2被占用与车道2、3被占用对交通事件路段的通行能力影响大致相同,故驾驶行为对事件路段的折减需要考虑不同的交通事件位置的影响。

(3)本文构建了考虑驾驶行为的交通事件下道路有效通行能力计算模型,选取失效车道数、考虑交通事件位置的驾驶行为及大车比例3个系数对道路实际通行能力进行折减,失效车道数对道路通行能力折减幅度最大,考虑交通事件位置的驾驶行为的折减幅度次之,大车比例的折减幅度相比最小。此外,对于大车比例折减系数构建了大车比例与折减系数的回归方程,结果表明大车比例与折减系数呈现线性负相关关系。

(4)本文主要考虑驾驶行为对通行能力的影响,对交通事件路段的影响因素考虑不够全面,比如由于交通量导致的失效现象,通行能力会进一步下降,为更准确地估计交通事件路段的通行能力需要考虑更多的因素。

参考文献

[1] 张亮,云旭,高永,等.基于Vissim仿真的高速公路事故影响因素研究[J].交通工程,2023,

23(4):106-110.

[2] 刘伟铭,梁雪.交通事故下高速公路有效通行能力分析与估算[J].科学技术与工程,2018,18(18):112-117.

[3] 黄天伊,周晨静,王益.驾驶行为特性对道路通行能力影响的量化研究[J].交通信息与安全,2018,36(4):81-89.

[4] 邹家翠.基于 VISSIM 仿真的交通事故下城市道路通行能力影响分析[D].武汉:武汉科技大学,2021.

[5] 臧金蕊,宋国华,万涛,等.交通事件下快速路拥堵蔓延消散时空范围模型[J].交通运输系统工程与信息,2017,17(5):179-185,213.

[6] 刘源.基于 VISSIM 仿真的协同自适应巡航控制(CACC)对驾驶行为的影响研究[D].江苏:东南大学,2020.

[7] RONG J,MAO K,MA J. Effects of individual differences on driving behavior and traffic flow characteristics [J]. Transportation Research Record Journal of the Transportation Research Board,2011(1):1-9.

[8] 马宇康,徐良杰,朱然博.面向城市交通事故的多节点自组织信号控制优化[J].北京交通大学学报,2023,47(1):81-89.

[9] 周约珥,龚华凤,赵聪霄,等.基于 Panel Data 的山地城市立交基本段通行能力影响因素研究[J].交通运输系统工程与信息,2020,20(5):163-168.

Expansion of SK Coding in Reconfigurable Intelligent Surface Assisted Millimeter Wave Systems

Jiao Hu*

(School of Information Science and Technology, Southwest Jiaotong University)

Abstract Encoding technology and reconfigurable intelligent surface (RIS) aided communication are two key technologies in future wireless communications. However, the current SK coding scheme is limited to Gaussian white noise channels, and this paper considers extending the SK coding scheme to mmWave RIS assisted SISO/SIMO systems. Numerical results show that the SK type coding scheme based on mmWave RIS assisted SISO/SIMO systems is very superior.

Keywords Feedback Millimeter wave communications Reconfigurable intelligent surface

0 Introduction

Reconfigurable intelligent surface (RIS), comprising a large number of passive reflecting elements is emerging as a promising technology for realizing a smart and programmable wireless propagation environment via software-controlled reflection. Already existing results in RIS-aided wireless communication systems mainly focus on the joint optimization of the transmitted covariance matrix and the reflection coefficients of RIS. Recently, Rarasils R studied the RIS-aided SIMO system that a RIS is controlled by the transmitter through a control link and there does not exist direct link between the transceiver. Recently, Hashemi R and Ren H investigated the transmission design and performance analysis of RIS-aided URLLC-enabled systems.

In the future communication systems, high security, low latency, and efficient coding performance are the key to the technology. Schalkwijk J proposes a Schalkwijk-Kailath (SK) feedback scheme, which is based on channel feedback technology, has efficient encoding performance and extremely short codeword length, and is better than feedforward encoding in terms of decoding error probability. Kim Y H show that the k-dimensional extension of the SK encoding scheme achieves the feedback ability of the autoregressive moving average noise spectrum of order k. Lomnitz Y proposes a simple sequence communication scheme based on the well-known SK scheme that makes the relationship between signal-to-noise ratio (SNR) and rate asymptotically match the Gaussian channel capacity of almost every noise sequence.

In this paper, we propose SK coding schemes for RIS-aided mmWave SISO/SIMO channels with feedback, which are based on the classical SK feedback scheme.

1 System model

Assumptions：

(1) The channel state information (CSI) stays constant during the transmission.

(2) All perfect CSIs in the system are shared by both the transmitter and the receiver.

The communication system studied in this paper is depicted in Figure 1, which consists of a transmitter equipped with $L_0(L_0 \geq 1)$ antenna(s), a receiver equipped with $M(M \geq 1)$ antenna(s), and a RIS equipped with N reflecting elements.

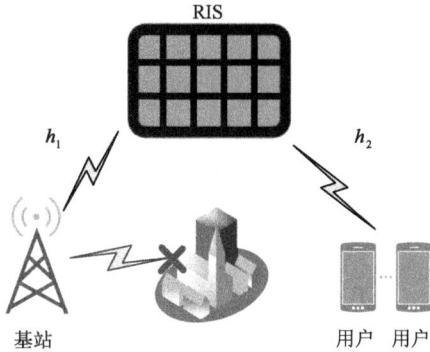

Figure 1　The communication system of RIS assited mm Wave SISO/SIMO systems

The channel gains of transmitter-RIS, RIS-receiver are respectively denoted by $h_1 \in \mathbb{C}^{N \times L_0}$, $h_2 \in \mathbb{C}^{M \times N}$, which are mutually independent of each other. Taking h_1 as an example, it can be modeled as

$$h_1 = \sqrt{\frac{MN}{L}} \sum_l^L \partial_l a_r(\theta_l, \gamma_l) a_t^H(\phi_l, \psi_l) \qquad (1)$$

where L is the number of paths, ∂_l denotes the complex gain associated with the l th path, θ_l and γ_l

are the azimuth and elevation angle of arrival, ϕ_l and ψ_l are the angle of departure. a_t and a_r are the transmit and receive array response vectors, respectively. Suppose the IRS is an $\sqrt{N} \times \sqrt{N}$ uniform planar array, we have

$$a_r(\theta_l, \gamma_l) = \frac{1}{\sqrt{N}} [1, \cdots, e^{j\pi(m\sin\theta_l\sin\gamma_l + n\cos\gamma_l)}, \cdots,$$
$$e^{j\pi((\sqrt{N}-1)\sin\theta_l\sin\gamma_l + (\sqrt{N}-1)\cos\gamma_l)}]^T \qquad (2)$$

Where m, n are the antennas in row m, column n, further define

$$\theta = (e^{j\theta_1}, e^{j\theta_2}, \cdots, e^{j\theta_N}) \quad (\theta_n \in [0, 2\pi), n = 1, 2, \cdots, N) \qquad (3)$$

$$h = h_2 \mathrm{diag}(\theta) h_1 \qquad (4)$$

As in Figure 2, the channel input-output relationship is given by

$$Y_i(t) = hX_i(t) + \eta_i(t) \quad (i = 1, 2, \cdots, n) \qquad (5)$$

where $X_i \in \mathbb{C}^{L_0 \times 1}$ is the input of the channel, $Y_i \in \mathbb{C}^{M \times 1}$ is the signal received by the receiver, $\eta_i \in \mathbb{C}^{M \times 1}$ is independent identically distributed (i. i. d.) as $CN(0, \sigma_1^2)$. The information-theoretic schematic diagram of Figure 1 is shown in Figure 2.

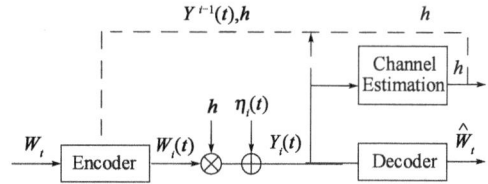

Figure 2　The information-theoretic schematic diagram of Figure 1

Definition 1：The message W is divided into T blocks, where $W = (W_1, W_2, \cdots, W_T)$ is evenly distributed in $W = \{1, 2, \cdots, 2^{nR}\}$, and for block t, W_t is encoded as subcode words of length n_t, and W_t is evenly distributed in $W_t = \{1, 2, \cdots, 2^{n_t R_t}\}$.

The encoder with output $X(t) = (X_1(t), X_2(t), \cdots, X_{n_t}(t))$ satisfies the average power constraint, i. e $\frac{1}{n_t} \sum_{i=1}^{n_t} E[X_i(t) X_i^H(t)] \leq P_t$, and The total power constraint is $\sum_{t=1}^{T} P_t \leq TP$.

The decoder with output $\widetilde{W}_t = \psi(Y(t))$, where ψ is the receiver's decoding function.

Definition 2： the average decoding error probability is given by

$$P_e(t) = \frac{1}{|W_t|} \sum_{W_t \in W_t} P_r\{\psi(Y(t)) \neq W_t | W_t \text{sent}\}$$

$$(6)$$

$$P_e = \frac{1}{T}\sum_{t=1}^{T} P_e(t) \qquad (7)$$

The transmission rate R of block t is defined as

$$R_t = \frac{H(W_t)}{n_t} \qquad (8)$$

$$R = \frac{H(W)}{n} = \sum_{t=1}^{T}\frac{H(W_t)}{n} \qquad (9)$$

2　A SK-Type Scheme for RIS-Aided SISO System

For the RIS-aided SISO system, from (5), at time instant ($1 \le i \le n$), the channel input-output relationship is given by

$$Y_i(t) = hX_i(t) + \eta_i(t) \qquad (10)$$

where $h \in \mathbb{C}^{1\times 1}, X_i \in \mathbb{C}^{1\times 1}, \eta_i \in \mathbb{C}^{1\times 1} \sim CN(0,\sigma_1^2)$.

2.1　Channel Model

Specifically,

$$h_1 = \sqrt{\frac{N}{L}}\sum_{l}^{L} \partial_l a_r(\theta_l,\gamma_l) \qquad (11)$$

$$h_2 = \sqrt{\frac{N}{L'}}\sum_{l'}^{L'} \partial_{l'} a_t^H(\theta_{l'},\gamma_{l'}) \qquad (12)$$

$$\begin{aligned}
h &= h_2 \text{diag}(\theta) h_1 \\
&= \sqrt{\frac{1}{LL'}}\sum_{m=0}^{\sqrt{N}-1}\sum_{n=0}^{\sqrt{N}-1}\sum_{l'=1}^{L'}\sum_{l=1}^{L} \partial_{l'}\partial_l e^{j\kappa} \qquad (13)
\end{aligned}$$

where

$$\begin{aligned}
\kappa &= \theta_{m\sqrt{N}+n+1} - \pi(m\sin\theta_{l'}\sin\gamma_{l'} + n\cos\gamma_{l'}) + \\
&\quad \pi(m\sin\theta_l\sin\gamma_l + n\cos\gamma_l) \qquad (14)
\end{aligned}$$

For the RIS-assisted SISO channel, since the channel input and output are complex signals, we divide the channel into two equivalent subchannels, where the input of the subchannel is the real and imaginary part of the original channel. Then, the whole packet is divided into two parts, and the classical SK scheme is applied to these sub-channels. According to Euler's formula,

$$e^{j\kappa} = \cos\kappa + j\sin\kappa \qquad (15)$$

the signal received by the receiver can be rewritten as

$$\begin{aligned}
Y_i(t) &= \sqrt{\frac{1}{LL'}}\sum_{m=0}^{\sqrt{N}-1}\sum_{n=0}^{\sqrt{N}-1}\sum_{l'=1}^{L'}\sum_{l=1}^{L} \partial_{l'}\partial_l e^{j\kappa} X_i(t) + \eta_i(t) \\
&= \sqrt{\frac{1}{LL'}}\sum_{m=0}^{\sqrt{N}-1}\sum_{n=0}^{\sqrt{N}-1}\sum_{l'=1}^{L'}\sum_{l=1}^{L} \partial_{l'}\partial_l(\cos\kappa + j\sin\kappa)X_i(t) + \eta_i(t) \qquad (16)
\end{aligned}$$

so,

$$Y_{R,i}(t) + Y_{I,i}(t) = \sqrt{\frac{1}{LL'}}\sum_{m=0}^{\sqrt{N}-1}\sum_{n=0}^{\sqrt{N}-1}\sum_{l'=1}^{L'}\sum_{l=1}^{L} \partial_{l'}\partial_l(\cos\kappa + j\sin\kappa)(X_{R,i}(t) + jX_{I,i}(t)) + \eta_{R,i}(t) + j\eta_{I,i}(t) \qquad (17)$$

where

$$\begin{aligned}
Y_{R,i}(t) &= \text{Re}[Y_i(t)] \\
Y_{I,i}(t) &= \text{Im}[Y_i(t)] \\
X_{R,i}(t) &= \text{Re}[X_i(t)] \\
X_{I,i}(t) &= \text{Im}[X_i(t)] \\
\eta_{R,i}(t) &= \text{Re}[\eta_i(t)] \\
\eta_{I,i}(t) &= \text{Im}[\eta_i(t)]
\end{aligned} \qquad (18)$$

Then (17) can be written as

$$\begin{aligned}
Y_{R,i}(t) &= \sqrt{\frac{1}{LL'}}\sum_{m=0}^{\sqrt{N}-1}\sum_{n=0}^{\sqrt{N}-1}\sum_{l'=1}^{L'}\sum_{l=1}^{L} \partial_{l'}\partial_l\cos\kappa X_{R,i}(t) - \\
&\quad \sqrt{\frac{1}{LL'}}\sum_{m=0}^{\sqrt{N}-1}\sum_{n=0}^{\sqrt{N}-1}\sum_{l'=1}^{L'}\sum_{l=1}^{L} \partial_{l'}\partial_l\sin\kappa X_{I,i}(t) + \eta_{R,i}(t)
\end{aligned}$$

$$= h_R X_{R,i}(t) - h_I X_{I,i}(t) + \eta_{R,i}(t) \qquad (19)$$

$$\begin{aligned}
Y_{I,i}(t) &= \sqrt{\frac{1}{LL'}}\sum_{m=0}^{\sqrt{N}-1}\sum_{n=0}^{\sqrt{N}-1}\sum_{l'=1}^{L'}\sum_{l=1}^{L} \partial_{l'}\partial_l\cos\kappa X_{I,i}(t) + \\
&\quad \sqrt{\frac{1}{LL'}}\sum_{m=0}^{\sqrt{N}-1}\sum_{n=0}^{\sqrt{N}-1}\sum_{l'=1}^{L'}\sum_{l=1}^{L} \partial_{l'}\partial_l\sin\kappa X_{R,i}(t) + \eta_{I,i}(t)
\end{aligned}$$

$$= h_R X_{I,i}(t) + h_I X_{R,i}(t) + \eta_{I,i}(t) \qquad (20)$$

where

$$h_R = \sqrt{\frac{1}{LL'}}\sum_{m=0}^{\sqrt{N}-1}\sum_{n=0}^{\sqrt{N}-1}\sum_{l'=1}^{L'}\sum_{l=1}^{L} \alpha_{l'}\alpha_l\cos\kappa \qquad (21)$$

$$h_I = \sqrt{\frac{1}{LL'}}\sum_{m=0}^{\sqrt{N}-1}\sum_{n=0}^{\sqrt{N}-1}\sum_{l'=1}^{L'}\sum_{l=1}^{L} \alpha_{l'}\alpha_l\sin\kappa \qquad (22)$$

From (19) and (20), we conclude that

$$X_{R,i}(t) = \frac{h_R Y_{R,i}(t) + h_I Y_{I,i}(t)}{h_R^2 + h_I^2} -$$

$$\frac{h_R\eta_{R,i}(t)+h_I\eta_{I,i}(t)}{h_R^2+h_I^2} \qquad (23)$$

$$X_{I,i}(t) = \frac{h_R Y_{I,i}(t)-h_I Y_{R,i}(t)}{h_R^2+h_I^2} -$$

$$\frac{h_R\eta_{I,i}(t)-h_I\eta_{R,i}(t)}{h_R^2+h_I^2} \qquad (24)$$

(23) and (24) can be written as

$$X_{R,i} = Y'_{R,i} - \eta'_{R,i} \qquad (25)$$

$$X_{I,i} = Y'_{I,i} - \eta'_{I,i} \qquad (26)$$

where

$$Y'_{R,i} = \frac{h_R Y_{R,i}(t)+h_I Y_{I,i}(t)}{h_R^2+h_I^2}$$

$$\eta'_{R,i} = \frac{h_R\eta_{R,i}(t)+h_I\eta_{I,i}(t)}{h_R^2+h_I^2}$$

$$Y'_{I,i} = \frac{h_R Y_{I,i}(t)-h_I Y_{R,i}(t)}{h_R^2+h_I^2} \qquad (27)$$

$$\eta'_{I,i} = \frac{h_R\eta_{I,i}(t)-h_I\eta_{R,i}(t)}{h_R^2+h_I^2}$$

$$X_{R,i} = X_{R,i}(t), X_{I,i} = X_{I,i}(t),$$

here $X_{R,i}$ and $X_{I,i}$ respectively satisfy the power constraints $E[X_{R,i}^2]=P_R$ and $E[X_{I,i}^2]=P_I$, and

$$P_R = P_I = \frac{1}{2}P \qquad (28)$$

Moreover, for (27),

$$E(\eta'_{R,i}) = E(\eta'_{I,i}) = 0$$

$$\mathrm{Var}(\eta'_{R,i}) = \mathrm{Var}(\eta'_{I,i}) = \frac{\sigma_1^2}{2|h|^2} \qquad (29)$$

2.2 Encoding-Decoding Procedure

At time 1, the transmitter encodes

$$X_{R,1} = \sqrt{12P_R}\beta_R, X_{I,1} = \sqrt{12P_I}\beta_I \qquad (30)$$

At the end of time 1, the receiver receives $Y_1(t)$, the receiver's first estimations of β_R and β_I are given by

$$\hat{\beta}_{R,1} = \frac{Y'_{R,1}}{\sqrt{12P_R}}, \hat{\beta}_{I,1} = \frac{Y'_{I,1}}{\sqrt{12P_I}} \qquad (31)$$

and then sends $Y_1(t)$ back to the transmitter.

At time 2, when the transmitter receiving the feedback $Y_1(t)$, it computes

$$Y'_{R,1} = X_{R,1} + \eta'_{R,1} = \sqrt{12P_R}\beta_R + \eta'_{R,1} \qquad (32)$$

$$Y'_{I,1} = X_{I,1} + \eta'_{I,1} = \sqrt{12P_I}\beta_I + \eta'_{I,1} \qquad (33)$$

(32) and (33) can be written as

$$\frac{Y'_{R,1}}{\sqrt{12P_R}} = \beta_R + \frac{\eta'_{R,1}}{\sqrt{12P_R}} = \beta_R + \varepsilon_{R,1} \qquad (34)$$

$$\frac{Y'_{I,1}}{\sqrt{12P_I}} = \beta_I + \frac{\eta'_{I,1}}{\sqrt{12P_I}} = \beta_I + \varepsilon_{I,1} \qquad (35)$$

where $\varepsilon_{R,1} = \dfrac{\eta'_{R,1}}{\sqrt{12P_R}}, \varepsilon_{I,1} = \dfrac{\eta'_{I,1}}{\sqrt{12P_I}}$, and

$$\alpha_{R,1} = \mathrm{var}(\varepsilon_{R,1})$$

$$= \frac{\sigma_1^2}{12P\dfrac{1}{LL'}\left|\sum\limits_{m=0}^{\sqrt{N}-1}\sum\limits_{n=0}^{\sqrt{N}-1}\sum\limits_{l'=1}^{L'}\sum\limits_{l=1}^{L}\partial_{l'}\partial_l e^{j\kappa}\right|^2} \qquad (36)$$

$$\alpha_{I,1} = \mathrm{var}(\varepsilon_{I,1})$$

$$= \frac{\sigma_1^2}{12P\dfrac{1}{LL'}\left|\sum\limits_{m=0}^{\sqrt{N}-1}\sum\limits_{n=0}^{\sqrt{N}-1}\sum\limits_{l'=1}^{L'}\sum\limits_{l=1}^{L}\partial_{l'}\partial_l e^{j\kappa}\right|^2} \qquad (37)$$

Then the transmitter encodes

$$X_{R,2} = \sqrt{\frac{P_R}{\alpha_{R,1}}}\varepsilon_{R,1}, X_{I,2} = \sqrt{\frac{P_I}{\alpha_{I,1}}}\varepsilon_{I,1} \qquad (38)$$

At the end of time 2, the receiver receives $Y_2(t)$, the receiver's estimations of β_R and β_I are given by

$$\hat{\beta}_{R,2} = \beta_{R,1} - \frac{E(\varepsilon_{R,1}Y'_{R,2})}{E(Y'_{R,2})^2}Y'_{R,2} \qquad (39)$$

$$\hat{\beta}_{I,2} = \beta_{I,1} - \frac{E(\varepsilon_{R,1}Y'_{I,2})}{E(Y'_{I,2})^2}Y'_{I,2} \qquad (40)$$

and then sends $Y_2(t)$ back to the transmitter.

At time i ($2 < i \le n$), when the transmitter receiving the feedback $Y_{i-1}(t)$, it computes

$$\varepsilon_{R,i-1} = \varepsilon_{R,i-2} - \frac{E(\varepsilon_{R,i-2}Y'_{R,i-1})}{E(Y'_{R,i-1})^2}Y'_{R,i-1} \qquad (41)$$

$$\varepsilon_{I,i-1} = \varepsilon_{I,i-2} - \frac{E(\varepsilon_{I,i-2}Y'_{I,i-1})}{E(Y'_{I,i-1})^2}Y'_{I,i-1} \qquad (42)$$

$$\alpha_{R,2} = \mathrm{var}(\varepsilon_{R,2}) = \alpha_{R,1} - \frac{E^2(\varepsilon_{R,1}Y'_{R,2})}{E(Y'_{R,2})^2}$$

$$= \alpha_{R,1}\frac{\sigma_1^2}{\sigma_1^2 + P\dfrac{1}{LL'}\left|\sum\limits_{m=0}^{\sqrt{N}-1}\sum\limits_{n=0}^{\sqrt{N}-1}\sum\limits_{l'=1}^{L'}\sum\limits_{l=1}^{L}\partial_{l'}\partial_l e^{j\kappa}\right|^2} \qquad (43)$$

$$\alpha_{R,i-1} = \mathrm{var}(\varepsilon_{R,i-1})$$

$$= \alpha_{R,1}\left(\frac{\sigma_1^2}{\sigma_1^2 + P\dfrac{1}{LL'}\left|\sum\limits_{m=0}^{\sqrt{N}-1}\sum\limits_{n=0}^{\sqrt{N}-1}\sum\limits_{l'=1}^{L'}\sum\limits_{l=1}^{L}\partial_{l'}\partial_l e^{j\kappa}\right|^2}\right)^{i-2} \qquad (44)$$

from above, we conclude that

$$\alpha_{R,i} = \alpha_{I,i}$$
$$= \alpha_{R,1} \left(\frac{\sigma_1^2}{\sigma_1^2 + P \frac{1}{LL'} \left| \sum_{m=0}^{\sqrt{N}-1} \sum_{n=0}^{\sqrt{N}-1} \sum_{l'=1}^{L'} \sum_{l=1}^{L} \partial_{l'} \partial_l e^{j\kappa} \right|^2} \right)^{i-1}$$

(45)

Then the transmitter encodes

$$X_{R,i} = \sqrt{\frac{P_R}{\alpha_{R,i-1}}} \varepsilon_{R,i-1}, X_{I,i} = \sqrt{\frac{P_I}{\alpha_{I,i-1}}} \varepsilon_{I,i-1} \quad (46)$$

the receiver receives Y_i, the i-th estimations of β_R and β_I are respectively given by

$$\hat{\beta}_{R,i} = \hat{\beta}_{R,i-1} - \frac{E(\varepsilon_{R,i-1} Y'_{R,i})}{E(Y'_{R,i})^2} Y'_{R,i} \quad (47)$$

$$\hat{\beta}_{I,i} = \hat{\beta}_{I,i-1} - \frac{E(\varepsilon_{I,i-1} Y'_{I,i})}{E(Y'_{I,i})^2} Y'_{I,i} \quad (48)$$

From above and

$$\hat{\beta}_{R,1} = \beta_R + \varepsilon_{R,1}, \hat{\beta}_{I,1} = \beta_I + \varepsilon_{I,1} \quad (49)$$

we conclude that for $i = n$, the final estimations are given by

$$\hat{\beta}_{R,n} = \beta_R + \varepsilon_{R,n}, \hat{\beta}_{I,n} = \beta_I + \varepsilon_{I,n} \quad (50)$$

2.3 Decoding Error Probability Analysis

Now we bound the decoding error probability Pe of W as follows, $P_e \leqslant P_{e,R} + P_{e,I}$, where $P_{e,R}$ and $P_{e,I}$ are the decoding error probabilities of W_R and W_I, respectively. From (50) and the definition of β_R, we have

$$P_{e,R}(t) \leqslant P_r \left\{ |\varepsilon_{R,n_t}| > \frac{1}{2(|W_{t,R}| - 1)} \right\}$$

$$\leqslant 2Q \left(\frac{1}{2 \cdot 2^{n_t R_{t,R}}} \frac{1}{\sqrt{\alpha_{R,n_t}}} \right)$$

$$= 2Q \left(\frac{2^{-n_t \left[R_{t,R} - \frac{1}{2} \log \left(1 + \frac{P|h|^2}{\sigma_1^2} \right) \right]}}{2 \sqrt{\alpha_{R,1} \left(1 + \frac{P|h|^2}{\sigma_1^2} \right)}} \right) \quad (51)$$

where

$$|h|^2 = \frac{1}{LL'} \left| \sum_{m=0}^{\sqrt{N}-1} \sum_{n=0}^{\sqrt{N}-1} \sum_{l'=1}^{L'} \sum_{l=1}^{L} \partial_{l'} \partial_l e^{j\kappa} \right|^2 \quad (52)$$

and $Q(x)$ is the tail of the unit Gaussian distribution evaluated at x, and (a) follows from (45).

Since $Q(x)$ is decreasing while x is increasing, from (51), we conclude that

$$R_{t,R} \leqslant \frac{1}{2} \log \left(1 + \frac{P \left| \sum_{m=0}^{\sqrt{N}-1} \sum_{n=0}^{\sqrt{N}-1} \sum_{l'=1}^{L'} \sum_{l=1}^{L} \partial_{l'} \partial_l e^{j\kappa} \right|^2}{\sigma_1^2 LL'} \right)$$

(53)

analogously,

$$R_{t,I} \leqslant \frac{1}{2} \log \left(1 + \frac{P \left| \sum_{m=0}^{\sqrt{N}-1} \sum_{n=0}^{\sqrt{N}-1} \sum_{l'=1}^{L'} \sum_{l=1}^{L} \partial_{l'} \partial_l e^{j\kappa} \right|^2}{\sigma_1^2 LL'} \right)$$

(54)

we conclude that

$$R_t = R_{t,R} + R_{t,I} \leqslant$$
$$\log \left(1 + \frac{P \left| \sum_{m=0}^{\sqrt{N}-1} \sum_{n=0}^{\sqrt{N}-1} \sum_{l'=1}^{L'} \sum_{l=1}^{L} \partial_{l'} \partial_l e^{j\kappa} \right|^2}{\sigma_1^2 LL'} \right) \quad (55)$$

3　A SK-Type Scheme for RIS-Aided SIMO System

For the RIS-aided SIMO system, at time instant i ($1 \leqslant i \leqslant n$), the channel input-output relationship is given by

$$Y_i(t) = h X_i(t) + \eta_i(t) \quad (56)$$

where $h \in \mathbb{C}^{M \times 1}, X_i \in \mathbb{C}^{1 \times 1}$, and $\eta_i \in \mathbb{C}^{M \times 1} \sim CN(0, \sigma_1^2)$.

Specifically,

$$h_1 = \sqrt{\frac{N}{L}} \sum_l^L \partial_l a_r(\theta_l, \gamma_l) \quad (57)$$

$$h_2 = \sqrt{\frac{N}{L'}} \sum_{l'}^{L'} \partial_{l'} a_r(\theta_{l'}, \gamma_{l'}) a_t^H(\varphi_l, \psi_l) \quad (58)$$

$$h = h_2 \mathrm{diag}(\theta) h_1$$
$$= (h(1), h(2), \cdots, h(M))^T \quad (59)$$

where

$$h(i) = \sqrt{\frac{1}{LL'}} \sum_{m=0}^{\sqrt{N}-1} \sum_{n=0}^{\sqrt{N}-1} \sum_{l'=1}^{L'} \sum_{l=1}^{L} \partial_{l'} \partial_l e^{j\kappa_i} \quad (60)$$

and

$$\kappa_{a\sqrt{M}+b} = \theta_{m\sqrt{N}+n+1} + \pi(m\sin\theta_l\sin\gamma_l + n\cos\gamma_l) - \pi(m\sin\varphi_l\sin\psi_l + n\cos\psi_l) + \pi(a\sin\theta_{l'}\sin\gamma_{l'} + b\cos\gamma_{l'})$$

$$(a = 0, 1, \cdots, \sqrt{M} - 1, b = 0, 1, \cdots, \sqrt{M} - 1) \quad (61)$$

Equation (56) can be further expressed as

$$h^H Y_i(t) = h^H h X_i(t) + h^H \eta_i(t)$$
$$\Rightarrow \frac{h^H Y_i(t)}{h^H h} = X_i(t) + \frac{h^H \eta_i(t)}{h^H h} \quad (62)$$

define

$$\widetilde{Y}_i = \frac{h^H Y_i(t)}{h^H h}$$

$$= \frac{(h(1)^*, h(2)^*, \cdots, h(M)^*) Y_i(t)}{\frac{1}{LL'} \sum\limits_{i=1}^{M} \left| \sum\limits_{m=0}^{\sqrt{N}-1} \sum\limits_{n=0}^{\sqrt{N}-1} \sum\limits_{l'=1}^{L'} \sum\limits_{l=1}^{L} \partial_{l'} \partial_l e^{j\kappa_i} \right|^2} \tag{63}$$

$$\widetilde{\eta}_i = \frac{h^H \eta_i(t)}{h^H h}$$

$$= \frac{(h(1)^*, h(2)^*, \cdots, h(M)^*) \eta_i(t)}{\frac{1}{LL'} \sum\limits_{i=1}^{M} \left| \sum\limits_{m=0}^{\sqrt{N}-1} \sum\limits_{n=0}^{\sqrt{N}-1} \sum\limits_{l'=1}^{L'} \sum\limits_{l=1}^{L} \partial_{l'} \partial_l e^{j\kappa_i} \right|^2} \tag{64}$$

$$X_i = X_i(t), \tag{65}$$

(62) can be denoted as

$$\widetilde{Y}_i = X_i + \widetilde{\eta}_i, \tag{66}$$

since $\widetilde{Y}_i$, X_i and $\widetilde{\eta}_i$ take values in the complex number field, (63) can be further rewritten as

$$\widetilde{Y}_{R,i} + j\widetilde{Y}_{I,i} = X_{R,i} + jX_{I,i} + \widetilde{\eta}_{R,i} + j\widetilde{\eta}_{R,i}$$

$$\Rightarrow \widetilde{Y}_{R,i} = X_{R,i} + \widetilde{\eta}_{R,i}, \widetilde{Y}_{I,i} = X_{I,i} + \widetilde{\eta}_{R,i} \tag{67}$$

where

$$\widetilde{Y}_{R,i} = \mathrm{Re}(\widetilde{Y}_i), \widetilde{Y}_{I,i} = \mathrm{Im}(\widetilde{Y}_i),$$

$$X_{R,i} = \mathrm{Re}(X_i), X_{I,i} = \mathrm{Im}(X_i) \tag{68}$$

$$\widetilde{\eta}_{R,i} = \mathrm{Re}(\widetilde{\eta}_i) = \frac{h_R{}^T \eta_{R,i} + h_I{}^T \eta_{I,i}}{\frac{1}{LL'} \sum\limits_{i=1}^{M} \left| \sum\limits_{m=0}^{\sqrt{N}-1} \sum\limits_{n=0}^{\sqrt{N}-1} \sum\limits_{l'=1}^{L'} \sum\limits_{l=1}^{L} \partial_{l'} \partial_l e^{j\kappa_i} \right|^2} \tag{69}$$

$$\widetilde{\eta}_{R,i} = \mathrm{Re}(\widetilde{\eta}_i) = \frac{h_R{}^T \eta_{I,i} - h_I^T \eta_{R,i}}{\frac{1}{LL'} \sum\limits_{i=1}^{M} \left| \sum\limits_{m=0}^{\sqrt{N}-1} \sum\limits_{n=0}^{\sqrt{N}-1} \sum\limits_{l'=1}^{L'} \sum\limits_{l=1}^{L} \partial_{l'} \partial_l e^{j\kappa_i} \right|^2} \tag{70}$$

$$h_R^T = [h_R(1), h_R(2), \cdots, h_R(M)]$$

$$h_R(i) = \sqrt{\frac{1}{LL'}} \sum\limits_{m=0}^{\sqrt{N}-1} \sum\limits_{n=0}^{\sqrt{N}-1} \sum\limits_{l'=1}^{L'} \sum\limits_{l=1}^{L} \partial_{l'} \partial_l \cos\kappa_i \tag{71}$$

$$h_I^T = (h_I(1), h_I(2), \cdots, h_I(M))$$

$$h_I(i) = \sqrt{\frac{1}{LL'}} \sum\limits_{m=0}^{\sqrt{N}-1} \sum\limits_{n=0}^{\sqrt{N}-1} \sum\limits_{l'=1}^{L'} \sum\limits_{l=1}^{L} \partial_{l'} \partial_l \sin\kappa_i \tag{72}$$

$$\eta_{R,i} = \mathrm{Re}(\eta_i), \eta_{I,i} = \mathrm{Im}(\eta_i) \tag{73}$$

The encoding-decoding procedure, decoding error probability analysis and equivocation rate analysis are similar to those in Subsection 2, and when the blocklength n tends to infinity,

$$R_t \leqslant \log\left(1 + \frac{P \sum\limits_{i=1}^{M} \left| \sum\limits_{m=0}^{\sqrt{N}-1} \sum\limits_{n=0}^{\sqrt{N}-1} \sum\limits_{l'=1}^{L'} \sum\limits_{l=1}^{L} \partial_{l'} \partial_l e^{j\kappa_i} \right|^2}{\sigma_1^2 LL'}\right). \tag{74}$$

4 Numerical and Simulation Results

In this section, we studies the performance of SK coding scheme in the t-th coherent block.

Suppose the noise present in the main channel follows a complex Gaussian distribution with mean 0 and variance 1. The SNR of the main channel was taken as 5dB, 10dB and 15dB and the code word length.

Figure 3 and figure 4 plots the theoretical variation and simulation change graph between decoding error probability and the iteration rate of the SISO mmWave IRS assited channel at different signal to noise ratios. Figure 5 and figure 6 plots them of the SIMO mmWave IRS assited channel.

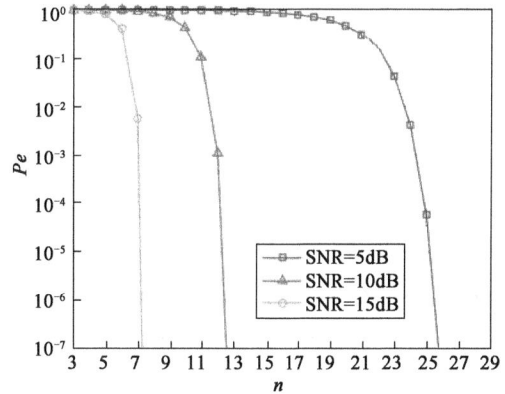

Figure 3 The theoretical relationship between decoding error probability and iterations for SISO system

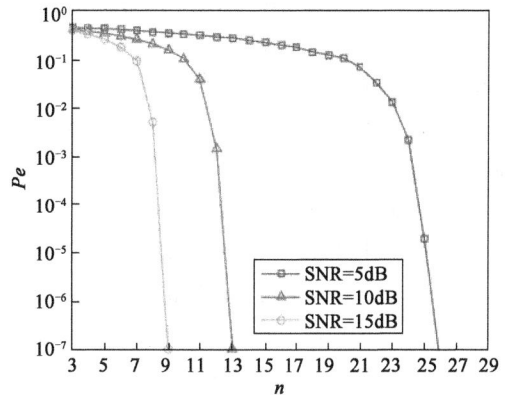

Figure 4 The emulational relationship between decoding error probability and iterations for SISO system

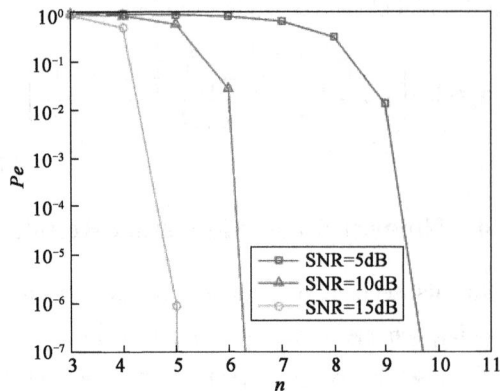

Figure 5 The theoretical relationship between decoding error probability and iterations for SIMO system

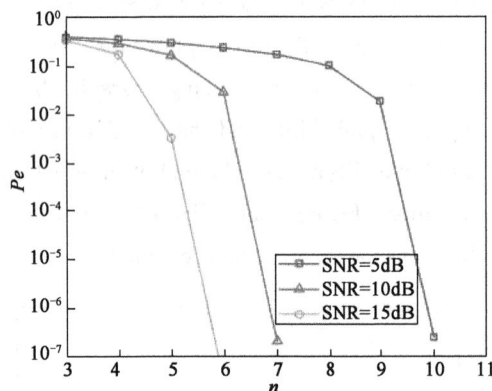

Figure 6 The emulational relationship between decoding error probability and iterations for SISO system

It can be seen that the simulation results basically match the theoretical results. At different signal-to-noise ratios, The error bit rate all decreases gradually as the number of iterations increases, it shows that our scheme is superior.

5 Conclusions

This paper investigates SK coding scheme over RIS-aided mmWave systems with no direct link between the transceiver. Specifically, first, by using rate-splitting and dividing the channel with complex signals into two sub-channels with real signals, we extend the classical SK feedback scheme to the SISO case of the RIS-aided mmWave channel with feedback. Next, by using a scalarization technique, we show that the FBL scheme for the SISO case can be further extended to the SIMO case.

References

[1] ALKHATEEB A, AYACH O E, Leus G, et al. Channel estimation and hybrid precoding for millimeter wave cellular systems[J]. IEEE J. Sel. Topics signal process. , 2014, 8 (5), 831-846.

[2] DI R M, MEROUANE D, DINH-THUY P H, et al. Smart radio environments empowered by reconfigurable AI meta-surfaces: an idea whose time has come[J]. Wireless communications and networking,2019,2019(1):1-20.

[3] HUANG C, ZAPPONE A, ALEXANDROPOULOS G C, et al. Reconfigurable Intelligent Surfaces for Energy Efficiency in Wireless Communication [J].IEEE Transactions on Wireless communications, 2019, 18(99):4157-4170.

[4] HASHEMI R, ALI S, MAHMOOD N H ,et al. Average rate analysis of RIS-aided short packet communication in URLLC Systems[J]. IEEE International conference on communications workshops, 2021,70(10), 10320-10334.

[5] KARASIK R, SIMEONE O, RENZO M D , et al. Adaptive coding and channel shaping through reconfigurable intelligent surfaces: an information-theoretic analysis[J]. IEEE Transactions on communIcations. , 2021, 69(11): 7320-7334.

[6] KIM Y H. Feedback capacity of stationary Gaussian channels[J]. IEEE Transactions on Information Theory, 2009, 56(1): 57-85.

[7] LOMNITZ Y, FEDER M. Power adaptive feedback communication over an additive individual noise sequence channel[C]//2009 IEEE International Symposium on Information Theory. IEEE, 2009: 1511-1514.

[8] REN H, WANG K, PAN C. Intelligent reflecting surface-aided URLLC in a factory automation scenario[J]. IEEE Transactions Communications, 2022,70(1): 707-723.

[9] SCHALKWIJK J, KAILATH T. A coding scheme for additive noise channels with feedback-I: No bandwidth constraint[J]. IEEE Transactions on Information Theory, 1966, 12(2): 172-182.

[10] WU Q , ZHANG R. Intelligent reflecting surface enhanced wireless network via joint active and

passive beamforming [J]. IEEE Transactions on Wireless Communications,2019, 18(11): 5394-5409.

[11] YACONG D, RAO B D. Dictionary learning based sparse channel representation and estimation for FDD massive MIMO Systems[J]. IEEE Transactions on Wireless Communications, 2018, 17(8):5437-5451.

Car-Following Model Based on Multi-source Information under the V2X Environment

Qing Wang[1]   Meiying Jian[*1,2]   Pengrui Zhao[1]   Qianwei Niu[1]

(1. Institute of Transportation, Inner Mongolia University;

2. Inner Mongolia Engineering Research Centre for Urban Transportation Data Science and Applications)

Abstract   A novel improved car-following model is offered based on the full velocity difference model and integrating multiple sources information fusion under V2X environment, named the Backward-looking & Multi-source Information Fusion model (BL-MSIF). Initially, the vehicle interaction information in V2X environment is determined, and then establish an improved BL-MSIF model of multi-source information fusion in V2X environment, including motion states of multiple preceding and backward vehicles, the velocity difference information of multiple preceding vehicles, optimal velocity difference, memory variations in headway, and acceleration factors. Subsequently, the stability conditions of the BL-MSIF model is obtained via the linear analysis. Finally, numerical simulations are employed to study the evolution of small perturbations. Simulation results demonstrate that the proposed model enhances the stability of traffic flow compared to the previous model.

Keywords   V2X environment   Traffic flow   Car-following model   Muti-source information fusion   Numerical simulation

0   Introduction

With the improvement of people's living standards, the traffic problem has become more and more serious. Therefore, solving the increasingly prominent traffic problem has become the focus of world attention. To address these transportation issues, scholars have proposed various traffic models, mainly including macroscopic models (Wang et al., 2018; Zhai et al., 2018; Zhai and Wu, 2020; Wang and Ge, 2019; Peng et al., 2018; Jafaripournimchahi et al., 2022) and microscopic models (Sun et al., 2018; Peng et al., 2020; Yang et al., 2022; Wang et al., 2023). The car-following (CF) model is a micro model used to describe the interactions between adjacent cars in a driving fleet. Among these models, the Optimal Velocity Model (OVM) proposed by Bando et al. (1995) is the most representative type of CF models. This model has been widely applied due to its simplicity, convenient numerical simulation, and other advantages, but it exhibits situations of abnormal acceleration. Its kinematic equation is provided.

$$\frac{dv_n(t)}{dt} = \alpha[V(\Delta x_n(t)) - v_n(t)] \qquad (1)$$

Where α represents the sensitivity coefficient to the front car, $v_n(t)$ represents the speed of the n th car at time t. $\Delta x(t) = x_{n+1}(t) - x_n(t)$ represents the

Funding:Supported by the National Natural Science Foundation of China (No. 72161032).

space difference between the car $n+1$ and the car n and $V(\Delta x(t))$ is the optimal velocity function.

Helbing et al. (1998) identified a limitation in the OVM, which did not account for the unreasonable acceleration caused by differences in the speeds of preceding and following cars. To address this issue, they proposed a general force model (GFM). The GFM successfully overcame the problems of excessive acceleration and unreasonable deceleration present in the OVM. However, it was noted that the GFM fails to explain the phenomenon where a following car does not decelerate when the headway distance is less than the safety distance and the preceding car is traveling faster. The dynamic equation for the GFM is shown.

$$\frac{dv_n(t)}{dt} = \alpha[V(\Delta x_n(t)) - v_n(t)] +$$
$$\lambda H(-\Delta v_n(t))\Delta v_n(t) \qquad (2)$$

Where λ is the sensitivity coefficient for the velocity difference term, H is the Heaviside function, $\Delta v_n(t) = v_{n+1}(t) - v_n(t)$ represents the velocity difference between the car $n+1$ and the car n.

Jiang et al. (2001) extended their research to consider the impact of both positive and negative velocity differences on following cars based on the GFM and proposed the full velocity difference model (FVDM), providing a more comprehensive depiction of car following behavior. The dynamic equation for this model is given.

$$\frac{dv_n(t)}{dt} = \alpha[V(\Delta x_n(t)) - v_n(t)] + k\Delta v_n(t)$$
$$(3)$$

Sun et al. (2011) refined the FVDM by introducing backward-looking effects and integrating information from multiple preceding cars and proposed the BLMCF model. The main equations is presented below.

$$\frac{dv_n(t)}{dt} = \alpha[V(\Delta x_n, \Delta x_{n+1}, \cdots, \Delta x_{n+m}; \Delta x_{n-1}) - v_n] +$$
$$\kappa G(\Delta v_n, \Delta v_{n+1}, \cdots, \Delta v_{n+m}; \Delta v_{n-1}) \qquad (4)$$

Where $x_{n+1}(t)$ represents the space headway between vehicles $n+1$ and $n+2$ at time t and $V(\cdot)$ represents optimal velocities considering m cars in the front and one following car. In addition, many

scholars (Ma et al., 2021; Ma et al., 2022, 2021; Wang & Ge, 2019; Ma et al., 2021; Adewale & Lee, 2023) have investigated the influence of backward-looking effects on traffic flow. Approaching the topic from different perspectives, they have developed diverse traffic models and validated the impact of backward-looking effects on enhancing traffic flow stability.

Some scholars have extended the FVDM by incorporating information on the speeds and positions of multiple preceding vehicles to examine the impact of such information on traffic flow stability. Wang et al. (2006) improved the FVDM by utilizing information on the speed differences of multiple preceding vehicles, establishing the Multiple Velocity Difference model (MVD). Peng and Sun (2010), building upon the FVDM model, considered multiple inputs of information from several preceding vehicles and proposed an improved Multiple Car-Following model (MCF). Sun et al. (2010), based on the FVDM and MVD models, introduced a car-following model incorporating information on both multiple preceding vehicles' positions and velocity differences, termed Multiple Ahead & Velocity Difference (MAVD). Therefore, it is necessary to conduct more in-depth research on the traffic information of multiple preceding vehicles in traffic flow.

Peng et al. (2011), by acquiring information on non-adjacent preceding vehicles, put forward an Optional Velocity Difference Model (OVDM) based on forward observations. According to the analysis above, the traffic information from multiple preceding vehicles has a positive impact on traffic flow characteristics. Additionally, acceleration can reflect the motion trends of vehicles; therefore, some scholars have investigated the impact of acceleration factors on traffic flow. Li et al. (2015) proposed Optimal Velocity Difference & Acceleration model (OVDA) by considering the influence of acceleration information from the nearest preceding vehicle on the following behavior of the current vehicle, which based on the optimization of the OVDM. And the simulation results indicated that the enhanced model could further expand the stability region. Yu and Shi (2014) analyzed real-world data and developed an extended car-following model that incorporates the acceleration of both preceding vehicles. It can be concluded that acceleration information plays a crucial role in the establishment of car-following models.

Some scholars have examined the effects of driver's memory effects on vehicle traffic flow. Herman et al. (1959) founded that a driver will remain the memory of historic information during the driving process. Considering the impact of memory on car-following models indicates that historical information enhances the stability of traffic flow (Zhang, 2003; Cao, 2015; Peng et al., 2012). Some scholars have investigated the changes in speed and headway with memory in traffic flow models, and simulation results suggest that driver memory has a notable positive impact on traffic behavior and stability (Yu & Shi, 2015a, 2015b; Peng et al., 2016; Yu et al., 2016).

In conclusion, these above models can describe traffic behavior and explain some actual traffic phenomena in some situation. However, how to integrate the above factors which affect the stability of traffic flow reasonably into the car following model is a problem that needs to be solved. For example, whether backward-looking effect need to be taken into account in any situation and whether the information of each preceding vehicle is weighted equally when considering the position and velocity and acceleration information of multiple preceding vehicles. Based on this, this study introduces a multi-information fusion model that comprehensively considers the backward-

looking effect, the velocity difference of multiple preceding vehicles and the optimal velocity difference, the optimal velocity difference of adjacent vehicles, the driver's memory effect and the acceleration of multiple preceding vehicles. For convenience, we will use the abbreviation BL-MSIF for the proposed model.

The rest of this paper is organized as follows. An improved car-following model that integrates multiple sources of information is put forward in Section 1, considering factors such as the backward-looking effect and memory variations in headway. In Section 2, the linear analysis is carried out by making use of linear stability theory. In Sections 3, numerical simulations of the BL-MSIF model are performed, which investigated and the performance of BL-MSIF model in improving the stability of traffic flow and the summary is given in Section 4.

1 The improved car-following model

Based on the traditional full velocity difference model (FVD), combined with the subsequent research on this model, including the BLVD model considering the backward-looking effect and velocity difference information (Sun et al., 2011), and the MHVAD model based on multi-head spacing, velocity and acceleration (Li et al., 2011), etc. In this paper, a following model (BL-MSIF) is proposed, which takes into account the backward-looking effect, the velocity difference of multiple preceding vehicles, the optimal velocity difference of adjacent vehicles, the memory change of multiple preceding vehicles and the acceleration information of multiple preceding vehicles. The acceleration of following vehicle is expressed as follows.

$$\frac{dv_n(t)}{dt} = \alpha \begin{bmatrix} (1-p)V_F(\Delta x_n(t)) + \\ pH(h_c - \Delta x_{n-1}(t))V_B(\Delta x_{n-1}(t)) \\ -v_n(t) \end{bmatrix} +$$

$$\lambda \sum_{j=1}^{K} q_j \Delta v_{n+j-1}(t) + \beta [V_F(\Delta x_{n+1}(t)) - V_F(\Delta x_n(t))] +$$

$$\gamma \sum_{j=1}^{K} \xi_j [V_F(\Delta x_{n+j-1}(t)) - V_F(\Delta x_{n+j-1}(t-\tau))] +$$

$$\omega \sum_{j=1}^{K} \eta_j a_{n+j-1}(t) \quad (j=1,2,\cdots,K; K \ll N) \tag{5}$$

Where $V_F(\Delta x_n(t))$ represents the optimal velocity with forward looking effect of the n th vehicle at time t and $V_B(\Delta x_{n-1}(t))$ represents the optimal velocity with backward looking effect of the $n-1$ th vehicle at time t. $V_F(\Delta x_{n+1}(t)) - V_F(\Delta x_n(t))$ represents the optimal velocity difference of adjacent vehicles. $V_F(\Delta x_{n+j-1}(t)) - V_F(\Delta x_{n+j-1}(t-\tau))$ is the optimal velocity memory term and $V_F(\Delta x_{n+j-1}(t-\tau))$ represents the optimal velocity with forward looking effect of the $n+j-1$ th vehicle at time $t-\tau$. $a_{n+j}(t)$ is the multiple preceding acceleration term. K is the number of leading vehicles perceivable in the V2X environment. α, λ, β, γ, ω represent the sensitivity coefficients of different terms respectively. q_j, η_j, ξ_j represent the weight coefficients of different terms respectively.

It needs to be pointed out in particular that $H(\cdot)$ is the Heaviside function and p is the degree of attention paid to the backward vehicle. Let $p \in \left[0, \frac{1}{2}\right)$, which means that the forward-looking effect is more important than the backward-looking effect. $H(h_c - \Delta x_{n-1}(t))$ is added into Eq. (5) as a factor. If the following car is near to the considered car, the latter has to accelerate to avoid the collision, which means that the backward-looking effect plays its role only if the headway is less than h_c.

We suppose that the q_j, η_j and ξ_j have the following properties.

$$q_j = \eta_j = \xi_j = \begin{cases} \dfrac{K-1}{K^j} & (j \neq K) \\ \dfrac{1}{K^{j-1}} & (j = K) \end{cases} \quad \sum_{j=1}^{K} q_j = \sum_{j=1}^{K} \eta_j = \sum_{j=1}^{K} \xi_j = 1 \tag{6}$$

As we all know, the influence of the preceding car on the car motion reduces gradually as the distance between the considered car and the preceding car increases, which means that $q_j > q_{j+1}$, $\eta_j > \eta_{j+1}$, $\xi_j > \xi_{j+1}$.

For the improved car-following BL-MSIF model established above, the utilized optimal velocity function is represented by Eq. (7):

$$V_F(\Delta x_n(t)) = \alpha'[\tanh(\Delta x_n(t) - h_c) + \tanh(h_c)]$$

$$V_B(\Delta x_{n-1}(t)) = -\alpha''[\tanh(\Delta x_{n-1}(t) - h_c) + \tanh(h_c)]$$

$$\tag{7}$$

where α', α'' are positive constants, h_c is the safe distance.

To simplify computations, neglecting the nonlinear terms in the Taylor expansion of the variable $\Delta x_n(t-\tau)$, the simplified calculation for $\Delta x_n(t-\tau)$ is given by Eq. (8):

$$\Delta x_n(t-\tau) = \Delta x_n(t) - \tau \frac{dv_n(t)}{dt} = \Delta x_n(t) - \tau \Delta v_n(t) \tag{8}$$

Similarly, the simplified expression for $V(\Delta x_n(t-\tau))$ is shown in Eq. (9):

$$V(\Delta x_n(t-\tau)) = V(\Delta x_n(t)) - \tau \Delta v_n(t) V'(\Delta x_n(t)) \tag{9}$$

Substituting Eqs. (8) and (9) into Eq. (5) yields the simplified motion equation, as shown in Eq. (10):

$$\frac{dv_n(t)}{dt} = \alpha \begin{bmatrix} (1-p)V_F(\Delta x_n(t)) + \\ pH(h_c - \Delta x_{n-1}(t))V_B(\Delta x_{n-1}(t)) - v_n(t) \end{bmatrix} +$$

$$\lambda \sum_{j=1}^{K} q_j \Delta v_{n+j-1}(t) + \beta[V_F(\Delta x_{n+1}(t)) - V_F(\Delta x_n(t))] +$$

$$\gamma \tau \sum_{j=1}^{K} \xi_j V_F'(\Delta x_{n+j-1}(t)) \Delta v_{n+j-1}(t) + \omega \sum_{j=1}^{K} \eta_j a_{n+j}(t)$$

$$(j=1,2,\cdots,K; K \ll N) \tag{10}$$

2 Stability analysis

Assuming the given initial state is in a steady state, the headway between vehicles in steady-state traffic flow is denoted as $h = L/N$, the driving speed as $V(h)$, and the initial position of each vehicle as $x_n^{(0)}(t) = hn + [(1-p)V_F(h) + pV_B(h)]t$. If a disturbance $y_n(t) = e^{(ikn+zt)}$ is applied to the n th vehicle, then after the disturbance is applied, vehicles in the steady-state uniform flow will experience perturbation, leading to a change in the positions of the vehicles:

$$x_n(t) = x_n^0(t) + y_n(t) \quad (11)$$

$$\frac{\mathrm{d}^2 y_n(t)}{\mathrm{d}t^2} = \alpha \begin{bmatrix} (1-p)V_F'(h)\Delta y_n + \\ pH(h_c - h - \Delta y_{n+j-1})V_B(h+\Delta y_{n-1}) \\ -pV_B(h) - \frac{\mathrm{d}y_n(t)}{\mathrm{d}t} \end{bmatrix} +$$

$$\lambda \sum_{j=1}^K q_j \frac{\mathrm{d}\Delta y_{n+j-1}(t)}{\mathrm{d}t} + \beta \begin{bmatrix} V_F'(h)\Delta y_{n+1} - \\ V_F'(h)\Delta y_n \end{bmatrix} +$$

$$\gamma\tau \sum_{j=1}^K \xi_j V_F'(h)\frac{\mathrm{d}\Delta y_{n+j-1}(t)}{\mathrm{d}t} + \omega \sum_{j=1}^K \eta_j \frac{\mathrm{d}^2 y_{n+j}(t)}{\mathrm{d}t^2} \quad (15)$$

Where $V'(h) = \mathrm{d}V(\Delta x_n)/\mathrm{d}\Delta x_n |_{\Delta x_n = h}$.

Setting $e^{(ikn+zt)} = e^M$, and here we mainly focus

$$z^2 = \alpha \begin{bmatrix} (1-p)V_F'(h)(e^{ik}-1) + \\ pV_B'(h)(1-e^{ik}) - z \end{bmatrix} + \lambda z\sum_{j=1}^K q_j e^{ikj}(1-e^{-ik}) +$$

$$\beta[V_F'(h)(e^{ik}-1)^2] + \gamma\tau z V_F'(h)\sum_{j=1}^K \xi_j e^{ikj}(1-e^{-ik}) +$$

$$\omega z^2 \sum_{j=1}^K \eta_j e^{ikj} \quad (16)$$

Performing a second-order Taylor expansion on e^{ik} and e^{-ik} results in:

$$e^{ik} = 1 + ik + \frac{1}{2}(ik)^2, e^{-ik} = 1 - ik + \frac{1}{2}(ik)^2 \quad (17)$$

Expanding the parameter z as $z = z_1(ik) + z_2(ik)^2 + \cdots$ and substituting it into Eq. (16), we obtain expressions for z_1 and z_2:

$$\begin{cases} z_1 = (1-p)V_F'(h) + pV_B'(h) \\ z_2 = \left[\frac{1}{2}(1-p)V_F'(h) - \frac{1}{2}pV_B'(h)\right] + \\ \quad \frac{1}{\alpha}\begin{bmatrix} \lambda z_1 + \beta V_F'(h) + \\ \gamma\tau V_F'(h)z_1 + (\omega-1)z_1^2 \end{bmatrix} \end{cases} \quad (18)$$

From Eq. (11), we have

$$y_n(t) = x_n(t) - x_n^0(t) \quad (12)$$

Taking the second derivative of $y_n(t)$ in the above equation, we obtain

$$\frac{\mathrm{d}^2 y_n(t)}{\mathrm{d}t^2} = \frac{\mathrm{d}v_n(t)}{\mathrm{d}t} \quad (13)$$

Setting $\Delta y_n(t) = y_{n+1}(t) - y_n(t)$, the headway $\Delta x_n(t)$ is then given by:

$$\Delta x_n(t) = h + \Delta y_n(t) \quad (14)$$

Substituting Eqs. (13) and (14) into Eq. (10) yields the differential equation associated with the disturbance as follows.

on the condition $h_c - |\Delta y_{j-1}| > h$, we have:

When $z_2 < 0$, the traffic flow will be in an unstable state. Conversely, when $z_2 > 0$, the traffic flow is in a stable state, indicating that the disturbance applied at the initial moment can dissipate. Hence, to maintain the stability of traffic flow, the following conditions need to be satisfied:

$$\alpha > \frac{-(\lambda + \gamma\tau V_F'(h))[(1-p)V_F'(h) + pV_B'(h)]}{\frac{1}{2}(1-p)V_F'(h) - \frac{1}{2}pV_B'(h)} +$$

$$\frac{(1-\omega)[(1-p)V_F'(h) + pV_B'(h)]^2 - \beta V_F'(h)}{\frac{1}{2}(1-p)V_F'(h) - \frac{1}{2}pV_B'(h)} \quad (19)$$

Based on Eq. (19), linear stability of the BL-MSIF model is analyzed. A phase diagram of the headway h with respect to the sensitivity coefficients α is established, as shown in Figure 1. Figure 1a) presents the comparison with other models, including the FVD model, BLVD, BL-OVD, and BL-OVCM. Among them, the FVD model refers to the full velocity difference model. The BLVD model is an extended car-following model that considered the combined effects of backward-looking effect and velocity difference on the basis of the FVD model (Sun et al., 2011). The BL-OVD model is a backward-looking & optimal velocity difference model built upon the Optimal Velocity Difference Model (OVDM) (Zhang, 2012). The BL-OVCM model, an extended following model, was proposed on the basis of the BLVD model, incorporating both backward-looking effect and optimal velocity memory effects (Li and Hui, 2017). Figure 1b) ~ d) shows the sensitivity with different coefficients β, ω, γ. Here the region above the curves represents the stable zone, while the region below the curves indicates the unstable zone.

As depicted in Figure 1a), it can be observed that the stability region of the BL-MSIF model is the largest. This indicates that the improved model has better performance in terms of stability. Furthermore, through the analysis of the impact of sensitivity coefficients related to the optimal velocity difference between adjacent vehicles, the sensitivity coefficient for multiple leading vehicle accelerations, and the sensitivity coefficient for memory effect on the model's stability, as illustrated in Figure 1b) ~ d), it can be seen that as these coefficients increase, the stability region of the BL-MSIF model grows significantly. This indicates that the BL-MSIF model can enhance traffic flow stability by incorporating these three types of information.

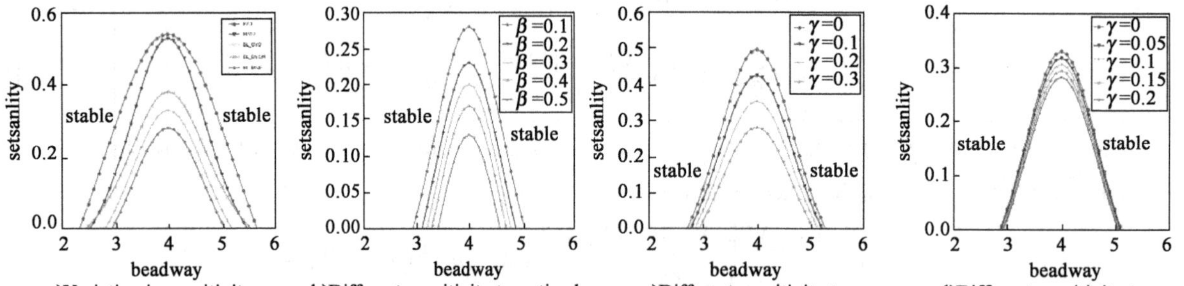

a)Variation in sensitivity across different models b)Different sensitivity to optimal velocity difference c)Different sensitivity to acceleration d)Different sensitivity to memory effect

Figure 1 Stability curve graph for the model

3 Numerical simulation

To further validate the model's characteristics in enhancing traffic flow stability, this section designs a simulated scene of a circular road for numerical simulations and analysis and introduces the BLVD (Sun et al., 2011), BL-OVCM (Li and Hui, 2017), and MVSCF (Shi et al., 2023) models for comparison.

A circular road with a total length of $L = 400\text{m}$ is established, accommodating a total of $N = 100$ vehicles uniformly distributed with identical inter-vehicle spacing. The experimental vehicles are numbered from 1 to 100, with the second vehicle following the first, and so on, forming a circular arrangement where the front car of the 100th vehicle is the 1st vehicle. The initial conditions for the vehicles are as follows:

$$\begin{cases} x_1(0) = 1\text{m} \\ x_n(0) = (n-1)L/N & (n = 2,3,\cdots,N) \\ v_n(0) = (1-p)V_F(L/N) + pV_B(L/N) & (n = 1,2,\cdots,N) \end{cases} \tag{20}$$

The parameters for model simulation are taken as reference to the empirical value, (Wang et al., 2022; Ma et al., 2021) as shown in Table 1. Velocity distribution of various models is shown in Figure 2.

The critical parameters for model simulation

Table 1

Parameter names and symbols	Values (Ranges)
Time step Δt	0.2s
Sampling time interval τ	0.2s
The sensitivity coefficient of optimal velocity α	0.41
The sensitivity coefficient of velocity difference λ	0.5
The sensitivity coefficient of the acceleration term ω	0.3
The sensitivity coefficient of the optimal velocity difference term in the temporal dimension γ	0.2
The sensitivity coefficient of the optimal velocity difference term β	0.1
The number of leading vehicles perceivable in the V2X environment K	2
The weight parameter of backward-looking effect p	0.2

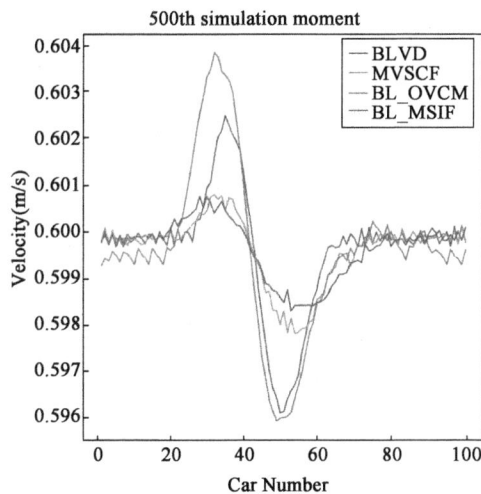

Figure 2 Velocity distribution of various models

Through an analysis of simulation results, the velocity fluctuation characteristics at 500 sampling intervals are depicted in Table 2. In Table 2, parameters v_{ave}, v_{pt}, R_{ave} and D_v represent the mean velocity, velocity fluctuation peak-to-valley difference, average velocity fluctuation rate, and velocity standard deviation, respectively. It can be observed that the BL-MSIF model exhibits a velocity fluctuation peak-to-valley difference of 0.002m/s, lower than the peak-to-valley values of the other three models (0.006m/s, 0.008m/s, 0.003m/s). The average velocity fluctuation rate of the BL-MSIF model is 0.20%, lower than the rates of the other

models (0.53%, 0.66%, 0.25%). Additionally, the velocity standard deviation of the BL-MSIF model is 0.0006m/s, lower than the velocity standard deviation values of the other three models (0.0013m/s, 0.0018m/s, 0.007m/s).

Simulation results for various models

Table 2

Models	v_{ave} (m/s)	v_{pt} (m/s)	R_{ave} (%)	D_v (m/s)
BLVD	0.600	0.006	0.53	0.0013
BL-OVCM	0.600	0.008	0.66	0.0018
MVSCF	0.600	0.003	0.25	0.0007
BL-MSIF	0.600	0.002	0.20	0.0006

The experimental results indicate that the improvedBL-MSIF model established in this study demonstrates excellent performance in maintaining stable traffic flow. The results suggest that the BL-MSIF model exhibits superior velocity stability and more refined control over velocity variations during the process of suppressing and absorbing disturbances.

4 Conclusions

The application of V2X technology makes it necessary to describe the microscopic traffic flow with a new following model. Due to the single factors considered in previous research, this study aims to comprehensively consider various influencing factors and build a model that is closer to the real traffic scenario to capture the car-following behaviors as well as traffic flow characteristics in the V2X environment. This will provide more references and insights for the future development of intelligent traffic systems.

This study first identified the effective vehicle interaction information in the V2X environment. It is found that motion states of multiple preceding vehicles, backward-looking effects, optimal velocity difference, memory variations in headway, and acceleration factors influence on car-following behaviors. Subsequently, on the basis of integrating the above factors, the backward-looking effect is improved and the weight function of multi-vehicle information is established, and then the improved BL-MSIF model in V2X environment is established. Then the performance of this improved model is investigated by means of theoretical analysis. Finally, numerical simulations are conducted to analyze the stability and traffic flow characteristics based on the improved BL-MSIF model.

The results indicate that compared to previous baseline model, the BL-MSIF model enhances traffic flow stability.

However, there are certain limitations. Due to the influence of real vehicle testing conditions, the improved following model was not tested with real vehicles. The next step is to conduct real vehicle testing to further optimize the model.

References

[1] ADEWALE A, LEE C S. An extended car-following model considering backward-looking effect: a machine learning approach [J]. Canadian Journal of Civil Engineering, 2023.

[2] BANDO, HASEBE, NAKAYAMA, et al. Dynamical model of traffic congestion and numerical simulation[J]. Physical Review E, Statistical Physics, Plasmas, Fluids and Related Interdisciplinary Topics, 1995, 51(2): 1035-1042.

[3] CAO B G. A new car-following model considering driver's sensory memory [J]. Physica A: Statistical Mechanics and Its Applications, 2015 (427): 218-225.

[4] HELBING D, TILCH B. Generalized force model of traffic dynamics [J]. Physical Review E, 1998, 58(1): 133-138.

[5] HERMAN R, MONTROLL E W, POTTS R B et al. Traffic dynamics: analysis of stability in car following[J]. Operations Research, 1959, 7(1): 86-106.

[6] JAFARIPOURNIMCHAHI A, CAI Y F, WANG H, et al. Stability analysis of delayed-feedback control effect in the continuum traffic flow of autonomous vehicles without V2I communication [J]. Physica A: Statistical Mechanics and Its Applications, 2022, (605): 127975.

[7] JIANG R, WU Q S, ZHU Z J. Full velocity difference model for a car-following theory[J]. Physical Review E, 2001, 64(1): 017101.

[8] LI Y F, SUN D H, LI W N. Modeling and simulation for microscopic traffic flow based on multiple headway, velocity and Acceleration difference[J]. Nonlinear Dynamics, 2011, 66 (1/2): 15-28.

[9] LI X Y, ZHOU T, YANG Z Y. Car-following model based on the information of the nearest neighbor leading car's acceleration [J]. Journal of Chongqing University, 2015, 38 (6): 153-158.

[10] Li T L, HUI F. Numerical simulation of car-following model considering optimal velocity changes with memory and backward looking effect [J]. Computer Engineering and Applications, 2017, (53): 249-254.

[11] MA D F, HAN Y Y, QU F Z, et al. Modeling and analysis of car-following behavior considering backward-looking effect [J]. Chinese Physics B, 2021, 30(3): 034501.

[12] MA G Y, MA M H, LIANG S D, et al. Nonlinear analysis of the car-following model considering headway changes with memory and backward looking effect[J]. Physica A: Statistical Mechanics and Its Applications, 2021(562): 125303.

[13] MA G Y, MA M H, LIANG S D, et al. An improved car-following model accounting for the time-delayed velocity difference and backward looking effect[J]. Communications in Nonlinear Science and Numerical Simulation, 2020(85): 105221.

[14] MA M H, MA G Y, LIANG S D. Density waves in car-following model for autonomous vehicles with backward looking effect [J]. Applied Mathematical Modelling, 2021(94): 1-12.

[15] PENG G H, YANG S H, ZHAO H Z. The difference of drivers' anticipation behaviors in a new macro model of traffic flow and numerical simulation[J]. Physics Letters A, 2018, 382(36): 2595-2597.

[16] PENG Y, LIU S J, YU D Z. An improved car-following model with consideration of multiple preceding and following vehicles in a driver's view [J]. Physica A: Statistical Mechanics and Its Applications, 2020 (538): 122967.

[17] PENG G H, SUN D H. A dynamical model of car-following with the consideration of the multiple information of preceding cars [J]. Physics Letters A, 2010, 374 (15-16): 1694-1698.

[18] PENG G H, CAI X H, LIU C Q, et al. Optimal velocity difference model for a car-following theory[J]. Physics Letters A, 2011, 375(45): 3973-3977.

[19] PENG G H, NIE F Y, CAO B F, et al. A driver's memory lattice model of traffic flow and its numerical simulation [J]. Nonlinear Dynamics, 2012, 67(3): 1811-1815.

[20] PENG G H, LU W Z, HE H D, et al. Nonlinear analysis of a new car-following model accounting for the optimal velocity changes with memory [J]. Communications in Nonlinear Science and Numerical Simulation, 2016(40): 197-205.

[21] PENG G H, JIA T T, KUANG H, et al. A novel car-following model by sharing cooperative information transmission delayed effect under V2X environment and its additional energy consumption [J]. Chinese Physics B, 2022, 31(5): 058901.

[22] SUN Y Q, GE H X, CHENG R J. An extended car-following model under V2V communication environment and its delayed-feedback control [J]. Physica A: Statistical Mechanics and Its Applications, 2018(508): 349-358.

[23] SUN D H, LIAO X Y, PENG G H. Effect of looking backward on traffic flow in an extended multiple car-following model[J]. Physica A: Statistical Mechanics and Its Applications, 2011, 390(4): 631-635.

[24] SUN D H, LI Y F, TIAN C. Car-following model based on the information of multiple ahead & velocity difference [J]. System Engineering-Theory & Practice, 2010, 30 (7): 1326-1332.

[25] SUN D H, LIAO X Y, PENG G H. Effect of looking backward on traffic flow in an extended multiple car-following model[J]. Physica A: Statistical Mechanics and Its Applications, 2011(390): 631-635.

[26] SHI X, ZHU J, ZHAO X M, et al. Car-following model for connected vehicles based on multiple vehicles with state change features [J]. Automotive Engineering, 2023, 45 (8): 1309-1319.

[27] TAKASHI O, MASAHIKO K, MASAAKI T. Carbondioxide emission model in actual urban road vehicular traffic conditions[J]. Doboku Gakkai Ronbunshu, 2002(695): 125-136.

[28] WANG Z H, GE H X, CHENG R J. Nonlinear analysis for a modified continuum model considering driver's memory and backward looking effect [J]. Physica A: Statistical Mechanics and Its Applications, 2018(508): 18-27.

[29] WANG Q Y, GE H X. An improved lattice hydrodynamic model accounting for the effect of "backward looking" and flow integral[J]. Physica A: Statistical Mechanics and Its Applications, 2019(513): 438-446.

[30] WANG J, CAI Z Y, CHEN Y H, et al. An advanced control strategy for connected autonomous vehicles based on micro simulation models at multiple intersections[J]. Physica A: Statistical Mechanics and Its Applications, 2023(630): 129237.

[31] WANG Q Y, GE H X. An improved lattice hydrodynamic model accounting for the effect of "backward looking" and flow integral[J]. Physica A: Statistical Mechanics and Its Applications, 2019(513): 438-446.

[32] WANG T, GAO Z Y, ZHAO X M. Multiple velocity difference model and its stability analysis[J]. Acta Physica Sinica, 2006, 55 (2): 634-640.

[33] WANG S Y, YU B, WU M Y. MVCM car-

following model for connected vehicles and simulation-based traffic analysis in mixed traffic flow［J］. IEEE Transactions on Intelligent Transportation Systems，2022（23）：5267-5274.

［34］ YANG Y C, CAO T Y, XU S Z, et al. Influence of driving style on traffic flow fuel consumption and emissions based on the field data［J］. Physica A：Statistical Mechanics and Its Applications, 2022（599）：127520.

［35］ YU S W, SHI Z K. An extended car-following model at signalized intersections［J］. Physica A：Statistical Mechanics and Its Applications, 2014（407）：152-159.

［36］ YU S W, SHI Z K. Dynamics of connected cruise control systems considering velocity changes with memory feedback ［J］. Measurement, 2015（64）：34-48.

［37］ YU S W, SHI Z K. The effects of vehicular gap changes with memory on traffic flow in cooperative adaptive cruise control strategy ［J］. Physica A：Statistical Mechanics and Its Applications, 2015（428）：206-223.

［38］ YU S W, ZHAO X M, XU Z G, et al. The effects of velocity difference changes with memory on the dynamics characteristics and fuel economy of traffic flow［J］. Physica A：Statistical Mechanics and Its Applications, 2016（461）：613-628.

［39］ ZHAI Q T, GE H X, CHENG R J. An extended continuum model considering optimal velocity change with memory and numerical tests［J］. Physica A：Statistical Mechanics and Its Applications, 2018（490）：774-785.

［40］ ZHAI C, WU W T. A new continuum model with driver's continuous sensory memory and preceding vehicle's taillight ［J］. Communications in Theoretical Physics, 2020, 72（10）：105004.

［41］ ZHANG H M. Driver memory, traffic viscosity and a viscous vehicular traffic flow model［J］. Transportation Research Part B：Methodological, 2003, 37（1）：27-41.

［42］ ZHANG J C. Study on the traffic flow modeling and its characteristics based on the comprehensive effect of ahead-backward vehicles ［D］. Chongqing：Chongqing University, 2012.

基于驾驶模拟技术的高速公路视距评价方法

李岩松[1,2]　王恩师[3]　邓　敏[3]　吕能超[*1]
（1.武汉理工大学智能交通系统研究中心；2.武汉理工大学交通与物流工程学院；
3.武汉中交交通工程有限责任公司）

摘　要　本研究旨在提出一种基于三维模型的评估方法，以确定有效视距，并通过仿真软件模拟驾驶过程来展示不同路段下的视距情况。为实现这一目的，本研究选择了高速公路主线与匝道作为试验路段，并运用驾驶模拟平台进行场景设计和观测记录。通过空间两点通视原理评估有效视距，并根据评估结果进行数据处理和分析。本研究采用了180°环形视野的仿真平台，并利用建筑信息模型（BIM）技术创建了基于真实公路数据的驾驶模拟场景。最终，通过应用驾驶模拟技术中的视距评价方法，本研究成功地识别了存在视距不足的路段及其原因。本研究的基于三维模型的评估方法能够直观地展示不同条件下的视距情况，从而提高了评价的真实性和可靠性。

关键词　公路安全　模拟驾驶　有效视距　仿真建模　视距评价

基金项目：国家重点研发计划项目（2023YFB4302600）、湖北省重点研发计划项目（2022BAD142）。

0 引言

有效视距是指在道路上驾驶人能够清晰看到前方道路上的物体或障碍物的最大距离,是确保驾驶人能够及时做出反应、避免碰撞,并保持安全行车的重要因素之一。当道路设计的有效视距过低时,驾驶人无法全面判断前方路段的驾驶信息,致使驾驶人在面对突发紧急驾驶场景时,难以及时有效完成紧急避让或制动[1]。研究表明,道路上43.4%的交通事故是由视距条件不良而引发的[2],并且汽车行驶时的视距越小,交通事故的发生率就越高,驾驶不当也与行车视距有一定的联系[3]。Steinauer 等[4]通过对某实际高速公路水平曲线路段的研究发现,有效视距增大与事故率降低之间存在相关性。

有效视距的研究中,2D 方法是当前被广泛应用的一种有效视距确定方法。然而,三维视距是道路本身所能提供的视距,它受到多种因素的影响,包括道路线形指标、线形组合、地形以及路侧遮挡物等。因此,在评估道路有效视距时,需要综合考虑以上因素。但是 2D 方法作为一种简化的平面计算方法,无法实现在三维线性组合状态下进行有效视距的确定。如 Ismail 等[5]研究表明,二维方法是一种简化的投影计算方法,所得有效视距值与实际值存在差异。Gavran 等[6]研究了有效视距和理论视距之间的差异,并提出用于估算有效视距的变量包括眼睛高度和目标高度。杨永红等[7]提出分离的平、纵公路线形设计和静态的二维设计视距无法准确反映真实驾驶环境下人对行车视距的需求。

综合以上文献分析可以得出,2D 方法虽然被广泛应用,但无法准确反映真实驾驶环境下人对行车视距的需求。三维视距受到多种因素的影响,包括道路线形指标、线形组合、地形以及路侧遮挡物等,因此在评估道路有效视距时需要综合考虑这些因素。为了提高视距评价的真实性和可靠性,进一步探索针对驾驶人交互环境下的有效视距测量方法是必要的。另外,CastroM 等[8]研究表明,确定有效视距时所用模型的实际场景还原度越高,所得视距越精确。所以为了更好地评估道路安全性和视距的有效性,本研究采用了模拟驾驶技术的视觉模拟,通过仿真软件模拟驾驶过程,并利用 BIM 技术创建基于真实公路数据的驾驶模拟场景。在试验路段上,采用180°环形视野的仿真平台进行场景设计和观测记录,通过空间两点通视原理评估有效视距,并据此进行数据处理与分析。本文的研究方法和结果为公路视距评价提供了一种新的思路和工具。

1 驾驶模拟与仿真技术

1.1 驾驶模拟平台

本研究使用的驾驶模拟平台(图1)采用180°环形视野,呈现更加真实、全面的驾驶场景,为驾驶员在驾驶过程中提供真实感受。本平台基于 UC-win/Road 客户端集群功能搭建而成,由八台电脑通过局域网互联,将多个投影平面进行融合,形成八通道三自由度的驾驶模拟平台。这种多通道设计使驾驶员在使用平台时获得更加逼真的空间感受,并能提高场景渲染程度和运行效率。本驾驶模拟平台能够提供高度仿真的驾驶环境。通过使用高清晰度的屏幕和先进的计算机图形处理技术,平台能够呈现各种复杂的驾驶场景。通过使用模拟驾驶平台,使本研究在安全环境下对道路的停车视距进行评价。

图1 驾驶模拟平台

1.2 仿真场景建模

本研究以某高速公路为例,选取的路段为事故常发路段,根据统计资料,该路段的主线和匝道交通事故形态以追尾和驾驶不当分别为68%和53%。根据该高速公路设计相关资料,创建基于 BIM 技术的道路驾驶模拟场景。该场景包含车道信息、道路几何特征等,并经过将 BIM 模型编码成 LandXML 文件后,在 UC-win/Road 中导入和读取[9]。通过添加道路标志、路口标识等元素,进一步提高了场景的真实度。在此基础上,本研究设定了各种不同的环境条件和车辆路况参数,以模拟真实驾驶情况。本研究利用 UC-win/Road 软件提供的交互式功能,实现在模拟场景中进行驾驶体验。道路设计资料见表1。

道路设计资料　　　　　表1

设置路线桩号范围		设计速度(km/h)		运行速度(km/h)	
主线	匝道A	主线	匝道A	主线	匝道A
K36+200~ K38+200	AK0+030~ AK0+260	100	40	88	47

在 BIM 模型导入仿真软件后,UC-win/Road软件中对测评路段按照平面线形数据编辑、纵断面线形数据编辑、横断面数据编辑以及道路路面材质信息设置的流程进行建模。其中在平面线形数据编辑中,根据设计图纸或实地勘测数据,编辑道路的平面线形数据,包括平曲率的长度、直线段的长度、曲线半径、转角等;在纵断面线形数据编辑中,根据设计图纸和实地勘测数据,编辑道路的纵断面线形数据,包括道路的高度变化和坡度,如图2a)所示。在横断面数据编辑中,根据设计图纸或实地勘测数据,编辑道路的横截面数据,包括标准横断面线形、边沟、路堤等,如图2b)所示。在道路路面材质信息设置中根据实际情况,设置道路路面的材质类型、颜色和贴图,以呈现真实的路面效果。

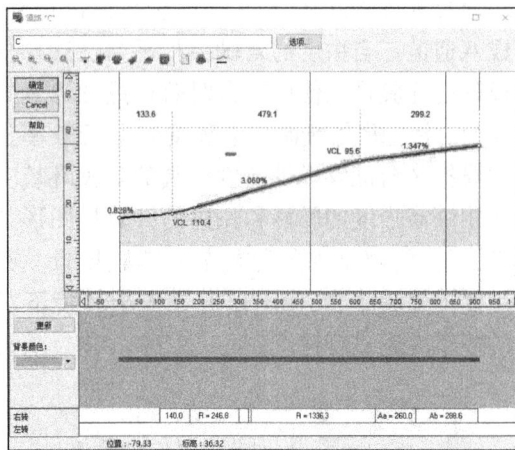

a)纵断面界面设计图

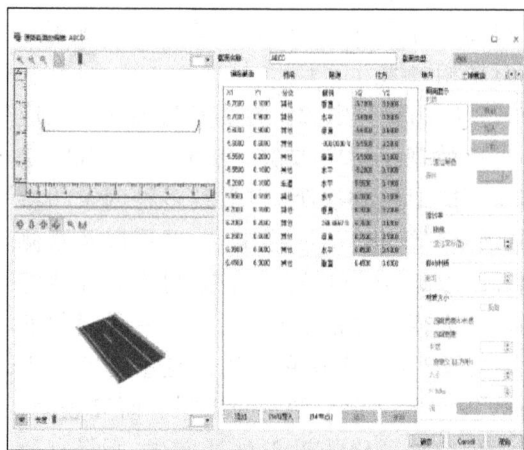

b)横断面界面设计图

图2　纵横断面界面设计图

2　有效视距评估

本研究采用空间两点通视原理来确定道路的有效视距。本研究首先采用停车视距的计算值作为有效视距的计算标准。通过配置引导车(仿真系统生成的车辆)和记录车(模拟驾驶系统操作的车辆),在试验过程中进行视距遮挡情况的观察和记录。在试验过程中,被试进入引导车驾驶舱,视线锁定引导车,并基于空间两点通视进行视距判断。观测记录员时刻用眼睛观察参照车辆,如果发现记录车辆的视线被遮挡或受到其他物体影响,则记录下该位置的相关信息。通过这种基于驾驶模拟技术的公路视距评价方法,更全面、准确地评估公路视距情况,提升道路交通安全性能。

2.1　有效视距选取

在公路设计和运维阶段,会通过比较停车视距、超车视距、会车视距等行车视距来评估公路的视距安全性[10]。由于本文选取高速公路作为分析对象,根据《公路路线设计规范》(JTG D20—2017)相关规定,在分析高速公路视距,只需考虑行车视距中的停车视距,并且每条车道的停车视距不应小于规定数值(具体数值可参见表2)。为了保证驾驶员行车安全,公路设计所提供的有效视距需要大于停车视距,以确保驾驶员在面对突发情况时能够安全完成紧急制动。所以在进行视距评估时,本研究通过将有效视距与停车视距进行比较,并以此作为评估指标,以更好地评估公路设计的视距安全性。

高速公路停车视距　　　　表2

高速公路设计速度(km/h)	120	100	80	40
停车视距(m)	210	160	110	40

本研究选取的有效视距为公路行驶速度对应的停车视距为评判标准,对所有评判路段开展模

拟驾驶与多车交互的试验来评价停车视距的效果。根据统计得到的道路信息,按《公路工程技术标准》(JTG B01—2014)公式计算停车视距:

$$S_c = \frac{V_0 \cdot t}{3.6} + \frac{(V_0/3.6)^2}{2gf} \qquad (1)$$

式中:S_c——停车视距(m);

V_0——汽车运行速度(km/h);

t——驾驶员反应时间(s),取2.5s(判断时间1.5s,运行时间1.0s);

g——重力加速度,取9.8m/s²;

f——纵向摩阻系数,取0.3。

视觉模拟试验所采取的速度与试验停车视距见表3。

试验速度与试验视距 表3

路段	主线	匝道A
试验车速(km/h)	88	47
计算视距S_c(m)	162	62
标准值(m)	160	40
试验视距(m)	162	62

2.2 有效视距测评

本研究通过配置引导车(仿真系统生成的车辆)和记录车(模拟驾驶系统操作的车辆),在试验过程中进行公路视距的测评。引导车的行驶速度和轨迹为恒定值,而记录车则通过仿真系统内的

定速巡航控制系统设置车速为恒定值,使得记录车稳定地跟随引导车的行驶轨迹与车速在测路段行驶。通过使用车辆模拟驾驶系统中的控制算法来实现定速巡航控制系统,并通过控制车辆的加速踏板和引擎输出功率来维持恒定速度。引导车与记录车对视距的判定,基于空间两点通视原理(图3),通过判断空间两点之间的连线是否经过其他实体或物体,判定两点是否通视[11]。本研究将这一原理应用于有效视距的确定中,从记录员的视点出发沿行车方向对目标物进行视线锁定。通过判定记录车中记录员的视点与行车方向上引导车的视线是否穿越了道路及路侧环境的某一实体来确定有效视距。当视点与物点的连线穿过实体时,即判定为视距受阻。

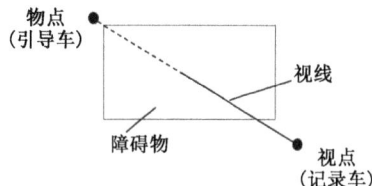

图3 空间两点通视原理

通过对行驶轨迹数据进行处理和分析,分析结果如图4所示,本研究在主线和匝道A的车辆行驶轨迹中,引导车与记录车之间的距离始终保持着设定的距离。同时,引导车和记录车也始终保持着设定的运行速度。

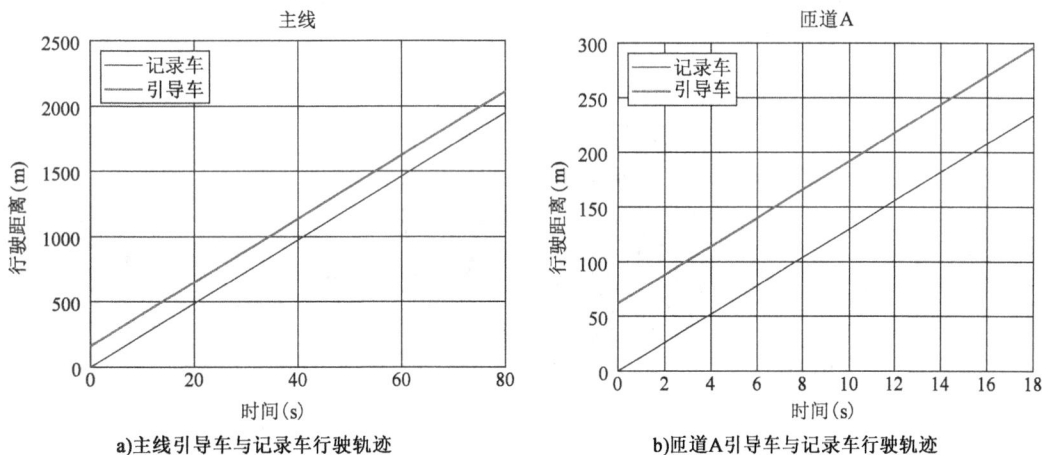

a)主线引导车与记录车行驶轨迹

b)匝道A引导车与记录车行驶轨迹

图4 主线和匝道A引导车与记录车行驶轨迹

2.3 结果分析

在本研究中,为了确保试验过程的真实性,招募了10名被试进行道路视距测评试验。其中,男性5名,女性5名,年龄在20~40岁之间,平均驾

龄为6年。首先,让被试进入记录车模拟驾驶舱,数据采集人员仿真在一旁记录被试提供的信息。通过模拟驾驶系统的定速巡航控制系统,记录车稳定地跟随引导车的行驶轨迹与车速在测路段行

驶。同时被试将视线锁定在引导车辆上,完成整个路段的有效视距的测评。

视距测评过程中,将桩号按照记录车每一秒行驶的距离为一个评价单元,主线的每个评价单元为 25m,主线总共有 80 个评价单元,匝道的每个评价单元为 13m,主线总共有 18 个评价单元。

数据采集人员汇总统计视距受阻路段的评价单元,根据评价单元统计试验中所有视线不达标位置的桩号。评价结果统计显示中,将数字 1 设置为视距达标,数字 -1 设计为视距不达标。主线与匝道 A 视距评价结果如图 5 所示。

a)主线视距评价结果

b)匝道A视距评价结果

图 5　主线与匝道 A 视距评价结果

根据评价结果的统计和分析可以帮助确定道路上视距不达标的位置和原因,为改善道路视距提供依据。在主线中,桩号 K37 + 200 ~ K37 + 225 处的路段视距不达标,证明在此处车辆以 88km/h 的行车速度行驶时,有效视距不满足驾驶者能够清晰看到前方道路上的物体或障碍物的最大距离。在匝道中,桩号为 AK0 + 147 ~ AK0 + 173 路段视距不达标,证明在此处以 47km/h 的行车速度行驶时,有效视距不满足驾驶者能够清晰看到前方道路上的物体或障碍物的最大距离。

经过桩号定位到真实路段分析得知(图 6),主线不满足视距的路段有效视距受到道路障碍物遮挡,桩号 K37 + 200 ~ K37 + 225 的路段受到周边树木遮挡视线,影响驾驶员对前方道路的观察。匝道的运行速度 47km/h,超过该匝道的限速 40km/h,缺乏有效的限速措施,以实际运行速度行驶对应有效视距不满足的路段为弯道,在该路段,驾驶员行驶时车速未保持在安全车速内,有效视距不足,易引发事故。

a)主线真实路段情况分析

b)匝道真实路段情况分析

图 6　主线与匝道真实路段情况分析

3　结语

本研究旨在解决道路有效视距评估问题,并通过采用模拟驾驶技术的视觉模拟和 BIM 技术创建基于真实公路数据的驾驶模拟场景,提供一种新的评估手段和研究思路。通过仿真软件模拟驾驶过程,并利用 180°环形视野的仿真平台进行场景设计和观测记录,本研究基于空间两点通视原理评估道路的有效视距,并据此进行数据处理与分析。

本研究的创新点主要体现在以下方面：

（1）通过利用驾驶模拟器进行视觉模拟，直观展示不同道路条件下的视距情况，为道路设计和交通安全性能提供直观的评估工具。

（2）本研究选取停车视距作为有效视距标准，与国家公路设计规范相一致，通过比较有效视距和停车视距，发现并分析实际道路中存在视距不足的路段和原因。

（3）本研究采用模拟驾驶技术和BIM技术相结合的方法，基于真实公路数据创建驾驶模拟场景，提高评估的真实性和可靠性。

通过本研究的方法和结果，可以为交通安全提供更准确的视距评估，为进一步优化道路设计和提高交通安全性能提供参考依据。未来研究可以探索不同类型车辆和道路环境对停车视距的影响，以进一步完善道路设计和提高交通安全水平。

参考文献

[1] ABDULHAFEDH A. Highway stopping sight distance, decision sight distance, and passing sight distance based on AASHTO models [J]. Open Access Library Journal, 2020, 7(3):1-24.

[2] GARGOUM S A, KARSTEN L. Virtual assessment of sight distance limitations using LiDAR technology: automated obstruction detection and classification[J]. Automation in Construction, 2021, 125: 103579.

[3] 张航,张肖磊,吕能超. 高速公路停车视距可靠性设计[J]. 公路交通科技,2019,36(4): 44-49,87.

[4] STEINAUER B, TARPP R, BOEKER E. Verkehrssicherheit in kurven auf autobahen [J]. Strassenverkehrstechnik,2002,46.

[5] ISMAIL K,SAYED T. New algorithm for calculating 3D available sight distance [J]. Journal of Transportation Engineering, 2007, 133 (10): 572-581.

[6] GAVRAN D., FRIC S, ILI Ć V, et al. Sight distance analysis in road design process: serbian practice[J]. Transport,2016,31(2):250-259.

[7] 杨永红,夏元波,王杰聪,等. 边坡约束条件下的三维动态视距计算方法[J]. 东南大学学报（自然科学版）,2020,50(5):983-990.

[8] CASTRO M, LOPEZ-CUERVO S, PARÉNS-GONZÁLEZ M, et al. LIDAR-based roadway and roadside modelling for sight distance studies [J]. Survey Review, 2016, 48 (350): 309-315.

[9] 吕能超,王玉刚,周颖,等. 道路交通安全分析与评价方法综述[J]. 中国公路学报,2023,36 (4):183-201.

[10] KHASKA K,MILETICS D. Sight distance analyses for autonomous vehicles in civil 3D [J]. Pollack Periodica,2021,16(3):33-38.

[11] 王佐,刘建蓓,郭腾峰. 公路空间视距计算方法与检测技术[J]. 长安大学学报（自然科学版）,2007,27(6):5.

基于 BIM-VISSIM 交互的交通数字化设计与应用研究

梁锺月[1]　黄春翔[*1,2]　田　辉[1]　常贵智[1]　续安城[2]　樊　实[2]　王江舟[1]

（1. 重庆市设计院有限公司；2. 重庆交通大学土木工程学院）

摘　要　为缓解城市道路的交通拥堵问题，根据当前道路建筑信息模型（Building Information Modeling,BIM）技术发展的实际需要，本研究针对现状拥堵交叉口提出了一种基于BIM-VISSIM交互的信

项目基金：重庆市研究生联合培养基地建设项目（JDLHPYJD2020014）；重庆市自然科学基金创新发展联合基金项目（CSTB2022NSCQ-LZX0063）

号配时优化方案。以重庆市万州区北滨大道—王牌路立体交叉口上层平面交叉口为例。首先,获取高峰时段的交通车流数据及信号灯配时数据,再通过 BIM 构建精细的仿真场景;然后根据交叉口信号配时计算方法,得到与高峰小时交通流量匹配的最佳信号配时方案;最后应用 VISSIM 检验原信号配时方案和优化后信号配时方案的运行效果,进行可视化交通仿真分析。方案以排队长度平均值、排队长度最大值、车辆延误平均值、停车次数平均值、通过车辆数为评价指标,研究结果表明:优化后的信号配时方案可以减少 26.0% 排队长度平均值、减少 23.4% 排队长度最大值、减少 25.9% 车辆延误平均值、减少 32.6% 停车次数平均值,增加 10.1% 通过车辆数。说明优化后的配时方案可以在一定程度上缓解高峰时段交叉口拥堵状况,提高交叉口的通行能力。本研究仿真结果可为交通信号配时的决策使用提供参考。

关键词 交通建设　数字化　信号配时优化　BIM　VISSIM

0　引言

在过去的十年中,建筑信息模型(Building Information Modeling,BIM)技术已经在全球各地获得了业界的普遍接受。VISSIM 是一种微观的、基于时间间隔和驾驶行为的仿真建模工具,一般用于城市交通和公共交通运行的建模。这两种软件各有优点,但目前二者在学习和引入道路领域中却面临着诸多难题。BIM 技术具有优秀的三维可视化仿真建模能力,但缺乏对交通参数更细致的分析,BIM 软件交通评价功能较弱,缺少完善的交通流模块;另一方面,VISSIM 具备完善的车辆动力学模型,但其自身三维场景建模能力有限,精度较低,使用者感官体验较差。

现阶段,国内主要将 BIM 和 VISSIM 结合起来对实施方案进行运行分析。李向红整合 BIM 与地理信息系统(GIS)建立施工现场模型,对工程迁改方案的交通数据进行了对比分析,确认了方案的可行[1]。赵牧冉通过倾斜摄影技术获取了宿迁市综合客运枢纽项目的场地信息,解析后形成三维模型,同时与 BIM 融合处理,然后对车行、人行流线进行模拟,根据疏散分析结果对道路及出入口位置进行优化,得到了可以满足正常通行要求的道路设计[2]。张林飞以南通平海干线公路快速化改造工程为例,通过采用 BIM 技术模拟施工方案,并结合 VISSIM 进行了施工期间的交通组织分析[3]。目前国外对于 BIM 和 VISSIM 交互的研究较少,Cantisani Giuseppe 等人使用 7D BIM 重新设计道路节点,在备选方案之间进行效益成本分析和环境的微观模拟[4]。

交通系统是城市基础设施的关键组成部分,其设计和管理直接影响城市的可持续发展和居民的生活质量。随着数字化技术的发展,基于 BIM-VISSIM 交互的交通数字化设计与应用研究成为解决现代城市交通问题的有力工具。这一研究领域的探索不仅有助于提高交通设计的精准度和效率,而且能够有效预测和管理交通流,减少交通拥堵,提高道路安全性。

许利彤探讨了 BIM 技术在高速公路改扩建项目中的应用,通过实例分析展示了 BIM 技术如何提高施工效率和项目管理效果[6]。这项研究证明了 BIM 技术在交通基础设施项目中的巨大潜力,特别是在施工阶段。王建伟综述了道路基础设施数字化的进展与展望,强调了数字化技术在提升道路设计、建设和维护过程中的重要作用,指出了数字化在提高交通系统性能和可持续性方面的关键价值[7]。魏雪延通过 VISSIM 进行的多车道高速公路通行能力分析与建模研究,展示了仿真技术如何帮助理解和优化高速公路的通行能力[8],这一研究为高速公路设计和管理提供了科学的决策支持。陈昊利用 VISSIM 仿真探讨了高速公路事故对交通流的影响,提出了有效的交通事故管理和应对策略[9],这一工作对于提高高速公路安全性和减少事故影响具有重要意义。张兴军聚焦于 BIM 技术在城市轨道交通工程中的应用,探讨了数字化交付的策略和效益,为轨道交通项目的信息化管理提供了实用的方法[10]。

综上所述,基于 BIM-VISSIM 交互的交通数字化设计与应用研究在提高交通设计和管理的效率、安全性和可持续性方面展现出巨大的潜力。为了使 BIM 技术与道路工程领域更紧密结合,以便 BIM 技术能更有效地服务于道路工程设计,有必要结合 BIM 与 VISSIM,将两个软件各自的优点发挥出最大效益。例如对道路方案进行辅助设计、更加直观地分析交通运行状况,从而找到能够解决交通拥堵问题的方法,以得到最佳设计方案。

1　数据的采集与处理

1.1　试验交叉口简介

为解决实际交通问题,研究选取了位于重庆

市万州区北滨大道—王牌路立体交叉口上层平面交叉口作为本次试验交叉口。其中,北滨大道道路等级为城市主干路,双向六车道,限速40km/h;王牌路道路等级为城市支路,双向四车道,限速30km/h。试验交叉口平面图如图1所示。

北滨大道为区域内重要的纵向骨架道路,以承担过境交通功能为主,兼顾服务交通。万州城区16条公交线路以及1条观光旅游线路均经过该交叉口,其中15条线路均为南进西出,在高峰时段极容易造成交通拥堵。试验交叉口与西侧相邻交叉口间距仅120m,容易产生交叉口车辆排队溢出现象。试验交叉口实景照片如图2所示。

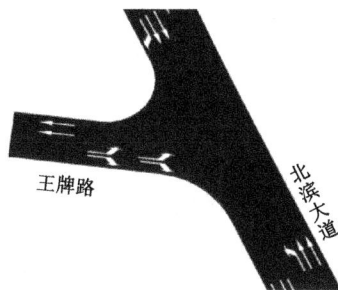

图1 试验交叉口平面图

1.2 交通流数据采集

统计该交叉口三个进出口处高峰小时的交通流量数据,再根据交通流量调查车型划分及车辆换算系数,得到交叉口现状各个流向的交通流量和高峰小时系数,如图3所示。

a)交叉口全貌

b)交叉口北进出口(南滨大道)

c)交叉口南进出口(南滨大道)

d)交叉口西进出口(王牌路)

图2 试验交叉口实景照片

图3 现状交叉口流量流向图(pcu/h)

2 三维模型的构建

2.1 BIM三维模型的建立

Revit作为一款强大的三维建模软件,可以精确地模拟交叉口的各个细节,包括道路、交通标志、路灯等。通过三维模型,设计师可以更加直观地了解交叉口的空间结构和交通流情况,从而提高设计的精确度。

该交叉口作为本区域道路网络的关键节点,其设计与管理对于保证交通流畅与安全至关重要。通过利用 Revit 建立交叉口的三维模型,可以对后续 VISSIM 交通仿真和优化提供有力的支持。

收集该交叉口的详细设计数据,包括车道数、

a)交叉口鸟瞰

b)交叉口南进口视角

c)交叉口北进口视角

d)交叉口西进口视角

图 4　交叉口 Revit 三维模型

2.2　VISSIM 仿真场景的构建

交通仿真软件可以模拟不同工况下的交叉口交通运行状况,评估信号灯配时的合理性和安全性。

利用收集到的交叉口平面图在 VISSIM 软件中建立平面路网,再采用 Revit 建立的三维模型作为基础场景,调整 VISSIM 路网模型的高度、坡度等参数,使其与 BIM 模型相吻合,如图 5 所示。

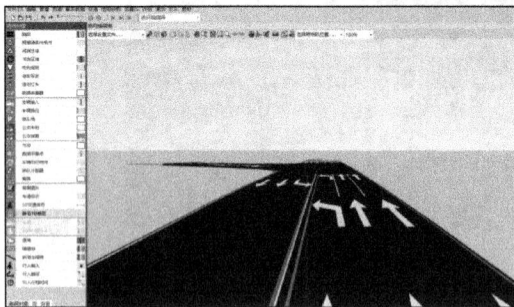

图 5　VISSIM 路网平面建立

3　BIM-VISSIM 交互的精细化仿真

3.1　配时方案

3.1.1　原配时方案

图 6 为原固定信号配时方案,信号周期总时长 107s。其中,相位 1 北进口直行车道绿灯 30s,黄灯 3s,红灯 74s;相位 2 南进口左转车道绿灯 30s,黄灯 3s,红灯 74s;相位 3 西进口左转车道和

平面线形、道路宽度、纵横坡度、地面标线以及交通设施位置等参数信息,建立三维模型如图 4 所示。

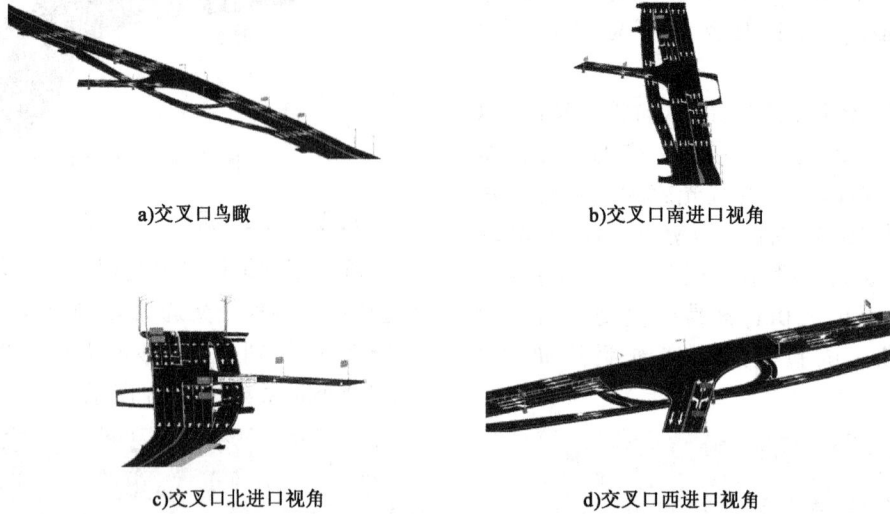

南进口直行车道绿灯 30s,黄灯 3s,红灯 74s;西进口右转车道和北进口右转车道为绿灯常亮。

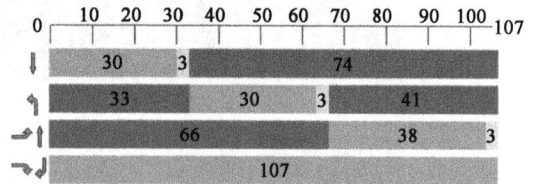

图 6　原信号灯配时方案

经观察,在非节假日平峰时段,该交叉口运行情况良好,基本无拥堵。但是在工作日高峰时段,该交叉口信号灯配时已无法适应现状高峰小时交通车流,易造成该交叉口以及相邻道路重要节点拥堵。

3.1.2　优化配时方案

基于韦伯斯特(Webster)方法进行信号配时计算,具体方法如下。

关键流率比之和:$Y = \sum_i \max \left(\dfrac{V_i / \text{PHF}}{S_i} \right)$

周期时长:$C = \dfrac{L}{1 - \dfrac{Y}{\text{PHF} \cdot vc}}$

式中:V_i——第 i 相位某进口车道实际交通量(pcu);

$\quad$ PHF——高峰小时系数;

$\quad S_i$——第 i 相位某进口车道饱和流率(pcu/h);

$\quad L$——周期内总损失,本方案为 9s;

$\quad vc$——设计目标饱和度,按 0.9 计算。

本研究根据现状高峰车流信息,得到优化后的信号配时方案,信号周期总时长69s。按照各个相位流率比分配有效绿灯时长,得到优化后的信号配时,如图7所示。相位1北进口直行车道绿灯24s,黄灯3s,红灯42s;相位2南进口左转车道绿灯14s,黄灯3s,红灯52s;相位3西进口左转车道和南进口直行车道绿灯22s,黄灯3s,红灯44s。西进口右转车道和北进口右转车道仍为绿灯常亮。

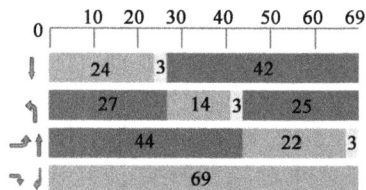

图7　优化后信号灯配时方案

3.2　仿真试验

设置车速阈值(5km/h)判断车辆是否停车,结合车辆位置信息估计各方向的车辆初始排队长度。同时,在该交叉口的所有车道组中都设置检测器,以检测每个方向的车辆转向行为、平均车辆延迟时长、排队长度、停车次数等信息。

基于上一节建立的BIM-VISSIM三维仿真场景,对原信号灯配时方案及优化后信号灯配时方案进行仿真试验,如图8所示。

图8　BIM-VISSIM交通三维仿真试验

3.3　仿真结果对比分析

对比分析原信号灯配时方案和优化后的信号灯配时方案仿真评价指标,排队长度平均值、排队长度最大值、车辆延误平均值、停车次数平均值、通过车辆数的对比结果如图9所示。

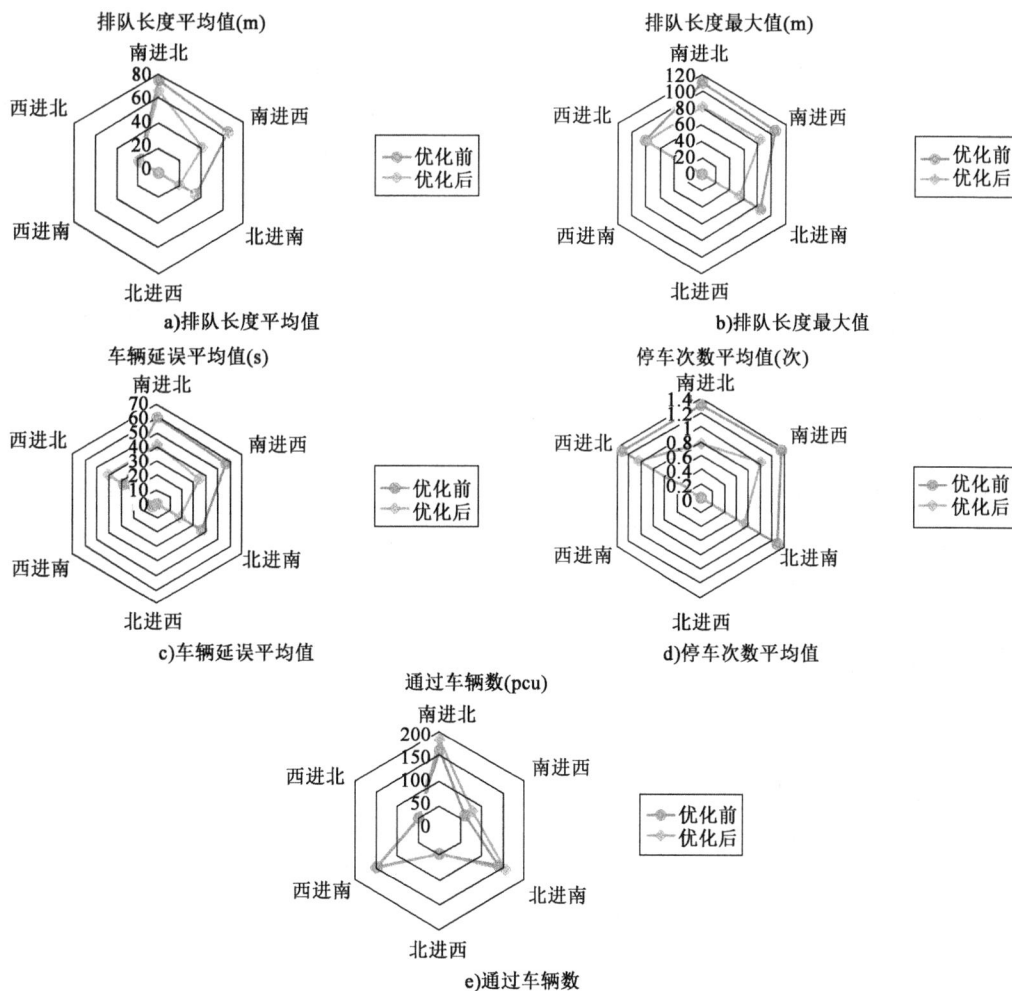

a)排队长度平均值

b)排队长度最大值

c)车辆延误平均值

d)停车次数平均值

e)通过车辆数

图9　优化配时前后各转向对比

由图9可知,相比于原信号灯配时方案,优化后的配时方案在各个转向上的排队长度平均值、排队长度最大值、车辆延误平均值、停车次数平均值均有一定程度的减少,在通过车辆数上有增加。

再综合交叉口整体进行综合评价,如图10所示。经过对比发现,优化后的排队长度平均值减少了26.0%,排队长度最大值减少了23.4%,车辆延误平均值减少了25.9%,停车次数平均值减少了32.6%,通过车辆数增加了10.1%。说明该优化配时方案可以在一定程度上有效缓解交叉口的拥堵,提高交叉口的通行能力。

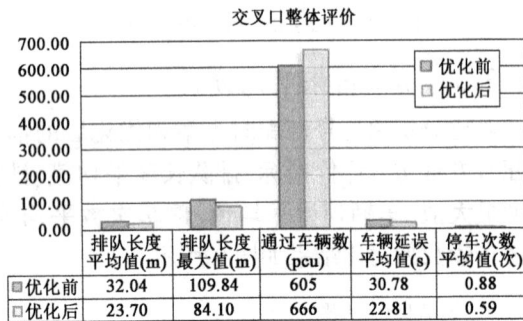

交叉口整体评价

	排队长度平均值(m)	排队长度最大值(m)	通过车辆数(pcu)	车辆延误平均值(s)	停车次数平均值(次)
优化前	32.04	109.84	605	30.78	0.88
优化后	23.70	84.10	666	22.81	0.59

图10　交叉口整体评价对比

4　结语

本文构建了道路的BIM-VISSIM交互模型,结合高峰小时交通流数据,针对城市拥堵点交叉口信号配时提出优化方案。

与原配时方案进行对比,试验表明在高峰时段,优化后的信号灯配时可以有效缓解交叉口的拥堵,使交叉口的通行能力得到提升:

(1)当交叉口处于平峰时段,采用原信号灯配时,以维持原本良好的车辆通过率。

(2)当交叉口处于高峰时段,可以根据实时交通流量提前调整信号灯配时,提高信号控制交叉口的通行效率,缓解车辆排队及延误。优化后的配时方案最大可减少平均排队长度26.0%,平均车辆延误最大降低25.9%,车辆通过率提高10.1%。

利用Revit软件建立交叉口的三维模型对于提高设计精度、支持交通仿真和促进信息共享与协作具有重要意义。此外,BIM技术打通多软件之间的数据传递,将方案可视化,解决了专业人士与非专业人士的沟通问题,提高了方案决策的科学性。

通过详细的建模及仿真方法介绍,本文为相关领域的研究和实践提供了有益的参考。未来,随着技术的不断进步,三维模型在交叉口设计、管理以及驾驶模拟中的应用将更加广泛。

参考文献

[1] ZHOU S, NG S T, YANG Y, et al. Integrating computer vision and traffic modeling for near-real-time signal timing optimization of multiple intersections [J]. Sustainable Cities and Society, 2021, 68: 102775.

[2] 李向红,王欣,樊乾豪. BIM + GIS技术在市政道路迁改中的应用研究[J]. 大众标准化, 2023(13):145-147.

[3] 赵牧冉,雷振. BIM + 绿色交通理念在综合客运枢纽设计中的实例分析[J]. 交通节能与环保,2019,15(06):50-53.

[4] 张林飞,石飞,李纪峰. BIM技术在干线公路快速化改造工程的应用研究[J]. 低碳世界, 2021,11(07):182-183.

[5] GIUSEPPE C, CORREA D J P, GIULIA S D, et al. Re-design of a road node with 7D BIM: Geometrical, environmental and microsimulation approaches to implement a benefit-cost analysis between alternatives [J]. Automation in Construction,2022,135.

[6] 许利彤,赵健, 亓祥成,等. BIM技术在高速公路改扩建施工落地应用研究[J]. 公路, 2021, 66(8): 18-22.

[7] 王建伟,高超,董是,等. 道路基础设施数字化研究进展与展望[J]. 中国公路学报, 2020, 33(11): 101-124.

[8] 魏雪延,徐铖铖,王炜,等. 多车道高速公路的通行能力分析与建模[J]. 交通运输系统工程与信息, 2017, 17(2): 105-111.

[9] 陈昊,陆建. 基于VISSIM仿真的高速公路事故交通影响[J]. 长安大学学报(自然科学版), 2015, 35(S1): 226-229.

[10] 张兴军. 基于建筑信息模型的数字化交付在城市轨道交通工程中的应用[J]. 城市轨道交通研究, 2023, 26(7):236-240,245.

动态网络下基于异质节点的交通流特性研究

詹 斌 董辰煜*

(武汉理工大学交通与物流工程学院)

摘 要 以往的信息传输研究主要集中在静态网络上,但真实网络往往规模很大且结构复杂,这意味着结构会不断变化,是一个动态网络。本文在研究移动节点运输网络的基础上,进一步探讨了通信半径遵循幂律分布的异质节点网络;基于网络模型与传输模型,提出了新的自适应路由策略,通过仿真试验对动态网络上的交通流特性做进一步的研究。仿真主要结果表明:①网络中的信息包产生速率 P 存在一个临界值,定义该网络的自由流动状态和拥塞状态。②在网络处于自由流动状态下,信息包的平均传输时间 $<T>$ 很小,并与数据包生成速率 P 无关,但平均路径长度 $<L>$ 随 P 的增加而增加,并与交通感知参数 h 有关。③当网络面临拥塞状况时,数据包的平均传输时间 $<T>$ 会随着生成速率 P 的提升而增加,同时,平均路径长度 $<L>$ 会随着数据包生成速率 P 的增加呈现下降趋势,这一现象与交通感知系数 h 密切相关。④此外,通信半径的异质指数 α 增大,将导致网络传输的效率降低。⑤临界值随异质指数减小,随网络规模 N 增大,并且随着速度 v 的增大而减小。

关键词 复杂网络 动态网络 交通流 异质节点 路由策略

0 引言

复杂网络因其在现实生活中广阔的应用前景而被研究者们不断深入的探究,研究者们发现,复杂网络[1]具有与全局耦合网络等规则网络[2]以及随机网络与众不同的特征。通过对复杂网络模型的建立,将复杂网络抽象化为现实网络中的结构问题,最后对网络进行优化。学者们在复杂网络的研究上提出了许多实用的模型,Arenas 等人[3]在 2001 年提出的一个简洁而普适的通信模型,且已得到广泛应用。在这个模型中,当网络节点的数据包生成速率较低时,网络中的数据包输入和输出流量能够达到一种平衡状态。但当速率超过临界值时,节点将无法传递其缓冲的数据包,整个网络流量随时间增加,这被认为是流量拥塞状态,该临界数据包生成速率通常被定义为网络最大容量的指标,网络最大容量表示网络能够处理的最大信息包数量。Guimerà 等人[4]的研究表明,相较于同质网络,异质网络更易出现拥塞现象。这主要是由于异质网络中节点间的差异性较大,导致信息流在网络中的分布不均。针对复杂网络的优化策略,主要包括优化网络拓扑结构、合理配置网络资源和改进路由策略。

(1)优化网络拓扑结构。

本质上,网络容量主要由网络拓扑结构[5]决定,恰当地改进网络的拓扑结构能够有效地缓解网络拥塞。研究网络拓扑结构的改进通常涉及在现有网络中增加或减少少量的连接边。Huang 等[6]采取了一种方法,即在那些最短路径较长的节点对之间建立新的连接,这样做能够有效降低经过中心节点的数据包流量,进而缓解了网络的拥堵现象。另一方面,Ma 等[7]提出了一种策略,该策略考虑节点的局部中心性和最短路径长度,以此为基础在网络中增加新的边,这一方法显著提升了复杂网络的数据传输效率。Liu 等[8]提出的 HDF(high-degree-first)策略首先根据边的两端节点度数的乘积对边进行权重排序,然后按照权重从高到低删除一些边,这样做显著提升了网络的容量。

(2)合理配置网络资源。

在现实世界的网络中,网络资源的有限性是造成网络拥塞的关键因素之一。因此,如何合理地分配这些有限的资源以提高资源的使用效率,成为学者们研究的重点。Liu 等[9]通过为度数较高的节点分配更强的处理能力,有效地增强了网络的容量。Zhao 等[10]基于节点的度和介数提出了两种处理能力分配模型。Cao 等[11]则根据节点的实时负载(即队列长度)动态地分配处理能力,发现存在一个最优的可调参数值,能够使网络的传输效率达到最高。

(3)改进路由策略。

通过改进的路由策略,信息包可以选择更合适的路径进行传输,这样可以使信息流在网络中的分布更加均衡,进而提升整体的网络性能。Yang等[12]提出了一种在动态网络上的自适应路由策略,该策略通过可调参数 h 将地理距离与本地交通信息相结合,并发现存在最优值 h,能达到网络的最大流量。

通过查阅文献对以往的研究进行总结了解到,尽管在静态复杂网络上的交通动力学研究已经取得了丰富的成果,但在动态网络上的交通动力学研究却相对较少。为了填补这一研究空白,针对具有异质特性的复杂网络,本研究提出从网络资源的合理分配和路由策略的优化两个主要方面出发,提升网络的整体性能和效率。在现有的研究基础上构建网络模型与传输模型,研究动态网络中交通流特性间的影响关系,提高网络输运能力。

1　模型构建

1.1　网络模型

在这个动态网络模型中,节点数量为 N,它们在一个 $L \times L$ 维的周期性边界方形区域内进行移动[13]。初始时,节点在区域内随机分布,并朝向随机的方向准备开始移动。在每个后续的时间步中,每个节点的移动方向 θ 会围绕其当前方向在一定范围内随机变化。节点位置和移动方向的更新遵循以下规则:

$$\begin{cases} x_i(t+1) = x_i(t) + v\cos\theta_i(t) \\ y_i(t+1) = y_i(t) + v\sin\theta_i(t) \\ \theta_i(t+1) = \theta_i(t) + \varphi_i(t) \end{cases} \quad (1)$$

节点 i 的坐标 $x_i(t)$ 和 $y_i(t)$ 会在时间步 t 到 $t+1$ 之间根据其方向变化 φ_i 进行更新,假设角度偏转的范围为 $[-\pi, \pi]$。在时间 t 时刻,节点 i 和 j 之间的几何距离由以下公式定义:

$$D_{ij}(t) = \sqrt{[x_i(t) - x_j(t)]^2 + [y_i(t) - y_j(t)]^2}$$

$$(2)$$

此外,网络中的每个节点都拥有独特的通信半径 r。对于节点 i,只有那些位于其通信半径 r_i 内的其他节点才能与它进行直接通信,这些节点在任意给定时刻被视为节点 i 的即时邻居。随着节点在空间中的移动,网络的邻接矩阵会持续地调整,以反映节点间的通信关系。在任一时刻,节点 i 的度数等于其通信范围内所有其他节点的数量,也就是它的即时邻居总数,这个度数随着时间和节点位置的变化而变化。

1.2　传输模型

网络中的每个节点在每个时间步 t 都会产生一定量的数据包,数据包在节点间相互传输。基本流量模型的具体描述步骤如下:

步骤1:首先,在每个时间步 t,网络中都会生成 P 个数据包,并将这些数据包随机分配到网络中的节点中去。在数据包传输过程中,每个节点随机选择一个与自己不同的目标节点来发送数据包。

步骤2:当节点准备发送数据包时,它们会遵循先进先出(FIFO)的原则来处理缓冲队列中的信息包。假设每个节点的信息包缓冲队列长度是无限的,并且每个节点在每个时间步内最多可以发送 C 个信息包。

步骤3:节点在发送信息包时,只能将其发送给邻居节点。如果信息包的目标节点是邻居节点之一,则节点会直接将信息包发送到目标节点。如果目标节点不在邻居节点中,节点会根据一定的概率或权重选择一个邻居节点作为中继,将信息包发送给该邻居节点。

步骤4:一旦信息包成功抵达其预定的目标节点,它就会从网络中移除。

在这个模型中,参数 P 被定义为网络的数据包生成速率,而参数 C 则表示节点的处理能力。可以观察到,数据包生成速率 P 越高,意味着网络承受的运输需求越大。当这个需求超出了网络中某些节点的处理能力 C 时,这些节点就会遇到阻塞,这种阻塞现象可能会进一步扩展到整个网络,导致网络拥塞的发生。使用文献[14]中引入的一个序参量:

$$\eta = \lim_{t\to\infty} \frac{C}{P} \frac{\langle \Delta S \rangle}{\Delta t} \quad (3)$$

在此,$\Delta S = S(t+\Delta t) - S(T)$,$\langle \cdots \rangle$ 表示

宽度 Δt 的整个时间窗口的平均值,$S(T)$ 表示网络中在时间 t 的数据包总数。流量动态的规则如下:在每个时间步,系统都会生成带有随机选择的源和目的地的 P 个数据包,每个节点最多可以向其目的地传送 C 个数据包(此处将 C 设置为1)。为了转发数据包,节点会在特定时间在其通信半径内对邻居节点执行本地搜索。如果在搜索区域内发现了数据包的目的节点,数据包将会被直接发送到目的节点。否则,将根据式(4)提出的自适应路由策略选择节点。

对于节点 s 的每一个邻居节点 i,其到节点 j 存在一个有效距离,该距离表示为:

$$d_{ij}^{\text{eff}}(t) = h\frac{D_{ij}(t)}{r_i} + (1-h)\frac{n_i(t)}{C} \quad (4)$$

其中,$n_i(t)$ 表示在时间 t 节点 i 队列中的数据包数,h 是一个可调参数,定义为交通感知系数($0 \leqslant h \leqslant 1$)。在 $t+1$ 时刻,节点 s 将把这个信息包发送给有效距离最小的邻居节点。

2 仿真结果与分析

设定节点数为 $N = 1000$,方形区域的边长为 $L = 10$,且节点的通信半径遵循幂律分布 $P(r) \sim r^{-\alpha}$($\alpha = 3$,其中最小截断半径为 $r_{\min} = 0.5$,最大截断半径为 $r_{\max} = 2.5$)。节点的处理能力被设定为 $C = 1$,节点的移动速度 v 设为 0.1。每个试验将运行 T_m 个时间步,并设定 $T_m = 10^4$,以确保系统达到稳定状态。

2.1 网络节点的入度、出度和度分布

节点的入度数是网络中指向该节点的连边数。节点的通信半径遵循幂律分布,随机分布在正方形区域中的入度服从泊松分布,即 $p(k_{\text{in}}) = e^{-<k_{\text{in}}>}<k_{\text{in}}>^{k_{\text{in}}}/k_{\text{in}}!$,其中,$k_{\text{in}}$ 是网络的平均入度。因此,模型的入度分布也遵循该模型,如图 1a)所示。

网络中的出度是指向节点外的边的数量,在模型中,节点出度 k_{out} 与它的通信半径平方和系统中节点的整体密度成正比,即 $k_{\text{out}} \sim (N/L^2) \times r^2$。如图 1b)所示,由于节点的通信半径服从幂律分布,并且密度是恒定的,因此网络的出度分布也遵循幂律分布。如图 1c)所示,观察结果表明,在无向网络中,节点的度分布实际上是由泊松分布的入度部分和遵循幂律分布的出度部分共同构成的。

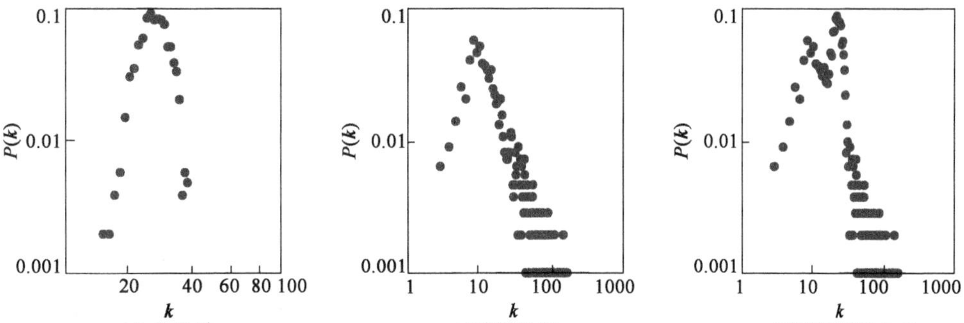

图 1 网络的入度、出度和无向网络度的分布特征

2.2 数据包产生速率 P 的作用

图 2 为序参量 η 与数据包生成速率 P 的关系,可以观察到存在一个临界值 P_c,当 $P \leqslant P_c$ 时,序参量 η 持续处于 0 左右且保持不变,这代表网络中的总包数 S 在网络稳定后近似于稳定,即网络处于自由流状态。当 $P \geqslant P_c$ 时,序参量 η 突然大幅度增长,说明网络稳定后,总包数 S 仍处于上升的状态,随着时间步的增长,网络将会出现阻塞。

图 3 中,当 $P \leqslant P_c$ 时(这里取 $P = 50$),当网络稳定后,网络中的数据包数量 S 为常数,使得 $<\Delta S> = 0$,因此序参量 η 为零,网络系统处于自由流状态。当 $P \geqslant P_c$ 时(这里取 $P = 150$),当网络稳定后,ΔS 随 Δt 线性增长,因此序参量 η 为正常数,网络系统处于拥塞状态。从上面的讨论可以看出,在具有异构移动节点的运输网络中,也存在着从自由状态到拥塞状态的相变。即当 $P \leqslant P_c$ 时,网络处于自由流状态,当 $P \geqslant P_c$ 时,网络变为拥塞状态。

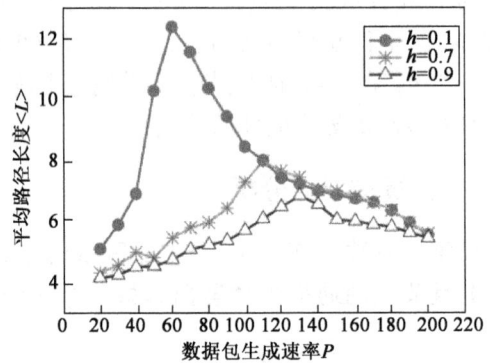

图2　序参量 η 与数据包生成速率 P 的关系

图3　网络中的数据包数量 S 在不同的数据包
生成速率下随时间 t 演变

　　图4为平均传输时间 $<T>$ 和数据包产生速率 P 之间的函数关系。对于固定的 h 值，在自由流动状态下，即 $P \leqslant P_c$，平均传输时间具有较小的值，这表明数据包只花费了一点时间就到达了目的地。然而，随着 P 增长并接近临界值 P_c，平均传输时间 $<T>$ 会骤然上升，这主要是因为数据包抵达其目标节点所需的时间大幅延长。

　　图5中平均路径长度在 P 低于临界值 P_c 时随 P 的增加而增加，一旦达到 P_c，它将随 P 的增加而减小。此外，在不同交通参数 h 下，平均路径长度在自由流区域具有显著不同的值，当 h 值较小时，节点更偏好选择负载较低的邻居节点来发

送信息包，从而导致 $<L>$ 值增大。表明自由流动中的平均路径长度对 h 敏感，可调参数 h 的取值能明显影响网络的输运能力。

图4　不同参数 h 下，平均传输时间 $<T>$
和数据包生成速率 P 的关系

图5　不同参数 h 下，平均路径长度 $<L>$
和数据包生成速率 P 的关系

2.3　可调参数 h 对网络运输能力的影响

　　设定 $N=1000$，异构半径指数 $\alpha=3$，节点移动速度 $v=1$，调整交通感知参数 h 的大小分别测出对应的临界值 P_c。图6中，P_c 和 h 之间存在非单调函数，h 的最佳值（此处为0.93）使临界值 P_c 达到最大值133。h 在一定范围内取值能有效地缓解拥塞。因此，所提出的自适应路由策略能够显著提升动态网络的信息传输效率。

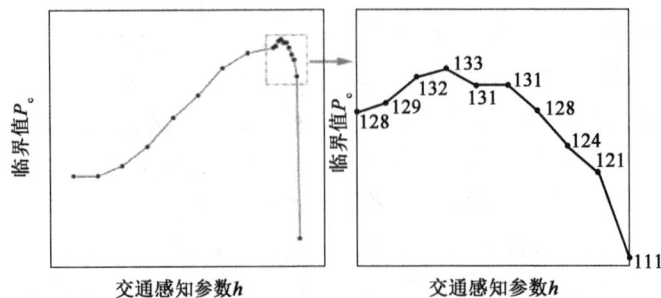

图6　临界值 P_c 和交通感知参数 h 的关系

2.4 异质指数 α 对网络运输能力的影响

从图 7 可以观察到平均传输时间随 α 的增加而增加,这表明异质性越强,传输效率就越低。此外,研究了不同异质指数下,平均路径长度的变化,进一步地研究表明,网络的平均路径长度明显受到异质指数 α 的影响(图 8)。随着 α 的提升,平均路径长度呈现增长的趋势,这一现象表明,网络异质性的增强会降低传输效率。

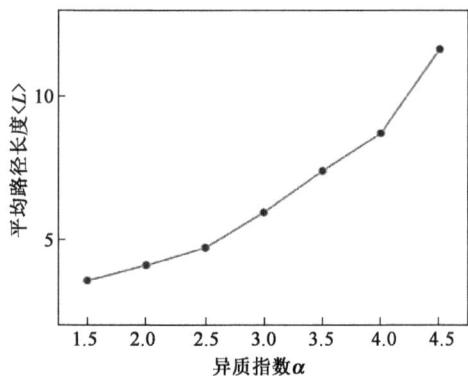

图 7 平均传输时间 $\langle T \rangle$ 和异质指数 α 的关系

图 8 平均路径长度 $\langle L \rangle$ 与异质指数 α 的关系

图 9 为临界值 P_c 与异质指数 α 之间的函数关系。同一交通感知系数 h 下,临界值 P_c 随异质指数 α 的增加而不断降低,这表明通信半径的异质性会降低网络传输效率,且异质指数 α 越大,网络传输效率降低得越明显。

2.5 节点移动速度 v 对网络运输能力的影响

从图 10 中可以看出,对于不同的交通感知参数 h,临界值 P_c 随 v 的变化趋势都大致相同。对同一个 h,当 v 从 0.001 增加到 0.2 时,临界值 P_c 几乎没有变化,说明在一定范围内增大节点的移动速度 v 不会导致网络的临界速度变慢。但当

$v=0.2$ 时,临界值 P_c 开始随着节点移动速度 v 的增大而不断减小,从而导致网络的运输能力变差。

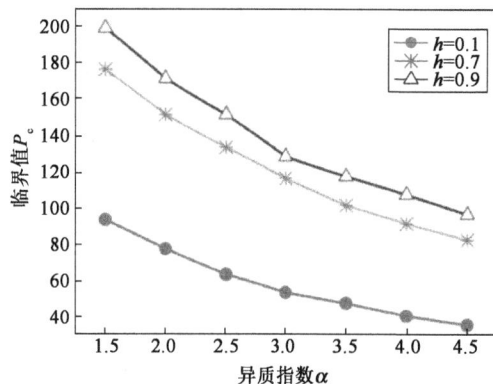

图 9 临界值 P_c 和异质指数 α 的相关性

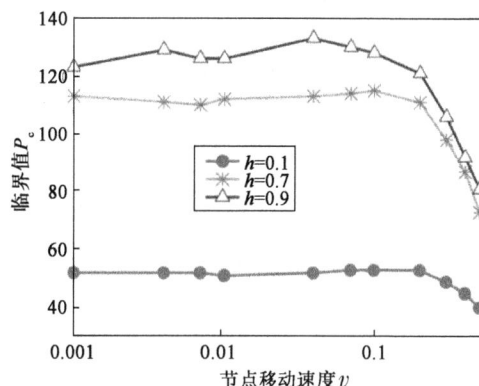

图 10 在各种交通感知参数 h 下,临界值 P_c 和节点移动速度 v 的相关性

2.6 网络大小 N 对网络运输能力的影响

在几个具有不同交通感知参数 h 下的网络中,本文研究了临界值 P_c 对网络规模的相关性,并进行了验证。从图 11 中可以发现,对于相同的交通感知参数 h,临界值 P_c 与系统大小 N 呈正相关,并且随 N 的变化线性增加。

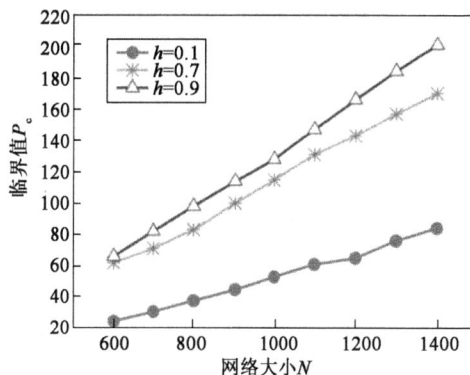

图 11 在各种交通感知参数 h 下,临界值对网络大小 N 的相关性

3 结语

3.1 主要研究结论

本研究对异质节点的动态网络进行构建,并在模型中进行了数值模拟和统计分析,得出以下结论:

(1)数据包生成速率存在一个临界值 P_c 将网络系统分为两个状态:当数据包生成速率 P 小于 P_c 时,网络为空闲状态,否则为拥塞状态。

(2)当 $P \leqslant P_c$ 时,平均传输时间很短,并且几乎不变,而数据包生成速率 P 一旦超过临界值 P_c 时,平均传输时间就会突然变大,并且随着数据包生成速率 P 的增大而不断增大。

(3)当 $P \leqslant P_c$ 时,随着参数 P 的增长,平均路径长度也呈现上升趋势。特别是在数据包生成速率为 P_c 的情况下,平均路径长度达到峰值,并且该最大值取决于自由流动区域中的交通感知参数 h,且当 h 为 0.93 时,数据包生成速率临界值达到最大为133。当 $P \geqslant P_c$ 时,平均路径长度随着 P 增加而减小。

(4)通信半径的异质性会降低网络传输效率,并且通信半径的异质指数越大,对网络的传输效率影响越大。

(5)临界值 P_c 随异质指数 α 增加而减小,随网络大小 N 增大而增大,而随速度 v 增加而减小,直到 v 达到合适的值。

3.2 研究展望

本研究对动态网络中具有异质性通信半径的节点进行了深入研究,但仍有许多不足,需进一步改进和研究:

(1)本研究模拟了动态网络中节点的出度分布服从幂律分布,但未拟合得出不同通信半径异质指数 α 下出度分布的幂律指数 β 以及与通信半径异质指数 α 的关系。

(2)本研究仿真存在一定的误差,应增加模拟的次数来减少误差,得出更精确的结果。

参考文献

[1] AN S F, GAO X Y, JIANG M H, et al. Dynamic heteroscedasticity of time series interpreted as complex networks[J]. Chaos, 2020, 30(2).

[2] 杨卉卉.异质复杂动态网络的同步研究[D].南京:南京邮电大学,2020.

[3] ARENAS A, DÍAZ-GUILERA A, GUIMERÀ R. Communication in networks with hierarchical branching[J]. Physical Review Letters, 2001, 86(14):3196-3199.

[4] GUIMERÀ R, DÍAZ-GUILERA A, VEGA-REDONDO F, et al. Optimal network topologies for local search with congestion[J]. Physical Review Letters, 2002, 89(24):248701.

[5] LI X Y, XIANG J, WU F X, et al. A dual ranking algorithm based on the multiplex network for heterogeneous complex disease analysis[J]. IEEE/ACM Transactions on Computational Biology and Bioinformatics, 2021, 19(4):1993-2002.

[6] HUANG W, CHOW T W. Effective strategy of adding nodes and links for maximizing the traffic capacity of scale-free network[J]. Chaos, 2010, 20(3):033123.

[7] MA J, HAN W, GUO Q, et al. A link-adding strategy for transport efficiency of complex networks[J]. International Journal of Modern Physics C, 2015, 27(5):1650054.

[8] LIU Z, HU M B, JIANG R, et al. Method to enhance traffic capacity for scale-free networks[J]. Physical Review E, 2007, 76(3):037101.

[9] LIU Z, MA W, ZHANG H, et al. An efficient approach of controlling traffic congestion in scale-free networks[J]. Physical A:Statistical Mechanics and its Applications, 2006, 370(2):843-853.

[10] ZHAO L, LAI Y C, PARK K, et al. Onset of traffic congestion in complex networks[J]. Physical Review E, 2005, 71(2):026125.

[11] CAO X B, DU W B, CHEN C L, et al. Effect of Adaptive Delivery Capacity on Networked Traffic Dynamics[J]. Chinese Physics Letters, 2011, 28(5):058902.

[12] YANG H X, TANG M. Adaptive routing strategy on networks of mobile nodes[J]. Physical A:Statistical Mechanics and its Applications, 2014, 402:1-7.

[13] GOTOH T H, FLOCCHINI P L, MASUZAWA T, et al. Exploration of dynamic networks: Tight bounds on the number of agents [J]. Journal of Computer and System Sciences,

2021 (prepublish).

[14] BARABASI A L, ALBERT R. Emergence of Scaling in Random Networks [J]. Science, 1999, 286(5439): 509-51.

改进元胞自动机的客船行人疏散模型研究

陈 宁[*1,2] 车林兵[1,2]

(1. 武汉理工大学三亚科教创新园;2. 武汉理工大学交通与物流工程学院)

摘 要 本文以琼州海峡客滚船乘客的疏散撤离为研究对象,针对海上人员疏散的特殊性,基于 Agent 理论与改进元胞自动机模型,对疏散个体的属性、感知、心理和决策建立疏散人群的多 Agent 系统;结合密集人群疏散过程中存在的疏散行为,考虑不同个体之间、个体和环境之间的相互作用以描述不同类型的乘客在面对紧急事件后的疏散状态。对元胞自动机模型进行改进以描述行人的微观行为,将仿真区域划分为更小的栅格,每个栅格均小于乘客 Agent 占据所需的空间,用于描述乘客在不同的疏散速度影响和挤压碰撞等现象,并引入出口选择机制和移动冲突机制。模拟结果显示,改进的模型能够在船舶复杂地形环境中真实地反映微观视角下所有个体疏散的具体过程。乘客能正确地感知到周围的疏散条件并选择合理的疏散路径,同时表现出复杂的疏散行为。该模型分析了乘客在出口选择、移动碰撞、撤离时间等条件下的差异及影响因素和机理,结合了连续和离散模型的优点,能够接近真实的海上客船密集人群疏散情况。

关键词 应急疏散 行人流仿真 改进元胞自动机模型 Agent 理论

0 引言

水上交通是世界经济和交通网络的重要组成部分,客滚船在水上交通运输中扮演着重要的角色。但水上交通事故具有高风险性,根据《水上交通事故统计办法》(交通运输部令 2021 年第 23 号),通过统计近 10 年交通运输部海事局关于中国沿海发生的 760 起事故,琼州海峡是重点检测的区域之一[1]。海上事故的发生往往伴随严重的经济损失,甚至造成人员伤亡。船舶一旦发生紧急事故,限于其内部逃生通道狭窄而复杂,大量乘客同时移动,非常拥挤,往往会出现过度恐慌、盲目从众、抱团疏散等行为,从而产生混乱局面,极大地影响疏散效果。因此,有必要针对海上客滚船的特殊情况,进行真实、准确的疏散分析,研究复杂几何形状的船舶设施中密集行人流疏散和应急疏散行为的影响因素及作用机理。

主要的人员疏散模型分为连续模型和离散模型。连续疏散模型的代表是社会力模型,考虑行人的微观特性和智能行为,将行人看作为粒子,讨论粒子间的相互作用对疏散的影响。张大伟[2]考虑具有人员异质性的客船疏散模型,探究了在不同状态下客船内的不同人群应对疏散的场景。刘志国[3]分析人员在疏散的行为特征,对原始社会力模型进行适应性改进,分别从行人的期望速度和受力两个方面对人员的恐慌行为以及从众行为进行量化。离散疏散模型将仿真区域离散化,采用大小一定的栅格结构和固定的时间步长,运行效率较高,但难以描述密集人群中的个体行为,离散模型的代表是元胞自动机(Cellular automata)模型[4]。周美琦[5]利用模糊逻辑理论不需要建立复杂数学模型的优势,改进元胞自动机模型用于预测乘客疏散时车门的选择及运动过程。郭冰[6]在分析过程中,将紧急人员疏散对应的行为模式进行了分析,实现了 Agent 理论与元胞自动机之间的融合,形成一种复合型仿真疏散模型。

基金项目:海南省重大科技计划项目(ZDKJ2020012)、配套资助项目(SKJC-2022-PTDX-022)、开放基金项目(2020KF0051)。

针对海上人员疏散的特殊性,研究人员也进行了大量的研究,Wang 等[7]研究速度在客船停泊和航行过程中的变化,基于 Agent 理论考虑甲板摇摆运动的特殊环境。孙锦路[8]通过实验验证海上建筑纵倾和横倾的角度对人员移动速度的影响。

本文针对在海上航行的客滚船具有环境复杂、空间狭小封闭、高峰客流聚集量大等特点。在引入行人多 Agent 系统的基础上分析归纳影响疏散的行人属性及行为,对经典元胞自动机进行改进以满足对异质行人的描述,提出一种改进多格子的元胞自动机与多 Agent 理论的复合疏散模型。

1 模型描述

1.1 行人多 Agent 系统 MAS

多 Agent 系统是由多个 Agent 组成的系统,又称为多智能体系统(Multi-Agent Systems,简称 MAS)[9]。本文应急疏散模型基于多 Agent 的船舶疏散系统,将每 1 个行人视作 1 个独立的智能体。对于物理因素,主要考虑乘客 Agent 的占地尺寸、感知半径、实际速度、期望速度、所处位置、位置邻域等;对于心理因素,主要考虑乘客在疏散过程中的恐慌情绪、疏散特性和所导致的疏散行为,Agent 个体的主要属性见表 1。

行人 Agent 主要属性　　　　表 1

属性名称	属性含义
i	识别编号
v	实际速度
v_{max}	期望速度
position	位置坐标
Re	感知半径
k	选择出口
character	疏散特性

人群疏散分析仿真中最重要的因素是行人的特性、人群的行为以及对外部环境的反映。除了基本的移动规则外,Agent 具有一定的疏散特性,会带来不同的行为方式:考虑到不同乘客的异质性,在面临突发事故的表现不同,依照特定的移动规则与方向,例如,恐慌行为、从众行为、避让行为和团体行为等。异质行人的疏散特性见表 2。每个疏散 Agent 个体都会按照其属性、疏散特性、感知范围内的环境做出疏散决策并相互作用,从而表现出复杂的人群疏散行为,这一点在密集人群中尤为重要。

行人疏散行为描述　　　　表 2

疏散行为	行为描述
恐慌行为	因突发事件感到恐慌,迫切地想要离开,最大期望移动速度是其他类型行人的 1.5 倍,根据改进模型选择移动成本最低的方向前进
避让行为	朝向感知范围内大部分人的移动方向前进,速度为衰减后的实际速度
从众行为	朝向感知范围内行人最多的方向移动,速度为衰减后的实际速度
团体行为	与固定编号的行人组成撤离团体,跟随着团体内的领导者前进,疏散方向、路径尽量与领导者保持一致,速度为衰减后的实际速度

1.2 改进元胞自动机模型

在经典元胞自动机模型中,1 名行人占据 1 个元胞栅格,同时经典模型中行人在 1 个时间步 Δt 只能移动至周围邻域的空栅格,所有行人的移动速度均相同,且多个行人同时移动至同一栅格时,只允许 1 个行人移动至该位置,其他行人则回退至原位置。经典模型缺点是难以描述连续模型中行人间的竞争关系,如碰撞、挤压等,面对多个行人的在空间中的竞争选择概率回退,不符合现实中人群疏散。其次,经典模型中所有行人的移动速度与移动方式相同,难以描述异质行人不同的疏散特性[10]。

本文提出模型为描述上述行人 Agent 的疏散行为,模拟真实场景,对元胞自动机人员模型做出如下改进:疏散区域栅格形状划分通常为三角形、正方形、六边形等,为了更好地体现挤压的方向,现将仿真区域划分为更小的正方形栅格,每个行人 Agent 所需的实际空间大于 1 个栅格。规定每个行人 Agent 占据 3×3 个栅格,栅格边长 r 为 0.2m。每个栅格最多可被 3 个 Agent 同时占据,但 Agent 中心的栅格不能被其他 Agent 占据,如图 1 所示。两个 Agent 所占据的区域相交时,代表发生挤压与碰撞,Agent 与障碍物或墙体挤压时则与之平行 3 个栅格相交。用以表示一般情况下,邻近乘客在有多余空间的情况下会保持一定的间距,但在狭窄空间紧急疏散过程中会造成 Agent 相互挤压。

同时,不同移动特性的行人有不同的移动速度,时间步 Δt 内可以移动的距离不同,根据实际速度计算移动距离,竞争空栅格时无需回退。

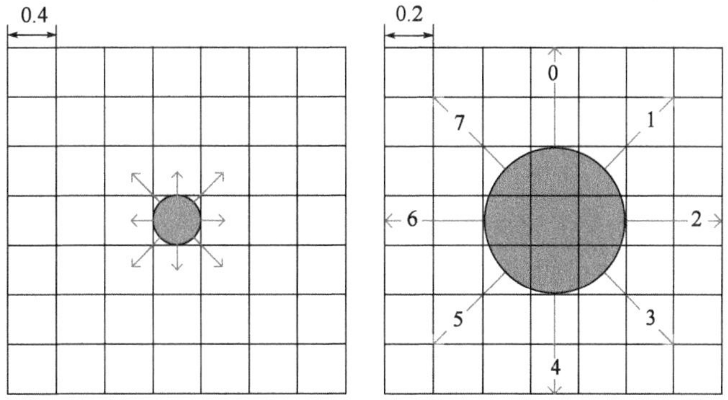

a)元胞自动机的移动方式　　b)拓展改进的移动方式

图1　行人移动方式(尺寸单位:m)

1.3　移动规则

1.3.1　行人移动速度

个体行走速度是评估人员撤离的一个重要参数,与陆地上疏散不同,海上客船在紧急事故发生后,海面风浪的波动、船舶碰撞和下沉所带来的一定程度的倾斜,Agent 移动速度随紧急事故和环境的影响被考虑其中。

基于船上观察和船舶环境模拟器实验,德国劳氏船级社提出了船体横倾或纵倾状态下的平均个体行走速度衰减比模型[11],用于表示发生船舶应急事故和倾斜平面对海上行人疏散速度的影响,该模型当前被广泛用于船舶设计的船舶疏散模拟软件 AENEAS 所采用,见公式(1)和公式(2):

$$r_{trans} = \begin{cases} -0.0067\alpha + 1 & (0° \leq \alpha < 15°) \\ -0.0425\alpha + 1.5375 & (15° \leq \alpha < 35°) \\ 0.05 & (35° \leq \alpha \leq 45°) \\ 0 & (45° < \alpha) \end{cases} \quad (1)$$

式中:α——横倾角;

β——纵倾角;

r_{trans}——横倾状态下平均个体行走速度衰减比;

r_{long}——纵倾状态下平均个体行走速度衰减比。

平均个体行走速度衰减比是指倾斜状态下平均个体行走速度与正常状态下平均个体行走速度的比值。

$$r_{long} = \begin{cases} 0 & (\beta \leq -45°) \\ 0.05 & (-45° \leq \beta < -30°) \\ 0.085\beta + 2.6 & (-30° \leq \beta < -20°) \\ 0.005\beta + 1 & (-20° \leq \beta < 0°) \\ -0.015\beta + 1 & (0° \leq \beta < 20°) \\ -0.07\beta + 2.1 & (20° \leq \beta < 30°) \\ 0 & (30° \leq \beta) \end{cases}$$
$$(2)$$

1.3.2　确定移动距离

为了简化模型,在单位时间步 $\Delta t = 0.5s$ 内,所有 Agent 保持移动方向不变,即所有 Agent 在 1 个时间步内只能选择 1 次移动方向,考虑到栅格形状的划分,对于乘客 i 来说,在 t 时刻向目标位置 (x_0, y_0) 前进的距离栅格数不仅与速度有关,同时也与移动的方向有关:

$$n = round\{d\Delta t \cdot |v_{\alpha,\beta}(t)|\} \quad (3)$$

结合图1行人移动方式,当移动方向选择 $\varphi = 0, 2, 4, 6$ 时,$d = 1/r$;当移动方向选择 $\varphi = 1, 3, 5, 7$ 时,$d = 1/\sqrt{2}r$;$v_{\alpha,\beta}(t)$ 为在倾斜状态下的速度。需要说明的是,行人在单位时间步内,在当前位置向 φ 方向的目标位置按照实际速度移动 n 个栅格的过程中,如果 Agent 中心碰撞到其他行人或障碍物,则无法继续前行,在当前时间步内移动距离根据实际外部环境确定。

1.3.3　行人移动顺序

对于出口 k 坐标为 (x_k, y_k),计算所有选择该出口的行人到该出口间的欧式距离 L_i^k。行人 $i(x_i, y_i)$ 距出口 k 的欧式距离计算公式如下:

$$L_i^k = \sqrt{(x_i^t - x_k)^2 + (y_i^t - y_k)^2} \quad (4)$$

在狭窄区域的密集人群中,对选择同一出口的行人,距离出口越近时,越有可能优先获得可移动空间,依据距离出口的欧式距离从小到大依次进行移动。

1.4　基于势场函数的移动成本

Zhang 等[12]结合场论中积分与路径之间的关系以及最优路径理论,从连续区域中势函数的构造出发,建立的势函数场元胞自动机模型。该模型考虑了行人的行走时间和周围人群密度引起的不适成本,用以寻找行人移动成本最低的邻域内空元胞。将连续行走的区域记作 Ω，在固定时刻 t，用于描述一组行人运动的费用分布函数有多种形式，通常采用的形式为：

$$\tau(x,y,t) = \frac{1}{v_{\max}[\rho(x,y,t)]} + g[\rho(x,y,t)] \quad (5)$$

模型第一项是由行人 i 的移动速度和从当前位置到目标位置的距离确定的行进时间的固定成本；第二项取决于周围行人密度和表示前进阻碍的不适动态成本，满足 $g(0) = 0$，即当感知区域没有行人与障碍物时，第二项的不适成本为0。为使模型更加符合真实情况，本文对该势场模型进一步改进。

1.4.1　出口选择机制

在公式的第一部分，考虑个体 i 在 t 时刻移动到出口 k 的预计疏散时间 $T_i^{\mathrm{move}}(k)$ 为其到所选出口 k 的距离 L_i^k 与期望速度 v_i 的比值如下：

$$T_i^{\mathrm{move}}(k) = L_i^k / v_i \quad (6)$$

排队时间 $T_i^{\mathrm{que}}(k)$ 为其在出口 k 方向上视野范围内的人数与单位时间出口 k 可通过的最大人数 γ_k 的比值如下：

$$T_i^{\mathrm{que}}(k) = \partial_i(k)/\gamma_k \quad (7)$$

当行人选择某个出口时，通常会继续朝同一出口前进。为了减少行人在不同出口之间游荡的不自然行为，应该避免频繁更改所选出口，引入选择坚定性系数 η，表示行人坚定选择出口的程度，模型中描述为选择与上1个时间步不同出口的行人将承担较高的移动费用，因此，行人 i 的静态场计算规则如下：

$$T_i(k) = \begin{cases} T_i^{\mathrm{move}}(k_1) + T_i^{\mathrm{que}}(k_1) \\ (1+\eta) \times [T_i^{\mathrm{move}}(k_2) + T_i^{\mathrm{que}}(k_2)] \end{cases} \quad (8)$$

式中，$T_i(k)$ 表示静态场的移动费用，当第 i 个时间步，选择与上一个时间步相同的出口 k_1 或与上一个时间步不同的出口 k_2 的移动费用。

1.4.2　移动方向冲突

Agent 在其感知范围内，在其移动方向上存在与其他 Agent 移动的冲突，引入感知范围内与其他行人的移动冲突函数，来表示其他行人影响移动的干扰程度[13]。而感知范围为当前行人上一个时间步移动方向的 $[0°,180°]$ 范围区域，如图2所示：

$$\theta = \arccos\langle e_{(x_0,y_0)}, e_{(x,y)} \rangle \quad (9)$$

在 Agent 移动方向可视的 180° 半圆视野范围内，计算 N 个行人移动方向与当前行人的冲突，θ

为其他行人移动方向和当前行人移动方向的逆时针夹角，该行人运动的干扰计算如下：

对于左侧 90° 区域，如果 θ 为 $[180°,360°)$，则 $Nl_i = 0$，如果 θ 为 $[0°,180°)$，则 $Nl_i = 1$。对于右侧 90° 区域，如果 θ 为 $[180°,360°)$，则 $Nr_i = 1$，如果 θ 为 $[0°,180°)$，则 $Nr_i = 0$。因此，其干扰函数为：

$$p = (\sum Nl_i + \sum Nr_i)/N \quad (10)$$

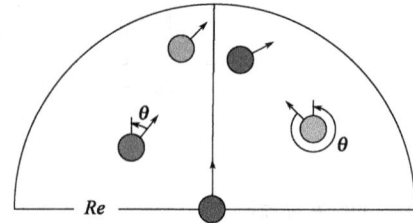

图2　移动冲突

1.4.3　疏散恐慌效应

为了占据有利的撤离位置，人群密度过大的区域势必会产生碰撞和挤压。挤压、碰撞过多的区域和出口的距离对行人恐慌值有重大的影响。当行人接近过度密集的危险区域，行人恐慌值会迅速上升，而当行人靠近出口时恐慌又可以得到有效缓解[14]。因此基于以上两个重要因素，模型假定恐慌值与行人与目标出口的距离和过密区域的距离成函数关系，恐慌值 panic 见公式（1）所示：

$$\mathrm{panic} = D \times \frac{1 - e^{\frac{-\omega\min(L_i^k)}{ek}}}{1 + e^{\sum \omega L_i}} \quad (11)$$

式中：D——恐慌控制系数，控制行人恐慌值的波动范围；

$\quad\omega$——调节系数，使最近出口和过密区域对行人的影响有相同的数量级；

$\quad k$——出口数量；

$\quad L_i^k$——行人到出口 k 的距离；

$\quad L_i$——行人与挤压区域的距离。

因此本文将控制 Agent 移动的势函数分为三部分：第一部分表示行人移动到出口的静态场，第二部分与视野范围内前进方向中存在的移动冲突有关，第三部分是由行人恐慌情绪带来的。将总移动成本定义为如下公式所示：

$$\tau(x,y,t) = T_i(k) + ap^b + \mathrm{panic} \quad (12)$$

运行测试本模型，如图3a)所示，没有座椅与障碍物时，本疏散模型具有连续模型的"弓形"结构特征，图3b)表示行人与墙壁挤压碰撞后的实际状态，图3c)表示行人间的移动碰撞。

图3 无障碍物时模型效果图

2 仿真实验

2.1 模型仿真参数设置

通过对琼州海峡客滚船模拟实验进行模型应用分析。选取1号舱室作为疏散撤离环境(图4)。

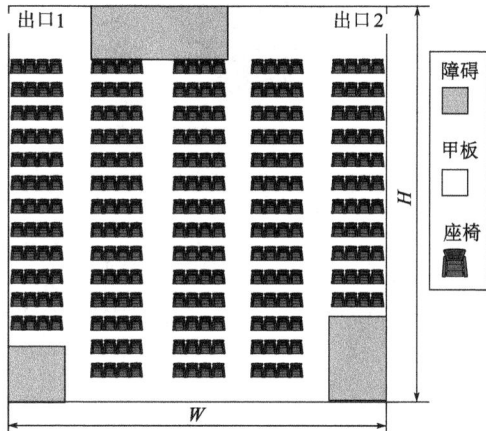

图4 船舱座椅分布示意图

国际海事组织MSC/中国保监会推荐了基于年龄和性别的步行速度[15]见表3。假设乘客的性别和年龄平均分布,本研究采用1.2m/s作为乘客的平均步行速度,这是在密集人群中比较典型的数值。

仿真参数设置 表3

参数名称	数值
小于30岁的女性行走速度	1.24(m/s)
30~50岁的女性行走速度	0.95(m/s)
小于30岁的男性行走速度	1.48(m/s)
30~50岁的男性行走速度	1.3(m/s)
$W \times H$	14×15
横纵倾角 α, β	25°,10°
η	0.2
D	0.2
出口数量 k	2
同时通过最大人数 γ_k	2

2.2 模型仿真流程

Agent在收集到当前位置周围感知区域的信息后做出判断,仿真采用在每个时间步并行更新的方式来更新Agent位置和状态,改进模型仿真步骤如图5所示。

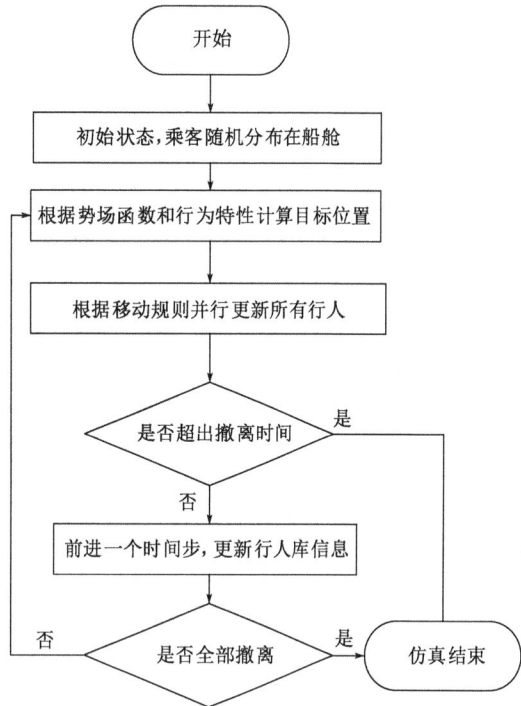

图5 模型仿真流程图

统计每1个船舱出口的Agent的到达时刻,同时记录模型中各项数据。当所有疏散行人都移出船舱后,或者运行至限定撤离时间后,疏散仿真结束。

3 仿真结果

3.1 客滚船船舱仿真

初始状态下,船舱内共容纳约150名乘客。仿真疏散时间为150个时间步($\Delta t = 0.5$s),即所有乘客需要在$T = 75$s内撤离船舱(图6)。

在船舱内,初始状态下行人随机分布在船舱内部及座椅附近,在疏散开始后按照设定的移动规则和疏散特性行人开始疏散,在$T = 5$s时,乘客开始向通往出口的两条通道聚集。在$T = 10$s时,随着乘客逐渐向出口聚集,多个方向的行人流汇聚,争抢通过在障碍物和座椅之间的间隙,附近行人密度越来越大,位于后方的行人逐渐通过行人流汇聚区域,前方的行人难以后退或更改方向,只能选择向人群密度更高的前方移动。此时可以观察到行人间发生碰撞、排斥与摩擦现象,部分位于通道上乘客不得不移动到两侧座椅的空闲位置中间等待。在 $T=20s$ 时,由于两侧出口通行能力的不足,随着后方行人到达,出口聚集区域受到碰撞挤压的行人会选择出口附近位势相对较低的空元胞。在距出口位置相同的情况下,选择人群密度较低的位置,人群最终较为均匀地分布在出口附近。在 $T=30s$ 时,随着行人逐渐离开船舱,出口附近的拥挤得到缓解,人群大致以两列排队前进。$T=40s$ 时,大部分乘客均已撤离船舱,仅存少量行人逐渐获取正确的移动方向,向选择的出口前进。

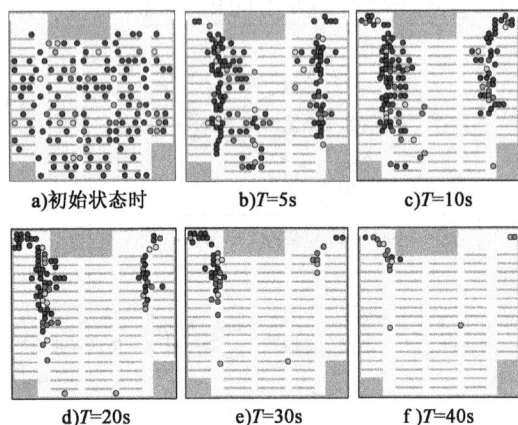

a)初始状态时　b)T=5s　c)T=10s

d)T=20s　e)T=30s　f)T=40s

图6　行人疏散模拟过程

Agent 按照感知范围内的实时信息向最理想的出口移动,只具有恐慌疏散行为特性的 Agent 行人会在每个时间步计算感知区域内各个可移动元胞的位势,在当前时间步选择移动成本最低方向的空元胞前进。识别编号为1的具有恐慌行为行人在完成疏散后,移动轨迹的位势如图7所示。采用插值法绘制位势变化。位势曲线总体上呈下降趋势,在初始状态下行人从座椅向通道聚拢时,行人密度的增加导致了整体位势的上升,接下来距离效应,降低了静态场的距离和恐惧效应带来的额外移动成本,位势逐渐降低。在靠近出口位置,由于行人拥挤造成了位势的上升,当位势为0时,代表行人已经撤离船舱。

3.2　行人出口选择分析

根据图8所示,选择出口1疏散的行人多于出口2,分别占比66%和34%。其中恐慌行为的行人(占总疏散人数的80%)选择两个出口的占

总疏散人数的比例分别为41%和39%,出口2略高于出口1。该类行人以最低的移动成本选择疏散路线,说明恐慌行为类型的乘客受到周围 Agent 密度的影响,能正确地感知到人群密度的变化,更多该类型的行人选择从总疏散人数更少的出口2疏散。由于初始状态下,乘客的位置分布在船舱内并不是严格的对称,更多的乘客距离出口1的距离更近,距离效应带来较低的移动成本影响行人对出口的选择。同时,由于疏散行人存在从众行为、团体行为等疏散行为,造成了出口1的进一步拥堵。

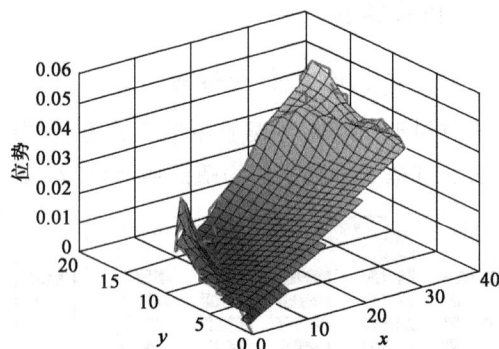

图7　位势变化图

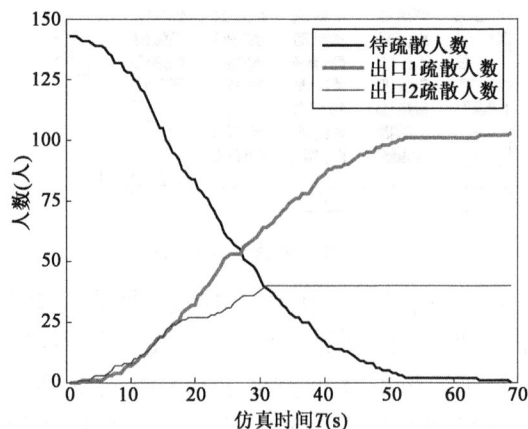

图8　船舱疏散人数变化图

对于模型出口选择机制中的坚定性选择系数 η,也是影响行人选择出口的重要因素,代表着行人在疏散过程中转换目标出口选择的额外成本,不同坚定性选择系数下,两出口疏散人数的变化如图9所示,随着坚定性系数的增加,选择出口1的行人逐渐变多,代表着受到初始状态下位置分布的影响更加严重。在可以随意转换选择出口,即坚定性系数0时,在考虑距离效应和跟随效应后,选择两个出口的差值较小,说明模型能正确地认识到行人密度带来的变化。

图9 不同坚定性系数下出口选择变化示意图

3.3 行人碰撞现象分析

观察在行人模拟疏散过程(图6)中出现了严重的行人碰撞挤压现象。经典元胞自动机模型无法描述该过程。不同类型的行人具有不同的移动速度,无法保持安全距离,碰撞挤压的比例越高,发生踩踏事故和阻碍疏散的概率越大。因此分析行人疏散过程中碰撞比例对整体海上船舶疏散安全有重要意义。

图10是每一个时间步发生碰撞人数占总疏散人数和当前时间步剩余疏散人数的比例与仿真时间的关系图。结合实际模拟过程发现,随着行人从座椅开始汇聚到通道附近,多个方向行人流汇聚成1个方向,行人间碰撞明显增加,导致附近行人恐惧值上升。出口聚集区域到达人数大于疏散人数时,出口附近行人密度不断增大,行人碰撞比例达到整个疏散过程最高,并持续到 $T = 30s$ 后,随着剩余待疏散人数减少,碰撞人数占剩余待疏散人数比例逐渐降低,代表疏散路径上的拥挤得到缓解。

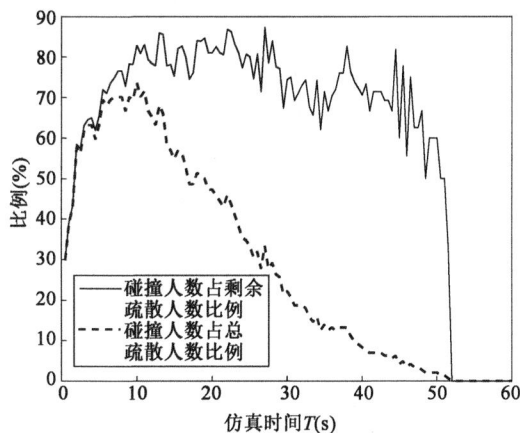

图10 疏散碰撞比例示意图

3.4 行人疏散时间分析

乘客是否能在规定的撤离时间内撤离对整个疏散具有重要意义,具有不同疏散特性的乘客数量变化趋势如图11所示。

图11 不同疏散行为行人随时间变化示意图

70s 内,所有的乘客分别通过船舱两侧的出口撤离了船舱。结合表4可以看出,具有不同类型疏散行为的乘客在疏散时存在不同的表现,恐慌类型的行人即使在所有乘客中是最多的占比80%,但仍然以最短的时间完成了疏散,在52s时完成了撤离,从众行为和避让行为的行人均占比10%,完成撤离时间均大于65s。造成该现象的原因除了不同的疏散行为以外,恐惧类型的行人具有相对较快的期望移动速度。

平均疏散时间(s) 表4

平均疏散时间	改进模型($\eta = 0.2$)
所有乘客	45
恐惧行为	40
避让行为	61
从众行为	57
团体行为	66

不同的船舶横纵倾角对所有行人的平均疏散时间的影响如图12表示,横纵倾角对行人移动速度的衰减造成了平均疏散时间的变化。在水平面($\alpha = 0, \beta = 0$)时,所有乘客的平均撤离时间最短为32.5s。在横倾角 $\alpha = -25$,纵倾角 $\beta = 15$ 时,所有乘客的平均疏散时间为48s。疏散时间比水平状态下超出约50%。所以针对海上船舶与陆地建筑疏散外部环境的不同加以考虑,对密集人群的海上疏散撤离尤为重要。

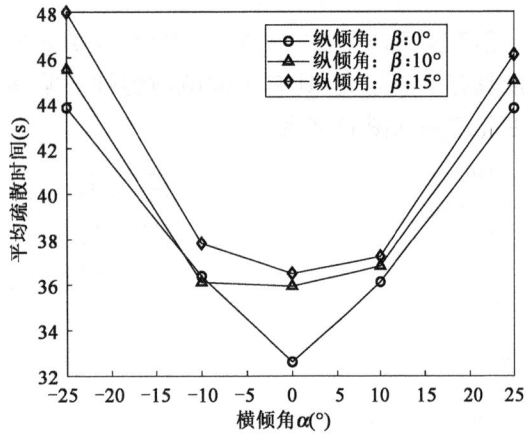

图12 横纵倾角对平均疏散时间的影响

4 结语

根据模拟结果,发现本文提出的改进模型不仅具有元胞自动机模型计算方便、过程可视化的特点,同时可以描述个体的智能行为。本文分析了客滚船与陆地建筑的不同对疏散速度的影响,以及人群在海上突发事故的影响下的疏散表现,研究了密集人群在狭窄复杂地形的恐惧、避让、从众和团体等疏散行为的差异,以及人员的初始分布对于人员疏散的重要影响。同时分析了乘客在疏散时的出口选择、碰撞挤压和疏散时间的影响因素。相较于传统模型,智能行为在人群移动方式上做出改进,更符合真实的海上密集人群疏散场景,能对海上船舶的人员应急疏散有一定的启发。

参考文献

[1] 王贤涛,焦玉会,韩晓宝.2011—2021年中国沿海船舶碰撞事故规律分析和对策研究[J].航海技术,2023(3):45-47.

[2] 张大伟.考虑人员差异性的客船疏散模型研究[D].哈尔滨:哈尔滨工程大学,2022.

[3] 刘志国.基于改进多格子模型的客船应急疏散建模仿真研究[D].哈尔滨:哈尔滨工程大学,2024.

[4] LI D, HAN B. Behavioral effect on pedestrian evacuation simulation using cellular automata [J]. Safety Science,2015,8041-55.

[5] 周美琦,杨晓霞,张纪会,等.基于改进元胞自动机模型的地铁车厢乘客疏散模拟[J].复杂系统与复杂性科学,2021,18(3):35-44.

[6] 郭冰.大型船舶中人员流动模型的研究[D].哈尔滨:哈尔滨工程大学,2010.

[7] WANG X, LIU Z, WANG J, et al. Experimental study on individual walking speed during emergency evacuation with the influence of ship motion [J]. Physica A:Statistical Mechanics and its Applications,2021,562(prepublish):125369.

[8] 孙锦路.船体倾斜状态下人员运动特征研究[D].合肥:中国科学技术大学,2018.

[9] 陈伟.考虑领导者和恐慌情绪的建筑物多Agent人群疏散仿真[D].武汉:华中科技大学,2022.

[10] 张鑫龙,陈秀万,李怀瑜,等.一种改进元胞自动机的人员疏散模型[J].武汉大学学报(信息科学版),2017,42(9):1330-1336.

[11] Sub-Committee On Stability. PASSENGER SHIP SAFETY Time dependent survival probability of a damaged passenger ship Submitted by Germany [J]. Engineering Environmentevl Science,2006.

[12] Peng Z , Xiao-Xia J , C S W , etal. Potential field cellular automata model for pedestrian flow.[J]. Physical review. E, Statistical, nonlinear, and soft matter physics,2012,85(2 Pt 1):021119.

[13] 杨灿,陈群,陈璐.考虑在能见度受限下行人跟随行为特性的建模与模拟[J].物理学报,2019,68(24):87-10.

[14] 杨浩哲.基于博弈论的群体冲突与疏散行为仿真研究[D].郑州:郑州大学,2022.

[15] IMO. Interim guidelines for evacuation analyses for new and existing passenger ships [J]. MSC,2002.

基于双向长短期记忆网络的共享单车
需求预测与调度研究

张洪涛　　甘佐贤*

（大连海事大学交通运输工程学院）

摘　要　共享单车的需求量预测对于共享单车企业的精细化运营十分重要，是解决单车区域供需平衡的前提。本文从运营方的角度出发，对共享单车出行需求进行预测，并基于预测结果给出调度策略。本文分析了 2023 年 12 月 26 日至 30 日晚高峰时期华盛顿共享单车系统在阿灵顿县 25 个站点的共享单车运营数据；然后利用双向长短时记忆神经网络（Bi-directional Long Short-Term Memory，Bi-LSTM）进行晚高峰目标站点单车需求量预测，与 RNN、GRU 和 LSTM 这 3 种模型的结果对比，验证 Bi-LSTM 网络在共享单车需求量预测上的精确度较好；为便于调度分析，利用米勒投影法将站点经纬度坐标转化为平面坐标；最后，利用 Bi-LSTM 网络预测结果指导带时间窗的车辆路径问题，制定了基于遗传算法的共享单车站点调度方案。

关键词　Bi-LSTM 模型　流量短时预测　米勒投影法　单车调度　遗传算法

0　引言

共享单车作为城市公共交通的一部分，为市民的短途出行提供了极大的便利。准确的共享单车需求预测以及合理的调度研究可以为共享单车运营部门和交通管理部门提供有效的参考，从而提高共享单车系统的运行效率[1]。本文的研究对象为华盛顿共享单车系统（Capital Bikeshare）在阿灵顿县的 25 个共享单车站点，基于订单数据进行共享单车站点的需求量预测。此共享单车系统是有桩式共享单车，有固定站点完成租还车业务。

随着深度学习的兴起，采用深度学习模型预测交通出行需求具有较好的预测精度和鲁棒性。Jiang 基于递归神经网络探究共享单车需求的时间依赖性，对共享单车系统的运营和管理有一定的指导作用[2]。Zhou 等融合 CNN、LSTM、注意力机制和双向 LSTM 网络，可以更有效地捕获公共交通出行需求中的时空特征[3]。傅哲等设计基于 LSTM 神经网络的共享单车预测模型，针对预测结果，采用有转运的运输问题模型，对站点间的车辆调度提出优化策略[4]。

在资源调度领域，高效的遗传优化算法已成为获取近优解或最优解的手段。孔若晨提出一种校园共享单车调度方法，并通过遗传算法求解，以满足调度点出行高峰时的共享单车需求[5]。针对车辆路径问题，Fan 等综合考虑调度成本、时间窗惩罚成本、燃油成本以及车速、坡度和车辆负荷对油耗的影响，建立了基于预优化和再优化策略的混合整数规划模型，开发了一种可变邻域搜索的混沌遗传算法[6]。

综上，本文基于 Bi-LSTM 网络对共享单车站点需求进行短时预测；并利用米勒投影法，将共享单车站点的经纬度坐标转换为更易于处理的平面坐标系统，便于调度规划研究；最后，根据 Bi-LSTM 网络预测结果，使用遗传算法给出晚高峰时单车的调度策略，从而优化共享单车的管理。

1　共享单车需求量短时预测

1.1　数据清洗与实验思路

实验数据上，选用 Capital Bikeshare 在阿灵顿县的 25 个共享单车站点进行分析，筛选出 2023 年 12 月 26 日到 30 日每天 17 至 19 时的共享单车订单信息，总共 10h，记录精度为 1min。共享单车的原始订单，数据量较为庞大与复杂，其中会包含一定量的噪声和失真数据，若不进行加工而直接处理容易对结果产生一定误差。对于共享单车站点信息缺失的订单进行清洗，保留骑行数据完整的订单。对原始数据进行处理，总计骑行记录 4285 条，剔除异常骑行记录 368 条，处理后骑行记录为 3917 条。站点分布如图 1 所示，表 1 为数据清洗后目标站点的经纬度信息。

图 1　站点分布可视化

共享单车各站点经纬度　　　　　　　　　　　　　　　　　　　表 1

站点编号	站点纬度	站点经度	站点编号	站点纬度	站点经度
0	38.8802	−77.0922	13	38.8881	−77.0931
1	38.8625	−77.0866	14	38.8883	−77.0496
2	38.8732	−77.0821	15	38.8894	−77.0919
3	38.8764	−77.1077	16	38.8904	−77.0889
4	38.8808	−77.0908	17	38.8906	−77.0848
5	38.8812	−77.1118	18	38.8926	−77.0821
6	38.8824	−77.1128	19	38.8940	−77.0786
7	38.8828	−77.1031	20	38.8953	−77.0735
8	38.8840	−77.1078	21	38.8960	−77.0890
9	38.8841	−77.0466	22	38.8961	−77.0715
10	38.8846	−77.0659	23	38.8970	−77.0865
11	38.8847	−77.0935	24	38.8976	−77.0809
12	38.8858	−77.0978	25	38.9096	−77.0856

本文利用 Bi-LSTM 模型,以阿灵顿县 25 个共享单车站点订单数据为研究对象,进行模型训练和预测共享单车站点需求量预测步骤如图 2 所示。

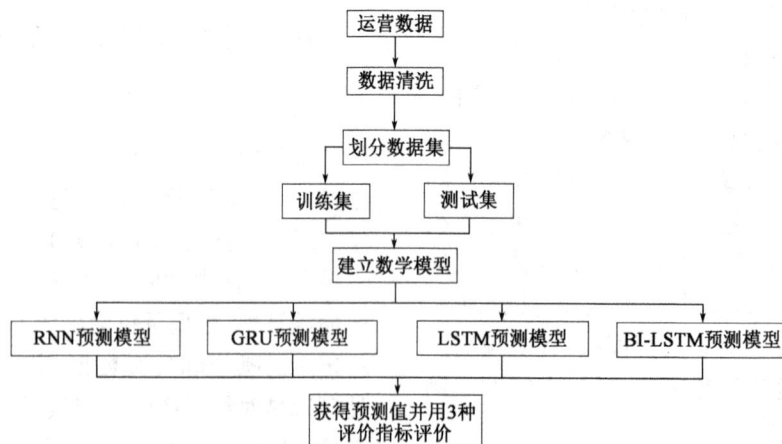

图 2　共享单车站点需求量预测步骤

1.2　算法分析

RNN 是循环神经网络（Recursive Neural Network）的缩写,是一种具有树状阶层结构的人工神经网络,它能够学习序列中的长期依赖关系,并且具有记忆性、参数共享和图灵完备等特性,常被用于各类时间序列预报。GRU 是门控循环单元

(Gated Recurrent Unit)的缩写,其应用范围广泛,适用于各种需要处理序列数据的场景。LSTM (Long Short-Term Memory)网络是一种特殊的循环神经网络架构,用于处理序列数据,如时间序列分析、自然语言处理、语音识别等。与传统的 RNN 相比,LSTM 能够更好地捕获长期依赖关系,因此在许多任务上表现更出色。LSTM 网络内部结构如图 3 所示。

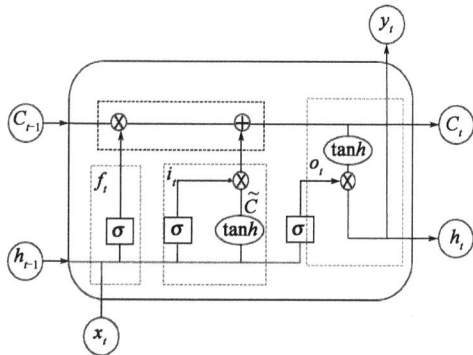

图3 LSTN 网络内部结构

LSTM 的核心思想是通过引入门结构来控制信息的流动。这些"门"结构允许网络记住重要的信息,并忘记不相关的信息。具体来说,LSTM 包括以下 3 个门:

输入门(Input Gate),决定哪些信息应该被添加到细胞状态中;遗忘门(Forget Gate),决定哪些信息应该从细胞状态中删除;输出门(Output Gate),决定哪些信息应该被输出到下一个时间步。在 LSTM 中,细胞状态(Cell State)是一个关键组件,它贯穿整个序列,并在每个时间步上通过门结构进行更新。这种设计使得 LSTM 能够记住长期的信息,并有效地解决梯度消失和梯度爆炸问题。其中,计算公式如下:

$$c_t = c_{t-1}f_t + \tilde{c}_t i_t \qquad (1)$$

$$h_t = \tanh(c_t)o_t \qquad (2)$$

$$\tilde{c}_t = \tanh(W_{xc}x_t + W_{hc}h_{t-1} + b_c) \qquad (3)$$

$$f_t = \mathrm{sigmoid}(W_{xf}x_t + W_{hf}h_{t-1} + b_f) \qquad (4)$$

$$i_t = \mathrm{sigmoid}(W_{xi}x_t + W_{hi}h_{t-1} + b_i) \qquad (5)$$

$$o_t = \mathrm{sigmoid}(W_{xo}x_t + W_{ho}h_{t-1} + b_o) \qquad (6)$$

$$\tanh(x) = \frac{1 - e^{-2x}}{1 + e^{-2x}} \qquad (7)$$

$$\mathrm{sigmoid}(x) = \frac{1}{1 + e^{-x}} \qquad (8)$$

式中:　　　　c_t——模型的记忆状态;

h_t——模型的隐层状态;

$\tilde{c}_t$——新的状态候选向量;

x_t——模型的输入与输出;

f_t, i_t, o_t——分别表示遗忘门、输入门、输出门在 t 时刻的状态;

$W_{xc}, W_{xf}, W_{xi}, W_{xo}$——每一层连接到输入向量 x_t 的权重矩阵;

$W_{hc}, W_{hf}, W_{hi}, W_{ho}$——每一层连接到前一个隐状态 h_{t-1} 的权重矩阵;

b_c, b_f, b_i, b_o——每一层的偏置项。

双向长短期记忆网络(Bi-LSTM)是一种结合了前向和后向信息的循环神经网络架构。它的思路结构是在每个时间步同时考虑过去和未来的信息,通过前向和后向两个 LSTM 网络进行计算。前向 LSTM 处理输入序列的正向信息,而后向 LSTM 处理输入序列的逆向信息。最后,将两个方向的信息进行融合,从而提取出更全面的上下文信息,提高了时间序列预测的准确性,Bi-LSTM 网络结构图如图 4 所示。

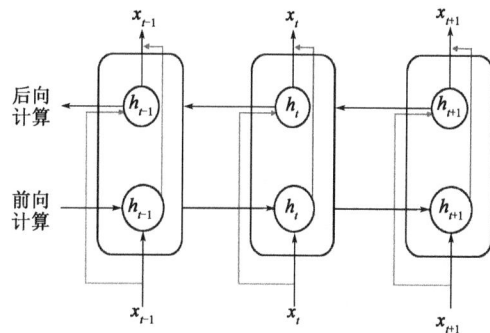

图4 Bi-LSTM 网络内部结构

Bi-LSTM 网络模型由两个 LSTM 网络构成,求解时分别计算前项隐向量 $\overrightarrow{h}_{t-1}$ 产生新的隐向量 $\overrightarrow{h}_t$ 和后项隐向量 $\overleftarrow{h}_{t+1}$ 产生新的隐向量 $\overleftarrow{h}_t$。将正反两项输入序列的输出结果结合,得到结果 Y_t,计算公式如下:

$$\overrightarrow{h}_t = \mathrm{LSTM}(x_t, \overrightarrow{h}_{t-1}) \qquad (9)$$

$$\overleftarrow{h}_t = \mathrm{LSTM}(x_t, \overleftarrow{h}_{t-1}) \qquad (10)$$

$$Y_t = \tanh(W_{\overrightarrow{h}y}\overrightarrow{h}_t + W_{\overleftarrow{h}y}\overleftarrow{h}_t + b_y) \qquad (11)$$

式中:$W_{\overrightarrow{h}y}, W_{\overleftarrow{h}y}$——每一层连接到前一个隐状态的权重矩阵;

b_y——偏置项[7]。

1.3　评价指标

使用绝对误差平均值 MAE（Mean Absolute Error）、RMSE 均方根误差（Root Mean Square Error）和实验准确率 AcR（Accuracy Rate）来全面地评判模型的预测误差和预测效果。RMSE 是一个衡量预测模型精度的指标，通过计算预测值与真实值之间的差异来反映模型的预测精度。MAE 则用于量化预测误差的情况，通过计算预测值与真实值之间的差异来反映预测误差的大小。而准确率 AcR 则用于评估预测结果的准确性，通过计算预测正确的样本数占总样本数的比例来直观地展示模型的预测准确性。这些评价指标共同构成了对模型预测性能的综合评估体系，帮助我们更全面地了解模型的预测效果，并据此进行模型优化和改进。

$$RMSE = \sqrt{\frac{1}{N}\sum_{i=1}^{N}(Y_i - y_i)^2} \qquad (12)$$

$$MAE = \frac{1}{N}\sum_{i=1}^{N}|Y_i - y_i| \qquad (13)$$

$$AcR = 1 - \frac{|Y_i - y_i|}{y_i} \qquad (14)$$

式中：Y_i——预测区域的真实值；

　　　y_i——预测区域的模型预测值；

　　　N——所有站点个数。

评价指标 MAE 和 RMSE 越小，模型预测精度越高；准确率 AcR 越大，模型预测精度越高。

1.4　实验环境及结果分析

1.4.1　环境描述

实验环境为 Windows10 操作系统，处理器型号为 Intel（R）Core（TM）i5-8250UCPU@1.60GHz，基于开源 Python 环境管理平台 Jupyter notebook，利用 TensorFlow 中的 Keras 模块进行实验。

1.4.2　预测结果

以 15min 为时间窗口对数据进行切片，每次取前两个时间窗口的数据作为输入，对第 3 个时间窗口进行预测，利用时间滑动窗口的方式实现数据的充分利用。研究的共享单车订单数为 3917，实验中取 80% 数据为训练集，20% 为测试集，分别为 3134 和 783 条数据。时间步长 time_step = 2，每次训练的随机样本数 batch_size = 8，训练轮次数为 epoch = 100，使用 Adam 优化器。图 5

所示为模型在训练时损失函数不断变化的过程，由图可看出训练集和测试集的损失值在不断下降，最终趋于稳定，4 种模型的性能比较见表2。

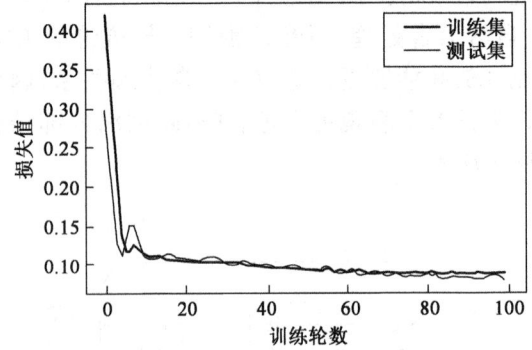

图5　Bi-LSTM 模型损失函数变化趋势

预测结果对比表　　　　　　表2

评价指标	BI-LSTM	LSTM	RNN	GRU
RMSE	2.85	3.16	6.60	3.38
MAE	2.02	2.82	4.81	2.98
AcR	0.86	0.71	0.67	0.57

2　共享单车调度

2.1　共享单车调度问题描述

共享单车系统面临着站点间供需不平衡的问题，通过上文 Bi-LSTM 模型预测各站点晚高峰的需求量，可以帮助运营商提前了解各站点单车的使用情况。基于预测结果调运单车，缓解各站点供需不平衡的情况，满足用户需求。本文利用遗传算法，通过确定调度车辆的装卸数量和最优路线，实现共享单车的调配。

VRPTW（Vehicle Routing Problems with Time Windows）是在 VRP（Vehicle Routing Problem）问题基础上加入时间窗限制的优化条件，旨在确保服务在规定的时间窗内进行，否则需要承担一定的惩罚成本。配送中心需要统一调度规划，确保车辆按照最优或次优的路径进行配送，同时满足时间窗、节点覆盖等约束条件。

目标函数为：

$$\min\sum_{i=0}^{N}\sum_{j=0,j\neq i}^{N}\sum_{k=1}^{K}c_{ij}x_{ijk} \qquad (15)$$

约束条件为：

$$\sum_{k=1}^{K}\sum_{j=1}^{N}x_{ijk} \leq K \quad (i=0) \qquad (16)$$

$$\sum_{j=1}^{N} x_{ijk} = \sum_{j=1}^{N} x_{jik} \leq 1 \quad (i=0; k \in \{1,2,\cdots,K\})$$
$$(17)$$

$$\sum_{j=0,j\neq i}^{N} \sum_{k=1}^{K} x_{ijk} = 1 \quad (i \in \{1,2,\cdots,N\}) \quad (18)$$

$$\sum_{i=0,j\neq i}^{N} \sum_{k=1}^{K} x_{ijk} = 1 \quad (j \in \{1,2,\cdots,N\}) \quad (19)$$

$$\sum_{i=1}^{N} m_i \sum_{j=0,j\neq i}^{N} x_{ijk} \leq Q_k \quad (k \in \{1,2,\cdots,K\}) \quad (20)$$

$$\sum_{i=0}^{N} \sum_{j=0,j\neq i}^{N} x_{ijk}(a_i + s_i + w_i) \leq t_k \quad (k \in \{1,2,\cdots,K\})$$
$$(21)$$

$$a_0 = w_0 = s_0 = 0 \quad (22)$$

$$\sum_{k=1}^{K} \sum_{i=0,i\neq j}^{N} x_{ijk}(t_{ij} + s_i + w_i + a_i) \leq a_j \quad (j \in \{1,2,\cdots,N\})$$
$$(23)$$

$$e_i \leq (a_i + w_i) \leq l_i \quad (i \in \{1,2,\cdots,N\}) \quad (24)$$

式中: a_i——到达节点 i 的时间;

w_i——在节点 i 的等待时间; $x_{ijk} \in 0,1$ (车辆 k 从 i 到 j 为 1,否则为 0, $i \neq j$; i, $j \in 0,1,2,\cdots,N$);

K——配送车辆总数量;

N——节点总数量;

t_{ij}——从 i 到 j 所用时间;

Q_k——车辆 k 的总容量;

e_i——节点 i 的最早到达时间;

l_i——节点 i 的最晚到达时间;

s_i——在节点 i 的服务时间;

t_k——车辆 k 的最大行驶时间。

模型中,0 点为配送中心,车辆从配送中心出发。公式(15)为目标函数,目标为最小化总配送成本。公式(16)至公式(24)为模型需要满足的约束条件,其中公式(16)表示车数量约束;公式(17)确保了每辆车从配送中心出发并返回配送中心;公式(18)、(19)保证每个节点只能被一辆车服务,且只能服务一次;公式(20)为车容量约束;公式(21)为车辆的最大行驶时间约束;公式(22)至(24)为节点的时间窗约束[8]。

2.2 米勒投影法

在共享单车调度规划中,需要知道共享单车站点具体位置信息。Capital Bikeshare 系统中的共享单车站点皆用经纬度坐标表示。为便于调度研究,要将经纬度坐标转换为平面坐标。米勒投影法是一种将地球表面展开成平面地图的投影方法,能够减少极区的畸变,方便对地理信息进行读取和分析。利用米勒投影的将球面坐标转换为平面坐标的公式如下:

$$L = 2\pi R \quad (25)$$

$$W = L, H = L/2 \quad (26)$$

$$x = \text{lon} \times \pi/180, y = \text{lat} \times \pi/180 \quad (27)$$

$$y = 1.25 \times \log\left[\tan(0.25 \times \pi + 0.4 \times y)\right] \quad (28)$$

$$X = \frac{W}{2} + \left(\frac{W}{2\pi}\right) \times x \quad (29)$$

$$Y = \frac{H}{2} - \frac{H}{2 \times \text{mill}} \times y \quad (30)$$

式中:mill——2.3 的常数;

H、W——平面展开后的高度和宽度;

R——赤道半径的 6378137m;

L——赤道周长;

lon——经度(位于 $-180° \sim 179.9°$ 之间);

lat——纬度(位于 $-90° \sim 90°$ 之间)。

公式(27)将经纬度转化为弧度制,x、y 是将经纬度转化为弧度制的坐标;公式(28)为米勒投影的转换;公式(29)、(30)将弧度转为实际距离,转换结果的单位是 km,X、Y 是经纬度经过投影计算后的坐标。

2.3 遗传算法优化配送路径

为 25 个客户点提供配送服务,每个客户的货物需求量、时间窗不同。配送中心拥有多辆同一类型的汽车,每辆车续航 500km,每辆车最大运力为 40 辆共享单车,假设汽车从配送中心出发的时间为 0,且在配送过程中的行驶速度恒定为 35km/h。汽车的行驶成本为 10 元/km。表 3 中的第一列数据代表配送中心、客户点的编号,0 代表配送中心,1,2,3,…,25 代表客户点;本文基于米勒投影法利用各站点的经纬度获得平面坐标,规定之间的距离为欧氏距离。

共享单车站点配送信息 表3

标号	平面坐标	需求量	时间窗	标号	平面坐标	需求量	时间窗
0	(11462078,6911020)	0	—	13	(11466199,6908728)	−25	(18:00,18:15)
1	(11462579,6910069)	8	(17:15,17:45)	14	(11461488,6908630)	−19	(18:15,18:45)
2	(11459728,6909785)	11	(17:00,17:30)	15	(11461822,6908541)	−26	(18:00,18:30)
3	(11461610,6909394)	−17	(17:15,17:30)	16	(11462278,6908524)	30	(18:00,18:30)
4	(11459271,6909359)	10	(17:15,17:45)	17	(11462579,6908346)	14	(18:15,18:45)
5	(11459160,6909252)	−16	(17:30,17:45)	18	(11462969,6908222)	−21	(18:30,19:00)
6	(11460240,6909217)	12	(17:30,18:00)	19	(11463537,6908106)	−15	(18:00,18:30)
7	(11459717,6909110)	−7	(17:00,17:30)	20	(11461811,6908044)	13	(18:30,18:50)
8	(11466533,6909101)	−21	(17:30,18:00)	21	(11463760,6908035)	31	(18:30,18:50)
9	(11464383,6909057)	−14	(17:00,17:15)	22	(11462089,6907955)	12	(18:35,19:00)
10	(11461309,6909048)	9	(17:45,18:15)	23	(11462713,6907902)	−11	(18:45,19:05)
11	(11460831,6908950)	10	(17:45,18:15)	24	(11462189,6906835)	−18	(18:30,19:00)
12	(11461354,6908746)	21	(17:30,18:00)	25	(11461443,6909394)	9	(18:00,18:30)

本文利用pycharm基于遗传算法对本文算例进行求解。相应的参数设置为:种群大小为100,最大迭代次数为3000,变异概率为0.05。图6表示的是单车调度路径,其中星号表示调度中心,圆点表示需要调度站点,经3000轮训练,共需3辆车完成配送。

车辆1路线:0→7→12→15→16→21→23→18→17→0;

车辆2路线:0→19→24→25→22→20→0;

车辆3路线:0→13→11→2→9→14→10→4→8→6→5→3→1→0。

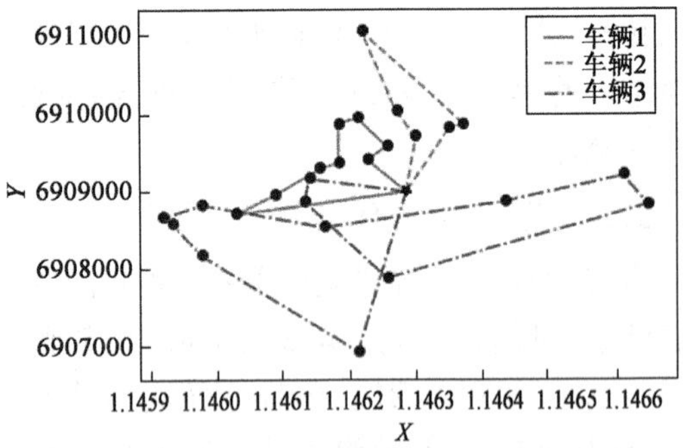

图6 单车调度路径

3 结语

以华盛顿共享单车系统在阿灵顿县25个站点的出行订单数据为研究对象,基于Bi-LSTM算法对共享单车进行短时出行需求预测,并与RNN、GRU、LSTM 3种模型进行比较,验证Bi-LSTM网络的预测精确度均高于其他3种模型。利用米勒投影法,将站点经纬度坐标转化为平面坐标,便于调度研究。基于Bi-LSTM网络预测结果,得到各站点在晚高峰时需求量,利用遗传算法完成共享单车调度路线规划,需使用3辆调度车完成调度任务,能为共享单车运营商在此区域的运营提供较为具有价值的参考方案。

本研究也存在不足之处,可以进一步调整Bi-LSTM模型,从而提高模型的预测精度。在使用遗传算法对共享单车进行调度时,本研究没有将城市实际街道情况考虑,仅用欧式距离作为站点间距离,未来可进一步探索。

参考文献

[1] 刘恒孜,贺玉龙,宋太龙,等.共享单车需求预测及调度优化[J].科学技术与工程,2021,21(35):15247-15254.

[2] JIANG W W. Bike sharing usage prediction with deep learning: a survey[J]. Neural computing & applications, 2022, 34(18): 11-17.

[3] ZHOU Y, WU Q. CLAB model: A deep learning model for short-term prediction of passenger rental travel demand [J]. Journal of Geo-information Science, 2023, 25(1): 77-89.

[4] 傅哲,辛泓润,余力,等.基于使用行为分析的共享单车管理优化研究[J].信息系统学报,

2020,(2):81-94.

[5] 孔若晨,何赏璐,盛颖洁,等.基于遗传算法的大学校园共享单车调度方法[J].交通科技,2022,(2):132-135,144.

[6] FAN H, REN X X, ZHANG Y G, et al. A chaotic genetic algorithm with variable neighborhood search for solving time-dependent green VRPTW with fuzzy demand [J]. Symmetry, 2022, 14

(10): 2115-2115.

[7] 郭洪鹏,刘斌,肖尧.基于 Bi-LSTM 网络的铁路短期货运量预测研究[J].铁道货运,2022,40(2):52-58.

[8] 吴斌,宋琰,程晶,等.基于密度峰值聚类的 VRPTW 问题研究[J].工业工程,2020,23(5):58-66,74.

Travel Behavior Intervention based on Personal Carbon Accounts: a Survey on College Students in Shanghai, China

Yilin Hao[1]   Jian Li[*1]   Yi Zhou[2]

(1. College of Transportation and Engineering, Tongji University; 2. Urban Mobility Institute, Tongji University)

Abstract Environmental issues have become a significant research focus. The Carbon Inclusion system, proposed by the government, aims to reduce downstream carbon emissions by motivating behavioral change. Combining this system with flexible traffic behavior intervention measures offers a cost-effective approach to carbon reduction. However, the current carbon-inclusive platform experiment lacks population specificity, leading to low efficiency. Interdisciplinary theoretical applications in psychology offer the potential to construct a theoretical framework for behavioral intervention systems based on the carbon-inclusive platform. To enhance the effectiveness of behavioral intervention within the carbon-inclusive system, this paper presents SP-off-RP survey experiments conducted among college students. The experiments design a personalized behavior intervention scheme by analyzing group characteristics and proposing a logical framework for travel behavior intervention within a personal carbon account platform. The results demonstrate the effectiveness and comprehensiveness of the travel behavior intervention scheme, uncover biases in college students' perceptions of travel costs, and outline the characteristics and rules of utilizing behavioral intervention measures in this context.

Keywords Travel behavior intervention measures   Persuasive systems design (PSD)   Personal carbon account   College students group

0   Introduction

Global climate change is a major challenge facing human society, and controlling carbon emissions is key to addressing it. China, as the world's largest carbon emitter, accounts for over 10% of carbon emissions from its transportation sector(2020). While research has primarily focused on reducing emissions from vehicles and energy sources (WRI, 2022), there remains a gap in addressing individual travel emissions. The Carbon Inclusion system, piloted in select cities, aims to assign value to carbon reductions through carbon credits and promote positive behavior change, particularly(2021, 2017).

However, the current experiment lacks specificity and a theoretical framework, resulting in low efficiency. College students present an ideal experimental group due to their pivotal role in future society, and behavioral intervention experiment within campus offers stable data. While the theoretical basis for the carbon universal system has emerged, current intervention methods rely heavily on subjective inferences, lacking a solid theoretical framework. The interdisciplinary application of psychology offers possibilities-stimulating behavioral change through the Carbon Inclusion platform and flexible traffic behavior intervention measures to reduce downstream carbon emissions at a low cost.

This paper proposes a logical framework and a targeted set of travel behavior intervention schemes, explores behavioral intervention strategies for college students' leisure travel scenarios, focusing on psychological theories and models. We propose a targeted set of travel behavior intervention schemes and conduct RP-off-SP survey experiments to analyze college students' preferences and behavior change effects under various interventions, hoping to identify patterns for enhancing intervention effectiveness within this group.

Our study innovates by creatively employing an SP experiment with changing situational conditions on campus, proving more practical and effective than previous broad modeling approaches. Additionally, pilot experiments of China's carbon inclusive platform have underscored the need for a theoretical framework, which we address by proposing an interdisciplinary theoretical framework for behavioral intervention measures based on psychological theory, thus addressing this theoretical gap.

Section 1 provides a brief overview of personal carbon accounts and related psychological theories. Section 2 introduces the theoretical framework for behavioral intervention. The experiment's design is introduced and discussed in detail in Section 3. Section 4 conducts a comprehensive analysis of the adaptation patterns and perceptions of travel behavior intervention costs among college students.

1 Literature review

The concept of tradable permits, first proposed by Dales (1986), has been studied through questionnaires, mathematical modeling, and simulation experiments, demonstrating the feasibility of personal carbon accounts and their impact on mobility. Brands, D., et al. (2005) developed an online trading market, showing the possibility of achieving a balanced carbon trading market, providing insights for Online SP Experiment. This paper emphasizes conceptual models for traffic behavior interventions, broadening the scope of interventions.

In psychology, behavior intervention and change have been explored extensively. Fogg's introduction of "Persuasive Technology" (2002) has led to increased interest in behavior change interventions. Andersson (2017) highlighted the impact of user behavior interventions in aspects like Customization, Information and feedback, Commitment, and Appealing design, informing the conceptual model. Sunio, et al. (2017) pointed out the limitations of static behavior change models for travel behavior intervention.

Current research on travel behavior intervention lacks a comprehensive framework. While Lin (2016) studied transportation mode selection for return trips among college students, intervention strategies were not explored from the perspective of influencing factors. Zhang (2019) developed a structural equation model to explore the impact of factors like subjective norms and experiential regret on travel decisions, lacking generalization.

In conclusion, while research on tradable permits and personal carbon accounts has provided insights, more work is needed to develop effective behavior intervention strategies. Incorporating insights from psychological models and considering comprehensive frameworks will be crucial in designing effective interventions for travel behavior.

2 Behabior intervention framework

After summarizing and analyzing existing research progress in psychology and behavioral intervention theory, we propose an innovative interdisciplinary approach to low-carbon transportation travel behavior intervention. This involves the introduction of a three-layer "AiBj + C" framework, comprising layer A addressing influencing factors, layer B focusing on intervention approaches, and layer C dedicated to behavior stage assessment. This framework allows for the creation of multiple "AiBj + Ck" chains tailored to different groups of people and diverse scenarios.

Layers A and B serve to broaden the range of intervention methods and concepts, while layer C is designed to monitor and regulate the user's behavior change stages. Interventions tailored to specific stages are devised for AiBj collection, ultimately linking to countermeasures in the repository of behavioral guidance measures to offer intervention recommendations.

The subsequent section provides a detailed exposition on the specific content and integration of the three layers

2.1 Phases-trans-theoretical model

The Trans-theoretical Model (TTM), introduced by American psychology professor Prochaska in 1984, posits that human behavior change occurs gradually and continuously. The basic TTM model delineates behavioral change into six phases: Unintentional,

Intentional, Preparation, Action, Maintenance, and Outcome.

We combine the first 2 stages into the Intention stage and exclude the Outcome phase. Users in the Intentional stage are either already committed to change or in the process of considering it. They need guidance to change their behavior impulsively.

2.2 Factors-behavioral decisions

Behavior decision-making has multiple influencing factors. Early researchers assumed that decision-makers in travel decisions were entirely rational, basing their judgments on the "utility" calculated by combination of time and money. However, recent studies have shown that decision-making also involves personal subjective judgment and perception errors, leading to an expansion of influencing factors.

This paper comprehensively incorporates research findings on influencing factors of travel decision-making(Figure 1), including:

• Personal characteristics: Disposable income, Objective environmental perception.

• Travel chain characteristics: Travel purpose, Travel time, Travel cost.

• Traffic policies: Soft transport policy measures, Hard traffic policy measures.

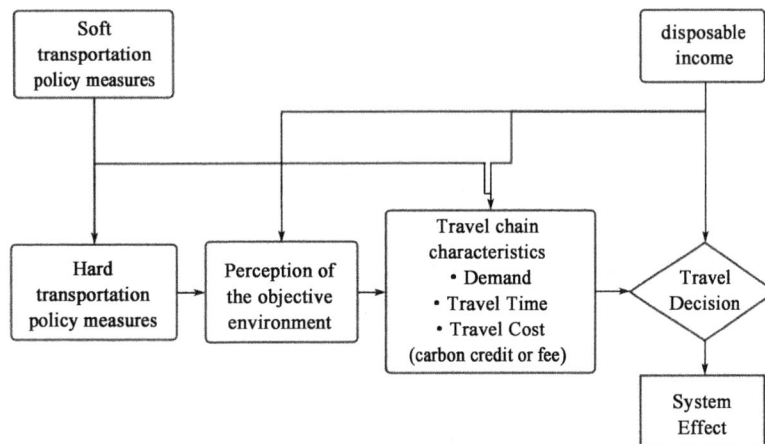

Figure 1   Traffic Volume on Highway 1

This paper does not address the interaction logic between different influencing factors, which remains an area for future research.

2.3 InterventionPerspective-PSD Model Optimization

As the number of trials increases, models designed to evaluate existing experimental platforms also multiply. For instance, the Behavior Change Support System (BCSS), a field trial of behavioral interventions in many countries, has been assessed using the Persuasive Systems Design (PSD) model. Sunio (2017) applied this model to evaluate 9 typical BCSS systems and provide recommendations for relatively weak intervention angles.

Developed by Harri and Marja, it proposes 4 categories and 28 angles to extract and analyze system features. Based on the indicators in behavior phases evaluation model, employing reverse thinking to refine the PSD model, comprising a total of 20 items across 4 categories (Table 1).

Corrected PSD model   Table 1

Primary Task Support	Dialogue Support	Social Support	System Credibility Support
Reduction	Praise	comparison	Surface credibility
		competition	
Tunneling	Rewards	Normative influence	Expertise
Self-monitoring	Reminders	Social facilitation	Real-world feel
Simulation	Suggestion	Cooperation	Authority
Rehearsal	Liking	Recognition	Verifiability
	Social role		

We gather awide range of current measures and historical successful cases to fill the framework, drawing insights from medical evidence-based techniques. This approach aims to establish a standardized evidence-based strategy library and case collection. We reviewed 105 literature sources on "low-carbon behavior intervention", organizing them into a knowledge map and systematically categorizing them into the behavior intervention strategy database. The framework construction is completed but remains open for enrichment with real-world empirical studies and cases. It offers flexibility for adjustment, allowing for revision and expansion as psychological research progresses.

3 Experiment design

This study presents a personalized low-carbon travel behavior intervention experiment targeting a specific demographic-college students in leisure travel. 35 students from Tongji University were recruited in this SP-off-RP experiment.

The experimental design consists of three stages: ①RP basic information investigation; ②SP online experiment-utilizing a real route to assess participants' perception of travel modes and their behavior change under specific intervention schemes; and ③Analyze and review. We developed a tailored behavior intervention plan based on the investigation of basic information and scenario setting.

3.1 Stage 1: basic information survey

During the initial stage, participants completed a questionnaire divided into three sections: personal basic social information, travel habits in the specified route, and psychological stage of behavior change. The second section focused on the travel habits of the "Tongji University-Anting" route, while the third section explored subjects' feelings and psychological states related to low-carbon travel and their perceived resistance to it.

3.2 Stage 2: design and implementation

Following the RP-off-SP experimental method, participants showing behavioral change potential and significance in the pre-RP survey proceeded to the second stage. This phase combined online and offline methods, including watching intervention explanation videos, completing selection questionnaires, and engaging in one-on-one in-depth communication sessions to understand participants' behavior choice psychology and ensure their full comprehension of all settings.

The experiment comprised three phases (Figure 2):

(1) Scenario Introduction: Participants were briefed on the theme "Travel Choices-Repeated Selection and Measurement", ensuring a comprehensive understanding before decisions. This included an overview of the Carbon Inclusion system and low-

carbon travel concepts.

（2）Perception Acquisition: Participants estimated travel data（duration, distance, carbon emissions）between "Dormitory Building-Anting Jiading Hui"

without map navigation. This assessed students' perception of less familiar travel modes. Real data corrected their perceptions and enhanced understanding of carbon emissions.

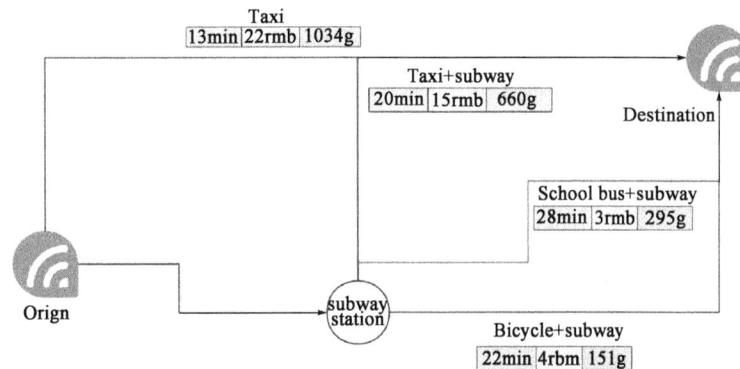

Figure 2   Comprehensive cost visualization visualization interface

（3）Behavior Intervention: In this phase, a set of "11 + 1" behavior intervention measures is devised with the focus on promoting a "low-carbon campus" environment, taking into account the specific characteristics of college students, and diversifying the types of guidance measures to the fullest extent possible. （Table 2. See Appeendix 1）.

The initial eleven behavioral interventions are developed based on the behavioral guidance measures library, tailored to suit university campus dynamics, and categorized according to intervention characteristics. Category Ⅰ involves interventions with tangible rewards, while Category Ⅱ comprises targeted interventions without tangible rewards. Category Ⅲ introduces a novel approach to reminder guidance, and Category Ⅳ incorporates commonly used low-carbon mini program functions prevalent in society, such as leaderboards and graphic/audio educational content.

The final intervention method focuses on points of interest and formulating unique behavioral interventions that consider various factors influencing college students' decision-making processes, as well as their diverse range of interests and relatively abundant time and energy for hobbies. This intervention is subdivided into four types of interest points offering commodity exchangeable measures, including games, sports（e. g. , priority reservation

at campus stadiums）, daily life on campus, and classroom activities（1 RMB = 60 carbon credits）.

Following the experiment, qualitative and quantitative analysis will be conducted on the experimental data, integrating questionnaire responses, intervention methods, decision-making outcomes, and feedback questionnaires. This comprehensive evaluation and analysis aim to visualize the data and draw meaningful insights.

4   Results and discussion

4.1   Perceived level of travel costs

In the experiment, a perception level test was conducted on different travel modes' routes and transfer strategies. Subjects were asked to estimate travel time, cost, and carbon emissions without additional information provided.

In Table 2, the D value indicatesthe degree of deviation of estimated values from standard values within each classification. Positive deviation values, highlighted in green, indicate that subjects overestimated the externality of traffic trips. Estimates for other travel modes were lower than actual externalities in terms of time, cost, and carbon emissions, except for those of bicycle and shuttle travel in the eastern region.

Perceived bias and variance of travel mode time, cost, and carbon emissions　　　　Table 2

Mode	Unit	EAST PART			
		E/Standard value		D/Deviation variance	
Taxi	Time/min	17	13	4	0.329
	Cost	22	22	0	0.202
	Carbon/g	747	875	− 128	0.217
Bicycle	Time/min	24	30	− 6	0.200
	Cost	7	4	3	1.057
	Carbon/g	214	151	63	0.679
Taxi + subway	Time/min	20	24	− 4	0.235
	Cost	18	18	0	0.280
	Carbon/g	629	879	− 250	0.285
Shuttle + subway	Time/min	21	21	0	0.277
	Cost	8	3	5	1.742
	Carbon/g	406	295	111	0.562

＊ E is estimated value by subjects; D is the Deviation between standard and estimated value.

Observing the "taxi" travel mode, travelers accurately perceive time and cost but underestimate carbon emissions. This pattern is also evident in "taxi + subway" trips, where subjects lack awareness of high-carbon emissions and underestimate environmental impact. Conversely, perceptions of carbon emissions for low-carbon modes like "bicycle + subway" and "shuttle + subway" are underestimated. This psychological phenomenon can be attributed to individuals minimizing factors causing guilt and regret while amplifying advantages of certain decision-making options, thus diminishing regret.

Comparing estimated and standard values of time and cost reveals overestimation of travel time for bicycles and overestimation of shuttle travel costs, potentially increasing resistance to low-carbon travel (as shuttle buses are fare-free).

4.2　Analysis of the intervention scheme

4.2.1　Group characteristics

Understanding college students' characteristics is vital for effective intervention strategies. Their strong ideological independence and diverse interests make them more open to adopting low-carbon travel habits compared to the general public. According to Maslow's hierarchy, their transportation needs mainly focus on safety, accessibility, and economic reliability, with less emphasis on status symbols.

Despite their higher education level, college students' environmental awareness often lags behind their knowledge. Therefore, interventions need to shift to external stimuli and positive reinforcement, instead of popular science videos. Travel decisions are primarily based on time and cost, influenced by peer groups.

4.2.2　Conclusions from experiment

Behavior intervention scheme comprises 12 measures grouped into 4 categories(Table 3):

Subjects assessed two criteria based on their habits and values: Interest and the Potential to switch to a more low-carbon mode of travel. The hypothesis that travel guidance driven by points of interest has a higher effect was confirmed, showing a strong linear relationship between interest value and guidance effect ($r = 0.77 > 0.7$). Thus, analyzing and categorizing users' preferences is crucial for designing targeted measures to enhance behavior intervention. Variations from the fitted line indicate differences in individuals' perceptions of measures' effects.

Perceived bias and variance of travel mode time, cost, and carbon emissions   Table 3

Feature Description	Guidance Measures			
I	Material reward-based	8 Goal and reward	10 Ranking and reward	12 Interest-oriented
II	Goal-oriented guidance	6 No reward goal	7 Goal and icon	11 Message reminder
III	New perspective reminders	1 Information presentation	2 Pollution data board	9 Analogical graphics
IV	Ranking and graphic education	3 Push promotions	4 Community rankings	5 Campus competitions

Moreover, significant differences exist in the guidance effects and public acceptance of various measures, influencing long-term engagement in carbon reduction programs. According to the effects and interest ranking of 12 intervention modes in Figure 3, "interest-oriented" commodity exchange and goal-setting with material rewards as the most effective methods-economic incentives. Keywords "interest orientation" "goal" and "reward" are also regared as effective. Measures with low universality but high effectiveness are suitable for specific groups, classified as individualized interventions.

Figure 3　Descending ranking and interest of the effects of 12 methods

Figure 4 presents a bubble chart categorizing guidance measures, highlighting notable differences in behavior intervention effectiveness across categories. Category I measures demonstrate overall high effectiveness. Category IV interventions show low effectiveness, with some receiving very poor assessments. Category II involves goal-setting, resulting in polarized effects: subjects preferring routine lifestyles exhibit optimism towards goal achievement but also psychological resistance to constraints. Category III interventions, offering innovative perspectives, elicit high interest and optimism from subjects.

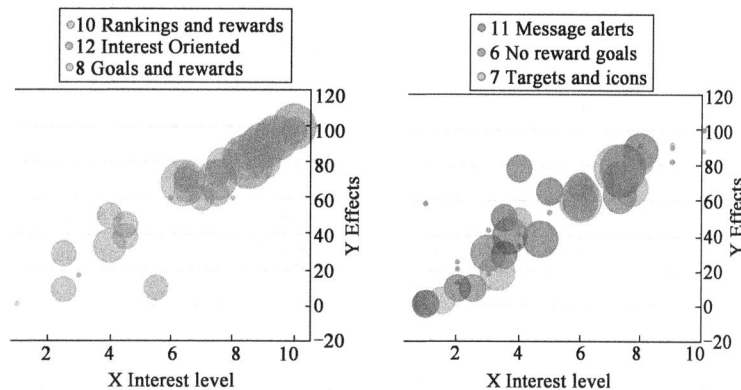

Figure 4

Figure 4 Bubble chart of effectiveness and degree of interest in 4 categories

A detailed comparative analysis yields the following insights:

(1)Material rewards significantly enhance intervention effectiveness. Category I interventions, particularly those involving material rewards, exhibit a strong correlation between high interest and effectiveness. Thus, detailed analysis of user needs and interest is recommended, to maximize profits.

(2)Features and creativity attract higher interest from subjects. No. 9, a creative graphic reminder, ranks fourth in intervention effectiveness, with a convex interest curve, resulting in higher effectiveness than the regular reminder method.

(3)Traditional approaches lack appeal to college students, while intuitive data visualization is effective. Common low-carbon travel pushes, lectures, shows the lowest effectiveness and interest among college students. Conversely, employing real-time carbon emission monitoring data boards, uses a novel visualization method, attracting high interest.

(4)College students exhibit a lower sense of collective consciousness and honor. Collective cognition extends beyond traditional class groups and dormitories, with inappropriate collective divisions having negative effects.

The above analysis and conclusions expand our understanding of college students' characteristics and the factors influencing their travel decisions. It provide recommendations for formulating behavior intervention measures based on carbon reduction mini-programs tailored to this demographic.

4.3 Programme evaluation and review

The experiment's third phase assessed participants' feedback on their experience. Results revealed positive feedback on intervention scheme variety and personalization. However, participants accustomed to low-carbon travel expressed lower satisfaction, possibly due to resistance to behavior change and the program's focus on behavior rather than infrastructure. Participants in the preparation and action stages of behavior change responded more positively to low-carbon guidance.

5 Conclusions

This paper has addressed the imperative of China's Carbon Inclusion system through comprehensive theoretical research, scheme design, and experimental verification of travel behavior intervention methods. By integrating established psychological theories and behavioral research, we have constructed a theoretical framework for travel behavior intervention that incorporates temporal stages, providing a foundation for guiding carbon reduction measures based on personal carbon accounts. Through the design and experimental validation of personalized travel behavior intervention schemes tailored to specific scenarios, valuable insights have been gleaned regarding the travel habits and preferences for behavior intervention measures among college students.

However, limitations persist in this experiment, primarily due to the resource-intensive nature of "one-to-one" experiments, leading to a small sample size that may introduce biases or overlook certain features. Future research endeavors will concentrate on broadening the scope of measure library and refining group portrait construction techniques, with the aim of effectively guiding public low-carbon travel behavior across the pilot area.

References

[1] HE J, LI Z, ZHANG X, ET AL. Towards carbon neutrality: A study on China's long-term low-carbon transition pathways and strategies [J]. Environmental Science and Ecotechnology, 2022, 9: 100-134.

[2] DALES J H. Pollution, property & prices: an essay in policy-making and economics [M]. Edward Elgar Publishing, 2002.

[3] BRANDS D K, VERHOEF E T, KNOCKAERT J, et al. Tradable permits to manage urban mobility: market design and experimental implementation [J]. Transportation Research Part A: Policy and Practice, 2020, 137: 34-46.

[4] ANDERSSON A, HISELIUS L W, ADELL E. Promoting sustainable travel behaviour through the use of smartphone applications: A review and development of a conceptual model [J]. Travel behaviour and society, 2018, 11: 52-61.

[5] FOGG B J. Persuasive technology: using computers to change what we think and do [J]. Ubiquity, 2002, 2002(12): 2.

[6] SUNIO V, SCHMÖCKER J D. Can we promote sustainable travel behavior through mobile apps? Evaluation and review of evidence [J]. International journal of sustainable transportation, 2017, 11(8): 553-566.

[7] ELURU N, CHAKOUR V, EL-GENEIDY A M. Travel mode choice and transit route choice behavior in Montreal: insights from McGill University members commute patterns [J]. Public Transport, 2012, 4: 129-149.

[8] ZHANG T, SUN F, et al Research on public transport choice behavior of college students based on structural equations [J]. Journal of Chongqing Jiaotong University: Natural Science Edition, 2022, 41(5), 26-34.

Schednle

Experimental behavior intervention measures　　　　Schednle 1

1	Compare travel mode emissions, costs, time, and carbon credits with map emission data(Ⅲ)
2	Install real-time emission boards at shuttle and north gate(Ⅲ)
3	Attend lectures promoting low-carbon travel(Ⅳ)
4	Participate in school-wide low-carbon ranking(Ⅳ)
5	Join inter-campus carbon credit competitions(Ⅳ)
6	Set 10% travel emission reduction goal monthly, no rewards(Ⅱ)
7	Reduce carbon emissions by 10%, get badge next month(Ⅱ)
8	Achieve 10% emission reduction, get 20% subway/bus discount(Ⅰ)
9	Display in Mini Program: "Trip reduces 600g carbon, equals 1.5 tree hours"(Ⅲ)
10	Top dorm achievers get monthly rewards(Ⅰ)
11	Receive daily Mini Program reminders on carbon credit and emissions(Ⅱ)
12	Implement point of interest interventions(Ⅰ)

乡村发展对交通道路类型偏向性研究

孙启鹏* 钱 博 袁天涯 白云泽

(长安大学经济与管理学院)

摘 要 道路建设影响着乡村发展的战略布局,研究乡村发展对道路类型的偏向性对于实施交通助力乡村振兴战略具有重要意义。然而,现有研究对其没有充分探讨,本文创新地聚焦乡村发展对道路类型的偏向性,以西部地区——秦巴、六盘两个山区 163 个县为研究对象,借助空间滞后模型探讨了乡村发展五维度与铁路、高速公路、普通道路的紧密程度,证实了乡村发展对各类型道路的偏向性以及关系强弱。得出的偏向性结论对于乡村发展依托道路类型进行布局具有参考价值。

关键词 乡村发展 交通道路 空间滞后模型 偏向性

0 引言

在促进乡村发展的研究中,交通研究属于重要的组成部分。乡村发展与交通系统之间相互影响,乡村发展能促进居民对交通基础设施的需求,而优化的交通基础设施能够提高可达性,助力乡村发展。交通基础设施对乡村振兴的作用,主要体现在两个方面:

一方面是交通对乡村社会服务联通度有促进作用。交通道路作为交通基础设施的重要组成部分[1-3],承担着重要的交通功能[4-6]。发展交通能够让外部的资源便利地进入农村地区,实现农村居民收入的快速增长[4,6,10],有效帮助人们扩大生活空间,提高区域可达性和连通性[4,6-8]。交通基础设施的引进与改善,能够有效降低地区人口老龄化的增速[4,8-9]。另一方面,学者认为交通基础设施发展对乡村地区发展造成抑制作用。城乡连通度的增强,使得乡村资源被不断吸引进城市空间,加大了城乡差距[7,9,11-12]。地区人口老龄化的降低,是以牺牲相对落后地区的青年率为代价,农村地区的青年人口流失加剧,老龄化率升高[7,9,11]。对于偏远农村地区,交通发展减少学习和培训的机会,使地区生产技能加剧落后[9,13]。农村发展政策有时也与交通政策相矛盾,阻碍农村的政策实施[6,9]。

铁路连接大城市,在人口流动,文化交流和医疗保障方面承担重要作用[1-2]。高速公路注重速度和灵活性,提供直接的连通路径减少了中转和等待时间[3-4]。普通公路方便农村居民日常出行[5-6]。不同类型道路在确定其对乡村发展在空间分布方面有不同的影响。

本文通过梳理发现,现在缺乏区分乡村发展对交通道路类型的偏向研究,无法证明道路类型对乡村发展所提供的差异化服务。为促进乡村发展,需研究道路类型对其影响。

本研究的贡献有两方面。首先,借用空间滞后模型,直观地得到乡村发展对各类型道路的偏向性,把握这些差异,有助于乡村发展依托道路类型进行布局,促进乡村振兴。其次,本文选择秦巴、六盘山区为研究对象,能够为欠发达地区道路促乡村发展提供理论支持。

1 研究范围和数据

1.1 研究范围

本文调查区域为秦巴、六盘山区,涵盖 163 个区县。这些区县大部分贫困程度较高,是中国实现乡村振兴的主战场。因此,本文选取该区域作为实证案例,对于探讨乡村发展对道路类型的偏好具有一定的代表性。该地区包含铁路、高速公路、普通道路(一、二、三级公路),鉴于四级公路主要是用于乡村保障性道路,水上交通和航空运输在该地区的里程几乎为零,因此本研究不考虑这些运输方式。

1.2 数据收集

本文数据收集主要有两个来源。

首先,各类型道路数据收集来自 OSM(Open street map)地图,运用 ArcGIS 10.7 软件在路网数据中截取秦巴,六盘两个山区的部分路网图,以每个县为单元依次计算出各个县铁路总里程9548.05km,高速公路里程为16526.05km,普通道路的总里程为86453.3km。考虑到交通数据真实性,本文使用2019年1月1日的道路数据。

其次,本文乡村发展的相关数据来源于《中国县域统计年鉴》、中国社会经济大数据研究平台,剩余数据人工摘录于各区县国民经济和社会发展统计公报、政府信息公开年报、中国裁判文书网等。

2 方法介绍

本文以秦巴、六盘山区163个区县为研究对象,构建乡村发展评价指标体系,使用熵权Topsis法测算乡村发展五维度的指数,作为空间计量模型的被解释变量。对西部山区的163个区县的各

类型道路数据进行收集和预处理,得到铁路密度(RD)、高速路密度(HD)、普通道路密度(TD)。将各类型道路密度作为解释变量,选取影响因子作为控制变量,使用空间滞后模型来分析乡村发展对道路类型的偏向性。

2.1 乡村发展评价模型

《乡村振兴战略规划(2018—2022年)》提出了乡村振兴的五大目标,即产业振兴(CY)、生态宜居(ST)、乡风文明(XF)、治理有效(ZL)、生活富裕(SH)。本文以五大目标作为二级指标,并根据其内涵,筛选出三级、四级指标,构建出乡村发展评价指标体系,见表1。最后使用熵权Topsis法综合多个指标,计算乡村发展指数(RDI)及二级指标指数。

乡村发展水平评价指标体系   表1

一级指标	二级指标	三级指标	四级指标	方向
乡村发展	产业振兴	农村产业结构	非农产值占总产值比重	+
		农业科技水平	农业机械化水平	+
		农村市场化程度	农产品零售额增长率	+
	生态宜居	人居环境	政府农村基础设施建设额	+
			政府农村环境保护支出额	+
			农村植被覆盖指数	+
		社会保障	政府乡镇卫生院支出额	+
			政府生活救助支出额	+
	乡风文明	文化教育建设	每万人中小学在校学生人数	+
		公共文化发展	国家级文明村镇数量	+
			政府文化传媒支出额	+
	治理有效	农村综合改革	农村综合改革支出额	+
		综合治理能力	国家乡村治理示范村镇个数	+
		发展均衡程度	城乡收入差距	−
	生活富裕	农民收入水平	农民人均可支配收入	+
		农民收入结构	农村人均工资性收入	+
			农村人均财产净收入	+
		农民生活质量	农村营业面积50m²以上的综合超市个数	+

2.2 线密度估计

通过收集每个县各类型道路长度以及各县县域面积,对秦巴、六盘山区的各类型道路的密度进行了描述。参考马左鹏[14]等研究,公式如下:

$$D_i = \frac{L_i}{S_i} \quad (1)$$

式中:D_i——运输路线i的线密度;

i——铁路、高速公路、普通道路;

S_i——某一县县域面积;

L_i——搜索县域内的运输路线i的总长度。

在此基础上,提取了秦巴、六盘山区乡村发展和道路的栅格属性值,使用Spass计算两者栅格属性值之间的Pearson系数。

2.3 空间滞后模型

由于乡村振兴的五维度作为因变量存在相互

影响的关系,本文在建立乡村发展与道路类型间的空间相关性时使用了空间滞后模型,表达式:

$$ZS_j = \rho WZS_j + a_0 + a_1 RD + a_2 HD + a_3 TD + a_4 GDP + a_5 RRP + a_6 AA + \varepsilon$$

$$\varepsilon \sim N[0, \sigma^2] \qquad (2)$$

式中:ZS_j——某一维度 j 发展指数;

j——乡村振兴及五维度;

W——空间权重矩阵,用于衡量不同地区之间的空间接近程度;

ρ——空间滞后参数,度量邻近地区对目标地区的影响程度;

a_0——常数项,代表模型的截距;

$a_1 \sim a_6$——回归系数,度量解释变量对被解释变量的影响效果;

ε——误差项。

考虑到多重共线性以及数据的可获得性,本文选取了地区生产总值(GDP)、农村居民人口(RRP)、农村耕地面积(AA)、人口密度(PD)作为空间计量模型的控制变量。表 2 显示了因变量和自变量的描述性统计量。

各变量的描述性统计　表 2

变量	最小值	最大值	均值	标准差
XCZX	0.235	0.452	0.34	0.044
XF	0.085	0.549	0.26	0.097
CY	0.254	0.601	0.43	0.071
ST	0.105	0.526	0.34	0.081
ZL	0.035	0.592	0.38	0.065
SH	0.045	0.537	0.22	0.094
HD	0.000	0.118	0.03	0.027
RD	0.000	0.184	0.03	0.026
TD	0.046	0.878	0.25	0.149
GDP	10.73	1764	141	188.5
RRP	3.520	77.67	29	15.21
AA	0.066	365.9	22.8	52.70
PD	91.57	9239	2511	1406

3　结果分析

3.1　乡村发展指标体系评估结果

根据 2.1 节构建的乡村振兴评价指标体系,使用熵权 Topsis 法,计算得到秦巴、六盘山区 163 个区县的乡村振兴指数。根据计算结果,采用自然断点法将乡村振兴结果分为高、中、低三个等级,利用 ArcGIS10.7 将计算结果可视化。总体空间分布来看,秦巴、六盘山区乡村振兴水平呈现出东南高、西北低的分布格局。

3.2　各类型道路线空间分布

计算得出,位于秦巴、六盘山区 163 个区县的铁路密度达到 0.0233km/km²,秦巴山区铁路的分布相对较少,北部横跨宁夏、陕西和甘肃三个省(自治区)。在六盘山区内,主要有两条铁路主线贯穿其中,分别是京兰铁路和兰新铁路。铁路总体呈现西北部密集,南部密集,其余地区疏散的分布。

高速公路密度为 0.0403km/km²。秦巴山区的高速公路主要为两条,西安至成都高速公路(G5 京昆高速公路)以及宝成高速公路(G65 包茂高速公路)。六盘山区的高速公路为兰新高速公路(G30 连霍高速公路)以及兰渝高速公路(G75 兰海高速公路)。

普通道路密度为 0.2112km/km²,其最大特点为呈球团状分布,集中分布于秦巴、六盘山区的中间地带。

3.3　乡村发展与各类型道路的关系

从表 3 可以看出交通道路与乡村发展具有数据上的相关性,从表 4 中可以看出乡村发展对道路的偏好因道路类型而异。

空间分析的检验结果表明,研究区域 2019 年的 Moran's 统计量为 0.439,且通过了 1% 显著性水平检验,这意味着秦巴、六盘山区的乡村发展存在着明显的空间聚集效应。同时,LM-LAG 检验为 23.434,通过了 1% 显著性水平检验,由此可以判定空间滞后模型(SAR)适用于本研究,具体结果见表 4。为了实现结果的可视化,本文将得出的结果进行取对数并做图。

乡村发展与各类型交通路线的皮尔逊系数　表 3

变量	XCZX	ZL	SH	ST	CY	XF
RD	− 0.0273 ＊＊	− 0.2159	0.1475	− 0.1878	0.1631	− 0.0669 ＊
HD	0.2231	0.1585	0.2457	0.0641 ＊	0.1161	0.0942 ＊
TD	0.1597	0.1202	0.0932 ＊	0.0294 ＊＊	0.0448 ＊＊	0.1674

注:＊＊＊、＊＊、＊分别表示 在 0.01、0.05、0.1 水平下显著的值。

空间滞后模型中自变量的系数　　　表4

变量	XCZX	ZL	SH	ST	CY	XF
RD	0.049 * *	0.272	0.271	0.222	0.034 * *	0.028 * *
HD	0.031 * *	0.005 * * *	0.047 * *	0.266	0.988	0.97
TD	0.039 * *	0.018 * *	0.13	0.076 * *	0.644	0.007 * * *
Rho	0.0001 * * *	0.007 * * *	0.0001 * * *	0.0001 * * *	0.0223 * *	0.0001 * * *
R^2	0.9873	0.9793	0.8819	0.9617	0.9780	0.8910
Q	163	163	163	163	163	163
s. t.	GDP/RRP	GDP/RRP	GDP/AA	AA/RRP	AA/PD	GDP/AA

注：* * *、* *、* 分别表示 在 0.01、0.05、0.1 水平下显著的值。Rho，R^2，Q 别代表邻域效应的权重，决定系数，样本数量。

通过对表4的具体分析，乡村振兴整体的相关性由高到低依次是高速公路，普通道路，铁路。

治理有效与高速公路的相关性最高，其次是普通道路，最后是铁路。生活富裕与高速公路相关性最高，其次是普通道路，最后是铁路。生态宜居与是普通道路的相关性最高，其次是铁路，最后是高速公路。产业振兴与铁路相关性最高，其次是普通道路，最后是高速公路。乡风文明与普通道路的相关性最高，其次是铁路，最后是高速公路。其可视化结果如图1所示。

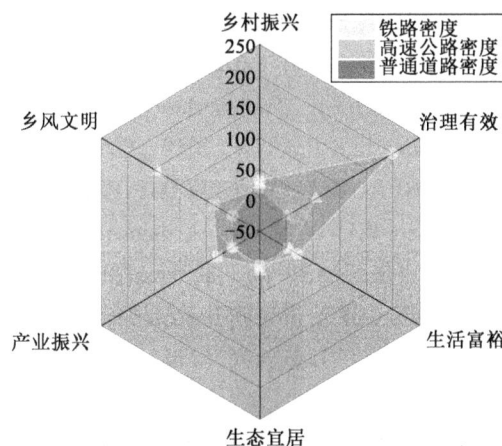

图1 乡村振兴指数与各道路分布相关性可视图

3.4 各道路与乡村发展维度的相关性

铁路与乡村发展相关性由强到弱依次为乡风文明，产业振兴，生活富裕，如图2所示。铁路建设可以保护传统文化和乡土特色，提高乡村形象和知名度，促进产业发展，提升人们的生活水平。

高速路与乡村发展维度相关性由强到弱依次为治理有效，生活富裕，如图3所示。高速公路建设促进行政管理监督能力提升，改善了交通便利

性，促进经济活动和商业发展。

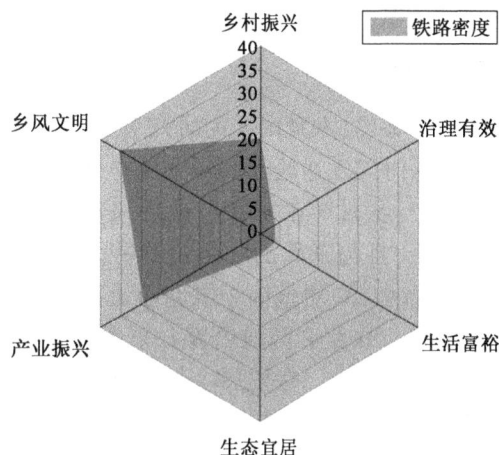

图2 乡村发展各维度与铁路密度相关性图

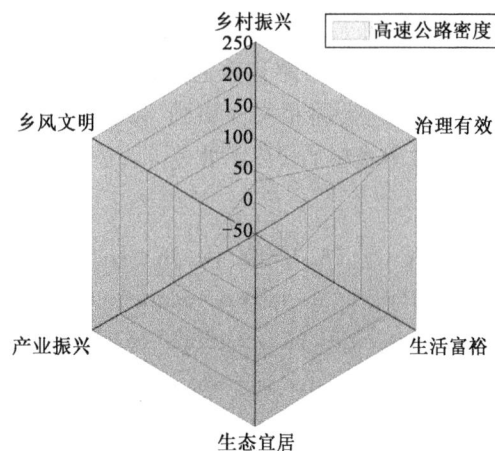

图3 乡村发展各维度与高速公路密度相关性图

普通道路与乡村发展维度相关性由强到弱依次为乡风文明，治理有效，生态宜居，如图4所示。普通道路建设改善政府管理服务，增强居民参与社区自治的能力，减少交通拥堵和环境污染。

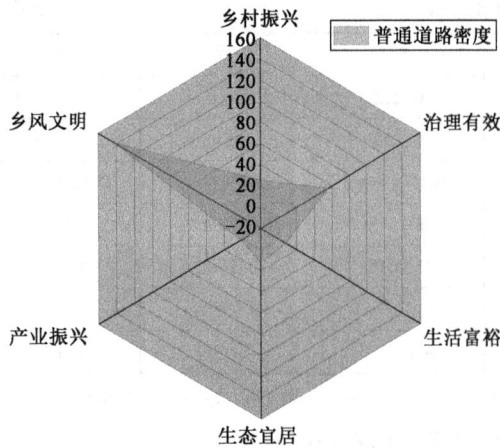

图4　乡村发展各维度与普通道路密度相关性图

4　结语

本文以秦巴、六盘山区为研究对象,借助空间滞后模型探讨欠发达地区乡村发展对道路类型的偏向。其中,乡村产业发展与铁路和普通道路有着紧密联系,且与铁路的联系更紧密。在考虑乡村产业布局时可以更偏向于铁路建设区域。乡村文化的发展与铁路和高速公路发展紧密相连,而铁路对其影响更大。在发展乡村文化时可以依托于铁路。乡村治理水平与高速公路和普通道路的建设状况呈现出强相关性,与高速公路更为相关,加强乡村治理需要依托高速公路进行相关布局。乡村生态保护更多依赖于高速公路的建设,可以借助高速公路布局提升乡村生态保护。乡村居民的生活水平与高速公路和普通道路的发展状况有强相关性,高速公路相关性更强,依托高速公路,可有效提改善乡村居民生活水平。

参考文献

[1] ALVIN C, VARQUEZ G, DONG S F, et al. Evaluating future railway-induced urban growth of twelve cities using multiple SLEUTH models with open-source geospatial inputs [J]. Sustainable Cities and Society, 2023, 91: 104442.

[2] NORIYASU T, HIROKI K, VARAMETH V, et al. Urban railway network expansion on transit oriented development: Improvement in accessibility in four Asian developing cities[J]. Asian Transport Studies, 2023, 9: 100097.

[3] HUANG Y M, ZHAO X K, ZHANG R C, etc. Environmental economic profiles of high way construction via life cycle assessment [J]. Environmental Impact Assessment Review, 2024, 104: 107359.

[4] ZHU M Q, WANG Z, CUI H J, et al. Situation and hotspot analysis on rural transport infrastructure from the perspective of bibliometric analysis[J]. Journal of Traffic and Transportation Engineering (English Edition), 2023.

[5] ANUPRIYA, PRATEEK B, DANIEL J. et al. Congestion in cities: Can road capacity expansions provide a solution[J] Transportation Research Part A: Policy and Practice, 2023, 174: 103726.

[6] CUI Y D, XU S, JIANG Y H, et al. Transportation infrastructure development and subjective socio-economic status: A quasi-experiment in establishing rural bus stations in China [J]. Research in Transportation Business & Management, 2023, 49: 101006.

[7] ESTHER G, SOLEDAD N. Long-term differential effects of transport infrastructure investment in rural areas [J]. Transportation Research Part A: Policy and Practice, 2019, 125: 234-247.

[8] A. ANBURUVEL, W. U. L. D. P PERERA, R. D. S. S. RANDENIYA. A demand responsive public transport for a spatially scattered population in a developing country [J]. Case Studies on Transport Policy, 2022, 10: 187-197,

[9] YU Z, ZHAO P J. The factors in residents' mobility in rural towns of China: Car ownership, road infrastructure and public transport services [J]. Journal of Transport Geography, 2021, 91: 102950.

[10] FENG X B. Coupling and coordinated development of traffic accessibility and regional tourism economy [J]. Research in Transportation Business & Management, 2023, 49: 101010.

[11] LI J T, LIU Y S, YANG Y Y, et al. County-rural revitalization spatial differences and model optimization in Miyun District of

Beijing-Tianjin-Hebei region [J]. Journal of Rural Studies. 2021, 86: 724-734.

[12] STEPHANIE E, SCHASCHÉ, ROBERT G, et al. The dilemma of demand-responsive transport services in rural areas: Conflicting expectations and weak user acceptance [J]. Transport Policy, 2022, 126: 43-54.

[13] ELVIRA K, ANGELA M, LILIYA A. Economic

problems of the Russian transport system development [J]. Transportation Research Procedia, 2022, 63: 1454-1461.

[14] MA Z P, LI C G, ZHANG P Y, et al. The impact of transportation on commercial activities: The stories of various transport routes in Changchun, China [J]. Cities, Volume, 2023, 132: 103979.

新时期城市化地区干线公路衔接布局规划研究

何丹恒* 陈丹璐 刘 川 王仲豪 张念思
(浙江数智交院科技股份有限公司)

摘 要 本文在都市圈一体化和国土空间体系规划等背景下,基于浙江省城镇化发展及公路基础设施规划建设特征,研究干线公路与沿线城镇空间以及城市道路融合衔接方面存在的问题。从统一路网衔接体系、城市发展规模、城市空间形态特征三个角度,梳理干线公路网与城市道路网衔接匹配性、公路网布局模式适用性。最后提出完善规划协调机制、建立集约化复合交通走廊、建立路线迁改选线评价机制等政策建议,从规划、建设、管理方面进一步加强公路网与城市交通设施网络融合。

关键词 干线公路 城市道路 城镇化 融合衔接

0 引言

随着我国城镇化的加快推进,城市人口规模不断增长、空间格局不断扩大,原先靠近城区的高速公路、普通国省干线公路,在承担对外和过境交通的同时,越来越多地承担起城市交通功能,从而引发主线运输效率低、机非人混行、交通事故多发等诸多问题,难以满足当前多样化、高品质出行需求。原有公路网布局与城市空间功能布局的矛盾也逐渐凸显。

2016年6月,国家发展和改革委员会、交通运输部等四部委联合发布《关于加强干线公路与城市道路有效衔接的指导意见》,明确要求"推动干线公路与城市道路融合发展,实现城市内外交通顺畅衔接"。现有相关研究主要侧重干线公路与城市道路的衔接布局模式[1]以及道路设计标准优化[2-3]。本文旨在通过选取浙江省典型城市及干线公路布局特征进行分析,提出优化完善大路网规划布局体系建议,加强公路网与城市路网及国土空间规划的融合衔接,完善衔接地区道路管理体制机制,促进城镇化地区干线公路可持续发展。

1 浙江省干线公路发展特征

1.1 公路发展规模

干线公路建设与城市建设扩张在不同发展阶段存在动态耦合关系[4]:城市发展初期,干线公路作为区域客货流运输通道,发挥功能集聚效应,推动城市沿公路两侧发展;城市发展加速阶段,公路过境交通与城市交通功能需求矛盾开始显现,公路逐渐以外绕形式从城市组团中剥离,同时进一步引导城市空间结构拓展及产业功能调整,相互演进;城市发展成熟阶段,干线公路在区域一体化、城市多中心协调发展的背景下,承担更加复合的多样化交通需求。

浙江省公路网建设经历了从中华人民共和国成立初期恢复发展、20世纪末高速公路突破建设,到21世纪初基本形成以杭州为中心的"四小时公路交通圈"。目前浙江省已实现全域"县县通高速"目标。截至2022年底,浙江省公路总里程达到12.3万km,其中干线公路总里程1.31万km,干线公路总里程占公路总里程10.7%。

1.2 公路沿线城市化发展趋势

改革开放后浙江省积极探索经济体制改革,城市化加速发展。2021年底浙江省的城镇化率已达到72.7%,高于全国平均水平(64.72%)。本文利用浙江省2021年乡镇人口密度栅格数据对城镇化和非城镇化空间进行识别,其空间形态主要分为大型城市连绵发展区和离散中小城镇两类,前者包括杭州、宁波、温州都市圈连绵发展区和余姚—慈溪、义乌—东阳等连片发展区,后者包括乡镇和大型产业集聚区。

通过干线公路与城镇空间的匹配,发现浙江省干线公路穿越城镇段比例普遍偏高,国家高速公路、普通国道、普通省道穿越城镇段比例分别为28%、34%、18%。部分沿线城镇化程度较高的普通干线公路如表1所示。高度市政化公路主要分布在四大都市圈范围内,服务重要城镇发展走廊。总体可以归纳为三种类型:

(1)特大城市快速交通环线。原先作为城市的外部环线公路,随着城市不断发展扩张,已完全处于中心城区内部。如杭州G2504、宁波G1504绕城高速公路环线,超过95%的路段位于城市化地区。

(2)省级大通道、大都市圈骨干道路。主要承担中长距离省际、城际的快速客货运输服务,如G104国道串联杭州、宁波两大都市圈主要城市,S306省道经过杭州临空经济开发区、上虞区、慈溪市区、镇海区,沿线穿越城镇比例超过67.0%,具备典型的城市道路服务特征。

(3)大型城市内部组团快速联系通道。部分已经发展为城市快速路网的重要组成部分。如G320(杭州中环快速路)、S217(红十五线、阳光大道高架)、G330与S315共同构成金华绕城快速路环线。

对于中小城镇地区而言,由于发展阶段、地理特性、城市规模存在差异,干线公路穿越城镇的方式呈现不同特征。通过KMeans聚类分析,干线公路布局模式被划分为三大类五小类(表2)。其中仅有17%的地区拥有完善的公路绕越体系,半数城镇地区处于多条干线公路过境交会处。

典型沿线高度城镇化干线公路走廊案例　　　　表1

公路编码	G329	G104	G320	S306
城镇化地区比例	56.7%	53.7%	50.0%	67.0%
技术等级	一级公路为主	一级公路为主	一级公路为主	二级公路为主
发展走廊	杭绍甬走廊	杭绍台温走廊	杭建衢走廊	杭绍甬走廊

中小城镇干线公路与城镇空间衔接特征类型　　　　表2

类型	特点	典型城镇		
环线绕越联通型	多条干线公路在城镇外围形成环形/半环+放射状	诸暨市	龙游县	临海市
多向贯穿联通型 — 大城镇低密度贯穿型	干线路网通达性较好,城市骨干路网发达,部分干线公路承担城市快速路功能	湖州市区	崇福镇	嘉善县
多向贯穿联通型 — 小城镇高密度贯穿型	干线路网通达性较好,干线公路功能以过境交通为主	昌化镇	湖溪镇	船寮镇

续上表

类型		特点	典型城镇		
单向穿城型	单向穿越型	城镇规模较小，少量干线公路从城镇中心贯穿而过，对外通达性较弱			
			枫桥镇	梅溪镇	乐清市
	单向绕越型	城镇规模较小，少量干线公路从城镇外围呈切线布局			
			咸祥镇	泰顺县	玉环市

2 新时期公路与城市道路发展矛盾

2.1 快速城镇化背景下公路与城市道路矛盾日益凸显

（1）规划编制协调性差：基于历史因素，公路网与城市道路网规划分属交通运输部门与城建/规划部门管理，两张网在规划层面难以实现统一编制，导致规划实施过程中出现道路功能属性不清、管理要求不一致等问题。目前国内仅上海、深圳等实行大交通管理体制的城市编制过骨干路网专项规划[5]，将干线公路、城市快速路、城市干路进行统筹规划。

（2）路网衔接布局不当：公路与城市道路网规划建设存在空间和时间上不同步的情况，在城市边缘地区容易产生断头路，以及道路功能和等级不匹配、节点转换不通畅等问题。此外，城市内部的公路通道被动"城市化"，过境交通和城市交通混杂影响进出城交通的顺畅，易形成拥堵[6]。

（3）技术标准衔接不畅：公路主要为中长距离城际客货运车辆高效通行提供支持，设计功能以服务机动车为主。城市道路服务对象更多样化（机动车、非机动车、行人），承载功能更加复杂。目前国内公路和市政道路分别遵循各自的行业设计标准规范，两者在线路设计、道路横断面、景观绿化、市政管线、用地管控方面等都存在较大差异。

2.2 都市圈一体化趋势下干线公路发展要求

随着新型城镇化战略的推进，城市群和都市圈进入了区域一体化发展阶段。浙江已经形成杭州、宁波、温州、金义四大都市圈。都市圈地区城镇空间连绵发展，并沿干线公路两侧形成产业和城镇发展带，公路与城市道路界限逐渐模糊。都市圈的快速发展要求加快构建城市、城际无缝衔接的道路网体系，形成高快一体化的普通国省干线公路网，推动干线公路与城市路网双网融合。

以 G329 宁波慈溪段为例，其承担的交通功能层次包括：①区域交通，浙江至河南东西向国家大通道，杭绍甬走廊重要组成部分；②城际交通，慈溪与宁波同城化一体化的重要通道；③城市交通，穿越周巷组团、慈溪中心城区、观海卫及掌起片区的横向城市干道。由于缺少平行分流过境通道，在城镇密集地区地方性交通占据较大体量。G329 在慈溪城镇化地区段平均开口间距约 850m，无法满足国家标准及《浙江省普通国省道公路平面交叉控制管理办法》对于一级公路的开口设置要求。

2.3 国土空间规划体系下公路新发展要求

国土空间规划体系对交通基础设施建设的刚性约束进一步增强。交通基础设施规划也面临全方位变革：从注重城市空间向全域全要素转变，从注重增量规划向存量规划转变，从高环境代价的粗放式发展向生态文明与绿色发展转变。因此，干线公路的规划建设需要充分协调三区三线,提高资源利用效益。统筹规划公路和城市道路网络布局,加强道路设施的复合以及用地存量研究,支持交通集约化、可持续发展。

3　城市发展特征与干线公路布局适用性

3.1　构建干线公路与城市道路规划一张图

按照"统一规划、统一设计,协同建设,协同管理"原则,尽可能保障公路与城市道路规划的协调

性与兼容性。对于中等以上城市,城市路网层级较多且分工明确,基本形成快—主—次—支四级城市路网结构。按照道路等级与设计速度匹配原则,合理配置城市对外衔接公路等级和建设规模,优化城市路网体系。高等级干线公路与快速路相连可减少过境交通对城市中心区干扰。部分城市未形成完善的快速路系统,可采用高等级主干路与干线公路衔接的方式(表3)。

公路与城市道路等级适配一览表　　　　　　　　　　　　表3

一体化道路体系	公路等级		宜衔接城市道路等级	设计速度(km/h)	衔接说明
高速公路	高速公路		快速路	80~120	
	高速连接线	一级	Ⅰ级主干路	60~80	与设区市相连
		二级、三级	Ⅱ、Ⅲ级主干	40~60	与县城、组团相连
城市道路	干线道路	干线公路 一级	快速路、Ⅰ级主干路	60~100	穿城镇段较长,优先衔接快速路
		干线公路 二级	Ⅰ级主干路	60~80	
		集散公路 一级	Ⅰ级主干路	60~80	城镇化地区可兼顾城市骨架道路功能
		集散公路 二级	Ⅱ、Ⅲ级主干路	40~60	
	集散道路	集散公路 二级	次干路	40~50	
		三级	次干路、Ⅰ级支路	30~40	
	支线道路	支线公路 三级、四级	Ⅰ、Ⅱ级支路	20~30	

3.2　基于城市空间的干线公路布局模式

1)城市发展规模

依据城市规模、空间布局和产业规划,综合考虑路网结构、运输需求和建设条件等,因地制宜、各有侧重。

(1)大型城市——构建绕越体系,提高内外转换。杭州、绍兴、嘉兴、宁波、温州等都市圈核心城市已经迈入城镇化中后期阶段,城市开发边界基本稳定。由于各向交会干线公路多,与城市衔接需求大,过境公路宜形成系统性的绕越体系,以环城高快速路、组团放射线形式承接内外转换、衔接中心与外部组团转换功能,纳入市域骨架道路网体系中,并与中心城区快速路网顺畅衔接。

(2)中等城市——公路体系提等升级、协调板块联动。干线公路布局需提高进出城通道能力,优化与老城、新城板块空间协调,支撑城市空间拓展。结合未来城市发展潜力空间,合理控制公路

与建成区间距,做到近而不进,合理布局避免二次迁改,预控公路未来拓宽改造和立体化建设条件。

(3)中小城镇——开辟通往干线公路的连接通道。中小城镇对外联系弱,区际交通越少,过境交通量越大,路网等级总体偏低。交通干道既是城市主骨架道路,也承担对外交通集散和转换功能。因此需要从传统"以路兴镇"的过境公路穿城布局模式,向穿城公路外迁 + 公路联络线连接模式转变,解决干线公路穿越城区、街道化严重进而造成的拥堵问题。

2)城市空间形态

干线公路与城市的衔接形态主要包括分离式、穿越式、接入式、绕越式等。城市形态是干线公路和城市道路衔接设计的关键影响因素。处理好干线公路的布局模式,可有效引导城市发展。不同的城市形态适宜采用干线公路布局模式如表4所示。

干线公路布局模式及适用性　　　　　　　　　　　　表4

衔接方式	说明	衔接示意图	使用城市空间形态	城市案例
分离式	距离城区一定距离通过,通过设置连接线方式实现与城市及各组团之间衔接。一般适用于高速公路		组团状、散点状适用于中小城市	景宁

衔接方式	说明	衔接示意图	使用城市空间形态	城市案例
穿越式	从城区内或者城市组团间穿过,有较长区段在城市开发边界范围内		星座状、组团装	慈溪、德清、台州
接入式	与城市相交,起点或者终点在城区内。城市出入交通需求较大		沿海末端城市	舟山、龙港
绕越式	从集中建成区外部或边缘地带呈半环、环线绕过,将过境交通引出城镇核心区域		集中型、放射型、带状城市	杭州、宁波

4 关于干线公路网融合规划转型的建议

4.1 完善顶层统筹规划管理协调机制

浙江省南北部城市规模、地形形貌差异较大,公路与城市道路衔接的规划、管理、养护问题不尽相同。在省级层面,交通运输主管部门牵头编制《公路与城市道路衔接规划设计指南》,为城市化地区的公路新改建提供借鉴和参考。在市级层面,建立交通和城建部门的协调机制,探索大交通管理体制,加强交通、规划、国土、建设、市政等部门的规划对接。针对不同类型的城市特点,选择一批城市开展试点示范,在专项规划编制、体制机制改革、技术标准修订等方面先行先试,形成可复制可推广的经验。

4.2 建立公路迁改及选线评价机制

各地对城镇化地区公路转变为城市道路的主要做法为:穿城公路改设新线,原有公路全面转变为城市道路,两侧增设非机动车道和人行道等功能进行城市化改造[7],从而减少对城市空间的割裂以及对城市交通的干扰。在土地资源越发收紧的环境政策下,公路"一改再改"的做法也面临线路绕行增多、运输经济效益下降、市政管线同步迁改、缺少土地指标、破坏生态环境等问题。此外,公路迁改要与城市发展相吻合,避免一味远离城市节点,从而达不到服务城市客货运输的作用。因此,需要构建干线公路衔接方案的决策指标体系,以交通量、车速、事故等历史数据为基础,从运输经济性、规划协调性、网络适应性、工程可行性、环境敏感性等多个维度进行综合评价,指导新改建干线公路项目的有效决策。

4.3 干线公路走廊集约化利用

当前公路网规划与其他交通专项规划、空间规划协同性较弱。在国土空间规划背景下,公路网规划需充分协调城镇、农业和生态空间,与铁路、轨道、快速路、公交等其他交通廊道协调布局。综合考虑对地上、地面以及地下空间的集约化利用,采取先进的工程技术手段,构建紧凑型、立体化的区域交通走廊,减少土地指标占用。

复合交通走廊类型一般包括干线公路/快速路+城市道路、干线公路+轨道交通等形式,空间布局上可采用立体共通道、平面共廊道等形式。尤其是对于道路系统复合廊道,考虑到干线公路与城市道路服务对象、组织管理要求不同,规划建设复合通道需要优先保障干线公路通行效率,较低等级的道路作为辅道,承担横向转换集散交通服务功能。在集约用地同时,也能有效控制干线公路沿线开口数量,实现道路空间资源高质量发展。

5 结语

本文基于浙江省的城镇化地域差异化发展特征,分析干线公路网布局与城镇化发展的空间耦合关系演变历程。结合新型城镇化及国土空间规划编制背景,发现区域与城市路网在规划编制、路网布局、技术标准方面均存在分头管理、衔接不畅的问题,需要从增量化、粗放型的发展模式向存量化、集约型的一体化发展进行转变。从规划编制阶段将干线公路与城市骨架路网进行统一管理,路网布局模式、建设形式与城镇空间体系和功能布局相适应。

本文主要是从宏观规划管理角度探索公路与城市道路衔接建议,下一步将从建后的养护、执法体制机制方面进行深化研究。

参考文献

[1] 凌攀.城市节点干线公路规划研究[D].长沙:长沙理工大学,2017.

[2] 张旺,覃国添.城镇段干线公路市政化改造方法探讨[J].湖南交通科技,2022,48(4):5.

[3] 任宗福.干线公路城市过境段规划研究[D].哈尔滨:哈尔滨工业大学,2016.

[4] 涂圣文,赵振华,侯进,等.干线公路与城市道路衔接模式的动态演变特性[J].公路,2017,62(11):5.

[5] 叶亮.公路与城市道路衔接情况与经验借鉴[J].内蒙古公路与运输,2022(2):000.

[6] 赵长相,方顺,朱信山,等.都市圈地区公路与城市道路融合规划策略研究[J].公路与汽运,2022(3):009.

[7] 熊琦,虞明远,王蔚.快速城镇化地区公路与城市道路融合发展研究[C]//2019中国城市规划年会,中国城市规划学会,2019.

基于去中心化联邦学习的货运速度时空网络预测

申修宇[1] 陈景旭[*1,2]

(1.东南大学交通学院;2.综合交通运输理论交通运输行业重点实验室(南京现代综合交通实验室))

摘 要 准确了解都市圈货运交通速度的时空信息,对于制定与货运相关的交通管理策略至关重要。针对货运交通速度预测问题,本研究提出一种基于去中心化联邦学习的时空模型,该模型旨在多个参与方之间实施协同训练,而无须云中心服务器来集中处理数据。首先,本研究开发一种定制的时空Transformer网络,以实现每个参与方的本地个性化学习。其次,设计一种去中心化联邦学习模型,以融合用于货运速度预测的本地个性化模型。最后,基于南京都市圈成员城市的真实货运数据集进行了实验,结果表明所提出的方法能够准确预测货运交通速度,并优于现有的交通速度预测方法。可视化结果表明所提出的方法能够有效捕捉各相邻城市区域之间的内部时空依赖关系,为协同制定与货运相关的前瞻性交通管理策略提供见解。

关键词 货运速度预测 去中心化联邦学习 时空网络 都市圈 交通管理

0 引言

道路货物运输对区域经济社会发展至关重要。总的来说,货运车辆在车辆大小、速度、加速度等方面与私家车有着明显不同的特点。当货车和私家车混合运行时,货车不可避免地会影响交通效率,导致道路交通拥堵加剧,污染物排放过多[1]。为此,许多城市实施了诸如限时封路等交通管制策略。然而,这些策略往往局限于单一城市,忽视了城市间的相互影响,导致交通效率降低、拥堵加剧[2]。随着都市圈和城市群概念的兴起,城市间货物运输量激增,迫切需要跨城市合作,共同制定科学合理的交通管理措施,以应对交通拥堵、环境污染等挑战,促进可持续发展[3]。因此,有必要从全局的角度研究各区域的时空依赖关系,设计科学合理的交通管理策略。

交通状况为实施交通管理策略提供了基础,这些策略是通过不同的指标定量估计的,交通速

基金项目:综合交通运输理论交通运输行业重点实验室开放基金课题"综合交通系统供需平衡理论研究"(MTF2023001)。

度预测是最常见的选择之一。交通速度预测是指利用当前和历史交通状况对未来一段时间内的交通速度进行预测。早期的研究多使用自回归综合移动平均(ARIMA)[4]和卡尔曼滤波[5]模型等统计方法来建模交通速度的时间依赖性。值得注意的是,早期的研究主要基于小规模交通数据集。随后,随着新兴技术的普及,新的大规模数据类型(如 GPS 轨迹数据)有助于分析交通状况。为了使模型能够在大规模数据中学习更复杂的特征,学者们开发了许多机器学习技术,如支持向量回归(SVR)[6]、贝叶斯网络[7]和 k 近邻(KNN)[8]。近年来,学者们提出利用深度学习模型来改善数据中非线性关系的捕获。许多研究利用长短期记忆神经网络(LSTM)和门递归单元神经网络(GRU)[9]等神经网络,通过考虑时间特征的影响来预测长、短期交通速度。交通网络通常表现为图的结构。因此,为了提取交通网络的空间特征,采用卷积神经网络(CNN)[10]和图卷积网络(GCN)[11]进行交通预测。此外,由于需要同时捕获交通网络的时空依赖关系,基于图卷积的时空神经网络作为一种先进的深度学习技术开始兴起并应用于交通预测[12]。

近年来,交通部门加强了对货运的监管,规定货运车辆必须安装 GPS 设备。每个城市收集全市范围内的 GPS 轨迹数据并存储在本地数据库中,这些 GPS 轨迹为分析货运交通状况提供了良好的数据支持。关于货运交通管理,目前的研究主要集中在货运需求方面,之后又开发了各种模型来研究相关的影响因素,并提出了政策影响[13]。然而,纳入时空维度的研究似乎还很少,这一研究领域仍相对单一。单个城市的数据模型所诱导的货运交通管理策略会因缺乏协作而失效,甚至带来反作用。同时,实现多城市协同的先进货运速度预测模型也存在困难和挑战。例如,货运 GPS 数据量极其庞大,在专属的云中心服务器上进行集中训练将对存储和计算资源造成沉重负担。此外,数据可能涉及一些敏感信息(如私人地理位置信息),不便完全共享。另一方面,地方当局也不愿采用在一个城市部署云中心服务器的计划,这会导致该城市被视为拥有完全管理权限的领导者。尽管之前的研究已经开发了各种方法,并报告了许多与交通速度预测相关的令人振奋的发现,但这些研究的大多数模型都是集中式的,并且

这些研究的数据库通常都来自单一城市,而以分布式和协作的方式在多个参与者之间进行货运速度预测的研究还不多。

为了解决上述问题,本文提出一种基于去中心化联邦学习的时空 Transformer 网络(DeFedSTTN)模型,用于货运交通速度预测,其中联邦学习(FL)是谷歌于 2016 年提出的一种新型分布式机器学习[16]。联邦学习能够克服数据孤岛,并且在多个参与方之间协作训练全局模型。本研究的主要贡献如下:①针对货运速度预测,本文提出一种去中心化联邦学习方法,使多个参与方(如城市)能够以分布式的方式协同训练全局模型,而无须云中心服务器进行集中数据处理,从而进一步实现鲁棒性好且有效的预测;②针对局部个性化学习模型,本文建立一个时空 Transformer 网络来描述定制的局部学习机制,并有效地提取了货运速度的时空依赖性;③基于南京都市圈成员城市的实际数据集对 DeFedSTTN 模型进行评估。实验结果表明,所提出的模型在预测货运交通速度方面优于基线方法。

1 问题描述

考虑由 n 个相邻城市组成的都市圈,这些城市以分布式的方式协作训练交通速度预测模型。对于城市 i,将交通网络表示为加权有向图 $\mathcal{G}_i = (\mathcal{V}_i, \mathcal{E}_i, A_i)$,其中 $\mathcal{V}_i$ 表示 N_i 个道路节点的集合,$\mathcal{E}_i$ 表示反映道路节点间连通性的边的集合,$A_i \in \mathbb{R}^{N_i \times N_i}$ 表示加权邻接矩阵。基于货运车辆 GPS 轨迹数据的货运速度预测是一个典型的时空预测问题。本研究着重于在时间 t 下预测 N_i 个道路节点交通速度 $v^t \in \mathbb{R}^{N_i}$,给定 M 个由 N_i 个道路节点获得的历史交通状况 $[v^{t-M+1}, \cdots, v^t]$ 以及交通网络 $\mathcal{G}_i$,未来 T' 时间步长的交通状况的时空预测如下所示:

$$\hat{v}^{t+1}, \cdots, \hat{v}^{t+T'} = \mathcal{F}(v^{t-M+1}, \cdots, v^t; \mathcal{G}_i) \quad (1)$$

其中 $\mathcal{F}$ 表示时空预测模型。

2 基于去中心化联邦学习的货运速度时空预测模型

2.1 总体框架

针对货运速度预测问题,本研究设计一种基于去中心化联邦学习的时空 Transformer 网络模型。整体模型框架如图 1 所示。首先,本文提出

本地个性化学习机制,各城市可以利用本地货运交通数据进行本地模型训练,充分挖掘各城市的时空依赖关系,提高局部训练的准确性。然后,建立一个去中心化的联邦学习模型来聚合局部模型参数和拓扑信息。最后,每个城市获得新的模型参数,用于下一步局部训练。设计该模型的好处是消除了云中心服务器,并进一步提高了货运速度预测的鲁棒性。

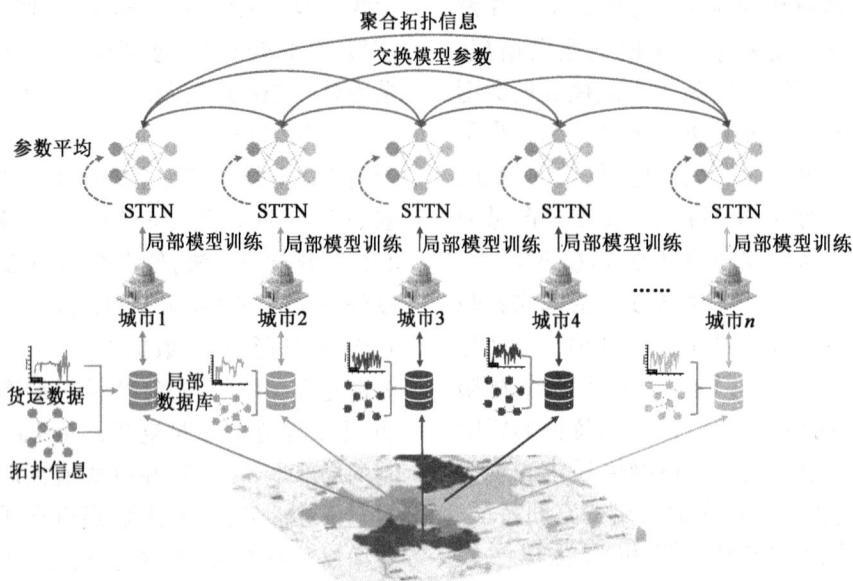

图 1　整体模型框架

2.2　个性化学习机制

本文采用基于时空 Transformer 网络(STTN)的个性化学习机制作为本地预测模型,其中时空 Transformer 网络是在[17]中提出的,并已广泛应用于交通预测中。借助个性化学习机制,城市可以从本地交通数据中学习时空依赖关系。STTN 主要由四个模块组成:特征聚合模块、空间依赖关系捕捉模块、时间依赖关系捕捉模块和预测输出模块,其中空间依赖关系捕捉模块可以捕捉货运交通速度的潜在空间模式,时间依赖关系捕捉模块可以实现长期预测,如图 2 所示。

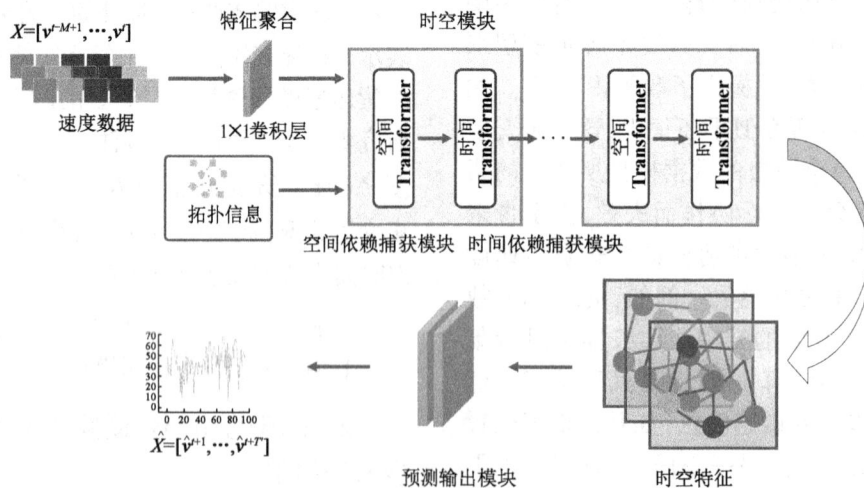

图 2　局部 STTN 结构

2.2.1　特征聚合

通常,原始数据记录都是二维数据,无法满足时空模型的数据要求。因此,需要使用特征聚合将输入的货运时间序列数据转化为特征张量,以便空间依赖性捕捉模块随后处理这些数据。具体来说,给定货运速度时间序列 $v^1, v^2, \cdots, v^t$,嵌入的

特征可以表示为

$$X^S = F_t\{F_t([v^{t-M+1}, v^{t-M+2}, \cdots, v^t]), \mathcal{D}^S, \mathcal{D}^T\}$$
$$(2)$$

式中：$X^S \in \mathbb{R}^{M \times N \times d_G}$——三维输入张量；

$\mathcal{D}^S$、$\mathcal{D}^T$——空间和时间位置嵌入矩阵；

M——滑动窗口大小或历史时间步长；

$F_t(\cdot)$——聚合函数。

2.2.2 空间依赖捕获模块

为探索节点间货运交通速度的动态时空依赖关系，本研究构建了基于 Transformer 网络的空间依赖关系捕捉模块。本文分别设计了固定图卷积层和动态图卷积层。最后，门机制将静态和动态成分合并，用于下一个模块的学习。

固定图卷积层的目标是探索静态空间模式，通过基于切比雪夫多项式近似的图卷积来学习获得。具体来说，给定二维特征张量 $\hat{X}^S$，节点特征 $\hat{X}^G \in \mathbb{R}^{N \times d_G}$ 通过如下公式得到：

$$\hat{X}^G_{:,j'} = \sum_{i'=1}^{d_G} \sum_{\gamma=0}^{k} \boldsymbol{\pi}_{i'j',\gamma} \boldsymbol{\Gamma}_\gamma(\tilde{L}) \hat{X}^S_{:,i'} \quad (\forall j' = 1, \cdots, d_G)$$
$$(3)$$

式中：$\hat{X}^G_{:,j'}$——$\hat{X}^G$ 的第 j' 列；

$\boldsymbol{\pi}_{i'j',\gamma}$——学习的权重；

$\boldsymbol{\Gamma}_\gamma \in \mathbb{R}^{N \times N}$——第 γ 阶切比雪夫多项式，其输入为拉普拉斯矩阵 $\tilde{L}$。

为了捕获动态成分，提出动态图卷积层。利用线性映射对嵌入特征 $\hat{X}^S$ 进行变换得到：

$$Q^S = \hat{X}^S W^S_q \in \mathbb{R}^{N \times d_k}, K^S = \hat{X}^S W^S_k \in \mathbb{R}^{N \times d_k} \text{ 以及}$$

$V^S = \hat{X}^S W^S_v \in \mathbb{R}^{N \times d_G}$，其中 $W^S_q \in \mathbb{R}^{d_G \times d_k}$，$W^S_k \in \mathbb{R}^{d_G \times d_k}$，$W^S_v \in \mathbb{R}^{d_G \times d_G}$。在此基础上，空间特征提取通过如下方式：

$$\text{Attention}(Q^S, K^S, V^S) = \text{Softmax}(Q^S(K^S)^T/\sqrt{d_k})V^S$$
$$(4)$$

式中：$\sqrt{d_k}$——比例因子；

$\text{Softmax}(Q^S(K^S)^T/\sqrt{d_k})$——动态空间依赖关系，记为 $S^S \in \mathbb{R}^{N \times N}$。

为了增强注意力层，利用作用于两层前馈神经网络的 ReLu 激活函数实现多头注意力：

$$\text{MultiHead}(Q^S, K^S, V^S) = \text{ReLu}((\hat{X}^S + M^S)W^S_0)W^S_1$$
$$(5)$$

其中，W^S_0, W^S_1 表示权重矩阵。令

$$U^S = \text{MultiHead}(Q^S, K^S, V^S) \in \mathbb{R}^{N \times d_G}, \text{则}$$

得到 $\hat{Y}^S = U^S + \hat{X}^S + M^S$ 用于特征融合操作。

最后，门机制 g 将学习到的静态和动态空间特征合并，得到：

$$g = \text{Sigmoid}(f_S(\hat{Y}^S) + f_G(\hat{X}^G)) \quad (6)$$

其中，f_S 和 f_G 都是线性函数。因此，二维输出 Y'^S 为：

$$Y'^S = g\hat{Y}^S + (1-g)\hat{X}^G \quad (7)$$

通过对 M 时间步的并行化操作，得到最终输出 $Y^S \in \mathbb{R}^{M \times N \times d_G}$，然后被转移到时间依赖捕获模块 $X^T = Y^S$。

2.2.3 时间依赖捕获模块

时间依赖性捕获块的目的是挖掘货运数据中潜在的时间依赖性。与空间依赖捕获块中的方法类似，本文在时间依赖捕获模块中设计了一个时间 Transformer。具体来说，记 $Q^T \in \mathbb{R}^{M \times d_k}$，$K^T \in \mathbb{R}^{M \times d_k}$ 以及 $V^T \in \mathbb{R}^{M \times d_G}$，时间特征捕获为

$$\text{Attention}(Q^T, K^T, V^T) = \text{Softmax}(Q^T(K^T)^T/\sqrt{d_k})V^T$$
$$(8)$$

$$\text{MultiHead}(Q^T, K^T, V^T) = \text{ReLu}((\hat{X}^T + M^T)W^T_0)W^T_1$$
$$(9)$$

其中，令 $M^T = \text{Attention}(Q^T, K^T, V^T)$ 表示时间依赖性。令 $U^T = \text{MultiHead}(Q^T, K^T, V^T)$，则得到每个区域 $\hat{Y}^T = U^T + \hat{X}^T + M^T \in \mathbb{R}^{M \times d_G}$。通过整合所有区域的 $\hat{Y}^T$，得到时间 Transformer 的输出，记为 $Y^T \in \mathbb{R}^{M \times N \times d_G}$。

2.2.4 预测输出模块

在该模块中使用了两个经典卷积层来预测未来 T' 时间步长的货运速度。由于图卷积运算可以并行化操作，因此考虑 $Y^S + Y^T$ 的二维输入张量 $X^{ST} \in \mathbb{R}^{N \times d_G}$，那么多步预测 $Y^{T'} \in \mathbb{R}^{N \times T'}$ 可以表示为

$$Y^{T'} = \text{Conv}[\text{Conv}(X^{ST})] \quad (10)$$

其中，$\text{Conv}(\cdot)$ 表示将时空特征映射到预测输出中的 1×1 卷积层。

2.3 去中心化联邦学习

本小节为 STTN 开发了一个去中心化的联邦学习模型，即 DeFedSTTN，其中每个城市都可以训练一个个性化的 STTN 模型。去中心化联邦学习使多个城市能够协同和共享本地模型参数。特别

是,在去中心化实施中,城市通过加权求和将本地模型与相邻模型合并。然后,城市使用运行在本地数据上的指定优化器更新合并的模型。

鉴于不同城市的异质性,本文利用[21]中的方法对所有参与城市的拓扑结构进行融合,聚合矩阵和全局聚合矩阵表示为

$$\hat{A}_i^{(\text{aggre})} = \sum_{j=1}^{n} p_{i,j} \hat{A}_i \qquad (11)$$

$$\hat{A}^{(\text{aggre})} = \frac{1}{n} \sum_{i=1}^{n} \hat{A}_i^{(\text{aggre})} \qquad (12)$$

式中:$\hat{A}_i$——为局部对齐邻接矩阵;

$p_{i,j}$——城市间通信权重;

$\hat{A}_i^{(\text{aggre})}$——第 i 个城市的聚合邻接矩阵。

在获得 $\hat{A}_i^{(\text{aggre})}$ 后,城市之间便可以去中心化的方式协同训练全局模型,具体步骤如下所示:①参与去中心化联邦学习任务的城市构建了一个互联的通信网络,每个参与城市初始化本地模型参数 $\theta_{i,\tau}$ 来完成局部训练任务;②各参与城市 i 利用本地数据和参数 $\theta_{i,\tau}$ 来训练本地模型。在训练过程中,利用动量 SGD[18] 方法来更新本地模型参数;③各参与城市以去中心化的方式进行通信,更新全局模型参数:

$$\theta_{i,\tau+1} = \sum_j p_{i,j} \cdot \theta_{j,\tau} \qquad (13)$$

最后,计算 $\sum_{i=1}^{n} \theta_{i,T_g+1}/n$ 作为全局模型参数。T_g 为通信次数。

3 仿真实验

3.1 数据集描述

实验数据来自南京都市圈的部分成员城市,包括南京市、马鞍山市、滁州市、扬州市和镇江市。根据货运 GPS 轨迹数据覆盖范围,将研究区域在空间上离散为 500m × 500m 网格。由 GPS 轨迹划分的网格形成网络,进一步用于挖掘城市货运的时空依赖关系。

货运数据集时间跨度为 2020 年 9 月 1 日至 2020 年 9 月 30 日之间。该数据集包含整个研究区域的 7210 万条 GPS 轨迹记录。货运车辆 GPS 轨迹记录了每辆货运车辆的位置(经纬度)、时间、瞬时车速和当前行驶距离。值得注意的是,由于缺失值和离群值会影响模型的准确性,数据已经进行了预处理,统一将时间间隔固定为 15min。然后将轨迹数据匹配到划分的网格中,计算每个网格的平均速度,最终利用每个网格的平均速度进行时空建模。

3.2 数据处理及参数设置

考虑到数据特征的差异,数据归一化是必不可少的。采用标准归一化来消除幅度差异,其表示为

$$\tilde{x} = [x - E(x)] / \sqrt{\text{Var}(x)} \qquad (14)$$

其中,$E(x)$ 和 $\sqrt{\text{Var}(x)}$ 分别为均值和标准差。然后,生成的数据集被随机分为训练集(70%)和测试集(30%)。

为了模拟所提出的 DeFedSTTN 模型,本文构造了两个重要的矩阵,即拓扑邻接矩阵 A 和通信权重矩阵 P。A 定义为:如果 $i \neq j$ 且 $\exp(-\text{dist}(r_i,r_j)/\gamma^2) \geq \varepsilon$,则

$$A_{ij} = \exp[-\text{dist}(r_i,r_j)/\gamma^2] \qquad (15)$$

否则,$A_{ij} = 0$。式中 $\text{dist}(r_i,r_j)$ 区域 r_i 和 r_j 的欧氏距离,γ^2,ε 用于控制稀疏性。在仿真中分别设置为 20 和 0.5。P 设置为

$$P = \begin{bmatrix} 0.3 & 0.2 & 0.25 & 0 & 0.25 \\ 0.2 & 0.2 & 0.2 & 0.2 & 0.2 \\ 0.25 & 0.2 & 0.3 & 0.25 & 0 \\ 0 & 0.2 & 0.25 & 0.3 & 0.25 \\ 0.25 & 0.2 & 0 & 0.25 & 0.3 \end{bmatrix}$$

由于所提出的 DeFedSTTN 模型包含多个参数,因此该模型的参数设置如下:隐藏嵌入特征的维度为 64,时空模块数量为 3,历史时间步长 M 为 8,预测时间步长为 2,切比雪夫多项式的阶 K 为 2,通信轮数 T_g 设置为 200,局部批处理数量设置为 20。所有的实验比较都是在一台 3.6GHz Intel Core i7 9700K CPU,NVIDIA GeForce RTX 3050Ti GPU,64 GB RAM 的台式计算机上进行的,所有的训练过程均用 Python 3.6 和 Pytorch version 1.7 实现。

3.3 基线模型和评价指标

为了充分证明所提模型的优越性,本文比较了不同类型的交通速度预测模型:历史平均(HA),支持向量回归(SVR)[6],GRU[9],TGCN[12],ASTGCN[19],FedGRU[20],以及 FASTGNN[21]。

此外,本文还采用了 3 种常用的评估指标,即平均绝对误差(MAE)、平均百分比误差(MAPE)和均方根误差(RMSE)来评估不同模型的性能:

$$MAE = \frac{1}{\mathcal{M}}\sum_{i=1}^{\mathcal{M}} |y_i - \hat{y}_i|$$

$$MAPE = \frac{1}{\mathcal{M}}\sum_{i=1}^{\mathcal{M}} \left| \frac{\hat{y}_i - y_i}{y_i} \right|$$

$$RMSE = \sqrt{\frac{1}{\mathcal{M}}\sum_{i=1}^{\mathcal{M}} (y_i - \hat{y}_i)^2} \quad (16)$$

式中: y_i——观测值;

$\hat{y}_i$——预测值;

$\mathcal{M}$——测试样本的个数。

3.4 结果分析

表1说明了不同基线模型和测试模型的长期

和短期预测性能。结果表明,DeFedSTTN 模型明显优于其他比较模型。虽然基线模型表现出良好的预测能力,但本文提出的模型在长期和短期预测方面更具优势,尤其是在短期预测方面。与传统的 GRU 模型相比,本文提出的 DeFedSTTN 模型在 15min 水平预测中的 MAE 降低了 6.78%。与最先进的 ASTGCN 模型相比,本文提出的 DeFedSTTN 模型在 15min 水平预测中的 MAPE 降低了 9.7%,在 60min 水平预测中降低了 2.3%,在总体预测中降低了 5.0%。

不同基线模型和测试模型的长期和短期预测性能(从左到右分别表示在 15~60min 水平上的预测性能)

表1

Model	MAE	RMSE	MAPE(%)
HA	6.257	7.861	14.22
SVR	5.937/6.061/6.157/6.234	7.459/7.611/7.796/7.825	13.55/13.82/14.28/14.21
GRU	6.163/6.145/6.149/6.23	7.709/7.694/7.752/7.811	13.97/13.96/14.19/14.25
TGCN	6.711/6.625/6.586/6.668	8.427/8.282/8.25/8.36	15.88/14.92/15.19/15.47
ASTGCN	6.372/6.248/6.316/6.327	7.991/7.83/7.917/7.931	14.49/14.24/14.38/14.41
DeFedSTTN	5.745/6.014/6.14/6.21	7.209/7.543/7.697/7.781	13.08/13.61/13.89/14.07

图3 展示了 DeFedSTTN 方法与其他两种先进联邦学习方法在货运交通速度预测方面的性能比较。总体而言,随着预测时间的增加,所有方法的预测误差都呈上升趋势。同时,本文提出的 DeFedSTTN 模型在不同预测时间内都能保持较低的误差,有效保证了模型的预测精度。例如,在 15min 的预测中,DeFedSTTN 的 MAE 为 5.745,而 FedGRU 为 6.172,FASTGNN 为 6.151,这表明所提

出的 DeFedSTTN 方法的 MAE 分别降低了 6.92% 和 6.6%。尽管这两种联邦学习方法都可以实现较低的预测误差,但它们都需要云中心服务器的参与,这意味着云中心服务器一旦遇到大流量很容易崩溃,影响系统的稳定性和预测精度。相比之下,DeFedSTTN 不涉及云中心服务器,每个参与城市只与邻近城市通信,协同训练预测模型,大大提高了系统的鲁棒性。

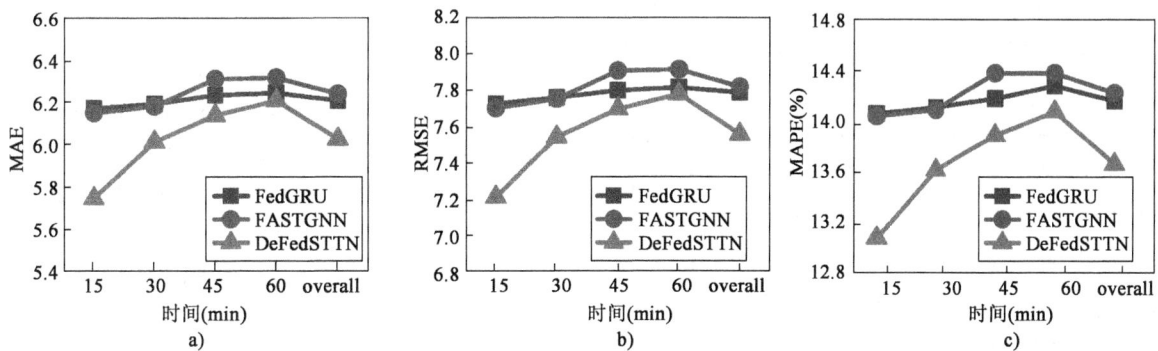

图3 DeFedSTTN 与其他两种先进联邦学习方法在货运交通速度预测方面的性能比较

图4 以热图的形式展示了所选区域的相应结果。图4a)展示了与区域间距离相关联的空间邻接矩阵。颜色越深表示空间依赖性越强。图4b)至4d)显示了在 15~60min 的不同预测范围内空间-

时间相关性的变化。如红色矩形所示,在图4a)的空间邻接矩阵中,区域 10 只与附近的几个区域相关,如区域 4、8、14 和 22,而在图4c)中,区域 10 与区域 4、5、6、7 等相关,在图4d)中,区域 10

与区域3、5、7等相关。区域间的这种依赖关系可能是由直接或间接原因造成的。直接依赖关系是由相邻区域的上下游关系引起的,间接依赖关系

可能是由于这些区域的相似地理位置的不明确相关性或区域的相似交通速度模式引起的。

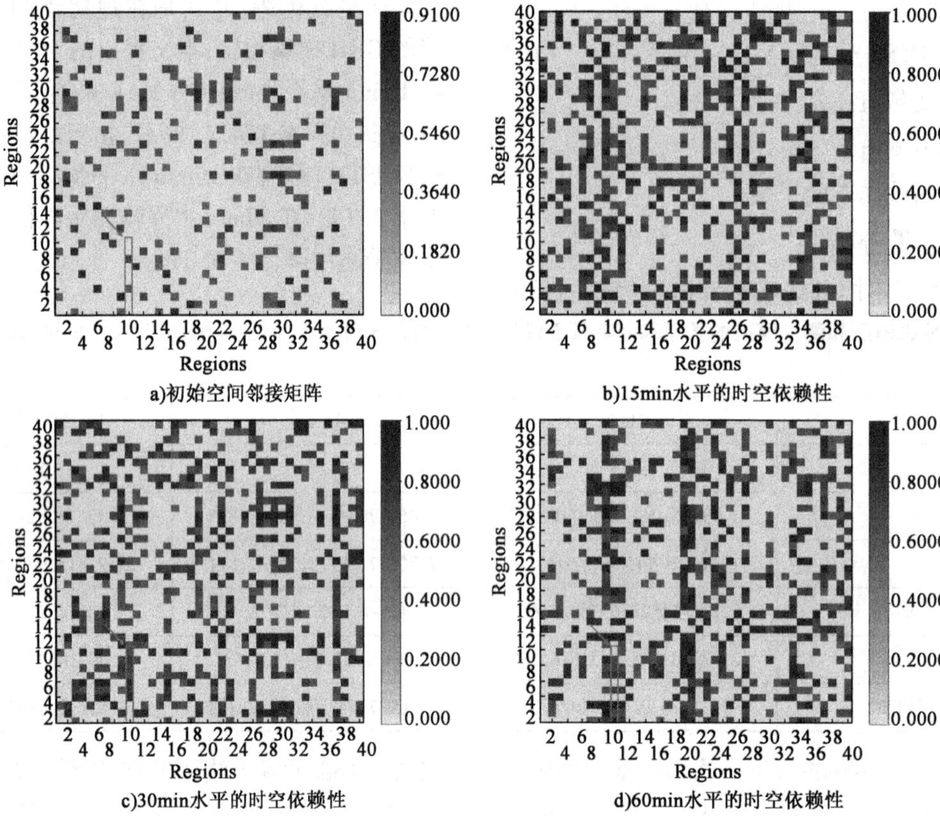

a)初始空间邻接矩阵

b)15min水平的时空依赖性

c)30min水平的时空依赖性

d)60min水平的时空依赖性

图4　动态时空依赖性

4　结语

　　货运交通速度预测为实施与货运相关的交通管理策略提供了依据。由于货运活动的范围并不局限于单一城市,因此需要考虑大都市区或城市群内相邻城市货运交通速度的时空依赖性。本研究提出一种基于去中心化联邦学习的时空Transformer网络模型(DeFedSTTN),以提高货运交通速度预测的准确性和鲁棒性。面对在充分挖掘货运时空信息的同时在多个城市间合作训练预测模型的挑战,本文开发了一种去中心化联邦学习模型,以消除对集中数据处理的云中心服务器的依赖。在本地模型中引入了时空Transformer网络,以取代GCN网络,从而捕捉城市区域间的动态时空依赖关系。基于中国南京都市圈成员城市的真实数据集,对货运交通速度预测任务进行了广泛的实验。实验结果有助于理解道路环境的动态变化,并为共同制定与货运相关的前瞻性交通管理策略提供启示。

参考文献

[1] ENGSTRÖM R. The roads' role in the freight transport system [J]. Transportation Research Procedia, 2016, 14: 1443-1452.

[2] KALAHASTHI L K, SÁNCHEZ D I, CASTRELLON J P, et al. Joint modeling of arrivals and parking durations for freight loading zones: Potential applications to improving urban logistics [J]. Transportation Research Part A: Policy and Practice, 2022, 166: 307-329.

[3] RÜHL F, BOLTZE M. Freight transport demand management: influencing the freight transport demand within traffic management [J]. Dynamic and Seamless Integration of Production, 2017: 163-184.

[4] WILLIAMS B M, HOEL L A. Modeling and forecasting vehicular traffic flow as a seasonal ARIMA process: Theoretical basis and empirical results

[J]. Journal of transportation engineering, 2003, 129(6): 664-672.

[5] GUO J, HUANG W, WILLIAMS B M. Adaptive Kalman filter approach for stochastic short-term traffic flow rate prediction and uncertainty quantification[J]. Transportation Research Part C: Emerging Technologies, 2014, 43: 50-64.

[6] YAO B, CHEN C, CAO Q, et al. Short-term traffic speed prediction for an urban corridor [J]. Computer-Aided Civil and Infrastructure Engineering, 2017, 32(2): 154-169.

[7] SUN S, ZHANG C, YU G. A Bayesian network approach to traffic flow forecasting[J]. IEEE Transactions on intelligent transportation systems, 2006, 7(1): 124-132.

[8] COVER T, HART P. Nearest neighbor pattern classification [J]. IEEE transactions on information theory, 1967, 13(1): 21-27.

[9] WANG Z, SU X, DING Z. Long-term traffic prediction based on lstm encoder-decoder architecture [J]. IEEE Transactions on Intelligent Transportation Systems, 2020, 22 (10): 6561-6571.

[10] ZHANG J, ZHENG Y, QI D, et al. Predicting citywide crowd flows using deepspatio-temporal residual networks[J]. Artificial Intelligence, 2018, 259: 147-166.

[11] KIPF T N, WELLING M. Semi-supervised classification with graph convolutional networks [C]. International Conference on Learning Representations. 2016.

[12] ZHAO L, SONG Y, ZHANG C, et al. T-gcn: A temporal graph convolutional network for traffic prediction[J]. IEEE transactions on intelligent transportation systems, 2019, 21 (9): 3848-3858.

[13] YU B, YIN H, ZHU Z. Spatio-temporal graph convolutional networks: a deep learning framework for traffic forecasting[J]. arXiv preprint arXiv:1709.04875, 2017.

[14] NUZZOLO A, COMI A. Urban freight demand forecasting: a mixed quantity/delivery/vehicle-based model [J]. Transportation Research Part E: Logistics and Transportation Review, 2014, 65: 84-98.

[15] WINKLER C, MOCANU T. Impact of political measures on passenger and freight transport demand in Germany [J]. Transportation Research Part D: Transport and Environment, 2020, 87: 102476.

[16] KONEĆNÝ J, MCMAHAN H B, FELIX X Y, et al. Federated learning: strategies for improving communication efficiency [J]. 2018.

[17] XU M, DAI W, LIU C, et al. Spatial-temporal transformer networks for traffic flow forecasting [J]. arXiv preprint arXiv:2001.02908, 2020.

[18] YU H, JIN R, YANG S. On the linear speedup analysis of communication efficient momentum SGD for distributed non-convex optimization [C]. // International Conference on Machine Learning. Cal: fornia: PMLR, 2019: 7184-7193.

[19] GUO S, LIN Y, FENG N, et al. Attention based spatial-temporal graph convolutional networks for traffic flow forecasting [C]. Proceedings of the AAAI conference on artificial intelligence. 2019, 33 (1): 922-929.

[20] LIU Y, JAMES J Q, KANG J, et al. Privacy-preserving traffic flow prediction: A federated learning approach [J]. IEEE Internet of Things Journal, 2020, 7(8): 7751-7763.

[21] ZHANG C, ZHANG S, JAMES J Q, et al. FASTGNN: a topological information protected federated learning approach for traffic speed forecasting [J]. IEEE Transactions on Industrial Informatics, 2021, 17 (12): 8464-8474.

新建地铁沿线的公交线网优化调整设计

辛怡青[1,2]　张抒扬[*1,2]

（1.武汉理工大学交通与物流工程学院；2.交通信息与安全教育部工程研究中心）

摘　要　为减少新建地铁沿线公共交通的运力浪费，有必要对地铁沿线的原有常规公交线网进行调整。本研究从地铁与公交的空间关系入手，定义站点重复率为待调整公交线路的筛选依据，从公交线路的几何特性、运能供给以及空间关系三方面出发，提出线网调整的考虑因素，通过探索性因子分析和聚类分析对待调整线路进行分类，针对不同类别的线路提出不同的调整措施。选择武汉地铁10号线进行实例分析，找到与其相关的64个公交站点和142条公交线路，最终对22条线路提出具体的调整方案。

关键词　常规公交　城市轨道交通　线网调整　武汉地铁10号线

0　引言

优先发展公共交通系统被普遍认为是解决城市交通拥堵问题的主要途径，公交和地铁作为两种最常见的公共交通方式，两者之间的协调配合对促进公共交通系统的功能发挥具有重要作用。当前我国大多数城市的常规公交网络已经建成，地铁网络正经历如火如荼的建设过程，考虑到地铁建设成本高、周期长，且线路走向具有永久性不易调整，相比之下常规公交线网建设成本低、调整相对方便，可以起到接驳地铁的作用，两者之间的协调配合能够促进公共交通系统形成有机整体。所以有必要根据已规划的地铁线网来调整其覆盖范围内的公交线网，协调二者之间的关系，从而提高公共交通的综合服务水平。

目前，国内外对于地铁建设对常规公交线路的影响研究主要集中在公交线网调整优化、接驳公交线路设计、应急公交协同规划3个方面。公交线网调整优化方面，高悦尔等[1]分析了地铁吸引范围内的中间共线线路及端点共线线路，通过评估站点重要度确定重要线路和重要站点，进而确定共线段及端点线路是否保留。刘媛和罗孝羚[2]采用连续近似方法，将离散的公交站点转化为连续变量，构建了与轨道交通共线的公交线路优化模型。Jha等[3]研究了多目标公交网络设计和频率设置问题，并分两个阶段解决，使用初始路线集生成程序与遗传算法相结合来生成公交线

路。Wei等[4]基于建立的公交与地铁竞合指标体系提出了公交线路优化模型，引入竞合系数改进了基于时间效率的单一指标。Cui等[5]提出了轨道交通与常规公交共线区间的广义出行时间成本和出行时间节省比例模型，筛选出待调整的公交线路，并制定了常规公交共线区段和非共线区段的取消、保留、合并调整原则。接驳公交线路设计方面，Deng等[6]假设公交车站与线路之间为多对多的关系，建立了接驳公交网络设计问题的分配模型，该模型能够有效分配不同乘客需求，减少乘客的广义出行费用。应急公交协调规划方面，王佳冬和袁振洲[7]基于给定的地铁运行计划，以乘客出行成本和客流损失最小为目标，构建应急公交行车计划模型。

综上，众多学者为提升公共交通系统的服务水平和公交线路的运营效率设计了多种优化调整方法，但对于轨道交通走廊内公交线网调整的研究，大部分学者更多关注于多目标优化和多模式的公交网络设计，缺乏对于新建地铁沿线内不同类别公交线路的特征分析及调整策略的研究。本文从公交与地铁的空间关系出发，确定待调整公交线路的选择依据，对线路调整的不同考虑因素进行探索性因子分析，通过聚类方法将新建地铁沿线的公交线路进行分类，分别对不同类别的线路提出不同的调整措施，期望能够完善新建地铁沿线的常规公交线路调整方法，促进轨道交通与常规公交的协同发展。

基金项目：国家自然科学基金项目（72001162）；湖北省重点研发计划项目（2023BAB076）。

1 地铁与常规公交网络衔接

1.1 地铁吸引范围

新建地铁对常规公交的影响范围取决于轨道交通的吸引范围。根据乘客是否愿意步行前往轨道交通站点，将轨道交通的吸引范围分为一次吸引范围和二次吸引范围两种。一次吸引范围指的是乘客不使用其他交通工具，可以直接步行到达轨道交通站点；二次吸引范围指的是乘客借助公交、私家车等其他交通方式，与轨道交通进行换乘。

轨道交通吸引范围如图1所示，用圆心表示某个轨道交通站点，半径表示乘客使用其他交通工具到达地铁站经过的距离。一次吸引范围距离短，可以减少乘客出行时间，提高公共交通系统的服务效率。因此，本文重点考虑轨道交通的一次吸引范围内的常规公交线路。

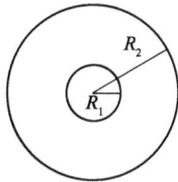

图1 城市轨道交通吸引范围示意图

据调查显示，大部分乘客步行前往地铁站的时间均少于15min，其中五分之四乘客的步行时间少于10min。结合一般成年人的步行速度，确定地铁站点的一次吸引范围为670m，本文主要研究距离地铁670m范围内的常规公交线路。

1.2 地铁与公交空间关系

根据地铁与公交的站点位置和线路走向，将两者的空间位置关系分为共线关系、相交关系、接运关系和无关系，其中属于共线关系的公交线路为竞争性公交线路，属于相交关系和接运关系的公交线路为接驳性公交线路[8]。

当公交线路在地铁吸引范围内与地铁线路存在共线区间时，二者为共线关系，包括中间共线关系与端点共线关系，如图2和图3所示。

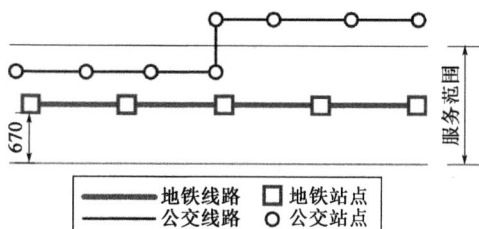

图2 端点共线关系示意图(尺寸单位:m)

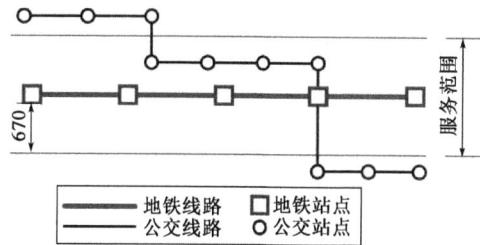

图3 中间共线关系示意图(尺寸单位:m)

当公交线路与地铁线路存在交汇点但无共线区间时，二者为相交关系，相交的常规公交线路可以作为地铁的接驳线，扩大地铁的二次服务范围，如图4所示。

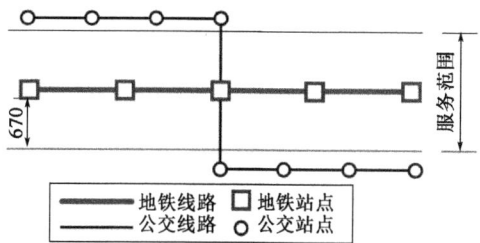

图4 相交关系示意图(尺寸单位:m)

当公交线路的始发站或者终点站至少有1个位于地铁的服务范围内，且无共线区间，二者为接运关系，可以较为便利地集散客流，如图5所示。

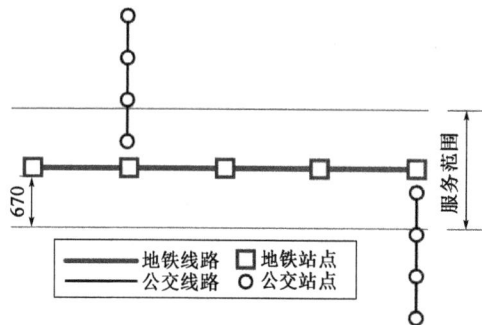

图5 接运关系示意图(尺寸单位:m)

当公交线路与地铁线路既无交汇点，同时在地铁吸引范围内也不存在共线区间时，二者为无关系，可不调整，如图6所示。

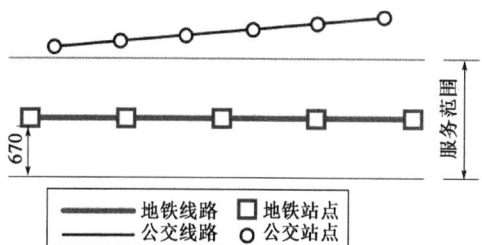

图6 无关系示意图(尺寸单位:m)

2 公交线网调整分析

2.1 站点重复率

根据每条公交线路在地铁吸引范围内的站点数量,结合公交线路的站点总数,来确定两者的竞争程度,并对常规公交进行分类,以此为依据进行公交线路的调整。考虑到大多数公交上行和下行途径的公交站点数量不同,甚至有些公交的上下行路线还存在差异,因此本文定义站点重复率为调整标准,通过调查地铁一次吸引范围内的公交线路基本情况,计算站点重复率,以站点重复率为依据对调查数据分类,计算方法为:

$$\alpha = \frac{\mu_1 + \mu_2}{\omega_1 + \omega_2} \tag{1}$$

式中:α——站点重复率;

μ_1——公交上行线路途经站点在地铁一次吸引范围内的站点数;

μ_2——公交下行线路途经站点在地铁一次吸引范围内的站点数;

ω_1——公交上行线路途经的站点总数;

ω_2——公交下行线路途经的站点总数。

2.2 公交线网调整考虑因素

本文将公交线路调整的考虑因素分为三类,分别是公交线路的几何特性、公交线路的运能供给以及公交与地铁的空间关系。

其中,公交线路的几何特性直接影响公交运输功能的实现,该因素包括上行站点数(个)、下行站点数(个)、上行线路长度(km)、下行线路长度(km)和平均站间距(km);公交线路的运能供给影响公交的服务水平,本文采用高峰时期发车间隔(min)来反应;公交与地铁的空间关系是影响线路调整的最主要因素,包括上行站点重合数(个)、下行站点重合数(个)和站点重复率。综上,线路调整的考虑因素共有9种。本文针对9种因素的重要性分类讨论公交线路的调整方案。

3 公交线网调整优化方法

3.1 基本调整方法

公交线路的基本调整方法包括:新增线路、分段运营、保留、截线、改线、取消6种,对于具体公交线路的调整方案需要根据实际情况具体分析,选取不同的调整方法组合设计。

3.2 调整过程

为验证本研究方法的实用性,本研究选取武汉地铁10号线进行实例研究。10号线先建段(汉口火车站——武汉火车站)段,线路全长19.5km,均为地下线,设站10座,包括汉口火车站、唐家墩、竹叶山、二七小路、二七路、余家头、钢都花园、工业路、北洋桥和武汉火车站。该段建成后可与武汉地铁1号线、2号线、3号线、5号线、6号线、8号线实现换乘。

3.2.1 待调整公交线路的确定

通过调查地铁各个站点一次吸引范围内的公共交通现状,获取所需研究的公交站点和公交线路,根据站点重复率α对公交线路与地铁的竞争程度划分,如果站点重复率大于60%,说明公交与地铁共线段较长,二者属于激烈竞争;如果站点重复率在20%~60%之间,二者属于中度竞争;如果站点重复率小于20%,二者属于轻度竞争。其中激烈竞争和中度竞争的线路列为待调整公交线路。

根据上述方法对武汉地铁10号线的公交线路情况进行调查,共调查得到地铁一次吸引范围内的64个相关公交站点和142条公交线路,根据站点重复率对得到的公交线路筛选,考虑到站点重复率在20%以下的公交线路并非与轨道交通竞争的主要对象,故保留属于该类型的120条公交线路,对站点重复率在20%以上的22条公交线路进行重点分析及优化调整。

对于待调整公交线路,对其线路走向、站点设置及与地铁的空间关系进行详细地调查,重点考察前一节提到的9种因素,通过对各因素进行统计分析,结果见表1。

考虑因素统计结果分析　　　　　表1

因素	最大值	最小值	均值	标准差
上行站点数(个)	35	3.00	22.64	7.99
上行线路长度(km)	36.8	2.70	15.20	7.16
下行站点数(个)	34	5.00	21.68	7.32
下行线路长度(km)	35.3	3.20	14.58	6.79
平均站间距(km)	9.66	0.37	1.00	1.89
上行站点重合数(个)	13	1.00	6.59	2.66
下行站点重合数(个)	12	2.00	6.41	2.74
站点重复率	0.75	0.20	0.31	0.13
高峰时期发车间隔(min)	30	6.00	13.27	6.97

3.2.2 探索性因子分析

由于公交线网的调整受到多个因素的影响，为简化数据的复杂性，采用探索性因子分析识别变量之间的共性，将原始数据简化为潜在的因子。探索性因子分析模型的数学表达式如下：

$$X_i = a_{i1}F_1 + a_{i2}F_2 + \cdots + a_{im}F_m + e_i \quad (2)$$

式中：X_i——第 i 个可观测变量（$i=1,2,\cdots,k$）；

F_m——公共因子（$m=1,2,\cdots,p$），且 $p<k$；

e_i——误差项；

X_i——变量独有的部分（无法被公共因子解释）；

a_{im}——每个因子对复合而成的可观测变量的贡献值。

进行因子分析前需要对数据的适用性进行评估，采用 SPSS 软件对数据进行 KMO 测度和巴特利特检验，检验结果见表2。

KMO 和巴特利特检验 表2

KMO 取样适切性量数		0.514
Bartlett 的球形度检验	上次读取的卡方	239.932
	自由度	36
	显著性	0.000

由表2可知，KMO > 0.5，巴特利特检验 $p < 0.05$，可以认为现有数据做降维处理具有相关性的前提条件基础，适合做因子分析。

采用 Kaiser 准则和 Cattell 准则判断所需因子数，见表3，特征值大于1的因子有3个，且这3个因子的累积方差贡献率达 87.016%，故本文选择采用3个因子。

总方差解释 表3

因子	初始特征值			提取载荷平方和		
	总计	方差百分比	累积（%）	总计	方差百分比	累积（%）
1	3.410	37.891	37.891	2.594	28.827	28.827
2	2.621	29.119	67.011	3.268	36.315	65.142
3	1.801	20.006	87.016	1.691	18.791	83.933
4	0.873	9.699	96.715			
5	0.140	1.561	98.276			
6	0.090	1.002	99.278			
7	0.041	0.459	99.737			
8	0.017	0.186	99.923			
9	0.007	0.077	100.000			

本研究采用最大似然法提取3个公因子，得到的因子载荷见表4，3个公因子能够解释 83.933% 的方差。

因子荷载矩阵 表4

序号	因素	FAC1	FAC2	FAC3
1	上行线路长度（x_1）	0.989	-0.045	0.035
2	上行站点数（x_2）	0.227	0.948	-0.157
3	下行线路长度（x_3）	0.991	-0.055	-0.014
4	下行站点数（x_4）	0.252	0.913	-0.163
5	平均站间距（x_5）	0.669	-0.701	0.022
6	上行站点重合数（x_6）	0.103	0.746	0.606
7	下行站点重合数（x_7）	0.169	0.628	0.669
8	站点重复率（x_8）	-0.157	-0.285	0.876
9	高峰时期发车间隔（x_9）	-0.084	0.089	-0.234

FAC1 定义为线路长度因子，包含两个变量，即上行线路长度与下行线路长度；FAC2 定义为运能因子，包含4个变量，即上行站点数、下行站点数、平均站间距、高峰时期发车间隔；FAC3 定义为空间关系因子，包含3个变量，即上行站点重合数、下行站点重合数、站点重复率。

3.2.3 聚类分析

将待调整公交线路分类研究，结合上述因子分析，采用分层聚类法，对变量进行 Z-score 标准化处理，以因子得分为聚类变量对线路进行聚类。

得到的3类线路各因素特征见表5。

分类线路影响因素对比 表5

类型	线路分类	线路长度因子	运能因子	空间关系因子
类型1	以交叉线路为主	长度：14~35km	高峰时期发车间隔：7~15min	站点重合数：<4站 站点重复率：<30%
类型2	以接驳线路为主	长度：15~30km	高峰时期发车间隔：7~30min	站点重合数：2~6站 站点重复率：20%~50%
类型3	以共线线路为主	长度：<15km	高峰时期发车间隔：6~8min	站点重合数：>6站 站点重复率：>50%

根据上述分类，公交线路的调整主要从类型2和类型3中选取。

3.2.4　线路调整措施

在基本调整方法的基础上,综合考量城市各收入、各年龄段群体,以及公交线路的具体走向、途径的土地利用性质、道路等级等因素对调整方案进行修改。

对于以交叉为主的公交线路,该类线路与地铁为交叉关系,重合站点数较少,一般无须调整,保留处理。结合实际走向,也可将该类线路适当延长至地铁站点,方便乘客换乘,扩大地铁的二次服务范围。

对于以接驳为主的公交线路,结合实际情况具体分析,当线路较长时,全线乘坐的乘客少,且运输时间可控性差,可考虑将其在地铁站点切断,采用截线或者分段运营的措施。

对于以共线为主的公交线路,由于其运输作用可由10号线或者其他地铁线路替代,可考虑取消,但在实施时要考虑市民的出行习惯,要做好线路调整的宣传工作,让市民慢慢适应该调整,逐步习惯替代的线路。

4　公交线网优化调整结果

根据上述提出的公交线网优化调整方法,具体分析武汉地铁10号线沿线公交线路的走向情况,通过逐条调查可以得到142条公交线路,其中需要优化调整的中度竞争与激烈竞争线路共22条,进一步考虑这22条的线路走向、线路长度、线路重复率、周围交通情况等,以提高公共交通的综合服务水平为目的。应用本研究提出的公交线路基本调整方法,得到最终的优化方案,调整结果为8条线路保留,2条线路取消,2条改线,8条截线,2条线路分段运营,具体优化调整方案见表6~表10。

保留线路的情况说明　　　　　　　　　　　　　　　　　　表6

调整方案	公交线路	原因
保留	673	为解决周边多个小区居民的高峰出行问题而开设的微循环,对接解放大道上地铁1号线徐州新村站,方便换乘1号线、3号线、10号线,故保留
保留	292	连接黄陂和市中心,途经站点很少,方便直达,故保留
保留	375	全线约3km,与10号线重合长度低,方便江岸区二七片居民换乘地铁1号线与10号线,故保留
保留	YX610	比较夜行公交与地铁的票价、直达性、运营时间等因素,保留YX610
保留	391	途经多个居民小区,解决居民日常出行问题,也可换乘10号线,故保留
保留	796	与10号线重合长度低且途径区域为密集生活组团,故保留
保留	729	与10号线重合长度低且经过多个居民小区,故保留
保留	805	与10号线重合长度低且连接多个居民小区,故保留

取消线路的情况说明　　　　　　　　　　　　　　　　　　表7

调整方案	公交线路	原因
取消	582	竹叶山站乘地铁10号线过江,在余家头站换乘5号线,可以直接到达和平大道三层楼,地铁可替代582,故取消
取消	332	与地铁1号线、3号线、8号线、10号线重合,地铁可替代其功能,同时在百步亭一带,322路与其走向一致,故取消

改线线路的情况说明　　　　　　　　　　　　　　　　　　表8

调整方案	公交线路	具体措施
改线	349	将黄州街一段改至鄂州街,和平大道一段改至建港南路
改线	365	将辽宁街一段改至吉林街

截线线路的调整方案 表9

调整方案	公交线路	具体措施
截线	528	截断至发展大道汉口火车站,长丰大道东风村场站——发展大道汉口火车站区段保留
截线	790	截断至发展大道田园小区,保留园博园东路园博园东门——发展大道田园小区一段
截线	382	截断至团结大道地铁仁和路站,保留德平路余家头路——团结大道地铁仁和路站
截线+调整	533	截断至竹叶山,端点延长至发展大道红旗建材家居,线路走向为民族路集家嘴站——发展大道红旗建材家居
截线	30	截断至解放大道头道街,保留拦江路阳新路——解放大道头道街
截线	809	截断至发展大道红旗建材家居,保留分园博园西路园博园南门——发展大道红旗建材家居
截线	346	截断至发展大道红旗建材家居,保留罗家嘴公交场站——解放大道红旗建材家居
截线	289	截断至宏图路地铁宏图大道站,保留腾龙大道大沙咀——宏图路地铁宏图大道站

分段运营线路调整方案 表10

调整方案	公交线路	具体措施
分段运营	545	分汉口火车站——黄浦大街分金街;和平大道建二公交场站——欢乐大道欢乐谷
分段运营	725	分徐东大街地铁汪家墩站——和平大道余家头;发展大道红旗建材家居——春兰街跃进家园

5 结语

本文从地铁与常规公交的网络衔接关系出发,提出了新建地铁沿线公交线路的调整方法,包括待调整公交线路筛选、公交线路分类及线路优化调整方案三部分。本研究将提出的方法应用于武汉地铁10号线沿线的公交线路调整,对线路调整的考虑因素进行了探索性因子分析,通过聚类分析对公交线路进行分类,最终确定了具体的调整方案。本文从公交线路的几何特性、公交与地铁的空间关系及线路运能三方面分析线网优化调整的考虑因素,缺乏对地铁客流和公交客流的考量,后续的研究期望引入更多的参数进行分析,进一步提高公交与地铁的接驳效率。

参考文献

[1] 高悦尔,崔洁,王成,等.基于站点重要度的轨道交通沿线常规公交线路调整[J].长安大学学报:自然科学版,2020,40(6):97-106.

[2] 刘媛,罗孝羚.基于连续近似的轨道共线公交线路优化模型[J].东南大学学报:自然科学版,2022,5(24):780-786.

[3] JHA S B, JHA J K, TIWARI M K. A multi-objective meta-heuristic approach for transit network design and frequency setting problem in a bus transit system [J]. Computers & Industrial Engineering, 2019, 130, 166-186.

[4] WEI J, LONG K, GU J, et al. Optimizing bus line based on metro-bus integration [J]. Sustainability, 2020, 12(4): 1493.

[5] CUI J, GAO Y, CHENG J, et al. Study on the selection model of staying adjustment bus lines along rail transit [J]. Journal of Advanced Transportation, 2020, 2020: 1-12.

[6] DENG L, HE Y, ZENG N, et al. Optimal design of feeder-bus network with split delivery. Journal of Transportation Engineering Part A: Systems, 2020, 146(3), 1-15.

[7] 王佳冬,袁振洲.考虑换乘客流的城轨应急接运公交调度优化模型[J].东南大学学报(自然科学版),2021,51(1):161-170.

[8] 郝成.围绕城市轨道交通的常规公交线网优化调整方法研究[D].成都:西南交通大学,2020.

基于可达性分析的高铁站公交集散效能评估

于博宁[1,2]　　陈学武 *[1,2]

（1. 东南大学江苏省城市智能交通重点实验室；2. 东南大学交通学院）

摘　要　为评价和提升中等规模城市高铁站公交集散效能，本文基于可达性分析，使用累积机会模型，从静态和动态可达性两层面，出行时耗、换乘、时间可靠性三方面选取指标，建立了一套高铁站公交集散效能评估方法，并选用盐城站公交集散网络开展实例分析。研究发现：盐城站离站乘客公交出行时耗较高，45min 内可覆盖不足 5% 目的地和约 30% 人口；换乘方面，90% 以上离站乘客可在换乘 1 次内到达目的地，盐南高新区、开发区换乘情况较好；时间可靠性方面，总体表现良好，可靠性较低区域集中在高铁站附近及区域外围部分线路周边。本研究成果可用于评估高铁站公交集散网络服务水平，并指导对策建议提出。

关键词　效能评估　公共交通可达性分析　中等规模城市　累积机会模型

0　引言

高铁车站是城市综合客运枢纽的主要形式之一，承担对外客流集散和城市内部交通转换职能。公交集散网络是高铁站主要集散方式之一，对于中等规模城市，该网络主要由快速公交、常规公交等中低运量公交系统构成，与出租车、慢行交通等共同运输离站乘客。中等规模城市高铁车站公交集散网络普遍存在出行时耗高、换乘次数多、供需不匹配等问题。因此，如何构建一种评估方法，评价高铁车站公交集散网络服务水平，诊断现存问题，为改善措施提供支撑，已成为亟待深入研究的问题。

公共交通效能评估即以城市公交系统为研究对象的效能评估。评估指标分为效益指标和效用指标两类。该领域学者主要使用综合评价法和图论法进行研究[1]。综合评价法是当前的主流，基于 DEA、AHP 等模型，根据评估需求选取指标，获取数据计算并加权得到评估结果。

公共交通可达性是公共交通效能评估的效用指标之一。由于公交系统兼具公共设施和出行方式双重特性，故该方向研究往往从 TTA（To-Transit Accessibility）和 BTA（By-Transit Accessibility）两个层面展开[2]。本文即对高铁站离站乘客 BTA 进行分析。此类研究将公共交通视为一种出行方式，分析乘客使用公共交通出行的基本特征。

公共交通可达性分析方法主要包括拓扑分析法、累积机会模型、空间相互作用模型等。Xu 和 Zhang 等[2]应用拓扑分析法建立"预期位置可达性"指标，表征各公交站点通勤者预期工作地点可达性。Xu 等[3]基于累积机会模型，分析了高铁站离站乘客公交和私家车出行的出行时间、广义出行成本等。郭琛琛和梁娟珠[4]基于空间相互作用模型，使用高斯距离衰减函数改进，分析了驾车和公交模式下福州市主城区医院可达性。

综上所述，公交可达性是公交效能评估的主要内容之一，近期研究中增加了时间可靠性、出行成本等内容，但少有学者针对中等规模城市公交系统进行分析，且多数研究侧重于理论指标构建，缺乏对实际改善措施的指导。累积机会模型作为可达性分析的主要手段，可解释性强、普适性高，便于结合各类影响因素进行单一网络及网络间可达性评估和比较。

本文拟结合可达性分析方法，提出一种高铁站公交集散效能评估方法。盐城站是盐城市重要的高铁枢纽之一，在前期调研中发现其公交集散网络存在出行时耗长、可靠性低、换乘次数多等典型问题。因此，本文拟选用盐城站公交集散网络开展实例分析，验证该方法适用性，并诊断现存问题。

1　研究方法

1.1　累计机会模型

累积机会模型使用"一定时间阈值内出行者

使用某种出行方式到达某类设施的数量"衡量出行方式可达性[5]。该类方法首先设置时间阈值,获取并统计相同阈值范围内可达设施数量。分析结果往往以等时圈图展现,直观简洁,便于指导后续规划设计。

本文拟考虑时间可靠性和目的地人口,基于累积机会模型构建可达性指数 $A_{i,\tau}$:

$$A_{i,\tau} = \sum_{j \in S} P_j \cdot f(\mathrm{TT}_{ij,95}, \tau)$$

$$f(TT_{ij,95}, \tau) = \begin{cases} 1 & (\text{if } \mathrm{TT}_{ij,95} < \tau) \\ 0 & (\text{if } \mathrm{TT}_{ij,95} \geq \tau) \end{cases}$$

$$P_j = \mathrm{Pop}_j / \sum_{j \in S} \mathrm{Pop}_j$$

式中:$A_{i,\tau}$——由起点 i 出发,由公交方式在时间阈值 τ 内可达的人口比例;

S——研究区域内目的地的集合;

P_j——人口权重,指目的地 j 的人口数 Pop_j 占研究区域总人口数的比例;

$\mathrm{TT}_{ij,95}$——可靠出行时间,本例选取起点 i 与终点 j 间 95 分位出行时间[6];

$f(\mathrm{TT}_{ij,95}, \tau)$——阻抗函数,当 $\mathrm{TT}_{ij,95}$ 小于 τ 时取 1,即在该阈值内可达;反之取 0,即不可达。

1.2 评价指标选取

结合当前中等规模城市高铁站公交集散网络存在的普遍问题,本文从"静态可达性分析"和"动态可达性分析"两方面入手,分别评估公交集散服务在出行时耗、换乘、可靠性等方面表现。

如表 1 所示,静态可达性分析方面,基于累积机会模型,选取人口覆盖率、面积覆盖率、换乘次数 3 个指标评估公交集散效能;动态可达性分析方面,本文使用出行时间可靠指数进行评估,并探究该指数随离站乘客出行距离的变化特征。

高铁车站公交集散效能评估指标汇总 表1

指标类别	指标名称	指标含义
静态可达性	人口覆盖率	某时间阈值下高铁站公交集散网络可达范围覆盖人口占研究区域总人口的比例
	面积覆盖率	某时间阈值下高铁站公交集散网络可达区域面积占研究区域面积的比例
	换乘次数	离站乘客公交出行前往目的地 j 所需转换线路次数
动态可达性	出行时间可靠指数	离站乘客公交出行前往目的地 j 的可靠出行时间与平均出行时间的相对误差

各指标计算方法如下:

(1)人口覆盖率

人口覆盖率 $\mathrm{CP}_{i,\tau}$ 即时间阈值 τ 内高铁站公交集散网络可达范围覆盖的人口比例[3],可由下式计算:

$$\mathrm{CP}_{i,\tau} = \frac{\sum_{j \in S} \mathrm{Pop}_j \cdot f(\mathrm{TT}_{ij,95}, \tau)}{\sum_{j \in S} \mathrm{Pop}_j}$$

观察上式可知,$\mathrm{CP}_{i,\tau}$ 与可达性指数 $A_{i,\tau}$ 含义相同。

(2)面积覆盖率

面积覆盖率 $\mathrm{CA}_{i,\tau}$ 表示时间阈值 τ 内公交出行可达范围占研究区域的比例[3],即:

$$\mathrm{CA}_{i,\tau} = \frac{\sum_{j \in S} \mathrm{Area}_j \cdot f(\mathrm{TT}_{ij,95}, \tau)}{\sum_{j \in S} \mathrm{Area}_j}$$

式中:Area_j——目的地 j 的面积。

(3)换乘次数

换乘次数 N_{ij} 即离站乘客使用公交方式到达目的地 j 所需转换线路的次数。由如下方法计算:

$$N_{ij} = S_{ij} - 1$$

式中:S_{ij}——到达目的地 j 所需公交出行阶段数。

(4)出行时间可靠指数

出行时间可靠指数 TTR_{ij} 表征可靠出行时间 $\mathrm{TT}_{ij,95}$ 与平均出行时间 $\mathrm{TT}_{ij,Aver}$ 的差异[6],计算公式如下:

$$\mathrm{TTR}_{ij} = \frac{\mathrm{TT}_{ij,95} - \mathrm{TT}_{ij,Aver}}{\mathrm{TT}_{ij,Aver}}$$

由上式可知,TTR_{ij} 越高,离站乘客前往目的地 j 的出行时间可靠性越低。

2 数据准备

2.1 盐城市基础地理数据

本文由"全国地理信息资源目录服务系统"获取盐城市基础地理数据(1:100 万),选取中心城区作为研究区域,包括盐都区、亭湖区、盐南高新区和开发区等 4 区。按照 1km×1km 将该区域划分为 2699 个栅格,取各栅格中心点为离站乘客目的地。

2.2　盐城站衔接公交线网数据

盐城站周围共有 9 个公交站点,途经线路 31 条。其中,快速公交(BRT)线路 5 条(包括支线 2 条、环线 3 条),常规公交线路 24 条(其中市镇公交 2 条、夜间线 4 条),定制公交线路 2 条。

本文调用百度地图"公交地铁查询"API 获取各线路途径站点经纬度。该线网以盐城站为中心呈"环形放射"式,主要分布于亭湖区、盐都区东北部及盐南高新区北部,市镇线路及长途线路主要向亭湖区东北部及射阳县、大丰区延伸。

2.3　盐城市人口分布数据

本文由 WorldPop 网站下载 100m 分辨率中国人口数据,将原数据裁剪至盐城市中心城区范围内,使用最近邻法重采样得到 1km 分辨率人口数据。分区汇总各栅格人口数目,并根据《盐城统计年鉴 2023》中的 2022 年"分地区常住人口"进行校正,得到修正后盐城市人口分布数据。

盐城市中心城区人口约 173 万,呈现单中心分布,由市中心沿新长铁路向西北—东南方向延伸。盐城站位于市中心东部,属于城市中心型高铁枢纽,强化市中心发展。由图 1 可知,该市人口在距盐城站 4km 处最为集中,7km 内人口密度均在 2000 人/km² 以上。

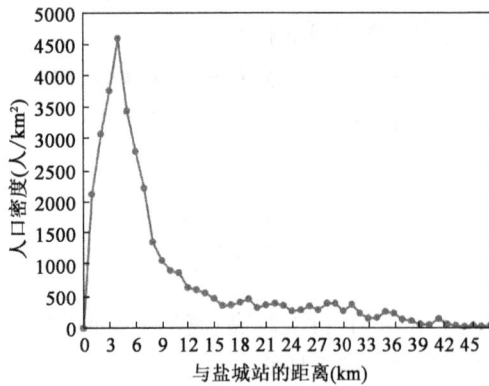

图 1　人口密度与盐城站距离折线图

2.4　公交出行数据

调用高德地图"公交路径规划"API,爬取

2023 年 5 月 8 日至 5 月 14 日盐城站离站乘客公交出行数据。以盐城站为起点,各栅格中心点为终点,调用该接口获取每天各 4 个时段(2:00、8:00、14:00、20:00)公交出行数据,其中 5 月 9 日增加 5:00、11:00、17:00、23:00 四个时段,便于进行动态可达性分析。最终获取数据 86368 条,数据内容包括出行时间、站间步行时间、换乘次数等。

3　结果与讨论

3.1　静态可达性分析

在静态可达性分析中,本文首先从宏观层面分析各目的地出行时耗分布情况,而后通过人口及面积覆盖率、换乘次数等定量评估盐城站公交集散服务效能。

3.1.1　出行时耗分布

将各时段出行时间数据处理得到由公交方式前往各栅格的可靠出行时间 $TT_{ij,95}$。如图 2 所示,研究区域大部分目的地可靠出行时间在 90 ~ 150min 之间,表明盐城站公交集散出行时耗整体较高。

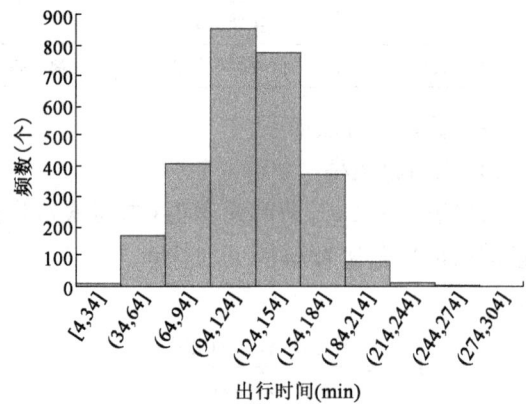

图 2　出行时间频数分布直方图

汇总该集散网络与各区域间的可靠出行时间(表 2),可知离站乘客前往盐南高新区各目的地出行时耗相对较低,盐都区平均可靠出行时间最高,大部分目的地所需时间超过 120min,出行时耗最高的目的地位于亭湖区东北部。

中心城区各区域可靠出行时间汇总　　　　　　　　　　表 2

区域名称	栅格数	$TT_{ij,95}$ 最小值(min)	$TT_{ij,95}$ 最大值(min)	$TT_{ij,95}$ 中位数(min)	$TT_{ij,95}$ 均值(min)
盐都区	1408	43	218	128	129
亭湖区	780	27	295	118	123
盐南高新区	242	4	160	97	93
开发区	269	39	155	103	101

根据《城市综合交通体系规划标准》（GB/T 51328—2018）规定："规划人口规模 100 万及以上的城市重要功能区、主要交通集散点……应能 30min 到达邻近铁路、公路枢纽，并至少有一种交通方式可在 60min 内到达邻近机场"。本文选取 5 个公交枢纽及南洋国际机场，考察公交集散网络与各枢纽的可达性。如表 3 所示，先锋大岛回车场及亭湖新区公交回车场约 50min 可达，其余公交枢纽出行时耗均在 60min 以上。南洋国际机场与盐城站间主要通过 98 路衔接，约 55min 可达，符合规范要求。

中心城区主要枢纽可靠出行时间汇总　表 3

枢纽名称	$TT_{ij,95}$（min）
先锋大岛回车场	50
亭湖新区公交回车场	51
南洋国际机场	55
正丰公交枢纽	60
华健物流园公交回车场	78
盐城高新区公交枢纽	87

3.1.2　人口及面积覆盖率

计算该网络各时间阈值下的人口和面积覆盖率并绘制成图。

如图 3 所示，盐城站公交集散网络在 30～40min 内新增覆盖人口比例最大，45min 内约可覆盖 30% 的人口，70min 内可覆盖约 50% 人口，95% 以上乘客可在 150min 内到达目的地。

如图 4 所示，新增面积比例在 110～120min 内达到峰值 13%。面积覆盖率在 45min 内不足 5%，一半以上目的地在 110min 内可达，150min 内可覆盖 95% 以上目的地。

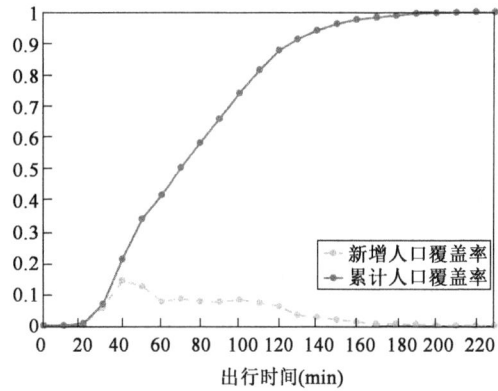

图 3　人口覆盖率随出行时间折线图

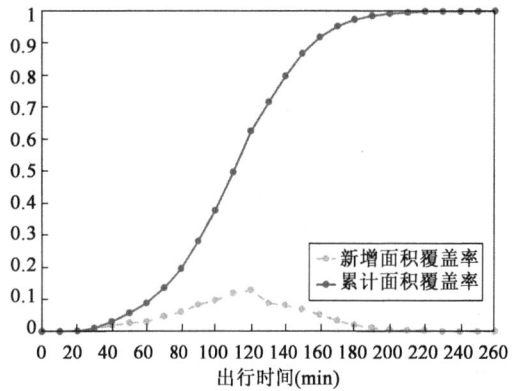

图 4　面积覆盖率随出行时间折线图

3.1.3　换乘次数

以 5 月 9 日上午 8 时为例，汇总各换乘次数下，该集散网络与中心城区各区域的面积及人口覆盖率。

由表 4 可知，盐南高新区、开发区超过 60% 目的地可直达，盐都区直达区域面积约 22%。该网络运送的离站乘客中，前往盐都区约 40% 乘客可直达目的地，其余三区均超过 70%，但超过 90% 乘客可在换乘 1 次内到达盐都区出行终点。可见，盐南高新区、开发区换乘情况相对较好，盐都区该方面有待提高。

各换乘次数下中心城区各区域面积及人口覆盖率汇总　表 4

区域名称	换乘次数	面积覆盖率（%）	人口覆盖率（%）	区域名称	换乘次数	面积覆盖率（%）	人口覆盖率（%）
盐都区	0	22.26	39.14	盐南高新区	0	64.20	87.77
	1	64.63	52.50		1	13.07	4.69
	≥2	13.11	8.39		≥2	22.73	7.55
亭湖区	0	44.82	70.27	开发区	0	64.44	78.96
	1	49.41	27.60		1	35.56	21.04
	≥2	5.77	2.13		≥2	0	0

3.2 动态可达性分析

本节以 2023 年 5 月 9 日为例，通过出行时间可靠指数分析盐城站公交集散可达性动态变化。

由 8 个时段出行时间数据，分别计算该日盐城站离站乘客公交出行前往各目的地的可靠出行时间 $TT_{ij,95}$ 和平均出行时间 $TT_{ij,Aver}$，求得各目的地出行时间可靠指数 TTR_{ij}。

选取部分可靠性较低区域分析各时段出行时间（图 5），可知该类区域主要有以下特征：

①区域外围部分线路周边：仅由单条线路提供服务，夜间该线路停运时出行时间大幅增加。

②高铁车站附近部分区域：线路众多、交通状况复杂，高峰期出行时间增加。

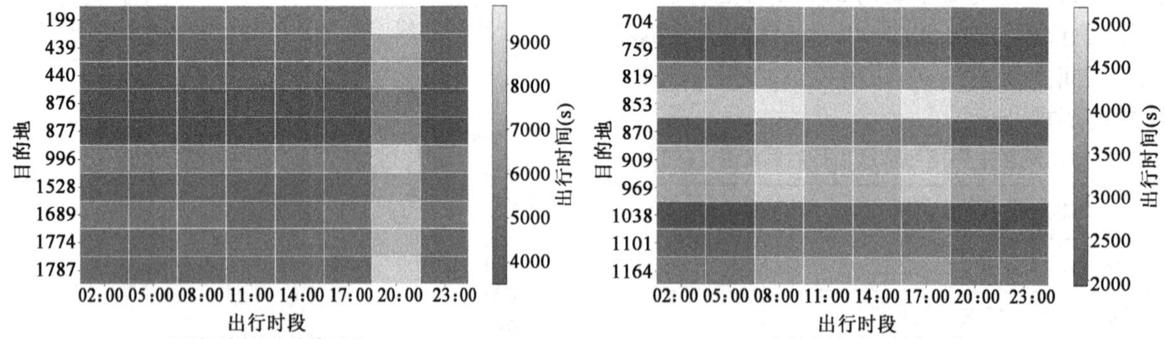

a)区域外围部分线路周边

b)高铁车站附近部分区域

图 5 部分区域公交出行时间热力图

绘制各出行距离下 TTR_{ij} 的均值和方差折线图，如图 6 所示。该指数的均值和方差在出行距离 12km 后逐渐下降，即出行目的地距盐城站越远，公交出行时间可靠性越高。该指数均值基本低于 0.15，当出行距离大于 30km 时，均值低于 0.05，可见盐城站公交集散可靠性总体较好。

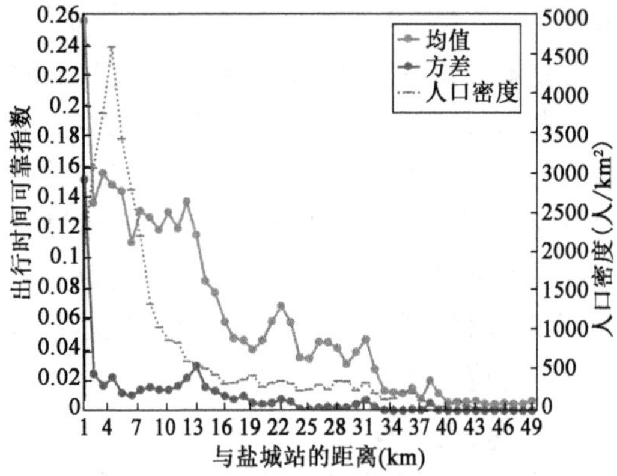

图 6 出行时间可靠指数随出行距离折线图

结合中心城区人口分布，该集散网络在距盐城站 7km 范围内出行时间可靠指数均在 0.10 以上，为强化盐城站对城市中心区发展的支撑作用，应当注重该区域公交集散服务可靠性提升。

4 结语

本文针对中等规模城市高铁站公交集散服务普遍问题，基于可达性分析，从静态和动态可达性分析两方面选取指标，建立了一套高铁站公交集散效能评估方法，并以盐城站公交集散网络为例进行分析。

在出行时耗方面，盐城站公交集散网络可达性有待提高，45min 内可达目的地不足 5%，但可覆盖中心城区 30% 人口，约 50% 离站乘客可在 70min 内到达目的地，盐都区大部分目的地出行时耗在 120min 以上。

换乘方面，盐南高新区、开发区直达区域面积均超过 60%，90% 以上乘客可在换乘 1 次内到达目的地，盐都区直达目的地相对较少。

出行时间可靠性方面，该站公交集散网络时间可靠性总体表现良好，大部分区域出行时间可靠指数低于 0.15，时间可靠性较低区域集中在城区外围部分线路周边和高铁站附近区域。

根据评估结果，本文为盐城站公交集散网络效能提升提出以下对策建议：①在盐都区增设部分直达线路，改善离站乘客前往该区域的出行时耗和换乘状况；②加强车辆运行监测，保障公交路权，着力提升城市中心区公交集散服务可靠性及与主要枢纽可达性；③优化盐城站周边线路组织，提升换乘便利性，保障长途线路与公交骨干网衔接。

本文所提出的效能评估方法结合中等规模城

市高铁站公交集散网络构成特征,使用普适性较高的累积机会模型,由出行时耗、换乘、时间可靠性等方面构建指标,阈值设定遵循相关规范标准,能够反映公交集散服务状况及重点改善区域,所需数据均可由网络开放平台获取,便于比较同类型城市公交集散网络可达性优劣。

本研究存在局限性如下:①所用公交出行数据由网络地图获取,仍需结合公交运行数据验证准确性;②所选指标缺乏统一评价标准,后续可结合同类型城市和其他集散方式调研分析,研究建立标准体系;③当前指标未考虑区域出行需求、社会经济等其他因素,实际应用中可综合研判治理需求,并结合中等规模城市公交特征提出改善措施。

参考文献

[1] ZHANG L, LIU Y, LI S, et al. Evaluating public transport performance to guide public transport planning: a unified prior method [J]. Travel Behaviour and Society, 2023, 33: 100605.

[2] XU W, ZHANG W, LI L. Measuring the expected locational accessibility of urban transit network for commuting trips [J]. Transportation Research Part D: Transport and Environment, 2017, 51: 62-81.

[3] XU M, SHUAI B, WANG X, et al. Analysis of the accessibility of connecting transport at high-speed rail stations from the perspective of departing passengers [J]. Transportation Research Part A: Policy and Practice, 2023, 173: 103714.

[4] 郭琛琛,梁娟珠.基于网络地图的多交通模式医疗设施可达性分析[J].地球信息科学学报,2022,24(3):483-494.

[5] 高巍,欧阳玉歆,赵玫,等.公共服务设施可达性度量方法研究综述[J].北京大学学报(自然科学版),2023,59(2):344-354.

[6] LIU J, HE M, SCHONFELD P M, et al. Measures of accessibility incorporating time reliability for an urban rail transit network: a case study in Wuhan, China[J]. Transportation Research Part A: Policy and Practice, 2022, 165: 471-489.

城市快速路匝道出口交通拥堵治理

——看大连城市交通管理发展

贾胜勇*1　李　石2　徐洪峰3

(1.大连市公安局交通警察支队规划大队;2.辽宁省公安厅交通管理局城市管理支队;
3.大连理工大学建设工程学院)

摘　要　大连的东北路与黄河路路口是东北快速路在香炉礁桥进出匝道的重要分流、汇入点,对于该路口的交通拥堵的治理,贯穿大连城市道路交通发展史,也是大连路口拓宽、禁左措施、区域单行路、公交优先以及信号优化控制的综合治理典型路口,通过对上述传统交通工程技术应用,用最朴素的治理手段完成新形势下城市快速路匝道拥堵治理。

关键词　快速路匝道拥堵　路口交通治理　路口禁左　区域单行路

0　引言

我国城市道路交通系统规模日渐扩大,机动化程度不断提升,对城市交通管理工作持续提出新的要求。城市交通发展中暴露出来的一些基础性问题与交通智能管控中大量使用的高新技术之间存在较大反差,亟须在技术发展思路、理念、科学性方面进行反思、调整和完善[1]。本文通过剖析大连市在城市道路交通发展过程中,遇到的主要交通路口交通拥堵问题时,平交路口改立交路

口,禁止左转然后恢复左转弯,再禁止左转,拥堵
到畅通,畅通再到拥堵,再治理的历程,揭示了道
路交通拥堵治理的基本措施依然有旺盛的生命
力,并不过时。

1 城市快速路出口平交路口现状及问题

大连市主城区的东北路与黄河路路口
（图1）,是东北快速路—香炉礁立交桥南北方
向（进出市区方向）出口、出匝道与黄河路（东
西方向）主干道、珠江路（东南—西北方向）主干
线3条路相交,形成多支型路口,是城市重要交
通节点。

图1 东北快速路与黄河路路口

东北快速路—香炉礁立交桥—东北路桥是大
连市进出市区的唯一城市快速路,交通吸引大,与
黄河路相交的上、下匝道左转与直行交叉冲突明
显,该路口为多相位信号控制路口,信号延误时间
长。特别下匝道是进出快速路重要分流点,在早
高峰（图2、图3）、晚高峰（图4、图5）,车辆排队经
常溢出,造成车辆在快速路主线排队,黄河路双向
拥堵,路口交通高峰期常态严重拥堵,严重影响东
北快速路南行的通行效率。

图2 早高峰东北快速路下匝道拥堵

图3 早高峰黄河路西行拥堵

图4 晚高峰东北快速路南行拥堵

图5 晚高峰黄河路东行拥堵

2 城市快速路出口平交路口拥堵治理的优化思路

东北快速路、黄河路等路段的交通拥堵严重
制约大连城市发展。多年来,道路几经拓宽改造,
东北快速路与黄河路路口的交通治理是大连市公
安局交警支队的治理重点,几次交通调流。

2.1 增加道路供给

2.1.1 东北快速路概况

东北快速路始建于1913年,初为碎石路,
1922年改建成柏油马路,1986年打通白云隧道与

长春路相接,形成南北方向主要通道。1988 年跨越香炉礁修建当时国内最大的互通式立交桥(主桥双向六车道),1996 年向北延伸至振兴路,形成城市向北去往东北方向进出市区的城市快速路,向南修建东北路桥,跨过黄河路、中山路等与白云隧道相连。2008 年香炉礁立交桥拓宽改造为双向八车道,与其顺延相连的东北路桥显得"力不从心",成为一个明显瓶颈。2010 年、2013 年东北路桥先后两次拓宽改造。形成现状黄河路附近香炉礁立交桥双向八车道,东北路桥双向四车道,桥下南行四车道,北行两车道。

2.1.2　黄河路概况

黄河路始建于 1909 年,初为碎石路,1920 年铺设柏油路面,1962 年开通无轨电车,1994 年全线进行沥青混凝土铺筑,2007 年将(长江路至成仁街路段)由双向四车道改为双向六车道,2010 年(西南路至马栏广场路段)由双向四车道改为双向六车道,形成现在的东北快速路附近双向六车道,西行路口展宽两车道。

2.2　提高道路通行效率

2.2.1　20 实际 80 年代初路口拥堵问题

早在 20 世纪 80 年代初东北快速路与黄河路路口的交叉拥堵问题就一直存在。特别是 20 世纪 80 年代末东北快速路南北方向进市区方向经香炉礁立交桥,快速到达黄河路路口,而黄河路沿

线为居民密集居住区,东西方向交通需求大,同时进东北快速路出市区的 5 条公交线路左转进入出珠江路,该路口交叉冲突明显,交通拥堵情况突出,为此在 20 世纪 80 年代末对东北快速路与黄河路路口进行交通调流,禁止黄河路左转进入东北路(图 6、图 7),绕行通过临近路口绕行(图 8),路口交通拥堵得到缓解。

图 6　黄河路由西向北禁止左转

图 7　黄河路由东向南禁止左转

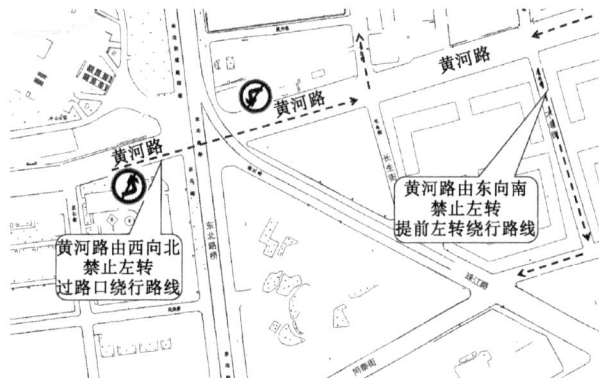

图 8　东北快速路与黄河路路口"禁左"绕行示意图

2.2.2　2000 年初路口拥堵问题

随着城市发展以及道路的拓宽改造,东北快速路的交通吸引加大,特别是东北快速路南行在黄河路的交通拥堵格外明显,2003 年再次采取路口禁左措施,禁止非公交车在东北快速路南行

左转进入黄河路和珠江路。为缓解该区域拥堵,通过调整通行顺序盘活周边道路资源。2007 年将与东北快速路平行的长生街等多条街巷路改为单行路(图 9),充分发挥周边道路"毛细血"分流作用。

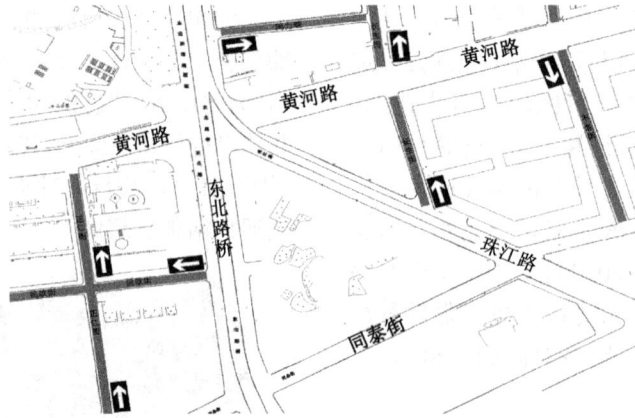

图 9   东北快速路与黄河路路口单行路示意图

2.2.3   2000 年路口再拓宽

黄河路作为东西方向主干线持续拥堵加剧，2007 年黄河路东段拓宽为六车道后，拥堵得到缓解，但在类似东北快速路这样的主要路口，路口信号延误依然突出。

2.2.4   2013 年公交优先与禁左调流

2013 年黄河路、东北快速路设置为交通高峰期启用的公交专用车道（图 10），实行公交优先战略，保障上下班公交车等大型客车优先通行。

为解决东路南行在黄河路拥堵，快速分流南行车流，2013 年对东北快速路与黄河路南行方向进行路口展宽两车道，同时南行增设 2 条左转车道，允许车辆南行进入珠江路和黄河路，一段时间内南行拥堵得到缓解，但是这一措施对南行左转车流吸引更大，拥堵情况再现。

图 10   东北快速路的公交专用车道

2.2.5   2018 年深化禁左调流，公交绕行

2018 年 5 月再次禁左调流，将珠江路北行进入东北路的非公交车辆分流至长生街，这样将节省时间分配给东北路南行方向（图 11）。

图 11   珠江路禁止直行和左转绕行示意图

2.2.6   2020 年东北快速路匝道出口禁止左转

2020 年 12 月再次对东北快速路与黄河路路口由北向东方向实施禁止左转弯调流措施。

3 城市快速路出口平交路口拥堵治理的优化措施

针对 2020 年 12 月东北快速路与黄河路路口交通调流措施进行剖析。

3.1 渠化路口,重新分配路权

3.1.1 路口禁左调流

禁止非公交车由东北路(东北快速路匝道)南行左转进入黄河路或珠江路(图12)。

途经车辆由东北快速路—民政街—黄河路或者东北快速路—民政街掉头或者东北快速路—同泰街—珠江路等路线绕行分流(图13)。

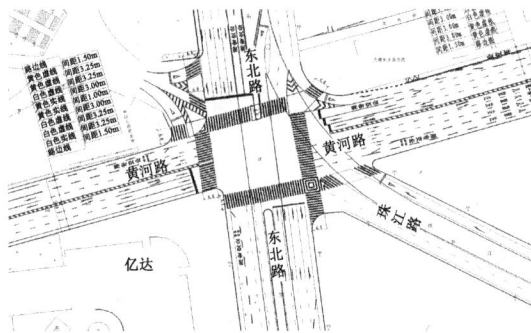

图 12 东北快速路匝道出口渠化示意图

图 14 东北快速路匝道规划公交专用车道

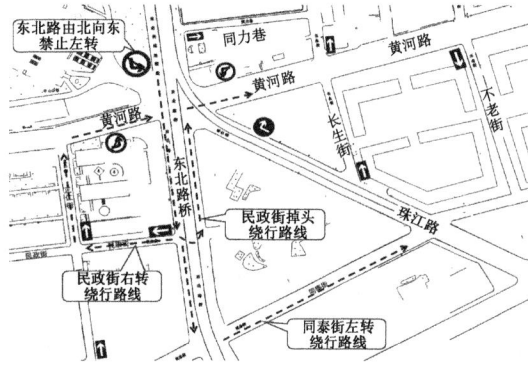

图 13 东北快速路与黄河路路口"禁左"绕行示意图

3.1.2 路口公交优先

东北快速路匝道南行方向设置公交专用左转车道(图14)。

3.1.3 分流路径路口优化

东北快速路匝道向南延伸(下一路口)的地面道路东北快速路与同泰街路口,由东向南方向也禁止左转,减少分流路线上路口交叉冲突(如图15所示)。

3.1.4 提前引导车流

东北快速路匝道(上游)增设地面语言以及导向车道预告箭头(图16)。

图 15 匝道延伸地面分流下一路口禁左

图 16 东北快速路匝道上游

3.2 信号优化,减少信号延误

路口信号配时由 3 个阶段化简为 2 阶段,即一阶段放行南北方向的东北快速路双向,另一阶段放行东行方向的黄河路双向,将路口信号延误降到最低;路口入口设置流量检测器,关联南北、东西两个方向的周边路口,统筹放行时间,即优先保障南北方向进出市区方向形成绿波通行。

3.3　增设电子警察,确保措施执行

在东北快速路匝道现有闯红灯电子警察设备基础上,增设设备播放抓拍违反规定使用公交专用车道的左转车辆(图17)视频。经过一段时间的管理和广泛宣传,违法车辆减少,确保禁左调流措施得到有效执行。

图17　路口电子警察自动监管截图

3.4　周边疏导,确保绕行顺畅

路口调流初期,绕行量增加,路口下游疏导是否得力,也决定交通调流的效果。交通调流改变出行习惯,必然造成部分出行者不便,如果绕行路径不畅,会额外增加路口调流后负面舆情。为此,辖区交警大队在交通高峰期增派警员对新增的分流点位值守疏导,进一步保障上述调流措施的有效执行。

4　城市快速路出口平交路口拥堵治理的实施效果

2020年12月24日路口调流前的晚高峰,最大时间排队指数[2]QTImax >5.6,交通拥堵度为"严重拥堵",12月31日调流后晚高峰,时间排队指数QTImax <0.8,交通拥堵度为"畅通"(图18)。东北快速路和黄河路双向延误减少,大大提高路口通行效率。

a)交通调流前

b)交通调流后
图18　东北快速路匝道调流对比

5　结语

路口交通拥堵治理是一个渐进过程,要通过解决道路供需矛盾入手,特别是解决城市快速路上下匝道口的交通拥堵,要做"减法",减少交叉冲突,减少信号延误,抑制部分交通需要,鼓励公交优先,才能将路口通行效率与路段通行能力最大化,而通过对上述传统交通工程技术应用,用最朴素的治理手段完成新形势下道路拥堵治理,最简单的方法往往最有效。

参考文献

[1]　王长君.城市交通智能管控20年发展反思[EB/OL].(2020-07-18).[2024-02-22].https://baijiahao.baidu.com/s? id =1672495967927478454&wfr =spider&for =pc.

[2]　中华人民共和国公安部.道路交通拥堵度评价方法:GA/T 115—2020.[S].北京:中国标准出版社,2020.

阈值管控下的重点区域道路交通优化
提升研究与实践探索

晁　叶[1]　万勇山[1]　修高群[1]　黄　伟[*1]　吴　倩　孙文哲[2]　王铁成[2]
(1.北京清华同衡规划设计研究院有限公司交通规划设计研究所;2.秦皇岛市公安局公安交警支队)

摘　要　旅游旺季道路交通保障优化旨在探索旅游旺季利用大数据技术提高道路交通的保障能力,本文以北戴河地区为例,从理论探索与实际工作出发,通过对历年旅游数据、路网结构及容量、交通流量

及出行规律等数据的深入挖掘和分析,研究提出了一系列针对性的优化措施,包括实时数据感知支撑、精准设定区域管控阈值、联控入区外联通道、同步优化区内组织、智慧交管平台赋能。该探索有助于提升北戴河旅游旺季的道路交通保障能力,并为热门旅游目的地的交通管理提供启发性的思路参考。

关键词 交通工程 交通治理 大数据 路网容量 管控阈值

0 引言

北戴河作为华北地区面向京津冀的主要旅游目的地,同时拥有中央政务区、暑休疗养区、旅游名胜区等特色区域定位,暑期交通出行需求复杂多样,存在高聚集热点景区与居民区相邻、高级别安保区与城中村交织、旅游道路与高等级勤务任务重叠的复杂问题,给交通管理工作带来困难。

本文以 2023 年北戴河暑期工作实践为基础,创新交通管理思维,打破常规,革新传统管理方式,研究北戴河区域重点交通管控路径,以大数据为支撑,主动控制为保障、开展复杂大客流形势下重点区域道路交通管控工作提供有益的实践探索。

1 重点区域特征与工作重难点

1.1 重点区域特征

重点区域通常为大型活动交通区域、热点旅游片区、高频次高等级安保片区、多功能复合人流车流密集区域等,表现出交通群体构成多样、交通吸引效应明显、交通资源供需失衡、交通态势复杂多变等特点,重点区域交通综合治理难度倍增。北戴河核心区是典型的重点区域。

北戴河核心区共有城市道路 96 条、总长 65.98 km。北戴河区交通流主要来源可分为三类:区内活动交通流量。"宾疗招"及市区跨区通勤交通流量、旅游交通流量,其中,本地机动车保有量 3.66 万辆,旅游旺季单日存在大量旅游车辆交通需求,高峰期内北戴河核心区日车辆总数可达 12 万~13 万辆,约为本地车辆保有量的 3.5倍。可以说,北戴河核心区交通呈现以下四个主要特征:

(1)潮汐性:工作日早晚时段通勤车流与外地旅游车流相互叠加,导致多条进出城主要通道形成流量高峰,呈现"上午出城、下午返程"的交通特点。

(2)假日性:双休日等公共假日,周边城市游客短途自驾来北戴河休闲度假,造成核心区内车流量激增,呈现"周五下午及周六上午集中入区、周日下午集中返程"的特点。

(3)节点性:受北戴河路网建设条件及配套停车场建设等因素影响,热门旅游景区等交通节点将会出现局部短时交通阻滞。

(4)突发性:由于暑期人车流量激增,交通事故相对多发,对交通造成较大影响,另外遇雨、雾等恶劣天气,也会延缓车辆通行。

1.2 工作重难点

在以往的交通治理工作当中采取单一策略应对复杂拥堵问题,缺少复合性策略,仅运用"单味药"去"头痛医头、脚痛医脚",只注重局部项目而忽略整体统筹。在面向数字经济发展探索的新阶段,如何以数据为驱动实现精准治理,提高城市交通精细化管理水平,进而加快推动形成有效的重点区域交通治理体系,是本次治理工作研究的重点,结合北戴河重点区域实际情况,具体有以下三方面。

1.2.1 应用数据增效

传统的交通治理往往依赖于经验和判断,难以准确预测道路交通供需实时的变化,如何通过数据驱动的决策,及时调整重点区域交通组织,对重点区域交通运行进行精细化的管理,更准确地预测需求、交通组织及警力资源配置,从而提高交通系统的运行效率,是本次治理工作研究的重点之一。

1.2.2 应对容量上限

提高区域路网容量是缓解交通供需矛盾的有效手段之一,但北戴河核心区路网结构相对简单,区域城市肌理历史悠久,新建道路用地空间受限,如何应对路网容量存在的理论上限是本次治理工作研究的重点之二。采用二维时空消散法可以从理论上分析评价不同路网与交通结构条件下总体运行状态和交通供求关系[1]。经测算,北戴河核心区路网广义容量为 1.32 万辆,该容量将作为后续管控反馈阈值的重要数据指标。

1.2.3 保障勤务任务

重点区域在暑期旅游旺季期间需承担勤务交通保障任务,加之暑期各群体出行需求复杂多样,通行路线重叠交织,如何厘清各交通群体出行关系以提升该区域整体交通运行效率和保障出行品质,是本次治理工作研究的重点之三。

2　重点区域道路交通保障优化探索

2.1　设置阈值理论指标

通过北戴河区历史交通运行数据及道路交通基础条件,详细分析研判区域、路网、路段、节点四个层面的实际承载能力及未来交通运行状态。为有效应对不同层面反映出来的交通拥堵问题,由点到线、由线到面制定分层分级响应目标,充分利用互联网数据及前端感知设备采集数据,考虑数据可获取性、参数科学性,提供不同层次原始响应阈值。

对关键点位的关键数据进行充分感知和计算,计算预设平均车速、饱和度、延误、排队长度等多个交通工程评价指标,结合游客规模预测,为外围截留、内部疏导等各项交通管控措施的制定提供理论依据与实践参考。

（1）区域阈值:综合考虑北戴河核心区区域承载能力及道路空间极限承载力,确定以区内车辆

总数、实时在途车辆总数两个指标作为响应阈值（万辆）,划分四级响应。

（2）路网阈值:将北戴河核心区内 7 个片区路网按照不同功能划分为三大类,其中居民生活区 1 个,民宿聚集区 2 个,旅游购物区 4 个。根据各个片区道路基础条件测算片区道路空间极限承载力,路网以各微循环片区设计容量作为响应阈值（万辆）,划分四级响应。

（3）路段阈值:监控由外及内分为 7 条外联通道和 9 条内部道路的流量数据。以车辆平均行驶速度作为阈值（km/h）,划分四级响应（参照公安部发布的《城市交通管理评价指标体系》中城市主干路机动车的平均行程车速来描述拥堵程度[2],并结合北戴河区实际道路等级情况做相应调整）。

（4）节点阈值:确定包括检查站在内的 21 个重要节点,以待行车辆排队长度占上游路段长度的百分比作为阈值（%）,划分四级响应。详见表 1。

重点区域阈值管控核心指标　　　　　　　　　　　　表 1

响应阈值尺度	重点区域阈值管控核心指标						等级	运行状态
	区内车辆总数、实时在途总数响应阈值（万辆）							
区域级	总高于 12.16 万辆,或实时在途总数高于 10980 辆						I 级	严重拥堵
	总数高于 10.81 万辆低于 12.16 万辆,或实时在途总数高于 9760 辆低于 10980 辆						II 级	拥堵
	总数高于 9.46 万辆低于 10.81 万辆,或实时在途总数高于 8540 辆低于 9760 辆						III 级	缓行
	总数低于 9.46 万辆,或实时在途总数低于 8540 辆						IV 级	畅通
	微循环路网广义设计容量响应阈值（单位:万辆）							
	北岭片区	等级	运行状态	鸽子窝	碧螺塔	老虎石	广缘片区	
路网级	0.26	0.08	0.20	0.11	0.09	0.04	0.026	I 级 严重拥堵
	0.23	0.072	0.18	0.09	0.08	0.036	0.023	II 级 拥堵
	0.19	0.06	0.15	0.08	0.067	0.03	0.019	III 级 缓行
	0.14	0.04	0.11	0.06	0.05	0.022	0.014	IV 级 畅通
	路段车辆平均行驶速度响应阈值（km/h）							
路段级	平均速度低于 12km/h						I 级	严重拥堵
	平均速度高于 12km/h 低于 18km/h						II 级	拥堵
	平均速度高于 18km/h 低于 25km/h						III 级	缓行
	平均速度高于 25km/h						IV 级	畅通
	节点排队长度占上游路段长度的距离百分比（%）							
节点级	当排队长度高于相邻交通节点距离的 85% 时						I 级	严重拥堵
	高于相邻交通节点距离的 75% 低于 85% 时						II 级	拥堵
	高于相邻交通节点距离的 60% 低于 75% 时						III 级	缓行
	低于相邻交通节点距离的 60%						IV 级	畅通

2.2　前端数据采集感知

采集北戴河全部高精度地图信息,部署 511 台雷达视频一体机,能够实现北戴河 11 个路口 9 条路段 90km 道路的数据采集和数字孪生。在路

段通过采集车辆、流量、速度、饱和度等信息,对所在路段车辆进行分析研判,自动检测路段拥堵状态和周边路网情况,并传入后台计算有关指标。在路口,实时监测车辆信息、轨迹,分析流量、饱和

度、停车次数及排队信息,支撑信控方案优化。于关键点位计算关键指标,推动北戴河区主要交叉口、快速路、主干路、次干路等城市重点道路的精准感知全覆盖,努力实现从全息路口,到全息路段,再到全息路网的提质转变。

2.3 阈值指标联控策略

多层级互动反馈系统闭环联控(图 1),数据层负责采集交通运行多源数据,进行整合分析,并为算法层提供输入;算法层则利用数据进行模型训练和算法优化,计算交通运行核心指标;在监控层实时监控阈值指标,最后根据阈值等级联动管控措施;在管控层,分类制定了"远端分流、通道限流、区内导流、节点治流"的管控策略,具体如下。

(1)远端分流:监测北戴河区区域级响应阈值指标,按照拥堵预警等级,外围分流管控总量,远端在国省干道等出入口、分流交叉口上游设置 20处动态诱导屏,出行者接收到诱导信息后,可提前从拥堵点上游其他路径绕行,通过替代通道及检查站进区,防止个别通道流量过于集中,拥堵情况向上游蔓延。

(2)通道限流:监测北戴河区区域级响应阈值指标,按照拥堵预警等级,分梯次启动应对预案,执行响应措施,通过自动调整可变车道、干线协调、阶梯调整信号配时,逐级缩短进城方向信号时长,及时降速,迟滞车流,为消散拥堵赢得时间,减缓主要通道聚集性拥堵以及进区车辆集中到达的问题,最大限度地减少北戴河核心区交通负荷。

(3)区内导流:针对北戴河核心区三类出行群体(本地居民、游客、勤务出行)不同出行特征,明确优先级,均衡引导交通流,在道路空间紧约束下,进行空间资源重分配,在核心区构建 7 个微循环路网,其中,7 个微循环片区分别对应 7 组路网级相应指标,纳入路网级、路段级、节点级阈值监控管理。通过动态诱导引流、完善单行组织,通过可变车道控流、信号协调引流、动态诱导分流、单行组织导流、停车资源重新分配等措施,打造畅通有序的北戴河区内部微循环体系。

(4)节点治流:设置 29 个内部动态诱导点位,实时提示内部路网路况并预留停车信息展示界面,并结合单循环方案设计界面信息,在启动单循环后,实时提示出行者规范行车方向,选择分流路径,降低拥堵路段节点交通压力,均衡区内交通流,应对大客流造成的车辆阻滞情况,并纳入节点级阈值监控管理。

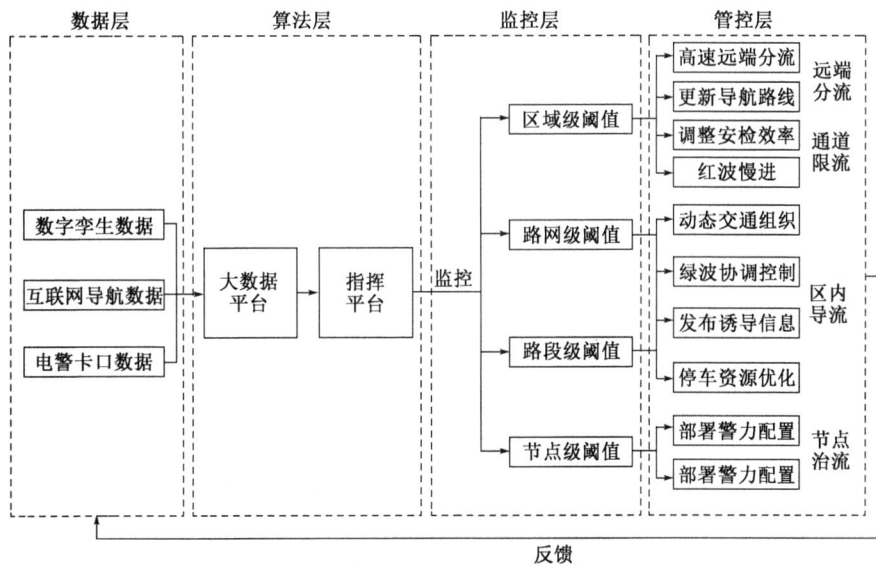

图 1 阈值指标联控策略反馈图

3 结语

3.1 实施成效与总结

得益于监控层、算法层对数据的精准采集和分析,管控层对联控策略的高效执行,北戴河区内交通通行、管理、社会成效逐步显现,交通拥堵指数降低。与 2019 年相比,区内整体交通运行指数从 1.73 下降到 2023 年的 1.27,平均通行速度提高 16%;与 2022 年相比,2023 年区内整体交通运行指数保持平稳向好,区内道路基本保持畅通,各条主干路拥堵指数略有下降,平均通行速度提高12%,全日单车平均出行时长降低约5min,累计约可减少交通碳排放1700t。

交通优化工作投入产出比良好。指挥调度更加高效、拥堵感知更加灵敏、管控手段更加丰富,杜绝对空间利用的大拆大建,实现"花小钱、办大事"。

可以说,随着我国城镇化发展进入下半场以及全域旅游的兴起,在国土空间规划体系下以城市建成区、旅游景区等为代表的重点区域存量发展时代已经到来,而城市交通治理作为解决城市交通问题的重要抓手,其技术手段及方法值得深入探索研究。本文总结实践中完成规划设计到落地实施的经验,将交通优化工作的视角逐步从空间的开发利用转向数据驱动的精细化治理,实现了北戴河交通设施软硬件的全面升级更新,在2023年的暑期交通运行保障以及后续北戴河区的交通治理中均取得广泛而深远的成效。

3.2 未来展望

交通管理工作需构建一套完善的基础底座,例如数据采集、传输、计算、存储、综合利用和安全等方面,以确保数据的质量、可靠性和安全性。未来,还可进一步拓展数据来源和类型,推进数据汇聚融合,应在有限的范围内,逐步提升算力水平、丰富模型功能及精细化水平,最终实现城市级大规模交通系统的组织优化和系统决策,为城市交通系统管理与控制的科学化、数字化、智慧化提供理论基础与技术支撑[3]。

参考文献

[1] 李炳林.基于路网服务水平的路网容量研究[D].长沙:长沙理工大学,2008.

[2] 曹祎.基于交通状态识别的交通信息采集技术分析[J].公路与汽运,2013,(05):87-90.

[3] 陈喜群,李俊懿.智慧城市交通系统若干共性关键技术与应用[J].浙江警察学院学报,2023,(02):1-9.

湖城融合视角下环湖交通优化研究
——以武汉东湖为例

孙小丽*   宋辉华   韩冬成   路   静   刘春艳

(武汉市规划研究院(武汉市交通发展战略研究院))

摘　要　本文以武汉东湖为例探索建设以湖为单元的交通体系,实现湖泊与城市的有机融合,识别环湖地区交通特征,,通过优化快行系统、慢行系统、生活交通系统,加快智能网联交通应用,打造景城一体化交通网络,重构以湖为单元的环湖生活系统,实现环湖功能和交通品质双提升。

关键词　交通体系　湖城关系　交通网络　武汉东湖

0 引言

湖泊是国土空间和生态系统的重要组成部分,也是提升城市品质、体现城市文脉和空间特色的重要载体。武汉被誉为"百湖之城",大小湖泊湿地星罗棋布,城水相依、人水相亲。传统的交通体系将湖泊作为地理阻隔,以圈层和或景区作为交通体系构建的基本单元,缺少以湖泊为核心的交通体系,难以真正实现湖与城的有机融合。

因此,树立以人为本、绿色低碳的交通理念,探索建设以湖为单元的交通体系,推动城市快行系统、慢行系统和生活交通系统有机结合,对于引导市民改变出行方式,改善城市交通形态具有重要意义。

1 环湖区域交通特征

随着我国城市化进程的不断推进,众多湖泊与城市的界限日渐模糊,由原先的"城郊湖"变为"城中湖",湖城关系由相对独立转变为融合发展[1]。这一方面丰富了湖泊游赏体系，促进了基础设施的完善；另一方面也加大了环湖地区的生态压力和交通压力。

1.1 过境交通与到发交通叠加

在湖城融合的背景下，环湖区域不可避免地成为城市交通的组成部分，承担大量的穿越性过境交通需求。同时作为城市重要的生态旅游目的地，往往以开放式景区形式吸引大量游客，交通性与游览性并存，给原本复杂的城市交通带来了更大的治理难度。

1.2 多重属性带来复杂交通出行需求

在由"城郊湖"向"城中湖"转变的过程中，湖泊及其周边区域逐渐兼具城市滨水区、风景名胜区、生态保护区与城市公园等不同区域的特性[2]，带来观光、游览、休闲、度假、商务等多种交通出行需求，同时部分环湖区域还需兼顾原住居民生活性交通需求，导致环湖区域交通出行目的和方式十分多样。

1.3 交通基础设施建设条件有限

湖泊具备调蓄、改善气候、维持生态系统平衡、提供水源等重要生态功能，在进行交通基础设施规划建设时需按照保护优先、最小干预的原则，并采用清洁、绿色和低耗的交通工具。其交通网络往往根据自然岸线、水系肌理形成，设施建设相对受限，更应注重生态环境与交通系统的融合，打造绿色交通系统。

2 环东湖区域发展现状

2.1 东湖概况

东湖位于湖北省武汉市城区东部，是国家级风景名胜区、国家5A级旅游景区、国家生态旅游示范区和国家湿地公园，拥有33km² 水域面积。作为服务武汉主城区、连接武汉新城的重要区域，东湖核心景区品质风貌不断提升，环湖地区城市功能不断完善，周边社区建设持续推进，是武汉"百湖之城"最具代表性的地区。

2.2 区域发展

立足湖城关系，可将环东湖区域分为三个空间层次：

东湖景区[3]：形成了以绿道串联景群、八大景区各具特色的整体格局。建成绿道102km，串联景点109处，2023年1—11月，东湖景区接待旅游

人数2360万人次，同比增长72.09%。

环湖城区：分段功能特色鲜明，呈现"北站、南校、西文、东郊"特征。北岸武汉站高铁枢纽功能突出，站前功能区建设初具规模；南岸科教优势明显，集聚了华中科技大学、武汉大学等高校和大型科研单位；西岸城市功能较为完善，分布有省博物馆、省美术馆等20余处省市级公共设施；东岸呈现郊野风貌，"生态+休闲"的旅游功能初显。

周边社区：现状人口、建设密集，社区基本生活配套相对完善。常住人口约76.95万人，涉及89个社区，西北、南部人口密集，东部稀疏。居住、商服用地空间分布相对均衡，基本满足生活需要。

2.3 交通现状与问题

环东湖地区已初步建成以轨道交通为主的公共交通网络，环东湖范围内共有轨道站点25处、公交站点190对，约70%游客通过公共交通、慢行方式抵达景区。周边城市道路建设基本完成，其中西部、北部路网密度达到8.8km/km²。环湖交通系统有效支撑了东湖及其周边区域发展，但随着湖城融合需求进一步增长，也暴露出交通系统存在一系列问题。

2.3.1 城市与景区慢行系统割裂，可达性差

景区内部绿道系统自成体系，与城市绿道不连通，周边居民慢行可达性低。其中北侧受快速路、高架桥、机关单位围墙阻隔，现状绿道出入口10处，平均间隔大于1000m，南侧受高校阻隔，现状绿道出入口仅有6处，平均间距大于2000m。东侧受铁路和三环高架阻隔，仅3处通道连接东侧社区。导致临湖不见湖，滨湖不亲湖。

2.3.2 快达系统接驳设施不足，引发交通拥堵

30.8%游客采用小汽车到达景区，景区停车位约10500个，存在5000个缺口，难以满足节假日高峰停车需求。40%的游客采用轨道、公交方式到达景区。轨道交通2号线、4号线、8号线、19号线等四条线衔接景区。轨道站点至景区的公交接驳线不足。节假日，东湖路、徐东大街、八一路、二环线、鲁磨路等均处于拥堵E级以下服务水平。

3 优化提升目标与策略

3.1 案例借鉴

学习借鉴芝加哥滨湖地区、杭州西湖等案例，其经验在于：以湖为核心整体保护生态，发挥城市

绿肺功能;以湖岸为界面融入城市高端功能,打造高品质公共空间;以突出滨湖特色建设周边完整社区,营造宜居生活环境;以湖为单元整体优化交通,适应市民、游客等不同群体出行需要。

3.2　规划目标

秉承"美丽东湖、共同缔造"理念,通过"快-慢-生"交通系统优化,加快智能网联交通应用,打造景城一体化交通网络,实现"5-15-30"min 的可达目标,即5min 环湖市民可进绿道,15min 环湖社区可达景区,30min 主要功能区及枢纽可达环湖区域。通过构建时空目标,指导交通网络构建,为城市居民提供无缝衔接、舒适宜人的出行体验,实现湖区与城区的有机融合。

3.3　优化策略

3.3.1　总体结构

破环成团、聚团成环,重构以湖为单元的环湖生活系统,以慢行系统为骨架,打通城市与景区堵点,构建串联居民日常生活和游憩的慢行网络,如图1所示。

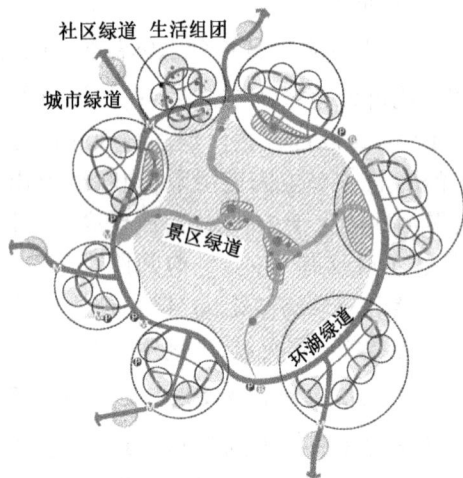

图1　环湖交通系统结构图

生活体系:串联社区学校、医院、菜市场(超市)、服务中心、养老和环湖景区文化体育活动等功能,构成周边居民日常生活功能路径。

游憩体系:串联社区公园绿地、口袋公园和景区公共活动场地、重要景点,引导景区作为市民公园服务功能,形成周边居民日常游憩路径。

3.3.2　破环成团,打破景城界线,构建13个景城融合组团

每个景城融合组团 3～5km²,包含 6～8 个社区,分为四类:西岸综合服务型,重点加强景区与外围的交通联系,补足生活服务短板;北岸功能提升型,重点植入大型城市型公共服务设施,推进产业融合;南岸科研教育型,主要利用高校资源,打造大学生创新交流空间;东岸生态文旅型,强化景区主题特色,补充高端酒店等短板设施。

3.3.3　聚团成环,以交通优化为抓手,串联景城融合组团为有机整体

构建开放多元、分级疏解的快行系统,增强既有轨道交通站点、停车场与景区景点、周边城市公共设施的智慧公交接驳、共享单车接驳,加强景区内外的慢行交通联系,构建"东湖绿道环线＋社区绿道格网"的绿道系统,串联东湖景区和城市公园、公共服务设施、商业中心、完整社区,形成空间一体、功能融合的景城共生环。

4　提升方案和实施举措

4.1　优化"快-慢-生"交通组织。

4.1.1　构建开放多元的游客快行系统

近期调整常规公交布局策略,增加轨道交通站点与景区的5条高频接驳线路,后期结合城市轨道交通建设,推动轨道9号线直达磨山景区。景区各方向至少形成"1快1主"骨干衔接道路,并利用环湖区域公共停车场,构建内外两级疏解体系(周边1.5km 范围内挖潜13处停车场,景区内适度增补后控制1.36万个停车位)。景区内采用预约停车制,控制小汽车到达总量。

4.1.2　打通高标准慢行交通系统

构建"1 条环线＋10 条放射线"城市绿道网络。加快形成44km 绿道环线,建设10 条、总长40km 绿道放射线,串联区域开敞空间与核心功能区,实现骑行15～20min 可达。同步完善水上交通,策划特色游线,联动各组团内文化设施和景点。增加、改造12处过街设施,打通3条绿道连接通道,近期结合实际条件打开白马景区、听涛景区沿线围栏,实现湖区更高的可达性。

4.1.3　构建"环线＋格网"的社区绿道系统

串联环湖生活服务功能,建设10 条社区绿道环线和30 余条社区绿道加密线(社区绿道密度达到1.6km/km²),与环湖绿道充分连接。新建12处社区绿道驿站,同时为社区补充活动场地。

4.2 加强智能网联交通应用

发挥武汉市智能网联产业优势,按照科技赋能、安全可靠、实用性强和经济合理的原则,建设智能网联接驳、观光示范线。

4.2.1 选线原则与建设标准

按照客流适中、避开堵点、衔接门户、串联景点,尊重现状、最小干预、契合需求、保障空间原则选取示范线。智能网联汽车车道宽度双向不小于6m,步行道宽度1.5~2m;采用L3级别(有安全员)自动驾驶模式;可与非机动车、电单车混行,步行空间独立。

4.2.2 构建"聪明的车"+"智慧的路"+"强大的云控平台"

(1)投运"聪明的车"。建设4类自动驾驶示范应用场景,一是微循环MiniBus,每小时对发一班,采用固定线路、按站停靠,实现简单道路下的自动驾驶;二是自动驾驶Robotaxi,通过手机App叫车乘坐,初期在停靠站任意站点上下客,后期逐渐扩展至全线任意点;三是无人配送车,提供冷饮、品牌小食、冰淇淋、文创商品等零售,为游客提供更加便捷和智能化的购物体验;四是无人清扫车,充分利用夜间清扫,降低白天道路压力,"科技创新+生态环境"提升安全性和用户体验。

(2)建设"智慧的路"。围绕智能网联示范线,对2个复杂路口、21个一般路口、23个特殊路段(急转弯、视线盲区等)、2个停车场、1个可停区域,增设激光雷达、毫米波雷达、人工智能(AI)相机等路侧感知设备和路侧通信单元等智慧化设施。

(3)建设"强大的云控平台"。搭建景区监控运营调度云平台,实现智能网联道路监管、自动驾驶汽车监管、运营管理、设施维护管理及出行服务等功能。

5 结语

环湖地区作为城市核心功能的重要承载区,是城市转型和功能提升的重要战略空间,同时也带来交通需求多样性、复杂性和建设局限性等特点。探索以湖为单位的交通系统,通过合理组织城市快行系统、慢行系统和生活交通系统,并利用智能网联等智慧化手段,湖城将进一步有机融合,湖泊不再成为城市交通网络的断点。同时,随着智能网联技术的进一步发展和绿色出行方式占比的进一步提升,未来环湖地区生产生活交通组织模式成为潜在的研究方向。

参考文献

[1] 朱玲,王树声,李岚,等.湖:一种湖城一体格局的建构模式[J].城市规划,2018,3:141-145.

[2] 陆地,钱卓炜,高崎,等.基于新时代背景的城市湖泊型风景区战略转型——以《武汉东湖风景名胜区总体规划(2011—2025)》为例[C]//中国城市规划学会.城市时代,协同规划——2013中国城市规划年会论文集(04-风景旅游规划).上海:上海同济城市规划设计研究院,2013:22.

[3] 上海同济城市规划设计研究院.武汉东湖风景名胜区总体规划(2011—2025)[R].武汉:武汉市东湖风景区管理局,2011.

大型居住社区轨道接驳型微循环公交线路设计优化模型

王　瑄[1,2]　卢海洋[1,2]　陈学武[*1,2]

(1.东南大学江苏省城市智能交通重点实验室;2.东南大学交通学院)

摘　要　现有微循环公交线路设计方法采用单一线路绕行设计,在为城市大型居住社区提供轨道站点首末端接驳时,乘客车内时间过长,导致竞争力不足。本文创新性地提出服务分区的规划理念,将微循环公交线路设计问题划分为服务分区主问题和线路设计子问题,并以站点乘客出行满意度阈值为硬性约

基金项目:国家自然科学基金项目(52172316)。

束,兼顾公交运营效益和乘客出行满意度的轨道接驳型微循环公交线路设计优化模型。最后以南京市丁家庄片区17个接驳站点和轨道站点为案例,构建了由4条分区服务微循环接驳线路组成的微循环接驳公交线路设计方案,验证了本文所提出模型的可行性和实用性。

关键词　微循环公交　大型居住社区接驳　公交线路设计　公交分区服务　乘客满意度

0　引言

城市大型居住社区空间尺度大,容积率高,居民密度大,社区内部各居民小区多以组团式分布。当前大部分大型居住社区周边已规划建设轨道交通站点设施,但因社区整体规模较大,轨道交通站点距大多数出行起讫点仍较远,大型居住社区轨道交通首末端接驳问题亟待解决。传统的轨道接驳型微循环公交(简称"微循环接驳公交")线路设计采用单条线路尽可能覆盖较多的站点,存在设站过多、线路较长的弊端,导致一部分站点上车的乘客至目的地的绕行距离较长,这一劣势导致微循环接驳公交的竞争力降低。

因此,聚焦大型居住社区的出行需求,提供有竞争力的微循环接驳公交服务以方便区内居民便捷往返轨道交通站点,以乘客为主体视角,同时兼顾企业运营成本,提出基于乘客满意度的轨道接驳型微循环公交线路设计方法,对公交运营模式创新和服务水平提升具有很强的现实意义和实际需要。

现有研究从公交线路布设不同的利益相关者视角出发,提出了各种公交线路布设模型。赵腾菲等[1]以企业营收最大化为目标函数,线路长度、发车频率、车辆容量、上座率等为约束条件构建了开放社区背景下的微循环公交站点和线路设计模型。Yoon等[2]以尽可能满足乘客的出行需求为线路设计优化目标。Suman等[3]以乘客出行的可用公交路径的直达性最好为优化目标构建线路布设模型。Yang等[4]从乘客的角度最小化其出行时间和换乘次数,从公交角度最小化公交网络中所有线路的长度之和,利用Pareto找出相对优的解。刘路美等[5]考虑共享单车带来用户出行方式选择变化对接驳公交出行需求的影响,建立接驳公交供需交互状态下的多线路设计与车辆配置模型。

但现有研究未针对大型居住社区这一独特的城市片区结构,结合其突出的轨道交通接驳需求,提出轨道接驳型微循环公交线路设计方法。本文创新性地提出微循环接驳公交"服务分区"的理念,建立基于乘车满意度的轨道接驳型微循环公交服务分区及线路设计模型。

1　模型构建

1.1　问题描述及基本假设

本文所研究的接驳公交布设区域为城市大型居住社区,途经站点为包括轨道站点及各居民小区在内的客流集中站点。基于服务分区的规划理念,将大型居住社区内所有站点划分入若干个服务子区内,再规划每个子区的接驳公交线路。

规划微循环接驳公交的功能为将乘客由居住地接驳至该大型居住社区附近轨道交通站点及将乘客由大型居住社区附近轨道交通站点接驳至居住地,保证居住地与轨道交通站点间的快速衔接,为乘客提供快速便捷的点线直达服务,是提供高质量微循环公交接驳服务的关键。

模型假设:

(1)大型居住社区内,分布着的一定数量的固定站点。

(2)每个站点属于并仅属于一个服务子区内,有且仅有一条微循环接驳线路经过。

(3)每个服务子区内所运行的微循环接驳线路需从轨道交通站点出发,单向经由子区内所有的站点。

(4)乘客的乘车满意度为微循环公交接驳与非机动车接驳所用的车内时间之比,当某一站点乘客乘车满意度低于乘车满意度阈值时,该站点乘客便放弃选择微循环接驳公交服务,反之则选择乘坐。

(5)服务子区设置数量越多,公交运营成本越高,因此模型选择满足以上要求的服务子区数量最少的划分方案为分区方案,进行各子区线路设计。

1.2　模型构建

本文选择采用将一个完整的优化问题拆分成具有多个优化目标的问题,分步求解、逐步优化,通过多轮迭代解得完整优化问题的最终结果。

模型输出结果为服务分区及各子区的线路设

计方案,各子区内的微循环接驳公交线路设计方案基于服务分区方案所得。因此,将问题划分为基于中心-离散规则的服务分区主问题模型及基于旅行商问题的线路设计子问题模型,并提出乘车满意度检验方法及主问题割约束构建方法。

1.2.1 服务分区主问题模型

基于中心-离散规则,将大型居住社区内的微循环公交站点划分为各服务子区,每个服务子区有一个中心微循环公交站点,子区内非中心站点与该中心站点的驾车距离需尽可能近,但不同服务子区的中心需尽可能远,以此完成服务分区规划。

目标函数:

$$\min_{(d,w)} \sum_{(j_1,j_2)} d_{j_1 j_2} \cdot w_{j_1,j_2} \qquad (1)$$

约束条件:

$$\sum_{j_1 \in \delta^-(j_2)} w_{j_1,j_2} + y_{j_2} = 1, \forall j_2 \in J \qquad (2)$$

$$w_{j_1,j_2} \leq y_{j_1}, \forall j_1 \in J, \forall j_2 \in \delta^+(j_1) \qquad (3)$$

$$\sum_{j \in J} y_j = I_0 \qquad (4)$$

$$y_j, w_{j_1,j_2} \in \{0,1\}, \forall j \in J, \forall (j_1,j_2) \in A \qquad (5)$$

式中:j_1——服务子区内的中心站点;

j_2——服务子区内的非中心站点;

$d_{j_1 j_2}$——中心站点与非中心站点的驾车距离;

w_{j_1,j_2}——二元变量,若站点 j_1 是离站点 j_2 最近的中心站点,则取 1,否则取 0;

y_j——二元变量,若站点 j 是某个子区的中心点,则取 1,否则取 0;

J——全部站点集合;

I_0——服务子分区数量;

(j_1,j_2)——弧,表示站点 j_1 和站点 j_2 之间的连接关系,权重为站点之间驾车距离;

A——弧的集合,包含各站点之间的连接关系的弧。

$\delta^-(j_2) = \{j_1 \in J \mid (j_1,j_2) \in A\}$ 表示与非中心站点 j_2 有弧连接的中心站点的集合。

目标函数式(1)为各离散的微循环接驳公交站点与其所属中心站点的驾车距离之和。式(2)规定了弧的方向只能由中心站点指向其余离散站点。式(3)保证当站点 j_1 为中心站点时,非中心站点 j_2 可属于且仅可属于以站点 j_1 为中心站点的服务子区。式(4)保证中心站点数量等于服务分区数量。式(5)为模型决策变量的域约束,表明 y_j 和 w_{j_1,j_2} 为二元变量。

基于中心-离散规则的服务分区主问题示意及模型决策变量 y_j 和 w_{j_1,j_2} 取值示意如图 1 所示。

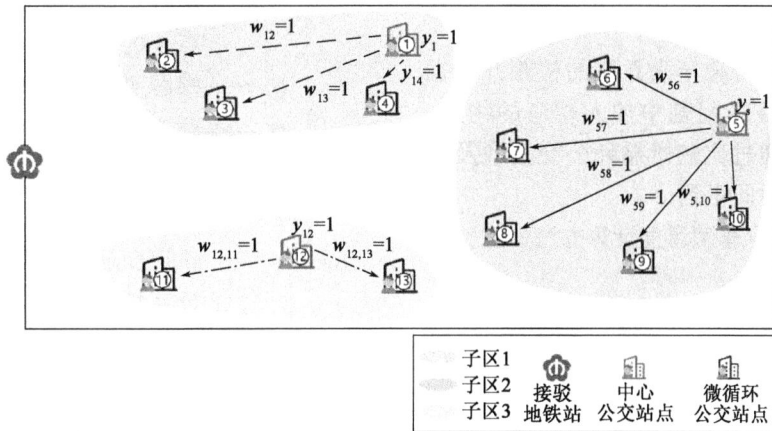

图 1　基于中心-离散规则的服务分区主问题模型决策变量取值示意图

1.2.2 线路设计子问题模型

线路设计子问题为分别求得各服务子区内,一条经由服务子区内所有站点及所接驳轨道站点的最短环形接驳线路。

目标函数:

$$\min L_i = \sum_{j_1 \in \tilde{\delta}_i^-(j_2)} \sum_{j_2 \in \tilde{\delta}_i^+(j_1)} l_{j_1 j_2}^i z_{j_1 j_2}^i \qquad (6)$$

约束条件:

$$\sum_{j_1 \in \tilde{\delta}_i^-(j_2)} z_{j_1 j_2}^i = 1, \forall j_2 \in \tilde{\delta}_i^+(j_1) \qquad (7)$$

$$\sum_{j_2 \in \tilde{\delta}_i^+(j_1)} z_{j_1 j_2}^i = 1, \forall j_1 \in \tilde{\delta}_i^+(j_2) \qquad (8)$$

$$u_{j_1}^i - u_{j_2}^i + (|J_i^0| - 1)z_{j_1 j_2}^i \leq |J_i^0| - 2,$$
$$\forall j_1 \in \tilde{\delta}_i^-(j_2), j_2 \in \tilde{\delta}_i^+(j_1) \setminus \{o\} \qquad (9)$$

$$1 \leq u_j^i \leq |J_i^0| - 1 \forall j \in J_i^0 \qquad (10)$$

$$z_{j_1 j_2}^i \in \{0,1\}, \forall j_1 \in \tilde{\delta}_i^-(j_2), j_2 \in \tilde{\delta}_i^+(j_1) \qquad (11)$$

$$u_j^i \in N, \forall j \in J_i^0 \qquad (12)$$

式中:L_i——子区 i 中规划的公交线路相邻站点之

间的驾车距离之和;

$l^i_{j_1,j_2}$——子区 i 中站点 j_1 至站点 j_2 的驾车距离;

$z^i_{j_1,j_2}$——二元变量,若线路存在站点 j_1 至站点 j_2 的路径,则 $0-1$ 变量 $z^i_{j_1,j_2}$ 取 1,否则取 0;

u^i_j——非负变量,引入以消除子路径;

J_i——子区 i 内所有站点;

o——目标接驳轨道站点;

J^0_i——由 J_i 及 o 合并而成的站点集合。

$\tilde{\delta}^-_i(j_2) = \{j_1 \in J^0_i \mid (j_1,j_2) \in A^i\}$ 表示子区 i 中与非中心站点 j_2 有弧连接的中心站点的集合。

$\tilde{\delta}^+_i(j_1) = \{j_2 \in J^0_i \mid (j_1,j_2) \in A^i\}$ 表示子区 i 中与中心站点 j_1 有弧连接的非中心站点的集合。

目标函数式(6)为子区 i 中规划的公交线路相邻站点之间的驾车距离之和。式(7)表示公交运行途径子区 i 中每一个站点需要离开一次。式(8)表示公交运行途径子区 i 中每一个站点需要到达一次。式(9)和式(10)为子路径消除约束,保证子区内有且仅有一条循环线路接驳子区内所有站点。式(11)和式(12)为模型决策变量的域约束,表明 $z^i_{j_1,j_2}$ 为二元变量,u^i_j 为非负变量。

1.2.3　基于乘车满意度检验的割约束

对各服务子区进行乘车满意度的检验并根据检验结果决定是否在主问题中加入相应的约束。乘车满意度的度量通过比较微循环公交接驳及非机动车接驳的车内时间得到。

乘客对站点 j 的乘车满意度计算方法如式(13)所示:

$$Q_j = \frac{\mathrm{Biketime}_j}{\mathrm{Bustime}_j} = \frac{\mathrm{Bikedis}_j/v_{\mathrm{bike}}}{\mathrm{Busdis}_j/v_{\mathrm{bus}}} \quad (13)$$

式中:Q_j——乘客对站点 j 的乘车满意度;

v_{bike}——共享单车的平均骑行速度,单位 $\mathrm{m/s}$;

v_{bus}——微循环公交的平均运行速度,单位 $\mathrm{m/s}$;

$\mathrm{Biketime}_j$——乘客在站点 j 选择共享单车接驳的车内时间;

$\mathrm{Bustime}_j$——乘客在站点 j 选择微循环公交接驳的车内时间。

本研究中所涉及的微循环公交线路为环形形式,当乘客在区内的主要出行方向为居住地至轨道交通站点时,乘客所在服务子区 i 内最先上车的

乘客车内时间最长,故乘客乘车满意度最低的微循环公交站点为轨道交通站点 o 的下一个公交站点 j^i_a;同理,当乘客在区内的主要出行方向为轨道交通站点至居住地时,乘客所在服务子区 i 内最晚下车的乘客车内时间最长,居民乘车满意度最低的微循环公交站点为轨道交通站点 o 的上一个公交站点 j^i_b。故只需对微循环公交提供到站接驳服务时乘客对站点 j^i_a 和微循环公交提供离站接驳服务时乘客对站点 j^i_b 的乘车满意度进行检验即可。

以服务子区 i 为例,乘客乘车满意度计算公式如下:

$$Q^i_{\min} = \min\{Q^i_{j_a}, Q^i_{j_b}\} \quad (14)$$

$$Q^i_{j_a} = \frac{\mathrm{Bikedis}^i_{j_a}/v_{\mathrm{bike}}}{\mathrm{Busdis}^i_{j_a}/v_{\mathrm{bus}}} = \frac{\tilde{l}^i_{j_a,o}}{L_i - l^i_{j_a,o}} \cdot \frac{v_{\mathrm{bus}}}{v_{\mathrm{bike}}} \quad (15)$$

$$Q^i_{j_b} = \frac{\mathrm{Bikedis}^i_{j_b}/v_{\mathrm{bike}}}{\mathrm{Busdis}^i_{j_b}/v_{\mathrm{bus}}} = \frac{\tilde{l}^i_{o,j_b}}{L_i - l^i_{o,j_b}} \cdot \frac{v_{\mathrm{bus}}}{v_{\mathrm{bike}}} \quad (16)$$

式中:$Q^i_{\min}$——服务子区 i 内的乘客对该区的轨道接驳型微循环公交的最低乘车满意度;

j^i_a——服务子区 i 接驳线路中轨道交通站点 o 的下一个公交站点;

j^i_b——服务子区 i 接驳线路中轨道交通站点 o 的上一个公交站点;

$Q^i_{j_a}$——乘客对站点 j^i_a 的乘车满意度;

$Q^i_{j_b}$——乘客对站点 j^i_b 的乘车满意度;

$\mathrm{Bikedis}^i_{j_a}$——站点 j^i_a 至轨道交通站点 o 共享单车计算接驳距离;

$\mathrm{Bikedis}^i_{j_b}$——轨道交通站点 o 至站点 j^i_b 共享单车计算接驳距离;

$\mathrm{Busdis}^i_{j_a}$——站点 j^i_a 至轨道交通站点 o 微循环公交计算接驳距离;

$\mathrm{Busdis}^i_{j_b}$——轨道交通站点 o 至站点 j^i_b 微循环公交计算接驳距离;

L_i——服务子区 i 的微循环线路长度;

$l^i_{j_a,o}$——服务子区 i 的微循环公交站点 j^i_a 至轨道交通站点 o 运行路线长度;

l^i_{o,j_b}——服务子区 i 的微循环公交轨道交通站点 o 至站点 j^i_b 运行路线长度;

$\tilde{l}^i_{j_a,o}$——站点 j^i_a 至轨道交通站点 o 共享单车骑行距离;

$\tilde{l}^i_{o,j_b}$——轨道交通站点 o 至站点 j^i_b 共享单车

骑行距离。

式(14)表示服务子区 i 内的乘客对该区的轨道接驳型微循环公交的最低乘车满意度,为区内站点 j_a^i 的微循环公交到站接驳乘车满意度和站点 j_b^i 微循环公交离站接驳乘车满意度的最小值。式(15)为服务子区 i 内站点 j_a^i 的微循环公交到站接驳乘车满意度计算公式,式(16)为服务子区 i 内站点 j_b^i 的微循环公交离站接驳乘车满意度计算公式。

设定乘客所能接受的乘车满意度最低阈值 Q_{min},若 $Q_{min}^i \geq Q_{min}$,则服务子区 i 的线路设计方案满足乘客对乘车满意度的要求;若 $Q_{min}^i < Q_{min}$,则服务子区 i 的线路设计方案无法满足乘客对乘车满意度的要求,需要针对这一问题在主问题中加入相应的割约束,使下一轮求解时,当前子区 i 站点集合 J_i 中的 $|J_i|$ 个站点不能同时再次被划入到同一个服务子区当中,即解散当前子区 i 中的站点。

约束条件:

$$\sum_{j_2 \in J_i, j_1 \neq j_2} w_{j_1 j_2} + y_{j_1} \leq |J_i| - 1 \quad (\forall j_1 \in J_i) (17)$$

式中:J_i——子区 i 内所有站点;

$j_1, j_2, w_{j_1 j_2}, y_{j_1}$ 含义同1.2.1。

1.3 求解方法

使用 Gurobi 求解器求解混合整数线性规划模型的方法,在 Python 中调用 Gurobi 求解器的方法进行模型最优解求解,求解结果为服务分区结果及各子区内轨道接驳型微循环公交的线路走向。通过利用 Gurobi 的主问题求解—子问题求解—步行满意度检验—反馈至主问题—再求解主问题的迭代循环过程,同步生成最优服务分区及微循环公交线路设计方案。

2 案例研究

以南京市丁家庄大型居住社区(简称"丁家庄片区")作为本实例中的微循环接驳公交布设区域,对该区域内17个微循环公交站点进行服务分区,确定各子区内接驳聚宝山轨道交通站点的线路设计方案。

2.1 基础数据处理

本实例研究采集数据主要包括丁家庄片区内17个微循环接驳公交站点及聚宝山轨道交通站点间的驾车距离、各公交站点与聚宝山轨道交通站点之间的骑行距离。

通过调用高德地图路径规划 API,得到各站点间"驾车距离最短"和"骑行距离最短"行驶路线。

驾车距离数据主要字段包括点编号、最短驾车距离,骑行距离数据同理。经预处理后,分别构建丁家庄片区微循环接驳公交站点及聚宝山轨道交通站点驾车距离矩阵和骑行距离矩阵。

2.2 结果分析

2.2.1 服务子区数量分析

在乘客对线路乘车满意度最低阈值 Q_{min} 一定的情况下,最终服务子区数量为能够满足所有乘客对乘车满意度的要求时的最小服务子区数量。Q_{min} 的不断增加意味着居民对于公交车内时间的可忍受程度越低,则需要更多的服务子区数量来满足其要求。如图2所示,当 $Q_{min} \leq 1.1$ 时,随着 Q_{min} 的不断增加,其对应的最小子区数量呈阶梯状上升。而当 $Q_{min} > 1.1$ 时,即使 Q_{min} 不断增加,也无服务分区方案可满足居民的乘车满意度要求。

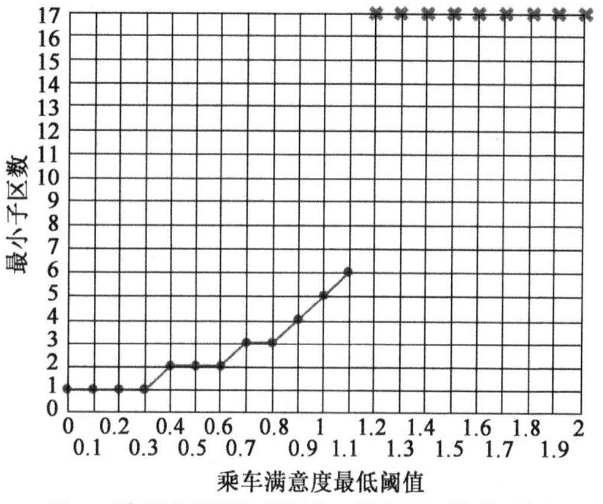

图2　乘车满意度最低阈值—最小子区数关系图

2.2.2 线路长度分析

结合 2.2.1 分析结果,将乘车满意度阈值水平 Q_{min} 取为 0.9,分析服务子区数量与大型居住社区内微循环公交线路长度总和以及子区平均线路长度的关系。

如图3所示,因大型居住社区距所需接驳的轨道交通站点有一定距离且每个子区线路均需经过该必经之路,因此在一定范围内,总线路长度随着服务子区数量的增加而不断增加。在一定范围内,子区数量越少,各子区内需经由的微循环公交站点越多,则越存在绕行距离长的可能,因此平均线路长度随之增加。

在本案例中,当服务子区数量小于4个时,因其绕行距离过长,无法求得满足居民乘车满意度要求的服务分区及各子区线路走向方案。该结果与本方法设置的选取最终方案的逻辑相吻合,即选择满足居民乘车满意度要求的服务子区数量最少的服务分区方案为最终方案，其对应的线路设计方案为最终的线路运行走向。此时既达到了居民对于车内时间的要求，保证了微循环公交的服务质量及相较于其他接驳轨道交通方式的竞争力，又达到了线路总长度较低进而减少公交企业运营成本的效果。

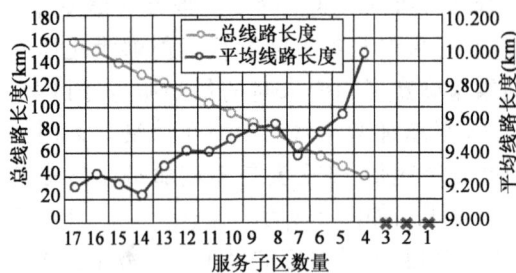

图3　服务子区数量-线路长度关系图

2.3　服务分区及线路设计方案

本实例中各参数取值如表1所示。

丁家庄片区实例分析参数取值　表1

参数	含义	取值
Q_{min}	居民所能接受的步行满意度最低阈值	0.9
v_{bus}	微循环公交的平均运行速度，单位 m/s	6m/s
v_{bike}	共享单车的平均骑行速度，单位 m/s	4m/s

最终生成方案将丁家庄片区17个接驳站点划分为4个服务分区，规划生成了每个分区内各站点与轨道交通站点之间的最优单向微循环接驳公交线路，平均线路长度为9.98km。各服务子区线路长度、途经站点数如表2所示。

丁家庄片区微循环公交线路信息表　表2

线路名	线路长度（km）	途经站数
1 路	6.638	3
2 路	11.541	7
3 路	10.238	6
4 路	11.496	5

3　结语

本文提出一种针对大型居住社区的微循环接驳公交线路设计方法，从缩短微循环接驳公交乘客车内时长的目的出发，提出微循环接驳公交分区运营理念，构建考虑乘车满意度的轨道接驳型微循环公交服务分区及线路设计模型。

模型主要分为基于中心-离散规则的服务分区主问题模型、基于旅行商问题的线路设计子问题模型、基于子问题乘车满意度检验的主问题割约束三个部分，使用 Gurobi 求解，通过乘车满意度检验不断增加约束，循环求解，最终得到最优服务分区和线路设计方案。

应用本模型对南京市丁家庄大型居住社区进行实例研究，进行微循环接驳公交服务分区及线路设计。结果表明，随着乘客乘车满意度最低阈值不断增加，最小服务子区数也随之增加，但乘客乘车满意度最低阈值大于 1.1 时，无法再生成能够满足所有乘客乘车满意度的分区方案。取乘客乘车满意度最低阈值为 0.9 时，随着服务子区数减少，总线路长度随之减小，平均线路长度随之增加，解得本案例最小服务子区数量为 4 个。由此生成丁家庄片区由 4 个服务子区构成的微循环接驳公交服务分区和线路设计方案。模型解决了针对大型居住区的微循环接驳公交服务分区及线路设计难题，考虑了公交运营效益和乘客乘车满意度硬性要求，克服了传统微循环公交服务在提供大型居住社区轨道接驳服务时乘客车内时间长，导致公交服务竞争力不足的问题。

由于数据来源限制，本文以分区数量、线路长度衡量微循环接驳公交运营效益，而实际中，公交运营效益还受到客流、运行班次、车辆调度等因素影响，未来研究可进一步从以上因素深入衡量公交运营效益，进一步提升模型实用性。

参考文献

[1] 赵腾菲,杜鹏.开放式社区下微循环公交线网设计[J].科学技术与工程,2021,21(26)：11368-11374.

[2] YOON G,CHOW J Y J. Contextual bandit-based sequential transit route design under demand uncertainty [J]. Transportation Research Record,2020,2674(5)：613-625.

[3] SUMAN H K,BOLIA N B. Improvement in direct bus services through route planning [J]. Transport Policy,2019,81：263-274.

[4] YANG J,JIANG Y. Application of modified NSGA-II to the transit network design problem [J]. Journal of Advanced Transportation,2020,2020(4)：1-24.

[5] 刘路美,刘钲可,马昌喜,等.共享单车影响下接驳公交线路设计与车辆配置方法[J].交通运输系统工程与信息,2023,23(01)：165-175.

基于干线路网拓扑分析的省道功能定位方法

——以浙江省为例

刘　川[*1]　陈丹璐[1]　何丹恒[1]　郭　杨[2]

(1.浙江数智交院科技股份有限公司;2.浙江省交通运输厅)

摘　要　在高速公路和普通国道成网背景下,省道功能定位需重新认识。本文基于浙江省面临的省道建设养护规模大、省级资金投入导向不清晰等问题,提出省道功能定位研究的重要性。基于浙江省高速公路、普通国省道、省市级重要枢纽及城镇节点空间数据,建立了省道网功能分析模型:①与高速公路衔接及平行备用的省道路段识别方法;②重要枢纽集疏运路段提取方法;③省道在交通网络中重要度计算方法。通过浙江实践形成应用结论:①通过拓扑分析,识别出了全省与高速公路互通衔接的省道路段、高速公路平行备用功能段、重要枢纽集疏运段;②结合城镇节点数据,形成了重要、一般、集散三个层级的普通省道分类,同时建立了若干省道路段的功能标签库。总体分级和功能标签库的建立,有利于支撑省级主管部门对普通省道网的总体决策和科学管理。

关键词　干线路网　省道　功能定位　拓扑分析

0　引言

随着公路网络持续建设完善,我国已经进入了路网存量发展新阶段。在干线公路网络中,高速公路和普通国道逐渐成为区域大通道的主体,普通省道在省域范围内的大通道功能逐步弱化、特定路段具体功能变得越来越多样。

从浙江省实践来看,在普通省道网审批管理权限下放、建设补助由"项目法"变为"因素法"后,很大程度上调动了地方积极性和减轻了省级财政包袱;但是,省级行业主管部门在普通省道网管理中的针对性在降低、发展引导职能在弱化。亟须强化省道网功能研究,以推进"有统筹、有下放"的分类管理。既有省道网功能相关研究,主要聚焦宏观定位以及省道网自身层面[1-4]。所以,如何统筹考虑高速公路、普通国道及重要枢纽等交通存量设施,多维度、多粒度研究梳理全省省道功能显得尤为重要。

1　浙江省省道网功能研究的提出

1.1　浙江省省道网发展背景

2021年前后,《国家公路网规划》《浙江省高速公路网布局规划》相继出台,浙江省干线公路网布局规划及线路里程发生重大调整。高速公路、普通国道、普通省道从5200km、4528km、3529km,分别提升到9000km、5000km、9000km。其中省道网里程占比高、增量最大,存在7%断头路待贯通及29%低等级公路待提升,如图1所示。新改建省道对资源要素的精准供给和交通建设的科学决策提出更高要求。因此对浙江省普通省道网进行功能层次研究,突出重点、确保质量,提升公路网整体运输服务效率,是实现全省高质量发展建设共同富裕目标的重要课题。

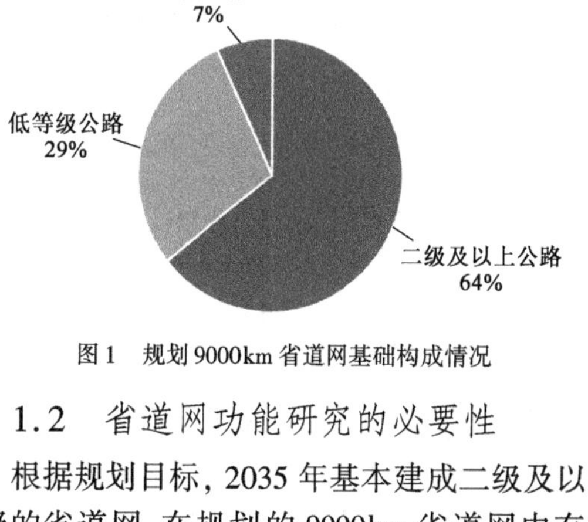

图1　规划9000km省道网基础构成情况

1.2　省道网功能研究的必要性

根据规划目标,2035年基本建成二级及以上等级的省道网,在规划的9000km省道网中有约2753km路段需要提级改建、约656公里需要贯

基金项目:浙江省科技计划项目(2023C01246)。

通。"十四五"期间我省普通省道总投资 1100 亿元,2035 年前新增新改建普通省道总投资预测匡算约 2000 亿元。省道网路网基础较为薄弱,新改建涉及用地、资金等要素规模巨大。2022 年以来,省道建设项目省级财政补助调整通过"因素法",实现交通运输发展专项资金总盘子到各区县分解。"因素法"因其绩效评价机制特殊性,无法实现预算安排与建设项目直接挂钩。有必要对普通省道功能开展一次系统全面的梳理,尤其是与既有高速、普通国道的组织关系,按照分类管理的原则对省道进行"补短板、补重点",科学合理、有序推动规划省道网的落地实施,有效发挥省补资金对重点项目的扶持作用。

2 网络拓扑分析的思路与建模

2.1 分析思路

在高速公路和普通国道成网背景下,普通省道网在整个干线网络中的通道功能弱化,要准确把握省道功能即研究透彻与高速公路、普通国道、重要枢纽及城镇节点间的衔接、串联和补充关系。通过全局性的功能研究,以支撑省级层面的政策决策和要素投入。

在宏观层面,综合考虑省道沿线的城镇节点规模,识别省道在全省城镇节点串联和运输服务中的通道功能;在中观层面,以浙江省干线公路网为基础,分析省道与高速公路互通的衔接关系、与高速公路特定路段上的备用支撑关系。基于省道特定路段在普通干线公路网络、省市重要枢纽中的衔接关系识别,提取具有枢纽集疏运和上层次网络沟通功能的省道区段,见图 2。

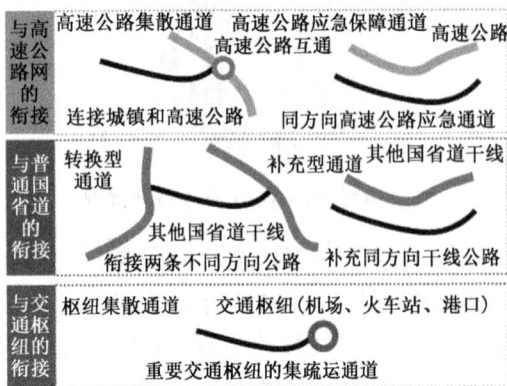

图 2 省道与存量路网衔接互补关系示意图

2.2 分析建模

2.2.1 数据获取与预处理

(1)干线公路网数据采集。

从全省公路网数据库中获取全省国家公路(国家高速和普通国道)和省级高速矢量数据,结合《浙江省普通省道公路网布局规划(2021—2035年)》在信息平台中补充完善规划省道矢量数据,形成高速公路和普通国省道数据。

(2)城镇节点及面域城镇化地区识别。

本文基于 WorldPop 人口分布地理空间数据(2020 年)集中的人口密度栅格数据和各地市城镇化率面板数据,利用 DBSCAN 聚类和 Alphashapes 算法进行簇类划分并拟合各簇类边界,实现对城镇化地区面域识别,共识别出 184 个城镇化地区,并结合浙江省统计年鉴中的经济和人口数据,进行规模分级。

(3)兴趣点(Point of interest)采集。

在高速公路网络数据中采集并补充互通数据;通过网络电子地图开放平台获取全省客货运枢纽,并与《浙江省"十四五"枢纽规划》进行比对,挑选出门户型、地区型较重要枢纽,同时获取景区、产业小镇等代表经济密度的兴趣点。

2.2.2 不同功能的特征指标构建与计算

(1)与高速公路的衔接和互补功能。

对省道在高速公路网和其他客货运枢纽的衔接作用进行分析,一共计算两类子指标分别为:高速互通衔接、高速备用线。

①高速互通衔接 Y_n。

在每条高速的收费站点周围 3.5km(据浙江省纳入项目投资估算的互通连接线距离阈值取值)范围内设置缓冲带,识别处于该缓冲带上并与高速收费站衔接的省道路段,统计每条省道路线处于缓冲带内的路线比例 Y_n,该指标反应省道衔接高速与城镇地区的功能。

②高速备用线 Y_m。

通过搜索省道与相邻高速路线收费站之间联系,测算其作为高速备用线段的长度,该指标反应省道是否具有高速备用线功能。具体计算步骤如下:

a. 搜索省道、高速 3.5km 范围内的收费站。

b. 纵线、横线分别按照从南到北从东往西对收费站进行排序。

c.匹配省道和高速每条线路的收费站序列,提取最大相似序列。

d.筛选有≥4个共同收费站的省道和高速对。

e.提取起点及终点收费站点位。

f.搜索省道与高速距离收费站距离最近的点。

g.提取二者之间的省道路线作为高速备用线,并计算其里程 Y_m。

(2)重要枢纽的衔接功能。

在每个客货运枢纽周围3.5km范围内设置缓冲带,识别处于该缓冲带上并与枢纽衔接的省道,统计每条省道路线上客货运枢纽的数量 Y_1,该指标反应省道的客货运枢纽集疏运功能。

(3)在网络中的重要度。

通道在网络中的重要度主要考察串联的节点(城镇规模和兴趣点),以及在网络中的不可替代程度,一共计算三类子指标分别为:网络介数、复线率和城镇重要度。

①沿线城镇重要度 Z_1。

根据所串联不同分区的经济节点等级,判断省道的联系需求重要度 Z_1,见表1。

主要城镇节点等级划分 表1

片区分类	国家中心城市	区域中心城市	区域节点城市	特色县域中心
杭州都市圈	杭州	湖州、嘉兴、绍兴	德清、桐乡、海宁、诸暨、长兴	海盐、桐庐、安吉、平湖
宁波都市圈	宁波	余姚、慈溪、舟山	临海	象山、嵊州、新昌、天台、宁海、三门
温州都市圈		温州		青田、文成、平阳、龙港、苍南
金义都市圈		金华-义乌	东阳、永康	武义、兰溪、浦江、缙云
两山转化发展带		衢州、丽水		开化、常山、遂昌、松阳
陆海统筹发展带		台州	温岭	玉环
浙西南山区				淳安、建德、磐安、仙居、泰顺、景宁、云和、龙泉、庆元
海岛县				岱山、嵊泗

②复线率 Z_m。

计算每条国省道路线服务的相邻县市对总数为 S(例如省道 X 经过 A、B、C 三个县市,则省道 A 服务 2 个相邻县市对),其中该路线相邻县市之间存在 2 条以上干线通道服务的记为 G,见表2。

$$Z_m^i = \frac{G_i}{S_i}$$

省道不同功能的特征指标 表2

网络功能		
网络介数	国省道构建复杂网络中的重要度	Z_n
复线率	相邻县市之间存在重复路线率	Z_m
城镇重要度	沿线城镇重要度	Z_1
交通衔接		
高速互通衔接	与高速出入口衔接段比例(%)	Y_n
高速备用线	高速备用线长度(km)	Y_m
枢纽衔接	衔接重要客货运枢纽数量(个)	Y_1

③网络介数 Z_n。

将国省道公路网视作一个复杂网络,每一条路线视作一个节点 i,共计 N 个节点,两条路线相交则代表两个节点间存在边。经过每个节点 i 的最短路径的数目以刻画节点重要性的指标称为介数中心性,简称介数,它可以反应该路线在国省道网络中的重要程度。

$$Z_n^i = \frac{\sum_{s \neq i \neq t} \frac{m_{st}^i}{g_{st}}}{(N-1)(N-2)/2}$$

式中,m_{st}^n 表示经过节点 n,且为最短路径的路径数量,g_{st} 表示连接任意 s 和 t 的最短路径。

3 模型分析结果及应用

3.1 高速公路互通衔接段识别

高速公路网功能的发挥依赖衔接通道,通过识别与高速衔接的省道路段,有利于从干线路网一体化角度推进省道完善。经模型计算,识别出全省约20%的省道路段位于高速公路互通附近,具有高速路网接驳转换功能。该部分省道作为高速公路互通的衔接通道,也是全省城镇15min上高速的重要支撑,通过督促相应路段建设或运行效率提升,支撑干线网络的一体化建设和运行。

3.2 高速公路备用线识别

高速与地面干线应该形成互补的整体网络,通过识别与高速平行的普通国省道,有意识地强化网络间的建设和运行协同,有助于网络韧性的提升。经模型计算,识别出全省约1500km的省道路段与高速公路保持连续平行,除自身通道功能外,在高速公路雨雪、大雾或事故情况下,具有备用分流功能。

3.3　重要枢纽集疏运段识别

根据《浙江省综合交通枢纽"十四五"规划》确定的门户型和地区型综合客货运枢纽,通过网络拓扑叠加,分析得到省道网中的航空集散段、铁路枢纽集道段、港口集散通道段,分别涉及15条省道、1970km,省道网发挥了极大的承上启下、衔接转换职能。

3.4　通道分级及路段功能标签库建立

以全省43条省道为分析对象,计算上述网络层面的特征指标后,形成每条省道的功能画像,得到省道相对重要度分级。在宏观层面,形成12条重要干线、22条一般干线、9条集散干线的分级结论,有利于分步、有重点地强化省道的贯通提级,见表3。

浙江省省道分级一览表　　　表3

功能分级		普通省道公路
重要干线 12条	纵线	S203、S204、S209、S211、S217、S218、S219
	横线	S306、S309、S316、S319、S324
一般干线 22条	纵线	S201、S202、S206、S207、S210、S212、S213、S214、S221
	横线	S301、S302、S304、S307、S308、S310、S311、S312、S315、S317、S321、S323、S325
集散线路 9条	纵线	S208、S215、S216、S220
	横线	S303、S305、S313、S314、S326

微观层面,形成了全省具体路段的特定功能标签数据库(如高速衔接通道段、枢纽集散通道段、高速备用通道段等,见表4),能够支撑省级主管部门在投资和管理决策中,从一体化交通网络功能发挥角度,把握省道网重点路段,有利于有的放矢地推进专项提升工程,实现省级政策和要素的有效投入。

特征指标计算结果(以浙S218省道为例)

表4

线路编号		浙S218省道	省道平均值
里程(km)		665.17	262.46
高速公路 互补衔接	高速互通衔接段(%)	27	20
	高速备用线(%)	0.00	19
重要枢纽 衔接功能	机场(个)	1.00	0.15
	省级客运枢纽(个)	4.00	1.59
	省级货运枢纽(个)	3.00	1.56
网络重要度	节点重要度	14.00	6.00
	复线率(%)	77%	68%
	网络介数	0.11	0.02

4　结语

高速公路与普通国省成网背景下,省道网功能需深化研究。本文基于网络拓扑关系视角,建立了省道功能分析模型。在浙江实践中识别了省道的高速衔接段、高速备用段、重要枢纽集散段以及重要经济通道段分布。基于全省空间数据的总体研究,形成了全局性、多维度、不同粒度地省道功能分析方法。通道总体分级和路段功能标签库的建立,有利于省级主管部门在省道建设管理中科学决策。研究聚焦网络拓扑分析,未来可在分析框架基础上叠加更多类型经济节点分析,并探索与省道建管养全过程结合,形成数据驱动的省道网决策管理平台。

参考文献

[1] 谢宗伟.国省干线公路功能定位及投融资研究[D].西安:长安大学,2008.

[2] 王畅.京津冀协同发展下天津普通国省道功能分类研究[J].公路与汽运,2019(5):17-20,24.

[3] 吴金顺.中美两国公路的功能分类比较[J].交通科技,2007(1):87-90.

[4] 叶恒鑫,方楷.浅谈江苏省普通国省道公路功能分类理论[J].公路交通科技(应用技术版),2017(3):4.

上海市公路驿站建设指标体系研究

周　定*

(上海市城市建设设计研究总院(集团)有限公司)

摘　要　本文通过调研既有公路驿站,借鉴其他省市经验做法,同时充分考虑城市发展特点,针对不同功能、不同区域的各类普通公路,从分类配置、选址规划、布局规模、建筑小品和引导标识等五大板块,研究并提出经济适用的公路驿站指标体系,以期能够规范上海市公路驿站的建设。

关键词　公路驿站　普通公路　公路服务设施　指标体系

0　引言

公路服务设施是体现公路交通文化的窗口,是公路运输体系的基本要素[1]。自"十三五"时期以来,上海市普通国省干线公路沿线通过政府主导、行业推动、因地制宜、分类实施等方式,建设了一批规范有序的服务设施(对公众统称"公路驿站"),有效提升了普通国省干线公路沿线公路的服务质量。2018年,按照上海市"四好农村路"示范路、示范镇、示范区建设的相关要求,各区在农村公路沿线建设了更多更具属地特色的服务设施。同时这也进一步将公路驿站的概念范围由普通干线公路拓展至包含农村公路在内的全部普通公路网。

普通干线公路驿站的建设目前主要参考交通运输部办公厅于2017年发布的《普通国省干线公路服务设施建设实施暂行技术要求》[2],其中相关标准在上海市建设用地紧张的背景下较难适用。另一方面,农村公路驿站目前建设缺乏标准[3],导致各个公路驿站在规模大小、提供设施、运营时间、标识引导等方面存在较大差别。

本文通过调研上海市既有公路驿站、借鉴国内其他省市经验做法,同时充分考虑城市发展特点,针对不同功能、不同区域的各类普通公路,研究并提经济适用的公路驿站指标体系,以期能够规范化公路驿站的建设。

1　分类配置

1.1　服务设施分类

上海市公路驿站根据规模及功能可分为服务区、停车区、停车点3类[4]。

(1)服务区:为车辆提供停车、加油服务,为司乘人员提供饮水、如厕、休息等较完善的服务功能的设施。一般设置在交通流量大、对公路服务需求高的普通国省干线公路或县道上。一般机动车停车车位数量不小于20个。

(2)停车区:为车辆提供停车服务,为司乘人员提供如厕、休息等的设施。一般设置在普通国省干线公路以及农村公路上。一般机动车停车车位数量不小于10个。

(3)停车点:在公路沿线为车辆提供临时停车、休息等基本需求保障的服务设施。一般设置在农村公路上。一般机动车停车车位数量不小于5个。

1.2　服务功能配置

公路驿站应保障3类基本服务功能的设置[5],包括:停车场、公共厕所和休息区。

各类公路驿站应根据建设规模、周边类似服务覆盖范围,结合车辆和司乘人员的实际需求,合理配置功能设施[6],见表1。其中,停车点应设置停车场、公共厕所、室内休息区,并提供热水箱。

服务功能配置一览表　　　表1

服务对象	服务功能	服务区	停车区	停车点
司乘人员	公共厕所	★	★	★
	室内休息区	★	★	★
	室外休息区	★	●	—
	热水箱	★	★	★
	无障碍设施	★	●	—
	便利店	★	●	—
	宣传栏	★	●	●
	医疗箱	★	●	—
	紧急求助终端	★	●	—
	餐饮	●	—	—

续上表

服务对象	服务功能	服务区	停车区	停车点
司乘人员	第三卫生间	★	●	—
	观景平台	●	●	—
	母婴室	★	●	—
车辆	机动车停车	★	★	★
	非机动车停车	★	★	●
	加油	●	—	—
	充电	★	★	●

注:★为必选设施;●为宜选设施。

2 选址规划

2.1 选址原则

公路驿站的空间布局应以路网等级、建设条件、交通量水平等要素为基础,与沿线城镇分布、出行需求相适应,并应综合考虑与既有服务设施和沿线社会服务的相互关系。

公路驿站选址应遵循所在区域的总体规划,在历史文化气息厚重、自然地理环境优越、特色产品丰富的地段优先选址。

公路驿站不应设置在城市建成区内,选址宜在城市集中建设用地范围5km以外。公路驿站不应设置在普通干线公路城镇化地区、农村公路城镇区域。

2.2 用地类型

服务区宜在公路新、改建工程的专项规划中落实新增用地进行建设,也可利用现有公路管养设施、闲置设施等公路部门自有用地改建布置。

停车区宜利用景区、公园、大型集市、农家乐等场地改建布置,也可结合加油站、小型公路设施进行设置。

停车点宜鼓励在农村公路沿线利用小范围闲置场地结合自然或人文景观布置,也可结合乡村旅游、小型集市、产业服务等设施进行设置。

2.3 间距设置

不同于独立封闭的高速公路,普通公路具备开放属性,因此公路驿站对横向公路也有一定的吸引力。结合对进出车辆的调研,综合考虑车辆加油、人的生理及安全需求[7],本研究提出公路驿站覆盖范围以所在地为圆心,沿当前公路方向为长轴,半径 30~50km,垂直当前公路方向为短轴,

半径 10~20km 的椭圆。

在此基础上,对各类公路驿站设置间距提出要求,如图1所示。其中,服务区之间的间距宜为50km;停车区与服务区或两停车区之间的间距宜为 15~25km;停车点与各类公路驿站的间距应不小于 10km。

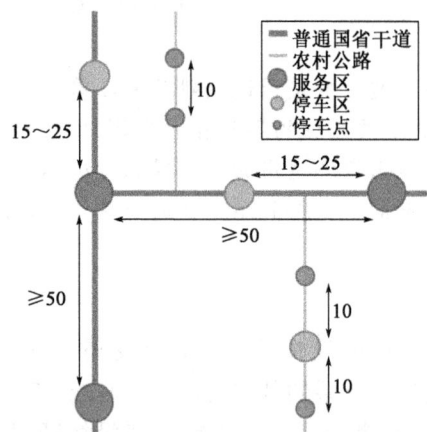

图1　服务设施布局间距示意图(单位:km)

2.4 线形指标

公路驿站设置路段要求线形良好,应避免设置在小半径的平、竖曲线及陡坡区段内,并与桥梁或公路立交出入口保持一定的距离。

公路驿站所在地公路沿线主线的最大纵坡应不大于 2%,地形特别困难时应不大于 3%,其他主线平曲线、竖曲线指标见表2。

公路驿站设置位置沿线线形指标　表2

主线设计速度(km/h)	80	60	≤40
最小圆曲线半径(m)	500	250	150
最小凸型竖曲线半径(m)	4500	2000	1000
最小凹型竖曲线半径(m)	3000	1500	1000

3 布局规模

3.1 总平面布局形式

充分考虑普通公路自身的特点,公路驿站宜在选择单侧布局形式。其中,对于改建类型的公路驿站应与项目内现有设施结合设置,在原有布局的基础上应增加必要的停车位及服务设施用房。

(1)休息区应在独立区域内设置,供公路驿站运营专用。休息区宜设置在既有建筑内,独立于既有建筑设置的休息区应设置在机动车停车区周边。

(2)机动车停车区应相对独立设置,宜提供专用车位;条件受限的也应通过标志标线、车位涂装等视觉方式,使其区隔于其他停车位。

(3)厕所可利用既有设施设置,但应满足最小厕位要求。

3.2 建设规模

公路驿站的规模应根据其在路网中的定位、路段交通量、社会服务提供能力和运营效益预期及合理预测服务需求而确定。

利用既有设施改建或结合建设的公路驿站应满足最小专用停车位要求,见表3。

最小停车位数量 表3

服务设施	服务区	停车区	停车点
最小专用停车位(个)	20	10	5

新增用地单独建设公路驿站的用地规模应按设计交通量、驶入率、高峰率/周转率、单位停车面积进行预测,应不小于表4中的最小用地规模。

新增用地公路驿站用地规模 表4

服务设施	服务区	停车区	停车点
单向高峰小时交通量(pcu/h)	2200 ~ 3750	1300 ~ 2200	700 ~ 1300	400 ~ 700
用地规模(m²)	3000 ~ 4000	1500 ~ 3000	1000 ~ 1500	500 ~ 1000

4 建筑小品

4.1 停车场设计

服务区、停车区的机动车停车场设计应根据不同项目用地性质及交通流量分析,确定停车场内不同车型停车位数量比例。停车点的机动车停车场一般以小型汽车停车位为主,可选择植草砖停车位形式。

公路驿站建设的充电基础设施或预留建设安装条件的车位原则上不低于小型汽车停车位的10%。新建充电桩应100%实现快充;既有充电桩可通过改建、扩容等方式,逐步提高快充桩占比。

公路驿站内宜设置非机动车停车区。非机动停车区硬质铺地宜采用透水材料。非机动车停车区宜设置充电设施及自行车架。

4.2 公共厕所设计

服务区、停车区的厕位数量应根据客流高峰时段需求合理配置。停车点的女厕位数量应不小于3个,男厕位数量应不小于2个。女厕位与男厕位(含小便站位)的比例原则上应不低于1.5:1。固定卫生间厕位总量无法满足使用需求的,应通过增设临时卫生间或可移动卫生间等方式予以补充。

有条件的公共厕所时应设置第三卫生间(可与无障碍卫生间合并设置),完善儿童如厕设施,满足异性家人陪侍使用需求。第三卫生间宜设置在公共卫生间出入口附近易识别、易到达的位置,不与男或女卫生间共用同一出入口,宜为封闭独立空间。

4.3 休息区设计

室内休息区应设置饮水机、垃圾桶等附属设施,宜设置自动售货机、医疗箱、手机充电、交通信息指示屏等附属设施。室内休息区宜设置母婴室或母婴休息区域。室内休息区应选择适当位置设置文化宣传墙或宣传标牌,用于提示周边路网,宜宣传并展示当地特色文化产业。

室外休息区宜与园林景观结合设置,宜设置室外休息座椅。室外休息区宜设置与建筑风格统一的宣传廊或宣传墙,宣传墙可利用建筑外墙设置。吸烟区可结合室外休息区设置。

4.4 景观绿化设计

公路驿站内绿化应乔、灌、草结合设置,保证绿化质量和生态作用,应避免生态习性相克植物搭配。植物组群的营造宜采用常绿树种与落叶树种搭配,速生树种与慢生树种相结合,以发挥良好的生态效益,形成优美的景观效果。

4.5 排水系统设计

公路驿站内应采用雨污分流制排水。

公路驿站内生活污水应进行集中处理。若周边有市政污水管道,则化粪池处理后接入市政污水管道。若周边无市政污水管道,则污水经过化粪池初步处理后接入地埋式污水一体化处理设备,保证处理后出水水质达标后排放。

公路驿站内收集后雨水宜纳入周边市政管网,场地条件受限的农村地区可征询相关排水管理部门,得到许可后直接排放。公路驿站内可设置雨水、污水收集回用设施,回用水可用于停车场路面冲洗、绿化灌溉等。

4.6 其他设施设计

(1)公路驿站内的垃圾收集设施应按照《上海

市生活垃圾管理条例》实施分类。服务设施内的垃圾应集中收集压缩,定期清运至附近垃圾处理厂集中处理,严禁随意丢弃。

(2)公路驿站应设置闭路电视安全监控系统,应对站场全天候、无死角监视及持续长时间录像,单机持续录像时间在30天以上。公路驿站出入口处宜设置车牌识别设备,限制车辆长时间无故停放。

(3)公路驿站内照明应以满足基本功能为主,景观及装饰性照明应考虑对周边环境的影响。为体现绿色低碳要求,灯具应选用高效率节能型产品,有条件宜采用光伏。公路驿站内照明应根据使用性质,设置不同的开灯模式,宜采用智能控制方式,并具备手动控制功能。

(4)公路驿站临水设置的一侧应设置围栏等安全设施进行隔离。公路驿站内的井盖下方应设置防坠网。

5　引导标识

5.1　外部交通指引

5.1.1　标志版面布置

公路驿站视觉识别系统宜风格统一,对外建议命名为"XX公路驿站","XX"为村镇地名或设施原名。标志版面由两部分组成,上部为蓝底白图案,表示功能配置设施,下部为白底蓝字,同时可加挂辅助标志表示公路驿站名称和服务设施出入口距离,如图2所示。标志版面尺寸,除另有规定外,应根据字数、文字高度及排列情况确定。

图2　公路驿站标志示例

5.1.2　标志设置位置

公路驿站设置在当前公路沿线时,在驿站汇

入口上游300~500m处及入口前适当位置应设置确认标志,可根据实际情况考虑在驿站汇入口上游1km处重复设置一处告知标志,如图3a)所示。

公路驿站设置在与当前公路相交的公路沿线时,在当前公路与公路驿站所在公路交叉路口应设置告知标志。当公路驿站距离路口500m以上时,驿站汇入口上游300m处应设置确认标志,如图3b)所示。

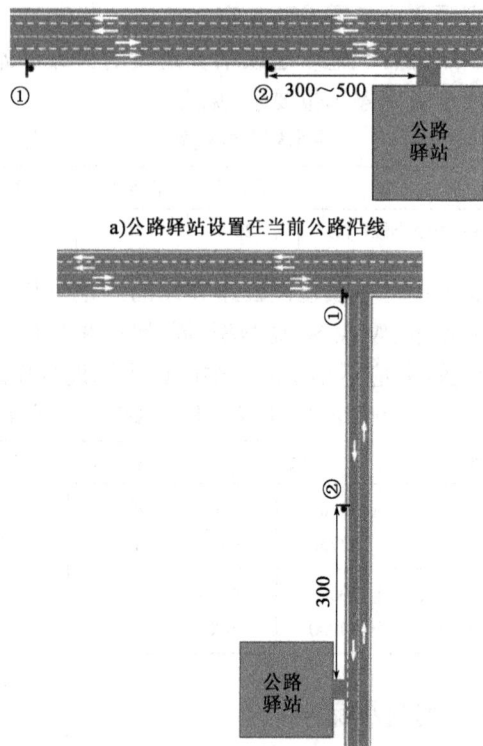

a)公路驿站设置在当前公路沿线

b)公路驿站设置在与当前公路相交的公路沿线

图3　标志设置位置(尺寸单位:m)

5.2　出入口指引

5.2.1　出入口标线

主线设计速度小于60km/h时,公路驿站出入口可不设置加(减)速车道,如图4a)所示。

主线设计速度大于等于60km/h时,公路驿站出入口宜设置加(减)速车道。公路驿站出入口的加(减)速车道一定范围内,与主线之间应设置白实线,禁止车辆随意变道,如图4b)所示。

5.2.2　出入口指示牌朝向

对于设置在普通国道、普通省道、县道上的公路驿站,宜在公路两侧分别设置单面指示牌,如图5a)所示。

对于设置在乡道、村道上的公路驿站,宜在出入口所在对侧适宜位置设置双面指示牌,如图5b)所示。

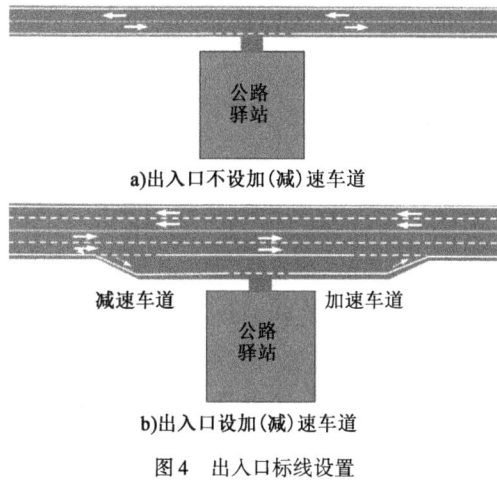

a)出入口不设加(减)速车道

b)出入口设加(减)速车道

图4　出入口标线设置

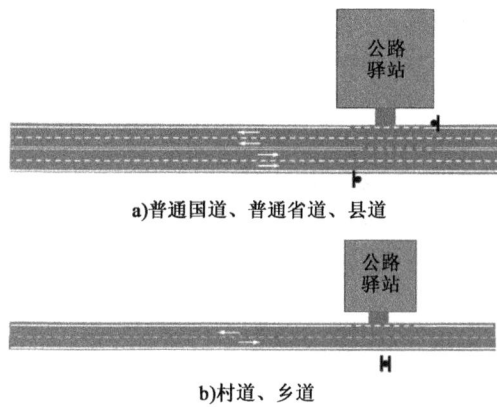

a)普通国道、普通省道、县道

b)村道、乡道

图5　出入口指示牌朝向

5.2.3　出入口视距

公路驿站出入口应保证如图6中的通视三角区,图中停车视距规定见表5。

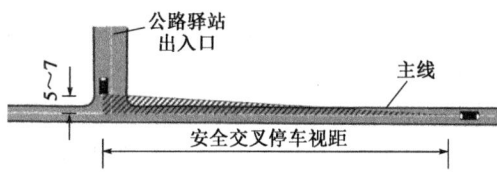

图6　通视三角区示意图(尺寸单位:m)

停车视距				表5
主线设计速度(km/h)	80	60	40	30	20
安全交叉停车视距(m)	175	115	70	55	35

5.2.4　出入口指示牌内容

公路驿站入口处均应设置指示牌。指示牌应显示公路驿站所在地名和服务设施内所有功能配置设施。指示牌版面设计宜体现地区风景文化特色。

主体内容自上而下应依次显示公路路徽、公路驿站名称、服务内容等,如图7所示。主体底色应采用红色,其中:R(150~180)、G(0~20)、B(0~20)。主体内容之上的图标、文字等应采用白色。

图7　版面显示内容设置样例

版面材料应选择性能优异、经久耐用的材料。指示牌的照明应采用白色光源,安装于指示牌结构内部或上方或其他适当位置。

5.3　内部标识

公路驿站汇入口处明显位置应设置限速标志,标志应保证不被遮挡。公路驿站内部停车时间不应大于1h,停车场明显位置应设置警示标志,如图8所示。

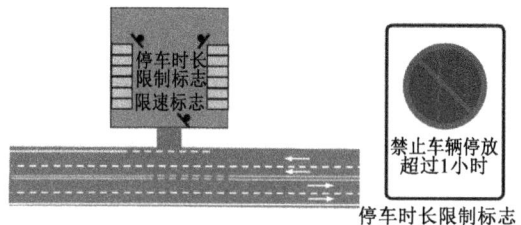

图8　场内标志布局

公路驿站停车场明显位置,宜设置场地平面图。场地平面图应明确标识各功能配置设施的位置。公共厕所、休息区、餐饮、热水箱、停车场处应设置明显的标识牌。

应在场区易识别的位置设置标有该公路驿站全称的招牌,如图9所示。

图9　宣传标识实例

各类公路驿站应设置区域路网图,区域路网图应显示区域高速路、快速路、普通国道、普通省道,并应标注当前所在位置。有条件的公路驿站,可设置电子路况信息提示牌(板)。

6　结语

本文主要从选址路网间距、用地规模需求、外部交通引导、内部功能配置等方面对上海市公路驿站建设提出相关指标要求,着重考虑停车、如厕、休息等基本需求的规模配置。

本研究一方面便于对潜在选址进行筛选,为各地在摸排选址时提供参考依据;另一方面要求各选址在基础功能上高度完善,确保设施品质和司乘体验保持良好水平。

由于现阶段上海市公路驿站建设多以结合既有设施的方式进行,建议积极探索公路驿站管理运营长效机制,根据类别、功能与规模,采取多样化的管理运营模式,降低管理难度和运营成本。

后续建议相关部门在提升公路驿站服务品质方面,着重从品牌管理、服务质量、场所卫生、运营安全等方面加强日常管理。尤其对于运营时间方面,建议工作日运营时间段为 8:00—18:00,运营时间不小于 10h;节假日可根据实际情况适当延长运营时间;但不应低于工作日的相关要求。

参考文献

[1] 戴东昌.将普通国省干线公路服务设施做实做好做到位[J].中国公路,2018(8):20-22.
[2] 赵羽.普通公路服务设施进入运营管理新阶段[J].中国公路,2021(13):70-72.
[3] 徐昕昕,孙芳,顾晓锋,等.基于外部效益的农村公路服务设施规划设计研究[J].交通运输研究,2022,8(1):19-27.
[4] 茹梦麟,赵红坡.上海市普通公路服务设施布局规划探讨[J].交通与运输,2020,36(1):29-32.
[5] 冯辉红,卢祥花.既有公路服务区设施配置适宜性评价模型[J].科学技术与工程,2022,22(20):8938-8946.
[6] 刘宏立.公路驿站设计研究[J].城市住宅,2019,26(8):201-202.
[7] 江海丹.普通干线公路服务设施设置技术研究[D].重庆:重庆交通大学,2016.

匝道合流端至收费站最小净距研究

高远智[*1]　陈建新[1]　王元庆[2]

(1.长安大学公路学院;2.长安大学运输工程学院)

摘　要　本文在无人机采集车辆轨迹数据的基础上,针对规范中匝道合流端至收费站间距规定缺失的情况进行研究。研究发现,在自由流及稳定流条件下,进入收费站车辆的行驶过程可分为等待可插入间隙段、车辆换道段及收费车道调整段三部分,基于此建立了相应的间距计算公式。其中,稳定流下车辆车头时距符合移位二阶爱尔朗分布,自由流车辆不需要考虑插入间隙,由此计算可插入间隙段长度;对比各种轨迹模型发现车辆换道段的车辆轨迹最符合等速偏移余弦换道模型,代入相关实测数据即可计算车辆换道段长度;最后,结合实测数据所确定的车道调整段长度,得出匝道合流端至收费站中心计算长度,并通过 CarSim 仿真,将特定速度下的计算值进行推广,最终获得了自由流和稳定流状态下匝道合流端至收费站中心所需的一般距离及极限距离。结果表明:匝道合流端至收费站中心所需距离在自由流和稳定流的情况下,其长度与规范规定的收费广场中心至分流点最小距离差值较大,在设计中需要进一步单独细化计算。

关键词　道路工程　间距分析　实验研究　互通式立交　收费站　自由流　稳定流

项目名称:基于清洁生产的资源受限区道路几何与铺面设计基础理论研究(51878062)。

0 引言

互通立交的布设位置、形式及规模直接关系到高等级公路及互通立交本身的使用功能、工程造价及地区经济的发展[1]。收费站作为高速公路的重要节点,若其与前方匝道合流端之间长度布设过长,则会增加立交占地及建设费用;若其长度过短,车辆会由于被迫变道增加碰撞风险,还会降低道路通行能力。而《公路立体交叉设计细则》(JTG/T D21—2014)[2]中仅对收费站中心至分流点的距离做了明确规定,对收费站中心至合流端的距离并无要求,但是由于二者车辆行驶状态有明显区别。因此需对合流端到收费站中心的距离进行研究,从而明确是否需要对于其作出详细规定,这具有一定的实际意义。

通过文献收集可以发现,国内外目前对互通式立交收费站中心至合流端距离的研究较少,虽然有学者[3]进行相关研究,但仅限理论论述,无实测数据。另有学者[4~6]研究了收费站与分流点之间的间距,但由于车辆行驶状态的差异性无法进行参考。目前与之相关的研究主要集中在交通流状态[7]、交通安全[8]、通行能力[9~10]、换道行为[11]、微观仿真[12]等方面,对于收费站与分合流点之间间距的研究较少。本研究基于实地调查,分析不同交通流状态的车辆轨迹特征,建立相应的计算模型。通过拟合对比选取最优换道模型,代入实测值计算换道长度,利用实测值验证仿真软件的合理性后利用仿真推导至一般性结论,再结合可插入间隙距离及车道调整距离求解出收费站中心至合流端间距。

1 数据采集与处理

1.1 调查对象的选取

为确定合流端至收费站中心的距离,首先应选择合适的调查对象,选取的原则应遵循以下几个方面:

(1)匝道线形指标足够好,对车辆行驶状态无影响;

(2)合流端至收费站中心的道路应设置在直线段上;

(3)收费站有足够的收费车道,驾驶员可完全依照习惯选取车道;

(4)合流端至收费站中心有足够的行驶距离,不会迫使驾驶员迅速完成换道行为。

(5)收费站交通流为自由流或稳定流。

基于上述原则,通过对西安市周边的互通式立交按上述原则进行筛选,最终选取西安外环高速(S02)与长安大道交叉处的长安收费站、西安绕行高速与太白南路交叉处的高新收费站以及京昆高速与西安绕行高速交叉处的河池寨收费站作为研究对象。具体参数如图1所示。

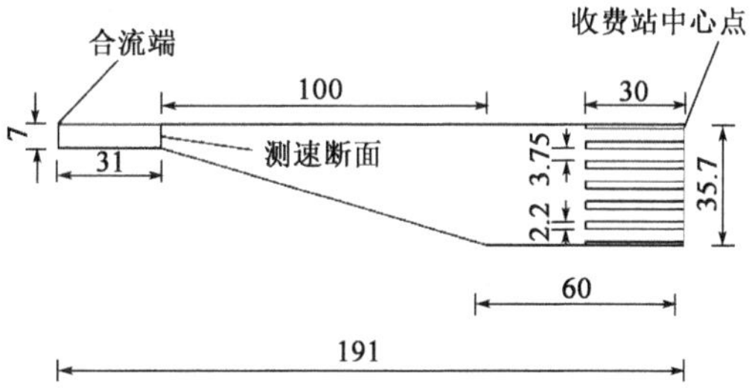

a)长安收费站(尺寸单位:m)

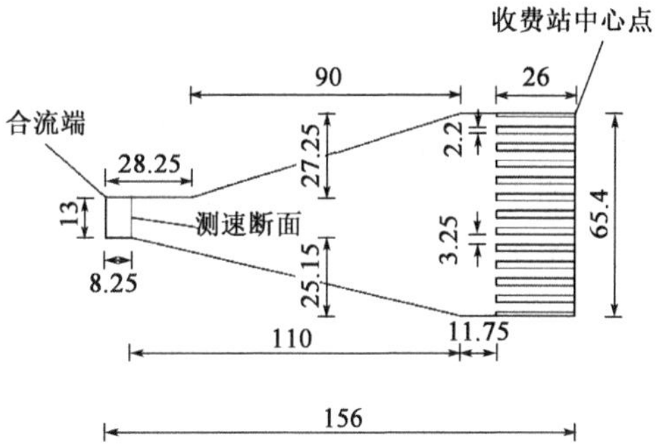

b)高新收费站(尺寸单位:m)

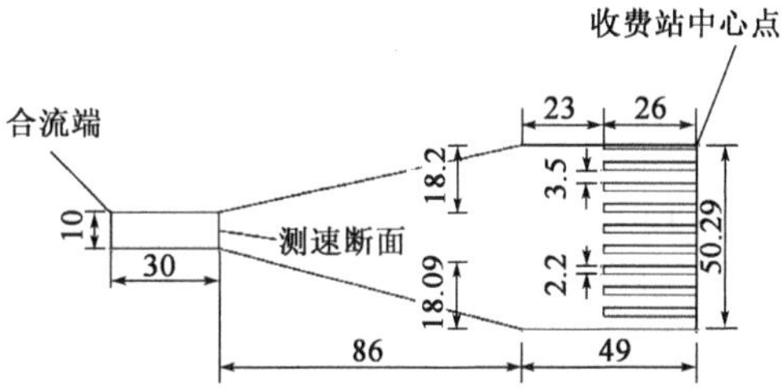

c)河池寨收费站(尺寸单位:m)

图1 收费站概况

1.2 数据采集的时间与方法

为获得高精度的自由流及稳定流下互通式立交收费站车辆换道数据,作者采用大疆 mini1 无人机进行数据采集工作,采集高度为 120 m,采集日期为 2023 年 3 月 27 日至 2023 年 4 月 1 日、2023年 1 月 8 日以及 2023 年 12 月 13 日,采集时间分别选择 16:00—17:20、15:40—17:00 及 11:30—15:00 几个时间段,视频帧数为 30 帧/s,在拍摄过程中天气状况良好,风力小,拍摄区域标志标线基本完整。

1.3　数据处理

作者利用 Tracker 自动追踪功能确定车辆行驶轨迹,对无法追踪的车辆进行人工识别并手动确定行驶轨迹,识别频率为 5 次/s。Tracker 软件可自动输出车辆速度、加速度、车辆位置等数据,

这些数据可利用 Origin 软件进一步分析,完成修正车辆轨迹、拟合车头时距分布模型等目标。

1.4　收费站车辆交通流状态的确定

对 3 个收费站的基本数据进行统计分析,其中河池寨收费站第一次观测用河池寨收费站①表示,第二次观测用河池寨收费站②表示,结果见表 1。

收费站合流段基本数据　　　　　　　　　　　　　　　　表 1

收费站名称	到达车道数	平均每车道交通量 （pcu/h）	车速最大值 （km/h）	车速最小值 （km/h）	车速 85% 分位值 （km/h）	v/c
长安南收费站	2	95	76.46	50.80	68.08	0.06
高新区收费站	3	860	56.27	26.21	52.16	0.69
河池寨收费站①	2	408	73.48	34.06	64.73	0.27
河池寨收费站②	2	750	68.00	31.21	53.35	0.6

依据《公路通行能力手册》[13]的相关规定,匝道自由流速度在 $[60,70)$ km/h 区间内时,双车道匝道基准通行能力为 3000pcu/h;匝道自由流速度在 $[50,60)$ km/h 区间内时,双车道匝道基准通行能力为 2500pcu/h。计算可得长安收费站 v/c 为 0.06,为一级服务水平,交通流状态属于自由流;高新收费站 v/c 为 0.69,为三级服务水平,交通流状态属于稳定流;河池寨收费站①v/c 为 0.27,为二级服务水平,交通流状态属于自由流;河池寨收费站②v/c 为 0.60,为三级服务水平,交通流状态

属于稳定流。

2　换道轨迹提取及其初步特征

为分析自由流与稳定流下车辆的行驶轨迹特征,对自由流和稳定流的车辆行驶轨迹进行提取,并筛选掉不合格的数据,仅保留换道行为不受干扰的部分。由于逐帧提取中可能出现异常、缺失、波动等情况,导致数据不够平滑,所以需要对直接提取出的轨迹数据采用 LOWESS 方法进行平滑处理。平滑处理前后轨迹如图 2 所示。

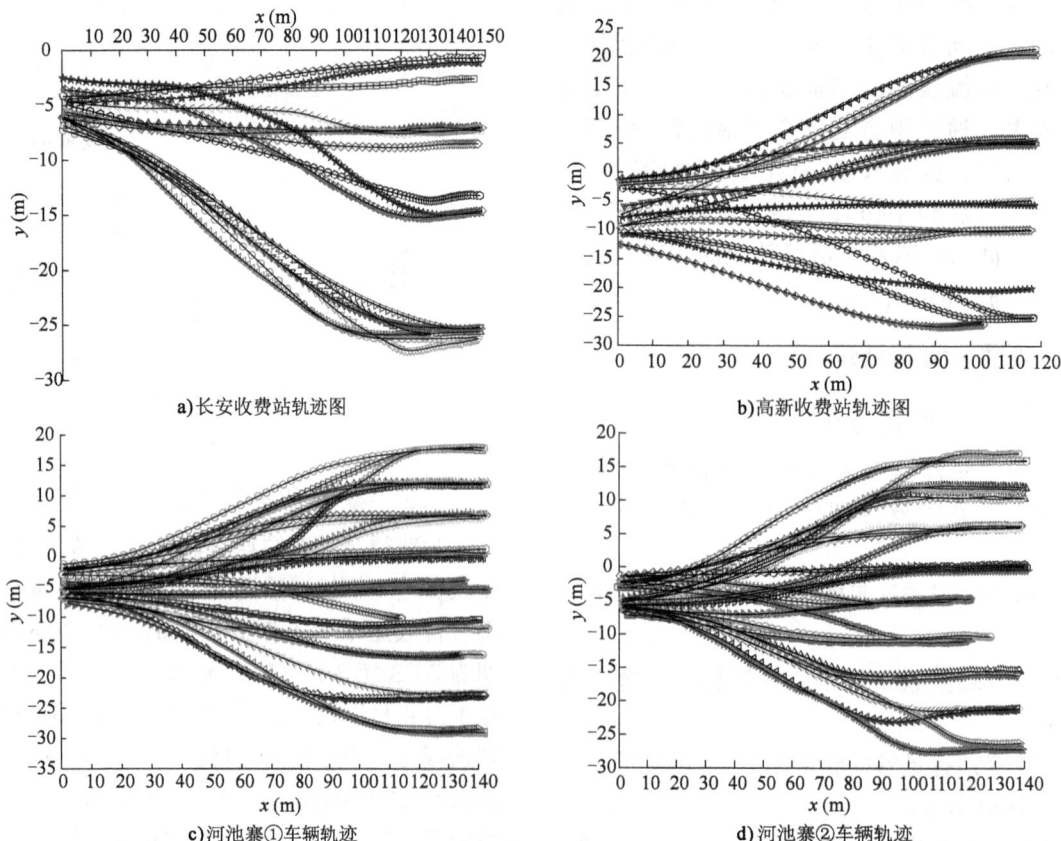

a)长安收费站轨迹图

b)高新收费站轨迹图

c)河池寨①车辆轨迹

d)河池寨②车辆轨迹

图 2　车辆换道轨迹

由图 2 可知,车辆行驶轨迹相对较为集中,可认为车辆换道特征具有普遍性,且自由流下车辆的行驶速度明显高于稳定流下车辆行驶速度,横移速度也较稳定流高。车辆速度在换道过程中存在降低的现象,但降低幅度不大。

3 合流端至收费站中心间距计算公式的建立

3.1 稳定流间距计算公式的建立

对高新收费站及河池寨收费站①车辆行驶状态观测发现,稳定流下换道车辆行驶具有以下特征:

(1)绝大多数车辆为跟车行驶,极少数车辆会有超车行为;

(2)车辆在换道之前需要寻找可插入间隙伺机换道;

(3)车辆在换道过程中车速基本稳定;

(4)换道车辆需要跨越多车道时,车辆只产生一次换道行为;

(5)车辆换道完成后会调整车辆行驶状态,根据需求减速或排队通过收费站;

(6)ETC 车辆几乎不需要排队,MTC 车辆均需要排队,排队长度的变化无明显特征;

综上所述,可将稳定流下匝道合流端至收费站中心点之间的车辆运行状态分为三个区间,第一区间是等待可插入间隙段,第二区间是车辆换道段,第三区间是收费车道调整段,由此可建立计算公式:

$$L = L_c + L_h + L_t \quad (1)$$

式中:L——间距总长度,m;

L_c——可插入间隙距离,m;

L_h——车辆换道距离,m;

L_t——收费车道调整距离,m。

3.2 自由流间距计算公式的建立

对长安收费站及河池寨收费站②车辆行驶状态观测发现,自由流下车辆行驶具有以下特征:

(1)驾驶员可根据需求随时变道,不需要等待可插入间隙;

(2)绝大多数 ETC 车辆优先选取直行车道前进,部分车辆存在一次换道行为,极少数车辆存在两次换道行为,MTC 车辆会选择最近的 MTC 车道通过收费站;

(3)换道之后车辆调整行驶状态,ETC 车辆减速通过,MTC 车辆减速或短暂排队后通过。

根据上述车辆行驶特征,可认为公式(1)$L =$

$L_c + L_h + L_t$ 对自由流下合流端至收费站中心间距计算依然适用,其中 L_c 长度为 0。

4 合流端至收费站中心车辆行驶距离计算

4.1 可插入间隙行驶距离 L_c 的确定

4.1.1 车头时距分布模型的选择与确定

由式(1)可知,需要确定稳定流下车辆的可插入间隙行驶距离,可按下式计算:

$$L_c = \frac{v}{3.6} t_w \quad (2)$$

式中:v——车辆速度,km/h;

t_w——平均等待时间,s;

L_c——行驶距离,m。

平均等待时间的确定需要先确定车头时距分布模型,再依据模型研判平均等待时间。

目前常用的车头时距分布函数包括负指数分布、移位负指数分布、爱尔朗分布等[14],对稳定流的车头时距进行了实地调查后,采用指数分布、移位负指数分布、二阶爱尔朗分布、移位二阶爱尔朗分布、三阶爱尔朗分布、移位三阶爱尔朗分布、四阶爱尔朗分布以及移位四阶爱尔朗分布的函数对车头时距分布进行拟合,拟合结果如图 3 所示。

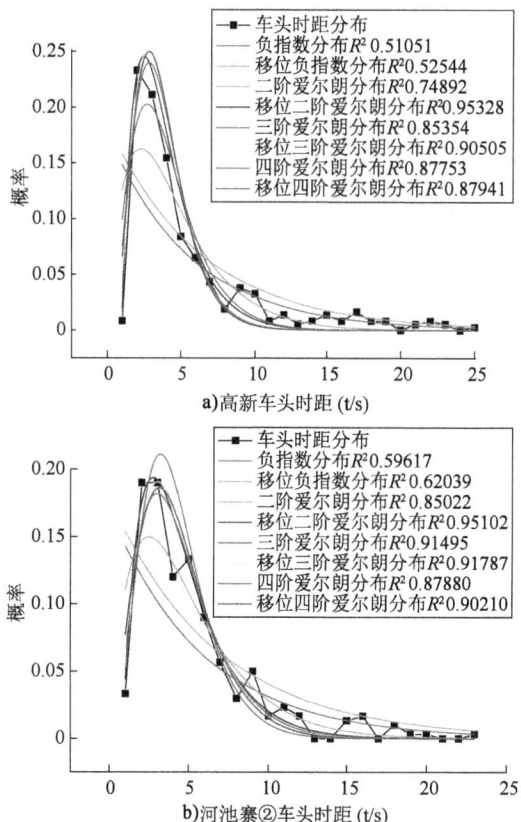

图 3 车头时距分布拟合结果

图 3 中折线为车头时距分布曲线,曲线为分布函数拟合曲线,其中 R^2 为相关系数,其值越大表示拟合程度越好。由图 3 可知,高新收费站车头时距与移位二阶爱尔朗分布拟合程度最好,R^2 达到了 0.95328,河池寨收费站②车头时距拟合特征与高新收费站一致。因此可认为稳定流下车头时距服从于移位二阶爱尔朗分布,它能够反映畅行车流和拥挤车流之间的各种车流条件,其概率密度函数为:

$$f(t) = \lambda^2(t-\tau)e^{-\lambda(t-\tau)} \tag{3}$$

车辆平均等待时间 t_w:

$$t_w = \frac{\tau + \frac{2}{\lambda} - \left[\lambda\left(t_c + \frac{1}{\lambda}\right)^2 + \frac{1}{\lambda} - \tau\lambda t_c - \tau\right]e^{-\lambda(t_c-\tau)}}{\left[\lambda(t_c-\tau)+1\right]e^{-\lambda(t_c-\tau)}} \tag{4}$$

车辆的平均到达率为:

$$\frac{\lambda}{2} = \frac{Q}{3600} \tag{5}$$

式中:Q——单车道最大服务交通量;

       t_c——可插入临界间隙,s;

       τ——最小车头时距,s;

       λ——车辆单位时间平均到达率,veh/s。

4.1.2 模型参数的确定

Q 为单车道最大服务交通量,通过最大服务交通流计算的可插入间隙行驶距离可保障所有交通量下的使用需求,根据《公路通行能力手册》[13] 相关规定,车速为 40km/h 时通行能力为 1000pcu/h,车速为 50km/h 时是 1250pcu/h,车速为 60km/h 时是 1500pcu/h,车速为 70km/h 时是 1750pcu/h。此外,高新收费站 Q_1 取值根据实测采用 860pcu/h;河池寨收费站②Q_2 取值根据实测采用 750pcu/h;t_c 均值一般为 $3 \sim 4s$[15],本文取 3.5s;τ 取值一般为 $1 \sim 1.5s$,本文取 1.2s。将上述指标代入公式(2)、(4)、(5)中,可得到表 2 的相关数据。

稳定流可插入间隙行驶距离(m)   表 2

速度	40km/h	50km/h	60km/h	70km/h	高新区收费站	河池寨收费站②
$\lambda/2$	0.28	0.35	0.42	0.49	0.24	0.21
t_w	1.47	2.26	3.28	4.57	1.26	0.98
L_c	16.36	31.45	54.66	88.89	18.20	14.45

4.2 车辆换道距离 L_h 的确定

4.2.1 车辆换道模型的选择

传统的车辆换道轨迹有梯形加速度换道轨迹、等速偏移换道轨迹、圆弧换道轨迹、多项式换道轨迹、余弦换道轨迹、等速偏移余弦换道轨迹等[16-18]。其中梯形加速度换道轨迹模型、等速偏移换道轨迹模型、圆形换道轨迹模型存在较大问题,故不考虑。

将余弦换道轨迹、多项式换道轨迹、等速偏移余弦曲线换道轨迹与车辆实际行驶轨迹进行对比,分别计算 3 种方法得到的轨迹与实际轨迹同一横坐标下纵坐标值的相对误差 δ,对比结果如图 4 所示。

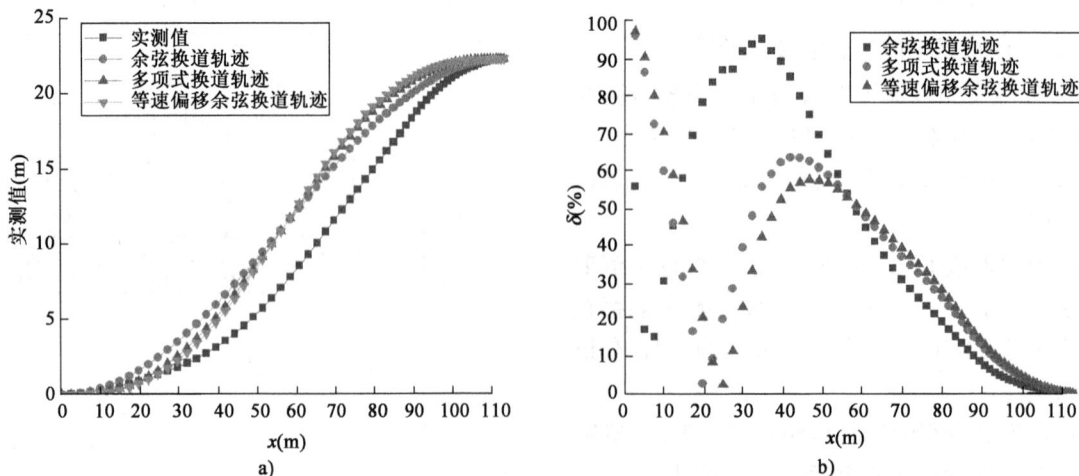

a)

b)

图 4 轨迹计算值与实际值对比及误差分析

利用模型计算轨迹坐标点与实际值的最大相对误差。其中余弦换道轨迹平均相对误差为31.73%;多项式换道轨迹平均相对误差为27.17%;等速偏移余弦换道轨迹平均相对误差为27.11%,与实际轨迹拟合度最好,因此选取等速偏移余弦曲线换道模型作为车辆换道模型。

其最小换道长度的数学表达式为:

$$L_h \geqslant L_{min} = max \left(\sqrt{\frac{2\pi w}{a_{max}}}v, \sqrt[3]{\frac{(2\pi)^2 w}{\alpha_{max}}}v \right) \quad (6)$$

式中:L_h——完成换道过程所需的纵向长度,m;

a_{max}——横向加速的最大值,m/s²;

α_{max}——横向加速度变化率的最大值,m/s²;

w——完成换道需要横移的宽度,m;

v——车辆速度,m/s。

车辆速度采用实际行驶速度,其中自由流下长安收费站采用18.91m/s,河池寨收费站①采用17.98m/s;稳定流下高新收费站采用14.49m/s,河池寨收费站②采用14.82m/s。

4.2.2 横移宽度 w 的确定

确定横移宽度应首先确定车辆的换道数,在根据车道宽度来计算不同车道数下的车辆横移宽度。长安收费站共计6条收费车道,高新收费站共计12条收费车道,河池寨收费站共计9条收费车道,对所有车辆的换道概率进行统计可得表3。

车辆换道比例(%)   表3

换道数	0	1	2	3	4	5	6	7
长安南收费站	35.1	17.0	5.3	39.4	4.3	0	—	—
高新区收费站	17.7	34.4	21.0	13.3	5.6	4.9	1.3	0
河池寨收费站	13.2	30.1	36.8	14.7	5.1	0	—	—

在计算过程中,考虑满足85%车辆通行需求的方案,因此自由流与稳定流下车辆换道考虑换道3道以内(含3道)。

根据《公路路线设计规范》[19]的相关规定,匝道车道宽3.5m,收费岛间车道宽为3.2m,ETC车道宽3.5m,收费岛宽2.2m。为确保安全本文收费岛岛间车道宽采用3.5m。因此换道1车道车辆位移宽度为5.7m,换道2车道车辆位移宽度为11.4m,换道3车道车辆位移宽度为17.1m。

4.2.3 横向最大加速度 a_{max} 的取值

经过对高新区收费站及长安南收费站两个收费站进行实地调查,利用Tracker软件对车辆进行自动追踪,可输出车辆在各个时刻的加速度,将其取绝对值后得到单车加速度最大值。再将所有车辆的最大加速度进行整合后得横向加速度值见表4。

横向最大加速度(m/s²)   表4

换道车道数	1		2		3	
加速度	最大值	最小值	最大值	最小值	最大值	最小值
长安南收费站	0.51	0.32	0.98	0.41	0.97	0.47
高新区收费站	0.84	0.34	0.93	0.41	0.79	0.42
河池寨收费站①	0.74	0.31	0.91	0.43	0.90	0.43
河池寨收费站②	0.72	0.38	0.85	0.42	0.86	0.43

为计算满足多数车的换道距离,计算值采用横向加速度最小值。

4.2.4 横向最大加速度变化率 α_{max} 的取值

经过对高新区收费站及长安南收费站两个收费站进行实地调查,利用Tracker软件对车辆进行自动追踪,可输出车辆在各个时刻的加速度变化率,将其取绝对值后得到单车加速度变化率最大值。再将所有车辆的最大加速度进行整合后得横向加速度变化率值见表5。

为计算满足多数车的换道距离,计算值采用横向加速度变化率最小值。

横向最大加速度变化率(m/s³)　　　　　　　　　　　　表5

换道车道数	1		2		3	
加速度	最大值	最小值	最大值	最小值	最大值	最小值
长安南收费站	0.91	0.72	0.91	0.70	0.88	0.75
高新区收费站	0.91	0.76	0.89	0.79	0.93	0.60
河池寨收费站①	0.95	0.68	0.88	0.72	0.83	0.68
河池寨收费站②	0.93	0.71	0.92	0.78	0.90	0.73

4.2.5　换道期间车辆行驶距离 L_h

将自由流与稳定流下车辆运行速度、横向最大加速度、加速度变化率、车辆横移宽度代入式(6)中可得表6。

计算车辆换道长度(m)　　　表6

换道车道数	1	2	3
长安南收费站	46.00	57.48	65.75
高新区收费站	36.02	50.31	60.88
河池寨收费站①	45.58	53.50	67.03
河池寨收费站②	37.37	50.27	57.60

对自由流和稳定流车道换道长度进行实测可得表7。

实测车辆换道长度(m)　　　表7

换道车道数	1	2	3
长安南收费站	50.28	60.36	70.39
高新区收费站	42.83	53.71	65.55
河池寨收费站①	51.31	61.19	73.41
河池寨收费站②	40.29	54.51	66.64

由表5及表6可知,自由流及稳定流车辆换道长度计算值较实测值偏小,车辆在收费站前实测换道长度约为计算换道长度的1.1倍左右。

造成这一现象的原因有以下几点:

(1)车辆实际行驶时具有足够长的换道空间,车辆不必急于完成换道行为。

(2)收费站站前广场设计形式对车辆行驶轨迹产生限制,车辆在换道数增加时不能迅速完成换道行为。

4.3　收费站车道调整距离 L_t

收费站车道调整距离可分为两部分,第一部分为进入收费岛前的车辆变速距离,第二部分为收费岛长度。

$$L_t = S + D \tag{7}$$

式中:S——车辆变速段行驶距离,m;

D——收费岛长度,m。

车辆变速段行驶距离通过实际测量确定。其定义为车辆完成换道行为之后,从车辆减速开始,到车辆停车或匀速行驶时所行驶过的距离,并对ETC及MTC车道的变速段行驶距离进行了测量,结果见表8。

车辆变速段行驶距离(m)　　　表8

车道行驶距离	最大值	最小值	85%分位值
ETC车道	23.84	10.49	15.90
MTC车道	19.05	15.31	17.26

由上表可知,车辆变速段行驶距离的85%分位值分别为ETC车道15.90m,MTC车道17.26m,计算采用17.26m。收费站站台长度依据规范采用ETC站台总长度的一半,长30m,因此收费站车道调整距离为47.26m。

4.4　合流端与收费站间距 L 的计算

根据上文相关数据可计算出四个收费站分别在换道一次、换道两次及换道三次条件下的合流端与收费站间距,结果见表9。

合流端与收费站计算间距(m)　　　表9

换道车道数	1	2	3
长安南收费站	93.26	104.74	113.01
高新区收费站	101.66	115.77	126.34
河池寨收费站①	92.84	100.76	114.29
河池寨收费站②	99.08	111.98	119.31

由于计算数据与实测数据仅代表特定速度下的车辆换道长度,在收费站设计中仅在部分设计速度下具有参考作用,不具有广泛性,为满足各设计速度下的设计需求,需对计算结果进行推广,本文采用CarSim进行仿真,先将4个收费站的车速、换道长度、车辆型号及换道模型等数据输入CarSim模型中,验证CarSim仿真的合理性,仿真相关结果见表10和表11。

CarSim 仿真横向最大横向加速度（m/s²）

表10

换道车道数	1	2	3
68.08km/h	0.32	0.43	0.49
52.16km/h	0.28	0.39	0.42
64.73km/h	0.33	0.47	0.48
53.35km/h	0.34	0.39	0.42

CarSim 仿真横向最大横向加速度变化率（m/s³）

表11

换道车道数	1	2	3
68.08km/h	0.72	0.74	0.77
52.16km/h	0.66	0.73	0.68
64.73km/h	0.72	0.77	0.73
53.35km/h	0.73	0.77	0.66

经对比表10与表4，表11与表5可知，在特定的车辆速度及换道车道数的条件下，CarSim 仿真结果与实测数据结果基本一致，因此可认为 CarSim 仿真结果可信。同时，由表4及表10可以看出，不同速度下车辆在相同换道宽度时对应的横向加速度数值相近，因此可采取横向加速度平均值求解不同速度下车辆的一般换道距离，见表12。

一般车辆换道长度（m）

表12

换道车道数	1	2	3
40km/h	37.55	43.53	51.51
50km/h	39.43	48.67	57.59
60km/h	43.19	53.31	62.91
70km/h	46.65	57.59	68.14

上表所得结果可作为一般设计使用，但在互通式立交收费站设计过程中，存在地形、地貌、工程投资等因素限制，立交匝道及收费站区域设计指标较小，可设计长度较短，一般换道长度无法满足设计需求的情况，此时需要明确车辆换道的极限长度，本文采用 CarSim 仿真求解车辆极限换道长度。通过 CarSim 仿真可以发现，当长度小于表13所列数值时，车辆在仿真中会产生横向滑移的可能，由此可以将该长度认定为极限换道长度。

极限车辆换道长度（m）

表13

换道车道数	1	2	3
40km/h	21	29	35
50km/h	25	37	44
60km/h	30	45	54
70km/h	35	52	63

综上所述，自由流与稳定流的互通立交匝道合流端与收费站间距见表14和表15。

自由流合流端与收费站间距（m）

表14

换道车道数	1		2		3	
	一般值	极限值	一般值	极限值	一般值	极限值
40km/h	84.81	68.26	90.79	76.26	98.77	82.26
50km/h	86.69	72.26	95.93	84.26	104.85	91.26
60km/h	90.45	77.26	100.57	92.26	110.17	101.26
70km/h	93.91	82.26	104.85	99.26	115.4	110.26

稳定流合流端与收费站间距（m）

表15

换道车道数	1		2		3	
	一般值	极限值	一般值	极限值	一般值	极限值
40km/h	101.17	84.62	107.15	92.62	115.13	98.62
50km/h	118.14	103.71	127.38	115.71	136.3	122.71
60km/h	145.11	131.92	155.23	146.92	164.83	155.92
70km/h	182.8	171.15	193.74	188.15	204.29	199.15

5 结语

本文采用无人机进行数据采集，利用相应软件进行数据处理，并依据车辆行驶轨迹提出相应计算模型，并将计算结果与实测结果进行对比，验证计算模型的合理性。再通过 CarSim 仿真软件将结果推导至普适性结论，结合其余部分研究结果得出自由流及稳定流条件下收费站中心距合流端的一般距离和极限距离。最终得到以下结论：

（1）合流端至收费站中心净距不足，易使车辆无法完成相应操作，造成安全隐患。合流端至收费站极限长度是满足车辆行驶安全的最小长度，有效保证了道路的通行需求。

（2）对自由流车辆而言，合流端至收费站中心一般距离在 40km/h 及 50km/h 的条件下基本小于 100m，60km/h 及 70km/h 仅在换道车道数为 1 的条件下小于 100m，在换道车道数大于 1 时均大于 100m。极限距离在换道车道数不大于 3 的条件下均小于 100m，在换道车道数为 3 的条件下仅在 40km/h 及 50km/h 的条件下小于 100m，60km/h 及 70km/h 的条件下大于 100m。

（3）对稳定流车辆而言，合流端至收费站中心一般距离均大于 100m，极限距离仅在 40km/h 的条件下小于 100m，其余设计速度下基本大于 100m。

（4）由于计算出长度与规范规定的收费站中心至分流点长度不一致，因此常用的收费站中心至分流点距离 100m 的参考值并不适用于合流端与收费站中心的设计。

（5）合流端至收费站中心车辆行驶所需间距随速度或最大换道车道数的增加而增加。

（6）自由流下合流端至收费站车辆行驶所需间距较稳定流小。

参考文献

［1］陈胜营.高等级公路互通立交布置与选型［J］.公路，1993（6）：9-12.

［2］中华人民共和国交通运输部.公路立体交叉设计细则：JTG/T D21—2014［S］.北京：人民交通出版社股份有限公司，2014.

［3］党娜.匝道分合流点距匝道收费站安全间距研究［J］.公路工程，2019，44（4）：258-263.

［4］骆中斌，单东辉，史恒，等.客货分离式互通立交收费站与客货分流点间距研究［J］.公路，2023，68（6）：309-315.

［5］赵礼昭，刘靓.高速公路主线收费站距离前方分流点的最小净距研究［J］.科技资讯，2021，19（5）：85-87.

［6］杨少伟，万健，潘兵宏.匝道收费广场中心至前方分流点最小间距研究［J］.铁道科学与工程学报，2017，14（2）：395-399.

［7］NAVANDAR YV. Headway distribution for manually operated tollbooths in India in mixed traffic conditions［J］. Proceedings of the institution of civil engineers -transport, 2018, 173（1）.

［8］VALDES D, COLUCCI B, FISHER DL, et al. Driving simulation of the safety and operation performance at a freeway toll plaza［J］. Transportation research record, 2016：129-137.

［9］WANG H L, ZOU F M, TIAN J S, et al. Analysis on lane capacity for expressway toll station using toll data［J］. Journal of advanced transportation, 2022.

［10］郝思源，赵娜乐，矫成武，等.高速公路收费站通行能力研究现状及趋势［J］.公路交通科技（应用技术版），2020，16（10）：354-356.

［11］向往，王超伦，于安康，等.考虑高速公路主线收费通道引导信息面向对象的驾驶人换道行为研究［J］.中国公路学报，2023，36（8）：257-270.

［12］王亚培，韩旺，陈艳艳，等.高速公路收费站微观交通仿真系统设计［J］.交通科技与经济，2017，19（3）：75-80.

［13］周荣贵.公路通行能力手册［M］.北京：人民交通出版社，2017：214-229.

［14］段力，过秀成，姚崇富.车头时距分布函数的验证、分析与选择［J］.公路交通科技，2014，31（5）：147-152.

［15］吴明先，潘兵宏，王佐，等.八车道高速公路互通式立交最小净距计算模型［J］.长安大学学报（自然科学版），2012，32（4）：31-37.

［16］李玮，高德芝，段建民.智能车辆自由换道模型研究［J］.公路交通科技，2010，27（2）：119-123.

［17］裴玉龙，徐慧智.基于低车速的自由式车道变换期望运行轨迹构建［C］.//中国城市规划学会.中国城市规划 2006 年年会.［S. l.］：［s. n.］，2006：720-730.

［18］潘兵宏.道路交叉设计理论与方法［M］.北京：人民交通出版社，2022：27-28.

［19］中华人民共和国交通运输部.公路路线设计规范 JTG D20—2017［S］.北京：人民交通出版社股份有限公司，2017.

Modeling and Situational Inference of Parking Conflicts in Large Hub Facilities

Wenjie Sun[1]   Lei Wan[2]   Mingyu Miao[3]   Pengfei Kong[2]   Chu Zhang[*1]   Jun Chen[4]

(1. School of Transportation Engineering, Southeast University; 2. Chien-Shiung Wu College, Southeast University;

3. College of of Software Engineering, Southeast University;

4. National Demonstration Center for Experimental Road and Traffic Engineering Education, Southeast University)

Abstract   Large transportation hubs are vital components of the national comprehensive transportation system, but their accompanying parking facilities are often plagued by traffic congestion. Previous studies have had insufficient understanding of the parking demand characteristics at these hubs, and analyses typically relied on static models, unable to capture the dynamic movements within parking lots. In order to enhance the efficiency of parking facilities and alleviate traffic pressure, this paper establishes a dynamic simulation system for large hub parking lots using low-level code languages. The parking lots are rasterized, identifying roads and parking spaces within, and employing Poisson probability distribution to generate new incoming vehicles, allocating vehicles to destinations according to certain proportions. Simultaneously, conflicts between vehicles are considered and resolved. Finally, using the P2 parking lot at Nanjing South Station as a case study, we examine the relationship between threshold value and occupancy rate, finding that the simulation results exhibit similar trends to actual results and outperform them.

Keywords   Large Hub   Parking Lot Simulation Model   Temporary Parking   Vehicle Conflict   Situation Inference

0   Introduction

The operational efficiency of parking lots is a key factor in ensuring smooth traffic flow and the proper functioning of cities. An efficient parking lot should be able to quickly guide vehicles in and out, reduce the time spent searching for parking spaces, and minimize congestion. This not only improves the experience for drivers by reducing their wait times and anxiety but also helps reduce traffic congestion and emissions, thereby positively impacting the environment. Therefore, enhancing the operational efficiency of parking lots is crucial for improving overall urban transportation efficiency and sustainability.

The movement of vehicles within parking lots is highly dispersed, making it difficult to constitute continuous traffic flow. Therefore, microsimulation is adopted to analyze vehicles within parking lots. Mihails Savrasovs (2012) created a discrete traffic flow model at three detail levels and introduced the use of the discrete rate method to implement the model[1]. In 2017, Raul Borsche and Axel Klar developed a Lighthill-Whitham-type equation converging under the relaxation limit from a continuous dynamics model, which is highly suitable for modeling traffic flows in invariant domains[2]. Marijonas Bogdevicius and Raimundas Junevicius (2014) studied the dynamic process of traffic flow as a nonlinear dynamic system using the Discrete Traffic Flow Model (DTFM). By inputting values for traffic flow speed and traffic flow rate, mathematical simulations of

Fund projects: The Natural Science Foundation of Jiangsu Province (BK20230853); The National Natural Science Foundation of China (52302388).

traffic flow can be conducted, yielding numerical results for traffic flow dynamics[3]. Ahmed Turki and Saad Talib Hasson Aljebori (2022) proposed a stochastic method, using a Markov chain model for discrete flow traffic prediction, which considers the dynamics and randomness of traffic flow through the transition matrix of Markov chain processes[4]. Tsai et al. proposed an intelligent parking lot system that combines IoT application technology with smartphone mobile devices based on a limited environmental condition recommendation algorithm[5]. In addition to considering the above models, large hub parking lots also need to consider the impact of vehicles temporarily parking on roads and the effects of entering and exiting parking spaces, an area that currently lacks relevant research.

The existing mainstream simulation models mainly rely on vector simulation software, which has certain limitations in simulating vehicle movements, especially in describing non-compliant behaviors (such as wrong-way driving). To overcome this challenge, we have developed a simulation model based on grid-based parking lots. By dividing the parking lot into small grid units, this model can more accurately simulate the movement trajectories and non-compliant behaviors of vehicles, thus achieving a comprehensive depiction of complex traffic scenarios. This innovation not only improves the realism and accuracy of simulations but also provides more powerful analytical tools for traffic planning and management.

This paper elaborates on the parking lot modeling process, conflict resolution, and vehicle destination allocation, fitting the modeling model to the actual situation, and using this model for situational inference to verify the rationality and superiority of the simulation system.

1　Construction of dynamic simulation system for parking lots

This dynamic simulation system is divided into three steps to build a large hub car park simulation model. Firstly, the static environment in the car park

is constructed, and the real car park is rasterised, digitised, and deposited into a two-dimensional array for subsequent processing; then dynamic simulation is generated to set the probability of new car admission and the ratio of vehicle admission purpose; finally, the vehicle motion logic is generated to realise the motion of individual vehicles in the car park, and, finally, the conflict between vehicles is considered and solved to simulate the interaction between multi-vehicles.

1.1　Static environment construction

1.1.1　Obtain A compliant car park plan

When constructing the static environment of a parking lot, the first requirement is to have a floor plan that meets specific criteria. This floor plan should fulfill the following conditions: the shape of the parking lot is rectangular, with a regular layout of parking spaces and roads, all parking spaces are oriented consistently, and the roads completely surround the parking spaces. If the floor plan meets these requirements, the next step of static environment construction can begin.

1.1.2　Grid processing of parking lots

Using the idea of studying on-street parking by cellular automata for reference, the parking lot that considers temporary parking vehicles is gridded based on the length of small sedans[6]. On the road, the grid's length runs parallel to the direction of vehicle travel and is equal to the length of the benchmark vehicle. The grid's width matches the width of the road. Grids are delineated from the starting point to the endpoint of each road, with irregular areas being ignored. At intersections, where perpendicular roads intersect, a square-like area is formed. We divide this area into four grids, and each parking space is divided into two grids.

1.1.3　Identification of roads and parking spaces in parking lots

By reading and analyzing the parking lot floor plan, it's possible to distinguish between roads and parking spaces and label each grid accordingto its position and attributes. Road grids are labeled as 0, parking space grids are labeled as 1, and this information is stored in a two-dimensional array. Simultaneously, the coordinates of pickup locations are recorded. Additionally, it's necessary to define pickup and non-pickup areas. The pickup area refers to the region consisting of the aisles near the designated pickup points and the two rows of parking spaces adjacent to the pickup points. The non-pickup area is any area that is not within the pickup area.

1.2 Dynamic vehicle generation

1.2.1 Generating New Vehicles With Poisson Distributed Probabilities

The Poisson probability distribution is as follows:

$$p(x = k) = \frac{\lambda^k}{k!} e^{-\lambda} \quad (k = 0, 1, 2, 3, \cdots, n) \quad (1)$$

$P(x = k)$ is the Probability of K vehicles in a simulation second.

k is the number of vehicles appearing and takes the value of a non-negative integer. x represents the number of vehicles appearing in one simulation second and is a random variable.

Thisprobability distribution is used to simulate the probability of a new vehicle being generated at the car park entrance in each simulation second, and the value of λ can be changed according to the specific practical situation.

1.2.2 Purpose of allocating vehicles

Based on the following purposes for vehicle entry, different logic and probabilities for assigning destinations to vehicles will be provided:

(1) Parking in non-pickup area parking spaces (P1): When a vehicle's entry purpose is parking in non-pickup area parking spaces, the system will randomly search for an available parking space grid and designate its coordinates as the vehicle's destination. The vehicle will follow a certain logic to proceed to the parking space. If the vehicle encounters the occupied parking space during the journey, the system will reassign an available parking space until the vehicle successfully parks.

(2) Parking in non-pickup area aisles (P2):

When a vehicle's entry purpose is parking in non-pickup area aisles, the system will randomly search for an available lane grid within the non-pickup area and designate its coordinates as the vehicle's destination. The vehicle will directly proceed to the lane and complete temporary parking.

(3) Parking in pickup area aisles (P3): When a vehicle's entry purpose is parking in pickup area aisles, the vehicle will directly proceed to the nearest pickup point for temporary parking. If the vehicle finds that it cannot park temporarily near the pickup point during the journey, the system will trigger a temporary parking relocation conflict handling mechanism, enabling the vehicle to search for other available parking positions near the pickup points.

(4) Parking in pickup area parking spaces (P4): When a vehicle's entry purpose is parking in pickup area parking spaces, the vehicle will search for the parking space closest to the pickup point as its destination. If the vehicle encounters an occupied parking space during the journey, the system will reassign a parking space closer to the pickup point until the vehicle successfully parks.

Where: P1 + P2 + P3 + P4 = 1.

1.3 Generate vehicle movement logic in parking lots

The logic of vehicle movement within the parking lot is an integral part of its behavior. Initially, we'll consider the movement of individual vehicles without considering interactions with destinations or other vehicles.

When a new vehicle enters the parking lot, the system automatically assigns it a unique identifier. This identifier distinguishes it from other vehicles and is used to track and manage the vehicle's status and behavior.

Next, the system assigns a target location for the vehicle based on its entry purpose. This purpose may include parking in non-pickup area parking spaces, parking in non-pickup area aisles, parking in pickup area aisles, or parking in pickup area parking spaces. Depending on the purpose, the vehicle will follow different paths and behavioral patterns. Then provide the optimal parking space by analyzing and predicting parking spaces in small surrounding areas[7].

To achieve shortest path navigation, the system will use shortest path algorithms to determine the optimal path for the vehicle from its current position to the target location. This algorithm considers the structure of the road network, obstacles, traffic rules, and the positions and trajectories of other vehicles. By calculating the shortest path, the vehicle can reach its destination in the most efficient way, reducing travel time and delays.

Finally, as the vehicle approaches the parking space, the system checks the availability of the parking space. Only when the parking space is confirmed to be vacant and safe will the vehicle be allowed to enter the parking space. This ensures that the vehicle parks correctly and safely, adhering to the rules and restrictions of the parking lot.

1.4 Handling conflicts between vehicle

In a simulation system, the logic for handling conflicts between vehicles is crucial for ensuring smooth and safe traffic flow. Different conflict handling logics are employed for different types of conflicts:

(1) Overtaking parked vehicles conflict: When a vehicle needs to overtake a parked vehicle ahead, the system first checks the traffic condition in the opposite lane. If there are no vehicles in the opposite lane or if the vehicles in the opposite lane will not interfere with overtaking, the current vehicle can safely overtake. If there are vehicles in the opposite lane, the system will require the current vehicle to wait behind the parked vehicle until there are no vehicles in the opposite lane or until it is safe to overtake.

(2) Intersection turning conflict: When handling intersection turning conflicts, the system checks whether there are other vehicles in the turning path. If there are vehicles in the turning path, the system requires the current vehicle to wait until the turning vehicle completes the turn. At the same time, the

system also monitors whether there are vehicles intending to pass through the intersection. If so, the straight-moving vehicles must wait until the turning vehicles complete their turn. This ensures orderly traffic flow at intersections.

(3) Entering/leaving parking space conflict: Calculate the delay caused by the conflict through the calculation method of traffic capacity under the influence of roadside parking[8]. When a vehicle attempts to enter or leave a parking space, the system checks whether there are other vehicles nearby. If there are vehicles behind, the system requires the current vehicle to wait until the rear vehicle maintains a safe distance. This prevents collisions and scratches between vehicles, ensuring the safety of the parking process.

(4) Parking area reallocation conflict: If the parking space assigned to a vehicle is occupied by other vehicles on the way, the system will reassign a vacant parking space closer to its destination and consistent with its entry purpose[9]. If a conflict occurs again, the system will continue to redistribute until the vehicle successfully parks in a suitable parking space. This ensures that vehicles can smoothly park in suitable parking spaces, avoiding unnecessary inconvenience caused by occupied parking spaces.

Through the design of these conflict handling mechanisms, we can simulate real-world traffic situations, making the simulation system more realistic and reliable. Theapplication of these mechanisms helps improve the accuracy and reliability of the simulation system, providing strong support for further research and applications.

2 Systematic evaluation and analysis

To evaluate and analyze the simulation system, we consider the disparity between the simulation results and the actual outcomes under identical initial conditions. In real-world scenarios, we specifically focus on the impact of vehicle occupancy ratio on the actual outcomes. The Occupancy Ratio (OR) is defined as the ratio of the number of parked vehicles to the total number of parking spaces at a given moment. The formula is as follows:

$$OR = \frac{m}{M} \times 100\% \qquad (2)$$

Where m represents the number of vehicles initially parked and intended for long-term parking, and M represents the total number of vehicles in the parking lot.

By comparing the simulation results with actual observed data under different occupancy ratios, we can understand the accuracy and reliability of the simulation system in simulating parking lot traffic conditions. If the simulation results are consistent or close to the actual data, then the simulation system can be considered to have high rationality and credibility.

This article also introduces the concept of a threshold value to evaluate the simulation system's ability to handle traffic congestion. The Threshold Value (TV) is defined as the difference between the maximum number of vehicles simultaneously present in the parking lot when vehicles are unable to resolve blockages on their own and the initial number of occupied parking spaces:

$$TV = m' - m \qquad (3)$$

Where m represents the number of vehicles initially parked and intended for long-term parking, and m' represents the maximum number of vehicles simultaneously present in the parking lot. Conducting multiple experiments under the same initial occupancy ratio, we calculate the maximum value of the threshold as the Valid Threshold Value (VTV) for this system under that occupancy ratio, i. e. :

$$VTV = \max\{TV_1, TV_2, TV_3, \cdots, TV_n\} \qquad (4)$$

If there is a significant disparity between the various threshold values, or even if there are situations where the system doesn't experience congestion, the VTV is calculated as ∞.

Simultaneously, through on-site investigations, the Actual Threshold Value (ATV) is obtained. Subsequently, by plotting the VTV-OR and ATV-OR graphs, we can assess whether the simulation system is reasonable. If the VTV is significantly greater than

the ATV and the trends of the VTV-OR and ATV-OR curves are consistent, it can be concluded that the simulation system is reasonable and reliable. Additionally, it indicates that the logic for resolving conflicts in parking has a beneficial effect.

3 Case studies

This article uses the P2 parking lot at Nanjing South Station as an example to evaluate and analyze the system. The parking lot has a total of 261 parking spaces, where M is equal to 261. A small section is selected for gridification, with red blocks indicating passenger pick-up areas (Figure 1).

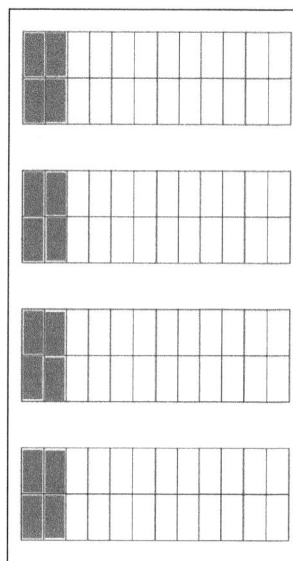

Figure 1　Part of the parking lots after rasterisation

Before initiating the simulation system, the occupancy rate is set to occupy a certain proportion of parking spaces with vehicles in advance, resulting in the following scenario (Figure 2).

Following that, the program is executed, and the TV within each simulated second is recorded, as shown in Figure 3.

Subsequently, multiple experiments are conducted at this occupancy rate to obtain multiple sets of data, resulting in the VTV for this OR.

Multiple experiments are also conducted at different occupancy rates, and the results are summarized in Table 1.

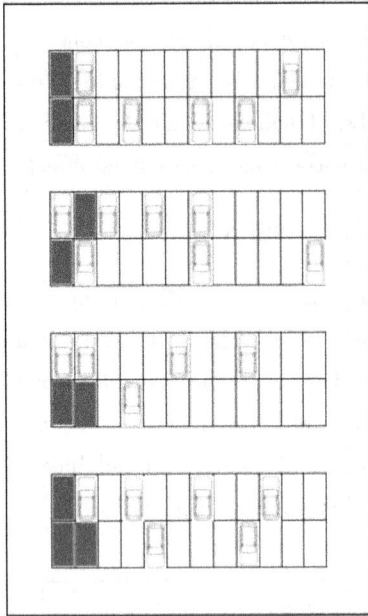

Figure 2　Parking lots after vehicle occupancy in advance

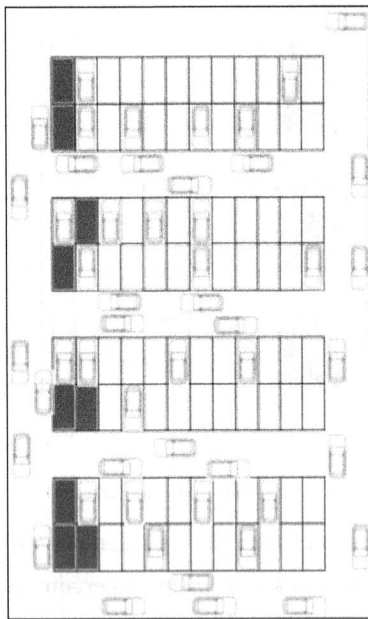

Figure 3　Operational parking lots

The efficiency of the car park was assessed through field visits and the use of sensors to collect real-time monitoring of the entrances and occupancy status of the parking spaces to obtain the ATVs at different occupancy rates as shown in Table 2 below[10].

	actual result						Table 2
OR	90%	80%	70%	60%	50%	40%	30%
ATV	43	50	107	73	71	∞	∞

From the above data, it is observed that both ATV and VTV are not meaningful for low OR values. This is because when the OR is too low, both ATV and VTV are not determined by the conflict resolution or behavioral logic among vehicles but only by the difference between the number of vehicles entering and exiting the parking lot. Such data is therefore discarded as it lacks significance(Figure 4).

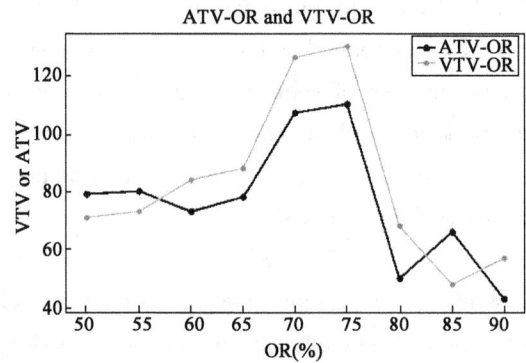

Figure 4　ATV-OR and VTV-OR

Based on the results shown in Figure 4 and excluding situations where OR is excessively large or small, it can be generally concluded that the simulation system's results are similar to the real-world scenario, indicating a certain level of rationality. Additionally, the logic for resolving conflicts within the simulation system appears to have a beneficial effect on parking within the parking lot.

4　Conclusions

Through in-depth research on large transportation hub parking lots, this paper constructs a dynamic simulation system by elaborating on the parking lot modeling process, conflict resolution, and vehicle destination allocation. The aim is to enhance the

	simulation result					Table 1
OR	TV_1	TV_2	TV_3	TV_4	TV_5	TV_6
90%	57	38	43	52	48	57
80%	68	47	48	54	65	68
70%	117	126	118	115	116	126
60%	60	70	84	76	62	84
50%	79	63	74	68	65	79
40%	70	58	∞	102	60	∞
30%	60	67	∞	76	∞	∞

utilization efficiency of parking facilities and alleviate traffic pressure. The research findings indicate that the operational efficiency of parking lots largely depends on methods of resolving conflicts when they arise, the proportion of entry purposes, and the initial occupancy rate of the parking lot. Measures such as manual guidance and controlling the number of vehicles in the parking lot can effectively alleviate parking difficulties, thereby improving the overall service level and user experience of the parking lot.

Although this paper has achieved certain research results, there are still some shortcomings. The simulation system in this paper is established based on certain assumptions and simplified conditions, which may differ from actual situations. Furthermore, there is room for further study on the dynamic behaviors of vehicles, such as vehicle speed, directional changes, emergency stops, and their impact on the operational efficiency of parking lots. Additionally, for different types of large transportation hub parking lots, their applicability and portability need further exploration.

In subsequent research, we will continue to delve into the optimization issues of large transportation hub parking lots. We will further improve the simulation system to enhance its authenticity and reliability while exploring more intelligent technologies and methods such as machine learning and artificial intelligence to improve the operational efficiency and management level of parking lots. Subsequent efforts will also focus on integrating research findings with practical applications, applying them to actual large transportation hub parking lots to verify their practical value and effectiveness.

References

[1] SAVRASOVS M. Traffic flow simulation on discrete rate approach base[J]. Transport and Telecommunication Journal, 2012, 13 (2): 167-173.

[2] BORSCHE R, KLAR A. A nonlinear discrete velocity relaxation model for traffic flow [J]. SIAM Journal on Applied Mathematics, 2018, 78(5): 2891-2917.

[3] BOGDEVICIUS M, JUNEVICIUS R. Investigation of traffic flow dynamic processes using discrete model[J]. Journal of KONES, 2014, 21(4): 15-19.

[4] TURKI A I, HASSON S T. A Markova-Chain Approach to Model Vehicles Traffic Behavior [C]//2022 International Conference of Science and Information Technology in Smart Administration (ICSINTESA). IEEE, 2022: 117-122.

[5] TSAI M F, KIONG Y C, SINN A. Smart service relying on Internet of Things technology in parking systems [J]. The Journal of Supercomputing, 2018, 74: 4315-4338.

[6] TSAI M F, KIONG Y C, SINN A. Smart service relying on Internet of Things technology in parking systems [J]. The Journal of Supercomputing, 2018, 74: 4315-4338.

[7] CHEN J, LI Z, JIANG H, et al. Simulating the impacts of on-street vehicle parking on traffic operations on urban streets using cellular automation[J]. Physica A: statistical mechanics and its applications, 2017, 468: 880-891.

[8] JIANG B, GE X. Study on the impact of curbside parking on traffic delay and capacity[J]. Road Traffic & Safety, 2008, 8(3):20-23.

[9] CHEN X, GUO J, WANG T. Simulation Diagram of Unmanned Vehicle Driving from Current Position to Optimal Parking Space Based on A * Algorithm[C]//Journal of Physics: Conference Series. IOP Publishing, 2022, 2381(1): 012094.

[10] BARHATE M, ROKADE M, DHAGE R, et al. Parking Management System [J]. International Journal for Research in Applied Science and Engineering Technology, 2023, 11. 2286-2290.

双高集装箱铁路办理站堆场布置仿真研究

王寒[1] 张矢宇[*1] 王博[2]

(1.武汉理工大学交通与物流工程学院;2.中铁第四勘察设计院集团有限公司线路站场设计研究院)

摘 要 A双高集装箱铁路办理站为我国首个双高集装箱办理站,为探究双高集装箱堆场布置形态,在参考目前单层标箱堆场布置形态的基础上,提出将最典型的平行式与垂直式堆场布置形态在双高集装箱办理站的环境中仿真,选出更适宜双高集装箱的堆场布置形态。在双高集装箱办理站的运行环境下对平行式和垂直式堆场的作业规则与流程进行试验分析,利用FlexSim分别构建A双高集装箱办理站平行式堆场和垂直式堆场的仿真模型,模拟真实环境下不同堆场布置形态的办理站运行状态。通过仿真实验得到平行式方案中列车到站平均等待时间为2148min,堆场平均每天吞吐能力为311FEU;垂直式列车到站平均等待时间为2115min,堆场平均每天吞吐能力为335FEU,垂直式模型指标数据均优于平行式。研究表明相较于单层标箱,双高集装箱办理站更宜采用垂直式堆场以获得更优的吞吐和运行能力,为A双高集装箱铁路办理站以及未来双高集装箱的堆场布置及场站建设提供参考。

关键词 双高集装箱办理站 堆场布置 FlexSim仿真

0 引言

近年来,我国铁路集装箱发送量始终保持20%以上的速率逐年增长,出口至国外的铁路集装箱占比也在持续攀升。在铁路货运不断发展的背景下,2020年9月,国铁集团组织召开了金华至宁波铁路双高集装箱论证会,决定金华市A双高集装箱铁路办理站(下文中简称为A办理站)为我国首个双高集装箱办理站。"双高箱"由双层高箱(FEU×2层)组成,相较国内外常见的单层标箱(TEU×1层)列车,运量可至少提高30%,双高箱运输技术不仅具有高运能、低成本的特点,还能推进运输结构转型,优化海铁联运模式。而堆场作为集装箱办理站的重要中转区域,其布置形态可直接影响办理站的容量及运输效率,不适宜的堆场布置形态更易制约双高集装箱办理站的发展。

阅读文献发现,多数学者主要针对单层标箱运输环境下的堆场布置形态研究,如孙振宁等[2]对4种不同堆场布置方案下箱位数量、调箱门作业量等指标的差异进行研究;陈培等[3]通过对比两种布置方案的堆场通过能力等7项指标,发现堆场平行于岸线的布置方案更优;高延辉等[4]结合自动化集装箱码头新型工艺,选择平行于岸线的堆场布置;许鸿贯等[5]结合钦州港自动化码头设置,提出全自动化卸箱堆场布置方案。

研究过程中,为最大化贴近不同堆场布置形态的真实情境,学者大多利用仿真的手段进行建模,如杨勇生等[6]利用eM-Plant建立包括岸桥、AGV和堆场在内的集装箱码头仿真模型,对码头作业效率进行比较。李雨萱等[7]利用FlexSim对铁路物流园的不同规划方案进行分析,以达到布局更合理化。LIU H W等[8]采用FlexSim将Petri网络与系统布局规划结合,对区域各阶段布局进行优化。NIE X Q等[9]基于FlexSim搭建铁路集装箱中心站仿真模型,对不同作业调度方案进行仿真。学者[10~15]皆用FlexSim对集装箱场站或堆场进行仿真,通过指标对不同方案择优,模拟出更为贴切的真实情境。

综上所述,国内外研究中,针对双高集装箱的研究较为稀少,对双高集装箱堆场形态的研究亟待补充。因此借鉴单层标箱的相关研究发现,堆场重最为典型且常用的布置形态以平行于岸线或装卸线和垂直于岸线或装卸线为主,以铁路集装箱办理站为例,即分为平行于装卸线和垂直于装卸线(以下简称为平行式和垂直式)。参考过往研究,针对集装箱的仿真研究,选用FlexSim可以得到更合理且真实的三维模型,因此本文利用FlexSim对A办理站进行三维仿真,为A办理站及未来双高集装箱的应用和办理站的建设发展提供借鉴。

1 A办理站概述

1.1 A办理站业务及布局

(1)A办理站主营业务

A办理站主要办理发往宁波方向的双高集装箱的出口以及空箱返回业务。空箱返回后送往堆场或送至场外装箱,形成重箱送至场内重箱堆场,办理报关业务后经铁路装卸区发往宁波,最后经宁波港发往欧美及中亚地区。

(2)A办理站布局

A办理站主要设有铁路装卸区、到发线、空箱堆场、重箱堆场等。其中规划布设重箱堆场2处、空箱堆场1处,为场地空、重集装箱的周转、堆存、到发堆放提供服务。两个重箱堆场分别位于铁路装卸区的南侧和东侧(以下简称南侧重箱堆场为重箱堆场1,东侧重箱堆场为重箱堆场2),占地共约215亩;空箱区位于集装箱装卸区南侧,占地111亩。装卸线及堆场布局如图1所示。

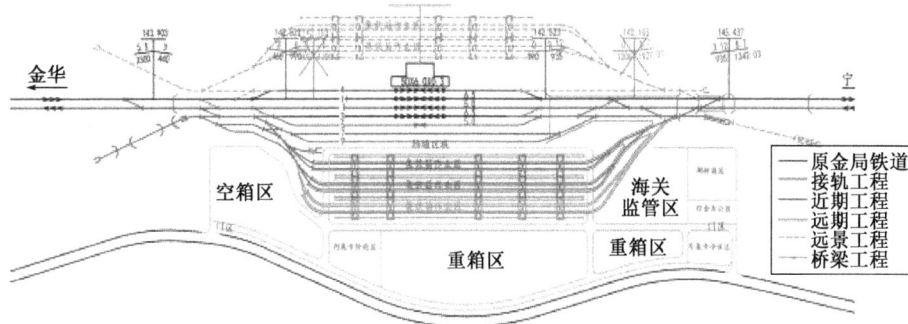

图1 办理站平面布局图

1.2 堆场布置形态

1.2.1 平行式

平行式即堆场平行于铁路装卸线。当堆场平行于装卸线布置时,等待区的设置不再局限于箱区端部,而是深入箱区内部直至每个贝位,如图2所示。平行式的作业模式使智能AGV小车(以下简称AGV)、外集卡与装卸设备直接交接,大幅减少了龙门吊及空箱堆高机来往反复的无效行驶距离。但AGV、外集卡在堆场内部的同时作业极易造成交通流线混乱,且箱区间的集卡行驶车道需占用一定的堆场面积,易导致堆场的堆存能力减小。

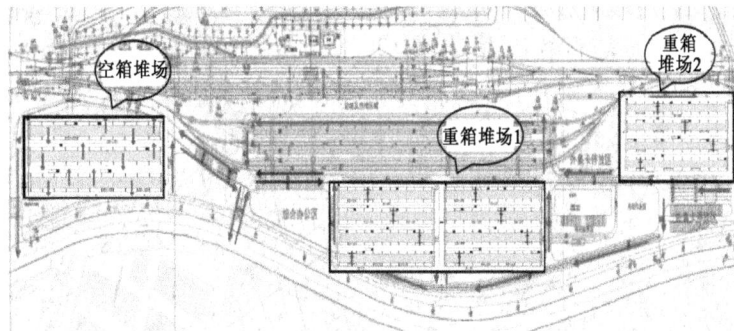

图2 办理站堆场平行式布置示意图

平行式形态下,A办理站重箱堆场1内共可设置8个箱区,每箱区10排、每排46个箱位,共容纳约3680FEU重箱,每箱区配备1台龙门吊,共需配备8台龙门吊;重箱堆场两内共可设置4个箱区,箱位同堆1,共容纳约1840FEU重箱,共需配备4台龙门吊;空箱堆场共可设置3个箱区,每箱区10排,每排65个箱位,共容纳1950FEU空箱,每箱区配备4台空箱堆高机,共需配备12台。

1.2.2 垂直式

垂直式即堆场垂直于铁路装卸线,如图3所示。垂直式可以通过堆场自身实现AGV与外集卡交通流线的自然分离,近装卸线端为AGV等待区,远装卸线端为外集卡等待区,使得管理简单化,便于发展自动化双高集装箱铁路办理站,但也存在诸如运输步骤增多等缺陷。

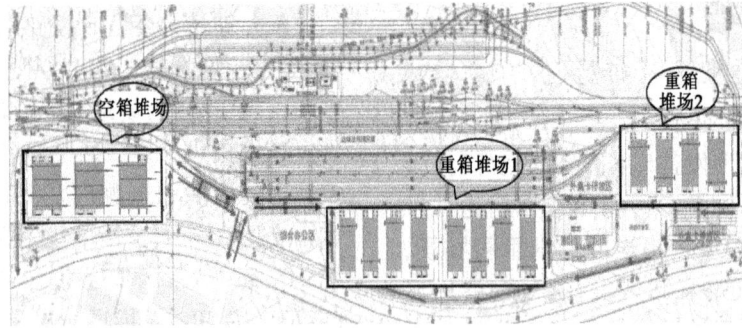

图3　办理站堆场垂直式布置示意图

垂直式形态下,A办理站重箱堆场1内共设置8个箱区,每箱区20列、每列23个箱位,单箱区长约124.2m,宽约40m,共容纳约3680FEU重箱,每箱区需配备1台龙门吊,共需配备8台龙门吊;重箱堆场2内共设置4个箱区,箱区箱位与单箱区长宽同堆场1,共容纳约1840FEU重箱,每箱区需配备4台龙门吊;空箱堆场内共可设置3个箱区,每箱区25列,每列26个箱位,共容纳1950FEU空箱。每箱区配备4台空箱堆高机,共需配备12台。

2　基于FlexSim的A办理站模型构建

2.1　模型边界及假设

2.1.1　模型边界

仿真模型主要研究A办理站在不同堆场布置形态下的列车等待时间和堆场吞吐能力,与将空箱运出站外并形成重箱返回环节关系不大,故仿真模型以堆场门区为边界,只考虑站内集装箱铁路装卸线模块、水平运输模块和堆场存取模块。

2.1.2　模型假设

在不影响仿真目标的前提下,对仿真模型进行如下假设:

①模型不考虑外集卡将空箱运出站外并形成重箱返回的详细作业流程;

②考虑到A办理站规划装卸作业实际,仿真过程中到站列车均执行先卸后装的作业程序;

③暂不考虑作业过程中的可能出现的设备故障问题;

④假设装卸线主箱区和场站内各堆场皆有初始库存集装箱80FEU;

⑤暂不考虑外贸箱的海关报关步骤。

2.2　模型构建

2.2.1　逻辑构建

(1)业务流程

A办理站业务流程包括空箱到达、空箱到达后到场外仓库装箱或场内空箱堆场堆存、场内重箱堆场取箱、海关报关、机检、人工掏箱、重箱发送等步骤,如图4所示。为简化仿真模型,暂不对海关报关、机检、人工掏箱部分进行仿真。

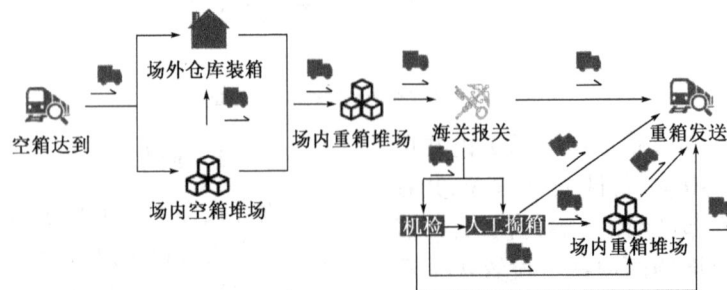

图4　办理站业务流程图

(2)运输逻辑

运输的物理逻辑主要体现在外集卡和AGV的运输逻辑。外集卡的运输逻辑主要分为送重箱到重箱堆场1且提空箱、仅送重箱到重箱堆场1、送重箱到重箱堆场 2 且提空箱、送重箱到重箱堆场 2、仅提空箱 5 种。AGV 的运输逻辑分为仅提空箱、送重箱提空箱、仅送重箱 3 种,平行式与垂直式中 AGV 运输逻辑相同,分别如图 5 和图 6 所示。

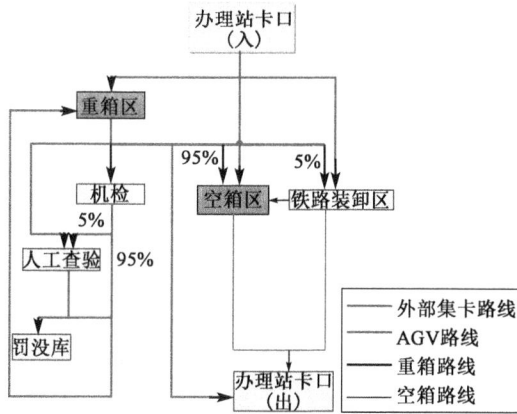

图 5　平行式站内运输逻辑图

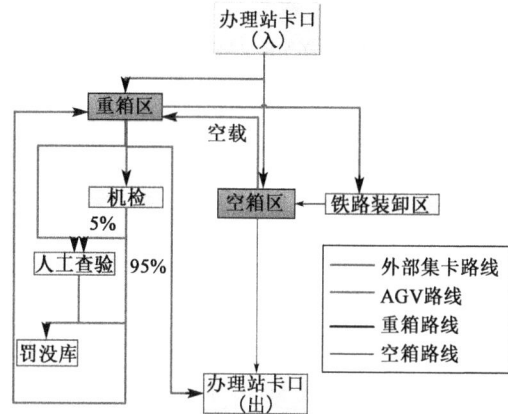

图 6　垂直式站内运输逻辑图

2.2.2　仿真模型实体设计

不同堆场布置形态下的 A 办理站仿真模型所涉及的实体众多,除核心实体外,还需设置一些必要的中转、路径及暂存实体等。仿真模型中的各类实体在办理站中对应的元素名称及相关功能描述见表 1。

A 办理站仿真模型实体设置表　　　表 1

实体名称	系统元素	功能说明
40ft 空箱发生器	双层堆叠的 40ft 空箱产生	四个双层堆叠的 40ft 空箱为一组,放置于一节车厢
双层集装箱列车车厢发生器	双层集装箱列车车厢产生	共产生 40 节车厢
任务执行器	作为车头的本务机产生	车头牵引车厢、携带双层堆叠的 40ft 空箱行驶
列车合成器	含车头、车厢及 40ft 空箱的双层集装箱列车产生	按指定时刻表产生到站的双高集装箱列车
装卸作业区决策点	装卸作业区	使列车停留在装卸作业区
暂存区	车身	车身留在暂存区进行装卸作业
任务分解器	卸车装置	将车身分解为车厢与集装箱
起重机	门式起重机	负责列车的装、卸车作业
任务处理器	智能 AGV	配合门式起重机完成列车的装、卸车作业
网络节点	智能 AGV 的行驶路径	为智能 AGV 指定作业走行路径
平放货架	空箱堆场	代表集装箱堆场,停留时间服从随机分布
堆垛机	空箱堆高机	负责空箱堆场内的集装箱存取作业
集装箱货车	外集装箱货车	负责站外运输,不进入办理站内部的运输车
平放货架	重箱堆场	代表重箱堆场,停留时间服从随机分布
合成器	装车设备	将重箱与车厢合成为一体

2.2.3　仿真模型参数设置

平行式与垂直式的仿真时间设置、列车参数设置、装卸线箱区参数设置、运输设备参数设置以及装卸设备参数设置基本相同,区别主要集中在重箱及空箱堆场的具体参数设置。

(1)仿真时间。

模型的仿真时间设置为 1 个月(43200min)。

(2)列车参数。

列车的参数设置中,一辆列车共可容纳 40FEU 且列车以 20m/s 的速度行进。A 办理站共布置 4 束到发线,列车到达时间均服从于均值为 2h 的均匀分布。

(3)装卸线箱区参数。

列车采用直到直发模式到达装卸线后,由门式起重机卸载集装箱至列车。门式起重机下设装卸线 2 条,装卸线间距为 5m,具体参数设置见表 2。

行驶速度为 4m/s。外集卡按负指数分布到达办理站,约每 5min 到达 1 辆,车载容量为 1 辆,其中外集卡运行速度满载为 90m/min,空载为 120m/min。

(5)装卸设备参数。

装卸设备主要有装卸线、重箱堆场 1 和重箱堆场 2 的门式起重机以及空箱堆场的空箱堆高机,具体参数设置见表 3。

(6)重箱及空箱堆场参数设置。

重箱及空箱堆场的贝位数、列数、容量、设备数量等参数设置见表 4。

A 办理站装卸线箱区仿真参数表 表 2

名称	容量(箱)	贝位数	列数	数量
装卸线空箱区	162	54	3	2
装卸线重箱区	162	54	3	2

(4)运输设备参数。

A 办理站仿真主要运输设备包括 AGV 和外集卡。场内共设置 40 辆 AGV,车载容量为 1 辆,车辆

A 办理站装卸设备仿真参数表 表 3

设备名称	设备速度	设备数量
门式起重机(装卸线)	起升速度满载为 30m/min,空载为 60m/min	8
门式起重机(重箱堆场 1)	起升速度满载为 30m/min,空载为 60m/min	8
门式起重机(重箱堆场 2)	起升速度满载为 30m/min,空载为 60m/min	4
空箱堆高机	起升速度满载为 0.5m/s,空载为 0.55m/min;运行速度满载/空载为 25km/h	12

A 办理站箱及空箱堆场仿真参数表 表 4

堆场	堆场布置形式	贝位数	列数	容量(箱)	设备数量(个)
重箱堆场 1	平行式	46	10	3680	8
	垂直式	23	20	3680	8
重箱堆场 2	平行式	46	10	1840	4
	垂直式	23	20	1840	4
空箱堆场	平行式	65	10	1950	3
	垂直式	26	25	1950	3

2.3 仿真模型运行

基于 FlexSim 建立的 A 办理站堆场平行式与垂直式仿真模型俯瞰图分别如图 7 和图 8 所示,图中黑线为可通行线路,线路间布置各作业区。以铁路装卸区仿真模型为例,如图 9 所示。

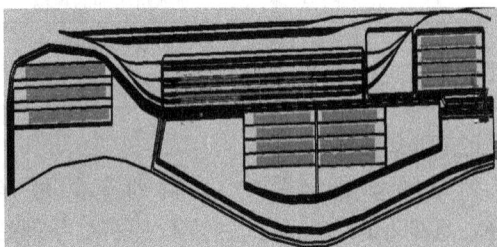

图 8 堆场垂直式办理站仿真模型

图 7 堆场平行式办理站仿真模型

以重箱堆场 2 为例,其平行式和垂直式布置形态下模型如图 10 所示。

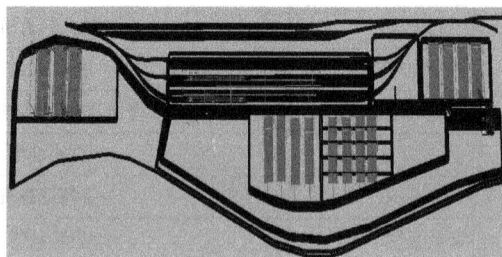

图 9 铁路装卸区仿真模型

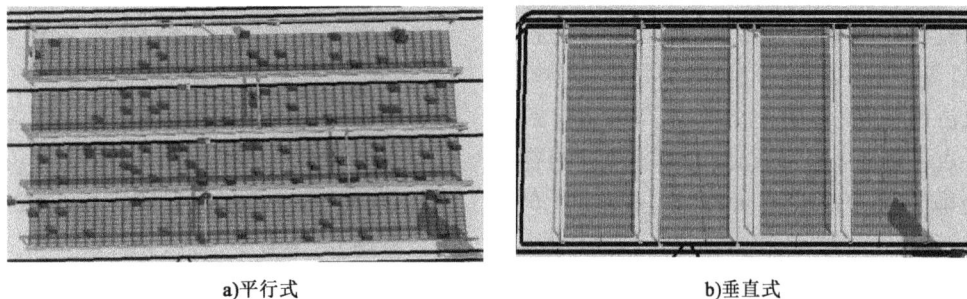

a)平行式   b)垂直式

图10 重箱堆场2仿真模型

3 仿真结果分析

3.1 指标选取

由于本次仿真对象是国内首个双高集装箱办理站,指标选取参考选取单层标箱场站,从办理站能力层面选取堆场吞吐能力指标,从列车运载能力层面选取列车装卸平均等待时间指标。

3.2 对比分析

3.2.1 列车装卸平均等待时间

仿真结束后,输出共4辆本务机车的列车最小等待时间、列车最大等待时间和列车平均等待时间,见表5。从输出结果中可得,仿真时间内,平行式方案下列车平均等待装卸时间为2148min,垂直式方案下列车平均等待装卸时间为2115min。

A 办理站仿真模型实体设置表(min) 表5

列车类型	指标	平行式	垂直式
本务机车1	列车最小等待时间	1525	1525
	列车最大等待时间	2157	2157
	列车平均等待时间	1939	1841
本务机车2	列车最小等待时间	2108	2108
	列车最大等待时间	2108	2108
	列车平均等待时间	2108	2108
本务机车3	列车最小等待时间	2109	2109
	列车最大等待时间	2213	2145
	列车平均等待时间	2161	2127
本务机车4	列车最小等待时间	2383	2383
	列车最大等待时间	2383	2383
	列车平均等待时间	2383	2383
所有机车	列车最小等待时间	1525	1525
	列车最大等待时间	2383	2383
	列车平均等待时间	2148	2115

因此在同样的参数设定下,垂直式列车装卸等待时间更短,办理站服务水平更高。

3.2.2 堆场吞吐能力

在仿真运行结束后,得到堆场进出集装箱的数量,见表6。其中平行式仿真模型在仿真时间内共进入6750FEU,运出2580FEU,总堆场吞吐量为9330FEU,堆场平均每天吞吐能力为311FEU。垂直式仿真模型在仿真时间内共进入7040FEU,运出3010FEU,总堆场吞吐量为10050FEU,平均每天吞吐能力为335FEU。

A 办理站堆场输入输出数据表(FEU) 表6

堆场	集装箱形态	平行式	垂直式
重箱堆场1	进入堆场	2550	2460
	离开堆场	690	650
重箱堆场2	进入堆场	3000	2900
	离开堆场	690	500
空箱堆场	进入堆场	1200	1100
	离开堆场	1200	1000
总和	进入堆场	6750	7040
	离开堆场	2580	3010

在1个月的仿真时间内,垂直式列车的平均等待时间相比平行式的2148min降低到2115min;垂直式方案堆场集装箱吞吐量是10050FEU,比平行式多处理了720FEU。综合对比结果发现,垂直式堆场形态相较于平行式堆场形态,在列车运载能力、堆场作业能力、办理站整体吞吐能力上都更优越,更能提高场站的服务水平,也更适宜双高集装箱办理站的运输和堆存。因此,建议A办理站在堆场的建设中采用垂直式布置方案。

4 结语

①通过对双高集装箱办理站分析,在双高集

装箱的特殊情境下,平行式堆场可大幅减少龙门吊及空箱堆高机的无效行驶距离,获得更高的机械利用率,但AGV、外集卡在堆场内部同时作业极易造成交通流线混乱,运输能力与双高箱运输的超高运量特点不匹配;垂直式通过堆场自身的物理隔离将外集卡与AGV自然分流,不仅解决了车流混乱问题,提高了运输能力,更有利于后续双高集装箱堆场的优化和改建,也利于未来双高集装箱场站的自动化发展。

②通过FlexSim仿真发现针对A办理站而言,相较于平行式,垂直式堆场形态可以提供更高的列车运载能力、堆场作业能力和办理站整体吞吐能力,更能提高场站整体服务水平,更符合双高集装箱高运能的特点,更适宜双高集装箱的运输和堆存。结论表明A办理站在堆场的建设中宜采用堆场垂直于装卸线的布置方案,同样其也为我国新兴发展的双高集装箱运输和双高集装箱场站建设提供借鉴,未来可对包括集疏运在内的完整的双高集装箱运输过程进行研究。

参考文献

[1] 温贤雨.自动化集装箱码头在铁路集装箱货场的应用探讨[J].高速铁路技术,2022,13(5):69-72,85.

[2] 孙振宁,吴邵强,梁浩,等.集装箱码头冷藏箱堆场箱位和取电点布置形式探讨[J].港口装卸,2022(4):1-3,21.

[3] 陈培,武彬,张煜,等.顺岸式自动化集装箱码头堆场布局设计[J].港口装卸,2022(1):62-65.

[4] 高延辉,陈培,张煜,等.天津港北港池C段自动化集装箱码头总体布置设计[J].水运工程,2022(6):78-83,105.

[5] 许鸿贯,王烽,麦宇雄,等.自动化集装箱堆场平面布置创新设计[J].水运工程,2022(10):63-67,78.

[6] 杨勇生,王楠楠,梁承姬,等.基于环岛策略的自动化码头AGV路径仿真优化[J].铁道科学与工程学报,2018,15(1):240-246.

[7] 李雨萱,龚哲宇,符瑛,等.基于景观理论的长沙铁路物流园区布局规划研究[J].铁道科学与工程学报,2022,19(5):1222-1233.

[8] LIU HW,LlU XB,LIN L,et al. A study of the layout planning of plant facility based on the timed Petri net and systematic layout planning [J]. PLo S One,2020,15(9):e0239685.

[9] NIE X Q,WANG L. Simulation Process Design for Scheduling Mode of Railway Container Terminals based on Flexsim[J]. Journal of Physics:Conference Series,2019,1176(5).

[10] 吴邵强,袁金虎,彭骏骏.基于三维仿真的自动化集装箱码头堆场布置形态[J].水运工程,2019(4):67-73.

[11] 虞春风.基于Flexsim CT的出口箱堆存优化分析——以舟山甬舟集装箱码头为例[J].物流工程与管理,2020,42(3):70-72.

[12] 张程,乐婉.基于Flexsim的集装箱码头装卸仿真[J].水运管理,2018,40(8):15-18,25.

[13] 陈旭.CFD港集装箱码头堆场资源调度问题研究[D].天津:河北工业大学,2019.

[14] 张润.基于仿真的集装箱堆场场桥投资决策研究[D].大连:大连海事大学,2019.

[15] 杨斌,胡继龙,林意斐.基于Flexsim的集装箱码头铁路装卸线建模与仿真分析[J].港口装卸,2020(1):6-9.

量子神经网络在交通领域应用研究综述

孙浩博　何赏璐*　梁宇　王杰
(南京理工大学自动化学院)

摘　要　随着人工智能的不断发展,量子神经网络因其综合了量子计算和神经网络的优点,利用量子态的叠加和纠缠特性,以及量子计算的并行性优势,在数据分类、检测识别、预测、图像处理、算法优化、通信、信号处理等领域受到了广泛的关注,在交通状态预测、交通图像检测、自动驾驶决策等交通领域应用也初见成效。本文通过 Web of Science 数据库检索了 Quantum neural Networks、Transportation 等关键词,获取了近十年 3233 篇相关文献;在此基础上,利用文献计量方法对量子神经网络研究时间线、研究归属地、研究主题等进行了交叉统计分析;进一步开展了量子神经网络交通领域应用、问题和未来发展方向的分析总结。本文对量子神经网络在交通领域探索的综述和未来发展的总结,有望为交通领域问题的解决提供新的思路。

关键词　量子神经网络　量子计算　交通大数据　智能交通

0　引言

量子神经网络(Quantum Neural Network, QNN)是一种基于量子力学原理的神经网络模型。它由若干个量子神经元按一定的拓扑结构构成,试图将传统神经网络与量子计算的优势相结合。其目标是利用量子计算的特性,如量子态的叠加和纠缠、量子计算的并行性,来执行机器学习任务。与传统的神经网络相比,量子神经网络有着以下优势[1]:①指数级的记忆容量;②神经网络隐层数少、性能更高;③学习与信息处理速率更快;④能消除灾变性的失忆现象;⑤单层网络能解决线性不可分问题;⑥网络规模更小、网络拓扑结构较简单。量子计算因其有效提升神经网络的效率、降级时间消耗等优势,成为当今国际的研究热点之一。

交通领域也有量子神经网络的用武之地。目前,在交通状态预测、交通图像识别、自动驾驶车辆决策、自动驾驶车辆算法优化、交通大数据分类等交通领域,量子神经网络已被探究其应用成效。随着量子神经网络的不断发展,深度调研和系统分析其在不同交通场景的应用,挖掘潜在的交通应用场景,梳理出量子神经网络在交通领域研究和应用的发展趋势,不仅有利于量子神经网络相关理论和算法的完善,也丰富了交通问题的解决思路。

因此,本文利用 Web of Science 期刊数据库,检索近十年量子神经网络在交通相关技术领域研究文献,并利用科学知识图谱软件 VOSviewer 进行分析,归纳量子神经网络在交通领域的热点应用以及在应用中存在的问题,进一步分析未来发展方向。

1　文献检索与统计分析

1.1　文献检索结果

1995 年,美国路易斯安那州立大学 Kak[2]教授首次提出量子神经计算的概念,随后中国、日本、欧洲各国等先后开始量子神经网络技术的研究。为了紧跟量子神经网络发展,探索其在交通领域的应用情况,本研究在 Web of Science 期刊数据库中检索相关文献。检索关键词设定为 Quantum Neural Networks,检索领域组合包括 Transportation 或 Computer Science 或 Engineering 或 Telecommunications 或 Optics 或 Instruments Instrumentation 或 Automation Control Systems,检索时间跨度为 2014 至 2023 年。最终,本研究共检索到相关文献 3233 篇。

1.2　文献计量分析

本文利用文献计量分析方法,从研究时间线、归属地、核心主题 3 个方面对量子神经网络在交通领域应用的研究开展分析。

从研究时间线来看,所检索到的相关文献数量在历年的分布变化如图 1 所示。可以看出,有关量子神经网络的研究可划分 3 个阶段,2014—2017 年是平缓增长,2018—2022 年呈指数增长,2023 年略有回落。总体来说,反映出近年来量子神经网络在交通领域越来越受到研究者的关注。

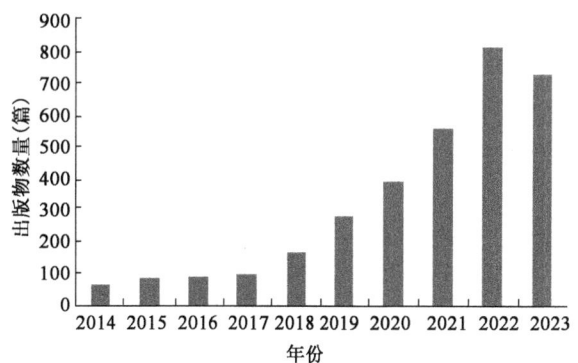

图 1　量子神经网络在交通相关技术领域研究发展趋势

从研究归属地来看,量子神经网络在交通相关技术领域研究归属国家及地区的文献间共现关系如图 2 所示。其中,网络中可以表现出研究时间的前后关系,节点方框的规模大小代表该国家或地区相关出版物越多。本文所分析文献涉及 91

个国家和地区(注:本研究中设定出现次数阈值为5,只有相关的文献数不少于5的国家或地区才会出现在图2中),图2中展示了其中61个国家在时间维度上的分布情况。可以看出,中国和美国是当今世界在该领域最大的两个研究归属地。此外,可以分析出世界上科学技术与工业化水平发展靠前的国家(及地区)均已投入该领域的研究。量子神经网络在世界范围受到了广泛的关注。

图2　量子神经网络在交通相关技术领域研究文献地理分布

从核心主题来看,基于关联强度的VOSviewer聚类算法,选取高频关键词进行聚类分析,构建关系图谱,以揭示量子神经网络研究领域的热点话题。本研究所选文献集关键词共现次数阈值为150次进行筛选,删除无意义词并合并同义词后,共获得34个满足条件的词条,其关键词共现关系图谱如图3所示。由图3可知,关键词共聚类为四簇:①第一簇部分,涉及利用量子神经网络模型进行图像、分类、检测任务;②第二簇部分,对传统神经网络算法进行优化与仿真,形成量子神经网络;③第三簇部分,涉及量子神经网络的原理与结构,包括量子态、量子比特、量子计算等;④第四簇部分,涉及利用量子神经网络执行数据预测任务。

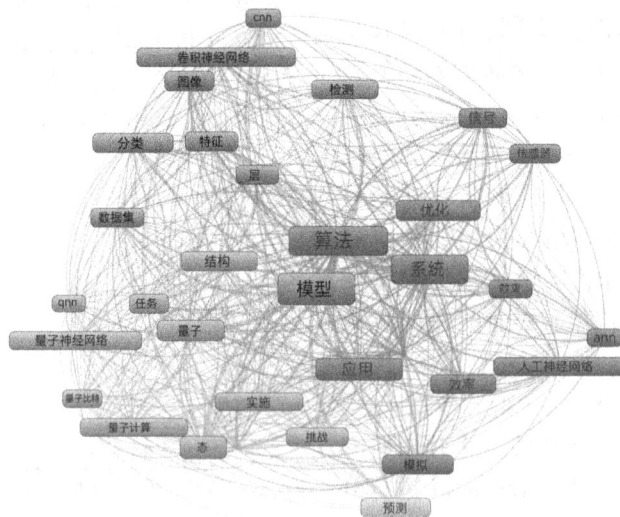

图3　量子神经网络在交通相关技术领域研究文献关键词共现

2　量子神经网络交通应用分析

2.1　应用现状分析

从应用场景分类角度,本文从三大主要研究热点,预测、图像分类、检测,对量子神经网络的相关研究总结分析,结果详见表1。在此基础上,结合量子神经网络方法应用方式,本文将既有研究分为三类:①利用量子算法优化传统神经网络参数;②改进传统神经网络以形成新的量子神经网络;③整合量子神经网络与传统神经网络。

基于量子神经网络在交通领域的研究主题总结 表1

应用热点	相关文献	主要研究内容	研究方法(模型)
预测	[4]	道路交通流量预测	量子粒子群优化策略
	[5]		量子遗传算法和学习矢量量化神经网络
	[6]		MEEMD 和量子神经网络
	[7]		量子粒子群算法和模糊小波神经网络
	[8]		量子卷积神经网络和贝叶斯优化
	[9]		量子行为 BAT 算法与深度信念网络
	[10]		量子傅立叶卷积网络
	[11]		量子 LSTM 神经网络
	[12]	交通拥堵状态预测	量子图卷积神经网络
	[13]	道路交通事故预测	采用量子态叠加的多层激励函数建模
	[14]	港口船舶流量预测	量子遗传算法对模糊神经网络的改进
	[15]	飞行流量预测	量子遗传优化 BP 神经网络模型
分类	[10]	图像分类	量子傅立叶卷积网络
	[16]		量子纠缠神经网络和量子卷积神经网络
	[17]		量子卷积神经网络(QCNN)
	[18]	视频流车辆分类	用受量子启发的概率积分器处理信息流
检测	[19]	数据安全入侵检测	量子支持向量机和量子卷积神经网络
	[18]	车辆检测与跟踪	深度学习模型和量子启发的概率积分器
	[20]	遥感图像车辆检测	基于量子 DMO 算法用于参数调节
	[21]	行为(疲劳)检测	量子遗传算法优化

第一类研究将量子算法应用到参数优化中。量子遗传算法具有较好的全局寻优能力,可将量子遗传算法用到传统神经网络权值的求解中。例如,Zhang[5]等为克服传统学习矢量量化神经网络对初始权值敏感、易陷入局部极小的缺点,将其与量子遗传算法相结合,在短期交通流量预测中表现出较好的性能。Su[14]等为解决传统的模糊神经网络存在历史数据过度拟合、易陷入局部最小预测不准确等问题,采用量子遗传算法对模糊神经网络进行了改进,结合后的神经网络在非线性、不确定性和强随机性的场景下都能取得较好的预测效果。类似地,周志靖[15]等将量子遗传算法与传统 BP 神经网络相结合,以求解 BP 神经网络的最佳初始权值与阈值,改善 BP 神经网络全局寻优能力并加快其收敛速度。Wu[21]等利用量子遗传算法对集成学习的结果进行优化,找到最佳的基分类器权重,可进一步提高检查精度。此外,Zhang[4]等在交通流量预测中,利用量子粒子群优化策略也是为获得上述量子遗传算法的效果,优化所用的传统神经网络参数,以达到更高的性能。

类似的还有 Ragab[20]等,为确保最优的超参数调节,采用量子 DMO 算法对深度学习网络进行优化。Lakshmi[9]采用深度信念网络(DBN)进行短期交通流量预测,利用量子行为算法(QBA)对可调参数进行优化。

第二类研究构建基于传统神经网络的量子神经网络。常用的长短期记忆网络(LSTM)、傅立叶神经网络(FNN)、傅立叶卷积神经网络(FCNN)、反向传播神经网络(BPNN)、卷积神经网络(CNN)等,都有与量子机制结合形成量子神经网络框架的研究。与传统神经网络相比,量子神经网络在理论上能获得指数级的加速比,原因是基于量子信息的纠缠和叠加特性,量子计算机可以进行指数级的并行计算,这种被称为量子加速的机制可以加速一些传统的学习算法,使其拥有超过其原本计算的能力。据此,Shen[10]等设计了一种量子傅立叶卷积网络(QFCN),吴明秋[11]等提出一种量子 LSTM 神经网络,上述两种量子神经网络均被应用于道路交通流量预测任务。Qu[12]等提出了一种量子图卷积神经网络算法,该算法能够同时捕捉交通数据的时间和空间特征,被用于交通拥堵状态预测。Riaz[16]等提出了一种量子纠缠神经网络,可将 MNIST 和 CIFAR-10 的图像分类准确率分别提高到93.8%和36%。Trochun[17]等设计一种量子卷积神经网络,用于交通图像分类任务。

第三类研究整合了量子神经网络与传统神经网络,它们各执行部分任务环节。如在交通流量预测任务中,Huang[6]等先使用 MEEMD 方法将交通数据序列分解为固有模式函数(IMF)分量,然后采用量子神经网络对 IMF 分量进行预测,综合各分量的预测结果得到最终的预测值。Zhang[7]等提出了一种基于量子粒子群算法和模糊小波神经网络的流量预测方法。

2.2 量子神经网络的应用挑战

量子神经网络相较于传统神经网络,量子计算加快了运算速度,提高了收敛速度,但其被应用仍存在一些挑战。

挑战一:真实运行量子计算的设备限制。本文分析的研究大多依靠传统计算机进行仿真实验,并不是在量子计算机的环境下运行,很难展现出量子神经网络的真正优势。突破量子硬件设备的限制是一个亟待推进的研究。

挑战二:算法网络结构有待深化。即使是目前比较先进的噪声中尺度量子计算机 NISQ,量子神经网络的应用仍然达不到理论的效果,神经网络结构的计算能力相对有限,网络结构的深度需要进一步优化。

2.3 量子神经网络的发展方向

在现有研究的应用场景的基础上,本文总结了量子神经网络在交通领域的潜在应用场景见表 2。除了上述既有研究中的预测、分类、检测领域外,未来智能交通或自动驾驶等的决策领域也将有可能成为量子神经网络的用武之地。

总体来说,对于未来量子神经网络的研究发展,仍需以下方面的努力:

(1)在具有真实量子计算环境的设备上开展量子神经网络的应用研究。

(2)构建维度更高、更规范的数据集,训练量子神经网络模型,使其在不同任务间的适应性更强。

(3)深化现有量子算法的网络结构,如增加量子比特数、调整结构层数、设计量子电路等,以激发更大的量子计算优势。

量子神经网络在交通领域的应用展望 表 2

应用领域	应用主题	应用场景
预测	交通状态预测	道路交通运行状态预测（流量、速度、拥堵等）
		港口船舶流量预测
		航空流量预测
		交通枢纽流量预测
		交通事故预测
分类	交通对象分类	车辆分类
		交叉口场景分类
		车道线、车道分类
检测	交通监控与管理	车辆检测与轨迹识别
		行人检测与跟轨迹识别
		交通违法行为检测
		智能停车场管理
	行为检测	驾驶员异常行为检测
		行人过街意图检测
	自动驾驶	自动驾驶车辆环境感知
决策	自动驾驶	自动驾驶决策
	交通控制	智能网联交通控制

3 结语

量子神经网络是一个逐渐热门的研究领域,在图像处理、算法优化、数据预测等领域已有了初步的应用,并表现出较好的实验效果。本文围绕量子神经网络在交通相关技术领域进行了详细的检索,利用科学知识图谱对量子神经网络研究发展历程、研究归属地、研究热点等进行分析总结和可视化解析,并对其未来在交通领域的应用进行展望。以期望为解决交通运输领域具体问题提供新的解决思路。

参考文献

[1] 李飞. 量子神经网络及其应用[J]. 电子与信息学报,2004,26(8):1332-1339.

[2] KAK S. On quantum neural computing[J]. Information Science, 1995, 83: 143-160.

[3] ECKV, WALTMAN N. J., Software L. survey: VOSviewer, a computer program for bibliometric mapping[J]. Scientometrics, 2010, 84(2): 523-538.

［4］ ZHANG D G, WANG J X, FAN, H R, et al. New method of traffic flow forecasting based on quantum particle swarm optimization strategy for intelligent transportation system ［J］. International Journal of Communication Systems, 2020, 34(1):1099-1131.

［5］ ZHANG F Q, WU S Y, WANG Y O, et al. Application of Quantum Genetic Optimization of LVQ Neural Network in Smart City Traffic Network Prediction［J］. IEEE Access, 2020, 8:104555-104564.

［6］ HUANG, W W, ZHANG J W, LIANG S J, et al. Backbone network traffic prediction based on modified EEMD and quantum neural network ［J］. Wireless Personal Communications, 2018,99(4):1569-1588.

［7］ ZHANG K, HU Z, GAN X T, et al. A network traffic prediction model based on quantum-behaved particle swarm optimization algorithm and fuzzy wavelet neural network［J］. Discrete dynamics in nature and society,2016.

［8］ NANDHINI R S, LAKSHMANAN R. QCNN_BaOpt：multi-dimensional data-based traffic-volume prediction in cyber-physical systems ［J］. Sensors, 2023, 23(3):1485.

［9］ LAKSHMI K, NAGINENI S, et al. An optimal deep learning for cooperative intelligent transportation system ［J］. CMC-Computers Materials & Continua,2022,72(1):19-35.

［10］ SHEN F H, LIU J. Quantum fourier convolutional network［J］. ACM Transactions on multimedia computing communication and Application, 2023,19(1):13.

［11］ 吴明秋.基于量子LSTM神经网络模型的短时交通流量预测［D］.重庆:重庆师范大学,2022.

［12］ QU Z G, LIU, X Z, ZHENG M. Temporal-Spatial quantum graph convolutional neural network based on schrodinger approach for traffic congestion prediction ［J］. IEEE Transactions on intelligent transportation systems, 2023, 24(8):8677-8686.

［13］ 孙棣华.基于量子神经网络的道路交通事故预测［J］.交通运输系统工程与信息,2010, 10(5):104-109.

［14］ SU G L, LIANG T, WANG M. Prediction of vessel traffic volume in ports based on improved fuzzy neural network ［J］. IEEE access, 2020, 8:71199-71205.

［15］ 周志靖,陈金良,沈华,等.空中交通航空飞行流量优化预测仿真［J］.计算机仿真, 2016,33(8):54-57,71.

［16］ RIAZ F, ABDULLA S, SUZUKI H, et al. Accurate image multi-class classification neural network model with quantum entanglement approach［J］. Sensors, 2023,23(5):2753.

［17］ TROCHUN Y, STIRENKO S, ROKOVYI O, et al. Hybrid classic-quantum neural networks for image classification ［C］. // Proceedings of The 11th IEEE IDAACS. Cracow:［s. n.］, 2021：968-972.

［18］ DERROUZ H, CABRI A, ABDELALI H A, et al. End-to-end quantum-inspired method for vehicle classification based on video stream ［J］. Neural Computing&Application,2022,34 (7):5561-5576.

［19］ KALININ M, KRUNDYSHEV V. Security intrusion detection using quantum machine learning techniques［J］. Journal of Computer Virology and Hacking Techniques, 2023：125-36.

［20］ RAGAB M, ABDUSHKOUR H A. Improved deep learning-based vehicle detection for urban applications using remote sensing imagery ［J］. Remote sensing, 2023, 15 (19):4747.

［21］ WU N, SUN J J. Fatigue detection of air traffic controllers based on radiotelephony communications and self-adaption quantum genetic algorithm optimization ensemble learning［J］. Applied sciences-basel,2022,12 (20).

［22］ 周浩田.基于量子神经网络的无人船航向保持控制器［D］.辽宁:大连海事大学,2020.

基于演化博弈的车辆换道决策模型

姬利源　曲大义*　崔善柠　张　智　韦良帅

（青岛理工大学机械与汽车工程学院）

摘　要　为了研究车辆群体决策的策略演化过程,基于演化博弈建立车辆整体收益矩阵和策略演化的复制者方程。并且通过方程推导,建立了车辆换道决策模型。在该模型中,将换道时间以及动态碰撞时间作为影响换道的主要因素,通过对复制者方程进行求解,得到模型的演化均衡策略,动态显示车辆在行驶过程中决策的变化过程。通过模型仿真,对车辆换道收益及动态策略演化进行模拟,并与经典换道模型进行分析比较。结果表明,基于演化博弈的车辆换道决策模型有着更好的收益及效率,为车辆的安全运行提供了理论支持。

关键词　车辆群体　策略演化　复制者方程　演化均衡策略　动态策略

0　引言

换道是车辆行驶时的基本行为之一,对道路交通安全和交通稳定有着重要影响。现有的换道决策模型无法满足复杂的交通环境。

目前车辆换道行为决策模型分为基于数据和基于规则两类。基于规则的模型大多建立在概率论和博弈论等数学方法的基础上,最经典的模型是 Gipps[1] 提出的换道模型,之后学者们又在此基础上进行了延伸扩展,如刘小明等[2] 基于动态重复博弈原理建立车辆换道模型,描述了每个阶段车辆的详细博弈过程及其行为策略;张可琨等[3] 引入了换道碰撞概率和换道动态风险系数,并基于博弈论建立了换道决策行为模型;黑凯先等[4] 以车辆行驶状态作为博弈收益,建立了自主车辆交通流的博弈换道模型。

分析比较国内外近几年研究成果,可以看出目前的换道决策模型主要集中于个体车辆之间的交互,而忽略了人车路云多维要素交互作用下的整个车辆群体系统。本文用演化博弈（Evolutionary Game-Theory）作为理论基础,以换道时间、动态碰撞时间（Time to collision, TTC）等作为参考建立成本函数,使用复制者方程来分析车辆的策略演化过程,提出了车辆换道决策模型;最后,通过仿真验证了模型的实用性和有效性,使车辆更加安全稳定得驾驶。

1　换道成本分析

1.1　换道效率成本

在行驶过程中,行驶过程中车辆换道行为会产生对左右两边的横向位移,对周围车辆的安全行驶造成潜在的威胁。换道开始后,目标车辆开始计算换到周围车道的换道时间。当换道成本过高时,目标车辆放弃当前选择车道。换道决策模型采用目标车辆的换道时间来定义换道成本,换道成本可以通过数学的方法来计算得出。

可以用三次多项式的曲线来模拟目标车辆的运动轨迹,如式（1）:

$$F(a) = K_0 + K_1 a + K_2 a^2 + K_3 a^3 \qquad (1)$$

式中:K_0、K_1、K_2、K_3——常数参数;

a——二维坐标系中沿车道方向（横向）的车辆位置（x）;

$F(a)$——垂直于车道方向（纵向）的车辆位置（y）。

假设目标车辆起始点的沿车道方向和垂直于车道方向的位置都为0,航向角为水平状态。换道终点时目标车辆的沿车道方向和垂直于车道方向的位置分别为 a_t 和 F_t,航向角同样还是水平状态,可得条件方程:

$$\begin{cases} F(0) = 0 \\ F'(0) = 0 \\ F(a_t) = F_t \\ F'(a_t) = 0 \end{cases} \qquad (2)$$

解出参数为

$$\begin{cases} K_0 = 0 \\ K_1 = 0 \\ K_2 = \dfrac{3F_t}{a_t^2} \\ K_3 = -\dfrac{2F_t}{a_t^3} \end{cases} \qquad (3)$$

把参数值(3)带入轨迹方程(1)得:

$$F(a) = \frac{3 F_t}{a_t^2} a^2 - \frac{2 F_t}{a_t^3} a^3 \qquad (4)$$

目标车辆终点沿车道方向位置 F_t 有目标车道的宽度确定,其垂直于车道方向的位置 a_t,过比较换道前后的速度收益和安全性确定。a_t 越大,换道后的速度收益越大但效率降低;a_t 越小,换道之后的速度收益越小但效率变高。构建以速度收益和效率为自变量的函数 $G(a)$,来求解 a_t,为

$$G(a) = p \left(\frac{v_t}{v_0} \right)^2 + (1-p) \frac{a_t}{a_t^{\max}} \qquad (5)$$

式中:p——速度收益的参考权重参数;

v_t——最终换道之后的速度值;

v_0——初始速度;

$a_t^{\max}$——换道轨迹中理论存在的最大垂直于车道方向的距离。

当 $G(a)$ 取最小值时,a_t 相应取值为

$$a_t^{\text{im}} = \sqrt[5]{4p \left(\frac{v_t}{v_0} \right)^2 \left[(1-p) \frac{1}{a_t^{\max}} \right]^{-1}} \qquad (6)$$

其中 a_t^{im} 为换道终点的实际纵向位置。

将 a_t^{im} 带入车辆运动轨迹方程,获得理想换道曲线轨迹,通过积分求得长度值,如下:

$$S = \int_0^{a_t^{\text{im}}} \sqrt{1 + F'^2} \, da \qquad (7)$$

其换道时间 t_l 的表达式为

$$t_l = \frac{2 \int_0^{a_t^{\text{im}}} \sqrt{1 + F'^2} \, da}{v_0 + v_t} \qquad (8)$$

使用换道时间 t_l 来衡量换道成本,通过对车联网系统采集到的数据进行计算分析,最后来选择采取换道或是不换道的策略。

1.2 换道安全成本

动态碰撞时间 TTC(Time to Collision)是两辆车发生碰撞战胜预警的时间,也是评价交通安全的标准之一。在行驶过程中,车辆根据采集到关于周围车辆的位置、速度、加速度以及自车状态实时计算动态碰撞时间 TTC 是否小于所设定的阈值,当 TTC 小于阈值时,车辆有发生碰撞的危险性,暂停换道;TTC 大于所设定阈值时,车辆换道安全,进行换道。TTC 的计算公式为:

$$t_{\text{ttc}} = \frac{l}{v_c} \qquad (9)$$

式中:l——车辆相对最近距离点的距离;

v_c——两车之间的车速差值。

2 演化博弈决策行为建模

2.1 演化博弈

标准式博弈经过长时间的发展与生物学中的"群体性思维"和"物竞天择"以及动态演化相结合发展出演化博弈。与传统博弈论相比,演化博弈的研究对象通常是整个博弈参与者群体,即在整个博弈网络中(表1),每个参与者与各个参与者的关系与参与者在博弈网络中的空间位置有关,在每次交互博弈结束后,参与者会从当前博弈中获取一个收益。

标准式博弈与演化博弈比较 表1

对比项	演化博弈	标准式博弈
研究对象	整个博弈参与者群体	两个或多个博弈者
参与者	有限理性	完全理性
维度	宏观	微观
均衡解	演化稳定策略(ESS)	纳什(Nash)均衡

2.2 决策模型

车流的演化博弈换道行为网络可以由关联收益矩阵 $U = (u_{ij})_{N \times N}$ 的图 $\omega = (\eta, \delta)$ 来刻画;节点集 $\eta = \{c_1, c_2, \cdots, c_n\}$ 表示车流中每辆车的不同行为集合,即策略集合;边集 δ 表示行为之间的两两交互关系,每个收益值 u_{ij} 表示了参与者 i 采取的策略面对参与者 j 所采取策略时能获得的收益。

换道行为在有限理性的情况下,参与者基于收益的差距不断调整自己的策略,收益较低的人通过向收益较高的来学习,改进自己的策略,随着时间的改变每种策略的比例也会随之发生变化,策略的变化可以定义成时间函数;其动态变化率可以基于生物进化思想的复制者方程表示。复制者方程描述了博弈策略的动态变化过程,并分析了演化稳定策略(Evolutionarily Stable Strategy,ESS),能更好地提高车辆在换道过程中决策的效率。具体算法如下:

(1)在车辆换道行为网络模型中,换道过程中的两两交互式完全对称的,但对于不同位置的车辆,行为交互带来的收益可能并不相同,所以车辆换道行为网络是完全异质对成型行为网络(fully heterogeneous symmetric behavior networks),其收益矩阵为

$$u_{ii} \in [1, +\infty], \quad u_{ij} = a \in [0, 1], \quad 对于 j \neq i \qquad (10)$$

即

$$U = \begin{pmatrix} u_{11} & \cdots & u_{1n} \\ \vdots & \ddots & \vdots \\ u_{1n} & \cdots & u_{nn} \end{pmatrix} \quad (11)$$

$$U_i = \frac{1}{n}\sum_{z=1}^{n} u_{ni} \quad (12)$$

式中：U_i——全体参与者面对参与者 i 所采取策略时所产生的平均收益。

（2）复制者方程关于时间的函数如下：

$$D(r) = \frac{\mathrm{d}r(t)}{\mathrm{d}t} = r(c_i)(U_i - \sigma) \quad (13)$$

其中 $r(c_i) \in [0,1]$ 表示采取策略 c_i 的个体比例，有 $\sum_{i=1}^{N} r(c_i)=1$，$f=(f_1,f_2,\cdots,f_N)$ 为整个车辆群体的适应度向量，$\sigma=\sum_{i=1}^{N} u_i r(c_i)$ 为整个博弈参与者的平均适应度。

（3）为了找到车辆换道的演化稳定策略，即解决车道换道决策问题，结合上面所列收益矩阵（payoff matrix）和复制者方程，构建下列的复制者方程组：

$$\begin{cases} D(r(c_1)) = \frac{\mathrm{d}r(t)}{\mathrm{d}t} = r(c_1)(U_1-\sigma)=0 \\ \vdots \\ D(r(c_i)) = \frac{\mathrm{d}r(t)}{\mathrm{d}t} = r(c_i)(U_i-\sigma)=0 \\ \vdots \\ D(r(c_n)) = \frac{\mathrm{d}r(t)}{\mathrm{d}t} = r(c_N)(U_N-\sigma)=0 \end{cases} \quad (14)$$

上述方程组求解得到车辆换道决策模型的演化均衡策略解（ESS），其中每辆车（参与者）的策略选择概率保持不变。

2.3 决策演化及均衡解

通过网联技术来获得计算车辆换道时间（换道成本）和动态碰撞时间（安全成本）的值，来判断车辆是否进入换道的决策过程。满足可以进行换道的条件时，目标参与者如果选择换道的策略，与参与换道的整体进行交互博弈，每个换道博弈参与者对自身收益值进行评估，从而通过复制者方程和收益矩阵找到演化均衡解（ESS），如图 1 所示。

图 1　演化博弈决策过程

3　仿真实验与结果分析

3.1　仿真平台

使用 SUMO 平台（Simulation of Urban Mobility，以下简称 SUMO）对基于演化博弈的决策模型进行仿真验证。SUMO 是由德国航空航天中心运输系统研究所所开发的一款可以对整体车流进行仿真的交通软件包。在近几年的交通仿真研究中，SUMO 得到了大量的应用，由此可见 SUMO 的仿真结果的具有一定的可靠性。此次仿真通过 MATLAB 调用 SUMO 内置的流量控制接口（Traffic Control Interface，Tra CI）来对仿真车流的决策模型进行编写，Simulink 辅助建模。

3.2　仿真环境

本次仿真环境为不受任何外界因素影响（如外界环境、通信延迟等）的高速单向 5000m 三车道，限速 120km/h（33.3m/s）。仿真对象为道路上行驶的 10 辆车组成的车辆交互决策，不考虑车辆之间的差异性，将车辆 1 作为换道目标车辆，即从车辆 1 开始进行策略演化。图 2 为博弈参与对象在空间中的初始相对位置。

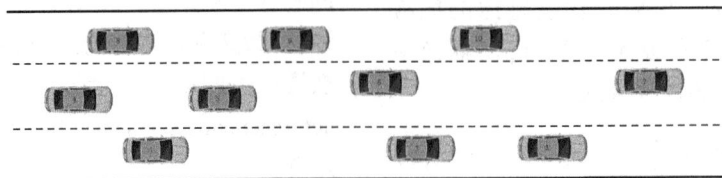

图 2　仿真场景

3.3　仿真结果分析

在行驶过程中,根据复制者方程(14)构造一个10辆车(参与者)的复制者方程,这个方程描述了参与者的换道策略选择如何根据相对收益随时间而进行演化。使用 MATLAB 及所集成的 Simulink 对该复制者方程进行求解,得到随时间变化的稳定策略分布图,如图3所示。

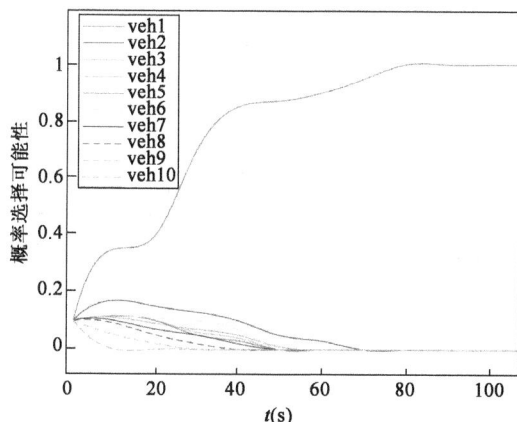

图3　演化策略分布

从图中可以看出,在80s时,整体参与者的策略选择趋向于一个稳定的状态,即达到演化均衡解(ESS)的状态。目标车辆选择进行换道,而别的车辆选择保持原车道行驶来支持目标车辆换道,表现出让道。

下式(15)为策略选择之后的收益矩阵,每个收益值u_{ij}表示参与者i采取的换道策略面对参与者j对此反应所选择的策略时能获得的收益。由收益矩阵可以看出距离目标车辆越近的车辆收益受目标车辆所选择策略影响越大。如从收益矩阵第一行来看,车辆2(veh2)、车辆4(veh4)以及车辆5(veh5)的收益函数受目标车辆(veh1)选择换道策略的影响最大。由此可以看出演化网络博弈的参与者收益与其在博弈网络中的相对位置息息相关。

$$U = \begin{pmatrix} 1.2 & 0.7 & 0.98 & 0.53 & 0.46 & 0.92 & 0.93 & 0.91 & 0.95 & 0.91 \\ 0.8 & 1.1 & 0.72 & 0.93 & 0.89 & 0.54 & 0.87 & 0.95 & 0.95 & 0.99 \\ 0.98 & 0.76 & 1.3 & 0.99 & 0.56 & 0.78 & 0.94 & 0.95 & 0.98 & 0.96 \\ 0.53 & 0.98 & 0.97 & 1.35 & 0.66 & 0.97 & 0.99 & 0.65 & 0.94 & 0.93 \\ 0.46 & 0.93 & 0.99 & 0.55 & 1.41 & 0.65 & 0.97 & 0.55 & 0.57 & 0.99 \\ 0.96 & 0.52 & 0.52 & 0.95 & 0.55 & 1.43 & 0.51 & 0.99 & 0.56 & 0.78 \\ 0.97 & 0.98 & 0.75 & 0.97 & 0.97 & 0.93 & 1.49 & 0.96 & 0.90 & 0.45 \\ 0.98 & 0.93 & 0.92 & 0.61 & 0.63 & 0.94 & 0.92 & 1.51 & 0.82 & 0.90 \\ 0.99 & 0.93 & 0.97 & 0.96 & 0.68 & 0.75 & 0.87 & 0.88 & 1.55 & 0.64 \\ 0.99 & 0.93 & 0.96 & 0.95 & 0.94 & 0.53 & 0.59 & 0.95 & 0.27 & 1.51 \end{pmatrix} \quad (15)$$

表2为演化博弈决策换道模型的换道成本及行驶过程中的平均速度,可以看出动态碰撞时间 TTC 都在安全范围之内。

换道成本及速度　　　　　　　　　　表2

参数	Veh1	Veh2	Veh3	Veh4	Veh5	Veh6	Veh7	Veh8	Veh9	Veh10
t_l	11.70	11.00	8.90	15.90	15.67	10.80	2.80	7.90	5.96	3.90
t_{ttc}	6.03	6.05	6.55	7.01	6.25	6.35	6.23	6.11	6.00	6.00
v	114.00	115.80	118.03	114.94	115.79	117.89	116.90	115.77	116.20	119.80

在目标场景内,多个参与者使用演化博弈决策行为模型,进行了多次策略演化建模及模拟,根据模拟结果得出表3的仿真数值。

仿真结果　　　　表3

参数	数值
换道成功率	89.85%
平均收益	1.25
策略演化时长	76s
平均换道时间	9.11s

仿真结果表明显示所提出的演化博弈决策行为模型不仅有着较高的换道成功率,还有着良好的速度收益。通过策略演化博弈,目标参与者通过预测道路上行驶车辆的行为模式以及其与自身之间的动态交互情况,达到策略演化均衡的状态。演化博弈模拟了多方参与者策略随时间变化的关系,参与者们通过持续适应彼此的决策达到平衡状态。

3.4 对比仿真分析

为了验证演化博弈决策换道模型的高效率和安全性,使用 SUMO 自带 LC2013 换道模型与演化博弈决策行为模型进行比较。仿真环境与对演化博弈决策行为模型相同,为高速单向 5000m 三车

道,限速 120km/h(33.3m/s)。仿真后得到换道成本(换道时间t_l)、安全成本(动态碰撞时间 TTC)、车辆平均速度以及所有车辆通过仿真路段所需时间,然后进行分析说明。表 4 为对比仿真的参数说明。

参数对比 表4

参数名称	演化博弈换道决策模型	LC2013
车辆型号	无差异小轿车	无差异小轿车
车辆(参与者)数量	10	10
最大速度(m/s)	33.3	33.3
换道动机	演化博弈换道决策	换道紧急性及速度调整
跟驰模型	GIPPS	GIPPS

使用 SUMO 软件自带的模块得到所有车辆(参与者)与周围车辆交互的动态碰撞时间 TTC(安全成本)。表 5 为 10 辆车在 5000m 长度的城市快速路行驶过程中的平均动态碰撞时间 TTC。从表中可以看出与两换道模型的平均碰撞时间

TTC 均大于 6s,但演化博弈决策行为模型的 TTC 整体平均值要小于 LC2013 换道模型,即演化博弈决策行为模型在保证安全的情况下,更具有换道的效率。

两模型 TTC 对比 表5

对比模型	Veh1	Veh2	Veh3	Veh4	Veh5	Veh6	Veh7	Veh8	Veh9	Veh10
演化博弈	6.01	6.05	6.51	7.00	6.20	6.34	6.23	6.12	6.11	6.00
LC2013	6.34	6.21	6.44	6.67	6.39	6.99	6.12	6.11	6.62	6.34

图 4 为车辆使用不同模型行驶时的平均速度。从图像来看,使用两换道模型的车辆在 120s 内速度有一定的波动,但可以看出使用演化博弈决策行为模型的参与者(10 辆车)在所有时段内的平均速度均大于使用 LC2013 换道模型的参与者,在将要驶出仿真车道的时候,速度逐渐接近。此仿真效果表明,演化博弈决策行为模型在相同的工作条件下相比于 LC2013 换道模型有更高的速度效率。

从图 5 柱状图可以看出,使用演化博弈决策行为模型的车辆驶离车道的时间基本小于使用 LC2013 换道模型的车辆。可以得到在相同道路中,使用演化博弈换道决策模型的车辆的行驶效率大于使用 LC2013 换道模型的车辆。

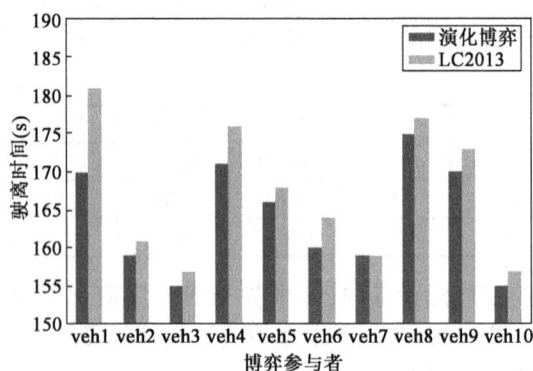

图 5 驶离仿真路段时间

4 结语

探究了行驶车辆群体的动态博弈过程及策略演化,建立了车辆的换道决策模型。将换道时间t_l和动态碰撞时间t_{ttc}作为换道成本,建立了博弈收

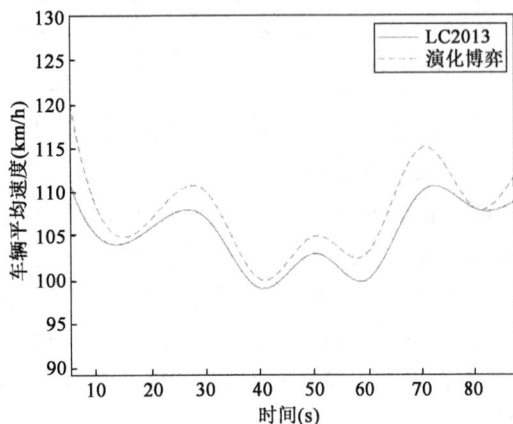

图 4 平均速度比较分析

益矩阵及复制者方程,通过对复制者方程求解得到换道均衡演化稳定策略,使行驶车辆群体达到稳定安全的状态。在采用城市快速路示范交通场景下,基于演化博弈理论对多目标车辆换道策略演化进行建模,得到了车辆动态策略曲线以及收益矩阵。并与经典换道模型 LC2013 进行了对比分析,分析结果表明演化博弈换道决策模型与经典换道模型 LC2013 相比有着更高的行驶效率、换道效率以及速度收益。今后将从演化博弈动力学角度进一步研究车辆换道行为策略的演化过程,将其运用到人车路云多维要素交互耦合的复杂交通场景中。

参考文献

[1] GIPPS P G. A model for the structure of lane changing decisions[J]. Transportation research part B: methodological, 1986, 20(5):403-414.

[2] 刘小明,郑淑晖,蒋新春.基于动态重复博弈的车辆换道模型[J].公路交通科技,2008(6):120-125.

[3] 张可琨,曲大义,宋慧,等.自动驾驶车辆换道博弈策略分析及建模[J].复杂系统与复杂性科学,2023,20(2):60-67.

[4] 黑凯先,曲大义,郭海兵,等.网联混合车流车辆换道博弈行为及模型[J].科学技术与工程,2021,21(6):2495-2501.

[5] GUO J, HARMATI I. Lane-changing decision modeling in congested traffic with a game theory-based decomposition algorithm[J]. IEEE Access, 2022,10(2):69531-42

[6] NA X, COLE D J. Modelling of a human driver's interaction with vehicle automated steering using cooperative game theory[J]. IEEE/CAA Journal of Automatica Sinica, 2019, 6(5):1095-1107

[7] SU Q, MCAVOY A, WANG L, et al. Evolutionary dynamics with game transitions[J]. Proceedings of the National Academy of Sciences, 2019, 116(51):25398-254

[8] PERC M. Premature Seizure of Traffic Flow due to the Introduction of Evolutionary Games[J]. New Journal of Physics,2007,9(1):3-17

[9] 黄锋.博弈系统动力学与学习理论研究[D].北京:北京大学,2023.

[10] 刘建香.复杂网络及其在国内研究进展的综述[J].系统科学学报,2009,17(4):31-37.

[11] HILBE C, ŠIMSA Š, CHATTERJEE K, et al. Evolution of cooperation in stochastic games[J]. Nature, 2018, 559(7713):246-249.

[12] TIAN R, LI S, LI N, et al. Adaptive game-theoretic decision making for autonomous vehicle control at roundabouts[C] 2018 IEEE Conference on Decision and Control (CDC). IEEE, 2018:321-328.

[13] 谢济铭,夏玉兰,钱正富,等.考虑智能网联近邻车辆信息的交织区换道风险预警[J].交通运输工程学报,2023,23(2):287-300.

[14] BARREIRO G, MAS I, GIRIBEI J I, et al. Distributed data-driven UAV formation control via evolutionary games:Experimental results[J]. Journal of the franklin institute, 2021(358):5334-5352.

A Deep Reinforcement Learning-based CAV Longitudinal Controller with Heterogeneous Topologies and Investigation of Their Combinations

Xinxin Wang　Lu Zeng　Siyuan Gong*　Yaqi You　Yuqian Ma
(School of Information Engineering, Chang'an University)

Abstract　Currently, controllers based on Deep Reinforcement Learning (DRL) demonstrate superior adaptability to diverse traffic environments, thereby unlocking greater potential for the longitudinal control of

Connected and Autonomous Vehicles (CAVs). However, the primary focus of existing DRL controllers remains on the control of a single CAV, often overlooking the potential impact of managing multiple CAVs or the interplay between multiple CAV controllers and single CAV controllers. In order to comprehensively assess the influence of these factors, this study puts forth a longitudinal control strategy for CAVs, grounded in DRL, that duly considers heterogeneous topologies and various combinations of controllers. Firstly, we propose two types of longitudinal control strategies based on DRL: one for controlling a single CAV and the other for controlling two CAVs. Both types of controller models share similar observation spaces and reward functions. Then, to adapt to the CAV platoon environment, all possible combinations of the six topologies of the two types of controllers are considered. Using the six types of controller topologies, we design a simulation platoon environment for four CAVs, with the aim of obtaining a general solution for the controller topology. Finally, after conducting multiple driving performance tests, the optimal combination of controller topologies was determined. The results indicate that the dual CAVs controller outperforms the single CAV controller.

Keywords　connected and autonomous vehicle　deep reinforcement learning　longitudinal control strategy　deep deterministic policy gradient

0　Introduction

The advent of Connected and Autonomous Vehicles (CAVs) unveils a plethora of opportunities for the control of contemporary traffic systems. CAVs, equipped with real-time sensing, data sharing, and precise control capabilities, serve as pragmatic technical methodologies to guarantee traffic flow stability, and augment the overall efficiency, safety, and comfort of the traffic system. (Ye et al., 2019; Lee et al., 2017; Bouton et al., 2019; Aradi et al., 2020)

The strategy for longitudinal control of CAVs is a fundamental issue that holds the key to enhancing the performance of the traffic system. Traditional longitudinal control techniques typically involve linear or nonlinear function-based controllers (Zhu et al., 2020; Guo et al., 2020) and model predictive control (MPC) based controllers (Li et al., 2017; Wang et al., 2020; Yang et al., 2022). Both these methodologies necessitate precise kinematic modelling of the study scene, along with the design of a corresponding model controller. In general, these controllers are capable of mathematically guaranteeing both local stability and string stability. However, post mathematical formulation, the control problem escalates in complexity within real traffic environments, thereby leading to substantial computational demands for deriving the controller's solution.

To tackle the issues associated with traditional controllers, certain studies have amalgamated CAV control with deep reinforcement learning (DRL). These studies harness the exploration and learning process of DRL, thereby enabling CAVs to intelligently utilize acquired data and bolster their adaptability in intricate traffic environments. Zhu et al. (2018) used historical human driver data to train a DRL controller that learned human-like driving behaviours based on the reward function. Jiang et al. (2021) developed a DRL-based CAV controller to prevent stop-and-go traffic waves caused by human driven vehicles (HDVs) and maintain traffic stability. Hart et al. (2021) proposed a modular DRL controller that can switch between free driving and car following modes to better control CAVs. Li et al. (2023) incorporated human driving experience into the DRL controller's training process and proposed a two-stage training mode to improve the controller's flexibility and control performance.

The majority of existing research on DRL controllers concentrates on employing DRL to govern the behaviour of a single CAV. However, traditional methods have been exhaustively explored for the longitudinal cooperative control of multi-CAV behaviour. (Wang et al., 2019) Consequently, we pondered whether DRL controllers could also collaborate to exert control over multiple CAVs. Moreover, existing DRL control strategies have not factored in the potential impact of distinct controller topologies on CAV control in scenarios where both single-vehicle and multi-vehicle controllers coexist.

In other words, within a multi-CAV environment, it remains to be determined whether a single CAV controller should be used to achieve one-to-one control, or if multiple CAV controllers should be employed to achieve one-to-many control, and which approach yields superior results. Lastly, certain studies place an undue emphasis on the controller's performance on a single trajectory in their analysis, thereby neglecting the statistical test for universality. Therefore, the focus of this study is as follows:

(1) To simplify the one-to-many control logic, we designed two types of DRL controllers that are suitable for single CAV and dual CAVs. These controllers ensure a degree of similarity in terms of their ability to observe the environment and their reward functions;

(2) Drawing upon the two aforementioned controllers, the controller topology suitable for all platoon scenarios is designed;

(3) Conduct a statistically significant analysis of the platoon simulation tests, as opposed to confining the analysis to a single leader trajectory.

1 Problem statement

In this study, our primary focus is on the issue of cooperative driving between HDVs and CAVs. More specifically, it examines the HDV as the leader vehicle and the CAV as the platoon of following vehicles. The principal objective is to mitigate the adverse impact of human driving misbehaviour on the stability of traffic flow by delving into the longitudinal behaviour control of CAVs.

Firstly, we have adopted DRL to design two types of CAV longitudinal controllers: one for a single CAV and another for dual CAVs. These two types of controllers can a multitude of topologies in a real traffic environment. Figure 1 displays the two potential controller setup topologies in a CAV platoon of length n. The optimal controller settings cannot be determined for a platoon of uncertain length. Therefore, to simplify the problem, we have abstracted the separate or combined use of these two types of controllers into $A_2^1 + A_2^1 \times A_2^1 = 6$ cases, shown in Figure 2. Among these topologies, Case 4 is the combination of two dual CAVs controllers, which contains a total of four CAVs. This case illustrates that at least four CAVs are required to test all six controller combinations in a platoon scenario.

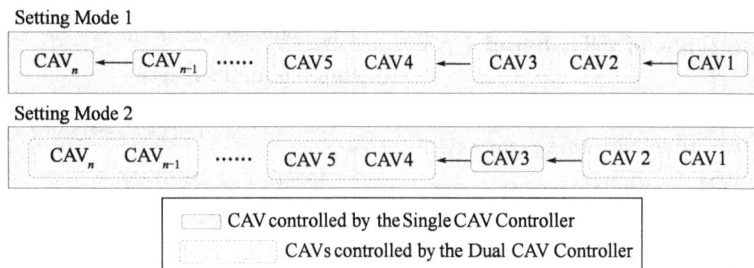

Figure 1   Two types of controller Settings that may exist in a platoon of length n

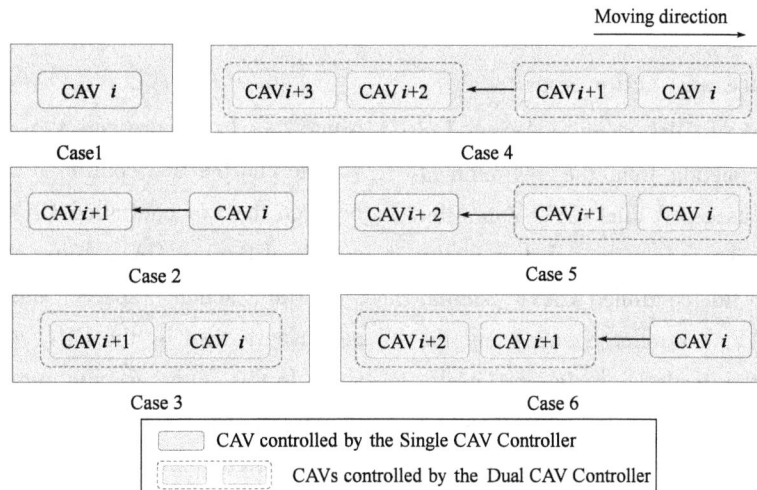

Figure 2   6 Topology Cases of Controller Setups

Consequently, we further designed five categories of test scenes for the simulation environment, wherein four CAVs form a controlled platoon as depicted in Figure 3. Scene 1 extends controller topologies of Case 1 and Case 2, while scene 5 corresponds to controller topology Case 4. The remaining scenes cover the topological cases of both types of controller combinations.

Finally, based on these five scenes, we conducted a statistical analysis and comparison of CAV performance in the platoon and obtained the optimal controller setting topology scene using multiple driving performance targets.

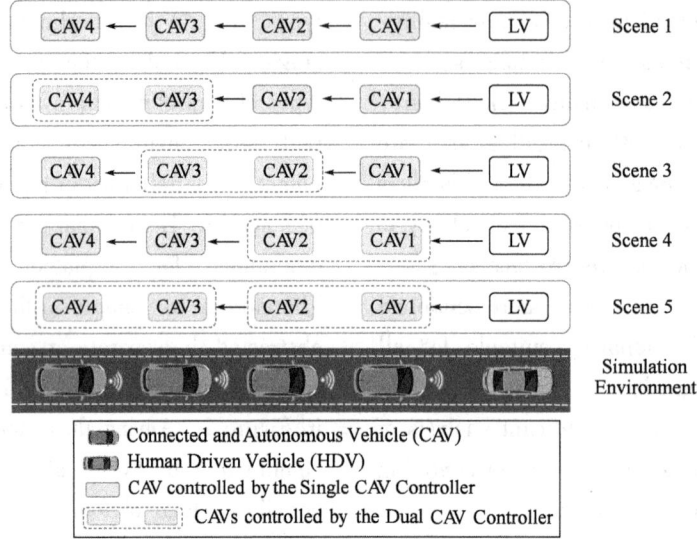

Figure 3　5 CAV controller setup scenes in the simulation platoon environment

2　Design of two types of dRL-based CAV controllers

In this section, we illustrate three important components of the two DRL controllers: state space, action space, and reward function. Then, we further explain the algorithm, network structure, and training process required for implementing the controllers.

2.1　State space and action space

The state space of the DRL agent is designed to effectively extract information from the environment while minimizing data usage. A dual CAVs controller must concentrate on the information between the leader vehicle and the two controlled CAVs, similar to how a single CAV controller focuses on the information between the leader vehicle and itself. Therefore, to effectively extract environmental information, factors such as the speed of the controlled vehicles, the gap between the vehicles,

and the speed of the leader v_l need to be considered. The state space of the single CAV controller at time step t is defined as:

$$[v_l(t),\Delta s_{l,1}(t),v_1(t)] \quad (1)$$

where $\Delta s_{l,1}$ represents the gap between the lead vehicle and the controller CAV, and v_1 denotes the speed of the CAV being controlled by the single CAV controller. Similarly, the state space of the dual CAVs controller at time step t is defined as:

$$[v_l(t),\Delta s_{l,1}(t),v_1(t),\Delta s_{1,2}(t),v_2(t)] \quad (2)$$

where $\Delta s_{l,1}(t)$ represents the gap between the lead vehicle and the first controlled CAV, $\Delta s_{1,2}$ is the gap between the two controlled CAVs, v_1 and v_2 are the speeds of the two CAVs being controlled.

The action space denotes the set of actionsperformed by the DRL controller at each time step. In this study, we aim to control the longitudinal dimension of the CAV. Consequently, the outputs of both controllers are defined as the acceleration of the respective CAV they control. Specifically, the action space of the single CAV controller is $[a_1]$, and that of the dual CAVs controller is $[a_1, a_2]$. The acceleration range is set between $(-3, 3)$ m/s² to accurately reflect the driving characteristics of vehicles in a real-world environment.

Leveraging the designs of the state space and action space provided above, we characterize the vehicle dynamics using a point-mass kinematic model. The formula to calculate the subsequent state, based on the state and action at time step t, is as follows:

$$v_i(t+1) = v_i(t) + a_i(t)\Delta T \qquad (3)$$

$$\Delta v_{i-1,i}(t+1) = v_{i-1}(t+1) - v_i(t+1) \quad (4)$$

$$\Delta s_{i-1,i}(t+1) = \Delta s_{i-1,i}(t) + \frac{\Delta v_{i-1,i}(t) + \Delta v_{i-1,i}(t+1)}{2}\Delta T \qquad (5)$$

where ΔT corresponding to the simulation time gap that is set to 0.1s.

2.2　Reward Function

The reward function is essentially a means of providing feedback on the current state of the model and the corresponding output. This feedback allows the controller to optimise and learn in the direction of the self-expectation according to the historical record. Therefore, the design of the reward function is very important, especially the optimisation factors and control objectives that need to be considered when designing the reward function. The two DRL controllers in this study share a common goal: to ensure safe and efficient driving while maintaining stability and comfort during travel. Therefore, they utilize the same reward function method. During the calculation process of all reward functions, an average value will be obtained based on the state of each CAV. The number of controlled CAVs N is limited to 1 or 2.

At time step t, the reward function is segmented into four components, each corresponding to a specific control objective that needs to be achieved. The primary objective is to ensure safety by leveraging the time headway between vehicles:

$$r_{h_i} = \begin{cases} -1 & (\text{if } h_i < h_c) \\ \log\left(h_i + \dfrac{h_s - 10h_c}{9}\right) - \log\left(\dfrac{h_s - h_c}{0.9}\right) & (\text{if } h_c \leqslant h_i \leqslant h_s) \\ 0 & (\text{if } h_s < h_i) \end{cases}$$

$$\qquad\qquad (6)$$

$$r_{\text{safe}} = \frac{1}{N}\sum_{i=1}^{N} r_{h_i} \qquad (7)$$

where h_i represents the time headway of the i th controlled CAV, h_c denotes a critical time headway set to be 0.5s, h_s signifies the safe time headway set to be 1.5s, and N is the number of controlled CAV, which can be either 1 or 2. The log function confines the reward value to the range $[-1, 0]$, and escalates the penalty as h_i approaches h_c. The purpose of introducing case differentiation in Eq. (6) is to prevent penalising the controller's actions during non-critical moments, while maximising the penalty when there's a risk of collision. Eq. (7) calculates the average reward value obtained for all controlled CAVs. All subsequent reward functions will follow the same treatment and will not be reiterated.

The second part of reward function aims to maintain an efficient following speed relative to the preceding vehicle:

$$e_{v_i} = (v_i - v_{i-1})^2 \qquad (8)$$

$$r_{v_i} = \begin{cases} \dfrac{2}{(-l_v)^2}(e_{v_i} - l_v)^2 - 1 & (\text{if } e_{v_i} < l_v) \\ -1 & (\text{if } e_{v_i} \geqslant l_v) \end{cases} \qquad (9)$$

$$r_{\text{eff}} = \frac{1}{N}\sum_{i=1}^{N} r_{v_i} \qquad (10)$$

where v_i represents the speed of the i th controlled CAV, l_v indicates the maximum acceptable speed control error. Eq. (8) calculates the squared difference between the speed of the CAV and the preceding vehicle, representing it as the speed control error. The value l_v serves as a boundary that distinguishes the interval of valid rewards $(-1, 1]$ from the maximum penalty of -1. In Eq. (9), a valid reward can only be obtained if the control error e_{v_i} is less than l_v. In addition, the use of a quadratic function helps to match the speed of the vehicle within a standardized interval.

The third component of the reward function aims to reduce excessive acceleration and promote driving stability:

$$e_{a_i} = a_i^2 \qquad (11)$$

$$r_{a_i} = \begin{cases} \dfrac{2}{(-l_a)^2}(e_{a_i} - l_a)^2 - 1 & (e_{a_i} < l_a) \\ -1 & (e_{a_i} \geq l_a) \end{cases}$$

$$(12)$$

$$r_{\text{stable}} = \frac{1}{N}\sum_{i=1}^{N} r_{a_i} \qquad (13)$$

where a_i is the acceleration of the i th controlled CAV, and l_a denotes the maximum acceptable change in acceleration. Reducing acceleration results in a smoother speed profile, thereby leading to more stable driving. Eq. (11) is designed with a square term to measure either excessive acceleration or deceleration. Eq. (12) serves the same purpose as Eq. (9), with both working to normalize the reward value to the range $[-1, 1]$.

The fourth component of the reward function aims to reduce jerk to ensure a comfortable driving experience:

$$r_{\text{jerk}_i} = \begin{cases} -\sqrt{\dfrac{\text{jerk}_i}{\text{jerk}_c}} + 1 & (\text{jerk}_i \leq \text{jerk}_c) \\ 0 & (\text{jerk}_i > \text{jerk}_c) \end{cases} \quad (14)$$

$$r_{\text{comf}} = \frac{1}{N}\sum_{i=1}^{N} r_{\text{jerk}_i} \qquad (15)$$

where jerk_i is the jerk of the ith controlled CAV, and jerk_c denotes a comfortable jerk set at 2 m/s^3. Eq. (14) is designed such that the smaller the jerk_i, the greater the reward obtained. However, when jerk_i exceeds jerk_c, the reward value is minimized to 0.

The above reward functions are linearly combined to construct the final reward function, which is used for actual training:

$$\text{Reward} = \alpha \times r_{\text{safe}} + \beta \times r_{\text{eff}} +$$
$$\gamma \times r_{\text{stable}} + \delta * r_{\text{comf}} \qquad (16)$$

where α, β, γ and δ represent the hyperparameters. In our study, these hyperparameters were set to 0.4, 0.6, 0.25 and 0.15 respectively.

2.3 Network construction and training

The two DRL-based CAV controllers in this study are designed to output the acceleration of the controlled following CAVs, a value within the continuous control domain. Therefore, this study employs the Deep Deterministic Policy Gradient (DDPG) algorithm (Lillicrap et al., 2016), a common solution for problems with a continuous action space, for training the controllers. DDPG is an actor-critic method in which the actor network, denoted as $\mu(s \mid \theta^\mu)$, maintains the network parameters θ^μ, and the critic network, denoted as $Q(s, a \mid \theta^Q)$, maintains the network parameters θ^Q. This algorithm iteratively trains the networks through interacting with the environment, actor, and critic in cyclical rounds and under specific time-step conditions.

(1) DDPG algorithm.

Relying solely on the actor-critic coupling training model may lead to issues with convergence and biased computed values. Therefore, DDPG utilises two techniques, Experience Replay and Target Network, to address the problems.

Experience replay is implemented using the experience replay buffer. The replay buffer serves to store a specific amount of training data in chronological order. When the buffer reaches its capacity limit, newly added data will overwrite the oldest data. During the neural network training process, a batch of samples is randomly selected from the replay buffer to update the network parameters. This method ensures optimal utilization of the training experience, breaks the data correlation between the samples, and ultimately enhances the stability of the training process.

Target network refers to the use of independent networks to estimate temporal difference targets during the update of the value network. In the DDPG algorithm, both the actor and critic networks have corresponding target networks that share the same structure but have different parameters. The target network employs the Polyak Averaging method (Loizou et al., 2021) for parameter updates, which are calculated as follows:

$$\theta^{Q'}_{t+1} = \tau \theta^Q_t + (1 - \tau)\theta^{Q'}_t \qquad (17)$$

$$\theta_{t+1}^{\mu'} = \tau\theta_t^{\mu} + (1-\tau)\theta_t^{\mu'} \qquad (18)$$

where $\theta^{Q'}$ is the target network parameters for the critic, θ^{μ} is the target network parameters for the actor, and τ signifies the soft target update rate.

(2) Neural Network Architecture.

In our study, the actor-critic network structure of the single CAV controller is shown in Figure 4.

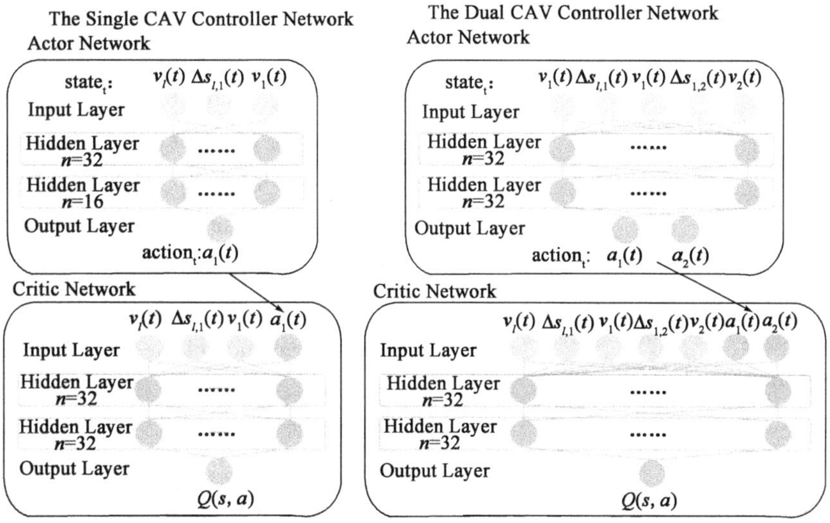

Figure 4　Network structure of CAV controllers (left: the single CAV controller, right: the dual CAVs controller)

For the actor network, the input layer, with dimension 3, represents the current state: $v_l(t)$, $\Delta s_{l,1}(t)$, and $v_1(t)$. The output layer is the action $a_1(t)$ with dimension only 1. It consists of two hidden layers, with 32 and 16 neurons respectively, and the decreasing number of neurons facilitates network convergence. For the critic network, the input layer is the current state and action: $v_l(t)$, $\Delta s_{l,1}(t)$, $v_1(t)$ and $a_1(t)$ with dimension 4, and the output layer is the action-state value $Q(a,s)$. This network comprises two hidden layers, each containing 32 neurons. The actor-critic network structure of the dual CAVs controller resembles that of the single CAV controller. However, modifications have been made to the dimensions of the input and output layers to accommodate the state and action of the two CAVs, as well as to the number of neurons in some of the hidden layers.

(3) Training process.

For our study, we selected the high quality I-80 dataset from the Next Generation Simulation (NGSIM) project (Alexiadis et al., 2004). This dataset effectively mirrors the micro-level driving behaviour of human drivers. To ensure the stable driving of the leading vehicle (HDV) in our simulation scene, we applied the following filters to the original dataset: ①The vehicle stays in the same lane; ②The vehicle travel time is greater than 20s. After pre-processing the human driving trajectory data, we allocated 70% of it for training and the remaining 30% for testing.

The two DDPG controllers are maintained in the same manner during neural network training. During the interactive training process within the platoon environment, the trajectory data of the lead vehicle is initially loaded from the existing database and used to initialize the state. To ensure the randomness of the training exploration process, the speed difference between the following vehicles and the lead vehicle is randomly set within the range of −5 to 5 m/s. If the speed falls below 0 m/s, it is defaulted to a stationary state. Additionally, the distance between the following vehicle and the lead vehicle is randomly set within a range of 1 to 100 meters.

The training environment is set up on a computer equipped with an AMD Ryzen 7 5800 8-Core Processor, 16GB RAM, and an NVIDIA GeForce RTX 3060 GPU. In a single training episode, the controller's reward values are accumulated at each step, with the average reward value being calculated at the end. The average reward serves as the criterion for judging the success of the training. If, after a certain number of training steps, the reward increases and eventually stabilizes within a small range, it is considered that the network training has converged.

3　Results

In this section, we initially present the results of the two controllers trained using the proposed method. Subsequently, we design five driving scenarios to test and evaluate the performance of these controllers.

3.1　Training Result

The average reward values for the training process of the two DRL controllers are shown in Figure 5.

During initial training, controllers explore the environment, causing collisions and low rewards. As experience accumulates, they learn collision avoidance, increasing rewards. Initially, safety is prioritized, but efficiency is targeted in later stages. Collisions in these stages result from noise in the DDPG algorithm and its instability. Ultimately, the reward values of both controllers, obtained from the training, remain within a stable interval, indicating the convergence of the models.

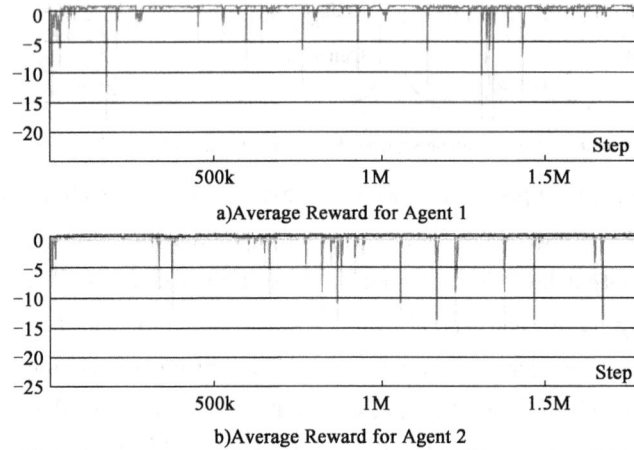

a)Average Reward for Agent 1

b)Average Reward for Agent 2

Figure 5　Average reward for the two DRL controllers during training process
(top: the single CAV controller, bottom: the dual CAVs controller)

3.2　Performance result

Velocity oscillation reflects the intensity of traffic oscillation, as confirmed by studies. Some studies use velocity oscillation energy to calculate the propagation of the velocity oscillation signal in the vehicle platoon. (Wang et. al, 2020) In a vehicle platoon, the velocity oscillation energy of the vehicle i is defined as follow:

$$e_i = \int_0^{+\infty} V_i^2(\mathrm{j}\omega)\,\mathrm{d}\omega \qquad (19)$$

where $j = \sqrt{-1}$, $V_i(\mathrm{j}\omega)$ is the velocity oscillation in frequency domain which represents the amplitude of the oscillation with frequency ω. Figure 6 shows the average velocity oscillation energy of each CAV in the five scenes. The trend in the image

indicates a reduction in the transmission of energy along with velocity oscillation in the platoon in all scenes. This suggests that all controller topology combinations can alleviate the propagation of traffic oscillations in vehicles to some extent.

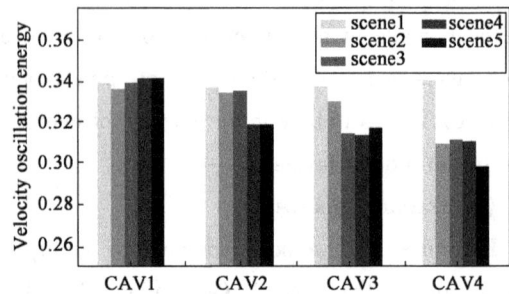

Figure 6　Average velocity oscillation energy in five scenes

Next, we compare the control effects of each controller topology. Scene 1 serves as the baseline for the experimental comparison. In the position of CAV2, we adopt Scene 1, 2 and Scene 4, 5 to compare the control topology Case 2 with Case 3, and the comparison results are shown in Table 1. The results indicate that the CAV is better at suppressing velocity oscillations in human driving when using the dual CAVs controller (Case 2), achieving a 14% improvement. For CAV3, we compared the control topology Case 5 and Case 6 using Scene 3 and Scene 4. The results, shown in Table 2, indicate that both types of controller topology perform similarly on CAV3, but are superior to using only a single CAV controller.

Percentage Reduction in Velocity Oscillation Energy for CAV2   Table 1

	Scene1	Scene2	Scene4	Scene5
	Case 2		Case 3	
LV	0.3748			
CAV2	0.3370 (−10%)	0.3342 (−10%)	0.3191 (−14%)	0.3191 (−14%)

Percentage Reduction in Velocity Oscillation Energy for CAV3   Table 2

	Scene1 baseline	Scene3 Case5	Scene4 Case6
LV	0.3748		
CAV3	0.3372 (−10%)	0.3145 (−16%)	0.3139 (−16%)

Finally, for CAV4, we can compare the controller topology Case 4 with the remaining cases. The comparison results are shown in Table 3, which indicate that Scene 5 has the lowest velocity oscillation energy compared to the other scenes. This can suppress 20% of the oscillations generated by the leader. These comparisons validate the necessity of our proposed dual CAVs controller. It outperforms the single CAV controller when using either the combination of the two controllers or only the dual CAVs controller in the tests. The results also indicate that Scene 5 (controller topology Case 4) has the best oscillation suppression effect in the platoon scene of 4 CAVs.

Percentage Reduction in Velocity Oscillation Energy for CAV3   Table 3

	Scene1	Scene2	Scene3	Scene4	Scene5
LV	0.3748				
CAV4	0.3404 (−9%)	0.3094 (−17%)	0.3115 (−16%)	0.3107 (−17%)	0.2984 (−20%)

In addition to suppressing traffic oscillations caused by human driving to ensure vehicle stability, efficient tracking of human driving is an important aspect to be tested. The evaluation criterion used is the average time headway of all CAVs during driving, as shown in Figure 7. The results indicate that in Scene 5, the headway of the four CAVs remains in the range of 1.5s to 2.1s, which is the lower headway under the premise of ensuring safety in all scenes. This suggests that Scene 5 can achieve the most efficient driving while maintaining safety.

The driving performance of Scene 5 is optimal for mitigating traffic oscillations generated by human driving and for efficient driving.

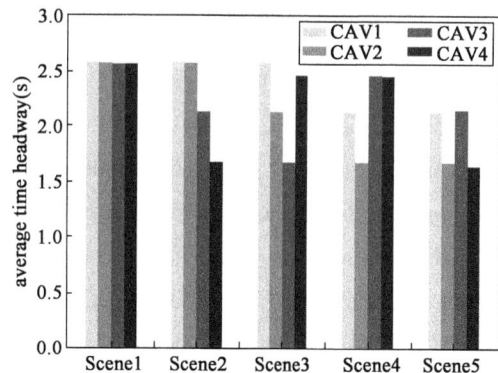

Figure 7   Average time headway in five scenes

4   Conclusions

This study proposes and investigates two types of CAV controllers based on DRL through simulation experiments. To implement the two types of controllers in the CAV platoon, we consider six types of controller topologies and apply them to the platoon scene test. The analysis results indicate that the dual CAVs controller exhibits better control performance than the single CAV controller. This demonstrates the potential of DRL to control multiple CAVs simultaneously. However, during the test phase, an unstable state is observed in the CAV control performance when transitioning between different types of controllers. Future research will delve deeper into this phenomenon and may consider the adoption of updated deep reinforcement learning algorithms or the optimization of the reward function design to enhance the stability of platoon control.

References

[1] YE Y, ZHANG X, SUN J. Automated vehicle's behavior decision making using deep reinforcement learning and high-fidelity simulation environment[J]. Transportation Research Part C: Emerging Technologies, 2019, 107: 155-170.

[2] LEE J, KIM T, KIM H J. Autonomous lane keeping based on approximate Q-learning[C]// 2017 14th International Conference on Ubiquitous Robots and Ambient Intelligence (URAI). IEEE, 2017: 402-405.

[3] BOUTON M, NAKHAEI A, FUJIMURA K, et al. Cooperation-aware reinforcement learning for merging in dense traffic [C] // 2019 IEEE Intelligent Transportation Systems Conference (ITSC). IEEE, 2019: 3441-3447.

[4] ARADI S. Survey of deep reinforcement learning for motion planning of autonomous vehicles[J]. IEEE Transactions on Intelligent Transportation Systems, 2020, 23(2): 740-759.

[5] ZHU Y, WU J, SU H. V2V-based cooperative control of uncertain, disturbed and constrained nonlinear CAVs platoon[J]. IEEE Transactions on Intelligent Transportation Systems, 2020, 23 (3): 1796-1806.

[6] GUO H, LIU J, DAI Q, et al. A distributed adaptive triple-step nonlinear control for a connected automated vehicle platoon with dynamic uncertainty [J]. IEEE Internet of Things Journal, 2020, 7(5): 3861-3871.

[7] LI S E, QIN X, ZHENG Y, et al. Distributed platoon control under topologies with complex eigenvalues: Stability analysis and controller synthesis [J]. IEEE Transactions on Control Systems Technology, 2017, 27(1): 206-220.

[8] WANG Y, LI X, TIAN J, et al. Stability analysis of stochastic linear car-following models [J]. Transportation Science, 2020, 54 (1): 274-297.

[9] YANG J, ZHAO D, LAN J, et al. Eco-driving of general mixed platoons with CAVs and HDVs [J]. IEEE Transactions on Intelligent Vehicles, 2022, 8(2): 1190-1203.

[10] ZHU M, WANG X, WANG Y. Human-like autonomous car-following model with deep reinforcement learning[J]. Transportation research part C: emerging technologies, 2018, 97: 348-368.

[11] JIANG L, XIE Y, WEN X, et al. Dampen the stop-and-go traffic with connected and automated vehicles-a deep reinforcement learning approach[C]//2021 7th International Conference on Models and Technologies for Intelligent Transportation Systems (MT-ITS). IEEE, 2021: 1-6.

[12] HART F, OKHRIN O, TREIBER M. Formulation and validation of a car-following model based on deep reinforcement learning [J]. arXiv preprint arXiv:2109. 14268, 2021.

[13] LI D, OKHRIN O. Modified DDPG car-following model with a real-world human driving experience with CARLA simulator [J]. Transportation research part C: emerging technologies, 2023, 147: 103987.

[14] WANG Z, BIAN Y, SHLADOVER S E, et al. A survey on cooperative longitudinal motion control of multiple connected and automated vehicles[J]. IEEE Intelligent Transportation Systems Magazine, 2019, 12(1): 4-24.

[15] ALEXIADIS V, COLYAR J, HALKIAS J, et al. The next generation simulation program [J]. Institute of Transportation Engineers. ITE Journal, 2004, 74(8): 22.

[16] LILLICRAP T P, HUNT J J, Pritzel A, et al. Continuous control with deep reinforcement learning [J]. arXiv preprint arXiv: 1509.

02971，2015.

[17] LOIZOU N, VASWANI S, LARADJI I H, et al. Stochastic polyak step-size for sgd: An adaptive learning rate for fast convergence [C] // International Conference on Artificial Intelligence and Statistics. PMLR, 2021: 1306-1314.

[18] WANG C, GONG S, ZHOU A, et al. Cooperative adaptive cruise control for connected autonomous vehicles by factoring communication-related constraints[J]. Transportation Research Part C: Emerging Technologies, 2020, 113: 124-145.

基于风险场分析的人机共驾车辆智能切换策略

齐皓天[1] 韩凌雲[1] 管晓涛[2] 张皓强[1] 侯凯钟[1] 张明恒*[1]

(1. 大连理工大学机械工程学院;2. 大连理工大学计算机科学与技术学院)

摘 要 人机共驾是车辆智能化应用由辅助驾驶向无人驾驶发展的必经阶段,其通过对驾驶人预警或自动化系统适时介入车辆控制的方式提高行车安全性。其中,如何从人机协同角度进行车辆控制权的切换是相关研究的关键。基于此,本文在对车辆控制权切换机理分析基础上,针对人机共驾系统中的"人-车-路"驾驶风险状态构成及风险场构建方法进行了深入研究,并结合所提出的驾驶风险状态耦合策略,验证了所提出模型方法的有效性。

关键词 人机共驾 人工势场 驾驶风险场 控制权切换

0 引言

伴随车辆智能化技术的快速发展,人机共驾已成为解决由驾驶人因素所导致交通事故[1]问题的有效途径之一。人机共驾旨在驾驶危险发生前,通过对驾驶员预警或适时介入车辆控制的方式提高车辆运行安全性,如何解决人-机间的控制协调问题是其核心所在。

目前,人机共驾汽车控制权切换策略的制定,主要基于驾驶过程中的各类风险动态评估而给出[2]。从车辆驾驶过程的本质来看,驾驶风险的形成是"人-车-路"环境下各要素协同的结果。因此,人机共驾研究的关键在于:驾驶人风险状态的识别和车-路环境对车辆运行所构成的安全性约束条件,进而对相关风险进行综合评估,以对车辆控制权进行适时切换。为此,李伟[3]等根据车辆方向盘运动信息间接对驾驶人疲劳状态进行检测,进而对驾驶人驾车风险水平进行评估;Li[4]等基于安全势场理论提出了智能网联环境下的周边车辆风险场感知方法和预警策略;Zheng[5]等在实车试验基础上,提出了一种密集交通环境下的交通风险评价方法,进而基于等价力场解析驾驶人周围风险状态。相关研究在一定程度上为准确的车辆驾驶风险评价及水平界定形成了良好的基础信息及方法支撑,但由于车辆驾驶过程本身所具备的多因素复杂耦合特性,还需要从多因素融合角度对相关研究进行深化。

基于此,本文在对人机共驾车辆控制权切换机理进行综合分析的基础上,基于人工势场理论构建了一种融合"人-车-路"信息的车辆运行风险场模型,进而通过所提出的车辆控制权切换策略对其进行有效性验证。

1 控制权切换机理分析及实验平台

1.1 车辆控制权切换机理

从车辆控制指令来源看(图1),人机共驾汽车的控制主体包括驾驶人和自动驾驶控制系统两方面。根据SAE标准[6],见表1,针对不同的车辆自动化级别,驾驶人在车辆运行过程中所承担的车辆控制、环境监测、安全判断等任务具有一定差异,自动驾驶系统则需要根据各传感器信息进行自动化决策,以提供相应的预警、辅助控制等功能。

大创项目编号(20231014111203);国家自然科学基金资助项目(52272413)。

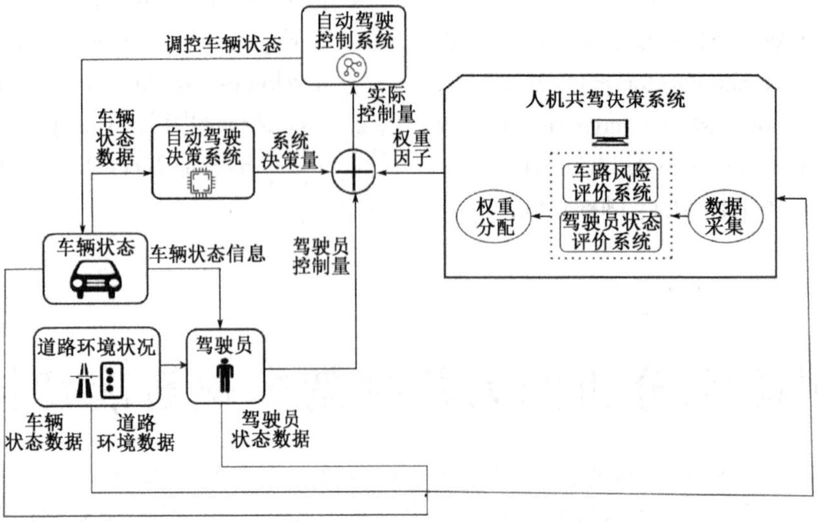

图 1 控制权切换机理

SAE 车辆自动化标准 表 1

等级	名称	车辆控制	环境监测	任务接管
L0	无自动化	人	人	人
L1	驾驶辅助	人和系统	人	人
L2	部分自动化	系统	人	人
L3	有条件自动化	系统	系统	人
L4	高度自动化	系统	系统	系统
L5	完全自动化	系统	系统	系统

在典型的人机共驾系统中,车辆的驾驶状态取决于 3 个决策子系统[7],即驾驶人、自动驾驶控制系统和人机共驾决策系统,如图 2 所示。其中,驾驶人决策子系统由驾驶人根据外部环境变化,基于自身驾驶经验给出相应的车辆控制指令输出;自动驾驶控制子系统则根据所获的车载传感器或车路协同信息,基于专家经验制定相应的车辆控制策略;人机共驾决策子系统则通过调整驾驶人与自动驾驶控制系统的权重协调车辆控制权在人-机间的切换,以实现车辆的安全平稳控制。

在人机共驾决策子系统中,相关信息的来源主要包括:车辆的运行状态信息、道路环境信息、驾驶人状态信息等,决策系统依据感知层所获上述信息进行驾驶员风险状态评价与车-路风险评价,进而调节驾驶人决策子系统与自动驾驶控制子系统的输出权重。由此可见,车辆控制权切换的关键因素在于车-路风险状态与驾驶员风险状态的准确识别。根据本文研究目的,在驾驶人风险状态评估和车-路风险评价基础上,所建立的车辆控制权切换模型为:

$$\zeta = h\big[u(x,y)\big] \qquad (1)$$

式中:ζ——车-路风险评价因子;

$u(x,y)$——车辆周围空间风险势能场的势能表达,在车路风险评价中进行了具体分析;

h——对应的映射函数,具体形式由所设计的控制权切换策略决定,常见的有线性、分段线性和非线性映射 3 种。

对于映射函数的确定,在驾驶人风险状态形成初期,驾驶人仍有足够的驾驶能力,此时自动驾驶控制系统的权重设置相应较低;随着驾驶人的驾驶能力逐渐降低,自动驾驶控制系统的控制权重设置应逐渐增加;当驾驶人驾驶能力下降到一定程度时,自动驾驶控制系统应全权接管车辆的控制。鉴于上述车辆控制权切换过程分析,所建立的控制权融合方式为:

$$\phi = \big[(1-\mu)\eta\big]u_{\text{driver}} + (1-\eta+\eta\mu)u_{\text{automated}} \quad (\eta,\mu\in[0,1])$$
$$(2)$$

式中:u_{driver}——驾驶人控制子系统的输入量;

$u_{\text{automated}}$——自动控制系统理想预测量;

μ——自动驾驶控制子系统权重,表征驾驶系统控制量;

η——驾驶人状态权重;

ϕ——车辆端实际控制输入量。

当 $\eta=1$ 时,驾驶人处于正常驾驶状态,权重分配取决于 μ。当车辆处于危险状态时,模型退化为:

$$\phi = (1-\mu)u_{\text{driver}} + \mu u_{\text{automated}} \quad (\mu\in[0,1]) \quad (3)$$

经过上述分析可得,判断车-路风险状态与驾驶人风险状态的评价是否准确,是人机共驾决策系统是否安全可靠的关键。基于此,本文将在后续首先建立驾驶人风险状态评价模型,并基于风险场分析建立车-路风险场模型,从而实现对车-路风险状态与驾驶人风险状态的准确辨识。

1.2 实验平台及数据库组成

基于上述分析和后续切换策略模型验证所需数据,本研究的实验通过调查问卷结合在模拟驾驶试验进行,具体调查问卷及所用设备和数据集建立见表2所示。

所用设备及数据集 表2

实验方案	主观指标	调查问卷	驾驶员年龄
			驾驶员驾龄
			睡眠是否充足
			……
	客观指标	优迈720p高清摄像头	驾驶员分心状态(Scale of Driver Distractions)
		Tobii X2-30 Compact 眼动仪	闭眼百分率(PERCLOs)
			眨眼持续时间(Blink Duration)
			瞳孔直径变异系数(CVPLD)

客观指标通过模拟驾驶实验收集,某同学模拟驾驶过程如图2所示。

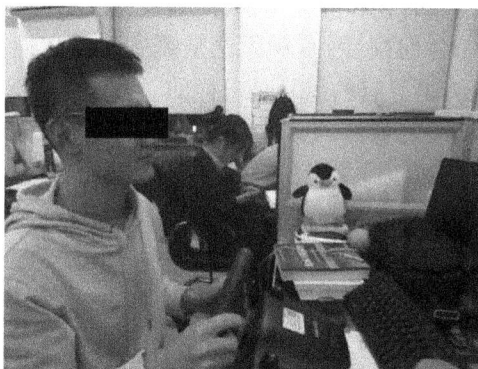

图2 某位驾驶员模拟驾驶过程部分截图

除上述数据之外,本文还选取 HighD 自然驾驶数据集作为数据库补充,且仿真验证平台采用 Matlab-Simulink 进行仿真验证。

2 风险模型构建及控制权切换策略

针对驾驶人风险与车-路风险状态评价的信息来源差异,鉴于眼动特征的疲劳风险表征可靠性和强时序特性,可以基于隐马尔可夫模型(HMM)[8]对驾驶人风险状态进行建模。同时,车路风险场具有的客观性、空间分布特性、时变性等与人工势场具有类似特性,考虑基于人工势场理论对车-路风险场进行建模。

2.1 驾驶人风险状态建模

驾驶人状态是人机共驾控制权切换的重要判据之一,眼动特征对其状态表征已进行有较多研究,通过分析驾驶人的闭眼百分率、眨眼持续时间和瞳孔直径变异系数等可对驾驶人疲劳风险状态进行可靠性识别。

为建立驾驶人风险模型,基于 HMM 模型设定以下参数:驾驶人风险状态序列(隐状态)$Q = \{q_1, q_2, \cdots, q_c\}$,$C$ 为隐含状态数,观测状态序列 $V = \{v_1, v_2, \cdots, v_D\}$,$D$ 为观测状态数。驾驶员时间序列长度 T,隐含状态序列 I,O 为对应的驾驶员观测序列;$\lambda = \{\pi, A, B\}$ 为 HMM 模型参数,其由初始概率矩阵 π、转移概率矩阵 A 和发射概率矩阵 B 组成。

$$I = \{i_1, i_2, \cdots, i_T\}, O = \{o_1, o_2, \cdots, o_T\} \quad (i_t \in Q, O_t \in V) \tag{4}$$

式中:i——驾驶员某一时刻对应的隐含状态;

O——该时刻对应的观测状态。

定义 $\alpha_t(i)$、$\beta_t(i)$ 分别为前向概率和后向概率。

$$\alpha_t(i) = P\{o_1, o_2 \cdots o_T, i_t = q_i | \lambda\} \tag{5}$$
$$\beta_t(i) = P\{o_{t+1}, o_{t+2} \cdots o_T, o_T | i_t = q_i, \lambda\} \tag{6}$$

在已知状态辨识模型参数和观测序列下,驾驶员处于不同观测状态下的后验概率如下:

$$P(q_i) = P(i_t = q_i | O, \lambda) = \frac{\alpha_t(i)\beta_t(i)}{P\left(\frac{O}{\lambda}\right)} = \frac{\alpha_t(i)\beta_t(i)}{\sum_{j=1}^{C} \alpha_t(j)\beta_t(j)} \tag{7}$$

其中,$\sum_{q_i} P(q_i) = 1, q_i \in Q$。

因为通过分析驾驶人的闭眼百分率、眨眼持续时间和瞳孔直径变异系数等可对驾驶人疲劳风险状态进行可靠识别。所以本文依据上述所建概率模型,使用驾驶员的闭眼百分率、眨眼持续时间和瞳孔直径变异系数等指标作为参考指标,构建了基于 HMM 模型的疲劳状态辨识模型。图3为实验中某同学所得数据的聚类效果图。

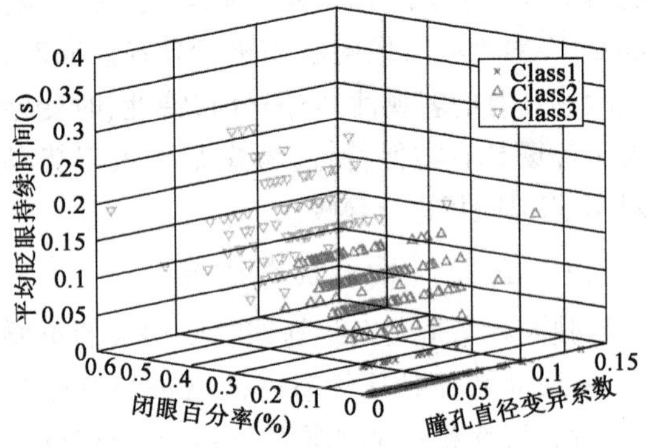

图3　三维指标聚类示意图

2.2　车-路风险模型建模

（1）人工势场理论基础

人工势场由引力场和斥力场组成，其中轨迹规划的目标点对物体产生引力，引导物体向其运动，运动过程中所遇到的障碍物等则对物体产生阻力，避免物体与其产生碰撞和摩擦。物体在实际运动时受到的合力为引力和斥力的和，其与物体和目标点间的距离有关，当距离最远时，物体受到的引力最大，当物体和目标点重合时，物体受到

$$F_{\text{rep}}(q) = \begin{cases} k_{\text{att}}\left(\dfrac{1}{\text{dis}(q,q_{\text{goal}})} - \dfrac{1}{r}\right)\dfrac{\nabla\text{dis}(q,q_{\text{goal}})}{\text{dis}(q,q_{\text{goal}})^2} & (\text{dis}(q,q_{\text{goal}}) \leqslant r) \\ 0 & (\text{dis}(q,q_{\text{goal}}) > r) \end{cases} \quad (11)$$

物体所受合力 F 为引力和斥力之和：

$$\begin{aligned} F &= -\text{grad}\left[U_{\text{att}}(q) + \sum U_{\text{rep}}(q)\right] \\ &= F_{\text{att}}(q) + \sum F_{\text{rep}}(q) \end{aligned} \quad (12)$$

（2）等效质量

车-路风险场中的任意一个物体，其能产生的风险大小与该物体的质量、类型、速度有关。据此，综合考虑物体的速度、类型、质量，定义等效质量为：

$$M_i = M_i(m_i, v_i, p_i) = p_i m_i(1 + \lambda v_i^\kappa) \quad (13)$$

式中：M_i——物体等效质量；

　　　v_i——物体速度；

　　　p_i——物体类型系数；

　　　m_i——待物体质量；

　　　λ——待定系数。

车祸事故中乘员伤亡概率与伤亡严重率与车速呈现指数关系，故用 λv_i^κ 表示速度对等效质量的影响[9]。对于静止物体，$v_i = 0$。

（3）静止物体势能场

根据车辆驾驶过程，为建立合理的车路风险场模型，这里将静止物体分为两类并分别构建势

的引力为零，引力势场表达式如下：

$$U_{\text{att}}(q) = \frac{1}{2}k_{\text{att}} \cdot \text{dis}(q, q_{\text{goal}}) \quad (8)$$

式中：　k_{att}——尺度因子；

　$\text{dis}(q, q_{\text{goal}})$——物体和目标间的实时距离；

　$U_{\text{att}}(q)$——物体所处引力场。

引力为引力场负梯度，引力表达式如下：

$$F_{\text{att}}(q) = -\text{grad}(U_{\text{att}}(q)) = k_{\text{att}} \cdot (q_{\text{goal}} - q) \quad (9)$$

障碍物产生的斥力有一定的范围限制，在其影响半径内，物体离障碍物越近，受到的斥力越大，在其影响半径之外，物体受到的斥力为零，斥力函数表达式如下：

$$U_{\text{rep}}(q) = \begin{cases} \dfrac{1}{2}k_{\text{att}}\left(\dfrac{1}{\text{dis}(q, q_{\text{goal}})} - \dfrac{1}{r}\right)^2 & (\text{dis}(q, q_{\text{goal}}) \leqslant r) \\ 0 & (\text{dis}(q, q_{\text{goal}}) > r) \end{cases} \quad (10)$$

其中，r 为作用半径，$U_{\text{rep}}(q)$ 为物体所受斥力。参照前文引力求法，得到斥力表达式：

能场。

第一类静止物体势能场，该分类是指交通环境中的障碍物和静止车辆等，其具有以下特征：

①各向同性，车辆无论从哪一个方向撞向该类物体，所具有的风险是一样的。

②风险大小与该物体的质量有关，物体的质量越大，风险越大，反之风险越小。

③风险大小与驾驶车辆和静止物体间的距离有关，两者距离越小，风险越大，反之风险越小。

静止物体产生的斥力符合上述特征，定义为：

$$F = \frac{\varepsilon M_i}{\|r\|^{k_r}} \quad (14)$$

式中：ε——尺度因子；

　　　k_r——待定常数；

　　　r——车辆和静止物体的欧几里得距离；

　　　F——车辆所受场力。

综上，所建立的第一类静止物体势能场模型为：

$$E_{\text{statics},i} = me^{k_{\text{vel}} \cdot v \cdot \cos(\theta_i)}\int_{r_0}^{\infty}\frac{\varepsilon M_i}{\|r_i\|^{k_r}}\frac{r_i}{\|r_i\|}dr_i \quad (15)$$

式中：m——车辆质量；

k_{vel}——速度纠正参数；

θ_i——车辆和物体 i 之间的速度方向和质心连线的夹角；

r_i——车辆距离物体 i 之间的距离矢量；

k_r——待定系数；

$E_{statics}$——第一类静态物体产生的总势场数值。

基于所建立的模型，第一类静止物体势能函数的三维能量场如图 4 所示。可见，当车辆越接近第一类静止物体时，其面临的风险越大，当车辆远离第一类静止物体时，风险降低，并在远离一定距离时风险降低为零。

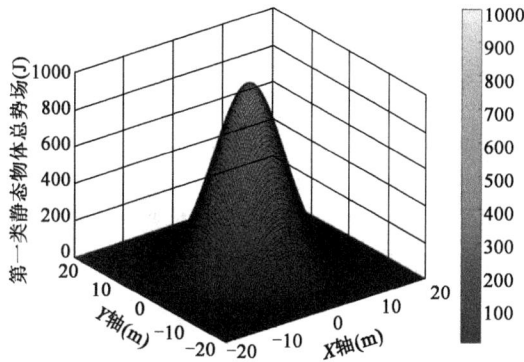

图 4 第一类静止物体势能场

第二类静止物体风险场，该分类是指交通场景中的道路边界线和车道线等具有交通规则约束的物体，其具有以下特征：

①在道路边界线处，车辆所受风险无穷大，远离道路边界线方向风险非线性减小。

②在同一位置处，车辆横向速度越大，风险越大，车辆具有远离道路边界线的横向速度时，风险更小。

③车辆等效质量越大，风险越大。

综合上述分析，利用指数函数非对称特性，建立道路边界势能场模型如下：

$$E_{border,i} = me^{k_{vel} \cdot v \cdot \sin(\theta_i)} \int_{r_0}^{\infty} \frac{1}{2} \tau \frac{1}{\|r_i\|^3} r_i dr_i \quad (16)$$

其中，τ 为尺度因子，r_i 表示车辆与道路边界线之间的横向距离矢量。E_{border} 为道路边界物体产生的总势场数值。

基于道路边界势能场模型，道路边界风险场示意图如图 5 所示。可见，道路边界产生的风险呈非线性变化。道路边界处对车辆的斥力无穷大，远离边界时斥力急剧下降。

图 5 道路边界风险场示意图

对于车道线，车辆越接近车道线则风险越大，远离则风险减小，且风险大小变化规律类似高斯分布。建立车道线风险模型如下：

$$E_{line,i} = me^{k_{vel} v \sin(\theta_i)} \int_{r_0}^{\infty} \frac{1}{\sigma \sqrt{2\pi}} e^{-\frac{|r_i|^2}{2\sigma^2}} \frac{r_i}{\|r_i\|} dr_i$$

$$(17)$$

其中，σ 为方差参数，$E_{line,i}$ 表示单边车道线产生的势能数值。车道线单边风险场示意图如图 6 所示。

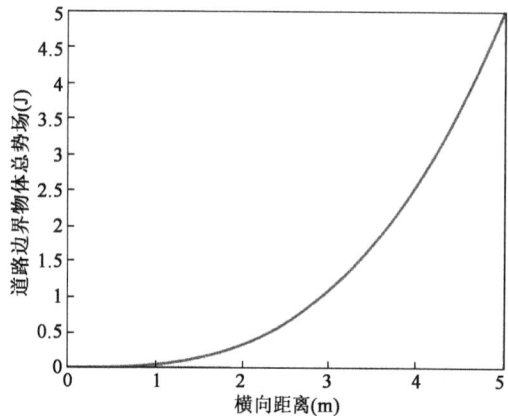

图 6 车道线单边风险场示意图

（4）运动物体动能场

车辆行驶过程中会受到如行人、运动车辆等交通参与体的影响，其具有以下特点：

①运动物体周围不同方向处对行车安全产生的风险大小不同。

②运动物体等效质量越大，风险越大。

③行车风险随行驶车辆于运动物体之间距离的减小而增大，随两者距离的增大而减小，且变化

规律为非线性。

基于上述分析，参照静止物体势能模型的建立方法，给出运动物体动能场模型如下：

$$E_{\text{dynamics},i} = m e^{k_{\text{vel}} v \cos(\theta_i)} \int_{r_0}^{\infty} \frac{\varepsilon M_i}{\|r_i\|^{k_r}} \frac{r_i}{\|r_i\|} \mathrm{d}r_i \quad (18)$$

其中，$E_{\text{dynamics},i}$ 表示单个运动物体对车辆产生的势能数值。相同速度 v_i 下，当物体从车辆前方接近车辆时，$\theta_i = 0$，$\cos(\theta_i) = 1$，风险最大；当物体从车辆后方接近车辆时 $\theta_i = \pi$，$\cos(\theta_i) = 0$，风险最小。

（5）车-路行车风险评价

上述分析描述了单个静止物体和运动物体形成的风险场模型，实际交通情况下的风险大小是多个物体风险场的矢量叠加。

除此之外，考虑到实际行车过程中因驾驶车辆的类型产生的风险差异性，在此处引入车辆类型参数 ω，以此为不同类型驾驶车辆进行更精准的风险评价，同时为体现不同场景下的风险差异，需要赋予不同权重。具体如下所示：

$$E = \omega \sum \left[\omega_1 E_{\text{statics},i} + \omega_2 E_{\text{dynamics},i} + \omega_3 (E_{\text{border},i} + E_{\text{line},i}) \right] \quad (19)$$

其中，ω 表征车辆类型对风险大小的影响，ω_1、ω_2、ω_3 分别代表第一类静止物体势场、运动物体势场和第二类静止物体势场对应的权重系数，该系数依据不同的驾驶场景赋予具体数值。

3　模型纵向仿真结果与分析

为验证上述风险场模型对车辆控制权切换策略的有效性，鉴于本文研究重点，这里结合具有高实时性的 LCM 算法进行实验验证。在评价指标方面，基于车-路风险场模型与传统方法，选取降速时间和降速幅值作为主要参数，对比分析实验结果。其中，降速时间反映车辆调整的灵敏度，降速幅值反映车辆调整过程中的稳定性。MATLAB/Simulink 仿真平台下的实验结果如下：

通过图7与图8可以看出，从0时刻开始，由于突发情况导致车辆的速度发生变化，考虑车-路风险场的车辆经过对驾驶员与自动驾驶系统进行更合理的权重分配，在7s内速度降至22m/s附近，速度变化为10m/s，而未考虑车-路风险场模型的车辆则在9s内速度降为19m/s，速度变化为13m/s。图9可以看出考虑车-路风险场的车辆较未考虑车-路风险场的车辆在降速时间上提升了约22%，在降速的稳定性上提高了23%，证明本文所提出的考虑车-路风险场智能切换策略模型较传统模型的灵敏度和稳定性有显著的提升。

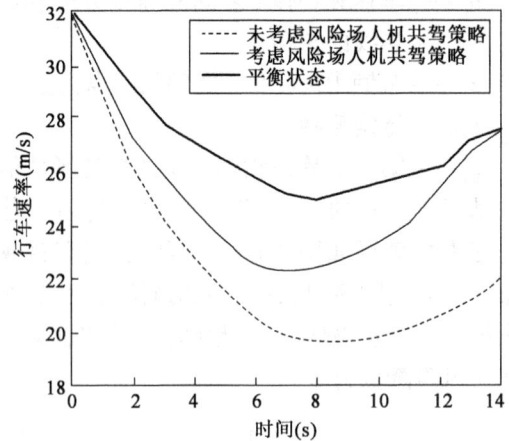

图7　两种人机共驾策略对比图

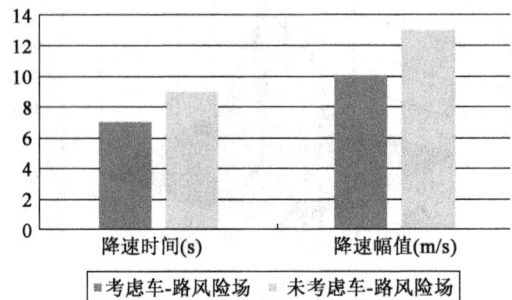

图8　两种人机共驾策略降速时间与降速幅

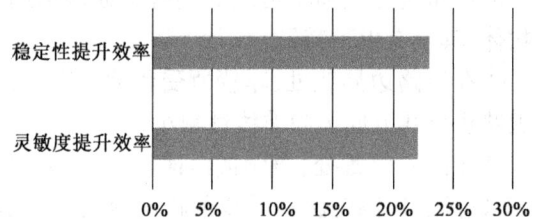

图9　考虑车-路风险的策略灵敏度与稳定性效率提升图

考虑车-路风险场模型的车辆在7s开始进行自主调节后，于14s时从新回归到均衡型理想状态，而未考虑车-辆风险场模型的车辆从9s开始进行自主调节至14s时，远未达到均衡理想状态。车-路风险场模型的加入明显缩短了车辆由异常状态回归正常范围的所需时间，表明了考虑车-路风险场智能切换策略模型较传统模型更具有效性。

上述实验结果的对比分析充分表明了考虑车-路风险场的人机共驾系统在纵向驾驶过程中能够进一步提高驾驶员驾驶安全性与舒适性，提高车辆灵敏性和稳定性。这一机制不仅保证了驾驶员的驾驶安全性,同时也给予了驾驶员足够的驾驶体验与交互感。

4　结语

人机共驾是车辆智能化应用由辅助驾驶向无人驾驶发展的必经阶段,是当今车辆工程领域的热点之一。本文针对人机共驾车辆的控制权分配问题,在控制权切换机理分析的基础上,基于人工势场理论构建了车路风险场模型,结合驾驶人风险状态模型,提出了一种人机共驾车辆的智能切换策略。实验结果分析表明,本文所提出的模型方法具有良好的鲁棒性。

受时间与成本限制,本文相关研究尚未进行实际的车载试验,后续研究需要结合实际做进一步的完善。

参考文献

[1] 宗长富,代昌华,张东.智能汽车的人机共驾技术研究现状和发展趋势[J].中国公路学报,2021,34(6):214-237.

[2] 刘平,沈跃,杨明亮,等.跟车工况下基于风险评估的人机共驾策略[J/OL].汽车工程学报,1-10[2024-02-17].

[3] 李伟,何其昌,范秀敏.基于汽车操纵信号的驾驶员疲劳状态检测[J].上海交通大学学报,2010,44(02):292-296.

[4] LI R, LI Y, LI S E, et al. Indirect shared control for cooperative driving between driver and automation in steer-by-wire vehicles [J]. IEEE Transactions on Intelligent Transportation Systems, 2020, 22(12): 7826-7836.

[5] ZHENG X, HUANG B, NI D, et al. A novel intelligent vehicle risk assessment method combined with multi-sensor fusion in dense traffic environment [J]. Journal of intelligent and connected vehicles, 2018.

[6] SAE on-road automated vehicle standards committee. Taxonomy and definitions for terms related to on-road motor vehicle automated driving systems [J]. SAE Standard J, 2014, 3016: 1-16.

[7] 邵朴珩.人机共驾下驾驶活跃度识别与共驾策略研究[D].南京:东南大学,2022

[8] 赵秀栋.基于改进HMM的驾驶疲劳状态辨识方法研究[D].大连:大连理工大学,2017.

[9] 黎毅.车速与交通事故综合研究[J].公路交通技术,2012(3):115-117.

智能网联下异质交通流渐近稳定性研究综述

张万燊*

(重庆交通大学交通运输学院)

摘　要　随着智能网联技术的快速发展,异质交通流的研究逐渐成为交通工程领域的热点。本文综述了智能网联环境下异质交通流渐进稳定性的研究现状、方法、成果和挑战。首先,介绍了智能网联环境下异质交通流的基本概念和特点,以及渐进稳定性在交通流中的重要性和作用。然后,详细阐述了在智能网联环境下反应延迟、退化现象和车队内部车辆状态信息通信如何影响异质交通流渐进稳定性。接着,总结了当前在智能网联环境下异质交通流渐进稳定性的一般研究过程。最后,指出了目前研究中存在的挑战和未来可能的研究方向,为进一步深化异质交通流渐进稳定性的研究提供参考。

关键词　异质交通流　智能网联　渐近稳定性

0　引言

交通流稳定性良好与否衡量了交通系统内部的抗干扰能力。交通流稳定性分析目的是解释交通流中扰动的传播机理,其中稳定性分析类型可分为线性稳定性分析和非线性稳定性分析,线性稳定性分析主要关注小扰动对交通流的影响,而非线性稳定性分析主要关注大扰动对系统稳定性影响。但因为非线性跟驰系统经常在平衡点周围线性化，道路交通使用者经历的干扰小，同时非线性稳定性分析比线性稳定性分析复杂，故线性稳定性分析一直是交通流理论中大多数稳定性文献的主题[1]。

交通流稳定性分析的基础是跟驰模型，一般来说，交通流稳定性分析可用的模型有两种：微观模型和宏观模型。现今大多采用微观模型研究交通流特性，通常指的是车辆相互跟随的车队渐进稳定性，关注车队中每一辆车的波动特性在车队的表现，即车队的整体波动特性。最新研究跟驰模型稳定性被称为内部稳定，即交通闭环系统内部抗干扰能力[2]。

智能网联汽车（CAV）通过集成先进的传感器、通信技术和高性能计算平台，显著提升了驾驶安全性、能源效率和交通流稳定性。它们能够实时感知周围环境，与其他车辆和基础设施协同工作，实现更智能、更安全的驾驶。智能网联汽车通过优化驾驶策略和行驶路线，能够缩小车头时距，提高道路通行效率，减少交通拥堵。尽管智能网联汽车在技术上具有显著优势，但城市道路上的 L4 级别 CAV 渗透率仅能达到 24.8%[3]。这意味着道路上仍将存在大量的传统车辆（HDV）。这种混合车流的情况可能对道路的正常运行带来一定的挑战。因此，分析混合交通情况下交通流整体运行情况的稳定性显得尤为重要。

1 智能网联环境下异质交通流

根据 IEEE 最新研究，2050 年道路上智能网联车辆的渗透率仅能达到 75%，未来道路交通将会普遍呈现由人工驾驶车辆和智能网联车辆组成的异质交通流特征。混合交通中交通稳定性与智能网联车辆的渗透率有关。因此有学者们对不同渗透率情况下人工车辆与智能网联汽车构成的混合交通流稳定性进行研究。智能网联车辆渗透率对混合交通稳定性影响如表 1 所示。

智能网联车辆渗透率对混合交通稳定性影响 表1

文献	研究对象	平衡态指标	考虑跟驰模式
[4]	不同自动驾驶汽车比例混合车流稳态速度	速度	否
[5,6,7]	自适应巡航协同（CACC）、自适合巡航控制（ACC）、人工车辆的混合交通流稳定性	速度	是
[8,9,10,11]	不同 CACC 比例混合车流稳态速度	速度	否
[12,13,14]	CAV 渗透率对混合交通稳定性影响	车头间距	否
[15]	自动驾驶汽车渗透率、位置、反应时间对混合交通稳定性影响	平均速度方差、时间方差	是
[16]	不同渗透率下自稳定系数的影响	车头间距	否
[17]	离散跟驰区间对混合交通稳定性	车头时距	否

从表 1 可以看出，已有研究用临界速度、车头时距、车头间距等指标判定混合交通是否处于稳定状态，其中大部分研究采用临界速度作为判定混合交通流处于稳态的指标，这是因为一旦超过临界速度，提升或降低智能网联车辆渗透率对混合交通整体稳定性影响有所不同。此外还可以直观看出，研究渗透率对混合车流稳定性中考虑跟车情况的不超过一半，因为研究者认为混合交通流稳定性与车辆相对顺序无关，仅与车辆比例有关，故很少有人考虑混合交通流中不同车辆的跟车情况。

1.1 反应延迟

虽然文献[8-10,18-20]研究 CACC 车辆对混合交通流的影响，但他们没有考虑驾驶员或车辆的反应时间对交通流稳定性的影响。为弥补这一缺点，有学者研究交通流稳定性中考虑反应时间[21-25]。然而反应时间对非均匀交通流的稳定性起着至关重要的作用[14,26]，因此部分学者研究反应时间对混合交通流稳定性影响[14,27-28]。

反应延迟被定义为一种生理参数反应的时间之间的感知刺激的车辆和执行相关动作，如加速或减速，对于驾驶员而言，反应延迟指驾驶员通过视觉对前方车辆信息进行感知、反馈、决策过程所需要的反应时间。自动驾驶车辆通过车间通信技术感知周围环境车辆的状态信息，针对自动驾驶车辆，反应时间指的是车辆通过无线 V2V 通信技术感知信息时的通信时延。反应时间对混合交通流的稳定性有轻微的负面影响[7,24]，即使时滞对稳定区域的影响不显著，在稳定性分析中也有必要考虑时滞，无论混合交通流中延迟来自驾驶员反应延迟还是车间通信时滞，大致存在对车速、车头间距、速度差的反应延迟[7,14,29]。

1.1.1 驾驶员反应感知时延

驾驶员作为汽车的感知主体，通过驾驶员感知交通场景中的交通信息，并对此做出适宜的反馈进而对汽车进行操作。在这个过程中由于驾驶人的生理因素，在感知信息并最终做出相应反馈间存在一个反应时间。故早期分析混合交通流稳定性时考虑驾驶员反应时间这一因素[30]，发现反应时间越大会降低混合车流整体稳定性，这与反应时间对稳定性影响是非线性的发现不一致[31]。

尽管早期研究混合交通流稳定性同时考虑了驾驶员的反应时间，但是却没有对反应时间进行具体的量化分析，因此后来 Ngoduy 认为驾驶员反应时间存在对前方运行车辆的车速(τ_h^v)、车头间距($\tau_h^{\Delta s}$)、速度差($\tau_h^{\Delta v}$)三种反应延迟[32]。驾驶员驾驶车辆时会立意识到自己的速度，而忽略感知车速的反应延迟，且驾驶员对前车车头间距反应延迟的权重因子对交通流稳定的敏感性不如反映前车速度差反应延迟的权重因子[33]。最新研究采取不同的反应时间组合分析混合车流稳定性，发现增加车头间距($\tau_h^{\Delta s}$)延迟会使交通流不稳定，车速(τ_h^v)反应延迟抵消车头间距($\tau_h^{\Delta s}$)延迟对稳定性的负面影响，不存在对速度差($\tau_h^{\Delta v}$)的反应延迟[34]。

1.1.2 车辆 V2V 通信时延

智能网联车辆通过 V2V 无线通信技术获取道路前方车辆加速度信息[35]，车载雷达获取自车与前车的相对距离与相对速度信息[4]，但是信息传递的过程中，存在一定的通信时延。在对混合车流稳定分析的同时考虑车辆通信时延，进而分析车辆的通信时延对整体稳定性影响。

许庆等[35]考虑车辆通信时延影响下，不同通信时延整体稳定性有所差别，时延较小下最小跟车时距满足的稳定性条件，并发现跟车时距随通信时延增大而增大的特性。Zheng 等[15]发现自动驾驶汽车的反应时间对混合交通流的不确定性影响很小，四种不同跟车场景下的反应时间对提高混合流提高稳定性的影响较小。Talebpour[4]发现低渗透率下因车载传感器感知信息存在的通信时延会不利于交通稳定性。

1.1.3 多种时滞综合效应

车辆在实际交通场景运行是一个复杂的人-机耦合交互系统，实际运行中不仅存在驾驶员感知前方车辆状态信息的延迟并采取相应反应的延迟时间，也存在车辆通过 V2V 信息传播的通信时延，两者综合对交通稳定性起着交互作用。因此有学者将两种延迟[12,14,36]综合考虑分析对稳定性的影响。

分析混合交通稳定性的时候，只是定性地考虑到时滞这一影响因素不利于混合交通稳定[28,7,37]，但未有具体分析驾驶员反应时间以及智能网联车辆通过 V2V 进行无线通信技术获取前方车辆状态信息存在的通信延误对交通整体运行稳定性影响。在此基础上，Jia 等[38]考虑驾驶员反应时间、V2V 通信时延得到异质交通流的线性稳定条件，发现驾驶员反应延迟会影响混合交通稳定性，但他们均未发现通信延误对稳定性的影响。

Zhang 等[39]在无线车对车通信的基础上，针对连接巡航控制（CCC）合并行为，提出考虑时延影响的优越控制策略。建立了一种综合考虑侧车合并场景的范围策略，并在此基础上提出以加速控制和综合各种信息延迟为重点的总体策略，发现适当通信时延有利于提高稳定性，而人的反应时间或感知时延会减小渐进稳定区域。Ngoduy[14]尝试用 IDM 模型推导出不同时延下异质交通流的稳定阈值，发现不同车辆的相对顺序对稳定性无影响。实际交通场景混合交通因车辆相对顺序不同存在四种不同跟车情况，针对不同跟车情况下反应时间对混合交通流的稳定性影响。Yao 等[40]发现驾驶员的感知时延和车辆通信时延均不利于混合交通流稳定。多种时滞及取值表如表 2 所示。

多种时滞及取值　　　　　　　　　　　　　　　　　　表 2

文章	时间类型	时间取值
Qin[37]	反应时间、通信时延	$\tau_{ca}=0.1,\tau_h=1.3575$
Xie, 等[36]	反应时间、通信时延	$\tau_{ca}=0,\tau_h=0.4$
Yao, 等[40]	反应时间、通信时延	$\tau_{ca}^{\Delta v}=\tau_{ca}^{\Delta s}=\tau_{ca}^{v}=0$ $\tau_h^{\Delta v}=\tau_h^{\Delta s}=\tau_h^{v}=0.4$
Jin, 等[13]	反应时间、通信时延	$\tau_h^{\Delta s}=\tau_h^{v},\tau_h^{\Delta v}=0$ $\tau_{ca}^{\Delta v}$固定, $\tau_{ca}^{\Delta s},\tau_{ca}^{v}$累计求和
Ngoduy[41]	反应时间、通信时延[速度(τ^v)、密度(τ^R)]	$\tau_h^R:0\sim1.5,\tau_h^v=0$ $\tau_{ca}^R=\tau_{ca}^v>0$
Zhang, 等[39]	反应时间、传感延迟、通信延迟	反应时间0.4~1.5s,传感延迟0.1~0.2s,通信延迟0.1~0.4s

1.2 退化现象

目前鲜有文献考虑对异质交通流中 CACC 车辆退化成 ACC 车辆后交通流稳定性开展研究。

1.2.1 通信时延过大导致退化

然而这些研究[14,26,38]虽然考虑异质交通流中不同车辆的时滞,但很少考虑 CAVs 在通信时延很大的情况下 CACC 车辆会退化为 ACC 车辆这一问题。故许庆等[35]考虑时延很大情况下 CACC 退化问题,推导出退化后 ACC 系统保持车流整体运行稳定需要的最小跟车时距、通信时延下 CACC 队列稳定最小跟车时距,发现 ACC 系统相比于 CACC 控制的情形,整体交通流稳定性明显降低,这与 Wang[5]的结论一致,说明 ACC 提升整体车流稳定性明显逊色于 CACC 车辆。

CACC 车辆通过传感系统获取前车的速度、加速度和位置状态信息,当前车为人工驾驶车辆或发生通信故障时,CACC 车辆作为跟驰车辆,在通信信号丢失等通信故障情况下,CACC 车辆无法进行车间通信,CACC 车辆会退化为 ACC 车辆[5,18]。

1.2.2 CACC 车辆跟驰人工驾驶车辆

Wang 等[5]和 Yao 等[40]考虑前车是人工驾驶车辆时,发现 CACC 车辆的退化会降低混合车流整体稳定性,并且前者给出为人工驾驶车辆配备 V2V 通信设备以及加强 CACC 车辆稳定性两条建议,以此减少 CACC 车辆的退化。

1.2.3 CACC 车辆通信故障

此外,当混合车流中两相邻车辆均是 CACC 车辆时,由于存在通信故障,如 V2V 通信链路不可用时,也会发生 CACC 退化至 ACC 的情况。为提升这种情况下的抗干扰能力,Navas[42]依据前面车辆现有通信,设计能提供紧密车队、速度变化响应、线性稳定性的协同自适应巡航控制系统(ACACC)。在保持车辆稳定性、安全性的同时减少车头间距,提高 ACC 响应,进而提升整体抗干扰能力。

1.3 车队内部车辆状态信息通信

混合交通流中车辆通过车对车(V2V)通信技术接收周围车辆的建议或警告信息,车辆安全信息通信有助于整体运行稳定。现针对混合车辆队列研究大多仅考虑前方 CAV 或者 HDV 的信息,Xie 等[36]分别考虑周围车辆和道路上所有车辆的共享信息,提出局部、全局协同驾驶策略。Xie 等[26]研究联网车辆跟随联网车辆的情况,提出基于反馈控制理论设计驾驶员辅助策略,但这种策略应用场景忽略了其他空间分布车辆的信息。

现有研究所涉及的信息流拓扑结构较为单一,仅限于少量常见的结构,如前车跟随式。随着通信技术的发展,V2V 通信迅速普及,车辆队列中可以产生大量的、不同种类的信息流拓扑结构,如双向跟随式和多前车跟随式等。

1.3.1 多前车跟随式拓扑

多前车跟随式信息流拓扑结构指的是车辆只获取前方不同车辆的状态信息。据相关研究[12-13],依据 V2V 通信技术获取更多前方车辆的实时运行状态信息,可增强混合车流稳定性。华雪东等[43]研究队列中 CACC 车辆获取前方人工车辆状态信息,发现需要慎重设计车辆协同巡航控制系统的无线通信拓扑结构可以提升交通流运行的稳定性。Jafaripournimchahi 等[44]发现若驾驶员获取前方智能网联车辆的间距以及速度运动信息进而控制驾驶行为,则能消除车辆之间不必要的危险相互作用。

1.3.2 双向多车跟随式拓扑

双向多车跟随式信息流拓扑结构指的是车辆可以同时获取前车和后车的信息。已有研究表明除了前车信息外,后车信息对提升混合车辆队列性能也非常重要,现针对不同交通场景下双向信息流结构研究较少。

在环形道路环境的研究中,Wang[45] 和 Zheng[46] 在环路场景下分别对单一 CAV、AV 和人工驾驶车辆构成的混合交通系统,考虑通信拓扑结构下分别设计 CAV 控制策略和自动驾驶车辆的最优控制策略,来主动抑制车队中的不良扰动。

在单向车道环境下,宗芳等[47] 发现智能网联车辆若接收一定范围内更多前车的信息同时接受一辆后车状态信息,车辆提前获得整个车队的运行趋势,有利于降低周围车辆对主体车的干扰强度,加快扰动的消散,从而提高整体交通流稳定性。边有钢等[48] 在此基础之上做出进一步改进,考虑后方多辆 HDV 运行状态信息,提出一种改进的适用于双向多车跟随式拓扑的混合队列控制器,发现 CAV 接收前后 HDV 信息时,特别是后车信息时可更有效地衰减队内扰动,保证队列稳定。

2 结语

车联网技术的快速发现,给出行的交通方式带来巨大变革。针对由人工驾驶车辆和智能网联车辆组成的混合交通队列稳定性研究具有一定的理论和现实意义。跟驰模型是对混合车队稳定性分析的基础,现有关于网联环境下的混合交通流稳定性研究均是基于一定的跟驰模型,并采用理论分析方法,例如直接传递函数、拉普拉斯变换、特征方程等模型稳定性分析方法研究车流渐进稳定性。并结合数值仿真验证理论解析结果,最终得出稳定性分析结果。

2.1 局限及未来展望

现有关于智能网联环境下研究场景单一,具体研究场景集中在城市道路基本路段、高速公路单车道,很少考虑多车道以及匝道或次要道路车流汇入车辆对整体运行情况的影响。

2.2 未来研究方向

未来可以考虑对一些复杂交通场景进行研究,例如分析不同类型交叉口场景下交叉口范围内的异质交通流稳定性。另外考虑多车道情况下,当前车道存在汽车汇入时对队列稳定性的影响。

目前鲜有文献考虑对异质交通流中 CACC 车辆退化成 ACC 车辆后交通流稳定性开展研究,可研究 CACC 在不同场景下退化时对整体车流的稳定性影响。

针对信息流拓扑结构对混合交通流稳定性的影响,大部分研究仅针对队列尾部存在一辆智能网联车进而获取周边车辆信息的情况,该状态可协调车辆整体运行状态。未来研究可以考虑不同渗透率下信息流拓扑对队列稳定性影响。另外已有研究表明后车信息对提升混合车辆队列性能也非常重要,现有研究后车信息对整体稳定性影响较少,未来可考虑更多后车状态信息对队列稳定性的影响。信息传递存在噪声,受到网络冲击后信息的准确率是否存在精确,可考虑网络安全对通信技术接受信息准确性的研究。

参考文献

[1] JIE SUN J, ZHENG ZD, SUN J. Stability analysis methods and their applicability to car-following models in conventional and connected environments [J]. TRANSPORTATION RESEARCH PART B-METHODOLOGICAL, 2018, 109:212-237.

[2] Montanino M, Punzo V. On string stability of a mixed and heterogeneous traffic flow: A unifying modelling framework [J]. TRANSPORTATION RESEARCH PART BMETHODOLOGICAL, 2021, 144:133-154.

[3] LEUTZBACH W. Introduction to the theory of traffic flow [M]. Heidelberg: Springer, 1988: 39-193.

[4] Talebpour A, Mahmassani H S. Influence of connected and autonomous vehicles on traffic flow stability and throughput[J]. Transportation Research Part C: Emerging Technologies, 2016, 71(4):143-163.

[5] Wang H, Qin Y, Wang W, et al. Stability of CACC-manual heterogeneous vehicular flow with partial CACC performance degrading [J]. TRANSPORTMETRICA B-TRANSPORT DYNAMICS, 2019, 7(1):788-813.

［6］姚志洪,金玉婷,王思琛,等.混入智能网联汽车的交通流稳定性与安全性分析［J］.中国安全科学学报,2021,31（10）:136-143.

［7］Ruan T, Zhou L, Wang H. Stability of heterogeneous traffic considering impacts of platoon management with multiple time delays［J］. Physica A: Statistical Mechanics and its Applications, 2021, 583（1）:126294.

［8］Qin Y, Li S. String Stability Analysis of Mixed CACC Vehicular Flow With Vehicle-to-Vehicle Communication［J］. IEEE ACCESS, 2020, 8: 174132-174141.

［9］秦严严,胡兴华,何兆益,等.CACC 车头时距与混合交通流稳定性的解析关系［J］.交通运输系统工程与信息,2019,19（06）:61-67.

［10］秦严严,王昊,王炜,等.混有协同自适应巡航控制车辆的异质交通流稳定性解析与基本图模型［J］. ACTA PHYSICA SINICA, SINICA, 2017, 66（09）:257-265.

［11］秦严严,王昊,王炜.网联辅助驾驶混合交通流稳定性及安全性分析［J］.东南大学学报（自然科学版）,2018,48（01）:188-194.

［12］CUI S H, CAO F, YV B, et al. Modeling Heterogeneous Traffic Mixing Regular, Connected, and Connected-Autonomous Vehicles Under Connected Environment［J］. IEEE TRANSACTIONS ON INTELLIGENT TRANSPORTATION SYSTEMS, 2021:1-16.

［13］Jin S, Sun D-H, Zhao M, et al. Modeling and stability analysis of mixed traffic with conventional and connected automated vehicles from cyber physical perspective［J］. Physica A: Statistical Mechanics and its Applications, 2020, 551:124217.

［14］Ngoduy D. Analytical studies on the instabilities of heterogeneous intelligent traffic flow［J］. COMMUNICATIONS IN NONLINEAR SCIENCE AND NUMERICAL SIMULATION, 2013, 18（10）:2699-2706.

［15］ZHENG F, LIU C, LIU X, et al. Analyzing the impact of automated vehicles on uncertainty and stability of the mixed traffic flow［J］. Transportation Research Part C: Emerging Technologies, 2020, 112（6）: 203-219.

［16］GONG Y, ZHU W-X. Modeling the heterogeneous traffic flow considering the effect of self-stabilizing and autonomous vehicles［J］. CHINESE PHYSICS B, 2022, 31（2）.

［17］AN S, XU L, QIAN L, et al. Car-following model for autonomous vehicles and mixed traffic flow analysis based on discrete following interval［J］. Physica A: Statistical Mechanics and its Applications, 2020, 560:125246.

［18］YAO Z, HU R, JIANG Y, et al. Stability and safety evaluation of mixed traffic flow with connected automated vehicles on expressways［J］. Journal of safety research, 2020, 75: 262-274.

［19］CAO Z P, LU, L L, CHEN, et al. Modeling and Simulating Urban Traffic Flow Mixed With Regular and Connected Vehicles［J］. IEEE ACCESS, 2021, 9:10392-10399.

［20］WOUTER S, BART V A, NETTEN B. 13th International IEEE Conference on Intelligent Transportation Systems（ITSC）, 2010: 19 - 22 Sept. 2010, Funchal, Madeira Island, Portugal［C］. Piscataway, NJ: IEEE, 2010.

［21］WANG M, HOOGENDOORN S P, DAAMEN W, et al. Delay-compensating strategy to enhance string stability of adaptive cruise controlled vehicles［J］. Transportmetrica B: Transport Dynamics, 2018, 6（3）:211-229.

［22］TIAN B, WANG G, XU Z, et al. Communication delay compensation for string stability of CACC system using LSTM prediction［J］. VEHICULAR COMMUNICATIONS, 2021, 29（2）:100333.

［23］KESTING A, TREIBER M. How Reaction Time, Update Time, and Adaptation Time Influence the Stability of Traffic Flow［J］. Computer-Aided Civil and Infrastructure Engineering, 2008, 23（2）:125-137.

［24］TREIBER M, KESTING A, HELBING D. D, inaccuracies and anticipation in microscopic traffic models［J］. Physica A: Statistical

Mechanics and its Applications, 2006, 360 (1):71-88.

[25] NGODUY D, TAMPERE C. Macroscopic effects of reaction time on traffic flow characteristics [J]. Physica Scripta, 2009, 80(2):25802.

[26] XIE D-F, ZHAO X-M, HE Z. Heterogeneous Traffic Mixing Regular and Connected Vehicles: Modeling and Stabilization [J]. IEEE TRANSACTIONS ON INTELLIGENT TRANSPORTATION SYSTEMS, 2019, 20 (6):2060-2071.

[27] QIN Y, WANG H. Analytical framework of string stability of connected and autonomous platoons with electronic throttle angle feedback [J]. TRANSPORTMETRICA A-TRANSPORT SCIENCE, 2021, 17(1, SI):59-80.

[28] XIE D-F, WEN Y-Q, ZHAO X-M, et al. Cooperative driving strategies of connected vehicles for stabilizing traffic flow [J]. Transportmetrica B: Transport Dynamics, 2020, 8(1):166-181.

[29] XIE D-F, ZHAO X-M, HE Z. Heterogeneous Traffic Mixing Regular and Connected Vehicles: Modeling and Stabilization [J]. IEEE TRANSACTIONS ON INTELLIGENT TRANSPORTATION SYSTEMS, 2019, 20 (6):2060-2071.

[30] TREIBER M, KESTING A, HELBING D. D, inaccuracies and anticipation in microscopic traffic models [J]. Physica A: Statistical Mechanics and its Applications, 2006, 360 (1):71-88.

[31] NGODUY D, TAMPERE C. Macroscopic effects of reaction time on traffic flow characteristics[J]. Physica Scripta, 2009, 80 (2):25802.

[32] NGODUY D. Linear stability of a generalized multi-anticipative car following model with time delays [J]. COMMUNICATIONS IN NONLINEAR SCIENCE AND NUMERICAL SIMULATION, 2015, 22(1-3):420-426.

[33] NGODUY D, LI T. Hopf bifurcation structure of a generic car-following model with multiple

time delays [J]. Transportmetrica A: Transport Science, 2021, 17(4):878-896.

[34] 许庆, 王嘉伟, 王建强, 等. 网联通信时延下的混合队列控制特性分析[J]. 交通信息与安全,2021,39(01):128-136+173.

[35] XIE D-F, WEN Y-Q, ZHAO X-M, et al. Cooperative driving strategies of connected vehicles for stabilizing traffic flow [J]. Transportmetrica B: Transport Dynamics, 2020, 8(1):166-181.

[36] QIN Y, WANG H. Analytical framework of string stability of connected and autonomous platoons with electronic throttle angle feedback [J]. TRANSPORTMETRICA A-TRANSPORT SCIENCE, 2021, 17(1, SI):59-80.

[37] JIA D, NGODUY D, VU H L. A multiclass microscopic model for heterogeneous platoon with vehicle-to-vehicle communication [J]. Transportmetrica B: Transport Dynamics, 2019, 7(1):311-335.

[38] ZHANG T, ZOU Y, ZHANG X, et al. A Cruise Control Method for Connected Vehicle Systems Considering Side Vehicles Merging Behavior[J]. IEEE ACCESS, 2019, 7:6922-6936.

[39] YAO Z, XU T, JIANG Y, et al. Linear stability analysis of heterogeneous traffic flow considering degradations of connected automated vehicles and reaction time [J]. PHYSICA A-STATISTICAL MECHANICS AND ITS APPLICATIONS, 2021, 561.

[40] NGODUY D. Generalized macroscopic traffic model with time delay [J]. Nonlinear Dynamics, 2014, 77(1-2):289-296.

[41] NAVAS F, Milanés V. Mixing V2V- and non-V2V-equipped vehicles in car following[J]. Transportation Research Part C: Emerging Technologies, 2019, 108(4):167-181.

[42] 华雪东, 阳建强, 王炜. 车辆协同巡航控制系统设计改进与试验评价[J]. 交通运输系统工程与信息,2019,19(06):52-60.

[43] JAFARIPOURNIMCHAHI A, HU W, SUN L. An Asymmetric-Anticipation Car-following

Model in the Era of Autonomous-Connected and Human-Driving Vehicles[J]. JOURNAL OF ADVANCED TRANSPORTATION, 2020, 2020:1-23.

[44] WANG J, ZHENG Y, XU Q, et al. Controllability Analysis and Optimal Controller Synthesis of Mixed Traffic Systems [C] // 2019 IEEE Intelligent Vehicles Symposium (IV), 2019: 1041-1047.

[45] ZHENG Y, WANG J W, LI K Q. Smoothing Traffic Flow via Control of Autonomous Vehicles [J]. IEEE Internet of Things Journal, 2020, 7(5):3882-3896.

[46] 宗芳,王猛,贺正冰.考虑多车影响的分子动力学智能网联跟驰模型[J].交通运输系统工程与信息,2022,22(01):37-48.

[47] 边有钢,杨依琳,胡满江,等.基于双向多车跟随式拓扑的混合车辆队列稳定性研究[J].中国公路学报,2022,35(03):66-77.

Cooperative Control Method for Hybrid Connected Autonomous Vehicles at Signalized Intersection with Bus Priority

Wu Tang   Hui Jin*   Ming Cheng   Xiang Zhu

(School of Rail Transportation, Soochow University)

Abstract   Bus signal priority (BSP) is an effective measure to reduce traffic congestion and improve bus efficiency in metropolises. The connected vehicle technology and reinforcement learning (RL) algorithms make it possible to develop more intelligent BSP strategies. This paper proposes a multi-agent deep reinforcement learning (DRL) system called CoBSP, which Cooperatively controls both BSP and Connected Autonomous Vehicles (CAV). The method consists of two levels, i. e., traffic signal optimization using BSP strategy and CAV speed guide. The cooperative interaction between the signal lights and the CAV is realized by exchanging information through V2X communication. The proposed system considers the minimum and maximum green time constraint, which makes the control of the signal light more realistic. We present the detailed system design of CoBSP and demonstrate its effectiveness in a simulation study using SUMO at a single signalized intersection. Moreover, under the proposed method, different specific reward functions can be incorporated as desired to realize different operational goals for the BSP strategies.

Keywords   Bus signal priority   Deep reinforcement learning   Multi-agent system   Traffic signal optimization   Connected autonomous vehicles   Speed guide

0   Introduction

The increasing global population, especially in urban areas where population density continues to rise, has led to a huge increase in transportation demand. The development of public transportation is a common and effective measure to alleviate traffic congestion in metropolises worldwide, resulting from the growing urbanization and increasing population[1].

Improving public transport services can enhance the attractiveness of public transport and attract more passengers to use public transport instead of private cars. In recent years, various measures have been taken to improve the service quality of public transport. Those measures are divided into two kinds: one is the spatial approach to provide bus lanes, such as dedicated or intermittent bus lanes, and flexible space sharing methods[2-3]; the other is the temporal method to prioritize buses by a traffic signal, i. e., Bus Signal Priority (BSP).[4] The latter approach is more implementable than the former because it requires fewer changes to the road infrastructure and provides more flexibility for real-time flow control.

(1) Bus Signal priority.

Bus Signal Priority (BSP) aims to improve bus service by modifying controlled traffic lights in real time to facilitate bus through intersections. Relevant research has demonstrated its wide range of benefits, such as reducing bus travel time[5], reducing bus or passenger delays[6], and improving bus schedule adherence[7-8].

The literature related to BSP strategies mainly focuses on the following issues. ① Optimization objectives. ② Accuracy of variables. ③ Priority vehicle conflict. It is necessary to develop more robust methods that have better optimization objectives and reduce reliance on variables and model assumptions. The development of vehicle networking technology and intelligent algorithms provides new opportunities for advanced BSP strategies.

(2) Connected vehicle technology.

The Internet of Vehicles technology enables communication between vehicles and infrastructure, as well as between vehicles themselves, known as V2I and V2V communication. Recently, research from the transportation field has been attempting to explore the potential of joint control of traffic signal lights and vehicle speed. The methods used in this research area mainly include mixed integer linear programming[9], enumeration method, and pseudo-spectral method[10]. However, these methods may not perform well in real-world traffic scenarios because their deterministic traffic control strategies are difficult to cope with rapidly changing urban traffic environments.

(3) Reinforcement learning.

In recent years, artificial intelligence technology has achieved significant success in the field of traffic signal control (TSC), particularly with RL methods, ranging from early Q-learning algorithms to current deep reinforcement learning (DRL). The notable advantages of RL methods over other approaches in TSC problems are primarily reflected in two aspects. RL methods do not make assumptions about the model, thus possessing stronger robustness. On the other hand, efficient and effective CAV speed control can stabilize traffic using DRL in many complex and variable road scenarios[11], reducing parking wait times for vehicles and thus minimizing fuel consumption and emissions. However, there is still relatively little research on joint control of urban intersection signals and vehicle speeds using DRL, especially regarding BSP. This is due to the challenge of designing collaborative solutions for two different types of agents (i. e., traffic signals and CAV). Furthermore, the unpredictability of mixed urban traffic flow makes convergence within a reasonable number of training iterations more difficult.

(4) Contributions and organization.

The aim of this study is to explore the coordinated control of traffic signal lights and CAV at intersections in a networked environment using DRL, in order to achieve priority for public transportation and minimize delays. The contributions are threefold.

Firstly, the knowledge of the field of transportation engineering is integrated into the action of DRL, so that the strategies learned by Agent are in line with the reality.

Secondly, the proposed solution considers the human-based influence. In terms of delay, it no longer only focuses on vehicle delay, but incorporates human delay, taking the average human delay as the optimization objective.

Thirdly, we prove the robustness of the scheme under different CAV penetration rates in a single intersection scenario.

The remaining parts of this article are structured as follows. In Section 1, the methodology of this paper is introduced. Section 2 presents the DRL experiment framework. In Section 3 and 4, experimental results are provided and compared with the Baseline to evaluate the performance of the proposed approach. Finally, in Section 5, a summary of this research is presented.

1　Modeling

1. 1　Scenario d esign

The BSP strategy of a typical four-leg signalized intersection is studied. In our study, the right-turn movements are not regulated by traffic signals. Figure 1 shows the intersection layout and phase configuration. We adopt a standard 4-phase design which is applied in many countries, e. g., Australia. And we consider the new mixed traffic flow scenario where Human-Driven Vehicles (HDV) and CAV are mixed. The CAV in the scenario is highlighted in green. The Car can be either an HDV or a CAV, and the same is true for the Bus.

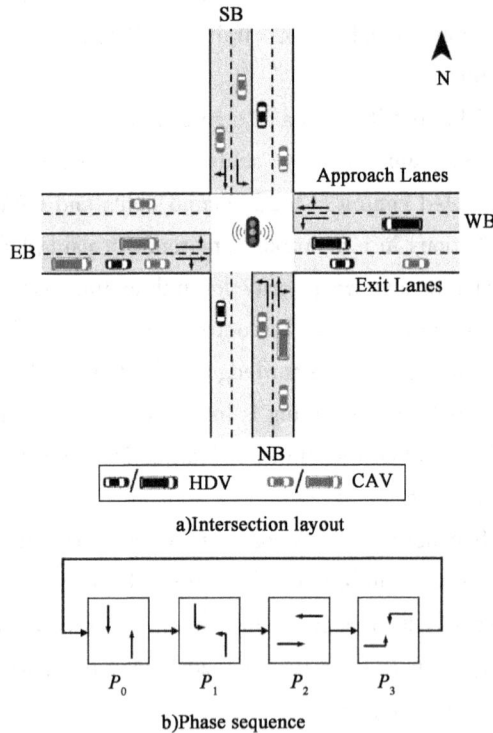

a)Intersection layout

b)Phase sequence

Figure 1　The studied environment

1. 2　Decision variable and model assumption

It is obvious that our decision objects are Traffic Light (TL) and CAV. For TL, we decide the phase P of the signal and we do not change the composition of the phase, only the signal timing. The signal control schemes considered in this study is the fixed sequence (FS) scheme without phase-skipping. For CAV, we take the acceleration a as its decision variable.

There are three basic assumptions in our model. ① All vehicles are connected, including HDV and CAV. Thus V2X communication is available to all vehicles. ② The IDM car-following model[12] is applied to all vehicles. ③ Only CAV can be controlled by DRL.

1. 3　Optimization objective

(1) Maximize the intersection throughput. At signalized intersections, the main function of TL is to coordinate the traffic movements. Objective of the model for maximal intersection throughput is given by

$$\max \sum_{t=1}^{T} Q_t = \sum_{t=1}^{T} \left(\frac{N_{\text{out},t} - N_{\text{in},t}}{C} \right) \qquad (1)$$

where T means the total time of the simulation; Q_t denotes the normalized throughput of the intersection at time t; $N_{\text{out},t}$ and $N_{\text{in},t}$ represent the sum of the number of vehicles on the exit and approach lanes of the intersection at time t respectively; C indicates the maximum number of vehicles on a single lane in the given scenario.

(2) Minimize the average person delay of buses (APDB). Here, we consider the person-based influence. Therefore, objective of the model for APDB is given by

$$\min(\omega_1 \sum_{t=1}^{T} \text{APDB}_t) \qquad (2)$$

$$\text{APD}_t = \frac{\sum_j (d_{j,t} \cdot n_{j,t})}{\sum_j n_{j,t}}, d_{j,t} = t_{j,t}^s - \frac{d_{j,t}^s}{v_{\max}} \qquad (3)$$

where ω_1 represent the weight coefficient; APDB_t represent the APD of buses at time t; APD_t indicates the average person delay at time t; $d_{j,t}$ and $n_{j,t}$ represent the delay and the number of passengers of vehicle j at time t respectively; $t_{j,t}^s$ and $d_{j,t}^s$ denote the travel time and travel distance of vehicle j at time t, respectively; $v_{\max}$ is the maximum speed limit on the urban road.

(3) Maximize the vehicle speed. To improve the efficiency of intersection, vehicles should travel at a high speed. Objective of the model for maximal speed is given by

$$\max \left(-\frac{\Sigma_j (v_{\max} - v_{j,t})}{v_{\max}} \right) \qquad (4)$$

where $v_{j,t}$ is the speed of vehicle j at time t.

(4) Minimize the vehicle speed fluctuation. Frequent acceleration and deceleration could lead to excessive fuel consumption. Objective of the model for minimal speed fluctuation is given by

$$\min \Sigma_{t=1}^T w_t = \sum_{t=1}^T \sqrt{\Sigma_j \left(\frac{a_{j,t}}{a_{\max}} \right)^2} \qquad (5)$$

where w_t is the speed fluctuation at time t; $a_{j,t}$ indicates the acceleration of vehicle j at time t; $a_{\max}$ represents the maximum acceleration of the vehicle.

1.4 Basic constraints

We should intervene partly in the interaction between the decision object and the environment to meet the restrictions of traffic safety, efficiency, and comfort. According to traffic engineering knowledge, two types of constraints are required to be satisfied in the model.

(1) The constraints of minimum and maximum green time. The green time G should satisfy $G_{\min} \leqslant G \leqslant G_{\max}$. In our study, assuming that there is a refuge island in the middle of crosswalks and pedestrians can cross the street twice, the pedestrian crossing time t_p can be expressed as:

$$t_p = \frac{d_l \cdot n}{v_p} \qquad (6)$$

where d_l is the width of the lane; n is the number of lanes on one side of the intersection; v_p is the walking speed of pedestrians.

(2) The constraints of vehicle acceleration. This part only applies to those CAVs that controlled by our model. We limit the acceleration from -3m/s^2 to 3m/s^2.

2 DRL framework

RL is a promising alternative approach to determine the optimal relationships between actions and their cumulative effects (rewards) on the given traffic environment (states). Thus, it can adapt to complicate changes in traffic and make the best traffic control actions. [13]

In this study, the DRLagents we study are TL and CAV. Figure 2 shows the DRL framework of CoBSP. In our model, the cooperation schemes rely on the exchange of states between TL and CAV within the range of one intersection. The agents TL and CAV get states from environment and exchange them via V2X communications. The design of state, action, and reward for TL and CAV are described in sections 2.1 and 2.2.

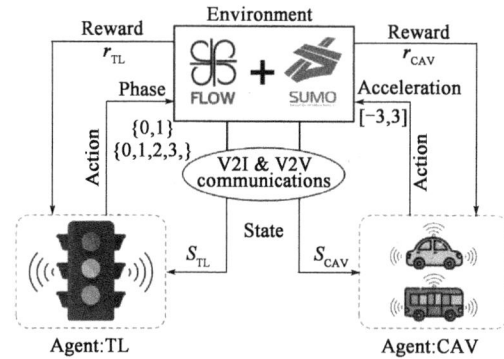

Figure 2　The DRL framework of CoBSP

2.1 TL

(1) State. The state S_{TL} obtained from the environment can be expressed as:

$$S_{\text{TL}} = \{ s_1, s_2, s_3, \cdots, s_k \}$$
$$s_k = \{ v_{0,t}, a_{0,t}, d_{0,t}^l, k_{0,t}, v_{b_0,t}, a_{b_0,t}, t_{b_0,t}^s, d_{b_0,t}^s,$$
$$d_{b_0,t}^l, n_{b_0,t}, N_{\text{in},t}, N_{\text{out},t}, P_{s,t}, P_{t,t} \}$$

where s_k means the state information on the approach lane k; $v_{0,t}$ and $a_{0,t}$ represent the speed and acceleration of the lead vehicle at time t; $d_{0,t}^l$ is the distance from the lead vehicle to the stop line at the intersection at time t; $k_{0,t}$ denotes the lane number or the lead vehicle; $P_{s,t}$ and $P_{t,t}$ represent the phase state and phase duration of the current TL at time t, respectively.

(2) Action. The action space A_{TL} of TL can be expressed as:

$$A_{\text{TL}} = \{ 0, 1 \}$$

where 0 means keeping the current phase unchanged and 1 means switching to the next phase.

(3) Reward. The reward function is the key for Agent to learn the best strategy. For TL, this study

sets its reward $r_{\mathrm{TL},t}$ to:

$$r_{\mathrm{TL},t} = r_{1,t} + \omega_1 \cdot r_{2,t} + A_{p,t} \qquad (7)$$

$$r_{1,t} = -\frac{N_{\mathrm{in},t} - N_{\mathrm{out},t}}{C} \qquad (8)$$

$$r_{2,t} = -\mathrm{APDB}_t \qquad (9)$$

where $r_{\mathrm{TL},t}$ means the reward of TL at time t; $A_{p,t}$ represent penalty coefficient for different green light durations at time t.

2.2 CAV

(1)State. The state S_{CAV} can be represented as:

$$S_{\mathrm{CAV}} = \{ v_{\mathrm{ego},t}, a_{\mathrm{ego},t}, v_{l,t}, a_{l,t},$$
$$d_{e2l,t}, d_{\mathrm{ego},t}^I, P_{s,t}, P_{t,t} \}$$

where $v_{\mathrm{ego},t}$ and $a_{\mathrm{ego},t}$ represent the speed and acceleration of the ego vehicle at time t respectively; $v_{l,t}$ and $a_{l,t}$ represent the speed and acceleration of the leader vehicle at time t respectively; $d_{e2l,t}$ represents the distance of the ego vehicle to the leader vehicle at time t; $d_{\mathrm{ego},t}^I$ represents the distance of the ego vehicle to the intersection at time t.

(2)Action. The setting of CAV's action is consistent with the literature[11]. The action A_{CAV} can be expressed as:

$$A_{\mathrm{CAV}} = [-3,3]$$

(3)Reward. The reward $r_{\mathrm{CAV},t}$ can be expressed as:

$$r_{\mathrm{CAV},t} = r_{3,t} + \omega_2 \cdot r_{4,t} \qquad (10)$$

$$r_{3,t} = -\frac{\sum_{j \in K} (v_{\max} - v_{j,t})}{v_{\max} \cdot K} \qquad (11)$$

$$r_{4,t} = -\sqrt{\frac{\sum_{j \in K} \left(\frac{a_{j,t}}{a_{\max}} \right)^2}{K^2}}, a_{j,t} = \begin{cases} 0 & (a_{j,t} < 0) \\ a_{j,t} & (a_{j,t} \geqslant 0) \end{cases} \qquad (12)$$

where ω_2 is the weight of the reward $r_{4,t}$; K is the number of vehicles traveling in the same direction on a certain lane.

2.3 Algorithm selection

We train our model using the PPO algorithm, during which parameter sharing is applied to all agents of the same type to execute the learned policy.

We choose PPO algorithm for the following reasons. The PPO algorithm has the advantage of being easy to implement and achieving monotonic reward improvement. In constant, PPO can be applied for scenarios with discrete actions or continuous actions. PPO is easy to implement and simpler to sample data, which helps the cooperation of TL and CAV.

3 Experiment

3.1 Simulation environment

The experiment is built in a widely used simulation platform, SUMO (Simulation of Urban MObility). Our model design and implementation are based on FLOW[11], which provides DRL-related API to work with SUMO dynamically.

The simulated intersection is 300m × 300m area, with four arms. Each arm has one right-turn and through lane, and one left-turn lane, of which the width is 3.5m.

Figure 3 shows the traffic demand of the simulation scenario in units veh/h. By webster's method, we can get the initial phase timing for the demand are 39s, 17s, 24s, 22s, with 3s yellow time and 1s clearance time after each phase.

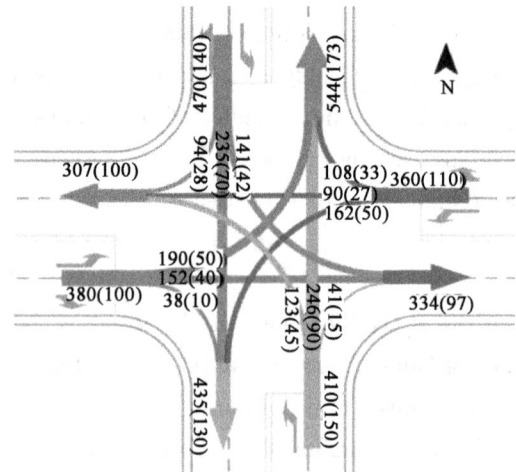

Figure 3　The traffic demand (Figures in parentheses represent bus traffic demand)

3.2 Evaluation metrics

(1)Travel time (second): The average travel time is calculated on vehicles completing their trips in a scenario, which is the common measure to evaluate traffic efficiency.

(2)Delay (seconds): Delay is the difference

between the actual travel time and the ideal travel time for each trip.

(3) APD (seconds): APD is a person-based indicator that evaluates the efficiency of an intersection from the perspective of the delay of each person passing through the intersection.

(4) Fuel (1/100km): Fuel consumption is the average amount of fuel consumed in liters every 100 kilometers traveled.

(5) CO_2 (g/km): CO_2 emissions are measured by the average amount of carbon dioxide emitted in grams per kilometer traveled by all vehicles.

3.3 Compared methods

In order to verify the effectiveness of our system CoBSP, we compare it with the following baseline approaches. Table 1 shows the comparison and connection between the various methods. Baseline is the baseline method to evaluate the improvement of others. FS-None Signal Priority (FS-NSP) is a deformation of our proposed FS scheme without considering BSP.

The comparison and connection between the various methods   Table 1

Method	Phase timing	Speed guide	BSP
Baseline	×	×	×
FS	√	√	√
FS-NSP	√	√	√

4 Result analysis

4.1 Analysis of Optimization Effects

The plot of Figure 4 shows the learning curve of the reward. The curves demonstrate robust convergence. Figure 4 indicates that two agent types of CoBSP, TL and CAV, can be converged at a higher reward with a small standard deviation than the start after about 75 training iterations. This also shows that our proposed scheme can obtain a higher reward value.

Figure 5 depicts the performance results between FS and FS-NSP. The improvement rates are based on Baseline's performance. It can be seen from Fig. 5 that FS outperforms the FS-NSP. When BSP is

applied, exhibits approximately 8% reduction in APD compared to FS-NSP. Additionally, the FS scheme with BSP shows 6% decrease in fuel consumption and emissions compared to the FS-NSP scheme without BSP. Hence, it is concluded that bus signal priority significantly reduces delays and can mitigate fuel consumption.

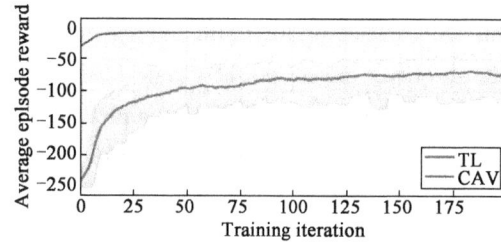

Figure 4   Convergence curve of FS

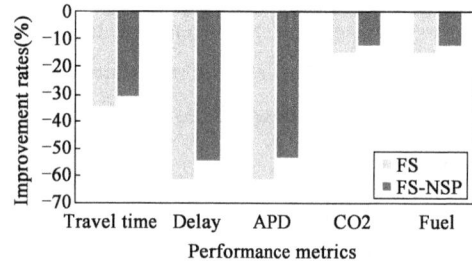

Figure 5   Improvement rate of different method

4.2 Robustness analysis

Figure 6 illustrate the APD of buses at different penetration rates. The results indicate that even when the CAV penetration rate is 0, FS schemes outperform the Baseline (0 penetration) in terms of travel time, delay, and average delay metrics. Moreover, as the penetration rate increases, there is a decreasing trend observed in travel time and average delay for FS methods, which demonstrates the effectiveness of cooperative traffic control.

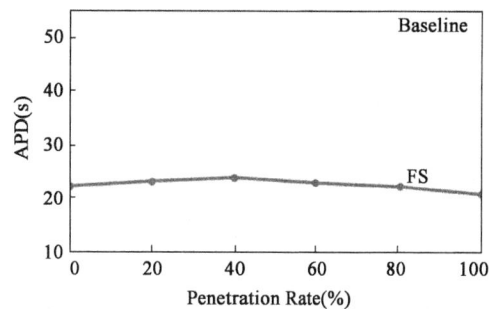

Figure 6   The APD of buses under different penetration rates

5　Conclusions

This paper proposes a cooperative control method of TL and CAV based on PPO algorithm to improve bus operational efficiency. Compared to existing studies, the proposed method takes traffic signal constraints into account. In addition, the human factor is taken into account. By comparing the scheme with transit priority with the scheme without transit priority, such as FS and FS-NSP, the effectiveness of the proposed system is proved. In the FS scheme, it can reduce APDB by 60% and fuel consumption by 16%, so it is a driving friendly and people- based strategy.

As future works, we plan to improve the robustness of our system to more practical scenarios. Firstly, we will extend the scenarios to be a road segment consisting of several intersections. Secondly, we will explore other possibilities for phase change.

References

[1] CHU T, WANG J, CODECÀ L, et al. Multi-agent deep reinforcement learning for large-scale traffic signal control[J]. IEEE Transactions on Intelligent Transportation Systems, 2019, 21 (3): 1086-1095.

[2] GULER S I, CASSIDY M J. Strategies for sharing bottleneck capacity among buses and cars[J]. Transportation research part B: methodological, 2012, 46(10): 1334-1345.

[3] HAITAO H, MENENDEZ M, GULER S I. Analytical evaluation of flexible-sharing strategies on multimodal arterials [J]. Transportation research part A: policy and practice, 2018, 114: 364-379.

[4] BIE Y, LIU Z, WANG H. Integrating bus priority and presignal method at signalized intersection: algorithm development and evaluation[J]. Journal of Transportation engineering, part A: systems, 2020, 146(6): 04020044.

[5] GHAFFARI A, MESBAH M, KHODAII A. Designing a transit priority network under variable demand [J]. Transportation Letters, 2020, 12(6): 427-440.

[6] MA W, HEAD K L, FENG Y. Integrated optimization of transit priority operation at isolated intersections: A person-capacity-based approach[J]. Transportation research part c: emerging technologies, 2014, 40: 49-62.

[7] YANG K, MENENDEZ M, GULER S I. Implementing transit signal priority in a connected vehicle environment with and without bus stops [J]. Transportmetrica B: Transport Dynamics, 2018,1-23.

[8] ZENG X, ZHANG Y, JIAO J, et al. 2021. Route-based transit signal priority using connected vehicle technology to promote bus schedule adherence[J]. IEEE transactions on intelligent transportation systems, 2021, 22 (2), 1174-1184.

[9] YU C, FENG Y, LIU H X, et al. Integrated optimization of traffic signals and vehicle trajectories at isolated urban intersections[J]. Transportation research part B: methodological, 2018, 112: 89-112.

[10] XU B, BAN X J, BIAN Y, et al. Cooperative method of traffic signal optimization and speed control of connected vehicles at isolated intersections [J]. IEEE Transactions on Intelligent Transportation Systems, 2018, 20 (4): 1390-1403.

[11] WU C, KREIDIEH A, PARVATE K, et al. Flow: a modular learning framework for autonomy in traffic[J]. arXiv preprint arXiv: 1710. 05465, 2017.

[12] TREIBER M, KESTING A. The intelligent driver model with stochasticity-new insights into traffic flow oscillations[J]. Transportation research procedia, 2017, 23: 174-187.

[13] RASHEED F, YAU K L A, LOW Y C. Deep reinforcement learning for traffic signal control under disturbances: a case study on sunway city, malaysia [J]. Future generation computer systems, 2020, 109: 431-445.

A Three-stage Optimization Method for Guiding Vehicle Speeds in Urban Intersection Signals

Ting Mei   Binglei Xie *   Xiaodan Li

(School of Architecture, Harbin Institute of Technology)

Abstract   When vehicles pass through urban signal-controlled intersections, the lack of anticipation of road and traffic conditions requires frequent acceleration, deceleration and lane-changing manoeuvres by the driver, increasing fuel consumption, emissions, and posing certain safety risks. This paper aims to achieve the "dual carbon" goal and further enhance the level of green transportation development by proposing a method for guiding vehicle speeds based on urban signal-controlled intersections. Leveraging fixed timing of urban intersection signals, this paper presents a three-stage optimization method for speed guidance tailored to connected vehicles, comprising the preliminary guidance stage, primary guidance stage, and secondary guidance stage. Utilizing real-time road traffic conditions and upcoming intersection signal status information obtained by vehicles, rational speed guidance strategies are provided for vehicles at different stages, thereby maximizing driving efficiency to a significant extent. Validation demonstrates that this study holds certain advantages in enhancing efficiency and reducing energy consumption and emissions, thus offering insights for the collaborative control of vehicles in urban road networks.

Keywords   Connected vehicles   Speed guidance   Intelligent decision making   Energy saving and emission reduction

0   Introduction

In the era of smart connected vehicles, the pursuit of enhancing the efficiency and energy conservation of car passage has become an irreversible trend. Smart connected vehicles can effectively utilize road traffic information and employ intelligent decision-making (Mingyang C et al. , 2022) to enhance vehicle collision avoidance capability, improve vehicle passage efficiency, and achieve energy conservation and emission reduction (Long K et al. , 2020). However, the effectiveness of existing smart connected vehicle passage strategies has yet to be directly quantified under actual driving conditions (Hao J et al. , 2020). Therefore, focusing on urban road scenarios represented by signal-controlled intersections, research on vehicle speed guidance and collision avoidance control based on signal light status can effectively compensate for the shortcomings of passive vehicle response under traditional signal control, which is crucial for energy conservation, accident avoidance, and improving signal intersection passage efficiency (Xiaolin T et al. , 2020).

Vehicle speed guidance involves informing drivers of the optimal driving speed through roadside dynamic speed guidance screens or in-vehicle devices, aiming to avoid red lights at intersections as much as possible, thereby reducing vehicle delays and the number of stops. However, there are still some aspects of research on vehicle speed guidance models that need further investigation, mainly manifested as: ① The research objects of vehicle speed guidance models are only individual vehicles, without considering the multi-vehicle platoon state; ②The current adaptable scenarios for vehicle speed

Shenzhen Knowledge Innovation Program Basic Research Project. JCYJ20210324133202006.

guidance are only for single-lane roads; ③ Vehicle speed changes pose safety risks and are prone to rear-end accidents.

To address the above issues and consider both the safety and energy efficiency of vehicle travel at urban signal-controlled intersections, this paper takes into account the information on signal light status and constraints from obstructing vehicles ahead, analyzes the adaptability conditions for speed guidance, establishes a speed guidance model, and conducts modeling simulation and indicator evaluation, thus achieving the integration of theoretical research and practical application purposes.

1　Literature review

As the urban motor vehicle ownership continues to rise and urban land becomes increasingly scarce, enhancing urban traffic efficiency and reducing energy consumption have become current research hotspots within the constraints of existing infrastructure.

Signal timing optimization has long been a focal point of research in this field. Various studies have concentrated on optimizing signal timing parameters while considering multiple performance indicators such as road capacity, vehicle delay, vehicle stops, and queue length to improve vehicle passage efficiency at intersections. Jiao et al. established a state-space model and proposed a multi-objective signal control model framework based on dynamic origin-destination estimation (Jiao P et al. , 2021). Yu et al. introduced the concept of equivalent queue length and adjusted signal timing schemes to improve travel speed without affecting queue length (Yu C et al. , 2020).

Furthermore, there are studies focusing on optimizing vehicle trajectories from the perspective of artificial intelligence. Some research endeavors have designed various reinforcement learning algorithms based on intersection signal timing information to provide speed recommendations for connected vehicles, thus enhancing vehicle passage efficiency while reducing energy consumption (Yukimasa M et al. , 2019; Zhou M et al. , 2019; Wegener M et

al. , 2021).

Through the joint optimization of intersection signal timing and vehicle trajectories, it is possible to further improve passage efficiency, reduce travel delays, and enhance economic viability. XiaoHaoxin proposed a method for dividing vehicle queues and verified the feasibility of this queue model in a multi-vehicle cooperative environment (Haoxin X. , 2021). Liang et al. proposed a joint signal timing optimization method for vehicle speed guidance, aiming to minimize intersection stoppage frequency (Qinzheng W et al. , 2022). Some studies have constructed two-level optimization methods for traffic signal timing and the speed and trajectory of connected automated vehicles, significantly improving transportation efficiency, reducing queue length (Biao X et al. , 2019), and lowering energy consumption (Yunfei H et al. , 2018) simultaneously.

While scholars worldwide have made significant achievements in traffic signal optimization and control, the advent of the Internet of Vehicles era and the further development of vehicle-road coordination technology have made vehicles more intelligent. Therefore, optimizing traffic signals alone may not adequately adapt to future developments. Through simulation verification, the novel vehicle speed guidance method proposed in this paper can simultaneously reduce the risk of vehicle passage accidents, improve passage efficiency, and decrease both average vehicle delay and energy consumption.

2　Method

The vehicle speed guidance method proposed in this paper primarily consists of three guiding stages: ① Preliminary Guidance Stage: Through intelligent decision-making, lane recommendations are provided for vehicles entering road sections. Considering the turning requirements of vehicles, this stage aims to balance the number of vehicles in each lane; ② Primary Guidance Stage: Ensuring driving safety as a priority, after intelligent decision-making by the system, strategies are transmitted to the driver to adjust the vehicle speed to the target speed v_0. This adjustment enhances the efficiency of the secondary guidance stage; ③Secondary Guidance Stage: Based on vehicle arrival times and signal light timing, and ensuring driving safety, the system issues speed adjustment instructions after intelligent decision-making, ensuring vehicles safely pass through intersections with maximum efficiency.

2.1 Front boot zone policy description

Different driving lanes are allocated based on the specific requirements of different vehicles. If a vehicle needs to turn left or right at the intersection, it is allocated to the corresponding target driving lane according to the intersection channeling scheme. If the vehicle's intended path is to proceed straight through the intersection, the number of vehicles on each straight-going lane is recorded, and the vehicle is allocated to the lane with the fewest number of vehicles. If there are no restrictions in the road traffic environment, the vehicle changes lanes to the allocated lane. If, due to restrictions in the road traffic environment, the vehicle cannot change lanes to the allocated target lane, it remains in the current lane.

In this process, the preliminary guidance stage sets the autonomous lane change distance to 60 meters (WeiXuan C et al., 2021).

2.2 Primary boot sector policy description

Firstly, according to the relationship between the initial speed of the vehicle when it arrives at the one-time guidance zone and the target speed, try to calculate the time t for the vehicle to pass through the one-time guidance zone.

$$t = \begin{cases} \dfrac{|v - v_0|}{a_a} + \dfrac{L_1 - \dfrac{|v^2 - v_0^2|}{2a_d}}{v_0} & (v \neq v_0) \\ \dfrac{L_1}{v_0} & (v = v_0) \end{cases} \quad (1)$$

Where: v is the speed of the vehicle when it arrives at the primary guidance stage; v_0 is the target speed of the primary guidance stage; L_1 is the length of the primary guidance stage; a_a is the amount of acceleration given by the system and a_d is the amount

of deceleration given by the system.

Determine the driving strategy of the rear vehicle based on the calculated time for the front vehicle to pass through one guidance zone and the time for the rear vehicle to pass through one guidance zone.

(1) If $t_2 + t_0 + t_{safe} \geq t_1$, then the rear vehicle drives through the one-time guidance zone using the corresponding underlying strategy.

Where, t_1 is the time required for the front vehicle to pass through the one-time guidance zone; t_2 is the time required for the rear vehicle to pass through the one-time guidance zone; t_0 is the time difference between the front vehicle and the rear vehicle arriving at the one-time guidance zone; and t_{safe} is the safe headway between the front and rear vehicles.

(2) If $t_2 + t_0 + t_{safe} < t_1$, then let $t_2 = t_1 - t_0 - t_{safe}$, the driving strategy of the rear vehicle is determined based on the magnitude of the rear vehicle's speed in relation to the target vehicle's speed.

2.3 Secondary boot sector policy description

In order to improve the efficiency of vehicles entering the secondary guidance zone and to minimise the number of vehicle stops. According to the analysis of the situation of vehicles arriving at the secondary guidance zone, the driving strategies for vehicles passing through signalised intersections are divided into four types: accelerating (Strategy 2.1), stopping and waiting (Strategy 2.2) and decelerating (including Strategy 2.3 and Strategy 2.4). Considering the existence of parking behaviour in the guidance zone, a secondary stop line is set up, which not only improves the speed of vehicles passing through the intersection but also makes it easy to form a continuous traffic flow.

(1) When the vehicle enters the secondary guidance stage, the signal light status of the intersection ahead is green and the queue at the intersection has dissipated.

Then the vehicle takes uniform acceleration to the maximum speed limit after uniform speed through the intersection strategy 2.1, the driving process expression as equation (2).

$$\frac{v_{\max}^2 - v_0^2}{2a_a} + v_{\max} \cdot t_{u3} = L_2 \qquad (2)$$

Where: $v_{\max}$ is the maximum speed limit allowed by road conditions; t_{u3} is the time of travelling at constant speed with the maximum speed limit; L_2 is the length of the secondary guidance stage.

(2) When the vehicle enters the secondary guidance zone, the status of the signal light ahead is the end of the green light or red light, and the remaining time of the green light is very short, and the vehicle can not pass through the intersection in this cycle, that is:

$$nt_{period} + t_{green} < T_{come} + t_{2total} < (n+1)t_{period} \quad (n \in N^*)$$
$$(3)$$

Where: t_{period} is the length of the primary signal cycle; t_{green} is the green light time; T_{come} is the moment when the vehicle arrives at the secondary guidance stage; t_{2total} is the time when the vehicle takes a uniform acceleration to the maximum speed limit and then passes through the intersection at a constant speed with the strategy of driving away from the secondary guidance stage.

Otherwise the vehicle adopts the strategy of driving at a constant speed for aperiod of time and then decelerating and stopping to wait for the next cycle to pass the intersection 2.2, and the expression of its travelling process is shown in Equation (4).

$$v_0 \cdot t_{u2} + \frac{v_0^2}{2a_d} = L_2 - L_{queue} - L_{stop} \qquad (4)$$

Where: t_{u2} is the time of driving at the target speed at a constant speed; L_{queue} is the length of the vehicle queue; L_{stop} is the distance between the secondary stop line and the stop line.

$$L_{queue} = N_{queue} \times L_{len} + N_{queue} \times L_{dis} \qquad (5)$$

Where: N_{queue} is the number of queuing vehicles; L_{len} is the length of the vehicle; L_{dis} the spacing between parking vehicles.

(3) After the vehicle has been tried by strategy 2.3, the time for the vehicle to travel at a constant speed at the minimum speed is negative. Then the vehicle to take the deceleration to adapt to the current speed, and then accelerate to the maximum speed limit after passing through the intersection of strategy 2.4, the expression of its travelling process as equation (6).

$$\frac{v_{\max}^2 - v_{newmin}^2}{2a_a} + v_{\max} \cdot t_{u3} = L_2 \qquad (6)$$

Where: v_{newmin} is adapted to the current speed.

After guidance and speed adjustment in the guidance zone, the vehicle is adjusted from discrete speeds to pass through the intersection at the speed limit, and the image of speed change for all strategies (v-t plot) is shown in Figure 1.

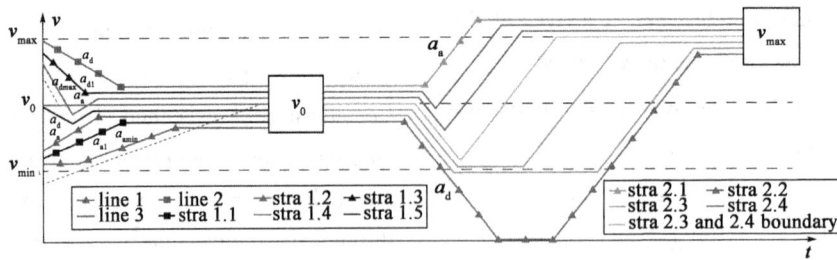

Figure 1　Speed variation plot for all strategies in the speed controlled zone (v-t plot)

3　Results

The simulation of the guidance strategies for the first and second boot zones is carried out on the basis of Python. The simulation parameters are as follows: the length of the first guidance zone is 70 m; the length of the second guidance zone is 200 m; v_0、$v_{\min}$ and $v_{\max}$ are 50 km/h, 30 km/h and 70 km/h respectively; a_a, a_d are assumed to be 2.0 m/s², a_{amin} is assumed to be 1.0 m/s² and a_{dmax} is assumed to be 2.5 m/s²; the length of the double stop line is 17.36 m; the total flow of the three lanes is 2000 pcu/h; the duration of the green, red and yellow lights in one signal cycle is 40 s, 37 s and 3 s respectively.

Based on the vehicles' Vehicle Specific Power (VSP), fuel consumption (Yuhong G et al., 2021), and emissions (Dobrota N et al., 2022) fitted formulas, an evaluation index is constructed to compare the passage efficiency, fuel consumption, and emissions between the implementation of the new vehicle speed guidance strategy and traditional road segments. The relevant results are depicted in Figure 2. Compared to traditional road segments, passage efficiency significantly improves: the number of delayed vehicles decreases by 6.66%, and the number of parked vehicles decreases by 11.11%.

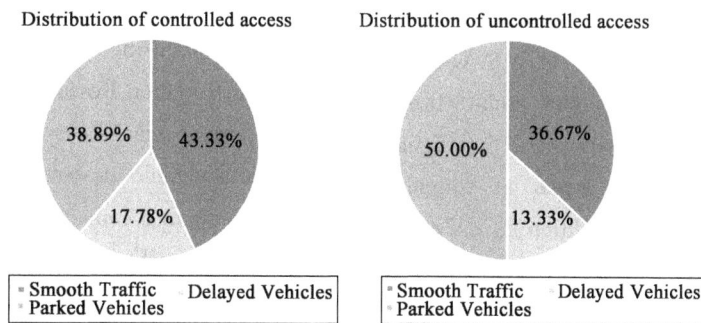

Figure 2 Pie chart of access under the two control methods

According to the fuel consumption curve, in segments with the new vehicle speed guidance strategy, vehicle speed remains relatively stable, resulting in lower fuel consumption under normal driving conditions. However, there is a short-term spike in fuel consumption when vehicles start after the red light ends. Overall, implementing the new vehicle speed guidance strategy reduces fuel consumption by 34.5% compared to traditional methods, while CO emissions decrease by 28.57%.

4 Discussion

Compared to existing vehicle speed guidance methods, the proposed research offers several advantages: ① The research scope expands from single vehicles to multiple vehicles, theoretically avoiding the risk of rear-end collisions between vehicles and significantly enhancing safety, thus facilitating the safe passage of vehicles; ② By fully considering the turning requirements of vehicles at intersections, the application scenarios of vehicle speed guidance are broadened. Providing lane recommendations enhances the credibility of the system; ③ Compared to traditional road segments, the implementation of continuous vehicle speed guidance significantly improves passage efficiency: the number of delayed vehicles decreases by 6.66%, and the number of parked vehicles decreases by 11.11%. Moreover, there is a substantial decrease in fuel consumption and emissions, with fuel consumption decreasing by 34.50% and CO emissions decreasing by 28.57%. Therefore, this research has the potential to enhance vehicle passage efficiency and achieve energy conservation and emission reduction in urban road networks.

5 Conclusions

In recent years, with the continuous increase in motor vehicle ownership rates and the further development of smart transportation, smarter driving methods for vehicles in urban road networks have become a research hotspot. The vehicle speed guidance method proposed in this study can enhance the passage efficiency of vehicles at intersections while reducing vehicle fuel consumption and tailpipe emissions, thereby achieving the goal of energy conservation and emission reduction. In future research, the vehicle speed guidance method can be coordinated and integrated with signal timing design to further improve intersection passage efficiency, contributing to the construction and development of smart transportation in the era of vehicle connectivity. The research findings of this paper contribute to energy conservation, achieving dual carbon goals. Additionally, it aids in mitigating urban congestion, enhancing transportation efficiency, and possesses significant social value and practical significance.

References

[1] CUI M Y, HUANG H Y, XU,Q WANG J Q, et al. Key technologies for the architecture, functions and applications of intelligent networked vehicles [J]. Journal of tsinghua university (natural science edition), 2022, 62 (3): 493- 508.

[2] LONG K, MA C, JIANG Z, et al. Integrated optimization of traffic signals and vehicle trajectories at intersection with the consideration of safety during signal change [J]. IEEE Access, 2020, 8 = 170732-170741.

[3] HAO J J, XIE H, Z Liu. H. Research on urban traffic signal control methods under vehicle-road coordination environment [J]. Journal of research in science and engineering, 2020, 2 (10):5-7.

[4] Xiaolin TANG, Shanshan LI, Hong WANG, et al. Research on fleet energy control strategy based on hierarchical model predictive control in grid-connected environment [J]. Journal of Mechanical Engineering, 2020, 56(14):10.

[5] Jiao P, Sun T. Multiobjective Traffic Signal Control Model for Intersection Based on Dynamic Turning Movements Estimation [J]. Mathematical Problems in Engineering, Hindawi, 2021, 2021: e608194.

[6] Yu C , Ma W , Yang X . A time-slot based signal scheme model for fixed-time control at isolated intersections [J]. Transportation Research Part B: Methodological, 2020, 140.

[7] Yukimasa Matsumoto, Kazuya Nishio. Reinforcement Learning of Driver Receiving Traffic Signal Information for Passing through Signalized Intersection at Arterial Road[J]. Transportation Research Procedia, 2019, 37.

[8] Zhou M., Yu Y, Qu X.. Development of an Efficient Driving Strategy for Connected and Automated Vehicles at Signalized Intersections: A Reinforcement Learning Approach[J]. IEEE Transactions on Intelligent Transportation Systems, 2019, PP(99): 1-11.

[9] Wegener Marius, Koch Lucas, Eisenbarth Markus, Andert Jakob. Automated eco-driving in urban scenarios using deep reinforcement learning[J]. Transportation Research Part C, 2021, 126.

[10] Haoxin Xiao. Co-optimisation of traffic signals and vehicle trajectories at intersections[D]. Chongqing University of Technology, 2021.

[11] Qinzheng Wang, Yaobang Gong, Xianfeng Yang, Connected automated vehicle trajectory optimization along signalized arterial: A decentralized approach under mixed traffic environment, Transportation Research Part C: Emerging Technologies, Volume 145, 2022, 103918

[12] Biao Xu et al. Cooperative Method of Traffic Signal Optimization and Speed Control of Connected Vehicles at Isolated Intersections. [J]. IEEE Trans. Intelligent Transportation Systems, 2019, 20(4): 1390-1403.

[13] Yunfei Hou et al. Cooperative and Integrated Vehicle and Intersection Control for Energy Efficiency (CIVIC-E2) [J]. IEEE Transactions on Intelligent Transportation Systems, 2018, 19(7): 2325-2337.

[14] WeiXuan Chen. A decision-making algorithm for intelligent vehicle driving behaviour in complex traffic scenarios [D]. Jilin University,2021.

[15] Yuhong Gao et al. A novel relationship model between signal timing, queue length and travel speed[J]. Physica A: Statistical Mechanics and its Applications, 2021, 583

[16] Dobrota Nemanja et al. Comprehensive Data Analysis Approach for Appropriate Scheduling of Signal Timing Plans [J]. Future Transportation, 2022, 2(2): 482-500.

[17] Liping Xu et al. A speed guidance strategy based on cooperative vehicle-infrastructure environment at signalized intersections [J]. IOP Conference Series: Materials Science and Engineering,2020,787(1):9.

Review of Freeway Ramp Metering Algorithms

Yuan Li*   Han Wang

(College of Highway, Chang' an University)

Abstract   Ramp metering (RM) is a traffic management technology designed to control the flow of traffic entering specific roads, such as highways, expressways, freeways and turnpikes. Over a period spanning more than 30 years, several ramp metering algorithms have been developed to improve the operation of expressway. The existing algorithms have their own advantages and disadvantages. They can control the traffic flow from different angles and alleviate the traffic congestion. This paper aims to provide a global perspective for the existing RM algorithms for future reference. This paper first introduces several widely used RM algorithms, and then focuses on the advantages and disadvantages of the most attractive ramp algorithm. Finally, on the basis of summarizing the existing ramp metering algorithms, the future research direction of ramp metering methods is analyzed and prospected.

Keywords   Ramp metering   Algorithm   Ramp control   On-ramp control   Congestion management

0   Introduction

Ramp metering is a ramp management strategy used to control the number of vehicles entering the expressway using traffic signals. The measurement rate is based on the traffic volume and speed on the expressway. On expressways, the goal is to improve throughput, speed and capacity to maintain the best operation of expressways. Ramp metering is usually used to control the vehicles at the entrance ramp to enter the expressway (main line) to reduce the impact of ramp traffic on the main line flow. However, ramp metering can also be used to control traffic flow from freeway to freeway, from rampsto freeways. Select the appropriate ramp metering strategy according to the needs and objectives of regional transportation institutions.

The simplest ramp metering works based on apreset metering rate. The metering rate can be fixed rate or variable rate, which is allocated on the defined schedule according to some historical traffic data. Fixed time or pre timed metering can solve the problem of recurrent congestion, but it will fail in the case of non recurrent congestion. A better ramp metering method is adaptive or traffic responsive ramp metering, that is, variable metering rate is allocated to the ramp according to the actual traffic conditions. Traffic response measurement uses current traffic conditions to adjust its measurement rate. Collect traffic data using loop detectors or any other real-time detection system. The metering rate can be calculated according to some algorithms. Traffic response control can be implemented in a local and coordinated manner.

This paper is divided into three main parts. The first part introduces the classification framework of existing ramp metering algorithms. The second part reviews the early developed adaptive ramp metering system and its evaluation. The third part reviews the latest development of ramp control strategy.

1   Classification of existing ramp metering algorithm

To improve the quality of travel, ensure travel

safety, and reduce travel costs, countries have increased efforts to build and expand expressways to reduce travel time between cities. Due to the high performance of travel by car, more people choose to drive, which leads to more traffic congestion and accidents. In order to alleviate road congestion and reduce traffic accidents, it is necessary to take some effective measures.

With the rise of intelligent transportation systems, in addition to the maintenance and improvement of highway infrastructure, road expansion, and the cultivation of drivers' safety driving consciousness, some advanced technological means can be used to effectively control and manage the traffic state of expressway. Gomes and Horowitz (2006) found that regulating traffic flow and controlling traffic state are the most effective methods to alleviate highway congestion. The main control strategies of expressway include on-ramp control, variable speed limit, and route guidance.

(1) On-ramp control: control the number of vehicles entering the mainline of the expressway, so that the traffic flow in the area where the on-ramp is located can reach the expected value and ensure the stable operation of vehicles on the mainline.

(2) Variable speed limit: adjust the speed of traffic flow, change the flow and density of the area, and effectively prevent and control high-speed congestion through signs such as variable message boards.

(3) Route guidance: use GPS and other navigation systems to guide the vehicle path reasonably.

On-ramp control is one of the most widely used and effective freeway traffic control methods, which attracts the research interest of domestic and foreign scholars. The purpose of on-ramp control is to maximize the traffic throughput and reduce the travel time, to adjust the traffic flow of the ramp into the mainline reasonably, to ensure the smooth traffic of the mainline. On-ramp plays an important role in ramp control. By setting signal lights at the entrance of the on-ramp, the traffic flow into the mainline can be directly controlled. Its function is mainly determined by the control objectives. It can keep the mainline at a certain level of service, keep the density of the mainline within the threshold of ideal density, make the vehicles distribute reasonably on the whole road, and reduce the merging area. Besides, on-ramp control also contributes to environmental protection, which can reduce fuel consumption and avoid excessive harmful gas emissions. For coordinated control, it can also improve the operation efficiency of the whole road network.

It has been widely used in many countries because of the low cost and strong operability of on-ramp control. Ramp control first appeared in Chicago, Illinois in the United States. Vehicles entering the mainline are released bypreset ramp control proportion to ensure the traffic flow of the mainline to a certain extent. The success of Chicago's ramp control makes other states in the United States and some places in Europe begin to conduct in-depth research and application of ramp control, and a variety of ramp control algorithms emerge as the times require.

According to the control range, ramp control is divided into single point control and coordinated control; according to the different responses to real-time information, it can be divided into static control and dynamic control. The following Figure shows the current typical classification of ramp control algorithms. As the Figure 1 shows, the algorithm is divided into single point type and coordination type.

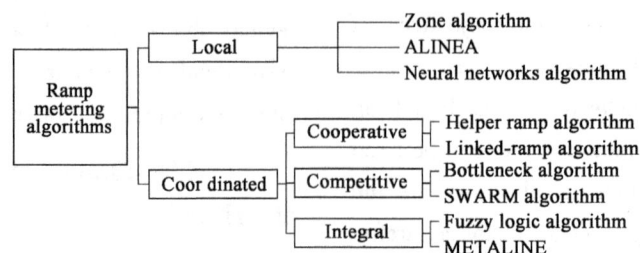

Figure 1　ramp metering algorithms

2　Traditional ramp metering algorithms

2.1　Local ramp metering algorithms

2.1.1　Asservissement Linéaire d'Entrée Autoroutière (ALINEA)

ALINEA is a local traffic response feedback control algorithm for ramp metering developed byPapageorgiou et al[1]. The algorithm takes the expressway occupancy rate as the input and calculates the metering rate as the control variable, which changes with the change of occupancy rate. When calculating the metering rate of the next interval, the algorithm also considers the metering rate of the previous interval to avoid significant changes in the metering rate, so as to realize smooth operation. ALINEA's goal is to set a metering rate at which the flow does not exceed the highway capacity(Figure 2).

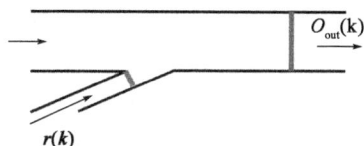

Figure 2　Schematic diagram of ALINEA ramp metering

$$r(k) = r(k-1) + K_R[\hat{O} - O_{out}(k)] \quad (1)$$

Where, $r(k)$ is the metering rate in time step k; $r(k-1)$ is the metering rate \in time step k-1 (previous); K_R is the regulator parameter (constant); $\hat{O}$ is the target occupancy to be maintained, typically slightly less than the critical occupancy (the occupancy corresponding to capacity flow); $O_{out}(k)$ is the current occupancy measurement. K_R is the only parameter to be adjusted in the implementation phase. In real-life experiments, a value of $K_R = 70$ veh/hr was found to yield good results by Parageogiou (1997). also shows that a larger KR tends to reduce the regulation time and lead to stronger reaction.

ALINEA performs well in maintaining a desired flow at the freeway. However, it creates long queues at the on-ramp that causes bottlenecks. Zhang et al.[2] proposed an extension to basic ALINEA to avoid the ramp traffic to exceed the capacity.

Smaragdis and Papageorgiou[3] proposed three more modifications FL-ALINEA, UP-ALINEA and X-ALINEA/Q to the standard version for improving the performance in various scenarios.

FL-ALINEA uses the mainline flow from the downstream detectors instead of occupancy while UP-ALINEA uses occupancy values from the upstream detectors when the downstream detectors are not available. X-ALINEA/Q addresses the problem of long queue formation on the ramp when the freeway is saturated that causes restricted metering rates. Smaragdis et al[4]. proposed another extension AD-ALINEA, which addresses the issue of constant desired occupancy value that might change in real time due to weather conditions or traffic compositions.

2.1.2　Zone algorithm

Zone algorithms[5-6] divide the freeway into multiple zones of various lengths from 3~6 miles with several metered and non-metered ramps (Figure 3). The algorithm maintains the density on mainline below a certain threshold by controlling the inflow and outflow in the zone. The collective metering rate is computed from the inflow and outflow values and then distributed among all ramp meters using the pre-defined ramp factor. One of the variants of zone metering is Stratified Zone metering[7] that uses density inputs obtained at real time on upstream of on-ramps, at mainline off-ramps, and on the mainline. The goal is to control the total volume of a segment of a freeway called a "zone". The increase in the mainline density is balanced by lowering the metering rates in the particular zone.

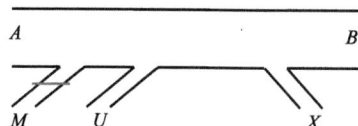

Figure 3　Schematic diagram of Zone algorithm

Zone algorithm tries to balance the volume of the traffic entering and leaving the zone. In a 30-second metering interval, it uses the following equation to calculate ramp metering rate:

$$A + U + M + F = X + B + S \quad (2)$$

Where, A is the upstream mainline volume, measured value; U is the sum of volumes from non-metered ramps, measured value; M is the sum of the volume from metered ramps, to be calculated; F is the sum of metered freeway to freeway ramp volumes, to be calculated; X is the sum of exit ramp volumes, measured value; B is the downstream bottleneck capacity; S is the space available within the zone.

2.2 Coordinated ramp metering algorithms

2.2.1 METALINE

METALINE[8] is an extension of ALINEA for coordinated control of ramp meters, proposed by Papageorgiou et al. (1990). The algorithm computes the metering rates using the list of occupancy values from several detectors on different ramps. The algorithm is similar to ALINEA in its response to the difference in the occupancy in two successive time intervals making it more sensitive to traffic variations. The disadvantage of METALINE is the complex calibration of the algorithm for multiple ramps. METALINE was deployed in Paris, France (1991) on the three on-ramps of a six-kilometer freeway in Boulevard Périphérique. The results showed an increase in the mainline speed. In Milwaukee[9], METALINE was used on several freeways and showed improved performance in traffic. A field evaluation of METALINE in Netherlands, Amsterdam was conducted. However, the results are not published for organizational reasons.[10]

2.2.2 HELPER algorithm

Lipp et al.[11] proposed a local traffic-responsive algorithm with the added feature of central override control for system-wide implementation over the entire freeway corridor. All the on-ramps are divided into six groups. Six metering rates are defined that can be selected by individual ramp meters on the basis of local traffic conditions. If the queue on a ramp exceeds a specified threshold value for three consecutive time intervals, the central override feature is activated that reduce the metering rate by one level. This process continues until the problem is solved. If the queue persists, all the upstream ramps will be overridden and will operate with more restrictive metering levels.

The algorithm was first deployed in the Denver area, Colorado in 1981 on I-10 freeway[12]. A comprehensive evaluation showed the significance of the central override feature in congestion reduction for low speeds (less than 90 km/hr) while less or no significance of the centralized control for speed greater than 90 km/hr.

2.2.3 System-wide adaptive algorithm(SWARM)

SWARM was developed by Paesani et al.[13] uses traffic forecasting to determine the metering rates. The algorithm works in two operational levels, a coordinated control (SWARM1) and local control (SWARM2). In SWARM1, traffic data is collected, and future state of traffic density is estimated using linear regression. For the non-linear relations between the data set, Kalman Filter is applied. The coordinated metering rates are computed using current and desired density values. In SWRAM2, metering rates are calculated based on density values computed locally from the distance headway measurements. Then the more restrictive metering rate (calculated in SWARM1 or SWARM2) is applied.

SWARM algorithm consists of two individual independent control algorithms: SWARM1 and SWARM2. During each time interval, the more restrictive of the two will be implemented. SWARM2 is a local control algorithm that is much simpler than SWARM1. The latter, using linear regression and Kalman Filtering process, aims to forecast system evolution and maintains the real-time densitybelow a pre-defined saturation density for each road segment.

2.2.4 Fuzzy logic algorithm

The fuzzy logic algorithm is deployed in Seattle freeway by Taylor and Meldrum[14-16]. This kind of control algorithms is well suited to situations where the accurate system model is not available. The fuzzy logic used in this algorithm takes real time measured values from detectors and convert them to different textual values based on the values of measured inputs. This is called fuzzification of inputs. Based on these fuzzified inputs the controller logic determines the control actions that are finally defuzzified to determine the real value of metering rates.

Summary of Traditional Ramp Metering Algorithms in Table 1.

Summary of Traditional Ramp Metering Algorithms
Table 1

Algorithm	Year	Authors	Type	Control Inputs
ALINEA	1997	Papageorgiou et al.	Local/Feedback	Occupancy
METALINE	1990	Papageorgiou et al.	Coordinated/Feedback	Occupancy
Zone	1989	Stephanedes,	Local or Coordinated	Flow rate
HELPER	1991	Lipp et al.	Coordinated	Occupancy
SWARM	1997	Paesani et al.	Coordinated (Prediction)	Density
FUZZY	1998	Taylor and Meldrum	Coordinated	Multiple

3 Recent advancements in ramp metering

3.1 Local ramp metering algorithms

3.1.1 Proportional integral ALINEA (PI-ALINEA)

The PI-ALINEA proposed by Wang et al. [17] is an extended version of ALINEA to overcome one of its shortcomings. Basic ALINEA operates to reduce the mainline congestion at most a few hundred meters downstream of the merge point. However, if the bottleneck occurs further downstream from the location of ALINEA occupancy detectors, ALINEA will be unable to detect and thus respond to the congestion that can increase with time to form a bottleneck. Simulations study [18] shows improved performance of PI-ALINEA as compared to ALINEA in both local and distant bottlenecks.

3.1.2 ALINEA with speed discovery

Rui et al. [19] proposed this algorithm to address the inherited problem with ALINEA with restricted metering rates that leads to longer queue at the on-ramp. Using queue management override feature with ALINEA, the queue can be discharged, but it again creates bottlenecks at merge area. Rui proposed the concept of a mainline speed recovery with suspending queue management temporarily. However, when a potential breakdown is identified at the mainline, the algorithm gives control of the metering rate back to the standard ALINEA module. The study suggests that the mainline speed should be less than 45 Km/hr and suspension time 300 seconds for optimum operation of the control. Simulation results in AIMSUN showed the improved speed and reduced travel time on mainline as compared to standard ALINEA.

3.2 Coordinated ramp metering algorithms

3.2.1 Heuristic ramp-metering coordination (HERO)

The HERO algorithm was first developed by Papamichail et al. [20] and deployed at Monash Freeway in Australia. HERO is the extended version of ALINEA algorithm for coordinated ramp control. In HERO, the critical occupancy is measured at merge area of ramps. Each on-ramp is independently controlled using ALINEA, but all ramps are connected to each other via a central controller. When a bottleneck occurs on the mainstream near an on-ramp (queue length on an on-ramp (master) reaches a predefined threshold value), the central controller recruits the onramp in bottleneck segment as Master ramp and some of its upstream on-ramps as Slaves. The algorithms now try to increase the capacity of the master on-ramp.

3.2.2 Genetic fuzzy logic control (GFLC)

The idea of adaptive fuzzy logic control based on genetic algorithm was proposed by Amir et al. [21] The fuzzy controller is used with the additional implementation of variable speed limits (VSLs) to control congestion and regulate the freeway traffic flow. The results of the fuzzy controller with and without VSLs were compared with no control and standard ALINEA implementation on the same network with same base conditions. The results showed that the genetic fuzzy logic based ramp metering results in smooth traffic states. The comparisons showed an increase in TTS (5% Without Using VSLs and 15. 5% With VSLs) as compared to ALINEA. Fang et al. [22] proposed a genetic algorithm (GA) based tuning for the fuzzy logic controller for the isolated ramp. The GA-based tuning is repeated after 5 min intervals for any change in flow density on the on-ramp. The algorithm was tested in AIMSUN's based simulation and the results showed improvement in total travel time as compared to the fuzzy logic controller without using the GA. In Jianxin et al. [23], the fuzzy logic controller is used with particle swarm optimization method to minimize the weighted total-time-spent (WTTS) on the freeway and ramp. The controlled logic was used for local ramp control and simulation results from microsimulation software PARAMICS showed a good balance between freeway and on-ramp traffic.

3.2.3　Dual Heuristic Programming Control (DHPC)

Dongbin et al. [24] proposed a DHPC method to solve recurrent and non-recurrent congestion using neural networks. The proposed algorithms were tested using mathematical models on a hypothetical freeway segment. The results of DHPC compared to ALINEA shows convincing improvements in freeway operation. The authors emphasized on the evaluation of DHPC method in microsimulation environments.

Comparison of Recent Ramp Metering Algorithms in Table 2.

Comparison of Recent Ramp Metering Algorithms　　　　Table 2

Algorithm	Year	Authors	Type	Evaluation Methods
HERO	2010	Papamichail et al.	Local and Coordinated,	Field Implementation in Monash Highway, Australia
PI-ALINEA	2014	Wang et al.	Local /Feedbackbased	Simulation METANET
ALINEA with Speed Recovery	2012	Rui et al.	Local	Simulation/AIMSUN
GFLC	2012	X. F. Yu et al.	Local or Coordinated	mathematical model AIMSUN PARAMICS
DHPC	2011	Dongbin et al.	Coordinated	mathematical model

4　Conclusions

In this paper, several local and coordinated ramp metering algorithms are discussed. Based on simulation results and field evaluations, ALINEA showed to be widely deployed local ramp metering strategy. Several extensions were proposed to fine-tune its performance in the diverse road and traffic conditions. Among the coordinated metering strategies, zone based metering is simple to implement and easy to re-configure.

SWARM is more sensitive to calibrate for accurate prediction of traffic states. HERO algorithm can be useful if both local and coordinated control are desired particularly if local control is using ALINEA. Fuzzylogic based algorithms are gaining popularity because of simplicity, the fast re-configuration capability, and the integration of neural networks and genetic algorithms with fuzzy logic.

Thefeedback based algorithms (e. g. ALINEA) eliminate downstream congestion if properly configured despite the distance from the on-ramp. However, it cannot detect upstream initiated congestion. The UPALINEA can detect upstream congestion only to a certain level. Future research should consider more finetuning of ALINEA. Some useful guidelines for configuring ALINEA can be found in Papageorgiou et al.

The success of achieving local ramp metering goals depends on the sufficient length of the on-ramp to store vehicles in the time of congestion on the freeway. If the ramp has limited storage, the queues on ramps will extend to the arterial upstream. One possible approach to avoid this is the coordination of upstream traffic signal and ramp meter. However, many ramp metering algorithms have not addressed this phenomenon.

Onlinesimulation based metering can provide more realistic results, but the operational cost and acquisition of real-time traffic data in this method are a barrier for such implementations.

The genetic fuzzy logic metering algorithms has the potential to be the future choice for ramp metering. However, these algorithms usually require more inputs than any other method. The probe vehicle approach based on cellular phones' data (e. g. speed, location) of road users should be considered to reduce the cost of traffic data acquisition in real time.

The abstracts and full manuscriptsmay be compiled into the conference Proceedings or Abstract Compendium.

References

[1] PAPAGEORGIOU M, HADJ-SALEM H, BLOSSEVILLE JM. ALINEA: A local feedback control law for on-ramp metering [J]. Transportation Research Board, 1991, 1320(1): 58-67.

[2] ZHANG M, KIM T, NIE X, et al. Evaluation of on-ramp control algorithms [J]. 2001: 123.

[3] SMARAGDIS E, PAPAGEORGIOU M, KOSM-ATOPOULOS E. A flow-maximizing adaptive local ramp metering strategy[J]. Transportation Research Part B: Methodological, 2004, 38 (3): 251-270.

[4] SMARAGDIS E, PAPAGEORGIOU M. Series of New local ramp metering strategies: emmanouil smaragdis and markos papageorgiou [J].

Transportation research record: journal of the transportation research board, 2003, 1856(1): 74-86.

[5] STEPHANEDES Y J. Implementation of on-line zone control strategies for optimal ramp metering in the Minneapolis ring road [C] // Seventh international conference on road traffic monitoring and control. London, UK: IEE, 1994: 181-184.

[6] LAU R. Ramp metering by zone - the minnesota algorithm[R]. [S. l.]: Minnesota Department of Transportation, 1997.

[7] LAU R. Minnesota department of transportation: stratified metering algorithm. Internal report [R]. Minnesota Department of Transportation, 1997.

[8] PAPAGEORGIOU M, BLOSSEVILLE J-M, HAJ-SALEM H. Modelling and real-time control of traffic flow on the southern part of boulevard peripherique in Paris: Part II: coordinated on-ramp metering[J]. Transportation research part a: general, 1990, 24(5): 361-370.

[9] ASSOCIATES J. Milwaukee monitor FTMS software design report [M]. [S. l.]: International Conference on Intelligent Transportation Systems, 1998.

[10] TAALE H. Design of a coordinated ramp-metering system near Amsterdam [C] // Seventh international conference on road traffic monitoring and control. London, UK: IEE, 1994: 185-189.

[11] LIPP L E, HICKMAN G A. Benefits of central computer control for denver ramp-metering system [J]. Transportation research record, 1991, 1320(1): 3-6.

[12] HICKMAN G. Freeway ramp metering effects in denver[C]. IEEE International conference on fuzzy systems. Barcelona, Spain: IEEE, 2010: 1-8.

[13] PAESANI G, KERR J, PEROVICH P, et al. System wide adaptive ramp metering in southern California [C] // Proceedings of the ITS America 7th annual meeting and exposition: merging the transportation communications revolutions and Washington DC, ITS America,

1997.

[14] TAYLOR C, MELDRUM D. A training manual for freeway operations engineers [J]. Washington State Department of Transportation, 2003, 23 (2): 120.

[15] TAYLOR C, MELDRUM D. Evaluation of a fuzzy logic ramp metering algorithm: a comparative study among three ramp metering algorithms used in the greater seattle area [J]. Washington State Department of Transportation, 2000, 27(2): 62.

[16] MELDRUM D, TAYLOR C. Freeway traffic data prediction using artificial neural networks and development of a fuzzy logic ramp metering algorithm: No. WA-RD 365.1[R]. Proceedings of the Intelligent Vehicles' 94 Symposium. IEEE, 1994.

[17] WANG Y, KOSMATOPOULOS E B, PAPAGEORGIOU M, et al. Local ramp metering in the presence of a distant downstream bottleneck: theoretical analysis and simulation study [J]. IEEE Transactions on intelligent transportation systems, 2014, 15 (5): 2024-2039.

[18] KAN Y, WANG Y, PAPAGEORGIOU M, et al. Local ramp metering with distant downstream bottlenecks: a comparative study [J]. Transportation research part c: emerging technologies, 2016, 62: 149-170.

[19] JIANG R, CHUNG E, LEE J. Local on-ramp queue management strategy with mainline speed recovery [J]. Procedia - social and behavioral sciences, 2012, 43: 201-209.

[20] PAPAMICHAIL I, PAPAGEORGIOU M, VONG V, et al. Heuristic ramp-metering coordination strategy implemented at monash freeway, Australia[J]. Transportation research record: journal of the transportation research board, 2010, 2178(1): 10-20.

[21] GHODS A, KIAN A, TABIBI M. Adaptive freeway ramp metering and variable speed limit control: a genetic-fuzzy approach[J]. IEEE Intelligent transportation systems magazine, 2009, 1(1): 27-36.

[22] YU X F, XU W L, ALAM F, et al. Genetic fuzzy logic approach to local ramp metering control using microscopic traffic simulation[J]. International Conference on Mechatronics and Machine Vision in Practice, 2012, 8 (1): 290-297.

[23] XU J, ZHAO X, SRINIVASAN D. On optimal freeway local ramp metering using fuzzy logic control with particle swarm optimisation[J]. IET intelligent transport systems, 2013, 7 (1): 95-104.

[24] ZHAO D B, BAI X R, WANG F Y, et al. DHP Method for ramp metering of freeway traffic [J]. IEEE transactions on intelligent transportation systems, 2011, 12 (4): 990-999.

考虑饱和度的逆向可变车道设计参数优化

刘雅新　甘佐贤*
(大连海事大学交通运输工程学院)

摘　要　逆向可变车道被用来缓解左转车流引发的交通阻塞,考虑到饱和度对交通指标计算的影响,本文构建逆向可变车道设计参数优化模型,采用 NSGA-Ⅱ算法求解可变车道设置的信号配时参数与几何设计参数。结合设计案例,利用 VISSIM4.3 验证高、低流量下优化模型的有效性,优化后的交叉路口平

基金项目:国家自然科学基金(52302387)。

均延误分别降低11.6%、24.4%,停车次数降低2.9%、41.7%,排队长度降低10.2%、17%,流量过饱和时优化效果更显著。本研究的模型能够降低延误提高通行能力,为逆向可变车道设计提供理论支撑。

关键词 逆向可变车道 NSGA-Ⅱ算法 信号交叉路口 多目标求解

0 引言

交叉路口中合理地组织左转车流是缓解交叉口交通拥堵和保障车辆行驶稳定的重要因素之一。为了充分利用交叉路口的时空资源,许多学者提出设置左转待行区、导流线、可变车道等来缓解左转车辆对交叉路口的压力[1-3]。逆向可变车道可以在不改变原有道路建设的基础上,通过交通标志标线以及预信号控制来满足左转车流的通行与疏散。

针对单点信号控制交叉路口,学者们主要从交叉路口渠化设计优化和信号配时优化两方面展开[4]。针对可变车道设计优化,白家安等[5]提出了一种基于需求稳定性的开口位置动态调整优化方法。张琦晖[6]提出移位左转,并建立设计长度的计算模型。Zhao等人[7]考虑了中央分隔带、开口以及车辆变道对出口道左转车道(EFL)的饱和流率的影响,建立并修正了EFL控制的饱和流率调节模型。配时优化则是对逆向可变车道交叉口的周期与预信号设计进行优化。陈秀锋[8]以最大化交叉路口通行能力和降低车均延误为研究目的,用熵值法求解可逆车道交叉路口配时优化模型。王延安等人[9]利用MOEA/D算法求解不同饱和度下的交叉路口信号配时优化模型。张泰文等人[10]以饱和度、车道切换效益等指标为依据提出了逆向可变车道动态启停及交通信号优化控制方法。Zhou等人[11]建立了一个基于信号相序和饱和度约束的可变车道配时与车道控制优化模型。

综上,目前对逆向可变车道的研究忽视韦伯斯特延误计算等常规的交通指标计算模型不适用于流量过饱和状态这一问题,本文考虑不同饱和度下的延误与通行能力计算公式,建立双目标优化模型实现交叉路口效益最大化,结合NSGA-Ⅱ算法,求解逆向可变车道的设计参数,从而提高道路通行效率。

1 逆向可变车道的渠化方法及相序设计

1.1 逆向可变车道概念及设置条件
(1)逆向可变车道概念

逆向可变车道[12]旨在利用空闲时间内的中央分隔带左侧出口道,通过信号灯和诱导设施将原左转车道上的车辆引入至逆向可变车道,提高左转车流的通行能力,如图1南进口道中设置的逆向可变车道。

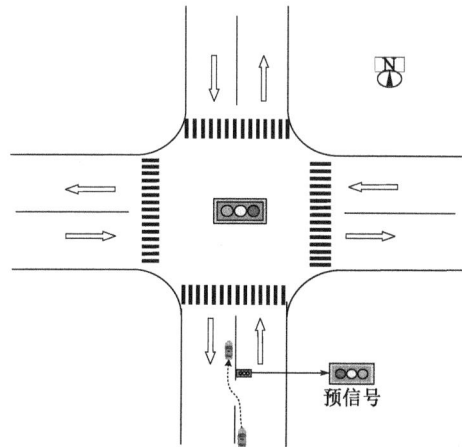

图1 逆向可变车道交叉路口示意图

(2)逆向可变车道设置条件

逆向可变车道的设置需要遵循以下条件:①进口道车道饱和度比较高,左转交通量明显较大;②进口道要有左转专用道且信号配时需要左转专用相位;③出口道车道数不能少于两条。

1.2 逆向可变车道参数设置

(1)逆向可变车道长度及开口设置

可变车道的长度既需要满足左转车辆的通行又需保证足够的长度和导流段实现安全驾驶,其长度应大于等于展宽段 L_s,最大长度不超过左转车辆高峰期内的排队长度。在确定长度后需要设置中央分隔带或者护栏隔离,开口长度不能太小,防止碰撞,实际应用中开口宽度一般取15m。

(2)逆向可变车道数量设置

逆向可变车道在一个交叉路口内的设置数量需综合考虑各进口道的数量以及左转流量。可变车道数量增大,能通过的左转车流量也会随之提高,但会带来一定风险,原因是其大小和同向直行车道数与相交方向上的右转车道数量有关。

1.3 逆向可变车道相位相序设计规则

如图1的交叉路口,假设采取的相序为常规按进口次序放行,如图2所示,即:东西左转(M1)、东西直行(M2)、南北左转(M3)、南北直行(M4)。相位设计如图3所示,在第二相位结束前预信号开启南进口道的左转车流进入逆向可变车道等待通行,图中的 t_s 为提前开启时长;同时为了避免左转车流与出口道车流产生冲突,需要提前关闭车道,提前关闭时长为 t_e。

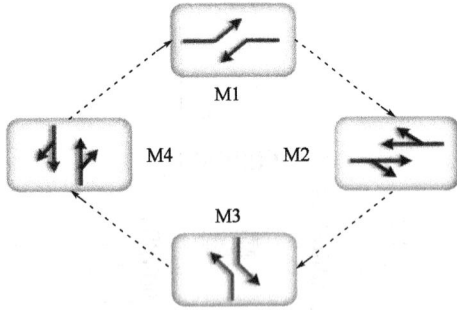

图2　设置逆向可变车道交叉路口信号相序图

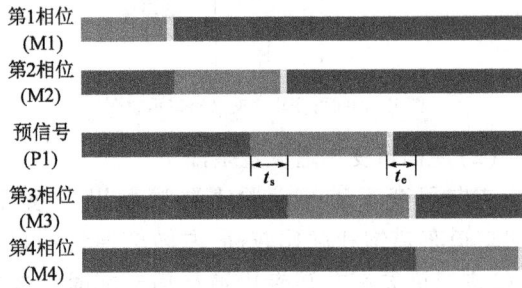

图3　逆向可变车道相位设计方案

2　逆向可变车道交叉路口设计参数优化模型

2.1　欠饱和状态下的常规车道相位延误与通行能力模型

欠饱和状态下的常规车道延误参考王力等[13]提出的模型,欠饱和状态下排队与通行能力之间的关系如图4所示,可以得到欠饱和状态下常规车道的延误计算公式,表达见式(1)。

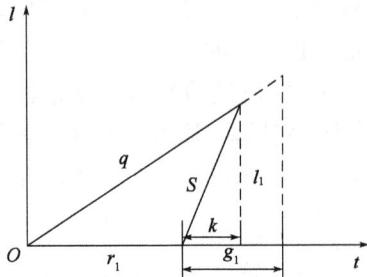

图4　欠饱和状态下排队-时间关系

$$d_i^U = \frac{1}{2}r_i l_i = \frac{1}{2}r_i Sk = \frac{1}{2}\frac{Sq_i r_i^2}{S-q_i} = \frac{1}{2}\frac{Sq_i}{S-q_i}g_{e(i+1)}^2 \quad (1)$$

式中: d_i^U ——未饱和状态下相位 i 的延误(s);
　　　 r_i ——相位 i 的红灯时长(s);
　　　 q_i ——相位 i 的实际到达交通量(pcu/h)。
则欠饱和状态下相位 i 的通行能力见式(2):

$$c_i^U = S\frac{y_i}{Y} = S\frac{q_i}{q_i+q_{i+1}}\left(1-\frac{L}{C}\right) \quad (2)$$

2.2　过饱和状态下的常规车道相位延误与通行能力模型

过饱和状态下的常规车道延误同样用时间和排队长度之间的表示如图5所示,则欠饱和状态下常规车道的延误计算公式见式(3):

$$d_i^O = \frac{1}{2}Cq_i C - \frac{1}{2}g_i Sg_i \quad (3)$$

式中: d_i^O ——过饱和状态下相位 i 的延误(s)。
过饱和状态下相位 i 的通行能力见式(4):

$$c_i^O = S\frac{q_i}{q_i+q_{i+1}} \quad (4)$$

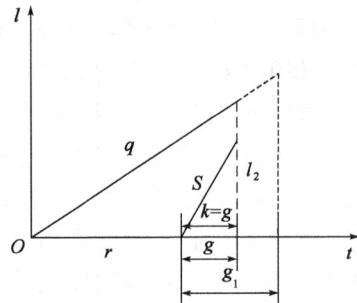

图5　过饱和状态下排队-时间关系

2.3　逆向可变车道延误模型

假设受控交叉路口中驶入车辆的到达服从泊松分布,则对设信号控制交叉路口中设置逆向可变车道后的延误进行分析。
第一辆驶入逆向可变车道的车辆延误表达见式(5):

$$d_{n1} = t_s - \frac{L_R}{v} \quad (5)$$

式中: t_s ——逆向可变车道的提前开放时长(s);
　　　 L_R ——逆向可变车道的长度(m);

$\bar{v}$——车辆行驶平均速度(m/s)。

最后 1 辆车驶入逆向可变车道时,前方排队的左转车辆在预信号控制下驶离车道,即车辆在进入受控车道时为自由流状态,此时的车辆延误视为 0。则逆向可变车道的平均延误见式(6):

$$d_n = \frac{1}{2}(d_{n1} + 0) = \frac{1}{2}d_{n1} \qquad (6)$$

2.4 逆向可变车道交叉路口左转车道通行能力模型

增设左转逆向可变车道以达到预期的常规左转车道功能,采用饱和流率法计算左转车道的通行能力。同时考虑到交叉路口左转车流消散的时空规律与常规车道不同,对公式(7)进行折减为式(8):

$$c_i = \frac{\alpha S g_{ei}}{C} \qquad (7)$$

$$c_i' = a\frac{S g_{ei}}{C} + b\frac{S(g_{ei} - t_e)}{C} \qquad (8)$$

式中:c_i——未设置逆向可变车道交叉口的左转通行能力(pcu/h);

c_i'——设置左转逆向可变车道后交叉口的通行能力(pcu/h);

a——原左转车道数量;

b——逆向可变车道的数量。

2.5 优化模型

(1)目标函数

为了提高整个信号交叉路口的综合效益,在考虑到饱和度的前提下使得通行能力达到最大延误降低至最小,建立优化模型目标函数表示见式(9)、式(10):

$$\max c = \sum_i c_i + c_i' \qquad (9)$$

$$\min D = \frac{\sum_A d_i q_i + d_n q_n}{\sum q_i} \qquad (10)$$

(2)主信号约束

为了保证车辆的合理通行,周期长度应介于合理的上下界,即:

$$C_{\min} \leq C \leq C_{\max} \qquad (11)$$

$$C = \sum g_{ei} + L \qquad (12)$$

为保证交通流的安全运行,车道组各相位的有效绿灯时间应大于等于最小有效绿灯时间,同时为了避免道路时空资源浪费设定其上限值,即:

$$g_{\min} \leq g_{ei} \leq g_{\max} \qquad (13)$$

$$g_{\min} = 7 + \frac{L_p}{v_p} - I \qquad (14)$$

式中:$g_{\min}$——最小有效绿灯时间(s);

$g_{\max}$——最大绿灯时长(s);

L_p——行人过街长度(m);

v_p——行人过街速度(m/s);

I——损失时长(s)。

(3)主信号约束

为了保证逆向可变车道的使用效率,预信号的有效绿灯时长要大于等于可变车道的清空时长,即:

$$g_e' \geq \frac{L_R}{v} \qquad (15)$$

式中:g_e'——预信号的有效绿灯时间(s)。

最短提前开始时间应满足左转相位开启时,第 1 辆进入逆向可变车道的车辆能够到达停止线并驶出车道,即:

$$\frac{L_R}{v} + \Delta t \leq t_s \leq g_{e2} + I - \frac{L_S + L_R}{v_{\min}} \qquad (16)$$

式中:Δt——车辆启动时间,取 2.3 s;

g_{e2}——第二相位的有效绿灯时间;

$v_{\min}$——车辆在交叉路口内行驶的最小速度(m/s);

L_S——车辆在交叉路口内部的行驶距离(m)。

逆向可变车道开口处的预信号绿灯需要主信号左转绿灯结束之前关闭,禁止车辆驶入可变车道,其大小主要取决于可变车道的长度和车辆行驶速度,即:

$$t_e = \frac{L_R}{v_{\min}} \qquad (17)$$

式中:t_e——预信号的提前关闭时长(s)。

(4)车道约束

可变车道的数量受制于同向的直行车道数量与相交方向上的右转车道数量,即:

$$b \leq b_1 - b_2 \qquad (18)$$

式中:b_1——同向直行车道数;

b_2——相交方向上右转车道的数量。

可变车道的长度不能过长或者过短,最小长度与信号周期内的到达车辆数有关,同时应小于允许的最大长度限制,即:

$$\frac{q_L h_1 u}{aw} \leq L_R \leq L_{\max} \qquad (19)$$

式中:q_L——左转交通量(pcu/h);

h_1——左转车辆的车头间距(m)；

u——1 个周期内左转车流的不均匀系数，一般取 1.5~2.0；

w——1h 内交叉口的周期数；

L_{max}——逆向可变车道的最大长度(m)。

2.6 模型求解

本文采用 NSGA-Ⅱ算法模型求解双目标优化模型。NSGA-Ⅱ算法引入快速非支配排序和拥挤度计算，降低了计算复杂度，所得 pareto 最优解分布均匀，具有较好的收敛性和鲁棒性。算法的求解步骤如下(图6)：

Step1 参数设置，设种群规模为 N，当前进化代数为 t，最大进化代数为 T，编码方式为实数编码。

Step2 初始化种群 P_0，$t=0$，随机产生初始种群。

Step3 选择，通过锦标赛法从 P_t 中选择 N 个个体，依据个体之间的非支配等级和拥挤距离进行选择操作，并对选中个体执行交叉与变异，生成新的种群 Q_t 与 P_t 合并为 R_t。

Step4 对 R_t 进行分类，通过排除和精英选择策略对 R_t 进行环境选择来维持种群的规模为 N，生成下一代种群 P_{t+1}。

Step5 判断结果是否满足种群结束条件 T，若 $t<T$，则 $t=t+1$，返回并执行 Step3；否则输出 P_{t+1} 中的非支配个体。

图6 NSGA-Ⅱ算法计算流程

3 实例分析

3.1 方案计算

选取典型交叉路口并在东进口道设置逆向可变车道如图7所示，设置高流量和低流量两种不同需求下的下的交通方案见表1。采用 Webster 法计算周期时长，配时方案见表2所示。S 为 1800pcu/h，$\bar{v}$ 为 12.5m/s，v_{min} 为 9m/s，h_s 取 2.1m，L_s 为 40m。对于优化方案根据本文提出的 NSGA-Ⅱ算法进行求解，设置初始种群规模为100，交叉概率0.9，最大遗传代数为200，变异概率0.1。优化后的配时方案见表2，对应的车道长度分别为50m、75m，提前开启时间为 7s、10s，清空时间为 4s、6s。

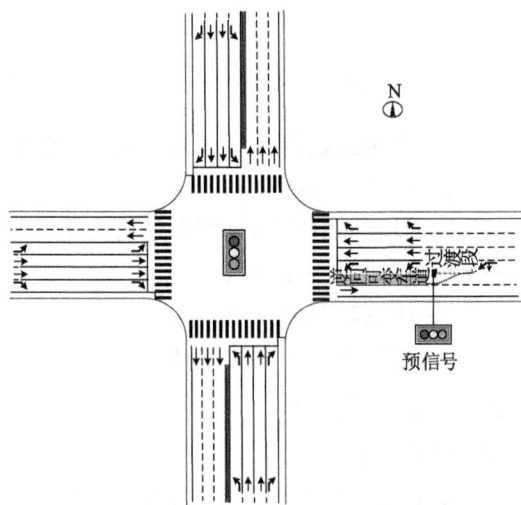

图7 交叉路口逆向可变车道组织设计图

两种状态下下的流量方案　　表1

进口道	相位方向	低流量 (pcu·h⁻¹)	高流量 (pcu·h⁻¹)
东进口	直行	640	700
	左转	360	500
西进口	直行	640	880
	左转	320	420
南进口	直行	640	880
	左转	320	420
北进口	直行	640	880
	左转	320	420

优化前后信号配时方案对比 表2

配时方案	各相位有效绿灯时间(s)				周期(s)
	相位1(s)	相位2(s)	相位3(s)	相位4(s)	
原方案	21	19	19	19	90
低流量	26	19	33	17	107
高流量	30	42	22	23	129

3.2 结果分析

基于提出的优化方案,采用 VISSIM4.3 进行仿真验证,仿真时间为3600s。选取平均延误、停车次数和排队长度为评价指标。对比优化前后指标大小如图8~图10所示。

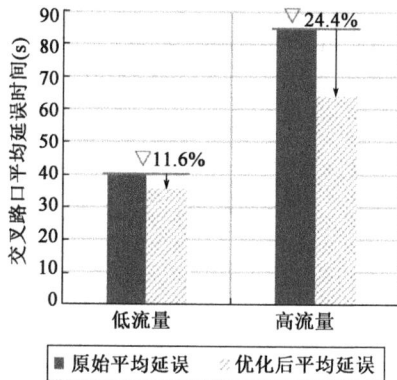

图8 交叉路口平均延误

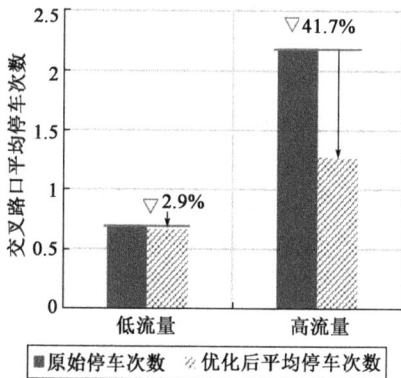

图9 交叉路口平均停车次数

图10 交叉路口平均排队长度

优化前后的交叉路口平均延误、停车次数以及排队长度均有所下降,在低流量和高流量两种情况下,平均延误分别降低11.6%、24.4%,停车次数降低2.9%、41.7%,排队长度降低10.2%、17.0%。即流量过饱和状态下各项指标的优化效果更为明显,由此可见本文提出的优化模型有效,且逆向可变车道的设置在流量过饱和状态下效果更为明显。

4 结语

本文提出设置逆向可变车道缓解交通压力,考虑到以往研究中传统交通指标计算忽略了饱和度的影响,本文建立过饱和与欠饱和两种条件下的延误与通行能力模型,以延误最小与通行能力最大为目标建立优化模型,同时求解可变车道设置的信号配时参数与几何设计参数,对现有研究中逆向可变车道信号配时研究进行补充,并通过NSGA-Ⅱ算法进行求解,为逆向可变车道的设计提供综合的理论支撑。

为验证模型有效性本文设计了高流量和低流量两种流量方案,利用 VISSIM4.3 对优化方案进行仿真验证,结果表明优化模型求解所得逆向可变车道参数可以降低交叉路口的平均延误、停车次数和排队长度,且在流量过饱和状态下优化效果更为明显。

在实际的逆向可变车道交叉路口中,车辆的到达是随机的,左转车辆需要进行换道决策,带来不必要的启停急速,尚需考虑车辆安全等因素,未来研究可以以此着手点进行深入研究。

参考文献

[1] YANG Z, LIU P, CHEN Y, et al. Can left-turn waiting areas improve the capacity of left-turn lanes at signalized intersections? [J]. Procedia-Social and Behavioral Sciences, 2012, 43: 192-200.

[2] BAI Q, GAO Z, QU Z, et al. Modeling for left-lane line extensions at signalized intersections with permitted left-turning phase [J]. Journal of transportation engineering, Part A: Systems, 2020, 146(8): 04020079.

[3] AMPOUNTOLAS K, DOS S J A, CARLSON R C. Motorway tidal flow lane control[J]. IEEE Transactions on Intelligent Transportation

Systems,2019,21(4):1687-1696.

[4] 刘伟,谢忠金,陈科全.基于NSGA-Ⅱ算法的逆向可变车道信号配时优化[J].重庆交通大学学报(自然科学版),2018,37(6).

[5] 白家安,张存保,曹雨.逆向可变车道开口位置动态调整及信号配时优化方法研究[J].武汉理工大学学报(交通科学与工程版),2023,47(5):781-787.

[6] 张琦晖.道路交叉口移位同步左转车道几何设计与信号控制优化研究[D].重庆:重庆交通大学,2022.

[7] ZHAO J,YU J,ZHOU X. Saturation flow models of exit lanes for left-turn intersections[J]. Journal of transportation engineering, 2019, 145(3):04018090.

[8] 陈秀锋,聂蕊蕊,吴阅晨,等.基于熵值法的左转可逆交叉口配时优化方法[J].科学技术与工程,2021,21(34):14836-14842.

[9] 王延安,李艾,闻川.左转过饱和考虑相位均衡的信号配时优化研究[J].综合运输,2022,44(7):154-160.

[10] 张泰文,张存保,周斌,等.逆向可变车道动态切换及信号控制优化方法[J].交通信息与安全,2020,38(5):59-66.

[11] ZHOU H, DING J, QIN X. Optimization of variable approach lane use at isolated signalized intersections [J]. Transportation research record: journal of the transportation research board, 2016, 2556(1):65-74.

[12] 洪家乐,曲大义,贾彦峰,等.道路交叉口左转逆向可变车道设计研究[J].青岛理工大学学报,2020,41(3):114-120.

[13] 王力,张立立,李敏,等.考虑延误与通行能力的交叉口信号周期优化[J].重庆交通大学学报(自然科学版),2018,37(4):72-80.

考虑空气污染水平的分级交通管控方法

谢文艺[*1] 马莹莹[1] 谢沅琪[2]
(1.华南理工大学土木与交通学院;2.广汽研究院)

摘 要 在中国许多城市的核心区域,汽车交通需求高,交通效率较低,交通拥堵的同时也带来了严重的空气污染。本文以交通需求密集、货车通行量较大的某城市核心区域为例,分析了信号优化、货车禁行、单双号限行措施的影响,提出了一种基于空气污染水平的层次化交通管控策略,该策略通过划分不同污染状态等级,为不同等级实施相应的交通管控方案,从而提高区域交通运行效率并改善空气质量。经仿真验证,随着管控方案等级升级,整体区域车均停车延误和车均延误指标均呈逐步改善趋势、尾气排放量减少比例不断增加,分级管控方案能够有效提升区域交通运行效率,从而降低尾气排放。

关键词 交通管控 交通拥堵 空气污染

0 引言

随着城市化进程的迅速推进,空气污染成为重要的社会问题之一。造成空气污染的主要原因是矿物燃料燃烧的排放[1],如燃煤采暖[2]、工业生产高温烟尘排放[3]、机动车尾气排放[4]等。其中,道路交通系统便是空气污染的主要来源之一[5]。交通拥堵下,机动车需要频繁启停,从而造成污染物排放增加[6]。因此,采取相应的交通管控手段显得尤为必要。由于基础设施的改变需要较高成本,除了道路本身的改变以外,缓解交通拥堵的管控措施可以通过分离、疏导及节源实现[7]。

在分离、疏导的交通管控原则下,交通信号配时优化是改善城市交通拥堵、减少交通延误的有效方法。交通信号优化得到了诸多研究及应用,优化范围也逐渐从单交叉口发展到干道、区域。随着人工智能的发展,遗传算法[11]、粒子群算法[12]、深度Q网络[13]等方法基础上的控制策略被广泛应用到交叉口信号优化研究中。对于城市区域而言,单交叉口信号优化的效果有限,干道、区域优化逐渐得到研究及应用。在干道级信号优化上，常采用协调联动控制、相位相序优化等方法来实现。例如，有学者基于人工蜂群算法[14]、环形障碍图[15]、多智能体强化学习[16]等优化干线协调模型，提高干线交通效率。在区域级信号优化上，各种数据融合、算法优化方法提高了区域信号控制的效果。徐震辉等[17]融合传统交通监测数据和互联网数据，识别交通态势并动态生成与实际交通态势相适应的控制方案。Qin等[18]通过混沌算法和智能体交互协同控制技术，建立了基于混沌粒子群优化算法的区域交通信号控制方法。Lu等[19]基于网络的定向性和非对称性实际协调控制需求，提出了协调路径集的区域绿波协调控制优化模型。

在节源的交通管控原则下，货车禁行及单双号限行策略近年来被熟知并应用。通过GPS、卡口、土地利用等各类数据进行建模及分析，货车禁行策略可以有效减少运行所带来的拥堵、延误等，缓解道路交通压力[20,21]。机动车限行政策通过降低流量来改善交通拥堵和较低尾气排放，在我国北京、天津、上海、杭州、成都、西安等城市相继实施。有学者对单双号限行政策进行了成效分析，验证西安、北京单双号限行政策能够有效缓解交通拥堵[22]、降低污染物排放[23]。

综上所述，交通管控中信号优化、货车禁行以及单双号限行措施在城市交通领域得到了广泛研究及应用。本文将基于实际调查数据及交通仿真，对以上3种交通管控方法在缓解交通拥堵、减轻空气污染方面的效用进行分析和评估，并基于评估结果提出考虑空气污染水平的分级交通管控方法，为城市交通可持续发展提供参考。

1 交通管控措施对交通拥堵及空气污染影响评估

为分析上述各种交通管控措施对交通拥堵及空气污染的影响，本文选取某城市核心区域作为研究对象，通过实地调研获取实际道路及交通运行数据，并基于VISSIM交通仿真软件，实施上文中的交通管控措施，通过仿真分析来评估各措施的效用。

研究区域如图1所示。交叉口1、2间距约400m，除交叉口6、7外均为十字交叉口，除交叉口6外均为信号控制交叉口。经实地调研，高峰时段研究区域道路交通量较大，交通运行指标和尾气

排放指标不佳。同时，早晚高峰时段经常有货车通行，加剧交通拥堵，尾气污染大气，影响研究区域的环境质量。

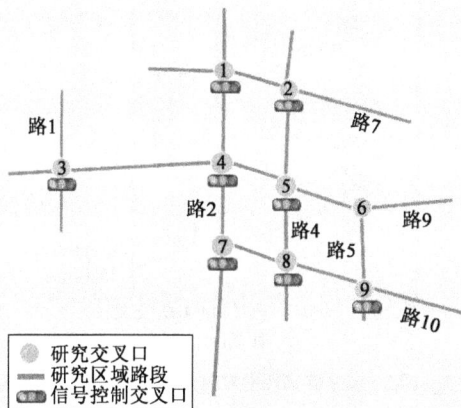

图1 研究区域范围示意图

1.1 交通信号优化措施影响评估

由于单点信号优化对交通拥堵的作用有限，面向路网时通常使用干道信号优化及区域信号优化。干道信号优化通过干道协调控制方式实现道路交通拥堵的缓解，主要有3个步骤：计算线控系统的公用周期时长、计算线控系统中各交叉口的绿灯时间、计算相位差[24]。本文结合实地调研情况，对路2和路9实施干道信号协调。

区域信号控制面向交叉路口群，对城市区域道路交通中所有交叉路口信号进行统一管理。基于Synchro交通软件辅助生成区域协调控制方案，本文采用TRANSYT控制系统进行交通仿真建模和信号配时方案优化计算。以晚高峰为例，生成的区域信号方案中晚高峰各交叉口信号周期见表1。

区域优化方案下交叉口信号周期　　表1

交叉口	周期时长（s）
1	100
2	120
3	80
4	100
5	100
7	100
8	100
9	50

（1）干道信号优化

以路9晚高峰时段为例，计算干道上各交叉口信号配时，进而对路9中各交叉口东西直行方向信号进行协调。路9各交叉口晚高峰东西方向时间-距离图如图2所示。

图 2　路 9 晚高峰主方向信号设置示意图

时段实施干道信号协调。选取车均停车延误和车均延误作为交通运行评价指标,CO、NO_x 以及 VOC 排放作为空气污染评价指标进行分析。优化效果如图 3 所示,实施干道信号优化后,交通延误及空气污染均降低。

(2)区域信号优化

对研究区域实施区域信号优化,优化前后交通运行指标、空气污染指标改善情况如图 4 所示。

经过区域信号优化,早晚高峰时段的交通运行指标明显好于未优化前。晚高峰时段各指标平均改善程度为 47.04%,尾气排放改善程度为 17.37%。早高峰时段交通运行平均改善程度为 25.33%,尾气排放改善程度为 12.29%。区域优化效果明显,优于干道协调。

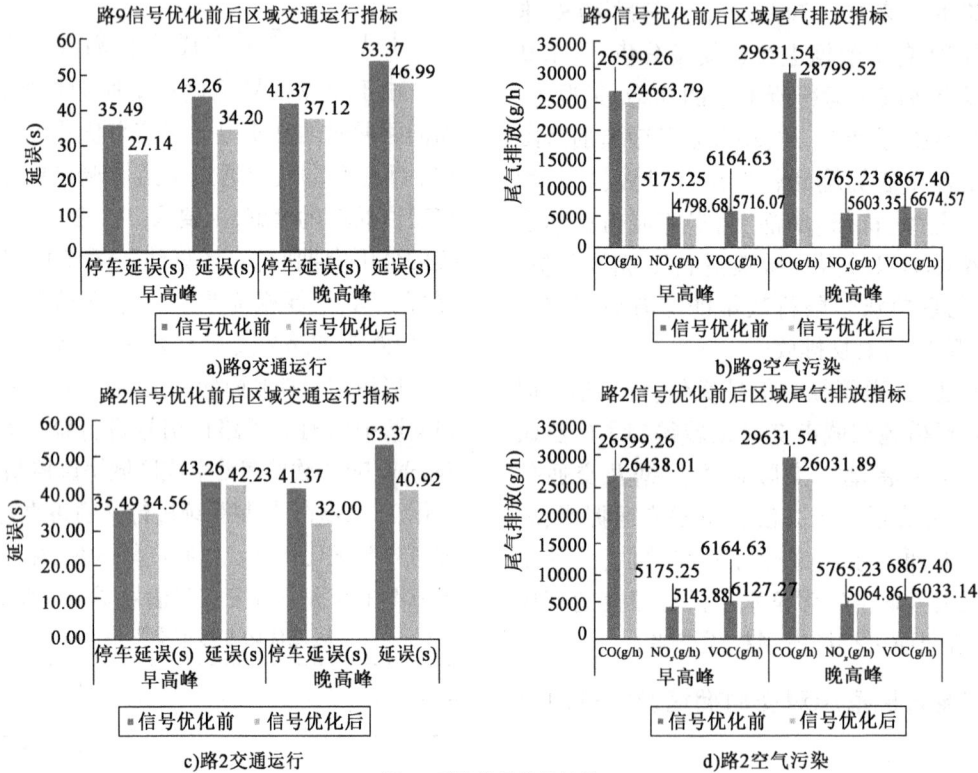

按照前文步骤,分别对路 2、路 9 在早、晚高峰

a)路9交通运行

b)路9空气污染

c)路2交通运行

d)路2空气污染

图 3　干道信号优化效果

a)交通运行指标

b)空气污染指标

图 4　区域信号优化效果

1.2 货车禁行措施影响评估

货车在各车型中的尾气排放贡献高,为避免其影响大气污染,在区域实施货车高峰时段(7:30—9:30、16:30—18:30)限行。禁货前后的指标改善情况如图5所示。

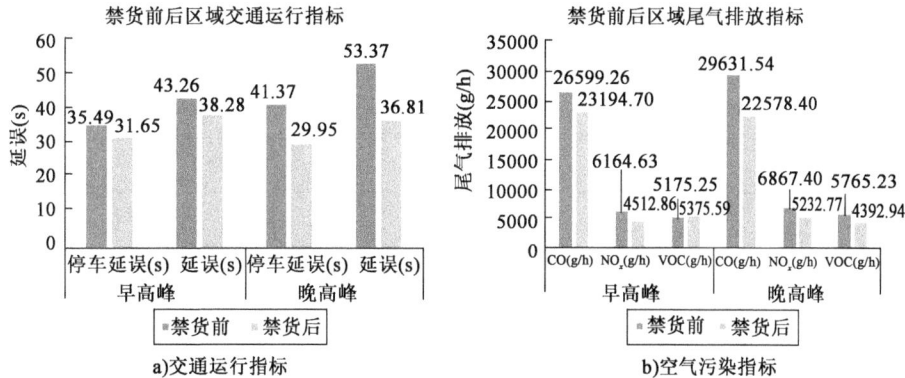

a)交通运行指标

b)空气污染指标

图5 货车禁行措施优化效果

禁货后,早晚高峰交通运行指标均低于禁货前。晚高峰各指标改善幅度超过25%,平均为33.02%,尾气排放改善23.80%。早高峰交通运行平均改善程度为6.33%,尾气排放改善12.80%。结果显示禁货后交通状况更佳,尤其晚高峰明显改善。

1.3 单双号限行措施影响评估

对研究区域实施单双号限行,仿真得出实施前后各指标改善情况,如图6所示。

单双号限行后,早晚高峰时段的交通运行指标低于限行前。晚高峰各指标改善幅度均超过35%,平均为38.57%,尾气排放改善23.80%。早

高峰交通运行平均改善程度为15.99%,尾气排放改善32.82%。结果显示单双号限行后的交通运行更优,尤其在晚高峰时段改善效果显著。

由表2可知,3种交通管控方式均在交通运行和尾气排放上有改善效果。对于空气质量的改善程度而言,单双号限行效果显著,禁货次之。然而,禁货和单双号限行会影响出行,不适宜长期实施。因此,本文提出一种考虑空气污染水平的分级交通管控方法,以根据实际空气质量情况实行相应策略,禁货及单双号限行策略仅在空气污染达到一定程度后实施。

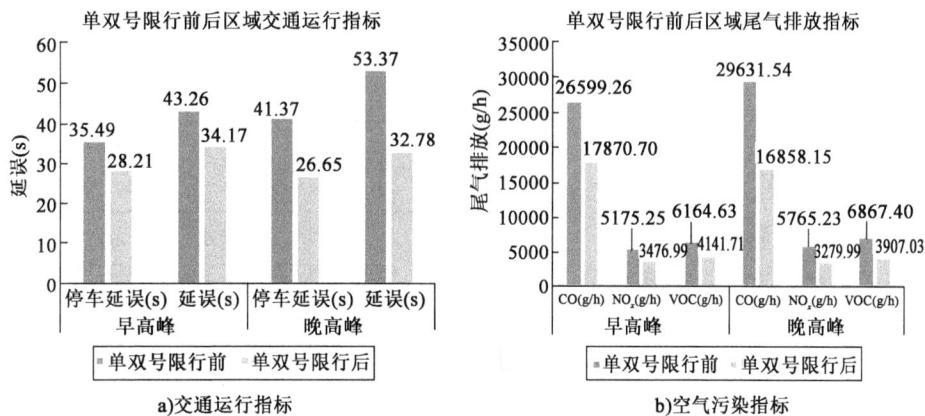

a)交通运行指标

b)空气污染指标

图6 单双号限行措施优化效果

各管控措施下交通运行及尾气排放指标值   表2

指标	现状	信号优化	禁货	单双号
早高峰				
停车延误(s)	35.488	21.783	31.649	28.209
延误(s)	43.258	29.119	38.277	34.173

续上表

指标	现状	信号优化	禁货	单双号
CO(g/h)	26599.26	23329.33	23194.7	17870.7
NO$_x$(g/h)	5175.25	4539.045	4512.855	3476.99
VOC(g/h)	6164.625	5406.8	5375.59	4141.705
指标	现状	信号优化	禁货	单双号
晚高峰				
停车延误(s)	41.37	23.633	29.953	26.653
延误(s)	53.373	31.995	36.807	32.777
CO(g/h)	29631.54	24484.21	22578.4	16858.15
NO$_x$(g/h)	5765.225	4763.73	5232.765	3279.985
VOC(g/h)	6867.395	5674.455	4392.94	3907.03

2 基于空气污染水平的分级交通管控方法

根据实施效果及策略的管控强度,本文提出了一种考虑空气污染水平的分级交通管控方法,旨在针对不同程度的污染实施层层递进的管控,以改善交通运行、降低空气污染。方法示意图如图7所示。

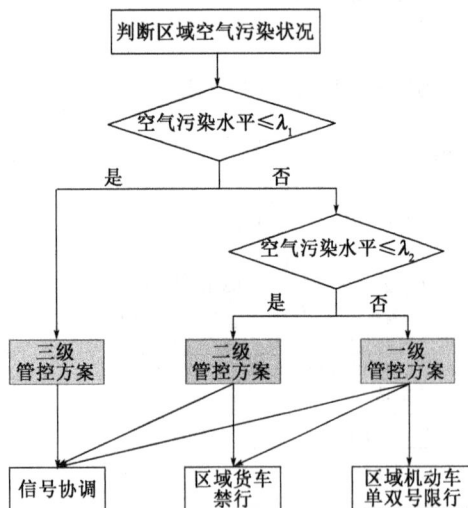

图7 分级交通管控方法示意图

以 λ_1、λ_2 作为空气污染从轻度-中度、中度-重度的阈值,当空气污染水平不超过 λ_1 时,采用三级管控,即信号协调;当空气污染水平在 λ_1 和 λ_2 之间时,处于中度污染状态,采用二级管控,即实施信号协调和区域货车禁行;当空气污染水平超过 λ_2,此时已达重度污染状态,采用以及管控,即实施信号协调、区域货车限行和区域机动车单双号限行。

3 分级交通管控方案评估

本文使用 VISSIM 软件进行仿真建模和分析,对各级交通管控方案进行了交通运行和尾气排放评价。基于实际情况以及对干道和区域信号优化效果的对比,此处选用区域信号优化作为三级管控方案。实施方案后的改善程度百分比和具体指标值如图8、图9、表3、表4所示。

优化区域分级管控方案实施后交通运行指标情况对比

表3

优化区域交通运行指标		车均停车延误(s)	车均延误(s)
早高峰	三级管控	21.783	29.119
	二级管控	21.11	27.748
	一级管控	18.763	24.059
晚高峰	三级管控	23.633	31.995
	二级管控	20.581	26.244
	一级管控	18.9	23.659

根据图8、表3可知,随着管控方案等级上升,整体区域车均停车延误和车均延误指标改善程度不断提高,说明分级管控方案可以有效提高区域交通运行效率。

分级管控方案实施后交通运行指标改善程度对比

图8 优化区域范围分级管控方案实施后交通运行指标改善程度对比

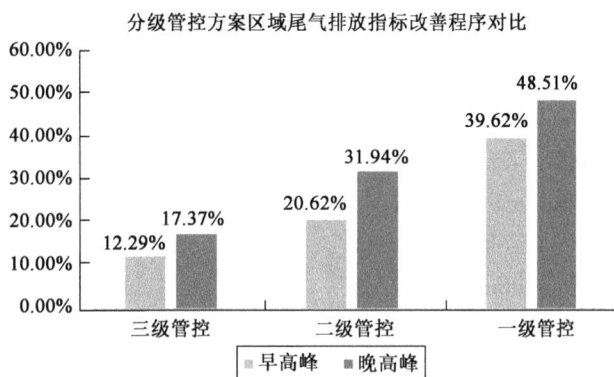

分级管控方案区域尾气排放指标改善程序对比

图9 优化区域范围分级管控方案实施后尾气排放指标改善程度对比

优化区域分级管控方案实施后尾气排放指标情况对比

表4

优化区域尾气排放指标		CO (g/h)	NO$_x$ (g/h)	VOC (g/h)
早高峰	三级管控	23329	4539	5406
	二级管控	21115	4108	4893
	一级管控	16059	3124	3721
晚高峰	三级管控	24484	4763	5674
	二级管控	20167	3923	4674
	一级管控	15256	2968	3535

根据以上图9、表4可知,随着管控方案等级,整体区域的尾气排放量减少比例不断增加,说明分级管控方案可以满足优化区域内不同空气污染状态等级的交通管控需求,有效提高区域交通运行效率,改善区域空气质量。

4 结语

本文以某城市核心区域为例,对信号优化、货车禁行、单双号限行的影响进行了分析及评估,发现3种交通管控方式均对交通运行、尾气排放有改善效果,且3种措施下空气污染改善程度逐步提高。基于3种方式的改善程度和管控力度,本文提出了一种考虑空气污染水平的分级交通管控方案。适用于交通拥堵、货车通行量大、空气污染明显且空气污染水平变化较大的小城市区域。为尽量避免影响居民出行,单双号限行措施仅在必要时执行。利用监控视频或现场调查视频统计得到的交通流数据,结合交通仿真方法对此控制策略进行了验证,管控效果层层递进,可满足不同空气污染程度下的交通管控需求。

参考文献

[1] 丁一汇,李巧萍,柳艳菊,等.空气污染与气候变化[J].气象,2009,35(3):3-14,129.

[2] 吴舒祺,顾杨旸,张天岳,等.中国三大城市群PM_(2.5)浓度非线性变化分析[J].环境科学:1-18.

[3] 陈明星,王新亚,张威,等.纤维基耐高温空气过滤材料研究进展[J].化工进展,2023,42

(5):2439-2453.

[4] 臧海祥,傅雨婷,陈铭,等.基于改进自适应遗传算法的 EV 充电站动态规划[J].电力自动化设备,2020,40(1):163-70.

[5] 李传耀,张帆,王涛,等.基于深度强化学习的道路交叉口生态驾驶策略研究[J].交通运输系统工程与信息:1-16.

[6] 袁韵,徐戈,陈晓红,等.城市交通拥堵与空气污染的交互影响机制研究——基于滴滴出行的大数据分析[J].管理科学学报,2020,23(2):54-73.

[7] 卢顺达.交通管控条件下拥堵交通网络流分配模型及算法[D].南京:东南大学,2015.

[8] GALLIVAN S, HEYDECKER B. Optimising the control performance of traffic signals at a single junction [J]. Transportation research part b: methodological, 1988, 22(5): 357-70.

[9] SILCOCK J P. Designing signal-controlled junctions for group-based operation [J]. Transportation research part a policy and practice, 1997, 31(2): 157-73.

[10] WONG S C. Group-based optimisation of signal timings using the TRANSYT traffic model [J]. Transportation research part b methodological, 1996, 30(3): 217-44.

[11] ZHANG H, YUAN H, CHEN Y, et al. Traffic light optimization based on modified webster function [J]. Journal of advanced transportation, 2021, 2021.

[12] SHI Y, QI Y, LV L, et al. A particle swarm optimisation with linearly decreasing weight for real-time traffic signal control [J]. Machines, 2021, 9(11).

[13] HASSAN M A, ELHADEF M, KHAN M U G. Collaborative Traffic Signal Xnutomation Using Deep Q-Learning [J]. IEEE access, 2023, 11: 136015-32.

[14] HE R, ZHAO H, YE Z, et al. Time optimization of urban arterial coordinated control based on multidimensional neighbourhood artificial bee colony algorithm [J]. Transportation planning and technology, 2024, 47(1): 113-45.

[15] ZHENG L, FENG M, YANG X, et al. Stochastic simulation-based optimization method for arterial traffic signal coordination with equity and efficiency consideration [J]. Iet intelligent transport systems, 2023, 17(2): 373-385.

[16] ZHANG W, YAN C, LI X, et al. Distributed Signal Control of Arterial Corridors Using Multi-Agent Deep Reinforcement Learning [J]. IEEE Transactions on intelligent transportation systems, 2023, 24(1): 178-190.

[17] 徐震辉,邵庆,应东辉,等.融合多源数据的区域动态协调信号控制[J].浙江工业大学学报,2021,49(4):409-15.

[18] QIN H, ZHANG W, ZHAI H. Cooperative control of multiple intersections combining agent and chaotic particle swarm optimization [J]. Computers & electrical engineering, 2023, 110.

[19] LU K, TIAN X, JIANG S, et al. Optimization model of regional green wave coordination control for the coordinated path set [J]. IEEE transactions on intelligent transportation systems, 2023, 24(7): 7000-11.

[20] 陈小鸿,刘涵,杨志伟.重型货运交通需求模型与应用研究[J].交通与港航,2023,10(3):9-16.

[21] 丰富,郑猛,曾浩,等.基于多源大数据的武汉市货车模型研究[J].交通与港航,2023,10(3):34-44.

[22] 王振振,雍岚,党成杰.机动车限行政策对缓解交通拥堵的成效分析——来自西安市2016—2019 年实证探索[J].北京理工大学学报(社会科学版),2021,23(1):79-88.

[23] 王凌慧,曾凡刚,向伟玲,等.空气重污染应急措施对北京市 PM_(2.5)的削减效果评估[J].中国环境科学,2015,35(08):2546-53.

[24] 徐建闽.交通管理与控制[M].北京:人民交通出版社,2007.

基于不同场景下的内电分置式动力集中动车组动力转换策略研究与应用

徐朝林* 杨曦亮

(中车大连机车车辆有限公司机车开发部)

摘　要　本文针对内电分置式动力集中动车组设计了一种动力转换控制策略,从控制策略介绍、动力转换条件、模式应用场景和动力转换应用场景等方面进行详细说明,并通过在高原双源动车组上的实际运用效果验证该控制方法的实用性。

关键词　动力转换　内电分置式动力集中动车组　平稳切换　内燃列供强投

0　引言

拉林、拉日铁路是川藏铁路和青藏铁路的重要组成部分,随着拉林、拉日线贯通,运营线路中同时存在电气化和非电气化线路,动车组需在电气化和非电气化线路都能实现牵引运用,因此需研制高原型内电分置式动力集中动车组,线路运行中,非电气化区段或特定线路选择内燃模式,电气化区段选用电力模式。在这种背景下,急需一种动力源转换控制方法,来实现内燃动力车、电力动力车之间动力源平稳快速切换。目前相关控制方法中,重联机车之间可以通过硬线重联或绞线式列车总线(WTB 总线)来实现两节内燃机车或者两节电力机车这种相同动力源机车之间的互控,也可以实现单节混合动力机车本身动力模式、动力源的转换。由于内燃动力车和电力动力车操作方式和控制方式存在差异,以上两种控制方法均无法实现内燃和电力两节动力车之间的互控。本文提出了一种内电分置式动力集中动车组的动力转换控制方法,实现了内燃动力车和电力动力车动力源的快速平稳切换。

1　内电分置式动力集中动车组动力转换控制策略介绍

该控制方法以内电分置式动力集中动车组"内燃动力车 + 拖车 + 电力动力车"的编组型式进行详细说明。

为了实现动车组内燃动力车、电力动力车的动力快速平稳切换,内燃、电力两个操纵端均设置一个"内电模式"转换开关,该转换开关设有"电力""内燃""0"三个位置,微机控制系统通过判定主控端"内电模式"转换开关位置识别动力源。当判定当前为内燃模式时,内燃动力车进行励磁发电,发挥牵引力并输出 DC 600 V 列车供电,此时电力动力车无牵引力输出且处于高压系统禁止状态,但控制系统处于工作状态并实时监测自身运行状态;当判定当前为电力模式时,电力动力车发挥牵引力和输出 DC 600 V 列车供电,内燃动力车处于冷备状态,但控制系统处于工作状态并实时监测自身运行状态。同时在动车组换端过程中需将"内电模式"转换开关打到"0"位,避免换端前后动力模式冲突,在非换端情况下,通过"0"位模式实现动车组整列高压封锁。

动车组采用整列列车供电(列供)贯穿,同一时刻只能由一种动力源进行列车供电,在动力源切换过程中微机控制系统通过对列供贯穿回路接触器状态、WTB 总线发送的他车列供状态、列供回路电压状态的判定,实现列供安全、平稳投入和切换。在电力模式下,电力动力车列供出现故障时,如果将动车组转换到内燃动力模式,动力模式切换过程会造成牵引力损失,为避免这种情况发生,可以继续使用电力动力车提供牵引动力,通过显示屏设置激活内燃列供强投功能,由内燃动力车起机发电提供整列列车供电,同时保持牵引封锁状态,此过程不会造成动车组降速,实现电力牵引 + 内燃列供的组合方式。

通过以上方式实现了内燃、电力动力源的快速切换,提高了动车组的可靠性,满足了内燃、电力混编线路的匹配运用需求。

2 内电分置式动力集中动车组动力转换控制策略应用场景

微机控制系统通过采集"内电模式"转换开关的两个 DI 反馈信号(模式切换1、模式切换2)及动车组运行状态进行相应判定,同时主控端微机控制系统将判定的动力源状态通过 WTB 总线发给从控车,从控车根据收到的动力源状态进行相应的逻辑处理,实现动车组内燃、电力动力源的快速、平稳、安全切换。"内电模式"转换开关反馈信号与当前模式的对应关系如表1所示。

模式转换开关真值表 表1

名称	线号名称状态		模式真值
	模式切换1	模式切换2	
模式转换开关	"0"位	"0"位	无效,保持原模式
	"1"位	"1"位	0位模式
	"1"位	"0"位	电力模式
	"0"位	"1"位	内燃模式

动车组在如下运用场景需要进行内电模式转换操作:

(1)由于运行区段的变化,动车组站内换端操作,进行动力源转换;

(2)动车组在电力模式下,电力动力车出现牵引系统或列供系统故障,此时需要由电力模式转换为内燃模式,实现动力源快速切换,保证动车组正常运行。

2.1 动车组内电模式转换条件与转换时间

动车组进行内电转换的控制需要满足如下条件:

(1)操纵端占用(电钥匙占用)。

(2)非零速时(速度≥0.8km/h),电力模式向内燃模式转换需要降受电弓,内燃模式向电力模式转换需要断开机控开关,以确保内燃动力车无法加载。

(3)动车组零速时(速度≤0.3km/h),电力模式向内燃模式转换可以不考虑受电弓的状态,内燃模式向电力模式转换可以不考虑机控的状态。

详细的转换逻辑如图1所示。

在转换条件满足时,以内燃模式向电力模式转换为例,总计转换时间包括网络通传输时间(内燃动力车 CCU 控制周期 32ms + WTB 总线传送周期 50ms + 电力动力车 CCU 控制周期 32ms)、设备

动作执行时间内燃动力车断开主发励磁放电 15s 以内、电力动力车升弓 10s 以内、闭合主断路器 1s 以内,整个转换环节总计不超过 30s,实现了两种动力源快速平稳转换。

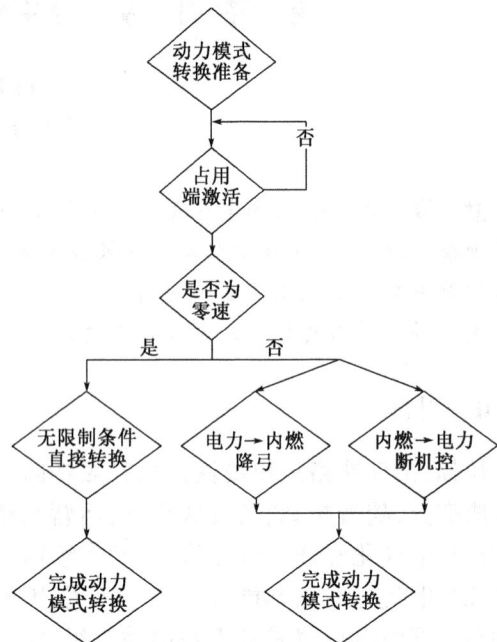

图1 动力源转换流程图

2.2 动车组各个模式应用场景

动车组在内燃、电力混编线路运行情况下,以内燃动力车为操纵端为例进行说明:

(1)内燃模式:当微机控制系统检测到远程输入输出单元(RIOM)信号反馈,模式切换 1 = 0,模式切换 2 = 1 时,判定此时为内燃模式,内燃动力车柴油机起机并进行励磁发电,提供列供和整列动车组牵引力,内燃动力车微机控制系统通过 WTB 总线将内燃模式状态发送给电力动力车,电力动力车执行断开主断路器、降弓操作。两节动力车的微机控制系统将当前模式发送给显示屏,两节动力车显示屏显示内容一致,均显示柴油机转速、高温水温度、牵引制动力等信息。

(2)电力模式:当微机控制系统检测到 RIOM 信号反馈,模式切换 1 = 1,模式切换 2 = 0 时,判定此时为电力模式,内燃动力车可以按需起机发电,微机控制系统控制内燃动力车保持牵引封锁、列供封锁状态。内燃动力车通过 WTB 总线将电力模式发送给从控节电力动力车,电力动力车微机控制系统控制升弓、闭合主断路器,电力动力车提供列供和整列动车组牵引力。两节动力车的微机

控制系统将当前模式发送给显示屏,两节动力车显示屏显示内燃一致,均显示网压、原边电流、牵引电制动力等信息。

(3)"0"位模式:当微机控制系统检测到RIOM信号反馈,模式切换1=1,模式切换2=1时,判定此时为"0"位模式,在"0"位模式动车组全列牵引封锁,电力动力车受电弓降弓、内燃动力车励磁系统禁止,整列高压禁止。

在换端过程中,微机控制系统收到换端指令后将提示司机将"内电模式"转换开关置于"0"位,否则将报出提示信息,并在另一端司机室钥匙激活后,提示司机将"内电模式"转换开关由"0"位转换到所需的"内燃"位或"电力"位,这样保证换端前后,电力动力车高压系统、内燃动力车柴油机及励磁系统正常工作,保证列供系统对拖车的持续供电,避免在换端过程中因"内电模式"转换开关位置不一致导致换端失败的情况发生。

(4)无效模式:当微机控制系统检测到RIOM信号反馈,模式切换1=0,模式切换2=0时,判定此时为无效模式,这种情况只有在线路反馈故障时才会出现,在这种情况下微机控制系统将保持上一个动力源状态不变。

2.3 动车组模式转换应用场景

(1)列供动力源转换。

既有内燃动车组或电力动车组在短编组运行时由单节动力车供整列列供,如果采用长编组或短编组重联情况下,两端动车组分别供一路列供,出现故障时拖车进行加载工作。而双源分置式动车组采用整列列供贯穿,是由单节动力车供整列列供。以"电力"模式向"内燃"模式转换为例说明列供动力源转换过程:电力模式下,内燃动力车保持列供封锁状态,进行电力向内燃转换操作,电力动力车降弓,断开主断路器后,当电力动力车微机控制系统检测到电力端列供输出电压小于设定值,断开电力端列供输出接触器,并通过WTB总线将此状态发送到内燃动力车,内燃动力车检测到电力动力车列供输出接触器断开,且列供供电电压小于设定值后,微机控制系统控制闭合内燃动力车列供输出接触器,实现动车组动力源切换时列供平稳切换。

(2)动车组动力源转换。

在动车组线路运行过程中,在电力模式运行出现故障时,可以转为内燃模式运行,如果按照先

降弓、断开主断路器,然后再执行"电力→内燃"转换,这种情况下切换时间过长,动车组存在长时间无动力情况,有线路运行风险。从减少转换时间、最大限度减少动力损失的角度设计动力源转换过程:在电力模式运行情况下,在主控端手动起动柴油机,当柴油机起机励磁发电成功后,内燃动力车保持牵引封锁,列供封锁状态,然后操作执行内电转换开关由"电力模式"转为"内燃模式",电力动力车执行降弓、断开主断路器,当电压小于设定阈值时断开电力端列供接触器,闭合内燃节列供接触器,内燃动力车可以快速地实现动力源接管,提供整列动车组的牵引与列供。

如果电力动力车只是列供系统出现故障,设计了"内燃列供强投"功能,在电力模式下,电力列供出现故障,在主控端通过显示屏点击界面激活"内燃列供强投"功能,功能激活后内燃动力车起机发电,牵引封锁,按照列供转换策略,整列动车组列供由内燃动力车提供,通过这种方式动车组不会出现降速情况,牵引力依旧由电力动力车输出,能够快速实现电力动力车牵引+内燃动力车列供的组合方式。

3 结语

本文针对内电分置式动力集中动车组,设计了一种可以平稳快速切换内燃电力动力源的控制策略,详细说明了该控制方法的实施方案和各种不同应用场景,针对动车组不同的运行工况设计了不同的动力源切换流程,最大限度减少动力源流失,保证动车组正常运行,实现了内燃电力模式的快速平稳切换。

参考文献

[1] 钱铭,张大勇,廖洪涛.复兴号高原双源动力集中动车组关键技术[J].中国铁路,2022,(06):1-9.

[2] 张大勇.高原双源动力集中型动车组网络关键技术及应用[J].2023,44(4):166-176.

[3] 孙传庆,杜静远,魏宏.高原双源动力集中型动车组内燃动力车技术特点及运用[J].铁道机车与动车,2023,(9):8-10,5.

[4] 肖孝军,张桂南.高海拔双源制动力集中动车组关键技术分析[J].铁道机车车辆,2023,43(6):54-61.

基于 PaddleOCR 的车牌识别研究

刘雪阳[*1]　刘德雄[2]

(1. 北京信息科技大学计算机学院;2. 江西省交通投资集团有限责任公司)

摘　要　针对高速公路收费站车牌识别准确率不高的情况,根据数据分析造成识别错误的原因,提出改进的思路,基于 PaddleOCR 模型,通过多次识别车牌,选择置信度最高的那次车牌识别作为最终车牌。经过收费站实地试验,验证新的识别方式可以将车牌识别准确率由原来的 92.6% 提高到 98.6%,从而可以提高高速公路收费站服务速度,减少车辆等待时间,同时,还可以控制那些套牌、没识别到车牌直接冲岗等逃费行为,实现减少高速公路交通安全事故。

关键词　PaddleOCR　车牌　识别　高速公路　收费站

0　引言

随着高速公路里程的不断增加、人们出行的范围越来越大,频率越来越高,对收费站的服务速度也提出了相应的需求。当车辆进出收费站,却因车牌识别错误而导致需要等待收费员进行人工更改时,人们会对这样的服务质量表示不满。同时,对于收费站的管理来讲,车牌识别错误,不仅会导致收费站的通行能力下降,而且会产生很多逃费现象,如大型货车或者大型客车偷装小型车的车载电子标签(OBU),只需扣缴小型车的通行费就能进出高速公路收费站。另外,在免收小客车通行费的法定节假日期间,有些车高不超过限高架的小型货车,也利用收费站进出口车牌识别不准确的漏洞而直接冲岗逃费,这种行为还很容易导致交通事故的发生。可以讲,车牌是车辆的"身份证",准确识别车牌既是车辆正常行驶权利的保障,又是约束其违规上路的监视器。因此,车牌识别的准确性,在现实生活中,不仅影响社会经济的发展,而且关系交通风气。

正因为车牌识别准确的重要性,近年来,不少学者对车牌识别方法进行了深入的研究。穆世义和徐树公[1]提出了基于单字符注意力的全品类鲁棒车牌识别,雷景生等人[2]提出了改进 YOLOX 的轻量级多方向车牌检测算法,李文杰等人[3]提出了改进循环生成对抗网络的车牌数据集自动生成算法,王世芳和李玉龙[4]提出了基于卷积神经网络的车牌号码识别方法,于昊生等人[5]提出了基于卷积神经网络的模糊车牌图像检测与识别优化。

现有的车牌识别系统大多运用卷积神经网络以及 YOLOX 模型等,对抓拍的车牌进行识别,对抓拍图像的时刻准确性以及图像质量要求较高,存在当出现抓拍不清晰、抓拍错位等就会出现大量错报漏报的现象。从实际统计数据看,车牌识别准确率还有很大的提升空间。本文基于 PaddleOCR 模型,提出了一种对运动中的车牌进行跟踪,并多次识别的方法,将识别的结果根据置信度的高低进行对比,然后选择识别文本一致、置信度最高的那次识别结果作为最终车牌,可有效提高识别的准确性。

1　设计思路及实施

1.1　车牌识别现状

车牌识别现状并不乐观,根据江西省东乡收费站 2023 年车牌识别数据显示,车牌识别准确率是 92.6%,共计有 108722 辆车牌识别不一致,平均每天有 297 辆车牌识别不一致,见表1。

2023 年东乡收费站车牌识别统计表　　　　　　　　　表1

月份	所有抓拍车流量(辆)	车牌一致车流量(辆)	车牌不一致车流量(辆)	车牌准确率(%)
1	147109	130056	17053	88.4
2	126003	113811	12192	90.3
3	115133	107915	7218	93.7

续上表

月份	所有抓拍车流量(辆)	车牌一致车流量(辆)	车牌不一致车流量(辆)	车牌准确率(%)
4	118168	109279	8889	92.5
5	111794	103616	8178	92.7
6	123614	116218	7396	94.0
7	131042	122892	8150	93.8
8	136459	129518	6941	94.9
9	120630	112739	7891	93.5
10	107510	99595	7915	92.6
11	116076	108403	7673	93.4
12	118809	109583	9226	92.2
合计	1472347	1363625	108722	92.6

为了具体分析车牌识别不一致的原因,选择2024年2月8日11时至18时,这7h期间从东乡收费站入口混合车道上通过的车辆数据。数据显示:从该车道上通过的车辆总计746辆,其中车牌直接识别错误的有43辆,占5.8%,在这些车牌识别错误的车辆中,将"赣"识别为"浙"的有23辆,占53%,将字母"A、C、G、U"识别为"D"的有10辆,占23%,其他错误种类的有10例,而且新能源车辆车牌识别错误率更高,共有34辆,占79%。从以上数据可以看出,传统的依靠一次抓拍车牌、一次判断的识别方法,失误率较高,需要多次识别,并对多次识别进行评价和对比,才能减少失误率。

1.2 本文算法理论

结合上述现状,本文结合PaddleOCR算法模型,改进车牌检测和识别的流程。

1.2.1 整体设计思路

通过视频连续抓拍代替单帧抓拍,采用P-P-OCR算法模型对视频帧进行文字检测,对检测到的文本框进行进一步的识别判断,并加入颜色识别算法;同时使用OCR(光学字符识别)识别文本、置信度、颜色和位置判别等判定同一车牌。

1.2.2 文本检测算法

文本检测的目的是定位图像中的文本区域。在PP-OCR中,使用可微分二值化(DB)(Liao等人,2020)作为基于简单分割网络的文本检测器(图1)。数据库的简单后处理使其非常高效。为了进一步提高其有效性和效率,使用了以下六种策略:光主干、光头、移除SE模块、余弦学习速率衰减、学习速率预热和FPGM修剪器。最后,文本检测器的模型尺寸减小到1.4M。

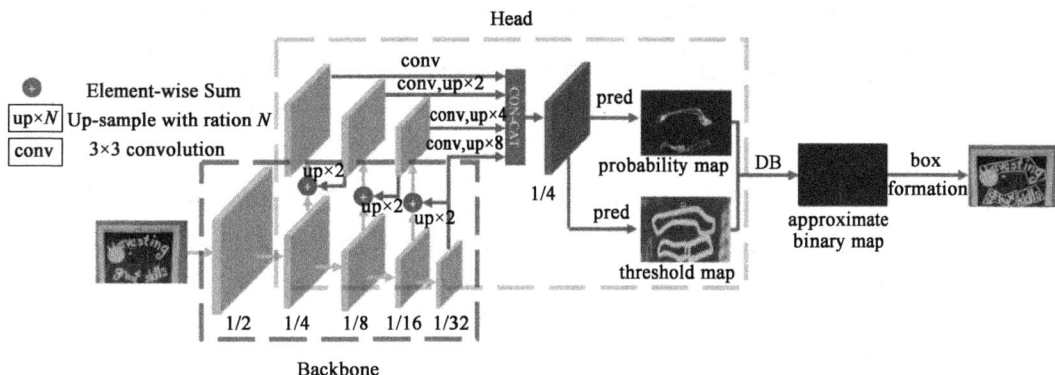

图1 文本检测算法模型结构

1.2.3 方向修正

在识别检测到的文本之前,需要将文本框转换为水平矩形框,用于后续的文本识别,这很容易通过几何变换实现,因为检测帧由四个点组成。然而,整流后的框可以颠倒。因此,需要分类器来确定文本方向。如果确定框反转,则需要进一步翻转。训练文本方向分类器是一项简单的图像分类任务。本文采用以下四种策略来增强模型能力并减小模型大小：轻主干、数据增强、输入分辨率和 PACT 量化。最后，文本方向分类器的模型大小为 500kB。

1.2.4　文字识别算法

在 PP-OCR 算法中，使用 CRNN（Shi、Bai 和 Yao 2016）作为文本识别器（图 2），这在文本识别中得到广泛应用。CRNN 集成了特征提取和序列建模，它采用 Connectionist Temporal Classification（CTC）损失，避免了预测和标签之间的不一致。为了增强模型能力并减小文本识别器的模型大小，使用了以下九种策略：光主干、数据增强、余弦学习速率衰减、特征图分辨率、正则化参数、学习速率预热、光头、预训练模型和 PACT 量化。最后，对于中文和英文识别文本识别器的模型大小仅为 1.6M，对于字母数字符号识别仅为 900kB。

1.2.5　目标跟踪判定算法

对于视频流多帧重复识别车牌问题，本文采用目标跟踪判定的方法，修正同一目标，并保留置信度最高的识别文本作为识别结果。同时结合车牌的既定规则，为首的第一个汉字仅包含在下列 36 个字符中："赣""浙""黑""京""琼""鲁""川""南""新""藏""渝""豫""粤""云""湘""皖""陕""苏""青""警""宁""蒙""闽""辽""吉""冀""晋""津""沪""鄂""甘""贵""桂""港""澳""救"。

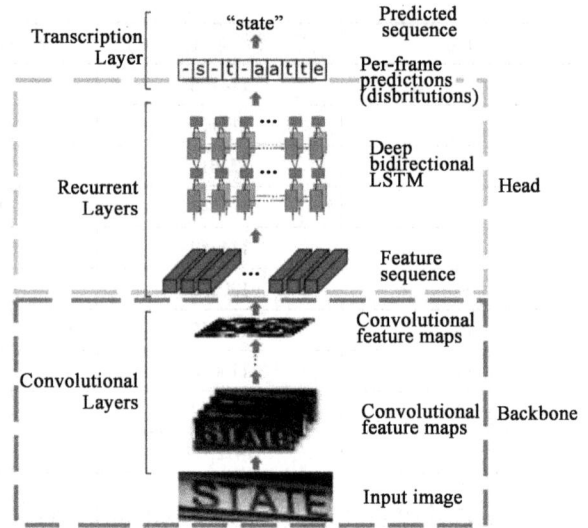

图 2　文本识别算法模型结构

判定算法由三个重要特征决定。首先是位置判别：通过车辆与车辆之间的最小距离结合视频角度估算，在车速小于 40km/h，两帧之间的车辆移动距离在图像上表现为不超过 3000 个像素点，这里使用欧氏距离判定车牌中心点位置之间的相对距离。计算公式如下：

$$\text{Distance} = \text{Sqrt}(x^2 + y^2) < \alpha = 3000$$

其次是颜色判别，根据 HSV 颜色分类表（图 3），车牌颜色总体分为蓝色、渐变绿色、黄色和白色四种，分别对应色彩 H 维度的 $[124,154]$、$[77,98]$、$[34,76]$、$[180]$ 区间。

HSV色彩空间	黑	灰	白	红		橙	黄	绿	青	蓝	紫
h_{min}	0	0	0	0	156	11	26	35	78	100	125
h_{max}	180	180	180	10	180	25	34	77	99	124	155
s_{min}	0	0	0	43		43	43	43	43	43	43
s_{max}	255	43	30	255		255	255	255	255	255	255
v_{min}	0	46	221	46		46	46	46	46	46	46
v_{max}	46	220	255	255		255	255	255	255	255	255

图 3　HSV 色彩空间对照表

最后是车牌字符判别，由于近大远小的缘故，在远处的车牌识别仍然存在一定误识别的概率，但是大体与真实车牌相近，在对同一车牌识别的一系列结果中选取置信度最高的一个作为最终识别结果保留，这里使用编辑距离来判断车牌识别的相近程度，根据经验值判断编辑距离大于 2 可以认定为不是同一车牌。对于两个字符串 a, b 计算公式如下：

$$\text{LevenshteinDistance}, \text{lev}_{a,b}(|a|,|b|) = \begin{cases} \max(i,j) \text{ if } \min(i,j) = 0 \\ \min \begin{cases} \text{lev}_{a,b}(i-1,j) + 1 \\ \text{lev}_{a,b}(i,j-1) + 1 \quad (\text{otherwise}) \\ \text{lev}_{a,b}(i-1,j-1) + 1 (a_i \neq b_j) \end{cases} \end{cases}$$

这里,$|a|$和$|b|$分别表示字符串a和b的长度,$1(a_i \neq b_j)$是当不等式成立时值为1,否则值为0的示性函数。$\text{lev}_{a,b}(i,j)$是a的前i个字符和b的前j个字符之间的距离。

1.3 试验

具体试验环境如下:硬件由一台电脑(CPU为i5-12400,配备RTX3060 12GB显卡,安装Window 10操作系统)、一个摄像头(试验采用海康威视品牌摄像头,型号:DS-2CD2325FD-IS)组成;软件方面使用Python3.9进行编程。

试验成果有以下三个。

(1)实现识别车牌特征的准确性有很大提高,通过与同一车道相同时间内对相同车辆车牌识别的对比,可以看出,试验的车牌识别准确率由95.7%提高到98.6%。

(2)实现对快速通行的车辆车牌识别的准确性有很大提高。通过试验数据可以看出,在国家免收小客车通行费的法定节假日期间,对于快速通过收费站的免通小客车车牌也能识别出来,在2024年2月17日07时—09时这2h期间,从东乡收费站入口混合车道上通过的车辆有186辆,该车道抓拍到车牌的车辆只有135辆,还有51辆则没有抓拍到车牌,漏检率达到27%,而试验的视频识别车牌有186个,全部都能识别到。

(3)可以实现对有些车辆利用免通期间没有被抓拍到车牌从而冲岗逃费的行为进行控制。这类逃费现象很常见且很危险,使用该方法后,可以采取事后依据所识别的车牌进行追缴的方式,从而避免因阻拦造成不必要的损失,如图4所示。

图4 小型货车利用没有抓拍到车牌而冲岗逃费

同时利用识别快速行驶车辆车牌的特性,结合适当的控制条件,可以解决许多大型货车或者大型客车用小货车或小客车的OBU逃费的现象。

2 结语

通过对江西省东乡收费站试验运行结果的评估,该试验方法能提高车牌识别准确率,有较现实的作用。在试验过程中,由于没有采用车辆压感应线圈的方式来确定一辆车,而是采用视频追踪目标消失时间来确定车辆,当同一辆车停留时间过长时,还存在误认为是2辆车的现象。另外,由于没有对车牌文本进行精细位置限定,因此,当有些车辆车头上出现与车牌第一个汉字相同的文字,也会误被识别为车牌。下一步,将从三个方面不断改进和完善:①区分不同车辆的方式进行完善;②车牌文本不同位置进行细化限定;③扩大识别特征范围,进一步精准识别车辆。

人工智能技术的发展,为保障交通安全提供了技术支持。通过技术应用,不仅可以解决车牌识别准确率不高这个难题,有效提升高速公路服务功能,而且能阻止一些危及交通安全的逃费行为,促进社会高质量发展。

参考文献

[1] 穆世义,徐树公.基于单字符注意力的全品类鲁棒车牌识别[J].自动化学报,2023,49(1):122-134.

[2] 雷景生,章志豪,钱小鸿,等.改进YOLOX的轻量级多方向车牌检测算法[J/OL].计算机工程与应用,2023,1-14.

[3] 李文杰,张足生,董阿妮,等.改进循环生成对抗网络的车牌数据集自动生成算法[J].计算机应用,2023,43(S2):89-98.

[4] 王世芳,李玉龙.基于卷积神经网络的车牌号码识别方法[J].长安大学学报(自然科学版),2023,43(4):106-117.

[5] 于昊生,王素芬,李富有,等.基于卷积神经网络的模糊车牌图像检测与识别优化[J].广西大学学报(自然科学版),2023,48(4):985-996.

十车道高速公路分流区协同分级控速设计

罗佳捷[1,2]　陈国俊[1,2]　张抒扬*[1,2]

(1.武汉理工大学交通与物流工程学院;2.交通信息与安全教育部工程研究中心)

摘　要　十车道高速公路分流区存在着频繁的车辆加减速和变道行为,半幅之间的速度差较大,带来极大安全隐患。本研究拟通过引入分级限速理念,设计不同交通量条件下的协同分级控速方案,并通过仿真实验进行方案比选。主要研究步骤如下:首先,结合分级限速和瓶颈区速度控制方法,在十车道高速公路分流区附近区段根据其主线限制速度逐级缩小速度限制区间,提出协同分级控速理念和方案。其次,选取安全、通行效率和交通稳定性 3 项一级指标及其二级指标,采用熵权法对各二级指标进行赋权,再通过主观赋权法进行线性计算,构建出分车道控速调控效果评价体系。然后,在 VISSIM 软件中搭建十车道高速公路分流区仿真场景,开展中等流量状态的交通仿真实验,并根据输出数据计算各方案的综合评价值,为该交通条件推荐最佳调控方案。研究结果表明:中等交通量情况下,方案 3 表现最优,其安全性和通行效率可分别提升 88.6% 和 15.19%,具有极佳的改善效果。

关键词　高速公路分流区　多车道高速公路　分级限速　VISSIM　主客观赋权法

0　引言

高速公路作为快速、高效的客货运输方式,是综合交通运输网络的重要组成部分。截至 2020 年底,我国高速公路里程已有约 16.10 万 km[1]。近年来,在一些经济发达地区,如深圳水官高速公路、合肥绕城高速公路等陆续进行改扩建工程,在原有基础上将道路扩展至十车道,以增加通行能力,缓解交通拥堵。在出口匝道连接部分,多车道高速公路上的货车主要集中在车道外侧,较易形成货车屏障,导致其他车道车辆无法汇入,且货车列的成队行驶会降低小客车的驾驶舒适体验感,影响其换道行为[2]。分流区及其附近区域交通流运行情况比较复杂,分流车辆与主线直行车辆互相干扰,使分流区成为制约匝道甚至主线通行能力的瓶颈路段[3]。因此,在分流区及其附近区段采取一定交通管控手段,降低"换幅"过程和车辆换道过程中的交通冲突强度,提升分流区路段整体通行效率,对十车道高速公路整体交通流的安全、高效组织具有重要意义。

国内外已有许多学者针对高速公路分流区及出口匝道区域的交通组织运行特性开展了广泛的研究。白瑜[2]分析总结了分流区的交通特性及货车对交通的影响,提出了六、八车道高速公路的货车屏障范围、各车道的最小安全跟车间隙及形成屏障效应的货车车辆数。Guo[4]等人面向高速公路出口匝道构建瓶颈激发和堵塞传播的若干流动条件,从理论上探讨了出口匝道堵塞的机理,并开展仿真实验对分析结果进行验证,对高速公路系统内总需求、总流入、总出口和车辆数量之间的一般关系进行了分析。

分流区区段存在频繁的车辆变道和加减速行为,属于制约高速公路通行能力的瓶颈区域。在面向高速公路分流区的速度控制研究方面,宋泽武[5]在对高速公路出口区域交通流特点总结、区域追尾事故频发致因分析的基础上,提出了渐进式限速的控制方法,通过阶梯式设置逐级限速标志及距离计算模型达到提升安全和效率的效果。徐建闽[6]等以反馈控制模型为基础提出可变限速的分级限速控制策略,结合 VISSIM 仿真探寻不同场景下可变限速控制低速段的最优位置,以达到最佳控制效果。

除分流区段外,高速公路的瓶颈区还有拥堵路段、施工区、合流区、交通事故影响路段等,这些

基金项目:国家重点研发计划项目(2021YFC3001500);国家自然科学基金项目(72001162);湖北省重点研发计划项目(2023BAB076)。

瓶颈区域的速度调控方式对分流区的交通组织有着重要参考意义。在对高速公路合流区的调控方面,田丽萍[7]等面向高速公路匝道合流区通行效率构建了动态限速系统,运用车路协同手段对主路车辆进行动态限速,结合双向耦合车联网仿真平台验证所提出的动态限速方法在实现匝道上车辆零等待时间的前提下,提升了主路车流速度94%以上,降低二氧化碳排放量至少20%。在对主线拥堵路段的调控方面,Paula Chanfreut[8]等以缩短驾驶员行程时间为优化目标,应用模型预测控制实现高速公路可变限速控制和匝道控制,并构建高速公路路网进行仿真验证。

基于以上问题背景及相关解决办法,本研究拟结合分级限速和瓶颈区速度控制方法,提出十车道高速公路分流区的速度调控和速度限制方

法;然后,确定分流区评价量化指标,并明确指标间的权重关系,构造合理的综合评价方法,构建协同控速效果综合评价体系;最后,根据量化评价的仿真结果选择调优方案。

1 十车道交通组织及分流方式

1.1 交通组织方式

车道数目的增加在大幅提高道路通行能力的同时,也使得驾驶员的驾驶自由度变大,交通流运行情况更加复杂,其交通运行方式更加灵活。针对十车道高速公路,既能够采用不同车型的车辆混合行驶的运行方式,也能够实施车道限制策略,采用"客货分离"运行组织形式[9],如图1所示。

图1 整体式高速公路客货分离模式示意图

大型货车易成为高速公路的"移动瓶颈"和"屏障",引起交通堵塞,降低高速公路的运行效率及服务水平。相关研究表明:在高速公路上发生的事故中,与大型车相关的占比高达48%,由大型货车参与的致死交通事故比例也高达40%[10]。

本研究选用整体客货分离式十车道高速公

路——深圳市水官高速公路作为研究对象,分析其出口分流区处的协同速度控制策略。

1.2 分流区构型及分流过程

深圳市水官高速公路分流区断面设置示意如图2所示。

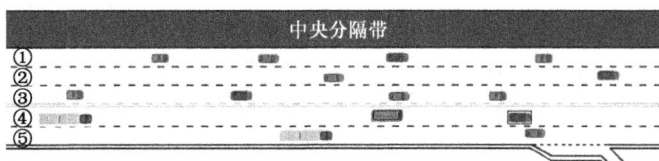

图2 水官高速公路分流区布设示意图

在出口分流区区域,双黄线变为黄色虚实线,仅供内半幅拟驶出高速公路的车辆换道至外半幅车道,而限制外半幅车道上的车辆驶入内半幅。内半幅的分流车辆合流至外半幅车道后,与外半幅的分流车辆一同通过减速车道,驶入出口匝道,

完成分流过程。

1.3 "分幅—分流影响区"范围界定

《公路通行能力手册》将分流区定义为具有车辆驶出功能的匝道,即出口匝道与主线相衔接的区域,分流影响范围为分流匝道始端上游750m到

匝道始端下游 150m 的范围内,其中最外侧两条车道为分流影响区。

对于内半幅车道上的小型车而言,在分流区段,需要先从内半幅车道换道至外半幅车道,完成"换幅"过程,再与外半幅车流一同驶入出口匝道。为了更好地界定后续速度控制策略的控制范围,需要对换幅过程的影响区域进行界定。

参照上述分流影响区的概念,定义水官高速"分幅影响范围"为从黄色虚实线开端处起,其上游 750m、下游至分流影响区起点处,如图 4 所示。其中,内半幅最外侧两条车道与外半幅最内侧车道为"分幅影响区"。

结合上述分流影响区及分幅影响区的相关定义,"分幅—分流影响区"(即分流区域)表示分幅影响区及分流影响区的全部影响范围,如图 3 所示。

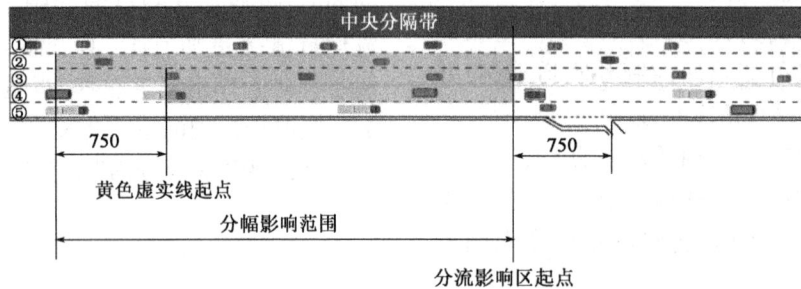

图 3　分幅影响区及其范围示意图(尺寸单位:m)

2　协同分级控速框架

2.1　"分幅—分流影响区"协同分级控速

根据十车道高速公路分流区交通组合特性,结合学者对多车道高速公路分流区的相关研究[11],总结其运行特征主要有 3 点:驾驶员车速离散程度较大,交通冲突剧烈、交通安全受到影响,驾驶行为复杂多变。

分流限速方案设置需要考虑的因素有:限速值不应过低,否则将会影响出口匝道影响区的交通效率;限速值变化不宜过于频繁,以免驾驶员产生烦躁心理,分级限速标志值间的递减量一般为 $10 \sim 20 km/h$[12]。为了缓解在主线限速值条件下,内外半幅的车辆运行速度差较大对分流区的不良影响,本研究提出协同分级控速理念如下:

(1)将内半幅车道②③与外半幅车道④⑤的车道限速值区间缩小至 10km/h;

(2)平滑内外半幅的分界处的车速值,将车道③的最低限速值作为车道④的最高限速值,体现两个半幅间的协同控速。

2.2　分车道控速组合设计

根据 2.1 中提出的协同分级控速理念,提出体现协同控速理念的控速值组合 1,即自车道②开始,向路段外侧每一车道逐级递减 10km/h;同时,设置非协同控速的对照控速组合—控速值组合 2:仅在两个半幅内部缩小限速值区间,但两个半幅之间仍然保持原有车道③和车道④的限速差值 20km/h,两种控速值组合如图 4 所示。

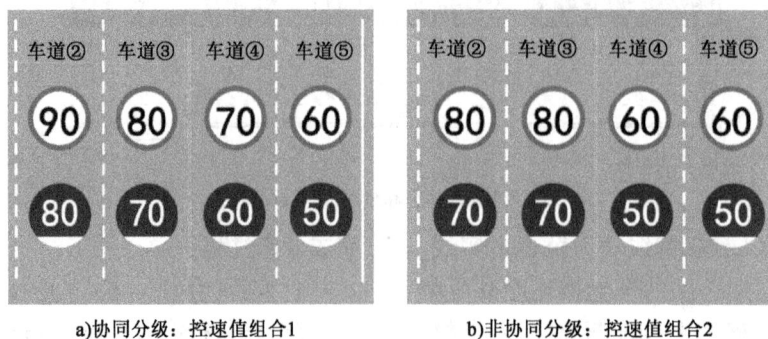

a)协同分级:控速值组合1　　　b)非协同分级:控速值组合2

图 4　控速值组合示意图

具体的控速组合值设置见表1。

分车道控速组合值（km/h）　　　　表1

控速组合名	车道②	车道③	车道④	车道⑤
控速值组合1	80～90	70～80	60～70	50～60
控速值组合2	70～80	70～80	50～60	50～60

3　协同分级控速评价体系

3.1　评价体系构建

由于存在着频繁的车辆换道、加减速行为，且内外半幅车道的限速值差异较大，保障多车道及超多车道高速公路分流区的运行安全是高速公路管理中的重要目标。与此同时，十车道高速公路作为综合交通运输体系的重要组成部分，承载着重要的交通集散功能，保证其处于较高的运输效率水平，也是至关重要的。另一方面，交通流稳定性是衡量交通扰动的重要指标，反映驾驶员舒适度和系统稳定性。因此，在对协同分级控速方案进行评价时，需要同时考虑到上述3种要素，应尽可能使得通过协同分级控速手段，在保证道路运行安全的同时，提高道路的运输效率，提升交通稳定性。

由于道路通行效率与交通安全在一定程度上呈负相关性，当车辆的速度趋于一致时，若干相邻车辆将组成"车队"较为平稳地在道路上移动，交通安全得到保障，但这种情况将损失部分车辆的速度优势，进而使道路整体通行效率下降。因此，难以在安全性能最好的同时使高速公路的通行效率也达到最大值[13]。而交通稳定性能够反映道路上车辆的速度分布离散性，是事故发生率的重要考察指标，能够侧面反映交通安全。因此，在对分流区进行协同分级控速时，应重点考虑兼顾这3个指标。

为了能够较为全面客观地比较各方案的安全、效率和稳定性情况，本研究采用基于熵权系数法的AHP主观赋权法进行线性加权[14]，完成综合评价，将3个优化指标进行加权处理，根据各方案的综合评分值进行方案的比选推荐，以实现三者的协同优化。

3.2　量化指标选取

一级评价量化指标为上述三大优化目标指标，即通行效率指标、安全指标和交通稳定性指标。

（1）通行效率指标

通行效率能够通过驾驶员的通行延误反映，而平均车辆总延误则是从系统层面进行通行效率的考虑[5]，计算式如下：

$$EF = \frac{\sum D_i}{N} \qquad (1)$$

式中：EF——平均车辆总延误；

D_i——系统中第 i 辆车的行程总延误；

N——系统中的车辆总数。

（2）安全指标

替代安全评估模型（Surrogate Safety Assessment Model，SSAM）是为了利用微观交通仿真模型，对交通冲突过程进行自动化分析而开发的。当碰撞时间（Time to Collision，TTC）或后侵占时间（Post Encroachment Time，PET）超过预定阈值时，SSAM 将其记录为冲突[15]。本研究利用 SSAM，采用 TTC 和 PET 作为阈值指标建立分流区安全评估模型，对十车道高速公路分流区在 VISSIM 环境下的仿真模型进行交通冲突评估和分析。将通过 SSAM 导出的追尾冲突（Rear End）和换道冲突（Lane Change）分别作为安全指标的二级指标SA_1和SA_2。

（3）交通稳定性指标

交通稳定性方面，本研究主要考察高速公路分流区区域整体的交通流稳定性情况。考虑到交通流的演化过程，选取表示仿真3种不同阶段的仿真秒处的路网中所有车辆计算车速标准差，分别记为ST_1、ST_2、ST_3。仿真秒的选取和对应仿真阶段见表2。

仿真阶段与对应的仿真秒　　　　表2

仿真阶段	仿真秒（s）
仿真预热完毕	100
正式仿真中途	550
仿真即将结束	950

3.3　综合评价体系构建

一级指标是由协同分级控速的优化目标确定的，优化目标受调控者的主观调控意识较强，采用客观赋权法。对于安全指标和交通稳定性指标而言，其一级指标下还分为若干二级指标，且各二级指标间相对独立，故采用客观赋权法[16]确定其权重，本研究采用熵权法进行权重计算，构建的综合评价体系框架如图5所示。

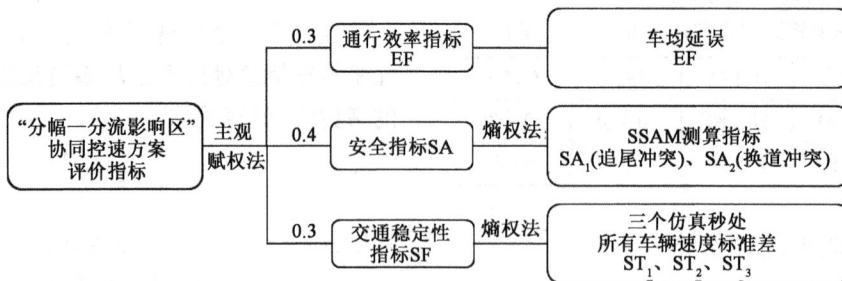

图 5　协同分级控速方案评价指标体系

4　协同分级控速仿真实验

4.1　实验对象及假设

本研究选用 VISSIM 软件构建十车道高速公路分流区路网。仿真场景为客货分离的"3 + 2"模式十车道高速公路分流区及其上下游区段。仿真实验场景如图6所示。

图 6　十车道高速公路分流区仿真实验场景

本研究基于以下几点假设开展：

（1）假设驾驶员对于所设速度限制方案服从率为100%；

（2）忽略车辆的横向偏移，即不考虑车辆换道时的横向移动过程；

（3）假设在车道①主线路段的分流车辆在进入仿真路段前已行驶至车道②或车道③，即在仿真场景区段，车道①内的车辆不发生换道行为。

4.2　协同分级控速实验设计

为了探究中等交通量情况下控制范围和分车道限速值对协同分级控速效果的影响，为特定的交通条件适配最佳调控方案，本研究将控速值组合与分车道控速的控制范围进行多种组合，提出四种协同分级控速方案，见表3。

协同分级控速方案组合　　　　　　　　　　　　表3

控制车道		控速影响区段		
		仅分幅影响区	仅分流影响区	"分幅—分流影响区"全区段
控速值组合 1	方案 1	②③	④⑤	—
	方案 2	—	②③④⑤	②③
	方案 3	—	—	②③④⑤
控速值组合 2	方案 4	—	—	②③④⑤

其中，方案 1、方案 2 及方案 3 采用控速值组合 1，充分体现分级控速理念。其中，方案 3 为"分幅—分流影响区"全线控制；方案 1 仅在分幅影响区段控制内半幅外侧两车道，仅在分流影响区控制外半幅两车道；方案 2 则是仅在分幅影响区控制内半幅外侧两车道，在分流影响区保持对车道②、③、④、⑤上车辆的控制，仅内半幅的最内侧车道保持原有速度控制值。方案 4 采用控速值组合 2 进行速度调控，两个半幅之间的限速值差较大，但半幅内部车道间的限速值得到统一，作为与方案 3 的对比，探究两个半幅之间控速的协同性对最终调控效果的影响。

4.3　仿真结果分析

对中等交通量状态下的各评价指标按照方案进行汇总统计，再将各指标值进行无量纲化处理，计算各二级评价指标的熵权，然后代入到构建的综合评价体系中，得到各方案的综合评价值，根据计算得出的综合评价值择优进行调控方案推荐，仿真结果见表4。

方案指标值标准化及综合评价（中等交通量）表4

方案	SA_1'	SA_2'	ST_1'	ST_2'	ST_3'	EF'	SA'	ST'	Z
无调控	1.0000	1.0000	0.000	0.317	0.130	0.5850	1.0000	0.1882	0.6320
1	0.3438	0.0000	0.192	1.000	0.000	0.1390	0.2280	0.3481	0.2373
2	0.0000	0.5000	0.705	0.074	0.233	0.4510	0.1684	0.1986	0.2622
3	0.0313	0.0000	0.404	0.000	1.000	0.0000	0.0207	0.6350	0.1988
4	0.0938	0.0000	1.000	0.220	0.114	1.0000	0.0622	0.1870	0.3810

根据表4所示的综合评价值结果可知，在中等交通量情况下，各调控方案的综合评价值相比于无调控方案均有明显降低，表明各调控方案对分流区段交通状况均具有一定的优化效果。根据综合评价值表现水平，方案3最优，可作为中等交通量情况下的推荐方案。其安全提升效益为88.6%（即交通冲突总数相比于无调控方案降低了88.6%）；通行效率提升15.19%。

5 结语

随着居民出行需求的进一步增长，十车道等多车道、超车道高速公路是未来的发展趋势，对其交通管理与控制优化手段进行研究具有一定的理论与现实意义。本研究通过分析十车道高速公路分流区及其附近区段的交通运行特征，结合分级限速及瓶颈区域速度调控方法，提出分车道协同分级控速方法，构建主客观结合的综合评价体系，并进一步就其控速的具体区段进行仿真实验及方案比选，最终得出交通安全性、通行效率、交通稳定性综合表现最优的控速方案。

本研究所提出的调控方案仅从设置限速值的角度开展，忽略了驾驶员服从率的影响。未来可考虑通过在交通流中混入网联车，通过向其发送调控指令，以达到对整个路段控制的效果，从而消除驾驶员服从率的影响，进一步提升方案的适用性。

参考文献

[1] 国家统计局.中国统计年鉴2021[M].北京：中国统计出版社,2022.
[2] 白瑜.多车道高速公路货车屏障效应研究[D].西安：长安大学,2019.
[3] 沈海旭.多车道高速公路分流影响区通行能力分析[D].西安：长安大学,2021.
[4] GUO J, CHEN X, PANG Y,et al. Bottlenecks, shockwave, and off-ramp blockage on freeways[J]. Sustainability, 2019, 11(18): 4991.
[5] 宋泽武.高速公路出口区域渐进式限速技术研究[D].重庆：重庆交通大学,2022.
[6] 徐建闽,廖冬梅,马莹莹.高速公路事故瓶颈区域可变限速控制方法[J].重庆交通大学学报(自然科学版),2022,41(11):25-33.
[7] 田丽萍,朱弘戈,朱晓东,等.面向高速公路匝道合流区通行效率的车路协同限速方法[J].公路,2019,64(8):310-316.
[8] CHANFREUT P, MAESTRE J M, CAMACHO E F. Coalitional model predictive control on freeways traffic networks[J]. IEEETransactions on Intelligent Transportation Systems, 2021, 22(11): 6772-6783.
[9] 季托,周颖,吕能超.多车道高速公路分流交织区交通流特性与交通组织策略[J].交通信息与安全,2021,39(2):126-136,152.
[10] 倪旭.客货分离高速公路互通式立交变速车道设计指标研究[D].西安：长安大学,2019.
[11] 李青峰.基于多车道移动瓶颈的交通流问题研究[D].兰州：兰州交通大学,2022.
[12] 杨应科,刘仪.道路交通系统碳排放量化方法探析[J].交通与运输,2022,S1(35):282-287,295.
[13] 杨雅钧,张驰,唐翔,等.高速公路限速策略优化方法与评价模型[J].交通信息与安全,2022,40(6):33-44.
[14] 袁鹰,吴伟杰,张伊宁,等.基于AHP-熵权法-TOPSIS的广东省抽水蓄能站点优选评价[J].广东水利水电,2023,(1):37-42.
[15] 吴嘉彬.基于路网节点安全评价的应急救援车辆路径规划方法研究[D].广州：华南理工大学,2023.

[16] 李嘉,龚瑞铭,李洁,等.基于交通仿真的高速公路桥隧结合段交通安全评价方法[J]. 长安大学学报(自然科学版),2023,43(4):82-94.

HAF-YOLOv8: Re-exploration of Vehicle Detection Algorithm based on Lightweight YOLOv8

Xuerui Zhu　　Yuanlin Zhao*　　Yansong Wang

(College of Information Engineering, Chang'an University)

Abstract　Detecting vehicles quickly and accurately is a significant challenge in the field of intelligent transportation, especially for the low performance of on-board cameras in self-driving vehicles. In previous studies, computationally intensive networks have been extensively utilized for vehicle detection. However, this leads to excessive model parameters and loss of real-time detection capability. Lightweight models usually lead to decrease detection accuracy and fail to identify vehicles accurately. To address these challenges, we propose a higher precision and faster efficiency detection algorithm HAF-YOLOv8, which is based on YOLOv8 and improved in the following three aspects. Firstly, we propose to introduce the FasterNet structure to reduce redundant computation during feature extraction. Secondly, in order to address the issue of the detector's limited capability to extract vehicle features, we replace the SPPF module of the backbone network with FocalNet. Finally, a dynamic sparse attention mechanism module called Bi-Former is added at the end of the backbone network to capture the long-range dependency of objects better. With end-to-end training, our pipeline outperforms other state-of-the-art (SOTA) methods on the benchmark dataset RoadVehicle, reduced by 10.8% GFLOPs, while mAP50-95 increased by 3.2%. Experiments show that the algorithm will have better performance in detecting vehicles. The source code and dataset are available at https://github.com/Yuanlin-Zhao/HAF-YOLOv8.

Keywords　Vehicle detection　Lightweight　HAF-YOLOv8　FasterNet

0　Introduction

As a branch of object detection, vehicle detection technology is a popular research direction in the field of computer vision, which can not only be applied in the field of automatic driving, such as vehicle cameras to collect the surrounding vehicles, but also plays a crucial role in our daily lives, including traffic monitoring, urban planning, and more (Figure 1).

Figure 1　Example of a common car scene in life transportation

Traditional computer vision methods are constructed based on manual extraction of features, P. Viola et al. in their study of face recognition, proposed the Viola-Jones model[1]. N. Dalal and B. Triggs proposed the Histogram of Oriented Gradients (HOG[2]) algorithm for image feature extraction. However, the traditional object detection algorithms mentioned above are constructed by relying on a single handcrafted feature, which is no longer sufficient to meet the requirements of the big data environment. Recently, researchers have introduced deep learning techniques into the field of object detection. Unlike traditional manual feature extraction, deep learning-based methods can extract features and learn them independently. Hinton et al. have achieved great success with AlexNet, which was built using Convolutional Neural Network (CNN)[3]. CNN-based object detection algorithms are trained using ImageNet, PASCAL VOC, COCO, and other datasets. This significantly enhances the feature extraction capability of the detection model and improves the performance of the object detection algorithm to a certain extent. R. Girshick et al. abandoned the sliding window approach in the traditional method and introduced the Selection Search algorithm and RoIPooling operation. Fully combining the advantages of SPPNet, they named the model Fast R-CNN[4]. The proposal of Faster R-CNN has sparked a very hot trend in the research of two-stage target detection algorithms.

Since the two-stage target detection algorithm has to go through complex feature extraction and computation, it cannot meet real-time requirements. Therefore, a single-stage target detection algorithm is proposed. The core idea of this algorithm is to transform the object classification problem into a regression problem of object detection frame and bounding box. This approach enables direct prediction of the object's position from the input image, meeting the requirements of real-time image processing. The representative algorithm is the YOLO algorithm.

In 2016, R. Joseph et al. proposed the first one-stage object detection model, YOLO[5] (You Only Look Once), for robust vehicle detection in an object detection task. They treated the vehicle perception problem as a regression problem by classifying the image with a CNN. YOLOv8 is the next major update to YOLOv5[6]. It encompasses a wide array of vision AI tasks such as detection, segmentation, pose estimation, tracking, and classification. This versatility caters to various applications and domains.

Currently, due to the small size of vehicles, edge detection devices like Nvidia Jetson Nano need to be installed on vehicles. However, the computational power of the on-board devices is insufficient to support a computationally intensive network. Simultaneously, the lightweight approaches proposed in current research all face issues such as low detection accuracy to some extent. In order to address the challenges encountered in current vehicle detection efforts, we propose HAF-YOLOv8. Our contributions can be summarized in the following four points:

(1) We introduce the FasterNet architecture to minimize redundant computations during feature extraction.

(2) We replaced the SPPF module of the backbone network with a focal modulation network (FocalNet) to enhance the detector's capability to extract vehicle features.

(3) We have selected the Bi-Former as an additional module of the backbone network to better capture the long-range dependency of objects.

(4) We combine FasterNet, FocalNet, Bi-Former, and YOLOv8 to form a new paradigm for vehicle detection. We further enhance the detection speed without loss of detection accuracy after applying TensorRT quantization to the model. The schematic of the model is illustrated in Figure 2.

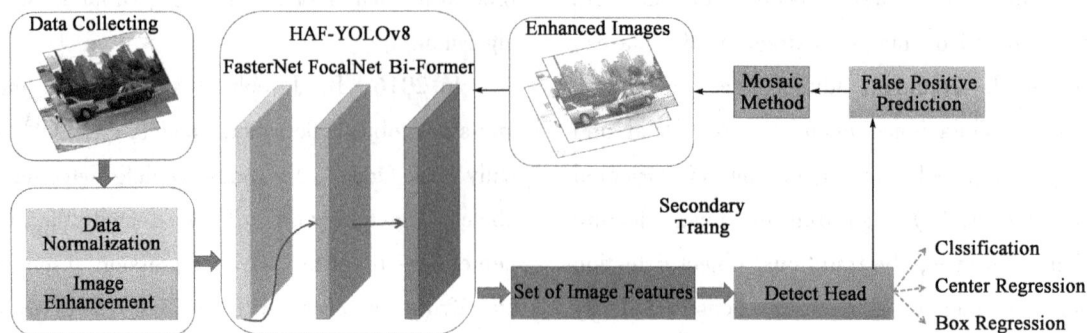

Figure 2　Schematic of the HAF-YOLOv8

1　Related work

1.1　Traditional methods

Before the birth of convolutional neural networks, the primary vehicle detection algorithms relied on traditional image algorithms. Scale-Invariant Feature Transform (SIFT)[7]. The SIFT algorithm is widely used in the field of computer vision. The Deformable Parts Model (DPM[8]), which won the VOC 2007—2009 Object Detection Challenge, was originally proposed by P. Felzenszwalb and later enhanced by R. Girshick. Although the DPM algorithm has been highly influential in the field of object recognition, the recognition accuracy of algorithms similar to it is still much lower than that of deep learning-based methods.

1.2　Deep learning methods

Object detection, recognition, and classification in computer vision are practical applications. Deep learning approaches have focused on improving the performance of detection and recognition, testing, training process efficiency, and accurate object classification. In [9], a new efficient detector, YOLO-ACN, based on YOLOv3. It incorporates an attention mechanism, loss function, soft NMS, and depth separable convolution. A visual detection framework based on YOLOv4 was proposed in [10]. The optimized YOLOv4 reduced the overall parameters by 74%, while improving the detection accuracy by 2.6%. However, the current versions of the detector, which have large parameter scales, are still difficult to deploy and use. Therefore, researchers have started working on lightweighting the vehicle detector based on the YOLO algorithm.

1.3　Lightweight architecture

Lightweight YOLO algorithm design refers to the redesign of existing YOLO algorithms or other deep neural network structures to reduce the number of parameters and computational complexity. Huang, B.[11] introduced an improved YOLO-tinyv3 network structure that reduces 66.4% and increases the size of the predicted object. The detection speed was improved by 48.4% compared to the YOLO-tinyv3 lightweight algorithm. Liu et al.[12] replaced the YOLOv3 backbone with ShuffleNet for real-time vehicle detection. Lightweight and efficient deep neural network architectures significantly reduce the reliance on hardware computing power. They can be more easily deployed in low-cost detectors, thus effectively reducing the hardware cost of vehicle detection techniques. Previous algorithms have not effectively utilized the latest YOLO algorithm. Additionally, they still have the problems of real-time detection and insufficient detection accuracy after lightweighting.

Therefore, we have successfully improved the real-time response speed and detection accuracy by integrating lightweight and new attention mechanism modules intothe YOLOv8 model.

2　Methodology

2.1　Lightweight backbone

We introduce the FasterNet module, which

incorporates the efficient convolutional Partial Convolution (PConv) on the original YOLOv8 backbone network[13], as shown in Figure 3. Compared with the original Conv in YOLOv8, which only performs

simple tensor numerical operations on the input data, PConv can extract spatial features more efficiently while reducing redundant computations and memory accesses.

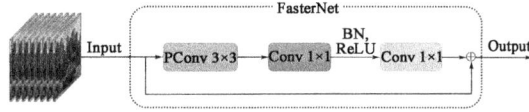

Figure 3　Structure of FasterNet

PConv only needs to apply regular Conv for spatial feature extraction on a portion of the input channels and keep the rest of the channels unchanged. Thus, the FLOPs of PConv are only

$$h \times w \times k^2 \times c_p^2 \tag{1}$$

For a typical $r = \dfrac{c_p}{c} = \dfrac{1}{4}$, the FLOPs of PConv are only 1/16 of that of the regular Conv. In addition, the memory accesses of PConv are smaller, i. e. , for $r = 1/4$, it is only 1/4 of that of the regular Conv. To avoid the degradation of Pconv into a regular Conv with fewer channels, Pointwise Convolution is further appended to PConv in order to fully and efficiently utilize the information from all the channels. Similarly, the FLOPs of PConv and PWconv are:

$$h \times w (k^2 \times c_p^2 + c \times c_p) \tag{2}$$

The FLOPs of Conv are much smaller compared to, $h \times w \times k^2 \times c^2$, from which we derive FasterNet Block can be added as a boost to our improved model.

2.2　FocalNet replaces SPPF

To expand the perceptual field, Focal-Modulation uses more distant summarized tokens to capture coarse-grained, long-range visualdependencies through focal modulation[14].

As shown in Figure 4, the approach of first aggregating features and then interacting the query with the aggregated features to fuse contextual information is taken. This greatly simplifies the computational process by decoupling the aggregation from a single query, as shown in the following equation:

$$y_i = T[M(i,X), x_i] \tag{3}$$

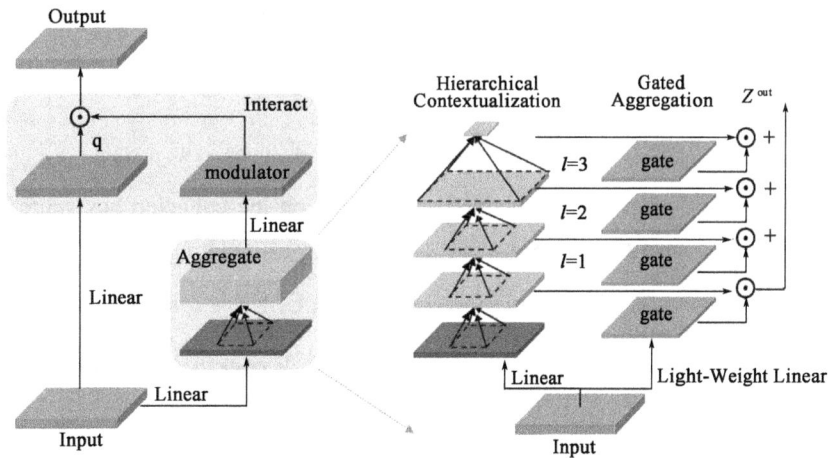

Figure 4　Focal-Modulation

Aggregation Process M consists of two steps: the first is layered contextualisation and The second is condensed into a single feature vector by gated aggregation. Specifically, given an input feature

mapping X, we first project it into a new feature space with a linear layer $Z^0 = f_z(X) \in \mathbb{R}^{H \times W \times C}$, and then use L Depth-wise convolution to obtain a hierarchical representation of the context, and the output Z^l representation is given as:

$$Z^l = f_a^l(Z^{l-1}) \triangleq GeLU[\text{Conv}_{\text{dw}}(Z^{l-1})] \quad (4)$$

Hierarchical contextualization generates L-level feature maps, and to capture the global context of the entire input, a global average pooling is applied on the first L level feature maps apply global average pooling $Z^{L+1} = \text{Avg} - \text{Pool}(Z^L)$. This results in a total $(L+1)$ number of feature maps $\{Z^l\}_{l=1}^{L+1}$ that collectively capture local and long-range contexts at different granularity levels.

In gated aggregation, a gating mechanism is used to control each query from different levels of Z^l of feature mappings from the amount of aggregation. Specifically, a linear layer is used to obtain spatial and level-aware pick-through weights $G = f_g(X) \in \mathbb{R}^{H \times W \times (L+1)}$. Then, a weighted sum is performed by elemental multiplication to obtain a single feature mapping of the same size as the input X individual feature mappings of the same size as the input Z_{out}:

$$Z_{\text{out}} = \sum_{l=1}^{L+1} G^l \odot Z^l \quad (5)$$

Where $G^l \in \mathbb{R}^{H \times W \times 1}$ is the first l level of a channel. So far, all aggregations are spatial aggregations. To model the relationship between different channels, another linear layer is used $h(\cdot)$ to obtain the modulator $M = h(Z_{\text{out}}) \in \mathbb{R}^{H \times W \times C}$.

2.3 Bi-Former attention added

Self-attention (SA) mechanisms cause serious scalability challenges concerning the spatial resolution of inputs due to the high complexity of their multi-attention. Therefore, we introduce dynamic sparse attention Bi-Former[15], which incorporates bi-layer route-awareness for more flexible computational allocation and content-awareness to facilitate dynamic query-aware sparsity. As shown in Figure 5, the main idea is to filter out, at a coarse-grained level, the most irrelevant key-value pairs and retain only a small portion of the routing region to reduce the number of parameters and computational load.

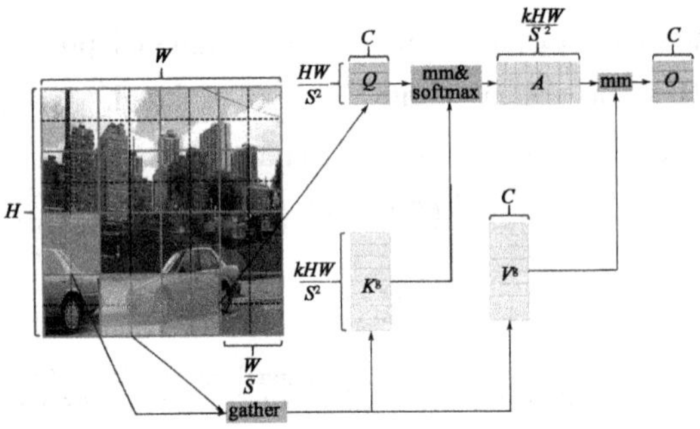

Figure 5 Bi-Former sparsity methods

In the input feature map, queries are obtained by linear mapping queries Q, keys K, values V. Bi-Former attention mechanism gets proximity matrix (representing the correlation between two regions):

$$A^r = Q^r(K^r)^T \quad (6)$$

Based on the adjacency matrix, only the top one of each area is kept k links to get the routing index between areas with higher correlation:

$$I^r = \text{topkIndex}(A^r) \quad (7)$$

Finally, we collect the tensor indexes of the key-value pairs by gathering the K^g and V^g, which in turn focuses on the collected key-value pairs as follows:

$$O = \text{Attention}(Q, K^g, V^g) + \text{LCE}(V) \quad (8)$$

LCE(V) is a local context enhancement term.

3 Experimental results

In order to better evaluate the effect of our improved scheme, we conducted comparative experiments on each of the three components of the enhanced scheme. We utilized seven common evaluation metrics for object detection: mParam, F1-Curve, Precision, Recall, mAP50, mAP50-95, and GFLOPs. In these experiments, we selected YOLOv8 as our baseline.

3.1 Comparative experiments on FasterNet

In Experiment 1, our objective is to verify the lightweight capability of FasterNet, and its experimental results are shown in Table 1.

Experimental Results of FasterNet　　　　Table 1

Method (Backbone)	F1-Curve ↑	Precision ↑	Recall ↑	mAP50 ↑	mAP50-95 ↑	mParam ↓	GFLOPs ↓
Baseline	0.867	0.894	0.842	0.908	0.692	11.25	28.6
Swin Transformer	0.868	0.901	0.837	0.917	0.695	34.73	90.7
ResNet	0.861	0.894	0.831	0.910	0.689	17.92	46.5
LskNet	0.865	0.892	0.840	0.908	0.690	12.94	31.0
RepVit	0.868	0.895	0.843	0.910	0.692	11.25	30.3
EfficientFormer	0.871	0.898	0.845	0.913	0.693	10.15	36.9
FasterNet	0.878	0.902	0.855	0.919	0.695	09.69	24.9

From Table 1, it is evident that FasterNet outperforms all other algorithms, particularly in terms of lightweighting. mParam is an important indicator for detecting the lightweighting ability of an algorithm. FasterNet saves 6.9% compared to YOLOv8 on the benchmark dataset RoadVehicle. Additionally, the GFLOPs are reduced by 12.9%, which further decreases the difficulty of deploying the detector.

3.2 Comparative experiments on FocalNet

In Experiment 2, our objective is to verify the ability of FocalNet to focus the field of view on the feature region. The experimental results are shown in Table 2.

Experimental Results of FocalNet　　　　Table 2

Method (Pyramid)	F1-Curve ↑	Precision ↑	Recall ↑	mAP50 ↑	mAP50-95 ↑	mParam ↓	GFLOPs ↓
SPPF	0.867	0.894	0.842	0.908	0.692	11.10	28.6
SPP	0.868	0.901	0.837	0.917	0.695	10.97	28.5
FocalNet	0.878	0.906	0.851	0.920	0.703	11.55	29.0

As depicted in Table 2, FocalNet performs optimally in terms of detection accuracy on the benchmark dataset RoadVehicle. FocalNet improves mAP50 by 1.3% and mAP50-95 by 1.6% compared to SPPF, further improving the algorithm's overall performance.

3.3 Comparative experiments on Bi-Former

InExperiment 3, our objective was to verify the Bi-Former's ability to focus attention, and its experimental results are shown in Table 3.

Experimental Results of Bi-former　　　　Table 3

Method (Attention)	F1-Curve ↑	Precision ↑	Recall ↑	mAP50 ↑	mAP50-95 ↑	mParam ↓	GFLOPs ↓
Baseline	0.867	0.894	0.842	0.908	0.692	11.10	28.6
D-LKA	0.871	0.899	0.845	0.912	0.695	14.65	31.6
CPCA	0.873	0.902	0.846	0.914	0.698	11.62	29.5
Bi-former	0.879	0.909	0.851	0.920	0.706	12.22	29.0

From Table 3, we observe that Bi-former improves the detection accuracy on the benchmark dataset RoadVehicle by 1.3% on mAP50 and 2.0% on mAP50-95 compared to the Baseline. This improvement is favorable for the application of the detection algorithm.

3.4 Comparison with other detectors

In order to more effectively evaluate the performance of HAF-YOLOv8 for vehicle object detection, this paper designs a comparative experiment with other detectors. The experimental results are shown in Table 4 and Figure 6.

Comparative Experimental Results of HAF-YOLOv8   Table 4

Method	F1-Curve ↑	Precision ↑	Recall ↑	mAP50 ↑	mAP50-95 ↑	mParam ↓	GFLOPs ↓
YOLOv8s	0.867	0.894	0.842	0.908	0.692	11.10	28.6
YOLOv6s (r3.0)	0.868	0.901	0.837	0.917	0.695	18.50	45.3
YOLOv7	0.873	0.904	0.844	0.919	0.697	37.80	105.1
DERT	0.875	0.907	0.847	0.916	0.696	41.00	86.0
HAF-YOLOv8	0.878	0.917	0.857	0.929	0.714	10.67	25.5

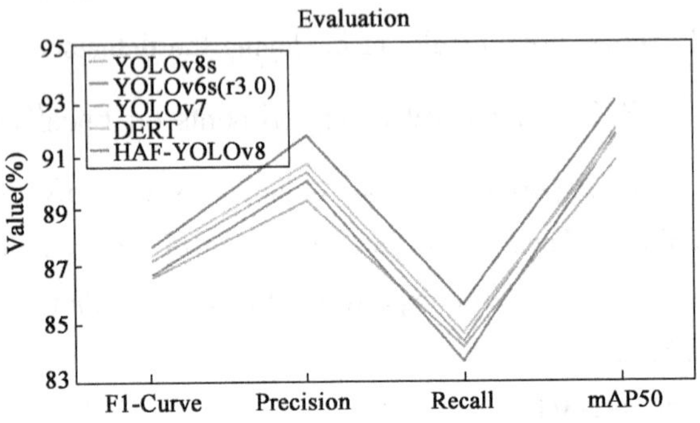

Figure 6   Results of comparative experiments

From Table 4 and Figure 6, it is evident that HAF-YOLOv8 comprehensively outperforms the mainstream object detectors in seven evaluation indices in the benchmark RoadVehicle dataset at this stage and achieves SOTA performance. mParam, as the most important and reliable index for evaluating lightweighting of object detection challenges, HAF-YOLOv8 saves 3.9% and has 10.8% reduction in GFLOPs compared to YOLOv8. In terms of detection accuracy, HAF-YOLOv8 improves by 3.2% compared to YOLOv8 on mAP50-95. From the experiments conducted in this chapter, we can conclude that HAF-YOLOv8 can outperform the mainstream vehicle detection algorithms in terms of lightweighting and detection accuracy, and thus can be applied in the field of vehicle detection. Finally, we have selected some test results for demonstration, as shown in Figure 7.

Figure 7   HAF-YOLOv8s test results on the benchmark RoadCar.

4 Conclusions

In this paper, we present the higher precision and faster efficiency vehicle object detector HAF-YOLOv8. We integrate three modules, FasterNet, FocalNet, and Bi-Former, into the YOLOv8 pipeline. FasterNet is integrated into the backbone to reduce redundant feature extraction. FocalNet replaces the SPPF to enhance focus on the feature area. Additionally, we introduce Bi-Former attention to capture long-range dependencies and contextual semantic information about objects. Through comparative experiments, we can reasonably infer that our detector is a highly precise and lightweight vehicle detector. HAF-YOLOv8 achieves significant enhancement results on the benchmark RoadVehicle datasets. Although HAF-YOLOv8 has already achieved excellent results in the field of vehicle detection, its detection capability in extended fields such as autonomous driving still needs to be explored. In the future, we will continue to explore and expand horizontally to the fusion with LIDAR for better detector. We hope that our research will lead to the development of a vehicle detector that can be utilized in various fields. Meanwhile, researchers can refer to recent detectors such as MMYOLO and YOLO-NAS to enhance the detection capability of the vehicle detector and further improve the performance based on our proposed HAF-YOLOv8. We have made our source code and dataset openly available for researchers to access and learn from. We hope that HAF-YOLOv8 will serve as an inspiration for future research in the field of vehicle detection and recognition.

References

[1] LU W Y, MING Y. Face detection based on viola-jones algorithm applying composite features[C]//2019 International Conference on Robots & Intelligent System (ICRIS). IEEE, 2019: 82-85.

[2] Yi Z. Research on Pedestrian Detection System based on Tripartite Fusion of HOG + SVM + Median filter [C] // 2020 International Conference on Artificial Intelligence and Computer Engineering (ICAICE). IEEE, 2020: 484-488.

[3] KRIZHEVSKY A, SUTSKEVER I, HINTON G E. Imagenet classification with deep convolutional neural networks [J]. Advances in neural information processing systems, 2012, 25.

[4] GIRSHICK R. Fast r-cnn[C]//Proceedings of the IEEE international conference on computer vision. 2015: 1440-1448.

[5] REDMON J, DIVVALA S, GIRSHICK R, et al. You only look once: Unified, real-time object detection[C]//Proceedings of the IEEE conference on computer vision and pattern recognition. 2016: 779-788.

[6] JOCHER G, STOKEN A, BOROVEC J, et al. ultralytics/yolov5: v3. 0[J]. Zenodo, 2020.

[7] CHOI J Y, SUNG K S, YANG Y K. Multiple vehicles detection and tracking based on scale-invariant feature transform [C] // 2007 IEEE Intelligent Transportation Systems Conference. IEEE, 2007: 528-533.

[8] FELZENSZWALB P, MCALLESTER D, RAMANAN D. A discriminatively trained, multiscale, deformable part model [C] // 2008 IEEE conference on computer vision and pattern recognition. ieeee, 2008: 1-8.

[9] LI Y, LI S, DU H, et al. YOLO-ACN: Focusing on small target and occluded object detection [C] // IEEE Access 2020, 8, 227288-227303.

[10] LI Y, WANG H, DANG L M, et al. A Deep Learning-Based Hybrid Framework for Object Detection and Recognition in Autonomous Driving [C] // IEEE Access 2020, 8, 194228-194239.

[11] HUANG B, LIN H, HU Z, et al. An improved YOLOv3-tiny algorithm for vehicle detection in natural scenes [J]. IET Cyber-Systems and Robotics, 2021, 3(3): 256-264.

[12] LIU J, ZHANG R. Vehicle detection and ranging using two different focal length cameras [J]. Journal of Sensors, 2020, 2020: 1-14.

[13] CHEN J, KAO S, HE H, et al. Run, Don't Walk: Chasing Higher FLOPS for Faster Neural Networks [C] // Proceedings of the IEEE/CVF Conference on Computer Vision and Pattern Recognition. 2023: 12021-12031.

[14] YANG J, LI C, DAI X, et al. Focal modulation networks[J]. Advances in Neural Information Processing Systems, 2022, 35: 4203-4217.

[15] Zhu L, Wang X, Ke Z, et al. BiFormer：Vision Transformer with Bi-Level Routing Attention [C]//Proceedings of the IEEE/CVF Conference on Computer Vision and Pattern Recognition. 2023：10323-10333.

考虑碳排放的 2E-LRP 问题及其优化分析

喻 言[1]　汤希峰[*2]　鲍 月[1]
(1. 北京交通大学交通运输学院;2. 河海大学土木与交通学院)

摘 要 为减少物流运输过程中的 CO_2 排放,本文研究了考虑碳排放的两层路径 - 选址问题(2E - LRP)。本文首先基于燃油车和电动车的 CO_2 排放计算方法,建立了以碳排放最小化为目标的 2E-LRP 优化模型。针对问题求解的复杂度,本文设计了一种可快速求解大规模问题的两阶段算法。算法的第一阶段将考虑碳排放的 2E-LRP 问题简化为两阶段设施选址问题;根据得到的第一阶段的解,算法的第二阶段再将原问题转化为两层独立的车辆路径问题,并运用改进的 C-W 节约算法进行求解。最后基于 Prodhon 标准算例,对模型和算法进行了测试。由于本文设计的两阶段算法适合求解大规模问题,因此选取了算例中客户数量为 200 的 6 个最大规模的算例进行了修改和测试,并针对考虑碳排放最小化和考虑成本最小化两个不同目标的计算结果进行了对比分析,结果表明本文提出的考虑碳排放的 2E-LRP 模型可有效实现减少 CO_2 排放的目的。本文的研究可以为第三方物流企业开展城市配送提供更加科学有力的技术支撑,助力我国的"双碳"目标。

关键词 城市配送　2E-LRP　碳排放　两阶段算法　2E-FLP　节约算法

0 引言

两层的物流网络是目前世界大中城市广泛采用的城市物流网络结构,其核心问题之一是两层选址-路径问题(Two-echelon Location Routing Problem, 2E-LRP)。研究 2E-LRP 问题的目的在于探索在实际应用中如何高效地确定一组设施的位置以及相应的车辆路径,在最小化资源使用的同时满足物流服务需求。此外,城市配送车辆的碳排放问题也引起了社会各界的广泛关注。由于燃油车在我国物流运输中仍扮演着重要的角色,为减少物流运作中产生的 CO_2,运输和配送时采用电动物流车替代部分燃油货车并对其配送路径进行合理规划便成为当前物流业的主要措施。

在绿色车辆路径问题(Green Vehicle Routing Problem, GVRP)的研究中,Lin 等[1]、Demir 等[2]对 GVRP 进行了广泛的文献综述,并对燃油消耗的影响因素进行了分析。在计算货车运输过程的碳排放方面,汤希峰等[3]基于一种以排放因子为主要

参数的方法计算碳排放。胡大伟等[5]燃油车模型采用 Barth 等人提出的燃油消耗率计算方法。Network for Transport and Environment(NTM)[6]是瑞典的一个非营利性组织,提出了一种较为通用的方法来计算不同运输方式的环境绩效。本文采取了此方法计算燃油车的排放,并对距离和载重外的其他因素进行了简化处理。

由于电动车在运输过程中本身不产生碳排放,因此电动车的碳排放通常采用电动车运输过程消耗的电能以及火力发电生成相同电量所产生的碳排放进行计算。之前的研究大多以距离最小化为目标来解决电动汽车路径问题,而 Kancharla[7]等在功率估计函数中考虑了车辆的负荷来计算能量需求。文章认为影响电池消耗量的重要因素之一是车辆所承载的负载,采用了综合模态排放模型(Comprehensive Modal Emission Model, CMEM)进行碳排放的计算。由于在电动汽车路径问题中,考虑负载对路径的选择有很大影响,因此本文借鉴了此方法计算电动车的功率,

基金项目:国家自然科学基金项目(71874067,52072069);江苏省农业科技自主创新资金项目(CX(20)3074)。

进而计算相应耗电量对应的碳排放。

在2E-LRP问题的研究中，Cuda 等[8]对2E-LRP相关的文献及其相关问题进行了整理。Breunig 等[9]主要对求解2E-LRP问题的算法进行了比较和创新。蒋海青等[4]建立了低碳开放式选址-路径问题模型，并设计量子进化算法进行求解。Dai 等[10]设计了一种基于改进的 Clarke-Wright(C-W)节约算法的两阶段方法，该方法可以在较短的时间内给出大规模2E-LRP问题较高质量的解。

通过对现有文献的梳理发现：一方面，目前对于2E-LRP的研究主要是以物流成本最小化为目标；另一方面，在现有的 GVRP 和考虑碳排放的2E-LRP 模型中，碳排放的计算方法需要参数太多，计算复杂；此外，现有的求解2E-LRP 的算法更适用于小规模问题，求解大规模问题时效率较低。本研究针对上述不足，主要创新点包括：

(1)建立了新的以碳排放最小化为目标的2E-LRP 优化模型。燃油车和电动车碳排放的计算以排放因子为主要参数，排放因子仅与车辆的载重和行驶距离相关。

(2)设计了新的求解模型的两阶段算法。考虑到排放因子与车辆载重和行驶距离的相关性，算法的第一阶段将2E-LRP 简化成以需求加权的距离之和最小化为目标的两阶段设施选址问题(Two-echelon Facility Location Problem，2E-FLP)进行求解；算法的第二阶段，对经典的 C-W 节约算法进行了改进，以适用于求解考虑碳排放的 VRP 问题。

1 模型构建

1.1 问题描述

本文考虑了一个两级分布网络，由三类不相交的顶点集组成，分别对应于物流园区的位置(即 0 点)、配送中心的潜在位置 S 和客户的位置 T。物流园区和客户位于已知的固定位置，而要使用的配送中心的位置并不是预先确定的。模型的示意图如图 1 所示。

上述物流网络可分为两层。第一层包括物流园区与配送中心之间的路径，以及连接配送中心对的路径。第二层连接配送中心和客户，以及连接客户对之间的路径。货物配送网络中，第一层由燃油车队进行配送，第二层由电动车队进行配

送。考虑碳排放的2E-LRP 问题的目的是在候选地点启用部分配送中心，并在两层的配送网络中确定配送车辆路线，以便尽量减少系统产生的总 CO_2 排放量。

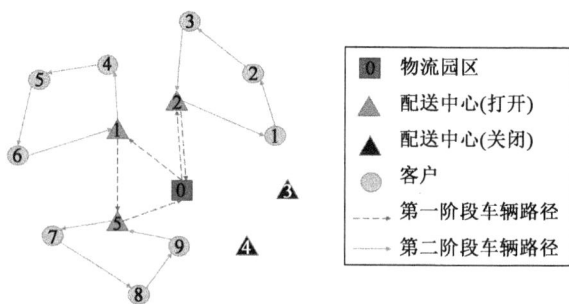

图 1　2E-LRP 可行解示意图

1.2　CO_2 排放计算模型

1.2.1　燃油车 CO_2 排放计算模型

NTM 给出的 CO_2 计算方法综合考虑了距离和载重因素等因素，由于本文的研究背景为城市物流，因此仅考虑燃油车在城市道路行驶时，在指定载重系数 λ 下的油耗。燃油车 k 通过指定路径 (i,j) 时的油耗 fuel_{ij}^k 为：

$$\mathrm{fuel}_{ij}^k = \alpha^1 + \beta^1 \lambda_{ij}^k \quad ((i,j) \in A_1, k \in K) \quad (1)$$

$$\alpha^1 = f_{\mathrm{ve}}, \beta^1 = (f_{\mathrm{vf}} - f_{\mathrm{ve}}) \quad (2)$$

式中：f_{ve}——空车油耗/$(\mathrm{L} \cdot \mathrm{km}^{-1})$；

　　　f_{vf}——满载车油耗/$(\mathrm{L} \cdot \mathrm{km}^{-1})$；

　　　λ_{ij}^k——燃油车 k 行驶在路径 (i,j) 上时的载重系数。

根据 NTMCalc3.0 第一版中包含的交通状况，由 HBEFA3.1 中定义的平均道路类型，得到空车油耗 $f_{\mathrm{ve}} = 0.388\mathrm{l/km}$，满载车油耗 $f_{\mathrm{vf}} = 0.478\mathrm{l/km}$。则燃油车 k 在路径 (i,j) 上行驶时排放的 CO_2(kg)可按下式计算：

$$e_{ij}^k = \mathrm{fuel}_{ij}^k r_{ij} e_{\mathrm{CO}_2}^1 \quad ((i,j) \in A_1, k \in K) \quad (3)$$

式中：$e_{\mathrm{CO}_2}^1$——燃油车的 CO_2 排放因子，根据 Demir 等[2]的数据，取 $e_{\mathrm{CO}_2}^1 = 3.13\mathrm{kg/L}$ 柴油；

　　　r_{ij}——物流园区及配送中心 i 和 j 之间的行驶距离。因此燃油车队 K 的 CO_2 排放量可表示为 E^K/kg，如公式(4)。其中 x_{ij}^k 为 0-1 变量，如果燃油车 k 通过路径 (i,j)，则 $x_{ij}^k = 1$，否则取值为 0。

$$E^K = \sum_{(i,j)\in A_1}\sum_{k\in K}(\alpha^1 + \beta^1 \cdot \lambda_{ij}^k) r_{ij} x_{ij}^k \cdot e_{CO_2}^1 \quad (4)$$

1.2.2 电动车 CO_2 排放计算模型

电动车在运输过程中产生的 CO_2 排放以相应消耗的电量对应火力发电产生的 CO_2 进行计算。Kancharla 等[15]在文章中使用 CMEM 中的功率模块来估计电动车运输所需功率,其中考虑了电动车的载重来计算能量需求。电动车发动机功率(P)的计算方法如下:

$$P = (Ma + Mg\sin\theta + MgC_r\cos\theta + 0.5C_d\rho Av^2)v/1000\varepsilon \quad (5)$$

式中:v——速度($m \cdot s^{-1}$);

　　a——加速度($m \cdot s^{-2}$),由于假设电动车为匀速行驶,$a = 0$;

　　M——电动车总重(kg);

　　g——重力常数 9.8($m \cdot s^{-2}$);

　　θ——以度为单位的道路坡度角;

　　ρ——空气密度($kg \cdot m^{-3}$),取 $\rho = 1.2041 kg/m^3$;

　　A——电动车的正面表面积/m^2。

本文选择了电动货运车辆东风汽车-御风 EM26(2023 款)的正表面积,取 $A = 3.5329 m^2$;

　　C_d——空气阻力系数,取 $C_d = 0.3556$;

　　C_r——滚动阻力系数,取 $C_r = 0.019$;

　　ε——车辆传动系统的效率,取 $\varepsilon = 0.8$;

　　P——每秒发动机输出功率(kW)。

根据中国物流与采购联合会公路货运分会《2021 年城市配送货车便利通行报告》统计得到电动货车平均时速 $v = 12.76 m/s$。行驶在第二层网络路径(i, j)上的电动车 l 的质量 M_{ij}^l 由两部分组成,其中公式 6 中的 m_{ee}、m_{ef} 分别为电动车空载、满载时的质量,根据东风汽车-御风 EM26 的整备质量和最大载重质量,取 $m_{ee} = 1640 kg$、$m_{ef} = 2870 kg$。λ_{ij}^l 为电动车 l 的载重系数。

对公式(5)进行简化,得到电动车 l 在路径(i, j)上行驶时发动机的输出功率 P_{ij}^l 见公式(7)。

$$M_{ij}^l = m_{ee} + (m_{ef} - m_{ee})\lambda_{ij}^l \quad ((i,j)\in A_2, l\in L) \quad (6)$$

$$P_{ij}^l = \alpha^2 v + \beta^2 \lambda_{ij}^l v \quad (7)$$

$$\alpha^2 = \frac{0.5C_d\rho Av^2 + gC_r m_{ee}}{1000\varepsilon}$$

$$\beta^2 = \frac{gC_r(m_{ef} - m_{ee})}{1000\varepsilon} \quad (8)$$

式中 $\alpha^2 = 0.5356$,$\beta^2 = 0.2863$。电动车 l 通过路径(i, j)消耗的电量 elc_{ij}^l($k \cdot Wh$)为:

$$elc_{ij}^l = P_e t_{ij}^l = (\alpha^2 + \beta^2 \lambda_{ij}^l)\frac{r_{ij}}{3600} \quad (9)$$

采用公式(10)计算电动车队 L 产生的 CO_2 排放量 E^L/kg。其中 y_{ij}^l 为 0-1 变量,如果电动车 l 通过路径(i, j),则 $y_{ij}^l = 1$,否则取值为 0。

$$E^L = \sum_{(i,j)\in A_2}\sum_{l\in L}(\alpha^2 + \beta^2 \lambda_{ij}^l)\frac{r_{ij}}{3600}y_{ij}^l \cdot e_{CO_2}^2 \quad (10)$$

式中,e_{CO2}^2 表示电动车每千瓦时发电量对应的 CO_2 排放量,$e_{CO2}^2 = p_f p$[5],其中 p_f 为我国火力发电的比例,根据全国发电量结构[11],取近三年火力发电占比的平均值,取 $p_f = 68.71\%$;$p/(kg \cdot kW^{-1} \cdot h^{-1})$ 为电能转化系数,用于计算火力发电厂产生的 CO_2 排放量,取 $p = 0.86$。

1.2.3 基于碳排放最小的 2E-LRP 模型

考虑碳排放的 2E-LRP 可以表述为三指标混合整数线性规划。除了二进制的决策变量 x_{ij}^k 和 y_{ij}^l 外,还使用以下 0-1 变量:如果配送中心 s 被选用,则 $z_s = 1$,否则取值为 0;如果配送中心 s 服务于客户 t,则 $u_{st} = 1$,否则取值为 0。该模型还要求燃油车 k 交付给配送中心 s 的货物量为非负变量 b_k^s。则以碳排放最小化为目标的 2E-LRP 模型为:

$$\min \sum_{(i,j)\in A_1}\sum_{k\in K}(\alpha^1 + \beta^1 \lambda_{ij}^k)r_{ij}x_{ij}^k e_{CO_2}^1 +$$
$$\sum_{(i,j)\in A_2}\sum_{l\in L}(\alpha^2 + \beta^2 \lambda_{ij}^l)\frac{r_{ij}}{3600}y_{ij}^l e_{CO_2}^2 \quad (11)$$

Subject to:

$$\sum_{i\in S\cup T}\sum_{l\in L}y_{ti}^l = 1 \quad (\forall t\in T) \quad (12)$$

$$\sum_{j\in S\cup T}y_{ji}^l = \sum_{i\in S\cup T}y_{ij}^l \quad (\forall i\in S\cup T, l\in L) \quad (13)$$

$$\sum_{t\in T}\sum_{j\in S\cup T}d_t y_{tj}^l \leq R \quad (\forall l\in L) \quad (14)$$

$$\sum_{(i,j)\in A_2}(\alpha^2 + \beta^2 \cdot \lambda_{ij}^l)r_{ij}y_{ij}^l \leq elc^l \quad (\forall k\in K) \quad (15)$$

$$\sum_{i\in T}\sum_{j\in T'}y_{ij}^l \leq |T'| - 1, \forall l\in L, T'\subseteq T, |T'|\geq 2 \quad (16)$$

$$\sum_{i\in T'}y_{si}^l + \sum_{i\in S\cup T'}y_{it}^l \leq 1 + u_{st} \quad (\forall s\in S, t\in T, l\in L) \quad (17)$$

$$m_{ef}\lambda_{it}^l - d_t = m_{ef}\lambda_{tj}^l \quad (\forall (i,t),(t,j)\in A_2, t\in T, l\in L) \quad (18)$$

$$\sum_{s\in S}u_{st} = 1 \quad (\forall t\in T) \quad (19)$$

$$\sum_{t\in T}d_t u_{st} \leq W_s z_s \quad (\forall s\in S) \quad (20)$$

$$\sum_{i\in S\cup\{0\}}\sum_{k\in K}x_{si}^k = z_s \quad (\forall s\in S) \quad (21)$$

$$\sum_{j \in S \cup \{0\}} x_{ji}^k = \sum_{j \in S \cup \{0\}} x_{ij}^k, \forall k \in K, i \in S \cup \{0\} \quad (22)$$

$$\sum_{i \in S'} \sum_{j \in S'} x_{ij}^k \leqslant |S'| - 1, \forall k \in K, S' \subseteq S, |S'| \geqslant 2 \quad (23)$$

$$m_{ff} \lambda_{is}^k - \sum_{j \in V_c} d_j \cdot u_{sj} = m_{ff} \lambda_{tj}^k,$$
$$\forall (i,t),(t,j) \in A_1, s \in S, k \in K \quad (24)$$

$$\sum_{s \in S} b_s^k \leqslant Q, \forall k \in K \quad (25)$$

$$\sum_{k \in K} b_s^k = \sum_{t \in T} d_t u_{st}, \forall s \in S \quad (26)$$

$$b_s^k \leqslant Q \times \sum_{i \in S \cup \{0\}} x_{si}^k, \forall s \in S, k \in K \quad (27)$$

$$x_{ij}^k \in \{0,1\}, \forall (i,j) \in A_1, k \in K \quad (28)$$

$$y_{ij}^l \in \{0,1\}, \forall (i,j) \in A_2, l \in L \quad (29)$$

$$z_s \in \{0,1\}, \forall s \in S \quad (30)$$

$$u_{st} \in \{0,1\}, \forall s \in S, t \in T \quad (31)$$

$$b_s^k \geqslant 0, \forall s \in S, k \in K \quad (32)$$

目标函数(11)表示两个阶段车辆的 CO_2 排放量之和最小。

约束条件(12)~(20)是关于第二层运输网络的约束。约束条件(12)确保每个客户都被访问到;第二层网络的连续性约束条件(13)同时也保证电动车返回其出发的配送中心;电动车容量满足约束条件(14);电动车续航满足约束公式(15),其中 elc^l 为电动车的电量限制;约束条件(16)为消除第二层网络的子回路约束;如果有一辆电动车 l 离开配送中心 s 并到达客户 t,约束条件(17)确保配送中心 s 服务于客户 $t(u_{st}=1)$;约束条件(18)表示第二层网络中电动车载重量在相邻路段上的数量关系;约束条件(19)将每个客户分配给选用的配送中心;约束条件(20)有两个作用:如果配送中心关闭,则没有客户分配给它,否则所服务的总需求不能超过配送中心容量。

约束条件(21)~(27)关于第一层运输网络的约束。约束条件(21)表示每个选用的配送中心必须由一辆燃油车访问;约束条件(22)确保每辆燃油车在结束配送后返回物流园区;约束条件(23)为消除第一层网络的子回路约束;约束条件(24)表示第一层网络中燃油车载重量在相邻路段上的约束关系,其中 m_{ff} 为燃油车满载时的质量;每个配送中心 s 的流量守恒通过约束条件(25)表示:燃油车带给配送中心 s 的货物总量必须等于分配给该配送中心的客户的总需求量(无存储);燃油车容量满足约束条件(26);约束条件(27)表示如果燃油车 k 不访问配送中心 s,则燃油车 k 给配送中心 s 运输的货物量必须为零。

2 算法设计

考虑碳排放的 2E-LRP,既包括设施选址问题也包含车辆路径问题,由于设施选址问题和车辆路径问题都属于 NP-hard 问题,所以它是更加复杂的 NP-hard 问题。Dai 等[10]的研究表明,当问题规模较大时,将设施选址和车辆路径两个子问题分开考虑,得到的解依然具有很高的质量,且求解效率大大提高。有鉴于此,本文设计了一种可快速求解大规模考虑碳排放的 2E-LRP 问题的两阶段算法,算法流程图如图 2 所示。

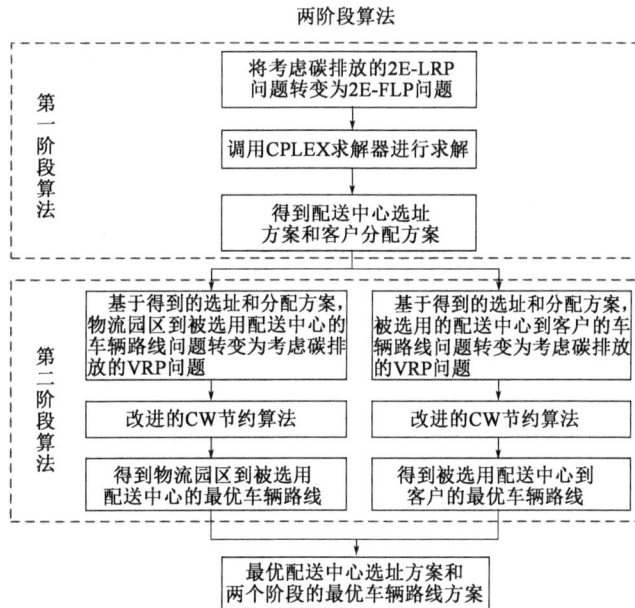

图 2　两阶段算法流程图

2.1　算法第一阶段

两阶段算法的第一阶段将考虑碳排放的 2E-LRP 转为 2E-FLP。根据考虑碳排放的目标函数，由于其与车辆总的行程和载重相关，因此与之相对应的 2E-FLP 问题可表示为：

$$\min \sum_{s \in St} \sum_{t \in T} (r_{0s} + r_{st}) d_t u_{st} \tag{33}$$

Subject to：

公式(19)、(20)、(30)、(31)

公式(33)为目标函数，表示客户到配送中心以及配送中心到物流园区的以需求量为权重的距离之和最小。由于该 2E-FLP 问题为线性规划问题，可直接运用 CPLEX 求解器进行求解，从而得到配送中心选址和客户分配方案。

2.2　算法第二阶段

本文根据目标函数对经典的 C-W 节约算法进行改进，以适用于求解考虑碳排放的车辆路径。经典的 C-W 节约算法根据目标点合并至线路后距离的节约值进行降序排列，再根据节约值的大小依次进行点对的合并。改进的 C-W 节约算法在增加容量约束和行程约束之外，根据目标点对合并后节约的 CO_2 排放量进行排序，再根据节约值的大小依次进行点对的合并。

2.2.1　计算 CO_2 排放节约值

CO_2 排放节约值计算的示意图如图 3 所示。

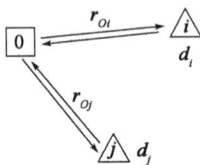

图 3　CO_2 排放节约值计算示例图

其中，d_i 表示点 i 的需求量，两点之间的距离为无向的，即 $r_{ij} = r_{ji}$。根据目标函数[公式(11)]，以第一层运输网络为例，Q 为燃油车的容量约束，左图的 CO_2 排放量可计算为：

$$emission_i = (\alpha^1 + \beta^1 d_i/Q) r_{0i} +$$
$$\alpha^1 r_{0i} + (\alpha^1 + \beta^1 d_j/Q) r_{0j} + \alpha^1 r_{0j} \tag{34}$$

在连接点对 (i, j) 后，右图的 CO_2 排放量为：

$$emission_j = [\alpha^1 + \beta^1 (d_i + d_j)/Q] r_{0i} +$$
$$(\alpha^1 + \beta^1 d_j/Q) r_{ij} + \alpha^1 r_{0j} \tag{35}$$

因此计算 CO_2 排放节约值为：

$$e_{ij} = emission_i - emission_j$$
$$= (\alpha^1 - \beta^1 d_j/Q) r_{0i} + (\alpha^1 + \beta^1 d_j/Q)(r_{0j} - r_{ij}) \tag{36}$$

由此根据 CO_2 排放节约值对点对 (i, j) 进行排序，进而根据是否满足约束条件合并到路径中。第二层运输网络的 CO_2 排放节约值的计算同理，仅需对相应的参数进行更换，$\alpha 1 \rightarrow \alpha 2$、$\beta 1 \rightarrow \beta 2$ 和 $Q \rightarrow R$。

对公式(40)分析可知，点对 (i, j) 的合并和点对 (j, i) 的合并导致的 CO_2 排放节约值区别取决于后送的货物量。由此，改进的节约算法也是同时考虑了距离和载重的双重因素，在节约值的计算方面进行了改进。

2.2.2　合并点顺序要求

如果点对 (i, j) 中的其中一点已经在已有路径中，且为该路径的边缘点，在符合路径的容量、行程约束下，原 C-W 节约算法的点对 (i, j) 合并方式有四种。这是由于点 i 和点 j 都有可能位于两端的边缘点，需要根据具体情况确定使用哪种合并方法。4 种合并方法的示意图如图 4、图 5 所示。

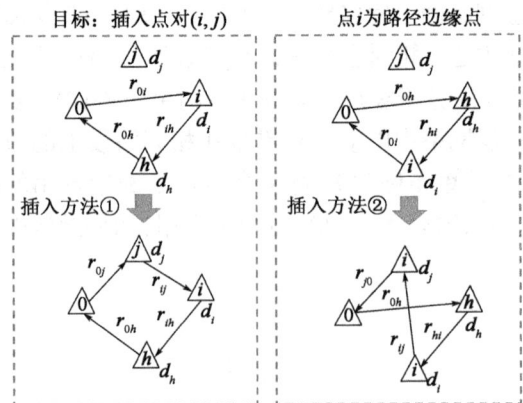

图 4　C-W 节约算法 Case2 合并方法

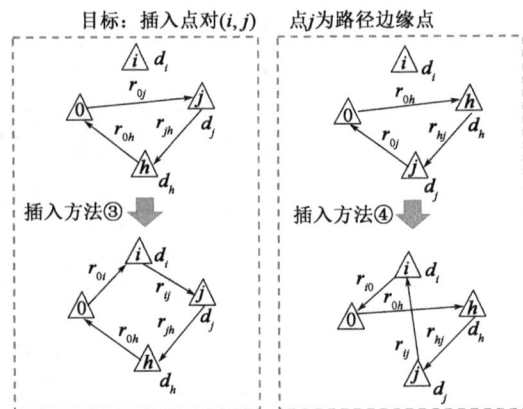

图 5　C-W 节约算法 Case3 合并方法

由于改进的节约算法同时考虑了距离和载重的双重因素,因此在插入顺序上需要做出约束。例如插入点对(i,j)时,路径必须固定为从点i指向点j,即图4、图5所示的插入方法②和插入方法③,而不能按照方法①、④进行插入。因为插入方法①、④表示先送了点j所需货物,不符合点对(i,j)得到的CO_2排放节约值对应的含义。

因此改进的C-W节约算法在点对(i,j)中有一点为已有路径的边缘点时进行改进。若点对(i,j)中两点均不在已有路径、两点均在已有路径、有一点在已有路径中但是为内部点的情况,处理方式均与C-W节约算法相同。

根据求得的配送中心选址和客户分配方案,两个阶段的车辆路径均被转化为独立的以碳排放最小化为目标的VRP问题,可以用改进的C-W节约算法进行求解。改进的C-W节约算法步骤如图6所示。

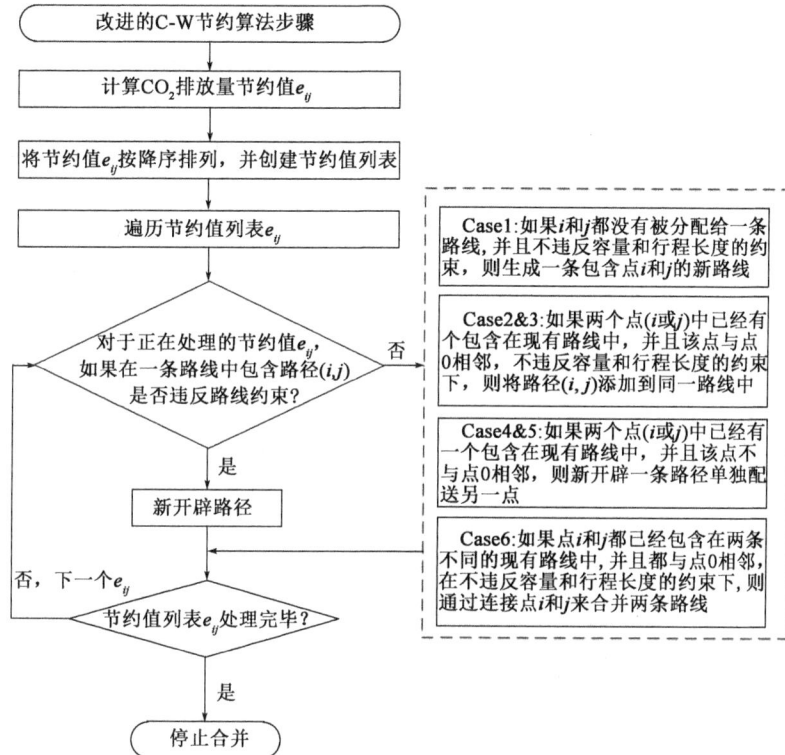

图6 改进的C-W节约算法步骤

3 算例测试及结果分析

本文从网站中(http://prodhonc.free.fr/Instances/instancesLRP2E_us.htm)选取了Prodhon标准算例集中全部6个最大规模的算例。算例的文件名格式为"200-10-a"。其中a表示客户的空间分布方式取值,如果在该文件名中的"a"加上后缀"b",则表示二级车辆容量R为150,否则二级车辆容量R为70。

算例的修改包括:

(1)由于标准算例集合没有单位,根据计算,点对之间的距离小于100。因此根据实际情况对算例的距离单位增大100倍,单位取m用于计算CO_2排放量。

(2)增加燃油车和电动车的碳排放系数。燃油车的满载和空载时的CO_2排放系数分别为1.496kg/km、1.214kg/km,电动车经过火力发电转化得到的满载和空载时的CO_2排放系数分别为0.1347kg/km、0.088kg/km。

3.1 计算结果分析

两阶段算法采用Python 3.7编程并嵌入CPLEX 12.10求解器,分别针对6个Prodhon客户规模为200的2E-LRP算例求解考虑碳排放最小的2E-LRP问题。分别输出每组算例的第一层CO_2排放、第二层CO_2排放和总CO_2排放等指标,结果见表1。

考虑碳排放最小的两阶段算法计算结果 表1

算例	第一层CO_2排放（kg）	第二层CO_2排放（kg）	总CO_2排放量（kg）	第一层车辆数	第二层车辆数	第二层车辆满载率均值	第二层车辆满载率标准差
200-10-1	21.1755	44.3334	65.5089	3	77	0.5748	0.2910
200-10-1b	21.1755	25.5785	46.7539	3	36	0.5737	0.2920
200-10-2	22.1879	34.0008	56.1887	2	75	0.5907	0.2623
200-10-2b	22.1879	20.1590	42.3469	2	38	0.5440	0.2768
200-10-3	23.0829	35.7489	58.8318	3	78	0.5636	0.2947
200-10-3b	23.0829	22.6769	45.7598	3	39	0.5260	0.2384

第一层、第二层CO_2排放量如图7a)所示。通过分析发现，客户规模为200的6个算例中第一层的CO_2排放量互相差距较小，由于后缀"b"仅对电动车运载容量有影响，因此对第一层CO_2排放没有影响。对比分析第二层的CO_2排放量发现，所有带后缀"b"的算例的第二层CO_2排放量均小于没有后缀"b"的算例的第二层CO_2排放量。这是由于当电动车的额定容量更大时，面对同样的客户需求，电动车可以在一次货物配送中满足更多客户的需求，从而减少了电动车总的运输里程，进而减少了CO_2排放量。通过客户分布方式进行对比发现，当客户分布集中、且配送中心位于客户群内部时，第二层电动车队的总运输里程减少，有利于第二层CO_2排放的减少。

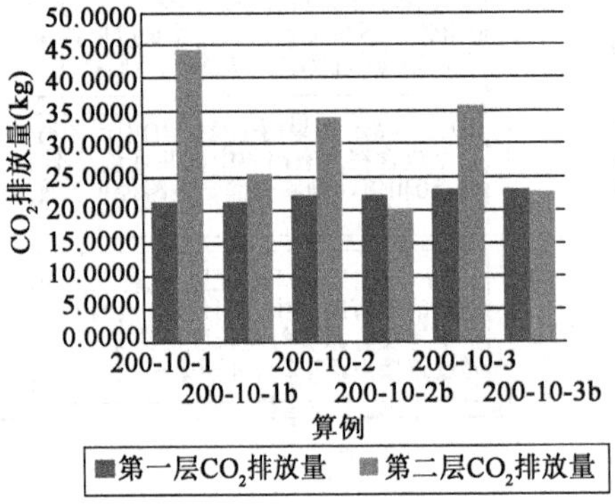

图7 考虑碳排放最小的算例CO_2排放量结果图

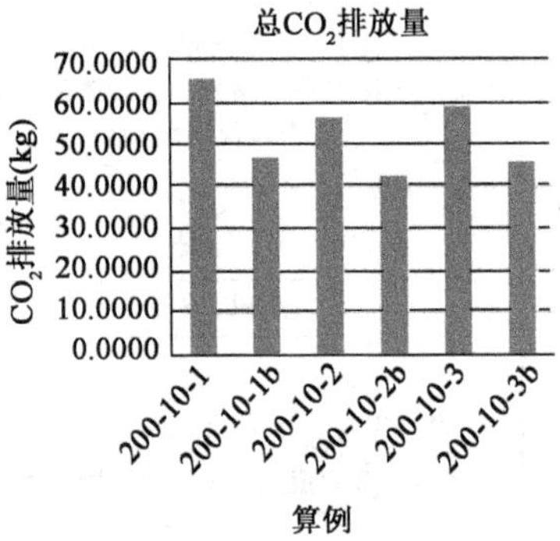

由于第一层的CO_2排放量互相差距较小，总CO_2排放量的变化趋势与第二层的CO_2排放量变化趋势相接近。总CO_2排放量如图7b)所示。这说明当算例的客户规模较大时，2E-LRP问题中总CO_2排放量的变化趋势主要由第二层决定。将输出变量之间进行相关性分析，得到热力图如图8所示，总CO_2排放量与第二层的CO_2排放量之间的相关系数为1，印证了本段结论。

3.2 与成本最小化得到的结果对比

经典的2E-LRP模型是基于成本最小的目标进行建立的，模型的目标函数如下所示。

$$\min \sum_{s \in S} O_s z_s + \sum_{s \in S} \sum_{k \in K} F x_{0s}^k + \sum_{s \in S} \sum_{t \in Tl} \sum_{l \in L} G y_{st}^l + \sum_{(i,j) \in A_1} \sum_{k \in K} c_{ij} x_{ij}^k + \sum_{(i,j) \in A_2} \sum_{l \in L} c_{ij} y_{ij}^l \quad (37)$$

经典的2E-LRP模型的约束条件为本文模型约束里去掉约束(15)、(18)、(24)，其他相同。在求解考虑成本最小的2E-LRP问题时，本研究同样采取两阶段算法进行求解。第一阶段转化为2E-FLP问题，根据参考文献[10]得到与之相对应的2E-FLP问题如下所示：

$$\min \sum_{s \in S} O_s z_s + \sum_{s \in S} \sum_{t \in T} (r_{0s} + r_{st}) u_{st} \quad (38)$$

第二阶段根据第一阶段CPLEX求解器得到的解，采用经典的C-W算法求解两层独立的VRP问题，得到两层网络的车辆路径解作为基于成本最小化目标得到的结果。

基于成本最小得到的路径方案，计算CO_2排放量等指标，得到的结果统计见表2。

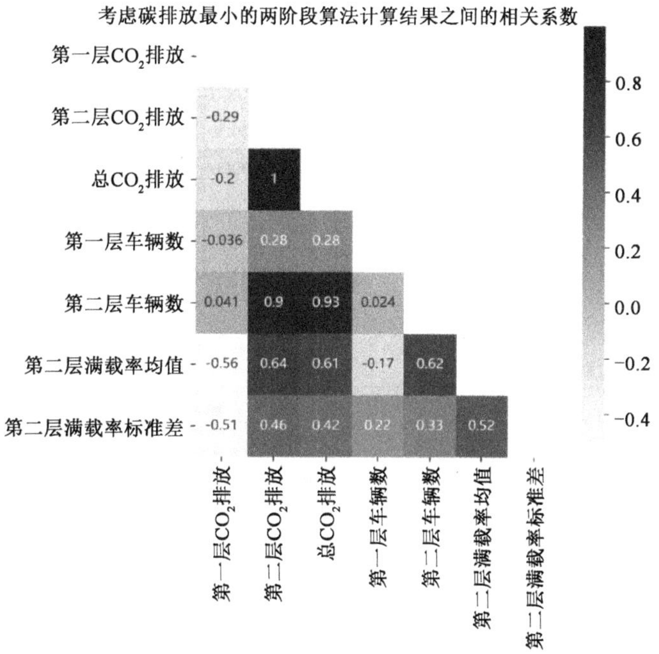

考虑碳排放最小的两阶段算法计算结果之间的相关系数

图 8　考虑碳排放最小的算例结果的相关系数热力图

考虑成本最小的两阶段算法计算结果　　　　　　　　表 2

算例	第一层 CO_2 排放（kg）	第二层 CO_2 排放（kg）	总 CO_2 排放量（kg）	第一层车辆数	第二层车辆数	第二层车辆满载率均值	第二层车辆满载率标准差
200-10-1	38.9617	54.4123	54.8814	3	85	0.5207	0.2755
200-10-1b	38.9617	30.4441	47.4670	3	48	0.4303	0.3316
200-10-2	25.8507	35.8134	93.3740	3	84	0.5274	0.2731
200-10-2b	25.8507	22.9964	69.4058	3	53	0.3901	0.3230
200-10-3	24.9744	38.9587	61.6642	2	88	0.4995	0.2857
200-10-3b	24.9744	23.9451	48.8471	2	53	0.3870	0.3157

　　针对考虑碳排放最小和考虑成本最小的两个 2E-LRP 模型，应用相应的两阶段算法计算 6 个算例的结果，并进行对比分析。将前者简称为模型 1，后者简称为模型 2。

　　两种目标得到的第一层 CO_2 排放量对比图如图 9a) 所示，说明本文建立的模型 1 在第一层网络运输减少 CO_2 排放方面是切实有效的。计算考虑碳排放最小为目标的 CO_2 排放节约率（简称 CO_2 排放节约率），计算方式如下，并以灰色折线图的形式展示在对比图中。

　　CO_2 排放节约率 =（模型 2 得到的 CO_2 排放量-模型 1 得到的 CO_2 排放量）/模型 1 得到的 CO_2 排放量

　　观察图 9a) 发现，其中当客户分布方式 $a = 1$，即客户均匀分布时，模型 1 的第一层 CO_2 排放节约率最大，CO_2 排放节约率为 0.8399。分析两个目标得到的解发现，模型 2 启用的配送中心与物流园区之间的距离更大，是造成第一层 CO_2 排放量显著增加的主要原因。

　　两种目标得到的第二层 CO_2 排放量和总 CO_2 排放量对比图如图 9b)、图 9c) 所示，模型 2 的第二层 CO_2 排放量、总 CO_2 排放量全部大于对应的模型 1 的 CO_2 排放量，说明本文建立的模型 1 在减少碳排放方面是切实有效的。

　　整体观察 6 个算例得到的结果，分别统计两个目标下第一层、第二层和总体的 CO_2 排放量均值，并对每层的 CO_2 排放节约率均值进行计算，见表 3 所示。统计分析发现，第一阶段的 CO_2 排放量影响较大，因此在两阶段算法下得到的第一阶段解，即选择启用的配送中心和客户分配方案，与总体 CO_2 排放量结果有着较大联系。

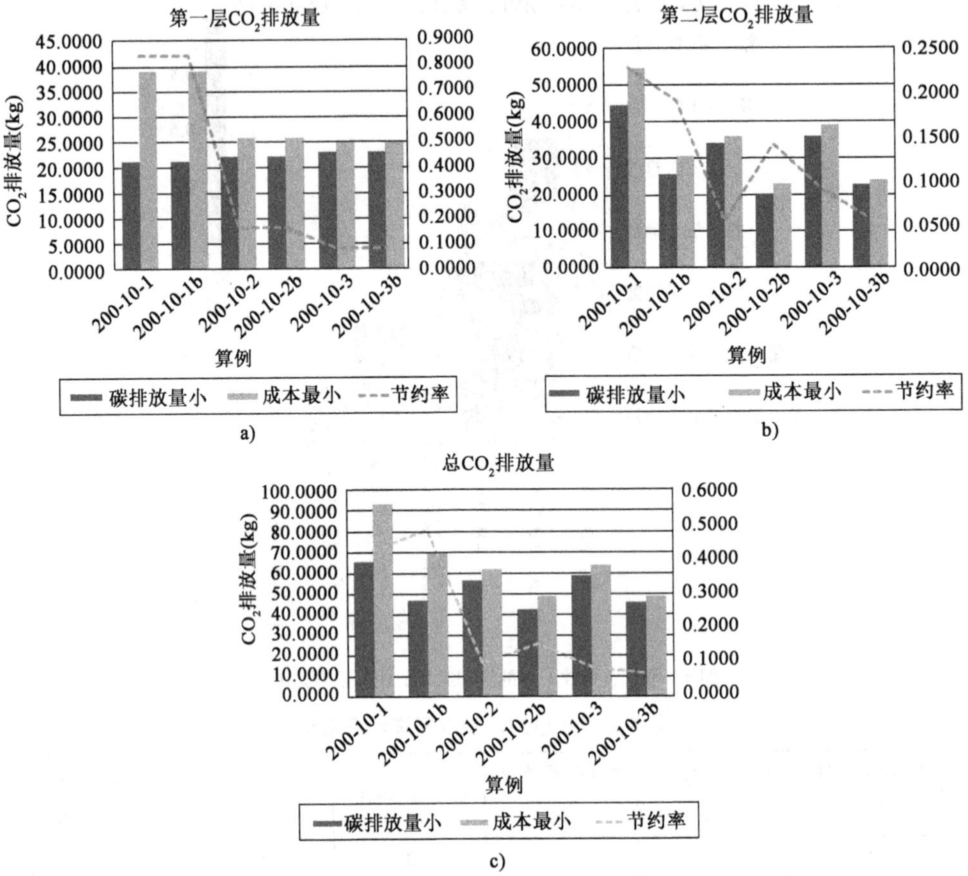

a)

b)

c)

图9 第一层、第二层和总 CO_2 排放量及 CO_2 排放节约率对比图

整体 CO_2 排放量的统计分析结果 表3

目标	模型1的 CO_2 排放量均值(kg)	模型2的 CO_2 排放量均值(kg)	CO_2 排放节约率
第一层	22.1488	29.9289	0.3623
第二层	30.4162	34.4283	0.1262
总体	52.5650	64.3573	0.2194

4 结语

为减少物流运输过程中的 CO_2 排放,本文在考虑碳排放的基础上对 2E-LRP 问题进行了拓展研究。本文首先建立了燃油车和电动车的 CO_2 排放计算模型,并在二者基础上建立了以碳排放最小化为目标的 2E-LRP 模型。

其次设计了一种可快速求解大规模问题的两阶段算法,算法第一阶段将考虑碳排放的 2E-LRP 问题简化为 2E-FLP 问题,得到第一阶段的解,第二阶段对 C-W 节约算法进行改进,运用考虑距离和载重双重因素的改进 C-W 节约算法求解得到考虑碳排放的 VRP 问题的解。

最后采用修改后的 Prodhon 的标准算例进行测试,结果表明本文提出的考虑碳排放的 2E-LRP 模型可有效实现减少 CO_2 排放的目的,有助于物流企业通过优化城市物流运作实现车辆的减排目标。

未来可考虑从优化现有算法、加入时间窗等约束的角度继续深入研究。

参考文献

[1] LIN C, CHOY K L, HO G T S, et al. Survey of Green Vehicle Routing Problem: Past and future trends [J]. Expert Systems with Applications, 2014, 41 (4, Part 1): 1118-1138.

[2] DEMIR E. A review of recent research on green road freight transportation [J]. European journal of operational research, 2014, 237(3): 775-793.

[3] 汤希峰,何杰,张浩.考虑碳排放的两阶段选址-路径问题及其算法[J].西南交通大学学

报,2023,58(5):1110-1116,1125.

[4] 蒋海青,赵燕伟,张景玲,等. 基于碳排放的开放选址-路径问题及算法[J]. 系统工程理论与实践, 2020, 40(1):182-194.

[5] 胡大伟,刘成清,胡卉,等.基于低碳视角的两阶段开放式选址路径问题——燃油车与电动车对比[J].系统工程理论与实践,2020,40(12):3230-3242.

[6] NTM Road. Environmental data for international cargo transport. Technical report[EB/OL]. (2021-11-10)[2023-11-25]. https://www.transportmeasures. org/en/wiki/manuals/road/fuel-consumption/

[7] KANCHARLA S R, RAMADURAI G. An adaptive large neighborhood search approach for electric vehicle routing with load-dependent energy consumption[J]. Transportation in developing economies, 2018, 4(2):10.

[8] CUDA R, GUASTAROBA G, SPERANZA M G. A survey on two-echelon routing problems[J]. Computers & Operations Research, 2015, 55:185-199.

[9] BREUNIG U, BALDACCI R, HARTL R F, et al. The electric two-echelon vehicle routing problem[J]. Computers & Operations Research, 2019, 103:198-210.

[10] DAI Z, AQLAN F, GAO K, et al. A two-phase method for multi-echelon location-routing problems in supply chains[J]. Expert systems with applications, 2019, 115:618-634.

[11] 中电传媒能源情报研究中心.《中国能源大数据报告(2021)》. [EB/OL]. (2021-11-10)[2023-11-25]. http://www.hydropower. org. cn/showNewsDetail. asp? nsId=31457.

新兴出行服务下居民出行行为建模与环境影响分析

宋淑贤　田　琼*

(北京航空航天大学经济管理学院)

摘　要　随着城市拥堵的加剧和新兴出行服务的出现,交通系统中所容纳的影响因素越来越多,交通系统也越来越复杂,传统的基于出行的交通需求模型已无法满足现代交通规划的需求。因此,本文采用基于活动的微观交通需求模型,结合 MATSim 仿真平台和多智能体技术,以更准确地模拟新兴出行服务对交通排放的影响。首先,利用多源数据生成出行者全样本属性信息。其次,构建 Nested Logit 模型模拟出行方式选择,生成基于活动的出行需求,以反映新兴出行服务对居民出行行为的影响。最后,结合 OSM 路网数据和 GTFS 公交数据,进行交通流仿真模拟,并计算使用小汽车交通模式的排放数量和时间分布特征。结果表明,新兴出行服务显著改变了城市居民的出行方式,减少了私家车的使用频率,进而对交通排放产生影响。研究结果揭示了城市交通系统的运行规律,为未来城市低碳空间规划策略和交通管理政策的制定提供了科学依据。

关键词　交通仿真　个体行为　MATSim　交通排放　深圳市

0　引言

在我国,工业、建筑和交通运输是三大重点碳排放行业。其中,交通运输领域的碳排放量大约占我国碳排放总量的 10%。同时,城市交通碳排放又占到交通运输领域碳排放总量的 3/4,是关乎整个交通领域实现零碳目标的关键环节。据研究显示,城市交通碳排放占城市直接燃料使用排放

基金项目:国家重点研发计划项目(2023YFE0115600),国家自然科学基金项目(72071013,72394374)。

的近 1/4,其中 3/4 的交通碳排放来自于道路车辆,包括私人小汽车、载货汽车、公共汽车和两轮车、三轮车[1]。近年来,社会经济发展速度的加快和私家车数量的进一步增加,使得我国交通运输领域碳排放也在不断呈现上升趋势。因此,应重点关注城市交通碳排放,以实现碳中和目标促进可持续发展。

一般来说,城市公路运输碳排放核算可以分为"自上而下"法和"自下而上"法[2]。"自上而下"法是基于不同类型燃料的燃料消耗和排放强度计算交通碳排放的,可通过能源统计年鉴获取数据。但由于我国能源终端消费统计中将交通运输、仓储和邮政作为一个行业,难以按照交通运输管理部门业务范畴拆分,无法精准获取不同交通方式能源消耗量。同时,不同燃料的碳排放强度缺乏标准化数据,导致其估算结果并不可靠[3]。

为了更准确地估计道路运输的碳排放量并分析其潜在结构,一些学者转向了"自下而上"法[2,4,5]。"自下而上"法可精准反映不同交通方式在城市二氧化碳排放中的贡献度,便于引导交通运输管理部门开展针对性减排措施。

目前,"自下而上"法是国际城市计算交通运输领域碳排放量最常用的方法,而国内关于交通排放的研究主要采用能耗指标法和车公里系数法[6]。因此,有必要从微观层面探究出行行为与交通排放之间的相互关系,为我国城市可持续发展的空间规划策略和政策制定提供决策依据。

基于以上背景,本文采用"自下而上"法,结合微观层面的出行行为数据,以深圳市为例,对城市交通碳排放进行深入研究。本论文尝试解答以下问题:①新兴出行服务下城市居民的出行时空特征是什么? ②出行方式选择对交通碳排放有何影响? 通过对上述问题的研究,将揭示出行行为对交通碳排放的影响机制,从而为城市可持续发展的空间规划策略和政策制定提供决策依据。

1　数据描述

1.1　人口数据

基于代理的微观交通仿真需要高分辨率、广泛而详细的数据量支持。仿真中使用了深圳市 2020 年第七次人口普查数据,数据说明如表 1 所示。

深圳市 2020 年七普查数据　表 1

类别		普查数(人)	占比
性别	男	9629111	55.04%
	女	7865287	44.96%
年龄	0 ~ 4 岁	1079564	6.17%
	5 ~ 14 岁	1467545	8.39%
	15 ~ 19 岁	1701166	9.72%
	20 ~ 34 岁	4243111	24.25%
	35 ~ 44 岁	3872819	22.14%
	45 ~ 64 岁	202270	1.16%
	65 ~ 74 岁	2380978	13.61%
	75 + 岁	518902	2.97%
家庭户类别	一代户(户)	4174406	65.15%
	二代户(户)	1682664	26.26%
	三代户(户)	541891	8.46%
	四代以上户(户)	7938	0.12%

1.2　路网数据

本文使用 OpenStreetMap 构建仿真所需的道路网络。该网络描述了道路的节点和路段以及部分公共交通路线,显示了网络拓扑结构和道路类别,但没有提供每个方向的车道数或通行能力。这些道路属性是根据道路类别来设置的。由于原始网络模型包含了大量增加计算负担的信息,特别是在最短路径搜索中,因此引入优化以最小化网络细节,而不会丢失交通流模拟所必需的信息。为了去除网络中无用的信息,本文删除了路段的折线编码,对其长度进行了汇总,并将具有相同属性且其间没有交叉口的相邻路段合并为单个路段,由此产生的 MATSIM XML 网络包含 192613 个节点和 465385 条路段。

1.3　活动场所数据

活动设施是出行者 Agent 开展活动的场所。本文根据手机信令数据划分了五种活动类型:家(home)、教育(school)、工作(work)、娱乐(leisure)和其他(other)。家庭位置固定,来源于深圳链家网站上截至 2023 年 3 月的住房小区数据,处理后一共得到 3793 个住房小区及户数的分布信息。

除了家庭外的活动设施数据来源于 783297 条 POI(兴趣点)数据,每个设施都根据其名称分配给四种活动类型之一。营业时间是基于对工作时间的假设以及关于商店和休闲活动设施营业时间的公开数据。

1.4 公共交通数据

在 MATSim 中仿真公共交通,需要运营数据和车辆数据。其中,前者描述了公共交通系统的服务时间表。具体来说,它包含了所有公共交通线路的车站和行驶时间信息。每个车站都有一个唯一的 ID,并且与一个特定的公共交通线路相关联。每个车站还包含了该站点的开放和关闭时间、服务间隔、可用的车辆类型以及其他相关信息。此外,每个线路都包含了车站的顺序、到达和出发时间、停留时间以及其他相关信息。车辆数据描述了为线路服务的车辆以及每辆车的容量。

公交网络的数据包括公交线路布局、发车频率和时刻表以及线路配车情况。本文所使用的深圳市公交站点及公交线网共有 42649 个公交站点,866 条线路(line)包含上下行 1500 条 route(表 2)。

深圳公交 GTFS 数据描述　表 2

类型	数据量	描述
agency.txt	1	公交运营机构
calendar.txt	1	运营日历
stop.txt	42649(47464)	公交站点
routes.txt	1500	路线
trips.txt	90000(1500×60)	路趟
stop_times.txt	2847840(47464×60)	停车-时间

2 仿真模型

仿真真实模拟出行者行为,每个出行者作为独立代理制订日程计划,包含活动、出行等细节。执行时考虑道路限制。代理能基于系统评分不断调整出行计划。迭代过程中,评分低的计划会被淘汰,促进整体出行效率的提升。

2.1 生成初始需求

初始需求的建模包括合成人口,以及生成一个完整的平均工作日的初始活动计划。

2.1.1 人口合成

人口数据是交通需求分析的基础。当前人口数据的获取主要依靠两个途径:①人口普查;②居民出行调查。前者虽然是对人口总体的普查数据,但对于具体的人口属性,如年龄、受教育程度等信息只有集计的边际统计量,缺少个体信息;后者是对个体的随机抽样调查,个体属性信息较为丰富完善,但却难以获得且不能够覆盖人口总体。即常规普查和居民出行调查都不能获得全样本属性信息。针对上述问题,一般采用人口合成技术中的比例迭代更新算法(IPU)处理,通过整合不同层面的数据源来合成人口数据集,使合成数据集的人口属性特征与总体相符[7]。

人口合成的过程是一个优化求解的过程,它的目标是寻找一个合适的家庭权重,使得家庭和个体类型分布与实际情况相吻合,即控制变量的平均误差最小。该优化问题的目标函数可用式(1)表示。

$$\min \frac{\frac{\sum_j | \sum_i d_{ij} w_i - c_j |}{c_j}}{J} \tag{1}$$

式中:i——家庭类别;

$\quad\quad j$——家庭或个体类型;

$\quad\quad d_{ij}$——家庭类别 i 中 j 的频数;

$\quad\quad w_i$——家庭类别 i 的权重;

$\quad\quad c_j$——约束,即 j 的目标值;

$\quad\quad J$——家庭和个体类型的个数。

2.1.2 初始日活动计划生成

对于每个代理,根据以下步骤构建一个初始日活动计划。

(1)出行链选择。

使用林楠等人提取的出行链[8]作为数据库,将活动链按比例分配给合成人口。一种解决方案是根据合成人口的属性特征从林楠等人的工作中[8]统一绘制活动链。从 5 种主要活动类型中得出 8 种主要的出行链。

(2)活动地点的分配。

工作地点在全市范围内随机选择,教育地点在家庭所在行政区内随机选择,娱乐和其他地点根据上一活动地"就近选择"[9]。

(3)活动持续时间。

在出行者的初始出行计划生成过程中,由于输入数据的活动时间为持续时间,而仿真需要活动的开始和结束时间,因此,需生成每个出行者一天内所有活动的开始和结束时间,具体利用高斯分布(平均值为 0,标准差为 1)随机的对下一个活动的结束时间做出调整,具体调整的方法如式(2)所示。

$$T_{endtime} = P_{endtime} + T_{duration} + Gaussion \times 3600 \tag{2}$$

式中:$P_{endtime}$——上一个活动的结束时间;

T_{duration}——下一个将要开展的活动持续时间。

对于出行者的第一个活动时间，即离开家的时间，是在对所有居民早上离开家的时间进行统计，拟合生成分布函数。

（4）初始出行方式选择。

在初始需求中考虑了以下5种传统交通方式：小汽车、公共交通、步行、自行车、出租汽车和两种新兴出行方式：网约车和共享单车。出行方式选择的单位是子出行链。初始出行方式是用Nested Logit离散选择模型[10]，根据合成人口的属性分配的。

（5）初始路径选择。

初始计划中的路线以及迭代过程中的最短路径是采用Dijkstra算法计算的。Dijkstra假设了自由速度网络条件，算法中的出行成本是两点间的空间距离。

2.2 交通流仿真

MATSim的交通流仿真过程采取了基于队列的模型[11]。在此模型中，每个路段被模拟成一个先进先出的等待队列，即车辆离开路段的先后顺序和车辆进入路段的顺序相同，其最小服务时间为该路段的长度除以自由流行驶速度。车辆驶离一个路段L_1，进入下一个路段L_2需满足以下3个条件：

（1）车辆需在路段L_1上停留一段时间T_0。T_0是车辆在自由流状态下在路段L_1上的行驶时间。

$$T_0 = \frac{L}{v_0} \tag{3}$$

式中：L——路段的长度；

v_0——自由流速度。

（2）下一个路段L_2有足够空间。一个路段的车辆最大容纳数量：

$$N_{\text{sites}} = \frac{L \times n_{\text{lanes}}}{l_{\text{site}}} \tag{4}$$

式中：n_{lanes}——路段的车道数；

l_{site}——拥堵状态下车辆平均占用长度。

当下一个路段L_2没有足够空间时，则路段L_1上的车辆无法进入。

（3）驶离路段L_1的总车辆数小于路段流量约束。路段流量约束是指单位仿真步长内，离开路段末端的车辆上限。路段流量约束通过虚拟缓冲区的形式进行建模，即每个路段的虚拟缓冲区所容纳的车辆数是定值，且虚拟缓冲区内所有车辆将在下一个仿真步长内离开本路段。

2.3 评分

评分模块是用来对Agent执行各个计划的效果进行评定，本仿真将利用效用函数对各个计划的效果进行计算。最基本的MATSim评分函数是由Charypar和Nagel基于Vickrey[12]的拥堵模型制定的[13]。

2.4 重新计划

初始日活动计划被输入仿真核心模块后会不断被复制和调整。由于初始计划一般是根据人口数据生成，每个人的出行计划生成过程相互独立，这样产生的初始计划由于没有考虑出行者之间的相互关系和相互影响，往往并不是最贴近现实的最优计划。

重新规划是MATSim循环迭代中的一个重要的反馈模块。通过"重新计划"模块，使各出行者发生相互作用，让每个出行者判断自己出行计划的好坏，并根据其他出行者的出行特征，对自己的出行计划做出相应调整。重新计划的方法包括活动时间重新计划、出行路径重新计划、出行方式重新计划。每个方法都被赋予了一个权重，该权重确定了采取该方法的概率[14]。

2.5 交通排放计算

基于仿真结果，Emission模块可以计算道路网上机动车的交通排放量。该模块首先区分车辆的冷起动和热起动状态，然后将车辆的运行状态与HBEFA交通状态相对应。利用HBEFA提供的排放因子，模块能够实时计算车辆在运行过程中的排放量[4]。

热排放的计算步骤：首先从仿真输出结果中提取出车辆的运动学特征，并将其与车辆本身的特性结合起来，以此作为从HBEFA数据库中提取热排放因子的依据，然后根据排放因子实现排放量的计算。实际上，HBEFA数据库中的热排放因子是由车型、道路类型、交通状态以及污染物类型四个变量来唯一确定的。其中前三者都是客观存在的，因此对于Emission模块来说，最重要的就是第一步提取运动学特征。这个过程以运动学特征作为桥梁，实现了由MATSim仿真中的动态交通流到HBEFA数据库中交通状态的映射。目前HBEFA数据库中的交通状态有自由流状态

（freeflow）、饱和状态（saturated）、停进停出状态（stop&go）和拥堵状态（heavy）。其中 Emission 模块仅考虑 freeflow 状态与 stop&go 状态。MATSim 交通流仿真采用了排队模型，因此车辆经过某个路段的时间是已知的，但车辆在该路段上的具体位置与行驶状态是未知的。因此，Emission 模块使用车辆经过路段的平均时间这一参数来划分车辆在该路段的自由流状态长度与停进停出状态长度，其具体计算公式如下：

$$l_s = \frac{lv_s(v_f - v)}{v(v_f - v_s)} \tag{5}$$

式中：l_s——车辆处于 stop&go 状态时经过的路段长度；

v——车辆经过该路段的平均速度；

v_f, v_s——该路段上的车辆处于 freeflow 状态或 stop&go 状态时的速度，由路段类型唯一确定。

经过上述公式，就可以根据 MATSim 仿真得到的特定车辆流动过程推算出该车辆在某路段上 stop&go 状态所经过的路段长度，再结合路段总长度就顺势可得到自由流状态所经过的路段长度，进而进入第二步计算。

3 仿真结果

本文以 MATSim 软件为平台，进行基于多智能体的深圳市居民出行行为仿真模拟。仿真参数设置如下：

（1）在每次迭代中，分别有 10% 的出行者 Agent 执行活动时间、出行路径和出行方式的 replanning；剩余的 70% 出行者会根据 SelectExpBeta 策略选择计划；

（2）每个出行者 Agent 最多记住 5 个计划；

（3）仿真的迭代次数设置为 50 次。

根据 2020 年深圳市居民出行调查，深圳约有 1700 万常住人口，全方式出行率 2.5 人次/日。由于大规模城市人数众多，若使用全部居民进行仿真，则会导致计算时间过长的问题。通过敏感性分析，本文发现在 1∶500 至 1∶1500 的替代比例范围内，交通排放量的预测结果变化不超过 5%，表明 1∶1000 的替代比例具有较好的稳定性和可靠性。因此，本文选择深圳市 1‰的人口，即 1.7 万人口用于仿真。此时，1 个出行者 Agent 代表 1000 个城市出行者，最后将所得仿真结果（如流量）乘以 1000。

为了确保仿真模型的精确度与实用性，本文收集深圳市的实际交通流量和出行行为数据，对仿真模型中的参数进行了校准，以确保模型输出与实际观测值的一致性。经过校准，模型预测的出行方式分担率与实际调查数据的误差控制在 4% 以内，显著提高了模型预测的可信度。

仿真评分结果如图 1 所示，图中显示了所有已执行的活动计划的得分。显然，在仿真程序的连续迭代中，本文根据 SelectExpBeta 策略，不断选择得分较高的策略，使得仿真最终趋于稳定，表明程序在逐步改进和优化交通规划策略。

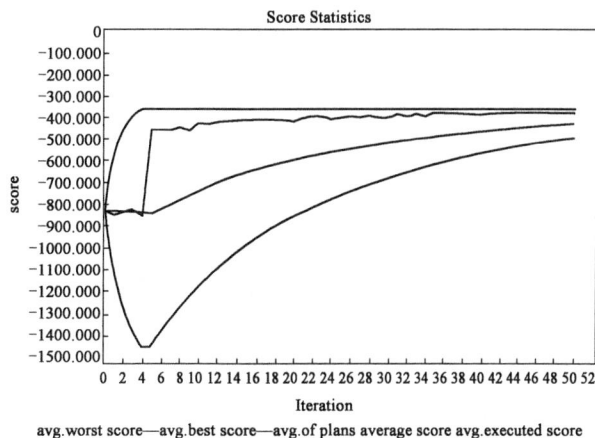

图 1 仿真综合效用函数值

3.1 出行方式分担率

根据仿真结果，7 种出行方式分担率如图 2，慢行如骑行和步行占比高达 58%，这与实际出行调查结果较为接近，强调了慢行在交通模式中的显著地位。其次,汽车出行占比达到21%,这符合深圳市居民出行的普遍习惯,反映了城市内部的交通流量。

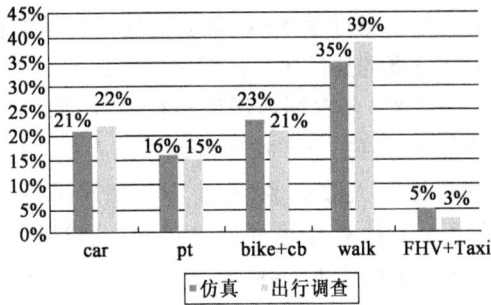

图2　不同出行方式的分担率

每辆车的相对速度会随着时间和车辆位置的变化发生改变。从时间上看,早晨8:00和傍晚18:00、19:00存在明显的拥堵,22:00道路上的车流量明显减少,道路也较为通畅。从空间上看,拥堵主要发生在南部南山区、福田区和罗湖区。这三个区域聚集着深圳市主要的金融、科技等服务类和高新技术类公司,车流密度较大。

根据仿真输出分析不同时刻出行者 Agent 从事的活动类型分布。从时间上看,上午10时居民大多在上班或上学,中午12时有部分居民返回家中休息,晚上18时一部分居民已经返回家中。从空间上看,居住地在南山区和罗湖区分布比较密集,许多工作地也分布在宝安区、龙华区以及龙岗区。近几年深圳市的城市化进程加快,部分产业转移到上述三区。

3.2　环境影响分析

由于热排放状态下的交通排放占总排放量的97.71%,冷起动排放只占总排放量的2.29%[4],并且缺乏国内详细的车辆排放因子数据,因此,本文只计算热排污染物,排放因子参考《道路机动车排放清单编制技术指南》,结果如表3所示。

小汽车的交通排放统计表　　表3

序号	排放物	热排放(g)	百分比
1	PM	4506.26	0.005%
2	HC	31098.98	0.033%
3	CO	384553.4	0.413%
4	NO_2	25480.82	0.027%
5	NMHC	30876.6	0.033%
6	FC	22307419.24	23.937%
7	NO_x	157835.94	0.169%
8	CO_2	70249979.92	75.382%
9	SO_2	356.98	0.000%
10	合计	93192108.14	

在早上8时到9时和下午19时左右,小汽车排放呈现出两个峰值,如图3所示。前一个时间段的排放量达到了一天中的最高峰值水平,但两个时间段的排放峰值差距不大。交通排放量的时空分布的准确计算为制定低碳空间规划策略提供了依据。

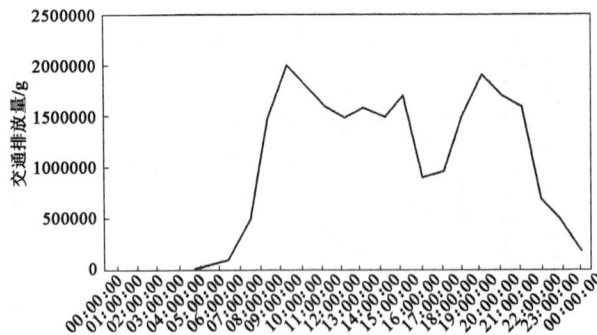

图3　小汽车交通排放时间分布图

在现有模型的基础上,本文创建了两个不同的仿真情景,以评估新兴出行服务对居民出行模式选择和环境影响的综合效应。情景A包含新兴出行服务,而情景B作为对照组,排除了新兴出行服务的影响。在情景A中,由于新兴出行服务的存在,小汽车出行比例从情景B的25%下降到了21%,而公共交通和网约车的出行份额分别上升了3%和2%。此外,情景A中的交通排放量比情景B显著减少。其中,CO_2排放量减少了约5%,而NO_x排放量减少了约8%。通过对比分析,可以看到新兴出行服务显著改变了城市居民的出行方式,减少了私家车的使用频率,进而对交通排放产生了减少的效果。

4 结语

新兴出行方式的出现为城市交通管理带来全新挑战。在新兴出行服务下,本文利用多源数据建立了基于活动的出行需求生成模型,以及基于多智能体的居民出行行为复杂交互模型。在此基础上,评估了新兴出行服务对交通排放的影响。经过研究和分析,本文得出了以下结论:

新兴出行服务的引入对城市居民的出行行为产生了显著影响。通过仿真建模,本文观察到在新兴出行服务的推动下,城市居民的出行方式发生了变化,包括更多的共享出行等。

在推广和应用新兴出行服务的过程中,需要综合考虑社会、经济和环境因素。尽管新兴出行服务带来了一系列积极影响,但也可能带来新的问题,例如私家车减少导致公共交通需求增加等。因此,在推动新兴出行服务的发展过程中,需要平衡各种因素,制定综合性的政策措施。

总之,本文的研究揭示了新兴出行服务对城市居民出行行为和环境的影响,并强调了仿真建模在研究中的重要性。这些研究结论对城市交通规划、出行管理和环境保护具有指导意义,可为构建可持续、智能的城市交通系统提供了有益参考。

参考文献

[1] CUI X, ZHUANG C, JIAO Z, et al. How can urban built environment (BE) influence on-road (OR) carbon emissions? A road segment scale quantification based on massive vehicle trajectory big data [J]. Journal of Transport Geography, 2023, 111: 103669.

[2] LOO B P Y, LI L, NAMDEO A. Reducing road transport emissions for climate policy in China and India [J]. Transportation Research Part D: Transport and Environment, 2023, 122: 103895.

[3] ZHANG L, LONG R, CHEN H, et al. A review of China's road traffic carbon emissions [J].

Journal of Cleaner Production, 2019, 207: 569-581.

[4] 崔毅,潘海啸.基于活动的微观交通仿真研究与交通排放计算[J].城市建筑,2019,16:104-109.

[5] BROWNSTONE D, GOLOB T F. The impact of residential density on vehicle usage and energy consumption[J]. Journal of Urban Economics, 2009, 65(1): 91-98.

[6] 马静,柴彦威,刘志林.基于居民出行行为的北京市交通碳排放影响机理[J].地理学报,2011,66(08):1023-1032.

[7] 李丁杰,乐阳,郭莉.基于人口合成技术的居民出行调查数据扩样[J].交通科技与经济,2021,23(6):24-31.

[8] 林楠.基于大规模手机定位数据的居民活动链挖掘方法[D].北京:中国科学院大学,2018.

[9] 高健健.基于居民出行行为的城市多级公交线网时空协调优化理论与方法[D].北京:北京交通大学,2013.

[10] HE B Y, ZHOU J, MA Z, et al. Evaluation of city-scale built environment policies in New York City with an emerging-mobility-accessible synthetic population [J]. Transportation Research Part A: Policy and Practice, 2020, 141: 444-467.

[11] GAWRON C. An Iterative Algorithm to Determine the Dynamic User Equilibrium in a Traffic Simulation Model[J]. International Journal of Modern Physics C, 1998, 09(03): 393-407.

[12] VICKREY W S. Congestion Theory and Transport Investment [J]. The American Economic Review, 1969, 59(2,): 251-260.

[13] CHARYPAR D, NAGEL K. Generating complete all-day activity plans with genetic algorithms [J]. Transportation, 2005, 32(4): 369-397.

[14] W AXHAUSEN K, HORNI A, et al. The multi-agent transport simulation MATSim [M]. Ubiquity Press,2016.

基于多源数据深度学习模型的共享单车
需求分析与预测

施子逸[1]　蒋哲远[2]　徐梦丹[1]　朱　政[*1]
(1.浙江大学建筑工程学院;2.浙江大学工程师学院)

摘　要 移动互联网环境下的共享单车能够促进绿色出行,解决"最后一公里"难题。本研究基于上海市 2016 年公开共享单车出行数据集分析共享骑行时空特征,并结合空气质量、温度、降雨、建成环境等多源数据构建深度学习神经网络模型以预测不同时间间隔(10min、20min 和 30min)的短期未来共享单车需求。结果显示,模型在早高峰期间较平峰与晚高峰具有更高预测精度;空气质量与建成环境数据变量的引入有效提升预测效果。相比传统统计模型与深度学习模型,该模型在三个时间间隔的预测性能均有更优异表现。本研究结果可帮助交通部门制定有效的再平衡与规划策略,提升城市慢行交通服务水平。

关键词 共享单车　多源数据　深度学习　时空特征

0　引言

随着全球气候变化,城市交通拥堵加剧,各大城市对于节能减排、缓解交通拥堵、提高空气质量的发展诉求不断加强。短期内传统公共交通服务品质提升较为有限,自行车因其节能、环保、灵活、高效等优势重新回到了城市生活和交通出行中,在移动互联和共享经济的双重驱动下,共享单车有助于减少城市机动车出行。作为一种新兴交通方式,共享单车适应于高密度城市环境的出行需求,可以有效缓解城市交通"最后一公里"出行难题,为公共交通的接驳提供了出行选择;与此同时,在交通拥堵的市中心区域,采用共享单车代替机动车可显著减少交通能耗与排放。然而,共享单车面临严重的供需失衡,车辆大量涌上街头、占用城市公共空间,给现有道路空间资源分配模式和运行管理都带来挑战,也引发如"乱投放、乱停放、乱骑行"等诸多问题。

对城市规划而言,共享单车使用规范化涉及空间资源的优化配置。本文利用上海市的共享单车出行记录,结合天气、建成环境等多源数据分析共享单车骑行需求时空特征,预测短期未来共享单车使用需求,并结合热力图识别需求热点区域,为规范共享单车骑行和停放管理提供量化支撑,利于提升慢行交通服务水平,引导城市交通绿色可持续发展。

1　国内外研究现状

迄今为止,许多研究已调查共享单车使用的影响因素,提出了各种出行需求预测模型[1-3,8,13-14],并验证了共享单车系统对城市交通的积极作用[9-10]。诺兰等[3]研究了自行车基础设施、人口和土地使用对纽约市自行车共享出行产生的影响,并构建了贝叶斯负二项式条件自回归模型预测各区域的共享单车出行频率。Bao 等人将城市建成环境因素整合到共享单车乘客的空间分析中,为根据站点类别开发了多个地理加权回归模型,以预测每个月站点级别的共享单车使用情况[8]。Faghih 等[1]使用多级回归模型预测有桩共享单车在蒙特利尔的到达和离开流量。

近年来对共享单车需求的研究主要集中在有桩共享单车系统上,而与无桩共享单车系统需求相关研究较少。原因在于:①无桩共享单车是一种新兴出行方式,可获得的数据相对有限;②无桩共享单车的需求分散在各个区域中,各区域需求具有非线性、复杂、分层等特征,使得传统统计模型预测精度不佳[12]。摩拜单车作为曾经全球最大无桩共享单车提供商,其发布的个人出行记录具有较高地理分辨率,为研究共享单车出行需求提供了数据基础,国内外大量学者基于该数据集展开了用户特性、低碳减排等方面的研究[4-7]。

此外,深度学习技术在交通流量预测[15,16]、出行需求预测[11,17]和碰撞风险估计等研究中的应用也逐渐普遍。与传统统计学习相比,深度学习使用分布式和分层神经网络来表示变量之间的复杂非线性相关性,具有预测无桩共享单车短期出行需求的巨大潜力。徐等[11]采用长短期记忆(LSTM)神经网络来预测南京的无桩共享单车需求,其由网络爬虫收集的行程数据集中包含许多重复的行程记录[18],与实际需求存在偏差,影响需求分析与预测,其次,LSTM神经网络只能捕捉变量间的时间依赖关系,无法发现空间依赖,导致预测性能相对较低[17]。卷积长短时记忆网络模型(Conv-LSTM),作为一种兼顾时间和空间特性的深度学习网络,在近年来得到广泛应用,并在交通网络流量预测[19]、速度预测[20]等方面均取得良好效果。

2 多源数据处理与分析

2.1 研究区域与数据来源

上海是中国经济最发达的城市之一,也是中国首批共享单车的投放地。截至2017年9月底,上海共享单车投放总量已超115万辆,注册用户超500万人。其中摩拜作为共享单车投放量与使用量最大的企业,约投放67万辆,占比58%,在共享单车市场占主导地位。

本研究包括三种类型的数据:共享单车行程数据、上海建成环境数据(即POI数据)、上海天气和空气质量数据。共享单车行程数据来源于2016年上海开放数据创新应用大赛,涵盖2016年8月1—31日上海市摩拜单车的骑行数据,记录了上海市超过10万共享单车订单的详细情况,覆盖了约3.07万辆共享单车和0.177万用户。数据字段包括订单编号、车辆编号、用户编号、订单的起始和终止时间、骑行的起点和终点经纬度,以及骑行过程中的轨迹点集合。

上海POI数据通过爬取高德地图API网络开放窗口,并转换坐标获得。综合考虑下载权限及对共享出行影响因素,提取公园广场、住宅区、医疗、地铁站、学校、餐饮、购物七大类兴趣点。

上海天气和空气质量数据通过气象网站(http://tianqi.2345.com)获取,得到研究范围期间历史天气信息及空气质量,包括天气、温度、风力以及空气质量指数AQI。

2.2 数据预处理

首先确定研究的时间范围为2016年8月,据此提取期间的订单数据和历史天气及空气质量数据。其次,将订单数据栅格化处理,以便对订单量较多的热点区域进行预测。如图1所示,调查区域划分为6×6的栅格,每一栅格实际尺寸约为5km×5km,涵盖东经121.3°至121.6°,北纬31.1°至31.4°。将行程持续时间超过2h或短于1min、行程距离超过50km的行程记录删除后,本研究得到了102361条共享单车出行数据。

将公园广场、住宅区、医疗、地铁站、学校、餐饮、购物七个POI类型数据集计到上述划定的6×6栅格,得到POI分布如图2所示。上海市中心区域POI数量最多且向周围辐射递减。将各栅格POI数量折算为比例作为各个栅格的建成环境信息向模型输入。

对于天气与空气质量数据,由前人研究可知,是否下雨、平均气温、是否是工作日三者对骑行量影响具有显著性,其中是否下雨影响最大。将下雨与不下雨按0/1分类,气温计算得到平均气温,风力按等级分类,空气质量以AQI数值为标准。

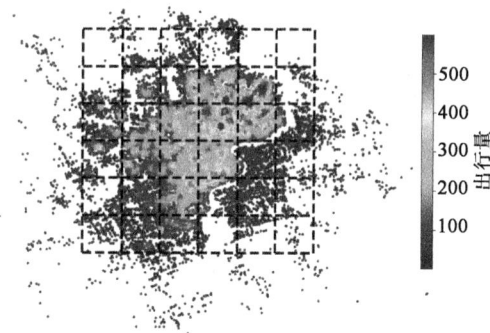

图1 调查区域划分

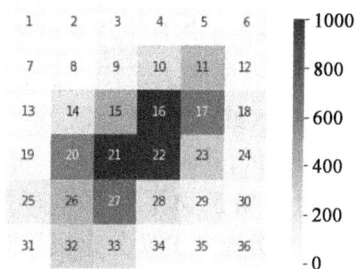

图2 POI分布热力图

2.3 骑行时空特征分析

共享单车行程的平均距离和行程持续时间呈

现长尾分布。在上述研究期间,平均单次骑行距离约为 1.56km,平均行程持续时间约为 16.9min,约 76% 骑行的出行时间都在 20min 以内。超过 85% 的骑行距离小于 4km,这表明共享单车主要用于短途出行,尤其中长行程的最后一公里。因此,共享单车使用的集中区域可能是地铁站、大型商业中心和大学校园。

为减少天气状况对研究结果的影响,本研究选取天气状况以多云、晴天、空气质量较好的一周作为骑行交通行为分析的分析周期,为 2016 年 8 月 8 日(周一)至 2016 年 8 月 14 日(周日)。对每天的骑行量统计可得到一周内骑行用户需求的时间分布曲线,如图 3 所示。从时间分布来看,工作日用户总量大于周末,印证了共享骑行的通勤属性。且工作日呈现了明显的早晚高峰,早高峰持续时间短,骑行量增长迅速;晚高峰持续时间长,骑行量增长平缓。骑行数据中可见周一、周二共享单车使用量高于其他工作日,可能是由于工作日的开始往往具有较大通勤需求,且伴随严重道路交通拥堵,部分出行者会选择共享单车作为替代方式,导致其使用量增加[21]。

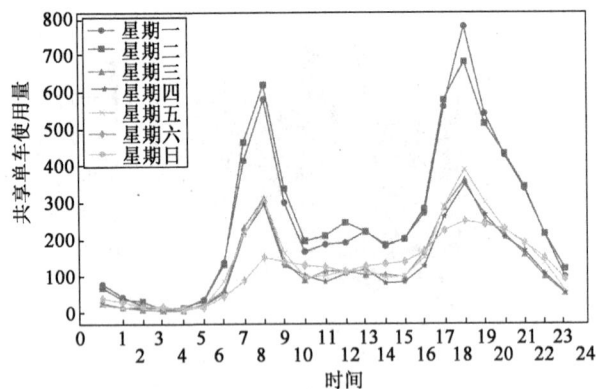

图 3　一周骑行量随时间分布曲线

根据研究区域内工作日平均共享单车出行的取车位置分布,出行需求大多产生于上海市的老城区,包括普陀区、虹口区、黄埔区、静安区、杨浦区、长宁区和徐汇区,并向外围递减。密集的人口和严重的交通拥堵推动了共享单车服务的使用[10]。出行起点分布与 POI 分布相类似,说明土地利用程度对骑行需求的产生有较大影响。骑行活动最为集中的区域往往是地铁站、餐饮、购物、公园广场、住宅区、医疗、学校,这些区域商办最为集中,吸引了大量交通需求。

3　需求预测模型

为预测各区域内短期共享单车需求,本研究结合 LSTM 神经网络与卷积网络构建了端到端的深度学习模型以适应多源数据结构,并提供管控策略支持。

3.1　多源数据深度学习框架

本研究采用的数据中天气与空气质量随时间变化,在空间均质;土地利用信息随空间变化,在时间均质,而共享单车使用需求随时空变化。因此,所提出的混合深度学习框架包含了堆叠的 LSTM 层以提取多源数据中时间特征、捕获天气和空气质量相关变量之间的时间依赖性;同时,考虑到土地利用情况会极大程度影响共享单车的需求特征,再构建 LSTM 层来提取土地利用信息特征。最后构建堆叠的 Conv-LSTM 层,捕获共享单车需求变量之间的时空交互特征,将提取的三种类型数据集的高级特征输入全连接层。模型框架如图 4 所示。

3.2　LSTM 神经网络层

利用 LSTM 对天气与 POI 特征进行捕获。LSTM 通过循环连接不同时间戳的隐藏层来捕获变量之间的依赖性[11]。在记忆权值与偏差矩阵中引入了遗忘门,赋予模型对复杂依赖关系建模的能力。

3.3　Conv-LSTM 神经网络层

在短期共享单车需求预测中,行程需求变量在研究期间发生了时空变化。LSTM 神经网络只能发现需求变量之间的单一维度依赖关系(如时间),而难以发现空间依赖关系,导致预测性能较低。为解决该问题,本文采用 Conv-LSTM 神经网络。将 LSTM 细胞中的所有向量转化为 Conv-LSTM 层中的张量,以实现 LSTM 细胞之间的卷积连接。这种卷积和循环结构,可以更好捕捉共享单车需求的复杂时空特征。如图 5 所示,Conv-LSTM 通过卷积算子计算某网格单元未来共享单车需求,输入共享单车需求张量序列 $X = (X_1, X_2, \cdots, X_T)$,其中包含了某网格及其周边网格的需求,将其映射到隐藏层的张量序列 $H = (H_1, H_2, \cdots, H_T)$,并进行多次卷积堆叠,以提升拟合能力。

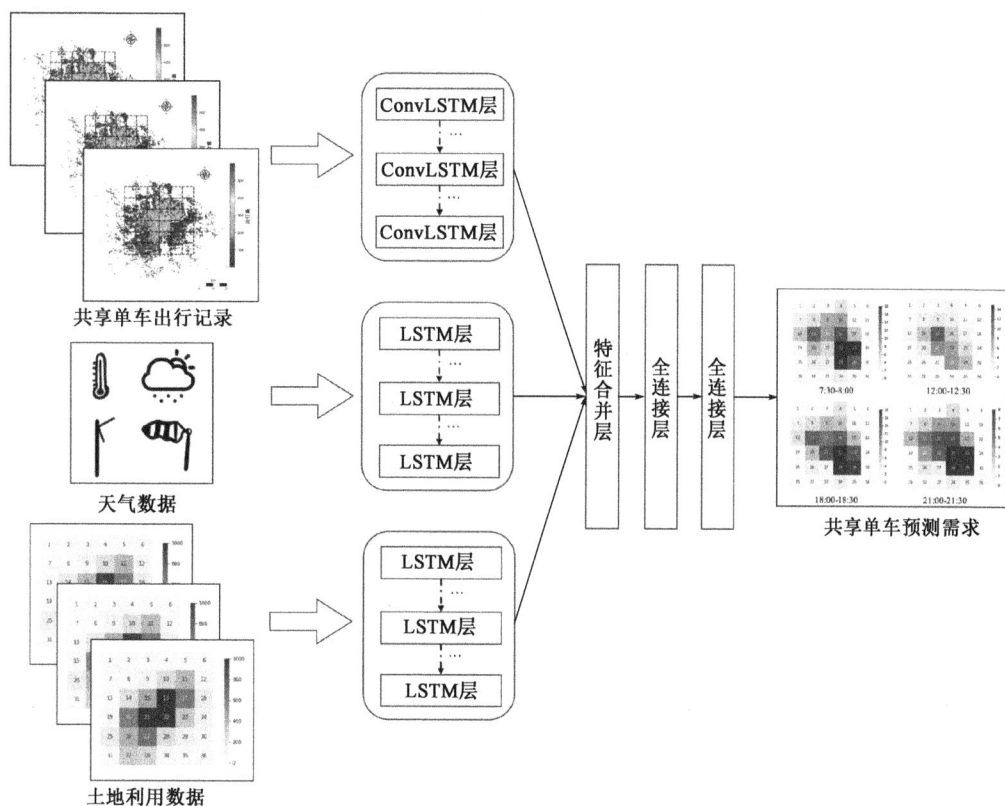

图4 模型整体框架

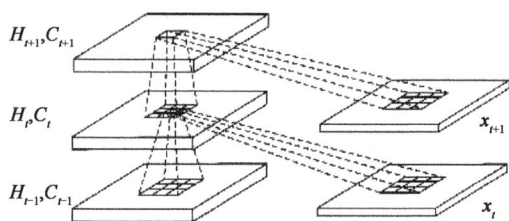

图5 Conv-LSTM模型示意图

3.4 特征合并层

特征合并层中将提取后的天气特征、土地利用特征、共享单车需求特征通过全连接层合并为一个向量,生成最终预测的共享单车需求。其中 t 时刻预测的共享单车需求可表示为:

$$\hat{y}_t = W_{weather}\chi_t^{weather} + W_{poi}\chi_t^{poi} + W_{demand}\chi_t^{demand} \quad (1)$$

式中: $\chi_t^{weather}$、χ_t^{poi}、χ_t^{demand} ——在 t 时刻天气特征、土地利用特征和共享单车需求变量;

$W_{weather}$、W_{poi}、W_{demand} ——相应的权重和偏差;

$\hat{y}_t$ —— t 时刻时共享单车预测订单量的输出变量。

3.4 目标评价函数

本文采用三个有效性指标评价深度学习模型的预测性能:均方误差(MSE)、平均绝对误差(MAE)和平均绝对百分比误差(MAPE),计算公式如下:

$$MSE = \frac{1}{n_p}\sum_{i=1}^{n}\sum_{j=1}^{m}(y_{i,j} - \hat{y}_{i,j})^2 \quad (2)$$

$$MAE = \frac{1}{n_p}\sum_{i=1}^{n}\sum_{j=1}^{m}|y_{i,j} - \hat{y}_{i,j}| \quad (3)$$

$$MAPE = \frac{1}{n_p}\sum_{i=1}^{n}\sum_{j=1}^{m}\frac{|y_{i,j} - \hat{y}_{i,j}|}{y_{i,j}} \quad (4)$$

式中: $y_{i,j}$、$\hat{y}_{i,j}$ ——网格单元格 i,j 中共享单车订单量的真实值和预测值;

n、m ——栅格行数和列数, $n_p = n \times m$。

4 数值试验

4.1 预测结果分析

表1对比了基于多源数据深度学习模型在不同时间颗粒度上的预测结果。包含订单数据、POI数据、天气数据的深度学习模型在10min和30min的预测任务上具有最佳效果。同时天气数据与POI数据对模型的预测精度有不同程度提升。由于共享单车易受环境影响,较好的天气状况,人们

更容易选择共享单车作为出行方式。另一方面，需求在不同用地类型呈现不同的时间序列模式，如在居住地(POI 较稀疏)，大量需求会在早高峰产生，而在商业区(POI 较密集)，需求通常会在中午或者晚高峰期间产生，这也促使集成土地利用信息后模型的预测结果得到大幅提升。

本文选取出行量最大的 28 号栅格，采用 20 分钟作为时间颗粒度，绘制了 8 月 22 日 1:00 至 8 月 24 日 1:00 的时序曲线，如图 6 所示。四种方法中融合了订单、POI 与天气数据的深度学习预测模型效果最佳，对于早高峰的捕捉最准确，与此同时，四种方法中仅利用订单数据的深度学习模型与真实值的偏差最大，另外两种方法效果位于两者之间。由于天气数据精度有限，且骑行行为随机性较高，乘客中午及下午时段出行量上的预测误差较为明显，在 8 月 23 日 12:00—15:00，方法与真实值差距较大。此外，可能由于与早高峰高度集中的通勤出行相比，下午及晚间的共享单车使用人群更加分散，出行模式更多样化(含大量娱乐出行)，人们可能会选择更远的路径去参加社交活动、娱乐场所或者外出用餐，这种非常规行为模式增加了需求随机性，且提升预测难度。

不同数据特征下的模型预测结果 表1

数据特征	时间颗粒度	训练集			测试集		
		MSE	MAE	MAPE	MSE	MAE	MAPE
仅订单数据	10min	3.270	0.877	0.251	13.675	1.900	0.244
	20min	**2.327**	**0.774**	**0.183**	10.061	1.693	0.265
	30min	4.771	1.125	0.207	11.567	1.839	0.248
订单数据 + POI 数据	10min	2.774	0.812	0.246	9.937	1.699	0.213
	20min	2.395	0.768	0.201	**7.036**	**1.482**	**0.219**
	30min	3.667	0.998	0.217	8.752	1.606	0.217
订单数据 + 天气数据	10min	**2.638**	**0.797**	**0.269**	10.061	1.698	0.223
	20min	2.443	0.842	0.198	8.162	1.551	0.247
	30min	3.930	0.993	0.203	11.661	1.851	0.242
订单数据 + POI 数据 + 天气数据	10min	2.841	0.836	0.234	**7.763**	**1.591**	**0.166**
	20min	2.710	0.813	0.201	8.439	1.588	0.205
	30min	**3.375**	**0.923**	**0.229**	7.864	1.563	**0.219**

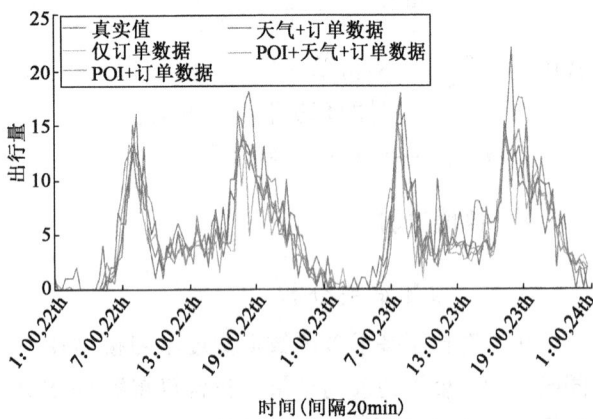

图 6 不同数据特征下预测结果对比

通过热力图对比 8 月 23 日一天中各时段(早间、午后、傍晚、晚上)的真实值和预测值，可看出模型预判了大部分需求热区，且早晚高峰的预测精度最高。根据热力图呈现结果，管理者可在高峰到来前向需求热区调度车辆，并关注高峰前后的车辆堆积情况，以减少公共空间侵占。

4.2 多模型预测精度对比

本文将多源数据深度学习模型与机器学习的经典模型 LSTM、RF(随机森林)、Lasso 回归、统计学习模型 ARIMA 进行对比。结果如表 2 所示，本文所提出的多源数据深度学习模型实现了最优预测效果，随着预测需求的增大(30min 为颗粒度)，优化效果更加明显。相较于 LSTM，MAPE 值在不同时间颗粒度的情况下分别提升了 39.2%、28.6% 与 35.4%(图 7)。

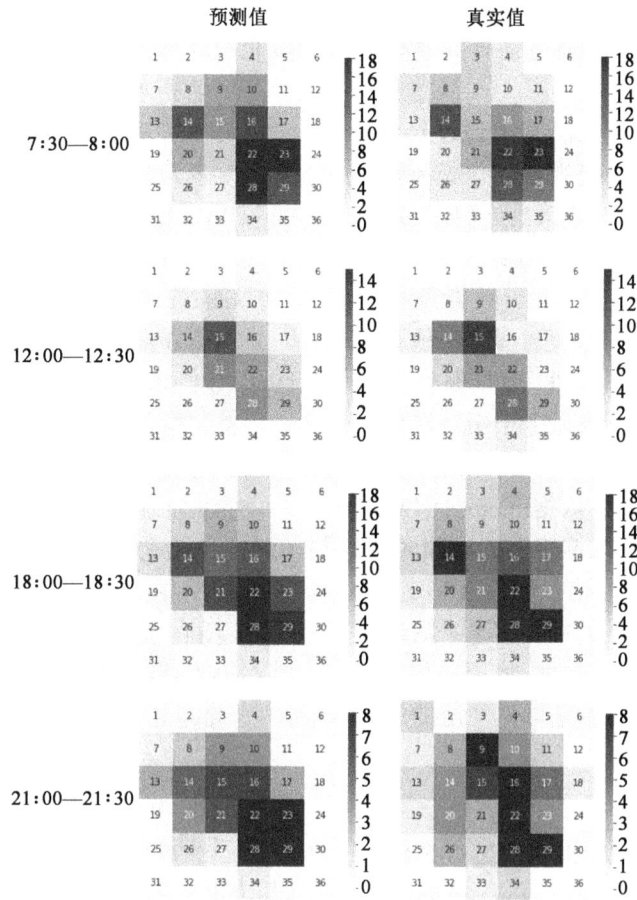

图7　一天中各时段预测结果对比

不同模型预测结果对比　　　　　　　　　　　　　　　　　　　表2

模型	时间颗粒度								
	10min			20min			30min		
	MSE	MAE	MAPE	MSE	MAE	MAPE	MSE	MAE	MAPE
多源数据深度学习模型	**7.763**	**1.591**	**0.166**	**8.439**	**1.588**	**0.205**	**7.864**	**1.563**	**0.219**
LSTM	10.646	1.883	0.273	9.799	1.808	0.288	13.813	2.109	0.339
ARIMA	38.062	3.110	0.671	36.215	3.071	0.648	36.215	3.071	0.648
RF	7.848	1.596	0.241	9.394	1.635	0.294	11.402	1.765	0.316
Lasso	7.975	1.689	0.225	8.767	1.661	0.266	9.477	1.695	0.269

5　结语

本文分析上海市共享单车骑行需求特征,并构建融合多源数据(订单量、天气、建成环境等)的深度学习框架预测共享单车出行时空需求。结果显示,共享单车出行需求呈现明显通勤特征,其分布与POI分布存在相关性,需求量随着距上海中心区距离的增加而减少;此外,本研究提出的深度学习框架,将LSTM与Conv-LSTM相结合,处理了出行量时空特征,并充分利用土地性质POI数据与有限的天气数据(风速、气温、空气质量、降雨),

通过不同时间颗粒度、不同数据特征、不同预测模型的对比,证明了所提出的模型框架的优越性。因此,随着未来更多共享单车数据集的开放,本研究结果可以为无桩共享单车的再平衡和规划城市慢行交通系统提供有效建议。

本研究应用前景包括以下方面:

(1)出行者可根据预测结果调整出行方式及时间,避免由于缺乏可用车辆导致过长时间等待。

(2)共享单车运营商可预判未来短期车辆热点区域,规划和调度车辆,确保供需平衡,提高系统效益和服务质量,减少闲置车辆对公共空间的侵占。

（3）公共交通运营服务商可根据单车需求变化调整发车间隔和线路布局,通过耦合共享单车服务提升公共交通竞争力。

（4）城市规划及交通政策制定者可通过分析共享单车需求的时空变化,规划基础设施位置与容量(如自行车道),制定针对性的政策措施(如设定单车临时停放区域),促进城市交通可持续发展。

本研究也存在诸多局限。由于数据条件限制,需求较小区域与午间出行的"小高峰"预测误差相对较大;出行记录的稀疏性,导致栅格划分(5km×5km)不够精细,仅能够服务于中观层面的管控,未来应采用更精细的栅格划分,通过更精准的预测为共享单车调配提供依据;Conv-LSTM 网络所利用的空间信息,仅是某栅格点的周围区域,未考虑距离较远的区域出行信息的相互影响,未来将在模型中引入出行网络的拓扑信息。后续研究中,本文会进一步挖掘现有数据,将用户与车辆的移动特征纳入模型,构建预测与再平衡的端到端式管控模型。

参考文献

[1] FAGHIH-IMANI A, ELURU N, EL-GENEIDY A M, et al. How land-use and urban form impact bicycle flows: Evidence from the bicycle-sharing system (BIXI) in Montreal[J]. Journal of Transport Geography, 2014, 41: 306-314.

[2] FISHMAN E, WASHINGTON S, HAWORTH N, et al. Factors influencing bike share membership: an analysis of Melbourne and Brisbane[J]. Transportation Research Part A: Policy and Practice, 2015, 71: 17-30.

[3] NOLAND R B, SMART M J, GUO Z. Bike share trip generation in New York city[J]. Transportation Research Part A: Policy and Practice, 2016, 94: 164-181.

[4] PAL A, ZHANG Y. Free-floating bike sharing: Solving real-life large-scale static rebalancing problems[J]. Transportation Research Part C: Emerging Technologies, 2017, 80: 92-116.

[5] QIU L, HE L. Bike sharing and the economy, the environment, and healthrelated externalities [J]. Sustainability, 2018, 10:1-10.

[6] 许君洪. 基于大数据的共享单车出行需求分析方法和应用——以上海为例[J]. 交通与港航, 2021, 8(4):51-57.

[7] 司红运, 施建刚, 曲衍波, 等. 面向循环经济的共享单车可持续发展治理路径——基于上海市实践案例的政策模拟[J]. 中国人口·资源与环境, 2022, 32(2):71-84.

[8] BAO J, SHI X, ZHANG H. Spatial analysis of bike share ridership with smart card and poi data using geographically weighted regression method [J]. IEEE Access, 2017, 6:76049-76059.

[9] O'BRIEN O, CHESHIRE J, BATTY M. Mining bicycle sharing data for generating insights into sustainable transport systems [J]. Journal of Transport Geography, 2014, 34: 262-273.

[10] ZHANG Y P, MI Z F. Environmental benefits of bike sharing: a big data-based analysis' [J]. Applied Energy, 2018, 220:296-301.

[11] XU C C, JI JY, LIU P. The station-free sharing bike demand forecasting with a deep learning approach and large-scale datasets [J]. Transportation Research Part C: Emerging Technologies, 2018, 95: 47-60.

[12] Bao J, He T, Ruan S, et al. Planning bike lanes based on sharing-bikes' trajectories [C] // Proceedings of the 23rd Acm Sigkdd International Conference on Knowledge Discovery and Data Mining, Halifax, 2017.

[13] BACHAND-MARLEAU J, LEE B H Y, EL-GENEIDY A M. Better understanding of factors influencing likelihood of using shared bicycle systems and frequency of use [J]. Transportation Research Record, 2012, 2314: 66-71.

[14] LIN L, HE Z B, PEETA S. Predicting station-level hourly demand in a largescale bike sharing network: a graph convolutional neural network approach [J]. Transportation Research Part C: Emerging Technologies, 2018, 97: 258-276.

[15] CHAN K Y, DILLON T S, SINGH J, et al. Neural-network-based models for short-term traffic flow forecasting using a hybrid exponential smoothing and Levenberg-Marquardt algorithm[J]. IEEE Transactions on Intelligent Transportation Systems, 2012, 13 (2): 644-654.

[16] LV Y, DUAN Y, KANG W, et al. Traffic flow prediction with big data: a deep learning approach[J]. IEEE Transactions on Intelligent Transportation Systems, 2015, 16 (2): 865-873.

[17] KE J, ZHENG H, YANG H, et al. Short-term forecasting of passenger demand under on-demand ride service: a spatio-temporal deep learning approach [J]. Transportation Research Part C: Emerging Technologies, 2017, 85: 591-608.

[18] ZHANG W, KUMAR D, UKKUSURI S V. Exploring the dynamics of surge pricing in mobility-on-demand taxi services [C] // Proceedings of IEEE International Conference of Big Data, Boston, 2017:11-14.

[19] LIU Y, ZHENG H, FENG X, et al. Short-term traffic flow prediction with Conv-LSTM [C]// IEEE. Proceedings of 2017 9th International Conference on Wireless Communications and Signal Processing (WCSP), 2017: 1-6.

[20] HU X, LIU T, HAO X, et al. Attention-based Conv-LSTM and Bi-LSTM networks for large-scale traffic speed prediction [J]. The Journal of Supercomputing, 2022: 1-24.

[21] 秦娟. 共享出行对城市交通拥堵的缓解作用研究[D]. 哈尔滨: 哈尔滨工业大学, 2021.

一日游出行方式选择:多模式交通影响因素分析

孙轶琳[1,2]　疏　阳[*1,3]　黄　佩[1]

(1.浙江大学建工学院;2.浙江大学平衡建筑研究中心;3.浙江大学建筑设计研究院有限公司)

摘　要　大量既有研究探讨了游客出行方式选择的影响因素,而多模式交通出行的影响因素亟须进一步探索。本研究旨在探讨游客多模式交通出行的影响因素及其交互效应,基于北京、浙江、江苏三地的一日游出行数据,采用DBSCAN聚类算法识别游客的多模式出行类别,并运用多种机器学习模型来构建出行方式选择模型。研究表明:树模型可以直观地展示各个出行特征的贡献,尤其是面对多分类特征,可以直观地发现隐藏的交互效应;游客平日具有开车出行的习惯会更倾向于选择小汽车出行方式出游;年龄和收入具有显著的交互效应并影响游客对于出行方式的选择。通过识别影响游客多模式交通出行选择的关键因素,可以为相关交通政策的制定以及实施奠定理论基础,能够促进城市可持续发展。

关键词　多模式交通　一日游出行　出行方式　机器学习　部分依赖图

0　引言

在当前环境下,旅游多模式交通出行成为了关注焦点。人们在规划旅行时不仅考虑便捷性和舒适性,而且对整个旅程中的景点和交通工具的拥挤程度给予了前所未有的重视。这种趋势要求旅游出行方案不仅要考虑不同交通方式间的有效衔接,还必须有效管控目的地景区及各类交通工具的人流密度,以确保游客在整个旅行过程中的健康安全。因此,深入研究并优化旅游多模式交通出行模式,对于合理配置旅游资源、提升游客体验以及保障公共卫生安全具有重要意义。当前,传统的出行行为分析在很大程度上依赖于计量经济学中的离散选择模型框架。对于出行方式影响因素的分析在过去的研究中多是采用离散选择模型。郝晓妮等构建了随机参数Logit模型研究城际交通出行方式选择的影响因素,结果表明,收入、职业、汽车保有量、家庭子女数量对城市群城际出行的出行方式选择行为有显著影响[1]。Yang Hu基于嵌套logit模型研究家庭因素对于游客出行行为的影响[2]。Li建立了一个嵌套的logit模型来描述游客的出行方式

基金项目:浙江省"尖兵""领雁"研发攻关计划项目(2023C01240);浙江大学平衡建筑研究中心配套资金资助;国家自然科学基金资助项目(NO.52131202)。

决策。结果表明，与家人一起旅行时更倾向于选择汽车，与朋友一起旅行时更倾向于选择公共交通工具，团体游客更倾向于选择大巴[3]。傅志妍等[4]基于混合 Logit 模型分析了社交网络交通信息的心理变量对出行方式选择的影响；Bagdatli 利用 MNL 模型分析了 COVID-19 大流行后大学生的交通方式选择的影响因素[5]。尽管离散选择模型对于解释和预测居民出行行为提供了有力工具，但也存在一定的局限性。首先，此类模型通常假设效用函数线性且参数固定不变，限制了对居民出行模式复杂特性准确地刻画。

近年来，很多学者利用机器学习模型对交通行为进行分析建模[6,7]。尽管机器学习方法，如神经网络、支持向量机等，能够有效揭示数据中的非线性关系，但早期的应用多被视为"黑箱"模型，因其内部机制和决策过程不够透明，使得政策制定者和规划人员对其预测结果缺乏足够的信任和理解。因此，当前研究的一大突破点在于如何借助先进的机器学习可解释性工具，实现对居民出行模式中非线性交互效应的有效识别和可视化解读。本研究正是在此基础上，本论文通过采用可解释的机器学习方法，如部分依赖图、累积局部效应以及 SHAP 值（Shapely Additive Explanations），来探讨并解决这一问题，以期提高出行行为预测的准确性及模型的实际应用价值。

1　数据采集

问卷来源于 2020 年浙江大学、苏州大学、北京交通大学与日本流通科学大学合作开展的旅游出行问卷，数据包括北京市、浙江省、江苏省旅游出行数据。本文中的旅游出行是指旅行者 1 个月内最近 1 次的 1d 出行。

研究重点关注问卷的两部分：A 部分包括受访者的人口统计特征，包括性别、年龄、地区、职业、个人年收入、家庭结构；B 部分包括国内通勤休闲旅行，包括旅行目的、主要目的地、距离、同伴

数量、出行方式、假期时长以及乘客对于交通工具和旅游景点的心理因素。同时，为了适应中国家庭的特点[8-11]，家庭结构被细化为 9 类。

2　研究方法

2.1　多模式交通聚类

出行模式是指旅客使用两种或多种不同的交通工具来完成行程，从而提供更为高效、顺畅的出行体验。为了识别具有代表性的多模式交通，本研究有必要对旅客采用的不同交通方式组合进行聚类分析，以识别和构建高效、连贯的出行模式。DBSCAN 算法是一种基于密度的聚类算法，该算法能够有效处理噪声点和发现任意形状的空间聚类，具有不用预先设置初始聚类中心，鲁棒性强，受样本集噪声影响小等优点，已广泛应用于气象[12]、医学[13]与电力[14]等领域。

本研究采用 DBSCAN 算法对出行方式进行聚类，最终得到 5 种组合出行方式，分别是：

（1）以汽车为主的模式，以下简称"C"，游客的主要模式是汽车。

（2）以公共交通为导向的模式，以下简称"PT"，游客大部分出行使用公交车、地铁和长途汽车，并步行/骑自行车进行换乘。

（3）以铁路为主导的模式，以下简称"RPT"，游客在高铁到达目的城市后，主要采用公共交通出行。

（4）以铁路＋出租车为主导的模式，以下简称"RC"，游客在高铁到达目的城市后，主要采用出租车出行。

（5）以汽车和公共交通为导向的模式，以下简称"P&R"，同时依赖汽车和公共交通出行的游客。由于景区车辆通行限制和停车资源不足，停车换乘成为部分游客的重要选择。

2.2　变量介绍

通过问卷收集的信息可分为三大类：旅行者的社会经济属性、家庭属性和出行属性。表 1 提供了已处理变量的完整信息，包括它们的详细定义和相应的缩写，将在以下各节引用。

变量描述　　　　　　　　　　　　　　　　　　表1

类别	变量	解释	变量类型	定义
因变量	出行方式	—	分类变量	1 = C + 小汽车出行行为主； 2 = PT 公共交通 + 步行； 3 = RPT 铁路 + 公共交通； 4 = RC 铁路 + 出租车； 5 = P&R 小汽车停车换乘公共交通

类别	变量	解释	变量类型	定义
社会经济属性	GD	性别	分类变量	1 = 男性;2 = 女性
	AG	年龄	连续变量	单位:岁
	IC	收入	定序变量	1 到 10 代表收入递增区间
	OC	职业	分类变量	1 = 公司职员、公务员、兼职职员;2 = 个体户;3 = 学生;4 = 无业(包括家庭主妇、退休人员等)
	CP	汽车出行习惯	分类变量	1 = 是;2 = 否
家庭属性	FLC	家庭生命周期	分类变量	1 = 年轻的单身家庭(年轻者年龄 < 50 岁);2 = 无子女的年轻夫妇家庭(包括男女朋友合住)(年轻者年龄 < 50 岁); 3 = 三代同堂家庭(最小孩子 < 18 岁且老人同住); 4 = 有学前儿童家庭(无老人同住且最小的小孩年龄 < 6 岁); 5 = 有小学生家庭(无老人同住且最小的小孩 ≥ 6 岁同时 < 12 岁); 6 = 有初高中学生家庭(无老人同住且最小的小孩 ≥ 12 岁同时 < 18 岁); 7 = 成年人家庭(最小的孩子 ≥ 18 岁); 8 = 单亲家庭且最小的孩子年龄 < 18 岁; 9 = 其他家庭
出行属性	DT	旅行距离	定序变量	1 到 9 代表距离递增区间
	TC	一日游旅伴关系	分类变量	1 = 独自出行;2 = 家人/亲戚;3 = 朋友/熟人;4 = 其他人
	CS	同伴人数	连续变量	单位:人数
	ACP	避免公共交通拥堵	分类变量	1 = 是;0 = 否
	ACD	避免景点拥堵	分类变量	1 = 是;0 = 否
	TD	旅游目的地	定序变量	1 = 市内;2 = 相邻的城市; 3 = 省内;4 = 省外

2.3　模型选择和优化

本研究采用了多元逻辑回归、支持向量机、决策树和随机森林等机器学习模型进行训练。所有模型的参数通过 Optuna 超参数优化框架进行调整,并通过五折交叉验证的方法得出结果,见表 2。结果表明随机森林模型的预测准确率相对较高,后续分析采用随机森林模型,进行可解释性分析。

多种机器学习模型交叉验证效果对比　　　　　　　　表 2

模型	准确率	标准差	模型特点
多元逻辑回归	0.6194	0.026	适用于处理多分类问题,可进行特征选择
支持向量机	0.782	0.017	擅长处理高维数据,具有非线性分类能力
决策树	0.763	0.020	易于理解,直观展示特征重要性和交互影响
随机森林	0.821	0.021	集成学习方法,抗过拟合能力强

3　影响因素分析

运用 SHAP 方法,分析了不同特征对于旅游交通出行模式选择的影响。如图 1 所示,对游客出行模式选择影响最大的因素为出行目的地的属地,该特征和出行距离紧密相关,其次是日常出行的习惯,游客的收入和对交通工具和景点的敏感度也对出行方式产生显著影响。分析选择公共交通的游客,出行距离和目的地属地在出行方式选择过程中起到主导作用。日常生活中偏好汽车出行的人群,在旅行情境下不倾向选择公共交通,这种倾向性源于其已形成的出行习惯。同时,游客对于交通工具拥挤程度的敏感性也在很大程度上影响了他们的出行决策,但是景点的拥挤程度对是否选择公共交通的影响很小。

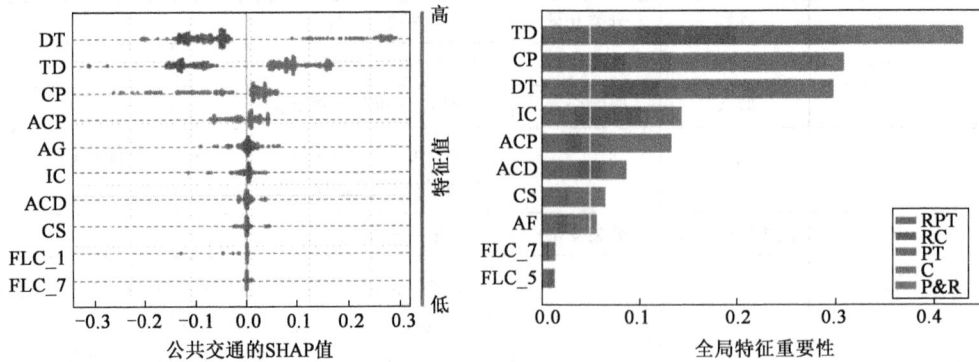

图 1　影响因素分析结果

从图 1 所展示的分析结果中,可以明确地揭示年龄与收入这两个独立变量各自在决定个体出行方式选择上具有显著的作用。然而,仅对两者进行孤立考察则无法完整阐述其在决策制定过程的交互作用。深入探究年龄与收入之间的交互效应,从而揭示二者在影响旅游出行模式选择上的深层次协同机制。图 2 展示了年龄与收入的交互效应,可以观察到,在汽车出行中,"撞击脊"位于40 岁之后,即对于 40 岁以上的中等收入群体,其倾向于使用私家车进行旅行的概率显著增加。该

年龄段个体经历长期职业发展和财富积累,具备购车及维护的能力,且随着生活质量诉求的提升,拥有私家车成为体现生活品质的一个标志。其次,家庭结构的变化,如子女的成长或长辈照护需求的增加,导致了对出行灵活度和舒适性的更高需求,而汽车恰好能够满足这种多元化的家庭旅游安排。此外,处于职场稳定或上升阶段的 40 岁以上人群,由于频繁的商务活动和个人社交需要,更加倚重汽车以确保高效、便捷地参与各类事务。

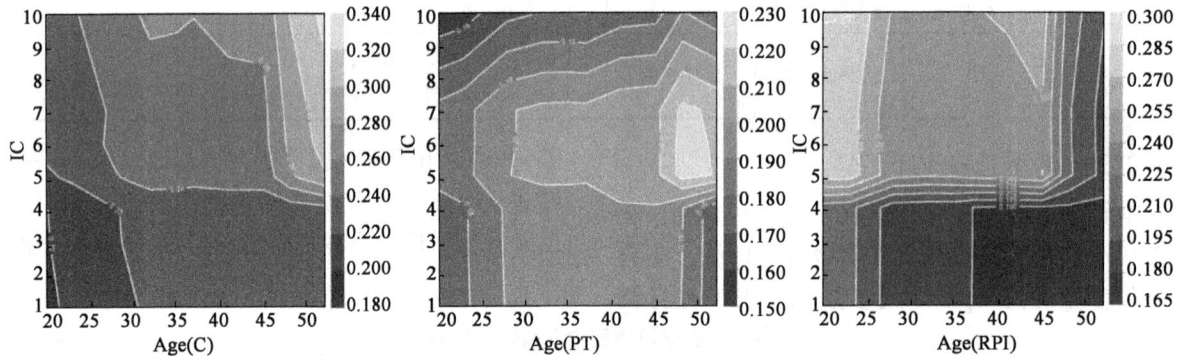

图 2　年龄与收入交互效应

4　结语

本研究采用机器学习可解释性的方法,揭示了影响游客多模式交通出行的主要影响因素。结果表明,在影响游客出行模式选择的各项因素中,出行目的地的地理位置及与之相关的出行距离扮演着决定性角色。其次,个体日常出行习惯也起着关键作用,尤其是对于已养成私家车出行习惯的人群,在旅游情境下仍倾向于选择自驾而非公共交通。为了避免用户养成私家车出行习惯,可

以通过城市规划手段,将大型购物中心等商业设施布局在公共交通节点附近,特别是地铁站周边区域,旨在鼓励消费者养成依赖公共交通工具前往购物的习惯。针对特定交通站点,可以设计优惠政策,如为频繁出入商圈地铁站的用户提供乘车优惠或专享折扣,从而提高公共交通吸引力。同时,适当调整商场停车场的位置以减少停车便利性,促使消费者在出行方式上重新权衡,并逐步转向公共交通。

此外,游客的收入水平和对交通工具拥挤度

的敏感性显著影响其出行决策,而景点拥挤程度对此影响相对较小。值得注意的是,年龄与收入的交互效应揭示了40岁以上的中等收入群体在汽车出行上的偏好显著增强。这一年龄段人群因职业发展、财富积累以及生活质量追求,拥有私家车成为彰显生活品质的一部分。同时,家庭结构变迁带来的出行需求多样化,如子女成长或长辈照护需求增加,使得私家车因其灵活性和舒适性更受青睐。另外,处于职场稳定或上升阶段的这部分人群出于商务活动和个人社交频繁的需求,更加依赖私家车以满足高效便捷的出行需求。

未来研究将收集更广泛的旅游区域的数据并扩大样本量,以增强模型的普适性。采用多源数据融合技术能够更好地反映现实世界复杂多元的出行特征,从而提高对城市交通状况全面且深入的理解。这些改进有助于更好地支持城市旅游交通出行相关政策的制定。

参考文献

[1] HAO X N, SHI W H, LIU J R, et al. An analysis of mode choice behavior of inter-city travel in urban agglomeration areas using a random-parameter logit model[J]. 交通信息与安全, 2022, 40(5): 139-146.

[2] HU Y, SOBHANI A, ETTEMA D. Exploring commute mode choice in dual-earn-er households in a small Chinese city [J]. Transportation research part d: t-ransport and environment, 2022, 102:103148.

[3] YANG L Y, SHAO C F, HAGHANI A. Nested logit model of combined selection for travel mode and departure time[J]. 交通运输工程学报, 2012, 12(2): 76-83.

[4] 傅志妍,赵翰林,陈坚,等. 社交网络交通信息对出行方式选择行为影响模型[J]. 交通运输系统工程与信息,2019(2):22-29.

[5] BAGDATLI M E C, IPEK F. Transport mode preferences of university students in post-COVID-19 pandemic [J]. Transport policy, 2022, 118: 20-32.

[6] KASHIFI M T, JAMAL A, KASHEFI M S, et al. Predicting the travel mode choice with interpretable machine learning techniques: a comparative study [J]. Travel behaviour and society, 2022, 29: 279-296.

[7] WANG X, YIN C, ZHANG J, et al. Nonlinear effects of residential and workplace built environment on car dependence [J]. Journal of transport geography, 2021, 96: 103207.

[8] BURSA B, MAILER M, AXHAUSEN K W. Intra-destination travel behavior of alpine tourists: a literature review on choice determinants and the survey work[J]. Transportation, 2022, 49(5): 1465-1516.

[9] LU Y, PRATO C G, SIPE N, et al. The role of household modality style in fi-rst and last mile travel mode choice[J]. Transportation research part a: policy and practice, 2022, 158: 95-109.

[10] WANG K, HOSSAIN S, HABIB K N. A hybrid data fusion methodology for household travel surveys to reduce proxy biases and under-representation of specific sub-group of population [J]. Trans-portation, 2022, 49 (6): 1801-1836.

[11] ARORA C, DIWAN S P. Children influence on family purchase decisions across productcategories [J]. SN business & economics, 2022, 2(7): 67.

[12] ZUO Y Y, HU Z Q, YUAN S J, et al. Identification of convective and stratiform clouds based on the i-mproved DBSCAN clustering algorithm [J]. Advances in atmospheric sciences,2022, 39(12): 2203-2212.

[13] MARANI K, MAGHOOLI K. Enhancing r-etinal blood vessel segmentation in m-edical images using combined segmentation modes extracted by DBSCAN and morphological reconstruction [J]. B-iomedical signal processing and control, 2021, 69(1): 102837.

[14] SENG C L, BRUCE A M, MATTHEW P, et al. Accelerated superpixel image segmentation with a parallelized DB-SCAN algorithm [J]. Journal of real-time image processing, 2021, 18(6): 2361-2376.

北京市创建国家城乡交通运输一体化示范区实践分析——以通州区为例

芦昕彤*1　马　伟2　吴海君1　杜华兵1　顾　涛1

(1.北京交通发展研究院;2.北京市交通安全应急事务中心)

摘　要　加快城乡交通运输一体化发展是全面推进乡村振兴、实现共同富裕的必然选择。本文基于北京市通州区城乡交通运输一体化示范区创建工作,分析通州区创建的交通基础条件以及道路交通设施、公共交通和货运物流的薄弱环节,明确了提升综合交通承载力、提升城乡交通服务、加强对外通道建设等三方面的示范区创建实施策略,通过实施交通基础设施、客运服务和货运物流三方面多个创建行动,打造便捷、顺畅、科学、高效的现代化综合交通运输体系,为乡村振兴提供有力交通保障。

关键词　城乡交通运输　一体化示范区　实践分析

0　引言

2021年末,按照交通运输部的部署安排,北京市通州区成为全国第二批61个县(区、市)创建城乡交通运输一体化示范区之一。2022—2023年,通州区围绕提升城乡交通运输基础设施、客运服务、货运物流服务一体化三个方面,持续推动城乡融合发展,提升城乡交通运输公共服务均等化水平,切实落实《交通强国建设纲要》,支持两区建设,实现交通运输高质量发展,为加快农业农村现代化建设提供更加有力的交通运输服务保障。通过近2年持续创建工作,2023年12月通过交通运输部验收。

1　创建基础条件

1.1　副中心建设是新时代发展的重大机遇

通州区位于北京市东南部,面积906km²(城市副中心155km²),西临朝阳区、大兴区,北与顺义区接壤,东隔潮白河与河北省三河市、大厂回族自治县、香河县相连,南与天津市武清区、河北省廊坊市交界,素有"一京二卫三通州"之称。

2016年,中共中央政治局部署规划建设北京城市副中心,开启了城市副中心建设发展的宏伟新篇。建设北京城市副中心,不仅是调整北京空间格局、治理大城市病、拓展发展新空间的需要,也是推动京津冀协同发展、探索人口经济密集地区优

化开发模式的需要。同时,城市副中心10.87km²纳入自贸试验区,通州区全域成为服务业扩大开放综合试点示范区,为快构建开放型经济体系、推动经济高质量发展、服务构建新发展格局奠定基础。

1.2　高标准发展定位和方向

北京城市副中心一直坚持世界眼光、国际标准、中国特色、高点定位,以创造历史、追求艺术的精神,以最先进的理念、最高的标准、最好的质量推进城市副中心规划建设,着力建设中心城区功能和人口疏解的重要承载地,着力打造一流的和谐宜居之都示范区、新型城镇化示范区和京津冀区域协同发展示范区。

从通州交通发展而言,始终坚持"创新、协调、绿色、开放、共享"的发展理念,以区域功能提升、非首都功能疏解、京津冀协同发展为重点,瞄准国际一流标准,以绿色和智慧交通为导向,引导通州由"过境型交通"和"末端型交通"向"区域枢纽型交通"转变,构建便捷、顺畅、科学、高效、与城市副中心定位相匹配的现代化综合交通运输体系。

1.3　城乡交通一体化发展水平较高

自交通运输部开展城乡交通运输一体化发展水平评价以来,通州区连续6年、每年都被评为5A级,在全国名列前茅,全面实现了农村公路等级路率、农村公路列养率、建制村通客车率、城乡道路客运车辆公交化率、"村村通公交"车辆全球定位系统(GPS)动态监控设备安装使用率、公交车驾驶室隔离设施安装率、乡镇农村物流节点覆盖率

等"八个100%"。总体而言,与其他省市相比,通州区乡镇正在向城市化高速发展,城乡一体发展已具备高起点、高标准和高质量的特征。

2 创建示范区薄弱环节

对照交通运输部关于城乡交通运输一体化发展水平的相关要求,通州区交通基础设施、客运服务和货运物流服务等方面还存在一定薄弱环节。

2.1 道路交通设施

从路网结构来看,城市副中心东西贯通干路较多,南北贯通干路较少,路网密度为 4.4 km/km²,距离 8 km/km² 的规划目标还有较大距离。另外,受铁路、河道和高速公路等分割影响,副中心道路网通达性差,主要干路与河道交叉点超25处,与铁路交叉点超20处,导致道路节点通道容量受限,区内主要道路和节点高峰时段交通拥堵。

由于通州区交通设施正处于"补短板"的快速建设阶段,道路封闭施工现象较为普遍,也对路网分隔和运行造成一定影响。另外,在城市副中心内(155 km² 范围)尚存在200多公里公路与城市道路标准不一致,缺少城市道路应配套的公交站亭、港湾、自行车道、步道、灯杆等设施,这些都对便捷性交通服务产生不利影响。

2.2 公共交通

目前通州区已实现全域公交覆盖,与北京市区公交也实现融合发展,但在城乡公交线网和场站布局、公交车辆绿色化、服务品质个性化多样化等方面尚有改进空间。从线网设置来看,公交线路重复度高,大部分市区和区内线路集中布局在主要干道上,线路运营时间和停靠站点高度集中,导致不同线路公交车在停靠时,容易出现串车排队现象,造成线路资源浪费、乘客上下车效率低。

现状通州区公交场站设施共60处,其中永久场站仅1处,其他均为临时场站。整体来看,公交场站建设滞后,面积不足,导致公交线路调整受限,公交车辆停放、调度压力和乘客集散无法改善和缓解。同时,部分公交站候车空间有限,站点设施容量不足、站台过窄,导致乘客在机动车道上候车。

2.3 货运物流

通州区货运物流发展时间较短,物流基础设施体系不完善、信息化发展缓慢,成为城市物流配送发展的主要阻碍。在快递、物流企业共同配送及末端站点综合服务等方面尚未形成合力,需要不断完善城市物流配送体系,促进交通运输与物流的深度融合,为居民提供更好的物流配送服务。

3 创建示范区实施策略

3.1 全面提升综合交通承载力,支持交通强国建设

推动副中心骨干路网建设,城市干道重点保障交通功能,基本建成"十一横九纵"骨干路网体系,加强南北向交通联系,支撑副中心城市发展。同时,聚焦近期功能区建设,优先实施区域道路,加强区域内外交通快速联系,打造城市景观大道。加快运河商务区配套道路建设,随副中心站同步实施通运东路等配套道路。推动完善艺术创意小镇、台湖演艺小镇和张家湾设计小镇高标准的内部及对外联系路网体系,形成功能清晰、分工明确的交通通道。

3.2 提升城乡交通服务,支持乡村振兴战略

建设副中心与中心城之间、通州区内部各个组团之间、与周边新城的高等级公路网络系统,梳理对外交通走廊与内部交通干路。实施农村公路提级改造,加强农村公路养护管理,深入推进"四好农村路"高质量建设,加强通州区各乡镇之间公路联系,促进城市一体化协调发展。另外,优化副中心与中心城区公交线路,实现市区和区内公交功能互补和错位发展。干线主要服务至中心城通勤出行、副中心内部通勤出行以及其他区生活及商务出行;接驳线主要服务干线和轨道站点接驳、生活性基本出行服务、与各特色小镇和乡村之间出行服务等。

3.3 加强对外通道建设,支撑首都功能疏解

加快建设城际铁路京唐/京滨城际、城际铁路联络线,推动区域快线平谷线、副中心线、通密线建设完善;强化副中心与中心城区及东部、南部城市组团交通联系,强化城市副中心交通枢纽功能。同时,推进城市副中心与北三县交通基础设施互联互通,提升京津冀交通一体化发展水平;构建快

速公交通道,完善"北三县"与北京中心城区的快速公交网络,统筹布局、建设、共享区域内城市公共交通场站设施,提升跨界公交运行效率,破解跨界交通拥堵问题。

将过境货运交通疏导至首都地区环线,加快推进北京铁路外环线的建设,优化北京内部铁路货运组织功能。结合轨道交通车辆基地交通情况不断发展集约化的城市配送中心,完善马驹桥物流基地的口岸、仓储(冷链)、终端配送的功能,减少商品的加工与转运环节,降低人力、物料消耗,增强信息化、标准化、智能化设备与管理在物流服务中的作用。

4　创建示范区主要工作

4.1　交通基础设施一体化提升

强化完善快速对外的综合交通网络,打造广覆深达的地方干线路网。推进东六环入地改造,有效"缝合"副中心城市空间;推进与北京中心城区、天津、河北省北三县路网一体化建设,实现区域互联互通;加快推动厂通路建设,石小路、通宝路等前期工作,适应通州区对外出行需求;完善现状乡村道路,促进美丽乡村发展;以通建制村的乡村公路为主进行排查,开展加宽方案研究,完成窄路加宽工程共10km,建设完成23km窄路加宽和42km美丽乡村路。

持续推进建设便捷高效的城乡公交场站,副中心站、环球影城北、东夏园、通马路等交通枢纽建设进展顺利,加快实现"四网融合",逐步构建综合立体交通运输体系。加强乡村公路管理和巡查,优化交通安全环境。全面推行公路"路长制",9个乡镇启用"农村公路管理巡检系统",重点道路事故多发点段完成设置104个农村交通安全劝导站,乡村公路安全隐患处置率达到100%。

4.2　客运服务一体化提升

持续完善通州区客运服务体制机制,优化安全便捷公共交通出行环境。2022年,副中心公交正式纳入市公交系统统一运营管理,运营车辆全部安装实时监控设备和动态监控设备,公交客运服务能力全面提升。客运服务一体化水平升级提效,新开或优化调整公交线路16条,提升后全区地面公交线路176条。

完善城乡公交基础设施建设,加快城乡公交候车亭标准化改造,加强农村客运基础设施的建设、维护与管理。建设公交候车亭90座,累计完成安全设施96.6km。积极推进新能源车辆在城乡公交中的应用,新增公交车辆新能源车辆比例实现100%,持续推进配套充电设施建设。

建设完善的智慧公交体系和信息平台,推进建设副中心交通便民查询系统,实现区域公交实时到站信息查询、用户线上咨询、数据采集与汇总等功能,原区属70条公交客运线路全部实现实时到站查询功能。实现副中心交通公众号进入相关小程序,实现在线查询、咨询等需求;推进通州区公交智能监控调度中心建设、站台智能化升级改造,打造场站、车辆、站点、信号、终端"五位一体"的智慧公交体系。

4.3　货运物流服务一体化提升

完善区乡村三级快递物流体系,服务新农村建设。持续融合发展货运物流服务一体化,完善区级物流节点功能布局,推进乡村三级快递物流体系建设,打造开放共享的公共快递物流服务平台,同时新增投递车辆150辆,大幅提升投递能力。

构建集约高效的城乡物流节点网络,完善区级物流节点功能布局,构建村级末端综合服务站体系,盘活村级可利用的场地资源,邮政公司结合村委会、社区党群服务中心、村级信息服务站、村邮站等场地开展邮件快件代收代发服务,推进自提代投网络建设,补齐农村地区物流网络节点建设短板。建设完成18处京邮驿站,在宋庄、西集等五个乡镇利用现有资源场地建立仓储基地业务。

创新"邮快""邮农"多业融合的城乡物流运作模式,利用邮政网点资源,积极拓宽邮快合作领域,加快"京邮驿站"建设及"邮快合作"工作。通过构建西集樱桃、台湖金耳、永乐店水果玉米等项目邮农合作渠道,推动寄递物流服务落地,促进农民增收,助力城市副中心乡村振兴。

建设完善的物流运输信息平台,深化物流信息化与综合运输信息平台融合,在副中心交通便民查询系统中嵌入"货拉拉""速递物流""邮政速递便民通"货运模块,方便群众查询应用。鼓励农村物流相关企业加强信息化建设,推动相关企业建设信息系统,引导相关企业依托农村物流主体企业网站或大型物流服务平台,为企业和居民等主体提供便捷化信息服务。

5 结语

在城乡交通运输一体化示范创建中,北京市通州区聚焦客货邮融合发展,推进构建体制机制融合、基础设施融合、运力资源融合和运输信息融合,形成基础设施一张网、客运一体化,交旅一盘棋和物流一条链。通过交通基础设施、客运服务和货运物流三方面多个创建行动实施,促进京津冀交通一体化协同发展、公交邮政物流等多业融合发展,为乡村振兴战略实施夯实了基础条件。

参考文献

[1] 孟凡琨. 城乡交通运输一体化实践问题及应对措施[J]. 中国航务周刊,2024(5):82-84.
[2] 甘鸿,李超华. 城乡交通运输一体化建设的实践与思考[J]. 运输经理世界,2023(9):72-74.
[3] 谭晓琳,杨明哲,王平莎. 城乡交通运输一体化发展分析与研究[J]. 城市建筑,2019,16(12):44-45.

基于可分离车厢技术的公交动态跳站优化策略

钟 锐 李欣蔚 田 琼*
(北京航空航天大学经济管理学院)

摘 要 随城市公交建设力度不断加大和装备技术含量快速提升,出现了铰接式公交和模块化公交等多种公交车辆新形态,但在实际应用中均存在不足之处。本文将两种车辆设计有机结合,提出一种基于可分离车厢技术的全新公交动态跳站优化策略,以实现对公交系统高效且易操作的控制,从而缓解公交串车,提高乘客服务水平。数学模型的分析显示,相较于传统跳站策略,该策略使得公交更具有抵御扰动的能力,甚至在适度延误的情况下能够恢复到原时间表。仿真结果进一步展现了策略的有效性、稳定性和公平性。相对于跳站策略或无控制情况,该策略显著改善了运行规律性和乘客等待时间的可靠性,同时减少了过站乘客数量并提高了运营速度。在长时间运行下仍能保持较为均匀的车头时距,且不同类型乘客的平均旅行时间均得到了减少。

关键词 公交串车 跳站 公交分离 铰接式公交

0 引言

铰接式公交车作为一种较为成熟的公交车辆类型,已经在世界范围内得到了广泛的应用。相较于普通车辆,铰接式公交车拥有更大的载客量,同时还拥有更多的车门能够节省停靠时间;但其加速性能较差,实际运营速度要慢于普通车辆,并可能带来更严重的公交串车问题[1]。

模块化公交则是将自动驾驶模块化车辆组合成为公交车,乘客可以在连接的不同模块之间步行换乘[2]。这样不仅可以提高服务质量和能源效率,还无须考虑小容量公交车多批次运行带来的司机成本[3]。最新的研究首次将模块化公交应用到缓解公交串车问题上,与公交跳站策略结合,使

模块化公交在执行跳站时抛下一个公交模块搭载站内候车乘客,并在两站后追上前车[2]。但这种方法存在一些问题,公交模块在两站后追上前车的假设在实际执行时很难得到保证,且为追上前车,被分离的公交模块在下一站也需要跳站,同样会带来潜在的过站问题。

更重要的是,基于模块化公交技术的跳站策略并未给公交串车问题的缓解带来额外的好处,仅弥补了跳站策略过站问题,其控制效果主要仍依赖于跳站策略本身。实际上,作为自动驾驶车辆,不进行车辆的组合与分离,而仅仅将每一个公交模块单独开出,加倍公交的发车频率,同样能起到提高乘客服务水平的效果。更不用说自动化驾驶车辆面对的较高成本和技术挑战问题。

基金项目:国家重点研发计划(2023YFE0115600)国家自然基金项目(72071013,72288101,71890971,71890970,72371010)。

跳站策略作为一种缓解公交串车问题的常用策略,虽然能在一定程度上提高公交运营速度,但造成了乘客的过站问题,还可能反过来加剧公交串车。Daganzo指出,基于时刻表和车头时距的控制方式对减少车头时距是不可靠的,因为若两车拉开了距离,后车将因为一直面对过多的在站乘客而无法得到足够的优势来缩短距离[4]。

面对以上问题,本文提出一种基于可分离车厢技术的公交动态跳站优化策略,以缓解公交串车并提高乘客服务水平。在已经成熟的铰接式公交基础上,使车辆挂载的铰接车厢能够动态分离,并在公交车进行跳站操作的同时将其抛下(事实上,我们可以让公交停站分离车厢再马上离开,可以起到同样的效果)。需要在被跳过站点下车的乘客可以提前进入将被抛下的可分离车厢,从而避免过站;而站台内候车的乘客也能提前进入停留在站内的车厢,等待下一辆公交车停靠时被一同拾起,从而节省停站时间,避免了前车跳站带来的乘客堆积。抛下了可分离车厢的公交车能获得加速性能的提升,进而得到额外的运营速度来追上前车。相比于传统跳站策略,该控制策略不仅能够减少过站乘客,还可能进一步提高整个线路的运营速度。与新兴的模块化公交相比,该策略避免了自动驾驶带来的高昂成本和伦理顾虑,同时,不需要考虑分离部分的路径规划和如何追上前车的实际问题。

本研究的主要创新点如下:

(1)提出一种基于可分离车厢技术的公交动态跳站优化策略,该策略能够在对现有车辆有限改造的前提下,有效缓解公交串车问题,提升乘客服务水平。

(2)通过动态分离挂载的铰接车厢,实现了在公交车跳站时避免乘客过站的同时,为站台内候车乘客提供即时上车机会,有效减少了停站时间和乘客等待时间。

(3)利用车厢分离后公交车加速性能的提升,为公交车提供了追赶前车的额外速度优势,有望进一步提高整个公交线路的运营效率。

(4)与模块化公交相比,本策略无需面对自动驾驶的高成本和技术挑战,且避免了复杂的路径规划和车辆追赶问题,具有更好的实用性和可操作性。

1 模型

1.1 无控制模型(Newell&Potts 公交模型)

60年前,Newell 和 Potts[5]用一组简单的递推公式解释了公交聚集的成因。我们采用与原文一样的符号,设公交车编号为 m,公交车站编号为 n,公交车的站间行驶时间 T 和出发间隔 τ 固定。定义 $k_{m,n}$ 如下:

$$k_{m,n} = \frac{\text{车站 } n \text{ 乘客的到达率}}{\text{公交车 } m \text{ 的登车速度}} \quad (0 < k_{m,n} < 1)$$
$$(1)$$

文章假设不同车站的乘客到达率相同且为常数,所有公交车登车速度相同,因而可以将 $k_{m,n}$ 简写为 k。得到编号为 m 的公交车离开车站 n 的时间 $t_{m,n}$ 满足以下递推条件:

$$t_{m,n} - t_{m,n-1} - T = k(t_{m,n} - t_{m-1,n})$$
$$(m, n > 0, \text{except})(m = n = 1) \quad (2)$$

假若编号为 1 的公交车在 1 号车站受到扰动,延误 α,则有

$$t_{1,1} = (1 + k)\tau + T + \alpha \quad (3)$$
$$t_{m,0} = m\tau \quad (m \geq 0) \quad (4)$$
$$t_{0,n} = n(k\tau + T) \quad (n \geq 0) \quad (5)$$

进而可以求出第 m 辆车在第 n 站的离开时刻为:

$$t_{m,n} = (m + nk)\tau + nT +$$
$$\alpha \frac{(n+m-2)!}{(n-1)!(m-1)!} \left(\frac{k}{k-1}\right)^{m-1} \left(\frac{1}{1-k}\right)^{n-1}$$
$$(m > 1, n > 1) \quad (6)$$

可以看出,公交偏离时间表的程度将越来越大,并有两两串车的趋势。

1.2 跳站策略

我们考虑出现延误的公交车在下一站进行跳站(图1)。

$$t_{1,2}^s = t_{1,1} + T = (1 + k)\tau + 2T + \alpha \quad (7)$$

当公交车跳站,滞留在本站的乘客均由下一辆经停本站的公交车搭载。

$$t_{2,2}^s = \frac{t_{2,1} - k t_{0,2} + T}{1 - k} \quad (8)$$

此时,除没有受到延误影响的首辆公交车外,其他公交车出现了进一步的偏离,可以递推得到。我们以编号为 1 和 2 的公交车离站时间为例。

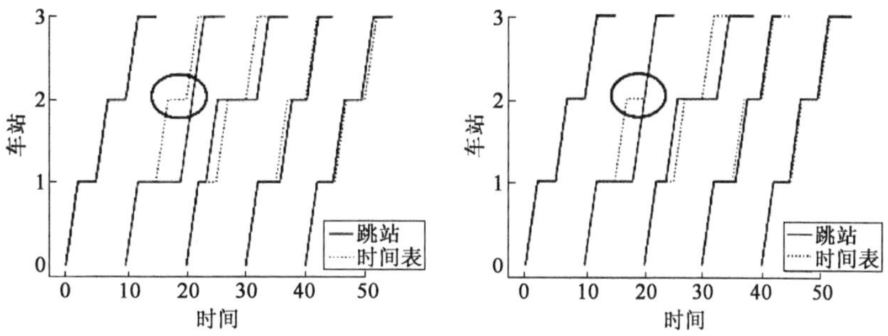

图 1 跳站公交时空图（$\alpha > k\tau$ 和 $\alpha = k\tau$）

$$t_{1,n}^s = \left(1 + nk - \frac{k}{(1-k)^{n-2}}\right)\tau + nT +$$

$$\alpha\left(\frac{1}{1-k}\right)^{n-2} \quad (n>2) \qquad (9)$$

$$t_{2,n}^s = \left(2 + nk + \frac{k+(n-2)k^2}{(1-k)^{n-1}}\right)\tau + nT -$$

$$\alpha\frac{(n-2)k^2-(n-1)k}{(1-k)^{n-1}} \quad (n>2) \qquad (10)$$

性质 1 在给定跳站情况下，当 $\alpha = k\tau$ 时，跳站公交车能回到原本时间表。但此车的后车必定一直偏离时间表。

我们再从特定站台的角度观察，以编号为 2 和 3 的站台的离站时间为例。

$$t_{m,2}^s = \left[m + 2k - \left(\frac{k}{k-1}\right)^{m-1}\right]\tau + 2T +$$

$$\alpha(1-m)k^{m-1}\left(\frac{1}{k-1}\right)^m \quad (m>1) \qquad (11)$$

$$t_{m,3}^s = \left[m + 3k + \frac{(m+1-k)k^{m-1}}{(k-1)^{m-1}}\right]\tau + 3T +$$

$$\alpha\left[\frac{m(m-1)}{2} + 1 - k\right]k^{m-1}\left(\frac{1}{k-1}\right)^{m+1}$$

$$(m>1) \qquad (12)$$

对于特定车站的发车时间与时间表的偏离程度来说，由于 τ 项系数与 α 项正负相同，其偏离时间表的程度取决于 $\frac{k}{k-1}$ 的绝对值是大于 1 还是小于 1。当 $0 < k < \frac{1}{2}$ 时，车站的发车时间逐渐回到时间表，反之偏离程度不断加剧。一般来说，乘客到达率会远低于公交车载客率，单个车站的扰动会逐渐平息。可以通过加快乘客上车速度来加快稳定速度。

需要说明的是，如果编号为 1 的公交车更晚跳站，只要公交车仍保持原有次序，结果是类似的，只是表达式形式会发生变化。

1.3 抛下车厢跳站

从上一部分的讨论可以看出，跳站并不能很好解决公交聚集的问题。一方面，跳站只能帮助自身车辆追赶时间表，却给后车带来了较大的负面影响。后车除了面临前车延误带来的乘客数量变化，还需要额外承接跳站带来的额外乘客增加，使后车的延误进一步加剧。而后车的延误也只能通过跳站来弥补，进而将延误继续向后传递。因此，即使通过优化算法来决定最佳的跳站地点，也无法弥补跳站本身的这一问题。另一方面，跳站动作本身也可能造成乘客过站和被跳过站台乘客的服务水平下降。为尽量减少过站问题，同时缓解后车面临的前车留下的过量乘客，我们考虑抛下车厢跳站的方式。

假设后车捡起车厢需要花费固定时间 P。由于得到了更好的加速性能和更高的安全限速，抛下车厢后的车辆行驶得更快，站间行驶时间变为 $T - D$，而捡起车厢的车辆行驶更慢，站间行驶时间变为 $T + D$。我们继续考虑首辆公交车按时间表正常运行，第二辆公交车在第二站出现延误，并在第三站抛下车厢跳站的情形，可以得到下面的式子。

$$t_{2,2}^d = t_{2,1}^d + T + P \qquad (13)$$

$$(1-k)t_{1,n}^d = t_{1,n-1}^d - k\,t_{0,n} + T - D \quad (n>2)$$

$$(14)$$

$$(1-k)t_{2,n}^d = t_{2,n-1}^d - k\,t_{1,n} + T + D \quad (n>2)$$

$$(15)$$

为简化计算，设 $P = \frac{k}{1-k}\tau + \frac{1}{1-k}D$，其中 k, τ, D 均为可测值，可通过提前设计车厢回收系统达到。由于 k 一般较小且 D 远小于 τ，有 $P < \tau$，捡起

车厢用时不长于公交间隔时间。此时,可以得到编号为 1 和 2 的公交车离站时间。

$$t_{1,n}^d = \left(1+nk-\frac{k}{(1-k)^{n-2}}\right)\tau + nT + \alpha\left(\frac{1}{1-k}\right)^{n-2} + \frac{D}{k}\left[1-\frac{1}{(1-k)^{n-2}}\right], n>2 \quad (16)$$

$$t_{2,n}^d = \left(2+nk+\frac{(n-1)k^2}{(1-k)^{n-1}}\right)\tau + nT - \alpha\frac{(n-1)k}{(1-k)^{n-1}} + D\frac{(n-1)}{(1-k)^{n-1}}, n>2 \quad (17)$$

性质 2　在给定跳站情况下,当 $\alpha=\frac{D}{k}+k\tau$ 时,跳站公交车将以晚于时间表 $\frac{D}{k}$ 的固定延误运行(图2)。

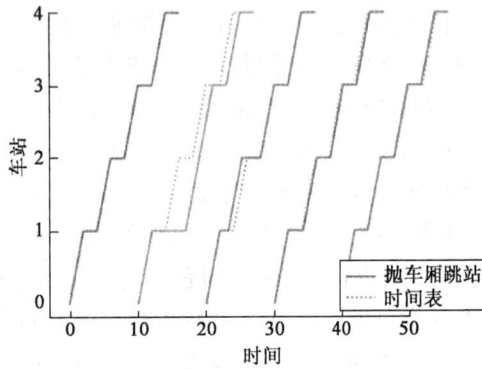

图2　抛下车厢跳站公交时空图($\alpha=\frac{D}{k}+k\tau$时)

性质 3　在给定跳站情况下,当 $\alpha=\frac{D}{k}+k\tau$ 时,跳站公交车的后车能回到原本时间表。

虽然跳站公交车在特定延误下无法完全回到时间表,但相对跳站策略,抛下车厢跳站策略能够弥补更大的延误。同时,能够部分甚至完全弥补跳站策略对后车造成的影响。

2　仿真分析

在模型部分,我们仅仅讨论了一辆车出现延误,并在下一站进行跳站的情况,而现实情况显然要更加复杂。比如,面对较小延误时,公交车可能会在几站后再进行跳站。同时,跳站策略在实际使用中并不是单次使用的,也不是仅由偏离时间表的车辆使用的。同一条线路的公交车可能需要通过在不同地点的多次跳站来保证整体间距的均衡。因此,仅通过一次跳站进行对比也是不足够的。

为说明抛下车厢跳站策略在更复杂场景下的适用性,我们需要通过仿真方法,考虑更多的随机性,在更长的线路和更复杂的条件下对跳站策略和抛下车厢跳站策略进行对比。

2.1　公交路线仿真模型

设有一条公交线路,线路上共有 N_s 个车站,标号为 $j=0,1,\cdots,N_s-1$。公交车站 j 到 $j+1$ 的距离为 D_j。我们考虑头尾不相连的线性路线和头尾相连的环形路线两种情况。在无环线性路线上,从起始车站每隔时间 T_g 发出 1 辆公交车;在环形路线上,公交车按等间隔分散在环形线路车站内发车,编号为 $i=0,1,\cdots,N_b-1$。每辆公交车由一个带有动力的车头和 $n_{i,j}$ 个无动力车厢组成,每个车厢具有最大容量 C_{max}。无车厢挂载时车头速度为 V_b,每挂载一个车厢,车辆速度降低 V_L。也即在 j 站的公共汽车 i 的速度 $v_{i,j}$ 满足下式:

$$v_{i,j}=V_b-V_L\cdot n_{i,j} \quad (18)$$

公共汽车 i 在公交车站 j 和 $j+1$ 间行驶时间 $t_{i,j}$ 满足

$$t_{i,j}=\frac{D_j}{v_{i,j}}+\varepsilon_{i,j}$$
$$\varepsilon_{i,j}\sim Gamma(\alpha,\beta)-\alpha\beta \quad (19)$$

其中,$\varepsilon_{i,j}$ 为均值为 0 的同分布独立误差项。相较于正态分布,偏态分布更适合描述公交行驶时间的误差。同时,由于 Gamma 分布具有下界,可通过适当的取值保证行驶时间大于 0。

公共汽车 i 在公交车站 j 的停站计划用 $y_{i,j}$ 表示。$y_{i,j}=0$ 表示公共汽车 i 跳过了 j 车站,$y_{i,j}=1$ 表示公共汽车 i 在 j 车站正常停靠。为了避免过长的乘客等待时间和减少过站乘客回站时间,需要对停站计划作出以下限制

$$y_{i,j}+y_{i,j+1}\geq1 \quad (i=0,1,\cdots,N_b-1;j=0,1,\cdots,N_s-2)$$
$$y_{i,j}+y_{i+1,j}\geq1 \quad (i=1,2,\cdots,N_b-2;j=0,1,\cdots,N_s-1) \quad (20)$$

也即公共汽车不能连续跳过两站,且同一站不能被两辆公共汽车连续跳过。在线性公交线路上,第一站和最后一站均不能跳过。

$$y_{i,0}=y_{i,N_s-1}=1 \quad (i=0,1,\cdots,N_b-1) \quad (21)$$

而在环形公交线路上仅要求车辆出发时不得跳过始发站。

乘客按每秒到达率 λ 的泊松流到达车站,对线性公交线路,到达车站 j 的乘客终点站为 $j+1,\cdots,N_s-1$ 的概率相等,而对车站间距相等的环形公交

线路,到达车站 j 的乘客终点站为 $j+1,\cdots,\lceil(N_s+j)/2\rceil$ 的概率相等($\lceil\ \rceil$ 为向上取整)。不考虑等待乘客中途离开车站的情况。当公共汽车 i 靠站时,考虑到公共汽车一般都有两个门,可以认为乘客上车和下车同时进行,且车站内所有乘客按先进先出顺序上车。用 $b_{i,j}$ 表示在公交车站 j 登上公共汽车 i 的人数:

$$b_{i,j}=\min(w_{i,j},C_{\max}-s_{i,j}+a_{i,j})\cdot y_{i,j},$$
$$i=0,1,\cdots,N_b-1;j=0,1,\cdots,N_s-1 \quad (22)$$

$$s_{i,j}=\sum_{h=1}^{j-1}(b_{i,j}-a_{i,j}),$$
$$i=0,1,\cdots,N_b-1;j=0,1,\cdots,N_s-1 \quad (23)$$

$$a_{i,j}=y_{i,j}\sum_{k=1}^{j-1}b_{i,k,j},$$
$$i=0,1,\cdots,N_b-1;j=1 \quad (24)$$

$$a_{i,j}=y_{i,j}\left[\sum_{k=1}^{j-1}b_{i,k,j}+(1-y_{i,j-1})\sum_{k=1}^{j-2}b_{i,k,j-1}\right],$$
$$i=0,1,\cdots,N_b-1;j=2,\cdots,N_s-1 \quad (25)$$

其中,$w_{i,j}$ 为公共汽车 i 到达 j 车站时车站等待乘客人数,$s_{i,j}$ 为公共汽车 i 车内人数,$a_{i,j}$ 为下车乘客数量。用 $b_{i,k,j}$ 表示公共汽车 i 上在 k 车站上车计划在公交车站 j 下车的人数,其具体取值为有对应目的地的乘客数量。

公共汽车 i 在公交车站 j 的停站时间 $t_{i,j,\text{stop}}$ 由固定停站时间(公共汽车入站减速、出站加速耗时)、捡取车厢时间和上下乘客时间组成:

$$t_{i,j,\text{stop}}=T_s+\max(T_p,b_{i,j}T_b,a_{i,j}T_a),if\ c_{i,j}>0 \quad (26)$$

$$t_{i,j,\text{stop}}=T_s+\max(b_{i,j}T_b,a_{i,j}T_a),if\ c_{i,j}=0 \quad (27)$$

其中 $c_{i,j}$ 为公共汽车 i 到达公交车站 j 时车站的车厢数量。

我们采用较为简单的跳站判断方式,用 $h_{i,j,f}$ 表示公共汽车 i 到达 j 车站时与前车的车头时距,$h_{i,j,b}$ 表示与后车的车头时距。当公共汽车到达车站时,若 $h_{i,j,f}>T_{f,\max}$ 或 $h_{i,j,b}<T_{b,\min}$,且满足连续跳站约束,进行跳站。

跳站时若 $n_{i,j}>1$,且 $s_{i,j}-a_{i,j}\leqslant C_{\max}(n_{i,j}-1)$,即抛下车厢后车内仍有足够的乘客空间,则抛弃一节车厢。此时需要在公交车站 j 下车的乘客将提前进入被抛下的车厢并随车厢离开公共汽车进入车站。若公共汽车进行不抛车厢的跳站,这部分乘客将被视为过站,并在下一站下车后以步行速度 V_w 步行返回目标车站。因此,公共汽车 i 上在公交车站 j 下车乘客的总通勤时间 $t_{i,j,\text{pa}}$ 如下:

$$t_{i,j,\text{pa}}=y_{i,j}\sum_{k=1}^{j-1}\sum_{n=k}^{j}b_{i,k,j}t_{i,n},i=0,1,\cdots,N_b-1;j=1 \quad (28)$$

$$t_{i,j,\text{pa}}=y_{i,j}\left[\begin{array}{c}\sum_{k=1}^{j-1}\sum_{n=k}^{j}b_{i,k,j}t_{i,n}\\+(1-y_{i,j-1})\dfrac{D_{j-1}}{V_w}\sum_{k=1}^{j-2}b_{i,k,j-1}\end{array}\right] \quad (29)$$
$$i=0,1,\cdots,N_b-1;j=2,\cdots,N_s-1$$

考虑抛下车厢跳站、仅跳站和无控制三种调度方式。对于抛下车厢跳站和仅跳站不抛车厢两种调度方式,考虑允许连续跳站和不允许连续跳站两种控制方法。仿真程序各参数取值见表 1。

仿真参数取值 表 1

输入参数	参数符号	参数单位	参数取值
车站数量	N_s	—	30
车站距离	D_j	m	400[6]
初始车厢数量	N_C	—	1
发车间隔	T_g	s	600
车厢容量	$C_{\max}$	pax	80
初始速度	V_b	m/s	9
速度损失	V_L	m/s	1
停站固定用时	T_s	s	20[7]
捡起车厢用时	T_p	s	20
每乘客上车时间	T_b	s/pax	4[7]
每乘客下车时间	T_a	s/pax	3[7]
乘客行走速度	V_w	m/s	1.5

2.2 线性公交线路仿真

我们对不同调度策略下,在仿真截止时间前到站的所有乘客及到达终点站的所有车辆计算乘客平均用时、过站乘客人数、过站总距离、乘客等待时间极值、乘客等待时间方差和车辆到站时间方差作为策略评价指标。过站乘客人数为因为跳站而未能在目标车站下车的乘客人数。乘客等待时间极值、方差和车辆到站时间方差均取第 29 站的数据。因为公交服务波动在线路末端更加明显。其中,车辆到站间隔是指公交车辆经过此车站的时间间隔。即使公交车在此站跳站,仍算作经过此站,以此反映策略下公交聚集程度。而乘客等待时间更侧重于反映公交车辆实际停站搭载乘客的规律性,体现策略的乘客服务水平。乘客平均用时为所有到站乘客的平均用时:

$$\bar{t}_{\text{pa}} = \sum_{i=0}^{N_b-1}\sum_{j=1}^{N_s-1} y_{i,j} t_{i,j,\text{pa}} / a_{i,j} \qquad (30)$$

而乘客步行用时是指过站的乘客步行返回计划目的地所需要的时间,反映了过站对乘客旅行用时的消极影响。

将线路所有车站每小时到站乘客人数期望称为系统总需求。取系统总需求为1080pax/h,最大前车车头时距 $T_{f,\max}=800\text{m}$,最小后车车头时距 $T_{b,\min}=350\text{m}$。设置仿真时长为 20000s,进行10000次蒙特卡洛模拟,仿真结果见表2。

线性公交线路仿真结果　　　　　　　　　　　　表2

是否允许连续跳站	不允许连续跳站			允许连续跳站	
评价指标	跳站抛车厢	仅跳站	无控制	跳站抛车厢	仅跳站
乘客平均用时(s)	1128.16	1141.28	1141.09	1153.85	1170.87
乘客平均步行用时(s)	5.37	11.49	0	22.04	33.00
过站乘客数(人)	110.84	237.02	0	196.51	312.25
跳站次数(次)	26.94	29.66	0	38.94	39.71
乘客等待时间极值(s)	3015.00	3019.37	3021.30	3041.79	3046.45
乘客等待时间方差	392417.93	396038.13	400368.12	410166.75	407236.59
车辆到站间隔极值(s)	1001.17	1041.56	1259.67	1157.43	1115.33
车辆到站间隔方差	34695.13	39890.24	116650.50	49207.44	42470.20
路线平均行驶用时(s)	2831.67	2844.64	2861.80	2815.75	2833.06
车厢平均行驶用时(s)	3096.58	—	—	3148.25	—

通过表格可观察到,与无控制策略相比,禁止连续跳站的跳站策略在一定程度上减轻了公交聚集现象,带来了更为规律的公交停站间隔,显著缩短了车辆到站最大间隔。然而,跳站操作不可避免地引发了一系列问题,包括乘客过站和较长的乘客等待时间。因此,该策略在提高乘客服务水平方面表现不佳,甚至带来了反向效果。抛下车厢跳站策略在所有指标上全面优于跳站策略。而允许车辆连续跳站的所有策略在几乎所有指标上均不及不允许连续跳站的相应策略。

我们进一步比较了不允许连续跳站情况下,抛下车厢跳站和仅跳站策略对不同 OD 距离乘客的影响,发现抛下车厢跳站方式带来的改进更加公平。对于不同 OD 距离的乘客,抛下车厢跳站相比仅跳站策略的过站数量减少比例基本一致,都在 50% 左右(图3)。在乘客平均用时上。对于不同 OD 距离的乘客,抛下车厢跳站相较仅跳站带来的乘客平均旅行用时的提升相对均匀。相反,仅跳站策略中只有 OD 距离最短和最长的部分乘客得到旅行用时的缩短,而需要坐 5~16 站的乘客用时则有所增加。这一趋势是过站时间损失和跳站运营速度提升共同作用的结果。因此,跳站策略并不是一种帕累托改进。与此不同,抛下车厢跳站策略使所有 OD 距离乘客的平均旅行时间相

较于无控制策略都得到了改进,尽管这种改进也是不均匀的。(图4)

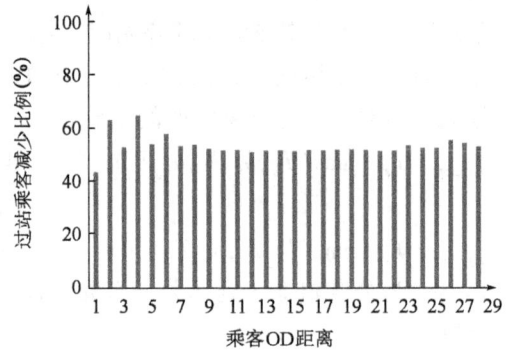

图3　不同 OD 距离乘客过站乘客人数减少比例

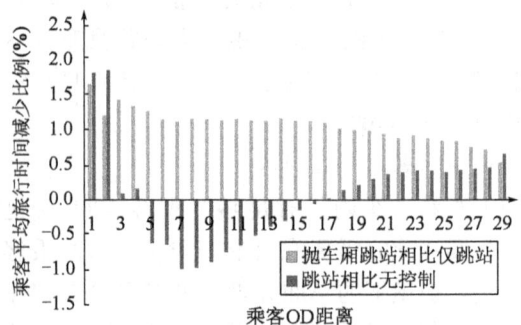

图4　不同 OD 距离乘客平均旅行时间减少比例

2.3　环形公交线路仿真

为了进一步探究抛下车厢跳站方式在稳定性

方面的表现,即在长时间不间断的运行下是否能够保持均匀的车头时距,是否随着运行距离的增加而不断放大,或者在发生公交聚集后能否有效修正,我们对比了策略在环形公交线路上持续运营的实施效果。公交车辆在环形线路上以相同的间隔开始运行,直到仿真结束。仿真系统中各参数,除初始车头时距外,包括车站数量、站间距等参数均与线性道路相一致。

由于车辆站间行驶时间具有随机性,难以准确估计实际的车头时距。为了确保公交车的初始出发位置都在车站上,我们设置车辆初始位置相隔6站,30站的环形线路上运行着5辆公交车,周而复始。由于这种情况下初始车头时距与线性道路有所区别,车头时距阈值也做了相应调整如下。

我们设置系统总需求为1080pax/h,最大车头时距$T_{f,\max}=850$m,最小车头时距$T_{b,\min}=550$m。仿真时长100000s,进行10000次蒙特卡洛模拟,取较为稳定的后50000s数据进行对比,结果见表3。

环形公交线路仿真结果 表3

是否允许连续跳站	不允许连续跳站			允许连续跳站	
评价指标	跳站抛车厢	仅跳站	无控制	跳站抛车厢	仅跳站
乘客平均用时(s)	1247.40	1847.19	2159.22	3075.65	1406.13
乘客平均步行用时(s)	92.05	118.72	0	1474.26	320.78
过站乘客数(人)	3371.79	4291.02	0	8337.15	3031.37
跳站次数(次)	740.87	789.19	0	2413.12	571.02
乘客等待时间极值(s)	1842.78	2578.73	2897.94	4718.60	1907.01
乘客等待时间方差	163300.62	481260.15	687406.37	1338338.93	181629.41
车辆到站间隔极值(s)	1923.49	2655.23	2961.05	4470.50	2026.58
车辆到站间隔方差	215441.12	974456.21	1258534.71	1234672.74	179359.40
路线平均行驶用时(s)	2594.49	2692.03	2889.45	2193.65	2745.16
车厢平均行驶用时(s)	4088.57	—	—	7508.39	—

与线性道路的仿真结果相似,限制连续跳站的跳站抛车厢策略仍然是最好的策略,在所有指标上均为最优,而且在多项优势上更加明显。一方面,长时间运行后的车辆到站间隔均匀性和乘客服务水平提升优势更加突出,相较跳站策略,车辆到站间隔极值和方差分别减少了27.6%和77.9%,乘客等待时间极值和方差分别减少了28.5%和66.11%。这也是公交系统仍保持相对均匀车辆间距的必然结果。另一方面,抛车厢带来的公交运营速度提升更加明显,在继续减少过站人数和降低乘客等待时间的基础上,将乘客平均旅行用时较跳站策略缩短了32.5%,极大减少乘客平均旅行时间。

出现这样的差异的原因是跳站抛车厢策略能够在长时间的运营中仍保持相对均匀的车头时距,而其他策略均发生了不同程度的公交串车(图5)。其中,跳站策略虽能一定程度上延缓串车现象的发生,但随着时间增长与跳站抛车厢策略的差距愈发明显,逐渐向无控制策略靠拢。

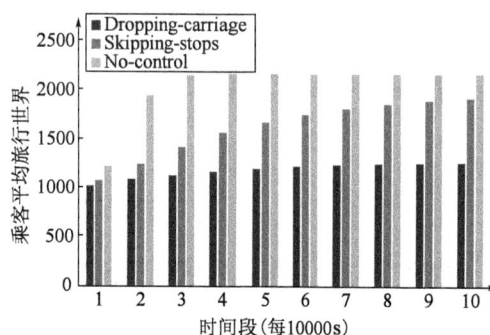

图5 不同时间段内各策略乘客平均旅行时间

然而,若片面地追求公交运营速度提升也未必可取。连续跳站下的跳站抛车厢策略的公交平均圈时较不连续跳站的跳站抛车厢策略还要少15.4%,但过度跳站导致的公交聚集以及过站问题足以抵消这一优势,甚至使服务更为恶化。

允许连续跳站下两种跳站策略的表现与线性仿真结果亦有所不同。连续跳站能够一定程度上弥补仅跳站策略矫正车头时距能力不足的问题,相较不连续跳站时车辆到站间隔极值和方差分别减少了 23.7% 和 81.6%。由此带来了更好的乘客服务水平,乘客等待时间极值和方差分别减少 26% 和 62.3%。即使与不允许连续跳站的跳站抛车厢策略相比也相当接近,甚至公交到站间隔均匀性还要略胜一筹,所需跳站次数也更少。但连续跳站带来的过站代价是巨大的。在过站人数更少的情况下,仍面临约 3.5 倍的过站时间,平均过站距离约为 4 站。这不仅使乘客平均旅行用时仍明显长于无连续跳站的抛车厢策略,在现实运营中也令人们难以接受。

总的来说,跳站抛车厢策略能较好地修正公交车头时距,在长时间运营的情况下仍能保持较好的稳定性,较跳站策略更为可靠。

3　结语

本文提出了一种新颖且实用的公交车控制策略,以提高公交服务水平,缓解公交串车问题。通过理论模型和仿真模型的分析,展现了策略的有效性、稳定性和公平性。而在实际运营中,运营方并不需要一个复杂的系统进行跳站时机的计算优化,只需对车头时距进行估计,并设定合理的规则。

未来的研究可以考虑多路线协调,将抛下车厢策略与公交车持续战术或时间表优化方法相结合,并开发考虑需求不确定性的控制的综合优化框架。总体而言,抛下车厢跳站策略是一种经济有效且提升服务的解决方案,值得进一步探索和进行实地测试用以实际应用。

参考文献

[1] El-GENEIDY A, VIJAYAKUMAR N. The Effects of Articulated Buses on Dwell and Running Times[J],2011,14(3):63-86.

[2] KHAN Z S, HE W, MENÉNDEZ M. Application of modular vehicle technology to mitigate bus bunching[J], Transportation Research Part C: Emerging Technologies,2023,146:103953.

[3] CHEN Z, LI X, ZHOU X. Operational design for shuttle systems with modular vehicles under oversaturated traffic: Discrete modeling method [J], Transportation Research Part B: Methodological,2019,122,:1-19.

[4] DAGANZO C F, PILACHOWSKI J. Reducing bunching with bus-to-bus cooperation [J], Transportation Research Part B: Methodological,2011,45(1):267-27.

[5] NEWELL G F, POTTS R B. Maintaining a bus schedule[C], Australian Road Research Board (ARRB) Conference,2nd,Melbourne,1964.

[6] TIRACHINI A. The economics and engineering of bus stops: Spacing, design and congestion [J], Transportation Research Part A: Policy and Practice,2014,59:37-57.

[7] Kittelson & Associates, United States. Federal Transit Administration, Transit Cooperative Research Program, et al. Transit capacity and quality of service manual[M]. Transportation Research Board, 2003.

Vulnerability Assessment of Electrified Transportation Network Considering Electric Vehicles to Grid

Shixin Wang[*1]　Boyu Gao[2]　Xu Meng[1]

(1. School of Electronics and Control Engineering, Chang'an University;

2. Highway School, Chang'an University)

Abstract　As electric vehicles (EVs) become increasingly prevalent within our transport systems, it is imperative to bolster the security of these electrified networks. Ensuring the dependability of EV charging facilities is crucial for the continued adoption and success of EVs, and there is a need to assess the vulnerability of electrified transportation networks. In this paper, a vulnerability assessment method for electrified transportation networks is proposed. First, the concept of vehicle-to-grid (V2G) energy transfer is explored and depicted through the creation of an energy map for electrified transportation networks. Then, the average network delay time is proposed to assess the vulnerability level of the network under episodic time, considering the queuing time and transfer time of EVs at charging stations. To validate the proposed approach's efficacy, an empirical analysis is performed on the Nguyen-Dupius electrified transportation network model. It is concluded that electric vehicles can mitigate the vulnerability of the system by enhancing energy sustainability through V2G technology with varying penetration rates.

Keywords Vulnerability Electrified transportation networks V2G Electric vehicles

0 Introduction

In recent years, the integration of the electric grid with transportation systems has intensified due to the rising trend towards electrifying transportation. A case in point is the power outage that occurred in Shenzhen on May 19, 2018, which rendered over 500 charging stations and more than 2700 taxis unable to recharge promptly. On the other hand, as energy storage technologies for electric vehicles continue to advance, electric vehicles can participate in power system restoration through Vehicle-to-Grid (V2G) integration when power system failures occur. This approach not only enhances the efficient use of scarce electrical supplies but also reduces the negative effects that power system disruptions can have on the transportation infrastructure. Despite the potential benefits of V2G technology in enhancing energy flexibility and providing alternatives during power grid failures, the synergistic effects of these systems introducing complexity into the coupled network. Therefore, assessing the vulnerability of the electrified transportation network considering V2G technology has emerged as a novel and vital research topic.

1 Literature review

1.1 Transportation vulnerability

For the transportation system, existing vulnerability assessment studies have largely focused on urban road traffic networks rather than electrified transportation networks. In such the work, the traffic network was simplified into an abstract topology of nodes and edges. Deng et al.[1] established vulnerability assessment metrics for evaluating critical links in road networks by studying the topology of the road network, comparing the balanced operational states of the network before and after accidents. Duan et al.[2] the resilience of city road networks against various attack intensities was assessed through the criterion of the most extensive continuous graph remaining within the network. Gao et al.[3] introduced performance metrics based on congestion effects to assess the vulnerability of road networks.

In recent years, with advancements in science and technology, vulnerability analysis of road networks has evolved towards analysis based on characteristic system models. Such models typically consider the physical constraints and time factors of characteristic systems, making them better suited to describe the system's response after disruptions. Sun et al.[4] combined vulnerability assessment with the traffic flow evolution process, studying road network vulnerability from a temporal perspective. Nyverg et al.[5] developed an analysis focusing on the susceptibility of urban transportation pathways, utilizing the notion of generalized travel expenses. This method evaluates the fragility of such networks by examining the impact on the collective travel costs encountered by users.

1.2 Coupled networks vulnerability

In recent years, the focus on how vital infrastructure systems are interconnected has significantly increased. Rather than solely focusing on individual networks as in the past, there is a gradual shift towards a more comprehensive examination of the interactions between transportation and other crucial infrastructure, such as electricity[6], gas[7], and water networks[8], highlighting it as a significant area of future research interest. Some literature has also placed particular emphasis on the vulnerability assessment of the coupled electric power and transportation systems. Liu et al[9] constructed a virtual electric vehicle energy network to identify vulnerabilities within the coupled electric power and transportation network. In another study[10], applied complex network theory to evaluate the susceptibility of interconnected transportation and electricity grids.

Additionally, with the continuous development of V2G technology, Brown et al. [11] highlighted the role of electric vehicles in a novel emergency power supply plan. This strategy involves electric vehicles getting charged in nearby regions before moving to areas cut off from the main power grid.

However, the advent of Vehicle-to-Grid (V2G) technology has further intensified the interconnection between transportation networks and the electrical grid. The alternative effects of V2G technology during emergency situations on the vulnerability of coupled networks have not yet been fully explored.

This paper introduces a method for assessing the vulnerability of interconnected transportation and electrical power systems. The main contributions can be summarized as:

To establish an electric-power-transportation coupled network, taking into account the energy substitution effects of V2G on the vulnerability of the coupled network under fault conditions.

Based on varying passenger flow between different stations, the electric vehicle demand shift is determined. The network's average latency time metric is proposed to calculate the vulnerability of the coupled network.

2　Electrified transportation networks

EVs, as a new mode of transportation, possess multiple attributes related to traffic and charging/ discharging loads. On one hand, electric vehicles travel within the traffic network based on travel demand, and users' mobility is constrained by the road network topology and traffic congestion, which, in turn, affects the distribution of traffic flow. On the other hand, electric vehicles consume electricity during their journeys, and when their charge levels drop to a certain threshold, they generate a charging demand, heading to charging stations for replenishing energy. Furthermore, when charging stations experience outages, vehicles enabled with V2G capabilities are able to contribute electricity back to the grid. This ensures the continuous functionality of charging facilities and addresses the immediate energy demands of vehicles in need of recharging[12]. Hence, investigating the comprehensive traffic patterns and the charging/discharging behaviors of electric vehicles is crucial.

2.1　Traffic characteristics of EVs

This study introduces a model of the traffic network grounded in graph theory, transforming the traffic network's components into a simplified topological diagram consisting of nodes and edges, where edges represent roads, and nodes represent road junctions or charging stations. Thus, the traffic network can be defined as $G = (N, A)$ where N is the set of nodes, and A is the set of edges. Then, the traveling time in each link can be established as the following[13]

$$t_a(x_a) = t_a^0 [1 + 0.15(x_a/c_a)^4] \qquad (1)$$

Where x_a and $t_a(x_a)$ represent the traffic flow and travel time of road a, respectively. t_a^0 is the free travel time of road a when the traffic flow is zero, dependent on the maximum speed limit of the road. c_a is the capacity of the road.

To model the decision-making process of an EV regarding whether to halt for a charge or continue traveling, the topology of the traffic network (TN) is elaborated upon, as illustrated in Fig. 1. The structure includes standard links without fast charging stations (FCS), links equipped with an FCS for charging, and bypass link with zero travelling time. Then, the traveling time in FCS can be established as the following[14]

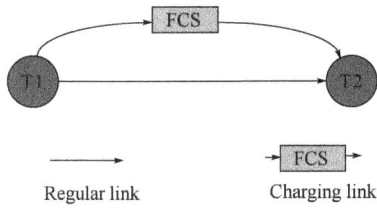

Figure 1 Network Topology of TN

$$t_i(x_i) = t_i[1 + J(x_i/C_i)^4] \qquad (2)$$

Where $t_i(x_i)$ denotes the charging completion time at the FCS i, t_i is the charging time of the EVS at the FCS i, and J is the rate of charging queue, which is determined by the capacity C_i and the number of EVs in the FCS i.

2.2 Traffic characteristics of EVs

EVs use electricity as the driving force, and the charging process is constrained by the initial threshold, initial SOC, and other factors. The initial SOC as well as the driving path determines which charging station the vehicle will choose for discharging. While the starting state of charge (SOC) can differ widely among electric vehicles, for those within the same category featuring identical battery capacities, charging strengths, and related metrics, their batteries should obey a certain distribution. Therefore, it is assumed that the initial electric capacity S_0 of an EV obeys a balanced distribution. Thus it is possible to derive the set of power distributions of electric vehicles when they arrive at FCS.

$$S_e = S_0 - \frac{\sum_{a \in A} h l_a}{\varphi} \qquad (3)$$

Where S_e is the amount of power remaining EV when it arrives at the FCS, φ is the maximum capacity of the EVs. S_0 is the initial state of charge if the EVs, h is the unit energy consumption of the vehicle per kilometer, l_a is the distance traveled by the EVs on road a. Based on the public notice (3) it can be determined whether the vehicle arrives at the charging station and needs to be charged as well as whether it satisfies the conditions of V2G(Figure 2).

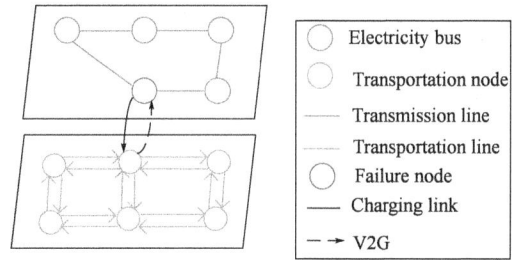

Figure 2 Coupled Network of Topology

2.3 Modeling demand allocation for transportation networks under failure

This study utilizes a simulation methodology grounded in the principle of user equilibrium to predict the movement of vehicles across various roads and segments. According to equation (3), it determine a collection of vehicles that require charging at the charging station and another collection of vehicles that are eligible for using V2G technology. In the event of a charging station malfunction caused by disruptions in the electrical grid, it assumes that vehicles capable of utilizing V2G technology remain at the charging station for recharging, while vehicles without V2G capabilities need to be relocated to nearby stations.

Therefore, this paper proposes considering the node centrality based on traffic flow to determine the ratio of vehicles from a malfunctioned charging station to nearby stations.

$$B_i = \sum_{o \neq i \neq d \in A} \frac{\sigma_{od}(i)}{\sigma_{od}} \qquad (4)$$

Where B_i is the node centrality of FCS i, σ_{od} is the traffic flow on the shortest path, and $\sigma_{od}(i)$ is the traffic flow through charging station i on the shortest path.

Based on equation (3) and the principle of user equilibrium, it can calculate the number of EVSs n_i^c at the failed charging station i that need recharging, as well as the number of EVs n_i^d eligible for supplying power under V2G conditions. Hence, it is possible to calculate the number of EVs to be transferred from FCS i to FCS j when FCS i is failuring.

$$x_i^j = (x_i - n_i^d) \frac{B_j}{\sum_{j=1}^{m} B_j} \qquad (5)$$

Where x_i^j represents the traffic flow transferred

from FCS i to j. Then, the average time $t'_j(x_j)$ for charging completion at updated FCS j as the following:

$$t'_j(x_j) = t_j \left[1 + J \left(\frac{x_j + \sum_{i=1}^{j} x_i^j}{x_j} \right)^4 \right] \quad (6)$$

In addition, the faulty charging station i, even though it is faulty, can still have some or all of the charging piles within the charging station functioning properly due to the support of the V2G technology. At this point, it is considered that the charging rate J of Eq. (2) is proportional to the number of vehicles n_i^d in the charging station i that can satisfy the V2G technology for supplying electricity to the charging station i with the capacity C_i in the FCS I, and at this point, the parameter J is updated as follows:

$$J' = \alpha \frac{c_i}{n_i^d} \quad (7)$$

Where J' is the updated parameter.

2.4　Vulnerability Assessment

Thisstudy defines the vulnerability of the integrated electricity and transportation network as the degree of sensitivity to reductions in the transportation network's service quality caused by electrical grid disturbances. In this paper, the vulnerability of the coupled electric transportation network is assessed using the average of the total travel time delays for all users in the system over a given time horizon. A lower total average delay indicates reduced wait times for all users within a specific period and traffic volume, signifying greater system efficiency in providing access.

$$T_j = t'_j - t_j \quad (8)$$

$$T_i = \sum_{j=1}^{m-1} (t'_i - t_i + t_a^{ij})/(m-1) \quad (9)$$

$$T_a = (\sum_{j=1}^{m-1} T_j + T_i)/m \quad (10)$$

Where T_a is the average delay of the coupled networks, consisting of the average delay T_j at non-failed stations and the delay at failed stations T_i. At the same time, t_a^{ij} denotes the transfer time from faulty site i to site j, which is expressed by the BPR function of Equation 1.

3　Case study

3.1　Modeling demand allocation for transportation networks under failure

The proposed vulnerability assessment methodology is verified in the case studies. The test system is a 13-node Nguyen-Dupuis transportation network, show in Fig. 3. Between the coupled networks, the charging stations are established at nodes 6, 9, and 11, and the numbers of charging piles in their stations are 20, 10, and 10, respectively. In this paper, It is mainly analyzed the case where the starting set is nodes 1 and 4, and the ending set is nodes 2 and 3, with a total of 4 OD pairs, and The travel demands of the 4 OD pairs (1, 2), (1, 3), (4, 2), and (4, 3) are 0.3, 0.2, 0.3, and 0.2, respectively. The electric car is selected from the BYD Song PLUS model, which is common in the current market, and the parameters of the electric car are shown in Table 1.

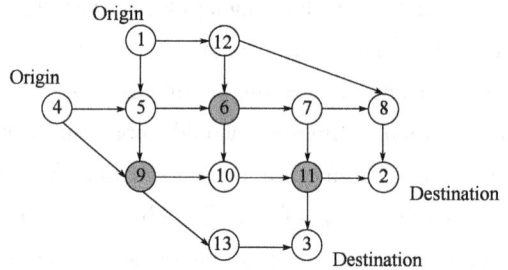

Figure 3　Nguyen-Dupuis transportation network

EV Parameter Information　　　Table 1

EV Type	Charging power	Power consumption	Battery capacity
BYD Song PLUS	71.7kW	0.146kWh/km	71.7kWh

The following three cases are established for comparison.

Case 1: Consider only the operational state of the network under normal conditions, without V2G;

Case 2: Consider only the operational state of the network under the failure conditions, without V2G;

Case 3: Consider the operational state of the network under the failure conditions, with V2G.

3.2 Non-failed station conditions

First, the charging station node 6 of the transportation network is made to fail, at which time the electric vehicles that need to be charged in the node 6 are transferred to the node 9 and node 11. Fig. 4 shows the situation after considering the transfer of vehicles from the failing node 6 to the charging station 9 and the charging station node 11 under different penetration rates of the electric vehicles.

Figure 4 Different vehicle penetration rates result in varying charging queue times

Figure 4 shows the situation of node 9 after some electric vehicles that need to be charged are transferred to the transportation network charging node 9 when the transportation network charging station node 6 fails. When the penetration rate of electric vehicles is low, even if the faulty station 6 uses the V2G technology the impact on the charging time of the charging node 9 is still not significant, which may be due to the fact that when the penetration rate of electric vehicles is low, there is more free capacity in each charging station node, and the non-faulty charging station node can meet the charging demand of the faulty node, but it can reduce the transfer time of the faulty station vehicles to the non-faulty station vehicles.

When EV penetration increases to 30%, the use of V2G technology for faulty charging stations can significantly reduce queuing times at non-faulty stations.

3.3 Vulnerability assessment of coupled networks

Figure 5 shows the vulnerability of the network with and without considering V2G with EV penetration. When the vehicle penetration is 20%, the V2G technology can significantly reduce the vulnerability of the network; this is due to the fact that the transfer of some of the vehicles from the faulty site to the non-faulty site is able to increase the utilization rate of the non-faulty site and does not result in congestion at that site. As the penetration rate of electric vehicles increases, the use of V2G technology can still reduce the overall vulnerability of the network. Therefore, it can be concluded that V2G technology has a reductive effect on the overall vulnerability of the network. V2G techniques are particularly important for improving the vulnerability of electrified road networks and identifying these critical point parameters of the system.

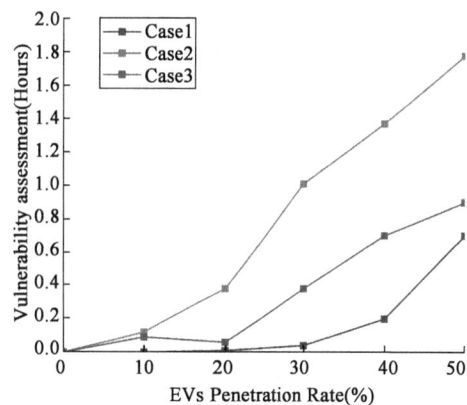

Figure 5 Vulnerability of Coupled Networks

4 Conclusions

This paper proposes a vulnerability evaluation method for electrified transportation networks that takes into account the V2G technology of electric vehicles. Firstly, for the electrified transportation network, a graphical representation is used to reflect the energy substitution effect of V2G technology on the electric power network and the demand transfer between different charging stations in case of EV charging station failure; secondly, considering the different charging time and vehicle transfer time of different charging stations, the average network delay time is proposed to evaluate the vulnerability of the network. The applicability of the method is verified in a 13-node transportation network. The empirical study shows that the vulnerability of electrified transportation networks under identified faults will affect the charging service of electric vehicles. In addition, the analysis with different penetration rates of electric vehicles reveals that V2G technology can mitigate the system flexibility and delay the system vulnerability.

In future work, we will focus on the impact on system performance of V2G technologies participating in electrified transportation networksunder price incentives.

References

[1] DENG Z P, HUANG D R, LIU J Y, et al. An assessment method for traffic state vulnerability based on a cloud model for urban road networks traffic system [J]. IEEE transactions on intelligent transportation systems, 2021, 22 (11): 7155-7168.

[2] DUAN YY, LU F. Roustness of city road networks at different granularities [J]. Physica a: statistical mechanics and its applications, 2014, 441: 21-34.

[3] GAO L, LIU X Q, LIU Y, et al. Mearuing road networks topology vulnerability by Ricci curvatura[J]. Physica a: statistical mechanics and its applications, 2019, 527: 121071.

[4] SUN Y, XIE B L, WANG S, et al. Dynamic assessment of road network vulnerability based on cell transmission model [J]. Journal of advanced transportation, 2021, 2021: 557537.

[5] NYVERG R, JOHANSSON M. Indicators of road network vulnerability to strom-felled trees [J]. Natural hazards, 2013, 69 (1): 185-199.

[6] BELLE A, ZENG Z, DUVAL C, et al. Modeling and vulnerability analysis of interdependent railway and power networks: Application to British teat systems[J]. Reliability engineering & system safety, 2022, 217: 108091.

[7] LI B, CHEN M Y, MA Z M, et al. Modeling intergrated power antransportation systems: impacts of power-to-gas on the deep decarbonization [J]. IEEE transactions on industry applications, 2021, 58(2):2677-2693.

[8] WANG N X, WU M, YUEN K F. Assessment of port resilience using Bayesian network: A study of strategies to enhance readliness and response capacities[J]. Reliability engineering & system safety, 2023, 237: 109394.

[9] LIU N, HU X J, MA L, et al. Vulnerability assessment for coupled network consisting of power grid and EV traffic network[J]. IEEE transactions on smart grid, 2022, 13(1), 589-598.

[10] LV S, WEI Z N, CHEN S, et al. Intergrated demand response for congestion alleviation in coupled power and transportation networks [J]. Applied energy, 2021, 283: 116206.

[11] BROWN M A, SONI A. Expert perceptions of enhancing grid resilience with electric vehicles in the United States[J]. Energy research & social science, 2019, 57: 101241.

[12] MOOREE A, RUSSELL J D, BABBITT C W. Spatial modeling of a second-use strategy for electric vehicle batteries to improve disaster resilience and circular economy[J]. Resource, conservation and recycling, 2020, 160: 104889.

[13] WEI W, WU L, WANG J H, et al. Network equilibrium of coupled transportation and power distribution systems [J]. IEEE Trans Smart Grid 2018, 9(6): 6764-79.

[14] GENG L J, LU Z G, HE L C, et al. Smart charging management system for electric vehicles in coupled transportation and power distribution systems [J]. Energy, 2019, 189: 116275.

需求响应型公交路径规划方法研究

曾 淋[1] 安 琨[*1] 余 欢[2] 吴 冕[1]

(1.同济大学道路与交通工程教育部重点实验室;2.上海市城市建设设计研究总院(集团)有限公司)

摘 要 传统地面公交具有固定时刻表、固定路线的特点,无法有效应对居民出行需求时空双维度的动态变化。需求响应型公交可根据乘客实时订单状况,动态计算公交行驶路径、停站时间与接送乘客顺序,以降低乘客等待时间与绕行时间。本文研究需求响应型公交路径规划方法,以最小化车辆运营成本与拒绝乘客的惩罚成本为目标,构建了车辆-乘客最优匹配与车辆路径规划模型。模型考虑了乘客最长绕行时间、乘客最长等待时间、乘客期望上下车时间窗以及车辆停站时间等约束条件。本文采用上海市网约出行实际数据进行模型与算法的效果测试。

关键词 城市交通 需求响应公交 路径规划 混合整数线性规划 自适应大邻域搜索

0 引言

随着经济社会的不断发展,居民出行需求向高品质、多样化转变。然而,现有地面公共交通系统行驶速度慢、上座率低、服务模式单一,难以满足居民快速增长的出行需求,城市公交运营模式难以兼顾高质量服务与高效率运营。因此,亟须发展新型公共交通模式,为居民提供多样化的出行服务,全面提高公共交通竞争力。

传统城市地面公交系统按照其服务模式与运行特征可分为固定线路公交(FRT)和需求响应型公交(DRT)。DRT是一种以"灵活"为主要特征的定制化公交服务模式,其可达性、服务频率和出行费用等特征介于个体出租车与固定班次的FRT之间[1]。需求响应型公交是DRT服务中较为特殊的一种,其基本概念于1976年由Flusberg[2]提出。需求响应型公交在需求较为密集的区域内由车辆灵活接送乘客,不受线路约束,兼具高灵活性与低运营成本的特点[3]。

需求响应型公交与常规拼车出行有一定相似之处,二者均属于按需响应的共享出行服务,以合乘的方式与他人共同使用车辆,并按照自己的实际行程支付相应费用。常规拼车模式可分为静态拼车和动态拼车。静态拼车模式提前一天或若干小时制定拼车计划,包括拼车乘客、车辆行驶路线等。Zhao等[4]提出了自动驾驶汽车夜间通勤模型,能够缩短乘客等待时间。动态拼车则是车辆接到首个乘客后,在行驶过程寻找第二名愿意拼车的乘客,根据两名乘客的路径相似性确定是否拼车,车辆路径受限于首个乘客。例如Najmi等[5]提出了一个以最大化匹配率、平均节省里程等为目标的动态乘客-车辆匹配模型,设计了一种新型聚类启发式算法对模型进行求解。本文提出的需求响应公交服务模式以小型客车为主,车辆可同时容纳10~15名乘客[6],与常规拼车模式的5座车有显著不同。

科学合理地为车辆分配乘客与规划路径是需求响应型公交运营中的重要问题,也是保障乘客高质量出行、提高运营公司效益的关键。Nourbakhsh等[7]针对需求响应型公交路线优化问题,提出了一个考虑用户成本的路线优化模型,探索了车辆最佳发车时间等最优参数设置,分析结果表明低需求水平下需求响应型公交表现优于FRT等公共交通系统。孙继洋等[8]针对需求响应型公交实时出行问题,提出了以最小化车辆运营成本和乘客时间成本为目标函数的需求响应型公交路径优化模型,并采用基于引力模型的启发式算法进行求解。郭晓俊[9]探究短时预约对需求响应型公交线路调整的影响,建立了多目标优化模型,并利用基于序贯决策的NSGA-Ⅱ算法进行求解。张鹏浩[10]针对接驳高铁站的区域灵活型公交,以乘客满意度最大和企业运行成本最小为目标,建立了区域灵活型接驳公交调度模型,并采用差分进化算法求解。

从以上研究可以看出,现有研究多针对已知静态需求的路线规划问题,考虑实时出行的研究相对较少,难以满足需求响应型出行服务即时请求、动态响应的应用需求。因此,本文建立了一个混合整数线性规划模型,用以解决需求响应型公交乘客分配与路径规划问题,并设计了大规模邻域搜索算法进行求解。

1 模型建立

1.1 问题描述

本文研究多车辆与多订单动态匹配的需求响应型公交系统,即多辆车在特定区域内提供服务,该区域内所有乘客通过手机 App 或小程序向运营系统发送出行请求,包含出发地与目的地信息、期望出发时间等。系统根据接收到的请求与当前车辆状态,指派车辆服务乘客,确定乘客服务顺序,并为车辆规划路径。载有乘客的车辆可以在行驶过程中不断改变当前路径以满足更多请求。每次优化计算时,需考虑新请求的时间窗约束、已分配

至该车请求的相关约束等,来调整车辆路径,优化目标为以最低的成本服务尽可能多的请求。

由于乘客不断地向系统提交订单,平台需尽快响应并定期更新车辆路线,因此需要构建滚动优化框架,以对车辆路径进行动态调整。本文采用固定时间步长的滚动优化方法,在每个时间步即将结束时,对累积的未服务订单进行分配,调整或生成新的车辆路径,并更新车辆和乘客的状态。在每轮迭代中,之前已分配好的请求仍由原车辆服务;对于收集到的新请求,系统需确定是否服务该请求,并为其分配车辆、规划车辆路线。图 1 展示了系统在一个时间步长内的乘客分配与车辆路径规划过程。首先,在当前时间步开始前,乘客 1 已被分配至车辆 A,乘客 2 为当前时间步内的新请求。经过系统优化后,车辆 A 服务乘客 1,车辆 B 服务乘客 2,并分别为车辆 A 与 B 指定服务路线。

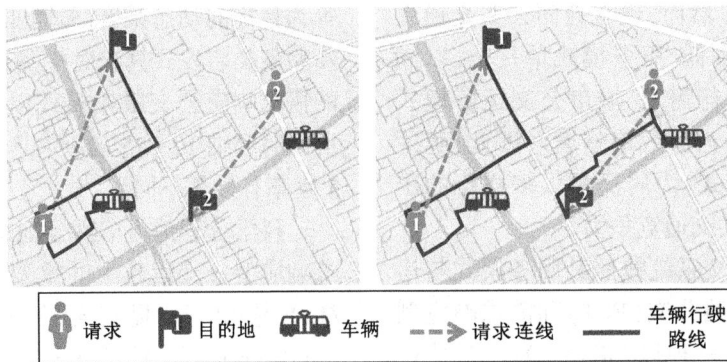

图1　问题情景示意图

1.2 相关符号定义

令滚动优化中的每次迭代的请求集为 R,出行请求 $r \in R$ 的特征信息为 (q_r, p_r, d_r)。其中,q_r 为请求座位数,p_r 和 d_r 分别为上、下车站点。请求集 R 可分为两个子集:①待分配请求 $r \in R_{waiting}$,本轮计算中接收到的新请求;②已分配请求 $r \in R_{scheduled}$:已分配车辆的请求,包括已上车乘客和正在等待已指派车辆的乘客。相应地,令 $P_{waiting}$ 和 $P_{scheduled}$ 分别表示待分配请求和已分配请求的上车点集合。

令车辆集为 K,车辆 $k \in K$ 的特征信息为 $(q_{max}^k, V_o^k, V_d^k)$。其中,$q_{max}^k$ 为车辆剩余容量,V_o^k 为车辆当前位置。为方便建模,将车辆的目的地设为虚拟位置 V_d^k,该虚拟位置到任意上下车点的距离均为 0。

设节点集为 $N = P \cup U \cup S \cup Z$,$P$ 为请求上车节点集,D 为请求下车节点集,S 为车辆当前位置集,Z 为车辆虚拟目的地集。节点之间的链接集为 $A = N \times N$,生成有向图 $G = (N, A)$。模型使用的其他相关参数见表1。模型的决策变量包括:x_{ij}^k 为二元决策变量,i, j 为网络中的两个节点,若弧 $arc(i, j)$ 由车辆 k 进行服务,则 $x_{ij}^k = 1$,否则为 0;q_i^k 为连续变量,表示车辆 k 到达节点 i 时的车中乘客人数;w_i^k 为连续变量,表示车辆 k 在节点 i 的等待时间;a_i^k 为连续变量,表示车辆 k 到达节点 i 的时刻。

模型其他参数含义　　　　　表1

符号	参数含义
c^k	单位时间成本
c^0	拒绝单个请求的惩罚值
s_i	单个上下车点 i 的服务时间,$i \in P \cup D$
t_{ij}	两点之间车辆按照最短路行驶的理论行驶时间

续上表

符号	参数含义
w_{max}	车辆最大停站等待时间
tep_i	节点 i 上车的乘客最早上车时间
tp_i	节点 i 上车的乘客最晚上车时间
td_i	节点 i 下车的乘客最晚下车时间
a_{max}	最大绕行系数

1.3 乘客分配与路径规划模型

模型对当前时间步内请求与车辆的匹配方案和车辆的路径规划方案进行优化，以最小化运营成本并尽可能地服务更多请求。

$$\min \sum_{k \in K} \sum_{i \in N} \sum_{j \in N} c^k t_{ij} x^k_{ij} + \sum_{i \in P} c^0 (1 - \sum_{k \in K} \sum_{j \in P \cup D} x^k_{ij}) \tag{1}$$

$$\sum_{j \in N} x^k_{ij} = u^k_i \quad (\forall i \in P_{scheduled}, k \in K) \tag{2}$$

$$\sum_{j \in N} x^k_{ij} \leq 1 \quad (\forall i \in P_{waiting}, k \in K) \tag{3}$$

$$\sum_{j \in N} x^k_{ij} - \sum_{j \in N} x^k_{n+i,j} = 0 \quad (\forall i \in P, k \in K) \tag{4}$$

$$\sum_{j \in N} x^k_{ij} - \sum_{j \in N} x^k_{ji} = \begin{cases} 1, i = 0 \\ 0, i \in P \cup D \\ -1, = 2n+1 \end{cases} \tag{5}$$

$$q^k_i + q_i - M(1 - x^k_{ij}) \leq q^k_j \tag{6}$$

$$q^k_i \leq q^k_{max} \quad (\forall i \in N, k \in K) \tag{7}$$

$$a^k_i + w^k_i + s_i + t_{ij} - M(1 - x^k_{ij}) \leq a^k_j \tag{8}$$

$$tep_i \leq a^k_i + w^k_i \quad (\forall i \in P, k \in K) \tag{9}$$

$$a^k_i \leq tp_i \quad (\forall i \in P, k \in K) \tag{10}$$

$$a^k_i \leq td_i \quad (\forall i \in D, k \in K) \tag{11}$$

$$a^k_{n+i} - a^k_i \leq a_{max} t_{i,n+i} \quad (\forall i \in P, k \in K) \tag{12}$$

$$a^k_i + w^k_i + s_i + t_{i,n+i} \leq a^k_{n+i} \quad (\forall i \in P, k \in K) \tag{13}$$

$$\mu_i - \mu_j + M x^k_{ij} \leq M - 1 \quad (\forall i, j \in N, i, j \neq 0, i \neq j, k \in K) \tag{14}$$

$$x^k_{ij} = 0, \text{if} \, i = j \tag{15}$$

目标函数(1)旨在最小化车辆行驶时间成本与拒绝请求的惩罚成本；约束(2)保证已分配请求必须由原来指派的车辆进行服务；约束(3)确保每个请求至多被服务一次；约束(4)确保同一请求上下车节点由同一辆车访问；约束(5)为流量守恒约束，其中车辆的当前位置节点只有流出流量，虚拟终点只有流入流量，其他节点的流入流量必须等于其流出流量；约束(6)约束到达节点后的车辆容量，M 是一个极大的常量；约束(7)是车辆的最大载客量约束；约束(8)约束车辆到达节点的时间；约束(9)和(10)限制了车辆到达上客节点的时间

不早于最早上客时间且不晚于最晚上客时间；约束(11)表示车辆到达下客节点的时间不晚于最晚下客时间；约束(12)限制每个乘客的最大绕行距离；约束(13)确保车辆先到达上客节点再到达下客节点；约束(14)避免某车辆路线中出现只包含部分节点的闭环；约束(15)避免车辆在无意义的弧上进行行驶，实际建模求解过程中也可以在各个约束中仅考虑变量 $x^k_{ij}, i \neq j$，从而减少变量数量。与传统需求响应型公交路径规划模型相比，式(2)限制了已分配乘客仍被原指派车辆服务，保证了已分配乘客的服务质量。

模型采用自适应大邻域搜索(adaptive large neighborhood search, ALNS)求解。ALNS 算法具有快速收敛、易跳离局部最优等特性，被广泛用于路径规划问题的求解。

2 案例分析

2.1 案例数据与参数设置

本次试验采用上海市出租车订单数据(数据采集时间: 2021 年 4 月 30 日)进行模型与算法的测试。选择某区域早高峰(08:00—09:00)和晚平峰(00:00—01:00)进行试验，研究区域进一步划分为 1km×1km 的方格，共约 20km。试验共设置两个案例，详细信息见表 2。试验设计主要参数取值见表 3。

不同案例信息   表 2

案例	时段	总需求量	车辆数
1	08:00—09:00	488	50
2	00:00—01:00	47	30

实验设计主要参数   表 3

类别	参数名称	符号	参数值
模型相关参数	单位时间成本	c^k	1 元/min
	拒绝请求惩罚	c^0	30 元
	最大绕路系数	a_{max}	3
	站点最大等待时间	w_{max}	5min
	乘客服务时间	s_i	0.2min
	滚动优化时间间隔	T	5min
	需求响应型公交容量	q	10 人
ALNS 算法相关参数	初始温度	T_0	100
	冷却速度	c	0.7
	结束温度	T_{end}	10
	最大迭代次数	L	100

续上表

类别	参数名称	符号	参数值
ALNS算法 相关参数	算子得分	ω_1	20
		ω_2	12
		ω_3	6
		ω_4	2

2.2　求解算法效果评价

本文以求解器 Gurobi 与使用 ALNS 的路径求解算法结果进行对比。ALNS 算法作为常用的启发式算法,适用于一些 Gurobi 难以求出精确解的案例。

在计算时间方面,Gurobi 难以求解大规模请求问题,488 个请求已经无法在 3h 内求解,在实际应用中受到较大局限。ALNS 488 个订单计算时间约为 216s。在求解质量方面,针对小规模问题,ALNS 可以求出精确解。

ALNS 算法能够提供高质量的运营方案。在车辆总座位数与请求数量近似相等的场景下,能够动态服务约 80% 的出行请求。案例中乘客平均绕行时间约为 3.4 min,相较常规公交出行具有巨大优势。在实际运营中可对合理的车队规模设置进行探索,以进一步降低请求拒绝率、乘客绕行与候车时间,在控制运营成本的前提下尽可能提高服务质量。

综上所述,本文所使用的 ALNS 算法能够有效提高计算效率,动态响应乘客出行请求。在近 500 个请求的场景下,满足实时计算的需求。在更高请求的场景下,受本文试验条件和算力限制,计算时间难以满足实时响应的要求,但实际应用中仍可通过进一步增加并行计算的 CPU 数量、提高运算性能等措施来提高运算速度。

3　结语

本文提出了一个需求响应型公交动态路径规划模型。在模型方面,本文考虑了已分配乘客所乘车辆不变、乘客预期上下车时间窗、车辆停站时间限制等约束条件,建立了以最小化车辆行驶时间成本与拒绝请求的惩罚成本为优化目标的混合整数线性规划模型。

本文基于早高峰、晚平峰 2 个案例进行算法测试,比较了不同算法的求解质量和运营效果。与 Gurobi 相比,ALNS 算法平均计算时间较短,在

实际运营中具有显著优势。在车辆总座位数与请求数量近似相等时,方案能够有效服务绝大部分请求;乘客平均绕行时间相较常规公交下降明显,服务效率显著提升;乘客平均候车时间介于常规公交与网约车之间。

后续研究可以从以下几方面展开:①考虑需求响应型公交实际运营情况,采用并行计算等方法提高算法计算速度;②探究不同车型组合对算法计算结果的影响,明确不同需求场景下最佳的车队组合方案;③进一步考虑实际运营中可能发生的突发状况,提出相应的应对措施,以提高模型的鲁棒性和适应性。

参考文献

[1] AMBROSINO G, DI VOLO N, FERILLI G, et al. Demand Responsive Transport Services: Towards the Flexible Mobility Agency[C]. 10th International Conference on Mobility and Transport for Elderly and Disabled People, Hamamatsu, Japan: TRB, 2004.

[2] FLUSBERG M. Innovative public transportation system for a small city: the Merrill, Wisconsin, case study [J]. Transportation Research Record, 1976, 606: 54-59.

[3] 马昌喜, 郝威, 沈金星, 等. 定制公交线路优化综述[J]. 交通运输工程学报, 2021, 21(05): 30-41.

[4] ZHAO Y, GUO X L, LIU H X. The impact of autonomous vehicles on commute ridesharing with uncertain work end time[J]. Transportation Research Part B: Methodological, 2021, 143: 221-248.

[5] NAJMI A, REY D, RASHIDI T H. Novel dynamic formulations for real-time ride-sharing systems[J]. Transportation Research Part E: Logistics and Transportation Review, 2017, 108: 122-40.

[6] GUO X T, CAROS N S, ZHAO J H. Robust matching-integrated vehicle rebalancing in ride-hailing with uncertain demand [J]. Transportation Research Part B: Methodological, 2021, 150: 161-189.

[7] NOURBAKHSH S M, OUYANG Y, A structured flexible transit system for low demand areas[J]. Transportation Research Part B: Methodological,

2012, 46(1): 204-216.

[8] 孙继洋, 黄建玲, 陈艳艳, 等. 响应动态需求的灵活型公交路径优化调度模型[J]. 北京工业大学学报, 2021, 47(03): 269-279.

[9] 郭晓俊. 基于需求响应的实时定制公交系统研究[D]. 北京:北京交通大学, 2016.

[10] 张鹏浩. 接驳高铁站的区域灵活型公交调度模型研究[D]. 北京：北京交通大学, 2018.

Electric Vehicle Routing for Reservation-based En-Route Charging Services

Xiaohua Chen   Min Xu*

(Department of Industrial and Systems Engineering, The Hong Kong Polytechnic University)

Abstract   The limited driving range and the scarcity of charging infrastructure are major barriers to the mass adoption of electric vehicles (EVs). As charging and autonomous driving technologies evolve, vehicle-to-vehicle (V2V) en-route charging emerges as a promising solution. This paper delves into the vehicle routing problem (VRP) faced by charging service providers, considering the pre-specified travel routes of charging-demand vehicles (EDs) to maximize profits through optimal vehicle routing. This problem is formulated as a mixed integer linear programming model to effectively pair and synchronize driving between charging provider vehicles (EPs) and EDs. Finally, numerical experiments are conducted in a randomly generated 50 × 50 grid network to validate the effectiveness of the model.

Keywords   Electric vehicles   Vehicle-to-vehicle en-route charging   Vehicle routing   Charging strategy

0   Introduction

According to the annual report by the United Nations Framework Convention on Climate Change, in the United States, transportation sector emissions account for over 27% of greenhouse gas emissions (Liu and Cirillo, 2016). Light-duty vehicles are identified as the principal contributors, representing 61% of the total greenhouse gas emissions. Consequently, to effectively reduce greenhouse gas emissions, electric vehicles (EVs) have received extensive attention, with many nations actively promoting the transition from internal combustion vehicles to EVs (Chen et al., 2020). However, the widespread adoption of EVs faces various obstacles including lengthy charging times, inadequate public charging infrastructure, and limited driving range (Abdolmaleki et al., 2019). In response to these issues, current research has not only achieved breakthroughs in battery technology but also in charging methods. Major promising alternative charging solutions include battery swapping, the construction of electrified roads, and vehicle-to-vehicle (V2V) en-route charging technologies. However, Battery swapping faces challenges related to battery ownership and compatibility issues across different vehicle brands. Electrified roads offer the capability for vehicles to charge while driving but require substantial infrastructure investment. Thus, when the market penetration of EVs is not up to a certain threshold, the construction of electrified roads is not economically viable. Moreover, if potential EV users cannot access such facilities, market penetration will not increase. Different from the above methods, V2V en-route charging enables EVs to receive power from other vehicles while on the move, thereby addressing these issues. This technology helps to reduce range anxiety among EV owners and increase market penetration. V2V charging could employ a sharing economy model, enabling vehicles to charge each other, or the specialized charging provider vehicles (EPs) to provide charging services. Qiu and Du (2023) proposed that, given the current low penetration rate of EVs, to ensure the viability of this approach, it is necessary to form specialized fleets for charging services. Therefore, this paper aims to explore the effective vehicle routing of EPs to enhance the economic efficiency of fleets, thereby ensuring the efficiency, stability, and sustainability of en-route charging services.

1　Literature review

In the context of reservation-based en-route charging services, the charging process begins when EPs reach the location specified by the Energy Demand vehicles (EDs). As a result, by strategically planning the EP's driving routes, efficient charging services can be delivered to EDs, reducing delays and unnecessary detours (Mubarak et al., 2021). Through the integration of Vehicle-to-Everything communication and autonomous driving technologies, EPs can accurately and promptly converge with EDs at designated meeting points, synchronizing their movements and maintaining short distances between vehicles. This coordination allowes the sharing of electricity while driving (Chen et al., 2019). Currently, research in V2V charging primarily utilizes dynamic wireless charging technology or cable converter assemblies to facilitate power transmission (Afshar et al., 2021). The challenges currently faced by V2V en-route charging services primarily include the optimization of charging pricing (Koufakis et al., 2016), efficient matching of consumers and suppliers (Wang et al., 2018), and the management of user privacy and data security (Yucel et al., 2019). Privacy and data security are fundamental to the implementation of this service. Regarding the pricing of EV charging, most studies suggest the adoption of real-time, dynamic pricing

mechanisms influenced by demand (Ortega-Vazquez, 2014). When the pricing method for charging is determined, an efficient routing plan for EPs can enhance the system's charging efficiency, alleviate traffic congestion, and ensure the sustainability of the service operation. This routing efficiency can be reflected in the total charging cost for energy consumers, the anticipated profit for energy suppliers, and the system's social welfare (Shurrab et al., 2022). Tang et al. (2020) investigated planning and operational strategies for V2V charging services, modeling vehicle scheduling as a dynamic Vehicle Routing Problem (VRP). Li et al. (2024) studied the EP routing issue, constructing a Mixed Integer Linear Programming (MILP) model to maximize operator profits. Cui et al. (2020) considered a reservation-based mobile charging method, building a model based on the battery, location, and time window provided by EDs to plan EPs' routes to maximize operator profits. However, such charging methods remain similar to fixed-point charging services, where the ED stops at a fixed location and the EP provides charging services, which may not effectively reduce charging delays. Qiu and Du (2023) considered the V2V en-route charging service, constructing a virtual network based on encounter nodes of EDs, where EPs can charge EDs in segments while moving. By ensuring that the remaining battery of EDs upon reaching the destination is not lower than a safety threshold, a VRP model is developed to minimize the fleet size of EPs. However, this approach requires accurate prediction of ED battery levels and restricts EPs to meeting or departing from EDs only at encounter nodes, which may reduce system efficiency when the number of EDs is small. Therefore, this research focuses on the reservation-based V2V en-route charging service mode. EDs provide the required charging start time and driving routes, thereby enabling the planning of EPs' routes. This planning allows EPs to provide service along these routes, which maximizes operator profits.

2 Problem description, assumptions, and notations

2.1 Problem description

To enhance mobile charging services, a commercial fleet of EPs is organized to deliver en-route charging services to EDs who have made reservations on the platform. During the charging process, EDs do not need to deviate from their paths or wait for the EPs to arrive. Instead, EPs proactively route themselves to the EDs and navigate along their predetermined routes, providing charging services throughout the journey. The objective of this study is to optimize the routing of all EPs within the network to maximize the operational revenue of the platform.

Compared to the traditional VRP, a distinctive feature of this issue is that the delivery is not conducted on specific nodes within the network, but rather arcs. EPs are required to provide charging services while traversing these arcs. Moreover, it is noteworthy that during the charging process, the movements of both EPs and EDs are synchronized.

2.2 Assumptions

Whensubmitting a charging reservation, Each ED should provide its driving routes, start time, and current battery level, then we can estimate the remaining battery in each node. It is ensured that each ED possesses sufficient electricity to reach start node. Besides, the charging amount is proportional to the charging time, while the power consumption depends on the driving distance. All EVs in this system are connected and autonomous. For simplicity, we assume that these vehicles have the same travel time on the same road segment.

Moreover, EDs are permitted to receive multiple services from different EPs along various segments of their routes, allowing for partial charging during each service. However, each EP is restricted to serving only one ED at a time. As illustrated in Figure 1, EP1 and EP2 are respectively assigned to provide charging services to ED1 and ED2. To minimize the energy consumption of EPs traveling empty and

thereby enhance system revenue, when reaching Node1, ED1 is served by EP2, allowing EP1 to return to its depot.

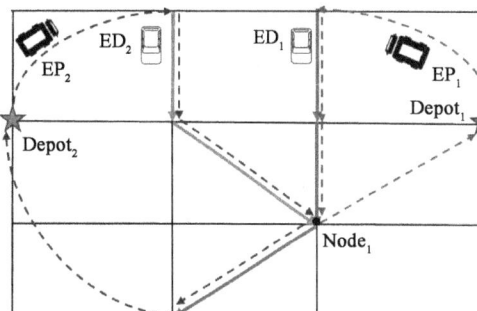

Figure 1　Schematic of EP routes

2.3 Notations

This research utilizes a virtual network $G(N,A)$ to establish the routes planning model, where $N = \{N_0, N_c, N_e, N_d\}$. N_0 is the set of charging starting points for all EDs. N_e represents the set of charging ending points for all EDs. N_c is the set of nodes on EDs' route that allow parking, including the locations of roadside parking spaces and parking lots in the actual road network, while N_d is the location of depots. The arc set A is a set of shortest paths between any two nodes. For modeling convenience, we duplicate nodes to ensure that $N_i \cap N_j = \varnothing$ where $i,j \in D, i \neq j$, where D is the set of EDs. That is, the same location on the actual road network is characterized as two different nodes in the virtual network due to different EDs passing through that node. Accordingly, we define decision variables as follows:

$w_{n,m}^s$: binary variables that equal 1 when EP(s) travels from node n to node m, where $n,m \in N, n \neq m$, and 0 otherwise.

x_i: binary variables that equal 1 when ED(i) is served by the platform, and 0 otherwise.

t_n^s: continuous variables that represent the time when EP(s) arrives at node $n, n \in N$.

The operational profit is composed of the following three items:

(i) Service revenue of charging service:

$$\sum_{i \in D} x_i e_i^+ p_1 \qquad (1)$$

where p_1 is the service charge of EP providing

unit electricity e_i^+ for ED.

(ii) EP charging costs:

$$\sum_{s \in S} \sum_{n \in N_d} \sum_{m \in N \setminus N_d} (\overline{E} - E_{safe}) p_2 w_{n,m}^s \qquad (2)$$

where p_2 is the charging cost per unit of electricity for EP(s), $\overline{E}$ denotes the battery capacity, and E_{safe} signifies the minimum safety level of battery.

(iii) Penalty of rejecting serving the demand:

$$\sum_{i \in D} (1 - x_i) p_3 \qquad (3)$$

where p_3 represents the penalty incurred for refusing to serve an ED.

3　Optimization model constructing

Given the above definitions, the vehicle routing problem of EV en-route charging service can be formulated as follows:

$$\max \sum_{i \in D} x_i e_i^+ p_1 - \sum_{i \in D} (1 - x_i) p_3$$
$$- \sum_{s \in S} \sum_{n \in N_d} \sum_{m \in N \setminus N_d} (\overline{E} - E_{safe}) p_2 w_{n,m}^s \qquad (4)$$

subject to

$$x_i = \sum_{s \in S} w_{n,m}^s, \ \forall i \in D, (n,m) \in A_i,$$
$$n,m \in N_i, n \neq m \qquad (5)$$

$$\sum_{m \in N, m \neq n} w_{n,m}^s = \sum_{m \in N, m \neq n} w_{m,n}^s, \ \forall n \in N, s \in S \qquad (6)$$

$$\sum_{n \in N_d, m \in N \setminus N_d} w_{n,m}^s \leqslant 1, \ \forall s \in S \qquad (7)$$

$$\sum_{s \in S} \sum_{m \in N} w_{n,m}^s \leqslant |V_n|, \ \forall n \in N_d \qquad (8)$$

$$w_{n_1,m_1}^s \leqslant \sum_{n_d \in N_d} \sum_{m \in N \setminus N_d} w_{n_d,m}^s, \ \forall s \in S,$$
$$n_1, m_1 \in N, n_1 \neq m_1 \qquad (9)$$

$$\sum_{n \in N} \sum_{m \in N, m \neq n} \sum_{s \in S} w_{n,m}^s \leqslant 1 \qquad (10)$$

$$E_{safe} + \sum_{n \in N} \sum_{m \in N, m \neq n} w_{n,m}^s (e^{n,m-} + e_i^{n,m+}) \leqslant \overline{E}, \ \forall s \in S \qquad (11)$$

$$t_m - (t_n + t_{n,m}) \geqslant M(w_{n,m}^s - 1), \ \forall n,m \in N, n \neq m \qquad (12)$$

Constraint (5) stipulates that when the reservation of an ED is accepted, charging services must be provided for each arc along its journey. Constraint (6) describes flow conservation for every node. Constraint (7) enforces that each EP can only leave the depot once, while Constraint (8) limits the number of EP driven out of the depot to no more than the capacity. Constraint (9) states that an EP can travel on the network only after leaving the depot. Since the path of each ED in the virtual network is represented by distinct arcs, Constraint (10) specifies that each arc can only be traversed by one EP. Constraint (11) ensures that the remaining battery level of an EP upon arrival at the depot is not lower than the safety threshold. Constraint (12) ensures that the ED does not need to wait for an EP, which means that the EP must reach the convergence node no later than the ED.

4　Numerical experiments

This section presents the results of computational experiments conducted on randomly generated instances. All numerical experiments were run on a personal computer equipped with a 3493MHz AMD Ryzen 9 3950X CPU with 16 cores, and 64 GB of RAM, operating in a Windows environment. The code was implemented in Python 3.11.4 and utilized the commercial solver Gurobi 11.0.0. To demonstrate the feasibility and validity of the model, this section introduces a numerical test network randomly generated within a 50 by 50 square unit area for analysis, which includes 3 depots, as depicted in Figure 2.

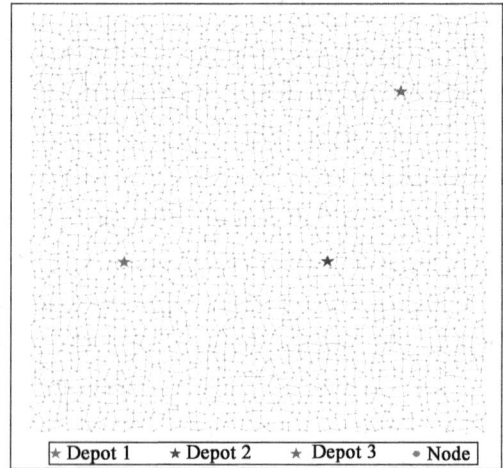

Figure 2　Test Network

For the parameter settings, drawing from the battery performance metrics of the Tesla Model S (Qiu and Du, 2023), we assume the following: the ED's battery capacity is 90 kWh, with a consumption rate of 0.249 kWh/km, and a minimum safety reserve of 2 kWh. The battery charging rate is set at 50 kW, with a charging efficiency of 0.9. The

EP's battery parameters are identical to those of the ED, with the exception that an EP can carry multiplebatteries. In this experiment, we have set the initial battery capacity of the EP at 180 kWh. Additionally, the vehicle's driving speed is fixed at 35 km/h, the charging cost for the ED is $5/kWh, the charging fee for the EP is $0.3/kWh, and the penalty for rejecting an ED order is set at $100. Each depot is equipped with 30 EPs.

Initially, paths for EDs are randomly generated within the test network, each comprising 4 to 6 nodes. The travel distance for each ED is approximately 12 km. Additionally, each ED's initial battery charge is randomly set above the safety threshold but not enough to complete its journey. Following this, a virtual network is constructed based on the travel paths of the EDs and the locations of the EPs. In the numerical experiments, instances of varying scales were generated, and the model was solved for each instance. The results are presented in Table 1. The results indicate that as the instance size increases, the model's solution time exhibits an exponential growth trend. This suggests that with a high number of EDs, relying solely on solvers may be challenging for computing solutions that approximate maximum profitability quickly. Furthermore, as the scale of EDs increases, both the driving and empty mileage of EPs progressively increase. This underscores the necessity for rational routing of EPs to effectively reduce empty travel distances, thereby enhancing service efficiency and profitability.

Optimization Result   Table 1

Size	Average travel distance (km)	Average empty loaded distance (km)	Objective value	time (s)
10	50.69	24.33	827.35	69
20	62.12	26.72	1481.03	143
30	73.57	29.15	2477.36	453
40	92.10	31.05	3031.87	1249

The empty load rate of EPs, under varying fleet sizes and demands, is illustrated in Figures 3 and 4.

With identical demands, the empty load rates remain substantially uniform across various scales of EPs. This observation suggests that rejecting orders has minimal impact on the operational efficiency of EPs. As the scale of EDs expands, the empty load distance of EPs increases, yet the corresponding empty load rate consistently decreases. This indicates that the service route planning method proposed in this paper effectively enhances fleet operational efficiency, particularly in scenarios with substantial demands.

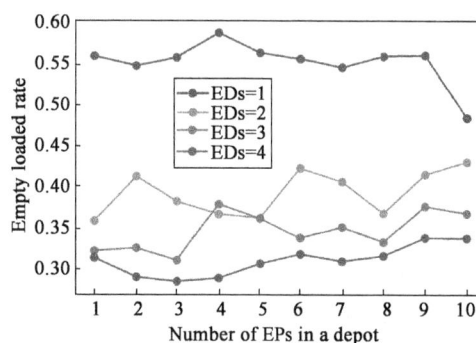

Figure 3   The empty loaded rate under different EPs

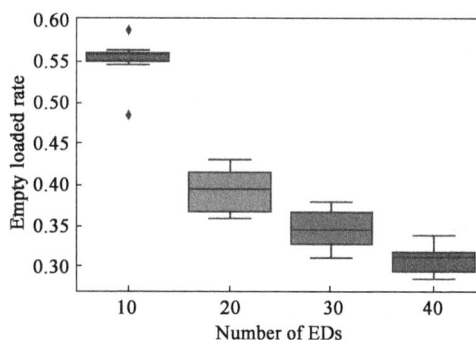

Figure 4   The empty loaded rate of different EDs

5 Conclusions

This research focuses on a reservation-based V2V en-route chargingservice, with the objective of optimizing EV routing for mobile charging service providers. The problem that needs to be addressed includes matching an EP with appropriate EDs and meticulously planning its travel route, thereby maximizing profits. Initially, a virtual network is established, based on the routes of EDs and the locations of depots. On this foundation, a MILP model is developed. To assess the model's effectiveness, instances of various scales are randomly generated within a 50 × 50 grid network and analyzed using the Gurobi solver. Prospective research in the future could focus on the development of efficient algorithms incorporating heuristic methods for solving large-scale problems. Additionally, although the proposed method can effectively reduce the empty load rate of EPs, allowing for a service mode with non-fixed charging points may further enhance the flexibility of EPs, thereby impacting operational efficiency. Moreover, accounting for the uncertainty in parameters such as driving speed, power consumption, and charging rate could significantly enhance the model's applicability to real-world scenarios.

References

[1] LIU Y, CIRILLO C. Evaluating policies to reduce greenhouse gas emissions from private transportation [J]. Transportation Research Part D: transport and environment, 2016, 44: 219-233.

[2] CHEN T, ZHANG X-P, WANG J, et al. A review on electric vehicle charging infrastructure development in the UK[J]. Journal of modern power systems and clean energy, 2020, 8(2): 193-205.

[3] ABDOLMALEKI M, MASOUD N, YIN Y. Vehicle-to-vehicle wireless power transfer: paving the way toward an electrified transportation system [J]. Transportation Research Part C: emerging technologies, 2019, 103: 261-280.

[4] QIU J, DU L. Optimal dispatching of electric vehicles for providing charging on-demand service leveraging charging-on-the-move technology [J]. Transportation Research Part C: emerging technologies, 2023, 146: 103968.

[5] MUBARAK M, ÜSTER H, ABDELGHANY K, et al. Strategic network design and analysis for in-motion wireless charging of electric vehicles [J]. Transportation Research Part E: logistics and transportation review, 2021, 145: 102179.

[6] CHEN Z, LI X, ZHOU X. Operational design for shuttle systems with modular vehicles under oversaturated traffic: discrete modeling method [J]. Transportation Research Part B:

methodological, 2019, 122: 1-19.

[7] AFSHAR S, MACEDO P, MOHAMED F, et al. Mobile charging stations for electric vehicles—A review [J]. Renewable and sustainable energy reviews, 2021, 152: 111654.

[8] KOUFAKIS A-M, RIGAS E S, BASSILIADES N, et al. Towards an optimal EV charging scheduling scheme with V2G and V2V energy transfer [C] // 2016 IEEE international conference on smart grid communications. Sydney, Australia: IEEE, 2016: 302-307.

[9] WANG M, ISMAIL M, ZHANG R, et al. Spatio-Temporal coordinated V2V energy swapping strategy for mobile PEVs[J]. IEEE transactions on smart grid, 2018, 9(3): 1566-1579.

[10] YUDEL F, AKKAYA K, BULUT E. Efficient and privacy preserving supplier matching for electric vehicle charging [J]. Ad hoc networks, 2019, 90: 101730.

[11] MAQ V. Optimal scheduling of electric vehicle charging and vehicle-to-grid services at household level including battery degradation and price uncertainty[J]. IET generation, transmission & distribution, 2014, 8(6): 1007-1016.

[12] SHURRAB M, SINGH S, OTROK H, et al. An efficient vehicle-to-vehicle (V2V) energy sharing framework [J]. IEEE Internet of things journal, 2022, 9(7): 5315-5328.

[13] TANG P, HE F, LIN X, et al. Online-to-offline mobile charging system for electric vehicles: Strategic planning and online operation [J]. Transportation Research Part D: transport and environment, 2020, 87: 102522.

[14] LI H, SON D, JEONG B. Electric vehicle charging scheduling with mobile charging stations[J]. Journal of cleaner production, 2024, 434: 140162.

[15] CUI S, YAO B, CHEN G, et al. The multi-mode mobile charging service based on electric vehicle spatiotemporal distribution [J]. Energy, 2020, 198: 117302.

A Time-Dependent Travel-Parking Network Flow Model for Electric Vehicle Commuters with Charging and Discharging Activities

Xueqi Zeng[1]   Chi Xie[*1,2]

(1. Urban Mobility Institute, Tongji University; 2. College of Transportation Engineering, Tongji University)

Abstract   With the electric vehicle (EV) penetration rate rapidly climbing, leveraging private EVs as a decentralized electricity storage system via the vehicle-to-grid (V2G) technology is becoming more technologically and economically feasible than ever. To optimize the V2G system performance, grid operators and parking managers need to assess the impact of time-of-use (TOU) tariffs on EV charging and discharging. This paper proposes a time-dependent travel-parking network flow model for urban daily commuters seeking to optimize individual charging and discharging behaviors. The model uses a newly defined time-electricity-expanded network, with nodes representing states of EVs, links representing decisions of EVs, and paths representing commuters' complete daily travel-activity chains including routing, parking, charging, and discharging decisions. Focusing on the charging and discharging activities at public parking lots equipped with V2G chargers, we write the travel-parking network flow problem into a convex programming model. To handle the charging/discharging capacity constraints, a Lagrangian relaxation approach embedding the subgradient method is applied, and the resulting uncapacitated network flow subproblem is solved by a logit-based assignment algorithm designed by Bell (1995). The paper concludes with a numerical evaluation using a small travel-parking network example.

Keywords   Electric vehicles   Vehicle-to-grid   Time-electricity-expanded network   Logit model   Lagrangian relaxation

0   Introduction

Over the last decade, the global automotive industry has experienced a significant transformation because of the widespread adoption of electric vehicles (EVs), marking a notable departure from gasoline vehicles. This shift is propelled by technological advancements, growing environmental concerns, and government incentives. As EV numbers continue to soar and infrastructure evolves, the relationship between EVs and the electric grid becomes increasingly interconnected. According to the direction of energy flows, this interaction can be classified as unidirectional or bidirectional ones.

Unidirectional energy interaction involves EVs solely receiving electricity from the grid through charging. Conversely, bidirectional energy interaction,

facilitated by vehicle-to-grid (V2G) technology, allows EVs not only to draw electricity from the grid but also to feed energy back into it when necessary. This technology, discussed by Kempton and Letendre (1997), has garnered considerable attention in recent years. A key factor enabling V2G implementation is that EVs typically sit idle for much of the day (Pearre et al., 2011), presenting an ideal opportunity for V2G engagement. EV drivers are highly sensitive to charging costs (Lin and Green, 2011), often opting to charge during periods of high prices and discharge during periods of low prices. Consequently, grid operators can adjust time-of-use (TOU) tariffs to encourage EV charging during low-demand periods and discharging during peak-demand periods.

However, the unpredictable nature of EV

drivers' daily activities—travel, parking, charging, and discharging—poses challenges in forecasting the spatiotemporal distribution of the charging and discharging demands of EVs. This complexity makes it difficult to devise effective pricing strategies for the grid. Therefore, understanding the time-dependent travel-parking network flows of EVs is crucial. Such understanding provides a foundational tool for predicting the spatiotemporal distribution of EV charging and discharging demands.

1　Literature review

This subsection will review two types of EV traveler behaviors: (1) those directly impacting the electric grid, notably charging and discharging behaviors, and (2) those indirectly affecting the grid by influencing idle time and the spatiotemporal distribution of EVs, namely path and departure time choices.

Charging behavior is pivotal for EV travelers and can significantly affect grid load. Models characterizing EV charging behavior fall into three main categories. The first assumes EV drivers always chargeas soon as possible (Wang et al., 2020), regardless of battery state of charge (SOC) or upcoming trips. The second category employs discrete choice models (Fischer et al., 2019), using logit models to characterize the probability of charging events. The third category employs explicit charging decision rules, such as electricity level thresholds (Yan et al., 2020). In these models, charging occurs when the electricity level reaches a predetermined lower threshold (e. g., 20% SOC). It is worth noting that these three types of models can also be applied to describe EV drivers' discharging behaviors with the emergence of V2G technology (Nourinejad et al., 2016).

Path choice behavior is another crucial aspect of EV drivers' behavior. Traditionally, researchers assumed travelers select the shortestpath for their trips. However, recent years have seen extensions to this foundational principle. These include user equilibrium models considering drivers' selfishness and traffic congestion (Wardrop, 1952), discrete choice models incorporating perceptual errors made by travelers (Fisk, 1980), distance-constrained minimum-cost path models addressing range anxiety experienced by EV drivers (Zeng et al., 2024), and other related models. While path choice behavior may not directly impact the grid, it influences the spatiotemporal distribution of EVs, thereby affecting the distribution of charging and discharging demands.

For commuters, selecting the right departure time is crucial. Previous studies have typically viewed departure time as a continuous decision influenced by travel time, cost, and early/late schedule delay. These studies have used various logit models to understand commuters' departure time choices (Hendrickson and Plank, 1984). By employing such models, researchers aim to capture commuters' decision-making process, considering trade-offs and constraints. However, most studies primarily focus on parameter estimation rather than predicting traffic flows using logit models. To bridge this gap, Jauffred and Bernstein (1996) introduced an equilibrium model allowing commuters to select optimal departure times based on their preferences. Although departure time choice behavior may not directly impact the electric grid, it indirectly influences EV distribution and subsequently charging demands.

After thoroughly reviewing existing literature, several key insights emerge: (1) Both the charging and discharging behaviors of EVs, as well as decisions regarding travel routes and commuting departure times, can effectively be modeled using a logit model. (2) There exists a gap in mathematical models capable of accurately predicting the spatiotemporal distribution of charging and discharging loads for EVs. To address this deficiency, this paper introduces a novel discrete choice model to comprehensively capture EV commuters' travel, parking, charging, and discharging behaviors.

The subsequent sections of this article are structured as follows: Section 2 introduces a time-electricity-expanded network framework, presenting a time-dependent travel-parking network flow problem for EV commuters. This problem is then cast into a nonlinear programming model. Section 3 outlines the framework of the Lagrangian relaxation method devised to solve the aforementioned nonlinear programming model. Section 4 offers insights into the effectiveness of the proposed methodologies by presenting computational results derived from an example traffic network under varied scenarios. Finally, Section 5 concludes the paper with remarks and suggestions for future research directions.

2 Problem formulation

2.1 Modeling assumptions and settings

Without the loss of generality, several assumptions are presented in this paper: (1) In the traffic network, traffic congestion is considered exogenous to EVs, mainly caused by gasoline or diesel vehicles. As EVs constitute only a small fraction of the global vehicle stock (1% or so), their impact on traffic congestion is minimal. Thus, travel time on any link in the network is assumed to be independent of EV flow. (2) Schedule delay penalty stems solely from the schedule delay at workplaces, proportional to the disparity between expected and actual arrival/departure times. (3) Consistent charging/discharging power levels, TOU tariffs, and battery capacities are ensured across locations and commuters. For simplicity, parking fees and battery degradation costs are disregarded. (4) Parking lots are exclusively available in residential and workplace locations, with ample space. However, there is a limit on the number of spaces equipped with V2G chargers, termed "charging/discharging capacity." (5) EV commuters in the time-electricity-expanded network may lack complete knowledge of network conditions, resulting in varied perceived path costs. To simplify, we assume a stochastic component following an independently and identically distributed Gumbel distribution, enabling the formulation of path choices using a logit model.

Alongside these assumptions, we provide the following definitions: (1) Commute characteristics, denoted by w, encompass commuters' residential and workplace locations, their anticipated morning arrival and evening departure times from the workplace, and their sensitivity to schedule delay. (2) Value of time, denoted by v, refers to the monetary cost equivalent that commuters incur for unit travel or queuing time. (3) Electricity characteristics, denoted by e, include the initial and final electricity levels of commuters' EVs. Based on these three definitions, each EV commuters belong to any one of the categories in $W \times V \times E$, where $w \in W$, $v \in V$, and $e \in E$.

2.2 A time-electricity-expanded network

The time-expanded network has been extensively applied in previous studies to capture the temporal dimension of networks across various domains Expanding upon this foundation, researchers have extended the framework to include additional states and devised the state-space-time network. In a similar way, this paper introduces a time-electricity-expanded network, providing a comprehensive framework for analyzing travel-parking flow patterns for EV commuters.

To build the expanded network, we segment time and electricity levels intoequal-length intervals. This results in nodes within the expanded network being characterized by three dimensions: the location index within the traffic network, the time index, and the electricity level index. Therefore, each node represents an EV state (location, time, and SOC level), and each link denotes a decision affecting EV states. These links can be categorized into four groups based on the decisions they represent: (1) Travel link, which represents the process of driving EVs from one place to another place in the traffic network. (2) Parking link, which represents the process of parking for one unit of time at a node with parking lots. (3) Charging link, which represents the process of an EV parking at a parking node equipped with V2G chargers in the traffic network and charging for one unit of time. (4) Discharging link, which represents the process of an EV parking at a parking node equipped with V2G chargers in the traffic network and discharging for one unit of time.

In addition, commuters arriving at or departing from their workplace might incur schedule delay penalties (Hendrickson and Plank, 1984). The schedule delay penalty is proportional to the schedule delay. For instance, for commuters with commute characteristics w, let α_{EA}^{w}, α_{LA}^{w}, α_{ED}^{w}, and α_{LD}^{w} represent their penalties per unit time for arriving early at work, arriving late at work, departing from workplaces early, and departing from workplaces late, respectively. Let t_{A}^{w*} and t_{D}^{w*} denote the expected morning arrival and evening departure times at the workplace, respectively. The arrival penalty can be represented as $\alpha_{\mathrm{EA}}^{w}\max\{0, t_{\mathrm{A}}^{w*} - t_{\mathrm{A}}^{w}\} + \alpha_{\mathrm{LA}}^{w}\max\{0, t_{\mathrm{A}}^{w} - t_{\mathrm{A}}^{w*}\}$, where t_{A}^{w} represents the actual time of arrival at the workplace. Similarly, the departure penalty can be represented as $\alpha_{\mathrm{ED}}^{w}\max\{0, t_{\mathrm{D}}^{w*} - t_{\mathrm{D}}^{w}\} + \alpha_{\mathrm{LD}}^{w}\max\{0, t_{\mathrm{D}}^{w} - t_{\mathrm{D}}^{w*}\}$, where t_{D}^{w} represents the actual time of departure from the workplace. Within the time-electricity-expanded network framework, the schedule delay penalty can be described by introducing dummy links connecting travel links to the workplace node. To simplify the network representation without altering our modeling approach, this dummy link can be merged with the travel link. Hence, depending on whether the cost of travel links incorporates schedule delay penalty, these links can be categorized into two subtypes: (1) Special travel links interconnecting workplaces, and (2) ordinary travel links that do not connect workplaces.

2.3　Notation

Consider a set of locations in thetraffic network,
$N = \{n\}$, which encompasses two subsets: R and S, where the former, R, signifies the set of residential locations, and the latter, S, represents the set of workplaces. The time indices are grouped into a set $T = \{t_0, t_0 + \Delta t, \cdots, t_l - \Delta t, t_l\}$, where t_0 and t_l respectively denote the starting and ending time indices within the considered time horizon, and Δt represents the length of a time interval. Furthermore, the set of electricity levels is denoted by $P = \{p_{\min}, p_{\min} + \Delta p, \cdots, p, \cdots, p_{\max} - \Delta p, p_{\max}\}$, where $p_{\min}$ and $p_{\max}$ respectively denote the minimum and maximum electricity levels, and Δp denotes the length of an electricity level interval.

Accordingly, each location n can be expanded into multiple nodes denoted as n_t^p, incorporating temporal dimension t and electricity level dimension p, within a time-electricity-expanded network denoted as $G = (N_{\mathrm{T}}^P, A)$. Here, N_{T}^P and A signify the sets of nodes and links within the expanded network, respectively. A link is denoted by $(n_t^p, n'^{p'}_{t'})$, where n_t^p and $n'^{p'}_{t'}$ correspond to the tail and head nodes of the link. The expanded network encompasses five link categories: special travel links, ordinary travel links, charging links, discharging links, and parking links, denoted as sets A_{S}, A_{O}, A_{C}, A_{D}, and A_{P}, respectively, where $A = A_{\mathrm{S}} \cup A_{\mathrm{O}} \cup A_{\mathrm{C}} \cup A_{\mathrm{D}} \cup A_{\mathrm{P}}$. Notably, for any $n \in R \cup S$ and $t \in T$, a specific subset of $A_{\mathrm{C}} \cup A_{\mathrm{D}}$, A_n^t, is introduced, comprising charging and discharging links tailing from nodes n_t^p, $\forall p \in P$. For more detailed notation, please refer to Table 1.

Notation　　　　　　　　　　　　　　　　　　　Table 1

		Sets
N	Set of locations in thetraffic network, where $n \in N$	
R	Set of residential locations in thetraffic network, where $R \subseteq N$	
S	Set of workplaces in thetraffic network, where $S \subseteq N$	
T	Set of time indices, where $t \in T$	
P	Set ofelectricity levels of EVs, where $p \in P$	
N_{T}^P	Set of nodes in the time-electricity-expanded network, where $n_t^p \in N_T^P$	
A_{S}	Set of special travel links in the time-electricity-expanded network	
A_{O}	Set of ordinary travel links in the time-electricity-expanded network	
A_{C}	Set of charging links in the time-electricity-expanded network	

continued

	Sets
A_D	Set of discharging links in the time-electricity-expanded network
A_P	Set of parking links in the time-electricity-expanded network
A	Set of all links in the time-electricity-expanded network, where $A = A_S \cup A_O \cup A_C \cup A_D \cup A_P$
A_n^t	A special subset of $A_C \cup A_D$, which contains those charging links and discharging links tailing from nodes n_t^p, $\forall p \in P$
V	Set of values of time among EV commuters, where $\nu \in V$
E	Set of electricity characteristics among EV commuters, where $e \in E$
W	Set of commute characteristics among EV commuters, where $w \in W$
$K_w^{\nu,e}$	Set of usable paths by commuters with the commute characteristics w, value of time ν, and electricity characteristics e

	Parameters
u_n	Charging/discharging capacity of location n, which is evaluated in terms of the number of parking places that are equipped with V2G chargers
t_0	Index of the starting time
t_l	Index of the ending time
$p_{\min}$	Allowed minimum electricity level
$p_{\max}$	Allowed maximum electricity level
ν	Value of time of an EV commuter
e	Electricity characteristics of an EV commuter
w	Commute characteristics of an EV commuter
t_A^{w*}	Expected arrival time for commuters with commute characteristics w
t_D^{w*}	Expected departure time for commuters with commute characteristics w
α_{EA}^w	Unit cost of early arrival penalty for commuters with commute characteristics w
α_{LA}^w	Unit cost of late arrival penalty for commuters with commute characteristics w
α_{ED}^w	Unit cost of early departure penalty for commuters with commute characteristics w
α_{LD}^w	Unit cost of late departure penalty for commuters with commute characteristics w
$\hat{c}_a^w$	Schedule delay penalty of special travel link a for commuters with commute characteristic w, where $a \in A_S$
τ_a	Travel time with the travel link a, where $a \in A_S \cup A_O$
β_t	Unit electricity price from time t to $t + \Delta t$
Ω	Battery capacity of EVs
c_a	Charging cost of charging link a, where $a \in A_C$
r_a	Discharging revenue of discharging link a, where $a \in A_D$
$\delta_a^{k,w,\nu,e}$	Path-link incidence indicator, which equals 1 if link a is a part of path k that is usable by commuters with commute characteristics w, value of time ν, and electricity characteristics e, and equals 0 if otherwise.
$\bar{c}_k^{w,\nu,e}$	Explicit cost of path k that is usable by commuters with commute characteristics w, value of time ν, and electricity characteristics e
$\varepsilon_k^{w,\nu,e}$	Random cost component of path k that is usable by commuters with commute characteristics w, value of time ν, and electricity characteristics e, which represents commuters' perception error of the actual path cost because of kinds of unobserved factors
$\theta_w^{\nu,e}$	Scale parameter related to the variance in the perceived path cost of commuters with commute characteristics w, value of time ν, and electricity characteristics e
$q_w^{\nu,e}$	Commute demand of commuters with commute characteristics w, value of time ν, and electricity characteristics e

continued

Variables	
$x_a^{w,\nu,e}$	Traffic flow rate on link a for commuters with commute characteristics w, value of time ν, and electricity characteristics e
$f_k^{w,\nu,e}$	Traffic flow rate on path k for commuters with commute characteristics w, value of time ν, and electricity characteristics e
$c_k^{w,\nu,e}$	Generalized cost of path k that is usable by commuters with commute characteristics w, value of time ν, and electricity characteristics e
$\tilde{c}_k^{w,\nu,e}$	Perceived generalized cost of path k that is usable by commuters with commute characteristics w, value of time ν, and electricity characteristics e

2.4　Path cost and overload delay

The explicit cost of a path for a commuter with commute characteristics w, value of time ν, and electricity characteristics e is composed of four parts: (1) travel cost, (2) schedule delay penalty, (3) charging cost, and (4) discharging revenue. Accordingly, it can be calculated as Eq. (1):

$$\bar{c}_k^{w,\nu,e} = \sum_{a \in A_S \cup A_O} \delta_a^{k,w,\nu,e} \nu \tau_a + \sum_{a \in A_S} \delta_a^{k,w,\nu,e} \hat{c}_a^w +$$
$$\sum_{a \in A_C} \delta_a^{k,w,\nu,e} c_a - \sum_{a \in A_D} \delta_a^{k,w,\nu,e} r_a$$
$$(\forall k \in K_w^{\nu,e},\ w \in W,\ \nu \in V,\ e \in E) \qquad (1)$$

wherethe schedule delay penalty of special travel links $a = (n_t^p, n_{t'}^{'p'})$ for a commuter with commute characteristic w, denoted by $\hat{c}_a^w$, can be calculated using equations in Subsection 2.2. Additionally, the travel time with travel links $a = (n_t^p, n_{t'}^{'p'})$, the charging cost of charging links, and the discharging revenue of discharging links, denoted by τ_a, c_a, and r_a, are expressed as Eqs. (2) – (4), respectively. In Eq. (2), the travel time with a travel link equals the difference in the time indices of the two nodes that are connected by this travel link. In Eq. (3) and Eq. (4), β_t denotes the unit electricity price from t to $t + \Delta t$, and $\Omega(p' - p)$ and $\Omega(p - p')$ represent the charged electricity and discharged electricity, respectively.

$$\tau_a = t' - t \quad \forall a = (n_t^p, n_{t'}^{'p'}) \in A_S \cup A_O \quad (2)$$
$$c_a = \beta_t \Omega(p' - p) \quad \forall a = (n_t^p, n_{t'}^{'p'}) \in A_C \quad (3)$$
$$r_a = \beta_t \Omega(p - p') \quad \forall a = (n_t^p, n_{t'}^{'p'}) \in A_D \quad (4)$$

Moreover, since the number of V2G chargers available in parking lots is limited, if the number of commuters intending to participate in charging or discharging activities within a time interval exceeds the charging/discharging capacity, overload delay occurs (Li and Chen, 2023), the value of which equals the Lagrange multipliers related to the charging/discharging capacity constraints. Therefore, if, in a time interval, the number of commuters engaged in charging/discharging activities at a particular parking lot matches the charging/discharging capacity of that parking lot, the overload delay may be positive; if the number of commuters is less than the charging/discharging capacity, the value of the overload delay is zero. The overload delay for commuters charging or discharging in location n at time t, denoted by $\pi_{n,t}$, can be expressed as Eq. (5):

$$\begin{cases} \pi_{n,t} = 0 & \text{if } u_n > \sum_{a \in A_n^t} \sum_{w \in W} \sum_{\nu \in V} \sum_{e \in E} x_a^{w,\nu,e} \\ \pi_{n,t} \geq 0 & \text{if } u_n = \sum_{a \in A_n^t} \sum_{w \in W} \sum_{\nu \in V} \sum_{e \in E} x_a^{w,\nu,e} \end{cases}$$
$$\forall n \in R \cup S,\ t \in T \qquad (5)$$

Additionally, $\pi_k^{w,\nu,e}$, the overload delay of path k for a commuter with commute characteristic w, value of time ν, and electricity characteristic e is defined as Eq. (6):

$$\pi_k^{w,\nu,e} = \sum_{n \in R \cup S} \sum_{t \in T} \pi_{n,t} \sum_{a \in A_n^t} \delta_a^{k,w,\nu,e}$$
$$\forall k \in K_w^{\nu,e},\ w \in W,\ \nu \in V,\ e \in E \qquad (6)$$

It is important to note that the overload delayis invisible to commuters and cannot be determined until the network flow pattern is solved. It should also be noted that in the time-electricity-expanded network, the overload delay is not explicitly expressed in the time dimension. Combining the explicit cost and the overload delay, the generalized cost of a path is defined as Eq. (7):

$$c_k^{w,\nu,e} = \bar{c}_k^{w,\nu,e} + \nu \pi_k^{w,\nu,e}$$
$$\forall k \in K_w^{\nu,e},\ w \in W,\ \nu \in V,\ e \in E \qquad (7)$$

2.5 A time-dependent travel-parking network flow model

Considering commuters within the time-electricity-expanded network lack precise information regarding the real-time network conditions, the perceived generalized cost traversing a specific path k for a commuter with commute characteristics w, value of time ν, and electricity characteristics e should be considered a stochastic parameter, denoted as $\tilde{c}_k^{w,\nu,e}$. This perceived cost can be expressed as the sum of the actual explicit cost $\bar{c}_k^{w,\nu,e}$, the monetary cost results from the overload delay $\nu\,\pi_k^{w,\nu,e}$, and a random cost component $\varepsilon_k^{w,\nu,e}$ results from the perceptual errors made by commuters.

Based on the fifth assumption, the probability of a path being chosen by commuters with commute characteristics w, value of time ν, and electricity characteristics e can be expressed as:

$$\eta_k^{w,\nu,e}=\frac{\exp[\,-\theta_w^{\nu,e}(\bar{c}_k^{w,\nu,e}+\nu\,\pi_k^{w,\nu,e})\,]}{\sum\limits_{h\in K_w^{\nu,e}}\exp[\,-\theta_w^{\nu,e}(\bar{c}_k^{w,\nu,e}+\nu\,\pi_h^{w,\nu,e})\,]}$$

$$\forall k\in K_w^{\nu,e},\ w\in W,\ \nu\in V,\ e\in E \qquad (8)$$

where $\theta_w^{\nu,e}$ is the scale parameter.

Given the above analyses, a nonlinear programming model that is equivalent to the logit probability function is presented as follows:

$$\min\sum_{w\in W}\sum_{\nu\in V}\sum_{e\in E}\sum_{k\in K_w^{\nu,e}}\frac{\bar{c}_k^{w,\nu,e}}{\nu}f_k^{w,\nu,e}+$$

$$\sum_{w\in W}\sum_{\nu\in V}\sum_{e\in E}\frac{1}{\theta_w^{\nu,e}\nu}\sum_{k\in K_w^{\nu,e}}f_k^{w,\nu,e}\ln f_k^{w,\nu,e} \qquad (9)$$

subject to

$$\sum_{k\in K_w^{\nu,e}}f_k^{w,\nu,e}=q_w^{\nu,e}\ \forall w\in W,\ \nu\in V,\ e\in E \qquad (10)$$

$$\sum_{a\in A_n^t}\sum_{w\in W}\sum_{\nu\in V}\sum_{e\in E}\sum_{k\in K_w^{\nu,e}}f_k^{w,\nu,e}\delta_a^{k,w,\nu,e}\leqslant u_n$$

$$\forall n\in R\cup S,\ t\in T \qquad (11)$$

$$f_k^{w,\nu,e}\geqslant0\ \forall k\in K_w^{\nu,e},\ w\in W,\ \nu\in V,\ e\in E \qquad (12)$$

where the objective function in Eq. (9) consists of the total generalized costs in the form of time and the negative entropy term associated with path flow rates. The constraints defined in Eq. (10) adhere to

the flow conservation constraints. Eq. (11) imposes constraints on the charging/discharging capacity, ensuring that the total number of EVs charging/discharging at a given location simultaneously does not exceed the charging/discharging capacity of this location. Furthermore, Eq. (12) enforces the non-negativity of path flow rates.

3 Solution algorithm

In the proposed nonlinear programming model, the charging/discharging capacity constraints are troublesome. To address this, a Lagrangian relaxation algorithm framework (Fisher, 1981) is proposed. Within this framework, the Lagrangian relaxation problem is solved using a network loading algorithm proposed by Bell (1995), while the update of Lagrange multipliers is determined through the subgradient algorithm (Rockafellar, 1976). These methods have been widely utilized inliterature, and in this section, we provide a concise overview of these algorithms.

3.1 Lagrangian relaxation

The Lagrangian relaxation is a well-known solution framework to tackle the troublesome constraints in optimization problems, the main idea of which is to change the primal problem to a relaxed one by relaxing some intractable constraints and adding these constraints multiplying associated Lagrange multipliers to the objective function as a kind of penalty. By solving the Lagrangian relaxation problem and updating the Lagrange multipliers iteratively, the optimal solution of the primal problem can be solved. In this paper, the Lagrangian relaxation problem can be expressed as:

$$\min_x\sum_{w\in W}\sum_{\nu\in V}\sum_{e\in E}\sum_{k\in K_w^{\nu,e}}\frac{\bar{c}_k^{w,\nu,e}}{\nu}f_k^{w,\nu,e}+$$

$$\sum_{w\in W}\sum_{\nu\in V}\sum_{e\in E}\frac{1}{\theta_w^{\nu,e}\nu}\sum_{k\in K_w^{\nu,e}}f_k^{w,\nu,e}\ln f_k^{w,\nu,e}+$$

$$\sum_{n\in R\cup S}\sum_{t\in T}\pi_{n,t}\sum_{a\in A_n^t}\sum_{w\in W}\sum_{\nu\in V}\sum_{e\in E}\sum_{k\in K_w^{\nu,e}}f_k^{w,\nu,e}\delta_a^{k,w,\nu,e}-$$

$$\sum_{n\in R\cup S}\sum_{t\in T}\pi_{n,t}u_n \qquad (13)$$

subject to

Eqs. (10), (12)

where the Lagrange multipliers, denoted as $\pi_{n,t}$, are parameters. It is worth noting that the Lagrangian relaxation problem is an uncapacitated logit network flow problem. As a result, a variety of well-established algorithms can be employed to address this Lagrangian relaxation problem. In the subsequent subsection, we will delve into a discussion of these algorithms.

The values of the Lagrange multipliers can be found by solving the Lagrange dual problem, the optimal value of whose objective function is the maximum lower bound on that of the primal problem. However, directly solving the Lagrange dual problem is often impractical due to its complexity.

Therefore, we employ the subgradient algorithm to update the Lagrange multipliers iteratively. Specifically, given a set of $\boldsymbol{x}^{(i)}$ associated with the optimal solution of the Lagrangian relaxation problem from iteration i, the Lagrange multipliers can be generated or updated by: $\boldsymbol{\pi}^{(i+1)} = \max(0, \boldsymbol{\pi}^{(i)} + \alpha^{(i)}(\boldsymbol{x}^{(i)} - \boldsymbol{u}))$, where $\alpha^{(i)}$ is a positive value representing the step size, $\boldsymbol{u}$ is the charging/discharging capacity vector. In each iteration of the subgradient algorithm, we obtain a lower bound on the optimal value of the primal problem by solving the Lagrangian relaxation problem. If the derived optimal solution to the Lagrangian relaxation problem is also feasible for the primal problem, then we can calculate the upper bound on the optimal value of the primal problem using Eq. (9). By adjusting the Lagrange multipliers and solving the Lagrangian relaxation problem iteratively, we can narrow the gap between the upper and lower bounds, until they converge to a sufficiently small level, indicating that we have found the optimal solution to the primal problem.

3.2　Network loading

Solution algorithms for the logit-based network loading problem can be classified into two main categories: path-based algorithms and link-based algorithms. In this study, Bell's algorithm (Bell, 1995), a link-based algorithm, is selected as the expected method for solving theLagrangian relaxation problem. The equivalence of solutions between this network loading algorithm and the logit network flow problem has been extensively studied and validated by Bell (1995). Detailed information on the algorithm can be found in this reference.

It is important to note that while employing this link-based network flow algorithm, the objective function presented in Eq. (9) should be reformulated as a link-based form. For a more comprehensive understanding of this, please refer to the work of Akamatsu (1997).

4　Numerical analysis

4.1　Data preparation

Assuming a time interval length of 15 minutes, we can discretize the time horizon from 7:00 to 19:00 into 48 intervals (49 indices). Furthermore, let us consider the battery capacity of EVs, Ω, to be 80 kWh, with a charging/discharging power of 32 kW. This implies that a 15min charging or discharging process can cause a 10% change in SOC form, which we choose to represent as the length of one electricity level interval. Set the minimum and maximum SOC levels to 20% and 80%, respectively. Therefore, we can discretize the electricity level into 6 intervals.

Figure 1 depicts a traffic network comprising six locations, including two residential locations (nodes 0 and 3), two intermediate locations (nodes 4 and 5), and two workplaces (nodes 1 and 2). The network is composed of 14 directed links, which consist of 4 arterial segments, 2 highway segments, and 8 ramp segments. The electricity consumptions traversing the highway segment, arterial segment, and ramp are 8 kW·h, 16 kW·h, and 8 kW·h, respectively.

The travel time with any ramp segments is fixed at 15 minutes, as ramps constitute a relatively small portion of the overall route and are less prone to congestion. Conversely, highway segments and arterial segments typically experience congestion. Figure 2 illustrates variations in the travel time with the four arterial segments and two highway segments.

Figure 1　A Traffic Network Example

Figure 2　Travel Times with Links

This paper presents 4 types of commute characteristics (w_1, w_2, w_3, and w_4). The home-workplace pairs of these four commute characteristics are respectively 0-1, 0-2, 3-1, and 3-2. Besides, the unit early arrival costs α_{EA}^w, unit late arrival costs α_{LA}^w, unit early departure costs α_{ED}^w, unit late departure costs α_{LD}^w, expected arrival times t_A^{w*}, and expected departure times t_D^{w*} of these four commute characteristics are respectively presented in Tabel 2. Additionally, Table 3 displays four types of electricity characteristics (e_1, e_2, e_3, and e_4) and four values of time (ν_1, ν_2, ν_3, and ν_4). Moreover, Table 4 presents 10 groups of EV commuters. Without loss of generality, set $\theta_w^{\nu,e}=0.5$ for each group of commuters.

Commute Characteristics　　Table 2

Charact eristice	Expected time		Unit penalty cost（CNY/15 min）			
	t_A^{w*}	t_D^{w*}	α_{EA}^w	α_{LA}^w	α_{ED}^w	α_{LD}^w
w_1	8:00	17:30	3	8	7	2
w_2	8:15	17:45	4	9	8	3
w_3	8:30	18:00	5	11	10	4
w_4	8:45	18:15	2	9	8	1

Electricity Characteristics and Values of Time

Table 3

Charact eristice	Starting SOC（%）	Ending SOC（%）		Value of time (CNY/15 min)
e_1	40	20	ν_1	3.0
e_2	50	20	ν_2	4.0
e_3	60	20	ν_3	5.0
e_4	70	20	ν_4	6.0

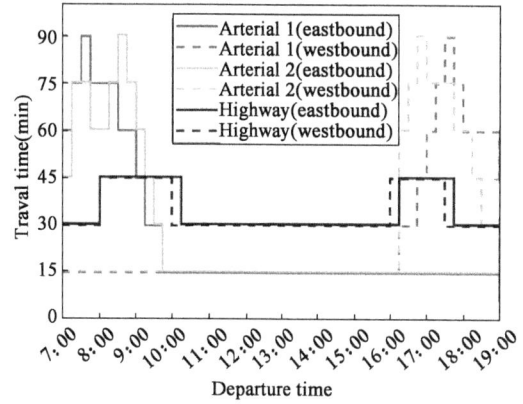

Commute Demand Table　　Table 4

Group	w	e	ν	Commute demand rate $q_w^{\nu,e}$
1	w_1	e_1	ν_2	80
2	w_1	e_2	ν_2	120
3	w_1	e_3	ν_2	130
4	w_1	e_4	ν_2	70
5	w_2	e_2	ν_2	150
6	w_3	e_2	ν_2	160
7	w_4	e_2	ν_1	60
8	w_4	e_2	ν_2	100
9	w_4	e_2	ν_3	90
10	w_4	e_2	ν_4	40

Let the charging/discharging capacity, denoted by the number of parking lots equipped with V2G chargers at each of the four locations（Nodes 0, 1, 2, and 3）, be $u_0=110$, $u_1=170$, $u_2=130$, and $u_3=90$, respectively. Moreover, we illustrate the application of the TOU tariffs in Shanghai as a representative case. These tariff structures, visually depicted in Figure 3, encompass two distinctive intervals（peak and valley）within the research time horizon spanning from 7:00 to 19:00. Moreover, Figure 4 presents a representative base load profile for Shanghai（without the charging/discharging load of EVs）, and for the sake of brevity, we refer to this as the "base load" in this paper.

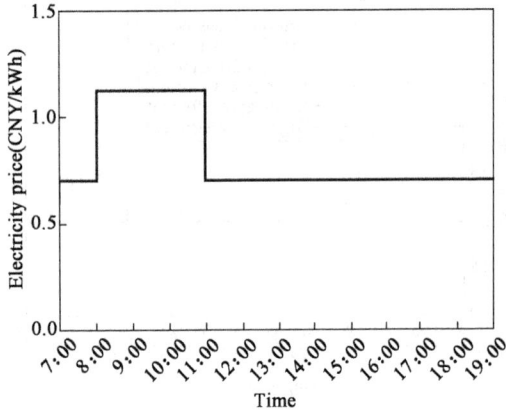

Figure 3 TOU Tariffs

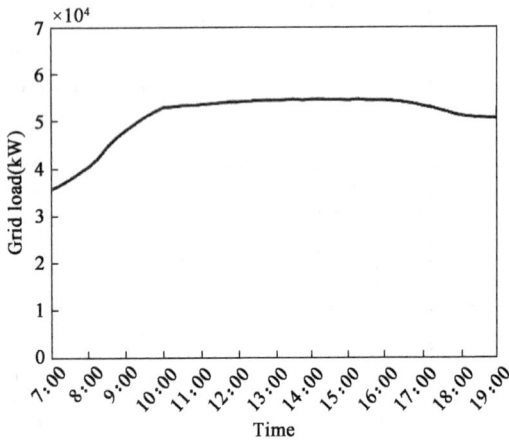

Figure 4 Base Load

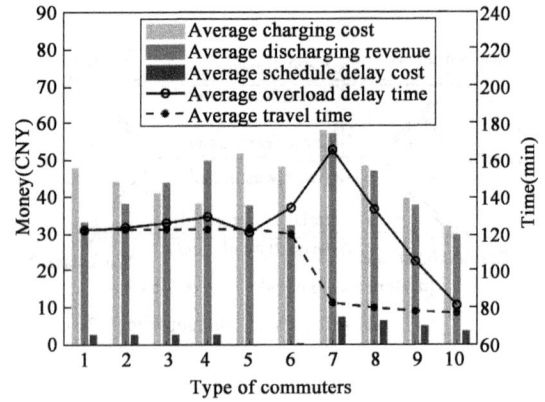

Figure 5 Various Costs and Times Incurred by Commuters in Different Groups

4.2 Results

The average values of charging cost, discharging revenue, schedule delay penalty, overload delay time, and travel time for various groups of commuters are visually presented in Figure 5.

For one thing, commuters in Groups 1 to 4, differing only in initial electricity levels, show clear trends: as the starting SOC rises, average charging costs decrease while average discharging revenue increases. Hence, commuters with higher initial electricity levels incur lower overall charging/discharging expenses. This is logical as commuters with higher starting electricity levels are more inclined to discharge electricity for revenue rather than charging their vehicles.

For another, commuters in Groups 7 to 10, distinguished solely by differences in their value of

time, show a notable trend: as their value of time increases, average travel time decreases. This trend occurs as commuters with a higher value of time seek to minimize their overall travel time to offset higher generalized travel costs. Moreover, as their value of time increases, both average charging costs and average discharging revenue decrease, indicating a reduced level of energy interaction between EVs and the electric grid. This decline can be attributed to the avoidance of charging/discharging activities by commuters with a higher value of time, aiming to prevent the costly overload delay when parking lots with V2G chargers are insufficient.

Additionally, Figure 6 and Figure 7 illustrate the grid load with/without the charging/discharging load of EVs and the average charging/discharging load of EVs by group, respectively.

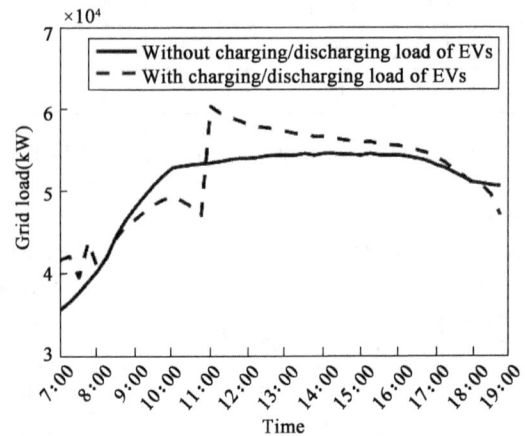

Figure 6 Grid Load with and without EVs' Charging/Discharging Loads

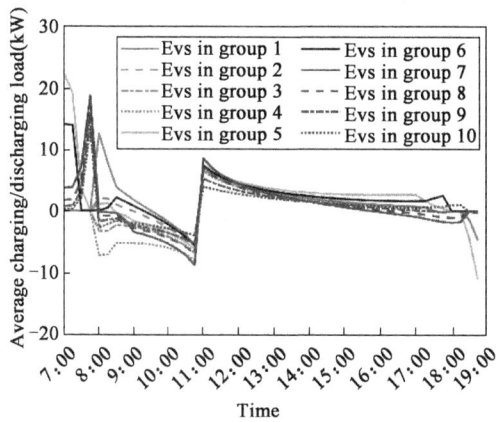

Figure 7 EVs' Average Charging/Discharging Load

For one thing, Figure 6 demonstrates the impact of EV charging/discharging on the electric grid. Notably, during 7:00 to 8:00 and 11:00 to 18:00, commuters predominantly charge their EVs due to lower electricity prices, while from 8:00 to 11:00, many opt for discharging due to higher prices. This highlights how a well-designed TOU tariff enables EV commuters to adjust their activities in alignment with grid requirements. Two key observations emerge: firstly, EVs are often discharged during 18:00—19:00 when prices are lower, likely due to the set ending SOC at 20%, prompting discharge as the session nears its end. Secondly, a new load peak is evident at 11:00, triggered by a sharp decrease in electricity prices from a higher value to a lower value. This phenomenon is not only apparent in our numerical analysis but has also been observed in real-world experiments exploring adjustments in TOU tariffs, which is called "avalanche effects."

For another, as illustrated in Figure 7, commuters belonging to Groups 1 to 4, characterized solely by differences in their starting electricity levels, exhibit a distinct trend of discharging their EVs as their starting electricity level increases between 8:00 and 11:00. On the other hand, commuters of Groups 7 to 10, characterized solely by differences in their value of time, exhibit a notable trend of actively participating in charging/discharging activities as their value of time decreases. These observations reinforce the notion discussedbefore that

commuters with higher starting electricity levels tend to prioritize discharging their EVs, while commuters with a lower value of time are more inclined to participate in charging/discharging activities. It is worth noting that in the morning, commuters belonging to Groups 2, 5, 6, and 8, characterized solely by differences in commute characteristics, exhibit distinct charging/discharging behaviors that illustrate the interaction between the traffic network and the electric grid. This interaction is evident through their varied charging and discharging patterns, which are influenced by factors such as commute starting times, electricity prices, and the availability of charging facilities. The presence of such distinct behaviors highlights the intricate relationship between commuters' commute characteristics and their engagement in charging and discharging activities.

5 Conclusions

The introduction of the time-dependent travel-parking network flow model for EV commuters with charging and discharging activities broadens the understanding of traffic network flow problems. This model integrates a time-electricity-expanded network with five types of links. Three of these links denote commuters' activities: parking, charging, and discharging, while the fourth and fifth represent actual road segments. Incorporating these dummy and travel links ensures each path in the expanded network precisely reflects commuters' activity sequences.

A nonlinear programming model is devised to minimize the sum of the explicit path cost and the negative entropy term of path flow rates. A Lagrangian relaxation algorithm framework is used to solve the proposed nonlinear programming model, where the Lagrangian relaxation problem, which is a logit network flow problem, is solved by a network loading algorithm proposed by Bell (1995), and the adjustment of Lagrange multipliers is realized by the subgradient algorithm.

Numerical case studies shed light on several factors influencing the behavior of EV commuters and their interaction with the grid：（1）Increasing the initial SOC level of EVs leads to reduced average charging costs and increased average discharging revenue, resulting in lower overall charging/discharging costs.（2）Higher commuters' value of time correlates with decreased average travel time. Simultaneously, due to their potential overload delay associated with participating in charging/discharging activities, the extent of commuters' involvement in these activities also decreases.（3）Sharp decreases in electricity prices trigger a phenomenon termed the "avalanche effect," causing the grid load to experience a new peak.

This study lays the groundwork for examining the spatiotemporal distribution of EV charging and discharging demands. This foundation enables future analysis of optimal TOU tariff pricing, offering a more comprehensive understanding of the issue and further advancing the field.

References

［1］ AKAMATSU T. Decomposition of path choice entropy in general transport networks ［J］. Transportation Science, 1997(31)：349-362.

［2］ BELL M G H. Alternatives to Dial's logit assignment algorithm ［J］. Transportation research part b, 1995,（29）：287-295.

［3］ FISCHER D, HARBRECHT A, SURMANN A, et al. Electric vehicles' impacts on residential electric local profiles-a stochastic modelling approach considering socio-economic, behavioural and spatial factors ［J］. Applied energy, 2019 (233-234)：644-658.

［4］ FISHER M L. The Lagrangian relaxation method for solving integer programming problems ［J］. Management science, 1981(27)：1-18.

［5］ FISK C. Some developments in equilibrium traffic assignment ［J］. Transportation research part b, 1980(14)：243-255.

［6］ HENDRICKSON C, PLANK E. The flexibility of departure times for work trips ［J］. Transportation research part a, 1984 (18)：25-36.

［7］ JAUFFRED F J, BERNSTEIN D. An alternative formulation of the simultaneous route and departure-time choice equilibrium problem ［J］. Transportation research part c, 1996（4）：339-357.

［8］ KEMPTON W, LETENDRE S E. Electric vehicles as a new power source for electric utilities ［J］. Transportation research part d, 1997(2)：157-175.

［9］ LI G, CHEN A. Strategy-based transit stochastic user equilibrium model with capacity and number-of-transfers constraints ［J］. European journal of operational research, 2023 (305)：164-183.

［10］ LIN Z, GREENE D L. Promoting the market for plug-in hybrid and battery electric vehicles ［J］. Transportation research record, 2011 (2252)：49-56.

［11］ NOURINEJAD M, CHOW J Y J, ROORDA M J. Equilibrium scheduling of vehicle-to-grid technology using activity based modelling ［J］. Transportation research part c, 2016 (65)：79-96.

［12］ PEARRE N S, KEMPTON W, GUENSLER R L, et al. Electric vehicles：how much range is required for a day's driving? ［J］. Transportation research part c, 2011 (19)：1171-1184.

［13］ ROCKAFELLAR R T. Augmented lagrangians and applications of the proximal point algorithm in convex programming ［J］. Mathematics of operations research, 1976(1)：97-116.

［14］ Wang Z, JOCHEM P, FICHTNER W. A scenario-based stochastic optimization model for charging scheduling of electric vehicles under uncertainties of vehicle availability and charging demand ［J］. Journal of cleaner production, 2020(254)：119886.

［15］ WARDROP J G. Some theoretical aspects of road traffic research ［A］. Proceedings of the institute of civil engineering1952：325-378.

［16］ YAN J, ZHANG J, LIU Y, et al. EV charging load simulation and forecasting considering traffic jam and weather to support the integration of renewables and EVs [J]. Renewable Energy, 2020(159): 623-641.

[17] ZENG X, XIE C, XU M, et al. Optimal en-route charging station locations for electric vehicles with heterogeneous range anxiety [J]. Transportation research part c, 2024 (158): 104459.

基于 YOLOv8 模型的自动化检测违规者上高速公路的报警系统研究

刘雪阳[*1]　刘德雄[2]

(1. 北京信息科技大学计算机学院;2. 江西省交通投资集团有限责任公司)

摘　要　针对不时出现行人或者骑行者从高速公路收费站违规上高速而导致发生交通安全事故的现象,以及收费站入口车道存在车辆密集程度高、车型种类多、行人和工作人员混杂等特点,随着智能化的发展,收费站现场工作人员越来越少的趋势将会进一步恶化对违规上高速等异常事件的发现,为实现从正常车流和人员中自动检测识别出违规上高速的车辆或人员,并及时向违规目标提示,以及向现场工作人员或监控人员报警的功能。本文提出了一个基于深度卷积神经网络技术的交通安全异常事件检测系统设计架构,采用改进的 YOLOv8 算法模型实现收费站入口监控实时车辆和人员的检测识别。通过在江西省东乡收费站实地测试,实验结果表明,该方法在复杂环境、车辆和人员目标密集程度高等条件下,满足实际工作的使用需求。为提升交通安全异常事件识别准确率提供了技术思路,实现减少高速公路交通安全事故发生的触发因素。

关键词　YOLOv8　智能报警　目标检测　高速公路

0　引言

随着高速公路里程的不断增加,以及人们出行需求的不断扩大,高速公路上交通安全风险也越来越高。特别对于那些违规进入高速公路的行人或者骑行者(骑自行车、摩托车以及三轮车等)而言,他们在高速公路上所引发的事故频率更高、损伤程度更严重。河北新闻网讯,据河北高速交警总队统计,2021 年,河北境内省管高速公路因行人上高速引发的交通事故达 36 起,造成 24 人死亡,死亡率极高。从事故发生的人员分类来看,有拾荒者、养护工、流浪人员、借路通行者等。一个个鲜活的生命因一次侥幸的违法、一时的疏忽大意戛然而止,结果触目惊心、教训惨痛深刻。减少这类交通事故最有效的途径就是控制好各个进入高速公路的入口(包括非正常的途径),建立高效的交通安全预警系统,做到减少触发交通事故发生的根源因素。

目前,高速公路收费站入口分无人值守的ETC 车道和有人值守的人工车道,都存在有行人或者骑行者违规上高速而发生交通事故的案例,因为高速公路收费站普遍采取人工现场管理,或者人工监控的方式,存在工作量大、效率低的弊端,有时收费站工作人员发现了行人或者骑行者违规进入高速,等工作人员反应时,他们已经冲上了高速,错过了及时劝阻干涉的时机。因此,高速公路交通安全管理部门迫切需要一种在行人或者骑行者违规上高速的初始时间,发现并能够在较短时间内报警的装置。

近年来,国内外学者对异常事件检测方法进行了深入研究。深度学习的快速发展使机器学习取得了长足进步,具有代表性的模型有卷积神经网络（CNN）与 YOLO;CNN 与 YOLO 在图像检测与识别领域已经取得了明显的效果。杨飞[1]提出了基于卷积神经网络的行人检测;王克[2]提出了基于卷积神经网络的 YOLOv3 模型对于行人的检测;武欣莹[3]提出基于 YOLO 目标检测框架为基础,解决小目标检测和行人遮挡导致行人检测定位不够精确的问题;解丹等人[4]提出基于卷积神经网络的车辆分类与检测技术;刘元峰等人[5]提出基于 YOLOv5s 的高速公路车辆实时检测。

现有的行人或者车辆检测方法多数是单独对行人、车辆、小目标进行改进检测,但未考虑收费站入口收费广场存在车辆种类多,行人(包括司机)和工作人员(收费站、机电维护、交警、路政等)混杂等复杂情况。检测的难点在于行人与工作人员相差不大,最明显的差异是着装不同或者是否穿戴反光背心,对于三轮车、自行车等禁止上高速的车辆,最明显的特征是车型小,且有骑行者。针对监控视频智能识别收费站入口行人或者骑行者违规上高速异常行为,本文基于 YOLO_v8 的模型检测方法,提出了一种使用固定监控视频检测识别行人或骑行者违规上高速的行为。

1 设计思路及实施

随着科技的不断发展,人们预防行人等违规上高速的方法也在不断更新。最早采用在高速公路收费站入口处悬挂禁止进入标志牌的方式,然后到相关居民区宣传教育,希望他们不要违规进入高速公路;其次,有些收费站利用红外线技术研制探测行人上高速预警装置,但存在所有人员(包括收费站工作人员和处理事务的高速交警或者路政人员)都会报警的问题,所有车辆都会报警的现象,这种装置不能有选择性地区分不同的人员和车辆,存在大量无效报警的缺陷。当前,计算机视觉技术发展迅速,技术已经可以实现视频实时识别不同目标物的功能,能够代替人工进行全天候地识别并报警。依据该思路,本文在江西省交通投资集团南昌南管理中心东乡收费站入口车道进行了实验。

(1)技术支撑。为改善视觉计算应用困难,标注流程烦琐,部署周期长等问题,本实验采用目标检测和追踪算法相合来辅助简化视频目标标注。使用的主要算法是 YOLOv8 目标检测算法、GMM 背景分离算法、以及 DeepSort 多目标跟踪算法。搭建 OpenCV 实时视频采集程序,实现异步报警功能。其中模型识别是整个程序的核心,也是计算机视觉技术的集中体现。其工作流程为:通过将自建数据库传入模型,YOLOv8 模型内部参数不断迭代学习违规车辆人员和正常车辆工作人员的特征,采取一系列诸如卷积、池化等操作对图片中待识别的目标进行特征提取、分类,完成模型训练过程,然后将训练得到的模型数据保存,并对接上 OpenCV 实时视频采集程序,对关键帧中的目标进行识别判断,并给出对应的置信度(实验中取 0.65),完成模型预测过程,最后,将识别到的目标信号传入报警设备。

(2)基本实现步骤。①获取视频流接口(或录制视频数据传入程序);②使用 GMM(混合高斯模型)分离运动前景和背景图片;③初始化跟踪算法;④判断边界是否存在运动目标并框选(关键帧);⑤跟踪判断图像内部目标;⑥重复步骤④、⑤,直至获取足够目标图像数据;⑦人工筛选构建数据集;⑧模型训练;⑨部署应用,重复步骤①至⑥,将模型应用到关键帧上对目标进行分类处理。

(3)具体实施环境。硬件由 1 台电脑(CPU 为 i5-12400,安装 Window 7 及以上操作系统)、1 个摄像头(实验采用海康威视品牌,型号:DS-2CD2325FD-IS)以及 1 个报警器(实验采用浙江钧拓音频触发控制器,型号:LTD-YPCF)组成;软件方面使用 python 语言进行编程,采用了 Ultralytics 公司开源的 YOLOv8 模型,OpenCV 开源视觉库,以及自建违规车辆人员和正常车辆工作人员等图片数据集,进行深度学习训练。

(4)关键点控制。对目标物的检测识别主要使用的是卷积神经网络技术。卷积神经网络主要有 5 个部分组成,分别为输入层、卷积层、池化层、全连接层和输出层。其中,卷积层、池化层和全连接层经过一系列的排列组合构建一个完整的卷积神经网络。检测的基本流程为,输入层接收输入网络的二维图像,将图像送到卷积神经网络中,经过若干层卷积层和下采样层,对图像进行特征提取操作,然后将最终计算出的特征图输入全连接层,全连接层对特征图进行分类和回归,最终分类的结果由输出层输出。输出结果是一个矩形框将检测目标框住,矩形框的左上角有预测该目标的种类和预测该类别的分数,种类根据实际检测标注为小车(car)或行人(person)等。如果检测框和标注的真实框重合面积较大,则认为检测较为准确,采用 IOU 来判断两个框重合度的程度,如果 IOU 的数值越接近 1,则认为检测较为准确,如果 IOU 的数值越接近 0,则认为检测框和真实框毫不相干。仅仅 IOU 一个公式不能很好地评估一个网络模型的好坏,因此需要引入其他的指标来衡量算法的检测性能,常用的指标有准确率、漏检率、误检率和召回率等。

(5)难点攻克。对目标物的检测识别,有两个难点需要攻克解决。一个难点是小目标行人,收费站广场内主要识别目标物是车辆和人员,车辆是刚性目标,基本没有变形,而由收费广场较远地方慢慢走近的小目标行人,不仅是柔性目标,同时因为小目标分辨率较低,特征不明显,且容易受到外界的噪声干扰,算法进行检测时难以提取目标的特征,容易产生漏检现象。同时,在实际需求中,还要把行人与收费站的工作人员,以及在收费站处理公务的高速交警区分开来,这就需要对这些特殊人员进行精准识别并标注出来,不然,就会造成所有人员都报警的现象。针对这个难点,在实验中,运用了 FasterR-CNN 中锚点框(anchor box)的思想进行预测目标位置,即在每一个特征图上预测 3 个锚点框。将一张待检测图像分成 13×13 的小方格,在每一个小方格上预测 3 个目标的边界框。另外,引入了多尺度融合的方法,对图像在三个尺度上进行目标边界框的预测,提升了小目标检测的精度。同时,在 YOLOv3 网络的基础上,分别在第 55 层和第 56 层之间,第 63 层和第 64 层之间,第 72 层和第 73 层之间添加 SPP 模块,这个模块主要是由不同的池化操作组成,通过 SPP 模块实现了局部特征和全局特征,SPP 模块中最大的池化核大小要尽可能地接近或者等于需要池化的特征图的大小,特征图经过局部特征与全局特征相融合后,丰富了特征图的表达能力,有利于待检测图像中目标大小差异较大的情况。

在实验过程中,存在部分行人在收费站入口车道栏杆外的空地处穿越护栏,进入高速道路的现象,他们的图像在视频中可能只显示身体的中下部分,或者只有下部分。为针对此类危险行为中,对人的局部图像视频也要触发警报,进而提高行人检测的检测精度,缓解行人检测中的漏检问题。本文采取将行人整体分成 3 个部分(up、body 和 low)分别进行检测,建立行人局部和行人整体的映射关系,被算法检测出的行人局部依照映射关系获取行人整体的位置和尺寸,最后使用 NMS 算法去掉多余的检测框。该方法的关键是获取行人局部到行人整体的映射关系,通过该方法的使用,实现人的局部也能报警的功能。

第二个难点是视频范围小(实验长度 10m,宽 4m),而车辆通过视频范围的时间短,所以需要实时检测反应速度快,才能实现在行人或者骑行者违规上高速前,工作人员感知到声光报警,及时处置的效果。为达到有效效果,采取两个步骤进行完善,一是将初实验时采用的普通 cpu 更换成 3060 型号的显卡,实现了反应时间由 200ms 左右缩减到 8ms 左右,速度有了大幅度地提升;二是将视频摄像头由岗亭处往入口方向前移 8m,通过检测识别视频范围的前移,实现早发现,早提醒的目的,这个提前的时间量可以满足工作人员从发现预警到前来处置干涉这个过程的时间需求。

(6)实验结果。通过实验,效果显示出,当行人或者骑行者上高速行进至摄像可视区域时,就会触发报警装置,并伴有语音提示:"禁止行人或者骑行者违规上高速,请立即返回"。同时声光报警提醒该区域工作人员及时处置,从而避免交通事故的发生。同时,工作人员、高速交警以及正常车辆,被识别为不报警人员,达到实验目的。

2 结语

通过对在江西省东乡收费站实验运行结果的评估,该实验能满足实际需要:对摄像头探视范围内的活动目标进行检测,发现行人、自行车、摩托车、三轮车,都能实现声光报警功能,对于穿反光背心的工作人员和规范着装的高速交警,分别显示工作人员和交警,并不会触发报警。在实验过程中,当视频检测到大货车驾驶室里的司机时,有时也会误识别为行人而产生错误报警的现象。下一步,将从两个方面进行模型的改进和完善:(1)从任务上,增加不同场景不同条件下的检测报警功能,如逃缴费车辆的预警,危化品车辆和大客车限时上高速预警等;(2)从开发实现上,逐步简化开发流程,实现计算机视觉技术的亲民化,使普通在岗人员能够快速掌握并根据特定场景优化程序。

计算机视觉技术的发展,为交通安全的保障提供了技术支持。通过技术转化应用,解决了行人或者骑行者违规上高速公路预警报警的难题,有效提升了高速公路交通安全高质量管理态势,拓展了计算机视觉技术的应用场景。

参考文献

[1] 杨飞.基于卷积神经网络的行人检测研究[D].南昌:南昌大学,2021.
[2] 王克.基于视频序列的行人检测和跟踪技术研究[D].沈阳:沈阳理工大学,2021.
[3] 武欣莹.基于深度学习的行人身份识别研究[D].济南:山东建筑大学,2021.
[4] 解丹,陈立潮,曹玲玲,等.基于卷积神经网络的车辆分类与检测技术研究[J].软件工程,2023,26(4):10-13.
[5] 刘元峰,姬海军,刘立波.基于 YOLOv5s 的高速公路车辆实时检测模型[J].液晶与显示,2022,37(9):1228-1241.

考虑后车与多前车信息融合的跟驰模型及仿真分析

潘福全*1　王满福1　董云鹏2　张丽霞1　张素磊1　杨金顺1
(1.青岛理工大学土木工程学院;2.青岛海纳云智能系统有限公司)

摘　要　针对现有智能网联跟驰模型尚未综合考虑后车与多前车信息的耦合作用效果,在 OVM 和 FVD 的基础上,本文提出了一种智能网联环境下考虑后车与多前车信息融合跟驰模型。分析了在传统驾驶与智能网联下车辆跟驰差异性,解析了智能网联环境下传感器敏感系数、速度差、车头间距等因素的影响机理,建立了综合考虑后车与多前车信息融合效应的跟驰模型;基于 Lyapunov 法对改进模型进行了线性稳定性分析,获得了临界稳定性条件,讨论了不同参数变化对模型稳定性的波动影响,分别进行了稳态运行和启动过程的扰动施加数值仿真,验证了跟驰模型的有效性。结果表明:综合考虑影响因素越多,交通流稳定性越强;模型中各参数在允许范围取值越大,则稳定性区域对应增大,当前车数量为 3 辆时,交通流稳定性最好;与 FVD 相比,改进模型的抗干扰能力更强,启动扰动时间降低了 11s 左右;而并非考虑前车数量越多,车队稳定性越高,确定出最佳前车数量,能有效降低信息冗余度。

关键词　交通工程　交通安全　微观交通流　智能网联　跟驰模型　信息融合　稳定性分析

0　引言

近年来,随着机动车保有量增加,严重影响着通行效率和行车安全,城市交通拥堵问题也受到广泛关注。国内外学者为了探究交通堵塞成因机理特征,根据车辆间相互作用关系,运用数学方法建立微观交通流模型,进一步揭示车辆跟驰过程中的作用强度,为整体交通流稳定性调控提供理论基础。

传统跟驰概念最初由 REUSCHEL 运用运筹学方法解决车辆跟随问题时提出[1],随着不断地研究,学者们提出了大量微观交通流传统驾驶车辆跟驰模型。BANDO 等[2]利用车头间距和动力学模型,提出了最优速度(OV)模型。随后,在 OV 基础上,考虑不同跟驰影响因素,学者们建立了诸多车辆跟驰模型。其中,HELBING 等[3]发现 OV 在实际交通流中出现加速过高和减速不合理情况,通过考虑前后两车相对速度影响,提出了广义力(GF)模型来弥补 OVM 的缺陷。但 GF 模型无法较好地描述阻塞密度下的延迟时间问题,JIANG 等[4]提出了考虑正负速度的全速度差(FVD)模型,克服了 GF 模型不足。此外,PENG 等[5]在 FVD 模型中考虑最佳速度影响和驾驶员记忆的影响,构建了基于驾驶记忆和最优速度单车道(OVC)跟驰模型,有效避免拥堵密度较大的情况下驾驶员记忆和延迟时间的缺点。由于传统车辆信息传递存在着制约性,跟驰模型中多数只对前方一辆车的运动状态进行分析。

随着车联网技术的进步,传统驾驶环境逐渐向智能网联环境转变,针对智能网联环境下车辆

基金项目:山东省自然科学基金 (ZR2020MG021);国家自然科学基金(51505244)。

跟驰行为研究也受到学者们的广泛关注[6-7]。孙棣华等[8]考虑速度差信息因素,在 FVD 模型基础上,提出了拓展向后观测速度差跟驰(BLVD)模型,能够增强交通流稳定性;申勇等[9]考虑驾驶员对速度差的反映强度受车速的影响作用,建立了非对称性速度差(AFVD)模型;纪艺等[10]在基于 OVCM 基础上,提出了考虑多前车最优速度与紧邻车加速度的网联车辆(MHOVA)模型,但尚未考虑车头间距因素;罗嘉陵[11]在无人驾驶环境下,基于多前车速度差、多前车车头间距等因素,构建了多前车信息融合跟驰模型,但未验证前车数量不同对稳定性的影响;安树科等[12]引入车头间距信息反馈因素,改进多速度差因素,提出了考虑前方多车优化速度信息的改进模型。

综上所述,智能跟驰模型较传统跟驰模型相比已有很大进步,但对实际跟驰行为分析仍不全面,尚未探究跟驰前车数量的多少对交通流稳定性影响,忽略后车对前车产生的作用效果。因此,本文综合考虑多车跟驰影响因素耦合作用,构建了智能网联环境下多车信息融合的改进跟驰模型,推导出临界稳定性条件,进行参数敏感度数值模拟,分析各项指标系数对模型的波动影响效果,进一步探究跟驰前车数量对改进模型的敏感影响,为智能网联跟驰特性提供理论参考。

1 智能网联环境下跟驰模型构建

1.1 基本假设

为具体化所研究的问题,所提出的智能网联环境下交通流跟驰模型基于以下假设条件:

(1)车队中均为智能网联车辆,且车辆之间的通信时延忽略不计;

(2)车辆可以实时准确获取一定通信范围内多车的位置、速度及加速度等信息;

(3)车辆行驶在单一车道,只考虑纵向状态变化,不允许有超车、变道行为。

1.2 改进模型构建

综合考虑影响因素,建立跟驰模型如下:

$$\frac{\mathrm{d}^2 x_n(t)}{\mathrm{d}t^2} = \alpha[V(\Delta x_n(t)) - v_n(t)] + \lambda \Delta v_n(t)$$

(1)

式中: α——敏感度系数,取驾驶员反应系数的倒数;

$x_n(t)$——车辆 n 在 t 时刻的位置;

$v_n(t)$——车辆 n 在 t 时刻的瞬时速度;

λ——速度差反应系数;

$\Delta v_n(t)$——t 时刻车辆 n 与前车 $n+1$ 的速度差;

$V(\Delta x_n(t))$——车辆 n 在 t 时刻的优化速度函数。

$$V(x_n(t)) = \frac{v_{\max}}{2}[\tanh(\Delta x_n(t) - h_c) + \tanh(h_c)]$$

(2)

式中: $v_{\max}$——最大限速(m/s);

h_c——安全车头间距(m)。

通过上述分析,本文在 FVD 基础上,考虑后车跟驰特性和多前车影响因素,提出了 V2V 环境下的多车信息融合跟驰模型(Vehicle to Vehicle Multi Information Fusion Car-following Model, V2V-MIFCM),基本表达式为:

$$\frac{\mathrm{d}^2 x_n(t)}{\mathrm{d}t^2} = \alpha[V_{B,F}(\Delta x_{n-1}(t), \Delta x_n(t)) - v_n(t)] + \beta H[\Delta X_F(t)] + \lambda G(\Delta V_F(t))$$

(3)

式中: $V_{B,F}(\Delta x_{n-1}(t), \Delta x_n(t))$——前后车协同优化函数;

β——多前车车头间距反应系数;

λ——多前车速度差项反应系数;

$H(\Delta X_F(t))$——多前车车头间距函数;

$G(\Delta V_F(t))$——多前车速度差函数。

其表达式如下:

$$V_{B,F}[\Delta x_{n-1}(t), \Delta x_n(t)] = \frac{v_{\max}}{2}[\tanh(\Delta x - h_{c,F}) + \tanh(h_{c,F})]$$

(4)

$$\Delta x = (1-p)\Delta x_{n-1}(t) + p\Delta x_n(t)$$ (5)

$$G(\Delta V_F(t)) = G[\Delta v_{n+f}(t), \Delta V_{n+f-1}(t)]$$
$$= \sum_{f=1}^{m} k_i[(1-p)\Delta v_{n+f}(t) + p\Delta v_{n+f-1}(t)]$$

(6)

$$H[\Delta X_F(t)] = \sum_{f=1}^{m} \eta_i[\Delta x_{n+f}(t) - \Delta x_{n+f-1}(t)]$$

(7)

式中: f——前方观测第 f 辆车;

m——前方观测车辆数量;

V_F——前车优化速度;

V_B——后车优化速度;

p——前后车辆对跟驰车的协同速度优化平滑系数, $0.5 < p \leqslant 1$[11];

k_i——速度差权重系数;

η_i——车头间距权重系数。

综上,本文 V2V-MIFCM 改进模型如下:

$$\frac{d^2 x_n(t)}{dt^2} = \alpha \left[(1-p) V_B(\Delta x_{n-1}(t)) + p V_F(\Delta x_n(t)) - v_n(t) \right] +$$

$$\beta \sum_{f=1}^{m} \eta_i (\Delta x_{n+f}(t) - \Delta x_{n+f-1}(t)) +$$

$$\lambda \sum_{f=1}^{m} k_i \left[(1-p) \Delta v_{n+f}(t) + p \Delta v_{n+f-1}(t) \right] \tag{8}$$

2　线性稳定性分析

2.1　临界稳定性条件

本文所构建的 V2V-MIFCM 模型能否准确反映智能网联环境下车辆跟驰运行特征,拟采用 Lyapunov 法并结合微扰动法分析改进跟驰模型的稳定性临界条件[14]。假设在初始时刻交通流为稳定状态,且车头间距为 h,以最优速度 $(1-p) V_B + p V_F$ 运行。因此,在稳定行驶车队中第 n 辆车的实时位置如式(9)所示:

$$x_n^0(t) = bn + V_{B,F}(b) t \tag{9}$$

对车辆 n 施加初始扰动 $y_n(t) = e^{zt+ikn}$ 后,则速度、位置的变化为:

$$x_n(t) = x_n^0(t) + y_n(t) \tag{10}$$

$$v_n(t) = V_{B,F}(b) + \dot{y}_n(t) \tag{11}$$

令 $\Delta y_n(t) = y_{n+1}(t) - y_n(t)$,则:

$$\Delta x_n(t) = b + \Delta y_n(t) \tag{12}$$

$$\Delta v_n(t) = \Delta \dot{y}_n(t) \tag{13}$$

对式(10)求一阶偏导,得:

$$\dot{x}_n(t) = V_{B,F}(b) + \dot{y}_n(t) \tag{14}$$

对式(10)求二阶偏导,得:

$$\ddot{x}_n(t) = \ddot{y}_n(t) \tag{15}$$

将式(10) ~ (15)代入本文改进模型式(8)中,并线性化可得:

$$\frac{d^2 x_n(t)}{dt^2} = \alpha \left[V'_{B,F}((1-p) \Delta y_{n-1}(t) + p(\Delta y_n(t)) - y'_n(t) \right] + \beta \sum_{f=1}^{m} \eta_i (\Delta y_{n+f-1}(t)) +$$

$$\lambda \sum_{f=1}^{m} k_i \left[(1-p) \Delta y'_{n+f}(t) + p \Delta y'_{n+f-1}(t) \right] \tag{16}$$

其中:

$$V'_{B,F}(b) = \frac{d V_{B,F}(\Delta x_n(t))}{d(\Delta x_n(t))} \bigg|_{\Delta x_n(t) = b} \tag{17}$$

令 $y_n(t) = e^{(zt+ikf)}$,则:

$$\dot{y}_n(t) = z e^{(zt+ikf)} \tag{18}$$

$$\ddot{y}_n(t) = z^2 e^{(zt+ikf)} \tag{19}$$

$$\Delta y_n(t) = y_{n+1}(t) - y_n(t) = (e^{ik}-1) e^{(zt+ikf)} \tag{20}$$

$$\Delta y_{n-1}(t) = y_n(t) - y_{n-1}(t) = (1-e^{-ik}) e^{(zt+ikf)} \tag{21}$$

将式(18) ~ (21)代入式(16)中,进行傅里叶级数展开,得:

$$z^2 = \alpha \left[V'_{B,F}((1-p)(1-e^{-ik}) + p(e^{ik}-1) - z) + \beta \sum_{f=1}^{m} \eta_i (1-e^{-ik}) e^{ikf} +$$

$$\lambda \sum_{f=1}^{m} k_i \left[(1-p) e^{ikf}(e^{ik}-1) + p e^{ikf}(e^{2ik}-e^{ik}) \right] \tag{22}$$

求解式(22),将参数 z 展开为:

$$z = z_1(ik) + z_2(ik)^2 + \cdots\cdots \tag{23}$$

分别对 e^{ik} 和 e^{-ik} 进行二阶泰勒展开,并将式(23)及 e^{ik} 与 e^{-ik} 二阶泰勒式,代入式(22)中,解方程得:

$$\begin{cases} z_1 = V'_{B,F}(b) \\ z_2 = \left(p - \dfrac{1}{2}\right) V'_{B,F}(b) + \dfrac{\beta \sum_{f=1}^{m} \eta_i \left(f - \dfrac{1}{2}\right) + \lambda \left(\sum_{f=1}^{m} k_i V'_{B,F}(b)\right) + \left[V'_{B,F}(b)\right]^2}{\alpha} \end{cases} \tag{24}$$

若让扰动的交通流仍能保持稳定,则要求 $z_2 > 0$,即 V2V-MIFCM 改进模型的稳定性临界条件为:

$$\alpha > \frac{\beta \sum_{f=1}^{m} \eta_i (2f-1) + 2\lambda (\sum_{f=1}^{m} k_i V'_{B,F}(b)) + [V'_{B,F}(b)]^2}{(1-2p) V'_{B,F}(b)}$$

$$(25)$$

2.2 稳定性对比分析

由 V2V-MIFCM 稳定性临界条件式(26)可得,当 $m=1,B=0,p=1,\beta=0,\lambda=0$ 时,模型仅考虑本车对前后车辆间距跟驰行为,则本文改进跟驰模型退化为 OVM 模型,即:

$$\alpha > 2V'_F(\Delta x_n(t)) \qquad (26)$$

当 $m=1,B=0,p=1,\beta=0,k_i=1$ 时,表示模型仅考虑前向观测第一辆车的速度差因素,而未考虑后向车辆对本车跟驰影响。则本文改进跟驰模型退化为 FVD 模型,即:

$$\alpha > 2V'_F(\Delta x_n(t)) - 2\lambda \qquad (27)$$

稳定性临界曲线是评价车辆跟驰模型稳定性重要指标,以车头间距为自变量,以车辆传感器敏感系数为因变量,建立数学函数式,通过稳定性临界曲线中的稳定区域范围,说明模型稳定性情况。对比分析各跟驰模型效果,参数取值:跟驰安全车头间距 $h_c = 4m$,最大行驶速度 $v_{max} = 5m/s$,绘制出 OVM 模型($p=1,\lambda=0,k_i=0$)、FVD 模型($p=1,\lambda=0,k_i=0.1,m=1$)以及 V2V-MIFCM 模型($p=0.9,\lambda=0.2,k_i=0.1,m=1$)稳定性曲线,如图 1 所示。

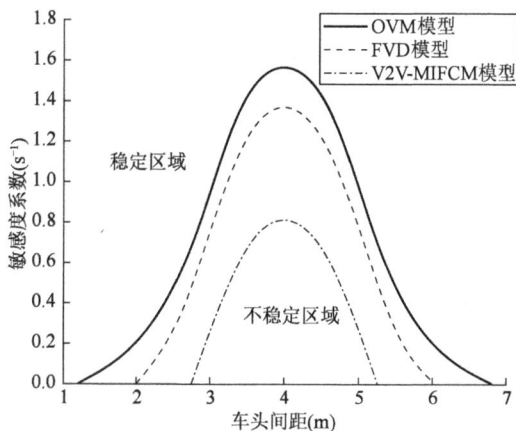

图 1 跟驰模型稳定性临界曲线对比

由图 1 曲线范围区域可知,FVD 模型的稳定区域范围大于 OVM 模型稳定性区域,说明综合考虑本车与前车速度差项因素使得交通流稳定性更强。V2V-MIFCM 模型综合考虑前后车速度协同等因素,其稳定区域范围显著大于 FVD 模型和 OVM 模型稳定性区域,说明在构建改进模型中,考虑影响跟驰行为因素越多,交通流稳定性越强。

3 参数敏感度数值分析

模型中参数变化会对稳定性区域产生影响,为了直观描述稳定性的变化趋势,本文参考文献[14][15]取值,对 V2V-MIFCM 模型参数敏感度进行数值验证与分析。

3.1 前后车协同优化速度平滑系数影响

探究前后车协同优化速度平滑系数 p 对交通流稳定性的影响效果,当 p 分别取 0.6、0.7、0.8、0.9、1 时,$\beta=0.1,\lambda=0.2,m=2$ 时,则模型稳定性临界曲线影响效果如图 2 所示。由图 2 可知,基于智能网联环境下的 V2V-MIFCM 模型,前后车协同速度优化实质上是本车分别对前向引导车、后向跟随车之间的车头间距差值平滑处理,而系数 p 反应交通流不稳定强度。同时,当速度平滑系数 p 值越大,即交通流不稳定强度反应越大,V2V-MIFCM 模型稳定区域越大。

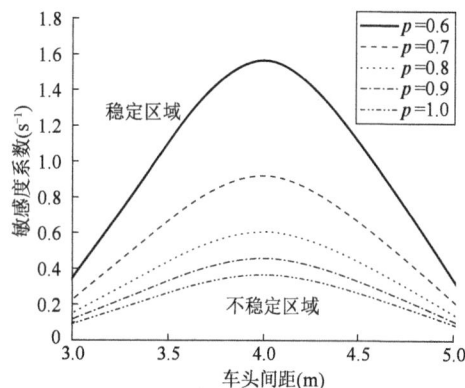

图 2 速度平滑系数 p 对模型稳定性影响

3.2 多前车车头间距反应系数影响

探究多前车车头间距反应系数 β 对交通流稳定性的影响效果,当 β 分别取 0、0.1、0.2、0.3、0.4 时,$p=0.9,\lambda=0.2,m=2$ 时,模型稳定性临界曲线影响效果如图 3 所示。由图 3 可知,当车头间距反应系数 β 值越大,即本车对多前车的相对距离的关注度越大,则 V2V-MIFCM 模型稳定区域越大。

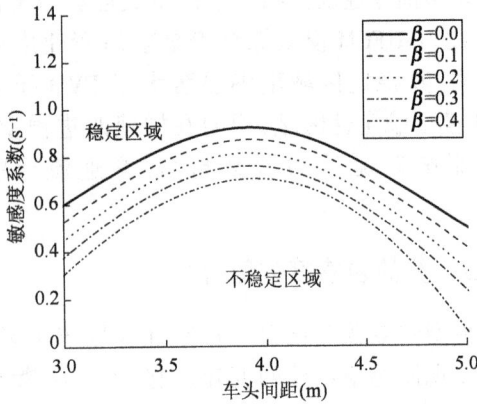

图3　车头间距反应系数 β 对模型稳定性影响

3.3　多前车速度差项反应系数影响

探究多前车速度差项反应系数 λ 对交通流稳定性的影响效果,当 λ 分别取0、0.1、0.2、0.3、0.4时,$p=0.9$,$\beta=0.1$,$m=2$ 时,则模型稳定性临界曲线影响效果如图4所示。由图4可知,速度差项反应系数 λ 值越大,即本车对多前车的相对速度差的关注度越大,V2V-MIFCM 模型稳定区域越大,说明通过观测多前车速度信息能够促进车队稳定行驶,增强交通流稳定性。

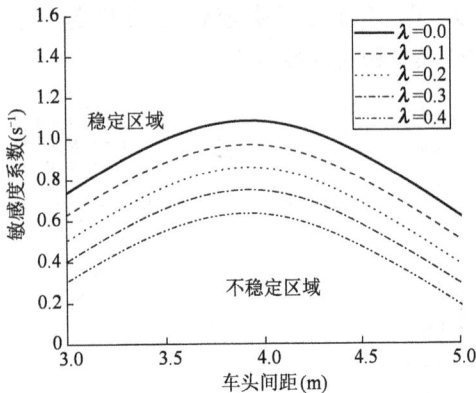

图4　速度差项反应系数 λ 对模型稳定性影响

3.4　感知前向车辆数影响

探究感知前向车辆数 m 对交通流稳定性的影响效果,当 m 分别取1、2、3、4、5、6时,$p=0.9$,$\beta=0.1$,$\lambda=0.2$ 时,则模型稳定性临界曲线影响效果如图5所示。随着本车对感知前向车辆数的增加,使得车队更多的获得车辆运动状况信息,稳定性区域范围有所扩大,整个交通流稳定性增强。当 $m>3$ 时发现,不稳定区域范围缩小较慢,取得的效果不显著;则当跟驰车辆引入 $m=3$ 时交通流稳定性最好,且不会获取冗余的前车信息。

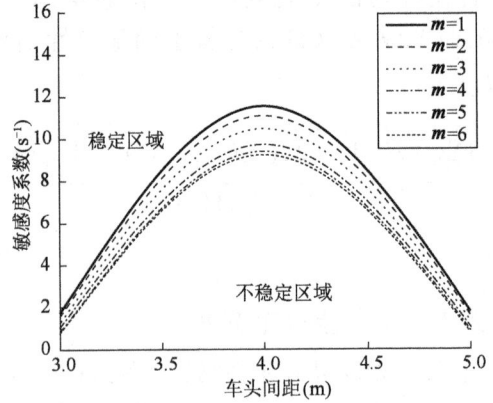

图5　感知前向车辆数 m 对模型稳定性影响

4　单次扰动数值仿真验证

为了验证模型分析结果的正确性,基于MATLAB 软件对改进跟驰模型进行单次扰动数值仿真分析,假设忽略智能网联车架构性能差异以及车-路-人之间的干扰影响,设置在稳态扰动和车辆启动交通情景下进行仿真。根据上文分析及参考文献[16]研究,模型仿真设置参数为:$p=0.9$,$\beta=0.1$,$\lambda=0.2$,$m=3$,$h_c=4\mathrm{m}$,$v_0=2\mathrm{m/s}$,$v_{\max}=5\mathrm{m/s}$。

4.1　稳态交通流扰动仿真

为进一步对 V2V-MIFCM 模型的抗干扰性进行验证,设置初始仿真场景为:环型道路长度 $L=400\mathrm{m}$,车辆总数 $N=100$。在稳态交通流状况下对某一位置车辆施加扰动,可分别得到在 FVD 模型与 V2V-MIFCM 模型的不同时间下所有车辆速度变化情况,如图6、图7对比结果所示。其中,速度震荡体现出交通流的不稳定性和延迟性。

由图6、图7对比可知,在稳态交通流条件下初始时刻某车辆施加一定程度干扰后,随着仿真时间推移,FVD 模型由于无法接收多车信息,在前期波动幅度相对较小,但后期车辆进行频繁加/减速行为,使整体系统无法消散初始干扰,持续增大对车队的影响;而基于 V2V-MIFCM 模型的车辆速度波动范围在 $1.6\sim2.4\mathrm{m/s}$ 间,其波动范围较小,这表明车队车辆受到初始干扰后,仍能快速恢复至稳定行驶速度;相比较基于 FVD 模型的车辆在1000s时,系统中所有车辆速度波动峰值基本很小,说明施加的初始扰动经系统调节,在车队运行中影响传播基本消散,整个系统车辆逐渐重新恢复到稳定态。

a)仿真时间t=100s

b)仿真时间t=300s

c)仿真时间t=600s

d)仿真时间t=1000s

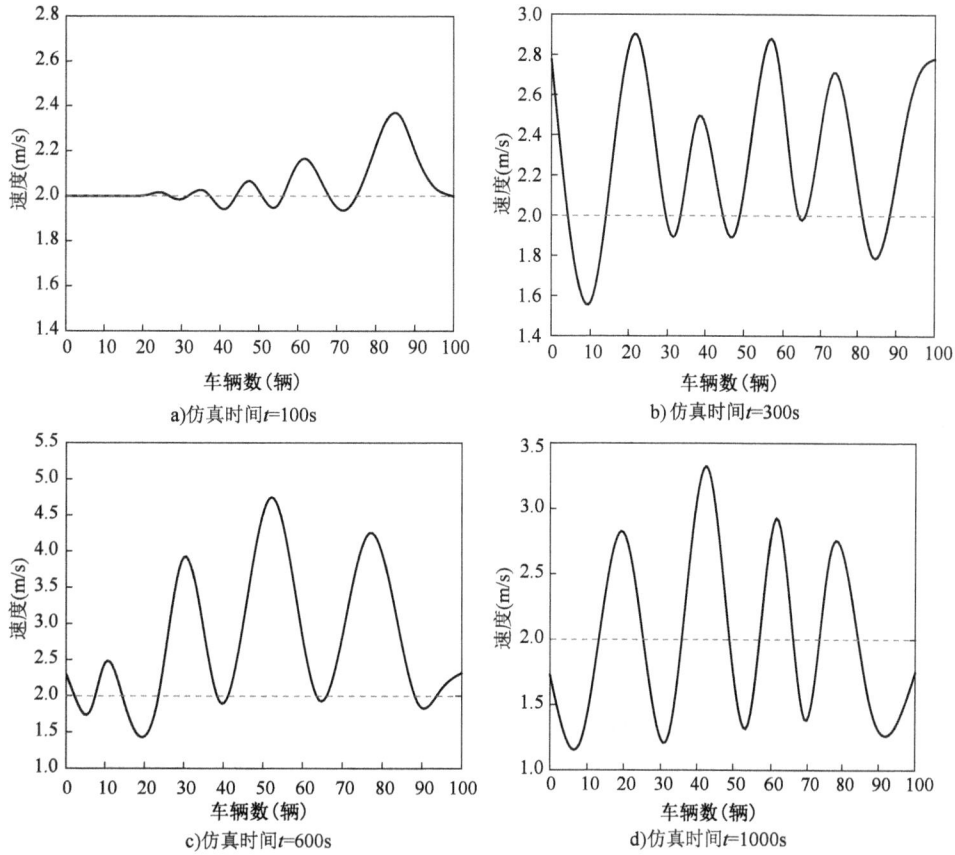

图6　FVD模型扰动速度分布图

a)仿真时间t=100s

b)仿真时间t=300s

c)仿真时间t=600s

d)仿真时间t=1000s

图7　V2V-MIFCM模型扰动速度分布图

4.2 车辆启动过程仿真

为了验证车辆在启动过程中扰动状态,设定在初始时刻 $t=0$ 时,信号由红灯变为绿灯,且选取车队中连续 8 辆车为研究对象。当头车启动后,随后其余车辆依次跟随启动,得到不同时刻启动过程中每辆车的速度变化情况,仿真结果如图 8 所示。

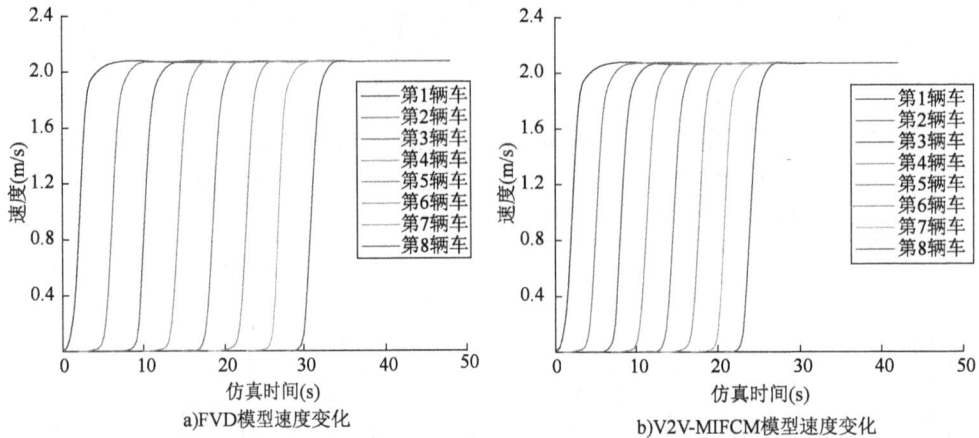

图 8　车辆启动过程的速度变化情况

由图 8 可知,基于 FVD 模型的车辆在启动后 40s 左右达到稳定速度,基于 V2V-MIFCM 模型的车辆在启动后 29s 左右达到稳定速度,且车辆在起步阶段速度变化曲线的收敛程度更快,则 V2V-MIFCM 模型速度平均延误时间降低 27.5%;由图 9 可知,V2V-MIFCM 较 FVD 模型车辆启动时间降低,且在第 50s 时,第 1 辆车位置提前 1.104m,第 8 辆车位置提前 2.612m。这说明综合考虑后车和多前车信息因素后,可根据前车运行状态的变化及时做出相应调整,模型反应程度变快,使得在启动过程中延迟逐渐缩短,且后车在较短时间内赶上前车速度变化,减小整个车队系统的启动过程时间。

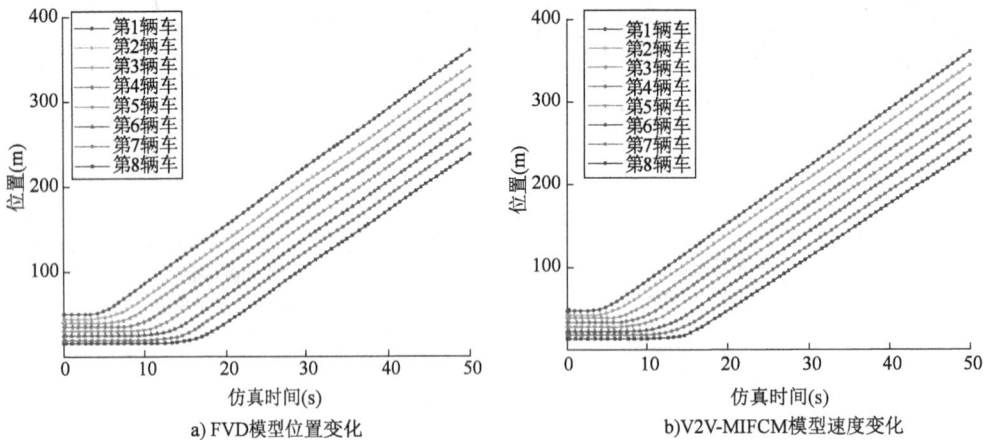

图 9　车辆启动过程的位置变化情况

5　结语

(1)在传统 OVM 模型和 FVD 模型的基础上,综合考虑车辆传感器敏感系数、前后车速度协同优化、多前车速度差及多前车车头间距影响因素,建立了基于智能网联环境的 V2V-MIFCM 模型。

(2)运用微扰动方法分析了模型的稳定性临界条件,证明了改进跟驰模型的稳定性区域相较 OVM 模型、FVD 模型的区域有所扩大,说明车辆行驶稳定性增强,有利于交通安全。

(3)综合考虑前后车协同优化速度平滑系数、多前车车头间距反应系数、多前车速度差项反应系数及感知前向车辆数的参数敏感度影响效果，表明随着参数取值的不断变大，其对应的稳定性区域扩大，并求得当跟驰车辆引入前车数量 $m=3$ 辆时，车队稳定性达到最优状态，有效减少冗余信息的采集。

（4）通过数值仿真验证交通流在稳态受到扰动和启动过程时的运行情况，模拟显示改进跟驰模型具有较强的抗干扰性，恢复到稳态交通的时间明显缩短；与FVD模型相比，启动扰动的时间降低了11s左右，抑制交通拥堵作用较强，说明考虑前车的数量不宜太多。

参考文献

[1] 王道意,宇仁德,闫兴奎,等.车辆跟驰模型的发展综述[J].山东理工大学学报(自然科学版),2022,36(5):75-80.

[2] BANDO M, HASEBE K, NAKAYAMA A, et al. Dynamical model of traffic congestion and numerical simulation [J]. Physical Review E, 1995,51(2):1035-1042.

[3] HELBING D, TILCH B. Generalized force model of traffic dynamics [J]. Physical Review E, 1998,58(1):133-138.

[4] JIANG R, WU Q, ZHU Z. Full velocity difference model for a car-following theory[J]. Physical Review E,2001,64(1):1-2.

[5] PENG G, LU W, HE H, et al. Nonlinear analysis of a new car following model accounting for the optimal velocity changes with memory [J]. Communications in Nonlinear Science and Numerical Simulation,2016,40:197-205.

[6] JI H J, XIE H W, LIU Z Q. Research on urban traffic signal control methods under vehicle-road coordination environment [J]. Journal of Research in Science and Engineering, 2020, 2 (10).

[7] JIAO H B. Intelligent research based on deep learning recognition method in vehicle-road cooperative information interaction system[J]. Computational Intelligence and Neuroscience, 2022:4921211.

[8] 孙棣华,张建厂,赵敏,等.考虑后视效应和速度差信息的跟驰模型[J].四川大学学报(自然科学版),2020,49(1):115-120.

[9] 申勇,马天奕,李祥尘.考虑速度对反应强度影响的车辆跟驰模型[J].交通运输工程与信息学报,2019,17(2):153-159.

[10] 纪艺,史昕,赵祥模.基于多前车信息融合的智能网联车辆跟驰模型[J].计算机应用,2019,39(12):3685-3690.

[11] 罗嘉陵.基于无人驾驶环境的改进跟驰模型研究[D].广州:华南理工大学,2019.

[12] 安树科,徐良杰,钱良辉,等.考虑前方多车优化速度信息的车辆跟驰模型[J].东南大学学报(自然科学版),2020,50(6):1156-1162.

[13] 蒋阳升,顾秋凡,姚志洪.智能网联混合交通流稳定性解析方法综述[J].西南交通大学学报,2022,57(5):927-940.

[14] HU W X, ZHANG H M. Analysis of mixed traffic flow with human-driving and autonomous cars based on car-following model[J]. Physica A: Statistical Mechanics and its Applications, 2017:S0378437117313523.

[15] 王建都,张俊乐.前后车辆最优速度差跟驰模型与数值仿真[J].计算机工程与应用,2021,52(1):250-253.

[16] JIAO Y L, CHENG R J, GE H X. A new continuum model considering driving behaviors and electronic throttle effect on a gradient highway [J]. Mathematical Problems in Engineering,2020, 2020,2172156.

耦合行车工况的新能源汽车电池电压
预测模型构建

陈沿伊　安　昊*　郭　浩

（武汉理工大学交通与物流工程学院）

摘　要　随着新能源汽车技术的不断更新优化，其具有的环保、节能、智能化等优势受到越来越多消费者的青睐。新能源汽车销量在汽车行业中的占比也不断扩大，其已成为当今全球汽车行业的发展趋势。然而，由于新能源汽车技术的专业性和特殊性，其存在不同于传统燃油车的安全隐患。特别是近年来由电池热失控引起的火灾事故频发，致使民众支持新能源汽车的动力意愿受阻。经研究，电池的相关参数变化与汽车行车工况存在一定关联性，鉴此，本文基于 BP 神经网络将电池参数与行车工况进行耦合，并以电池电压作为预测指标建立新能源汽车电池故障预测模型，以对汽车运行的安全状态进行评估和预警，减少新能源汽车安全事故的发生率，促进新能源汽车产业的健康发展。

关键词　新能源汽车　行车工况　电池故障　BP 神经网络　预警

0　引言

近些年来，随着新能源汽车技术的不断发展，新能源汽车行业也出现了一个不可忽视的问题——安全问题。电池作为新能源汽车的核心部件之一，它的安全性直接影响到了整车的安全性能，电池热失控是电池主要的安全隐患之一。有数据显示，2021 年全国范围内发生的新能源汽车自燃事件接近 3000 起，火灾事故率达到 0.038%，根据国家应急管理部消防救援局发布的 2022 年第一季度数据显示，新能源汽车火灾 640 起，同比上升 32%，这意味着平均每天有 7 起新能源火灾发生。动力电池热失控导致的车辆自然爆炸事故逐年增加。目前，有研究[1]建立了一种电压一致性差异模型，采用大数据分析电池系统充放电过程中单体电芯电压分布规律，开发了一种云端电芯短路失效评价方法，能够精准识别电芯内短路初期异常故障，并对模型进行了实车验证，能够有效提高新能源车辆安全可靠性。此外，国内外学者还通过研究动力电池热失控行为，将实时检测的动力电池电压、电流、温度及气体作为电池热失控故障特征参数，通过将其中一种或几种特征参数引入到热失控早期的预测技术中，能有效地对动力电池热失控进行预测，避免造成较大的损失。但是目前的热失控预测模型并没有考虑到车辆的行车工况，也难以实现车辆实时行驶中的风险评估功能。本文将对行车工况进行耦合建立热失控预测模型，能够在复杂的情况下，对不同工况下的电池安全进行预测，以此来预测新能源汽车的安全状态。本文的研究不仅可以提高新能源汽车的安全性，保障乘客和行人的生命安全，还可以推动新能源汽车技术的发展，促进新能源汽车的推广和应用。

1　数据采集及处理

1.1　实验数据采集

本项目通过在每一辆实验车上都安装了定制开发 ADAS + DSM 驾驶辅助系统，该辅助系统在新能源汽车关键部位和区域安装的传感器上，可以采集实验所需数据。

传感器采集了驾驶人操作数据和汽车运动状态数据，主要包括：加速踏板数据、制动踏板数据、加速度、车身姿态数据（俯仰、侧倾、横摆角加速度），SOC，电池电压，车辆速度等。并且将数据传输到数据采集设备中。

1.2　数据处理技术路线

（1）收集车辆运行数据，包括电池信号数据和车辆驾驶工况数据。

（2）将驾驶状态数据输入识别模块，以识别当前驾驶工况。

（3）根据驾驶数据的时间戳或采样间隔生成

时间参数值。所述时间参数是指在一定的运行周期内开始踩下或完全松开踏板后的累积时间。

（4）将驾驶工况数据、SOC 和时间参数值输入

与当前驾驶工况对应的 BPNN 模型，分别获得预测的正常电池组电压和平均电池电压。

数据处理技术路线图如图 1 所示。

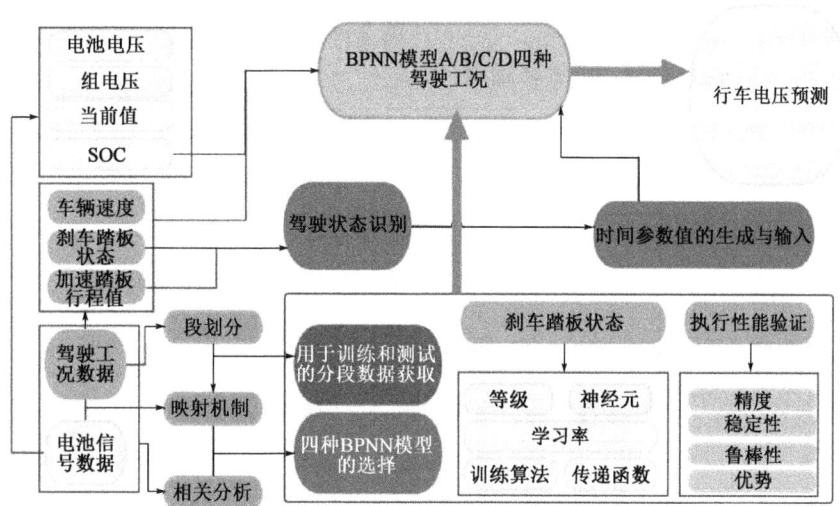

图 1 技术路线图

2 建立融合工况参数的 BP 神经网络模型构建

2.1 电池故障的评价指标确定

在实际行驶中，电动汽车动力电池组的工作电压、电流都随车速变化。复杂的行车工况引起电机功率动态变化，导致可能出现瞬间的大电流与充放电之间的瞬间转换，将会影响电池的安全状态[2]。除此之外，工况的变化会引起动力电池一致性指标特性的变化，运行工况的复杂性和差异性容易加剧电池单体间的不一致性，最终影响电池组的整体性能。因此，需要进行耦合行车工况的电池自身状态分析，基于多源信息进行电池故障诊断与热失控风险评估预警。

对于耦合行车工况的电池状态，往往选取电压为评价量度[3]。电池电压与加速踏板状态、制动踏板状态之间存在强相关关系。电压异常可以表征或引发多种蓄电池故障，甚至导致电池热失控，电压异常及其可能的电池故障分类见表 1。

电池电压异常类型及可能引起的电池故障 表 1

电压异常类型		可能引发的电池故障
电池组电压	电压过高	电池系统过充和充电保护电路失效
	电压过低	电池系统过放或电极反向
	总电压为零	电池包内部或电池包之间开路
单体电压	电压过高	电池系统过充和充电保护电路失效
	电压过低	电池系统过放或电池内部短路
	电压跳变过快	电池容量太小或者电池之间的连接线松动
	电压一致性差	电池组一致性差或者某些单体电压需要被更换

2.2 考虑行车工况下的电池组和平均电压预测

2.2.1 4 种行车工况定义

由于加速踏板和制动踏板的状态决定了运行过程中对电池能量的需求，并直接影响电压的波动。故根据驾驶员踩下和松开踏板的驾驶行为来划分电池汽车的驾驶工况。在行驶过程中，驾驶员的脚动作共有 3 种状态，分别是踩下油门踏板、踩下制动踏板和未使用脚动作。根据上述 3 种脚

动作状态的切换顺序,可将整个的运行过程分为四种类型的片段,分别为:

(1)踩下/松开油门踏板的片段;

(2)在驾驶员松开油门踏板后油门和制动踏板完全松开的减速片段;

(3)驾驶员松开制动踏板后油门和制动踏板

完全松开的减速片段;

(4)踩下/松开制动踏板的片段。

本文将上述 4 种片段分别定义为段 A、B、C、D。这 4 种运行片段对应 4 种不同的驾驶工况,如图 2 所示。

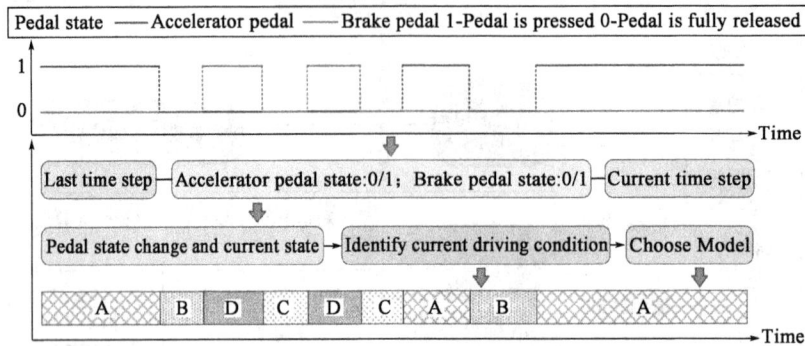

图 2　运行工况划分示意图

2.2.2　基于 BPNN 的电压预测

根据驾驶工况与电池电压之间的关系,具有简单网络结构和训练过程的神经网络可以用于进行电压预测。Rumelhart 团队开发的 BPNN 易于训练样本数据,并且被广泛应用在诊断和预测的科学领域[4]。BPNN 是一个由误差反向传播算法训练的多层前馈网络,其结构示意图如图 3 所示。

在进行电池组和平均电池的电压预测时,平均差异模型(MDM)展现出较强的优越性[4]。因此本文采用 MDM 思想,预测电池组的正常平均单电池电压,即通过预测的电池组电压除以电池数量来获得。这不仅简化了电压预测的工作量,而且提高了预测性能。

为了清楚说明上述的 4 种行车工况 A、B、C、D,本文提取了行车工况与电池状态相关参数的短

周期波动曲线,如图 4 所示。对于制动踏板状态,值"0"表示制动踏板处于完全释放状态,"1"表示踩下状态。

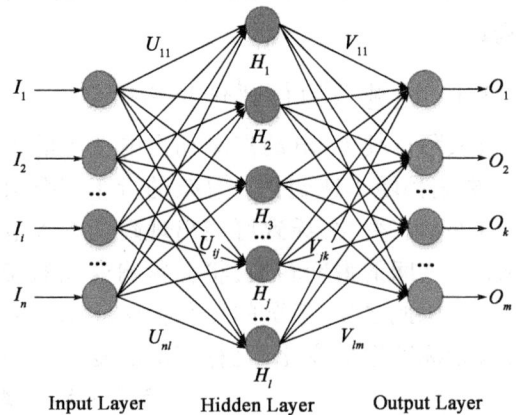

图 3　BPNN 结构示意图

图 4　行车工况与电池状态相关参数曲线图

从上图中分别截取 A、B、C、D 4 种工况对应   所示。
时段得到下面 4 幅参数曲线图,如图 5 ~ 图 8

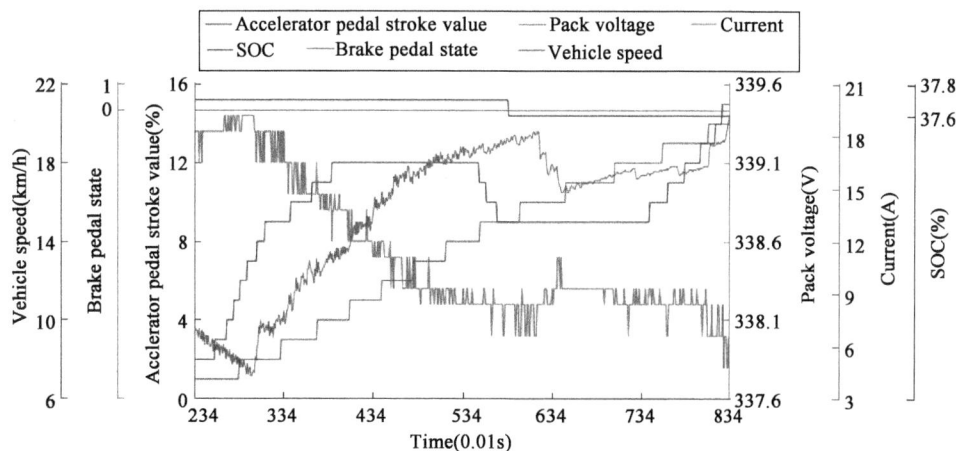

图 5　工况 A 对应的电池参数曲线片段

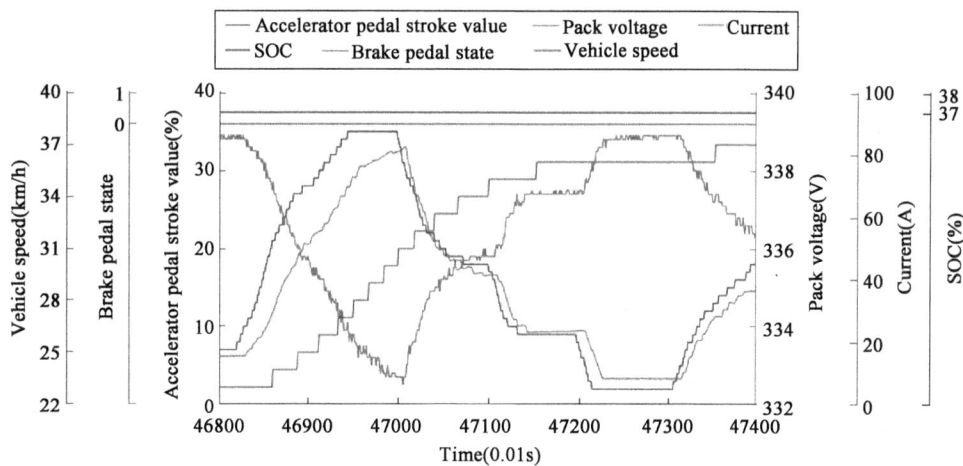

图 6　工况 B 对应的电池参数曲线片段

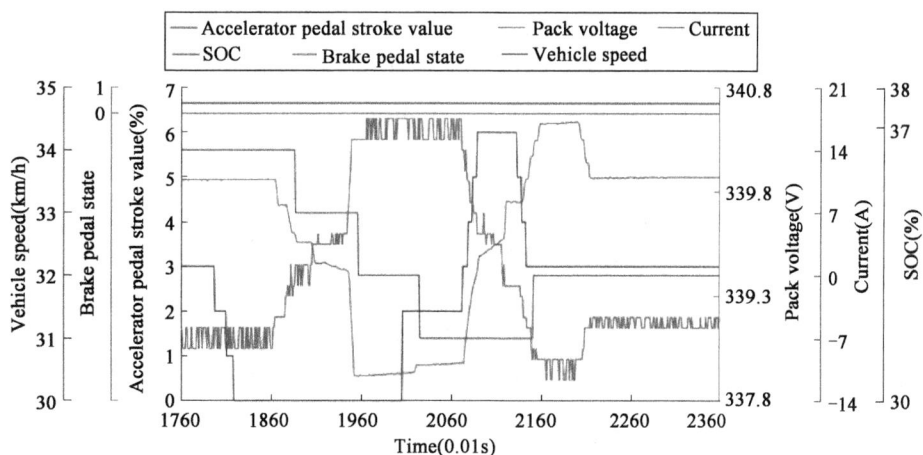

图 7　工况 C 对应的电池参数曲线片段

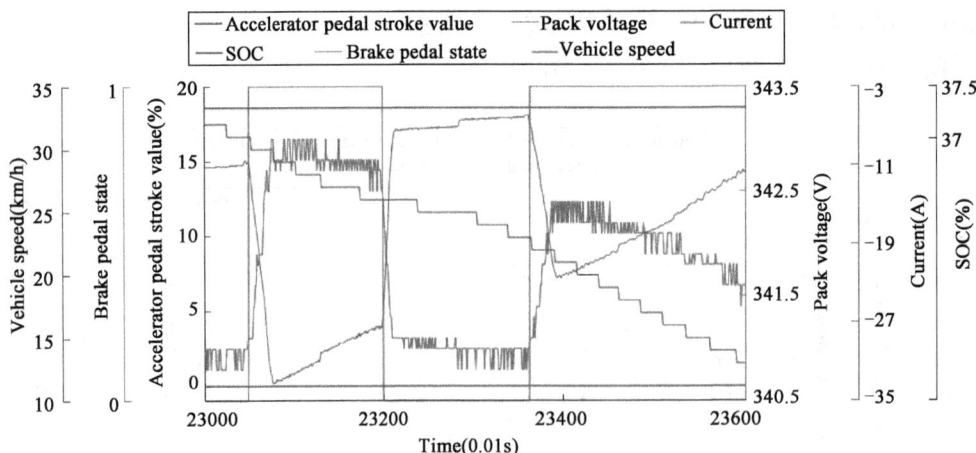

图 8　工况 D 对应的电池参数曲线片段

对于工况 A 对应的电池参数曲线片段,电流几乎成比例地增加/减少,其轨迹与加速踏板行程值的增加/减少非常相似。由于电压和电流总是成反比,电压与加速踏板行程值成反比。此外,更重要的发现是,踩下/松开油门踏板对电压和电流波动的影响会延迟发生。

对于工况 B 对应的电池参数曲线片段,完全松开油门踏板对电压和电流的影响有一个延迟,这与 A 段的情况相同。完全松开油门后,电流将逐渐减小到 0,然后出现反向电流,并开始快速从 0 增加到最大。此过程的时间跨度取决于完全松开油门踏板时的车速和电流。达到最大值后,随着车辆减速,反向电流逐渐减小。

对于工况 C 对应的电池参数曲线片段,可以看出在 232s 完全松开制动踏板后,反向电流立即增加,电压同步下降。完全松开制动踏板对电压和电流波动的影响不会出现明显地延迟。然而事实上,效果无疑是延迟的,通过对大量相似时间段的分析发现延迟约为 0.01~0.06s。

对应工况 D 对应的电池参数曲线片段,通过制动段的大数据集,可以发现当制动踏板最初踩下时,电流可以是正的或负的。这可以通过完全释放加速器或制动踏板和最初踩下制动踏板之间的间隔来解释。例如,如果驾驶员在完全松开加速踏板后立即踩下制动踏板而没有明显地停顿,则此时的电流为负(即反向电流)。相反,则初始制动时的电流为正。当踩下制动踏板时,负电流将首先增加,而正电流将首先减少,这两种情况会使电压以相反的方式波动。根据这些分析,可以得出结论,电压明显与 D 段中的正或负电流以及制动持续时间有关。

2.2.3　电压影响状态因素的相关性分析

新能源汽车在实际的运行过程中,电池电压、电流的状态受人车路环境多种因素影响,电池的安全特征参数电压、温度的状态变化是驾驶人的驾驶操作行为因素、车辆自身特性因素、道路交通因素、环境因素综合作用的结果[5]。

为了确定 BP 神经网络的输入,需进行与电池电压状态关联因子的相关性分析,本文对单体电压、电池组电压、电流、SOC、电池功率、探针温度、加速踏板状态、制动踏板状态、车速共 9 个变量进行相关性分析,如图 9 所示。

相关性	单体电压	电池组电压	电流	SOC	电池功率	探针温度	加速踏板状态	制动踏板状态	车速
单体电压	1.000	0.978	0.909	0.253	0.906	0.002	0.856	0.392	0.810
电池组电压	0.978	1.000	0.935	0.255	0.932	0.002	0.846	0.403	0.822
电流	0.909	0.935	1.000	0.113	1.000	0.001	0.794	0.433	0.644
SOC	0.253	0.255	0.113	1.000	0.109	0.007	0.223	0.058	0.245
电池功率	0.906	0.932	1.000	0.109	1.000	0.001	0.788	0.435	0.638
探针温度	0.002	0.002	0.001	0.007	0.001	1.000	0.002	0.003	0.004
加速踏板状态	0.856	0.846	0.794	0.223	0.788	0.002	1.000	0.302	0.739
制动踏板状态	0.392	0.403	0.433	0.058	0.435	0.003	0.302	1.000	0.506
车速	0.810	0.822	0.644	0.245	0.638	0.004	0.739	0.506	1.000

图 9　行车工况及电池安全特征参数相关性分析

由上图可知:电流、电池功率、车速、加速踏板状态与电池、电压强相关,电池 SOC、制动踏板状态与电池电压弱相关,而电池包探针温度与 C 电压基本不相关。

2.2.4 确定 BPNN 电压预测模型的输入

由于电流和电池功率与电压的相关性极强,因此不可能将其作为网络的输入。此外,由于电流是反映电池安全状态的参数之一,在实际运行中,当电流异常与否未知时,很难判断由电流映射的电压是否异常[6]。SOC 在短时间内对电池电压的影响很小,但随着时间的延长,这种影响将越来越明显。虽然踏板状态相同,但不同车速下的蓄电池电压不同。此外,根据前面的分析,车速越高,能量回收期间的电压和电流越高。

通过将相关分析结果与上述分析的各种运行分段期间的电压变化机理相结合,选择建立 4 个电压预测模型输入,见表 2。

4 个 BPN 模型输入 表 2

工况片段	BPN 模型输入
片段 A	加速踏板行程值、车速、SOC
片段 B1	车速、SOC、松开加速踏板后的时间
片段 B2	车速、SOC、松开制动踏板后的时间
片段 C	车速、SOC、制动持续时间、电流正负

2.3 BP 神经网络模型超参数优化

确定 BPN 的输入问题后,最重要的步骤是确定 BPN 超参数。4 个 BPN 模型在训练过程中需要设置和优化一组超参数,包括隐层数、隐层神经元数、传递函数、学习速率和训练算法。本文采用三层结构的 BPN 网络用于电池电压预测。

学习率和训练算法直接影响网络的权值更新,是影响模型性能的重要参数。本文中的 BPN 模型是在 Matlab 中建立的,其中"traingda"、"traingdx"、"trainglm"是常用的 BPN 训练参数。对于"trainlm",需要设置标量 μ,而不是学习率 η。

采用 10 折交叉验证法来确定超参数的最佳值。10 折交叉验证法的示意图如图 10 所示。对于每次验证,10 个数据集中一个用于测试,其他数据集用于训练。BPN 模型在设定参数值下的性能通过 10 个验证的数据集的平均误差进行评估。

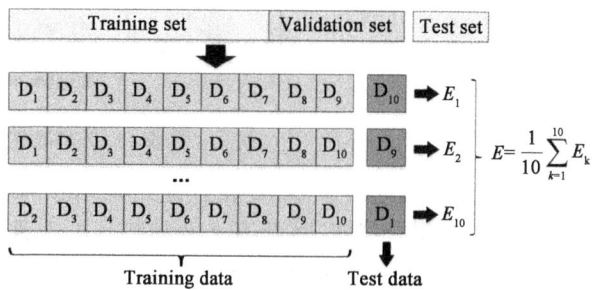

图 10 10 折交叉验证法示意图

为了以较少的时间将参数调整到最优,首先要得到最优的训练函数和学习速率,然后确定隐藏层神经元的数目和传递函数。当设置的隐层神经元数量和传递函数分别为 10 和 $\tanh$ 时,在不同的训练算法和学习率 η 或标量 μ 组合下进行 10 折交叉验证的结果如图 11 所示。"trainlm"设置了 1000 个训练周期,其他两个算法设置了 100000 个训练周期。

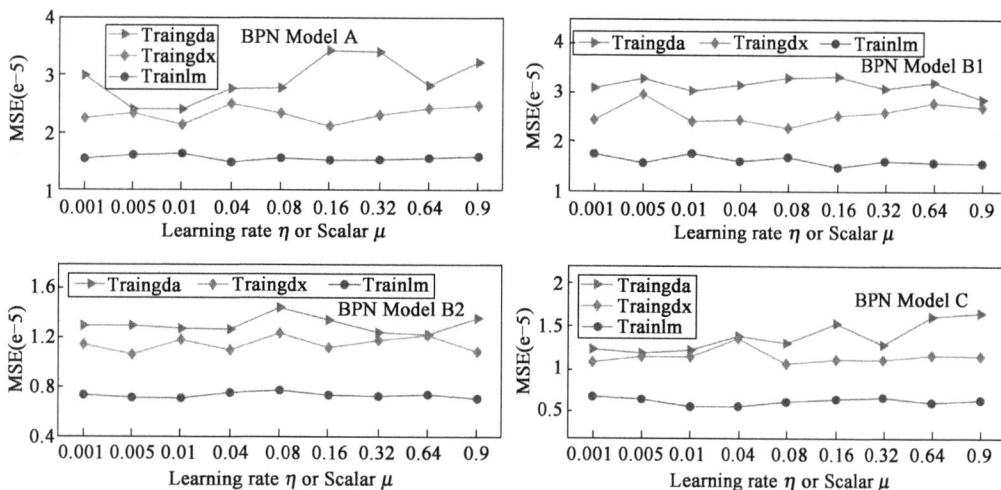

图 11 不同训练函数和学习率 η 或标量 μ 下的 MSE

对于所有 4 种模型,Levenberg-Marquardt 优化算法具有最佳的收敛性能和最小的 MSE,这明显低于其他两种训练算法。因此,4 种 BPN 模型均采用 Levenberg-Marquardt 优化算法对训练网络进行优化。

通过交叉验证发现,对于所有 4 种 BPN 模型,分别采用 tan$h$ 函数和 Sigmoid 函数的均方误差非常接近,并且比采用 ReLU 函数的均方误差更小、更稳定。然而,考虑到 tan$h$ 函数通常比 Sigmoid 函数收敛更快,应用效果更好,因此选择 tan$h$ 函数作为传递函数。在此基础上,在不同的隐层神经元数量下进行 10 倍交叉验证的结果如图 12 所示。

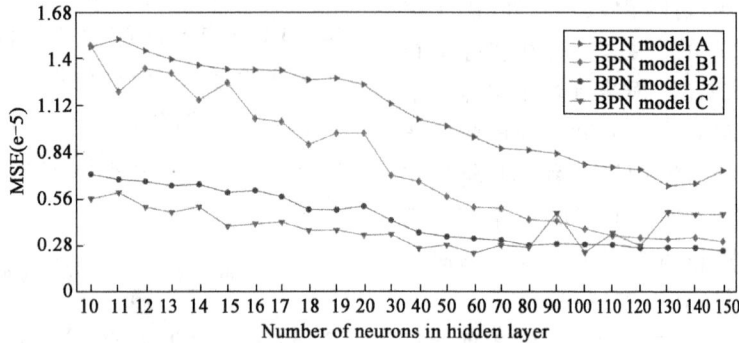

图 12　不同隐藏层神经元个数下的 MSE

随着神经元的增加,MSE 先显著下降,然后略有下降,逐渐保持稳定,甚至有上升趋势。由于过多的神经元会使网络过度拟合,当 MSE 达到最小值或稳定状态时,应选择相应的神经元数作为最优神经元数。最终,确定模型 A、B1、B2 和 C 的神经元数量分别为 100、100、80 和 60。最终优化后的功能和参数见表 3。

优化后的 BPN 模型函数和参数　　　　　　　　　　　　　　　表3

模型	神经元个数	传递函数	训练算法	标量 μ
A	100	tan$h$	L-M	0.04
B1	100	tan$h$	L-M	0.16
B2	80	tan$h$	L-M	0.01
C	60	tan$h$	L-M	0.01

2.4　模型网络训练验证

根据优化后的参数进行训练,分别得到 4 个优化后的 BPN 模型。并在相同的规格的其他电动汽车上进行了试验。试验结果如图 13 ~ 16 所示。

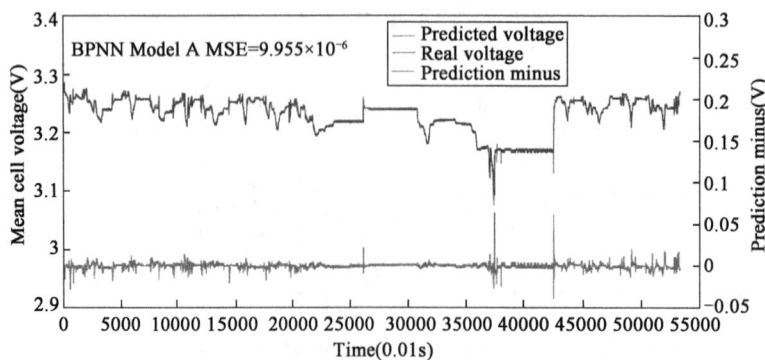

图 13　A 工况片段电压预测结果

图14 B工况片段下电压预测结果

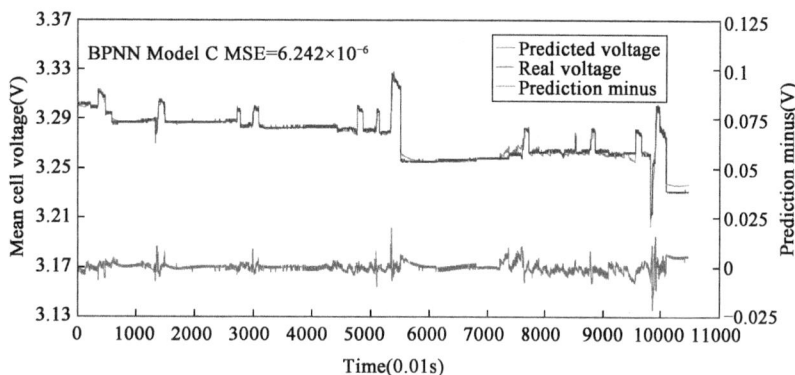

图15 C工况片段下电压预测结果

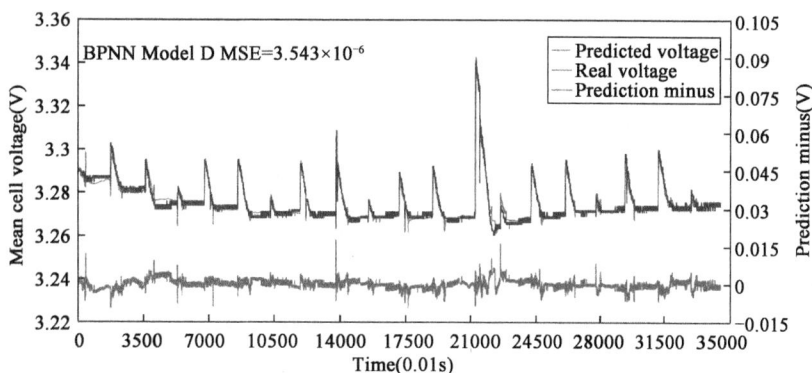

图16 D工况片段下电压预测结果

由图13～16可知,4种模型的预测电压值与实际电压值非常接近,预测误差分别在0.05～0.065V,−0.03～0.03V,−0.025～0.025V和−0.015～0.025V的范围内。结果表明,4种BPNN模型均具有较强的电压预测能力和较强的鲁棒性。

为了验证所提出的结合行车工况的电压预测方法的优越性,使用相同的训练数据和测试数据进行基于LSTM模型和BPN模型的不划分工况片段的电压预测,结果如图17、18所示。

经过良好训练的LSTM模型和未划分行车工况的BPN模型都具有良好的预测性能,这主要归功于通过极其精细的运行数据进行的网络训练。然而,与BPN模型A、B1、B2和C相比,这两种模型的均方误差和误差范围都更大。为了确保电池故障诊断的良好可靠性,需要更好的电压预测性能。因此,为电压预测划分行车工况的想法是必要的。

图17　LSTM 模型电压预测结果

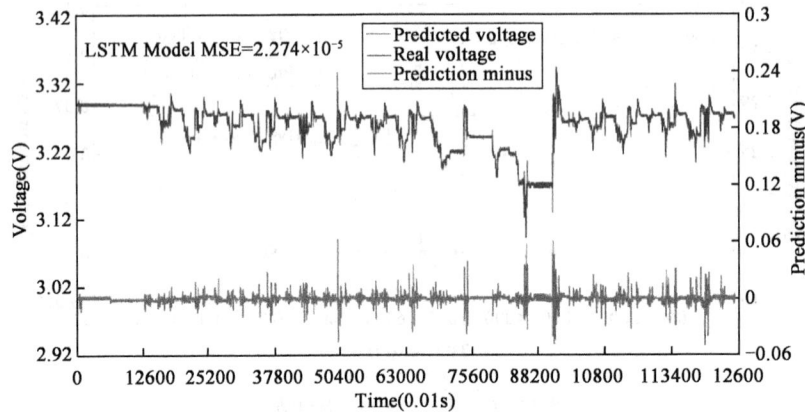

图18　不区分行车工况下的 BPN 模型电压预测结果

此外,该方法可以实现电压预测而无须连续采集和上传运行数据,则其他方法需要处理连续的输入数据。因此,与上述其他方法相比,本项目提出的方法通过离散采样和计算,可以有效地减少计算量,有利于电池系统的快速故障诊断和及时预警。

3　结语

本文通过对电池信号数据和车辆驾驶工况数据的收集分析,确定了耦合行车工况进行电池电压预测的可行性和必要性,并基于驾驶员3种脚动作变换的先后顺序定义了4种行车工况。随后本文对电压状态影响因素进行相关性分析,建立了当前驾驶工况对应的 BPNN 电压预测模型。从模型验证情况可以看出,基于 BPNN 的耦合行车工况的电池故障与热失控预警模型有良好的性能,相较于其他机器学习算法得出的预测模型或未区分行车工况的 BPNN 模型拥有更好的预测准确性。通过该模型,可以为未来新能源汽车安全协同防控平台的建设及发展提供核心功能模块和

技术服务,同时有助于减少道路交通事故带来的直接经济损失,减少因车辆质量问题召回的经济损失,提升消费者对新能源汽车的信任和接受度,促进新能源汽车普及和其主动安全系统等交通安全保障系统的应用,提升新能源汽车数字经济效益。

参考文献

[1] 马铖.新能源汽车电池热失控事故防护研究[J].时代汽车,2023(19):85-87.

[2] 孙振宇,王震坡,刘鹏,等.新能源汽车动力电池系统故障诊断研究综述[J].机械工程学,2021,57(14):87-104.

[3] 王小林.新能源汽车动力电池安全问题分析及解决策略[J].时代汽车,2023(24):112-114.

[4] HONG J, WANG Z, YAO Y. Fault prognosis of battery system based on accurate voltage abnormity prognosis using long short-term memory neural networks [J]. Applied Energy,

2019, 251 113381-113381.

[5] 陈旻,肖凌云,曲现国.新能源汽车动力电池热失控环境下数据解析研究[J].环境技术,2023,41(1):63-67,72.

[6] DEY S, PEREZ E H, MOURA J S. Model-based battery thermal fault diagnostics: algorithms, analysis, and experiments [J].

IEEE Transactions on Control Systems Technology, 2019, 27 (2): 576-587.

[7] TOBAR F, CASTRO I, SILVA J, et al. Improving battery voltage prediction in an electric bicycle using altitude measurements and kernel adaptive filters [J]. Pattern Recognition Letters, 2018, 105:200-206.

基于复杂网络理论的较大以上道路交通事故风险分析及预防对策

刘青怡 杜志刚* 梅家林

(武汉理工大学交通与物流工程学院)

摘 要 为了明晰近年较大及以上道路交通事故风险因素间的关联性及预防对策,收集整理国内2015—2022年的较大及以上道路交通事故报告,通过案例解析确定28个风险因素为节点,根据风险共现关系构建较大及以上道路交通事故致因复杂网络。基于复杂网络理论的中心度、平均路径长度、聚类系数、凝聚子群等指标分析风险演化特征,建立邻接信息熵模型评价节点重要度并划分风险因素层级,以免疫仿真结果验证关键风险因素,并据此提出预防管控对策。结果表明:较大及以上道路交通事故致因网络具有小世界特性,表现为大部分风险因素交互关联程度强、传播路径短,超速、超载等部分风险因素的变化容易引发连锁反应。确定了8个网络关键节点:坡道路段、超载、制动不良、超速、未按规定行驶、操作不当、弯道路段、车况不良,采用基于邻接信息熵的蓄意攻击策略最优,可使全局网络效率下降47%,并对关键因素提出了相应预防对策,以及时阻断与其他因素的传播路径,控制事故发展。

关键词 交通工程 较大以上道路交通事故 复杂网络 风险耦合 事故预防

0 引言

根据道路交通事故严重程度、涉及范围等,《道路交通事故处理办法》将事故划分为4个等级。较大及以上道路交通事故,即较大、重大、特别重大事故不仅造成严重的人员伤亡和巨大的财产损失,还对政府财政、医疗援助和社会良序多个方面产生深远影响。根据2015—2022年国家统计年鉴数据[1],事故数、死亡人数、财产损失分别增长了38.7%、6.3%、34.8%,如今仍处于道路交通事故高发期,而较大及以上道路交通事故虽近年呈下降趋势,但存量较大,事故数量和死亡人数仍处于较高位置[2]。有效降低较大及以上道路交通事故风险是道路交通安全的重要工作,因此,发现、挖掘较大及以上道路交通事故中的关键致因,研究风险因素的传播与演化过程,分析道路交通事故特征规律,对降低道路交通事故危害、提高道路运输安全服务水平具有重要意义。

迄今为止,国内外学者对道路交通事故风险因素进行了广泛的研究,主要从人、车、路、环境和事故严重程度等方面入手,结合故障树[3]和贝叶斯网络[4]、Logit[5]、负二项分布[6]、神经网络[7]等分析方法,探究道路交通事故致因和风险演化。虽然当前研究较为全面地分析了道路交通事故各种成因和事故严重程度之间的关系,但上述方法对事故样本的数据量和完整性要求较高,对于较大及重特大道路交通事故研究具有局限性。而近年来兴起的复杂网络理论,利用图论的拓扑结构

基金项目:中央高校基本科研业务费专项资金项目,面向重大灾害的特长城市隧道应急逃生系统(2023-vb-012)项目资助。

对复杂系统进行建模和统计分析,为研究系统内部联系和演化规律提供了新的视角。相较于上述方法,复杂网络理论在研究多因素间复杂关联方面优势显著,近年以来国内学者将复杂网络理论引入交通事故致因分析及风险管理领域,对系统内因素间的关联程度进行研究,如地铁事故[8]、铁路事故[9]、船舶事故[10]。在道路交通方面,赵丹等[11]构建了低等级公路交通事故致因复杂网络模型,从网络总体结构特征、节点特征和网络全局效率等方面探究关键致因要素。戴学臻等[12]构建网络对比分析单多车事故影响因素的节点中心性,以决策试验和评价实验室方法结合凝聚子群分析单多车事故严重程度的变化规律。胡立伟等[13]建立营运货车交通事故风险因素复杂网络模型,利用3种中心性指标确立网络节点多属性决策综合评价模型,辨识出了营运货车交通事故中的关键致因。韩天园等[14]通过文本挖掘和网络中心性分析,探究重特大道路交通事故主要成因并构建相应机制的层级模型。刘文恒[15]构建了公路穿村镇路段事故致因网络,以社团划分GN算法和关联规则分析致因因素之间的内在关系。

综上可知,国内外学者在道路交通事故致因及风险演化方面这一方面的研究已取得一系列成果,然而包含事故树在内的多种常用事故致因分析模型作为链式结构无法充分体现实际情况中致因间复杂的相互作用,构建模型存在一定主观性。复杂网络理论更适用于事故数据少、事故因素多、因素关系复杂的分析,国内现有研究中较少有利用复杂网络方法探究较大及重特大道路交通事故致因关联性。因此,本文基于国内2015—2022年的较大及以上道路交通事故报告统计数据,筛选28个风险因素构建较大以上道路交通事故致因网络模型,通过分析复杂网络特征指标揭示风险因素关联潜在规律,建立邻接信息熵模型,定量分析较大及以上道路交通事故风险因素的重要度进而确定关键致因,为较大及以上道路交通事故防控工作提供理论与实证支撑。

1　复杂网络理论

复杂网络理论将实际问题抽象化为节点和连边,以研究系统内部要素关系和演化规律。本文主要借助如下指标对网络结构特征进行分析。

(1)中心度。

点度中心度:对于本文加权网络,强度即与节点相连边的全体权重之和,用于描述在节点在致因模型结构中的重要程度,其表达式如下:

$$S(v_i) = \sum_{j \in N_i} w_{ij} \qquad (1)$$

式中:N_i——节点v_i的邻居集合;

w_{ij}——连接节点v_i和节点v_j的边的权重。

中介中心度:衡量节点在不同节点之间的信息传递中所处的重要程度,体现节点在复杂网络模型中的控制能力和影响力,表达式如下:

$$C_B(v_i) = \frac{2}{(N-1)(N-2)} \sum_{s \neq i \neq t} \frac{\sigma_{st}(v_i)}{\sigma_{st}} \qquad (2)$$

式中:σ_{st}——节点s到节点t的最短路径数量;

$\sigma_{st}(v_i)$——这些路径中经节点v_i的数量。

接近中心度:接近中心度越高,表示该节点在网络中越接近其他节点,即该节点可以更快地获取或传播信息。其表达式如下:

$$C_C(v_i) = \left[\frac{1}{N-1} \sum_{j=1, j \neq i}^{N} d_{ij} \right]^{-1} \qquad (3)$$

式中:d_{ij}——节点i到节点j的最短路径长度。

(2)网络直径和平均路径长度。

网络直径是指网络中任意两个节点之间距离的最大值,而平均路径长度指两节点间的距离的平均值,反映了网络中事故风险因素的演化速度,其表达式如下:

$$L = \frac{1}{\frac{1}{2}N(N-1)} \sum_{i \geqslant j} d_{ij} \qquad (4)$$

(3)集聚系数。

集聚系数能够衡量与邻居节点间的连接紧密程度,对于本文加权集聚系数计算需要考虑连边的权重,其表达式如下:

$$C(i) = \frac{1}{C_D(C_D-1)} \sum_{j,k} (w'_{ij} w'_{jk} w'_{kj})^{\frac{1}{3}} \qquad (5)$$

式中:C_D——节点v_i度;

w'_{ij}——归一化权重 $w'_{ij} = w_{ij}/\max(w_{ij})$。

(4)网络全局效率。

网络全局效率可以用以描述网络的信息传递效率和鲁棒性,全局效率越高网络的信息传输就越有效,其表达式如下:

$$E_g = \frac{1}{N(N-1)} \sum_{i \neq j} \frac{1}{d_{ij}} \qquad (6)$$

2 较大以上道路交通事故致因网络构建

2.1 风险因素及因素关系提取

根据 2015—2022 年全国各省应急管理厅公开的较大、重大、特别重大道路交通事故报告,共筛选出 257 条事故数据,运用文献[13]和文献[4]中的事故类型与事故风险因素分类方法进行案例解析,将事故类型分为七类,将事故风险因素合并后相似因素后,提取形成包含 28 个因素的事故风险因素集,划分为 4 个层次:驾驶人因素层 L1、车辆因素层 L2、道路因素层 L3、环境因素层 L4,见表 1。

根据复杂网络理论,将上述 28 个因素作为复杂网络中的节点。节点之间的关系可能既有因果关系又有关联关系。较大及以上道路交通事故风险因素之间关系复杂交互,部分风险因素互为因果关系,而本文研究重点是探究风险因素间的相互作用强度和关联紧密程度,因此将事故致因网络简化为无向网络的形式。以各因素之间的关联关系作为边,各因素之间的共现频次作为边的权重。

较大以上道路交通事故风险因素汇总　　表 1

类别	编号	风险因素	类别	编号	风险因素
L1:驾驶人因素	R_1	超速	L3:道路因素	R_{16}	弯道路段
	R_2	超载		R_{17}	坡道路段
	R_3	操作不当		R_{18}	标线磨损/缺失/不合规
	R_4	未按规定行驶		R_{19}	标志损坏/缺失/不合规
	R_5	注意力不集中		R_{20}	防护设施损坏/缺失/不合规
	R_6	疲劳驾驶		R_{21}	路面破损/塌陷/障碍物
	R_7	非法营运		R_{22}	隧道路段
	R_8	低速行驶		R_{23}	施工/养护路段
	R_9	无证行驶或与准驾车型不符		R_{24}	交叉口路段
	R_{10}	酒后驾驶	L4:环境因素	R_{25}	雨
L2:车辆因素	R_{11}	制动不良		R_{26}	夜间无照明
	R_{12}	非法改装		R_{27}	雾
	R_{13}	车况不良		R_{28}	雪
	R_{14}	灯光不良			
	R_{15}	转向不良			

2.2 复杂网络模型构建

通过事故调查报告进行共现频次统计,通过构造邻接矩阵表示 28 个风险因素之间的关系,风险因素之间每呈现共现关系时取 1,否则取 0,最终得到共现矩阵 S_1,如下所示:

$$S_1 = \begin{bmatrix} 0 & R_1 & R_2 & & R_{27} & R_{28} \\ R_1 & 0 & 37 & \cdots & 3 & 4 \\ R_2 & 37 & 0 & & 2 & 3 \\ & \vdots & & \ddots & & \vdots \\ R_{27} & 3 & 2 & & 0 & 1 \\ R_{28} & 4 & 3 & \cdots & 1 & 0 \end{bmatrix} \quad (7)$$

节点之间的共现率以 Jaccard 指数作为统计指标,计算公式如下:

$$J_{ij} = \frac{k_{ij}}{k_i + k_j - k_{ij}} \quad (8)$$

式中:k_i、k_j——节点 i、节点 j 出现的频次;

k_{ij}——节点 i 和节点 j 的共现频次。

由式(7)计算共现率得到 Jaccard 指数矩阵 S_2,如下所示:

$$S_2 = \begin{bmatrix} 0 & R_1 & R_2 & & R_{27} & R_{28} \\ R_1 & 0 & 0.044 & \cdots & 0.007 & 0.009 \\ R_2 & 0.044 & 0 & & 0.004 & 0.006 \\ & \vdots & & \ddots & & \vdots \\ R_{27} & 0.007 & 0.004 & \cdots & 0 & 0.016 \\ R_{28} & 0.009 & 0.006 & & 0.016 & 0 \end{bmatrix}$$

$$(9)$$

根据式(6)和式(8)通过 Gephi 软件绘制加权

无向较大以上道路交通事故致因网络,如图 1 所示。致因网络总计 28 个节点和 309 条边,图中节点表示出隶属于不同因素层的风险因素,节点大小反应节点强度值,连边粗细反应连边权重。

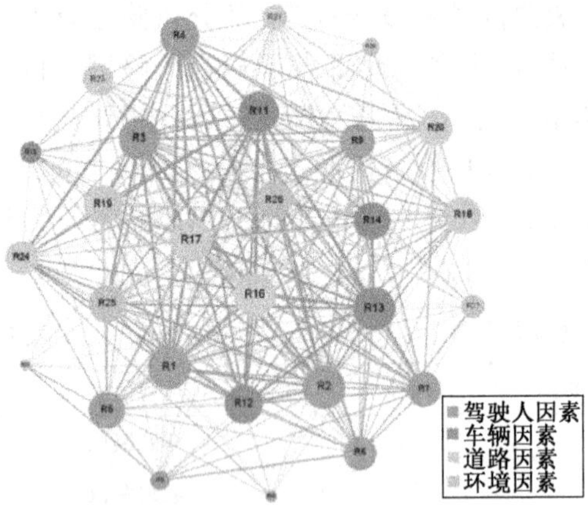

图 1　较大以上道路交通事故致因网络

3　较大以上道路交通事故致因分析

3.1　致因网络特征分析

(1)中心度。

本文构建较大及以上道路交通事故致因网络的节点数量较少且与周围致因节点形成复杂线形交互,各节点强度分布不均匀,28% 节点总度值占所有节点总度值的 50% 以上,见表 2。强度排序

前 5 名致因节点分别为 R_{17}、R_2、R_{11}、R_1、R_4,这些节点是致因网络中重要链接因素,即 hub 节点,对事故具有较大影响。

接近中心度与中介中心度排序前 5 名致因节点相同,分别为 R_1、R_2、R_{13}、R_{16}、R_{17}。从接近中心度角度而言,这些节点与其他节点距离较近,接近致因网络中心位置,能够快速到达其他节点。从中介中心度角度而言,这些节点经过连接其他节点之间最短路径次数最多,在节点之间控制能力和中转作用较强,能够直接导致事故发生或为其他风险因素之间起到重要连接作用而间接导致事故。相反地,R_{23}、R_{28} 等节点中介中心度较低,说明这些节点与其他节点间连接离散程度较大。由上述分析可得,高中介中心度节点与高接近中心度节点存在部分重合,说明此网络大部分致因节点通过网络中心高介数值致因节点连接,这部分高介数值致因节点状态变化容易影响到其他节点的状态,促进风险传播至网络其他节点,使多因素深化耦合作用共同导致事故发生并加剧事故严重程度。从降低较大及以上事故发生风险的角度考虑,应对高介数值风险因素采取预防措施避免事故发生,或者在风险因素产生后采取高效处理办法,降低事故影响。

致因网络中各节点中心度　　　　　　　表 2

节点	风险因素	强度	中介中心度	接近中心度
R_1	超速	0.612	0.0169	1.0000
R_2	超载	0.643	0.0169	1.0000
R_3	操作不当	0.608	0.0121	0.9643
R_4	未按规定行驶	0.611	0.0078	0.9310
R_5	注意力不集中	0.272	0.0096	0.9000
R_6	疲劳驾驶	0.332	0.0025	0.8438
R_7	非法营运	0.410	0.0036	0.8710
R_8	低速行驶	0.139	0.0013	0.6923
R_9	无证行驶或与准驾车型不符	0.359	0.0031	0.8710
R_{10}	酒后驾驶	0.059	0.0000	0.6279
R_{11}	制动不良	0.624	0.0121	0.9643
R_{12}	非法改装	0.493	0.0092	0.9310
R_{13}	车况不良	0.552	0.0169	1.0000
R_{14}	灯光不良	0.323	0.0066	0.9000
R_{15}	转向不良	0.136	0.0000	0.7105
R_{16}	弯道路段	0.578	0.0169	1.0000
R_{17}	坡道路段	0.666	0.0169	1.0000

节点	风险因素	强度	中介中心度	接近中心度
R_{18}	标线磨损/缺失/不合规	0.395	0.0073	0.9000
R_{19}	标志损坏/缺失/不合规	0.430	0.0102	0.9310
R_{20}	防护设施损坏/缺失/不合规	0.389	0.0037	0.8710
R_{21}	路面破损/塌陷/障碍物	0.188	0.0010	0.7500
R_{22}	隧道路段	0.076	0.0002	0.6279
R_{23}	施工/养护路段	0.147	0.0009	0.8182
R_{24}	交叉口路段	0.410	0.0038	0.8438
R_{25}	雨	0.423	0.0010	0.9000
R_{26}	夜间无照明	0.413	0.0052	0.9000
R_{27}	雾	0.128	0.0012	0.7297
R_{28}	雪	0.095	0.0005	0.6750

（2）网络直径及平均路径长度。

网络平均路径长度越小，风险传播路径就越短，连锁致因事故发生可能性就越大。本文所构建较大及以上道路交通事故致因网络的直径为3，平均路径长度为2.246，说明致因网络中节点间关联程度较紧密，平均离散程度较小，一个致因节点平均只需要通过2步或者3步即可与另一个致因节点产生关联关系。

按照事故类型统计各风险因素层的平均最短路径长度如图2所示。从总体上看，在各种事故类型中环境因素层的平均最短路径长度相对较小，为1.84，表明环境因素能够最迅速地、最直接地导致事故发生。在事故实例中，虽然大部分事故发生在晴朗、阴天等适宜行车环境下，但是若导致该起事故风险因素中包含环境因素，则环境因素往往成为事故发生主要原因。相反地，车辆因素层、道路因素层平均最短路径长度相对较大，分别为1.96、1.90，表明一般情况下事故发生不会直接由车辆因素和道路因素引起，车辆因素和道路因素是通过与其他因素相关联进而间接导致事故发生。

由图可知，不同事故类型各风险因素层平均最短路径长度存在差异。以正面碰撞为例，对于正面碰撞类事故，驾驶人因素层的平均最短路径远大于其他风险因素层，是因为驾驶人错误地穿越道路中心线或中央隔离设施并与对向车辆相撞这一行为，在正常行驶状况下基本难以完成，通常需要多因素耦合共同作用，造成这一行为的路径需要经历的环节更多。

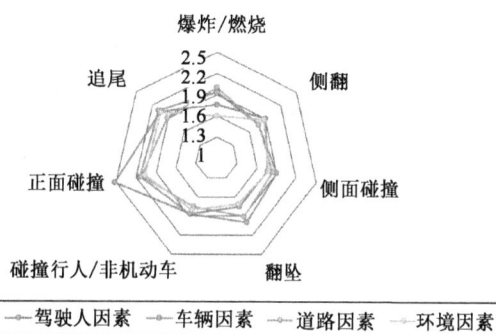

图2 不同事故类型下各风险因素层的平均路径长度

（3）集聚系数。

集聚系数能够反映出网络局部集聚情况，相邻节点之间联系越紧密的往往聚类系数越高。本文所构建较大及以上道路交通事故致因网络平均集聚系数为0.1947，降序排列后表现如图3所示，其中 R_4、R_{17}、R_3 等致因节点的集聚系数较大，说明与其相邻致因节点间关联程度较为紧密，容易受到因素间相互作用影响，易与其他致因节点耦合作用，需重点关注。

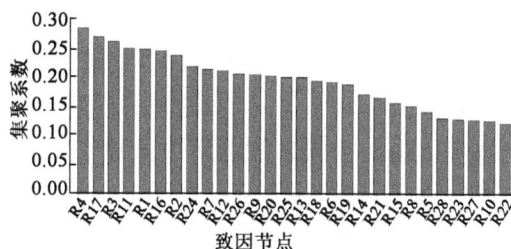

图3 各致因节点集聚系数

与同等规模、同等边权范围的随机网络相比较，生成50个随机加权无向网络得到平均聚类系数为0.0669、平均路径长度分别为6.2081,对比可得本文所构建较大及以上道路交通事故致因网络具有相对较大聚类系数和较小平均路径长度,符合小世界网络特性,即风险因素之间关联密切且传播速度较快。从降低较大及以上事故发生风险的角度考虑,对于集聚系数较大的风险因素应重点管控,避免激活相邻致因节点,防止产生连锁反应。

(4)凝聚子群分析。

凝聚子群是指集合中节点之间具有相对较强、直接、紧密的关系,以至于构成一个次级团体。虽然在上述分析中得到了主要风险因素以及易耦合的重点风险因素,但无法得到各风险因素之间组合表现。为揭示致因网络中存在潜在次级团体,即事故常发性因素组合,通过 Ucinet 软件使用块模型进行凝聚子群分析,如图 4 所示。结果显示,较大以上道路交通事故致因网络内部有较明显的凝聚关系,划分为 6 个子群时拟合度较好,$R^2 = 0.681$。此外,"标线磨损/缺失/不合规、标志损坏/缺失/不合规、防护设施损坏/缺失/不合规、路面破损/塌陷/障碍物"同为道路因素层而形成一个凝聚子群,表明以上道路因素在事故致因网络中联系较紧密,作为常发性因素组合,对于道路层面事故预防整治工作需全面排查,整体防控。

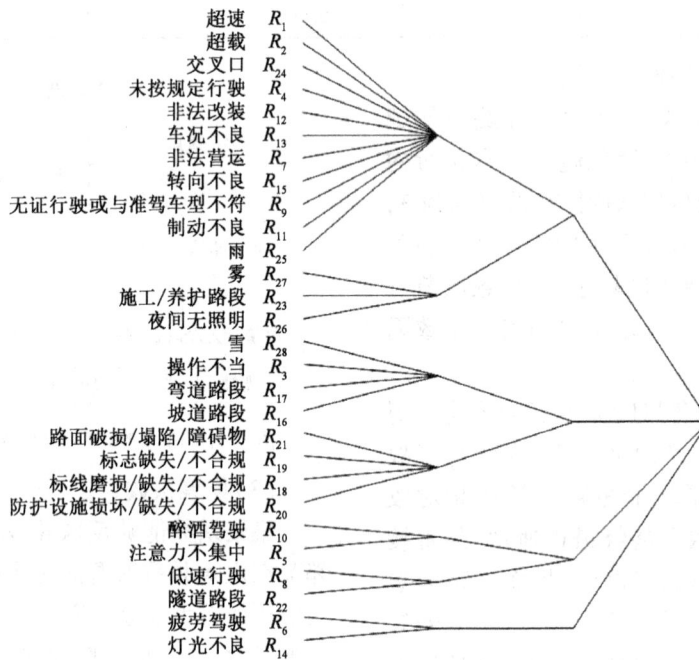

图4　致因网络凝聚子群

3.2　风险因素重要度分析

传统关键节点评价方法一般考察节点中心度指标,然而缺少对网络局部结构特征考虑,忽略了节点与邻接节点之间的互相影响,存在一定片面性[15]。因此,本文将建立邻接信息熵模型,通过研究节点及其邻居节点间的直接与间接关系,识别较大以上道路交通事故网络中关键节点,对于无向加权网络邻接信息熵定义如下:

$$H_i = -\sum_{j \in \Gamma_i} (p_i log_2 p_i) p_j \qquad (10)$$

式中:p_i、p_j——节点 v_i、v_j 的概率函数;

Γ_i——节点 v_i 的邻居节点集合。

p_i、p_j 计算式如下。

$$p_i = \frac{\sum\limits_{j \in \Gamma_i} w_{ij}}{\sum\limits_{w \in \Gamma_j} s_{ij}} \qquad (11)$$

$$p_j = \frac{\sum\limits_{i \in \Gamma_j} w_{ij}}{\sum\limits_{w \in \Gamma_j} s_{ij}} \qquad (12)$$

式中:s_{ij}——节点 v_i、v_j 强度值;

w_{ij}——节点 v_i、v_j 之间连边权值。

节点邻接信息熵计算结果如图5所示,由图可知,致因网络中节点重要度值差距较大且分布不均,基于邻接信息熵计算结果可划分节点重要度为三级层级,按重要度由高至低分别命名为一级风险因素、二级风险因素和三级风险因素,各级点数量占比分别为20%、50%、30%。每个层级风险因素按重要度由高至低排序见表3。其中一级风险因素,可作为网络关键风险因素对其开展优先重点防控。

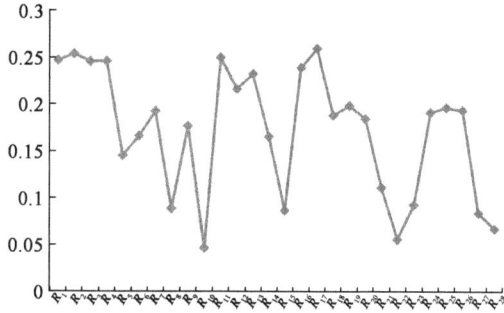

图5 致因网络节点重要度分布

致因网络节点重要度层级 表3

层级	节点	风险因素
一级风险因素	R_{17}	坡道路段
	R_2	超载
	R_{11}	制动不良
	R_1	超速
	R_4	未按规定行驶
	R_3	操作不当
	R_{16}	弯道路段
	R_{13}	车况不良
二级风险因素	R_{12}	非法改装
	R_{19}	标志缺失/不合规
	R_{25}	雨
	R_{26}	夜间无照明
	R_7	非法营运
	R_{24}	交叉口
	R_{18}	标线磨损/缺失/不合规
	R_{20}	防护设施损坏/缺失/不合规
	R_9	无证行驶或与准驾车型不符
	R_6	疲劳驾驶
	R_{14}	灯光不良
	R_5	注意力不集中
	R_{21}	路面破损/塌陷/障碍物
三级风险因素	R_{23}	施工/养护路段
	R_8	低速行驶
	R_{15}	转向不良
	R_{27}	**雾**
	R_{28}	雪
	R_{22}	隧道路段
	R_{10}	醉酒驾驶

为验证上述关键节点,选取网络全局效率 E_g 为特征指标以反映风险传播效率和网络结构稳定

性,采用随机攻击和蓄意攻击两种方式对网络节点进行免疫仿真[16],其中蓄意攻击包括3种策略:基于介数中心度的蓄意攻击(BC)、基于点度中心度的蓄意攻击(DC)、基于邻接信息熵的蓄意攻击(HC),分别以由大到小排序作为移除顺序,结果如图6所示。对比可得,蓄意攻击效果明显优于随机攻击,蓄意攻击对网络破坏速度和破坏程度比随机攻击更快更强,证明优先针对关键风险因素采取预防管控可更有效地阻止事故发生与发展。对于BC、DC、HC策略,移除8个节点后(一级风险因素)网络全局效率分别降低了48%、44%、47%,移除21个节点后(一级风险因素和二级风险因素)网络全局效率分别降低了94%、95%、98%,在这三种蓄意攻击中前期BC策略与HC策略的网络全局效率变化差异较小,DC策略效果稍差,而后期HC策略效果则较优于BC策略和DC策略,综上考虑采用HC策略对于较大及以上道路交通事故风险防控效果更佳,基于邻接信息熵的节点重要度排序方法较基于中心度指标的方法更具优越性。

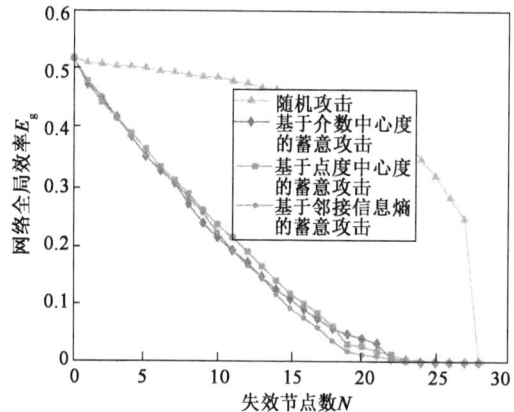

图6 节点失效的网络全局效率变化

3.3 关键风险因素预防管控对策

根据上述风险因素重要度层级划分以及网络关键风险因素识别结果可知,降低较大以上事故风险应优先从关键风险因素着手,因此本文提出以下预防及管控对策。

(1)加强行为动态监督管理,强化安全培训与教育环节。

作为关键风险因素,超载、超速、未按规定行驶、操作不当等驾驶人不安全行为直接影响事故发生和伤亡程度。对于超速、超载、未按规定驾驶等违法驾驶行为缺乏针对性提前研判、预警,需加强驾驶行为动态数据追踪与反馈,同时需强化驾驶人综合驾驶素质,减少由不当避险、不当变向等操作不当行为造成的伤亡,定期组织驾驶安全知识学习培训,以提高驾驶人对特殊路况、环境判断能力与应急能力。

(2)规范车辆安全技术性能检验制度,加大力度排查整治大型货车。

多起事故报告显示存在部分机动车检测站出具虚假检测报告、企业"挂而不靠"、违规发放车辆合格证的现象,对于制动不良、车况不良等车辆不安全物态,交管部门需规范机动车安全技术性能检验流程,严厉打击车辆检验和注册登记过程中"内外勾结、弄虚作假"行为,加强企业资质认定监督管理。针对大型货车常见"大吨小标"、非法改装、非法营运等问题开展专项整治,特别对于重点路段、重点时段加强排查管控力度。

(3)完善道路防护安全设施设置与养护,重点整治安全隐患路段。

根据多例事故报告现场复勘,坡道路段、弯道路段等部分路段防护安全设施设置虽符合规范,但仍存在视距视区不足、设施材质老化、路面积水等问题,对于临水临崖、急弯陡坡、连续坡道等危险路段以及事故多发频发路段,应开展综合治理及时排查隐患,完善隔离栏、警示柱、轮廓标等配套设施并定期检查养护,确保为驾驶人提供准确有效道路信息。

4　结语

本文利用 2015—2022 年公开的较大以上道路交通事故报告数据构建事故风险因素网络,分析网络结构特征并进行风险因素重要度分级,得出以下结论:

(1)对较大及以上道路交通事故风险因素网络进行定量计算,得到中心度、网络直径和平均最短路径、集聚系数等特征指标值和常发性因素组合,网络强度呈不均匀分布,具有小世界特性,风险因素间易产生耦合作用且风险传播速度较快,从不同角度说明网络节点之间关联特点:超速、超载等接近中心性与中介中心性较大的节点控制能力和中转作用较强,易促进风险传播,诱发多种风险因素;未按规定行驶、坡道路段等聚类系数较大节点具有较强局部联动效应,易与其他风险因素加剧耦合作用。

(2)由中心度和平均最短路径分析可知,驾驶人因素在较大及以上道路交通事故风险因素网络中占据重要地位。环境因素平均最短路径长度最小,虽占比较小,但能够在与其他因素耦合程度较低情况下,最迅速、直接地导致事故发生,预防难度最高。而车辆因素和道路因素平均最短路径长度较大,一般作为深层次间接因素,需要与多种其他因素耦合共同导致事故发生。

(3)构建邻接信息熵模型定量评价各节点在致因网络中重要度并划分三级风险因素,得到较大以上道路交通事故 8 项关键风险因素,按重要度由高至低排序为:坡道路段、超载、制动不良、超速、未按规定行驶、操作不当、弯道路段、车况不良,采用蓄意攻击优先控制以上关键风险因素可使网络效率下降近47%,有效延缓耦合作用发展进程。

(4)根据分析结果,交管部门可开展针对预防,如加强驾驶人行为动态监督管理预警,针对复杂环境组织开展驾驶技能培训;规范机动车安全技术性能检验制度,对大型货车等重点加强排查管控力度;为隐患路段配套防护警示设施设置并定期开展检查、维护以及更新改造。

参考文献

[1] 国家统计局.中国统计年鉴-2022[M].北京:中国统计出版社,2022.

[2] 王婷宇,张杰.基于灰色模型的较大以上道路交通事故发展趋势预测研究[J].交通工程,2022,22(3):71-76.

[3] XU C C, WANG C, DING Y L, et al. Investigation of extremely severe traffic crashes using fault tree analysis[J]. Transportation Letters, 2020, 12(3), 149-156.

[4] 郑来,顾鹏,卢健.基于 T-S 模糊故障树和贝叶斯网络的重特大交通事故成因分析[J].交通信息与安全,2021,39(4):43-51,59.

[5] 孟云伟,张熙衍,青光焱,等.基于 Logistic 回归的高速公路交通事故后果的影响因素分析[J].武汉理工大学学报(交通科学与工程版),2022,46(1):12-16.

[6] MUBARI M, MUHAMMAD U, SAIMA S, et al. RFCNN: Traffic Accident Severity Prediction Based on Decision Level Fusion of Machine and Deep Learning Model [J]. IEEE Access,

2021,9,128359-128371.

[7] 李浩然,王子恒,杨起帆,等.复杂网络下地铁灾害链演化模型与风险分析[J].中国安全科学学报,2021,31(11):141-147.

[8] 花玲玲,郑伟.基于复杂网络理论的铁路事故致因分析[J].中国安全科学学报,2019,29(S1):114-119.

[9] 郑霞忠,柯善钢,陈星,等.基于复杂网络的内河船舶碰撞事故致因分析[J].中国安全生产科学技术,2023,19(2):211-217.

[10] 赵丹,韩凤春,马骏,等.低等级公路交通事故致因复杂网络建模与分析[J].公路交通科技(应用技术版),2019,15(11):265-268.

[11] 戴学臻,胡传喜,陈茜,等.涉事车辆分类的高速公路重特大交通事故成因与严重程度研究[J].安全与环境学报,2022,22(5):2583-2591.

[12] 胡立伟,杨鸿飞,何越人,等.基于复杂网络的营运货车交通事故风险因素识别[J].交通运输工程与信息学报,2022,20(1):128-134.

[13] 韩天园,田顺,吕凯光,等.基于文本挖掘的重特大交通事故成因网络分析[J].中国安全科学学报,2021,31(9):150-156.

[14] 刘文恒.公路穿村镇路段交通事故特征及事故致因深度分析[D].北京:北京交通大学,2018.

[15] 胡钢,徐翔,高浩,等.基于邻接信息熵的网络节点重要性识别算法[J].系统工程理论与实践,2020,40(3):714-725.

[16] 申建红,张静.基于复杂网络和免疫策略的斜拉桥主梁施工安全风险耦合分析[J].安全与环境学报:1-11.

高速公路入口匝道线性诱导系统优化研究

沈 迪[1,2] 杜志刚[1,2] 徐文广[*1,2] 张 兴[1,2] 强伟杰[1,2]

(1.武汉理工大学交通与物流工程学院;2.交通信息与安全教育部工程研究中心)

摘 要 为探究线性诱导设施在高速公路入口匝道的有效性,以广西龙胜互通匝道为参考搭建了 UCwin/Road 模拟驾驶场景,并设计了两个方案:现有设施为对照组(优化前),线性诱导系统为试验组(优化后)进行对比试验,利用 Dikablis Professional 头戴式眼动仪采集驾驶人注视点、注视持续时间、瞳孔面积变化率作为研究参数进行分析,判断线性诱导设施系统对高速公路入口匝道驾驶人视区及视觉负荷是否有显著改善效果。结果表明:在加速车道段,优化后驾驶人的水平有效视区提升了30.7%,优化后敏感区面积提升了53.3%;在弯坡段,驾驶人垂直视区受限,优化后驾驶人的垂直有效视区提升了36.8%,优化后敏感区面积提升了47.8%。驾驶人在弯坡段的注视时间相较于加速车道段更长,同时弯坡段优化后注视时间变化幅度为15%,优化场景在弯坡段对驾驶人视区改善更为显著。优化后的道路场景能够使得驾驶人更早地获取足够的驾驶信息,减缓行车环境变化带来的驾驶负荷,瞳孔面积变化更加稳定。证明线性诱导设施在高速公路入口匝道对改善驾驶人视区及视觉负荷具有显著的有效性。

关键词 交通安全 高速公路入口匝道 模拟驾驶 线性诱导

0 引言

我国的高速公路事故率较高,造成了许多人员伤亡,这一问题引起了国家和民众的广泛关注,我国有超过30%的高速公路事故发生在匝道区域[1]。高速公路匝道区域的交通运行特性相当复杂,其安全状况受到多种因素的影响。作为交通流的合流和分流区域,高速公路匝道区域具有特殊性,也是事故多发的地点。

在高速公路匝道区域交通安全研究方面,王正武等人[2]提出了一种基于换道策略和车辆轨迹的优化模型,可以显著提高高速公路入口匝道车辆合流的安全性和通行效率。高有千等[3]通过交通仿真分析道路参数及交通参数对合流区冲突的影响,并对其影响程度的大小进行了排序。Huang L[4]等进行了驾驶模拟试验,采用方差重复测量分析(ANOVA)对不同方案进行影响分析和效率评价,确定并提出出口匝道前进引导标志的最佳设计方案。

在线性诱导设施设计方法研究方面,Hammond等[5]通过对田纳西州设置突起路标路段的交通事故数据进行分析,研究发现:突起路标在提高驾驶人曲率感知和保障行车安全方面具有显著的有效性。杜志刚[6]等总结了水下特长隧道的典型光环境问题,并提出了相应的改善措施,指出线性诱导系统是一项成本低、有效的优化方法,能满足驾驶人在不同路段的差异化视觉需求。

综上所述,目前高速公路匝道区域交通安全及线性诱导设施设计方法相关领域的研究已取得相当的成就,但仍存在不足之处,主要体现在入口匝道整体改善方法研究较少、匝道区域线性诱导

设施设计不系统等方面。本文针对高速公路入口匝道区域设计了线性诱导优化方案,通过驾驶模拟试验,验证线性诱导设施在高速公路入口匝道的有效性,对提升高速公路匝道行车安全具有重要的应用价值。

1 线性诱导优化理论

1.1 理念来源

公路线性诱导原理是指通过合理选择和布置线性诱导设施,对匝道区域的局部亮度和对比度进行提升,减小低照度对夜间行车的影响,进一步提升驾驶空间的层次感及驾驶氛围,有效地向驾驶人传达线形诱导和轮廓诱导,如图1所示。目前,在一些道路环境设计项目中,已采用线性诱导优化手段,通过简洁的线条勾勒出道路的轮廓和方向,综合运用点、线、环等元素,有效改善交通环境[7]。

a)直线型　　　　b)曲线型

图1　线形诱导技术应用效果

1.2 理念应用

在高速公路入口匝道区域,驾驶任务繁重,视距和视区都受到影响,驾驶人无法对交通信息进行有效感知和识认,考虑到驾驶人行车安全感的需求,在高速公路匝道特殊运营环境中,需要构建

合理的视觉参照系(图2),以提供良好的视觉引导,在驾驶人因各种因素导致行车安全性下降时,帮助其完成驾驶任务。通过营造"路适应人"的行车环境,进一步优化交通安全[8]。

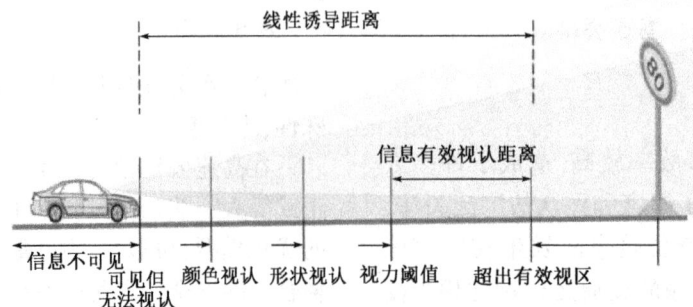

图2　动态视觉下视认交通信息的过程

在高速公路入口匝道区域内应用线性诱导理论,其本质在于通过线性诱导技术合理布设交通工程设施,以线性诱导为主,以少量点状信息为辅,以科学的方法对高速公路入口匝道行车视觉参照系进行重构,向驾驶人传达有效的线形及轮廓诱导。

2　试验设计

2.1　试验场景

本文借助 UC-win/Road 仿真模拟软件进行驾驶模拟实验,仿真场景模型搭建参照广西龙胜互通匝道。试验路段参数见表1。

试验路段道路参数　　　　表1

长度 (m)	设计速度 (km/h)	加减速车道类型/ 渐变段长度 (m)	弯坡段长度 (m)	曲线半径 (m)	最大纵坡 (%)
433	40	平行/200	233	60	3.23

2.2　试验方法

(1)试验设备及被试人员。

本文试验基于 UC-win/Road 驾驶模拟器套装系统进行,其软件 UC-win/Road 是一款三维实时仿真软件,通过简单的操作即可完成各类大型三维空间的制作。UC-win/Road 驾驶模拟器由方向盘、换挡杆、驾驶座椅、踏板、曲面显示屏组成,各部件参照实际车辆布设。驾驶模拟器会以 30Hz 的频率记录各项试验指标。试验眼动数据采用德国某公司生产的 Dikablis Professional 头戴式眼动仪进行采集,眼动仪的采样率为 60Hz,视线追踪精度为 $0.1° \sim 0.3°$。

根据我国驾驶人的男女性别比例(约为 7:3)选取本次试验被试人员,本次实验的样本人数为30 人,其中包括 9 名女性驾驶人和 21 名男性驾驶人。被试驾驶人群体均在身体健康状态下,并持有 C1 或 C2 驾驶证,且视力或经过矫正后达到正常水平。为确保实验结果的准确性,只选择具有高速公路行车经验的被试者,以避免高速公路行车经验的有无对实验结果可能造成的干扰。

(2)试验流程。

本次试验的流程包括人员及设备准备、设备调试、进行实验、数据采集、数据存储等过程,具体试验流程如图3所示。

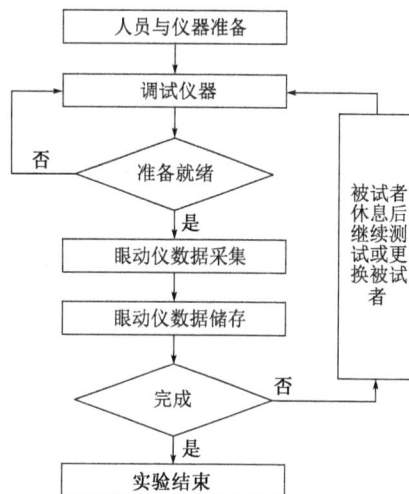

图3　试验流程

2.3　试验方案

本次试验基于线性诱导设计依据和改善理念,针对一个路段设计了两个方案:优化前(现状)和优化后(线性诱导系统方案),具体方案示意图和详细数据如图4、图5、表2所示。鉴于该路段目前正在进行施工改造,为确保试验的可控性,选择在室内进行模拟驾驶试验。每位被试者在每次试验中一次性完成整个流程,主要操作从入口匝道驶入主线段后行驶5min,然后切换至对向车道。

a)现状方案　　　　　　　　b)优化方案

图4　高速公路入口匝道弯坡段

a)现状方案   b)优化方案

图 5   高速公路入口匝道加速车道段

线性诱导优化设施说明   表 2

设置路段	方案	线性诱导设施	布设频率
加速车道段	优化前	附着式轮廓标、梯形突起路标	各设施间距为 8m
	优化后	多层附着式轮廓标、半球形突起路标、箭头形立面标记、长条形弹性交通柱	
弯坡段	优化前	附着式轮廓标、梯形突起路标、绿白箭头线形诱导标	十字形立面标记、箭头形线形诱导标间距为 32m,其余设施为 8m
	优化后	多层附着式轮廓标、半球形突起路标、座式轮廓标、十字形立面标记、黄黑箭头形线形诱导标	

2.4 试验指标选取

本文选取注视点与视觉敏感区、注视持续时间、瞳孔面积变化率作为评价驾驶人视区及视觉负荷变化的依据。

（1）注视点与视觉敏感区。

视觉区域中的注视点数量与兴趣点数量密切相关,如果某一区域的信息比例较高,那么该区域产生的注视点数量也会相应增加。设试验共有 n 次注视点停留,任一注视点在视觉平面的坐标为 $(X_i, Y_i)(1 \leq i \leq n)$,引入 X_{15}、X_{85}、Y_{15}、Y_{85} 分别表示驾驶人注视点在 X 方向、Y 方向的 15% 分位数、85% 分位数,设定由 X_{15}、X_{85}、Y_{15}、Y_{85} 4 个数值所围成的椭圆面积来表示驾驶人在动态行车过程中的有效注视面积,将其定义为视觉敏感区。其计算公式如下:

$$S = \frac{\pi(X_{85} - X_{15})(Y_{85} - Y_{15})}{4} \qquad (1)$$

式中: S——驾驶人视觉敏感区面积;
X_{15}、X_{85}、Y_{15}、Y_{85}——驾驶人注视点在 X 方向、Y 方向的 15% 分位数、85% 分位数。

视觉敏感区反应了驾驶人的有效视区,敏感区越大,驾驶人易视认和关注的范围越广,能一定程度上提高驾驶安全并缓解隧道封闭空间造成的心理压力。

（2）注视持续时间。

注视持续时间是衡量驾驶人对特定目标信息提取难度的指标,该指标反映了驾驶员在视轴中心位置稳定不变的情况下提取目标物信息的能力。注视持续时间越长,驾驶人的信息提取难度越大,视觉负荷越大。

（3）瞳孔面积变化率。

瞳孔面积变化率可以反映驾驶人在驾驶过程中的瞳孔面积变化的趋势,表征了驾驶人适应驾驶环境的过程。其计算公式如下:

$$y = \frac{S_t - S_0}{S_0} \times 100\% \qquad (2)$$

式中: y——驾驶人瞳孔面积变化率;
S_t——行驶时间 t 时驾驶人的瞳孔面积;
S_0——驾驶人在试验路段的平均瞳孔面积。

3 试验结果分析

3.1 注视点与视觉敏感区分析

整理驾驶人入口区域分流段与弯坡段注视点坐标数据,其注视点分布与敏感区面积如图 6、图 7、表 3 所示。

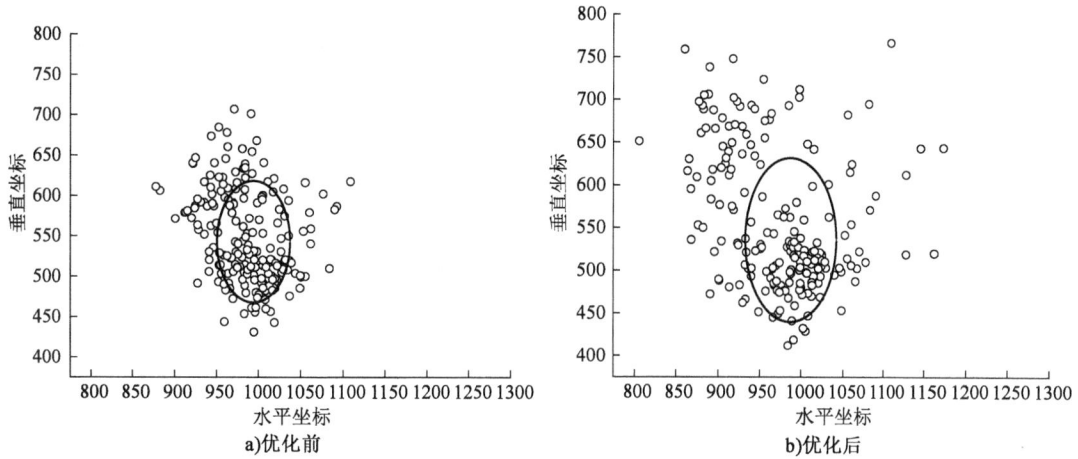

图6 加速车道段注视点分布

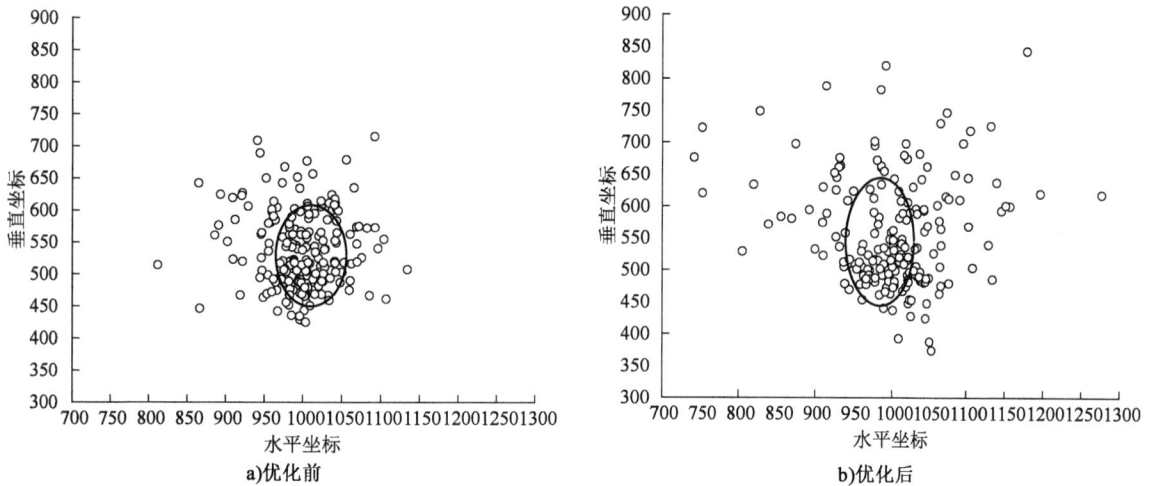

图7 弯坡段注视点分布

入口区域注视点坐标计算 表3

实验场景		优化前		优化后	
		加速车道段	弯坡段	加速车道段	弯坡段
水平坐标	X_{15}	948.6	965.5	930.1	933.7
	X_{85}	1034.9	1053.2	1042.9	1028.6
	$X_{85}-X_{15}$	86.3	87.7	112.8	94.9
	标准差	48.3	54.9	62.4	66.2
垂直坐标	Y_{15}	462.3	456.5	442.8	445.9
	Y_{85}	618.7	600.1	626.3	642.0
	$Y_{85}-Y_{15}$	156.4	143.6	183.5	196.1
	标准差	67.9	71.3	84.6	95.1
敏感区面积		10600.8	9891.1	16256.8	14616.2

注:1.坐标单位为pixel;2.敏感区面积单位为pixel²。

分析可得出以下结论:(1)加速车道段注视点整体偏向左侧,分布较为均匀;弯坡段注视点大部分集中于中心,少部分分散于左右两侧。这表明驾驶人在加速车道段驾驶时,主要注意前方道路及左侧来车情况,需要寻找合适的时机合流驶入主路;驾驶人在弯坡段注意力则主要集中于前方道路线形变化及路侧诱导信息,便于及时做出合适的驾驶策略。

(2)对比优化前后水平有效视区(即$X_{85}-X_{15}$)和垂直有效视区(即$Y_{85}-Y_{15}$),计算优化幅度后对其进行排序:弯坡段垂直有效视区(36.8%)>加速车道段水平有效视区(30.7%)>加速车道段垂直有效视区(17.3%)>弯坡段水平有效视区(8.2%)。在优化前后标准差提升幅度大小排序与上述大小关系一致。说明在加速车道段,驾驶人寻求主线车流间隙汇入这一行为对其水平有效视区造成影响,优化后驾驶人的水平有效视区得到显著提升,对速度变化感知更为敏感;在弯坡段,道路坡度变化对驾驶人垂直有效视区造成影响,优化后驾驶人的垂直有效视区得到显著提升,对前方线形变化感知更为敏感。

(3)对比优化前后加速车道段和弯坡段敏感区面积,得出加速车道段优化后敏感区面积扩大了53.3%,弯坡段优化后敏感区面积扩大了47.8%。

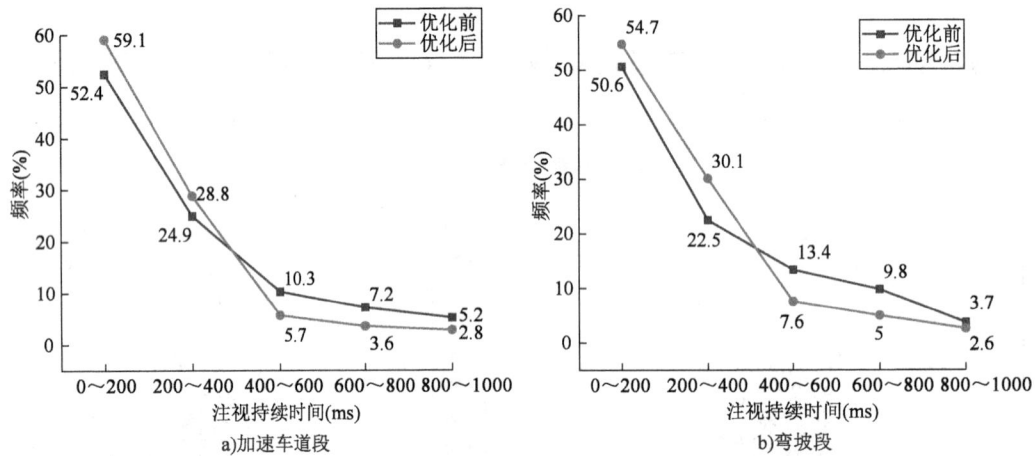

说明通过优化驾驶场景,驾驶人能够有效扩大视觉敏感区的面积,能够及时获取更大范围内的交通信息。

3.2 注视持续时间分析

对驾驶人匝道入口区域的注视持续时间数据进行处理,以 200ms 为一个区间将数据分类,结果如图 8 所示。

a)加速车道段

b)弯坡段

图 8　入口区域注视持续时间

分析可以得出以下结论:(1)驾驶人入口区域注视持续时间主要集中在 400ms 内,少数超过了400ms。说明驾驶人在入口区域以短时注视为主,在面对复杂路况及路侧交通标志时,通过长时注视得到足够信息。

(2)通过对比优化前后的加速车道段和分流段注视持续时间,可以看出优化后驾驶人注视持续时间在 400ms 内的频率上升,而注视持续时间在 400ms 以上的频率下降。说明对道路场景进行优化后驾驶人获取交通信息的效率提高了,能够更快成功获取驾驶任务所需要的交通信息。

(3)不论优化前后,弯坡段的长时注视占比都大于加速车道段(优化前:26.9% >22.7%,优化后:15.2% >12.1%),同时优化后弯坡段的变化幅度更大。说明驾驶人视区在弯坡段受到线形变化的影响,获取信息难度更大,注视时间相较于加速车道段更长,同时弯坡段优化后注视时间变化幅度更大,说明优化场景在弯坡段对驾驶人视区改善更为显著。

3.3 瞳孔面积变化率分析

为消除不同驾驶人瞳孔面积数值上的差异性,本文通过瞳孔面积变化率这一指标来表征驾

驶人在驾驶过程中视觉负荷的变化情况。驾驶人瞳孔面积变化率如图 9 所示。

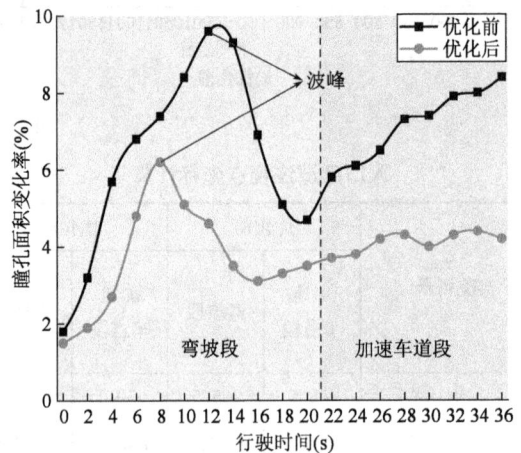

图 9　入口区域瞳孔面积变化率

分析可以得出以下结论:(1)在优化前入口区域弯坡段中,驾驶人瞳孔面积变化率在行驶时间 0 ~ 12s 内先是从 1.8% 急剧上升至 9.6%,在驾驶时间 12 ~ 20s 内从 9.6% 下降至 4.6%,整体呈现出明显的波峰。造成此趋势的原因是驾驶人由普通路段行驶至弯坡段,道路线形发生骤变,驾驶人需要关注路侧信息来完成复杂的驾驶任务,驾驶人处于紧张状态。在适应弯道变向行驶的驾驶任

务后,驾驶人紧张情绪得到缓解,瞳孔面积变化率趋于稳定。

(2)在优化前入口区域弯坡段中,驾驶人瞳孔面积变化率在行驶时间20~36s从4.6%小幅波动上升至8.4%。表明驾驶人从弯坡段驶入加速车道段时又有了新的驾驶任务,需要注意侧方的车流,同时寻找时机汇入主线。

(3)对比优化前后驾驶人瞳孔面积变化率,发现对道路场景优化后,在弯坡段,瞳孔面积变化率的波峰从9.6%降至6.2%,同时出现波峰的时间从12s提前至8s;在加速车道段,驾驶人的瞳孔面积变化率稳定在5%以下。说明优化后的道路场景能够使得驾驶人更早得获取足够的驾驶信息,减缓行车环境变化带来的驾驶负荷,瞳孔面积变化更加稳定。

4 结语

(1)加速车道段驾驶人注视点偏向左侧,弯坡段注视点大部分集中于中心。在加速车道段,驾驶人水平有效视区受到路侧车辆影响,优化后驾驶人的水平有效视区提升了30.7%,优化后敏感区面积扩大了53.3%;在弯坡段,驾驶人垂直有效视区受到线形变化影响,优化后驾驶人的垂直有效视区提升了36.8%,优化后敏感区面积扩大了47.8%。

(2)驾驶人在入口区域以短时注视为主,长时注视为辅。优化后加速车道段注视持续时间在400~1000ms区间的比例为12.1%;弯坡段持续时间在400~1000ms区间的比例为15.2%,驾驶人在弯坡段注视时间相较于加速车道段更长,同时弯坡段优化后注视时间变化幅度为15%,优化场景在弯坡段对驾驶人视区改善更为显著。

(3)驾驶人瞳孔面积变化率在入口区域呈现"急剧上升-下降-平滑上升"的趋势,同时优化后的道路场景能够使得驾驶人更早的获取足够的驾驶信息,瞳孔面积变化率的波峰提前了4s左右,瞳孔面积变化率在加速车道段稳定在5%以下。

(4)高速公路入口匝道线性诱导系统能够显著提升驾驶人有效视区,降低驾驶人在入口匝道的视觉负荷,对提升高速公路入口匝道区域行车安全性具有重要意义,但本次试验仅进行了整体线性诱导系统优化,未能探究具体线性诱导设施的优化效果,将在今后的研究中进一步扩展。

参考文献

[1] 吴萌.高速公路匝道区驾驶负荷特性研究[D].武汉:武汉理工大学,2013.
[2] 王正武,潘军良,陈涛,等.单向三车道高速公路合流区智能网联车辆协同汇入控制[J].交通运输工程学报,2023,23(6):270-282.
[3] 高有千,李家儒,郑亮,等.大交通量高速公路互通合流区交通冲突分析[J].公路与汽运,2023(6):27-32.
[4] HUANG L, ZHAO X, LI Y, et al. Optimal design alternatives of advance guide signs of closely spaced exit ramps on urban expressways [J]. Accident Analysis & Prevention, 2020, (138):105465.
[5] HAMMOND J L, WEGMANN F J. Daytime effects of raised pavement markers on horizontal curves[J]. Ite Journal, 2001, 71(8):38-41.
[6] 杜志刚,梅家林,倪玉丹,等.基于视觉需求的城市水下特长隧道光环境评价与优化综述[J].交通运输工程学报,2020,20(6):48-61.
[7] 施正宝,何福成,王首硕,等.基于线性诱导的公路隧道入口区域交通安全优化研究[J].隧道建设(中英文),2022,42(S1):136-146.
[8] 韩磊,朱守林,高明星,等.注视熵和马尔科夫链的弯道诱导设施信息量研究[J].中国安全科学学报,2020,30(8):122-128.
[9] 郑号染,杜志刚,王首硕,等.基于线性诱导的高速公路隧道交通安全优化设计[J].中国安全科学学报,2023,33(8):134-141.
[10] 杜志刚,倪玉丹,杨理波,等.高速公路隧道曲线路段视线诱导设施有效性试验[J].交通运输工程学报,2020,20(1):215-225.
[11] 蒋旭.基于驾驶员车速感知的城市过江隧道道路景观研究[D].武汉:武汉理工大学,2014.
[12] 明小松.基于交通冲突的互通立交合流区交通安全评价方法[D].南京:东南大学,2017.
[13] 吕钊.互通立交合流区安全性评价及优化研究[J].交通世界,2022,629(35):1-3,6.
[14] 贺亚军.山区高速公路互通立交安全评价研究[D].重庆:重庆交通大学,2020.
[15] 杨思敏.浅谈交通诱导系统在城市地下道路中的设计及应用[J].城市道桥与防洪,2016,(2):13-16,7.

Intelligent Vehicle Driving Risk Assessment in Pedestrian-Vehicle Mixed Scenarios

Fengqi Zhou[1]　Xin Chen[*1]　Hanyue Ye[2]　Yongneng Xu[1]

(1. College of Automation, Nanjing University of Science and Technology;

2. The PLA 4805 Ordnance Repair Factory)

Abstract　Aiming at the lack of the influence of pedestrian motion changes on driving safety in existing studies, the traditional driving safety field is improved in the pedestrian-vehicle mixing scenario. Combined with the HJB equation to describe the influence of pedestrian trajectory changes on the risk field, a driving risk assessment model based on pedestrian trajectory prediction is established. Monte Carlo method is used to carry out simulation experiments. The experimental results show that the average value and the peak average value of the remaining time of collision TTC^{-1} and the average number of braking times obtained by the improved model are all reduced, which can effectively guarantee the driving safety. Comparing the potential energy distribution of the driving safety field before and after the improvement as well as analyzing the relationship between the pedestrian's trajectory and the field strength value, it is found that the improved driving safety field is more in line with the reality.

Keywords　Traffic safety　Driving safety field　Driving risk assessment　Pedestrian trajectory prediction

0　Introduction

With the rapid development of China's transportation industry, China's car ownership also grows year by year. At the same time, frequent traffic accidents have become a major problem in China's transportation industry. Driving risk assessment, as the basis of the safety assistance system, can accurately assess the risk to which the vehicle is exposed during driving and effectively reduce the occurrence of traffic accidents. However, the movement of pedestrians is uncertain and random, which brings many hidden dangers to the driving safety. Therefore, the intelligent vehicle driving risk assessment under pedestrian-vehicle mixed driving scenario has important research value and application prospects.

Current vehicle risk assessment algorithms can be divided into two categories. One is risk assessment based on vehicle dynamics model, which is mainly studied from two perspectives of space safety and time safety. Space safety refers to the minimum distance required to avoid collision with the vehicle in front when the vehicle remains in the current driving state, i. e. , the minimum collision distance. As shown by Wang et al. (2020), time safety is the minimum amount of time required to avoid collision with the vehicle in front when the vehicle remains in its current driving state, i. e. , the minimum collision time. However, this model is relatively simple, and the impact of individual pedestrian movement changes on vehicle driving is not considered in the current research.

The other is based on artificial potential field. Li et al. (2019) established a safety control model to assess the driving risk based on game theory and improved driving risk field theory. Wu et al. (2021) derived a risk field based on the traffic flow field theory, on the basis of which they determined the following risk repulsion index as a way to assess the risk faced by drivers. Ma et al. (2023) developed a real-time risk assessment model to assess the risk of multi-vehicle interactions between interconnected and autonomous vehicles in weaving sections by using artificial potential field theory to determine the risk potential field between vehicles in weaving sections. However, this method mainly relies on the detection of on-board sensors and is limited by the viewing angle of the vehicle, which is unable to deal with the hidden driving hazards caused by obscured objects. Therefore, this paper integrates pedestrian track information into the human potential energy field model to make vehicle risk assessment more comprehensive and accurate.

1 Basic theory

1.1 Driving safety field concept

Wang et al. (2016) proposed the driving safety field, which introduces the influence factor of " human" into the artificial potential energy field and endows traffic participants with different physical fields. It is a vector field with temporal-spatial characteristics. Since road traffic participants are changing in real time and the risk to vehicle movement is directional, vector fields can be used to characterize the driving risk.

1.2 Improved intelligent vehicle driving safety field

1.2.1 Field strength

In the mixed pedestrian-vehicle traffic environment, it is difficult to have a collision in the opposite lane, so the intelligent vehicle mainly needs to detect the magnitude of the field strength value in front of the driving direction. Therefore, this paper improves the driving safety field by considering the effect of road width and number of lanes on driving safety in order to expand the coverage of potential field.

The field strength and distance vector generated by the intelligent vehicle located at (x_{tsf}, y_{tsf}) to the pedestrian located at (x_k, y_k) are defined as E_{tsfk} and L_{tsfk}, respectively. The expressions are shown in equations (1) and (2), respectively.

$$E_{tsfk} = E_{tsfk}(M_{tsfk}, L_{tsfk}, v_{tsf}, RC_{tsf}, W, N) \quad (1)$$

$$L_{tsfk} = (x_k - x_{tsf}, v_{tsf}, y_k - y_{tsf}) \quad (2)$$

Where M_{tsf} is the virtual mass of the vehicle, v_{tsf}

is the size of the vehicle driving speed, RC_{tsf}, W and N are the condition influencing factors, width and number of lanes of the road on which the vehicle is currently traveling, respectively.

Figure 1 shows the three-dimensional potential field. It can be seen from the figure that the closer the moving object is to the field source, the denser the field strength distribution. The direction of E_{tsfk} is consistent with the direction of decreasing field strength gradient, i. e., the direction away from the field source. At the same time, the size of E_{tsfk} is related to V_{tsf} and L_{tsfk}. When $|L_{tsfk}|$ is constant, the smaller the angle between $\vec{v}_{tsf}$ and $\vec{L}_{tsfk}$ is, the greater the field strength E_{tsfk} becomes.

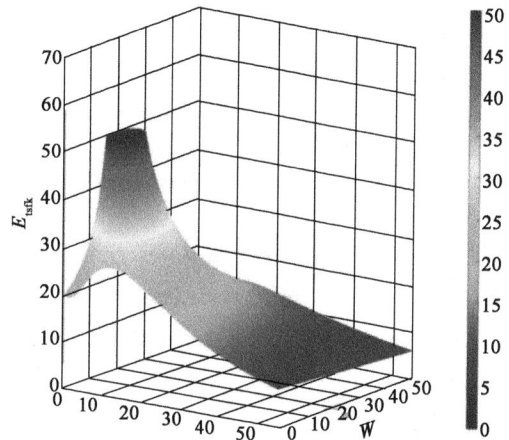

Figure 1   Three-dimensional potential field of moving vehicle

1.2.2 Field force

The field force F_{tsfk} refers to the force of the field source tsf on the pedestrian k. It can well describe the magnitude and direction of the value of the risk to which the pedestrian is exposed in the driving safety field. The expression is shown in equation (3).

$$F_{tsfk} = F_{tsfk}(M_k, E_{tsfk}, \alpha_{tsfk}, RC_k) \quad (3)$$

Where the factors affecting the magnitude and direction of the field force on pedestrians by the driving safety field mainly include the virtual mass of pedestrians M_k, the magnitude of the field strength E_{tsfk}, the angle between vehicle speed and vehicle-to-pedestrian distance vector α_{tsfk}, and the road condition factor RC_k and so on.

It can be seen from equation (3) that the field force F_{tsfk} is in the same direction as the field strength E_{tsfk}. From the above analysis, it can be seen that the direction of the field strength is away from the field source, so the direction of the field force F_{tsfk} indicates the direction away from the pedestrians.

It should be noted that when there are multiple traffic participants in the traffic scenario, the resultant force of the field forces (vectors) will appear to cancel each other out. However, in realistic scenarios, the superposition of multiple forces will only increase driving risk value. Therefore, when there are multiple traffic participants, the combined field forces cannot accurately describe the vehicle driving safety. In view of the above considerations, the field force is set as a scalar in this study to accurately describe the force on an object in a safe field.

2 Driving risk assessment model

The driving safety field is a descriptive model, which is not based on the derivation of physical formulas, but is committed to conforming to the actual situation of society.

In this paper, the driving safety field is improved to be more in line with the mixed pedestrian-vehicle roadway. The specific expressions of field strength and field force are investigated and

combined with the Hamilton-Jacobi-Bellman (HJB) equation to describe the impact of the change in pedestrian trajectory on the safety of driving, so as to establish a model for driving risk assessment.

2.1 Model construction

The distribution of the driving safety field becomes sparse as the gradient decreases, indicating that the field strength becomes smaller when moving away from the field source. At the same distance, the smaller the angle between the vehicle speed and the vehicle-to-pedestrian distance vector, the greater the field strength and the risk to the object. At the same time, the field strength gradient in front of the vehicle driving direction has the slowest decline and the greatest risk.

This phenomenon is similar to the Doppler effect of waves, which leads to the following formula for the field strength of thedriving safety field:

$$E_{\text{tsfk}} = \frac{P \cdot M_{\text{tsf}} \cdot RC_{\text{tsf}} \cdot q_2}{(q_2 - |v_{\text{tsf}}|\cos\alpha_{\text{tsfk}}) \cdot |L_{\text{tsfk}}|^{q_1}} \cdot \frac{-gradE_{\text{tsfk}}}{|gradE_{\text{tsfk}}|}$$

(4)

Where $P (>0)$, $q_1 (>1)$, q_2 are nonzero undetermined coefficients, M_{tsf} is the virtual mass of the vehicle, $gradE_{\text{tsfk}}$ is the gradient vector of E_{tsfk} and $\frac{-gradE_{\text{tsfk}}}{|gradE_{\text{tsfk}}|}$ is the unit vector in the direction of gradient descent. The formula of $gradE_{\text{tsfk}}$ is as follows:

$$
\begin{aligned}
gradE_{\text{tsfk}} &= \frac{\partial E_{\text{tsfk}}}{\partial x_k}\vec{l} + \frac{\partial E_{\text{tsfk}}}{\partial y_k}\vec{j} \\
&= \frac{PM_{\text{tsf}}RC_{\text{tsf}}WN[(q_2 - |v_{\text{tsf}}|)\sin\varphi_{\text{tsf}} + \cos\varphi_k\sin\alpha_k]}{(q_2 - |v_{\text{tsf}}|\cos\varphi_{\text{tsf}})^2 \cdot |L_{\text{tsfk}}|^{q_1+1}}\vec{l} + \\
&\quad \frac{PM_{\text{tsf}}[(q_2 - |v_{\text{tsf}}|)\cos\varphi_{\text{tsf}} - \sin\varphi_{\text{tsf}}\sin\alpha_{\text{tsf}}]}{(q_2 - |v_{\text{tsf}}|\cos\alpha_{\text{tsf}})^2 \cdot |L_{\text{tsfk}}|^{q_1+1}}\vec{j}
\end{aligned}
$$

(5)

Where φ_k is the new right-handed coordinate system XOY created by rotating the original coordinate system xoy counterclockwise by φ_k for ease of calculation.

Suppose a roadside pedestrian at (x_k, y_k) crosses the street in front of the intelligent vehicle driving direction, in which case the expression of F_{tsfk} is as follows:

$$F_{\text{tsfk}} = F_{\text{tsfk}}(E_{\text{tsfk}}, M_k, RC_k) = E_{\text{tsfk}} \cdot M_k \cdot RC_k$$

(6)

The pedestrian trajectory prediction information based on the Kalman filter algorithm (Yuan et al., 2021) is added to the traditional driving risk field. And the driving safety field force predicted based on the pedestrian trajectory at moment t is set as PF_{tsfk}. In order to reduce the effect of pedestrian trajectory prediction error on the risk value, the iteration factor μ is selected to iterate the prediction step size with reference to the HJB equation, that is, the longer the prediction duration, the more iterations of the risk value. The equation of PF_{tsfk} is as follows:

$$H_{tsfk(t)} = H_{tsfk(t+1)} \cdot \mu + H_{tsfk(t+1)} \cdot (1 - \mu) \quad (7)$$

$$PF_{tsfk(t)} = H_{tsfk(t)} \cdot \mu + F_{tsfk(t)} \cdot (1 - \mu) \quad (8)$$

2.2 Model parameter calibration

2.2.1 Virtual quality

Traffic participants on the road have their own virtual quality, which is used to represent their related attributes (such as quality, speed, type, etc.), and different virtual qualities can cause different levels of traffic risk. Here, taking a driving intelligent vehicle as an example, the specific expression of its virtual mass M_{tsf} is as follows:

$$M_{tsf} = M_{tsf}(m_{tsf}, T_{tsf}, v_{tsf})$$
$$= m_{tsf} \cdot T_{tsf} \cdot (\lambda \cdot v_{tsf}^{\beta} + \gamma) \quad (9)$$

Where α, β and γ are undetermined constants, m_{tsf} is the actual mass of the smart vehicle, T_{tsf} is the type of traffic participant on the road. Specific data can be obtained from historical traffic data.

2.2.2 Road condition impact factor

The size of the driving safety field generated is related to the road conditions, and the influence factor of road conditions is expressed by RC_{tsf}, and its specific expression is as follows:

$$RC_{tsf} = RC_{tsf}(\mu_{tsf}, \rho_{tsf}, \tau_{tsf}, \delta_{tsf})$$
$$= \Gamma_{\mu}(\mu_{tsf}) \cdot \Gamma_{\rho}(\rho_{tsf}) \cdot \Gamma_{\tau}(\tau_{tsf}) \cdot \Gamma_{\delta}(\delta_{tsf}) \quad (10)$$

Where μ_{tsf} is the pavement condition factor, ρ_{tsf} is the pavement slope factor, τ_{tsf} is the road linearity factor, δ_{tsf} is the current road visibility factor. Γ_{μ}, Γ_{ρ}, Γ_{τ}, Γ_{μ} are the risk evaluation functions for pavement conditions, slope, alignment, and visibility, respectively. They are determined by: (1) The impact factor when the road is in the best condition is set to 1, and choose this as the standard value. (2) The road condition impact factor under other conditions is equal to the ratio of the number of fatalities in accidents on this condition of road to the average number of fatalities in accidents, $\Gamma \in [1, +\infty)$.

2.2.3 Other undetermined coefficient

P, q_1 and q_2 are determined by the relative magnitudes of the field strengths generated by the moving object and the driving vehicle, etc., the distance between the moving object and the field source, and the velocity of the field source motion, respectively.

3 Case verification of the model

As shown in Figure 2, the roadway selected for the experiment is a campus intersection section with mixed traffic and two lanes in both directions. Pedestrians and vehicles move in the same lanes, without the control of barriers, crosswalks and traffic lights. The width of the lane is 3.5m, andthe speeds of vehicle range from 0 to 30 kilometers per hour.

Figure 2 Actual environment of the road

3.1 Specific calibration values of model parameters

The specific calibration values of undetermined coefficients in the driving safety field model are shown in Table 1.

Model Parameters Calibration Table 1

Parameters	Numerical Value	Parameters	Numerical Value
m_{tsf}	1400	RC	$RC_{tsf} = RC_k = 1$
m_k	70	W	1/3.0
T_{tsf}	1.0	N	2
λ	1.56×10^{-14}	P	0.1
β	6.678	q_1	1.5
γ	0.3345	q_2	160.0

Since the impact factors of road conditions are the same at each location of the road in the experimentally collected traffic scenarios, we take $RC_{tsf} = RC_k = 1$.

3.2 Comparison of the driving safety field before and after improvement based on field force

In order to quantify the degree of risk involved in the movement of vehicles, Monte Carlo simulation experiments are used to simulate the decision-making process ofvehicles with the assistance of the driving safety field model. The parameter Settings are shown in Table 2.

Parameters setting of Monte Carlo simulation

Table 2

Parameters	Numerical Value	Unit
Vehicle initial speed	U (4,8)	m/s
Vehicle initial location	U (−2,2), U (−0.5,0.5)	m
Vehicle initial direction	0	°
Pedestrian initial speed	U (0,1.65)	m/s
Pedestrian initial position	U (20,30), U (−4, −2)	m
Pedestrian initial direction	U (0,360)	°

All parameters except the initial direction of the vehicle obey a uniform distribution. And the motion state of the vehicle and pedestrian are randomly generated in the interval. The predicted distribution of pedestrian positions at the next moment is randomly sampled to obtain the pedestrian's position at the next moment to simulate the pedestrian's movement. TTC^{-1}, the inverse of TTC, is selected as the evaluation index of driving risk in time logic, in order to avoid the problem that the comparison between models is not intuitive due to the excessive aggregation of TTC data. In order to compare the driving comfort of the driving safety field before and after the improvement, it is considered to increase the threshold value of the safety field force to compare the braking times more intuitively. During the simulation, the magnitude of the current field force F_{tsfk} is calculated and its threshold value is set to 50. When $F_{tsfk} \geq 50$, the vehicle brakes and each braking reduces its speed by 1m/s.

Themagnitude and trend of the driving safety field force before and after the improvement, as well as the comparison of TTC^{-1} of the two driving safety fields after adding the threshold condition of field force are shown in the following figure. The purple curve represents the driving risk assessment model based on pedestrian trajectory prediction, and the blue curve represents the driving risk assessment model without prediction.

As shown in Figure 3a), since the information that pedestrians have a tendency to approach the vehiclehas been entered into the vehicle, the field force of the purple curve is higher in the initial state, which indicates that the risk value calculated by the improved model is greater. In addition, the improved model reaches the set threshold faster, indicating that it can make the vehicle respond quickly to decision. As shown in Figure 3b), the value of TTC^{-1} of the improved model is overall smaller, indicating that the vehicle is safer to drive. It shows fewer braking times, indicating that the vehicle travels more gently, which can improve one's ride comfort.

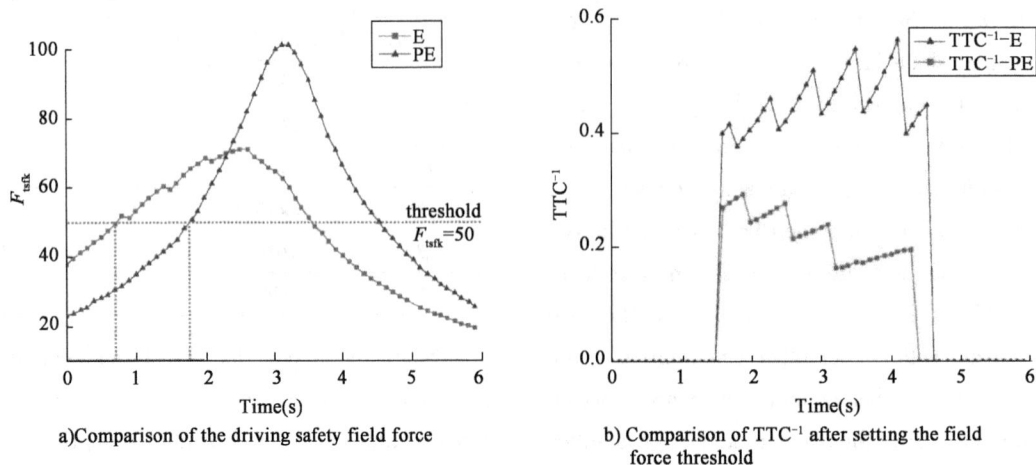

a)Comparison of the driving safety field force

b) Comparison of TTC^{-1} after setting the field force threshold

Figure 3 Comparison of the driving safety field force and TTC^{-1}

The average value of TTC^{-1}, the peak average value of TTC^{-1} and the average braking times are calculated by 1500 Monte Carlo simulations, and the comparison results of the driving risk assessment model before and after improvement are shown in Figure 4.

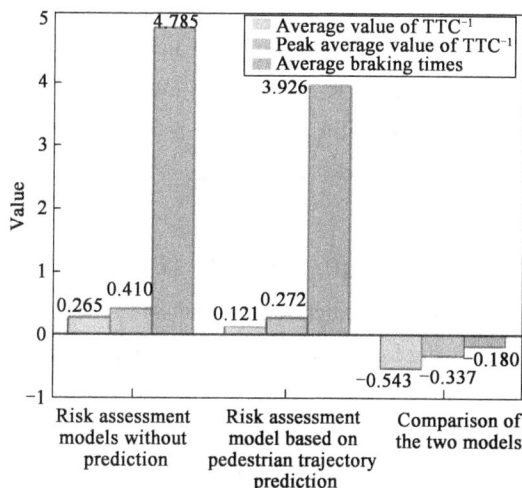

Figure 4   Results of comparison between unpredicted and prediction-based risk assessment models

As can be seen from the above figure, compared with the risk assessment model without trajectory prediction, the average value and the peak average value of TTC^{-1} of the improved model are reduced by 54.3% and 33.7%, respectively. And the average number of braking times is also reduced by 18 per cent.

3.3   Comparison of the driving safety field before and after improvement based on field strength

Based on the parameter settings in Figure 1, the E_{tsfk} before and after the improvement is calculated, and the comparison of their two-dimensional potential energy is shown in Figure 5. The white dashed line is the lane line. The x axis is the length of the roadway, and the forward direction of the vehicle is set to be positive. The y axis is the width of the lane, and the left side of the forward direction of the vehicle is set to be positive. The rightmost side is a legend of the field strength values, from blue to red indicating that the field strength goes from weak to strong.

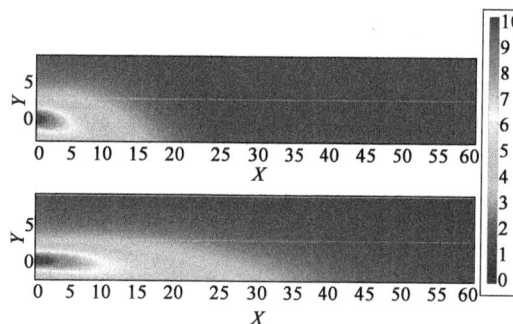

Figure 5   Comparison of two-dimensional potential energy of the driving safety field before and after improvement

It can be seen that the improved E_{tsfk} has a semi-elliptical shape with a small lateral gradient, which provides a strong perception for longer distances in the direction of vehicle driving. Assuming that pedestrian crosses the street at 30 ~ 35m on the x-axis, the experimental vehicle detected the positions P_1 to P_4 as the historical movement trajectories of pedestrian. The movement trajectory of the pedestrian in the next 3 ~ 4s is predicted to be positions P_5 to P_7. And schematic diagram of the driving safety field formed by the pedestrian corresponding to the vehicle at the moment of P_4 is shown in Figure 6.

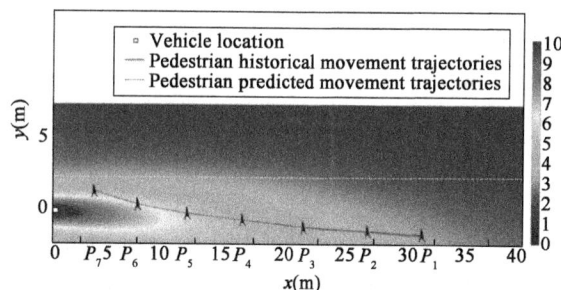

Figure 6   Schematic diagram of the driving safety field and pedestrian trajectory at moment P_4

It can be seen in the figure that the field strength value is increasing as the pedestrian moves in the direction of the vehicle, indicating that the risk value generated by the current driving state of the vehicle to pedestrians keeps increasing. The equations created by the driving safety field model can quantitatively describe the value of risk to which pedestrians are exposed. By calculating the correspondence between the magnitude of the field strength generated during vehicle driving and the future trajectory of the pedestrian, the relationship between field strength and trajectory can be obtained, as shown in Figure 7.

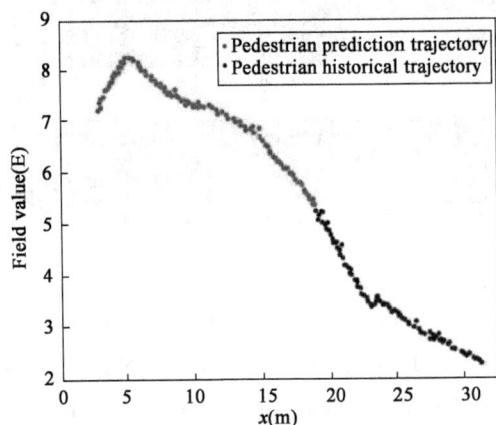

Figure 7 Pedestrian trajectory-field strength curve diagram

In the figure, the black part is the historical trajectory of pedestrians, and the red part is the predicted trajectory of pedestrians based on Kalman filter algorithm. It can be seen that the predicted field strength value is gradually increasing as the pedestrian gets closer to the vehicle. When the pedestrian is just about to cross the road, the future risk value can be obtained by means of prediction. Intelligent vehicle will make corresponding driving decisions in advance according to the predicted risk value, which can make it safer and more comfortable.

4 Conclusions

In this paper, we quantify the risk generated during vehicle driving as a way to assess the risk of pedestrians and vehicles in pedestrian-vehicle mixed scenarios. The results of 1500 Monte Carlo simulation experiments show that the model based on pedestrian trajectory prediction has more collision time remaining and fewer average braking times. Combined with the prediction of pedestrian trajectory, the potential energy distribution of vehicles and the correspondence between pedestrian position and field strength can be intuitively expressed. It shows that the model proposed in this paper has a significant improvement in driving safety and comfort.

The conclusion of this study is mainly applied to the decision-making system of collision avoidance for intelligent vehicles. However, in practical engineering applications, the algorithm should be updated to meet the real-time requirements as the road conditions change. Increasing attention is being paid to the driving safety of bicycles and e-bikes in China. This research can also be extended to these vulnerable road users to study the interaction behaviours of each participant in order to improve the intelligent assistant decision-making ability of vehicles as well as to ensure the safety of each road participant.

References

[1] WANG X, LIU J, QIU T, et al. A real-time collision prediction mechanism with deep learning for intelligent transportation system[J]. IEEE transactions on vehicular technology, 2020, 69(9): 9497-9508.

[2] LI M, SONG X, CAO H, et al. Shared control with a novel dynamic authority allocation strategy based on game theory and driving safety field[J]. Mechanical Systems and Signal Processing, 2019, 124: 199-216.

[3] WU B, YAN Y, NI D H, et al. A longitudinal car-following risk assessment model based on risk field theory for autonomous vehicles[J]. International journal of transportation science and technology, 2021, 10(1): 60-68.

[4] MA Y L, DONG F Q, YIN B Q, et al. Real-time risk assessment model for multi-vehicle interaction of connected and autonomous vehicles in weaving area based on risk potential field [J]. Physica A: Statistical Mechanics and its Applications, 2023, 620: 128725.

[5] WANG J Q, WU J, LI Y, et al. Concept, Principle and Modeling of Driving Risk Field Based on Driver-vehicle-road Interaction [J]. China Journal of Highway and Transport, 2016, 29 (1): 105-114.

[6] YUAN C C, SONG J X, HE Y G, et al. Active collision avoidance algorithm of autonomous vehicle based on pedestrian trajectory prediction [J]. Journal of Jiangsu University: Natural Science Edition, 2021, 42(1):1-8.

基于机器学习的不同等级隧道出口
视觉差异性研究

石镇玮[1] 焦方通[1] 孙　锋[1] 李平凡[*2] 严　永[2] 杨梓艺[1]

(1. 山东理工大学交通与车辆工程学院;2. 公安部交通管理科学研究所道路交通安全公安部重点实验室)

摘　要　随着交通基础设施的不断发展,隧道作为连接关键交通节点的主要道路类型之一,在道路交通体系中的作用日益凸显。而不同等级的隧道在设计标准和行车环境等方面存在差异,其差异性直接影响出口区域的驾驶人视觉感知,且与交通安全密切相关。本文通过高斯混合聚类机器学习模型研究高速公路隧道和国道隧道出口区域驾驶人注视潜在影响点,利用轮廓系数确定最佳分类簇数,并以注视点分布、注视时间以及扫视速度为主要参数,分析不同等级隧道之间的驾驶人视觉差异性。研究发现,在高速公路隧道出口区域,驾驶人的注视点可划分为与高斯分布较为吻合的 3 个类别,而国道隧道则呈现出 4 个高斯分布特征。在两类隧道出口,驾驶人 65% 的注视点均分布在当前车道前方近处区域。不同的是由于国道隧道存在对向来车、非机动车以及行人等,导致当前车道右侧区域注视点占比和平均注视时间比高速公路隧道多 13.47%、0.9(取对数后),且国道隧道的扫视速度主要集中在 0.25 ~ 0.3 deg/ms 区间上占比为 75.47% 和 31.14%。

关键词　交通安全　隧道出口　机器学习　注视特性　扫视特性

0　引言

近年来,公路隧道呈现迅猛增长的发展趋势,在一些山区和城市化进程较快的城市尤为显著,隧道能够有效提高行车效率、减少行车距离以及节省土地资源,对国民经济的发展起到了很大的促进作用[1,2]。截至 2022 年底,全国公路隧道 24850 处、2678.43 万延米,其中特长隧道 1752 处、795.11 万延米,长隧道 6715 处、1172.82 万延米[3]。公路隧道飞速发展给交通安全带来了新的挑战[4-5]。统计表明,隧道路段的事故率为全线的 1.31 ~ 9.67 倍,平均约 5.17 倍,隧道事故总数、受伤人数、死亡人数的比例均远高于常规路段[6]。

驾驶人因素直接导致的交通事故约占 65%,而与驾驶人因素相关的交通事故约占 93%[7],以上数据充分说明驾驶人在整个交通事故预防工作中的核心地位。驾驶人既是交通环境信息的接收者,又是车辆的驾驶者,是维护驾驶人—行人—车辆—道路系统安全运行的最主要元素[8]。据统计,在车辆行驶过程中,各个感受器官提供驾驶人感知交通信息的比例数据为:视觉占总体的 80%,听觉占 14%,触觉占 2%,味觉占 2%,嗅觉占 2%[9]。

杜志刚等[10]通过大量隧道出口行车试验,获取驾驶人瞳孔对光照强度的反应,首先提出视觉震荡的概念,并利用换算视觉震荡时间,建立视觉舒适程度评价指标,量化评价隧道出口的安全性与舒适度;梁波等[11]通过进行实车试验,利用眼动仪和生理仪采集驾驶人在特长隧道出口的瞳孔面积、心率和呼吸频率等生理指标数据,将隧道出口进一步划分,量化不同区段的整体生理负荷大小;焦方通等[12]以瞳孔面积最大瞬态速度值为评价指标,对视觉负荷做定量研究,结合出入隧道时连续时间序列下照度的变化,验证了格栅式遮光棚、出口两侧较高的隧道侧墙可缓解黑白洞效应、提升视觉舒适性。

在隧道等视线受限的道路环境中,分心驾驶、跟车过近、危险变道等是导致追尾碰撞的重要原因[13];Triggs 等[14]通过研究车速、驾驶负荷和车

基金项目:国家自然科学基金青年项目(52302437),道路交通安全公安部重点实验室开放课题基金资助(2023ZDSYSKFKT11),山东省科技型中小企业创新能力提升工程项目2022TSGC2279),山东理工大学博士科研启动项目(422049)。

道宽度之间关系,表明窄的车道宽度会降低行车速度、增加驾驶人的驾驶负荷;Vashitz 等[15]从驾驶人心理角度分析隧道行车的安全问题,指出车载信息系统可提高隧道行车的安全性。

冯忠祥等[16]以实车试验为基础,发现驾驶人心率增长率对坡度敏感程度度要高于其对速度的敏感程度,而且驾驶人在下坡段行驶时比上坡段更紧张;赵晓华等[17]则基于驾驶模拟技术获得驾驶人驾驶行为及相应视觉数据,提出评价指标体系并量化综合效果,探究最优设施的布设参数,以及多因素对驾驶行为的影响机理。

1　试验方案

1.1　试验场景及被试者

实车试验所选择的路段分别为山东省内的一处高速公路隧道和国道隧道。其中,高速公路隧道为双向 8 车道分离式隧道,单幅全长 1435m,其中右幅长 695m,左幅长 740m;国道隧道为单洞双向车道,全长 735m,其中机动车道和非机动车道各 2 条,另外两侧均有人行道,高速公路隧道和国道隧道基础参数如表 1 所示。设备使用眼镜式眼动追踪系统 Dikablis Glass 3,可兼容眼镜,双眼采集,场景摄像头、眼部摄像头可调,支持兴趣区域分析,瞳孔追踪精度 0.1°,视线追踪精度 0.1°~0.3°,采样频率 60 Hz。

隧道基础参数信息　　　　表1

特点	高速公路隧道	国道隧道
出口线形	直线	
洞口朝向	北向出口	
隧道等级	一级	二级
隧道限速	100km/h	40km/h
隧道结构	双洞双向八车道	单洞双向四车道
交通组成	机动车	人机非混行

被试驾驶人参考中国驾驶人中男女比例为7:3,共招募了18名驾驶人,女性驾驶人5名、男性驾驶人13名。所有驾驶人均为 25~44 岁的中青年人,因此,并未考虑年龄对驾驶行为的影响,所有人的身体健康并且视力(或佩戴眼镜后视力)正常。考虑到实车试验的安全性以及隧道行车经验可能会对试验结果造成干扰,因此在招募被试驾驶人时要求所有人都有过高速公路隧道及国道隧道的行车经历,试验场景如图 1 所示。

a)高速隧道出口　　　　　　b)国道隧道出口

图1　实车试验场景

1.2　试验流程与数据采集

考虑到不同交通流量状态对驾驶人视觉特性的干扰,选取周一至周五上午 9:00—11:00 和下午 15:00—17:00 的低流量状态开展试验。每位驾驶人在完成一次实车试验后,休息 10min 再依次进行试验,以此避免长时间行车或驾驶疲劳的影响。且不良天气下暂停试验,尽最大可能确保试验条件的一致性。

利用驾驶人休息的时间及时导出设备采集的数据,并将试验数据和行车记录仪的视频数据做好相应编号,以便试验结束后根据时间以及距离节点提取隧道出口区域的注视点坐标、注视时间、扫视角度以及扫视时间进行分析。

2　高斯混合注视聚类

2.1　数据预处理

提取隧道出口区域前后各 100m 试验数据进行分析。以不同驾驶人在同一位置对相同标志的注视点坐标为参考标准,并对注视点坐标进行校准,如公式(1)、(2)、(3)所示。

$$A_i = \min_{1 \leqslant i \leqslant k} \left\{ \sqrt{(X_a - x_i)^2 + (Y_a - y_i)^2} \right\} \qquad (1)$$

式中：A_i——驾驶人注视点到注视点坐标平均值的最小距离；

X_a、Y_a——所有驾驶人注视点坐标平均值；

x_i、y_i——i 帧注视坐标。

$$\begin{cases} D_{xi} = x_i - X_c \\ D_{yi} = y_i - Y_c \end{cases} \qquad (2)$$

$$\begin{cases} x_{xii} = x_{ii} - D_{xi} \\ y_{yii} = y_{ii} - D_{yi} \end{cases} \qquad (3)$$

式中：D_{xi}、D_{yi}——i 驾驶人注视点坐标轴上校准距离；

X_c、Y_c——校准的标准注视点坐标；

x_{xii}、y_{yii}——校准后坐标；

x_{ii}、y_{ii}——i 驾驶人第 i 帧的坐标。

最后，将不同隧道出口区域驾驶人注视点融合到一个坐标系中，通过归一化处理，将数据限定在 $[0,1]$，从而消除奇异样本数据导致的不良影响，如公式(4)所示。

$$\begin{cases} x_i' = \dfrac{x_i - \min(x_i)}{\max(x_i) - \min(x_i)} \\ y_i' = \dfrac{y_i - \min(y_i)}{\max(y_i) - \min(y_i)} \end{cases} \qquad (4)$$

式中：x_i'、y_i'——归一化后坐标点；

x_i、y_i——归一化前坐标点。

2.2 高斯混合聚类模型搭建

为了深入研究高速公路隧道和国道隧道出口驾驶人视觉特性的差异性，本文采用高斯混合聚类模型(Gaussian Mixture Model, GMM)对驾驶人在不同等级隧道出口区域的注视点分布进行系统性的聚类分析。

GMM 是一种"软聚类"机器学习算法，通过多个高斯分布函数的线性组合，并赋予不同权重系数，能够精确挖掘出在不同等级隧道出口区域，由于行车环境的差异性，所导致注视点分布的潜在变化因素。假设输入的样本服从 k 个参数未知的高斯分布，每一个高斯分布都对应不同的均值 μ_i 和协方差矩阵 $\sum i (1 \leqslant i \leqslant k)$。

首先，对 GMM 的各个变量进行初始化，由 k 个高斯分布组成的 GMM 的概率密度函数为：

$$p(x) = \sum_{i=1}^{k} \alpha_i \times p(x|\mu, \sum i) \qquad (5)$$

式中：k——高斯分布数量；

α_i——高斯分布的权重(也称为先验分布)；

μ_i——高斯分布的均值向量；

$\sum i$——协方差矩阵；

x——随机变量。

计算 x_j 由各混合成分生成的后验概率，即观测数据 x_j 由第 i 个分模型生成的概率 $p(\sum i = i | x_j)$，并记为 $\gamma_{i,j}$，如公式(6)所示。

$$\gamma_{i,j} = \frac{\alpha_i \cdot p(x|\mu_i, \sum i)}{\sum_{p=1}^{k} \alpha_i \cdot p|\mu_p, \sum p} \qquad (6)$$

计算新模型中的高斯分布的均值向量 μ_i、协方差矩阵 $(\sum i)'$，高斯分布的权重 α_i，如公式(7)、(8)、(9)所示。

$$\mu' = \frac{\sum_{j=1}^{m} \gamma_{i,j} x_{i,j}}{\sum_{j=1}^{m} \gamma_{i,j}} \qquad (7)$$

$$(\sum i)' = \frac{\sum_{j=1}^{m} \gamma_{i,j} (x_j - \mu_i')(x_j - \mu_i')}{\sum_{j=1}^{m} \gamma_{i,j}} \qquad (8)$$

$$\alpha_i' = \frac{\sum_{j=1}^{m} \gamma_{i,j}}{m} \qquad (9)$$

按照新模型中的参数不断进行重复计算，直至高斯收敛。最后，按照 λ_j 划入对应的簇，最终得到 k 个聚类。如公式(10)所示。

$$\lambda_j = \underset{i \in \{1,2,\cdots,k\}}{\arg\max} \gamma_{i,j} \qquad (10)$$

2.3 注视点聚类

在 GMM 聚类中，如果簇数过多，可能会导致过拟合；如果簇数过少，可能会导致欠拟合。因此，在选择簇数时，本文根据实际的数据分布和隧道环境的需求进行权衡，并结合轮廓系数来确定最佳的簇数。

轮廓系数(Silhouette Coefficient)是一种用于量化评估聚类效果的指标，它通过计算样本点在其所属簇内的平均距离(紧凑性)和到最近邻簇的平均距离(分离性)之比来评估聚类的质量。轮廓系数的值介于 -1 和 1 之间，如公式(11)所示。

$$S_i = \frac{b_i - a_i}{\max\{a_i, b_i\}} \qquad (11)$$

其中，S_i 用来评价样本 i 是否合适于所在的簇，若 S_i 的值接近 1，则表明簇内平均距离 a_i 小于最小簇间平均距离 b_i，即样本 i 聚类合理；反之，若 S_i 的值接近 -1，则说明样本 i 的聚类不理想，更适合聚类至其他簇;若 S_i 近似为 0,则说明样本 i 在两个簇的边界上。

通过对比不同簇数下的轮廓系数,选取最佳簇数。轮廓系数结果如图 2 所示。

图 2　注视点不同簇数下的轮廓系数

在高速公路隧道出口,驾驶人注视点聚类结果最佳聚类簇数为 3 时,轮廓系数达到了峰值,为 0.776,而国道隧道出口驾驶人注视点聚类结果最佳聚类簇数为 4 时,轮廓系数达到了峰值,为 0.806。

3　隧道出口视觉特性分析

3.1　注视点分析

根据轮廓系数确定的最佳簇数,隧道出口区域的注视点聚类结果如图 3、图 4 所示。

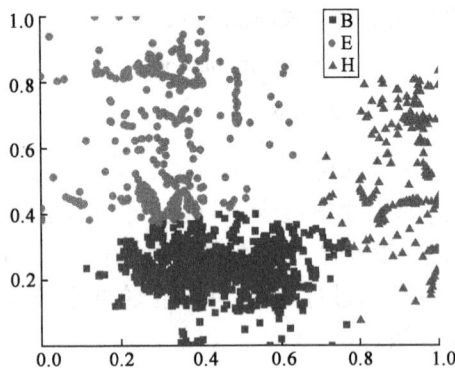

图 3　高速公路隧道出口注视点聚类结果

图 4　国道隧道出口注视点聚类结果

在高速公路隧道出口区域,存在 3 个与高斯分布较为匹配的类别;而在国道隧道出口中,则展现出 4 个具有高斯分布特征的区域。其中,B 类指当前车道的前方近处,E 类指当前车道的前方左侧区域,H 和 K 类分别代表前车道前方右侧区域远处和近处。

在国道隧道的行车过程中由于存在对向来车的潜在干扰,驾驶人同时还要注意非机动车与行人的动态变化,注视点分布更加偏向左右两侧,导致当前车道的前方远处出现视野忽视区,其复杂性相较于高速公路隧道出口区域更为显著。因此,驾驶人在国道隧道内的视觉注意力分布相较于高速公路隧道出口,呈现出更为多样化的特征。

为了深入挖掘高速公路隧道和国道隧道出口视觉分布特性,统计注视点个数百分比及累计百分比进行分析,结果如图 5 所示。

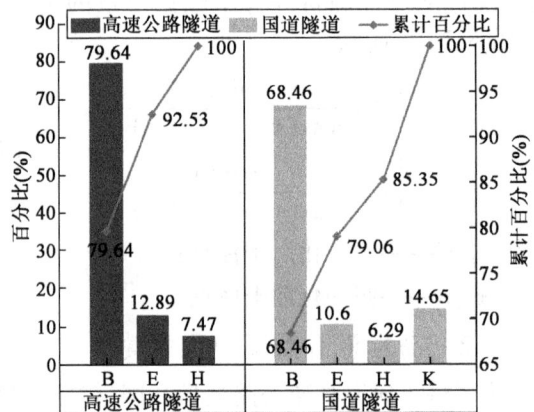

图 5　注视点个数百分比及累计百分比

在高速公路隧道和国道隧道出口区域行车过程中,B 类注视点分布占比最大,分别为 79.64% 和 68.46%。而 B 类注视点位置对应当前车道的前方近处,说明在隧道出口驾驶人更多地会将注意放在车辆前方。

在高速公路隧道行驶时,驾驶人注视点分布在当前车道前左、右两侧区域占比为 20.36%;而在国道隧道行驶时,由于环境的复杂性,驾驶人需要将更多的注意去关注其他区域,致使其他区域占比之和与高速公路隧道相比增加 11.18%,达到 31.54%。并且国道隧道当前车道前方右侧区域占比(H + K)比高速公路(H)多 13.47%。由此表明,在国道隧道出口区域,右侧的非机动车和行人给驾驶人带来更多的驾驶负荷。

3.2 注视时间分析

行驶过程中的注视时间可以在一定程度上反映驾驶员提取信息的难度,信息处理难度越高,注视持续时间越长。将注视时间 t_z 对数化处理,其结果如图6所示。

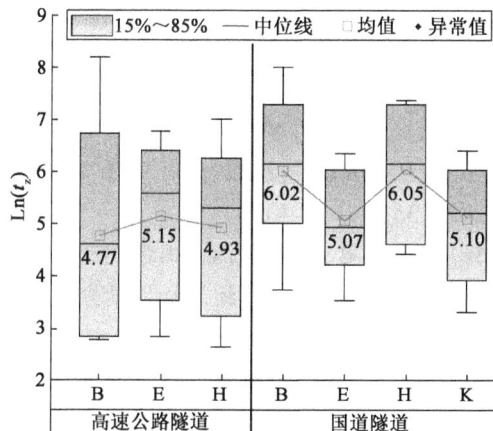

图6 注视时间箱线图

高速公路隧道出口区域,取对数后的平均注视时间为4.95,低于国道隧道的5.54。此外,高速公路隧道各类别注视时间的85th和15th差值均大于国道隧道,表明驾驶人在高速公路隧道的注视时间分布范围更加广泛。相对而言,国道隧道的注视时间分布较为集中,且注视时间较长。

在高速公路隧道出口区域,E类平均注视时间最长,为5.15;而国道隧道则是H类最长,为6.05。表明驾驶人在提取和处理高速公路隧道当前车道前方左侧区域和国道隧道右侧远处区域信息难度最大。然而,由于国道隧道对向来车的干扰较大,其难度相对于高速公路隧道更加困难。因此,国道隧道注视最长类别的平均最长注视时间比高速公路隧道长0.9。

3.3 扫视行为分析

扫视角作为衡量视觉广度的重要指标,通过量化相邻注视点间的视角度数来反映个体的视认范围。而扫视时间则精确地描述了扫视行为起止时长。为了深入探究高速公路隧道与国道隧道出口的扫视行为差异,将扫视角度与扫视时间的比值作为扫视速度,来比较两隧道的差异性。较高的扫视速度意味着能在较短时间内覆盖更广泛的视觉区域,但以降低对特定目标的细致关注和理解为代价。

数据表明,扫视速度处于0～0.3deg/ms区间内。为了更细致地比较高速公路隧道与国道隧道出口区域的扫视行为,将此区间以0.05deg/ms等分,划分为6个不同的扫视速度区间。可以更准确地分析两类隧道出口区域扫视行为差异,结果如表2所示。

隧道出口扫视行为各区间百分比　表2

区间(deg/ms)	高速公路隧道	国道隧道
0.0～0.05	22.62%	4.58%
0.05～0.1	5.36%	10.37%
0.1～0.15	19.64%	17.13%
0.15～0.2	27.98%	12.47%
0.2～0.25	8.33%	16.89%
0.25～0.3	13.69%	38.20%

在高速公路隧道出口区域,驾驶人的扫视速度主要集中在中低速。具体来看,扫视速度在0.0～0.05deg/ms区间内的占比为22.62%,驾驶人在出口区域较为缓慢的扫视约占1/5。而在0.1～0.15deg/ms和0.15～0.2deg/ms两个区间内仍有相对较高的占比,分别为19.64%和27.98%。说明在高速公路隧道出口区域,驾驶人以中低速的扫视为主,且占比为77.98%。

而在国道隧道出口区域,驾驶人的扫视速度分布则呈现出不同的特点。扫视速度在0.25～0.3deg/ms区间内的占比最高,为38.20%,即驾驶人在出口区域进行了相对较快的扫视。此外,扫视速度在0.1～0.15deg/ms和0.2～0.25deg/ms区间内的占比也较高,分别为17.13%和16.89%。相对地,扫视速度在0.0～0.05deg/ms区间内的占比最低,为4.58%,明显低于高速公路隧道的占比。这表明由于国道隧道出口区域复杂多变的驾驶环境,驾驶人较少进行缓慢而细致的扫视,而更倾向于进行快速地扫视,以应对非机动车、行人等多变环境。

为了进一步研究高速公路隧道与国道隧道出口区域各类别之间扫视行为,分别统计各类别扫视速度区间占比,统计结果如图7所示。

对于高速公路隧道出口,在当前车道前方右侧区域(H),驾驶人的扫视速度主要分布在中等偏快速度区间内,在0.15～0.2deg/ms区间上达到了整个高速公路隧道的峰值,为47.17%。

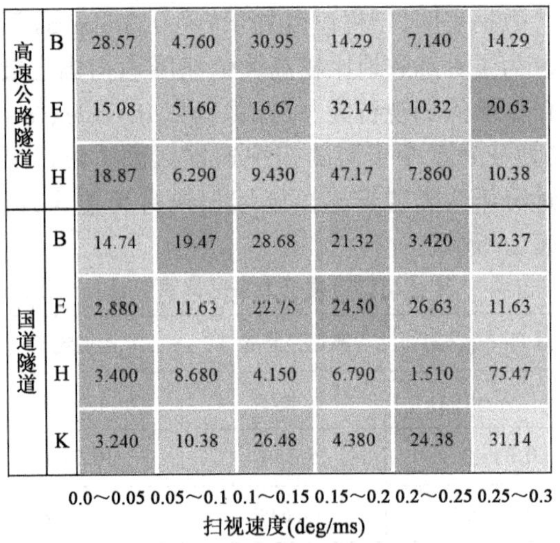

		0.0~0.05	0.05~0.1	0.1~0.15	0.15~0.2	0.2~0.25	0.25~0.3
高速公路隧道	B	28.57	4.760	30.95	14.29	7.140	14.29
	E	15.08	5.160	16.67	32.14	10.32	20.63
	H	18.87	6.290	9.430	47.17	7.860	10.38
国道隧道	B	14.74	19.47	28.68	21.32	3.420	12.37
	E	2.880	11.63	22.75	24.50	26.63	11.63
	H	3.400	8.680	4.150	6.790	1.510	75.47
	K	3.240	10.38	26.48	4.380	24.38	31.14

0.0~0.05 0.05~0.1 0.1~0.15 0.15~0.2 0.2~0.25 0.25~0.3
扫视速度(deg/ms)

图7 各类别内扫视速度各区间占比

与之相比,在国道隧道出口,驾驶人对于当前车道前方右侧区域(H、K)的扫视速度明显快于其他区域,特别是在 0.25 ~ 0.3deg/ms 内占比高达 75.47% 和 31.14%。表明驾驶人需要对当前车道前方右侧区域快速扫视,及时感知非机动车与行人状况,以应对复杂环境。

4 结语

在高速公路隧道和国道隧道进行实车试验采集眼动数据,并以注视点坐标、注视时间以及扫视速度为主要参数,对比分析不同道路等级隧道出口区域驾驶人的视觉特性,得到了如下 3 点结论:

(1)利用高斯混合聚类机器学习模型,高速公路隧道出口区域的驾驶人注视点数据可划分为与高斯分布较为吻合的 3 个类别,而由于国道隧道双向通行、交通混行等行车环境,驾驶人的注视点数据则呈现出 4 个高斯分布的特征。

(2)在隧道出口区域驾驶人对高速公路隧道当前车道前方左侧区域和国道隧道右侧远处区域注视时间最长,获取信息难度最大,由于驾驶环境的差异性,国道隧道注视最长类别的平均最长时间比高速公路隧道长0.9。

(3)高速公路隧道出口区域的驾驶人扫视速度在 0 ~ 0.3deg/ms 区间上分布相对较为均匀,而国道隧道出口区域扫视速度在 0.0 ~ 0.05deg/ms 区间内的占比仅为 4.58%,而 H、K 注视区在 0.25 ~ 0.3deg/ms 区间上占比分别高达 75.47% 和 31.14%,驾驶人更倾向于相对较快地扫视当前车道前方右侧区域,来应对对向来车、非机动车以及行人等复杂的交通状况。

本文定量研究了驾驶人在两种不同等级隧道出口区域的视觉差异性,对于隧道出入口的行车安全环境优化及改善提供了理论支持。但限于试验开展难度、时间与经济成本等,选取了典型的两类隧道开展相关研究。进一步探究隧道出口驾驶人生理心理、驾驶行为与交通安全的关系,将是下一阶段的研究重点。

参考文献

[1] 《中国公路学报》编辑部. 中国交通隧道工程学术研究综述·2022[J]. 中国公路学报,2022,35(04):1-40.

[2] 张璇,唐进君,黄合来,等. 山区高速公路隧道路段与开放路段的事故影响因素分析[J]. 交通信息与安全,2022,40(03):10-18.

[3] 胡明伟,吴雯琳,田卿燕,等. 基于驾驶模拟的隧道照明对行车安全及舒适度评价影响研究[J]. 南京信息工程大学学报(自然科学版),2024:1-21.

[4] 马天宇,张立宪,苏舟. 基于北斗的隧道应急定位系统研究与应用[J]. 隧道建设(中英文),2023:1-8.

[5] 陈昭明,徐文远,曲悠扬,等. 基于混合 Logit 模型的高速公路交通事故严重程度分析[J]. 交通信息与安全,2019,37(03):42-50.

[6] YAN Y, DAI Y, LI X, et al. Driving risk assessment using driving behavior data under continuous tunnel environment [J]. Traffic Injury Prevention, 2019, 20(8): 807-812.

[7] 张旭欣,王雪松,马勇,等. 驾驶行为与驾驶风险国际研究进展[J]. 中国公路学报,2020,33(06):1-17.

[8] 杜志刚,孟爽,郑展骥,等. 基于视觉参照系重构的高速公路长隧道照明设置新方法[J]. 公路,2017,62(2):230-237.

[9] LI W, HUANG J, XIE G, et al. A survey on vision-based driver distraction analysis [J]. Journal of Systems Architecture, 2021, 121.

[10] 杜志刚,潘晓东,杨轸,等. 高速公路隧道出口视觉震荡与行车安全研究[J]. 中国公路学报,2007(5):101-105.

[11] 梁波,文森,肖尧,等. 特长隧道出口驾驶员生理负荷与行车安全性研究[J]. 隧道建设(中英文),2021,41(9):1461-1467.

[12] 焦方通,杜志刚,王首硕,等.城市水下特长隧道出口视觉及舒适性研究[J].中国公路学报,2020,33(6):147-156.

[13] GODLEY S, TRIGGS T, FILDES B. Perceptual lane width, wide perceptual road centre markings and driving speeds[J]. Ergonomics, 2016, 47(3): 237-256.

[14] WANG X, LIU Q, GUO F, et al. Causation analysis of crashes and near crashes using naturalistic driving data [J]. Accident Analysis & Prevention, 2022, 177: 106821.

[15] VASHITZ G, SHINAR D, BLUM Y. In-vehicle information systems to improve traffic safety in road tunnels[J]. Transportation Research Part F Traffic Psychology & Behaviour, 2018, 11 (1): 0-74.

[16] 冯忠祥,杨苗苗,马昌喜,等.城市下穿隧道纵坡坡度和速度对驾驶人心率增长率的影响[J].中国公路学报,2018,31(4):66-77.

[17] 赵晓华,董文慧,鞠云杰,等.基于驾驶模拟的隧道交通安全设施综合效用评价及影响机理研究[J].重庆交通大学学报(自然科学版),2022,41(10):7-15,25.

高速公路二次事故预测及限速防控策略研究

王 亮* 邵宇麒 赵铁聪

(中国电建西北勘测设计研究院有限公司)

摘 要 当前我国高速公路的快速发展使得交通安全形势愈发严峻。由一次事故引起的重特大二次事故屡有发生,严重威胁人民群众的生命财产安全,也增大了道路交通安全管理者的压力。本文通过二次事故的预测确定防控开始的时间,再利用限速控制进行防控,对限速值及标志的布设间隔进行探讨。二次事故预测方面,将实时交通流数据和道路线形数据作为输入变量,对比了支持向量机模型的4种核函数,发现高斯核函数的预测效果更好。限速防控方面,采用可变限速控制降低二次事故的发生风险。在 SUMO 软件中依据 I-880 公路实际的路网数据和交通流数据搭建仿真环境,模拟不同限速值和限速间隔的可变限速控制方案,并提取效率和安全指标进行评价。结果表明,该限速防控策略应用后事故区域上游的交通流在效率和安全方面均有明显提升。

关键词 速度等值线图 支持向量机 可变限速控制 SUMO 仿真

0 引言

高速公路以其行车速度快、通行效率高、运输成本低、占用土地资源少等优势,在我国交通运输体系中发挥着不可或缺的作用。近年来,我国高速公路发展迅速,截至 2022 年底,全国公路总里程达 535 万 km,其中高速公路 17.7 万 km,位居全球第一。但公路运输蓬勃发展的同时,也伴随着事故风险的增加。交通事故会在事故发生位置的上游造成瓶颈区域,使非事故相关车辆和其他交通参与者面临发生二次事故的风险。本文研究的二次事故是指在一次事故造成影响的时间和空间范围内发生的一起或多起其他事故。考虑到二次事故巨大的经济和社会成本以及潜在的可预防性,减少二次事故的发生已成为世界各地交通管理机构的优先研究方向。

现阶段对二次事故的研究集中于二次事故的识别和预测,对于二次事故的防控方法所做研究较少。本研究从实际交通数据出发进行二次事故的识别,然后基于得到的事故分类数据和实时交通流及道路线形数据,建立二次事故预测模型。进一步提出基于限速控制的高速公路二次事故防控策略,并根据事故热点路段和时段的实际道路线形及交通流数据搭建仿真环境,进而在仿真中测试不同限速值和限速间隔的可变限速控制策略,最后从交通流运行效率和二次事故发生风险的角度对防控方案的效果进行评价,以得出更优的防控策略。

1 数据获取

1.1 数据来源

本研究选择美国加利福尼亚州的 I-880 州际公路作为研究区域，该区域全长 74km，公路全线沿旧金山湾东缘呈南北走向，是连接湾区两大城市最重要的干道。

本研究从美国加利福尼亚州综合交通记录系统（California Statewide Integrated Traffic Records System ，SWITRS）中收集了研究区域内从 2017 年 1 月至 2021 年 12 月共计 24675 起事故数据，并根据事故发生的地点和时间从美国加利福尼亚州交通局的高速公路交通运营评估系统（Caltrans Performance Measurement System, PeMS）中获取了事故发生地附近环形传感器检测站的数据。

1.2 二次事故识别

现有文献中对于二次事故的识别有 4 种方法：静态时空阈值法[1]、速度等值线图法[2]、排队论法[3]和冲击波法[4]。考虑到本文研究的 I-880 公路可以在 PeMS 网站上收集到传感器数据，因此可以采用速度等值线图的方法来进行识别。由于收集了大量的事故数据，逐一绘制速度等值线图是非常耗时和烦琐的工作。因此，本研究创新性地采用静态时空阈值-速度等值线图综合法进行二次事故的识别。将空间阈值设置为 4.8km，时间阈值设置为 2h，对事故进行初步筛选。将经过初筛后的事故上游 8km 至下游 3.2km、事故前 1h 至事故后 3h 的相关速度数据绘制速度等值线图，进一步判定是否发生了二次事故。本研究基于静态时空阈值-速度等值线图综合法对 2017 年 1 月至 2021 年 12 月共计 24675 起事故数据进行处理，得到的分类结果见表 1。其中二次事故数量占总事故数量的比例约为 1.98%，与该领域现有的研究结果 1% ~2% 的范围一致[2,5]。

二次事故识别结果　表1

事故类型	数量（次）	占比（%）
普通事故	23748	96.24
一次事故	437	1.77
二次事故	490	1.98
总和	24675	100

2 二次事故预测

2.1 变量选择及数据处理

得到事故分类数据后，以是否发生二次事故作为因变量进行建模研究。考虑到本文的数据来源及后续仿真软件中所能提取到的变量数据，选择实时交通流变量和道路线形变量作为输入变量。以往文献中在实时交通流变量方面选择了流量、占用率和速度的均值及标准差，在道路线形变量方面考虑了车道数[6,7]，变量表见表2。本研究选择距离每起一次事故发生地最近的上游和下游环形线圈传感器进行交通流数据的提取，提取事故发生前 5 ~10min 的交通流数据。由于样本的不平衡性，对输入的数据进行 SMOTE 过采样处理。

高速公路二次事故预测模型输入变量表

表2

变量名	变量描述
Lane1	事故发生地上游传感器所在车道的数量
AvgFlow1	上游传感器检测到的车流量的平均值（veh/30s）
AvgOccu1	上游传感器检测到的占用率的平均值
AvgSpeed1	上游传感器检测到的速度的平均值（km/h）
DevFlow1	上游传感器检测到的车流量的标准差（veh/30s）
DevOccu1	上游传感器检测到的占用率的标准差
DevSpeed1	上游传感器检测到的速度的标准差（km/h）
Lane2	事故发生地下游传感器所在车道的数量
AvgFlow2	下游传感器检测到的车流量的平均值（km/30s）
AvgOccu2	下游传感器检测到的占用率的平均值
AvgSpeed2	下游传感器检测到的速度的平均值（km/h）
DevFlow2	下游传感器检测到的车流量的标准差（km/30s）
DevOccu2	下游传感器检测到的占用率的标准差
DevSpeed2	下游传感器检测到的速度的标准差（km/h）

2.2 支持向量机模型

以往文献中主要采用神经网络、决策树以及支持向量机等非参数算法进行二次事故的预测[2,4,8]。在实际交通问题中，数据样本往往不是完全的线性可分，这种情况下，需要引入核函数（Kernel Function）。数据样本通过非线性映射可以从原始特征空间映射到高维特征空间,使数据样本在该高维空间下线性可分,此时的决策边界为超曲面 $\boldsymbol{w}^T\boldsymbol{\phi}(\boldsymbol{X})_i + b = 0$。

求解的问题为:

$$\min_{w,b} \frac{\|\boldsymbol{w}\|^2}{2} + C\sum_{i=1}^{N}\xi_i$$

$$\text{s.t.} \quad y_i\left[\boldsymbol{w}^T\boldsymbol{\phi}(\boldsymbol{X})_i + b\right] \geq 1 - \xi_i, \quad \xi_i \geq 0 \quad (1)$$

常用的核函数有线性核、多项式核、高斯核以及 Sigmoid 核。本研究将预处理后的数据集按 8:2 的比例划分为训练集和测试集,采用十折交叉验证,分别用 4 种核函数进行训练训练时,各模型参数均采用默认值,惩罚参数 C 的值为 1,多项式核函数的最高次项的次数为 3,得到的各模型准确率结果见表 3。

SVM4 种核函数模型训练准确率结果 表 3

核函数	线性核	多项式核	高斯核	Sigmoid 核
准确率	0.6517	0.7534	0.8823	0.8519

从表 3 可以看出使用高斯核函数时,预测效果更好。因此,针对高斯核函数进行进一步调参,

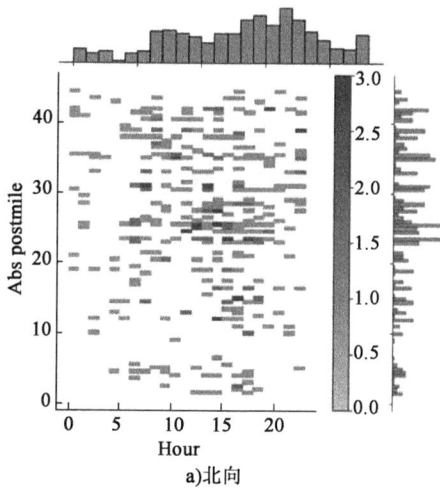

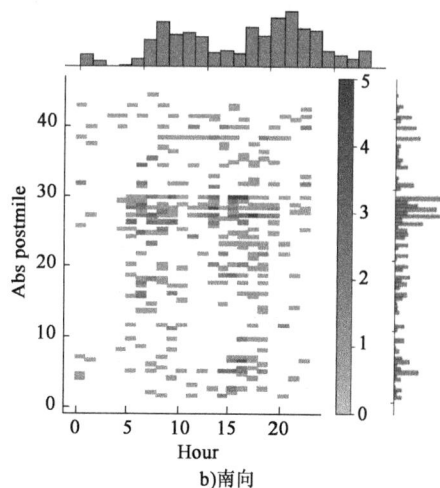

图1 一次事故时空分布热力图

从图 1 可以分析得到,I-880 公路上一次事故的热点路段为南向里程数 42.6~43.4km,事故多发时段为 18 点到 19 点。因此,选取 I-880 路段南向里程数 41.8~49.8km,即热点路段及其上游部分区域,作为仿真的路段。

考虑到现实的事故清障时间约为 1h,在清障后可能还需要一段时间才能恢复到稳定的交通流,因此,设置仿真时长为 2h,依据 I-880 路段实际交通流量计算出输入流量见表 5。

本文采用网格搜索法进行超参数调优。本研究主要调整 C 和 gamma 两个超参数,将 C 的范围设定为 1、10、100 和 1000,gamma 的范围设定为 0.1、0.2、0.5 和 1 进行调优。最终输出最优超参数 C 值为 10,gamma 值为 0.1。

分类问题最常使用的评价指标有准确率、召回率、精确率和 F1。超参数调优后的高斯核函数 SVM 二次事故预测模型的 4 个评价指标结果见表 4。

模型评价指标结果 表 4

模型	准确率	精确率	召回率	F1
SVM 模型	0.90	0.91	0.88	0.90

3 二次事故限速防控

3.1 仿真环境

按南北方向将一次事故的时空信息绘制热力图如图 1 所示,其中横坐标为一次事故在一天内的发生时间,纵坐标为一次事故发生位置在 I-880 公路上的绝对里程数。

仿真输入流量 表 5

时间	仿真时间(s)	流量(veh/h)
18:00—19:00	0~3600	4138
19:00—20:00	3600~7200	3694

3.2 防控策略

本研究设计了预测与限速控制结合的高速公路二次事故防控策略。将仿真中的交通流信息和道路线形信息作为输入数据输入训练得到

的基于高斯核函数的支持向量机二次事故预测模型。如果模型输出为 1,表示有较大概率会发生二次事故,那么需在事故发生后进行限速控制。

本文选择 1500m 和 3000m 作为限速路段的长度,在两种限速长度下,分别设计全线等值限速方案和阶梯限速方案。全线等值限速即整个限速长度内采用相同的限速值,考虑 96.5、88.5、80.4、72.4、64.3km/h。阶梯限速方案的子路段划分方法如图 2、3 所示,限速值见表 6、7。

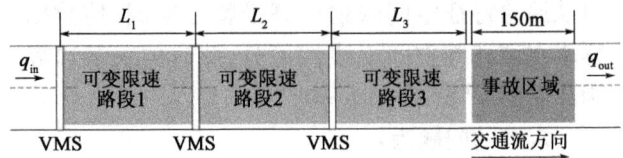

图 2　三条子路段示意图

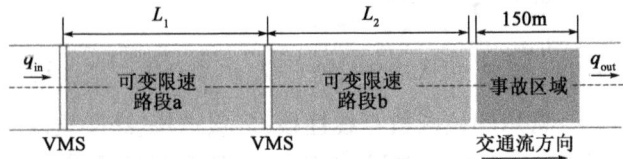

图 3　两条子路段示意图

三条子路段阶梯限速方案　　　　　表 6

路段	1		2		3	
方案	长度(m)	限速值(km/h)	长度(m)	限速值(km/h)	长度(m)	限速值(km/h)
1	500	96.5	500	80.4	500	64.3
2	500	96.5	500	88.5	500	80.5
3	500	88.5	500	80.4	500	72.4
4	500	80.4	500	72.4	500	64.3
5	1500	96.5	1000	80.4	500	64.3
6	1500	96.5	1000	88.5	500	80.5
7	1500	88.5	1000	80.4	500	72.4
8	1500	80.4	1000	72.4	500	64.3

两条子路段阶梯限速方案　　　　　表 7

子路段	a		b	
方案	长度(m)	限速值(km/h)	长度(m)	限速值(km/h)
1	1500	96.5	1500	80.4
2	1500	88.5	1500	72.4
3	1500	80.4	1500	64.3
4	1500	96.5	1500	88.5
5	1500	88.5	1500	80.4
6	1500	80.4	1500	72.4
7	1500	72.4	1500	64.3
8	2000	96.5	1000	80.4
9	2000	88.5	1000	72.4
10	2000	80.4	1000	64.3
11	2000	96.5	1000	88.5
12	2000	88.5	1000	80.4
13	2000	80.4	1000	72.4
14	2000	72.4	1000	64.3

3.3　方案评价

本研究考虑效率指标及安全指标。效率指标方面,在事故发生区域上游设置长度为 250m 的车道区域检测器,取事故发生后 0.5~1h 作为数据采集周期。具体指标见表8。

效率指标   表8

评价指标	单位	描述
meanSpeed	m/s	所有车辆的平均速度
meanOccu	%	车辆占据检测器空间百分比
meanLength	m	平均排队长度
maxLength	m	最大排队长度
meanHaltDur	s	所有车辆的平均停车时间

安全方面,采用碰撞时间(TTC)和避撞减速率(DRAC)等替代安全指标[9]。选择1.0s作为TTC的阈值,将DRAC的阈值设定为默认的$3m/s^2$,记录每次仿真中事故上游1500m内超过阈值的冲突数量sumConf。

$$TTC_f = \frac{d}{V_f - V_1} \qquad (2)$$

$$DRAC_f = \frac{(V_f - V_1)^2}{2d} \qquad (3)$$

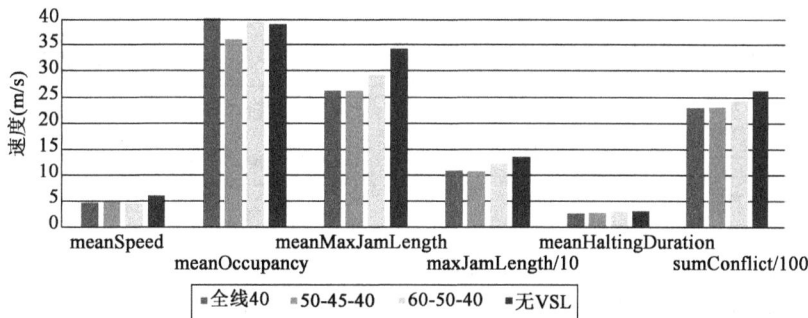

图4　无限速、全线等值限速、阶梯限速结果

与不实施可变限速控制相比,3种方案的平均速度均减小,这应该是由于采用了较小的限速值,导致交通流效率反而降低。但3种限速方案在减小排队长度和冲突数方面较之未实施可变限速控制时有较大改善,由此可得,可变限速控制方案可以有效减少拥堵和二次事故风险。在3种方案中,以8km/h为阶梯限速差值时效率方面的评价指标均表现最好,冲突减少略逊于全线等值限速,说明采用阶梯限速可以更好地提高事故路段上游道路的通行效率,但变换限速值也会影响到交通流的稳定,从而增加冲突。且随着子路段间限速差值的增大(全线等值限速可以看作子路段间限速差值为0),可变限速控制方案的效果越来越差,由此可得,当限速路段长度为1500m时,由于划分的子路段长度较短,更倾向于选择较小的子路段间限速差值。

式中:d——两车之间的距离;

　　V_f——后车速度;

　　V_1——前车速度。

3.4　评价结果

未采用限速控制时,记录到的效率和安全评价指标的值见表9。

未实施主动防控的结果   表9

meanSpeed	meanOccu	meanLength
6.142	39.14	34.325
maxLength	meanHaltDur	sumConf
136.32	3.1125	2633

在1500m的限速路段中,本文分别设计了全线等值限速,以16km/h为阶梯限速差值和以8km/h为阶梯限速差值3种方案将靠近事故区域的路段限速降低为64.3km/h,分别将3种方案的结果与不实施可变限速控制的结果对比如图4所示。

同样在靠近事故区域的路段设置64.3km/h的限速值,比较限速路段长度为3000m时不同的限速控制方案和不实施可变限速控制方案,结果如图5所示。

在所有方案中,效果最好的为子路段间限速差值为16km/h的等距限速控制方案,在效率指标和安全指标方面均有明显提升。子路段间限速差值越大,方案效果越好,这与限速路段长度为1500m时的结果相反,可能是随着限速路段的增长,限速差值对交通流的影响减小,而在较长的空间范围内实现较小的速度变化效率不高,因此,当限速路段较长时,可以考虑使用较大的限速差值。另外,等距阶梯限速方案的效果优于差距阶梯限速方案,这可能是因为等距限速控制下的交通流更加简单有序。

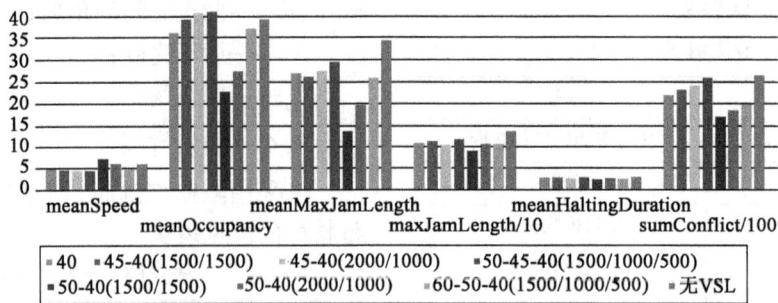

图5 限速长度3000m的限速方案与无限速方案对比

另外,可以对比两种限速长度下在限速路段中分别使用1、2、3个限速值的方案评价结果。

使用1个限速值(即全线等值限速)时,两种限速长度的最优限速方案结果见表10。

全线等值限速最优方案对比 表10

限速长度(m)	1500	3000
限速值(km/h)	72.4	80.4
meanSpeed	18.2325	20.0250
meanOccu	7.9075	7.2450
meanLength	0.0100	0.0225
maxLength	4.1675	3.4675
meanHaltDur	1.245	1.045
sumConf	738	668

限速长度为3000m的全线限速方案对比限速长度为1500m的方案,其最优限速值增大,效率和安全指标均有明显提升,说明拉长限速长度可能会提高全线等值限速方案的效果。

使用两个限速值时,此时限速长度均为3000m,选取最优方案比较见表11。

两个限速值最优方案对比 表11

限速长度(m)	1500/1500	2000/1000	1500/1500	2000/1000
限速值(km/h)	96.5/80.4	96.5/80.4	88.5/80.4	96.5/88.5
meanSpeed	8.8775	16.3725	9.8	9.065
meanOccu	19.03	8.9775	17.245	19.6125
meanLength	12.0075	1.36	9.81	13.28
maxLength	92.8375	37.795	82.7425	96.96
meanHaltDur	2.6725	1.6925	2.81	2.775
sumConf	1622	1220	1786	1772

由上表可以看出,当限速差值为16km/h时,路段划分为2000m和1000m的方案效果在效率和安全方面均优于等距划分的方案。而当限速差值为8km/h时,路段划分为2000m和1000m的方案效果在效率方面劣于等距划分的方案,但冲突数略少。

使用3个限速值时,最优方案见表12。

可以看出,等距阶梯限速方案的在效率和安全方面的改善效果均明显优于差距阶梯限速方案。

三个限速值最优方案对比 表12

限速长度(m)	500/500/500	1500/1000/500
限速值(km/h)	88.5/80.4/72.4	96.5/80.4/64.3
meanSpeed	17.5575	4.94
meanOccu	10.54	37.125
meanLength	0.0925	25.8725
maxLength	12.3275	105.3975
meanHaltDur	1.2025	2.71
sumConf	920	1974

4 结语

本文主要从高速公路二次事故的识别、预测和防控三个方面进行研究。提出了静态时空阈值-速度等值线图综合法对二次事故进行识别。进而依据识别到的事故分类信息结合交通流数据和道路线形数据,采用支持向量机模型进行二次事故预测。在SUMO中复现实际I-880公路一次事故热点路段和热点时段的道路线形及交通流状况,然后当预测结果为发生二次事故时,进行限速控制。在仿真中模拟了不同限速值、限速长度和限速间隔的限速控制方案,进而利用效率和安全指标对不同方案进行评价比较。未来研究可以进一步建立二次事故时空预测模型,在预测二次事故发生的路段和时段进行更加有针对性的主动防控,采用强化学习的方法实时更新限速控制的限速值。

参考文献

[1] RAUB R A. Occurrence of Secondary Crashes on Urban Arterial Roadways[J]. Transportation Research Record, 1997, 1581(1): 53-58.

[2] PARK H, HAGHANI A. Real-time prediction of secondary incident occurrences using vehicle probe data[J]. Transportation Research Part C: Emerging Technologies, 2016, 70: 69-85.

[3] VLAHOGIANNI E I, KARLAFTIS M G, GOLIAS J C, et al. Freeway operations, spatiotemporal-incident characteristics, and secondary-crash occurrence[J]. Transportation Research Record, 2010, 2178(1): 1-9.

[4] VLAHOGIANNI E I, KARLAFTIS M G, ORFANOU F P. Modeling the effects of weather and traffic on the risk of secondary incidents[J]. Journal of Intelligent Transportation Systems, 2012, 16(3): 109-117.

[5] LI P, ABDEL-ATY M. A hybrid machine learning model for predicting real-time secondary crash likelihood [J]. Accident Analysis & Prevention, 2022, 165: 106504.

[6] WANG J, YANG S, ZHANG K. A simple and sensitive method to analyze genotoxic impurity hydrazine in pharmaceutical materials [J]. Journal of Pharmaceutical and Biomedical Analysis, 2016, 126: 141-147.

[7] XU C, LIU P, YANG B, et al. Real-time estimation of secondary crash likelihood on freeways using high-resolution loop detector data [J]. Transportation Research Part C, 2016, 71: 406-418.

[8] WANG J, LIU B, FU T, et al. Modeling when and where a secondary accident occurs [J]. Accident Analysis & Prevention, 2019, 130: 160-166.

[9] PENG C, XU C. Combined variable speed limit and lane change guidance for secondary crash prevention using distributed deep reinforcement learning[J]. Journal of Transportation Safety & Security, 2022, 14(12): 2166-2191.

Safety Assurance Technology of the Small-spacing Section between Mainline Diversion and Adjacent Exit Ramp of Highway

Yifei Zhao   Xiaying Meng*   Zilong Lian
(School of Highway, Chang'an University)

Abstract   Due to severe limitations posed by terrain, geology, and basic farmland during the reconstruction and expansion of highway, the occurrence of the small-spacing section between mainline diversion and adjacent exit ramp of highway is inevitable. However, current standards and regulations lack clear provisions for the setup of traffic safety guidance facilities in small-spacing section. This paper focuses on the small-spacing section between mainline diversion and adjacent exit ramp of highway, thoroughly analyzed the diversion characteristics, driver lane-changing behavioral characteristics, and traffic accident characteristics of the small-spacing section. Addressing the characteristics and potential safety risks of the small-spacing section between mainline diversion and adjacent exit ramp of highway, the general principles of implementing safety countermeasures for the small spacing section were formulated, targeted active guidance technologies were proposed. From the perspective of drivers unfamiliar with road conditions, the design of the sign was considered in terms of layout, structural design and layout information design, and the key points and safety measures of marking design on the small-spacing section were also proposed to meet the driving needs and ensure the safety and accuracy of vehicles on the road, providing technical reference and basis for other similar small-spacing sections of highway.

Keywords Highway Small-spacing section Traffic safety facilities Signs Markings

0 Introduction

In newly constructed or expanded highways, there are often situations where the spacing between the mainline diversion point and the interchange exit is too small and reasonable countermeasures are not implemented, ultimately leading to drivers missing the exit and the occurrence of safety accidents. Complex interchange areas pose higher requirements for the setup of traffic safety facilities, demanding more road information and complex guide signs for drivers. However, conflicts arise between complex road information and limited road space resources, posing significant challenges for traffic safety facility design in small-spacing section.

Leandro et al. studied the consistency of highway signs and found that consistent information improves driver recognition, while inconsistent information leadsto poor recognition[1]. Wang Xin used VISSIM simulation software to calculate the probability of large vehicles obstructing signs under different traffic conditions, providing recommended support methods for exit signs in eight-lane highway diversion areas, and proposing a new lane change model[2]. Zhu Zhibang et al. analyzed the factors influencing the last exit sign in highway exit warning signs, built a model for the setting distance of the last exit warning sign, and compared it with current specifications, indicating that the recommended values of the specifications cannot meet actual needs when the mainline has more than four lanes[3].

There has been comprehensive research on traffic safety facilities at highway exits both domestically and abroad, with scholars proposing systematic and comprehensive design schemes for highway exit area traffic safety facilities. However, due to limited research on the small-spacing section between mainline diversion and adjacent exit ramp of highway, there is also a lack of research on the safety and security technology for this special exit section. Therefore, based on the characteristics and potential safety hazards of the small-spacing section between mainline diversion and adjacent exit ramp of highway, this paper qualitatively analyzes the diversion characteristics, driver lane-changing behavioral characteristics, and traffic accident characteristics near the diversion area of highway. Based on the principles of formulating safety measures for the small-spacing section, targeted active guidance technologies are proposed.

1 Regional characteristics analysis of the small-spacing section

1.1 Diversion characteristics

The position where diversion vehicles begin diversion behavior is relatively random and is influenced by factors such as driver habits, road conditions, and traffic conditions.

The road section from the starting point of the transition section of the deceleration lane to 2000 m in front of it is divided into 10 sections, as shown in Table 1 and Figure 1.

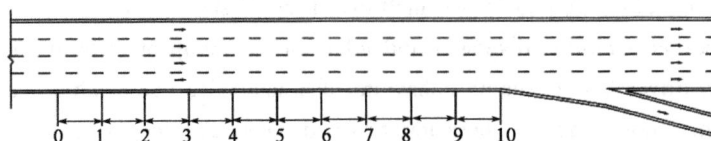

Figure 1 Schematic Diagram of Division Section

Schematic Table of Section　　　　　　　　　　　　　Table 1

Number	Length from the Starting Point of the Transition Section of the Deceleration Lane (m)	Number	Length from the Starting Point of the Transition Section of the Deceleration Lane (m)
0	2000	6	800
1	1800	7	600
2	1600	8	400
3	1400	9	200
4	1200	10	0
5	1000		

According to related studies, the distribution pattern of diverting vehicles entering the outer lane is as shown in Figure 2.

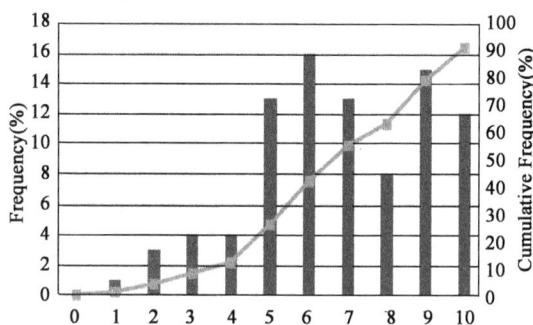

Figure 2　Distribution of Diverting Vehicles Entering the Outermost Lane

According to Figure 2, it can be observed that the position where diverting vehicles enter the outermost lane is generally between 0 ~ 200m and 600 ~ 800m from the starting point of the transition section of the deceleration lane[4]. This diversion characteristic has guiding significance for the setting of advance exit sign.

1.2 Driver lane-changing behavioral characteristics

The impact of lane-changing behavior by diverting vehicles at different positions within the diversion area varies, affecting the traffic flow within the diversion area differently, and the impact on the time for diverting vehicles to perform lane-changing operations and the total distance traveled for lane-changing is also direct, and the results of the study show that the diverting vehicles have different characteristics when it is changing lanes at different

positions within the diversion area[5].

When diverting vehicles start lane-changing about 3km away from the diversion point, the total distance traveled to complete the lane-changing behavior is generally about 0 ~ 800m, and the speed change is smooth. Since there are more opportunities for lane-changing at this distance from the diversion point, drivers pursue higher operational efficiency, generally changing lanes to the target lane first and then decelerating.

When diverting vehicles start lane-changing about 1.5km away from the diversion point, the total distance traveled to complete the lane-changing behavior is generally about 0 ~ 900m, with a slightly larger lane change amplitude than the previous situation, but still relatively smooth. Drivers initiate lane-changing operations first and then decelerate, but as vehicles move away from the innermost lane, in order to ensure successful exit from the current road, lane-changing vehicles begin to exhibit simultaneous deceleration and lane-changing behavior.

When diverting vehicles start lane-changing about 500m away from the diversion point, the total distance traveled to complete the lane-changing behavior is within the range of 0 ~ 500m, with the greatest speed change amplitude. Since the opportunity for vehicles to safely change lanes is significantly reduced at this distance, drivers decelerate before changing lanes.

1.3 Traffic accident characteristics

1.3.1 Traffic accident behavior analysis

Traffic accidents at highway exits are diverse

and can easily lead to serious accidents, but the following behaviors are common and highly likely to cause serious accidents:

(1) Stopping behavior of drivers at exits: when drivers fail to accurately identify exit information and cannot determine whether they should exit, some drivers choose to stop at the ramp exit for exit confirmation. When rear vehicles fail to make effective judgments, rear-end collisions or same-direction collisions are likely to occur.

(2) Reversing behavior after missing exits: due to reasons related to drivers or road conditions, drivers only recognize exit information near the exit ramp. Due to the high speed of the vehicle, the vehicle passes through the exit, and some drivers will take the reverse or U-turn operation. When rear vehicles fail to brake in time, traffic accidents are inevitable.

(3) Forcing deceleration and lane-changing behavior: near the exit ramp, due to factors such as excessive speed, some vehicles forcefully decelerate and change lanes, which is the main reason for the high incidence of rear-end collisions and scratches in this area, especially for multi-lane highways, where drivers have fewer opportunities to change lanes. Therefore, if drivers change lanes multiple times in a short distance, traffic safety problems are likely to occur.

1.3.2　Analysis of traffic accident causes

Traffic accidents at highway exits are closely related to factors such as traffic volume, traffic sign information, and the form of interchanges. In addition, for some special forms of exits, such as those with auxiliary lanes, collector-distributor lanes, multi-lane exits, left exits, etc., accidents are more likely to occur because they differ from conventional situations and do not meet driver expectations. Furthermore, observations of traffic accidents at exits and driving experience show that drivers hesitate to stop, turn around, or forced lane-changing at exits mainly because they fail to effectively identify traffic sign information or do not have sufficient safety distance to perform lane-changing operations after

identifying traffic information. Besides, vehicles on the highway driving too fast is also an important cause of accidents.

2　Active guidance technology for the small-spacing section

2.1　General principles

As an important functional facility, the traffic control and guidance facilities of the small-spacing section between mainline diversion and adjacent exit ramp of highway should be set up in accordance with the following principles:

(1) Effectiveness: In this kind of small-spacing section, the driver needs more information and protection than normal road section, and the drivers' psychology is more tense. Therefore, effective information must be provided to drivers in this section.

(2) Timeliness: the road conditions of the small-spacing section between mainline diversion and adjacent exit ramp of highway are constantly changing, the resulting driving needs are also changing. It is necessary to ensure that traffic control and guidance facilities can meet the driving needs of drivers in a timely manner, without lagging behind.

(3) Simplicity: For the small-spacing section between mainline diversion and adjacent exit ramp of highway, road space resources are even more strained in a smaller road space. In addition, if the traffic safety facilities in this section are over-provisioned, drivers cannot effectively distinguish between them, which is likely to lead to psychological tension of the driver, inducing traffic accidents. Therefore, the simplicity of the design of these traffic facilities must be guaranteed.

2.2　Design of directional sign

2.2.1　Layout of advance exit sign

For the small-spacing section between mainline diversion and adjacent exit ramp of highway, its exit form is different from the normal exit situation, the advance exit sign before the mainline diversion point should meet the needs of vehicles to correctly choose the driving path. For the sections after the mainline diversion point, the distance between the mainline diversion point and the adjacent exit ramp is relatively close, which cannot meet the requirements for setting up advance exit signs completely in accordance with the normal situation. However, because the exit has been previewed before the mainline diversion point, the driver's attention to the exit information has been further enhanced. Therefore, the advance exit signs can be arranged according to the actual length of the road and road conditions in this section. At the same time, considering the driving habits of drivers, the signs for the small-spacing section between mainline diversion and adjacent exit ramp of highway should be arranged according to the principle of path selection first and exit previewing second. Before the main line diversion point, taking the main line diversion point as the benchmark, the route selection signs are set at 2km, 1.5km, 1km, 500m away from the mainline diversion point and the mainline diversion point. After the diversion point of the mainline, the advance exit signs of 2km (if any), 1km, 500m and 0m shall be set up according to the road conditions.

2.2.2 Structural design of sign

For the mainline road before the mainline diversion point, the number of lanes often reaches four lanes or even five lanes in one direction. Since the cantilever advance exit sign has certain limitations on the driver's visual recognition effect on the inside lane, the sign structure should adopt the form of a gantry type of support before the main line diversion point, so that the driver can get the information indication of the lane level. After the mainline diversion point, the number of lanes on the road is generally 2 or 3 lanes, which is relatively low. Therefore, the support method of the advance exit sign after the mainline diversion point can be cantilever or gantry according to the actual situation.

2.2.3 Layout Information Design of Sign

Due to the complexity of road conditions on the small-spacing section, there are many road information

that need to be transmitted to the driver. In order to avoid overload of information received by the driver, the information from traffic signs should be as concise and intuitive as possible. The information drivers get from traffic signs should be based on the principle of "first the whole, then the part".

The first 2km advance diversion sign should be set up as a graphical sign, the sign should be as much as possible to the interoperable type of visual and clear display to the driver, which should visually and clearly display the types and forms of interchange to drivers as much as possible to help them fully grasp the road information. The second 1.5km advance route selection (diversion) sign should provide lane-level road information. The third 1km advance diversion sign and the fourth 500m advance diversion sign still provide lane-level road information, and the advance diversion sign can be the same as 1.5km advance diversion sign, to help drivers confirm the road information. The fifth advance diversion sign at the mainline diversion point should be set separately, corresponding to the separation of the inner and outer width of the main line, but the information of advance diversion sign should remain as shown in the previous advance diversion sign.

After the mainline diversion point, the advance exit signs on the mainline where the exit ramp is located can be set up in accordance with the normal conditions of advance exit signs. According to the actual distance of the small-spacing section, additional advance exit signs of 1km, 500m, and 0m can be added. However, it should be noted that the additional advance exit sign should maintain a vehicle driving distance of at least 6 ~ 8s away from the advance diversion sign at the mainline diversion point.

2.3 Marking design

For the small-spacing section between mainline diversion and adjacent exit ramp of highway, ensuring the stability of traffic flow order is the primary consideration. The specific design of the markings for the small-spacing section should focus on ensuring smooth and orderly passage of vehicles and pay attention to the following points：

Firstly, due to the change of lanes at the mainline diversion point, it should be noted that the drawing of the lane dividing line and the lane edge line should notinterfere with the normal driving of vehicles. Secondly, ground text markings about exit information can be added on the road, corresponding to traffic signs, to enhance the driver's impression and help drivers to provide feedback on diversion information in a timely manner.

Moreover, according to the above analysis of traffic accident characteristics, it is found that the dangerous driving behaviors such as forced lane change, lane merging and U-turn in the small-spacing section between mainline diversion and adjacent exit ramp of highway are mainly concentrated at the mainline diversion point and exit ramp diversion nose point, so corresponding measures should be taken near these two dangerous points. First of all, in order to avoid vehicles forcibly changing lanes at the diversion point, the dividing line between the first lane and the second lane and the dividing line between the third lane and the fourth lane should be drawn as dashed and solid lines, with a length of not less than 200m. In addition, before the diversion nose of the exit ramp, the dividing line between the first lane and the second lane from 50 meters in front of the transition section of the deceleration lane to the diversion nose should be drawn as vibrating solid lines. At the same time, lane change capturing equipment should be added to prevent drivers from suddenly changing lanes near the diversion nose of the exit ramp.

3 Conclusions

This paper analyzes the regional characteristics of the small-spacing section based on the diversion characteristics, driver lane-changing behavioral characteristics, and traffic accident characteristics, providing theoretical support for the study of safety assurance technology of the small-spacing section between mainline diversion and adjacent exit ramp of highway. Secondly, in order to cope with the

complexity of the driving route of the small-spacing section, the general principles for developing safety countermeasures for the small-spacing section are clarified：effectiveness, timeliness and simplicity. Finally, based on the characteristics of the small-spacing sections, targeted active guidance technologies are proposed from the aspects of directional sign design and marking design to solve potential safety hazards in the small-spacing section.

Since there are no clear provisions in the current standards and specifications on the countermeasures for the small-spacing section between mainline diversion and adjacent exit ramp of highway, and the solutions adopted by different regions are inconsistent, this study can provide a reference for the setup of signs, markings and other guidance facilities for the small-spacing section between mainline diversion and adjacent exit ramp of other highways. However, considering the influence of drivers or other uncontrollable factors, future research can be conducted to discuss possible risks, and targeted active risk prevention and control techniques can be proposed subsequently.

References

[1] STASI L L D, MEGIAS A, CANDIDO A, et al. Congruent visual information improves traffic signage [J]. Transportation research part f traffic psychology & behaviour, 2012, 15 (4):438-444.

[2] WANG X. Study on safety facilities of traffic flow organization at the exit of eight-lane expressway [D]. Xi'an：Chang'an University, 2019.

[3] ZHU Z B, GUO T Y, PAN S. A placement distance model for advance guide signs to expressway exits [J]. Transport research, 2018, 4(1):44-50,62.

[4] ZHANG Z K. Effects of truck on traffic flow in multi-line freeway diverge segment [D]. Nanjing：Southeast University, 2015.

[5] ZHANG Y J. Study on the safe exit distance of eight-lane expressway based on drivers' behavioral characteristics [D]. Xi'an：Chang'an University, 2017.

恶劣天气条件下交叉口货车事故严重程度
关键因子辨识与建模分析

郑兆宇[1] 于宗晓[1] 高孝舵[2] 郭洪宇[3]* 苏 航[2] 吴建清[3]

(1. 济南新旧动能转换起步区管理委员会建设管理部;2. 济南先投城市发展投资集团有限公司;
3. 山东大学齐鲁交通学院)

摘 要 本研究利用公路安全信息系统数据,分析了恶劣天气条件下交叉口货车事故严重程度关键因子。采用随机森林结合多元逻辑回归方法进行因子分析。结果表明,光照条件、年平均日交通量、驾驶员年龄、车道数量、道路是否有弯道、事故发生位置是影响恶劣天气条件下交叉口货车事故严重程度的6个最重要的因素。与其他事故不同,驾驶员药物/酒精等身体因素影响与事故严重程度没有显著关系。考虑到可能增加碰撞的严重程度,恶劣天气条件下交叉口货车驾驶员应该选取多车道路径。提高光照水平有助于减少严重事故的发生。根据回归的结果,本研究提出了相应的驾驶建议。

关键词 交通安全 随机森林算法 多元逻辑回归 货车事故 影响因素

0 引言

2022 年,我国全年完成货物周转量226160.96 亿吨 km,比上年增 3.4%。其中,公路运输完成了30.5%的货物周转量[1]。货车是公路货物运输的主要方式之一。由于货车驾驶性能差、体积大等因素,货车参与的事故中重、特大事故较多。

在本研究中,与恶劣天气相关的交通事故指的是在雨、雨夹雪、雪或大雾等天气情况下发生的交通事故。文献[2-3]调查了不同天气条件对交通事故严重程度的影响,表明雾天和雨天的事故较严重。而道路交叉口被认为是道路网络中最危险的地点之一。交叉口是车辆和行人在相互冲突的道路上行驶的汇合点,而且交叉口具有车速快、交通冲突容易转变为交通事故的特点[4]。在本研究中的交叉口不是特指某种类型的交叉口,例如环形交叉口、T形交叉口,而是一个广泛概念。

交通运输作为拉动我国经济快速增长的重要领域,其发展直接关系到国民生活水平及生活质量的提高[5-6]。为确保交通运输安全,对恶劣天气条件下交叉口货车事故严重程度进行关键因子辨识与建模分析是必要的。目前更多是研究在恶劣天气或者交叉口单一条件下,货车或者其它类型车辆事故严重程度。例如,Qiu 等[7]提出的混合logit 模型显示,男性驾驶员、酒精、65 岁以上行人和货车等因素会显著增加交叉口和非交叉口的行人严重受伤的概率。Yan 等[8]利用随机参数多项式 Logit 模型,并针对如何预防恶劣天气条件下的车祸提出了一些直接建议。文献[9]探究影响十字交叉口事故严重程度的因素。

通过文献调研发现,综合考虑恶劣天气条件和交叉口货车事故严重程度的关键因子辨识研究较少。本研究利用公路安全信息系统(Highway Safety Information System, HSIS)提供的真实数据,利用随机森林(random forest, RF)和(multinomial logistic regression, MLR)模型进行关键因子辨识与建模,提出恶劣天气下交叉口货车的驾驶建议。第1 章对选取的数据集以及数据处理进行介绍;第2 章本研究介绍选取的 RF、MLR 模型以及累积贡献比例方法;第3 章介绍 RF 和 MLR 模型的结果并进行具体分析,最后提出结论和建议。

1 货车事故数据准备

1.1 数据来源

本研究选取 HSIS 中 Minnesota 从 2011 年至 2015 年发生的交通事故的数据。在该数据集中,碰撞严重程度分为 5 个等级:仅财产损失

基金项目:泰山学者工程专项经费资助。

（PDO）、出现疼痛症状（C）、其他可见损伤（B）、严重损伤（A）和死亡（K）。

1.2　数据处理

本研究将在恶劣天气条件下交叉口货车事故严重程度的潜在影响因素根据不同属性大致分为3个部分：驾驶员因素、道路因素和环境因素。

首先对原有的数据集进行恶劣天气条件、交叉口以及货车事故的筛选，接着提取 13 个潜在影响因素，对这些分类自变量赋予了不同的代码。对缺失值、异常值删除之后，剩下的 1299 条记录用于进一步分析。驾驶员因素类别选取了驾驶员的性别、年龄、是否饮酒/吸毒、转弯时是否闯红灯、是否有危险驾驶行为（变道或超车）；道路因素选取了道路表面是否干燥、是否有弯道、年平均日交通量（annual average daily traffic，AADT）、车道数量、车道宽度，其中 AADT 分类编号为 0 ~ 5000 编号为 0、5000 ~ 10000 为 1、10000 ~ 20000 为 2、20000 ~ 50000 为 3、50000 以上为 4；车道数量 0 ~ 2 编号为 0、2 ~ 6 为 1、6 ~ 11 为 2；车道宽度 7 ~ 11 编号为 0、11 ~ 24 为 1、24 ~ 27 为 2；环境因素选取了光照条件和事故发生位置，光照条件中有光亮编号为 1，其他为 0，事故发生位置中发生在农村地区的编号为 1、城市地区为 0。因变量是交通事故的严重程度，其中 K、C、B、A、PDO 所占百分比分别为 0.77%、15.32%、5.39%、1.31%、77.21%。

该数据集中事故未受伤和轻微受伤的样本远多于严重受伤或者致命受伤的样本。本研究采用合成少数类的过采样技术（synthetic minority over-sampling technique，SMOTE）方法和编辑最近邻规则（edited nearest neighbors rule，ENN）方法结合的采样方法，实现样本分布平衡。SMOTE 是基于样本的特征空间，通过少数类样本进行插值来生成合成样本[10]。ENN 算法减少多数类的样本数量。它的原理是对将要进行欠采样的类别中的每一个样本，计算其最近邻样本，如果最近邻样本与当前样本的类别不一致，则将当前样本从数据集中删除。

2　模型方法

事故严重程度关键因子辨识是影响因素分析在交通领域的应用。随着大数据技术的发展，机器学习技术被广泛应用到影响因素分析中。例如，Song 等[11]利用随机森林模型与有序逻辑模型分析了各种因素对高速公路交通事故严重程度的影响。

2.1　随机森林模型

2.1.1　原理

RF 回归的原理是最小均方误差（minimum mean square error，MMSE），即对于任意一个随机特征 A，其对应的随机划分点可以划分为两个数据集 D_1 和 D_2，求出使得 D_1 和 D_2 各自集合的均方差最小，同时 D_1 和 D_2 的均方差之和最小所对应的特征和特征值划分点。表达式为：

$$\min_{A,s}\left[\min_{c_1}\sum_{x_i \in D_1(A,s)}(y_i - c_1)^2 + \min_{c_2}\sum_{x_i \in D_2(A,s)}(y_i - c_2)^2\right]$$

（1）

式中：c_1、c_2——D_1 和 D_2 中样本的平均值。

2.1.2　特征重要性排序

RF 可以产生平均准确度下降（mean decrease accuracy，MDA），以对变量的重要性进行排序。具体而言，MDA 是将变量的取值变为随机数之后，随机森林预测准确性的降低程度。

2.2　特征选择

2.2.1　累积贡献比例方法

累积贡献率是指在因子提取过程中，每个因子的贡献率之和。累积贡献率比例方法可以确定需要保留的因子数量，以达到对原始变量解释的最佳效果。

2.2.2　特征选择

基于特征重要性累积贡献比例进行特征选择，具体计算步骤如下：

（1）对特征变量按照其重要性从高到低进行排序。

（2）对于排名在前 k 个特征变量，累积它们的重要性得分并计算综合。将综合除以所有特征变量的总重要性得分，得到累积贡献比例。公式如下：

$$累积贡献比例 = \frac{前\ k\ 个特征重要性之和}{所有特征重要性之和}$$

（3）根据设定的 80% 阈值，确定选择的特征。

2.3　多元逻辑回归模型

多元逻辑回归是逻辑回归的一种扩展，用于处理多类别分类问题。模型形式表示为：

$$P(Y = k \mid X) = \frac{e^{(\beta_{0k} + \beta_{1k}X_1 + \beta_{2k}X_2 + \cdots + \beta_{pk}X_p)}}{\sum\limits_{i=1}^{k} e^{(\beta_{0i} + \beta_{1i}X_1 + \beta_{2i}X_2 + \cdots + \beta_{pi}X_p)}} \quad (2)$$

式中:$P(Y = k \mid X)$——给定输入 X 属于第 k 类的概率;

β——模型的参数。

3 模型及结果

本研究的模型的第一部分使用 13 个潜在影响因素建模 RF 模型,根据 RF 的特征重要性结合累积贡献比例图进行特征选择;第二部分使用选择的特征建模 RF 模型;第三部分是利用多元逻辑回归模型建模选取的 6 个重要特征,根据结果进行关键因子的详细分析。

3.1 特征选择

本研究在 R 语言平台,建立 RF 模型,得到特征重要性结果见表 1。表 1 中 MDA 的值越大,代表相应变量越重要。表 1 给出了 RF 模型中 13 个自变量的重要性排序结果。

RF 特征重要性结果 表 1

变量名称	MDA	变量名称	MDA
光照条件	78.3	驾驶员性别	24.26
车流量	69.16	车道宽度	17.53
驾驶员年龄	60.42	驾驶员是否闯红灯	6.42
车道数量	52.03	驾驶员是否饮酒/吸毒	6.04
道路是否有弯道	44.05	驾驶员是否有危险驾驶行为	4.03
事故发生位置	34.78	驾驶员身体是否不适	0
道路表面是否干燥	27.32		

表中显示,前 5 位影响因素依次为光照条件、AADT、驾驶员年龄、车道数量以及道路是否弯道。记录中驾驶员是否闯红灯、饮酒/吸毒、危险驾驶以及身体是否不适的占比相当低,这可能是由于货车公司的法律法规通常严格控制货车驾驶员的危险驾驶行为。

利用 RF 模型得到这 13 个特征的重要性排序之后,结合累积贡献比例计算方法绘制特征重要性的累积贡献比例图,如图 1 所示。

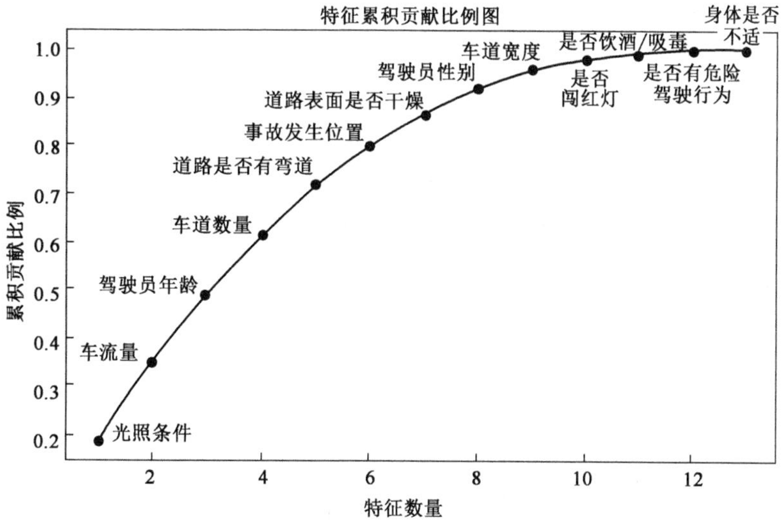

图 1 特征重要性累积贡献比例图

根据图 1,按照设定的 80% 阈值,确定保留的因子数量。辨识的关键因子为光照条件、AADT、驾驶员年龄、车道数量、道路是否有弯道、事故发生位置。

3.2 模型验证

利用 RF 模型以及累积贡献比例贡献选取关

键因子后,利用关键因子进行 RF 模型建模,并且计算 RF 模型的准确率。计算结果显示,使用 13 个潜在影响因素建立的 RF 模型准确率为 88%,而使用关键因子建立的模型准确率为 97.43%,体现了特征选择的准确性。

3.3 关键因子详细分析

本研究利用多元回归模型的结果,包括参数估计的显著性检验,以及系数(coefficients),进行关键因子不同水平的具体影响分析。首先,输入关键因子作为自变量,因变量是货车事故严重程度,建立多元逻辑回归模型。多元逻辑模型利用显著性检验判断自变量的显著关系,在该模型显著性检验中,设定显著性水平为 0.01,若 p 值小于 0.01,通常会拒绝原假设并认为观察到的差异是显著的。表 2 是模型显著性检验输出的 p 值结果。

多元逻辑回归结果表　　表 2

变量	P 值
光照条件	0.000
事故发生位置	0.083
交通流量	0.000
车道数量	0.000
是否有弯道	0.120
驾驶员年龄	0.000

根据表 2 可知,呈现出 0.01 水平显著性的变量有:光照条件、交通流量、车道数量以及驾驶员年龄。

接着,探究自变量中分类变量的不同分类水平、连续型自变量对于货车事故严重程度的影响。由于多元逻辑回归模型的系数在解释上有些困难,因此利用模型的系数比值进行详细分析,比值数据见表 3。其中,比值大于 0 代表增大货车事故严重程度;比值小于代表降低事故严重程度。

变量详细分析　　表 3

系数	比值
光照条件(有光照)	−0.98
交通流量(5001~10000)	0.365
交通流量(10001~20000)	0.317
交通流量(20001~50000)	0.128
交通流量(50000+)	−0.062
车道数量(3~6)	0.071
车道数量(7~12)	−0.120
驾驶员年龄	0.61

由表 3 可知,光明会降低交通事故严重程度,即黑暗可以增加货车事故的严重程度。AADT 对货车事故严重程度的影响并不遵循线性趋势。当 AADT 小于 50000 时,比值大于 0,表明随着 AADT 的增加,碰撞事故往往会更加严重;当 AADT 超过 50000 时,比值降低为小于 0,发生碰撞的可能性降低,这可能是由于车流量增加,货车速度降低造成的。车道的比值表明,道路上更多车道的存在可以降低恶劣天气条件下交叉口货车事故严重程度。驾驶员年龄的比值表明,随着驾驶员年龄的增加,发生碰撞的可能性提高,这可能是由于驾驶员年龄增加,反应速度变慢造成的。

4 结语

本研究进行了恶劣天气条件下交叉口货车事故严重程度的关键因子辨识与建模。一共使用了 1299 起事故进行分析。RF 用于从 13 个潜在影响因素中进行特征选择,结合多元逻辑回归的结果,具体分析照条件、车流量、驾驶员年龄、车道数量、道路是否有弯道、事故发生位置这 6 个重要影响因素水平对于事故严重程度的影响。结果表明,货车驾驶员在恶劣天气条件下交叉口行驶时应该适当提高光照强度,提高能见度从而降低事故的严重程度。恶劣天气情况下,相关管理部门有必要在交叉口适当提高光照强度,保证货车驾驶员视野广阔。AADT 是影响事故严重程度的另一重要因素。一般来说,AADT 的增加(<50000)会使事故更加严重。然而,当 AADT 较大时(>50000),事故的严重程度会降低。该方法可以用于货车的路径选择。并且,车道数量的增加能够有助于降低事故严重程度,因此选择路径时应该考虑车道数。其他因素,如驾驶员性别、驾驶员饮酒或吸毒等,对于事故严重程度的影响有限。

在本研究中,我们结合 RF 和 MLR 模型来进行恶劣天气条件下交叉口货车事故严重程度的关键因子辨识,提出针对性驾驶建议。其他方法也可以达到类似甚至更高的精度,未来研究可以梯度提升决策树(gradient boosting decision tree,GBDT)等方法进行研究,并且可以考虑易燃易爆等危险品运输研究。

参考文献

[1] 中华人民共和国交通运输部.2022 年交通运输

行业发展统计公报[EB/OL].（2023-06-16）［2024-02-21］.https：//xxgk.mot.gov.cn/2020/jigou/zhghs/202306/t20230615_3847023.html.

［2］HAO W, MOGHIMI B, YANG X, et al. Effects of foggy conditions on driver injury levels in U. S. highway-rail grade crossing accidents［J］. Case Studies on Transport Policy, 2017, 5(4)：627-633.

［3］SUN X, HU H, HABIB E, et al. Quantifying crash risk under inclement weather with radar rainfall data and matched-pair method［J］. Journal of Transportation Safety & Security, 2011, 3(1)：1-14.

［4］吴建清,王其峰,厉周缘,等. 互通式立交风险冲突识别与预警综述［J］. 山东大学学报（工学版）,2022,52(6)：1-13,22.

［5］吴建清,宋修广. 同步定位与建图技术发展综述［J］. 山东大学学报(工学版),2021,51(5)：16-31.

［6］吴建清,宋修广. 智慧公路关键技术发展综述［J］. 山东大学学报(工学版),2020,50(4)：52-69.

［7］QIU B, FAN W. Mixed logit models for examining pedestrian injury severities at intersection and non-intersection locations［J］. Journal of Transportation Safety & Security, 2022, 14(8)：1333-1357.

［8］YAN X, HE J, ZHANG C, et al. Spatiotemporal instability analysis considering unobserved heterogeneity of crash-injury severities in adverse weather［J］. Analytic methods in accident research, 2021, 32：100182.

［9］王利. 基于XGBoost和SVM的十字交叉口事故严重程度分析研究［D］. 北京：北京交通大学,2023.

［10］CHAWLA N V, BOWYER K W, HALL L O, et al. SMOTE：synthetic minority over-sampling technique［J］. Journal of artificial intelligence research, 2002, 16：321-357.

［11］SONG X, WU J, ZHANG H, et al. Analysis of crash severity for hazard material transportation using highway safety information system data［J］. SAGE Open, 2020, 10(3)：215824402093992.

国省干线公路交通安全设施现状分析

彭志彪*1　刘丽丽2　张亚3
(1.北京中交华安科技有限公司;2.河北省公路事业发展中心;3.贵州省铜仁公路管理局)

摘　要　公路交通安全设施是公路交通运营体系的重要组成部分,对提高公路交通安全水平,降低交通事故的发生概率,降低交通事故严重程度具有重要作用。公路交通安全设施的设置规范性和使用性能的良好性是保证其功能正常发挥的重要指标。通过对4935km国省干线公路交通标志、标线、护栏和视线诱导设施共4项安全设施进行调研,从完好性、规范性、准确性和完备性4个维度分析了当前交通安全设施现状。研究结果表明,当前国省干线公路交通安全设施平均每千米公路提升需求为8处,主要存在问题为交通安全设施设置不规范。

关键词　公路交通　交通安全设施　现状分析

0　引言

随着我国公路交通事业快速发展,公路通车里程飞速提升,截至2022年底,综合交通网络总里程超过600万km,其中国道里程37.95万km,省道里程39.36万km。根据《2022年交通运输行业发展统计公报》交通事故统计,当前公路交通安全形势依旧比较严峻,2022年全国共发生交通事故 256409 起,其中机动车交通事故 215627 起,共造成 60678 人死亡,直接经济损失达 123926 万元。

有研究表明,公路交通安全设施对提高公路交通安全水平、通行效率和舒适度有重要影响[1]。公路交通安全设施是道路基础设施的重要组成部分,也是保障交通安全水平的重要因素[2]。公路交通安全设施包括交通标志、交通标线(含突起路标)、护栏和栏杆、视线诱导设施、隔离栅、防落网、防眩设施、避险车道和其他交通安全设施等。根据公路交通安全设施的作用,可分为主动防护设施和被动防护设施两类。主动防护设施包括交通标志、交通标线(含突起路标)、视线诱导设施和防眩设施;被动防护设施包括护栏和栏杆、隔离栅、防落网和避险车道等。其中,主动防护设施可引导驾驶人行车方向、规范驾驶行为、提供道路沿线信息等,是降低交通事故发生概率、提升公路交通本质安全的重要措施;被动防护设施可防止车辆冲出路外等,是降低交通事故发生严重程度的重要措施[3]。

交通安全设施设置规范、使用性能良好,是道路使用者遵守其传递信息的基础和关键,有助于提升公路交通安全水平[4]。因此,应保证交通安全设施设置规范和使用性能良好。

本文通过调研国内 4935km 的国省干线公路交通安全设施现状,对现阶段国省干线公路交通安全设施存在的问题进行全面梳理,分析存在的主要问题,为国省干线公路养护管理提供重点工作方向和优先提升内容,从而进一步提升国省干线公路交通安全水平。

1 总体分析

针对国内 12 条共 4935km 的国省干线公路交通交通安全设施现状问题进行研究,研究范围为交通标志、交通标线、护栏和视线诱导设施 4 个方面。根据现状交通安全设施的不足,将交通安全设施现状问题分为完好性、规范性、准确性和完备性 4 个方面。

(1)完好性:设施结构未破损和老化,使用性能良好,未被遮挡等。

(2)规范性:设施的结构尺寸、颜色、字符、设置高度、设置位置等完全符合标准规范要求。

(3)准确性:设施本身结构尺寸、颜色和字符等符合标准规范要求,设置位置不正确或设施传递信息准确等。

(4)完备性:在应设置交通安全设施的位置设施了对应的交通安全设施,且设施具有较好的完好性、规范性和准确性。

对 4935km 国省干线公路进行详细排查和分析,统计结果见表 1。根据下表可知,4935km 国省干线公路共存在 38098 条提升需求,平均每千米的总提升需求为 8 处,交通标志和护栏的提升需求最多。主要问题为设施的规范性较差,其次为设施的完备性。

排查统计结果(条) 表 1

分类	完好性	规范性	准确性	完备性	总计
标志	3331	3114	1951	4412	12808
标线	1351	2721	2564	3332	10203
护栏	447	10449	208	716	11820
视线诱导	14	1144	1125	1219	3502
总计	5143	17428	5848	9679	38098

2 交通标志

道路交通标志以颜色、形状、字符和图形等向道路使用者传递交通控制和引导信息,交通标志应满足道路使用者需求、引起道路使用者关注、传递明确简洁的含义、获得道路使用者的遵从、给道路使用者提供充足的反应时间。交通标志按作用可分为主标志和辅助标志两类,主标志包含禁令标志、指示标志、警告标志、指路标志、旅游区标志和告示标志,辅助标志设置在主标志下方,对主标志进行辅助说明。

交通标志为驾驶人提供前方道路信息、行车规则、危险预警和信息提示等,是国省干线公路中设置最多且最常见的交通安全设施。

交通标志存在问题中,完好性占 26.01%,规范性占 24.31%,准确性占 15.23%,完备性占 34.45%。当前国省干线公路中交通标志主要问题为交通标志缺失,其次为交通标志完好性和规范性较差,最后为交通标志设置准确性。

交通标志完好性主要存在问题为:交通标志板结构性病害(倾斜、变形、受损等),交通标志支撑杆件结构性病害(倾斜、变形、设置于护栏前等),交通标志反光膜病害和交通标志被遮挡等。其中交通标志被遮挡占比最多,占交通标志完好性的 59.78%,主要为被绿植遮挡,以及交通标志设置距离过近导致标志间相互遮挡。

交通标志规范性主要存在问题为:交通标志版面设置不符合规范(颜色、形状、字符和图形等与标准规范不符),交通标志设置位置不规范(设置位置过近或过远等),同一地点标志数量设置过多(超过4个),限速标志设置不规范(限速差过大等),同一位置相同标志重复设置,标志版面信息量过载等。其中,交通标志版面设置不符合规范占比最多,占交通标志规范性的53.67%。

交通标志准确性主要存在问题为:交通标志版面信息与实际路况不符(如:平面交叉路口警告标志与实际路况不符等),交通标志版面应用错误,停车、减速让行标志设置于主路,设置有非公路交通标志等。其中,交通标志版面信息与实际路况不符占比最多,占交通标志准确性的20.3%。

交通标志完备性主要存在问题为:急弯路段、陡坡路段、车道数发生变化路段、隧道路段、平面交叉路段、穿村镇路段和校区路段等缺少警告标志、限速标志、指路标志和指示标志等。其中,平面交叉位置缺少交通标志占比最多,占交通标志完备性的41.38%。

3 交通标线

道路交通标线是由施划或安装于道路上的各种线条、箭头、文字、图案及立面标记、实体标记、突起路标和轮廓标等所构成的交通设施,它的作用是向道路使用者传递有关道路交通的规则、警告、指引等信息,是引导驾驶员安全行车和规范驾驶行为的重要设施。交通标线按功能可分为指示标线、禁止标线和警告标线3种。

交通标线存在问题中,完好性占13.24%,规范性占26.67%,准确性占25.13%,完备性占34.96%。当前国省干线公路中交通标线的主要问题为交通标线缺失,其次为交通标线完好性和准确性较差,最后为交通标志完好性。

交通标线完好性存在主要问题为:车道分界线、道路边缘线、人行横道线、导流线、停止线等磨损,标线污损,立面标记表面污损等。其中,车道分界线磨损占比最高,占交通标线完好性的66.03%。

交通标线规范性存在主要问题为:标线颜色选用错误(如道路边缘线为黄色),立面标记设置不规范,新旧标线混设,设置有彩虹标线等。其中,立面标记设置不规范占比最高,占交通标线规范性的86.14%。

交通标线准确性存在主要问题为:让行标线应用错误(设置于主路造成路权混淆等),导向箭头与实际路况不符(如有右转箭头但实际右转无路可走),交叉口位置道路边缘线不符合车辆转弯轨迹等。其中,道路边缘线应断开或设置为虚线占比最多,占交通标志准确性的82.8%。

交通标线完备性存在主要问题为:人行横道线缺失(校区门口或穿村镇路段行人集中过街点等),平面交叉缺少渠化、导向线和导向箭头缺失、立面标记缺失等。其中,立面标记缺失占比最高,占交通标线完备性的36.4%。

4 护栏

设置护栏的主要目的是阻挡碰撞能量小于或等于设计防护能量的碰撞车辆并导正其形式方向。护栏应具有对碰撞车辆的阻挡、缓冲和导向的功能。护栏按其设置位置可分为路基护栏、桥梁护栏和中央分隔带开口护栏。

护栏存在问题中,完好性占3.78%,规范性占88.4%,准确性占1.76%,完备性占6.06%。由此可知当前国省干线公路中护栏的主要问题为护栏设置不规范,其次为护栏完备性和完好性较差,最后为护栏准确性。

护栏完好性存在主要问题为:护栏有明显破损(明显受撞后未恢复),波形梁护栏版缺失、金属类护栏螺栓缺失、金属类护栏组件明显锈蚀或护栏表面涂层脱落等。其中,护栏有明显破损占比最高,占护栏完好性的62.86%。

护栏规范性存在主要问题为:波形梁护栏高度不足、护栏设置长度不满足最小长度要求,行车方向上游护栏端头未防护、警示、地锚或外展,不同防护等级或不同结构形式的护栏之间连接未进行过渡处置或过渡设置不规范等。其中,护栏端头防护、警示、地锚或外展占比最高,占护栏规范性的75.84%。

护栏准确性存在主要问题为:桥梁护栏防撞能力明显不足(栏杆、牛角式护栏、其他形式护栏)和护栏设置于路树、灯杆等路侧障碍物外侧。其中,桥梁护栏防撞能力明显不足占比最多,占护栏准确性的98%。

护栏完备性存在主要问题为:路侧临水临崖

路段护栏缺失，路侧净区内或一级公路中央分隔带内障碍物防护缺失，行车方向上游和下游波形梁护栏端头缺失等。其中，路侧临水临崖路段护栏缺失占比最大，占护栏完备性的 29.89%。

5　视线诱导设施

视线诱导设施属于主动引导设施，对提高夜间安全行车水平有重要作用。视线诱导设施包括轮廓标、合流诱导标、线形诱导标、隧道轮廓带、示警桩、示警墩和道口标柱等设施。

视线诱导设施存在问题中，完好性占 0.4%，规范性占 32.67%，准确性占 32.12%，完备性占 34.81%。由此可知，当前国省干线公路中视线诱导设施的主要问题为视线诱导设施设置不完备，其次为视线诱导设施规范性和准确性较差，最后为视线诱导设施完好性。

视线诱导设施完好性存在主要问题为：轮廓标受损或表面污染，示警桩受损，示警墩受损。

视线诱导标规范性存在主要问题为：线形诱导标版面颜色和设置位置错误，线形诱导标设置间距过大，示警桩及示警墩未采用黄黑相间样式（如设置为红白样式）。其中，示警桩及示警墩未采用黄黑相间样式占比最高，占视线诱导标规范性的 69.19%。

视线诱导标准确性存在主要问题为：轮廓标颜色选用错误，波形梁钢护栏立柱反光设施颜色选用错误。其中，轮廓标颜色选用错误占比最高，占视线诱导标准确性的 90.94%。

视线诱导标完备性存在主要问题为：在急弯路段、连续急弯路段、长直线接小半径弯道路段、弯坡路段、主线视距不良路段等应设未设视线诱导标。其中，主线视距不良路段未设置线形诱导标占比最高，占线形诱导标完备性的 72.52%。

6　结语

经过"十二五"公路安保工程和"十三五"公路安防工程的相继实施，国省干线公路交通安全保障水平不断提升，但交通安全设施依旧存在提升空间[5]。本文通过对 4935km 国省干线公路的交通标志、交通标线、护栏和视线诱导设施 4 个方面进行调研分析，共提出 38098 条提升需求，平均每千米的提升需求为 8 处，主要提升需求为当前公路交通安全设施不满足标准规范要求，其中交通标志提升需求最多。因此，需对公路交通安全设施做到规范设置和科学养护相结合，提升使用性能，使公路交通安全设施的作用得到充分发挥，从本质上提升公路交通安全水平。

参考文献

[1] 张小玉.分析道路交通安全设施对交通安全的影响[J].黑龙江交通科技，2019，42(4):2-6.

[2] 葛亚军，袁洁.浅议道路交通安全设施对交通安全的影响[J].山西建筑，2009，35(7):3-9.

[3] 王益，荣建，陈家源，等.公路交通安全设施评价方法研究[J].公路，2022,67(4);331-339.

[4] 梁海峰.公路交通安全设施的优化设计要点探究[J].工程建设与设计，2023，497(3):113-115.

[5] 邵宇宇.普通国省道交通安全设施精细化提升对策研究[J].现代职业安全，2023(8):52-55.

基于街景图像的驾驶压力水平及影响因素分析

吴晓雨　何　杰*　叶云涛　张长健　柏春广　秦鹏程

（东南大学交通学院）

摘　要　较高的驾驶压力会对道路交通安全构成威胁，因此对驾驶压力水平及其影响因素的分析至关重要。本研究基于街景图像提取街景要素特征，构建驾驶压力水平评估模型。首先，采用语义分割算

基金项目：国家自然科学基金面上项目（52072069）。

法 Deeplabv3 和目标检测算法 YOLOv5 对街景图像进行处理,提取街景要素特征。其次,根据驾驶员的心率增长率划分驾驶压力水平。最后,构建 XGBoost 模型来评估驾驶压力水平并分析其影响因素。结果表明,构建的 XGBoost 模型在测试集上的准确率为 86.7%,优于 RF 和 LightGBM 模型。在影响驾驶压力水平的各街景要素中,天空占比、建筑占比、车道数、道路占比和植物占比影响最显著。此外,分析不同类别下特征作用发现,交通标志数量的增加有利于驾驶员保持低压力水平,而设置护栏或绿化带可能会提高驾驶压力水平。

关键词　驾驶压力　街景图像　语义分割　目标检测　交通安全

0　引言

驾驶压力是指驾驶员在驾驶过程中感知到车辆、道路、环境等因素的变化后,对保留认知空间的需求程度[1]。较高的驾驶压力会影响驾驶行为和决策,增加道路交通事故的风险[2]。因此,评估驾驶压力及其影响因素对提高道路交通安全水平具有重要意义。

基于驾驶员生理指标来检测驾驶员情绪或压力水平的变化,具有较高的客观性,是目前最常见的分析驾驶压力的方法。常用的生理信号包括心电信号、皮肤电信号、脑电信号、呼吸信号、眼动信号等[3]。

尽管使用驾驶员生理数据具有较高的可靠性,但受到试验仪器的限制,数据可得性较差,且传感器的穿戴往往会干扰驾驶,从而削弱数据有效性[4]。随着可穿戴智能设备成本逐步降低、检测精度提高,部分研究开始利用智能手环采集生理数据。例如,牛世峰等[5]仅采用智能手环和摄像头开展实车试验,分析驾驶员心理,构建愤怒驾驶行为动态检测模型。

此外,关于驾驶压力的研究大多聚焦于压力的识别和检测,对于可能导致驾驶压力水平增加的因素探讨仍然相对不足。街景环境在交通安全评价等方面的作用已被证实,且近年来深度学习在计算机视觉领域取得了巨大突破,为理解街景图像中各像素涵盖的语义信息提供了新的技术支持。例如,Cai 等[6]从谷歌街景图像中提取聚类和深度信息,以探究驾驶员的视觉环境等特征对超速事故的影响。Han 等[7]对街景图像视觉要素进行识别分割,同时采集志愿者对街景图片的打分,并结合随机森林算法完成安全感知评分。

综上所述,深度学习支持下的街景图像信息提取为驾驶压力水平及其影响因素的研究提供了新的视角,同时可穿戴智能设备也为驾驶员生理数据的采集提供了便利。因此,本研究进一步深

度挖掘图像中的特征信息。基于街景图像视角下的特征,构建 XGBoost 模型来评估不同特征下的驾驶压力水平,并分析不同街景要素对驾驶压力水平的影响。本研究从街景环境角度丰富了驾驶压力水平研究的方法体系,在一定程度上为保障道路交通安全提供了理论支持。

1　研究方法

1.1　驾驶压力水平评估模型变量

1.1.1　标签变量

在现实驾驶任务中,心电信号中的心率指标和皮肤电信号中的皮肤电导率指标与驾驶压力的关系最为密切[8],也有研究仅提取心率特征分析驾驶员心理[5]。不同素质的驾驶员静息心率是不同的,相比于心率值,心率增长率更能反映人的紧张程度,如式(1)所示。

$$VAR_t = \frac{HR_t - HR_0}{HR_0} \tag{1}$$

式中:VAR_t——第 t 秒驾驶员心率增长率;

　　　HR_t——第 t 秒驾驶员的动态心率;

　　　HR_0——驾驶员静息心率。

1.1.2　特征变量

语义分割和目标检测是利用计算机视觉和机器学习算法对图像进行分析和处理的两种方法,能够从海量的图像或视频数据中提取信息。语义分割将图像分成多种像素集合,为具有类似特征的像素划分相同的标签;目标检测对每一个目标物体的位置进行检测并划分边界框,同时对目标进行分类。

利用深度学习的语义分割及目标检测方法提取街景图像特征的具体方法如下:首先,使用开源的 Cityscapes 训练集图像为训练样本,采用 Pytorch 框架来建立 Deeplabv3 模型,将图像分割成街景要素的集合,如图 1 所示。针对分割后的街景图像,计算不同颜色的每种要素在图像中的占比。同样

基于 Pytorch 框架建立 YOLOv5 模型，使用由 Cityscapes 实例分割标签转换来的目标检测数据集，对街景要素进行检测（行人、骑行者、小汽车、货车、公交车、非机动车、交通信号灯与交通标志），并统计每个类别街景要素的数量。要素的占比和数量不仅直接体现了天空开阔度、植物绿视率等行驶环境特征，也在一定程度上间接反映了道路车流特征。

此外，随机抽取 200 张街景图像，计算目标检测漏检率为 6%，误检率为 5%，可满足本研究需求。

道路设计特征（车道数、中间分隔形式、有无路侧停车等），可由街景图像直观地观测。

基于上述提取的街景要素占比、数量及道路设计特征得到驾驶压力水平评估模型变量，如表 1 所示。

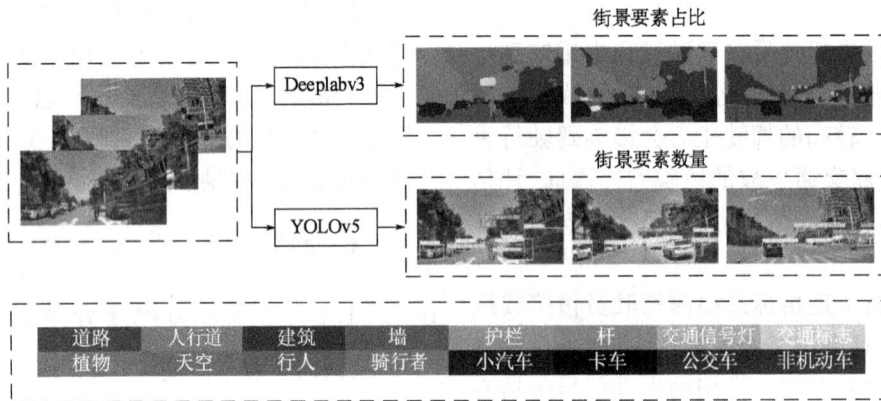

图 1 基于 Deeplabv3 与 YOLOv5 提取街景要素特征

驾驶压力水平评估模型变量 表 1

序号	变量	含义	序号	变量	含义
1	prop_road	道路占比	16	prop_non	非机动车占比
2	prop_sidewalk	人行道占比	17	count_car	小汽车数量
3	prop_building	建筑占比	18	count_truck	卡车数量
4	prop_wall	墙占比	19	count_bus	公交车数量
5	prop_fence	护栏占比	20	count_non	非机动车数量
6	prop_pole	杆占比	21	count_person	行人数量
7	prop_traffic light	交通信号灯占比	22	count_rider	骑行者数量
8	prop_traffic sign	交通标志占比	23	count_traffic light	交通信号灯数量
9	prop_vegetation	植物占比	24	count_ traffic sign	交通标志数量
10	prop_sky	天空占比	25	ratio_vehicle	大型车比例
11	prop_person	行人占比	26	nun_types	元素种类总数
12	prop_rider	骑行者占比	27	nun_lanes	车道数
13	prop_car	小汽车占比	28	type_separation	中间分隔类型
14	prop_truck	卡车占比	29	type_roadside	路侧类型
15	prop_bus	公交车占比	30	stress_level	驾驶压力水平

1.2 模型构建与分析

1.2.1 模型构建与调优

基于 XGBoost 算法对驾驶压力水平与街景要素进行建模分析。将构建的驾驶压力水平评估模型的数据集按 6∶4 的比例随机划分为训练集和测试集。其中，训练集用于拟合模型，测试集用于验证模型性能。

进一步采用网格搜索[9]进行调参,并用四折交叉验证法将训练数据随机分成 4 份,每次以 3 个子样本训练、1 个子样本验证的形式进行,由此选择出表现最好的超参数组合。

1.2.2 模型性能对比

绘制 XGboost 模型对驾驶压力水平预测的混淆矩阵,并进一步计算得到分类问题的常用评价指标,包括准确率(accuracy)、精确率(precision)、召回率(recall)和 F1 值。

构建另外两种常见的集成算法模型:随机森林(RF)和 LightGBM,并同样进行超参数调优,与 XGBoost 的性能进行比较。

1.2.3 特征重要性分析

基于 SHAP 框架分析特征重要性。SHAP 的主要思想是计算特征对模型输出值的边际贡献,即 SHAP 值。SHAP 值越大,说明该特征对模型的贡献度越大。在 Python 中调取 SHAP 库,可以绘制特征重要性排序图。

2 数据采集及处理

2.1 试验路段及被试驾驶员

城市次干路的交通事故类型与主干路相比往往更加多样,驾驶压力水平也更加多变。因此,试验路段选取了南京市江宁区和雨花台区的 10 条城市次干路,如表 2 所示。试验在晴朗的白天进行。

试验道路特点 表 2

道路名称	单向机动车道数	道路中间分隔	非机动车道
通淮街	3	无	未设置
董村路	3	护栏	未设置
胜太路	2	护栏	设置
佳湖西路	2	无	设置
湖滨路	1	无	设置
利源中路	2	绿化	设置
平泰路	2	绿化	设置
竹影路	2	双黄线	未设置
郁金香路	2	无	未设置
紫荆花路	2	护栏	设置

本研究参考梁波等[10]、胡立伟等[11]对被试驾驶员的选择,选择 5 名驾驶员开展了实车试验。驾驶员无心脑血管等生理疾病,视力正常,心理状态良好。驾驶员单次驾驶时长不超过 30min,试验总时长为 3h。

2.2 试验设备及采集参数

如图 2 所示,试验通过可穿戴智能手环采集驾驶员的心率数据,并通过行车记录仪采集驾驶员前方道路环境视频。

图 2 实车试验

2.3 试验数据处理

首先,采用阈值法划分驾驶压力水平,参考乔建刚等[12,13]的研究,根据心率增长率将驾驶压力水平划分为 4 个等级:level 0(< 15%)、level 1(15% ~ 28%)、level 2(28% ~ 35%)、level 3(>35%)。

其次,在型号为 NVIDIA GeForce RTX 2060 的 GPU 上训练 Deeplabv3 和 YOLOv5 模型,如表 3 所示。

接着,将实车驾驶试验获取的街景图像作为语义分割模型 Deeplabv3 和目标检测模型 YOLOv5 的输入,得到像素级别的分割效果和不同物体的识别框,进一步计算出街景要素的占比和数量等信息。

模型训练参数 表 3

参数	Deeplabv3	YOLOv5
learning rate	10^{-4}	10^{-3}
epoch	200	100
batch_size	3	8

为了使数据更加具有代表性和一致性，删除了每次汽车行驶时的前 1min 以及停驶前 1min 的试验数据。

由此，构建驾驶压力水平评估模型数据集，共包含 4090 个样本，每个样本均由一张图像对应的 29 维特征和该图像场景下对应的驾驶压力水平构成。

3 结果与讨论

3.1 模型调优及性能比较

利用 scikit-learn 库建立 XGBoost 模型，首先将模型参数设置为默认值，训练好的模型在测试集上的准确率为 0.844。对几种可能显著影响算法性能的参数进行调优的结果如表 4 所示。超参数调优后，XGBoost 的准确率为 0.865，模型性能得到了一定的提升。

图 3 混淆矩阵可视化了 XGBoost 对驾驶压力水平的分类，每一行代表实际的类别，每一列代表预测的类别。由混淆矩阵，进而计算出了构建的 XGBoost 模型对驾驶压力水平 level 0、level 1、level 2 与 level 3 的分类准确率分别为 82.5%、79.0%、85.8%、94.3%。

超参数调优后 XGBoost、RF 和 LightGBM 的各项评价指标如表 5 所示。可见，XGBoost 模型总体优于另外两种模型。

XGBoost 超参数调优结果   表 4

参数名称	描述	搜索范围	最优值
learning_rate	学习率	[0.01, 0.05, 0.07, 0.1, 0.2]	0.03
n_estimators	子模型的数量	[500, 550, 600, 650, 700]	650
max_depth	树的深度	[5, 10, 12, 15, 20]	12
subsample	对于每棵树随机采样的比例	[0.6, 0.7, 0.8, 0.9]	0.6
colsample_bytree	对于每棵随机采样的列数的占比	[0.6, 0.7, 0.8, 0.9]	0.8

评价指标对比   表 5

压力水平	精确率	召回率	F1 值
Random Forest			
level 0	0.825	0.793	0.808
level 1	0.790	0.729	0.758
level 2	0.858	0.914	0.885
level 3	0.943	0.990	0.966
准确率	0.856		
XGBoost			
level 0	0.819	0.821	0.820
level 1	0.785	0.746	0.765
level 2	0.885	0.912	0.898
level 3	0.973	0.987	0.980
准确率	0.867		

续上表

压力水平	精确率	召回率	F1 值
LightGBM			
level 0	0.819	0.782	0.800
level 1	0.765	0.765	0.765
level 2	0.874	0.902	0.887
level 3	0.976	0.992	0.984
准确率	0.860		

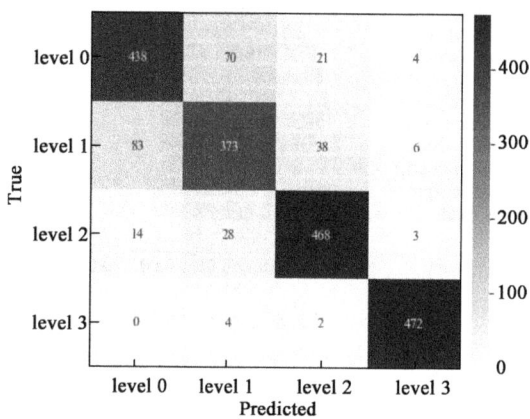

图 3 混淆矩阵

3.2 特征重要性分析

从整体来看,特征重要性排序如图 4 所示,每个特征对每个类别的平均影响被量化并以条形图的形式展示,条形图的长度表示该特征对模型预测的平均贡献程度。SHAP 排序越靠前的特征对于结果的预测越重要。

由图 4 可知,影响较大的 5 种特征变量依次为天空占比、建筑占比、车道数、道路占比、植物占比。观察条形图的颜色还可以发现不同驾驶压力水平下特征的预测贡献具有显著的差异性。

3.3 分类别特征作用分析

特征变量在不同驾驶压力水平下的作用具有差异性,选取了区分度明显的较低压力水平(level 0)和较高压力水平(level 3)进行分析,如图 5 所示,不仅可以根据条形图的长度比较作用的大小,还可区分出作用的正负。

在传统认知里,交通标志的存在会增加驾驶员的信息处理量,而图 5 显示交通标志的数量对 level 0 的预测呈正向作用,对 level 3 的预测中呈现负向作用,意味着交通标志数量增加有利于驾驶员保持较低的驾驶压力水平。这可能是因为合理设置的交通标志对驾驶者具有积极的指引作用,帮助驾驶者做出正确决策,从而缓解了驾驶压力。

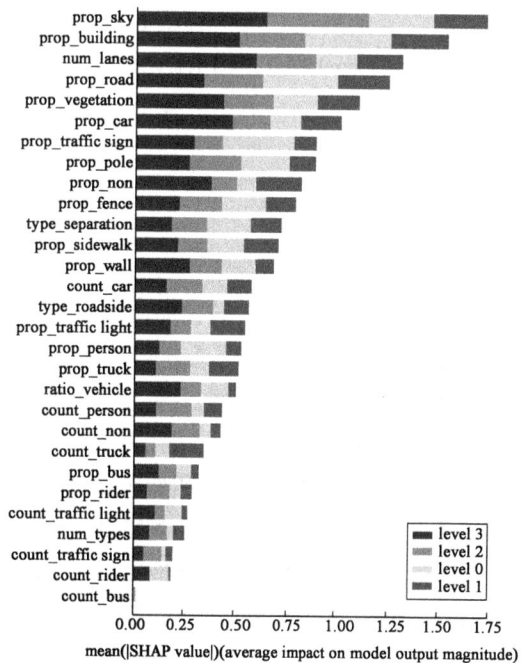

图 4 特征重要性

图 5 还表明道路分隔形式同样是区分高或低驾驶压力水平的一个重要因素,这在以往的研究中并不常见。在设置了护栏和绿化带的次干路上行驶,相比于无分隔物的道路,驾驶压力会更高。这可能是因为设置了护栏或绿化带的道路往往交通流量大,路段限速较高,驾驶者需要提高警觉,保持注意力集中。

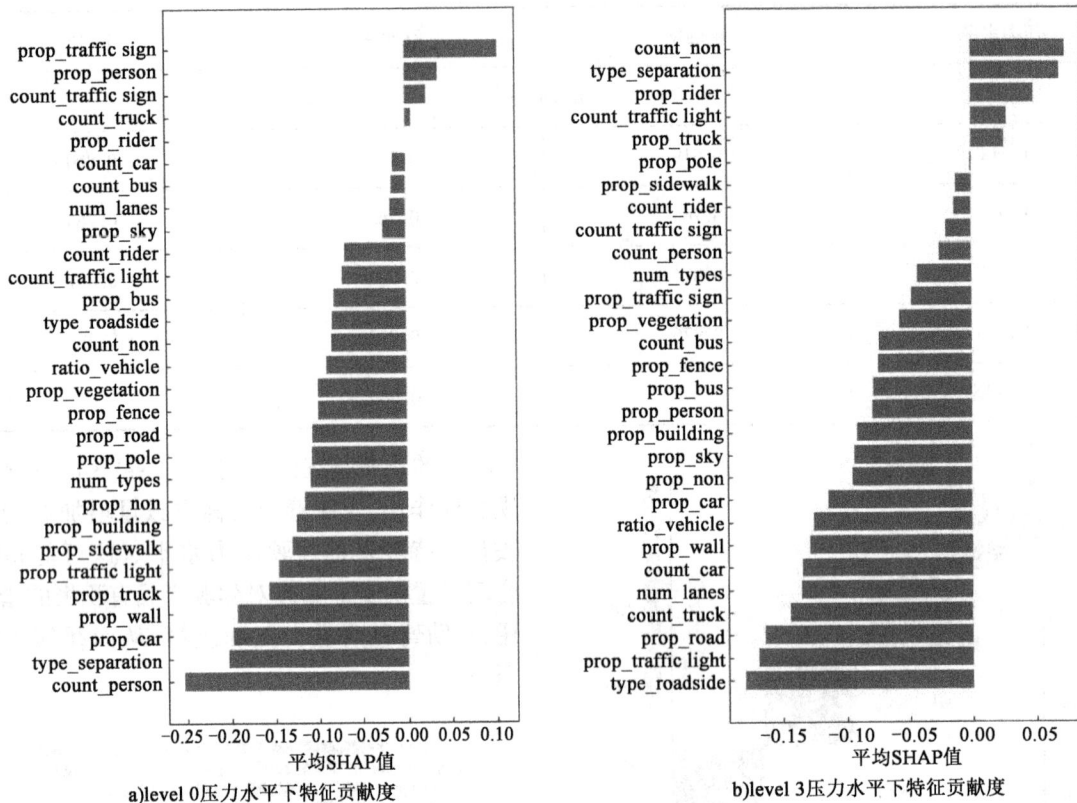

a)level 0压力水平下特征贡献度　　　　　b)level 3压力水平下特征贡献度

图5　较低压力水平与较高压力水平下特征的作用

4　结语

本研究聚焦街景图像中的特征信息,利用现阶段流行的计算机视觉方法(语义分割及目标检测)对街景图像特征进行深度挖掘,并针对生理数据的采集易对驾驶产生干扰的问题,采用智能手环采集驾驶员心率。基于提取的特征和驾驶员心率增长率,构建了XGBoost模型,模型在测试集上的分类准确率为86.7%,能够较为准确地对驾驶压力水平进行预测评估,初步验证了方法的可靠性。

研究初步发现,天空占比、建筑占比、车道数、道路占比和植物占比对驾驶压力影响最显著。交通标志增加有利于缓解驾驶压力,相反地,护栏或绿化带的设置不利于驾驶员保持低压力水平,值得进一步深入研究。

本研究对驾驶压力水平的划分采用了具有一定主观性的阈值法,在接下来的研究中,可以考虑其他压力水平划分方法,并尝试融合多模态数据,提高驾驶压力水平划分的客观性和准确性。此外,本阶段聚焦于街景环境要素对驾驶压力水平的影响,选取的驾驶员较少,未来将增加试验驾驶员,考虑驾驶员的异质性。

参考文献

[1] ZHONG S, FU X, LU W, et al. An Expressway Driving Stress Prediction Model Based on Vehicle, Road and Environment Features[J]. IEEE Access, 2022, 10: 57212-57226.

[2] YANG L, SONG Y, HU Z, et al. Recognition of typical driving stressors and driver stress level in a Chinese sample[J]. Journal of Transportation Safety & Security, 2023, 15(8): 774-794.

[3] CHESNUT M, HARATI S, PAREDES P, et al. Stress markers for mental states and biotypes of depression and anxiety: A scoping review and preliminary illustrative analysis [J]. Chronic Stress, 2021, 5: 247-257.

[4] NEMCOVA A, SVOZILOVA V, BUCSUHÁZY K, et al. Multimodal features for detection of driver stress and fatigue[J]. IEEE Transactions

on Intelligent Transportation Systems, 2021, 22 (6).

[5] 牛世峰,马彬涛,刘彦君,等.基于智能手环的愤怒驾驶行为动态检测方法[J].中国安全科学学报,2022,32(S1):178-183.

[6] CAI Q, ABDEL-ATY M, ZHENG O, et al. Applying machine learning and google street view to explore effects of drivers' visual environment on traffic safety[J]. Transportation research part C: emerging technologies, 2022, 135: 103541.

[7] HAN X, WANG L, SEO S H, et al. Measuring perceived psychological stress in urban built environments using Google Street View and deep learning[J]. Frontiers in Public Health, 2022, 10: 891736.

[8] RASTGOO M N, NAKISA B, RAKOTONIRAINY A, et al. A critical review of proactive detection of driver stress levels based on multimodal measurements [J]. ACM Computing Surveys (CSUR), 2018, 51(5): 1-35.

[9] 曹睿,廖彬,李敏,等.基于XGBoost的在线短租市场价格预测及特征分析模型[J].数据分析与知识发现,2021,5(6):51-65.

[10] 梁波,刘涛,肖尧,等.特长隧道出口处交通标志与驾驶人感知关系试验[J].长安大学学报(自然科学版),2020,40(5):48-55.

[11] 胡立伟,张成杰,赵雪亭,等.高速公路平纵曲线组合路段交通风险评估方法[J].交通信息与安全,2022,40(3):30-41.

[12] 乔建刚,温影影,周荣贵,等.基于驾驶行为的高原区公路纵坡折减[J].公路交通科技,2012,29(1):128-132.

[13] 乔建刚,李士宣,刘伟璐,等.驾驶员心率变化与改扩建道路弯坡比和行车速度差关系[J].福州大学学报(自然科学版),2020,48(1):105-109.

突发事件下高速公路交通状态演变因素分析

栾 剑[1] 张 晨[1] 茹 含[*1] 马得彪[1] 魏吉敏[2]

(1.西北农林科技大学水利与建筑工程学院;2.长沙智能驾驶研究院有限公司)

摘 要 为了分析突发事件下高速公路交通状态演变的内在因素,本文采用故障树分析法及属性识别理论对影响因素进行归纳并分析其影响程度。对高速公路突发事件进行界定,并对突发事件下高速公路交通流特性进行分析,建立了以交通状态演变为顶事件、导致恶化的直接因素为中间事件、各突发事件为底事件的故障树模型。基于属性识别理论分析了以顶事件和中间事件构成的两级影响因素层次结构体系,并以属性测度值为基础,利用置信度准则识别各因素对道路状态演变的影响。分析结果表明突发事件下道路条件对诱发交通状态演变起主导作用,其中车道数和硬路肩状况是诱发演变的高风险因素,影响评价得分分别为5分和4.9分,反映交通流指标的交通饱和度评分同样高达5分,分析属性测度可知其同样对交通状态演变有严重影响。

关键词 道路工程 突发事件 高速公路 故障树分析 属性识别

0 引言

高速公路作为现代运输系统的重要组成部分,其稳定安全的交通状态保证着区域间经济文化的交流与发展[1]。近年来,在高速公路运营期间时有发生交通事故、极端气象等突发事件,对交通状态产生巨大的影响[2]。因此,深入探究突发事件下高速公路交通状态演变因素及因素影响程度,对提高交通运行水平具有重要意义。

目前国内外对高速公路交通状态演变因素分

基金项目:陕西省自然科学基础研究计划资助项目(2023-JC-QN-0790);西北农林科技大学大学生科创基金项目(X202310712324)。

析主要涉及在交通安全方面,多考虑了天气条件及交通环境等因素。Angel等[3]研究了降雨条件对交通状态的影响,并定量分析了交通变量与降雨强度之间的相关性。Du、刘佳雨等[4-5]分析了冰雪条件下的公路事故高风险因素,并量化了各因素危险程度。Basu和Saha[6]考虑了混合交通条件下公路碰撞危险因素,并重点分析评价了路肩状况、车道数等风险因素对道路事故的影响。胡立伟等[7]分析了高原地区特殊的地质和气象环境对公路交通风险的影响,并计算了各因素之间的耦合度及危险度。在致因分析方法方面,专家学者采用了一系列的模型和方法,常见的有层次分析法[8]、熵权法[9]、贝叶斯网络[10]、关联规则[11]等,且许多学者对致因分析法进行结合改进,为道路交通状态演变分析提供了新思路。

目前,已有的研究缺少对突发事件的考虑,且大多针对的是交通安全影响因素,没有结合交通流变化综合考虑交通状态演变因素。常用的致因分析法缺少对因素之间先后作用及逻辑因果关系的分析。针对目前研究成果中存在的不足,本文综合考虑了突发事件类型及突发事件下的交通流特性,提取交通状态演变共性因素,在基于故障树的致因分析中加入了属性识别理论进行改进,综合分析各因素影响程度,从而实现对交通状态演变因素的科学合理评价。

1 基于故障树的影响因素识别

1.1 高速公路突发事件界定

突发事件因其类型和严重程度的不同,对高速公路交通安全产生的影响也存在差异。目前高速公路突发事件研究多按照突发事件类型或危害风险指标对突发事件进行分类[12],这些分类方法都不能很好地反映交通领域突发事件发生位置的特殊性以及事件波及范围,缺乏事件影响程度的直观体现,因此本文依据突发事件对路段影响范围的大小,将高速公路突发事件分类为点状突发事件、路段突发事件和区域路网突发事件。

点状突发事件是指瞬时发生在高速公路某一断面,对道路通行能力造成影响,但不会对事发车辆以外的其他车辆造成直接影响的小型自然灾害、交通事故。典型的事件有落石、小型滑坡、轻

微交通事故等。具体表现形式为部分行车道的阻塞或破坏,或事故车辆停靠占用硬路肩、外侧车道。

路段突发事件是指发生在高速公路某一路段,持续时间较长,会对其他车辆产生直接地影响,导致高速公路一定长度区间内的通行能力受到明显影响的严重自然灾害、交通事故。其会在一定长度的路段间造成道路封闭或毁坏,典型的事件主要包括泥石流、滑坡、水毁及严重交通事故等。

局部路网突发事件是指发生在高速公路网络的某一区域,范围广、持续时间长,会导致道路网络系统产生大面积影响的气象、地质灾害及导致路网大范围受限的其他交通事件。典型的事件主要包括大范围的暴雨、暴雪、浓雾等不良天气,以及海啸、地震等自然灾害。此外在匝道密集的干线区域,若突发事件直接对匝道造成影响,将会导致匝道处的交通恶化逐渐蔓延至其他路段,最终导致局部路网交通状态发生变化。

1.2 突发事件下高速公路交通特性分析

突发事件会导致大量交通涌入受影响路段,导致部分路段在无法满足大量交通量需求时,产生拥堵甚至堵塞现象,这与节假日往返高峰期高速公路交通流特性相同。因此本文基于五一假期往返高峰期情形下的交通状况来模拟突发事件下的交通状态,由此对突发事件下的交通流特性进行分析。本文选取西安市境内连霍高速公路G30和绕城高速公路,分别对高峰时段以及正常时段交通数据进行调查,并对不同实验路段及观测时间下收集获得的交通数据中的部分内容进行处理,避免异常数据的影响。

(1)突发事件下车辆运行速度特征。

突发事件对交通流特性最直观地影响是车辆运行速度的明显下降,通过实地调查数据得出日常条件下和突发事件拥堵下的车辆运行速度大小及变化规律,如图1所示。在观测时间内,日常条件下观测路段断面处交通流速度呈现周期性波动,出现几次明显的骤降与骤升,总体处于30~90km/h的速度变化区间。拥堵条件下交通流速度随时间序列亦呈现周期性变化,但是相较于日常条件,速度区间处于较低的水平。

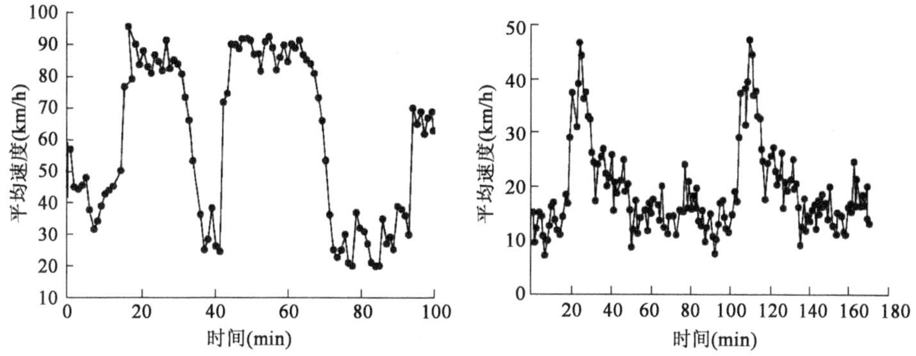

图1 日常条件(左)及拥堵条件(右)下速度随时间变化趋势

(2)突发事件下车辆交通量特征。

根据日常和拥堵条件下采集的数据同样可以得到观测时间内的小时交通量变化情况,如图2所示。日常条件下,观测路段小时交通流率受出行需求的不确定性,随时间呈现明显的波动。拥堵条件下,交通小时流率呈现缓慢下降趋势,没有

呈现骤降与骤升的突变特征。在 $t \in [0,100]$ 的时间范围内,小时交通量呈现下降趋势,该时间范围内交通量还未达到路段饱和状态。随后小时交通率在 2000pcu/h 上下浮动,此时间范围内交通流为拥堵状态,路段交通量已经达到饱和状态,且输出流量较为稳定。

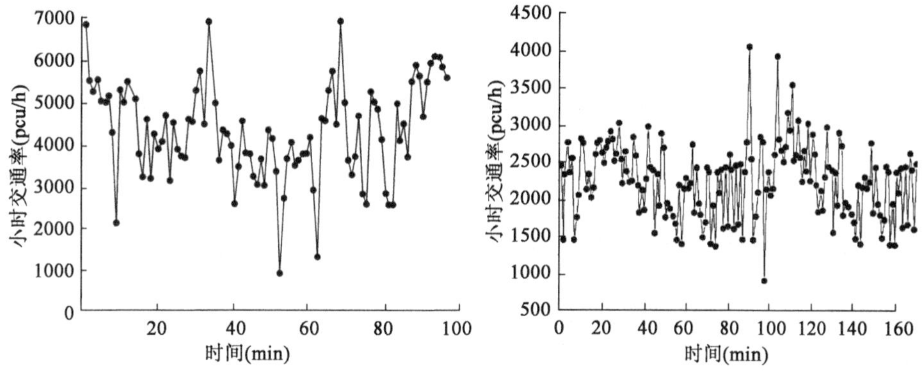

图2 日常条件(左)及拥堵条件(右)下交通量随时间变化趋势

(3)大车混入率。

单纯以交通流量或者速度作为变量并不能全面地反映日常及拥堵条件下交通流状态,相关研究表明大车混入率对交通流有较大的影响[13]。通过对不同状态下上午时段测得的交通数据,得出大车混入率与平均车速的关系走势规律,如图3

所示。由图可知,大车混入率较高时对应时段的平均车速一般较低,另外在拥堵条件下所测的高速路段大车混入率总体处于较高水平,平均车速区间则相较于日常条件处于较低水平,且平均车速在所测时段内的波动频率明显,交通流处于一个不太稳定的状态。

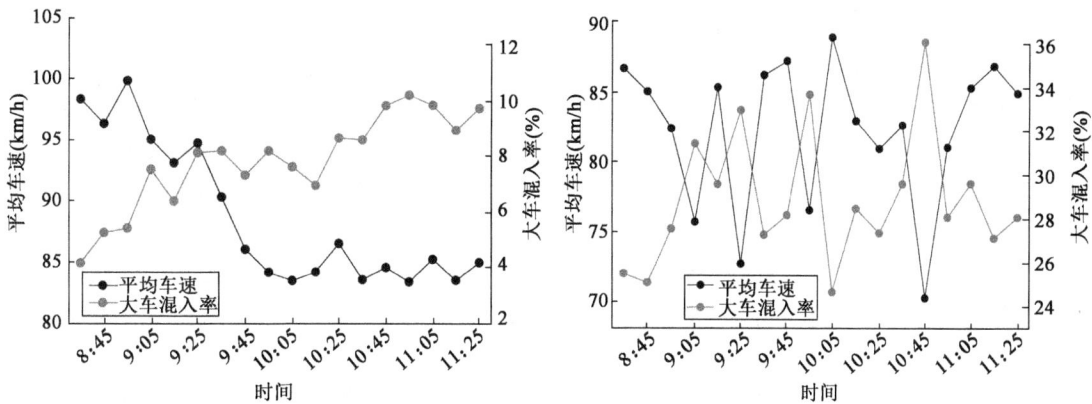

图3 日常条件(左)及拥堵条件(右)下大车混入率与平均车速变化

1.3　故障树模型构建

根据高速公路突发事件的分析界定及突发事件下的高速公路交通特性分析，可以从道路条件层面及在途交通层面分析突发事件下交通状态演变的作用机理，选取高速公路运营中较为常见的突发事件，结合故障树分析法，可以构建出突发事件下高速公路交通状态演变故障树，如图 4所示。

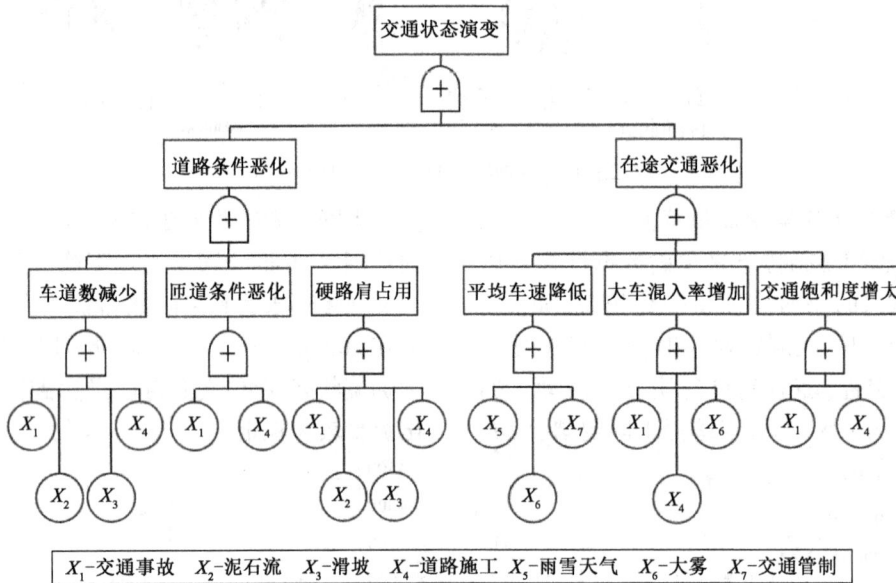

图 4　突发事件下高速公路交通状态演变故障树

2　基于属性识别理论的影响因素分析

属性识别理论将定性与定量分析相结合，主要用于分析系统内各部分作用关系，为解决系统综合评价问题提供了理论依据[4,14]。根据第一节归纳出的演变因素，结合属性识别理论对各因素对交通状态演变的程度进行进一步探究分析。

2.1　交通状态演变因素评价指标体系的建立

2.1.1　影响因素层次结构体系

根据第 1 节的分析，各类突发事件构成了交通演变的所有底事件，但是突发事件作为探究交通状态演变的预设条件不可作为影响因素，且其不具备可预测可分析性，需将其进行剔除。因此本文以突发事件下交通状态演变影响因素为目标，建立了以道路条件和在途交通两方面为一级指标，以其所包含的 6 个具体因素为二级指标的影响因素层次结构体系，如图 5 所示。其中一级指标记为 A_i，二级指标记为 A_{ij}，表示突发事件下交通状态演变影响因素第 i 个子集隶属的第 j 个方面的风险指标集的子集。

图 5　交通状态演变影响因素层次结构体系

2.1.2　评级标准

为了合理有效地评价影响因素对突发事件下的交通状态演变的影响，将图 5 确定的影响因素层次结构体系中的各个指标划分为无影响、弱影响、平均影响、明显影响、严重影响 5 个评价等级，其中 $C_1 = \{$无影响$\}$，$C_2 = \{$弱影响$\}$，$C_3 = \{$一般影响$\}$，$C_4 = \{$明显影响$\}$ 和 $C_5 = \{$严重影响$\}$。

确定影响程度评价等级后各等级划分的标准是科学分类的关键。根据从西安市交通管理部门获取的连霍高速西安段的交通运行评估报告及专家的访谈问卷调研结果，采用百分比的方式确定各因素评价等级的临界值，见表 1。

突发事件下交通状态演变影响因素评价等级标准 表1

目标层	一级指标	二级指标	评价等级和标准				
			无影响	弱影响	一般影响	明显影响	严重影响
突发事件下交通状态演变影响因素	A_1	A_{11}	0.45	0.55	0.65	0.75	0.85
		A_{12}	0.50	0.60	0.70	0.80	0.90
		A_{13}	0.45	0.55	0.65	0.75	0.85
	A_2	A_{21}	0.50	0.60	0.70	0.80	0.90
		A_{22}	0.45	0.55	0.65	0.75	0.85
		A_{23}	0.40	0.50	0.60	0.70	0.80

2.2 基于属性识别理论模型的影响因素评价

2.2.1 评价原理

对于突发事件下高速公路交通状态演变因素评价问题可以描述为:在研究空间突发事件下交通状态演变因素 A 中有 n 个一级指标 $A_1,A_2,\cdots,A_n$,它们共同组成一级评价指标集 $A=\{A_1,A_2,\cdots,A_n\}$,每个一级指标又下设 m 个二级指标,将第 i 个一级指标下的第 j 个二级指标记为 A_{ij},$1 \leqslant i \leqslant n$,$1 \leqslant j \leqslant m$。假设 F 是 A 中某种属性空间集,记为 $\{C_1,C_2,\cdots,C_K\}$,表征各指标对交通状态的影响程度,若满足 $C_1 < C_2 <,\cdots,< C_K$ 则其构成影响程度属性空间的有序分割类别。根据各指标 A_{ij} 的测量值和评价等级、标准判别各指标从属评价等级及影响程度。

(1)属性测度计算。

设 x_{ij} 为第 i 个样本第 j 个指标的测量值,其具有属性 C_k 的属性测度记为 μ_{ijk},F 是 X 中某种属性空间集,$\{C_1,C_2,\cdots,C_K\}$ 为属性空间 F 的有序分割类别,若已知每个指标 I 的属性空间分类临界值,则分类标准矩阵可写为:

$$\begin{array}{c} \quad\; C_1 \quad\; C_2 \quad \cdots \quad C_K \\ \begin{array}{c} I_1 \\ I_2 \\ \vdots \\ I_m \end{array} \begin{bmatrix} a_{11} & a_{12} & \cdots & a_{1K} \\ a_{21} & a_{22} & \cdots & a_{2K} \\ \vdots & \vdots & & \vdots \\ a_{m1} & a_{m2} & \cdots & a_{mK} \end{bmatrix} \end{array}$$

若 a_{jk} 满足 $a_{j1} < a_{j2} <,\cdots,< a_{jK}$,

当 $x_{ij} \leqslant a_{j1}$ 时,

$$\mu_{ij1}=1 \quad (\mu_{ij2}=,\cdots,\mu_{ijK}=0) \quad (1)$$

当 $x_{ij} \geqslant a_{jK}$ 时,

$$\mu_{ijK}=1 \quad (\mu_{ij1}=,\cdots,\mu_{ijK-1}=0) \quad (2)$$

当 $a_{jl} < x_{ij} < a_{jl+1}$ 时,

$$\mu_{ijl}=\frac{|x_{ij}-a_{jl+1}|}{|a_{jl}-a_{jl+1}|},\mu_{ijl+1}=\frac{|x_{ij}-a_{jl}|}{|a_{jl}-a_{jl+1}|},\mu_{ijk}=0$$
$$(k<l \text{ 或 } k>l+1) \quad (3)$$

考虑到每个指标的重要性程度可能不同,因此计算第 i 个样本的属性测度时应对各指标赋权后,再进行求和,且满足 $\sum_{j=1}^m w_j=1$,加权后的计算公式如下:

$$\mu_{ik}=\mu(x_i \in C_k)=\sum_{j=1}^m w_j\mu_{ijk} \quad 1 \leqslant k \leqslant K \quad (4)$$

(2)属性类别确定。

当属性空间的有序分割类满足 $C_1 > C_2 >,\cdots,> C_K$ 时,

$$k_i=\min\{k:\sum_{l=1}^k \mu_{xi}(C_l) \geqslant \lambda,1 \leqslant k \leqslant K\} \quad (5)$$

当属性空间的有序分割类满足 $C_1 < C_2 <,\cdots,< C_K$ 时,

$$k_i=\max\{k:\sum_{l=1}^k \mu_{xi}(C_l) \geqslant \lambda,1 \leqslant k \leqslant K\} \quad (6)$$

其中 λ 为置信度,一般取 0.6 与 0.7 之间。

(3)样本比较。

为了比较样本的强弱,可用评分标准模型进行计算:

$$q_{xi}=\sum_{l=1}^K n_l\mu_{xi}(C_l) \quad (7)$$

式中:q_{xi}——被评估样本的得分;

n_l——属性集 C_l 的分数,$n_l=l$。

2.2.2 评价分析

(1)影响因素评估。

为了解各影响因素对高速公路交通状态演变的影响程度,对其进行科学合理的评价,邀请了交通领域不同职称的专家、监理人员以及驾驶经验丰富的司机,通过问卷调查评估对于前文建立的6项二级指标的影响程度,经过汇总分析,将评价结果转化为百分制,具体评分见表2。

影响因素评估　　　　表2

评价指标	评分
A_{11}	0.92
A_{12}	0.67
A_{13}	0.84
A_{21}	0.69
A_{22}	0.73
A_{23}	0.90

(2)指标权重计算。

公式(4)并未对指标权重给出计算方法,主观赋权不够科学,为了更合理且客观地给出指标权重值,采用层次分析法,利用 SAATY[15] 的标度方法进行修正赋值,构建判断矩阵,经由 MATLAB 编程计算后结果见表3,且一致性比率 CR 均小于0.1,通过一致性检验。

(3)确定各影响因素属性测度。

根据前文建立的评级标准和指标权重,利用公式(1) ~ (4),可计算得出各个指标隶属于各评价等级的属性测度,计算结果见表4。

各级指标函询及权重分析结果　　　　表3

目标层	一级指标	二级指标	权重	组合权重	排序
	道路条件(A_1)	—	0.5000	—	—
	—	车道数(A_{11})	0.5396	0.2698	2
	—	匝道条件(A_{12})	0.1634	0.0817	5
突发事件下交通状态演变影响因素	—	硬路肩状况(A_{13})	0.2970	0.1485	3
	在途交通(A_2)	—	0.5000	—	—
	—	平均车速(A_{21})	0.1365	0.06825	6
	—	大车混入率(A_{22})	0.2385	0.11925	4
	—	交通饱和度(A_{23})	0.6250	0.3125	1

影响因素属性测度　　　　表4

一级评价指标	二级评价指标	C_1	C_2	C_3	C_4	C_5
A_1	—	0	0.04902	0.11438	0.0297	0.8069
—	A_{11}	0	0	0	0	1
—	A_{12}	0	0.3	0.7	0	0
—	A_{13}	0	0	0	0.1	0.9
A_2	—	0	0.01365	0.17055	0.1908	0.625
—	A_{21}	0	0.1	0.9	0	0
—	A_{22}	0	0	0.2	0.8	0
—	A_{23}	0	0	0	0	1

将表4中的数据带入公式(6)分析各一级指标的影响程度属性分类,置信度 λ 取 0.65。对于 A_1:$0.8069 > 0.65$,$k = 5$,A_1 的影响程度属于 C_5,即道路条件对突发事件下交通状态演变影响严重。对于 A_2:$0.625 < 0.65$,$0.625 + 0.1908 > 0.65$,$k = 4$,A_2 的影响程度属于 C_4,说明在途交通状况对突发事件下交通状态演变影响明显。同理可知 A_{11}、A_{13}、A_{23} 属于 C_5,A_{22} 属于 C_4,A_{12}、A_{21} 属于 C_3。

利用公式(7)计算评价分值可得 $q_{A1} = 4.59448$,$q_{A2} = 4.42715$,$q_{A1} > q_{A2}$,A_1 的影响程度大于 A_2,印证了上面计算得出的结论。其余二级指标评价得分见表5。分析可知,相同评价等级下 A_{11}、A_{23} 和 A_{21} 的影响程度更突出一点。

评价指标计算得分　　　　表5

评价指标	计算得分
A_{11}	5
A_{12}	2.7
A_{13}	4.9
A_{21}	2.9
A_{22}	3.8
A_{23}	5

3 结语

本文对高速公路突发事件进行了界定,并对突发事件下的交通特性进行了研究,基于故障树分析了突发事件下交通状态演变的作用机理及影响因素,并建立了影响因素层次结构体系和评价等级标准,最后基于属性识别理论模型对各影响因素进行评价分析。结论如下:

(1)突发事件会造成高速公路会造成部分车道及路肩阻塞、损坏,导致道路交通供给能力的减少;也会导致在途交通的一些指标发生激变,从而引发交通状态变化。

(2)基于属性识别理论的评价结果,道路条件对交通状态的演变影响最为严重,其主要因素是车道数的减少及硬路肩状况的恶化。根据评价分值,在途交通的影响程度略低于道路条件,但是在二级指标中交通饱和度的影响分值与车道数并列最高,其影响也不可忽视。

(3)由于现实中突发事件难以预知,采用节假日交通数据对交通流进行分析可能与实际存在偏差,但分析结果也可为道路交通部门在突发事件下的交通应对措施提供一定的现实依据。

参考文献

[1] 薛晓娆,杨宏志,任楠.应急条件下区域路网行程时间可靠性研究[J].交通信息与安全, 2019,37(2):25-32.

[2] 刘星良,谢厅,刘唐志,等.基于HNAC-FD的高速公路网应急疏导措施效用评估[J].中国安全科学学报,2023,33(7):222-229.

[3] ANGEL M L, SANDO T, CHIMBA D, et al. Effects of rain on traffic operations on florida freeways[J]. Transportation Research Record, 2014, 2440(1): 51-59.

[4] DU X, PEI Y, WANG Z, et al. Highway safety influencing factors in cold regions based on attribute recognition theory[J]. Advances in Mechanical Engineering, 2018, 10 (12): 1687814018818337.

[5] 刘佳雨,冷军强,尚平,等.冰雪路面下高速公路事故及严重程度影响因素分析[J].哈尔滨工业大学学报,2022,54(3):57-64.

[6] SUJATA BASU, PRITAM SAHA. Evaluation of risk factors for road accidents under mixed traffic: Case study on Indian highways[J]. 2022,46(4):559-573.

[7] 胡立伟,薛刚,李林育,等.高原地质及气象环境下公路交通风险致因耦合分析[J].中国公路学报,2018,31(1):110-119.

[8] 郝建明,袁雷.基于AHP-VAR的高速公路拥堵治理模型及应用[J].计算机应用与软件, 2022,39(9):152-157,166.

[9] WANG X, LIU Y, WANG J, et al. Study on influencing factors selection of driver's propensity[J]. Transportation Research Part D: Transport and Environment, 2019, 66: 35-48.

[10] SUN J, LI T, LI F, et al. Analysis of safety factors for urban expressways considering the effect of congestion in shanghai, china[J]. Accident Analysis & Prevention, 2016, 95: 503-511.

[11] 牛毅,李振明,樊运晓.基于数据挖掘的高速公路货车交通事故影响因素关联分析研究[J]. 安全与环境工程, 2020, 27 (4): 180-188.

[12] 马兆有,王长君,刘君.基于危害风险评价的高速公路紧急事件分级[J].重庆交通大学学报(自然科学版),2010,29(5):776-780.

[13] 景立竹,李群善,许金良,等.基于V/C比和载重汽车混入率的高速公路基本路段车辆平均行程时间预测模型[J].长安大学学报(自然科学版),2018,38(5):106-113.

[14] QIAN J, GU Y. Research on anti leakage construction of building engineering exterior wall based on improved attribute recognition model[J]. Case Studies in Construction Materials,2022,17:e01410.

[15] SAATY T L. Decision Making, Scaling, and Number Crunching[J]. Decis Sci, 1989, 20 (2):404-409.

基于24Model的公交安全事故致因分析

——以贵州安顺公交坠湖事故为例

苏 婷[1,2] 陈国俊[*1,2]

(1.武汉理工大学交通与物流工程学院;2.交通信息与安全教育部工程研究中心)

摘 要 为有效追溯事故致因和制定应对措施,基于事故致因理论24Model,探究城市公交事故的内部深层致因机理。首先在24Model基础上构建适用于公交安全事故的致因分析模型;然后结合致因作用路径建立事故调查分析路径;最后以贵州安顺公交坠湖事故为例分析事故致因和作用路径,并从切断致因传递链的角度提供安全管理建议。结果表明:安顺公交坠湖事故受到8项不安全动作、2项不安全状态、5项习惯性行为、7项管理体系缺陷、15项安全文化缺失等组织内部因素影响,同时受到2项外部因素影响,层层作用导致事故发生;对比事故通报结果,基于24Model的公交事故致因分析方法能够全面辨识个体与组织两个层面的影响因素、明晰事故责任主体,从而制定更完善的应对措施。

关键词 城市公交 24Model 安全事故 致因分析 安全管理

0 引言

公共汽电车(以下简称"公交")是城市公共交通系统的重要组成部分,承担了大量居民的出行需求,一旦发生事故易造成群死群伤。2020年7月7日,贵州安顺发生公交坠湖事故,造成21人死亡,15人受伤。然而,当前公交事故报告缺乏对深层致因和演化机制的探究,使得事故预防和应对措施的制定相对薄弱。因此,厘清城市公交事故的致因机理,能够明确事故责任主体、了解并处理风险隐患,对城市公交安全生产具有重要意义。

现有研究普遍基于历史公交事故数据统计,挖掘驾驶员、车辆、道路、环境等方面的风险因素。顾宏艳等[1]基于有序logit模型分析不同严重程度公交单车正面碰撞事故的影响因素;朱彤等[2]基于机器学习方法建立公交驾驶员事故风险识别模型,并展示影响的重要度排名;Feng等[3]采用k-means方法将公交驾驶员分为3类,并基于有序logit模型探讨影响不同驾驶员发生事故的因素。以上研究虽然较全面地分析了公交系统中影响事故发生的各类因素,但更关注因素对事故发生的预测作用,缺乏探究因素间的相互关系,难以清晰揭示事故演化的机理。此外,朱彤等[2]和Zhang[4]等还探讨了影响事故的组织管理因素,但仅考虑

驾驶员的被处罚次数和等级、用工形式等因素。此类研究缺乏全面地识别事故企业安全生产中的不足,难以界定事故的责任主体。

事故致因理论能够揭示事故发生原因,并描述原因的定义、彼此间的逻辑关系和作用过程[5]。高红丽等[6]基于人因分析和分类系统模型、驾驶人风险意识量表,探究道路交通驾驶员的风险容忍与不安全行为之间的关系;左博睿等[7]结合事故致因模型24Model与解释结构模型探究了重大铁路事故深度组织致因。24Model[8]是以Heinrich的多米诺模型(Domino Model)和Reason的瑞士奶酪模型(Swiss Chess Model)等为基础的现代事故致因理论,其以组织为边界分析事故致因,能够清晰地揭示组织的内部致因,同时展示致因在各阶段的演化路径。鉴于此,笔者拟建立24Model公交事故致因分析模型,并基于因素间的相互作用描述事故致因链式网络,最后以贵州安顺公交坠湖事故为例进行案例分析,从合理切断致因传递关系的角度提供抑制风险因素演化的安全管理建议,旨在为公交安全事故分析和对策制定提供理论基础和实践参考。

1 24Model理论概述

第六版24Model[9]运用组织行为学原理将事

基金项目:国家重点研发计划项目(2021YFC3001500)。

故致因归结为两个层面、4个阶段。两个层面指个人和组织层面:个人层面归结为个体动作和能力两个阶段,分别是造成事故的直接和间接原因,同时是个体的一次性和习惯性行为;组织层面归结为管理体系和安全文化两个阶段的欠缺,分别是造成事故的根本原因和根源原因,同时是组织的运行和指导行为。静态模型[图1a)]由4个阶段前后串联,依据因果连锁关系建立逻辑结构,前向

路径是事故的发生机制,逆向路径是事故调查分析的路径[10]。动态模型[图1b)]结合系统思维理念和行为演化原理[9],其以个体能力为中心,揭示安全文化可以通过组织成员间文化的自然传播影响其能力的形成,这对于组织来说是不完全可控的[9];并且,组织成员能力受3条途径影响,但只有1条途径影响个体动作,而个体动作可通过3条途径来改变其他因素。

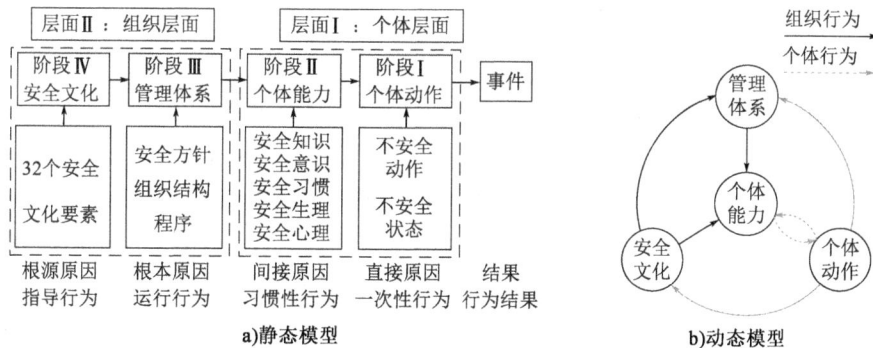

图1　事故致因模型24Model的图形表达[9,12]

2　基于24Model的公交事故致因分析方法

2.1　四阶段模块定义

24Model假设任何事故都发生在组织中[8],外部因素影响体现为组织内部对其的应对措施。在公交安全生产中,第一责任对象是公交企业,组织内部因素是生产过程中受企业管理和控制的因素,存在人和物两类对象。人员主要包含驾驶员和安全管理人员,执行驾驶营运计划的一线员工是公交驾驶员,而安全管理人员主要管理指导或辅助驾驶员的工作,因此驾驶员是个体行为的主要发出者。物方面主要涉及车辆、场站和站台等需要企业管理维护的设施设备。围绕人和物两类对象及其相应的组织管理手段,定义24Model在公交安全领域的4个阶段具体内容(表1)。

基于24Model的公交事故致因模块定义　　表1

一级模块	二级模块	定义
个体动作阶段	人的不安全动作	系统中的人发出的引起当次事故或者是对当次事故发生有着重要影响的动作,分为行动、指挥和操作[11]。行动是驾驶员在没有驾驶公交车辆情况下或不以营运工作为目的的行为活动;指挥是一线安全管理人员或驾驶员发出的调度、命令、指派等具有管理性质的活动;操作是驾驶员在驾驶公交车辆进行以营运工作为目的的行为活动
	人的不安全状态	人的不安全状态主要指驾驶员存在的引起当次事故或者对当次事故的发生有重要影响的状态,如身体不适、饮酒等
	物的不安全动作	理解为"物会自动发生反应",其内涵是物会因为人的主观因素而自动产生的反应[9]
	物的不安全状态	系统中车辆等物体存在的引起当次事故或者对当次事故的发生有重要影响的状态,理解为物的客观状态,如车辆的机件故障、场站的设施损坏等
个体能力阶段	安全知识	安全知识的不足表现为不清楚从事驾驶任务必须掌握的知识和技能,包括理论知识、技能知识、经验知识等
	安全意识	安全意识表现为驾驶员及时发现、消除或者处理危险源的能力,包括法规意识、风险意识、情景意识等

续上表

一级模块	二级模块	定义
个体能力阶段	安全习惯	安全习惯表现为日常中经常重复做的动作,参照人的不安全动作分类同样可分为行动、指挥和操作三类
	安全生理	安全生理是驾驶员与当次事故发生密切相关的平时生理状况。依据《机动车驾驶证申领和使用规定》(公安部令第162号),有妨碍安全驾驶疾病的人员不能够驾驶机动车辆;此外驾驶员的其他生理健康问题也可能会导致驾驶员的不安全生理状态[12]
	安全心理	安全心理是驾驶员与当次事故发生密切相关的平时心理状况,也可理解为驾驶员抵御负面事件影响的心理能力。例如,驾驶员的愤怒情绪可能导致其在驾驶中出现攻击性驾驶行为[13,14]
管理体系阶段	安全方针	是安全文化理念的凝结,按照《中华人民共和国安全生产法》,企业生产应坚持"安全第一、预防为主、综合治理"的方针,从源头上防范化解重大安全风险
	组织结构与程序文件	企业为实现目标在责任、权力、职务等方面形成的结构化体系[15]和描述职能部门或活动管理内容的文件,其中组织结构又可分为机构设置、人员配备、职能分配三类
	管理程序	组织进行安全生产活动管理时所需要实施和运行的内容,包括设施管理、对驾驶员的能力和培训、沟通、事故管理、适岗审查、出岗筛查、在岗监测7个阶段
安全文化阶段	安全承诺	是企业安全文化的总纲,包括安全承诺、安全重要程度、一切事故均可预防、安全创造经济效益、安全投入认识、安全法规作用、领导负责程度、安全业绩与人力资源的关系7个元素[8,17]
	安全管理活动	在观念文化指导下组织运行模式的体现,包括安全融入企业管理、安全的主体责任、安全培训需求、直线部门负责安全、安全制度执行方式、事故调查的类型、安全检查的类型、业余安全管理、子公司与合同单位安全管理、安全部门的工作10个元素[8,17]
	驾驶员遵守	是驾驶员个人层面行为准则、思维方式的表现,受观念文化的指导及管理行为制度文化的约束,包括安全决定于安全意识、应急能力、安全价值观的形成3个元素[8,17]
外部因素	道路因素	导致事故发生的道路问题,如道路设计不合理、信号控制故障
	环境因素	导致事故发生的自然环境因素,如雨天、大雾
	相关管理部门因素	与事故相关的交通部门、监管部门等进行监管、执法、管理工作时的不合理行为
	外部人员因素	与事故相关的其他交通参与者的不良行为,如乘客干扰、其他交通参与者的违规行为

2.2　致因正向作用路径

按照24Model的静态和动态模型,分析公交事故中4阶段内每个模块因子之间的激发关系,建立事故致因的正向作用路径(图2)。在安全文化阶段,安全承诺和安全管理活动因子通过企业可控的业务管理理念作用于管理体系,驾驶员遵守因子通过组织成员间文化的自然传播作用于个体能力阶段驾驶员和安全管理人员的能力形成。在管理体系阶段,所有因子通过企业运行行为作用于个体能力阶段驾驶员和安全管理人员的能力形成,安全方针是安全文化理念的凝结,它是企业安全理念在管理制度上的体现,能够影响组织内所有成员个人能力形成;组织结构、设施管理、能力和培训、事故管理、出岗筛查、在岗监测、应急管理作用于一线安全管理人员的习惯性指挥和驾驶员的知识、意识、习惯等能力形成;与驾驶员沟通和对驾驶员的适岗审查作用于驾驶员平时生理和心理状态。在个体能力阶段,所有因子作用于个体动作阶段内驾驶员和安全管理人员的动作和状态的发生,一线安全管理人员的习惯性指挥行为造成不安全指挥发生;驾驶员的平时生理、心理问题作用于驾驶员的不安全状态产生,安全知识、技能、习惯作用于驾驶员的不安全操作和行动发生,安全心理作用于不安全行动的发生。在个体动作阶段,除物的不安全动作是由该阶段内其他因子作用产生,其他所有因子均由个体能力或个体动作内的其他因子相互作用产生。外部因素作用于以上4个阶段,反映为组织内各阶段对于外部因素的不合理应对。

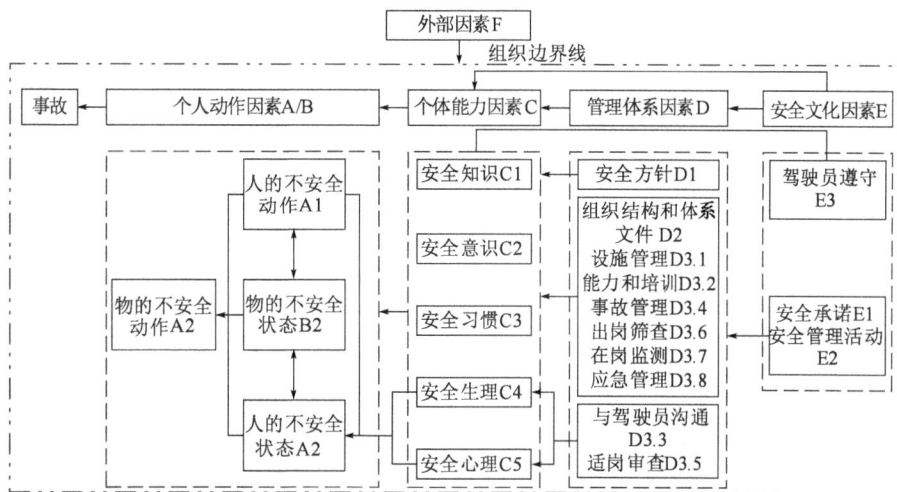

图 2 基于 24Model 的公交事故致因正向作用路径

2.3 事故调查分析路径

在进行事故调查与分析时,无法通过正向路径直接得到四阶段事故致因,因此事故调查分析应采用逆向分析的方法。将 24Model 各致因模块及其内部分类编码[11],通过事故报告获取本次事故的基本信息,逆向分析事故致因。首先识别直接触发事故的人和物的不安全行为及状态,其识别原则遵循墨菲定律和最大化最小原则,即考虑事故中存在的所有不安全动作,通过控制最大危险实现不安全动作的全面控制[17]。接着逐层分析识别出的不安全行为及物态其背后的能力、管理、文化因素。最后,识别存在的外部不良因素,并将其转换为各阶段中对外部因素应对不足之中。

3 案例分析

3.1 事故概况

安顺公共交通总公司负责安顺市的公共汽电车运营,2020 年 7 月 7 日,该公司一车队驾驶员张某钢驾驶公交车辆在安顺市西秀区冲入虹山水库,造成 21 人死亡,15 人受伤,公共财产遭受重大损失。图 3 为安顺公安调查的驾驶员信息、事故当天发生过程、驾驶员和车辆的检查结果,以及交通运输部对该事故的警示通报。

事故驾驶员背景信息

张某钢,男,52 岁,为安顺市西秀区人,已离异,案发时系安顺市公共交通总公司一车队驾驶员,已在案件中死亡。执 A1 驾照,1997 年起一直在驾驶 2 路公交车。
2016 年,张某钢与妻子离婚后,租住其姐姐女儿的房子,户口也寄搭于其姐姐处。经调查走访,张某钢常感家庭不幸福,生活不如意。
张某钢在西秀区柴油机厂工作时分到一套 40 平方米自管公房,为自管公产承租人,2016 年列入棚户区改造根据《国有土地上房屋征收与补偿条例》规定,2020 年 6 月 8 日,张某钢与西秀区住建局签订了《自管公房搬迁补助协议》,协议补偿 72542.94 元,未领取。
张某钢申请了套公租房,未获得。

事后驾驶员和车辆的检查结果

驾驶员状态:经对张某钢尸体解剖和物证检验,其系溺水死亡,未发现致死性疾病,在其胃内容物、心血、尿液等多检材中检出乙醇(其中,在心血中检出乙醇含量为 64.46 mg/100mL),排除安眠镇静类、抗精神失常类、毒品等常见毒药物。从现场提取的饮料瓶中检验出含乙醇成分的液体 200 mL。经调查,张某钢驾驶过程中未受到其他人员肢体和语言的干扰。
车辆状态:涉案公交车为纯电动城市客车,2019 年 10 月投入使用。经鉴定,案发时该车制动系、行驶系、转向系符合国家标准,无机械性故障。

2020 年 7 月 7 日事故当天时间线

8 时 30 分:张某钢来到他所承租的公房处看到其将被拆除
8 时 38 分:张某钢拨打政务服务热线对申请公租房未获得且所承租公房被拆除表示不满
8 时 50 分:张某钢电话联系对班司机,提出要提前交接班(正常交接班为中午 12 时)
8 时 52 分:张某钢回到住处
9 时 4 分:张某钢在住处附近烟酒店 买了白酒和饮料,后将酒装入饮料瓶,用黑色塑料袋带着前往交接班
10 时 55 分:张某钢与对班驾驶员在安顺客运东站完成交接班
11 时 2 分:张某钢驾驶号牌为贵 G·02086D 的安顺市 2 路公交车从客运东站出发,11 时 37 分到达火车站终点站,乘客上站
11 时 39 分:张某钢微信语音联系其女友,流露出厌世情绪
11 时 47 分:张某钢驾驶公交车从火车站出发
12 时 9 分:张某钢趁乘客到站上下车时饮用饮料瓶中的白酒
12 时 12 分:张某钢驾驶公交车行驶至西秀区虹山水库大坝时,先是降低车速,躲避来往车辆,后突然转向加速,横穿车道,撞毁护栏,冲入水库

交通运输部安委会印发《关于贵州安顺公交车坠入水库事件的警示通报》(部分)

①举一反三深刻汲取教训。要切实增强责任意识、强化担当精神,扎实推进安全生产专项整治三年行动,深化防范化解重大安全风险,全面排查治理重大安全隐患,坚持人民至上、生命至上,切实把确保人民群众生命安全放在第一位落到实处。
②切实强化公交车运营安全管理。要督促公交企业密切关注驾驶员身体、心理健康状况,严禁心理不健康、身体不适应的驾驶员上岗从事营运,严禁客车带病运行,加强公交车运行动态监控,及时提醒和纠正不安全驾驶行为。
③切实加强暑期旅客运输安全工作。要针对旅游出行、学生放假、职工休假等出行需求的叠加,加强长途客运班线、省际旅游包车、农村客运等重点的安全监管,严禁恶劣天气途经临崖临水山区和地质灾害易发地段的客运不良路段行车。
④切实强化汛期交通运输安全保障。要加强应急值守,落实信息报送制度,充实应急物资装备,完善应急预案,提升应急处置能力。

图 3 2020 年 7 月 7 日安顺公交事故相关信息[18-19]

3.2　致因分析

该事故分析的边界为安顺公共交通总公司,分析对象为事故涉及的人和物,包括驾驶员、一线安全管理人员和事发公交车辆。基于 24Model 分析安顺公交坠湖事故,得到致因分析结果(表2)和事故致因的作用路径(图4)。

安顺公交事故的致因分析结果　　　　　　　　　　　　　　　表2

阶段	内容
个体动作阶段	驾驶员:A1.1.1 联系对班驾驶员,提出提前交接班;A1.1.2 购买白酒并在完成交接班后带上车辆;A1.1.3 趁乘客到站上下车时,饮用白酒;A1.1.4 驾驶公交车行驶至水库大坝时,先降低车速后突然转向加速;B1.1 有厌世情绪;B1.2 处于饮酒状态,血液中酒精含量在 20~80mg/100ml 之间
	一线安全管理人员:A1.2.1 对班驾驶员同意该驾驶员口头上的交班请求,并未按照计划执行驾驶任务;A1.2.2 安全管理人员当日对驾驶员的出岗筛查不足;A1.2.3 安全管理人员当日对驾驶员和车辆的在岗动态监测不足
	公交车辆的不安全动作:A2.1 公交车辆越过车道,冲上路沿,撞坏护栏,坠入湖中
个体能力阶段	驾驶员:C2.1.1 缺乏法规意识,违反《中华人民共和国刑法》;C5.2.1 长期生活不如意,存在抑郁等不健康心理状态
	一线安全管理人员:C3.2.1 经常口头调班、交班;C3.2.2 经常对驾驶员的出岗筛查不足;C3.2.3 经常对驾驶员和车辆的在岗动态监测不足
管理体系阶段	安全方针:D1 国家制定的安全方针"安全第一、预防为主、综合治理"未被落实
	管理程序:D3.2 对驾驶员培训不足;D3.3 与驾驶员沟通不足,缺乏业余安全管理;D3.5.3 定期适岗审查程序缺陷;D3.6.1 出岗阶段交接班程序缺陷;D3.6.2 出岗筛查程序缺陷;D3.7 在岗监督程序缺陷
安全文化阶段	安全承诺理念:E1.1 安全重要程度、E1.2 一切事故均可预防、E1.3 安全创造经济效益、E1.4 安全投入认识、E1.5 安全法规作用、E1.6 领导负责程度
	安全管理活动理念:E2.1 安全融入企业管理、E2.2 安全的主体责任、E2.3 安全培训需求、E2.4 直线部门负责安全、E2.5 安全制度执行方式、E2.7 安全检查的类型、E2.8 业余安全管理、E2.10 安全部门的工作
	驾驶员遵守:E3.3 安全价值观的形成
外部因素	F5.1 政府部门对驾驶员所承租的公租房拆迁和补偿处理;F5.2 驾驶员生活不如意,家庭、婚姻不美满

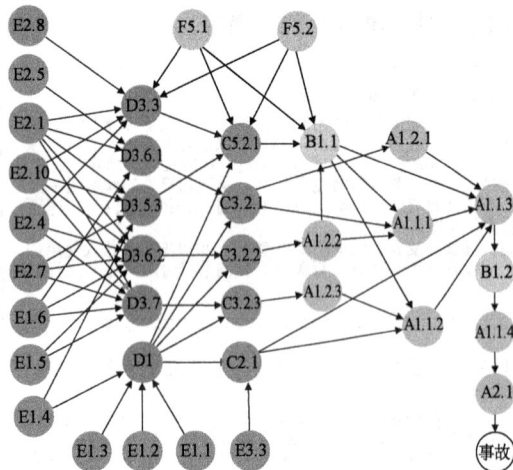

图4　安顺公交事故致因链式网络图

3.2.1　不安全动作和状态

从事发当日驾驶员的活动路径来看,心理状态不佳是其当日不安全动作产生的源头,激发了 A1.1.1~A1.1.3 这 3 个不安全行动,进而激发后续难以控制的动作和状态,即 B1.2 和 A1.1.4,使得公交车辆自然发生不安全动作 A2.1,最终导致事故发生。从事发当日一线安全管理人员的活动路径来看,第一个不安全指挥行为是对班驾驶员同意提前交班,所有驾驶员应按计划执行驾驶任务,交班应具有严格的程序;接着驾驶员抵达调度站出岗,一线安全管理人员既未合理应对出岗人员变更,也未检测其随身携带物品,同时缺乏观察驾驶员的情绪状态,使其通过出岗环节;驾驶员在岗阶段,企业应按照要求为车辆配备监控设施及相关安全监督人员监管驾驶员和车辆的动态情况,驾驶员饮酒行为和饮酒状态未得到任何干预和阻止表明安全管理人员在此阶段的失职。

3.2.2　个体能力

驾驶员的安全心理缺陷导致不安全状态 B1.1,调查结果显示,驾驶员 2016 年离异后生活不如意,此后又对申请公租房未获得且所承租公房被拆除的情况不满,而事发当日受到公租房将被拆除、拨打政务服务热线无果的刺激,产生严重的厌世情绪。此外,遵守相关国家法律法规和企业规章制度的意识是驾驶员必须具备的能力,缺乏法规意识导致不安全行动 A1.1.2 和 A1.1.3。驾驶员之间经常口头交接班导致不安全动作 A1.1.1 和 A1.2.1,一线安全管理人员在出岗筛查和在岗监测时的习惯性行为导致不安全指挥 A1.2.2 和 A1.2.3。

3.2.3 管理体系

未落实国家安全方针"安全第一、预防为主、综合治理"是导致上述个体能力不足和动作发生的根本原因,在管理程序中体现为:对驾驶员的能力和培训不足引发 C2.1.1,出岗阶段交接班程序缺陷引发 C3.2.1,出岗筛查制度缺陷引发 C3.2.2,在岗监督制度缺陷引发 C3.2.3,与驾驶员的沟通不足、缺乏对驾驶员的业余安全管理和定期适岗审查引发 C5.2.1。

3.2.4 安全文化

事故发生的根源原因是组织对 3 个维度、15 个安全文化元素的理解和贯彻存在缺陷。在安全承诺维度,缺乏安全重要程度等 6 个元素,是安全方针未贯彻落实的主要原因,反映了企业领导层对安全的认识和投入不足和组织对国家相关安全管理法规和政策的落实不足。安全管理活动维度反映了企业安全与管理的融合程度、管理人员对责任的理解以及安全体系的形成方式,缺乏安全融入企业管理等 8 个元素是导致组织结构和管理程序缺陷的主要诱因。驾驶员遵守维度缺乏安全价值观的形成,其是驾驶员关于安全问题的重要性的看法,其缺失既表明驾驶员本人安全能力的不足,也表明组织观念文化和管理行为的指导和约束不足。

3.2.5 外部因素

外部因素在管理体系、个体能力和个体动作 3 个阶段均产生影响。在管理体系阶段,安全管理人员与驾驶员的沟通不足、缺乏心理状况审查,没有从根本上阻止事故发生。同时,婚姻不幸、公租房事件困扰驾驶员,使其存在长期不良情绪,体现为安全心理的缺失。最后,驾驶员看到公租房将被拆除这一事件直接刺激了他的不安全心理因素,导致其产生不安全状态和后续一系列不安全动作。

3.3 结果分析

目前,相关部门并未公示安顺公交事故的最终调查通报,最新调查结果将事故致因总结为"驾驶员因生活不如意和对拆除其承租公房不满,为制造影响,针对不特定人群实施危害公共安全个人极端犯罪"[18],更多将责任归咎于驾驶员的个人行为,缺乏组织层面的致因分析。而基于 24Model 的安顺公交坠湖事故结果显示,组织因素是诱发事故的深层原因,组织同样是事故的责任主体,体现为:驾驶人的安全能力缺陷不仅受到其自身性格、家庭状况和公租房事件等因素的影响,同时受到适岗审查缺失、培训教育不足、业余安全管理不足等组织因素的影响;组织在生产活动中对驾驶员的出岗阶段交接班制度、出岗筛查、在岗监测管理的缺陷导致了一线安全管理人员的不安全行为。因此,基于 24Model 公交事故分析方法能够更全面地识别事故致因、更明晰地辨识责任主体。

此外,24Model 的动态模型显示,个体能力是维持安全生产的中心,切断以个体能力为链接的致因链能够针对事故作出相应对策。驾驶员的能力不足主要表现在法规意识不足和安全心理缺陷,前者依赖于驾驶员安全价值观的形成和培训教育,存在企业不可控的因素;而后者依赖于安全部门管理人员与驾驶员的沟通和安全审查,是组织能够通过业务管理行为进行控制和预防的。图 4 显示,驾驶员安全能力向前需要一线安全管理人员监督,向后依靠直线部门审查和教育,深层致因一旦被触发,就需要个体因素未失效,否则致因逐层链式传递就会产生损失事件,因此需要建立双层预防机制。一线安全管理人员的安全能力缺陷深受企业管理的影响,交接班制度、岗前筛查、在岗监测任何一阶段的有效运行都可预防这起事故。对比图 3 中交通运输部对安顺公交事故的警示通报[19],基于 24Model 的公交事故分析不仅能够更全面地制定相应对策,还系统展示预防对策在各个阶段的执行重点。

4 结语

本文建立了基于 24Model 的公交事故致因识别分析方法,包含个体动作、个体能力、管理体系、安全文化 4 个模块的定义及模块间的作用路径和事故调查路径,能够更全面地分析出事故致因及其责任主体,展示事故致因的演化路径。

本文基于 24Model 的安顺公交坠湖事故的分析结果为:组织内存在 8 项不安全动作、2 项不安全状态、5 项个体能力缺陷、7 项管理体系缺陷、15 项安全文化缺失和 2 项外部影响因素;对比官方通报的事故致因和后续对策,本研究的分析结果更全面地识别出事故致因、更具体地分析责任主体,同时基于切断致因链提出的预防对策更加完善。

参考文献

[1] 顾宏艳,沈金星,于淼,等.公交车单车事故严重程度影响因素分析[J].科学技术与工程,2021,21(33):14401-14407.

[2] 朱彤,秦丹,魏雯,等.基于机器学习的公交驾驶员事故风险识别及影响因素研究[J].中国安全科学学报,2023,33(2):23-30.

[3] FENG S M, LI Z N, CI Yusheng, et al. Risk factors affecting fatal bus accident severity: Their impact on different types of bus drivers[J]. Accident Analysis & Prevention, 2016, 86: 29-39.

[4] ZHANG Z B, MA T S, JI N Y, et al. An assessment of the relationship between driving skills and driving behaviors among Chinese bus drivers[J]. Advances in Mechanical Engineering, 2019, 11(1): 168781401882491.

[5] GE J, ZHANG Y Y, CHEN S K, et al. Accident causation models developed in China between 1978 and 2018: Review and comparison[J]. Safety Science, 2022, 148: 105653.

[6] 高红丽,邓昌俊,王文迪,等.基于国家车辆事故深度调查体系的道路交通事故驾驶员人因分析[J].科学技术与工程,2019,19(19):342-348.

[7] 左博睿,帅斌,黄文成.基于ISM-24Model 的重大铁路事故组织致因研究[J].中国安全科学学报,2020,30(10):47-54.

[8] WU Y L, FU G, WU Z R, et al. A popular systemic accident model in China: Theory and applications of 24Model[J]. Safety Science, 2023, 159: 106013.

[9] 傅贵,陈奕燃,许素睿,等.事故致因"2-4"模型的内涵解析及第6版的研究[J].中国安全科学学报,2022,32(1):12-19.

[10] FU G, ZHAO Z Q, HAO C B, et al. The accident path of coal mine gas explosion based on 24Model: A case study of the ruizhiyuan gas explosion accident[J]. Processes, 2019, 7(2): 73.

[11] 傅贵,王秀明,李亚.事故致因"2-4"模型及其事故原因因素编码研究[J].安全与环境学报,2017,17(3):1003-1008.

[12] 万志伟,陈国俊,刘好德,等.公交驾驶员生理健康问题研究综述[J].交通运输工程与信息学报,2023,21(4):59-74.

[13] 贾云帆,张李斌,段亚妮,等.驾驶人员路怒情绪与驾驶风格及攻击行为相关分析[J].中国公共卫生,2016,32(10):1373-1377.

[14] 葛姝欣,陈国俊,刘好德,等.公交驾驶员职业心理问题研究综述[J].交通运输工程与信息学报,2023,21(4):75-91.

[15] 袁晨辉,时雅倩,麻勇,等.基于24Model 的事故原因系统分析与调查报告对比:以响水爆炸事故为例[J].中国安全科学学报,2022,32(7):48-55.

[16] 付净,傅贵,张江石,等.基于24Model 的煤矿企业安全文化缺欠表征研究[J].安全与环境学报,2019,19(6):2033-2040.

[17] 付净,韩子鹏,刘虹,等.基于24Model 的不安全动作内在致因研究[J].安全与环境工程,2022,29(1):1-7.

[18] 中华人民共和国中央人民政府.贵州安顺通报公交车坠湖事件调查结果[EB/OL].(2020-07-13)[2024-02-20]. https://www.gov.cn/xinwen/2020-07/13/content_5526183.html.

[19] 中华人民共和国交通运输部.交通运输部迅速部署汲取贵州安顺公交车坠入水库事件教训 强化暑期人民群众出行安全保障[EB/OL].(2020-07-07)[2024-02-20]. https://www.mot.gov.cn/jiaotongyaowen/202007/t20200707_3428696.html.

城市道路信控交叉口驾驶人视觉特性分析

王 琛 范东凯* 何祚齐 谢 洁 焦方通

（山东理工大学交通与车辆工程学院）

摘 要 为探究驾驶人通过城市道路信号控制交叉口的视觉特性,选取城市道路某一信控交叉口开展实车试验,利用 Dikablis 眼动追踪系统采集 18 名驾驶人左转、直行、右转通过同一交叉口下的眼动数据。通过录像回放法逐帧分析,将驾驶人注视点划分为 6 个区域,选取注视时间、注视占比、注视次数分析驾驶人不同行驶过程中的注视特性,以扫视角、扫视频率分析 3 种驾驶状态下驾驶人的扫视特性,从而分析驾驶人左转、右转、直行通过同一交叉口时的视觉偏好特性。研究结果表明:在以不同方式行驶通过交叉口时,驾驶人对前方道路的关注度最高,注视时长 65% 集中在 200~450ms,同时驾驶人右转通过交叉口时注视更广泛、扫视幅度更大。

关键词 城市道路 驾驶人 交通安全 注视特性 扫视特性

0 引言

快速发展的交通给人们生活带来便利的同时,也带来了严峻的交通安全问题。近年来,我国每年因交通事故导致的受伤和死亡人数在 29.4 万人左右[1]。城市道路交通组成复杂、车种多样、交通量大、交叉口多、交通冲突多,其中蕴含的驾驶风险也较多,加之驾驶人风险感知能力的不确定性,由此引发的交通事故数量也常年居高不下。驾驶人主要通过视觉、听觉感知道路环境中风险,城市道路环境的复杂性更需要交通参与者及时从中感知并规避风险。眼睛作为驾驶人捕捉道路环境信息最重要的感知器官,83% 的信息可通过其获取,因此分析城市道路环境下驾驶人的视觉特性对道路交通安全治理十分重要。

Hills 等人通过眼动实验发现延续的眼球运动会干扰驾驶人的危险识别和注意力分配,且对新手驾驶人的负面影响更大[2]。Liva Abele 等人研究发现相较于从未接受干预的新手驾驶人,接受干预的新手驾驶人注视潜在风险的次数会更多,然而在平均注视时间和首次注视时间方面两类群体差异不明显[3]。孙龙等人研究发现面对明显和隐藏危险时新手驾驶人的反应时间皆长于经验丰富的驾驶人,当驾驶人高估自己的驾驶能力时其反应时间将会有所延迟,这一不利影响在危险被遮挡的情况下尤甚[4-5]。Miller 等人通过分析英国和马来西亚驾驶人驾驶中的视觉差异性,发现马来西亚驾驶人选择了更多无关信息而忽略了任务相关信息[6]。

良好的视觉搜索模式是驾驶人及时、准确感知交通风险的重要前提。驾驶人的视觉扫描越全面,注意力的传播越广泛,其危险反应时间、注视反应时间越短,风险命中率和注视概率越高[7]。谷志朋等人从驾驶人视角入手,通过对交通环境中存在的危险源进行位置划分,分析了驾驶人的感知差异,研究发现驾驶人对右侧存在的危险更为敏感,对远前方存在的危险反应时间较长,感知能力较差[8]。Stasi 等人发现驾驶人的视觉搜索策略受驾驶场景中制动性能的影响以及文化因素的调节,驾驶人感知到的危险越大视线分散则越低[9]。Mao 等人测试了不同场景下不同驾驶风格驾驶人的危险感知,发现视觉警报对危险驾驶人提高危险感知和减轻危险更有效[10]。赵小平等人通过对 3 种特定情绪状态和无情绪状态下新手驾驶人的眼动数据进行分析,发现相比无情绪状态,特定情绪状态下新手驾驶人的注视、扫视特性差异显著,同时其对信息读取的准确性有所下降[11]。

综上,国内外学者已经从多个方面研究了驾驶人眼动特性与风险的关联性,但对于真实城市

基金项目:道路交通安全公安部重点实验室开放课题基金资助(2023ZDSYSKFKT11)。

道路不同场景下驾驶人的视觉特性分析存在不足。鉴于此,本文将在前人研究的基础上,基于城市道路信号控制交叉口开展实车实验,通过分析驾驶人眼动数据探究其在不同场景下的视觉特性及差异,以期为城市道路风险治理提供理论依据。

1　试验设计

1.1　试验设备及被试

试验需要的主要设备包括试验车辆(小型轿车)、眼动仪、移动电源、数据采集设备(电脑)等。试验所采用的眼镜式眼动追踪系统 Dikablis Glass 3 眼动仪及配套设备如图1所示。DG3 眼动仪兼容眼镜,通过调节眼部摄像头可以适应不同被试,同时对驾驶人双眼进行采集,瞳孔追踪精度为0.1°,视线追踪精度为0.1°~0.3°,采样频率为60Hz。

图1　Dikablis Glass 3 眼镜式眼动仪采集设备

a)驾驶人1

b)驾驶人2

图2　驾驶人眼动仪佩戴效果图

试验具体流程如下:

步骤1:正式实验开始前,工作人员提前告知驾驶人驾驶路线,讲解实验注意事项,之后提供5~10min以便被试驾驶人熟悉试验车辆。

步骤2:协助驾驶人佩戴眼动仪,并进行四点标定,工作人员在试验车辆后排操作眼动仪软件界面保证校准成功。

步骤3:在车辆到达交叉口、驶至停止线时,工作人员记录到达点时刻,同时保证实验数据实时采集、记录试验过程中有无特殊情况发生。

本次试验共招募驾驶人20名,在实车试验过程中为避免光线等影响眼动仪校准,所有被试者皆不佩戴眼镜,双眼裸视力4.9以上,身体素质良好无疾病且近五年内未发生过交通事故。最终共计18名驾驶人完成驾驶试验,且数据成功采集。

驾驶人年龄分布在24~53岁(平均值 M = 36.8,标准差 SD = 6.8),驾龄分布在3~28年(M = 12.6, SD = 8.3),其中男性驾驶员12名,女性驾驶员6名。

1.2　试验流程

试验路段为山东理工大学附近城市道路,试验交叉口为天津路—人民西路交叉口。试验全程限速为60km/h,试验开展时间为2023年10月23日至11月8日。为减少交通量、天气等其他因素干扰,试验时间为非节假日的9:00—11:00,14:30—16:30,皆于晴朗天气下进行。

正式试验过程中,每名被试将从相同进口依次左转、直行、右转通过选定的交叉口。行驶过程中被试者应避免触动眼动仪以减小校准偏差,待3条路线全部完成后将回到起点,调控设备后更换下一被试。试验中驾驶人眼动仪佩戴效果如图2所示。

步骤4:一组试验结束后,工作人员保存试验数据,调整设备后更换下一被试。

2　交叉口注视区域划分

在车辆行驶过程中,驾驶人需要通过不断观察周围环境来获取道路信息并采取正确的操作。在不同驾驶环境下,驾驶人往往会采取不同的视觉搜索模式,有选择性的关注道路上存在的目标信息。因此,对驾驶人注视点分布划分区域,可以获取其对不同注视区域的关注程度。

通过回看眼动仪录制的试验视频统计驾驶人行驶过程中的注视点和注视对象,将不同驾驶人在相同道路场景、相似交通流下的注视区域划分为6处,具体划分见表1。

注视区域划分 表 1

编号	主要关注点	区域划分
a	左后侧来车等	左侧车窗
b	左前方车辆、对向道路情况等	左前方
c	前方车流、道路中线等	远前方
d	人行横道、跟行车辆等	近前方
e	右侧车辆、信号灯、行人等	右前方
f	隔离设施、非机动车等	右侧车窗

3 视觉特性分析

3.1 注视特性分析

3.1.1 注视时间与注视频率

划分驾驶人注视区域后,可以分析不同区域内驾驶人的注视时间及注视频率,从而进一步分析驾驶人的视觉偏好。注视时长指眼睛注视一个视觉目标所维持的一段时间,在此期间驾驶人的视觉感知是稳定的,亦即在接受视觉信息。驾驶任务过程中,注视时间的长短取决于道路环境的复杂性、驾驶人的个人技能和注意力等。

统计驾驶人通过交叉口时对各区域的平均注视时长如图3所示。由图3可知驾驶人以不同方式经过交叉口时对各区域的平均注视时长分布在200~600ms之间。驾驶人左转时对区域c、e的平均注视时间较大,依次为530.61ms、489.32ms;直行时对区域d的平均注视时间较大,为555.23ms;右转时对区域c的平均注视时间较大,为461.52ms。总体水平上,右转时驾驶人对各区域的平均注视时长较小,可能是右转时环境复杂度高,驾驶人注意力转换频繁造成的。

统计驾驶人在各区域内的注视时间占比,如图4所示。由图4可知,驾驶人以不同方式通过信控交叉口行驶过程中对区域c、d的注视时间占比相对较大,这说明城市道路一般驾驶情况下驾驶人对道路前方信息的关注度最高。此外,左转通过交叉口时驾驶人对区域b的注视时间占比为21.17%,明显高于直行和右转,说明左转时驾驶人更加关注左前方道路情况;直行时驾驶人对区域

a、e的注视时间占比依次为15.52%、16.79%,说明直行时驾驶人对左后侧车辆、右前方道路信息关注度较高;而右转时,驾驶人对区域e、f的注视时间占比相近,依次为12.98%和13.33%,对区域b的注视占比为16.45%,说明驾驶人在右转通过交叉口时会多方位观察,注视区域分布更广。

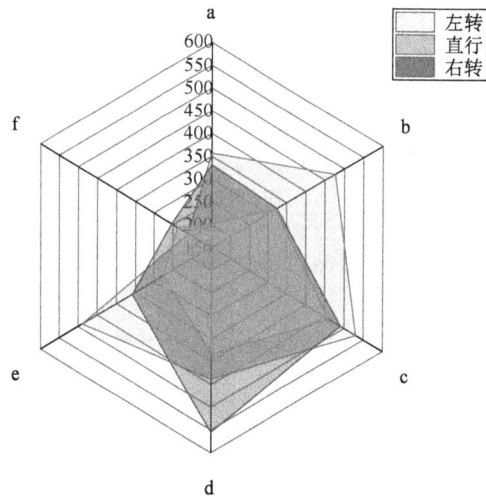

图3 各区域平均注视时长(单位:ms)

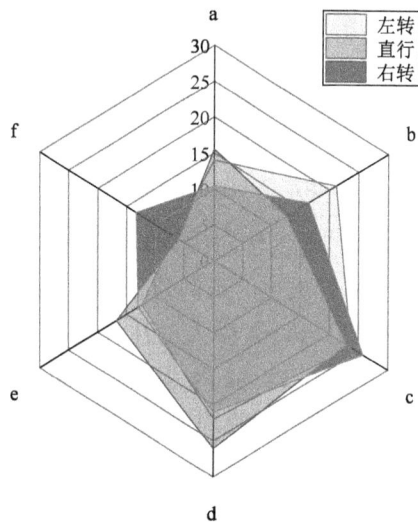

图4 各区域注视时间占比(单位:%)

进一步统计驾驶人通过交叉口时对不同区域的注视时间分布,取50ms为时间间隔统计驾驶人在不同方式下的注视情况,注视时间频率、注视时间累计频率依次如图5、图6所示。

由图5可知,驾驶人注视时间65%集中在200~450ms。左转、直行、右转通过交叉口时注视时间分别在350~400ms、300~350ms、250~300ms区间达到最大,对应的频率依次为18.45%、17.23%、16.69%。

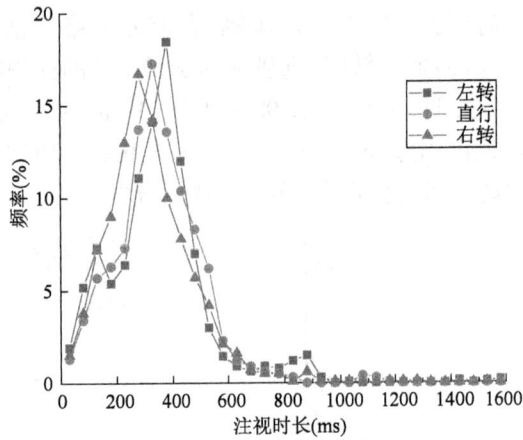

图 5　注视时间频率分布

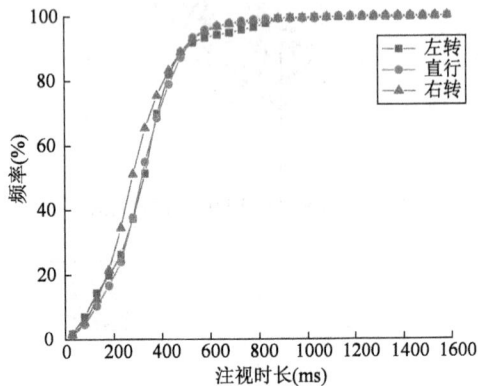

图 6　注视时间累计频率

由图 6 可知,左转、直行通过交叉口时,驾驶人注视时间累计较快的区间位于 200 ~ 400ms 内,右转通过交叉口时,驾驶人的注视时间累计较快的区间位于 100 ~ 300ms 内,且皆在 600ms 后平缓增长。说明驾驶人注视时长集中在 100 ~ 600ms 之间。

3.1.2　注视次数

在行驶过程中,驾驶人注视点不断变化,停留在不同区域的次数显示了其对于该区域的关注程度,统计 3 种场景下的注视次数如图 7 所示。由图 7 可知,驾驶人在左转时对区域 a、d 的注视次数较高,说明其对左侧和近前方的关注度较高,右转时对区域 e、c 的注视次数较高,说明其对右侧以及远前方的关注度较高,直行时对区域 c、e 的注视次数较高,说明除了关注前方道路信息外,相对左侧驾驶人对右侧路况的关注度更高。

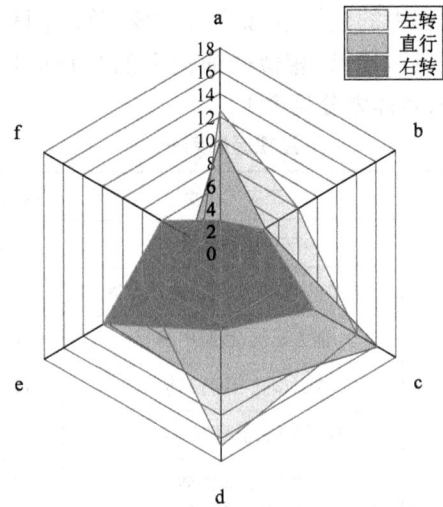

图 7　驾驶人平均注视次数(单位:次数)

3.2　扫视特性分析

驾驶人驾驶过程中的视线点转移可通过扫视幅度体现,通常以角度表示。绘制驾驶人右转、左转、直行通过交叉口的扫视角度散点图,如图 8 所示。驾驶人左转、直行、右转通过交叉口的平均扫视角度分别为 7.75°、6.68°、9.66°,扫视角度标准差分别为 7.68°、7.29°、8.81°,说明右转通过交叉口时驾驶人的扫视范围更大。

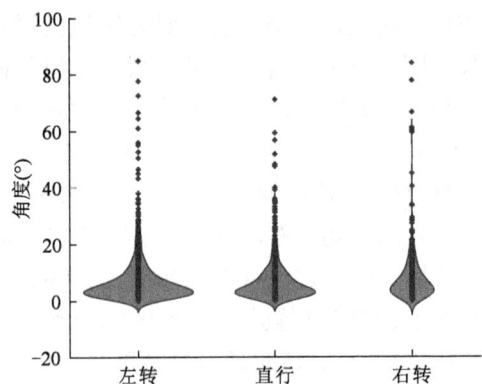

图 8　扫视角散点图

以每 5° 为一区间,3 种情况下驾驶人的扫视角度频率分布如图 9 所示。由图 9 可知,驾驶人左转、右转扫视角度频率最大分布在 4° ~ 6°,直行时扫视角度频率最大分布在 2° ~ 4°。左转、直行、右转时扫视角度主要集中在 0° ~ 15°,分别占比 80.04%、82.02%、83.76%。

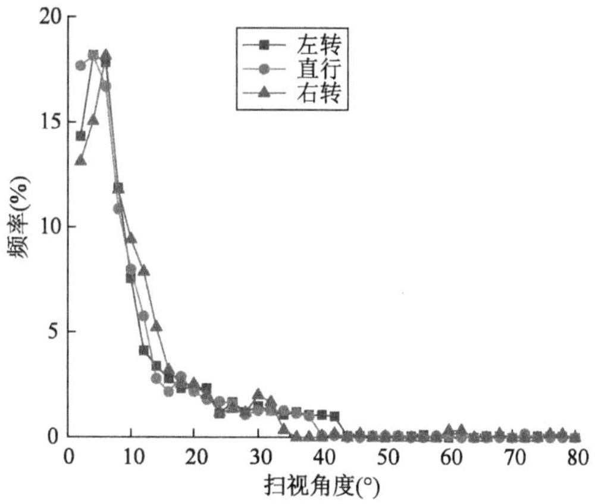

图 9 扫视频率分布

4 结语

(1)驾驶人左转、直行、右转通过交叉口时,注视时间集中在 200~450ms 内,其中右转时驾驶人注视时间频率最高落在 250~300ms 区间内,低于左转和直行,说明驾驶人在右转行驶过程中对各区域的注视停留相对较短,注视转移更为频繁。

(2)驾驶人在行驶过程中对前方道路信息的关注度最高,注视时间占比在 45.74% ~ 49.06% 之间,同时在直行过程中相对左侧驾驶人更关注右侧道路信息。

(3)驾驶人以不同方式经过交叉口时,右转车辆因其通行权低且易与行人及非机动车有冲突,需要驾驶人更全面的把握路况,多方位观察,因此其注视分布更广,扫视角度变化更大。

(4)本文主要研究了城市道路信号控制交叉口驾驶人的视觉特性,分析了左转、直行、右转通过式下的驾驶人的视觉偏好,未来可对研究场景进一步细化,增强分析结果的针对性。

参考文献

[1] 国家统计局.中国统计年鉴[M].北京:中国统计出版社,2022.

[2] HILLS P J, THOMPSON C, PAKE J M. Detrimental effects of carryover of eye movement behaviour on hazard perception accuracy: effects of driver experience, difficulty of task, and hazardousness of road [J]. Transportation Research Part F: Traffic Psychology and Behaviour, 2018, 58:

906-916.

[3] ĀBELE L, HAUSTEIN S, MARTINUSSEN L M, et al. Improving drivers' hazard perception in pedestrian-related situations based on a short simulator-based intervention[J]. Transportation Research Part F: Traffic Psychology and Behaviour, 2019, 62: 1-10.

[4] 孙龙,华翎森.驾驶经验和危险类型对驾驶员危险检测的影响[J].心理科学,2019(6): 1455-1461.

[5] 孙龙,马艺丹,常若松.自评的驾驶能力与危险类型对年轻新手危险知觉的影响[J].交通运输系统工程与信息,2019,19(1):228-232.

[6] MILLER K A, CHAPMAN P, SHEPPARD E. A cross-cultural comparison of where drivers choose to look when viewing driving scenes[J]. Transportation Research Part F: Traffic Psychology and Behaviour, 2021, 81: 639-649.

[7] CAO S, SAMUEL S, MURZELLO Y, et al. Hazard perception in driving: a systematic literature review [J]. Transportation Research Record, 2022, 2676(12): 666-690.

[8] 谷志朋,杨京帅,楚彭子,等.基于危险源位置的驾驶人危险感知研究[J].武汉理工大学学报(交通科学与工程版),2020,44(5): 789-793.

[9] DI S L L, D P C, MORALES J M, et al. A cross-cultural comparison of visual search strategies and response times in road hazard perception testing [J]. Accident Analysis & Prevention, 2020, 148: 105785.

[10] MAO Y, WANG X, HE W, et al. Improving hazard perception for drivers based on driving styles with visual alerts [J]. Transportation Research Part F: Traffic Psychology and Behaviour, 2023, 97: 367-382.

[11] 赵小平,马有才,万平,等.情绪对新手驾驶员视觉特性的影响研究[J].中国安全科学学报,2022,32(1):34-40.

基于FP-Growth算法的电动自行车左转事故致因分析

谢　洁[1]　范东凯[*1]　何祚齐[1]　王　琛[1]　吕安涛[2]
(1.山东理工大学交通与车辆工程学院;2.山东公路技师学院)

摘　要　为探究国省道交叉口左转电动自行车的交通事故各影响因素之间的潜在关联,揭示交通事故发生机理,保障国省道行车安全,采用FP-Growth算法对国省道交通事故进行关联规则挖掘,得到电动自行车左转事故的致因如下:机动车驾驶员与电动自行车骑乘人距离过近、未能及时正确判断电动自行车行驶轨迹与电动自行车骑乘人未到停止线提前变道、变道前未仔细观察后方来车、突然变道之间的耦合作用更容易导致造成事故的发生。

关键词　FP-Growth算法　关联规则　交通事故致因　交通安全

0 引言

由于国省道的交通流量大、交通组成复杂、交通混行严重以及部分交通参与者的安全意识不强等因素,国省道交通安全面临着巨大的挑战。据统计,国省道发生的交通事故数量和死亡人数分别占全国交通事故的47.8%和52.3%[1],其中涉及电动自行车的死亡事故和重伤事故超过了50%,尤其是穿村过镇路段电动自行车在左转时与后方来车产生的交通冲突更为严重。因此,深入研究电动自行车左转事故在国省道上的影响因素,揭示交通事故发生的原因,对预防和减少此类事故具有重要的实际意义。

在电动自行车交通事故的影响因素研究方面,Yu等探究时空、道路、环境、风险认知、骑乘者驾龄及年龄等因素对电动自行车事故严重程度的影响[2];Yuan等通过二项Logit模型探究时空、道路、环境等因素对机非交通事故的影响[3];李成志等通过多项Logistic回归模型研究电动自行车骑乘人的驾龄、年龄、户口性质等多个不同因素均对电动自行车骑乘者的安全产生显著影响[4];李英帅等借助随机森林模型,深入探讨了车辆间的事故类型以及受伤部位等因素,在决定电动自行车骑行者受伤严重程度方面所起的作用[5];马景峰等从时间、空间、道路、环境、骑行者及车型6个方面研究电动自行车与机动车事故严重性的影

响[6];王涛等分析得到,电动自行车骑行者的不安全行为、电动自行车随意左转和随意横穿道路因素对交通事故影响最大[7]。综上,现有对于电动自行车事故影响因素的研究主要集中在人、车、路和环境这4个维度,为本文的数据筛选和致因体系的构建提供参考。

在交通事故致因分析中需要用到关联规则,常用的算法有Apriori算法与FP-Growth算法。Apriori算法的核心概念是利用迭代过程来识别频繁项集,从而找出导致事件发生的影响因素。John等人利用关联规则Apriori算法,得出了周末深夜酒后驾车更容易造成重大死亡和死亡的结论[8];徐金华等从人-车-路-环境4个维度,构建具有约束关系的关联规则求解模型,探索在平面交叉口中交通事故的严重程度[9];袁振洲将多维属性引入到关联规则里面,优化设计出改进的Apriori算法来研究交通事故,找到影响交通事故因素之间的关联[10]。然而,该算法存在一个明显的挑战,即在处理大规模数据时需要反复搜索数据库,从而产生大量候选集。这可能导致运算时间过长以及计算效率较低的问题。

因此,韩嘉炜等提出了一种新颖的关联规则挖掘算法[11],即FP-Growth算法。该算法巧妙地运用频繁模式树(FP-tree)对频繁项集进行高效的压缩与分组,形成一系列条件数据集。随后,通过对每个条件数据集的深入挖掘,成功提取出关联

基金项目:道路交通安全公安部重点实验室开放课题基金资助(2023ZDSYSKFKT11)。

规则。与经典的 Apriori 算法相比,FP-Growth 算法无需构建候选项目集,而是直接在 FP-tree 上进行遍历,从而显著地减少了数据库的存储负担,并大幅提升了关联规则分析的速度与效率。FP-Growth 算法比 Apriori 算法更加高效快捷,且在医学、航空、水运等其他领域被广泛应用,如:贾萌等采用 FP-Growth 关联规则的数据挖掘方法,对民航鸟撞击事件中的主要致因因子进行关联分析[12];尚弘等人提出一种基于负载平衡的并行 FP-Growth 数据挖掘算法对船舶管理、资源配置等数据进行挖掘[13]。但目前在道路交通事故致因分析的研究较少。

本文将致因体系中的影响因素细化,采用关联规则的 FP-Growth 算法分析国省道电动自行车左转事故的影响因素,进而后续相关部门可根据分析结果对交通设施进行优化改善。

1 影响因素选择与初步分析

1.1 数据来源

事故案例来源于交警部门提供的 513 起国省道涉及电动自行车左转的实际交通事故,事故数据包括现场勘察图片、监控视频、交通事故现场图、询问笔录、调查资料以及相关鉴定意见书和责任认定书。

1.2 影响因素选择

考虑到国省道交通事故的特点是多组成、多维度、多层次,因而自上而下的搭建三级结构形式,从人因、道路、环境 3 个维度进行划分,并对数据的取值进行编码处理,具体取值见表 1。

样本结构设计 表 1

维度	属性	取值
人因	驾驶人的不安全行为	偶尔通行路段(X1);未观察同向非机动车道(X2); 未能及时正确判断电动自行车行驶轨迹(X3); 与电动自行车骑乘人距离过近(X4); 交叉口未提前减速(X5);视线受阻(X6); 注意力分散(X7);观察错漏(X8)
	电动自行车骑乘人不安全行为	占用机动车道(X9);未到停止线提前变道(X10); 未主动避让后方来车(X11);变道前未仔细观察后方来车(X12);突然变道(X13)
道路	道路交通设施	交通标志标线缺失或不合理(X14); 交叉口无路灯照明设施(X15); 其他车辆遮挡视线(X16);无限速标志(X17)
环境	自然环境	不良天气(X18);夜间车灯干扰(X19); 白天光照强烈(X20)

1.3 影响因素初步分析

根据研究对象和研究目的的需要将人、路、环境设定为一级致因因素,这种划分方式在道路事故致因分析中通用性较强;人又可分为驾驶人和骑乘人,因此与人相关的二级致因因素为驾驶人不安全行为以及电动自行车骑乘人的不安全行为;道路因素主要从道路交通设施方面进行划分;环境因素主要从自然环境方面进行划分。根据国省道的交通特点,将以上 3 个二级致因因素划分为更具体的三级致因因素。

1.3.1 人的因素分析

在驾驶人的不安全行为的相关的事故数量统计中(图 1),驾驶人未能及时正确判断电动自行车行驶轨迹、驾驶人与电动自行车骑乘人距离过近所占比重较大。在电动自行车骑乘人的不安全行为中(图 2),未到停止线前就变道以及突然变道所占比重较大。因此,驾驶人和电动自行车骑乘人的不安全行为是导致交通事故发生的主要原因。

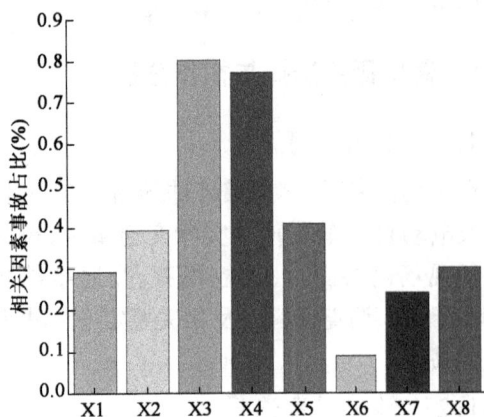

图1　驾驶人的不安全行为占比统计

图2　骑乘人的不安全行为占比统计

1.3.2　道路与环境因素分析

道路与环境因素主要从道路交通设施以及自然环境方面进行分析,统计电动自行车左转事故数量占比,结果如图3所示。从图中可知,其他车辆遮挡与白天光照强烈所占比重较大,可以看出,其他车辆遮挡视线会导致驾驶人未观察到骑乘人,没有提前减速,当骑乘人突然出现时,来不及反应,容易导致交通事故发生;白天光照强烈会导致驾驶人放松警惕,因此造成的事故比在晚上更多。

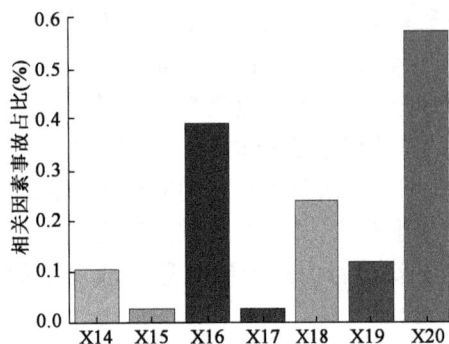

图3　道路与环境因素占比统计

2　事故致因分析模型构建

关联规则是不相交的两个非空集合 X、Y,如果存在 $X{\rightarrow}Y$,则 $X{\rightarrow}Y$ 是一条有效的关联规则,其中的元素 X 与 Y 分别为关联规则的先导项与后继项,表示事件 X 发生或出现时很可能伴随着 Y 事件的发生或出现。

关联规则的描述如下:假设存在 $I = \{i_1, i_2, \cdots, i_m\}$ 是由 m 个项目组成的集合,其中,单个元素 i_k $(k = 1, 2, \cdots, n)$ 被称为项目,而数据库 $D = \{d_1, d_2, \cdots, d_n\}$ 是由一系列事务构成的集合,每个事务 $d_i(i = 1, 2, \cdots, n)$ 均对应项目集合 I 上的一个子集。关联规则就是形如 $X{\rightarrow}Y$ 的公式,式中 $X \in I$, $Y \in I, X \cap Y = \varnothing$。关联规则的强度用支持度和置信度来描述。

支持度(Support)是从 $I = \{i_1, i_2, \cdots, i_m\}$ 中筛选出通用的关联规则。支持度为数据库 D 中包含 X 和 Y 的项集数与所有项集数之比,计算公式如(1)所示。

$$S = \frac{N(X \cap Y)}{N(D)} \qquad (1)$$

式中: S——规则 $X{\rightarrow}Y$ 的支持度;

$N(X \cap Y)$——同时包含 X、Y 的项集数量;

$N(D)$——项集总量。

置信度(Confidence)是在先导项发生的情况下,后继项发生的概率。计算公式如(2)所示。

$$C = P(Y|X) = \frac{S(X{\rightarrow}Y)}{S(X)} \qquad (2)$$

关联规则挖掘的目标是找出符合设定的最小支持度和最小置信度要求的规则。支持度与置信度的数值越高,交通事故各因素之间的关联性越强。

提升度(Lift)体现的是先导项和后继项之间存在的相关性,如果提升度小于1,则说明先导项和后继项是负相关,反之则说明先导项和后继项是正相关,且提升度的数值越大,说明规则的有效性越强。计算公式如(3)所示。

$$L = \frac{S(X{\rightarrow}Y)}{S(X) \times S(Y)} \qquad (3)$$

式中:L——规则 $X{\rightarrow}Y$ 的提升度。

本文选用关联规则的 FP-Growth 算法挖掘国省道电动自行车左转事故,FP-Growth 算法的挖掘流程如图4所示。

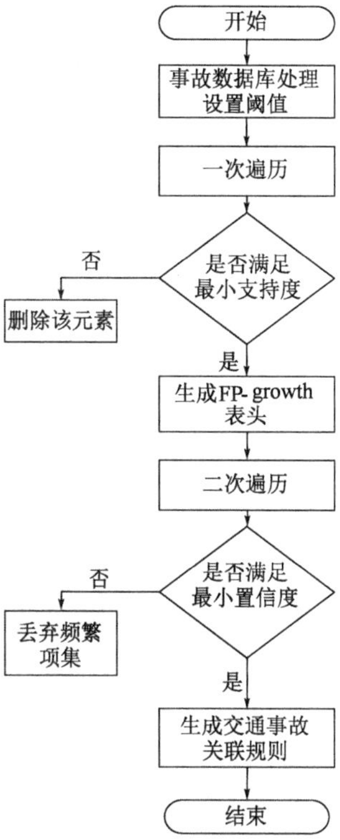

图 4　FP-Growth 算法流程图

3　结果分析

在 Python 软件中采用 FP-Growth 算法对事故数据集进行关联规则挖掘,经过不断人工调试,当设定最小支持度为 0.6,最小置信度为 0.8 时,可以剔除无效规则,筛选出 74 条强关联规则,借助可视化工具输出,如图 5 所示。其中,圆圈颜色越深,表示关联规则的支持度越大;箭头颜色越深,表示提升度越大。

由图 5 可知,X3、X4、X10、X12、X13 圆圈颜色较深,支持度较大,说明影响电动自行车左转事故发生的因素主要有:与电动自行车骑乘人距离过近(X4)、未能及时正确判断电动自行车行驶轨迹(X3)、未到停止线提前变道(X10)、未主动避让后方来车(X11)、变道前未仔细观察后方来车(X12)、突然变道(X13)。这些行为之间的相互作用会增加交通事故发生的风险。

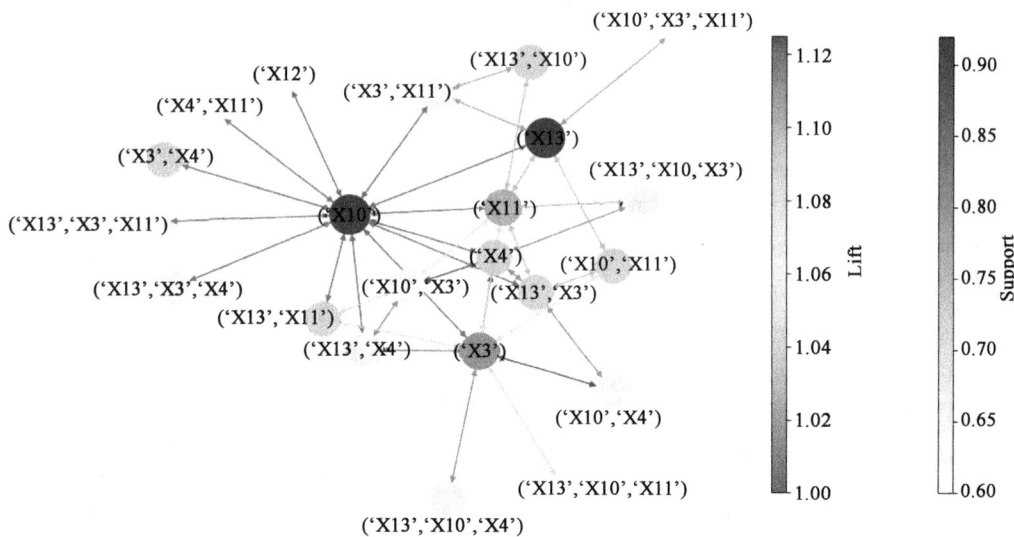

图 5　各因素自相关关联规则表

同理可得,箭头颜色越深说明提升度越大,关联规则越强,说明关键影响因素之间的强关联规则如下:

(1)机动车驾驶员的不安全行为

驾驶员未能及时正确判断电动自行车行驶轨迹会导致机动车距离电动自行车距离过近,当电动自行车骑乘人转向时,骑乘人突然变道,机动车驾驶员来不及反应容易发生碰撞,导致交通事故发生。

(2)电动自行车骑乘人的不安全行为

骑乘人未观察就转向会产生突然变道的行为,导致机动车驾驶员未能及时正确判断电动自行车行驶轨迹,进而容易产生交通事故;但当电动自行车骑乘人观察后,却未主动避让后方来车也会导致机动车驾驶员未能及时准确判断电动自行车行驶轨迹,进而导致交通事故发生;骑乘人未到停止线提前就变道时,会横穿机动车道,与机动车产生交通冲突,当机动车与电动自行车距离过近或机动车驾驶员未及时判断电动自行车轨迹时会发生碰撞,造成交通事故。

4 结语

本文研究国省道电动自行车左转事故的致因,根据国省道的交通环境与交通组成特点,细化电动自行车左转弯事故影响因素指标体系;采用FP-Growth算法,深入挖掘各影响因素之间隐藏的关联规则,结果表明:机动车驾驶员与电动自行车骑乘人距离过近、未能及时正确判断电动自行车行驶轨迹、电动自行车骑乘人未到停止线提前变道、变道前未仔细观察后方来车、突然变道以及未主动避让后方来车之间的相互作用更容易导致事故的发生。根据分析结果,可为相关部门制作改善措施提供建议,从源头预防电动自行车提前左转事故,提升安全水平。

由于本文所使用的数据主要源自交警部门记录的事故资料,目前的数据量尚显不足。为了提升分析结果的广泛适用性和准确性,未来可以进一步整合更多的事故数据资源进行深入分析。

参考文献

[1] 柴树山,周志强,周高祥,等.多源数据视角下的国省道平交路口交通事故预防思路及实践探索[J].道路交通管理,2022(11):16-19.

[2] YU S, WU Y, MRUG S, et al. Pedestrian-vehicle crashes: risk perception and responsibility attribution among children, adolescents and adults [J]. Journal of injury and violence research, 2020, 12(1): 29-38.

[3] YUAN Q, YANG H, HUANG J, et al. Whatfactors impact injury severity of vehicle to electric bike crashes in China? [J]. Advances in Mechanical Engineering, 2017, 9(8): 1-10.

[4] 李成志,李洋,何庆.电动自行车交通事故中骑车人伤害程度的影响因素分析[J].交通工程, 2019, 19(4): 37-43.

[5] 李英帅,张旭,王卫杰,等.基于随机森林的电动自行车骑行者事故伤害程度影响因素分析[J].交通运输系统工程与信息,2021,21(1):196-200.

[6] 马景峰,任刚,李豪杰,等.电动自行车与机动车事故严重性影响因素分析[J].交通运输系统工程与信息,2022,22(2):337-348.

[7] 王涛,黎文皓,李文勇.电动自行车交通事故严重程度影响因素分析[J].广西大学学报(自然科学版),2017,42(6):2080-2088.

[8] JOHN M, SHAIBA H. Apriori-based algorithm for Dubai road accident analysis[J]. Procedia Computer Science, 2019, 163: 218-227.

[9] 徐金华,李岩,张玉婷.一种挖掘交叉口事故严重程度影响因素关联特性的算法[J].安全与环境学报,2022,22(3):1412-1420.

[10] 袁振洲,娄晨,杨洋.时间差异条件下的高速公路交通事故致因分析[J].北京交通大学学报,2021,45(3):1-7.

[11] HAN J, PEI J, YIN Y. Mining frequent patterns without candidate generation[J]. ACM sigmod record, 2000, 29(2):1-12.

[12] 贾萌,邵荃,张金石.基于FP-Growth算法的民航鸟击事件关联性分析[J].安全与环境学报,2016,16(1):110-114.

[13] 尚弘,徐平平,姚湘.船舶管理中基于负载平衡的并行FP-Growth算法研究[J].舰船科学技术,2019,41(21):184-187.

基于交通冲突技术的交叉口右转合流研究

谢睿宁　程　琳*

(东南大学交通学院)

摘　要　道路交通安全问题已成为全球公认的交通顽疾,交叉口作为道路交通的瓶颈点和事故频发区域,制约着道路交通安全及车辆通行效率的提升。合理有效地评价其安全水平,降低事故发生可能性及后果严重程度,对于改善道路交通安全至关重要。本文以交叉口右转车辆合流冲突为切入点,使用交通冲突技术作为支撑,利用实地调查数据,从冲突指标、冲突严重程度、冲突影响因素等一系列角度进行研究分析。本文首先介绍了交通冲突数据采集及处理方法,由观测视频提取车辆轨迹数据,使用齐次坐标转换进行摄像机的标定,对车辆冲突特性进行分析。其次,建立适合于右转合流的冲突评价指标体系,基于冲突评价指标后侵入时间、两车速度差及制动剩余距离,建立 K-means 聚类模型,划分冲突严重程度。最后,基于多分类有序 Logistic 回归,探究冲突严重程度的各项影响因素,研究表明车头时距、两车间最小距离、车型、右转转弯半径、冲突顺序、跟车情况、车流量等会显著影响冲突严重水平。

关键词 右转合流冲突 安全评价 K-means 聚类 多分类有序回归

0 引言

道路交叉口由于多车流汇合及车辆换向现象的存在,是交通冲突的集中点,也是事故的频发点[1]。据统计,2022 年我国发生交通事故 25 万余起,死亡 6 万余人,直接财产损失 12 亿余元,且呈逐年增长态势,其中有约 30% 的事故发生在交叉口区域[2]。合理地评估交叉口安全状况,是改善道路交通安全、降低事故率的重要方法。

交通冲突技术(Traffic conflict technology, TCT)的提出极大地改善了以往传统交叉口安全评价方法多依赖于历史交通事故数据的缺陷,并具有"大样本、短周期、小区域、高信度"的统计学优点,被广泛应用于交通冲突评价中。

现有研究成果中,一般采用避险行为或时空接近度作为交通冲突的定义方式[3]。国外学者如 Gerald(1994)设置交叉口严重冲突标准为碰撞时间 TTC = 1.0s[4],而 Autey 等(2012)则认为该值应为 3.0s[5]。国内学者如卢川等(2008)通过我国公路平面交叉口的实际数据,以 TTC < 1.0s 划分严重冲突[6];王姝淇(2019)基于 TTC、PET、DST 三个指标,划分交叉口行人和右转车辆冲突严重程度[7]。其他学者则通过自定义指标判别交通冲突的发生及严重程度,例如郭伟伟(2011)提出临界冲突区域,将时间、距离、速度和角度等重要参数纳入考虑范围[8];刘淼淼等(2012)基于单位圆假设,通过迭代进行冲突检测与时间的判断[9];Paul 等(2021)创建 Modified TTC(MTTC)和 Time to Stop(TS)定义严重冲突[10]。由此可见,上述交通冲突评价指标均具有一定的局限性,单个指标的使用并不一定能全面的描述冲突现象,多指标综合评价方法的研究成为近期热点。

为提升交叉口安全性能,减少事故的发生,有必要对其进行安全评价。现有研究包括通过冲突数或者冲突率等指标高低及严重程度直接进行排序评价[11],也可使用交通冲突与混合交通当量的比值(TC/MPCU)[12]。除冲突数据外,采集道路线形、交通流(流量、车型)等数据,建立各交通相关因素与冲突之间的回归模型,进一步建立综合影响系数与冲突的关系模型,如一元模型、多元模型、非线性回归模型、Ordered Logistic 模型、泊松回归模型等,得到综合影响系数对应的安全等级。

基于此,为提升交叉口右转机动车合流行为的安全性,本文采用交通冲突技术对右转合流车辆冲突的进行分析。根据实地调查数据,提取合流车辆运行轨迹,探究合流冲突评价指标体系,使用 K-Means 聚类判别冲突严重程度,并建立多元 logistics 模型判别交通冲突影响因素。

1 冲突数据采集

1.1 数据采集方式

本文数据采集于北京市车公庄西路和首都体育馆南路交叉口,以高空拍摄方式获取 2021 年 11 月 3 日下午 15:00 至 18:00,共计 180min 的右转车辆合流视频(图 1)。使用 Tracker 软件对车辆运行轨迹进行提取,获取包括速度、加速度、位置等交通数据,提取间隔为 0.1s,共计获得 412 组冲突数据(右转和直行车辆合流 263 组,右转和左转车辆合流 149 组),满足最小样本量要求[13]。

图 1 合流视频采集片段

同时,收集每组冲突发生时的时间、冲突对象、公交参与情况、车头时距、右转进入车道、左转/直行进入车道、冲突顺序等数据,以便后续分析。

1.2 齐次坐标转换

视频的车辆路径仅仅是图像序列的车辆路径,而不是地面实际的车辆路径。本文假设车辆在交叉路口上的移动为二维平面上的移动,因而可使用齐次坐标转换从车辆图像轨迹得到实际轨迹位置,并计算得出相应时刻运行速度。根据公式,实际坐标点(输出)、图像坐标点(输入)和坐标转换矩阵的关系如下[7]:

$$sm = PM \tag{1}$$

式中:m——实际坐标,$m = (x', y', 1)$;

M——图像坐标,$M = (x, y, 1)$;

P——齐次坐标转换矩阵;

s——不等于0的比例因子。

选取西南角近端第六条斑马线的四个顶点(如图2的OABC)作为齐次坐标转换矩阵的求解基准点。实地测量该斑马线四个顶点的实际坐标与在软件中获取的对应图像坐标。

图2 齐次坐标转换矩阵求解基准点

将四点坐标分别代入公式(1),使用克莱姆公式对其进行求解,得到齐次坐标转换矩阵为:

$$P = \begin{bmatrix} 1 & -\dfrac{3}{5} & 0 \\ 0 & 3 & 0 \\ 0 & 0 & 1 \end{bmatrix} \tag{2}$$

将每组冲突的图像轨迹数据带入齐次坐标转换公式,即可计算得到实际运行轨迹,从而得到真实的运行数据。

2 冲突严重程度判别

2.1 冲突评价指标体系

考虑到合流冲突与一般冲突存在异质性,主要表现在其他类型冲突可能存在明确的冲突点或冲突区域,而合流冲突车辆可能汇合驶入不同的车道,导致轨迹并无时空上的交叉重叠区域。因此,我们增加车辆间的空间距离作为冲突严重程度的判别指标,从时间、空间、速度三方面对车辆进行分析,汇总获得PET、两车速度差、制动剩余距离的三维度指标作为合流冲突评价指标。

(1)PET。PET定义为:前一个交通参与者离开公共冲突区域的时间和后一个交通参与者进入该区域的时间差。用于衡量两车间的时间差异,评估交通事故发生的可能性。本文中,同一公共冲突区域的定义为两合流车辆正常驶入对应车道,车辆轨迹转变为平行时刻的初始位置。具体计算公式为

$$\text{PET} = T_1 - T_2 \tag{3}$$

式中:T_1——前车车尾完全通过公共冲突区域的时刻(s);

T_2——后车车头到达公共冲突区域的时刻(s)。

(2)两车速度差。两车速度差定义为:前一个交通参与者离开公共冲突区域的时间和后一个交通参与者进入该区域的速度差。用于衡量两车间的速度差异,评估交通事故发生的后果严重程度。具体计算公式为

$$\Delta v = v_1 - v_2 \tag{4}$$

式中:v_1——前车车尾完全通过公共冲突区域时的速度(m/s);

v_2——后车车头到达公共冲突区域时的速度(m/s)。

(3)制动剩余距离。制动剩余距离定义为:在两车距离最近处,假设前车保持静止,后车以相对速度朝着前车运行时,后车减速停车后距离前车的剩余距离。该项指标用于衡量两车间的距离差异,由于右转合流的特殊性,不仅考虑两车前后之间的纵向距离,也考虑到横向的距离,即不同车道间的距离。具体计算公式为:

$$S = S_{\min} - \left[\frac{V_{\text{project}}^2}{6} + V_{\text{project}} \times \left(1 + \frac{1}{2} \times 0.24 \right) + 2.7 \right] \tag{5}$$

式中:S——制动剩余距离;

$S_{\min}$——两车间最小距离,可由 $S_{\min} = \min \sqrt{(X_{1,T} - X_{2,T})^2 + (Y_{1,T} - Y_{2,T})^2}$ 计算

得到；

$V_{project}$——后车相对前车的速度，在两车距离向
量上的投影。

至此，时间、空间、速度的三维度合流冲突评
价指标已经建立。分别计算每组合流冲突的三项
指标值，用于后续计算。

2.2 冲突严重程度模型

参考常用的冲突分类方法，本文将冲突分为
严重、一般和轻微三类，并使用无监督算法 K-
Means 聚类进行严重程度划分，对三项冲突评价指
标分别进行标准化，构建 K-Means 聚类模型划分
冲突严重程度。

模型聚类得到的样本数据按严重程度分为严
重、一般、轻微冲突。分析各样本冲突严重程度占
比，统计情况见表 1，该样本中一般冲突情况占比
最高，达 43.9%；严重冲突占比 32.5%；轻微冲突
占比 23.5%。

样本冲突严重程度占比　　表 1

聚类类别	严重程度	频数	百分比（%）
1	严重冲突	134	32.5
2	一般冲突	171	43.9
3	轻微冲突	97	23.5

绘制合流冲突数据聚类后的严重程度划分散
点图，如图 3 所示，不同严重程度类别的数据按不
同颜色进行划分。

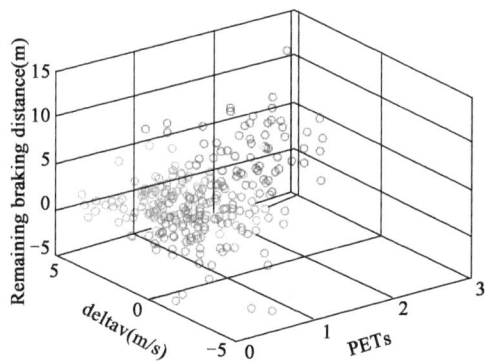

图 3　聚类结果散点图

同时，本文以轮廓系数（Silhouette coefficient）
作为聚类效果的评价指标。如图 4 所示。类别 1
和类别 2 的轮廓系数值大多为正数，说明该 K-
Means 聚类算法对类别 1（严重冲突）和类别 2（一
般冲突）的判断更为准确。总的来看，冲突类别划
分较为合理、有效，聚类效果可被认为总体较好。

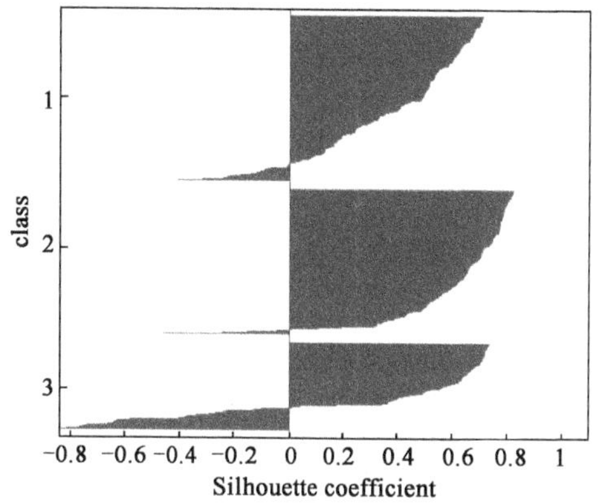

图 4　各类别轮廓系数

3 冲突影响因素分析

3.1 冲突影响因素

为降低合流车辆发生事故的可能性，减少严
重冲突发生的次数，需要探究各交通因素对冲突
严重程度的影响机理，以期将严重冲突转变成轻
微冲突，从而提升右转合流安全水平，并提出针对
性安全改善措施。

分析冲突影响因素时应以冲突严重程度为因
变量，即前述样本数据聚类出的严重、一般、轻微
冲突，对其进行说明如表 2 所示。

因变量解释说明　　表 2

因变量	内容说明
冲突严重程度	1（严重冲突）、2（一般冲突）、3（轻微冲突）

右转车辆合流冲突严重程度受多种因素影
响，本文拟选取的自变量及其解释说明如表 3
所示。

自变量解释说明　　表 3

自变量	内容说明
车头时距	车头时距实际值（s）
车型	1（小型车）、2（大型车）
右转转弯半径	1（小半径）、2（大半径）
冲突类型	1（直行—右转冲突）、2（左转—右转冲突）
冲突顺序	1（直行/左转在前）、2（右转在前）
两车最小距离	两车间最小距离实际值（m）
跟车情况	1（单独合流）、2（交替合流）
车流量	1（低）、2（高）

3.2 影响因素判别模型

由于冲突严重程度是多项有序变量，因此使
用多项有序 Logistic 回归模型更为合适。

多分类有序 Logistic 回归可以建模分析多因素对有序多分类变量的影响,其原理是将因变量的多个分类划分为多个二元 logistic 回归模型。公式如下:

$$\ln\left[\sum_{i=1}^{j} p_i / \left(1 - \sum_{i=1}^{j} p_i\right)\right] = a_j + \sum_{i=1}^{m} b_i x_i, j = 1, 2, \cdots, k - 1 \tag{6}$$

式中:p_j——π_j 的估计值;

$\quad a_j$——截距参数的估计值;

$\quad b_i$——偏回归系数 β_i 的估计值。

基于上述冲突影响因素,使用 SPSS 软件构建样本数据的多分类有序 Logistic 回归模型。模型结果参数估计值表明,影响因素冲突类型显著性为 0.934,无法满足 95% 置信度水平,故认为其不会对冲突严重程度造成显著性影响。剔除冲突类型后,重新进行回归分析,最终得到各影响因素和冲突严重程度的多分类 Logistic 模型方程分别如下公式所示,模型拟合优度为 0.419,伪 R 方为 0.416,模型建立较为科学可靠。

Logistic 模型方程分别为:

聚类结果 1:$\ln\dfrac{P_i}{1 - P_i}$ = $-2.604 - 0.734$ 车头时距 -0.216 两车间最小距离 $+0.965$ 车型(1) -1.174 右转转弯半径(1) -0.973 冲突次序(1) -1.386 跟车情况(1) -1.102 车流量(1)

聚类结果 2:$\ln\dfrac{P_i}{1 - P_i}$ = $-1.219 - 0.734$ 车头时距 -0.216 两车间最小距离 $+0.965$ 车型(1) -1.174 右转转弯半径(1) -0.973 冲突次序(1) -1.386 跟车情况(1) -1.102 车流量(1)

上述两个方程仅在常数项上存在差异,其余参数均为一致。因此,在其他条件一致的情况下,可以得到严重冲突可能性的 Logit 值为聚类结果 1 的常数项 -2.604,即 $\ln\dfrac{P_1}{1 - P_1} = -2.604$,故严重冲突可能性 $P_1 = 0.068$。同理,当其他因素条件均保持一致时,轻微冲突发生的概率最高,为 77.2%,一般冲突为 16%,概率判断与实际样本数据获得的各冲突比例不一致,故需考虑各影响因素的差异性。

分析影响右转合流冲突严重程度的各项因素,根据各类别估算参数 B(即聚类结果 Logistic 模型方程中的各系数)的正负情况,判断其如何影响冲突严重程度。若估算系数 B 大于0,则该类比参照类更容易造成严重冲突。结论如下:

(1)车头时距越小,两车间最小距离越小,严重冲突可能性越高。

(2)车型方面,车型 1(小型车)比车型 2(大型车)更容易导致严重冲突。

(3)右转转弯半径方面,转弯半径 2(大半径)比转弯半径 1(小半径)更容易导致严重冲突。

(4)冲突顺序方面,冲突顺序 2(右转在前)比冲突顺序 1(直行/左转在前)更容易导致严重冲突。

(5)跟车情况方面,跟车情况 2(交替合流)比跟车情况 1(单独合流)更容易导致严重冲突。

(6)车流量方面,车流量 2(高)比车流量 1(低)更容易导致严重冲突。

4 结语

本文对交叉口右转机动车合流冲突的机理进行深入研究,通过实地调研拍摄及车辆轨迹提取技术对合流冲突发生时各样本数据进行采集提取;建立时间、速度、距离三方面的冲突评价指标计算模型,使用 K-means 聚类对交叉口右转合流冲突的严重程度进行划分,并通过轮廓系数验证其有效性;基于多分类有序 Logistic 模型探究影响冲突严重程度的各项因素,并对影响能力进行分析。

本文从数据采集、评价指标建立、严重程度判别、影响因素确定等探究交叉口合流冲突分析及优化方法,可推广至其他各类型交通冲突,对改善交通安全具有一定的意义。

参考文献

[1] 陈曦.基于交通冲突定量分析的交叉口危险度模型研究[D].北京:北京交通大学,2012.

[2] 国家统计局.全国交通事故年度数据[EB/OL]. https://data.stats.gov.cn/easyquery.htm?cn=C01.

[3] 郭延永.基于交通冲突理论的信号交叉口安全评价技术[D].南京:东南大学,2016.

[4] GERALD R B. Traffic Conflicts for Road User Safety Studies[J]. Canadian Journal of Civil Engineering, 1994, 21:1-15.

[5] AUTEY J, SAVED T, ZAKI M H. Safety Evaluation of Right turn Smart Channels Using Automated Traffic Conflict Analysis[J]. Accident Analysis

& Prevention,2012,45(2):120-130.

[6] 卢川,项乔君,张国强,等.公路平交口交通冲突严重性的判定[J].合肥工业大学学报(自然科学版),2008(05):683-686.

[7] 王姝淇.基于行人与右转车辆冲突的交叉口安全评价方法研究[D].北京:北京交通大学,2019.

[8] 郭伟伟,曲昭伟,王殿海.交通冲突判别模型[J].吉林大学学报(工学版),2011,41(1):35-40.

[9] 刘森森,鲁光泉,王云鹏,等.交叉口交通冲突严重程度量化方法[J].交通运输工程学报,2012,12(3):120-126.

[10] MADHUMITA P, INDRAJIT GHOSH,Development of conflict severity index for safety evaluation of severe crash types at unsignalized intersections under mixed traffic[J]. Safety Science, 2021.

[11] 孙璐,李颜平,钱军,等.基于交通冲突技术的交织区交通安全评价[J].中国安全科学学报,2013,23(6):55-60.

[12] 成卫.城市道路交通事故与交通冲突技术理论模型及方法研究[D].长春:吉林大学,2004.

[13] 刘小明,段海林.平面交叉口交通冲突技术标准化研究[J].公路交通科技,1997(3):31-36.

基于临界水膜厚度的飞机轮组滑水安全研究

蔡　靖　王　锴*　李少杰　李　岳　戴　轩
(中国民航大学交通科学与工程学院)

摘　要　为解决飞机轮胎滑水安全评估中,仅以临界滑水速度的评价指标不适用于存在速度阈值限制的飞机起降过程和机场场务管理需求的问题,本文运用流体力学理论,基于动量定理及轮胎与水膜相互作用原理,推导出飞机轮胎滑水的临界水膜厚度表达式,并分析得出不同着陆接地加速度、机型种类下飞机着陆的临界水膜厚度。进而基于流固耦合算法建立了变水膜厚度的三维轮组滑水有限元模型,探讨了不同水膜厚度条件下轮组所受的动水压强、轮组—道面接触特征以及轮组所受道面支撑力的变化。研究表明:着陆阶段飞机中心位置的垂直加速度以及机型种类对于飞机着陆滑水安全具有显著影响,飞机中心位置加速度越大(符合正常着陆规定),飞机接地瞬间的滑水风险越小。对于并联轮组,滑水状态下各轮胎运动方式相对独立,动水压强对应轮组结构呈对称性分布。随着水膜厚度的增加,轮胎前缘水域受影响范围及动水压强值逐渐增大,轮组与道面接触面积以及轮胎所受道面支撑力逐渐减小。当水膜厚度为13mm时,轮组所受道面支撑力的最大降低幅度为96%,即达到了飞机滑水临界状态,此时的水膜厚度(13mm)恰好为研究机型A320的临界水膜厚度。

关键词　湿滑道面　临界水膜厚度　飞机轮组　动水压强

0　引言

飞机在湿滑道面上高速起降滑行的过程中,当跑道表面当量积水厚度足够深,轮胎与道面之间的积水无法快速排出,水膜受到轮胎的挤压产生动水压强的同时抬升轮胎,造成轮胎滑水[1],此时飞机的滑行姿态很难得到有效的控制,容易导致飞机冲偏出跑道,危害航空运输安全[2,3]。

针对机轮滑水问题,1963年美国国家航空航天局(NASA)设置了机轮滑水试验装置,研究了光滑轮胎—水膜—道面之间的相互作用规律,并提出临界滑水速度这一概念作为评价轮胎是否滑水的主要指标[4]。Horne[5]通过现场试验分析了轮胎类型对临界滑水速度的影响。1998年,G. W. H. van Es[6]基于理论分析建立了临界滑水速度模型,并对当时主要机型轮胎的临界滑水速度进行

基金项目:国家自然科学基金项目(51508559)。

了分析验证,发现当时主流机型的临界滑水速度值均低于 NASA 的理论值。后续随着计算机仿真领域的快速发展,数值仿真技术逐渐应用到滑水研究中。Fwa 等[7-9]基于三维有限元模型,探究了临界滑水速度与车辙深度、道面纹理和轮胎花纹之间的关系。蔡靖等[10]利用 ABAQUS 基于 CEL 算法分析了湿滑道面飞机轮胎临界滑水速度。季天剑[11]通过弹流润滑理论分析了汽车轮胎动力滑水状态下的临界速度。Wang[12]利用飞机轮胎三维模型对轮胎滑水进行了耦合分析,研究了轮胎胎压、轮印对临界滑水速度的影响。H. R. Pasindu[13,14]等人研究了轮辙对于轮胎滑水的影响,并针对湿滑道面的滑水风险提出了一种分析方法。郑彬双[15]等计算出 AC、SMA 及 OGFC 三种沥青路面附着系数曲线,基于轮胎—路面附着特性理论,分析了制动防抱死系统(ABS)状态和潮湿条件下轮胎—路面附着特性。黄晓明[16]采用有限元数值模拟的方法,分析得到轮胎受到水流竖向支撑力与水膜厚度和行驶速度的关系式。朱兴一、杨洋[17,18]等采用道面与机轮的接触力、临界滑水速度等特征指标分析了飞机滑跑速度、水膜厚度、机轮荷载、胎面花纹和机轮胎压等因素对机轮滑水性能的影响。

基于湿滑污染跑道对于飞机滑行着陆安全的重大影响,《航空承运人湿跑道和污染跑道运行管理规定》中规定:飞机起降需用距离内跑道表面可用部分的长和宽内超过 25% 的面积(单块或多块区域之和)被超过 3mm(0.118in)深的积水,或者当量厚度超过 3mm(0.118in)水深的融雪等污染物覆盖的跑道,被视为湿滑污染跑道,且当污染物的当量厚度大于 13mm 时禁止飞机起降[19]。由此可见,跑道积水等其他污染物的当量厚度是衡量飞机着陆滑行安全以及评估跑道适用性的重要指标。但目前国内外关于轮胎滑水的研究以及机场场务管理等方面,没有具体量化的水膜厚度,仍普遍采用 NASA 提出的临界滑水速度作为轮胎滑水的评价指标。这对于速度可控的汽车轮胎滑水研究而言有着较好的指导意义,可以更好地指导驾驶员在积水道面控制车速安全行驶。但对于飞机轮胎滑水安全的保障而言,由于飞机在起降过程中速度阈值的限定,单纯以临界滑水速度作为评价指标无法满足机场场务对于飞机起降的安全评估以及机场跑道运行管理的需求。所以针对场务管理以及飞机轮胎滑水,更适合采用更易量化的水膜厚度作为评价指标。

因此,本文基于轮胎与水膜之间的相互作用特征,分析了积水厚度对于轮胎滑水的影响,理论推导了飞机轮胎在湿滑道面上的临界水膜厚度公式。通过引入飞机机型参数、着陆方式等因素作为变量指标,量化了不同机型安全着陆的临界水膜厚度。同时,基于飞机轮组构型对于飞机滑水安全的影响,采用有限元仿真分析,探究了不同水膜厚度条件下,轮组构型对于飞机滑水安全的影响。

1　湿滑道面临界水膜厚度理论推导

1.1　基于动量定理的临界水膜厚度公式

飞机在湿滑道面上着陆滑行的过程中,水膜对轮胎的抬升力等于轮胎载重,道面对轮胎的支撑力接近为零,导致轮胎发生完全滑水时的道面水膜厚度为临界水膜厚度。

基于轮胎与水膜之间的相互作用关系,以水流高速冲击原地转动轮胎的方式,表征轮胎以相同速度在积水道面上运动的状态,建立如图 1 所示的流体系统。以轮胎与道面的接触点为坐标原点,建立坐标系 $xoyz$,水流以速度 v 冲击轮胎(即飞机轮胎的行驶速度 v)。水膜密度为 ρ_w,厚度为 H;轮胎的有效滚动半径为 R,前缘着水宽度为 b;动水压力为 W。

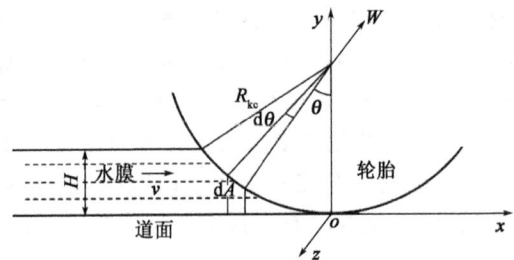

图 1　临界滑水状态轮胎受力

将质点系动量定理应用于此流体系统的运动内,因水的流体要素在飞机滑水场景中变化极小,影响可忽略不计,为简化计算,做出如下假设:

(1)流体为体积不随压力和温度变化的不可压缩流体,忽略流体黏性及重力;

(2)认为流体保持定常流动;

(3)轮胎的接地压力均匀分布,且等于轮胎胎压。

在流体连续流过断面时,其输出或输入控制体的动量只能以单位时间的动量流量来计算。对于系统中内任一微元面 dA,计算其质量流量为:

$$dq_m = \rho_\omega (v \cdot n) dA \qquad (1)$$

式中:dq_m——微元面 dA 上的质量流量;

$(v \cdot n)$——流体的法向速度。

根据动量流量定义,单位时间内流体通过微元面积 dA 时输入/输出的动量即为动量流量:

$$v dq_m = v \rho_\omega (v \cdot n) dA \qquad (2)$$

对 $v dq_m$ 在整个控制面上积分即可得到控制面

上净输出的动量流量 $\int_{cs} v \rho_\omega (v \cdot n) dA$。

根据动量守恒定律,作用于流体内的合力等于净输出的动量流量与控制体内动量变化率的和。同时根据假设(2),认为流体保持定常流动,不考虑流体内部的流动状态,动量变化率为 0。所以由动量守恒定律可得:

$$\sum F = \int_{cs} v \rho_\omega (v \cdot n) dA \qquad (3)$$

F 为作用于流体内的合力;用 F_x、F_y、F_z 和 v_x、v_y、v_z 分别表示力矢量 F 和速度矢量 v 在 x、y、z 方向的分量,则式(3)在各坐标方向的分量为:

$$\left. \begin{array}{l} \sum F_x = \int_{cs} v_x \rho_\omega (v \cdot n) dA \\ \sum F_y = \int_{cs} v_y \rho_\omega (v \cdot n) dA \\ \sum F_z = \int_{cs} v_z \rho_\omega (v \cdot n) dA \end{array} \right\} \qquad (4)$$

式中,$\sum F_x$、$\sum F_y$、$\sum F_z$ 为作用在系统上各力分别在 x、y、z 方向的分力之和;$v_x \rho_\omega (v \cdot n) dA$、$v_y \rho_\omega (v \cdot n) dA$、$v_z \rho_\omega (v \cdot n) dA$ 为流体以流量 dq_m 通过微元 dA 时输入或输出的 x、y、z 方向动量。

根据假设(1),忽略流体黏性及重力,控制体所受到的外力合力即为轮胎所受动水压力的反作用力。当轮胎发生滑水达到临界状态时,轮胎前缘所受到的动水压力 W 在 x 和 y 方向的分量可表示为:

$$\left. \begin{array}{l} -W_x = \int_{cs} v_x \rho_\omega (v \cdot n) dA \\ -W_y = \int_{cs} v_y \rho_\omega (v \cdot n) dA \end{array} \right\} \qquad (5)$$

取轮胎前缘微段 $d\theta$ 作为研究对象(胎面近似为直线)进行受力分析,如图 2 所示,此流体系统的控制面 in 的高度为 h_1,控制面 out 的高度为 h_2。

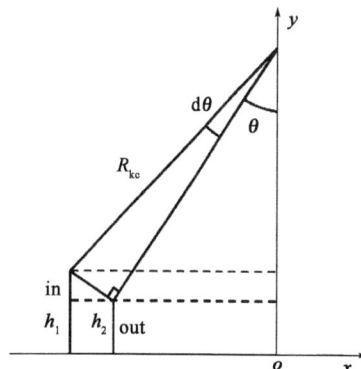

图 2　轮胎微段受力分析

对于 x 方向,此流体系统的控制面上净输出的动量流量为:

$$\begin{aligned} Q_{out} - Q_{in} &= \rho_w v^2 b (h_2 - h_1) \\ &= -\rho_w v^2 b (h_1 - h_2) \end{aligned} \qquad (6)$$

对于轮胎前缘微段 $d\theta$,x 方向的动量方程为:

$$-dW_x = Q_{out} - Q_{in} = -\rho_w v^2 b (h_1 - h_2) \qquad (7)$$

由图 2 中几何关系可知:

$$h_1 - h_2 = Rd\theta \cdot \sin\theta \qquad (8)$$

因此,可以得到:

$$\left. \begin{array}{l} dW_x = \rho_w v^2 b (h_1 - h_2) = \rho_w v^2 bR\sin\theta d\theta \\ dW_y = dW_x \cdot \cos\theta = \rho_w v^2 bR\sin\theta d\theta \end{array} \right\} \qquad (9)$$

对 dW_y 在轮胎前缘积水作用区进行积分,可得动水压力的竖直分量:

$$\begin{aligned} W_y &= \int_0^{\arccos \frac{R-H}{R}} \rho_w v^2 bR\cos\theta d\theta \\ &= \rho_w v^2 b \sqrt{2RH - H^2} \end{aligned} \qquad (10)$$

考虑飞机起降过程中升力 L 以及机型等因素对轴载的影响,当飞机轮胎处于临界滑水状态时,机轮荷载将由动水压力的竖直分量 W_y 承担,因此有:

$$W_y = \frac{(G-L)p}{n_c n_w} \qquad (11)$$

$$L = c \frac{1}{2} \rho_a v^2 S \qquad (12)$$

式中:G——飞机最大着陆重量(N);

p——主起落架荷载分配系数,无量纲;

n_c——主起落架个数;

n_w——飞机单个主起落架轮胎数;

c——升力系数,无量纲;

ρ_a——空气密度(kg/m^3);

v——飞机着陆滑行速度(m/s);

S——飞机机翼面积(m^2)。

将式(10)代入式(11)得到轮胎发生滑水时的临界水膜厚度:

$$h = R - \sqrt{R^2 - \left[\frac{\left(G - \frac{1}{2}c\rho_a v^2 s\right)p}{\rho_w b v^2 n_c n_w}\right]^2} \quad (13)$$

式中:h——轮胎发生滑水时的临界水膜厚度(m);

R——轮胎有效滚动半径(m);

ρ_w——常态下水的密度(kg/m^3)。

其中,轮胎有效滚动半径R为轮胎侧偏角及滑移率均为零的状态下的滚动半径,与下沉量之间的关系可用下述经验公式计算[20]:

$$R = 0.9544R_0 - 0.0812\delta - 1.0356\delta^2/R_0 \quad (14)$$

式中:R_0——轮胎自由半径(m);

δ——轮胎在轴载作用下的下沉量(m)。

由式(13)可知,飞机滑水时临界水膜厚度的影响因素为飞机着陆重量、荷载分配系数、轮胎有效尺寸以及轮组构型、接地速度等。其中飞机着陆重量主要与飞机接地瞬时的垂直加速度相关;荷载分配系数、轮胎有效尺寸以及轮组构型等因素主要受机型影响。因此下文在一定接地速度范围内,对着陆接地加速度以及机型种类两个主要因素展开分析。

1.2 临界水膜厚度理论公式的验证

为了验证临界水膜厚度理论公式的正确性,对临界水膜厚度公式进行换算推导,得到特定水膜厚度条件下的临界滑水速度表达式:

$$v = \sqrt{\frac{GP}{\rho_w w n_c n_w \sqrt{2R_{kc}h - h^2} + \frac{1}{2}c\rho_a sP}} \quad (15)$$

根据式(15)分别计算 A320 飞机在 3~13mm 不等水膜厚度工况下的相应临界滑水速度,并与文献[21]中由 NASA 实测临界滑水速度数据拟合公式修正后得到的飞机在积水道面起降过程中的临界滑水速度均值作对比,如表1所示。

不同水膜厚度下临界滑水速度 表1

水膜厚度(mm)	临界滑水速度(km/h)		误差(%)
	本文式(15)	文献值	
3	235.0	245.7	4.3
4	223.5	241.2	7.3
5	214.6	236.6	9.3
6	207.5	219.8	5.6
7.66	198.1	212.5	6.8
9	191.9	196.0	2.1
10	188.0	180.7	4.0
11	184.5	177.4	4.0
12	181.3	172.9	4.9
13	178.4	170.7	4.8

通过对比,可以发现:在 3~13mm 水膜的工况下,临界滑水速度本文式(15)值与参考文献中给出的数值具有较好的相关性,最大误差仅为9.3%,表明临界水膜厚度公式有较好的精确性。

2 临界水膜厚度的多因素分析

2.1 不同着陆接地加速度下飞机安全分析

针对湿滑污染道面,为保证飞机着陆接地安全,避免滑水现象的发生,建议飞行员采取扎实的落地方式。根据 A320 着陆相关规定,当飞机中心位置的垂直加速(VertG)小于 $2.6g$ 时,处于正常接地范围,以 A320 为代表机型,对其不同接地加速度下的临界水膜厚度进行分析,研究飞机接地瞬间的安全性,其各项参数如表2所示。

A320 机型参数表 表2

最大着陆重量 G(N)	主起落架分配系数 P	主起落架个数 n_c	起落架轮胎数 n_w
645000	0.95	2	2

将各参数代入临界水膜厚度公式(13),计算可得 A320 机型在不同接地加速度条件下的临界水膜厚度,并整理如图3所示。

由图3可以看出,随着飞机重心位置垂直加速度的增大,飞机着陆接地时刻的临界水膜厚度逐渐增大,且着陆速度越大临界水膜厚度越小。当飞机重心垂直加速度为1g时,各速度条件下的临界水膜厚度最大相差4.6mm,且各工况下的临界水膜厚度均处于湿滑污染跑道正常通航所规定的 0~13mm 范围内,应注意滑水风险。当接地速度为 210km/h 且垂直加速度大于 1.4g 时,临界水膜厚度大于 13mm,根据现行机场通航规定:当跑道积水厚度或其他污染物的当量厚度大于 13mm 时,禁止飞机起降。所以在正常通航的情况下并无滑水风险。由此可以看出,接地速度越小,垂直加速度越大,滑水风险越小。

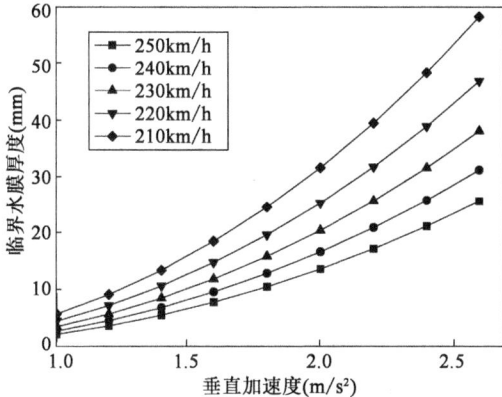

图 3   不同着陆姿态临界水膜厚度

2.2   不同机型对临界水膜厚度影响分析

为了研究着陆重量、起落架构型、轮胎类型等参数对于临界水膜厚度的影响,选取了 A320-200、A330-300、B737-300、B747-400、B747-400 五种机型,对其在湿滑污染跑道上着陆滑行时的安全状态进行评估。分别计算 150~250km/h 速度区间内各机型的临界水膜厚度,整理如图 4 所示。

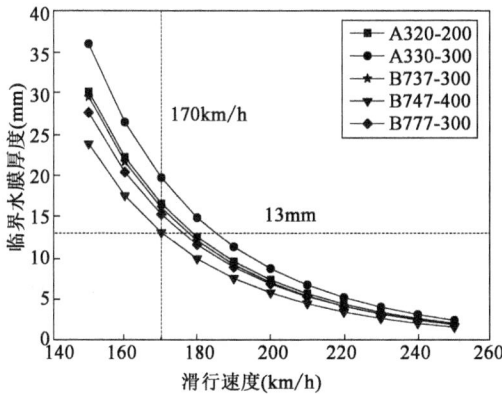

图 4   各速度下不同机型临界水膜厚度

从图 4 可以看出,各机型临界水膜厚度随着着陆滑行速度的降低而逐渐增加,不同机型的临界水膜厚度随着滑行速度的降低,差值逐渐增大,当飞机滑行速度为 250km/h 时,五种参考机型的临界水膜厚度最大相差 0.83mm,当飞机滑行速度降低至 150km/h 时,A330-300 与 B747-400 的临界水膜厚度相差最大,差值为 12.1mm,这表明在滑行阶段机型因素对于飞机临界水膜厚度具有较大的影响。当飞机滑行速度降低至 170km/h 时,其临界水膜厚度均处于 13mm 界限上方,大于湿滑污染跑道通航限值,此时在正常通航的湿滑污染跑道上并无滑水风险,因此在着陆过程中,飞行员应通过采取制动措施的方式,使飞机速度尽快降低到 170km/h 以下,保证飞机的滑行安全。

3   飞机轮组与道面相互作用模型

道面积水是造成飞机轮胎滑水的主要影响因素之一,不同机型在不同着陆滑行速度条件下,衡量其滑水风险的临界水膜厚度是不同的。因此有必要针对不同水膜厚度的情况,采用精细化建模的方式,结合飞机轮组实际构型对轮胎与道面之间的相互作用机理进行分析。

利用有限元软件 ABAQUS 建立轮组—道面相互作用模型,包含:轮组模型、水膜模型及道面模型三部分。轮组模型以 A320-200 飞机主起落架轮组并联结构进行设置(图 5),轮胎型号为 46×17R20。将轮胎胎面及内部各层等效为具有统一弹性模量的超弹性均质橡胶材料[22]。轮毂及道面设置为刚体。

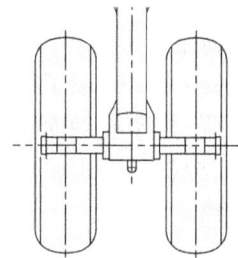

图 5   轮组结构

由于水膜在轮胎的高速冲击作用下,将产生不定向的流动,因此将水膜模型分为空单元和水单元两个部分。水单元定义为欧拉单元,来表征积水区域的分布范围及大小;空单元用来表征水流的运动范围。水单元的参数通过对试验数据[23]的拟合获得,具体如表 3 所示。

Mie-Gruneisen 状态方程材料参数   表 3

材料	ρ_0 (kg/m)	c_0 (m/s)	s	Γ_0
水	998.203	1480	1.79	0.2

为方便建模以及降低计算成本,对起落架构型进行简化。按照标准起落架的布置方式,对轮胎刚性耦合点进行约束,并忽略两者之间的其他刚性约束,保持轮胎运动形态的稳定。同时,在建模过程中利用欧拉网格允许材料发生极大应变的优势,对轮胎模型使用拉格朗日单元,水膜模型采用欧拉单元,计算中采用 CEL 流固耦合计算,最终模型如图6所示。

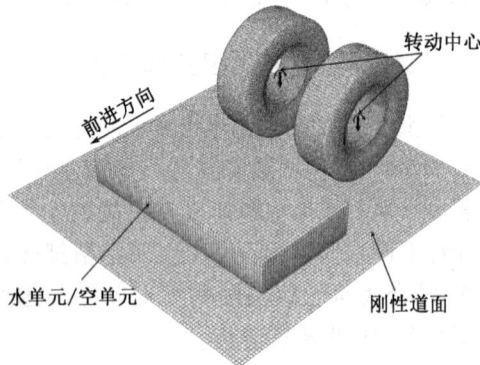

图6 轮组-道面相互作用模型

4 基于水膜厚度的轮组滑水分析

道面水膜厚度对于飞机着陆安全有着极为重要的影响。在轮胎滑水的过程中,动水压强以及水流托举力表征了水膜阻碍轮胎与道面相接触的能力,轮组与道面间接触面积以及道面支撑力则是衡量轮组与道面接触状态和判断轮胎是否滑水的重要指标。因此,本文选取了轮胎滑水过程中所受到的动水压强、轮印接触面积以及道面支撑力作为研究对象,分析不同水膜厚度条件对于飞机轮组滑水的影响。

4.1 不同水膜厚度条件下动水压强分布特征

根据飞机着陆滑行速度区间,设定轮组滚动速度恒定为180km/h,结合机场跑道运行管理标准,取积水区域水膜层厚度分别为 3mm、5mm、7.66mm、9mm、11mm、13mm,分析不同水膜厚度对轮组前缘水域动水压强的影响。

由图7可见,动水压强高压区主要集中于轮组前缘,且随着水膜厚度的增大,动水压强高压区逐渐趋于中心三角形。对于并联轮组而言,各轮胎与水相互作用独立、互不干扰。当水膜厚度为 3mm 时,轮胎对于水膜区的扰动相较于其他厚度

水膜情况更为剧烈,产生了明显的低负压区和局部高压区。

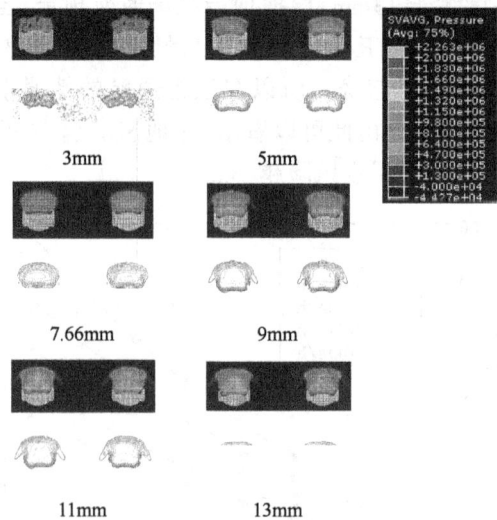

图7 动水压强分布

4.2 不同水膜厚度条件下轮组支撑力变化趋势

轮组与道面接触形式的变化,直接影响轮胎所受道面支撑力。分别取不同水膜厚度条件下,轮组所受道面支撑力损失量,如图8所示。

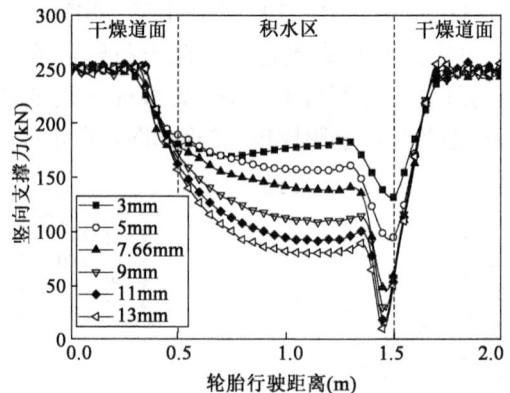

图8 道面竖向支撑力变化

如图8所示,轮组所受道面支撑力的损失率随着水膜厚度的增加而增加。当水膜厚度大于 9mm 时,积水区域稳定段的道面支撑力低于 125kN,相对于干燥道面,道面支撑力降低幅度大于 50%;当水膜厚度达到 13mm 时,积水区域道面支撑力最大降低幅度达到 96%,此时轮胎与道面之间接触面积降低幅度达到 65%,轮胎已经被动水压力抬起,同时也与图4中180km/h时 A320 机型的临界水膜厚度为 13mm 是较为一致的,轮组将发生滑水。

5 结语

本文基于动量定理建立了一种考虑升力及机型因素,用于评估飞机轮胎滑水风险且更贴近于实际的水膜厚度理论分析方法,并通过理论-试验数值对比以及轮胎有限元滑水仿真模型验证了理论分析的合理性,得到以下结论:

(1)飞机滑行速度降低至170km/h时,参考机型的临界水膜厚度均处于13mm上方,大于湿滑污染跑道通航限值,在正常通航的湿滑跑道上无滑水风险,因此建议在着陆过程中,飞行员应通过采取制动措施,尽快将飞机滑行速度降低至170km/h以下,保证滑行安全。当飞机滑行速度为150km/h时,A330-300与B747-400机型的临界水膜厚度最大相差12.1mm,飞机着陆滑行阶段,机型因素对于飞机临界水膜厚度具有明显影响。

(2)轮组前缘水域受影响范围及动水压强值随水膜厚度的增加而增大;动水压强高压区主要集中于轮组前缘,且随着水膜厚度的增大,动水压强高压区由轮胎中心向轮胎边缘呈近似三角形分布。与此同时,道面支撑力逐渐降低,水流托举力逐渐增大。当水膜厚度从0mm增加到13mm时,轮组所受道面支撑力的最大降低幅度为96%,此时轮胎被水流抬起,飞机即将发生滑水,此时的水膜厚度(13mm)即为临界水膜厚度。

本文研究尚有以下不足之处,建立的理论模型缺乏机场实测的试验数据验证,未考虑飞机起降侧风影响、轮胎磨损和实际机场跑道不平整对飞机起降过程中滑水的影响。之后研究可着手于实际的湿滑道面—轮胎相互作用试验,进行更精细化的有限元仿真,以获得适用于实际飞机安全运行的道面水膜、降雨和风力等气象指标,促进飞机起降过程的民航安全管理。

参考文献

[1] SRIRANGAM S K, ANUPAM K, SCARPAS A, et al. Hydroplaning of rolling tires under different operating conditions [C] // ASCE. Airfield and Highway Pavement 2013: Sustainable and Efficient Pavements. Reston: ASCE, 2013: 561-572.

[2] 霍志勤,茹毅,韩松臣. 民航运输航空器着陆阶段偏出跑道事件分析模型[J].西南交通大学学报,2012,47(5):895-900.

[3] 霍志勤.中国民航运输航空器偏/冲出跑道统计分析[J].中国安全生产科学技术,2012,8(7):127-132.

[4] HORNE W B, DREHER R C. Phenomena of pneumatic tire hydroplaning: NASA TND-2056 [R]. Washington, D. C: NASA, 1963.

[5] HORNE W B, YAGER T J, IVEYD D L. Recent studies to investigate effects of tire footprint aspect ratio on dynamic hydroplaning speeds [J]. American Society for Testing and Material, 1986, 929(1): 26-46.

[6] VAN E G W H. Hydroplaning of modern aircraft tires[J]. IMAPCR 99-2nd International Meeting. Montreal Canada: National Aerospace Laboratory NLR, 2001:1-10.

[7] FWA T F, PASINDU H R, ONG G P. Criti Depth for Pavement Maintenance Based on Vehicle Skidding and Hydroplaning Consideration [J]. Journal of Transportation Engineering, 2012, 138(4): 423-429.

[8] FWA T F, PASINDU H R, ONG G P, et al. Analytical evaluation of skid resistance performance of trapezoidal runway grooving[C]. Proceedings of Transportation Research Board 93rd Annual Meeting. Washington DC: Transportation Research Board, 2014:1-24.

[9] FWA T F, SANTOSH S K, KUMAR A, et al. Effectiveness of Tire-Tread Patterns in Reducing the Risk of Hydroplaning [J]. Transportation Research Record: Journal of the Transportation Research Board, 2009, 2094:91-102.

[10] 李岳,蔡靖,宗一鸣.湿滑道面飞机轮胎临界滑水速度数值仿真[J].交通运输工程学报,2017,17(5),91-101.

[11] 季天剑,高玉峰,陈荣生.轿车轮胎动力滑水分析[J].交通运输工程学报,2010,10(5):57-60.

[12] WANG Y S, WU J, SU B L. Analysis on the Hydroplaning of Aircraft Tire [J]. Advanced Materials Research Vols, 2010, 1-6.

[13] T F FWA, H R PASINDU, G P ONG. Critical rut depth for pavement maintenance based on vehicle skidding and hydroplaning consideration. Journal of Transportation Engineering, 2012,

138(4)，423-429.

[14] H R PASINDU, T F FWA, G P ONG. Analytical evaluation of aircraft operational risks from runway rutting [J]. International Journal of Pavement Engineering, 2016, 17(9), 810-817.

[15] 郑彬双，朱晟泽，程永振，等.基于轮胎滑水模型的轮胎-沥青路面附着特性影响因素分析[J].东南大学学报(自然科学版).2018，48(4):719-725.

[16] 黄晓明，刘修宇，曹青青等.积水路面轮胎部分滑水数值模拟[J].湖南大学学报(自然科学版).2018,09:113-121.

[17] 朱兴一，庞亚凤，杨健，等.湿滑条件下基于真实纹理道面的机轮着陆滑水行为解析.中国公路学报,2020,33(10):160-170.

[18] 杨洋，朱兴一，赵鸿铎.基于真实道面模型的机轮滑水行为影响因素[J].航空学报.2022,43(1):124843-1-11.

[19] AC-121-FS-33R1.航空承运人湿跑道和污染跑道运行管理规定[S].中国民用航空局.2021.

[20] 孙达.汽车轮胎滚动半径实验研究[D].秦皇岛:燕山大学,2005.

[21] 张恒.轮胎与湿滑道面相互作用下的飞机滑水行为研究[D].天津:中国民航大学,2018.

[22] 宗一鸣.湿滑道面条件下轮胎力学行为与飞机着陆安全问题研究[D].天津:中国民航大学,2017.

[23] STANLEY P. M. LASL shock hugoniot data [M]. Berkeley: University of California Press, 1980: 573-575.

基于视距视区的高速公路出口匝道视线诱导系统优化研究

张　兴　杜志刚　徐文广*　贝润钊　强伟杰

（武汉理工大学交通与物流工程学院）

摘　要　为了达到高速公路出口匝道区域驾驶人视距视区的提升以及缓和过渡的目的，基于视距视区理论，本文提出了一种高速公路出口匝道视线诱导系统优化方案，并通过驾驶模拟试验，采集了30名驾驶人的眼动数据，采用视认距离、注视点分布、视觉敏感区面积等指标，对比分析了优化前后驾驶人视距视区的差异。试验结果表明：优化后，出口匝道鼻端的视认距离提升了63.4%，且不同驾驶人的视认距离差异变小；水平及垂直两个方向的注视点标准差及15%~85%间距均显著提高；驾驶人驶入匝道的过程中注视点分布的变化幅度更小，且在匝道前和匝道内路段的视觉敏感区面积分别提高了34.9%和62.9%。视线诱导系统的有效性得以验证，驾驶人视距视区明显提升，且驶入匝道过程中的视区变化更为缓和。

关键词　交通安全　高速公路　出口匝道　视距视区　视线诱导

0　引言

高速公路出口匝道是高速公路的一个重要组成部分，据统计，80%以上的高速公路立交事故均发生在出入口附近，从事故发生的具体点位来看，出口匝道事故数约为入口匝道的两倍[1-3]，由此可见，高速公路出口匝道区域交通安全形势较为严峻，因此对该区域的交通安全水平展开研究有着重要意义。

在驾驶人行车过程获取的全部道路信息中，由视觉获取的信息约占80%以上[4]。因此，为驾驶人提供合理有效的视觉信息，是保障驾驶人行

基金项目：国家自然科学基金资助(52072291)。

车安全的基础。目前许多研究人员对高速公路出口匝道区域驾驶人的视觉特性进行了研究，Bassan[5]从视距的角度分析了高速公路匝道弯道路段安全设计的侧重点；马永杰等[6]利用驾驶模拟平台及眼动仪，采集了驾驶人眼动数据分析驾驶人识读起点、注视时长等，得到了匝道分流连接部圆曲线半径选取原则和地点方向信息预告方案的设置原则；陈芳等[7]利用眼动记录仪采集不同情况下驾驶人眼球运动数据，分析数据得出，随着弯道半径的减小，驾驶人心理负担越大，水平方向注视点会更加偏向弯道内侧，垂直方向注视点会集中在水平视线以下。

目前，国内外许多学者对出口匝道区域交通安全优化方面进行了大量研究。Huang 等[8]通过驾驶模拟试验研究了出口匝道提前引导标志的最佳设计方案；张晓波[9]研究发现，驾驶人在进行速度选择时，主要参考的是通过眼睛获取的道路环境信息，然后从交通标志标线、道路线形以及路面防滑3个方面提出了改善建议；马永杰[6]根据驾驶人的视认特性，对匝道分流连接部标志视认过程和识别视距进行分析，并提出了相应的改善建议；杨龙海等[10]用车载等距变距自动成像技术对高架桥段驾驶人行驶的视觉空间进行仿真试验，得出匝道区域视觉信息缺乏，可通过交通安全设施的合理布设改善此现象；吉星[11]研究了在不同匝道线形条件下的驾驶人安全行车状况，并建立了安全评价模型来对匝道线形进行评价，然后提出了相应的优化建议。

现有的研究主要集中在交通标志、标线、道路线形以及路面抗滑等方面的改善，对于出口匝道交通安全水平的影响，很少有学者对出口匝道视线诱导系统进行研究。而视线诱导设施的合理布设可以丰富驾驶人的视觉环境，为其提供足够的视觉信息[12]，从而提升交通安全水平。鉴于此，本文将基于视距视区理论，对视线诱导系统进行优化设计，并通过仿真实验探究优化方案的合理性和有效性，以期为提升高速公路出口匝道区域的交通安全水平提供新思路。

1　优化依据及方法

1.1　视距视区分析

视距是指驾驶人在行车过程中可清晰明视前方道路范围的最远距离，视区是指驾驶人在行车过程中所能清晰明视前方道路的广度，可分为垂直视区（垂直于路面）与水平视区（平行于路面）[13]。两者共同构成驾驶人视觉三维空间，是驾驶人获取有效道路信息的必要前提。在道路上行驶时，在视野可见范围内的所有道路信息中，驾驶人会更加关注显著性较强的信息，并根据其来做出相应的反应。因此，可以将驾驶人视野范围内的重要道路信息有所突出，增强其显著性，以此来达到道路信息详略得当，调控驾驶人视觉行为，优化视距视区。比如：当车灯照射在道路远方某处的诱导设施时，光线会通过逆反射进入驾驶人眼睛中，驾驶人会更加注意到远处较亮区域，从而提高了该区域的视认距离；同样的道理，当道路两侧诱导设施设置合理时，其道路两侧信息显著性会更高，从而达到使驾驶人主动将注意力分配到此区域，进而提升驾驶人的有效视区。

当人目视某物体时，目标物体会在人的视网膜上形成一个实像，成像原理与凸透镜成像原理相一致。现假设：两个物体 AB 与 A'B'，它们的高度分别是 L 与 L'，与人眼的距离分别是 d 与 d'，人眼视角是 α，物体 AB 与 A'B' 的中心与人眼的中心视线在同一条水平线上，且物体高度垂直于水平视线，那么，物体的高度、人眼的视角与目标物的可视距离存在着如下关系[14]：

$$d = 2\tan\left(\frac{\alpha}{2}\right)L \qquad (1)$$

式中：d——目标物的可视距离（m）；

α——人眼视角（°）；

L——目标物体高度（m）。

由此可见，若物体 A'B' 的高度 L' 比物体 AB 的高度 L 高，相应的，其可视距离 d' 也大于物体 AB 的可视距离 d。可以得出，当物体的高度提高，尺寸增大时，其可视距离相应的也会变长。因此，可考虑通过提升设施的高度及尺寸来增加驾驶人视距。

有研究指出，高速公路出口匝道驾驶人的注视点更多地集中在车辆前方近处的路面区域以及道路左侧护栏和路缘线，主要分布在水平视线及以下。因此，可考虑加强中低位诱导，将视线诱导设施重心集中在视点高度以下，驾驶人就容易对其进行观察，从而更好地调控驾驶人视区。

设各诱导设施的重心高度为 $h_i (1 < i < n)$，视

认面积为$S_i(1<i<n)$,将行驶过程的时间轴进行等分,在$T_i(1<i<\infty)$时间段内诱导设施重心高度求解方式如下[14]:

$$H_i = \frac{\sum_1^n n_i S_i}{n} h_i \qquad (2)$$

式中:H_i——$T_i(1<i<\infty)$时间段内诱导设施的重心高度(m);
　　　n——诱导设施的个数;
　　　n_i——第i种诱导设施的个数;
　　　h_i——第i种诱导设施的重心高度;
　　　S_i——第i种诱导设施的视认面积(cm^2)。

1.2　优化思路及方法

在主线行驶时,道路空间较为宽广,驾驶人的视距远、视区广,而行驶至出口匝道时,由于道路线形轮廓、道路宽度以及视觉环境的变化,驾驶人的视距降低,视区变窄,驾驶人的视距视区经历一个剧烈过渡的过程。由于这种视距和视区的急剧转变,驾驶人很难获得连续且充足的视觉信息,会产生视觉不适感,甚至可能使得驾驶人视觉关注点偏移,从而对道路信息产生视错觉,这样不利于行车安全。

因此,本文基于上述视距视区分析,以提升视距视区及实现视距视区的缓和过渡为目的,提出高速公路出口匝道视线诱导优化思路,主要是在分流鼻端设置高位诱导,以提升分流鼻端的远端可视性,并逐渐过渡到匝道路段的中低位诱导,利用多层次、多尺寸的诱导信息丰富驾驶人视觉环境。具体优化方案见表1。

视线诱导系统优化方案具体信息　　　　表1

设施	设置位置及方式	尺寸(cm)		重心高度(m)	主要作用
		长	宽		
弹性交通柱	分流三角区;长条反光膜双排设置(呈三角形)	80	7.5	0.6	勾勒三角区轮廓
警示性线形诱导标	分流鼻端;顶部距路面4.5m	200	60	3.5	增强分流鼻端远端可视性
线形诱导标	匝道外侧护栏上方 双层:匝道靠近鼻端区域,设置4组	60	40	1.7	线形诱导的一致性、连续性
	单层:鼻端后面匝道路段			1.4	
箭头形立面标记	道路外侧护栏中部	150	60	0.5	多层次线形诱导
双层组合式轮廓标	道路两侧护栏中部;两个普通矩形轮廓标组合使用	36	4	0.5	体现道路轮廓
圆形座式轮廓标	道路内侧护栏上方	直径15		1.2	提升视距视区

注:设施间距结合匝道线形条件按规范取值。

2　试验设计

2.1　试验设备及被试人员

由于实车试验危险系数较高,时间及金钱成本较大,实施起来存在较大难度,模拟驾驶试验可以更加便捷地控制试验参数,因此,本文选用模拟驾驶试验来验证优化方案的有效性。试验在武汉理工大学驾驶模拟仿真平台开展,并配合眼动仪采集驾驶人眼动数据,设备的采样频率为60Hz,可以全方位的实时追踪人的视线,视线追踪精度为0.1°~0.3°,配合D-Lab软件采集数据。

本次试验共招募了30名被试驾驶人,其中男性21人,女性9人,他们均具有小型机动车驾驶证且均具有高速公路行车经验。被试人员均具有良好的身体和心理状况,年龄在23~52岁,矫正视力均在0.85及以上,所有被试人员在试验后都得到了相应报酬。

2.2　试验场景构建

试验选取桂三高速主线GSK 58+570~GSK 59+070路段以及C出口匝道CK 0+000~CK 0+400路段,以此为基础,使用UC-Winroad软件搭建1:1高速公路出口匝道场景仿真模型。道路参数分别为:主线双向4车道,单个车道宽度为3.5m,设计车速为100km/h,平面半径最小为1100m;单车道匝道,其车道宽度为3.5m,设计速度为60km/h,平面半径最小为150m。

a)优化前　　　　　　　b)优化后

图1　试验场景

2.3　试验流程

试验由预试验和正式试验组成,预试验时先校准眼动仪,然后,被试者进行自由观察,持续时间为10~15min。如果出现任何不适或异常情况,需要及时进行调整并重新校准眼动仪。在正式试验时,需要告知每位驾驶人其行驶路线,当驾驶人看清出口匝道后,需要按下方向盘下的S键,系统将自动记录当前时刻,除此之外不对驾驶人施加任何限制行为,让其保持其平日的驾驶风格来操控车辆行进。交通运行状态均设置为自由流状态,以确保对驾驶人起到主要影响的是道路视觉环境。

3　试验结果分析

3.1　视距提升结果分析

视认距离是指自驾驶人看清出口匝道至行驶至分流鼻端之间的距离,视认距离在满足识别视距的前提下,越远则说明优化方案对于视距提升的效果越好。因此采用视认距离作为驾驶人视距的一个评价指标。

统计各被试人员在各场景下的视认距离,并绘制前后对比图及变化图如图2及图3所示。

根据图2和图3,可得出如下结论:

(1)《公路路线设计规范》(JTG D20—2017)中给出了高速公路识别视距的参考值,设计速度100km/h时,识别视距为290m,复杂情况下为380m。在优化前的场景中,30位驾驶人的视认距离均值为259.3m,小于识别视距。而在优化后的场景中,30位驾驶人的视认距离均值为423.6m,大于复杂情况下的识别视距。

图2　各被试视认距离优化前后对比

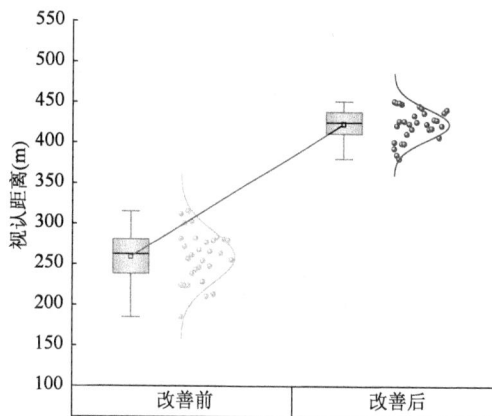

图3　优化前后视认距离变化

(2)图2中,优化前场景的曲线上下波动幅度较大,优化后变化幅度变小。图3中,优化前场景的箱盒上下边缘距离较大,且散点更为分散,优化后,上下边缘距离更小且散点更加集中。这说明,优化前场景中,不同驾驶人的视认距离差异较大,现有设施对不同驾驶人诱导效果的差异较大。优化后场景中,不同驾驶人的视认距离差异较小,诱导系统能满足不同类型驾驶人的诱导信息需求。

(3)优化后,出口匝道鼻端视认距离的平均值由259.3m提升到423.6m,提升幅度为63.4%,说明,优化方案对于高速公路出口匝道鼻端的远端可视性有着较好的提升效果,可以有效增加驾驶人视距。

3.2 视区优化结果分析

为方便分析,以分流鼻端处为分界线,将高速公路出口匝道区域划分为进入匝道前的路段(下

文简称匝道前),以及进入匝道后的路段(下文简称匝道内)。

3.2.1 注视点分布

驾驶人注视点的位置可以反映驾驶人视区内的注视范围和分布情况,进而评估视线诱导设施对于驾驶人视觉搜索行为的影响。因此,选用注视点分布作为驾驶人视区的一个评价指标。

眼动仪采集的注视点位置数据是以摄像头拍摄到的场景为基础,映射到分辨率为1920(水平方向)×1080(垂直方向)的平面上,将纵坐标进行转化后,可得到坐标原点 O 在左下角的坐标系。

统计驾驶人在不同场景下的注视点分布情况,其统计结果见表2,注视点分布图如图4所示。

注视点分布统计结果   表2

坐标轴	试验场景		标准差(px)	15%分位数(px)	85%分位数(px)	15%~85%间距(px)
X	优化前	匝道前	58.8	945.2	1057.3	112.1
		匝道内	46.9	968.4	1054.8	86.4
	优化后	匝道前	62.7	933.7	1061.6	127.9
		匝道内	58.8	959.6	1068.1	108.5
Y	优化前	匝道前	67.2	473.5	632.1	158.6
		匝道内	61.8	481.0	609.8	128.8
	优化后	匝道前	82.5	461.2	648.7	187.5
		匝道内	80.7	466.4	633.5	167.1

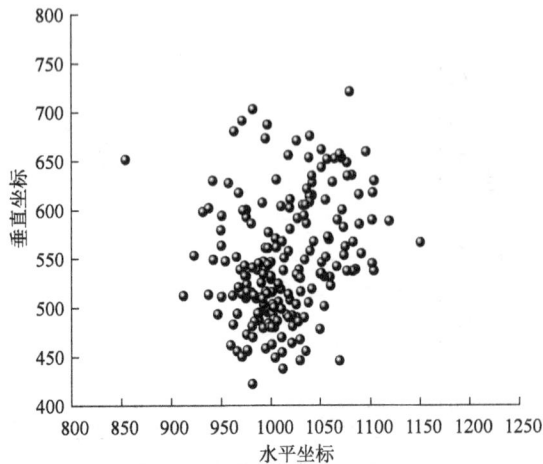

a)优化前——匝道前

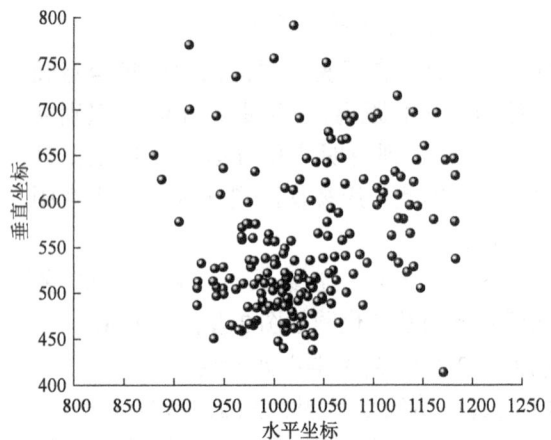

b)优化后——匝道前

图 4

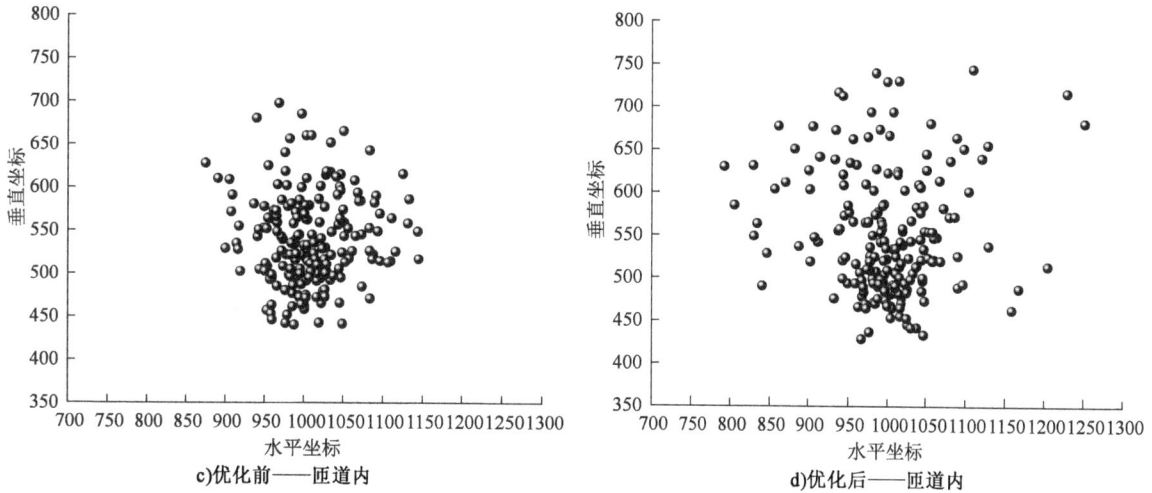

c)优化前——匝道内　　　　d)优化后——匝道内

图4　驾驶人在不同场景下的注视点分布

结合表2与图4,可得出以下结论:

(1)对于驾驶人在水平方向的注视点而言,优化后的标准差大于优化前(匝道前路段:62.7 > 58.8;匝道内路段:58.8 >46.9),优化后的15% ~85%间距大于优化前(匝道前路段:127.9 >112.1;匝道内路段:108.5 >86.4),表明优化后驾驶人的注视点在道路两侧的分布概率均有所提高。

(2)对于驾驶人在垂直方向的注视点而言,优化后的标准差大于优化前(匝道前路段:82.5 > 67.2;匝道内路段:80.7 >61.8),优化后的15% ~85%间距大于优化前(匝道前路段:187.5 >158.6;匝道内路段:167.1 >128.8),表明优化后驾驶人的注视点在不同高度的道路信息上的分布概率均有所提高。

(3)对于驾驶人由匝道前路段驶入匝道内路段这一过程而言:优化前,水平方向注视点的标准差和15% ~85%间距分别降低了20.2%和39.0%;垂直方向注视点的标准差和15% ~85%间距分别降低了8.0%和18.8%。优化后,水平方向注视点的标准差和15% ~85%间距分别降低了6.2%和15.2%;垂直方向注视点的标准差和15% ~85%间距分别降低了2.2%和10.9%。可以看出,优化后的注视点标准差和15% ~85%间距的提高/降低程度均小于优化前,表明优化后的场景中,驾驶人驶入匝道的过程中,注视点分布的变化幅度更小,视区过渡更加缓和。

3.2.2　视觉敏感区面积

视觉敏感区的大小可以表征驾驶人有效视区范围的大小,视觉敏感区面积越大时,驾驶人重点关注和易视认的道路空间范围越大,可获取的道路信息更多,因此,将视觉敏感区面积作为驾驶人视区的一个评价指标。

为了更加精准地对比优化前后驾驶人视区的变化情况,计算并对比分析不同场景下驾驶人的视觉敏感区面积。视觉敏感区面积 S 可由下式计算[10]:

$$S = \frac{\pi(X_{85} - X_{15})(Y_{85} - Y_{15})}{4} \quad (3)$$

式中:S——视觉敏感区面积(px^2);

X_{15}、X_{85}——注视点坐标 x 方向坐标的15分位数和85分位数;

Y_{15}、Y_{85}——注视点坐标 y 方向坐标的15分位数和85分位数。

统计驾驶人在不同场景下的视觉敏感区面积,并绘制变化图如图5所示。

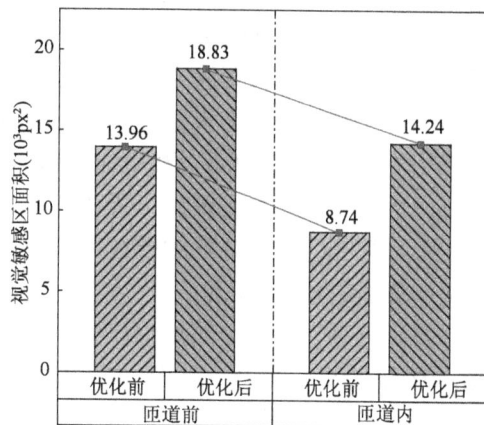

图5　驾驶人视觉敏感区面积变化

根据图5可得如下结论:

(1)驾驶人在不同场景下视觉敏感区的面积由

大到小依次为:优化后匝道前($18834 \times 10^3 \, \mathrm{px}^2$)>优化后匝道内($14239 \times 10^3 \, \mathrm{px}^2$)>优化前匝道前($13963 \times 10^3 \, \mathrm{px}^2$)>优化前匝道内($8740 \times 10^3 \, \mathrm{px}^2$)。

(2)通过纵向对比可得,优化前和优化后的匝道内路段的视觉敏感区面积分别比匝道前路段渐小37.4%和24.4%。这说明,相较于在驶入匝道后,由于路幅宽度与视觉环境等因素的剧烈变化,驾驶人视区剧烈缩小,可获取的信息不足,视觉较为敏感。同时,优化后,视觉敏感区面积的变动幅度小于优化前,视区过渡较为缓和。

(3)通过横向对比可得,在匝道前路段,相比于优化前,优化后的视觉敏感区面积增大了34.9%,在匝道内路段,相比于优化前,优化后的视觉敏感区面积增大了62.9%,这说明优化方案可增大驾驶人的视觉敏感区,在匝道内路段更为显著,驾驶人有效视区得以提升。

4　结语

本文基于视距视区理论,提出了一种高速公路出口匝道视线诱导系统优化方案,并通过驾驶模拟试验,验证了其对驾驶人视距视区优化的效果,主要得出了以下结论:

(1)优化前驾驶人对于出口匝道鼻端的视认距离均值为259.3m,不满足识别视距。而优化后视认距离为423.6m,满足了复杂识别视距。表明出口匝道的远端可视性增强,驾驶人的视距显著提升。

(2)相较于优化前,优化后驾驶人的注视点在道路两侧及不同高度处的诱导信息分布的概率均有显著提高,说明优化后驾驶人的视区范围有所扩大。此外,驾驶人行驶进入匝道过程中的注视点分布变化的幅度更小,视区过渡更加缓和。

(3)优化后驾驶人视觉敏感区面积均大于优化前,且驶入匝道过程中视觉敏感区面积的变化幅度变小,视区变化更为缓和。

(4)该研究可为高速公路出口匝道不同视线诱导设施的设置提供参考。然而,本研究只考虑了视线诱导系统的作用,未考虑设施不同的设置间距、横向设置位置以及尺寸带来的差异。视线诱导系统对大车、夜间、特殊天气以及不同平纵线形的适用性也是未来的研究方向。

参考文献

[1] CHEN F, SONG M, MA X, et al. Investigation on the injury severity of drivers in rear-end collisions between cars using a random parameters bivariate ordered probit model[J]. International Journal of Environmental Research and Public Health, 2019, 16(14):26-32.

[2] CHEN F, CHEN S, MA X, et al. Analysis of hourly crash likelihood using unbalanced panel data mixed logit model and real-time driving environmental big data[J]. Journal of Safety Research, 2018, (65):153-159.

[3] XU C, WANG Y, LIU P, et al. Quantitative risk assessment of freeway crash casualty using high-resolution traffic data[J]. Reliability Engineering & System Safety, 2018, (169):299-311.

[4] 杜志刚,韩磊,梅家林,等.基于心理旋转效应的小半径公路长隧道视觉环境优化研究框架[J].同济大学学报(自然科学版),2023,51(9):1372-1382.

[5] BASSAN S. Sight distance and horizontal curve aspects in the design of road tunnels vs. highways[J]. Tunnelling and Underground Space Technology incorporating Trenchless Technology Research, 2015, 45(1):214.

[6] 马永杰.基于驾驶员视认特性的匝道分流连接部平面线形指标及地点方向信息预告设置研究[D].西安:长安大学,2019.

[7] 陈芳,周智海,杨运兴.山区高速公路弯道路段驾驶员视点分布特征研究[J].合肥工业大学学报(自然科学版),2015,38(5):594-599.

[8] HUANG L, ZHAO X, LI Y, et al. Optimal design alternatives of advance guide signs of closely spaced exit ramps on urban expressways[J]. 2020, (138):105465.

[9] 张晓波.三岔型枢纽互通事故高发匝道的形成机制与安全提升研究[J].中国安全生产科学技术,2022,18(2):198-205.

[10] 杨龙海,朱小刚.城市快速路高架桥段行驶视觉空间的结构特征与行车安全[J].哈尔滨工业大学学报,2020,52(5):186-193.

[11] 吉星.高速公路互通立交出口匝道线形优

化研究与仿真分析[D].南京:东南大
学,2017.

[12] 杜志刚,徐弯弯,向一鸣.基于视线诱导的公
路隧道光环境优化研究框架[J].中国公路
学报,2018,31(4):122-129.

[13] 王首硕,杜志刚,冯守中,等.高速公路隧道

入口区域视线诱导系统有效性研究[J].交
通运输工程学报,2021,21(2):267-277.

[14] 冯守中,梅家林,冒卫星,等.基于视距视区
的高速公路隧道中部视线诱导系统安全性
评价[J].公路,2021,66(5):200-205.

广深高速公路改扩建六车道保通条件下应急策略研究

曾思清[*1]   周松川[1]   王越[2]
(1.广东省公路建设有限公司;2.中交第二公路勘察设计研究院有限责任公司)

摘　要　为应对高速公路改扩建工程中,因保通需要阶段性占用应急车道而对交通事故救援产生的不利影响,论文以广深高速公路改扩建为例,深入分析多车道保通情况下高速公路改扩建施工期间一般路段、特长桥梁路段等关键工点的应急救援需求,提出路基施工以及路面施工阶段一般路段,抬高路段、特长桥梁、旱桥等特殊路段车辆撤离和人员疏散的方案,为保通期间多场景的交通事故应急救援以及人员疏散提供思路。

关键词　高速公路改扩建　应急响应　应急救援　车辆疏散　人员疏散

0　引言

京港澳高速公路广州至深圳段(以下简称"广深高速公路"),是国家高速公路网的重要组成部分,被称为"中国最繁忙高速公路",交通量已近饱和,交通拥堵成为常态,道路亟须扩容。广深高速公路原设计速度120km/h,双向六车道,路基宽度为33.1m。扩建为双向十车道高速公路,路基宽度52.5m。

为减少高速公路改扩建施工期间对社会交通运营的影响,采用边施工边通车的交通组织模式,施工期间利用原公路整幅或原公路半幅+新建加宽半幅进行双向六车道保通。自路侧路基拼宽施工开始至新路半幅施工完成的约3年6个月期间,六车道保通断面宽度均受到限制,双向均无法保留3m硬路肩。相比于正常运营的高速公路,此情景下的硬路肩无法作为应急救援通道,一旦发生交通拥堵,将导致救援车辆救援通道不畅,无法及时展开救援。且广深高速公路全线高架桥众多(占比57.0%),人员无法从路肩疏散,增加了应急救援的难度。

护栏外侧为施工区或,不能保障人员等待救援的路侧空间。且广深高速公路改扩建施工期跨度长,交通流量大,这也意味着发生次生交通事故的可能性增加。如果能够快速处理轻微交通事故及一般交通事故,及时转移事故车辆、疏散人员,就能疏通车流、减小二次事故的可能性,控制交通事故的不良影响,尽快恢复道路通行能力[1,2]。

针对以上难题,本文对广深高速公路改扩建施工期间高速公路的应急救援需求进行挖掘,结合项目情况设置相应的应急措施,并提出临时应急路径的设置、人员疏散等方案,为广深高速公路改扩建施工期间的应急救援改善提供思路。

1　思路及解决方法

利用鱼骨图,以减轻交通事故后果及影响为主要目的,采用人、机(救援设备)、事(二次事故)、地(救援路径)、环(道路/环境)作为交通事故不利发展的主要影响因素[3],挖掘交通事故发展与应急救援之间的要因,以此识别应急救援的设计需求及改善方向,如图1所示。

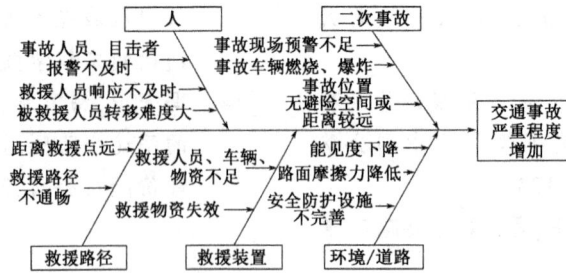

图1　交通事故应急需求分析图

通过鱼骨图(图1),总结得出救援路径、人员疏散、应急救援设备与管理的改善均能有效降低交通事故的严重程度以及一定程度上防止次生事故的发生。论文在交通事故应急需求分析的基础上,借鉴哈顿矩阵[4]预防事故的思路,尝试构建了广深高速公路六车道保通条件下的应急安全需求模型,如表1所示。

广深高速公路施工期间应急安全需求矩阵　　　　　　　　表1

阶段		人	车	路
事故阶段	事故前	信息供给 态度 能力和状态 警察执法	车辆性能 照明系统(主动和被动照明) 制动 速度控制	道路设计与规划 速度限制 标志标线 行人保护设施
	事故中	使用限制设施 减轻伤害	乘员限制(安全带) 其他安全设施 碰撞保护设计	路侧碰撞保护设施 护栏 移除障碍物
	事故后	急救技能医疗资源	救援便利性火灾风险控制	救援设施拥堵
阶段		人	车	路
施工阶段	路基施工阶段	人员疏散问题	车辆如何紧急停靠	老路现状双侧六车道通行,既有应急通道未被占用
	路面施工阶段	一般路段:人员如何紧急疏散	一般路段保通断面的内外侧如何进行紧急停靠	单侧3+3车道通行,单幅保通断面缺少空间设置应急通道
		老桥利用双侧拼宽路段:人员如何紧急疏散	桥梁路段保通断面的内外侧如何进行紧急停靠	
		抬高路段、特长桥梁、旱桥等特殊路段,如何进行人员疏散	抬高路段、特长桥梁等特殊路段内外侧如何进行紧急停靠	

结合上述交通事故不利发展改善要因,针对路基施工阶段、路面施工阶段的救援路径、人员疏散、救援设备等需求进行分析研究,提出应急救援路径设置、紧急停车点设置、人员疏散方案以及应急救援管理建议,组合形成广深高速公路施工期间的应急救援策略。

2　应急救援路径设置

根据交通事故应急需求分析,疏通、缩短救援路径,能有效降低交通事故的严重程度。因此,改扩建施工期间,应急救援除了构建应急机制、一路多方应急平台等,如何规划应急救援路径,也是提升应急救援效率的重要环节。

2.1　应急救援通道规划建议

通过对项目情况的分析,建议在半幅3+3车道保通时,严格控制完全封闭作业长度,并在施工区段内部多渠道考虑应急硬基础,预留出应急通道[5]。结合施工作业区工况,在相邻、开放的互通出入口之间,应急通道宜尽量规划在同一幅,且每3km需设置1处中分央分隔开口。

应急救援流程可参照如下:应急过程中,需临时中断交通,救援车辆、清障车辆等从最近的中央分隔带开口进入事故点位进行救援和清障。对于老桥拆除路段,可在桥头适当位置提前拆除中央分隔带护栏并硬化,作为临时应急救援开口,如图2所示。

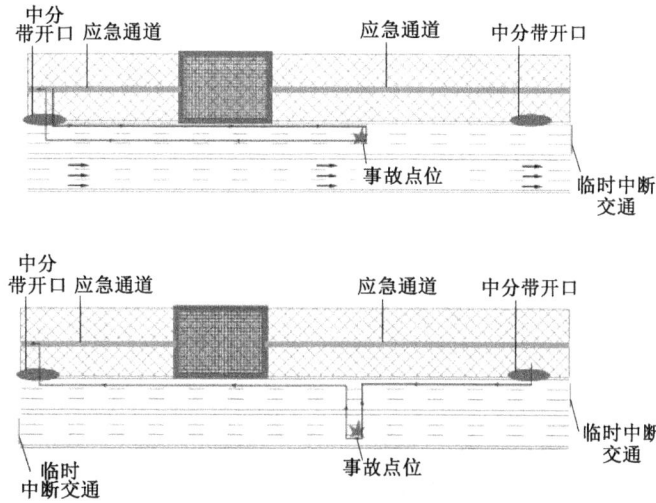

图 2　施工通道用于应急救援示意图

2.2　应急救援路线规划

合理的救援开口和救援路线与救援效率密切相关,建议救援开口位置尽量靠近医院、消防等单位,救援开口位置外侧有现状较高等级地方路,救援路线建议选择最佳抵达路线,尽量避开施工段落。若危化品车辆在本项目改扩建施工期间通过,会增加发生紧急情况的概率,建议危化品车辆绕行其他道路。

本项目沿线落地互通比较密集,考虑在麻涌、望牛墩、道滘、东莞、厚街、太平、长安等落地互通和麻涌停车区、厚街服务区等适当位置均设应急救援点,救援点考虑左右幅呈 Z 形布设,负责相邻互通之间路段发生的紧急情况,并充分考虑利用距互通最近的医院,用于紧急施救。每个应急救援点配备足量的协管员、巡查员、安全管理员、维修人员、救援人员以及平板车、大型吊车、铲车、无人机等救援设备,建议救援路线规划如表 2 所示。

救援路线建议示意　　表 2

救援口桩号	位置	救援路线走向	救援路线长度
K25 + 300	左右幅	东莞市水乡中心医院—麻涌大道—麻涌互通	3.5km
K31 + 800	左右幅	望牛墩医院—芙蓉路—望联西富路—望联南昌北路—望牛墩互通	3.0km
……	……	……	……

3　紧急停车点设置

针对改扩建施工期间,硬路肩无法保留的施工路段,考虑设置紧急停车点,为事故车辆提供转移空间,减小对下游交通的影响;同时配合紧急停车点的设置,为事故人员提供避险空间和疏散通道,预防二次事故的发生。

3.1　紧急停车点设置标准研究

正常运营的高速公路,除山岭隧道、长隧道路段外,没有特别规定紧急停车点的设置标准。根据《公路工程技术标准》(JTG B01—2014)第 8.0.3 条规定,不设硬路肩或硬路肩宽度小于 2.5m 的山岭特长、长隧道内,单洞两车道应设置宽度大于或等于 3.5m,有效长度应大于或等于 40m 的紧急停车带,单向行车时,间距不宜大于 750m,双向行车时,同侧间距不宜大于 1000m。

《城市道路路线设计规范》(CJJ 193—2012)第 5.2.8 条规定:隧道横断面布置当长、特长隧道单向车道数少于 4 条时,应在行车方向的右侧设置连续应急车道。当条件限制时,可采用港湾式应急停车道。每侧港湾式应急停车道间距不宜大于 500m。其宽度及长度宜按图 3 布设。

图3　港湾式应急车道宽度及长度(摘自《城市道路路线设计规范》图5.2.8)(尺寸单位:mm)

《城市道路工程设计规范》(CJJ 37—2012)第5.3.6条规定:当快速路单向机动车道数小于3条时,应设不小于3.0m的应急车道。当连续设置有困难时,应设置应急停车港湾,间距不应大于500m,宽度不应小于3.0m。

崔降龙,陈雨人等利用八自由度高仿真驾驶模拟实验平台对港湾式紧急停车带间距与驾驶行为的关系进行了研究,发现港湾式紧急停车带间距为750m时,驾驶员横向偏移量小,车辆的横向稳定性最好,车辆运行速度也最接近设计速度(100km/h),间距超过1000m后横向偏移量及速度不再明显变化[6]。该研究紧急停车点设置间距

的建议与规范相同。

夏国栋、潘晓东针对城市高架封闭性强、离地面较高等紧急救助及疏散难点进行了系统性的紧急救助设计研究,提出了在高架道路上修建港湾式紧急停车带及附属救助步行楼梯通道的原则、方法,重点对港湾式紧急停车带的位置、尺寸以及紧急疏散通道的设置方法进行了分析,并给出推荐设计值及设计样例。广深高速公路连接了密集的城市群,有57%的道路为高架桥梁,其道路特点与城市高架桥存在一定相似之处,但城市道路交通组成与高速公路差别较大,可借鉴内容有限[7]。

对于不设硬路肩的双向六车道改扩建保通断面而言,上述规范与研究具有一定参考价值。根据上述规范及相关学者的研究,结合广深高速公路改扩建项目构造物特点和车型组成,提出无法保留硬路肩的施工期间紧急停车点的设置尺寸、间距等标准的相关建议,如表3所示。

紧急停车点建议　　　　　　　　　　　　　　表3

开放互通相邻间距	紧急停车点数量及间距	紧急停车点尺寸	其他建议
$L \leq 1000m$	0	宽度不应小于3.0m;有效长度不应小于30m;过渡段不应小于5m	紧急停车带标志、标线依据保通限速按照《道路交通标志和标线》执行
$1000 < L \leq 2000m$	1,中间设置		
$2000 < L \leq 3000m$	2,等距离设置		
$L > 3000m$	$n = (L/750)$取整,等距离设置		

3.2　改扩建施工期间紧急停车点设置方案

3.2.1　路基施工阶段

原有土路肩波形梁护栏维持现状,从土路肩边缘开始进行清表、削坡、挖台阶及正常填筑。全线维持双向六车道正常通行。本阶段应急车道未被侵占,考虑利用现状的应急车道作为应急通道。

3.2.2　路面施工阶段一

路基路面拼宽前期,保持双向六车道正常通行并切除部分硬路肩,单侧路面拼宽部分施工至下面层,全线维持双向六车道限速通行。此阶段,半幅可利用现状的应急车道作为应急通道,另外半幅对新旧路面(新老桥)进行拼接位置,建议优先拼接施工,预先形成临时紧急停靠点位,如图4所示。

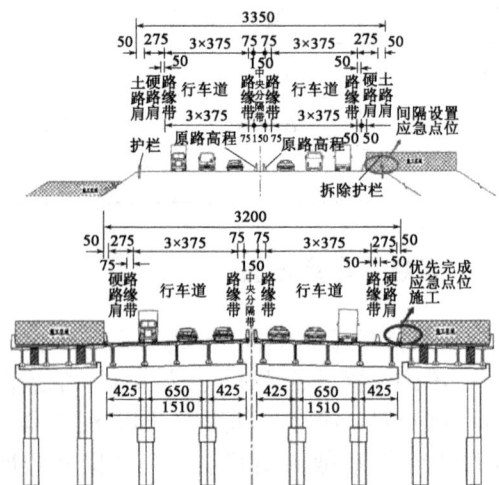

图4　路面施工阶段一应急断面示意图(尺寸单位:cm)

3.2.3　路面施工阶段二

此阶段半幅封闭半幅双向六车道通行。外侧停靠点:对于一般路段,在路基外侧进行临时拼

宽,设置港湾式紧急停靠点;对于两侧拼宽的特长桥梁路段,可在拼宽桥梁外侧临时加宽,设置港湾式紧急停靠点。内侧停靠点:对于一般路段,可利用现状中央分隔带开口作为紧急停靠点;当需设置在调坡路段时,参照一般路段即可;对于特长桥梁路段,可考虑通过对桥梁中分带进行缝合,用于紧急停靠,如图5所示。

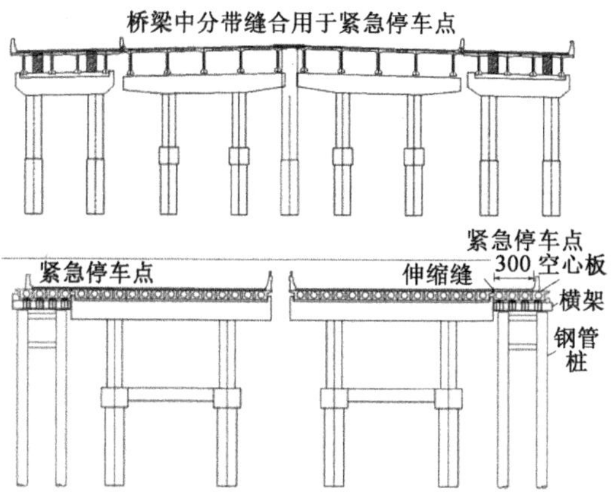

图5 路面施工阶段二应急停车点平面示意

3.2.4 路面施工阶段三

路面施工第三阶段参照上述第二阶段执行。

4 人员疏散方案

4.1 路基施工阶段

原有土路肩波形梁护栏维持现状,全线维持双向六车道正常通行。本阶段应急车道未被侵占,可利用现状应急车道作为应急通道。

4.2 路面施工阶段一

因本阶段应急车道被占用,考虑间隔设置港湾式停车点。对于一般路段,从保通断面的两侧进行人员疏散;对于桥梁路段或高差较大的抬高路段,可在桥梁下方适当位置布设一定数量的消防云梯、救援滑梯、救援缆索等,供人员紧急疏散,如图6所示。

4.3 路面施工阶段二和阶段三

一般路段,可直接从保通断面的两侧进行人员疏散,如图7所示。

对于抬高大于2m且较长的路段,可考虑在调坡路段的每200m位置设置一处应急逃生爬梯;对于老桥利用双侧拼宽的情况,靠中央分隔带侧,可

在护栏顶部设置加强型金属防落网,供靠中央分隔带的保通侧人员紧急疏散。对于桥梁路段或高差较大的抬高路段的外侧,可在桥梁下方适当位置布设一定数量的消防云梯、救援滑梯、救援缆索等,供人员紧急疏散[8],如图8所示。

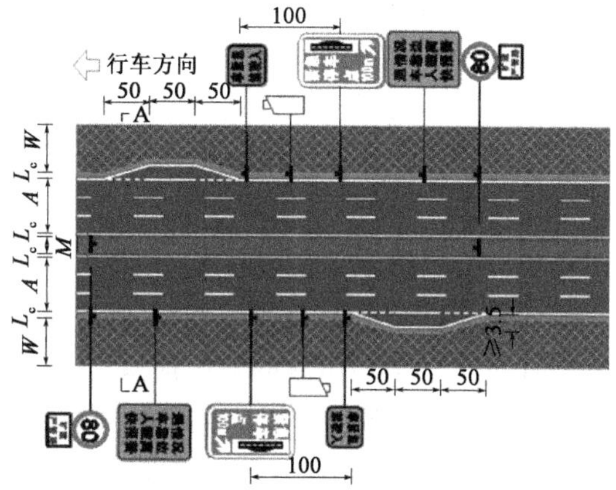

图6 路面施工阶段一人员疏散示意图(尺寸单位:m)

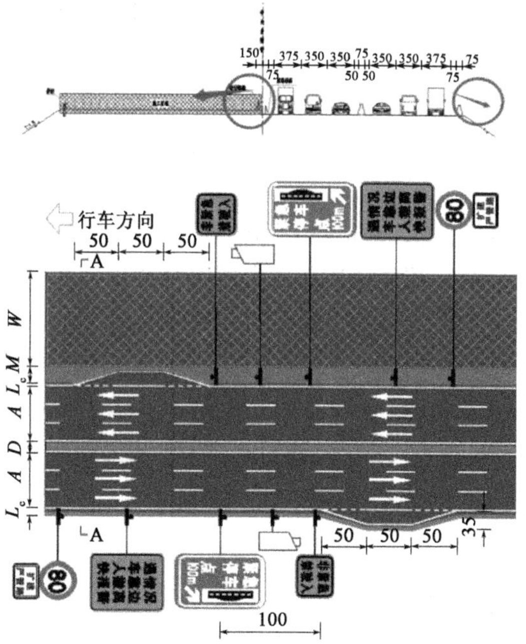

图7 一般路段人员疏散示意图(尺寸单位:m)

图8 特殊路段人员疏散及救援设施

5　应急救援管理建议

根据对交通事故的严重程度需求分析,救援人员及事故人员的能力、安全意识提升和救援设备的完善对应急救援效果提升也十分明显。事故人员、目击者报警不及时、救援人员响应不及时、被救援人员转移难度大、救援设备使用不熟练等人的因素,救援设备不足、急救器械失效等设备因素均会造成交通事故救援时间延长,增加事故的严重程度以及二次事故发生的可能性

5.1　人的因素

针对应急救援人员,应进行救援器械、急救方法的培训,进行各等级事故的救援预演:接到警报信息→确定事故位置及等级→通知最近救援点位→配置相关设备上路救援→交通疏导或管制→转移事故车辆及人员→路面清障及恢复交通→事后记录及总结[7],救援队伍应做到对救援流程了然于心。

对于道路使用者,应加强安全教育,通过公众号发布高速公路改扩建期间的交通事故处理方法:例如事故位置识别及报警描述要点、事故现场示警方法、事故人员等待救援的地点和注意事项、撤离路径等。也可将上述信息印制成宣传册在服务区发放,提高道路使用者的安全意识。

5.2　设备因素

对于应急救援道设备的配置,如救援车辆、防撞车、拖车、临时管制安全设施等,应根据交通事故调查数据进行科学配置。对于设备的有效性,应做到月度、季度、年度检查,对失效的物资及时替换。

6　结语

本文以防止交通事故不利发展及发生次生事故为目的,以人、机、事、地、环为思考点,对高速公路改扩建期间的应急救援需求进行挖掘,借鉴哈顿矩阵对事故发生前、中、后的应急救援设计内容进行思考,多维度分析了改扩建各施工阶段事故前道路的应急保障设置需求、事故中以及事故发生后的应急救援需求。

结合项目特点提出了应急救援的疏通方案及路线规划、紧急停车点的设置标准、救援设备及人员的管理、培训建议。改善了广深高速公路改扩建工程施工的应急救援条件,为救援通道不足以及人员无法疏散等问题提供了安全解决方案,整体策略可供国内类似项目参考。

除工程手段外,还基于各个施工阶段的应急需求,对应急管理重点进行总结归纳,完善应急救援预案,建立应急救援管理体系,提高应急管理水平。

参考文献

[1] 谌志强.高速公路改建工程交通安全研究[D].长沙:湖南大学,2007.

[2] 左坤.高速公路改扩建施工过程中的交通安全保障措施研究[D].长沙:长沙理工大学,2008.

[3] 张需鹏.高速公路改扩建工程交通安全风险控制分析[J],时代农机,2016,43(10):153-154.

[4] 王晓燕,李平凡,王雪松.中国道路交通事故信息采集现状与改进研究[J],中国公共安全(学术版),2017(04):71-76.

[5] 宁乐然,黄俭才,杨冬韵,等.高速公路改扩建期交通应急管理研究进展[J],武汉工程大学学报,2013,35(09):24-28.

[6] 崔隆龙,陈雨人,邢小亮,等.港湾式紧急停车带间距对驾驶行为的影响研究[J],交通信息与安全,2017,35(04):29-35.

[7] 夏国栋,潘晓东.城市高架道路紧急救助基础设施设置研究[J],交通运输工程与信息学报,2010,8(03):74-81.

[8] 张新,李美玲,贾庸,等.不中断交通施工的高速公路改扩建应急救援系统设计[J],公路交通科技(应用技术版),2019,15(6):7-10.

[9] 吕思忠,王琳,张新,等.基于案例推理的改扩建高速公路应急救援资源配置模型[J],公路交通科技(应用技术版),2020,16(08):261-265.

[10] 李绍华,金卫国,孙传姣.公路改扩建路段交通应急站点布设优化研究[J],公路交通科技(应用技术版),2020,16(01):346-348.

不同通视情况下高速公路隧道驾驶人视觉特性分析

张　兴　杜志刚　徐文广*　贝润钊　沈　迪

（武汉理工大学交通与物流工程学院）

摘　要　为研究不同通视情况下高速公路隧道驾驶人的视觉特性，在广东省某高速公路上两条通视情况不同的隧道路段开展实车试验，采集了30名驾驶人的眼动数据，采用兴趣区域浏览率、瞳孔直径、瞳孔面积变化率以及扫视幅度加权平均值等指标，对比分析了不同通视情况影响下各任务段驾驶人视觉特性的差异。试验结果表明：在接近段，由于隧道出口的通视性，驾驶人对于中心区域的浏览率增加了28.78%，瞳孔面积变化率降低了63.05%，扫视幅度加权平均值降低了32.63%；在隧道段，与出口可通视的隧道相比，普通隧道中，驾驶人关注点更为分散，瞳孔直径更大，瞳孔面积变化率增加了144.98%，扫视幅度加权平均值增加了15.77%；在驶离段，与出口可通视的隧道相比，普通隧道驾驶人对于出洞口后的前方道路的浏览率增加了14.73%，瞳孔面积变化率增加了49.13%，扫视幅度加权平均值增加了95.62%。研究发现：出口洞门的通视性可显著影响驾驶人的关注重点、视觉适应性以及紧张程度。

关键词　交通安全　高速公路隧道　通视情况　视觉特性

0　引言

高速公路隧道内部空间环境及照度环境与普通路段相比存在着较大的差异性，在高速公路隧道环境下行车时，驾驶人的视觉行为会随着空间环境及照度环境等因素的变化而变化，其对于道路信息的获取也会受到影响[1]。因此，高速公路隧道内部视觉环境对驾驶人影响的研究，已成为国内外学者重点关注的内容。

目前，国内外许多学者对高速公路隧道驾驶人的视觉特性方面进行了大量的研究。HE Shiyong等[2]开展了实车试验，采集了驾驶人在隧道不同光照环境下的眼动数据，分析了其瞳孔变化情况与行车安全性的关系；方松等[3]通过开展实车驾驶实验，通过眼动仪获取驾驶人在不同长度的高速公路隧道下的瞳孔、注视、扫视等视觉特性指标数据，并对比分析了隧道长度对驾驶人的影响；梁波等[4]搭建了隧道仿真模型，开展试验并研究了驾驶人对隧道中部光环境敏感性的感知特性；王首硕等[5]通过模拟驾驶试验，研究了高速公路隧道不同组合的视觉信息对于驾驶人视觉特性的影响差异，以及驾驶人在隧道入口段不同视线诱导系统影响下的视觉负荷；Shang等[6]采用瞳孔面积瞬态速度和视觉振荡时间等指标，研究了公路隧道接近段、入口段和过渡段等任务段驾驶人的视觉舒适性；胡月琦等[7]采用注视时间、扫视频率、扫视幅度等指标，研究了特长公路隧道驾驶人的眼动特性；韩磊等[8]通过开展实车试验获取眼动数据，研究了驾驶人在公路隧道入口区域不同视觉吸引条件的影响下的视觉特性。

可见，现有的研究主要集中在隧道不同长度、不同线形以及不同照度对驾驶人视觉影响的方面，对于不同通视情况隧道的研究尚且较少。而不同通视情况的隧道内视觉环境有着较大的差异，会对驾驶人获取道路环境信息的能力产生不同的影响[9]。鉴于此，本文借助实车试验，以兴趣区域浏览情况、瞳孔面积变化情况以及扫视行为特征等作为主要研究内容，分析不同通视情况的高速公路隧道内驾驶人的视觉特性，以期为高速公路隧道环境的合理优化提供理论支撑。

1　试验设计

1.1　试验路段及任务段划分

为了试验数据的准确性，选取广东省某一条高速公路上两条通视情况不同的隧道作为研究对象，分别记为1号隧道与2号隧道，如图1所示，其基本参数见表1。

基金项目：国家自然科学基金资助（52072291）。

a)1号隧道　　　　　　　　　　　　　　　　b)2号隧道

图1　不同通视情况的两条隧道

试验路段基本参数　　　　　　　　　　表1

隧道名称	隧道类别	通视情况	长度(m)	设计速度(km/h)	净宽(m)	净高(m)	车道数	线形
1号隧道	光学短隧道	入口前停车视距内可见出口洞门	327	100	11.25	5	3	直线
2号隧道	普通中长隧道	入口处不可见出口洞门	855	100	11.25	5	3	直线

参照《公路隧道照明设计细则》(JTG/T D7012-01—2014),同时为了方便后续分析,将隧道路段分为3个任务段,分别为接近段、隧道段以及驶离段,如图2所示。同时,根据《公路隧道照明设计细则》(JTG/T D7012-01—2014),对接近段与驶离段的长度进行计算,结果均为160m。

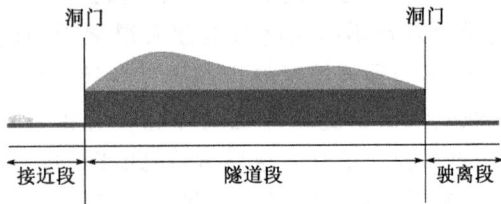

图2　任务段划分示意

1.2　试验设备及被试人员

驾驶人眼动数据的采集设备为眼动仪,采样的频率是60Hz,可以全方位地实时追踪人的视线,瞳孔跟踪精度为0.05°,视线跟踪精度为0.1°~0.3°,配合D-Lab软件采集数据。

本次试验共招募了30名被试驾驶人,其中男性21人,女性9人,他们均具有小型机动车驾驶证且均具有高速公路隧道行车经验。被试人员均具有良好的身体和心理状况,年龄在23~52岁,矫正视力均在0.85以上,所有被试人员在试验后都得到了相应的报酬。

1.3　试验流程

在正式试验开始时,先校准眼动仪后,让被试者进行自由观察,持续时间为10~15min。如果出现瞳孔识别不准确、注视点追踪错位等情况,则重新取下眼动仪,调整后再进行校准工作。正式试验时,告知每位驾驶人其正确行程,并告知其需要按照一贯的驾驶风格来行车,对其驾驶行为不进行任何约束。实车试验时间段为每天的9:55—16:55,且避开了高峰时刻,交通运行状态均为自由流状态,确保道路环境因素对驾驶人行为起主要作用。

2　试验结果分析

2.1　兴趣区域浏览率

驾驶人行车时,注视点会分配在前方道路、后视镜以及仪表盘等车内区域,由于本文仅研究不同通视情况对隧道驾驶人的影响,因此仅将前方道路的注视区域作为有效兴趣区域,并进行分析。

根据驾驶人注视点的分布情况,划分了5个有效兴趣区域,隧道外部的划分与隧道内部一致,以隧道内部为例,表2为5个兴趣区域的划分情况。

驾驶人注视兴趣区域划分 表2

有效注视场景中兴趣区域划分示意	区域名称及标记
	中心区域为路面远前方(记为 A 区域)
	路面区域为路面近前方(记为 B 区域)
	顶部区域为隧道顶部(记为 C 区域)
	左侧区域为隧道左侧壁(记为 D 区域)
	右侧区域为隧道右侧壁(记为 E 区域)

兴趣区域浏览率为某个区域的浏览次数与所有区域浏览总次数的比值,计算方式为:

$$P_{s,i} = \frac{N_{s,i}}{\sum_{i=1}^{5} N_{s,i}} \quad (1)$$

式中:$P_{s,i}$——任务段 s 在兴趣区域 i 的浏览概率;

$N_{s,i}$——任务段 s 在兴趣区域 i 的浏览次数。

统计驾驶人在两条隧道不同任务段中对于各兴趣区域的浏览率,绘制分布图如图3所示。

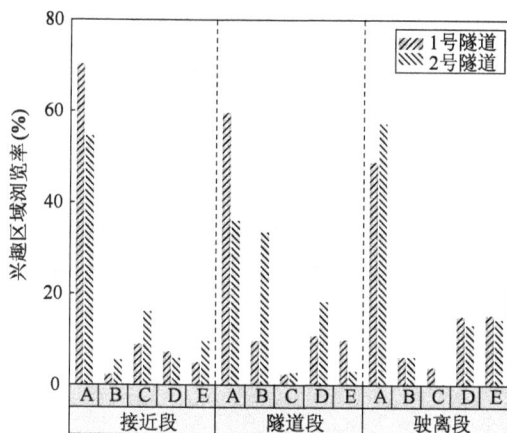

图3 驾驶人兴趣区域浏览率分布情况

在接近段,两条隧道中的驾驶人对中心区域的浏览率均超过了50%,表明驾驶人的关注重点在道路的远前方。在1号隧道和2号隧道中,中心区域的浏览率分别为70.43%和54.69%,且存在着显著性差异($P = 0.001$)。同时,1号隧道中心区域的浏览率相比于2号隧道增加了28.78%,这说明,驾驶人在接近隧道入口时,由于能看到隧道出口处较亮区域,因此会将注意力更多地分配在道路远前方。

在隧道段,1号隧道中,驾驶人的注视点主要集中于中心区域,中心区域浏览率为59.76%,而其余兴趣区域的浏览率均在15%以下,说明驾驶人的注意力仍主要集中在道路远前方。2号隧道中,浏览率最高的兴趣区域为中心区域,达到36.19%,其次是路面区域和左侧区域,浏览率分别为33.69%和18.48%,且不同兴趣区域的浏览率之间未表现出显著性差异。表明,驾驶人并未将注意力集中于某一特定区域,关注点较为分散,倾向于通过浏览不同位置的道路环境来获取有效参照信息。

在驶离段,浏览率最高的兴趣区域仍为中心区域,在1号隧道和2号隧道中分别为49.02%和57.49%,两者之间存在着显著性差异($P = 0.012$),1号隧道的中心区域浏览率相比于2号隧道降低了14.73%,表明,驾驶人在驶离1号隧道时,由于已较早看到出口较亮区域,因此对出洞口后的前方道路的关注少于2号隧道。

总体来看,在1号隧道中,驾驶人对于中心区域的浏览率随着行进的过程逐步降低,但仍一直为驾驶人主要关注的区域。此外,左侧区域和右侧区域的浏览率逐步升高。2号隧道中,在接近段和驶离段中,驾驶人将主要注意力集中于中心区域,且中心区域浏览率显著高于其余区域,在隧道段中则注意力较为分散,对于中心区域的注意力分散到其他区域。

2.2 瞳孔直径

驾驶人的瞳孔直径会随着道路光环境的变化而变化,其大小能表征驾驶人在隧道行车时的视觉适应及负荷,驾驶人瞳孔直径的变大,表明其视觉适应的变差和视觉负荷的变大。

通过采集30名驾驶人的瞳孔直径数据取其平均值,并去除部分瞳孔直径异常值后,绘制驾驶人的瞳孔直径变化的变化情况,如图4所示。

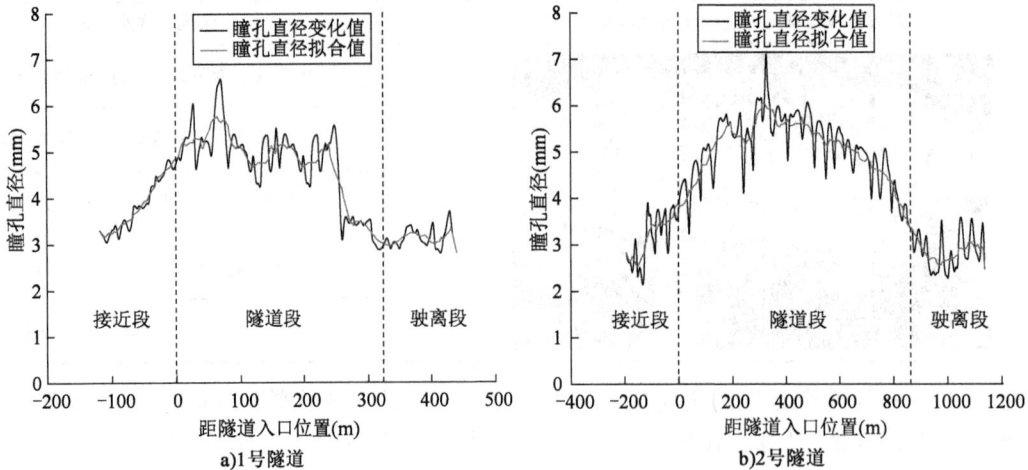

a)1号隧道　　　　　　　b)2号隧道

图4　驾驶人的瞳孔直径变化情况

在1号隧道的接近段，驾驶人的瞳孔直径急剧增大，在隧道入口洞门处为5mm左右；在隧道段，驾驶人的瞳孔直径先以5mm为中心值上下波动，瞳孔直径相对稳定，接近隧道出口前，由于"黑洞效应"的影响，瞳孔直径急剧降低至3mm左右；驶过隧道出口洞门后，驾驶人的瞳孔直径又保持相对稳定。

在2号隧道的接近段，由于照度减小，驾驶人的瞳孔直径急剧增大。在隧道段，随着进入隧道后照度的渐小，驾驶人的瞳孔直径先逐步增大，最高达7mm左右。而后，随着行进的过程中隧道出口较亮区域进入驾驶人视线，瞳孔直径开始持续减小，直到隧道出口洞门处减小到3.5mm。在驶离段，由于视觉的适应性，驾驶人瞳孔直径先持续减小至2.8mm左右，然后趋于稳定。

2.3　瞳孔面积变化率

为了更直观地反映两隧道驾驶人视觉适应性的变化情况，同时减小驾驶人自身瞳孔直径的差异所带来的误差，选用瞳孔面积变化率来更客观的反映两隧道中驾驶人视觉负荷的变化程度[10]，其计算公式为：

$$R_t = \frac{S_t - S_0}{S_0} \times 100\% \qquad (2)$$

式中：R_t——t 时刻的瞳孔面积变化率（%）；

S_t——t 时刻的瞳孔面积值（mm^2）；

S_0——$t-1$ 时刻的瞳孔面积值（mm^2）。

将驾驶人的瞳孔面积变化率取绝对值，并进行统计，得到两隧道不同任务段的驾驶人瞳孔面积变化情况，如图5所示。

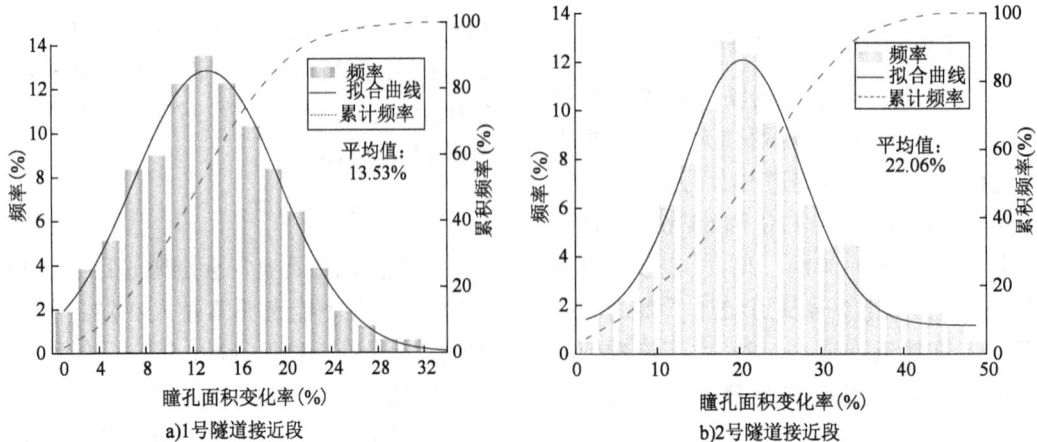

a)1号隧道接近段　　　　　b)2号隧道接近段

图　5

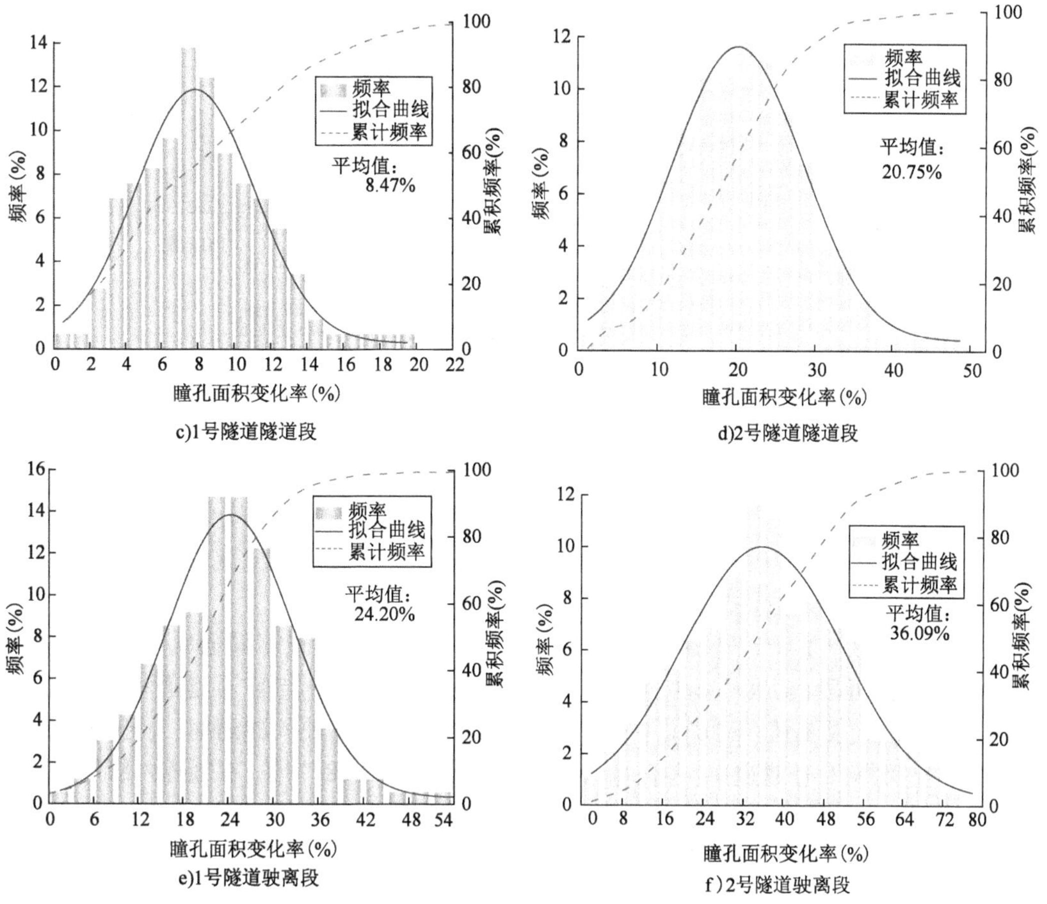

图5 驾驶人瞳孔面积变化率频率分布与累计曲线

在两隧道不同任务段驾驶人瞳孔面积变化率均服从正态分布,由大到小依次为:2号隧道驶离段、1号隧道驶离段、2号隧道接近段、2号隧道隧道段、1号隧道接近段、1号隧道隧道段。

通过纵向对比可得,相比于光环境稳定的隧道段,驾驶人的瞳孔面积变化率在驶离段和接近段明显更高,两隧道接近段分别比隧道段平均高出59.74%和6.31%,驶离段分别比隧道段平均高出185.71%和73.92%,说明隧道出入口的光环境变化引起了驾驶人较为显著的视觉变化。

通过横向对比可得,两隧道的接近段、隧道段以及驶离段的显著性检验结果分别为:$P = 0.037$、$P = 0.001$、$P = 0.004$,说明,驾驶人在两个隧道的不同任务段中的瞳孔面积变化率均存在显著性差异。同时,相较于2号隧道,驾驶人在1号隧道的接近段、隧道段以及驶离段行驶时,瞳孔面积变化率分别降低了63.05%、144.98%以及49.13%。说明,出口洞门的可视性可显著影响驾驶人在隧道行车时的视觉适应性,且在隧道段中影响最大。

2.4 扫视幅度加权平均值

一般而言,扫视幅度和扫视持续时间可以分别从空间和时间两个层面来表征驾驶人的扫视活动。本文为了更为准确地分析驾驶人扫视行为的差异,采用考虑扫视持续时间的扫视幅度加权平均值来描述[11]。其计算方式为:

$$D_w = \frac{\sum_{i=1}^{N_D}(D_i t_{Di})}{\sum_{i=1}^{N_D} t_{Di}} \qquad (3)$$

式中:D_w——驾驶人的扫视幅度加权平均值(°);

N_D——某路段驾驶人扫视的总次数;

D_i——扫视幅度(°);

t_{Di}——扫视持续时间(ms)。

对两隧道各任务段下的扫视幅度加权平均值进行统计,绘制扫视幅度加权平均值的箱线图,如图6所示。

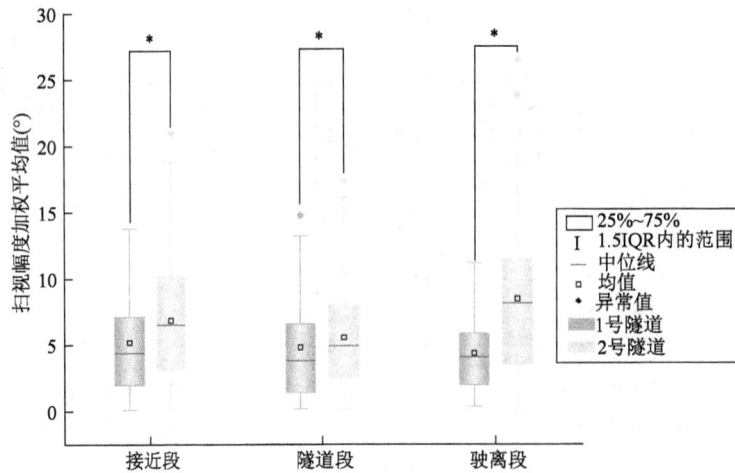

图 6　驾驶人扫视幅度加权平均值变化

在两隧道不同任务段中驾驶人扫视幅度加权平均值由大到小依次为:2 号隧道驶离段(8.49°) > 2 号隧道接近段(6.87°) > 2 号隧道隧道段(5.58°) > 1 号隧道接近段(5.18°) > 1 号隧道隧道段(4.82°) > 1 号隧道驶离段(4.34°)。

通过纵向对比可得,1 号隧道中,各任务段的扫视幅度加权平均值由大到小依次为:接近段、隧道段、驶离段,驾驶人的扫视幅度加权平均值随着行进距离的增加而减小,说明驾驶人的心理紧张程度逐步降低。2 号隧道中,各任务段的扫视幅度加权平均值由大到小依次为:驶离段、接近段、隧道段,说明隧道出入口区域照度的剧烈变化会对驾驶人扫视行为产生较大的影响,同时加重驾驶人的心理紧张程度,且从影响程度而言:出口 > 入口。

通过横向对比可得,两隧道的接近段、隧道段以及驶离段扫视幅度加权平均值的显著性检验结果分别为:$P = 0.002$、$P = 0.043$、$P = 0.001$,说明,驾驶人在两个隧道的不同任务段中的扫视幅度加权平均值均存在显著性差异。同时,相较于 2 号隧道,驾驶人在 1 号隧道的接近段、隧道段以及驶离段行驶时,扫视幅度加权平均值分别降低了 32.63%、15.77% 以及 95.62%。说明,出口洞门的提前视认可降低驾驶人的扫视幅度加权平均值,在隧道驶离段时效果最为显著。

3　结语

本文通过实车试验采集了自然驾驶状态下驾驶人的眼动数据,研究了不同通视情况下高速公路隧道驾驶人视觉特性的差异性,主要得出了以下结论:

(1)公路隧道不同通视情况影响着驾驶人的视觉关注重点。与普通隧道相比,出口可通视隧道的驾驶人在驶入隧道时,对于路面远前方的浏览率要高出 28.78%;在隧道内部行驶时的关注点也较为集中;当驶离隧道时,对于路面远前方的浏览率要低 14.73%。这说明,驾驶人在出口可通视隧道行驶时,由于已较早看到出口较亮区域,因此关注重点渐渐由道路前方转移到其他区域。

(2)公路隧道不同通视情况显著影响着驾驶人的视觉适应性。当隧道出口洞门可通视时,驾驶人的瞳孔直径波动幅度更小,瞳孔面积变化率也更小,与普通隧道相比,各任务段驾驶人的瞳孔面积变化率分别降低了 63.05%、144.98% 以及 49.13%,说明驾驶人的视觉适应性更好,且在隧道段内体现最为显著。

(3)在高速公路隧道不同的通视情况下,驾驶人的扫视行为也存在着较大差异。相较于普通隧道,驾驶人在出口可通视隧道的接近段、隧道段以及驶离段行驶时,扫视幅度加权平均值分别降低了 32.63%、15.77% 以及 95.62%。说明驾驶人在出口可通视的隧道行车时,可以通过更小的扫视行为获得更多的道路参照信息,心理紧张感更低,且在驶离段中表现最为明显。

参考文献

[1] 杜志刚,徐弯弯,向一鸣.基于视线诱导的公路隧道光环境优化研究框架[J].中国公路学报,2018,31(4):122-129.

[2] HE SY, LIANG B, PAN GB, et al. Influence of dynamic highway tunnel lighting environment on driving safety based on eye movement parameters of the driver[J]. Tunnelling and Underground Space Technology, 2017, 67: 52-60.

[3] 方松, 马健霄. 城市隧道长度对驾驶人视觉特性影响分析[J]. 交通信息与安全, 2020, 38(6): 24-30.

[4] 梁波, 董越, 闫自海, 等. 基于眼动特性的隧道中间段光环境参数敏感性分析[J]. 交通信息与安全, 2021, 39(6): 91-99.

[5] 王首硕, 杜志刚, 冯守中, 等. 高速公路隧道入口区域视线诱导系统有效性研究[J]. 交通运输工程学报, 2021, 21(2): 267-277.

[6] SHANG T, QI H J, HUANG A, et al. A comparative driving safety study of mountainous expressway individual tunnel and tunnel group based on eye gaze behavior[J]. PLoS One, 2022, 17(2): 26-28.

[7] 胡月琦, 刘浩学, 朱彤, 等. 高速公路特长隧道环境中驾驶员视觉特性研究[J]. 中国安全科学学报, 2017, 27(6): 31-36.

[8] 罗杰, 程鹏, 陆百川, 等. 基于驾驶员心率变异性的光学隧道驾驶负荷分析[J]. 重庆理工大学学报(自然科学), 2019, 33(8): 44-50, 64.

[9] 焦方通, 杜志刚, 王首硕, 等. 城市水下特长隧道出入口视觉及舒适性研究[J]. 中国公路学报, 2020, 33(6): 147-156.

基于视觉参照系的高速公路入口匝道交通安全优化研究

沈迪[1,2] 杜志刚[1,2] 徐文广*[1,2] 强伟杰[1,2] 张兴[1,2]

(1. 武汉理工大学交通与物流工程学院; 2. 交通信息与安全教育部工程研究中心)

摘 要 为探究视觉参照设施在高速公路入口匝道对行车环境的改善效果, 本文设计了两组方案: 对照组(现有设施)和试验组(基于视觉参照系的优化方案)进行驾驶模拟试验, 在 UC-win/Road 驾驶模拟器采集的数据基础上, 通过对合流速度、运行速度、横向偏移、跟车车距各项驾驶行为指标的分析, 探究视觉参照设施在高速公路入口匝道对驾驶员车速感知、车道保持、车距保持能力的影响。结果表明: 试验组合流速度均值(90.42 km/h)大于对照组合流速度均值(66.82 km/h), 更接近于主线路段的设计速度(100 km/h), 不同驾驶员的速度差异性更小; 对照组场景, 驾驶员车速曲线最大变动幅度达到82%, 试验组场景, 驾驶员车速曲线最大变动幅度仅为51%; 弯坡段横向偏移量均值和标准差的优化幅度分别为79%和108%; 跟车车距均值, 试验组(53.2 m) > 对照组(34.6 m), 试验组场景满足弯坡段停车视距。

关键词 交通安全 高速公路入口匝道 模拟驾驶 视觉参照系

0 引言

在高速公路基本路段上, 交通流通常趋于稳定, 其通行能力和服务水平往往能够达到设计水平。然而, 在入口匝道内, 由于加速车道上车辆的合流行为, 往往引发主线交通流的混乱, 导致车辆的行驶速度减慢并造成延误的增加, 进而形成了高速公路上的瓶颈路段[1]。

在匝道区域交通安全改善研究方面, 王思

琪[2]等为探究小半径匝道的事故形成机理, 通过车辆动力学软件 CarSim 和 TruckSim 进行的仿真试验结果, 得到了小半径匝道上导致车辆侧滑及侧翻的影响因素。张晓波[3]等将苜蓿叶形立交作为研究对象, 通过实车试验采集的横向加速度等数据, 探究了环形匝道的横向加速度幅值水平及变化趋势, 并对其进行了归类。Liu[4]针对总体布局、视距、变速车道等方面, 对地下立交和地面立交的出入口匝道区域进行了对比分析, 研究结果显示,为了确保地下道路匝道的通行安全性,应当采用识别视距的方法对匝道进行严格检核,并同时设置交通工程设施以确保分流区域的出行安全性。

在视觉参照设施设置研究方面,潘兵宏[5]等提出了一种能够在隧道入口处建立起有效视觉参照系的视觉参照柱,能够保证驾驶员在隧道处的视觉参照连续且准确。杜志刚[6]等在分析了驾驶员视觉需求的基础上,提出了多层次视觉参照系重构思路,能够实现高效降低高速公路隧道群的事故发生概率。

目前视觉参照设施研究多集中在隧道路段,高速公路匝道应用较少,本文基于视觉参照系及边缘率理论,提出了一种高速公路入口匝道行车环境改善方案,借助驾驶模拟试验对驾驶员的驾驶行为指标进行分析。

1　视觉参照系

人通过视觉对事物进行认知需要依赖背景或参照物,参照物或背景的变化会极大地影响认知的准确性。视觉参照系正是为驾驶员提供的这样一种参照物。在驾驶过程中,因为车辆速度较快,驾驶员需要迅速而准确地处理交通信息,视觉参照系对驾驶安全至关重要。一个出色的视觉参照系,可以使驾驶员获得足够的位置、范围、距离信息,这样才能确保车辆在高速行驶时的交通安全[7]。交通信息布设方法如图1所示。视觉参照系涵盖了许多内容,如:城市道路上的树木、交通信号、广告等;高速公路上的标志标线、护栏上的轮廓标、山峰等;以及隧道中的反光道钉、侧壁腰带线和道路标线等。

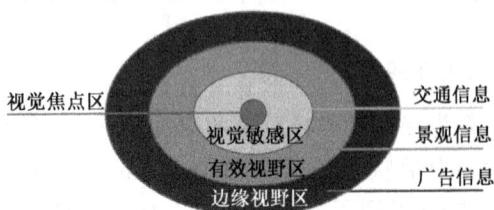

图1　交通信息设置方法

出色的视觉参照系可以为驾驶员创造良好的行车视觉环境,使驾驶员拥有优秀的车速感知、位置感知、车距保持能力。因此,针对视觉参照系,通过在高速公路匝道区域使用轮廓标、反光道钉、立面标记和柔性交通柱等交通工程设施,可以增

强驾驶员对行车空间和道路轮廓的感知,从而改善驾驶员在行驶过程中的视觉行车环境。

在一个出色的视觉参照系中,各交通设施需要具有合理的边缘率。边缘率的定义为单位时间内进入驾驶员视野的纹理数量,驾驶员可以利用固定的纹理间距来判断自身速度。驾驶员对车速的感知是通过出现在视野内的信息频率来确定的。因此,边缘率会影响驾驶员的车速感知。当前研究主要侧重于利用边缘率引起的视错觉来提高驾驶员对车速和车距的感知能力。研究结果表明,高频视觉信息(2~32Hz)是导致驾驶员高估速度的主要原因,而中频视觉信息(0.4~1Hz)和低频视觉信息(0.1~0.2Hz)会导致驾驶员产生速度低估[8](图2)。

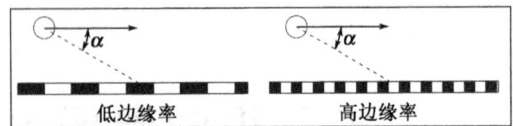

图2　不同边缘率示意

为了提高高速公路出入口匝道的交通安全性,采用边缘率理论来优化视线诱导设施的间距,构建良好的视觉参照系。

2　试验设计

2.1　试验场景

本文通过 UC-win/Road 软件构建仿真道路场景进行驾驶模拟试验,仿真场景模型搭建参照广西龙胜互通匝道,其平面线形及道路参数如图3、表1所示。

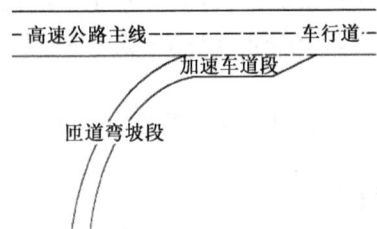

图3　试验路段平面线形

试验路段道路参数　　　　　　表1

长度(m)	设计速度(km/h)	加减速车道类型[渐变段长度(m)]	弯坡段长度(m)	曲率半径(m)	停车视距(m)
433	40	平行(200)	233	60	40

2.2 试验方法

1)试验设备

本研究的试验基于 UC-win/Road 驾驶模拟器套装系统进行。UC-win/Road 是一款强大的三维实时仿真软件,用户可以通过简单的操作实现各类复杂的三维空间制作。该软件拥有全球范围内的地形数据和经纬度坐标信息,同时还提供了超过8000种模型和材质数据库,并支持多种格式的模型导入,如 3DS、FBX 和 IFC 等。UC-win/Road 驾驶模拟器包括转向盘、换挡杆、驾驶座椅、踏板模块(离合、制动、加速)以及曲面显示屏等设备,各个部件的布置均按照实际车辆来设计。此外,驾驶模拟器能够以 30Hz 的频率记录各项试验指标。

2)被试人员

根据我国男女驾驶员的性别比例(大约为7∶3),本次试验选择了30名被试驾驶员,其中包括9名女性驾驶员和21名男性驾驶员。所有被试者均保持身体健康状态,持有 C1 或 C2 驾驶证,视力正常或在经过矫正后达到正常水平。为确保试验结果的准确性,只有那些具有高速公路行车经验的被试者被纳入试验中,以避免高速公路行车经验的有无可能对试验结果造成干扰。

3)试验流程

本次试验的过程包括人员和设备的准备、设备的调试、试验的执行、数据的采集以及数据的存储等环节。具体流程如图4所示。

2.3 试验方案

本次试验基于视觉参照系和边缘率的优化理论,针对试验路段设计了两组方案:对照组(现有设施)和试验组(基于视觉参照系的优化方案),方案示意图及详细设施表见图5、图6、表2。

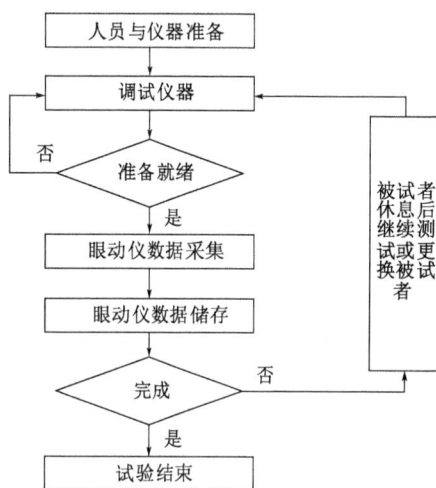

图4 试验流程

a)现状方案

b)优化方案

图5 高速公路入口匝道弯坡段

a)现状方案

b)优化方案

图6 高速公路入口匝道加速车道段

优化设施说明　　　　　　　　　　　　　　　　　　表2

设置路段	方案	设施名称	布设间距
加速车道段	对照组	附着式轮廓标、梯形突起路标	各设施间距由8m改为12m
	试验组	多层附着式轮廓标、半球形突起路标、箭头形立面标记、长条形弹性交通柱	
弯坡段	对照组	附着式轮廓标、梯形突起路标、绿白箭头线形诱导标	各设施间距由8m改为6m,箭头形、线形诱导标由蓝底白字改为黄底黑字(间距由32m改为18m)
	试验组	多层附着式轮廓标、半球形突起路标、座式轮廓标、十字形立面标记、黄黑箭头形、线形诱导标	

3　试验结果分析

3.1　合流速度分析

通过 UC-win/Road 采集 30 位驾驶员从弯坡段驶入加速车道时的断面速度,统计时以断面中心前后各1s的平均速度作为驶入主线的合流速度。结果如图7所示。

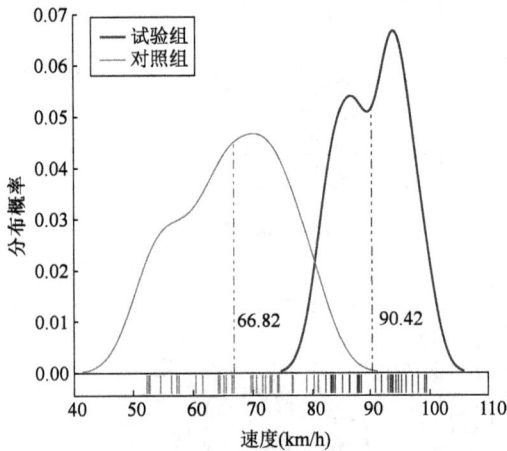

图7　合流速度分布

分析图7可以得出结论:

(1)合流速度分布曲线存在一高一低两个明显波峰,代表驾驶员的合流速度主要分两类,高波峰合流速度接近主线设计速度(100 km/h),低波峰合流速度接近入口匝道设计速度(40km/h),前者说明大部分驾驶员能够在变速车道段加速至接近主线的合流速度,而少数驾驶员则以接近匝道主线的速度合流。

(2)对比优化前后驾驶员合流速度分布,可以得知,对照组合流速度分布在 50～80km/h,分布较为离散,试验组则集中在 80～100km/h 这一小范围区间内。试验组合流速度均值(90.42km/h)大于对照组合流速度均值(66.82km/h),更接近

于主线段的设计速度(100km/h)。说明优化改善后的匝道场景使得驾驶员的速度感知得到提升,能够在加速车道加速至接近主线段的速度,以更小的速度差汇入主线。

3.2　运行车速分析

为了分析驾驶员在弯坡段的车速保持能力,将入口匝道弯坡段233m分为9个断面,断面之间的间隔为25m(最后两个断面之间的距离为33m)。统计后得到入口区域弯坡段运行车速图。结果如图8所示。

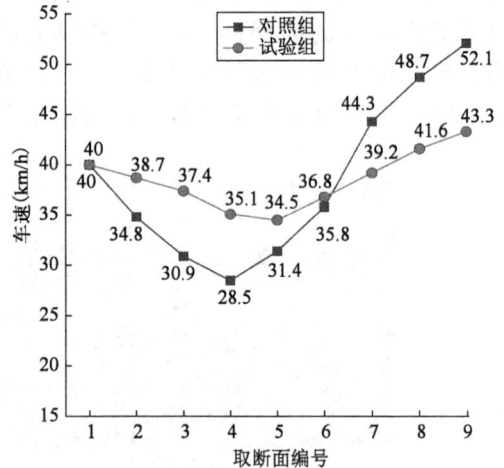

图8　匝道弯坡段运行车速

分析图8可以得出结论:

(1)弯坡段运行车速整体上呈"下降—上升"趋势。造成此趋势的原因为驾驶员由普通路段行驶至高速公路路段,行车环境发生变化,驾驶员采取减速策略以适应这种变化,因此车速不断下降。在适应弯坡段线形条件后,车速逐渐提升。

(2)优化前后场景运行车速曲线出现交叉,在交叉点处,对照组场景运行车速(35.8km/h)与试验组场景运行车速(36.8km/h)接近,在交叉点之后,对照组场景运行车速提升至52.1km/h,试验

组场景运行车速提升至 43.3 km/h。说明在对照组场景,在适应弯坡线形后采取加速策略,但由于缺乏速度参照物,导致对自身车速产生错误认知,造成超速行为,不利于安全驾驶;在试验组场景,驾驶员能够从交通设施中获得参照物,感知自身速度变化,可以用更加平稳的速度变化趋势进入加速车道段。

(3)对照组场景,运行车速极差为 23.6 km/h,试验组场景,运行车速极差为 8.8 km/h,说明试验组的驾驶场景能使驾驶员运行速度在一个小范围内波动,对车速的控制能力上升。

3.3 车辆横向偏移分析

为了分析驾驶员在弯坡段的车速保持能力,对车辆在入口匝道弯坡段各断面的横向偏移量进行统计分析,断面取样同上节。结果如图 9 所示。

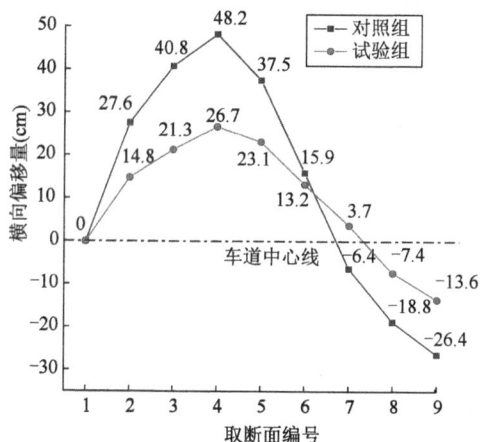

图 9 入口区域弯坡段横向偏移量

分析图 9 可以得出结论:

(1)对照组后曲线趋势整体一致,都是先偏向弯道内侧到达一定值后,又偏向弯道外侧。造成此趋势的原因为,道路线形突然出现变化,驾驶员需要足够的时间调整驾驶策略,在此期间仍按照原路线行驶,因此前半段驾驶员偏向弯道内侧;在辨明道路线形后,驾驶员通过靠近弯道外侧来增大转弯半径,以期更快加速驶离弯道。

(2)驾驶员在试验组的场景中横向偏移量各项数值减小,同时横向偏移量的极差也更小(40.3 cm < 74.6 cm),说明试验组的道路场景能够使驾驶员更清楚地获取弯坡段的道路线形信息(曲率半径、坡度),能够使车辆以更快的速度和更小的偏移量完成转向。

(3)为得到量化后的优化效果,通过计算得到

偏移量均值:对照组(24.6 cm) > 试验组(13.7 cm),偏移量标准差:对照组(27.3 cm) > 试验组(13.1 cm),优化提升百分率分别为 79% 和 108%,说明驾驶员的车道保持能力得到提升,能以更小的车道偏移通过弯道。

3.4 跟车车距分析

为分析驾驶员在弯坡段的车距保持能力,对各驾驶员在弯坡段的跟车车距进行统计,结果如图 10 所示。

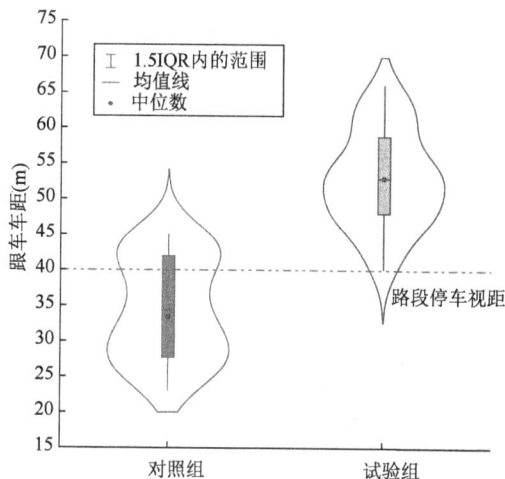

图 10 入口区域弯坡段跟车车距

分析图 10 可以得出结论:

(1)从整体跟车车距均值来看,试验组(53.2 m) > 对照组(34.6 m),再结合弯坡路段的停车视距(40 m)可知,对照组场景不能满足路段停车视距,而试验组可以满足停车视距要求。说明试验组场景能够使驾驶员准确判断与前车的距离,保持良好的跟车距离,保证行车安全性。

(2)从分布曲线来看,对照组场景分布曲线具有多个波峰,中位数和均值不一致,数据较为离散;而试验组场景分布曲线只有一个明显的波峰,中位数和均值一致,且波峰位置与均值接近,表明数据集中,离散程度低。说明在试验组场景,大部分驾驶员能够保持安全的跟车距离,驾驶员的距离感知能力良好。

4 结语

(1)在试验组的道路场景下,合流速度均值更接近主线段的设计速度,同时不同驾驶员的速度差异性更小。

(2)弯坡段运行车速整体上呈"下降—上升"

趋势。在试验组的道路场景下,运行车速极差为更小,试验组的驾驶场景能使驾驶员运行速度在一个小范围内波动,对车速的控制能力上升。

(3)弯坡段横向偏移量趋势为"偏向车道内侧一定值后偏向弯道外侧"。试验组的道路场景偏移量的均值和极差更小,驾驶员的车道保持能力得到提升,能以更小的车道偏移通过弯道。

(4)试验组场景分布曲线只有一个明显的波峰,中位数和均值一致,大部分驾驶员能够保持安全的跟车距离,驾驶员的距离感知能力良好。且试验组的道路场景能满足弯坡段的停车视距。

(5)高速公路入口匝道视觉参照设施能够显著提升驾驶员的速度感知、车道保持、车距保持能力,对提升高速公路入口匝道区域行车安全性具有重要意义,但由于试验路段正在施工,未能到实地开展试验,后续将补充实车试验进行深入研究。

参考文献

[1] 智永锋,张骏,史忠科.高速公路加速车道长度设计与车辆汇入模型研究[J].中国公路学报,2009,22(02):93-97+115.

[2] 王思棋,窦同乐,徐进.高速公路部分首荷叶型立交环形匝道事故形成机理与防治[J].科学技术与工程,2022,22(11):4572-4580.

[3] 张晓波,林伟.环形立交匝道汽车横向加速度特征实车测试研究[J].科学技术与工程,2020,20(08):3263-3271.

[4] LIU Y. A study on merging and diverging area design for urban underground expressway[J]. Procedia Engineering, 2016, (165):175-183.

[5] 潘兵宏,周锡滇,韩雪艳.高速公路隧道入口连续视觉参照设施设置研究[J].重庆交通大

学学报(自然科学版),2021,40(08):132-139.

[6] 杜志刚,倪玉丹,梅家林,等.高速公路隧道群交通安全改善理论及方法研究框架[J].武汉理工大学学报(交通科学与工程版),2021,45(04):609-617.

[7] 刘兵.基于驾驶员视知觉的车速控制和车道保持机理研究[D].武汉:武汉理工大学,2008.

[8] 郑号染,杜志刚,王首硕,等.基于线性诱导的高速公路隧道交通安全优化设计[J].中国安全科学学报,2023,33(08):134-141.

[9] KIM H,SUK H. Driver Workload Characteristics Analysis Using EEG Data from an Urban Road[J]. IEEE Transactions on Intelligent Transportation Systems,2014,15 (4):1844-1849.

[10] WU Y, ZHAO X, RONG J, et al. Effects of Chevron Alignment Signs on Driver Eye

[11] Movements, Driving Performance, and Stress[M]. 2013.

[12] 唐力焦.基于高速公路几何线形与路侧安全设施的视线诱导技术研究[D].西安:长安大学,2019.

[13] 蒋旭.基于驾驶员车速感知的城市过江隧道道路景观研究[D].武汉:武汉理工大学,2014.

[14] 梁中岚.高速公路互通式立交安全性评价方法研究[D].广州:华南理工大学,2018.

[15] 明小松.基于交通冲突的互通立交合流区交通安全评价方法[D].南京:东南大学,2017.

Recognition of Dangerous Driving Behavior Based on Side Image Information of the Driver

Huanchao Feng　Yida Zhang　Jinglei Zhang*　Kaili Wang
(School of Transportation and Vehicle Engineering, Shandong University of Technology)

Abstract　This paper proposes a comprehensive model for the recognition of dangerous driving behaviors, based on the YOLOX algorithm and BPNN model. First, the four different models YOLOX_S, YOLOX_M,

YOLOX_L, and YOLOX_X were trained to detect the driver's head and hands with a precision of over 95%. Upon comparison, the YOLOX_L model was chosen for its similar detection speed and accuracy along with its shorter training time and smaller model size. The model demonstrated excellent fitting effects based on the results from the training and validation sets, especially in the precise detection of the head and hands. Following this, the BPNN model was used to recognize behaviors based on 30-dimensional data from YOLOX_L's detection of the driver's head, hands, mouth, eyes, phone, water cup, etc. In the test set, which included different states of data such as normal driving, anger, distraction, and fatigue, the model exhibited high precision, recall, and F1-Score in each category. Although the recognition of eyes was relatively low resulting in a lower accuracy for distracted driving, the prediction accuracy for other categories was over 93%. Ultimately, the comprehensive model achieved an overall classification accuracy of 95.9% on 11,752 test data sets, validating its effectiveness in recognizing dangerous driving behaviors. Considering the average precision, recall, and F1-Score for all categories, the model attained satisfactory results in evaluating dangerous driving. This study provides valuable methods and empirical support for the further development of driver behavior monitoring systems.

Keywords Driving behavior　Dangerous driving　Behavior recognition　YOLOX algorithm　Back propagation neural networks

0　Introduction

With the annual increase in the number of automobiles, the rate of traffic accidents remains high, with 1.25 million people worldwide dying from road traffic accidents every year. Among these accidents, driver factors are one of the main causes[1]. How to improve traffic safety has gradually become a hot topic in social research. Assisted driving technology can guide and control drivers when they perform dangerous driving behaviors, thus preventing traffic accidents. Precisely recognizing dangerous driving behavior is at the core of assisted driving technology. Researchers have done in-depth research on how to recognize dangerous driving behaviors. When drivers are distracted, it often comes with changes in hand movements or facial expressions[2]. In recent years, deep learning algorithms have been widely used in the traffic field. Abouelnaga, et al. constructed a deep neural network to recognize driver's action images to judge whether the driver is distracted[3]. Since convolutional neural networks are very suitable for processing image data, Mariya et al. used the Visual Geometry Group (VGG16) and convolutional neural networks to effectively recognize driver's emotions and distracted behaviors[4]. Considering that people's cognition of the quantification of driver's anger varies, Mark summarized the quantification of anger and put forward a more reasonable quantification method[5]. Chen et al. recognized driver's faces to effectively detect driver's emotions[6]. Li et al. used driver's behavior under anger as input to successfully detect anger[7]. Abdulbari et al. proved through experiments that drivers are more prone to traffic accidents causing casualties when they drive fatigued and angry[8]. Zhang et al. provided a detailed discussion on the causes of driver fatigue and detection techniques, proving that driver fatigue can be identified through facial expressions and actions[9]. Fa et al. used deep learning methods to model facial data's local and global information, realizing the recognition of fatigued driving in driving scenarios[10]. Overall, the current research both domestically and internationally shows that driving behavior monitoring technology has made significant progress but still faces some challenges, such as complex and changing traffic environments and individual differences. Therefore, further research still needs to deepen in aspects such as algorithm performance, system practicality, and intelligent data processing to serve traffic management and car safety better.

This study focuses on combining the YOLOX algorithm and BPNN model, aiming to build an efficient and accurate dangerous driving behavior recognition model. As a target detection algorithm, the YOLOX algorithm has the advantage of improving detection speed while maintaining high accuracy. By comparing different versions of YOLOX models, the YOLOX_L model suitable for detecting driver's head and hands was selected to improve the system's real-time performance while ensuring detection accuracy. Based on the YOLOX model, we introduced the BPNN model, which achieves intelligent recognition of driver's status through training and classification of driving behavior data. This integrated model can not only capture the key behavioral features of drivers but also effectively identify dangerous driving states, providing more reliable monitoring means for traffic management and car safety. The contribution of this paper is to build a comprehensive driving behavior monitoring system through deep learning technology, especially by combining target detection and behavior classification models. This system has high accuracy and real-time performance, laying a solid foundation for the development and practical application of future intelligent traffic systems. Finally, we thoroughly validated and evaluated the performance of the model, providing a useful reference for further research and practice.

1 Data analysis

1.1 Data collection

The experiment in this paper solicited a total of 8 drivers, all holding C-class motor vehicle driving licenses, with an average age of 23.9 and an average driving age of 3.1 years. The experimental data in this paper were obtained by constructing a virtual driving environment. During the driving process, the drivers were set regular driving tasks, anger tasks, distraction tasks, and fatigue driving tasks, and the side driving data of the drivers were collected using video collection equipment.

(1) Participants first drove normally at a basic speed of approximately 50km/h to complete the entire simulated driving section, serving as the control group.

(2) The staff provoked the emotions of the participants to collect video data of the drivers under anger.

(3) The staff arranged distraction tasks for the participants to collect video data of the drivers in a state of distraction.

(4) The staff induced the participants into a fatigue state and collected video data under fatigue.

1.2 Data separation

This experiment obtained 32 sections of side dangerous driving video data, with a resolution of 640×480, processed using Python. The OpenCV package was called to access the 32 operation videos, and a loop structure was used to define 3 frames per second for image capture. We ultimately obtained 4800 images of side normal driving, 1440 side anger driving behavior data, 1440 side distracted driving behavior data, and 1440 side fatigue driving behavior data.

1.3 Grayscale processing of dangerous driving behavior images

To reduce the amount of calculation and speed up computation, the processed images were converted to grayscale in this study, and Contrast-Limited Adaptive Histogram Equalization (CLAHE) was used. CLAHE not only solves the issues of uneven grayscale distribution and unclear contrast, but it can also prevent the problem of being unable to adjust local grayscale areas after equalization. Before adjusting CLAHE, the probability of the occurrence of each grayscale level in the original image needs to be calculated. The image is then divided into multiple small areas, the histogram is calculated and contrast limitation is performed——that is, surpassing the limit is evenly distributed to other places to ensure the area remains unchanged. The calculation formula is as shown in formula (1).

$$p(r_i) = \frac{n_i}{n} \tag{1}$$

In the formula, n is the total number of face image pixels, n_i is the number of pixels at the i-th gray level, and $p(r_i)$ is the probability of the i-th gray level appearing[12]. The probability of the occurrence of the image grayscale level after equalization is calculated based on the original image Pi, and its calculation formula is as shown in formula (2):

$$S_i = \sum_{j=0}^{i} p(r_j) = \sum_{j=0}^{i} \frac{n_j}{n} \qquad (2)$$

In the formula, S_i is the probability of the occurrence of the i-th grayscale level after image equalization.

1.4 Dangerous driving behavior image annotation

This study used the Labelimg tool to annotate some side driving images, as shown in Figure 1. This includes the driver's hands, head, mouth, and eyes. After annotation, the position information of the annotation frame was obtained, as shown in Figure 2. Here, x represents the distance from the center of the detection frame to the left border of the image, y represents the distance from the center of the detection frame to the upper border of the image, w represents the width of the detection frame, and h represents the height of the detection frame. Labelimg generates a txt file to save the position data of the annotation frame, and uses the numbers 1, 2, 3, 4 to represent the four target types of the driver's hand, head, mouth, and eyes. After the annotation is complete, the data's own value is converted to a VOC dataset, and the images data that are not completely detected or clear in the dataset are removed, thus obtaining 2000 side dangerous driving behavior datasets, of which there are 750 side dangerous driving datasets and 1250 normal driving behavior datasets.

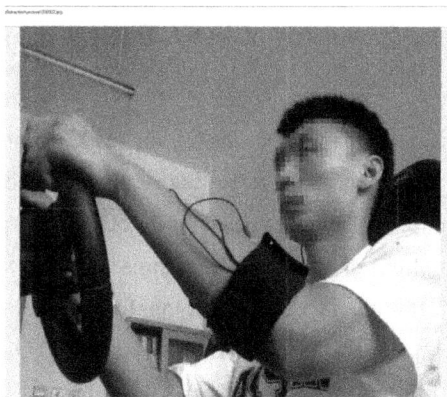

Figure 1   Labelimg image annotation

Figure 2   Annotation box position data schematic diagram

2   Building a dangerous driving recognition model

2.1   YOLOX object detection model

YOLOX can be divided into three main parts: CSPDarknet, FPN, and Yolo Head. The backbone feature extraction network of YOLOX is mainly composed of CSPDarknet, where feature data extraction of the dangerous driving image data is performed, forming the feature layers required by the network. The main function of FPN is to fuse the three effective feature layers of the dangerous driving image data obtained from CSPDarknet, thereby ensuring the combination of feature information at different scales. Through upsampling feature fusion and downsampling feature fusion in the feature layer, three enhanced effective feature layers can be obtained after feature fusion. Yolo Head is the classifier and regressor of the YOLOX network structure. It will enhance the three effective feature layers that have undergone feature fusion output by the Panet, where the feature map becomes a collection of feature points after feature analysis. The network structure diagram of YOLOX is shown in Figure 3 below.

2.2   BPNN behaviour recognition model

BPNN neural network model with three layers is built, including an input layer, a hidden layer, and an output layer each. The input layer contains 30 nodes, corresponding to the addition of labels to the positions of the six detection frames such as the driver's head, hands, mouth, eyes, cup, and cell phone, and a total of 30 dimensions of features are obtained. The output layer contains four one-dimensional nodes, corresponding to three different operation dangerous driving behaviors and one normal driving behavior. The hidden layer brings 15 nodes. In this paper, a Linear function is used as the forward propagation function of the BPNN neural network. Back propagation uses the ReLU function as the transmission function, while the Multiple classification cross-entropy loss function (Cross Entropy Loss) is adopted. The SGD optimizer is chosen as the optimizer. The network diagram is shown in Figure 4.

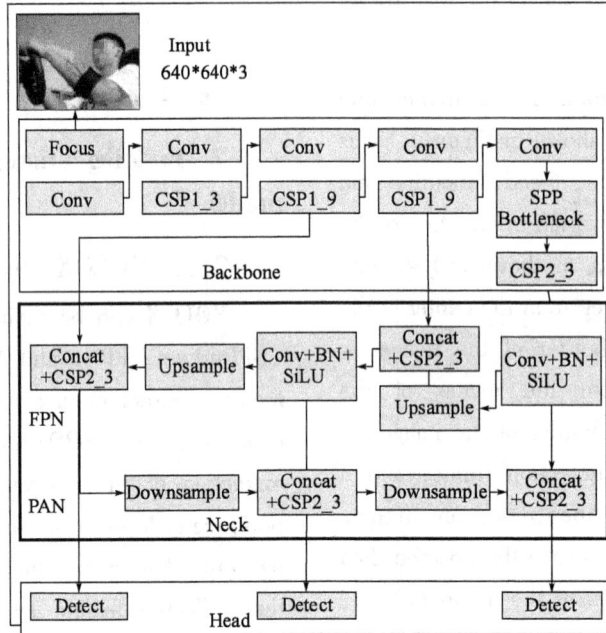

Figure 3　Network Structure Diagram of YOLOX

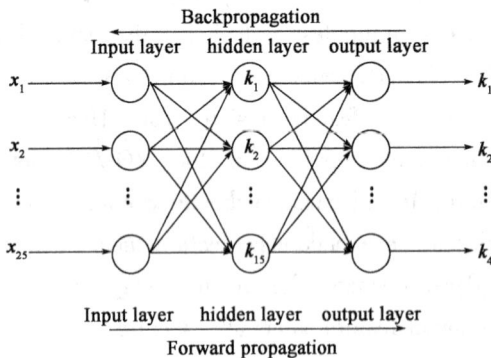

Figure 4　Network Structure Diagram of BPNN

3　Model evaluation and comparative analysis

To ensure the accuracy of side dangerous driving behavior image recognition, YOLOX_S, YOLOX_M, YOLOX_L, and YOLOX_X four models are used for training. Then, the most suitable model is selected by comparing aspects such as Precision, mAP0.5, mAP0.5:0.95, Detection Speed, Calculation Speed, and Model Size. This model is then used for detection frame data detection and for the subsequent training of BPNN and operation driving behavior recognition.

3.1　Evaluation of YOLOX target detection model

This paper trains a model on 2000 annotated images, with a training to testing data ratio of 8:2. The number of training iterations is 50 Epochs, and the resolution of the input pictures is 640×640 pixels. Training is carried out on four model sets: YOLOX_S, YOLOX_M, YOLOX_L, and YOLOX_X. The training results are shown in Table 1.

YOLOX five-group model training results

Table 1

Parameters		YOLOX_S	YOLOX_M	YOLOX_L	YOLOX_X
Precision	hand	0.978	0.984	0.988	0.992
	head	1	0.999	0.999	1
	mouse	0.952	0.961	0.972	0.974
	eye	0.912	0.921	0.935	0.912
mAP 0.5:0.95	hand	0.854	0.879	0.892	0.861
	head	0.924	0.939	0.948	0.945
	mouse	0.897	0.926	0.934	0.912
	eye	0.712	0.754	0.810	0.864
mAP0.5		0.989	0.994	0.992	0.992
Detection speed		42seconds/ picture	21seconds/ picture	23seconds/ picture	17seconds/ picture
Training time		0.72h	1.8h	1.6h	2.1h
Training time		18.9M	53.2M	104.2M	162.4M

In this context, mAP (mean Average Precision) refers to the average precision; mAP0.5:0.95 refers to the average mAP at different IoU thresholds [13].

By observing the training results of the four models in Table 1, it is found that the four training models YOLOX_S, YOLOX_M, YOLOX_L, and YOLOX_X have very high precision for the driver's head and hands, exceeding 95%. However, when comparing mAP0.5:0.95, YOLOX_S and YOLOX_M perform relatively poorly in detecting the driver's left hand. YOLOX_L and YOLOX_X have similar detection speed and accuracy for drivers, but YOLOX_L has a shorter training time and smaller model size. Therefore, this article chooses the YOLOX_L model to detect the remaining video frame images. The training results of the YOLOX_L model are shown in Figure 5, Figure 6 and the YOLOX_L detection confusion matrix is shown in Figure 7.

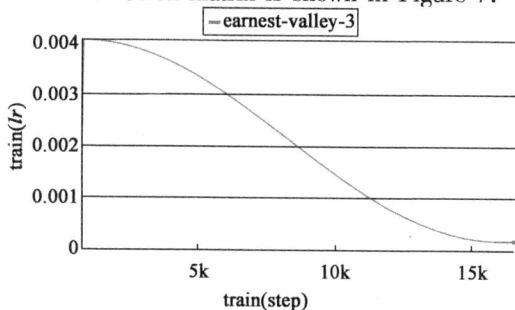

Figure 5　The model loss variation curve

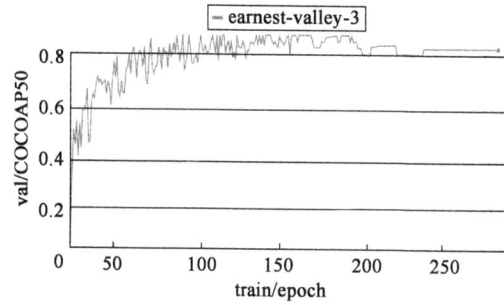

Figure 6　COCO AP50 variation curve

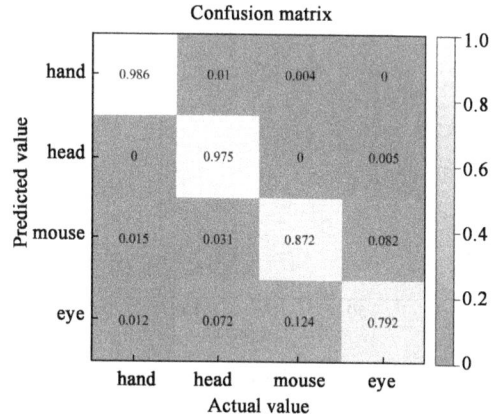

Figure 7　YOLOX_L Detection Confusion Matrix

Train/lr: Under the YOLOX_L model, the YOLOX loss function shows a downward trend. With the increase of epochs, the loss rate is continuously decreasing, indicating that the model fitting effect is getting better and better.

COCOAP50: This is an evaluation metric for the COCO dataset. As the number of epochs increases, the average precision mAP50 gets higher and higher, close to 0.9, indicating that the model's recognition accuracy improves.

As per Figure 7, the precision rates of the YOLOX_L model for the driver's head, hands, mouth, and eyes are 98.6%, 99.5%, 87.2% and 79.2% respectively, so it is clear that its detection precision is quite in line with the experimental requirements.

3.2　BPNN behavior recognition model evaluation

The model uses the 58764 groups of 30-dimensional data detected by the YOLOX_L model, which includes the driver's head, hands, mouth, eyes, cell phone, water cup, etc. These data have been divided into a dataset at a ratio of 8 : 2, with 80% for the training set and 20% for the test set. In this section's test set, there are a total of 11753 sets of data, among which normal driving data accounts for 7609 sets, angry data accounts for 1212 sets, distracted data accounts for 1461 sets, and fatigued data accounts for 1470 sets.

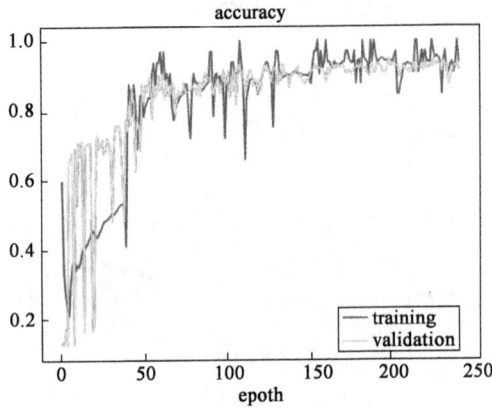

Figure 8　Model Training Loss Change Curve

During the model training process, one loss value is recorded for each iteration, and the final loss value is 0.0728. Accuracy also increases with each model fitting, and the final achieved accuracy is 0.935. The curve of the training loss value change function is shown in Figure 8, and the curve of the accuracy change function is shown in Figure 9.

Figure 9　Model Accuracy Change Curve

After inputting the test set data into the trained BPNN network model, the classification report shown in Table 2 is obtained. The classification confusion matrix is shown in Figure 10. The training duration of the model is 83s, and the testing duration is 16s.

BNNN Model Dangerous Driving Behavior Classification Report　　　　Table 2

Label		Driving condition	Precision	Recall	F1-Score	Support
Normal driving	1	Normal	0.98	0.99	0.98	7609
Dangerous driving	2	Angry	0.94	0.89	0.91	1212
	3	Distracted	0.89	0.91	0.90	1461
	4	Fatigue	0.93	0.96	0.94	1470
Average value of dangerous driving			0.920	0.921	0.919	4143
Average value of normal driving and dangerous driving			0.935	0.938	0.936	11752

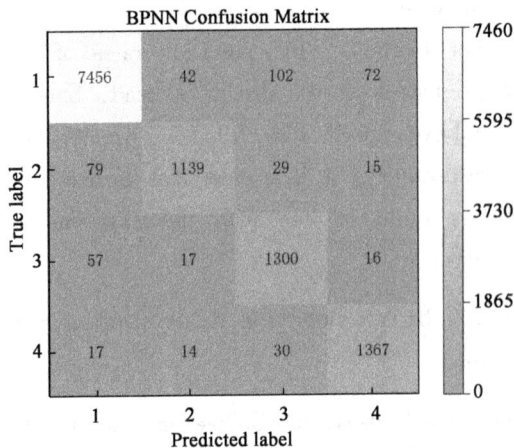

Figure 10　Confusion matrix of dangerous driving classification

The overall classification accuracy for the final 11752 groups of data is (7456 + 1139 + 1300 + 1367) / 11752 = 0.959, with a loss value of 0.0728. The average precision, recall, and F1-Score values for all categories are 0.935, 0.938, and 0.936, respectively. As can be seen from Table 2, due to the lower accuracy of eye recognition compared to other locations in YOLOX recognition, the precise accuracy of distracted driving corresponding to label 3 is only 0.89, which is relatively low compared to other categories. However, the evaluation of dangerous driving shows that the prediction Precision for other types of distracted operations, excluding the state of distracted driving, all exceed 0. 93. The final average accuracy, recall rate, and F1-Score are respectively 0. 920, 0. 921, and 0. 919, with Macro F1 is (0. 98 + 0. 91 + 0. 90 + 0. 94) / 4 = 0. 933.

4 Conclusions

This study has successfully established a dangerous driving behavior recognition model through a comprehensive method based on the YOLOX algorithm and BPNN model. First, by comparing and analyzing the training results of four different models, YOLOX_S, YOLOX_M, YOLOX_L and YOLOX_X, the YOLOX_L model was selected as the preferred model for the detection of the driver's head and hands. This model has achieved a good balance in accuracy, detection speed, training time, and other aspects.

Subsequently, the BPNN model was used to classify and recognize dangerous driving behavior based on the 30-dimensional data detected by YOLOX_L. In the test set, the model showed a higher classification accuracy for different driving states such as normal driving, anger, distraction, and fatigue, especially in normal driving and anger state. Although there are certain challenges in the recognition of eyes, resulting in a lower accuracy rate for distracted driving, the prediction accuracy for other dangerous driving states is still relatively high.

Finally, the comprehensive model achieved a satisfactory overall classification accuracy on the 11752 groups of test data, verifying its effectiveness in recognizing dangerous driving behavior. Through the evaluation of average accuracy, recall rate, F1-Score, and other indicators, the model achieved satisfactory results in all categories, providing strong support for the further research and application of driving behavior monitoring systems. Future work can optimize model performance and, in combination with more practical driving scenarios and data, further enhance the model's generalization ability and practicality.

References

[1] CHEN C, ZHANG JL, YU XG, et al, Driving Tendency identification method based on FCM-GRNN [J]. Practice and understanding of mathematics, 2021, 51(7): 90-97.

[2] ARUP K D, BHARTI G, SRIRAM C. Context-driven detection of distracted driving using images from in-car cameras [J]. Internet of Things, 2021, 14.

[3] ABOUELNAGA Y, ERAQI H M, MOUSTAFA M N. Real-time distracted driver posture classification [J]. Computer vision and pattern recognition, 2018.

[4] MARIYA T, SADDAF R, MUHAMMAD A K. Driver's emotion and behavior classification system based on Internet of Things and deep learning for Advanced Driver Assistance System (ADAS) [J]. Computer Communications, 2022, 194: 258-267.

[5] MARK J, SULLMAN M., AMANDA N. Stephens, a comparison of the driving anger scale and the propensity for angry driving Scale[J]. Accident analysis & prevention, 2013, 58: 88-96.

[6] CHEN Z S, FENG X N, ZHANG S G, Emotion detection and face recognition of drivers in autonomous vehicles in IoT platform[J]. Image and vision computing, 2022, 128.

[7] LI H, WANG Z X. The Analysis on the influence of driversrage to traffic safety[J]. Automobile applied technology, 2019(16): 270-274.

[8] ABDULBARI B, EROL Y, TÜRKER Ö, et al. Driver sleepiness, fatigue, careless behavior and risk of motor vehicle crash and injury: Population based case and control study [J]. Journal of traffic and transportation engineering (English Edition), 2017, 4(5):496-502.

[9] ZHANG H, NI D A, DING N K, et al., Structural analysis of driver fatigue behavior: a systematic review[J]. Transportation research interdisciplinary perspectives, 2023, 21.

［10］ FAS X,YANG X H,HAN S Y,et al. Multi-scale spatial-temporal attention graph convolutional networks for driver fatigue detection ［J］. Journal of visual communication and image representation, 2023, 93.

［11］ SHOFFAN S RAFAt D. Modified histogram equalization for improved CNN medical image segmentation［J］. Procedia computer science,

2023, 225: 3021-3030.

［12］ WANG X D. The. Research of facial feature extraction and recognition based on curvelet ［J］. Computer programming skills & maintenance, 2010(16): 3.

［13］ YU M, QU D, SI N W. lmproved retinanet algorithm for object detection［J］, Computer engineering, 2022(008): 048.

基于结构方程模型的分心驾驶补偿行为机制

张静舒[1]　张存泉[*2]　肖汉彪[1]
(1.武汉理工大学智能交通系统研究中心;2.武汉理工大学船海与能源动力工程学院)

摘　要　为研究跟驰场景下驾驶经验与行车评估对驾驶行为的补偿机制,本文开展分心驾驶模拟试验,基于结构方程构建驾驶补偿行为机制模型,并运用该模型探究不同分心状态下,各类型的驾驶人在不同环境下倾向于采取何种驾驶补偿行为以降低行车风险。结果显示,视觉-操作分心下,驾驶经验对安全评估呈显著正向作用,安全评估、驾驶经验和跟驰场景均对制动和换道补偿行为有着显著影响,安全评估仅在制动与驾驶经验、跟驰场景之间起到完全中介作用;认知分心下,驾驶经验和跟驰场景分别对安全评估呈显著正向和负向作用。安全评估、驾驶经验和跟驰场景均对制动和换道补偿行为有着显著影响,安全评估驾驶经验与补偿行为、跟驰场景与补偿行为均起到完全中介作用。

关键词　交通工程　分心驾驶　行车风险　补偿行为机制　结构方程模型

0 引言

美国国家公路交通安全管理局统计指出,由分心驾驶导致的交通事故占人因因素的25%~50%[1]。而补偿机制是针对分心驾驶过程中包括降速、增大车头间距等在内的一系列补偿措施,以维持对道路状况的适切关注,从而减少潜在碰撞风险。因此,深入挖掘分心驾驶补偿行为机制,对于提高道路安全水平具有重要意义。

分心驾驶对驾驶行为的影响主要体现在方向盘转角[2]、车道偏移量[3]、车速[5]、跟车距离[7]、加速度[4,6]等方面。分心程度越严重,驾驶行为特性就越明显。李平凡等[11]研究发现,手机通话会增大认知负荷,导致驾驶人获取外界信息的能力下降,车速保持能力、换挡操作以及转向灯的使用等方面的能力都有不同程度地降低。高岩等[13]从驾驶绩效产生的行车风险为切入

点,发现相较于正常行驶,操作分心状态下驾驶人普遍会降低车速,保持更大的车头间距和车头时距,增大车道偏移量及方向盘转角。同时,道路环境的复杂性和驾驶人个人特性也会影响驾驶人对车辆的控制能力。随着道路环境复杂度的增加,驾驶人的工作负荷也会增大,驾驶人会采取降低车速的补偿措施来提高车辆行驶的安全性[8,9]。驾驶人个人特性因素如驾龄、性别、驾驶经验、驾驶风格等均会对驾驶分心造成一定程度的影响。Zhang等[10]研究发现在实车驾驶环境中不同驾驶风格的驾驶人所表现出的行车特性具有显著差异性。

驾驶补偿行为是指驾驶负荷过高,驾驶人为降低因分心带来的风险而应对调整的操作行为。当注意力从驾驶任务转移至次任务时,不同的驾驶人可能会采取不同补偿机制或适应性行为,以调整车辆运动状态,降低外部环境变化带来的风

险。通过上述文献分析发现,目前多数研究仅探究不同分心状态对驾驶行为的影响,尚未对分心驾驶补偿机制进一步探究分析。同时,驾驶人的补偿行为机制不仅与驾驶任务有关,还与驾驶人个体因素、外部环境以及对当前车辆安全评估有关。此外,由于个体经验、行车环境等因素为无法直接测量的变量,而结构方程模型(Structural Equation Model, SEM)具有反映多个不可直接测量因素之间的复杂交互因果关系的特点;与其他致因模型相比,SEM 允许不同变量之间存在测量误差输出,全方面分析不同变量、因素所包含的全部意义,使模型输出结果更贴合实际[12];目前 SEM 多基于问卷数据,较少围绕仿真环境或自然驾驶场景中采集得到的驾驶行为数据探索。

鉴于此,本研究开展分心驾驶模拟实验,从驾驶行为补偿机制着手,综合考虑人-车-路-环境等多个因素构建 SEM,探究驾驶人个体、行车评估和跟驰场景对驾驶行为补偿机制的影响,即探究在不同分心状态下,何种类型的驾驶人在何种环境下倾向于采取何种驾驶补偿行为,以降低行车风险。

1 试验及数据预处理

1.1 试验方法概述

本试验依托多自由度模型驾驶平台展开,试验场景为双向六车道高速公路路段,车道宽度为 3.75m,最高限速 120km/h,第 1 车道和第 3 车道均加载一级服务水平等级的交通流,车速为 95 ~ 110km/h 之间波动。所有周围车辆均无换道情形,如图 1 所示。

图1 模拟驾驶场景示意图

选取驾驶人跟车驾驶作为主任务。要求驾驶人在中间第 2 车道行驶,期间尽量不采取换道措施降低分心驾驶带来的风险。为避免驾驶人随意

拉开与前车的距离,设定最远跟车距离阈值为 120m。同时引入奖惩机制,以真实反映利益驱动下驾驶人应对风险的补偿行为。同时,分别选取 1-back 和 RSVP 作为认知分心和视觉-操作分心次任务。1-back 指播报与回答的间隔数字个数为 1,RSVP 要求驾驶人观看系统随机呈现的 5 个数字,找出其中唯一不同于其他的数字并点击,如图 2 所示。

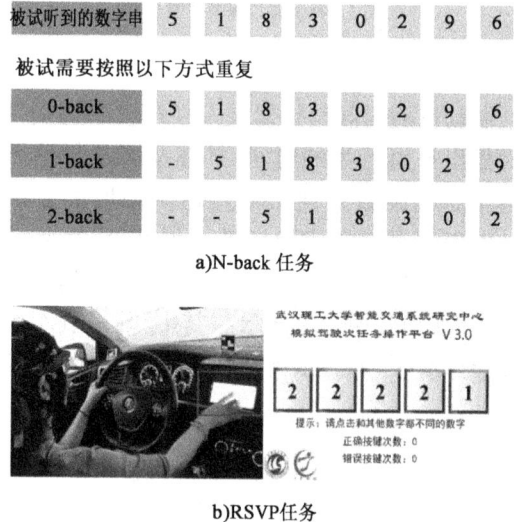

a)N-back 任务

b)RSVP任务

图2 分心驾驶次任务示意图

1.2 试验被试

本试验共招募 42 名被试进行模拟驾驶试验,其中男性 24 人,女性 18 人,均合法持有 C1 及以上驾照。驾驶人年龄为 22 ~ 61 岁(M = 32.1 ± 10.0),驾龄为 1 ~ 32 年(M = 8.4 ± 6.4),年驾驶里程为 0.5 ~ 60 万 km(M = 2.4 ± 3.1),身体状况良好,并具有一定的驾驶经验。

1.3 数据预处理

1.3.1 补偿行为提取

综合考虑横向和纵向具体驾驶行为,本文将释放油门、制动以及换道作为驾驶补偿行为。释放油门和制动分别依据油门开度和制动踏板开度进行提取,而换道划分采取与 Zhang 等[9]相同的规则,即以车道变化点为基准,采用滑动时间窗,求出该时间窗内车道偏移量的均值,分别与前一个或后一个时间窗内均值相比,确定换道起始时刻和终止时刻。图 3 为换道片段提取示意图,其中换道标记为 1 表示向右换道,为 -1 表示为向左换道。

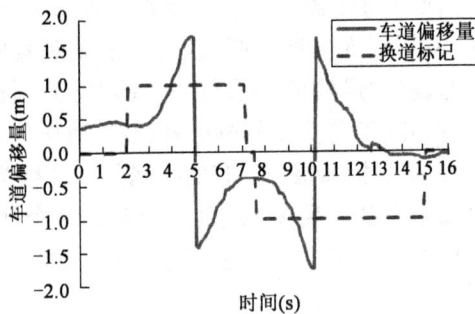

图3　换道片段提取示意图

1.3.2　制动反应时间提取

制动反应时间是指驾驶人在驾驶中识别冲突后而做出补偿行为的时间,具体指脚从加速踏板切换至制动踏板并使车辆开始制动所需要的时间。由于本研究在跟驰场景下展开,因而将前车刹车车灯亮起至本车开始制动所需的时间定义为制动反应时间,如图4所示。其中,前车刹车灯状态0表示亮,－1表示灭,T表示驾驶人制动反应时间。

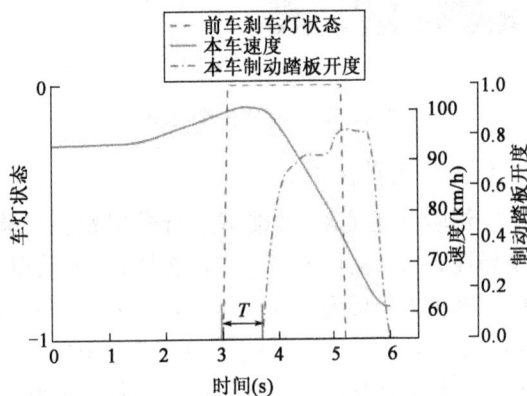

图4　制动反应时间提取示意图

2　基于SEM分心驾驶补偿行为机制

本研究选取驾驶人补偿行为发生的起始点对应的驾驶行车数据作为数据来源,共采集到2408个有效样本数据,符合模型构建的数据要求。

2.1　模型构建

本文选取驾驶经验、行车评估、跟驰场景以及补偿行为作为潜在变量。其中驾驶经验选取年龄、驾龄、年均里程作为该潜在变量的观测变量;跟驰场景选取前车加速度作为该潜在变量的观测变量;行车评估选取车头间距和TTCi作为该潜在变量的观测变量;驾驶补偿行为选取换道、制动和释放油门作为该潜在变量的观测变量。由于制动

与释放油门两种补偿行为机制存在较强的共线性问题且补偿行为均为布尔型变量,因而本研究仅选取换道和制动两种补偿行为作为观测变量。模型变量设置见表1。

模型变量设置　　　　　　　表1

潜在变量	观测变量	单位
驾驶经验	年龄	—
	驾龄	年
	年均里程	km·10^4
跟驰场景	前车加速度	m/s
安全评估	车头间距	m
	TTCi	s^{-1}
补偿行为	制动	—
	换道	—

本研究将驾驶经验和跟驰场景作为外生潜在变量,将行车评估和驾驶补偿行为作为内生潜在变量,基于次任务分别构建驾驶补偿行为机制模型。

基于以上模型结构做出下列假设:

H1:驾驶经验对补偿行为产生影响;

H2:跟驰场景对补偿行为产生影响;

H3:驾驶经验对安全评估产生影响;

H4:跟驰场景对安全评估产生影响;

H5:安全评估对补偿行为产生影响。

2.2　模型拟合与修正

首先,对样本数据采用峰度系数和偏度系数对所选变量进行正态性检验,发现数据的偏度系数绝对值均在3以内且峰度系数的绝对值均在8以内,数据近似正态。其次,进行验证性因子分析。利用SPSS计算各潜在变量的CR值,结果发现其值均满足大于0.6的要求,即各潜在变量的内部一致信度较高。同时,对数据整体进行收敛效度检验,AVE值均在0.36~0.5范围内,满足效度检验要求。最后,对该模型进行拟合与适配度检验,及时对模型进行修正指导达到理想状态。本研究采用极大似然法对模型参数拟合,检验模型是否满足适配度要求。

3　试验结果及分析

3.1　视觉-操作分心状态补偿机制

修正后的SEM模型标准化路径系数如图5

所示,拟合结果见表2。从表2中可发现,其各项指标均满足评级标准,表明该模型总体拟合优度较好。对该模型进行路径分析,具体如下。

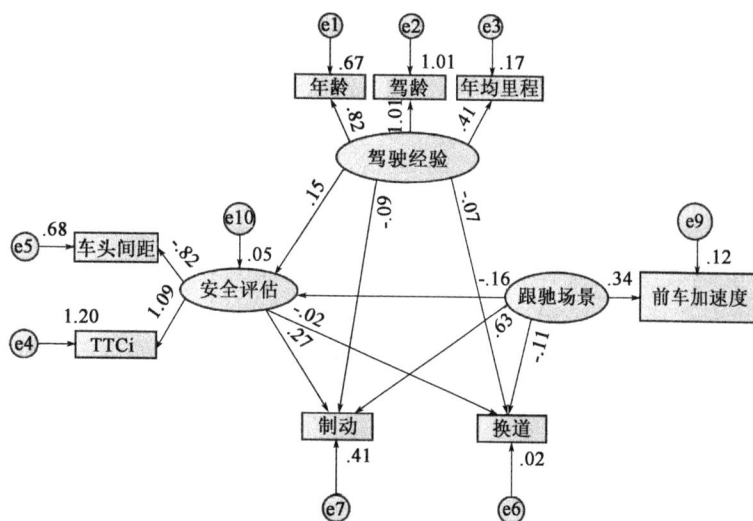

图5　模型标准化路径系数

模型拟合结果　表2

指标	χ^2/df	RMSEA	AGFI	GFI	CFI	TLI
数值	4.31	0.04	0.98	0.99	0.99	0.98
标准	<5	<0.05	>0.9	>0.9	>0.9	>0.9

（1）直接效应。

由图5可发现,驾驶经验对安全评估呈显著正向作用。制动补偿行为受安全评估（0.27）、驾驶经验（-0.09）和跟驰场景（0.63）的影响。跟驰场景影响最大,且安全评估和驾驶经验分别对制动呈现显著正向作用和负向作用,这表明视觉-操作分心下,驾驶人采取制动补偿措施以降低风险受前车加速度的影响最大,同时驾驶人经验越丰富以及对车辆环境的安全评估能力越强,采取制动行为越少,车辆行驶的稳定性越高。而换道补偿行为受驾驶经验（-0.07）、跟驰场景（-0.11）以及安全评估（-0.02）的影响。可发现,跟驰场景的影响最大,且驾驶经验和跟驰场景均对换道呈显著负向作用,这表明该分心下,驾驶人采取换道措施以降低行车风险受前车加速度的影响最大,同时驾驶人经验越丰富、车辆制动程度越紧急,采取换道行为越少,对车辆的横向控制能力越强。

（2）间接效应与综合效应。

从表3中可以看出,仅安全评估在驾驶经验与制动补偿之间、跟驰场景与制动补偿之间起到完全中介作用。另外,驾驶经验和跟驰场景引起制动的综合效应(不考虑作用方向)分别为0.129、0.671,引起换道的综合效应分别为0.076、0.117。这意味着在制动补偿和换道补偿策略方面,以跟驰场景因素产生的补偿行为策略均显著大于以驾驶经验因素产生的驾驶补偿行为策略。

路径关系间接效应与综合效应　表3

路径关系	效应类型	Estimate	95%置信区间		P
			Lower	Upper	
驾驶经验→安全评估→制动	间接效应	0.041	0.021	0.109	＊＊＊
	综合效应	0.129	-0.089	-0.004	＊＊
驾驶经验→安全评估→换道	间接效应	-0.003	-0.011	0.001	0.203
	综合效应	-0.076	-0.097	-0.056	＊＊＊
跟驰场景→安全评估→制动	间接效应	-0.043	-0.275	-0.012	＊＊＊
	综合效应	0.671	0.391	1.131	＊＊＊
跟驰场景→安全评估→换道	间接效应	0.003	-0.001	0.018	0.158
	综合效应	0.117	-0.168	-0.046	＊＊

注：＊＊＊在0.001水平上显著,＊＊在0.01水平上显著,＊在0.05水平上显著。

3.2　认知分心状态补偿机制

修正后的 SEM 模型标准化路径系数如图6所示,拟合结果见表4。其各项指标均满足评级标准,表明该模型总体拟合优度较好。对模型进行路径分析,具体如下。

(1)直接效应。

由图6可发现,驾驶经验和跟驰场景分别对安全评估呈显著正向和负向作用。这表明经验越丰富,前车制动程度越紧急,安全评估能力越高。制动补偿行为受安全评估(1.30)、驾驶经验(-0.25)和跟驰场景(1.76)的影响。跟驰场景影响最大,且安全评估对制动呈现显著正向作用,驾驶经验和跟驰场景均对制动呈显著负向作用,这表明认知分心下驾驶人采取制动补偿以降低风险受前车加速度的影响最大,同时驾驶人经验越丰富、安全评估能力越强、前车制动紧急程度越缓,则采取制动行为越少,车辆行驶的稳定性越高。换道补偿行为受驾驶经验(-0.02)、安全评估(-0.08)以及跟驰场景(-0.04)的影响。安全评估影响最大且对换道呈显著负向作用,这表明该分心下驾驶人采取换道补偿以降低行车风险受车辆环境安全评估能力的影响最大,同时安全评估能力越强,则采取换道行为越少,说明驾驶人通过增强安全评估能力以提高对车辆横向控制能力。

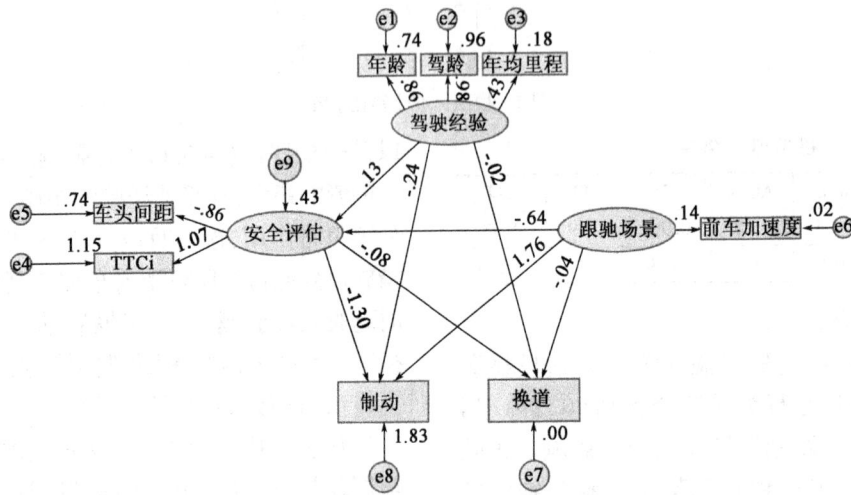

图6　模型标准化路径系数

模型拟合结果　　　　　　　　　　　表4

指标	χ^2/df	RMSEA	AGFI	GFI	CFI	TLI
数值	4.33	0.03	0.98	0.99	0.99	0.99
标准	<5	<0.05	>0.9	>0.9	>0.9	>0.9

(2)间接效应与综合效应。

路径关系间接与综合效应见表5。可以看出,安全评估在4条路径中均起到完全中介作用。表明安全评估能力对制动与换道补偿行为具有显著影响。另外,驾驶经验和跟驰场景引起制动的综合效应(不考虑作用方向)分别为0.074、0.927;引起的换道的综合效应(不考虑作用方向)为0.033、0.009。这表明跟驰场景产生的制动补偿行为策略显著大于驾驶经验产生的驾驶制动补偿行为策略,驾驶经验产生的换道补偿行为策略显著大于跟驰场景产生的制动补偿行为策略。

路径关系间接效应与综合效应　　　　　　　　　　　　　表5

路径关系	效应类型	Estimate	95%置信区间		P
			Lower	Upper	
驾驶经验→ 安全评估→制动	间接效应	0.170	0.088	0.348	＊＊＊
	综合效应	-0.074	-0.112	-0.035	＊＊＊
驾驶经验→ 安全评估→换道	间接效应	-0.010	-0.019	-0.004	＊＊＊
	综合效应	-0.033	-0.058	-0.003	＊

续上表

路径关系	效应类型	Estimate	95%置信区间		P
			Lower	Upper	
跟驰场景→安全评估→制动	间接效应	−0.831	−2.047	−0.33	＊＊＊
	综合效应	0.927	0.58	1.575	＊＊＊
跟驰场景→安全评估→换道	间接效应	0.050	0.024	0.084	＊＊＊
	综合效应	0.009	−0.016	0.034	0.438

注：＊＊＊在0.001水平上显著，＊＊在0.01水平上显著，＊在0.05水平上显著。

4 结语

（1）视觉-操作分心下，驾驶经验对安全评估呈显著正向作用；安全评估、驾驶经验和跟驰场景均对制动和换道补偿行为存在显著影响且跟驰场景的影响均最大。具体表现为经验越丰富、安全评估能力越强，则采取制动行为越少，车辆行驶的稳定性越高；经验越丰富、前车制动越紧急，采取换道行为越少，对车辆的横向控制能力越强。

（2）认知分心下，驾驶经验和跟驰场景分别对安全评估呈显著正向和负向作用。安全评估、驾驶经验和跟驰场景均对制动和换道补偿行为显著影响，且跟驰场景影响均最大，具体表现为经验越丰富、安全评估能力越强、前车制动紧急程度越缓，则采取制动行为越少，车辆行驶的稳定性越高；安全评估能力越强，则采取换道行为越少，说明驾驶人通过增强安全评估能力以提高对车辆横向控制能力。

（3）视觉-操作分心下，仅安全评估在驾驶经验与制动补偿之间、跟驰场景与制动补偿之间起到完全中介作用；认知分心下，安全评估在驾驶经验与补偿行为、跟驰场景与补偿行为均起到完全中介作用。在后续研究中，将进一步探究补偿机制中各补偿行为的有效性。

参考文献

[1] 马艳丽,顾高峰,高月娥,等.基于驾驶绩效的车载信息系统操作分心判定模型[J].中国公路学报,2016,29(4):123-129.

[2] 张玉婷,陈波佑,张双焱,等.抵近信控交叉口分心驾驶识别模型[J].交通运输系统工程与信息,2022,22(1):217-224.

[3] REIMER B,MEHLER B,DONMEZ B. A study of young adults examining phone dialing while driving using a touchscreen Vs. a button style flip-phone[J]. Transportation Research Part F: Traffic Psychology and Behaviour, 2014, 23: 57-68.

[4] 刘卓凡,周星池,刘通,等.视觉分心程度对跟车运动状态的影响[J].中国安全科学学报,2022,32(1):58-64.

[5] BAMNEY A, PANTANGI S S, JASHAMI H, et al. How do the type and duration of distraction affect speed selection and crash risk? an evaluation using naturalistic driving Data[J]. Accident Analysis and Prevention, 2022, 178: 106854.

[6] 张晨骁,马永锋,陈淑燕,等.基于超效率数据包络分析的重型车驾驶人驾驶安全绩效评价方法[J].中国公路学报,2023,36(9):326-342.

[7] ZHANG G, CAI Y, JIANG X, et al. Causal mediation analysis of the impacts of distracted driving on crash injury risks[J]. International Journal of Injury Control and Safety Promotion, 2022, 29(4): 556-565.

[8] SAIFUZZAMAN M, HAQUE M, ZHENG Z, et al. Impact of mobile phone use on car-following behaviour of young drivers[J]. Accident Analysis and Prevention, 2015, 82: 10-19.

[9] 张辉.分心驾驶行为对交通安全影响机理与建模研究[D].北京:北京交通大学,2018.

[10] ZHANG J, ZHOU Y, LYU N. Classification of driving modes based on driving styles under natural environment[C]. // 2023 7th International Conference on Transportation Information and Safety, Xi an: ICTIS, 2023: 340-348.

[11] 李平凡,王殿海,刘东波.驾驶中拨打手机对

驾驶人脑力负荷及驾驶行为的影响分析[J].交通信息与安全,2010,28(4):103-107.

[12] 季托.基于行车安全事件的道路运行风险致因分析及辨识方法研究[D].武汉:武汉理工大学,2022.

[13] 高岩,罗毅,尤志栋,等.手机操作类型对驾驶人跟车行为的影响[J].中国公路学报,2018,31(4):1-9,58.

基于数据驱动的公交驾驶员行为量表编制

刘益欣[1,2]　陈国俊[1,2]　张抒扬[*1,2]
(1.武汉理工大学交通与物流工程学院;2.交通信息与安全教育部工程研究中心)

摘　要　公交驾驶员相比其他驾驶员群体在驾驶员行为上具有显著差异,因其职业属性,特殊的驾驶任务与环境导致他们的驾驶行为表现存在差异,且驾驶行为包含服务行为。基于公交企业记录的驾驶员违章记录数据,将公交驾驶员异常行为分为违规行为、决策错误、表现错误、服务违章、认知错误5个维度。采用分类算法将行为发生频率转化为李克特六分制等级,建立一个完全由客观数据表征的驾驶员行为量表,研究量表对事故的预测能力。并对比自我评估结果,分析自我报告与客观测量对事故解释能力的差异性。结果表明:违规行为、决策错误、表现错误、服务违章对客观事故记录均有预测能力;对于自我报告的驾驶员行为量表,仅有服务违章与客观事故记录呈显著正相关,服务违章的加入能有效提升驾驶员行为量表对事故的预测能力;自我报告的28项驾驶员行为问卷(Driver Behavior Questionnaire,DBQ)对客观事故并无较好的预测能力,但与自报的事故呈显著正相关,说明自我评估的方式存在较多的虚假关联,易对结果产生误导。

关键词　公交驾驶员　服务违章　驾驶员行为量表　自我评估　客观测量

0　引言

公共汽车是我国城市交通系统的重要组成部分,由于交通环境复杂与驾驶任务繁重,公共汽车事故频发。城市公交驾驶员的驾驶行为是影响公交运营安全的主要因素。DBQ作为一种评估驾驶行为的标准化工具,以往文献已验证其对预测事故风险的可行性[1~3]。最早的DBQ是由Reason等[4]提出,涉及违规、错误、失误3个维度。经过修订与验证,DBQ成为评估驾驶行为最广泛的工具之一,并进一步将违规拓展为普通违规与侵略性违规[5]。除风险驾驶行为因素外,积极行为也被加入DBQ,结果表明,积极驾驶行为的加入使问卷结构更加清晰[6,7]。为了对DBQ进行适当调整,Jiao[8]等根据自然驾驶数据,提取了62种真实世界的风险驾驶行为,对Parker[1]的DBQ进行修订。

驾驶员行为问卷作为驾驶行为的测量工具,大部分学者是以整个驾驶员群体或私家车驾驶员为对象开展编制DBQ的研究。由于职业驾驶员驾驶任务与环境的特殊性,DBQ难以准确地描述职业驾驶员的行为特征。如公交驾驶员常年行驶在固定的路线上,对路线较为熟悉,而DBQ评估的"走错路"或"忘记目的地"行为,在公交驾驶员中非常罕见。将DBQ与职业驾驶员行为问卷(Professional Driver Behavior Questionnaire,PDBQ)应用到职业驾驶员,与DBQ相比,PDBQ能更好地反映职业驾驶环境[9],因此需要开发特定版本的PDBQ用于职业驾驶员。Maslać[7]等根据危险品运输驾驶员的工作特点,开发了PDBQ,并比较了职业与非职业驾驶员的行为差异[10];Mokarami[11]等为探究安全文化、不安全行为与自报事故的关系,开发了公共交通驾驶员行为问卷;Han[12]等根据我国城市公交驾驶员的特点,结合前人对DBQ

基金项目:国家重点研发计划项目(2021YFC3001500);国家自然科学基金项目(72001162);湖北省重点研发计划项目(2023BAB076)。

与 PDBQ 的研究,编制了公交驾驶员行为问卷;Jiang[13] 等在 Maslać 与 Han 等研究基础上,编订了 19 项的 PDBQ。

综上所述,大部分学者对职业驾驶员行为问卷的编制与修订均基于 DBQ,缺乏客观的驾驶行为记录作为支撑。此外,城市公交具有一定的服务属性,驾驶员的职责是为乘客提供舒适的公共交通服务,并承担公共安全责任,然而在城市公交驾驶员行为问卷的研究中,驾驶员的服务特性常常被忽略。鉴于此,本研究以公交企业记录的驾驶员违章记录为依据,编制驾驶员行为量表,根据违章频率划分量表等级,研究量表对事故的预测能力,并对比自我报告结果,分析自我报告问卷与客观测量量表的差异性。

1 量表设计

1.1 数据收集

本研究选取重庆市公交集团 4776 名驾驶员为样本,包括男性驾驶员 4373 名,女性 403 名。公交企业以随机抽样的方式对驾驶员进行稽查,记录驾驶员的异常行为,根据行为性质将其分为安全违章与服务违章,并按照企业制度进一步细分类别。安全违章指驾驶员在行车过程中产生的风险驾驶行为,服务违章主要包括驾驶员在工作期间违反企业服务规范的行为。服务违章的公交行为规范与安全违章行为的定义有所不同,公交行为规范侧重于驾驶员在非驾驶过程中产生的违反企业行为管理规范的行为。各违章项目在 2022 年的发生频数见表1。其中涉及事故的驾驶员 2015 名,占比 42.19%。

驾驶员违章行为记录 表1

服务违章	频率	安全违章	频率
标志标识	392	安全投诉	37
语言规范	470	车辆停放	2
行为规范	586	GPS超速违章	387
仪容规范	1398	危险驾驶行为	463
清洁卫生	619	交通违法违章	3
设施设备	600	违反安全操作规定	1071
站运秩序	253	违反公交安全规定	1294
票务	28	违反道路通行规定	1216
投诉	499	夜间守护	1
总计	4845	总计	4474

1.2 条目设置

已有文献大多以 Manchester DBQ 为基础,并通过访谈[12,13]等形式对其进行删改以形成公交驾驶员行为量表。但该驾驶员行为问卷未考虑公交驾驶员职业特征对行为的影响,许多频发、重要的行为未被采纳,如遇行人通过人行横道不停车让行,公交驾驶员群体的实际驾驶情况难以被准确反映,需要对职业驾驶员的驾驶行为问卷进行扩充。

作为职业驾驶员,公交驾驶员因其特殊的驾驶任务与环境导致驾驶行为表现存在差异。公交驾驶员的驾驶任务不仅要保障行车的安全与效率,还应尽量向乘客提供舒适、安全的服务体验。公交驾驶员的着装、仪容、举止等行为是乘客衡量安全性的标准之一,也是驾驶员教育培训的重要因素[14,15]。此外,公交驾驶员区别于其他驾驶员群体的重要因素之一是驾驶环境,其在行车过程中易受到乘客干扰。公交驾驶员提供的服务未能达到乘客的要求,可能会引发乘客与驾驶员之间的冲突,进而影响驾驶员的行车状态,对安全造成威胁[16]。驾驶员的服务违章情况在一定程度上能反映驾驶任务与乘客的影响,故在对 DBQ 扩充的过程中将驾驶员的服务违章行为也考虑在内。

以事故发生为因变量进行显著性检验,判断表1中的违章项目对事故的影响,并选取对事故发生有显著影响的违章项目作为量表条目的设置依据,判断依据为显著性 $p < 0.05$。根据检验结果,选择违反公交行为规范、仪容规范、清洁卫生规范、投诉作与超速违章、公交危险驾驶行为、违反公交安全操作规定、公交安全规定、公交道路通行规定的行为作为条目设置依据。对于服务违章行为,以服务违章项目为条目;对于安全违章行为,由于各类安全违章项目中的具体违章行为可能会对行车安全产生直接影响,故以安全违章项目中的具体违章行为为条目。为简化量表,删除发生频率小于5与指代不明的违章行为。量表的条目见表2。

驾驶行为量表的条目与结构 表2

量表维度	条目
违规行为	超速
	闯红灯
	逆行

续上表

量表维度	条目
违规行为	**违章超车**
	遇行人通过人行横道不停车让行
	骑压线行驶
	违章变道
	违章调头
	未按规定车道行驶
决策错误	**抢黄灯**
	行驶中未保持安全距离
	开门行驶
	违反开关门规定
	停车后未使用三角木
	未等乘客拉好、坐稳起步
	进站速度快
	通过人行横道、路口不提前减速
	未行驶公交优先道
	未按规定位置上下客
表现错误	未正确使用安全带
	未正确使用灯光、雨刮
	未正确使用三角木
服务违章	公交行为规范
	公交仪容仪表
	公交清洁卫生
	公交设施设备
	投诉
认知错误	驾驶时使用手机等电子设备
	驾驶时闲聊、饮食(水)、或从事与驾驶工作无关的活动
	行驶中单手驾驶
	行驶中双手同时离开方向盘

注：加粗字体的条目在28项DBQ中有类似表述。

1.3 维度划分

公交驾驶员的实际违章行为与28项Manchester DBQ[17]的条目有较大差异，新扩充的条目难以被清晰、准确分类到现有的驾驶行为分类中，因此需要开发新的量表结构。本研究以Reason[4]等对违规与错误的定义为基础，结合Khattak[18]等划分自然驾驶数据中事故驾驶员行为的研究，将违章行为归类到行为产生的感知、识别、决策、操作的时空框架中，构建认知错误、决策错误、表现错误、违规行为、服务违章5个维度的驾驶行为量表。认知错误发生于驾驶员因分心或判断不佳而无法正确识别外界信息时；决策错误发生于驾驶员在正确识别信息后无法做出适当的响应；违规与表现错误发生于实施阶段，违规行为是指在做出决策后发生故意违背法律规则的行为，而表现错误通常与驾驶员的个体反应有关，反映为驾驶员的判断不力或控制不佳。量表的条目与结构见表2。

1.4 等级计算

在驾驶员行为问卷中，通常采用李克特6级量表以描述条目的发生程度。然而实际观测的驾驶员行为频率数据是连续数据，因此需要将连续的违章频率数据映射到离散的程度等级上。为消除不同驾驶员工作时长差异的影响，根据驾驶员的工作时间与驾车时长对异常行为数量进行标准化处理。驾驶员的安全违章记录采用驾车时长进行标准化处理，服务违章行为采用工作时长，标准化计算公式如下：

$$f^* = \frac{f}{T} \times 10000 \qquad (1)$$

式中：f^*——万小时的标准化频率；

f——驾驶员一整年的实际行为频率；

T——一年中驾驶员的总驾驶或工作时长。

为将驾驶员异常行为的标准化频率转换为量表等级，采用聚类算法将频率分为若干个簇，每一个簇代表一种程度，并寻找簇的边界作为分类阈值。为符合要求，采用自然断点法将违章频率划分为量表等级。对于驾驶员而言，发生异常驾驶行为的概率相对较小，即驾驶员在多数异常行为的记录为0。为避免分类过程中大量0值对结果造成偏差，删除记录的0值，并将0值对应的量表等级分数设置为0，表示"从不"等级。等级区间及其对应关系见表3。

标准化违章频率与问卷等级对应关系　表3

服务违章频率区间	安全违章频率区间	量表等级	等级程度
0	0	0	从不
(0,5.20)	(0,6.76)	1	极少
[5.20,6.30)	[6.76,8.18)	2	偶尔
[6.30,8.85)	[8.18,11.71)	3	有时
[8.85,16.81)	[11.71,28.22)	4	经常
[16.81,+∞)	[28.22,+∞)	5	总是

2 量表有效性分析

2.1 量表与事故的相关性

采用皮尔逊相关系数分析量表的一致性与量表对实际事故的预测能力,结果见表4结果显示,对于量表内部的得分情况,各维度之间的得分呈显著正相关,各维度得分与总量表得分均呈显著正相关,表示量表具有较高的一致性。任一维度风险驾驶行为的增加都可能会促进其他风险驾驶行为与服务违章行为的发生,服务意识相对较低的驾驶员也易发生风险驾驶行为。

决策错误得分、表现错误得分、违规行为得分与事故记录呈显著正相关,说明需重点关注驾驶

员的3类风险行为。认知错误得分与事故记录未呈现显著相关性,表明职业驾驶员一般具有较高的驾驶技能,在发生认知错误后大多能及时采取措施进行补救,以免产生更严重的后果。量表的总得分与事故频率呈显著正相关,说明量表对驾驶员事故的频率具有正向预测能力,需对量表分数较高的驾驶员进行干预以降低事故率。

服务违章得分均与事故记录显著正相关,说明服务违章的确能正向预测驾驶员的事故,服务违章的加入对完善职业驾驶行为量表是十分有必要的,驾驶员的行为管理不仅要考虑驾驶员行车过程中的行为,对于驾驶员在岗期间的着装、仪容、举止以及所要承担的清洁责任等服务规范也需重点关注。

量表得分与事故记录的相关性　　　　　　　　表4

	违规行为	决策错误	表现错误	服务违章	认知错误	总得分	事故记录
违规行为	1						
决策错误	0.239 **	1					
表现错误	0.102 **	0.091 **	1				
服务违章	0.196 **	0.303 **	0.068 **	1			
认知错误	0.132 **	0.156 **	0.039 **	0.156 **	1		
总得分	0.531 **	0.713 **	0.214 **	0.801 **	0.343 **	1	
事故记录	**0.062 **	**0.094 **	**0.060 **	**0.098 **	0.023	**0.125 **	1

注:** 表示 $p < 0.01$。

2.2 与自我评价量表的比较

为分析客观记录与自我评价的行为对事故预测的差异,将28项的DBQ翻译成中文,取驾驶行为量表、DBQ条目之间的并集,制作成问卷分发给驾驶员,收集驾驶员一年内自我报告的行为与事故数据,共回收1150份问卷。以驾驶员的答题日期为参照,筛选其过去一年的所有客观行为、事故数据。删除无效问卷与无过去一整年记录的样本,最终得到826份有效样本,并重新采用1.4节的方法计算驾驶员的量表等级。

公交驾驶员客观测量与自我评价异常行为之间的相关性及其对事故的预测结果见表5。结果表明,客观测量的量表总得分与事故记录呈显著正相关,与自报事故记录无显著相关性;自我评估的量表总得分对事故无预测能力。对于驾驶行为,客观测量的决策错误、服务违章对事故记录具有预测能力,仅有客观测量的决策错误对自报事故具有预测能力。对于自我评价的驾驶行为,仅有服务违章与事故记录呈显著正相关,违规行为与自我报告的事故记录呈显著正相关。事故记录

与自报事故具有较为微弱的正相关。客观测量与自我评价的行为对事故预测的差异性显示,基于客观数据的量表对事故的预测能力远优于自我报告式量表。

根据表5的结果可知,驾驶员违规、决策错误、服务违章、认知错误的自我评价结果与客观测量结果存在微弱的相关性,这与专家评估、老年驾驶员自我评估无显著相关性的结果有所不同[19],说明职业驾驶员对自己的驾驶认知具有一定准确性,但存在偏差,可能的原因为驾驶员存在记忆偏差[20],或受社会期望效应的影响[20,21]。

客观记录与自我评价的服务违章对事故记录均具有预测能力,表明公交驾驶员的服务违章行为的确影响着交通安全。客观测量与自我评估的服务违章均与事故呈显著正相关,表明服务意识较高的驾驶员受到的投诉更少,能较为积极地处理司乘冲突,进而提升了行车安全性[16]。此外,服务违章频率低的驾驶员更在意自己的仪容举止,公众自我意识高,有动力保持积极的公众形象,并遵守禁止攻击性行为的社会规范[22],提高

乘客的出行满意度,降低乘客对驾驶员的行车干扰,进而提高行车安全性。

在不同数据来源的各类驾驶行为中,自我报告的服务违章与客观记录的服务违章的相关性最高。大多数学者与管理者对服务违章影响行车安全的关注度较低,受社会期望的影响较小,进而导致驾驶员对服务违章的自我认知相较于其他行为最准确,在一定程度上能降低自我报告式问卷与事故的虚假关联,提高问卷对事故预测的准确性。

自我评价与客观记录的异常行为与事故的相关性　　　　　表 5

	自报违规行为	自报决策错误	自报表现错误	自报服务违章	自报认知错误	自报总得分	事故记录	自报事故
违规行为	**0.132**＊＊	0.032	0.016	0.061	0.081＊	0.086＊	**0.022**	**0.011**
决策错误	0.162＊＊	**0.092**＊＊	0.05	0.119＊＊	0.080＊	0.141＊＊	**0.157**＊＊	**0.075**＊
表现错误	－0.036	0.017	**0.014**	－0.011	－0.009	－0.007	**0.008**	－0.015
服务违章	0.084＊	0.018	0.025	**0.164**＊＊	0.087＊	0.093＊	**0.095**＊＊	0.041
认知错误	0.151＊＊	0.002	0.027	0.051	**0.134**＊＊	0.084＊	**0.033**	**0**
总得分	0.174＊＊	0.06	0.044	0.174＊＊	0.125＊＊	**0.150**＊＊	**0.136**＊＊	0.06
事故记录	**0.063**	**0.011**	－0.066	**0.070**＊	**0.012**	**0.038**	1	0.279＊＊
自报事故	**0.076**＊	**0.01**	－0.014	0.068	0.042	0.051	0.279＊＊	1

注:＊＊表示 $p < 0.01$;＊表示 $p < 0.05$。

2.3　与 DBQ 的比较

28 项 Manchester DBQ 对事故的预测结果见表 6。结果表明,DBQ 的总得分对客观事故无预测能力,但对自报事故具有预测能力。于各驾驶行为分类而言,自我报告的侵略违规、普通违规、错误、失误与事故记录均无显著相关性,侵略违规、普通违规、错误与自报事故呈显著正相关。通过对比客观测量的量表结果,基于客观数据驱动的量表对事故的预测能力远优于自我报告式问卷。此外,DBQ 对事故记录与自报事故预测能力的差异性说明,自我报告的方式存在虚假关联,即创建人工事实关联,这与 Wåhlberg[21]等的研究结果一致。可能的解释为受社会期望的影响,驾驶员自报的驾驶行为与事故均与实际情况存在偏差,即共同方法的偏差[23],进而人工创建了驾驶行为与事故的虚假关联性,对结果产生误导。

Manchester DBQ 对事故的预测能力　　　　　表 6

	侵略违规	普通违规	错误	失误	总得分
事故记录	0.038	0.063	0.057	0.017	0.052
自报事故	0.132＊＊	0.076＊	0.081＊	0.044	0.093＊＊

注:＊＊表示 $p < 0.01$;＊表示 $p < 0.05$。

3　结语

为解决公交驾驶员的驾驶行为难以被现有问卷准确评估的问题,本文以驾驶员的违章记录为依据,编制符合我国城市公交驾驶员职业特征的驾驶行为量表,并对其有效性进行验证。研究结果发现:

(1)服务违章对事故具有预测能力,在 DBQ 中引入服务违章后,它可以有效提高量表对事故的预测能力。

(2)相比于自我报告的量表与问卷,客观测量的量表对事故预测具有显著优势。

(3)自我报告的问卷与事故记录无显著相关性,但与自报事故之间存在虚假关联,易对结果产生误导。

本研究也存在一些不足,仅从维度层面分析自我报告与客观记录行为的相关性,未探索条目之间不同数据来源的相关性。在后续研究中,可将驾驶员自我报告与客观测量的条目结果进行对比,找出驾驶员特意掩盖的行为,完善驾驶行为问卷以提高其对实际事故的预测能力。

参考文献

[1] PARKER D, REASON J T, MANSTEAD A S R, et al. Driving errors, driving violations and accident involvement[J]. Ergonomics, 1995, 38(5):1036-1048.

[2] PARKER D, WEST R, STRADLING S, et al. Behavioural characteristics and involvement in different types of traffic accident[J]. Accident Analysis & Prevention, 1995, 27 (4): 571-581.

[3] WINTER J C F D, DODOU D. The driver behaviour questionnaire as a predictor of accidents: a meta-analysis [J]. Journal of Safety Research, 2010, 41(6): 463-470.

[4] REASON J, MANSTEAD A, STRADLING S, et al. Errors and violations on the roads: a real distinction? [J]. Ergonomics, 1990, 33 (10-11): 1315-1332.

[5] LAWTON R, PARKER D, MANSTEAD A S R, et al. The role of affect in predicting social behaviors: the case of road traffic violations [J]. Journal of Applied Social Psychology, 1997, 27(14): 1258-1276.

[6] OZKAN T, LAJUNEN T. A new addition to DBQ: positive driver behaviours scale [J]. Transportation Research Part F-Traffic Psychology and Behaviour, 2005, 8 (4-5): 355-368.

[7] MASLAĆM, ANTI Ć B, PEŠI Ć D, et al. Behaviours of professional drivers: validation of the DBQ for drivers who transport dangerous goods in Serbia[J]. Transportation Research Part F: Traffic Psychology and Behaviour, 2017, 50: 80-88.

[8] JIAO Y, WANG X, HURWITZ D, et al. Revision of the driver behavior questionnaire for Chinese drivers' aberrant driving behaviors using naturalistic driving data[J]. Accident Analysis & Prevention, 2023, 187: 107065.

[9] NEWNAM S, VONSCHUCKMANN C. Identifying an appropriate driving behaviour scale for the occupational driving context: the DBQ vs. the ODBQ[J]. Safety Science, 2012, 50 (5): 1268-1274.

[10] MASLAĆM, ANTIĆB, LIPOVAC K, et al. Behaviours of drivers in Serbia: non-professional versus professional drivers [J]. Transportation Research Part F: Traffic Psychology and Behaviour, 2018, 52: 101-111.

[11] MOKARAMI H, ALIZADEH S S, PORDANJANI T R, et al. The relationship between organizational safety culture and unsafe behaviors, and accidents among public transport bus drivers using structural equation modeling [J]. Transportation Research Part F: Traffic Psychology and Behaviour, 2019, 65: 46-55.

[12] HAN W, ZHAO J. Driver behaviour and traffic accident involvement among professional urban bus drivers in China[J]. Transportation Research Part F: Traffic Psychology and Behaviour, 2020, 74: 184-197.

[13] JIANG K, SHAO C, FENG Z, et al. The impact of e-bus satisfaction on driving behaviour: a questionnaire-based study on E-bus drivers[J]. Transportation Research Part F: Traffic Psychology and Behaviour, 2021, 83: 238-251.

[14] SAM E F, BRIJS K, DANIELS S, et al. Public bus passenger safety evaluations in ghana: a phenomenological constructivist exploration[J]. Transportation Research Part F: Traffic Psychology and Behaviour, 2018, 58: 339-350.

[15] SAM E F, BRIJS K, DANIELS S, et al. Construction and validation of a public bus passenger safety scale [J]. Transportation Research Part F: Traffic Psychology and Behaviour, 2019, 66: 47-62.

[16] ZHANG N, CHENG P, NING P, et al. Conflicts between bus drivers and passengers in Changsha, China[J]. Accident Analysis & Prevention, 2022, 169: 106623.

[17] STEPHENS A N, FITZHARRIS M. Validation of the driver behaviour questionnaire in a representative sample of drivers in Australia [J]. Accident Analysis and Prevention, 2016, 86: 186-198.

[18] KHATTAK A J, AHMAD N, WALI B, et al. A taxonomy of driving errors and violations: evidence from the naturalistic driving study

[J]. Accident Analysis & Prevention, 2021, 151: 105873.

[19] KOSUGE R, OKAMURA K, NAKANO Y, et al. Characteristics of driving self-assessments and factors related to inaccurate self-assessment in Japanese older adults[J]. Accident Analysis & Prevention, 2021, 159: 106235.

[20] KAYE S A, LEWIS I, FREEMAN J. Comparison of self-report and objective measures of driving behavior and road safety: a systematic review [J]. Journal of Safety Research, 2018, 65: 141-151.

[21] WÅHLBERG A E A, DORN L, KLINE T. The effect of social desirability on self reported and recorded road traffic accidents[J]. Transportation Research Part F: Traffic Psychology and Behaviour, 2010, 13(2): 106-114.

[22] HUANG Y W, LIN P C, WANG J. The influence of bus and taxi drivers' public self-consciousness and social anxiety on aberrant driving behaviors [J]. Accident Analysis & Prevention, 2018, 117: 145-153.

[23] HELMAN S, REED N. Validation of the driver behaviour questionnaire using behavioural data from an instrumented vehicle and high-fidelity driving simulator [J]. Accident Analysis & Prevention, 2015, 75: 245-251.

Determination Method of Driver Abnormal Speed Threshold Based on Bus Positioning Data

Shejun Deng[*1] Hongru Yu[2] Yue Dou[1] Tao Ji[1] Jiayang Du[1]

(1. College of Civil Science and Engineering, Yangzhou University;

2. Key Laboratory of Transport Industry of Big Data Application Technologies for Comprehensive Transport, Ministry of Transport, Beijing Jiaotong University)

Abstract The abnormal speed change behavior of bus drivers could easily lead to nonlinear motion characteristics of the vehicle, which in turn induces hidden dangers of safe driving. In order to improve the safety of the intelligent bus system, intervene and control the behavior of bus drivers, a comprehensive use of the massive historical GPS data of buses, the speed and acceleration as the key indicators for abnormal speed change behavior modeling, and the elbow diagram, improved OLS, etc. to train and fit actual data. Furthermore, the dynamic threshold equation of the bus driver's safe speed change is constructed, and then the identification algorithm of abnormal speed change behavior for the bus driver is established. Finally, a case verification analysis is carried out. The research results show that: (1). For bus drivers' rapid acceleration behavior, when the vehicle speed is lower than 35km/h, the safety risk of accelerating is lower; when the vehicle speed is higher than 35km/h, the safe acceleration threshold decreases monotonously with the increase of speed. (2). For the driver's rapid deceleration behavior, as the vehicle speed increases, the deceleration safety threshold is always monotonously decreasing, especially when the vehicle speed is high, the sudden braking has a higher risk. (3). The limit value of the driver's safe speed change under heavy rain and strong wind is significantly reduced, indicating that the two extreme weather will increase the potential safety hazards of bus driving.

Keywords Trajectory data Anomaly detection Threshold fitting Abnormal driving behavior Weighted least square method

0 Introduction

Buses are essential for urban transportation, and ensuring their safety not only enhances public transportation but also offers significant social benefits (Af Wåhlberg, 2004; Barabino, 2018; Barabino and Di Francesco, 2016). Recent years have seen numerous serious public transportation accidents in China, resulting in substantial human and economic losses. This has prompted increased focus on enhancing bus operation safety, becoming a focal point of social attention and scholarly research (Porcu et al., 2020; Wang et al., 2021).

Research indicates that driver behavior is a primary cause of traffic accidents (Mooren et al., 2014), particularly behaviors like violent shifting, which involves rapid acceleration or deceleration at high speeds and is associated with significant safety risks, earning drivers the label of "reckless" (Wang et al., 2004).

Traditional analysis of abnormal driving behavior has relied on accident or violation data to assess driving safety (AlKheder et al., 2020; Chai et al., 2023; Eboli et al., 2016; Hamed and Al-Eideh, 2020; Li et al., 2021; Raju et al., 2022; Wali et al., 2019; Yoh et al., 2017; Yuan et al., 2020). However, due to the sudden and random nature of bus accidents, such data collection is challenging and often insufficient to fully gauge driver performance. With advancements in artificial intelligence and 5G communication, monitoring technologies for abnormal driving behaviors have evolved, primarily using microwave radar, onboard sensors, video processing, and image recognition to detect dangerous driving conditions and driver fatigue (Fazeen et al., 2012; Petraki et al., 2020; Li et al., 2020; Shahverdy et al., 2020, Tran et al., 2012, Vetturi et al., 2020).

While these technologies offer valuable insights into abnormal driving behaviors, they often produce false alarms, highlighting the need for further refinement. GPS data, which records bus trajectories, is a common data source for studying public transportation operations, offering lightweight data with ample historical samples (Li et al., 2021). However, research on identifying abnormal shifting behaviors of bus drivers using GPS data is limited.

Modeling abnormal shifting behavior based on historical GPS trajectory data can reduce the need for advanced onboard equipment, providing a more accurate reflection of the driver's state and aiding in regulating driving behavior. This approach is not reliant on environmental parameters, making it applicable in various settings.

The remainder of this paper is structured as follows: Section 2 reviews related work on identifying abnormal driving behavior, Section 3 outlines the unsupervised search framework proposed in this study, Section 4 describes the real datasets used in the experiment, Section 5 details the training process and analysis results, and Section 6 summarizes the work and main conclusions.

1 Related work

Scholars have extensively researched the identification of abnormal driving behaviors, achieving significant progress. Methods include the threshold-based approach, dynamics-based threshold method, trajectory similarity-based method, machine learning-based methods, and deep learning-based methods.

The threshold-based method sets behavior thresholds based on traffic control information or regulations. While simple and accessible, it overlooks macro environmental factors and traffic conditions.

Traditional research relies on multi-axis sensor data from experimental vehicles, focusing on physical relationships between vehicle parameters and road conditions to derive theoretical speed limits. For example, Eboli et al. (2016) established a strict correlation between acceleration and speed, using these physical thresholds to identify abnormal behavior in real-world data. Antonios et al. (2023) explored the influence of road geometry on lateral acceleration and speed, obtaining driver comfort and safety limits. However, these methods may not fully exploit driving behavior characteristics and lack adaptability in real-world scenarios without real-time road friction and geometric parameters.

The trajectory similarity-based method identifies abnormal driving behavior by comparing the similarity between vehicle trajectories, effective for analyzing large datasets but less suited for diverse traffic scenarios. Machine learning methods, such as iForest and particle swarm optimization-based clustering, automate anomaly detection but may require substantial computational resources.

Deep learning methods, like LSTM networks, offer higher accuracy in anomaly detection by modeling temporal dependencies in trajectory data. However, they often require large annotated datasets and lack interpretability in determining thresholds.

To address these challenges, this paper proposes an unsupervised search framework based on dynamic speed thresholds, using common GPS data for real-time identification of abnormal speed changes. The proposed method mines historical GPS data to understand driver behavior characteristics, making it more suitable for real-time anomaly detection across various driving environments. It also considers the reliability of speed-acceleration sample data and offers lower computational costs and better interpretability, providing guidance for correcting driving behavior.

2 Methodology

2.1 Definition of abnormal speed change behavior

Speed and acceleration (deceleration) are critical indicators of a bus driver's speed change behavior, showing a strict correlation. This relationship is closely tied to driving safety, requiring different shifting strategies with changes in bus speed. Drivers demonstrate consistent speed change behavior across different speeds, with acceleration (deceleration) concentrated within a specific range. This range's upper limit, known as the safe speed change threshold, is defined as acceleration (deceleration) exceeding this threshold at a specific

speed. While data may include behavior from reckless or conservative drivers, studies suggest that ordinary behavior is predominant, allowing the impact of non-ordinary drivers to be ignored with ensured driver baseline and randomness.

2.2 Discrete safety speed change threshold recognition

Determining the safe speed change threshold poses two key challenges. Firstly, the continuous nature of vehicle speed makes it impossible to derive the threshold for all speeds from GPS data. Secondly, quantitatively and strictly defining the concentration range of the sample presents difficulties. To address these issues, the followingmodeling solutions are proposed:

Firstly, the speed data is discretized into bins, with a bin width of 1 km/h found to be suitable. Next, the acceleration threshold for each speed bin is determined. The 80th to 99th quantiles of acceleration in each bin are selected as feature points, connected at all levels to generate multiple feature lines. These lines represent alternative positions for the safe speed change threshold line. Since abnormal speed change behavior is characterized by a jump in acceleration value, the position of the safe speed change threshold line can be determined by observing and quantifying this change.

The distance between adjacent quantile feature lines reflects the absolute change of acceleration at different feature lines. To intuitively reflect the degree of transition of the acceleration value, Formula 1 is used to standardize each feature value.

$$Q'(i) = \frac{Q(i) - Q(l)}{Q(u) - Q(l)} \tag{1}$$

Among them, $Q(x)$ represents the vector composed of the acceleration values of the i-quantile feature points; $Q(u)$ represents the vector composed of the highest quantile acceleration values; $Q(l)$ represents the vector composed of the lowest quantile acceleration; $Q'(i)$ represents the vector composed of the normalized i-quantile characteristic point acceleration values.

The distance between adjacent standardized feature lines can reflect the relative change of sample acceleration at adjacent quantiles. Formula 2 is used to calculate this distance, and it is denoted as standardized neighbor difference (SND).

$$d_R(i) = \overline{Q}'_R(i+1) - \overline{Q}'_R(i) \qquad (2)$$

Among them, $d_R(i)$ represents the SND value at the i-quantile feature line in the speed interval R; $\overline{Q}'_R(i)$ represents the acceleration average value of the i-quantile feature lines in the specific speed interval R.

Finally, use the elbow diagram to arrange the i-quantile feature lines SND value in sequence, and draw a line chart to show the transition point of the acceleration value, then the quantile feature line of the 'elbow' position is the position of the safe speed change threshold.

2.3 Dynamic safe speed change threshold fitting

To eliminate the influence of different sample numbers under different speed bins and random errors on the continuity of the model to ensure the continuity and dynamics of the model, the filtering algorithm and the least square fitting algorithm are used to modify the model.

2.3.1 Reliability of discrete threshold

When the bus speed increases to a certain level, the probability of the driver further speeding up will be significantly reduced, and the sample size in the corresponding speed bin will also decrease. To make up for this shortcoming, it is necessary to further explore the requirements of the safe speed change threshold to solve the data volume. In this study, Reliability is taken as an indicator of the estimation accuracy of discrete threshold, which means the smaller the deviation between the sample estimate value and the actual value, the higher the reliability of the threshold point. The specific calculation method is as follows:

First, find a speed bin with a sample size of more than 8000, and use 100 samples from the population of the bins as a "sub-sample" to calculate

the critical acceleration, repeat this step 1000 times and calculate the average critical acceleration, record as a_0, add 100 samples each time and repeat the above calculation steps until the sub-sample size is large enough. The mean value of the critical acceleration calculated for the k times is recorded as a_k, and the final convergence value is recorded as $\hat{a}$. Finally, Formula 3 is used to calculate the Credibility estimate $\hat{p}_k$ corresponding to a_k.

$$\hat{p}_k = 1 - \frac{(a_k - \hat{a})^2}{(a_0 - \hat{a})^2} \quad (k=1,2,\cdots) \qquad (3)$$

Due to the influence of random sampling errors, the Credibility estimates are biased, so it is necessary to construct a confidence function, which needs to meet the actual situation of the change in confidence, and according to the definition of confidence, the function needs to meet the two conditions of Formula 4. The Credibility function constructed at last is shown in Formula 5.

$$\begin{cases} p(0) = 0 \\ \lim_{x \to \infty} p(x) = 1 \end{cases} \qquad (4)$$

$$p(x) = 1 - \frac{1}{C_1 x^{C_2} + 1} \qquad (5)$$

Among them, x is the number of samples; $p(x)$ is the Credibility of the critical acceleration when the sample size is x; C_1 and C_2 are undetermined constant terms, which need to be determined by actual data fitting.

2.3.2 Dynamic threshold equation

Ordinary Least Squares (OLS), a mathematical optimization method, is one of the most commonly used algorithms for solving curve fitting problems. It was independently invented by the French scientist Legendre in 1806, and the German mathematician Gauss proved that its optimization effect is better than other methods in 1829.

The basic idea of OLS is to find the optimal function matching of the data by minimizing the value of mean square error (MSE). this method can eliminate the influence of random errors in the data on curve fitting and obtain unbiased estimators with minimum variance. The basic principle of the least square method is as follows.

Let (x, y) be a pair of observations, and $x = [x_1, x_2, \cdots, x_n]^T$ satisfies the following functional formula:

$$y = f(x, w), \text{ where } w = [w_1, w_2, \cdots, w_n]^T \text{ is a undetermined coefficient} \tag{6}$$

To find the optimal estimate of parameter w, for a given m groups $(m > n)$ of observations (x_i, y_i), minimize the loss function:

$$\text{min Loss} = \sum_{i=1}^{m} [y_i - f(x_i, w_i)]^2$$
$$(i = 1, 2, \cdots, m) \tag{7}$$

The traditional OLS can effectively eliminate the influence of random errors in the data, but in addition to the general random errors, the safety threshold fitting involved in this study also needs to consider the deviation caused by the different amount of data in each bin. In order to solve this problem, this paper proposes an improved least squares method considering the reliability of sampling points.

The traditional OLS treats a same importance of each sample, while our improved method considers the reliability of the sampling points. The reliability sequence $p = [p_1, p_2, \cdots, p_m]^T$ was calculated by inputting the sample size of each sub-box into Formula 3 to 5, and the improved loss function was constructed as follows.

$$\text{minLoss} = \sum_{i=1}^{m} \{p_i[y_i - f(x_i, w_i)]\}^2$$
$$(i = 1, 2, \cdots, m) \tag{8}$$

3　Data presentation

This study takes NO. 3 Bus line in Zhenjiang, Jiangsu, China as a typical research object. The entire length of this line is about 13,500m with no tunnels or other low-signal areas, so that control errors andanalyze data easily.

3.1　Bus trajectory data

The trajectory data of buses are from the GPS driving trajectory data of the Zhenjiang Bus Company, Jiangsu Province. The company's buses are equipped with GPS positioning mobile terminals (with an error of about 3 ~ 5m), which can record the instantaneous time, latitude and longitude coordinates, instantaneous speed, instantaneous direction angle and other information of the buses during driving.

3.2　Real-time weather data

Weather is an important external factor affecting bus safety. For example, rain and snow will significantly reduce the coefficient of friction on the ground and increase the risk of sideslip of public transportation vehicles at high speeds; fog and haze will reduce road visibility and adversely affect the driver's risk judgment ability. Zhenjiang weather data comes from the open source API of Hefeng Weather website(2021b), which records information such as temperature, humidity, wind, precipitation and visibility in real time.

3.3　Bus alarm data

The bus alarm data comes from the on-board alarm system on the buses of Zhenjiang Bus Company. The system is composed of multiple parts such as forward short-wave radar and GPS positioning terminal, so it can warn of abnormal information such as forward collision and lane departure of bus vehicles.

4　Experimental analysis and results

Using the above modeling method, a total of 48248076 trajectory data from Zhenjiang Bus Company from November 2020 to February 2021 was used as an example to model, and on this basis, the bus safety thresholds under different extreme weather and traffic periods were compared.

4.1　Threshold modeling of abnormal bus speed change behavior

The overall sample data's speed and acceleration were plotted on a Cartesian coordinate system to observe their distribution characteristics, as shown in Figure1. The acceleration sample points clustered in a roughly triangular unimodal region, as depicted in Figure 1a). In contrast, the deceleration sample distribution, illustrated in Figure 1b), formed a triangle clustered in one corner, indicating a monotonic decrease in acceleration values with increasing bus speed. The data was divided into bins based on bus speed values, ensuring occurrences of abnormal acceleration/deceleration behaviors were within 10%. Connecting the 80th to 99th percentiles of acceleration values in each bin generated multiple alternative discrete threshold lines (alternative feature lines), as shown by the dashed line segments in Figure 1.

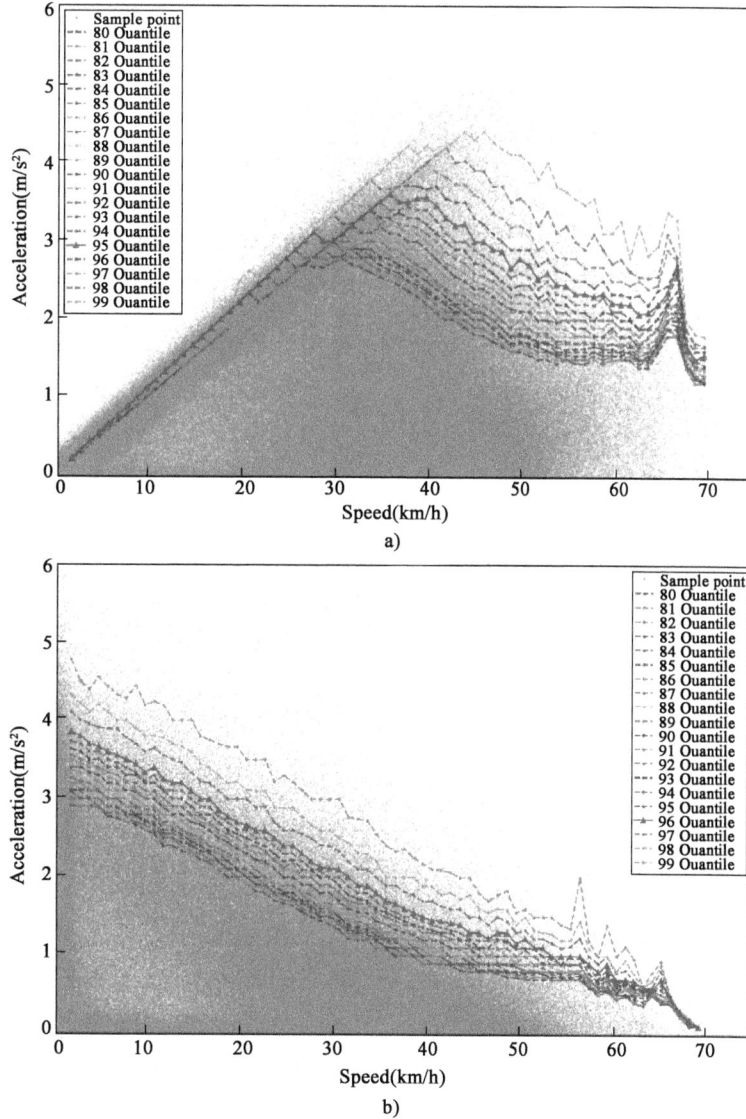

Figure 1   Distribution of the sample data with discrete alternative thresholds

4.2 Threshold modeling under different effect

Various weather conditions, especially extreme ones, significantly alter bus driving behaviors. Rain and snow reduce road friction, increasing sideslip risk, while smog reduces visibility, hampering driver reactions. Defining extreme weather in Zhenjiang during winter ensures weather independence. Heavy rainfall most affects bus acceleration, decreasing maximum acceleration by 10. 8% and maximum speed by 21. 4%. Strong winds follow, decreasing maximum acceleration by 8. 1% and maximum speed by 21. 4%. Low visibility mainly affects acceleration thresholds above 55km/h, causing faster acceleration decreases and reducing the maximum speed to 66 km/h. Low temperatures have minimal impact, slightly decreasing acceleration thresholds overall. Similar patterns are observed in deceleration behavior thresholds, with heavy rainfall and strong winds significantly affecting deceleration thresholds, while low visibility has little impact, and low temperatures have the least impact overall.

Traffic periods significantly affect safe speed change thresholds due to varying traffic volumes, categorized into peak, off-peak, and trough hours. Analyzing winter traffic in Zhenjiang and bus driver schedules defines traffic periods. Bus operation data is classified accordingly, modeling safe speed change thresholds for each period. Acceleration thresholds vary, with off-peak having the highest, indicating less restrictive acceleration. Peaks show lower thresholds due to high traffic, while troughs have the lowest, suggesting minimal speed changes. Deceleration thresholds follow a similar trend, with slight numerical differences. The flat peak has the highest threshold, followed by off-peak, peak, and trough periods.

4.3 Model validation

The above multiple thresholds are used to dynamically identify the abnormal driving behavior of bus drivers, which process is shown in Figure 2. In this figure, the red dashed line represents the driver's dynamic threshold as a function of speed, weather and traffic period, which changes with the driver's speed in real time. Sample point will be recorded as an abnormal shifting behavior sample once the threshold is exceeded.

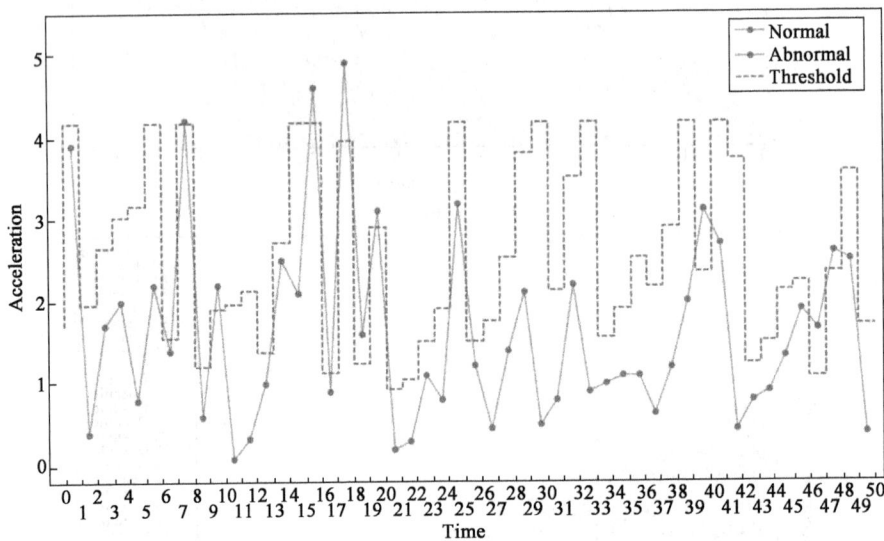

Figure 2　Identification process of abnormal changing speed behavior

To further verify the applicability and effectiveness of the model, the correlation between the number the daily abnormal speed change behaviors of bus drivers and the on-board alarms was tested by using the Spielman regression model.

It can be seen from Figure 3(a-d) that there is an obvious positive linear correlation trend between the abnormal changing behavior and the four types of vehicle-mounted warning.

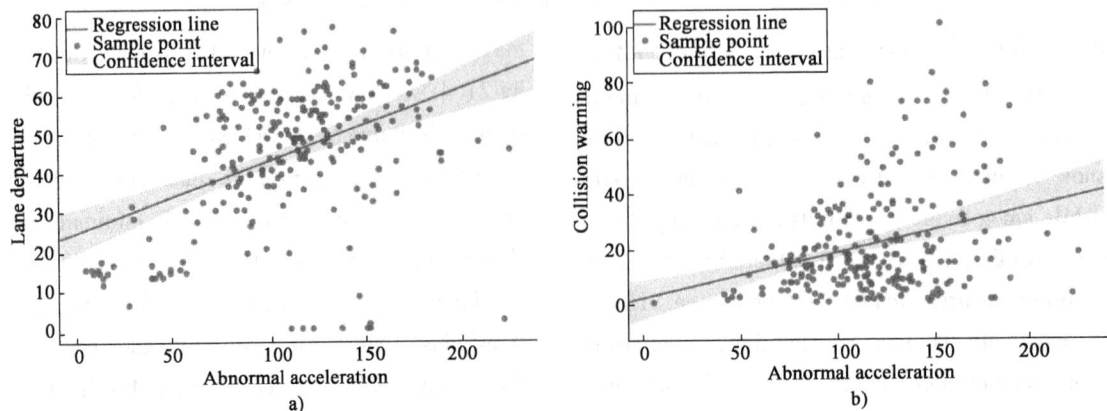

a)

b)

Figure　3

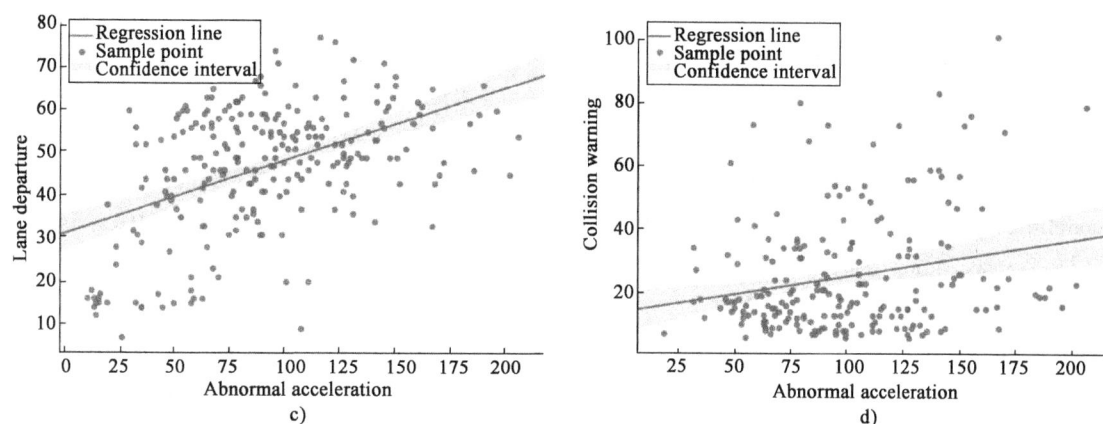

Figure 3   Regression line of vehicle-mounted warning and abnormal acceleration

5   Conclusions

This study mainly researches the method for determining the abnormal speed change threshold under large-scale trajectory data, which can effectively reduce the impact of data distribution defects. Firstly, the comprehensive operation data of buses including bus trajectory data, weather data, geographic data, etc. are collected; Secondly, the identification model of the driver's abnormal changing speedbehavior is designed based on the method of random sampling, elbow diagram and improved OLS. Thirdly, the actual data of Zhenjiang Public Transport Company of Jiangsu China are used for model verification and experiment. Finally, the modeling analysis is carried out on four kinds of extreme weather in winter.

The experimental results show that the abnormal changing speed threshold model can summarize and fit the safety margin of the driver's shifting behavior based on the actual driving behavior of the driver. The establishment of the model does not depend on complex kinetic parameters such as coefficient of friction, which is real-time, accurate and adaptive, so that it is suitable for modeling safe shift thresholds in various environments. In addition, there is a clear correlation between the abnormal changing speed behavior of the bus drivers and the actual alarm of the bus vehicles. To sum up, the identification results of the model can play a key role in pre-control and active control of bus risk, which has important theoretical significance.

References

[1] WÅHLBERG A A. Characteristics of low speed accidents with buses in public transport: part II [J]. Accident analysis and prevention, 2004, 36(1): 63-71.

[2] ALKHEDER S, ALRUKAIBI F, AIASH A. Risk analysis of traffic accidents' severities: An application of three data mining models [J]. ISA transactions, 2020, 106 (prepublish): 213-220.

[3] TRAKAKIS E A, APOSTOLERIS K, PSARIANOS B. Vehicles lateral acceleration and speed profiles investigation at the entry area of interchange ramps as a criterion of geometric road design [J]. Transportation research procedia, 2023, 6913-6920.

[4] BENEDETTO B. Automatic recognition of "low-quality" vehicles and bus stops in bus services [J]. Public transport, 2018, 10(2): 257-289.

[5] BARABINO B, FRANCESCO D M. Characterizing, measuring, and managing transit service quality [J]. Journal of advanced transportation, 2016, 50(5): 818-840.

[6] HAO C, Zhipeng Z, HAO H, et al. Trajectory-based conflict investigations involving two-wheelers and cars at non-signalized intersections with computer vision [J]. Expert systems with applications, 2023, 230.

[7] CHEN C, ZHAO X, ZHANG Y, et al. A graphical modeling method for individual driving behavior

and its application in driving safety analysis using GPS data [J]. Transportation research part f: psychology and behaviour, 2019, 63118-134.

[8] CHEN S, FANG C, TIEN C. Driving behaviour modelling system based on graph construction [J]. Transportation research part c: emerging technologies, 2013, 26: 314-330.

[9] CHEN Z J, WU C Z, ZHEN H, et al. Dangerous driving behavior detection using video-extracted vehicle trajectory histograms [J]. Journal of intelligent transportation systems, 2017, 21(5): 409-421.

[10] COLOMBARONI C, FUSCO G, ISAENKO N. Analysis of road safety speed from floating car data [J]. Transportation research procedia, 2020, 45898-45905.

[11] DABIRI S, MARKOVIČ N, HEASLIP K, et al. A deep convolutional neural network based approach for vehicle classification using large-scale GPS trajectory data [J]. Transportation research part C, 2020, 116.

[12] EBOLI L, GUIDO G, MAZZULLA G, et al. Investigating car users' driving behaviour through speed analysis [J]. Promet (Zagreb), 2017, 29(2): 193-202.

[13] EBOLI L, MAZZULLA G, PUNGILLO G. Combining speed and acceleration to define car users' safe or unsafe driving behaviour [J]. Transportation research part C, 2016, 113-125.

[14] FAZEEN M, GOZICK, et al. Safe driving using mobile phones [J]. IEEE transactions on intelligent transportation systems, 2012, 13(3): 1462-1468.

[15] HAMED M M, AL-EIDEH M B. An exploratory analysis of traffic accidents and vehicle ownership decisions using a random parameters logit model with heterogeneity in means [J]. Analytic methods in accident research, 2020, 25:100116.

[16] PRADHAN A K, DIGVIJAY S P, HUSSEIN D. Classification of motorized two-wheeler riders' acceleration and deceleration behavior through short-term naturalistic riding study [J]. Transportation research part F: psychology and behaviour, 2023, 9692-1100.

[17] LI G, LI E S, CHENG B, et al. Estimation of driving style in naturalistic highway traffic using maneuver transition probabilities [J]. Transportation research part C, 2017, 74113-74125.

[18] LI L, ZHONG B, HUTMACHER C, et al. Detection of driver manual distraction via image-based hand and ear recognition [J]. Accident analysis and prevention, 2020, 137-147.

下穿隧道次路入口至合流区驾驶人眼动行为研究

郭佩佩[1] 焦方通[*1] 石镇玮[1] 范东凯[1] 李平凡[2] 史占航[1] 石中基[1]

(1. 山东理工大学交通与车辆工程学院;2. 公安部交通管理科学研究所道路交通安全公安部重点实验室)

摘 要 多入口下穿隧道由于坡度变化、地下合流、视区受限、环境单调等原因,驾驶人容易产生车距判断失误、车道偏离、超速行驶等问题,极易诱发交通事故。为探究驾驶人在下穿隧道次路入口至合流区的眼动行为特性,利用眼动仪开展实车试验,采集驾驶人的瞳孔、扫视时间和扫视角等指标数据。将下穿隧道次路入口至合流区划分为5个区段,深入分析驾驶人在不同区段的眼动特性与行车安全性。研究结果显示,驾驶人在内部段的瞳孔面积相对变化率最大,为502.99%,次路段瞳孔面积区段增长率最大,

基金项目:国家自然科学基金青年项目(52302437),道路交通安全公安部重点实验室开放课题基金资助(2023ZDSYSKFKT11),山东省科技型中小企业创新能力提升工程项目(2022TSGC2279),山东理工大学博士科研启动项目(422049)。

为137.31%,表明上述区段受光环境与隧道环境的影响较大;合流段的平均扫视持续时间最长、扫视速度均值最大,分别为34.983 ms、0.453 deg/ms,这与合流段的空间环境、合流车辆及安全行车需求等密切相关。研究结果有助于深入挖掘驾驶人在多入口隧道不同区段的视觉行为模式,能够为交通管理和道路设计提供参考。

关键词 下穿隧道 合流区 瞳孔面积 扫视时间 扫视角

0 引言

多入口下穿隧道作为一种特殊的驾驶场景,与开放道路相比,其入口下坡、出入口光环境以及内部合流等要素都存在显著的不同。在下穿隧道次路入口至合流区的驾驶过程中,驾驶人需要在有限的时间内作出快速而准确的决策,同时适应复杂的交通流变化情况。因此,深入研究下穿隧道驾驶场景中驾驶人的眼动行为,确保隧道内的行车安全已成为交通学者关注的重要研究内容。

隧道的曲率、坡度、光照变化等因素会对驾驶人的眼动行为产生影响。Jiao 等[1]分析了城市水下隧道中不同曲率条件下驾驶人的眼动特征,研究表明隧道半径越小,驾驶人注意力集中时间越长。冯忠祥等[2]研究表明,在城市下穿隧道行驶时驾驶人心率增长率对坡度敏感程度要高于其对速度的敏感程度。Zhao 等[3]研究表明,隧道侧壁装饰可以提供视觉刺激,以防止或减少交通事故发生。包逸帆等[4]研究了隧道进出口路段遮阳棚对明暗适应过程的影响规律。王睿爽等[5]分析了隧道照度变化对车辆安全时距的影响。

不同类型的隧道以及隧道的不同区段,驾驶人的眼动行为也存在差异。杜志刚等[6]研究发现,小半径公路长隧道视觉参照系具有诱导信息过渡剧烈、违背驾驶期望和冗余性欠缺等特点。潘福全等[7]在海底隧道入口段进行实车试验,分析各区段驾驶人眼动特征对行车安全的影响。梅家林等[8]分析了隧道入口不同时段、不同区段下驾驶人注视、扫视指标的差异性。胡月琦等[9]研究表明,特长隧道的平均注视时间更长,扫视更频繁,但扫视幅度较小。Wang 等[10]以扫视持续时间、扫视频率和扫视幅度来研究驾驶人的扫视特性,建立了不同区域的注视持续时间和扫视持续时间的数学模型。赵晓华等[11]基于视觉特性,研究了长大隧道突起路标的作用效果。He

等[12]发现隧道内部区域的亮度降低和灯光闪烁将导致驾驶人瞳孔直径变大,其视觉负荷也随之增加。梁波等[13]分析了扫视速度在不同时间及空间下的分布特性。焦方通等[14]分析了城市水下特长隧道弯道路段驾驶人扫视行为的变化特点,并对城市水下隧道出入口的视觉舒适度进行了评价。

隧道内的交通信息大部分通过驾驶人视觉获得[15,16],现有学者主要针对隧道出入口的视觉特性进行研究,对于隧道次路入口至合流区驾驶人眼动行为研究较少,本文从眼动特性出发,通过实车试验采集驾驶人瞳孔面积、扫视时间、扫视角度,分析驾驶人在下穿隧道次路入口至合流区行驶过程中的驾驶行为变化规律,可为隧道次路入口至合流区的交通安全优化提供理论依据。

1 试验设计和数据采集

1.1 试验隧道

本研究以山东某隧道次路入口至合流区为实车试验地点,试验场景如图1所示。该多入口下穿隧道作为城市交通主干路,极大提高了主城区与周边区域的交通效率和便利性,缩短了通行时间。该隧道次路入口至合流区具有入口长下坡、次路环境单调、主路次路车辆在地下合流等特点,在环境认知、判断决策和驾驶操纵方面对驾驶人提出了较高要求。

a)隧道入口外部

图 1

b)隧道次路入口

c)隧道次路内部

图1　试验隧道次路入口典型场景

1.2　试验条件

为减少周围车流对驾驶人行车稳定性的影响,实车试验时间选择在非高峰时段上午9:00—11:00和下午14:00—16:00。招募被试驾驶人17名,驾驶人在试验前均需佩戴眼动仪对注视点位置进行矫正与核对,确定仪器无误后,驾驶人在规定的限速下按照其驾车习惯正常行驶。17名驾驶人年龄分布在26~49岁,平均年龄为37.3岁,平均驾龄12年。试验仪器主要为眼镜式眼动追踪系统Dikablis Glass 3,可兼容眼镜,双眼采集,场景摄像头,眼部摄像头可调,支持兴趣区域分析,瞳孔追踪精度0.1°,视线追踪精度0.1°~0.3°,采样频率60Hz,用以采集驾驶人瞳孔面积、扫视时间、扫视角度等数据。

1.3　隧道区段划分

本文根据隧道内部环境、道路线形等特点,将隧道划分为区段一外部段、区段二遮光棚段、区段三次路段、区段四合流段、区段五内部段,共5个区段。限速标志设置在隧道入口前100~200m处,可见在隧道入口前100~200m处驾驶人需减速行驶,该隧道次路入口前设有遮光棚,故将隧道遮光棚前200m作为外部段,将遮光棚覆盖段设为遮光棚段,次路段为该隧道次路入口至合流三角墙消失处,合流段为合流三角墙消失处至次路车道宽度为0处,内部段为合流段之后200m,区段划分如图2所示。

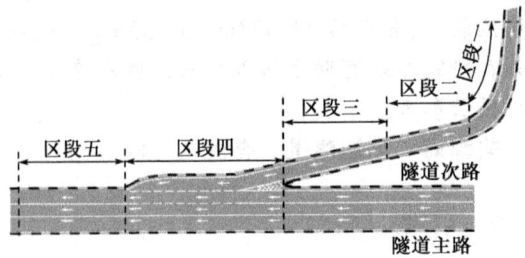

图2　隧道区段划分示意图

2　眼动行为分析

2.1　瞳孔面积相对变化率

驾驶人在接近隧道入口时,由于隧道内封闭狭窄的空间和隧道内外巨大的亮度差异,会产生一系列的生理反应,其中最明显的变化是瞳孔面积。瞳孔面积的变化与驾驶人在不同光环境下的适应性密切相关,而瞳孔面积相对变化率可反映驾驶人在进出隧道过程中受到的视觉刺激程度[4]。因此,本研究选择瞳孔面积相对变化率作为指标,旨在探究不同区段环境下驾驶人瞳孔面积的变化特性。瞳孔面积相对变化率如式(1)所示。

$$D_x = (A_x - A_1)/A_1 \times 100\% \qquad (1)$$

式中:D_x——区段x的瞳孔面积相对变化率(%);

　　　A_x——区段x的平均瞳孔面积(mm^2);

　　　A_1——区段一的平均瞳孔面积(mm^2)。

在隧道次路入口至合流区,所有驾驶人的平均瞳孔面积相对变化率及其直线斜率如图3所示。

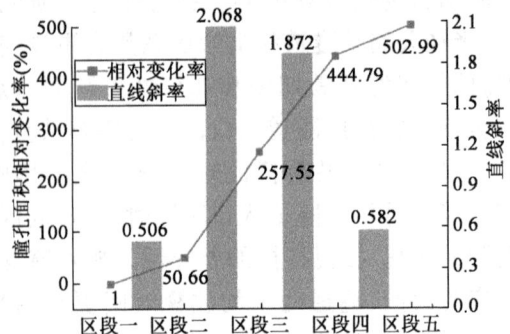

图3　瞳孔面积相对变化率

驾驶人从区段一行驶至区段五过程中,其瞳孔面积大小变化呈现逐渐增大的趋势。区段二的瞳孔面积相对变化率为50.66%,受遮光棚的影响,瞳孔进行较为平缓的扩张,以增加进入眼睛的光线量。进入隧道后,瞳孔面积急剧增大,区段三的瞳孔面积相对变化率为257.55%,此时驾驶人在隧道内需要更多的注意力和视觉处理能力,以保持对道路和周围环境的充分感知。区段四和区段五的瞳孔面积相对变化率进一步上升至444.79%和502.99%,驾驶人在此行驶过程中逐渐完成了暗适应。

遮光棚起到了一定的视觉缓冲作用,区段一至区段二直线斜率最小,为0.506。区段二至区段三直线斜率最大,为2.068,瞳孔面积变化幅度最大,此时驾驶人视觉负荷增长较快。

总体来看,在下穿隧道次路入口至合流区行车过程中,瞳孔面积相对变化率随着区段的延伸呈逐渐增大的趋势,变化率在不同区段之间呈现出明显的跃升,尤其是从区段二到区段四,瞳孔面积变化幅度最大。

2.2 扫视时间

扫视持续时间反映出驾驶人在行车过程中搜索目标所花费的时间,与处理信息的复杂程度有关[17]。本研究通过分析驾驶人在不同区段下的平均扫视持续时间,以反映出驾驶人对不同环境的注意力分配和视觉处理方式,从而提高驾驶安全性。驾驶人在不同区段的平均扫视持续时间及标准差,其结果如图4所示。

在区段一和区段二中,驾驶人平均扫视持续时间集中在30~33ms范围内,变化较为平缓。区段三的平均扫视持续时间最短,为22.650ms。合流段的平均扫视持续时间最长,为34.983ms。这说明驾驶人在合流段需要不断地扫视周围的车辆和交通标志,以适应车辆的变道和速度变化,从而确保车辆安全地驶入隧道主路。扫视持续时间标准差主要集中在13.049~30.851范围内,驾驶人的扫视行为在不同区段存在较大的差异。区段三的扫视持续时间标准差最小,为13.049,而区段四的扫视持续时间标准差最大,为30.851。

驾驶人在不同隧道区段的平均扫视持续时间及标准差反映了他们在不同视觉环境下的扫视行为特性。在隧道次路段,驾驶人的平均扫视持续时间与标准差最小,而在光线较暗、交通环境复杂的合流段平均扫视持续时间和标准差最大。

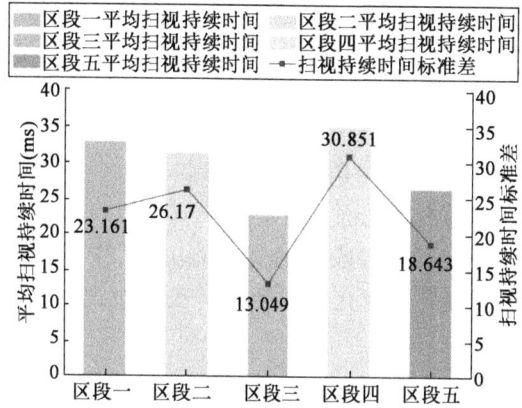

图4　平均扫视持续时间及标准差

2.3 扫视角

扫视角是驾驶人在驾驶过程中眼睛扫视的角度范围[13],扫视角的大小和变化不仅反映了驾驶人对周围环境的感知和理解程度,还揭示了不同驾驶环境下的注意力分配情况,不同区段驾驶人扫视角度如表1所示。

扫视角					表1
区段	一	二	三	四	五
最大值(°)	55.586	75.046	24.818	38.426	26.380
最小值(°)	0.767	0.498	1.096	1.435	1.314
平均值(°)	10.089	10.335	8.246	15.830	9.605
标准差	7.161	15.995	2.826	7.521	4.686

扫视角在外部段的分布区间为0.767°~55.586°,扫视角在遮光棚段的分布区间为0.498°~75.046°。在隧道外部,驾驶人需要更广地扫视周围环境,包括观察道路情况、交通标志、行人和其他车辆等,以应对不同的交通情况和道路条件。扫视角在次路段、合流段、内部段分布区间为1.096°~38.426°。在隧道内部,驾驶人的视野受到隧道结构的限制,隧道内部环境相对单调,视觉上的刺激较少,扫视角度的变化幅度小。除了扫视角的变化范围外,不同区段中扫视角的离散大小为:区段三<区段五<区段一<区段四<区段二。在隧道次路段,视觉环境单调,驾驶人的扫视行为相对稳定。

在隧道外部,驾驶人的扫视角度变化范围较大,隧道内部扫视角度变化范围整体较小,尤其是在视距受限的次路段扫视角离散程度最小,而合流段的范围与离散性大于隧道内部的其他区段。

3　行车安全性分析

3.1　瞳孔面积区段增长率

隧道内瞳孔面积区段增长率可以有效地反映驾驶人在不同区段下的适应能力、工作负荷以及疲劳程度等。瞳孔面积区段增长率如式(2)、图5所示。

$$H_x = (x_1 - x_0)/x_0 \times 100\% \tag{2}$$

式中：H_x——区段 x 的瞳孔面积区段增长率；

x_1——区段 x 终端平均瞳孔面积(mm^2)；

x_0——区段 x 始端平均瞳孔面积(mm^2)。

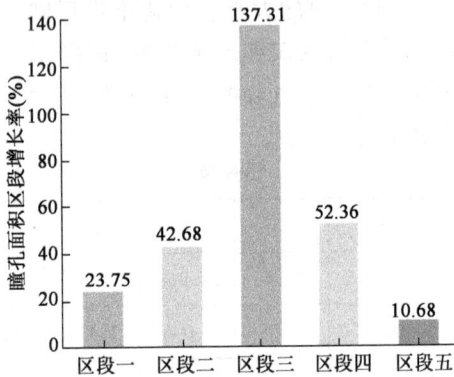

图5　瞳孔面积区段增长率

瞳孔面积区段增长率整体上呈现先增加后减小的趋势。次路段瞳孔面积区段增长率最大，为137.31%。驾驶人在该区段始端会经历由光线充足到相对较暗的过渡，瞳孔面积较小。而在该区段末端，隧道内部光环境相对较暗，瞳孔面积较大。驾驶人需要在由明亮到昏暗的过渡中保持对道路和周围环境的适应能力，以确保安全驾驶。在隧道内部段，瞳孔面积区段增长率最小，为10.68%。隧道内部段处于相对稳定的光环境中，驾驶人已经适应了隧道内部的行车环境。

隧道外部段驾驶人瞳孔面积区段增长率为23.75%，在进入隧道后，次路段的瞳孔面积区段增长率是外部段的5.7倍。上述两区段的变化主要发生在隧道外部与内部，外部段光环境稳定，次路段存在较大照度变化，驾驶人受到黑洞效应的影响，行车安全性降低。

3.2　扫视速度

扫视速度反映了驾驶人在单位时间内观察周围环境的速度[13]。将扫视角度与扫视时间的比值作为扫视速度，来比较不同区段的扫视行为差异性。驾驶人在不同区段的扫视速度如图6所示。

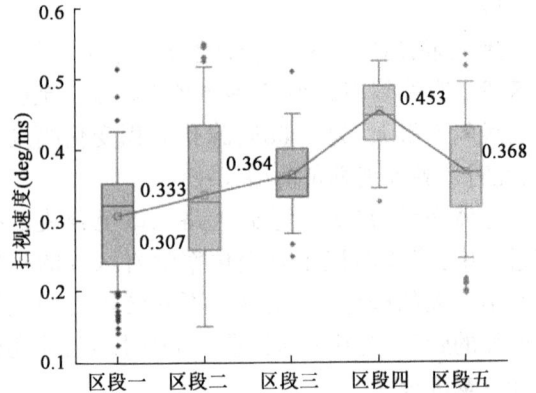

图6　扫视速度

在外部段，扫视速度均值最小为0.307deg/ms，在相对宽阔的外部环境下驾驶人主要关注交通标志、路况等信息。遮光棚段扫视速度85th与15th差值最大，变化最离散，遮光棚段的光线条件复杂，驾驶人需要提高扫视速度来采集更多行车安全有利信息，以降低黑洞效应对行车安全的影响。驾驶人在次路段的扫视速度变化最为集中，这是因为次路段的视区受限、环境单调，路况相对较为简单，驾驶人的注意力更集中于道路行驶。在合流段，扫视速度均值最大为0.453deg/ms，合流段交通情况复杂，驾驶人需要频繁、快速地调整视线以观察周围环境。

在驶入隧道过程中，区段一至区段五扫视速度先增加后减小，在合流段扫视速度均值达到最大。驾驶人需要适时调整扫视速度，并且根据环境特点采取相应的驾驶策略，以提高行车安全性。

4　结语

在下穿隧道次路入口至合流区进行实车试验，采集眼动数据，并以瞳孔面积相对变化率、平均扫视持续时间、扫视角、扫视速度为主要参数，分析了驾驶人眼动行为特性，主要结论如下：

(1)瞳孔面积相对变化率随着驶入隧道不断

增加,直至内部段增大到502.99%。遮光棚段至合流段的直线斜率为2.068、1.872,大于其他区段,在次路段内部瞳孔面积区段增长率最大,为137.31%,反映出次路入口至合流段的行车安全隐患较大。

(2)驾驶人的平均扫视持续时间在隧道外部段与遮光棚段变化较为平缓,在次路段最短,为22.650ms;在隧道合流段,平均扫视持续时间最长,为34.983ms,在此区段驾驶人不断地扫视周围的车辆、交通标志,采集更多行车安全有利信息。

(3)次路段扫视角的变化范围最小,主要集中在1.096°~24.818°,而合流段扫视速度均值显著大于其他区段,为0.453deg/ms,该区段驾驶人更加倾向于快速扫视,来应对隧道主路行驶车辆,确保在隧道内安全汇入合流。

研究成果可以为多入口下穿隧道合流区交通安全设施、交通引导设施的合理布设提供理论支持,对提高驾驶人在隧道次路入口至合流区的行车安全性具有重要意义。未来的工作将进一步深化下穿隧道次路入口至合流区驾驶视觉特性的研究,并围绕驾驶行为分析与交通安全提升等方面展开,为提高驾驶安全性和舒适性提供更有效的解决方案。

参考文献

[1] JIAO F, DU Z, WANG S, et al. Research on drivers' visual characteristics in different curvatures and turning conditions of the extra-long urban underwater tunnels [J]. Tunnelling and Underground Space Technology, 2020, 99: 103-116.

[2] 冯忠祥,杨苗苗,马昌喜,等. 城市下穿隧道纵坡坡度和速度对驾驶人心率增长率的影响[J]. 中国公路学报, 2018, 31(04): 66-77.

[3] ZHAO X, DONG W, LI J, et al. How does the mural decoration of the long tunnel sidewall affect the driver's speed control ability? [J]. Tunnelling and Underground pace Technology, 2022, 130: 104.

[4] 包逸帆,王明年,秦鹏程,等. 遮阳棚对隧道进出口明暗适应的影响规律研究[J]. 现代隧道技术, 2022, 59(1): 111-117.

[5] 王睿爽,白翰,赵亮,等. 基于隧道照度因素的车辆跟驰模型研究[J]. 交通工程, 2024, 24(01): 55-60,74.

[6] 杜志刚,韩磊,梅家林,等. 基于心理旋转效应的小半径公路长隧道视觉环境优化研究框架[J]. 同济大学学报(自然科学版), 2023, 51(09): 1372-1382.

[7] 潘福全,牛远征,张丽霞,等. 海底隧道入口段驾驶员眼动特征分析[J]. 中国安全生产科学技术, 2022, 18(08): 216-221.

[8] 梅家林,杜志刚,王首硕,等. 不同时段高速公路特长隧道入口视觉特性研究[J]. 武汉理工大学学报(交通科学与工程版), 2022, 46(01): 50-53,59.

[9] 胡月琦,刘浩学,朱彤,等. 高速公路特长隧道环境中驾驶员视觉特性研究[J]. 中国安全科学学报, 2017, 27(06): 31-36.

[10] WANG S, DU Z, CHEN G, et al. Drivers' visual characteristics in small-radius optically long tunnels on rural roads [J]. Tunnelling and Underground Space Technology, 2021, 113:103.

[11] 赵晓华,鞠云杰,李佳,等. 基于驾驶行为和视觉特性的长大隧道突起路标作用效果评估[J]. 中国公路学报, 2020, 33(06): 29-41.

[12] HE S, LIANG B, PAN G, et al. Influence of dynamic highway tunnel lighting environment on driving safety based on eye movement parameters of the driver[J]. Tunnelling and underground space technology, 2017, 67: 52-60.

[13] 梁波,张红杰,牛佳安,等. 基于扫视变化特性的城市隧道驾驶紧张情绪分析[J]. 安全与环境学报, 2023, 23(10): 3623-3631.

[14] 焦方通,杜志刚,王首硕,等. 城市水下特长隧道出入口视觉及舒适性研究[J]. 中国公路学报, 2020, 33(06): 147-156.

[15] DENG Y, ZHU H, SHEN Y, et al. Insights into analysis and evaluation on the tunnel lighting environment influenced by vehicle headlights[J]. Tunnelling and Underground

Space Technology, 2024, 144: 105546.

[16] 徐进, 孙子秋, 王思棋, 等. 高密度互通立交出口匝道驾驶人视觉搜索行为特征[J]. 东南大学学报(自然科学版), 2022, 52(06): 1189-1198.

[17] 张悦, 何世永, 孙远义, 等. 隧道光环境下驾驶人视场对比度变化规律及其对行车安全的影响研究[J]. 现代隧道技术, 2023, 60(05): 30-39.

面向天地一体化车联网的跨域漫游认证方案

张文博   张文芳*

(西南交通大学信息科学与技术学院)

摘要 基于天地一体化网络下的车联网将卫星网络、地面网络集成为了一个完整的网络架构,这种网络架构可以使车队在地面基础设施不足的区域保持网络连接。本文针对天地一体化车联网下跨卫星域漫游场景,提出了一种安全高效的漫游认证方案。所提方案利用预认证方式提前传递会话密钥减少认证时延,并设计了一种用于车辆编队的批量认证机制,有效减少卫星计算负担。其次,利用布谷鸟过滤器存储被撤销假名,实现车辆假名动态撤销功能。最后,将所提方案与现有方案进行分析,表明本方案可以满足各项安全要求且认证开销优于现有方案。

关键词 天地一体化网络   漫游认证   批量认证   车辆编队

0 引言

当前,车联网技术引起了信息技术、汽车工程、机械工程等领域专家广泛关注。这些技术交叉融合,推动了汽车行业向智能化方向发展[1]。目前,有人提出将卫星网络与地面网络融合形成天地一体化网络,国际通信卫星组织计划将卫星天线安装在汽车上。这意味着,在高原、沙漠或地震灾区等缺乏地面网络基础设施的地方,汽车也能通过接收卫星信号,获得泛在的网络服务。

然而,空天地一体化网络的传输链路高度暴露,攻击者能轻易发起攻击,窃取用户隐私、系统资源[2]。车辆在行驶时,提供漫游服务是必要的,因为天地一体化网络是由多种制式网络有机结合成的异构网络,这样的网络不可能由一家运营商进行管理,并且卫星网络的设计目标是提供全球性的网络覆盖,尤其在偏远地区,提供的漫游服务允许车辆在不同卫星域内无缝切换,确保在移动中始终保持连接状态。且在当前或者下一代网络中提供全球漫游服务,保护车辆安全是通信技术发展的必然要求[3]。

另外,考虑到在高原、沙漠或地震灾区,车辆常以编队的方式行驶,因此本文方案在漫游认证过程中引入了车辆编队。车辆编队行驶作为一种协同驾驶技术,队内车辆在紧密的队列中行驶,减少车辆间距,提高道路通行能力,降低交通拥堵。另外车辆编队驾驶技术能减少因人为错误引起的交通事故,从而保障交通的安全性[4]。本文针对这种协同行驶方式,设计了一种批量认证机制以降低认证开销。

通过分析现有无线网络中的漫游认证协议[5-8],发现这些协议中,漫游网络需要至少发送一轮消息到家乡网络,在家乡网络的协助下才能完成认证。这些协议的不足之处主要有:(1)通信时延大,家乡网络与漫游网络之间至少有一轮消息交互;(2)安全性弱,漫游网络无条件地将认证请求消息转发给家乡网络,需要家乡网络始终在线,这无疑加重了家乡网络的负担。因此,家乡网络容易成为性能、安全瓶颈。

近年来,针对天地一体化网络提出了多种认证协议,这些协议也存在一些问题。如文献[9~10],将卫星仅视为转发节点,不参与认证过程,然而,攻击者有可能通过劫持卫星来干扰正常通信,并影响车辆与地面站之间的通信。因此,在认证过程中,卫星需采取切实有效的安全措施,与地面站进行双向认证。目前卫星已具备一定计算能力,可以将部分运算迁移到卫星上,减少卫星与地面站的交互次数。文献[11]利用哈希链技术提出一种匿名认证方案,使用哈希、异或操作减少计算开销。然而该方案用户临时身份没有变化,用户隐私没有得到保障。文献[12]提出了一种基于群签名的漫游认证方案,其中卫星作为中间节点,分别对用户和地面站进行认证,最终协商出用户和地面站之间的会话密钥。然而,其方案存在大量双线性对运算,其计算开销十分大。并且当发生撤销时,所有用户都需要更新签名密钥,这也带来了不必要的计算开销。文献[13]提出了一种轻量级的漫游认证协议,可是漫游域的地面站与卫星之间没有进行相互认证,半可信的卫星可以冒充合法用户向地面站申请网络服务或者窃听用户与地面站之间的会话。文献[14]提出了一种三因素匿名漫游认证协议,该协议支持漫游用户、卫星以及漫游网络之间的相互认证,但是该协议的交互轮次多达6次,不适合时间敏感的漫游用户。

综上,本文提出的协议创新性体现在:

（1）针对车辆编队场景,所提方案支持批量认证,降低编队认证开销。利用假名保护隐私,结合布谷鸟过滤器实现假名的高效撤销。

（2）将认证前移至卫星,并将卫星视为半可信,卫星需要与地面站进行双向认证。另外家乡网络能通过假名还原车辆真实身份,实现事后追查。

（3）在空闲时间,卫星—地面站之间采用预认证机制,提高正式认证的速度。

1 预备知识

1.1 椭圆曲线密码学

假设 p 是一个大素数,F_p 表示 p 阶有限域。标准椭圆曲线 E 定义如下:$y^2 = x^3 + ax + b \bmod p$,且 $\Delta = 4a^3 + 27b^2 \neq 0$,其中 $a,b \in F_p$,给定点 $P \in E_p(a,b)$ 以及一个正整数 $n \in F_p$,椭圆曲线上的标量乘法计算公式为 $nP = P + P + \cdots P$（次数为 n）。

1.2 布谷鸟过滤器

图1a)表示布谷鸟过滤器的插入操作,图1b)表示过滤器结构,具体插入、删除算法见文献[15]。

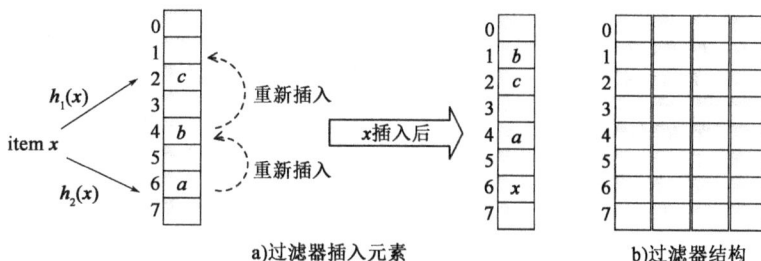

图 1 布谷鸟过滤器

2 系统模型

2.1 系统模型

系统模型如图2所示,各实体职责如下:

（1）车辆(V):V 在其家乡域网络控制中心进行注册。

（2）网络控制中心（network control center,NCC）:负责域内的网络管理,拥有各实体注册信息。

（3）地面站（ground station,GS）:位于 NCC 与 V 之间,与 NCC 通过地面网络连接,为卫星提供地面接口。

（4）低轨卫星（low earth orbit satellite,LEO）: 车辆连接卫星网络的接入节点。

（5）中央权威（central authority,CA）:仅负责建立和管理整个卫星网络的安全参数,并不参与认证。

2.2 安全需求

（1）双向认证:车辆验证卫星,防止接入假冒卫星,卫星验证车辆,防止未授权访问。

（2）匿名性:车辆真实身份对 FNCC 保密,只有 HNCC 才知道其真实身份。

（3）可追踪性:必要时家乡网络可根据车辆假名还原车辆真实身份。

（4）可撤销性:利用布谷鸟过滤器完成撤销,认证时首先查询假名有效性以实现撤销。

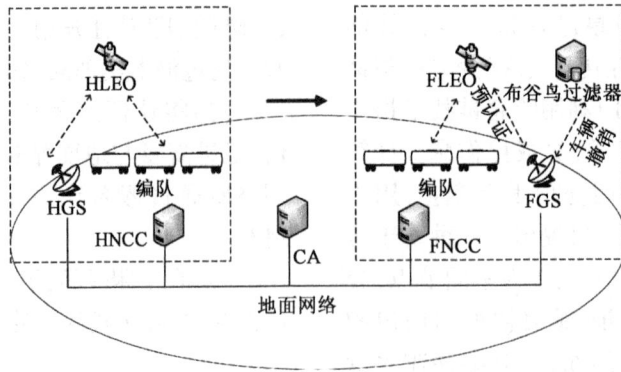

图 2　系统模型

3　漫游认证方案

协议的符号说明见表 1。

符号说明　　　　　　　　　　　　　　表 1

符号	描述
ΔT	最大传输时延
p	椭圆曲线上的生成元
$H_0 \sim H_3$	Hash 函数

3.1　系统初始化

(1)CA 输入安全参数 k,接着随机选取大素数 p、q,并满足 $q/p-1$。E/F_p 是有限域上的椭圆曲线,G 是椭圆曲线上的循环群,P 是 E/F_p 上阶为 q 的生成元,定义安全哈希函数:H_0,H_1,H_2,H_3,CA 公开系统参数:$\mathrm{Params} = \{p,q,P,G,E/F_p,H_0,H_1,H_2,H_3\}$。

(2)HNCC、FNCC 选择随机数 s_H、$s_\mathrm{F} \in Z_q^*$ 作为系统私钥,计算系统公钥 $P_\mathrm{H-Pub} = s_\mathrm{H}P$、$P_\mathrm{F-Pub} = s_\mathrm{F}P$。然后各自公开系统参数 $\mathrm{Params}-H = \{p,q,P,G,E/F_p,H_0,H_1,H_2,H_3,P_\mathrm{H-Pub}\}$ $\mathrm{Params}-F = \{p,q,P,G,E/F_p,H_0,H_1,H_2,H_3,P_\mathrm{F-Pub}\}$。

3.2　注册

3.2.1　车辆假名及部分密钥生成

(1)假设 RID_i 为车辆 V_i 真实身份,V_i 随机选择 $x_i \in Z_q^*$,计算 $\mathrm{PID}_{i_1} = x_iP$,将 $\{\mathrm{PID}_{i_1}, \mathrm{RID}_i, \mathrm{ID}_\mathrm{FNCC}\}$ 通过安全通道发给 HNCC,其中 $\mathrm{ID}_\mathrm{FNCC}$ 代表漫游网络的身份标识。

(2)HNCC 收到后,随机选择 $r_i \in Z_q^*$,计算 $R_i = r_iP$。为 V_i 生成假名:$\mathrm{PID}_{i_2} = \mathrm{RID}_i \oplus H_0(s_\mathrm{H}\mathrm{PID}_{i_1}, t_{\mathrm{end}_i}, \mathrm{PID}_{i_1})$,其中 t_{end_i} 是时间戳,代表假名期限。因此 V_i 的假名为 $\mathrm{PID}_i = (\mathrm{PID}_{i_1}, \mathrm{PID}_{i_2}, t_{\mathrm{end}_i})$。HNCC

再计算 V_i 部分私钥:$u_i = H_1(\mathrm{PID}_i, R_i, P_\mathrm{H-Pub})$,$d_i = r_i + s_\mathrm{H}u_i$。最后,HNCC 通过安全通道将 $\{\mathrm{PID}_i, d_i, R_i, \mathrm{PK}_\mathrm{FLEO}, \mathrm{ID}_\mathrm{FLEO}\}$ 发给 V_i。

(3)V_i 收到后,验证下列等式 $d_iP = R_i + P_\mathrm{H-Pub}H_1(\mathrm{PID}_i, R_i, P_\mathrm{H-Pub})$ 是否成立,若不成立,则终止,否则继续执行。

3.2.2　车辆秘密值生成

V_i 随机选择秘密值 $s_i \in Z_q^*$,计算 $S_i = s_iP$。最终 V_i 的完整私钥为:$SK_{V_i} = \{d_i, s_i\}$,完整公钥为:$PK_{V_i} = \{S_i, R_i\}$。

V_i 可通过多次运行车辆假名及部分密钥生成算法得到短期假名列表 $\mathrm{PID}_\mathrm{list} = \{\mathrm{PID}_1, \mathrm{PID}_2, \mathrm{PID}_3, \cdots, \mathrm{PID}_n\}$。$\mathrm{PID}_\mathrm{list}$ 由 HNCC 存储在数据库中,且与 V_i 的真实身份 RID_i 绑定。

3.2.3　卫星注册

(1)FLEO 将身份 $\mathrm{ID}_\mathrm{FLEO}$ 发给 FNCC。

(2)FNCC 收到后随机选择 $r_\mathrm{FLEO} \in Z_q^*$,计算 $R_\mathrm{FLEO} = r_\mathrm{FLEO}P$,为 FLEO 计算部分私钥 $d_\mathrm{FLEO} = r_\mathrm{FLEO} + s_\mathrm{H}H_1(R_\mathrm{FLEO}, P_\mathrm{H-Pub})$。随后,FNCC 通过安全通道将 $\{d_\mathrm{FLEO}, R_\mathrm{FLEO}\}$ 发给 FLEO。

(3)FLEO 收到后,验证等式 $d_\mathrm{FLEO}P = R_\mathrm{FLEO} + P_\mathrm{F-Pub}H_1(R_\mathrm{FLEO}, P_\mathrm{F-Pub})$ 是否成立,若不成立,终止执行,否则随机选择秘密值 $s_\mathrm{FLEO} \in Z_q^*$,计算 $S_\mathrm{FLEO} = s_\mathrm{FLEO}P$。最终,FLEO 的完整私钥为:$SK_\mathrm{FLEO} = \{d_\mathrm{FLEO}, s_\mathrm{FLEO}\}$,完整公钥为:$PK_\mathrm{FLEO} = \{S_\mathrm{FLEO}, R_\mathrm{FLEO}\}$。

3.2.4　地面站注册

同卫星注册过程一致,最终地面站的完整私钥为 $SK_\mathrm{GS} = \{d_\mathrm{GS}, s_\mathrm{GS}\}$,完整公钥为 $PK_\mathrm{GS} = \{S_\mathrm{GS}, R_\mathrm{GS}\}$。

3.3 预认证

(1)FGS 选择随机数 $a_{FGS} \in Z_q^*$，生成时间戳 t_{FGS}，对消息 $m_{FGS} = \{ID_{FGS}, ID_{FLEO}, t_{FGS}\}$ 进行签名，FGS 进行如下计算 $A_{FGS} = a_{FGS}P$，$h_{FGS} = H_2(m_{FGS}, A_{FGS}, S_{FGS})$，$k_{FGS} = H_3(A_{FGS}, S_{FGS})$，$\omega_{FGS} = a_{FGS} + k_{FGS}(h_{FGS}s_{FGS} + d_{FGS})$，将 $\sigma_{FGS} = (R_{FGS}, A_{FGS}, \omega_{FGS})$ 作为消息 m_{FGS} 的签名，FGS 将 $\{m_{FGS}, t_{FGS}, \sigma_{FGS}, PK_{FGS}\}$ 发给 FLEO。其中，A_{GS} 用于漫游认证通过之后协商会话密钥。

(2)FLEO 收到后，验证 $t_{now} - t_{FGS} < \Delta T$ 是否成立，若不成立，终止执行，否则计算 $h'_{FGS} = H_2(m_{FGS}, A_{FGS}, S_{FGS})$，$k'_{FGS} = H_3(A_{FGS}, S_{FGS})$，接着验证下列等式是否成立 $\omega_{FGS}P = A_{FGS} + k'_{FGS}(h'_{FGS}S_{FGS} + R_{FGS} + P_{F-Pub}H_1(R_{FGS}, P_{F-Pub}))$。若成立，则认证通过，FLEO 存储 $\{ID_{FGS}, t_{FGS}, A_{FGS}\}$。接着 FLEO 选择随机数 $a_{FLEO} \in Z_q^*$，生成时间戳 t_{FLEO_1}，对消息 $m_{FLEO} = \{ID_{FLEO}, ID_{FGS}, A_{FLEO}, t_{FLEO_1}\}$ 进行签名。FLEO 接下来进行如下计算 $A_{FLEO} = a_{FLEO}P$，$h_{FLEO_1} = H_2(m_{FLEO_1}, A_{FLEO}, S_{FLEO})$，$k_{FLEO_1} = H_3(A_{FLEO}, S_{FLEO})$，$\omega_{FLEO_1} = a_{FLEO} + k_{FLEO_1}(h_{FLEO_1}s_{FLEO} + d_{FLEO})$，将 $\sigma_{FLEO_1} = (R_{FLEO}, A_{FLEO}, \omega_{FLEO_1})$ 作为 m_{FLEO_1} 的签名。FLEO 发送 $\{m_{FLEO_1}, t_{FLEO_1}, \sigma_{FLEO_1}, PK_{FLEO}\}$ 给 FGS。

(3)FGS 收到后，首先验证 $t_{now} - t_{FLEO_1} < \Delta T$ 是否成立，若不成立，则终止，否则计算 $h'_{FLEO_1} = H_2(m_{FLEO_1}, A_{FLEO}, S_{FLEO})$，$k'_{FLEO_1} = H_3(A_{FLEO}, S_{FLEO})$，FGS 验证等式 $\omega_{FLEO_1}P = A_{FLEO} + k'_{FLEO_1}(h'_{FLEO_1}S_{FLEO} + R_{FLEO} + P_{F-Pub}H_1(R_{FLEO}, P_{F-Pub}))$ 是否成立。若成立，认证通过。

预认证阶段如图 3 所示，该阶段可定期执行，更新密钥协商参数，降低会话密钥泄露的可能性。

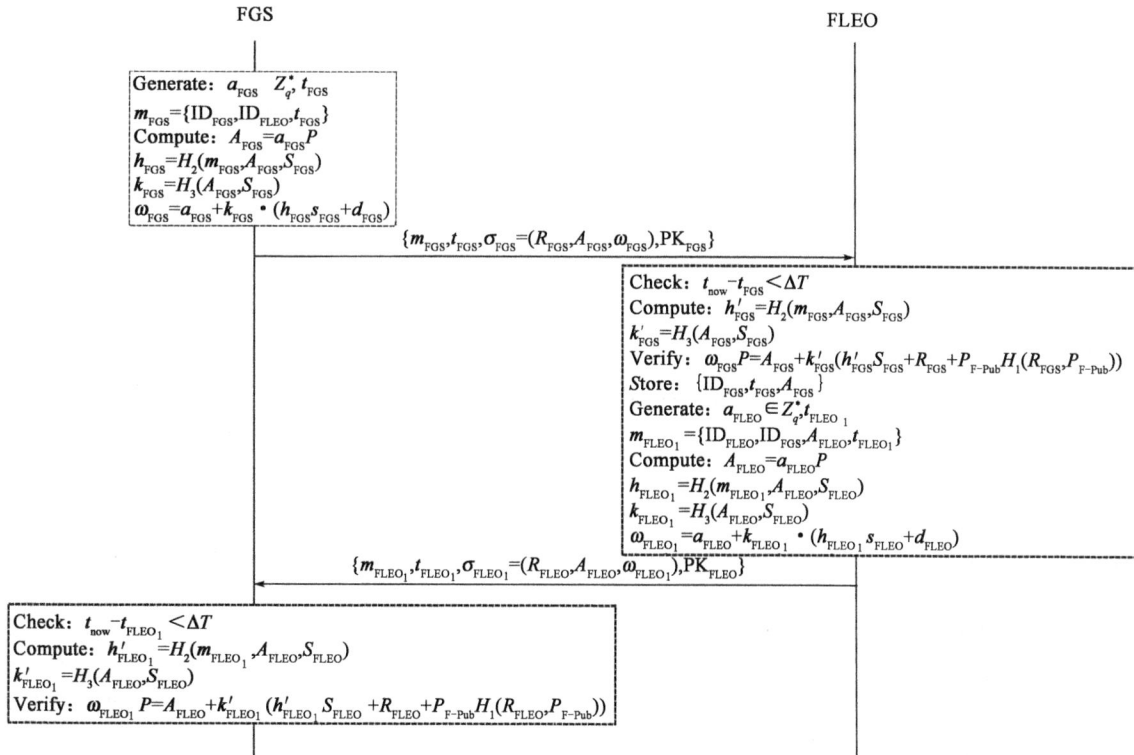

图3　预认证

3.4 漫游认证及会话密钥协商

(1)V_i 选择随机数 $a_i \in Z_q^*$，生成时间戳 t_i，选取任意假名 PID_i，对 $m_i = \{PID_i, ID_{HNCC}, ID_{FLEO}, ID_{FNCC}, t_i\}$ 签名，V_i 计算 $A_i = a_iP$，$h_i = H_2(m_i, PID_i, A_i, S_i)$，$k_i = H_3(PID_i, A_i, S_i)$，$\omega_i = a_i + k_i(h_is_i + d_i)$，将 $\sigma_i = (R_i, A_i, \omega_i)$ 作为 m_i 的签名，最后将 $\{m_i, t_i, PID_i, \sigma_i, PK_{V_i}\}$ 发送给 FLEO。

(2)FLEO 收到后，验证 $t_{now} - t_i < \Delta T$ 是否成立，若不成立，终止执行，否则计算 PID_i 的指纹，并从布谷鸟过滤器中查询指纹是否有效。若无效，终止执行，否则接着计算 $h'_i = H_2(m_i, PID_i, A_i, S_i)$，$k'_i = H_3(PID_i, A_i, S_i)$，验证如下等式 $\omega_iP = A_i + k'_i(h'_iS_i + R_i + P_{H-Pub}H_1(PID_i, R_i, P_{H-Pub}))$ 是否成立。若成立，则认证通过。接着 FLEO 生成时间戳

t_{FLEO_2},对消息 $m_{FLEO_2} = \{ PID_i, ID_{FLEO}, ID_{FGS}, A_i, A_{FGS}, t_{FLEO_2} \}$ 签名,计算 $h_{FLEO_2} = H_2(m_{FLEO_2}, A_{FLEO}, S_{FLEO})$, $k_{FLEO_2} = H_3(A_{FLEO}, S_{FLEO})$, $\omega_{FLEO_2} = a_{FLEO} + k_{FLEO_2}(h_{FLEO_2} s_{FLEO} + d_{FLEO})$,将 $\sigma_{FLEO_2} = (R_{FLEO}, A_{FLEO}, \omega_{FLEO_2})$ 作为 m_{FLEO_2} 的签名。接着 FLEO 计算与 V_i 的会话密钥 $SK_{V_i-FLEO} = a_{FLEO} A_i$,向 FGS 发送 $\{ m_{FLEO_2}, t_{FLEO_2} \}$,向 V_i 发送 $\{ m_{FLEO_2}, t_{FLEO_2}, \sigma_{FLEO_2} \}$。

(3) V_i 收到消息后,验证 $t_{now} - t_{FLEO_2} < \Delta T$ 是否成立,若不成立,则终止,否则 V_i 计算 $h'_{FLEO_2} = H_2$

$(m_{FLEO_2}, A_{FLEO}, S_{FLEO})$, $k'_{FLEO_2} = H_3(A_{FLEO}, S_{FLEO})$,并验证如下等式 $\omega_{FLEO_2} P = A_{FLEO} + k'_{FLEO_2}(h'_{FLEO_2} S_{FLEO} + R_{FLEO} + P_{F-Pub} H_1(R_{FLEO}, P_{F-Pub}))$ 是否成立。若不成立,终止执行,否则认证通过。最后 V_i 计算与 FGS 的会话密钥 $SK_{V_i-FGS} = a_i A_{GS}$,与 FLEO 的会话密钥 $SK_{V_i-FLEO} = a_i A_{FLEO}$。FGS 收到消息后,首先验证 $t_{now} - t_{FLEO_2} < \Delta T$ 是否成立,若成立,计算会话密钥 $SK_{V_i-FGS} = a_{GS} A_i$,否则终止。

漫游认证及会话密钥协商阶段如图 4 所示。

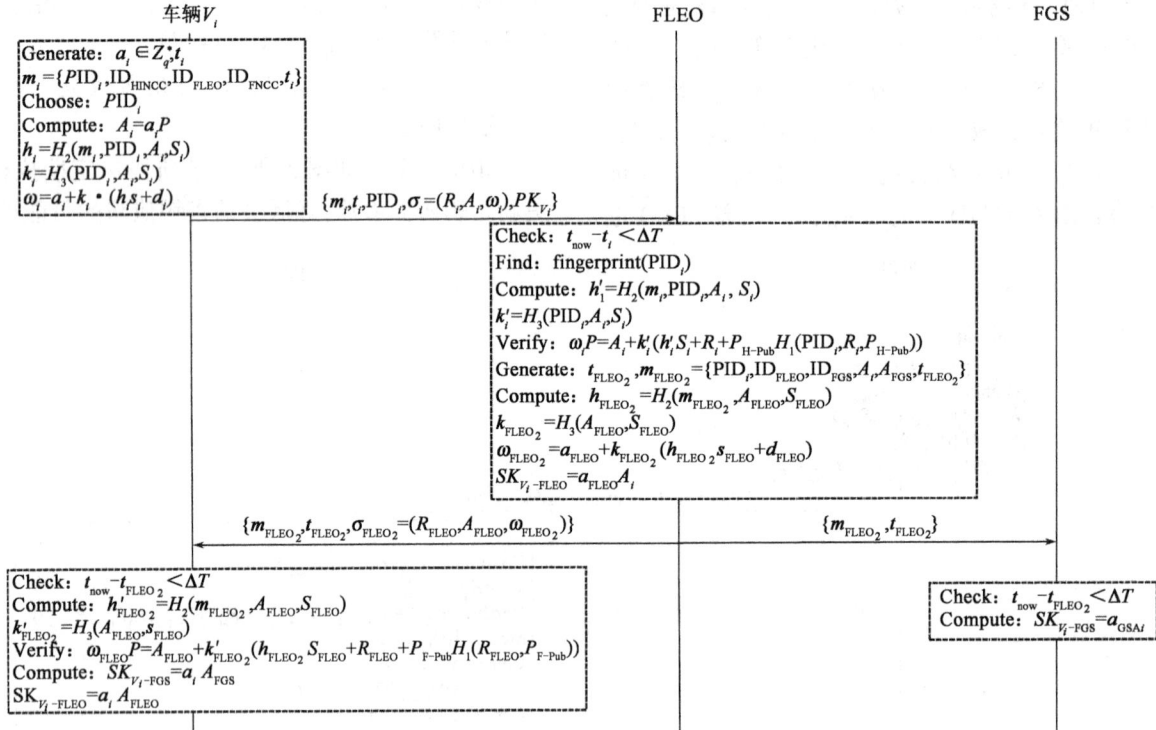

图 4　漫游认证及会话密钥协商

3.5　批量认证

(1)由队长聚合队内所有签名,首先车辆计算各自签名 σ_i,队长计算: $\omega = \sum_{i=1}^{n} \omega_i$。聚合后的签名为 $\sigma = (R_1, A_1, R_2, A_2, \cdots, \omega)$,队长将 $\{ m_i, t_i, PID_1, PID_2, \cdots, PID_n, \sigma, PK_{V_1}, PK_{V_2}, \cdots, PK_{V_n} \}$ 发给 FLEO 进行验证。

(2) FLEO 收到后验证 $t_{now} - t_i < \Delta T$ 是否成立,若不成立,终止执行,否则计算所有假名指纹并从过滤器中查询指纹是否有效。若存在无效假名,FLEO 拒绝请求,否则计算 $\omega P = \sum_{i=1}^{n} A_i + \sum_{i=1}^{n} k'_i(h'_i S_i + R_i) + \sum_{i=1}^{n} k'_i P_{H-Pub} H_1(PID_i, R_i, P_{H-Pub})$ 是否成立,若不成立,则终止,否则认证通过。后续步骤与单个车辆的漫游认证及会话密钥协商步骤相同。

3.6　基于布谷鸟过滤器的车辆撤销

本文利用布谷鸟过滤器降低撤销开销,对于查找、删除操作,布谷鸟过滤器的时间复杂度为 $O(1)$,远低于线性表,且过滤器中存储指纹而非原始数据项,所以占用空间小。

若 V_i 主动退出漫游服务或 HNCC 检测到 V_i 存在恶意行为,HNCC 根据临时身份 PID_i 反解出真实身份 RID_i,接着在数据库中查找 V_i 其余的 PID_i 并计算指纹后将其插入到布谷鸟过滤器中,然后向 FNCC 广播过滤器,再由 FNCC 向 FLEO 同步。FLEO 也可以主动发现恶意车辆,将其 PID_i 及恶意行为广播给 FGS,FGS 通过 FNCC 发送给 HNCC。

另一方面,随着被撤销假名的增多,过滤器的存储空间也会逐渐不足。这时,需要删除存储在过滤器中的那些被撤销,同时已到期的假名用于减少过滤器空间。然而因为过滤器中存储的是假名指纹而非原始假名,因此不能通过指纹来判断哪些假名是否过期。于是,为了实现假名删除,HNCC 自身额外存储一份假名列表,这个假名列表的内容与撤销列表相同,但是以假名的到期时间进行递增排序,HNCC 定时检查该假名列表中首个假名到期时间,如果到期时间已过,HNCC 将首项删除后再一次检查下一个假名是否已到期,直至未到期。然后 HNCC 根据删除的假名计算出指纹后再在过滤器中进行删除。如此一来可以减少过滤器的存储空间。并且该假名列表并不参与实际认证过程,仅仅用来删除被撤销且已到期的假名,因此不会带来额外的认证开销。

4 安全分析

4.1 双向认证

认证双方通过签名进行验证。若要伪造签名,则需要攻破基于椭圆曲线的离散对数问题。

4.2 条件隐私

匿名性:车辆使用的是假名,若要伪造假名,则需要攻破基于离散对数的安全假设。

可追踪性:若车辆存在恶意行为,由前面的注册阶段容易推出 HNCC 能反解出车辆的真实身份 RID_i。

4.3 抗重放攻击

接收方需判断传播时延是否在可接受的阈值范围内,因此攻击者无法发起重放攻击。

4.4 抗 DoS 攻击

车辆假名由 HNCC 生成,每个假名具有生存时间。并且,过滤器删除假名的资源开销很小。HNCC 无需存储大量认证信息,因此,该协议可以抵抗拒绝服务攻击。

4.5 前后项安全性

在本方案中,车辆的在生成会话密钥的时候。每个会话都会生成不同的新鲜随机数来建立密钥,因此密钥的前后向安全性是通过会话密钥在不同会话中的独立性体现的,通过生成随机数,使

得每个会话密钥具有独立性,即使攻击者捕获了当前会话密钥,也无法获得上一个或者下一个会话密钥。

4.6 可撤销性

在本方案中,如果车辆申请主动退出漫游服务或者车辆存在恶意行为被检测到后,HNCC 会计算其剩余假名的指纹,并将其插入到由布谷鸟过滤器维护的撤销列表中,并定期广播给 FNCC 再由 FNCC 向域内卫星广播,同时 HNCC 会维护一个存储假名的列表。这时,如果车辆想利用被撤销的假名通过漫游认证,在认证阶段,FLEO 会计算假名指纹,在过滤器中进行查询,如果查询到了,FLEO 会拒绝此次认证。因此,本方案可以实现可撤销性。

4.7 会话密钥协商

车辆与卫星之间采用基于椭圆曲线的密钥交换协商会话密钥。恶意车辆如果想获得会话密钥,则需要从消息中反解出随机值,这相当于需要破解椭圆曲线上的离散对数问题,在计算上是行不通的,因此恶意车辆无法破解出会话密钥。从而,本方案可以实现会话密钥协商。

表 2 为本方案与其他方案的安全性对比。

安全性对比　　　　　　　　　　表 2

方案	双向认证	匿名性	抗重放	批量	可追溯	抗 DoS
[12]	✓	✓	✓	✗	✓	✗
[13]	✓	✓	✓	✓	✓	✗
[14]	✓	✓	✓	✗	✗	✓
本文	✓	✓	✓	✓	✓	✓

5 性能分析

本节将对比本文与文献[12~14]方案的性能,其中认证开销 = 计算开销 + 传播开销。本文使用 C 语言中的 OpenSSL 加密库在 AMD Ryzen 7 4800H with Radeon Graphics 2.90 GHz 型号的处理器上计算各项操作 100 次的平均耗时,各操作时间见表 3,由于哈希运算比其他运算时间小得多,因此忽略哈希运算的开销。各实体传播时延见表 4。

运算操作时间		表3
符号	定义	时间(ms)
T_{mul}	椭圆曲线上的点乘	0.605
T_{add}	椭圆曲线上的点加	0.001
T_{pair}	双线性配对	4.905
T_{exp}	模拟运算	0.684
T_{sym}	对称加解密	0.0001

传播时延		表4
实体	定义	传播时延(ms)
T_{V-FLEO}	车辆到FLEO	10
$T_{FLEO-FGS}$	FLEO到FGS	10
$T_{FGS-FNCC}$	FGS到FNCC	10
$T_{FNCC-HNCC}$	FNCC到HNCC	20

5.1 认证开销分析

表5表示对本方案的认证开销与方案[12~14]的认证开销进行对比,其中认证开销包括计算开销及传播开销。

认证开销对比		表5
文献	认证开销	时间(ms)
[12]	$14T_{mul}+6T_{exp}+T_{pair}+2T_{V-FLEO}$	37.48
[13]	$10T_{mul}+4T_{add}+2T_{sym}+2T_{V-FLEO}$	26.05
[14]	$6T_{mul}+2T_{V-FLEO}+2T_{FLEO-FGS}+2T_{FNCC-HNCC}$	83.63
本文	$8T_{mul}+2T_{add}+2T_{V-FLEO}$	24.84

图5更直观地展现了本方案认证开销与文献[12~14]的对比情况。

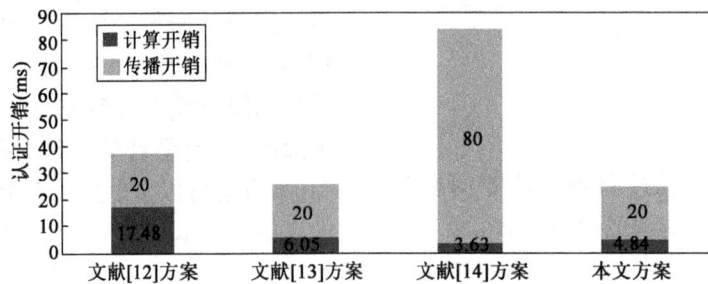

图5 认证开销对比

从图5可以看出,本文认证开销是最低的,其中对于文献[12]和文献[14],本文在认证开销上具有明显的优势,这是因为对于文献[12]而言,在漫游认证时各节点存在大量的双线性对运算,导致其计算开销较大。对于文献[14]来说,在漫游认证时,认证消息在卫星、FNCC、HNCC之间不断交互,协议的总交互轮次多达6次,导致其传播开销较大。本方案认证开销略低于文献[13],不具有明显优势,然而在安全性上,文献[13]的HNCC知道所有用户的公私钥对,存在私钥托管问题,HNCC容易称为安全瓶颈,并且该方案中地面与卫星之间未实现相互认证,且卫星与地面站以及卫星与用户之间未生成会话密钥,因此本方案在安全性上更具优势。

6 结语

本文基于天地一体化网络下的车辆编队行驶场景,基于卫星具备一定计算能力,将认证前移至卫星,提出了一种安全高效的漫游认证方案。并通过批量认证机制减少通信开销,且利用布谷鸟过滤器实现了车辆的高效撤销。通过分析说明本文能抵抗各项攻击。后续研究方向可从漫游计费、空天一体化网络下切片间的切换认证等展开。

参考文献

[1] CHEN S, HU J, SHI Y, et al. Vehicle-to-everything (V2X) services supported by LTE-based systems and 5G [J]. IEEE Communications Standards Magazine, 2017, 1(2): 70-76.

[2] YUE P, AN J, ZHANG J, et al. Low earth orbit satellite security and reliability: issues, solutions, and the road ahead[J]. IEEE Communications Surveys and Tutorials, 2023, 25(3): 1604-1652.

[3] ZAHARIADIS T B, VAXEVANAKIS K G, TSANTILAS C P, et al. Global roaming in next-generation networks[J]. IEEE Communications Magazine, 2002, 40(2): 145-151.

[4] LESCH V, BREITBACH M, SEGATA M, et al. An overview on approaches for coordination of platoons[J]. IEEE Transactions on Intelligent Transportation Systems, 2021, 23 (8): 10049-10065.

[5] 姜奇,马建峰,李光松,等.基于身份的异构无线网络匿名漫游协议[J].通信学报,2010,31 (10):138-145.

[6] ZHU J, MA J. A new authentication scheme with anonymity for wireless environments[J]. IEEE Transactions on Consumer Electronics, 2004, 50(1): 231-235.

[7] LEE C C, HWANG M S, LIAO I E. Security enhancement on a new authentication scheme with anonymity for wireless environments[J]. IEEE Transactions on In-dus-trial Electronics, 2006, 53(5): 1683-1687.

[8] WU C C, LEE W B, TSAUR W J. A secure authentication scheme with anonymity for wireless communications [J]. IEEE Communications Letters, 2008, 12(10): 722-723.

[9] ZHENG G, MA H T, CHENG C, et al. Design and logical analysis on the access authentication scheme for satellite mobile communication networks[J]. IET Information Security, 2012, 6(1): 6-13.

[10] ZHANG Y, CHEN J, HUANG B. An improved authentication scheme for mobile satellite communication systems[J]. International Journal of Satellite Communications and Networking, 2015, 33(2): 135-146.

[11] HWANG M S, YANG C C, SHIU C Y. An authentication scheme for mobile satellite communication systems [J]. ACM SIGOPS Operating Systems Review, 2003, 37(4): 42-47.

[12] YANG Q, XUE K, XU J, et al. AnFRA: anonymous and fast roaming authentication for space information network[J]. IEEE Transactions on Information Forensics and Security, 2018, 14(2): 486-497.

[13] XUE K, MENG W, LI S, et al. A secure and efficient access and handover authentication protocol for internet of things in space information networks [J]. IEEE Internet of Things Journal, 2019, 6(3): 5485-5499.

[14] GUO J, DU Y. A secure three-factor anonymous roaming authentication protocol using ECC for space information networks[J]. Peer-to-Peer Networking and Applications, 2021, 14: 898-916.

[15] FAN B, ANDERSEN D G, KAMINSKY M, et al. Cuckoo filter: practically better than bloom [C]//Proceedings of the 10th ACM International on Conference on emerging Networking Experiments and Technologies. New York: Association for Computing Machinery, 2014: 75-88.

基于 PSO-XGBOOST 的公交车异常驾驶行为识别方法

管德永　王奇　王可*

(山东科技大学交通学院)

摘　要　异常驾驶行为严重威胁了公交车辆安全运行,提升公交车异常驾驶行为识别精度,有助于减少交通安全事故,保障乘客安全出行。本文通过对公交车驾驶行为数据分析,提出了一种基于粒子群

基金项目:国家自然科学基金(52102417)。

算法(PSO)和极限梯度提升树(XGBoost)组合的公交车异常驾驶行为识别方法。首先,对含有标签的数据集进行统计学分析,探索 24 个特征之间的差异性和相关性,与特征重要性进行综合分析,去除了 4 个强相关性且重要性排序较低的特征,以筛选出来的 20 个特征作为输入,构建 FS-XGBoost 模型;其次,利用粒子群算法对全部特征进行选择,建立了包含 12 个特征的数据集,构建 PSO-XGBoost 模型;最后,分别利用 XGBoost(24 维)、FS-XGBoost(20 维)、PSO-XGBoost(12 维)模型进行分类识别,通过准确率(Accuracy)、精确度(Precision)、召回率(Recall)和 F1 值进行验证评估。结果表明,12 个有效特征子集在 PSO-XGBoost 中分类效果最好,PSO-XGBoost 组合模型能够有效提高识别准确率,优于 XGBoost 模型,且具有良好的稳定性。

关键词　异常驾驶行为识别　粒子群算法(PSO)　极限梯度提升(XGBoost)　驾驶行为特征提取

0　引言

随着城市交通的不断发展,公交车作为城市公共交通系统的核心组成部分,发挥着至关重要的作用。然而,与之伴随而来的是公交车异常驾驶行为可能导致的安全隐患。据世界卫生组织称,全世界每年约有 130 万人死于道路事故或车祸[1]。因此,为了减少交通安全事故,提高驾驶安全性,建立一个能够准确检测异常驾驶行为的系统是非常有必要的。

随着自动驾驶汽车和先进驾驶辅助系统(ADAS)的发展,越来越多的研究人员使用智能传感器和人工智能算法来识别异常驾驶行为和预防交通事故[2]。从研究方法角度来看可以划分为基于分析方法和数据驱动方法两类。前者以驾驶员生理与心理信号为基础,例如脑电信号 EEG[3]、心电信号 ECG[4]、皮电信号 EDA[5] 等。基于生理心理信号的检测方法需要驾驶员佩戴脑电仪、生理心理反馈仪等医学设备,由于检测设备都是穿戴式的,容易引起驾驶员不适,造成检测结果存在偏差。基于数据驱动的方法利用机器学习等方法对数据进行分析,将蕴含在数据中的信息转化为知识,实现驾驶行为的非显式建模[6]。近年来,许多学者通过数据驱动的方法研究异常驾驶行为。Hu 和 Zhang X[7] 提出了一种新颖的基于深度学习的异常驾驶检测模型,使用堆叠稀疏自编码器模型来学习通用的驾驶行为特征。Wu 等[8] 利用二维特征元组两两区分异常驾驶行为提取了 13 个维度的特征并训练朴素贝叶斯分类器,并于支持向量机进行对比用于检测和识别异常驾驶行为,准确率达到了 98.40%。

综合国内外在数据驱动方法的研究现状,我们发现在进行特性提取的时候大多数学者都是通过对数据进行差异性和相关性分析,探索数据之间的关系从而提取有效特征子集,但这种方法需要耗费大量的时间进行统计学分析。因此,本文提出一种具有全局搜索能力和收敛速度快的粒子群优化算法(Particle Swarm Optimization, PSO)和一种高效的集成学习算法 XGBoost(eXtreme Gradient Boosting)组合的公交车异常驾驶行为识别方法。通过 PSO 进行特征提取,并利用 XGBoost 进行训练,我们旨在提高模型对公交车行为模式的学习和泛化能力,从而更精准地检测异常驾驶行为。

1　研究方法

1.1　数据来源

本文数据来源于 Wu 等[8] 的公开数据集,该数据集通过智能手机的三轴加速度计和方位传感器采集公交车行驶数据。以 5Hz 的采样率采集加速度、方向和时间戳数据。经过两个月的数据采集共采集了 50 辆公交车约 2500 万条有效行驶数据。在未标定异常驾驶行为事件的情况下,利用摄像头拍摄公交车驾驶视频,利用智能手机采集加速度、方向和时间戳数据。然后,通过获取驾驶视频和采集 10 辆公交车的数据,得到 4h 25min 的加速度、方向和时间戳数据。

1.2　统计学分析

相关系数是用于统计两个随机变量之间线性相关程度的统计量。多个变量间存在高度相关关系会致使模型的权重参数估计失真或难以估计准确。因此需要进行特征筛选工作,避免特征的维度过高增加计算的时间,减少模型的过拟合,增强模型的鲁棒性和泛化能力。

1.3　PSO 基本原理

粒子群优化算法是基于群体的演化算法,算法的灵感来自鸟群和鱼群等自然群体的行为[10]。

该算法首先随机创建粒子群,并在空间中逐步更新每个粒子的位置,每次迭代过程中单个粒子与它本身的经验以及其他粒子的经验进行比较,来更新其下一步的运动方向和速度。

在每次迭代中,粒子运动的方向由它先前的最佳粒子位置和全局最佳位置共同决定,速度的计算也与方向同理。获得新的速度和方向后,就可以确定新的粒子位置。该过程将连续执行,直到找到最优的参数或达到最大的迭代次数。

1.4 XGBoost 模型的基本原理

XGBoost 是一种梯度提升算法[9],它通过集成多个弱学习器来构建一个更强大的模型。XGBoost 算法属于 Boost 算法,其目标函数为:

$$L(\phi) = \sum_i l(y_i, \hat{y}_i) + \Omega(f_\kappa) \tag{1}$$

$$\Omega(f_\kappa) = \gamma T + \frac{1}{2}\lambda \|\omega\|^2 \tag{2}$$

式中:$L(\phi)$——目标函数;

l——单个样本的损失;

y_i——标签值;

$\hat{y}_i$——预测输出;

$\Omega(f_\kappa)$——正则化项;

f_κ——树模型;

κ——树的数量;

γ——叶子树惩罚正则项;

T——树叶子节点数;

ω——叶子权重值;

λ——叶子权重惩罚正则项。

XGBoost 算法的缺点是参数过多,对参数敏感,因此算法的应用较为复杂。为了合理有效地选择算法的超参数,提高算法识别精度,使用收敛速度快、可调整参数少、寻优能力强的粒子群优化算法对 XGBoost 的参数进行优化。

2 模型构建

2.1 基于粒子群算法(PSO)的特征选择

使用 PSO 算法进行特征选择。具体步骤如下所示:

Step1:随机生成一群粒子,每个粒子代表一个特征子集。每个特征可以被选中(1)或不选中(0)。初始化粒子的位置和速度。

Step2:对于每个粒子,使用选定的特征子集来训练模型,并评估模型的性能。将模型的性能作为粒子的适应度值。

Step3:对于每个粒子,更新其个体最优的位置,然后更新整个粒子群的全局最优位置。

Step4:根据个体和全局最优位置,更新粒子的速度和位置。

Step5:多次迭代不断更新粒子的位置和速度,直到达到预定的迭代次数或满足停止条件。

Step6:从最终全局最优特征子集中选择特征。

2.2 PSO-XGBoost 识别模型的建立

PSO-XGBoost 算法的具体流程如图 1 所示。

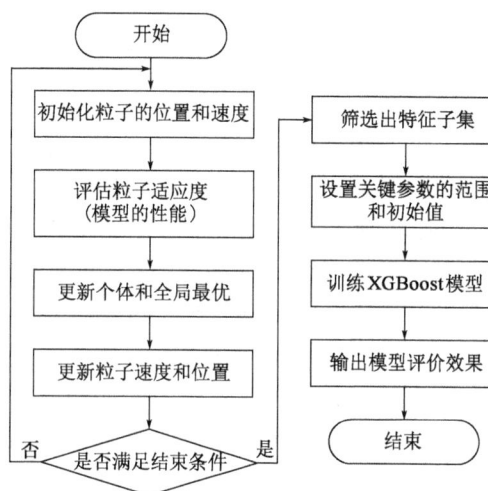

图 1 PSO-XGBoost 算法流程图

Step1 ~ Step6:重复 2.1 的步骤。

Step7:使用选定的特征子集进行训练。

Step8:使用新数据集进行 XGBoost 模型的训练和调优。

Step9:使用训练好的 XGBoost 模型进行预测和评估,可以基于评估结果进行模型调整。

3 实验结果与分析

3.1 数据与参数设置

3.1.1 数据介绍

经过数据预处理构建了一个包含 1366 个特定驾驶行为有效样本的公交车驾驶数据集。其中包括 328 个正常驾驶行为事件、306 个突然制动事件、215 个随意换道事件、103 个快速转弯事件、89 个快速掉头事件和 32 个长时间停车事件。

3.1.2 模型参数设置

模型的具体参数见表 1。

PSO-XGBoost 模型参数设置   表1

参数	参数解释	取值范围	最优参数值
learning_rate	学习率,每一次提升迭代时调整网络权重的步长	[0.01, 0.015, 0.025, 0.05, 0.1]	0.1
max_depth	树的深度	$[0, \infty]$	3
n_estimators	总的迭代次数,即有多少棵树	$[0, \infty]$	200
objective	定义学习任务及相应的学习目标, 使用 softprob 处理多分类问题	multi:softprob multi:softmax	multi:softprob
num_class	分类任务中的类别数量	$[0, \infty]$	6
random_state	随机数种子	$[0, \infty]$	42
feature_importances	特征重要性	—	—
swarmsize	粒子群的大小	[20,100]	30
maxiter	最大迭代次数	[100,200]	100

3.2 驾驶行为特性分析

3.2.1 车辆异常驾驶行为的特性变化

试验数据采用 SPSS 进行统计学分析。用 Q-Q 图检验数据是否服从正态分布,结果显示 Q-Q 图是一条直线符合正态分布,然后进行独立样本 Kruskal-Wallis H 检验。比较不同异常驾驶行为下各特征值的差异,据统计结果显示,不同的异常驾驶行为下各特征均具有统计学差异($P < 0.05$)。

3.2.2 特征之间的相关性

特征之间相关系数矩阵热力图如图 2 所示。相关系数矩阵直观地展示了多个变量的相关性,其中颜色越深表示两者的相关性越强。根据

XGBoost 模型中的 feature_importances 参数得出了 24 维特征的重要性排序如图 3 所示。由图 2、图 3 综合分析可以得出 X 轴加速度标准差与 X 轴加速度变化幅度之间具有强相关性(0.97),且 X 轴加速度标准差在 XGBoost 中的重要性排序高于 X 轴加速度变化幅度,X 轴方向变化标准差与 X 轴方向变化幅度之间具有强相关性(0.97),且 X 轴方向变化标准差在 XGBoost 中的重要性排序低于 X 轴方向变化幅度。依次分析各特征之间的相关性以及在 XGBoost 中的重要性排序,最后筛选出 20 维有效特征子集作为输入,驾驶行为类别作为输出,构建 FS-XGBoost 模型。

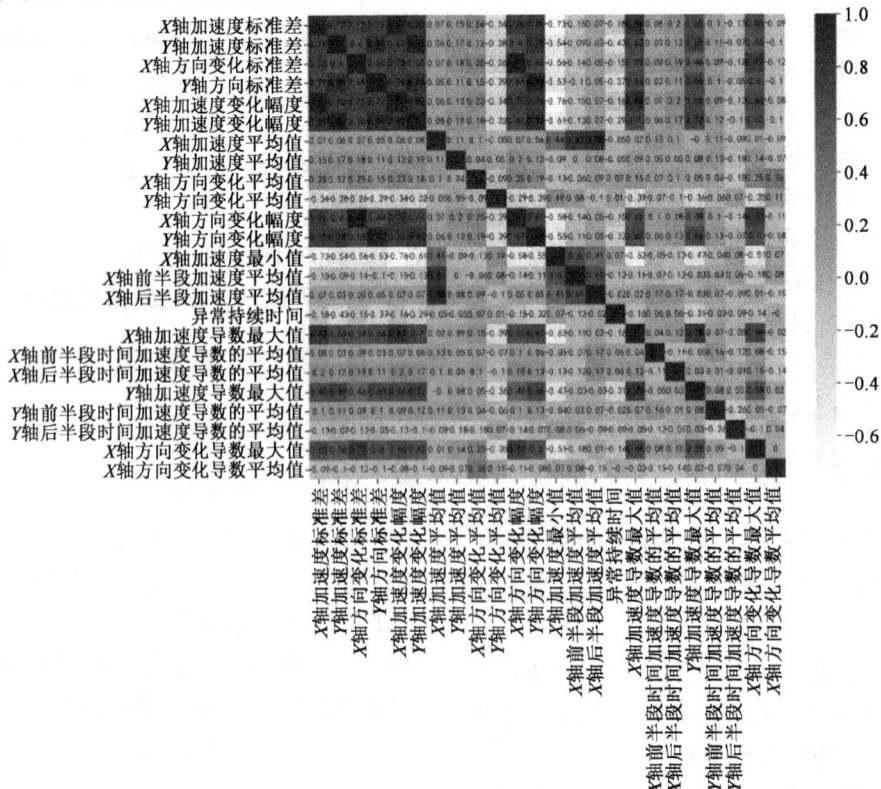

图2 数据集相关特征矩阵

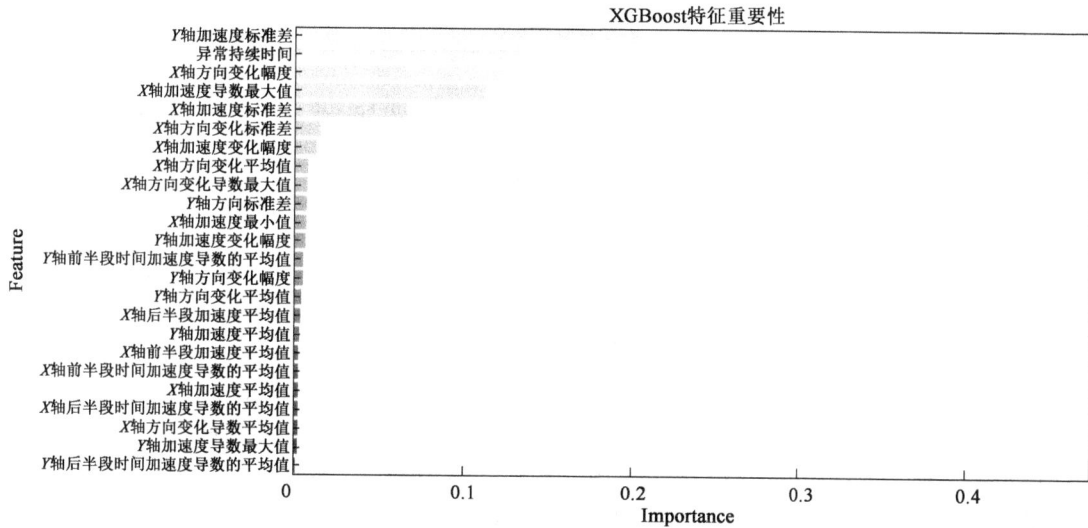

图3　特征重要性排序

3.3　模型识别结果与分析

3.3.1　基于PSO的特征选择

基于PSO算法的特征选择随着迭代次数的增加不断地发生变化,大约在迭代300次后特征数量趋于稳定,此时选取的特征为:X轴加速度标准差、X轴方向变化标准差、Y轴加速度变化幅度、X轴方向变化幅度、X轴加速度最小值、X轴前半段加速度平均值、X轴后半段加速度平均值、异常持续时间、X轴加速度导数最大值、X轴后半段时间加速度导数的平均值、Y轴前半段时间加速度导数的平均值、X轴方向变化导数平均值共计12个特

征。通过结合特征之间的相关性和差异性,考虑采用12个维度的特征作为模型的输入。

3.3.2　实验结果

本研究采用粒子群优化(PSO)进行特征提取,提取出了12维特征作为输入。通过比较XGBoost、FS-XGBoost和PSO-XGBoost两种算法作为异常驾驶行为检测分类器的性能,我们采用了精确率(Precision)、准确性(Accuracy)、召回率(Recall)及F1_Score作为模型的性能评价指标。具体结果可见表2。

各模型分类结果评价指标对比　　　　　　　　表2

算法模型	准确度(Accuracy)	精确率(Precision)	召回率(Recall)	F1分数(F1-score)
XGBoost(24维)	98.29%	98.33%	98.29%	98.30%
FS-XGBoost(20维)	98.54%	98.57%	98.54%	98.55%
PSO-XGBoost(12维)	98.54%	98.57%	98.54%	98.55%

从表2中可以观察到,PSO-XGBoost模型和FS-XGBoost模型表现出最高的准确率,其识别准确率、精确率、召回率和F1值分别达到98.54%、98.57%、98.54%、98.55%,明显优于XGBoost模型。这说明PSO通过在搜索空间中的粒子之间共享信息,实现了全局搜索的效果。搜索出来了12维特征子集在XGBoost上的表现效果与进行常规分析得出来的20维特征子集在XGBoost上的表现效果几乎相同,这说明PSO在寻找特征子集的最佳组合方面非常有效,有助于避免陷入局部最优解。

3.3.3　模型评估

根据表3中本文模型与FS-XGBoost模型、XGBoost模型的对比分析,本文模型的识别准确率比XGBoost模型提高了0.98%。具体来看,本文模型在对突然刹车、随意变道、快速转弯、快速掉头以及长时间停车等异常驾驶行为的识别准确率、召回率以及F1值均优于XGBoost模型。其中,针对突然刹车、随意变道等最频繁发生交通事故的异常驾驶行为,本文模型的准确率、召回率以及F1均超过了FS-XGBoost模型和XGBoost模型,且达到了100%。这表明本文模型在异常驾驶行为的识别方面具有显著优势。

分类器的评价结果 表 3

异常驾驶行为	准确率（Accuracy）			精确率（Precision）			召回率（Recall）			F1 值（F1-score）		
	PSO-XGB	FS-XGB	XGB	PSO-XGB	FS-XGB	XGB	PSO-XGB	FS-XGB	XGB	PSO-XGB	FS-XGB	XGB
正常驾驶	0.97	0.99	0.98	0.97	0.99	0.98	0.97	0.97	0.96	0.97	0.98	0.97
突然刹车	1.00	0.99	0.96	1.00	0.99	0.96	1.00	0.99	0.99	1.00	0.99	0.98
随意变道	1.00	0.98	0.98	1.00	0.98	0.98	1.00	0.98	0.94	1.00	0.98	0.96
快速转弯	0.92	0.91	0.89	0.92	0.91	0.89	0.96	0.97	0.94	0.94	0.94	0.91
快速掉头	1.00	1.00	0.96	1.00	1.00	0.96	1.00	1.00	1.00	1.00	1.00	0.98
长时间停车	1.00	1.00	1.00	1.00	1.00	1.00	0.98	1.00	0.99	0.99	1.00	0.99

4 结语

本文提出了一种基于粒子群算法（PSO）和极限梯度提升树（XGBoost）组合的公交车异常驾驶行为识别方法。通过比较该模型与常规特征选择的 FS-XGBoost 模型以及 24 维的 XGBoost 模型的准确率、精确率、召回率、F1 值评价指标发现，PSO 搜索出来的 12 维特征子集在 XGBoost 上的表现效果与进行常规分析得出来的 20 维特征子集在 XGBoost 上的表现效果几乎相同，其准确率达到了 98.54%。这说明 12 维特征就可以表现出 20 维特征的全部性能。进一步说明了 PSO-XGBoost 模型能够有效提高异常驾驶行为识别的准确率，具有良好的稳定性，优于 FS-XGBoost（20 维）模型和 XGBoost（24 维）模型。

但是本文只考虑了车辆轨迹没有考虑到驾驶员的一些生理心理信息。本文的后续工作将结合生理心理信号进行多模态信息融合的车辆异常驾驶行为检测，解决单一信号来源不够稳定的问题。

参考文献

［1］ AL H C, ANTONIOU C. A data-information-knowledge cycle for modeling driving behavior［J］. Transportation research part F: traffic psychology and beha-viour, 2022, 85: 83-102.

［2］ ZHU S, LI C, FANG K, et al. An optim-ized algorithm for dangerous driving behavior identification based on unbalanceed data［J］. Electronics, 2022, 11(10): 1557.

［3］ CHAN T K, CHIN C S, CHEN H, et al. A comprehensive review of driver behavior analysis utilizing smartphones［J］. IEEE Transactions on Intelligent Transportation Systems, 2019, 21(10): 4444-4475.

［4］ LIU L, JI Y, GAO Y, et al. A novel fatigue driving state recognition and warning method based on EEG and EOG signals［J］. Journal of healthcare engineering, 2021, 2021.

［5］ DONG Z, ZHANG M, SUN J, et al. A fatigue driving detection method based on frequency modulated continuous wave radar［C］// 2021 IEEE International Conference on Consumer Electronics and Co-mputer Engineering (ICCECE). Piscataway IEEE, 2021: 670-675.

［6］ JIA H, XIAO Z, JI P. Fatigue driving detection based on deep learning and multi-index fusion［J］. IEEE Access, 2021, 9: 147054-147062.

［7］ HU J, ZHANG X, MAYBANK S. Abnormal driving detection with normalized driving behavior data: a deep learning approach［J］. IEEE transactions on vehicular technology, 2020, 69(7): 6943-6951.

［8］ WU X, ZHOU J, AN J, et al. Abnormal driving behavior detection for bus based on the Bayesian classifier［C］// 2018 Tenth International Conference on Advanc-ed Computational Intelligence (ICACI). Piscataway IEEE, 2018: 266-272.

［9］ PEMILA M, PONGIANNAN R K, MEGALA V. Implementation of Vehicles Classification using Extreme Gradient Boost Algorithm［C］// 2022 Second International Conference on Advances in Electrical, Computing, Communication and Sustainable Technologies (ICAECT). Piscataway IEEE, 2022: 1-6.

［10］ ALIREZA A. PSO with adaptive mutation and inertia weight and its application in parameter estimation of dynamic systems［J］. Acta Automatica Sinica, 2011(5).

复杂场景下自动驾驶仿真设计与实现

——以作业区为例

孙铭远 许哲谱* 邹劲柏 宋鹏翔

（上海应用技术大学轨道交通学院）

摘 要 近年来，自动驾驶技术高速发展且市场渗透率不断提高，有望显著提升道路交通安全水平。然而实际上，高等级自动驾驶不会一蹴而就，从 L1/L2 升级至 L3、L4、L5 的渐进式发展路线已经成为自动驾驶主流解决方案。可以预见，在未来较长时间内，新型混合交通流（即由 L0 ~ L4 级车辆构成的交通流）将会是道路上的常态。遇到复杂场景时，新型混合交通流中自动驾驶车辆容易发生脱离，需要人工接管，而相关研究目前比较匮乏，复杂场景下交通安全和效率面临巨大挑战。本文设计并实现了基于计算机集群、Apollo、Carla 和驾驶模拟器的自动驾驶仿真平台，可以实现对新型混合交通流在复杂场景下的仿真，并以实际作业区为案例，对本平台的有效性进行了验证。

关键词 自动驾驶仿真 复杂场景 新型混合交通流

0 引言

过去的十年，自动驾驶技术飞速发展，搭载一定自动驾驶能力的车辆已经出现在路网上。自动驾驶的出现，有望显著提升道路通行效率和安全。然而实际上，高等级自动驾驶不会一蹴而就，由 L0 级发展到 L1、L2、L3 级，直到 L4、L5 级的渐进发展路线正成为行业共识。可以预见，在未来较长时间内，新型混合交通流（即由 L0 ~ L4 级车辆构成的交通流）将会是道路上的常态。在遇到复杂场景时，新型混合交通流中的自动驾驶车辆可能发生脱离，需要人工接管。

作业区是复杂场景的典型代表。数据表明，作业区是导致车辆发生脱离的重要因素；作业区会干扰交通流的正常运行，易引发交通事故，存在严重的安全隐患[1]。随着我国路网进入养护时代，养护作业会越发频繁，作业区将成为道路上的常态。然而当前，关于自动驾驶在以作业区为代表的复杂场景下表现的相关研究比较匮乏，复杂场景下应用自动驾驶技术使交通安全和效率面临着巨大的挑战[2-4]。

仿真是开展自动驾驶研究的重要方法[5-6]，相关研究也较多。例如 Utbrich 等提出自动驾驶仿真试验场景要素内涵，包括试验车辆、交通环境要素、驾驶任务和具体驾驶行为[7]。戴嘉润等用 Lgsvl 对 Apollo 和 Autoware 进行了仿真模糊测试[8]。Xu 等研发了 OpenCDA，一个开源的多车协同自动驾驶仿真平台，能进行多车协同仿真，集成自动驾驶功能[9]。但是目前，综合考虑复杂环境以及新型混合交通流的自动驾驶仿真研究和平台比较缺乏，这正是本文研究的重点。

本文针对复杂环境下新型混合交通流自动驾驶脱离、接管及其对效率和安全方面影响的需求，设计并实现了仿真平台。后续内容将详细介绍本平台的设计和实现过程，并以作业区为案例对其进行展示。

1 需求分析

1.1 问题描述

根据研究对象的不同，人们对复杂场景有不同的定义[10-12]。本研究特指实际道路上存在的由复杂道路环境、车辆行为、交通参与者、天气等多因素叠加形成的交通场景。以作业区为例，由于施工的需要导致空间布局改变、车道变化，还存在标志标线混乱不清晰、使用临时安全控制措施、工程车频繁出入、盲区、交通拥堵等问题，如果叠加不良天气，将形成复杂的交通场景，给自动驾驶带

基金项目：上海市启明星项目（扬帆专项）（23YF1446000）。

来巨大挑战。

新型混合交通流遭遇复杂场景时,其中自动驾驶车辆的能力会发生复杂的变化。具体表现为:L1~L4级车辆自动驾驶可能会脱离;当脱离发生时,L1~L3级车辆需要人工接管,而L4级车辆会触发最小风险控制模式。脱离会降低交通流中可以保持自动驾驶的车辆比例,如果接管不充分或者触发最小风险控制模式,还容易引发交通冲突,成为新的风险因素,也会给复杂场景下的通行效率带来负面影响。

1.2 平台需求

为了研究这些问题,需建立自动驾驶仿真平台,这个平台需要具有以下功能。

(1)复杂环境仿真。综合仿真平台需要对复杂场景、环境以及其他交通流特征进行精细刻画。

(2)开源自动驾驶软件技术栈。软件开源可以给平台提供极大的自由度,例如软件故障/局限性是引发脱离的重要原因,基于开源技术栈,可以开发自定义监控模块监测系统的运行情况,也可以针对复杂环境建模的需求进行开发,实现建模自动化。

(3)大规模主车集群仿真。通过计算机组网拓展仿真规模,可以还原新型混合交通流特征,可以获取每辆自动驾驶车辆途经复杂场景的微观行为数据,也能提取出新型混合交通流的宏观行为特征。

2 仿真平台设计

根据前述需求分析,本研究设计了如图1所示的仿真平台架构。硬件方面,该平台由多台高性能服务器、大量计算机以及驾驶模拟器构成。每台计算机仿真一台自动驾驶车辆,这些车辆在由服务器生成的统一环境中仿真。每台计算机上都部署了单独的自动驾驶技术栈以及可以还原人工驾驶的驾驶模拟器。本部分其他内容将对该平台关键技术问题进行更加详细的探讨。

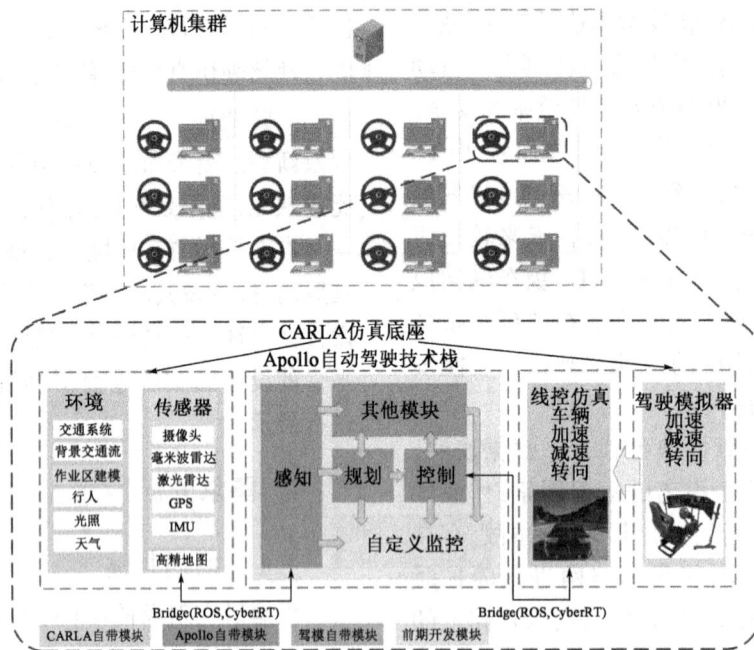

图1 多集群仿真平台示意图

2.1 自动驾驶仿真平台选择

仿真模拟软件有很多,例如 AirSim、Gazebo、Carla 等,其中 AirSim 提供高精度的环境渲染和前沿车辆模型,缺点是新建地图和环境自定义较为烦琐。Gazebo 提供十分真实的物理环境模拟,不足在于 Gazebo 并不是专门为车辆模拟设计的,用户需要自己对车辆以及环境建模。考虑到 Carla 具有免费、兼容性好、支持多主车集群仿真、可以很好地完成复杂场景的建模刻画、可与其他平台进行联合仿真的任务、具有多种传感器(包括深度相机、导航卫星传感器、惯性传感器、激光雷达、毫米波雷达等)和环境编辑器、可以模拟完成各种数据输出等特点,本研究采用 Carla 作为自动驾驶仿真平台底座。

2.2 自动驾驶算法平台选择

目前,国际上已有大量的无人驾驶模拟试验软件,如 Carcraft、TADSim, Apollo 等。其中,Carcraft 可以为每个新软件版本使用在真实世界里驾驶的回放数据进行测试,缺点是其不能提供成熟的算法进行测试。TADSim 是腾讯开发的高效闭环自动驾驶仿真模拟器,具有厘米级高精度地图,由于其并没有开源,因而也不能提供自动驾驶算法进行测试。Apollo 平台不仅能够提供开源且较为成熟的自动驾驶算法,还能提供更加完备的道路通行判定体系,并具有不同级别的自动驾驶算法,将 Carla 和 Apollo 相桥接可以实现对新型混合交通流的模拟,因而本项目选用 Apollo 和 Carla 联合仿真作为复杂场景下的自动驾驶仿真平台。

2.3 评价指标输出

平台支持输出大量数据和评价指标,例如车辆、路段、区域、节点、状态、绿灯时间分布或者公交车的等候时间等。这些数据可以在界面上进行实时展示,也可以文字档或资料库档储存。表 1 以车辆记录为例,列出了可输出的数据。

车辆记录可输出数据　表 1

属性	说明
2D/3D 模型	车辆的 3D 模型文件
加速度	时间步长期间的加速度
起始小区	小区编号
目的地小区	目的地小区编号
编号	车辆编号
车辆类型	车辆类型编号
名称	车辆类型名称
车头时距	时间步长前与前车之间的距离
行驶距离	当前行驶总距离
速度	时间步长结束时的速度
速度差	时间步长内与观察到的车辆之间的相对速度差(>0 = 更快)

3 仿真平台实现

具体实现方面,本平台将计算机集群作为算力基础,在每台计算机上部署统一仿真环境,可以根据需要进行单一主车或者大规模主车集群仿

真。将 Carla 作为本平台的仿真底座,实现逼真的交通系统、背景交通流、行人建模,以及光照和天气模拟;内置了常见的传感器,包括摄像头、毫米波雷达和激光雷达等,并支持用户自定义传感器;内置了多个高精度地图供测试,也提供了相关工具供用户自定义地图和场景;内置了数款经典的线控仿真车辆,也支持用户自定义车辆;支持多主车集群仿真;Carla 可以通过桥接的方式接入第三方自动驾驶技术栈,例如百度 Apollo,也可以接入驾驶模拟器对线控仿真车辆进行手动控制。Apollo 通过 CyberRT 可以获取 Carla 线控仿真车辆车载传感器数据,经过其感知、规划、控制、监控等模块处理之后,可输出底盘控制指令,通过 CyberRT 对 Carla 的线控仿真车辆进行控制,从而实现自动驾驶。驾驶模拟器包含驾驶室、转向盘、制动踏板、加速踏板,可为 Carla 线控仿真车辆提供外部手动控制支持。

由于 Apollo 是面向 L4 级的自动驾驶技术栈,因此可以做到对 L0 ~ L4 级自动驾驶车辆的仿真。在 Carla 场景中进行大规模主车集群仿真,可以实现新型混合交通流的仿真。本部分其他内容将对平台实现的关键技术难点做详细介绍。

3.1 数据流传输

Carla 中的车辆动力学模型采用虚幻引擎 UE 中的 AWheeledVehicle 模型,可以实现对真实车辆各个参数的仿真,例如加速、制动和转向比例、转向曲线、车轮半径等,这些参数可以实现虚拟车辆的仿真模拟,通过 Cyber RT 接收这些信息并执行,则可以完成双端的协同模拟仿真。

如图 2 所示,在 Carla 和 Apollo 之间通信桥接,将 Carla 的车辆信息(位置等)和传感器信息(点云数据、摄像头)利用 cyber 发送到 Apollo,Apollo 利用自身的控制功能将底盘控制指令发送给 Carla 从而将底盘控制指令转换为虚拟车辆控制指令。

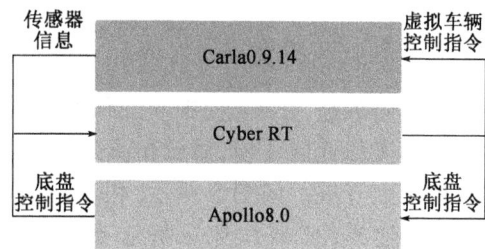

图 2　仿真平台数据流

3.2 复杂作业区建模

在建模实现方面由于 Carla 基于 UE 引擎开发的特点,可以使用多种工具完成建模,包括 maya,3ds max 等,可以完成对作业区的建模,再把模型导入 UE 编译版 Carla 中。Carla 服务器通过 Cyber将建模信息发送给 Apollo,实现两边对于建模识别的一致性。

3.3 多主车集群仿真

Carla 采用可伸缩的客户机—服务器架构。服务器端负责与仿真本身相关的所有任务:传感器渲染、物理计算、世界状态及角色的更新等。客户端由场景中的角色控制逻辑和模拟世界的设置模块组成,通过 API 实现。因为其客户机—服务器的架构,可以做到多个客户端同时运行在同一个服务器上,为多主车集群仿真提供了基础。

多车集群仿真可以用一台强大的电脑作为主机运行 Carla 服务器,其余运行 Apollo 和 Carla 客户端,用 Apollo L1 ~ L4 级的算法控制各个车辆,在同一个 Carla 平台上进行联合仿真。

4 仿真案例:以作业区为例

本部分将以实际作业区为案例介绍在本平台上的仿真。主要流程包括:真实数据采集、CARLA环境下作业区建模、仿真、数据获取、分析与评价。

4.1 真实数据采集

本研究基于自研数据采集平台开展了作业区真实数据采集。如图 3 所示,采集车型号为比亚迪全新一代唐 DMI,具备 L2 级自动驾驶能力,数据采集平台含车内、外摄像头、车辆行为采集装置(含 GPS、三轴加速度仪、陀螺仪等模块)、仪表盘数据采集仪等设备,可以获取途经作业区过程中环境、车辆、驾驶员等丰富的数据。如图 4 所示,展示了实际作业区采集中车外摄像头数据。开启自动驾驶模式通过道路上的施工区,将数据采集整理,作为之后 Carla 建模依据。

4.2 作业区建模

基于实测数据,在 Carla 中建立作业区模型,旨在复刻真实作业区环境,后续仿真试验也将在此建模基础上开展。如图 5 所示,利用真实数据在 Carla 中建模,依据作业区标志摆放准则在Carla 地图相应道路中摆放相应标识,提供了一个

右侧双车道施工占用,需要向左侧车道进行合并的场景。

图 3　实际数据采集

图 4　实际路况作业区

图 5　CARLA 建模的作业区

4.3 仿真

模型搭建完成,即可开启仿真。支持单一主车仿真,也支持多车集群仿真。如图 6 所示,展示了单一主车仿真效果,将 Apollo 与 Carla 桥接,在Apollo 上打开对应模块功能,设置路线,由 Apollo控制 Carla 的车辆在预定的场景中进行仿真。

图6 在 Apollo 中的作业区显示

4.4 数据获取、分析与评价

仿真过程中,Carla 详细记录了主车以及背景交通流的精细数据,包括微观车辆行为(速度、加速度、行驶方向、轨迹等)、各传感器实时数据,以及交通流宏观评价指标等。如图7所示,展示了主车摄像头和激光雷达数据图。

图7 摄像头和激光雷达的图像

本次真实数据采集过程中,经过作业区都会优先开启自动驾驶模式。然而,实际测试表明,比亚迪唐(具备 L2 级自动驾驶能力)在作业区场景下表现并不理想。由于作业区车道变化以及标线不清晰,车辆的车道保持功能无法有效工作,只能降级为 L1 模式,即只开启自适应巡航。在上游过渡区,驾驶员发现车辆无法有效识别出锥桶以及车道封闭,出于安全考虑将自动驾驶主动脱离,降级为人工驾驶模式。这个过程可以在本仿真平台上进行有效复现。仿真过程中,发现复杂情况下 Apollo 无法有效识别出锥桶,主车会发生脱离,试验人员通过驾驶模拟器(转向盘以及制动动作)进行人工接管。

上述试验结果一定程度上验证了本平台在复杂环境自动驾驶仿真相关研究中的有效性和重要价值。

5 结语

本文针对复杂场景下新型混合交通流自动驾驶容易发生脱离、需要人工接管、会影响交通安全

和效率等问题开展仿真相关研究的需求,设计了基于计算机集群、Apollo 自动驾驶技术栈、Carla 以及驾驶模拟器的自动驾驶仿真平台;详细介绍了其实现过程和技术难点,并以实际作业区为例,展示了平台在复杂环境自动驾驶仿真和数据获取与评价方面的能力。成果可为后续开展复杂场景新型混合交通流自动驾驶相关研究打下好的基础。

实际数据的采集,以及在仿真平台上的高保真还原是保障自动驾驶仿真可靠的重要条件,后续研究将基于搭载激光雷达的数据采集车进行高精度数据采集,并设计算法实现仿真平台上的自动化场景建模。

参考文献

[1] 姚雪娇,戴帅,杨钧剑,等.城市道路复杂交通场景的交通组织优化研究[J].道路交通管理,2023,(10):22-25.

[2] 王文军,李清坤,曾超,等.自动驾驶接管绩效的影响因素、模型与评价方法综述[J].中国公路学报,2023,36(09):202-224.

[3] DINGUS T A, GUO F, LEE S, et al. Driver crash risk factors and prevalence evaluation using naturalistic driving data [J]. Proc Natl Acad Sci U S A, 2016, 113(10): 2636-2641.

[4] 胡云峰,曲婷,刘俊,等.智能汽车人机协同控制的研究现状与展望[J].自动化学报,2019,45(07):1261-1280.

[5] 杨海清,余自洋,张通,等.仿真测试在自动驾驶系统开发中的重要性[J].时代汽车,2024,(01):4-6.

[6] 朱冰,张培兴,赵健,等.基于场景的自动驾驶汽车虚拟测试研究进展[J].中国公路学报,2019,32(6):1-19.

[7] ULBRICH S, MENZEL T, RESCHKA A, et al. Defining and substantiating the terms scene, situation, and scenario for automated driving [C]. 2015 IEEE 18th international conference on intelligent transportation systems, 2015:982-988.

[8] 戴嘉润,李忠睿,张琬琪,等.面向无人驾驶系统的仿真模糊测试:现状、挑战与展望[J].计算机研究与发展,2023,60(07):1433-1447.

[9] XU R, GUO Y, HAN X, et al. OpenCDA: an open cooperative driving automation framework

integrated with co-simulation［C］. 2021 IEEE International Intelligent Transportation Systems Conference（ITSC）, 2021.

［10］杨经纬,陈虹玉,张福鼎.复杂场景下车辆跟踪系统研究［J］.电子产品世界,2023,30（7）:33-36.

［11］WANG X, LIU J, QIU T, et al. A real-time collision prediction mechanism with deep learning for intelligent transportation system［J］. IEEE transactions on vehicular technology, 2020, 69（9）: 9497-9508.

［12］吕超,孟相浩,崔格格,等.基于图分类的智能车辆复杂场景风险等级评估与建模［J］.北京理工大学学报,2023,43（7）:726-733.

基于改进 Pareto 的公路自洽能源微电网优化调度决策

赵美瑄[*1] 郝雪丽[1,2] 裴莉莉[3] 李 伟[1] 牛迁迁[1]
(1.长安大学信息工程学院;2.安徽科力信息产业有限责任公司智能交通安徽省重点实验室;
3.长安大学数据科学与人工智能研究院)

摘 要 针对公路用能场景中负荷需求复杂,以及极端气候条件下高比例可再生能源并网所引起的的电力波动问题,本文设计了一个风/光/氢蓄储自洽能源系统。综合考虑微电网电负荷平衡、风/光发电量、氢蓄储能等多种约束条件,并引入模糊粗糙算子对 Pareto 算法进行改进,建立了一个基于改进 Pareto 的公路微电网日内优化调度模型。该模型旨在实现电力削峰填谷,并在微电网的日内运行周期中最大化消纳风光发电机组的出力。针对冬夏季等复杂场景下的负荷需求,基于典型日进行分析,设计微电网的优化调度决策。通过对新疆 S21 吉力湖公路路段的微电网进行仿真试验,结果表明,与采用原始 Pareto 算法和多目标粒子群算法进行优化调度相比,本文所提模型使公路微电网的日内运行总成本分别降低了 8.4% 和 3.6%,同时可再生能源的消纳率分别提高了 6.4% 和 12.9%,验证了所提出模型和算法的有效性。

关键词 改进 Pareto 公路自洽能源系统 多源微电网 复合储能 可再生能源消纳

0 引言

在"双碳"目标和交通强国建设的引领下,交通运输业正朝着绿色、低碳的方向转型[1]。中国的公路网络覆盖城乡,沿线地区蕴藏着大量的可再生能源,但其开发利用率不足 10%,且公路运输在交通领域的碳排放占比高达 85% 以上,因此公路交通能源清洁化是急需解决的问题[2]。提高可再生能源在公路交通系统中的供能比例,是减少公路交通系统高碳排放的有效手段之一。然而,微电网复杂的拓扑结构,以及可再生能源输出的间歇性和不稳定性,给其大规模应用带来了挑战。

氢能作为一种新兴的储能技术,其与风能和太阳能发电系统的结合,可以显著提升发电高峰时段的电能利用效率[3]。Ganeshan 等人[4]研究了不同运行模式对多云天气下氢储能微电网系统的影响,提出了基于滞后带控制的运行策略。Li 等人[5]构建了一个互动式多源微电网电氢混合储能系统,用于优化微电网系统中电氢混合储能的容量配置。王侃宏等人[6]对模拟退火粒子群优化算法（SA-PSO）进行改进,研究了离网状态下的风/光/氢储能容量配置优化模型。以上研究在混合能源系统中都引入了氢储能,但其研究场景通常局限于小范围的城市区域,或仅在单一典型日的情况下进行试验。对于大范围或极端

基金项目:国家重点研发计划（2021YFB1600201）。

天气条件下的综合能源系统优化调度的研究相对较少。

为了适应复杂环境和多变的负荷需求,可以采用智能优化控制策略来实时调控微电网的运行状态,实现能源分配和负荷需求的优化平衡。在优化调度决策模型的选择上,Huang 等人[7]构建了一个考虑火电厂、风电机组及其相关旁路设备的虚拟电厂,并建立了日前和实时三阶段供需协调的低碳经济调度模型,有效缓解了负荷损失和风电削减的问题。Wang 等人[8]针对并网模式下的微电网,提出了一种综合考虑能源系统运行成本和污染物处理成本的多目标优化模型,然而,该模型存在收敛速度慢、计算时间长等问题。Zhang 等人[9]研究了多目标优化领域中具有代表性的NSGA-Ⅱ算法,但该算法在实际应用中容易出现解集分布不均、寻优性能差等问题。Pareto 前沿是指多目标优化问题中所有非支配解的集合,通过将Pareto 算法与 NSGA-Ⅱ算法结合,可以制定决策规则、优化指标权重,从而改进前沿的分布,满足决策需求。

针对上述研究存在的问题,本文构建了一种基于改进 Pareto 算法的公路自洽能源微电网日内优化调度决策模型。首先,在传统风/光微电网的基础上,引入氢储能,并考虑微电网电负荷平衡、风/光发电量、氢蓄储能等多种约束条件,建立了微电网日内优化调度模型。其次,针对 Pareto 算法在多维特征下解集分布不均,无法充分拟合的问题,引入模糊粗糙算子对 Pareto 算法进行改进,以增强其拟合能力及优化调度效果。最后,在极端气候与常态过渡气候的典型日下进行试验,验证所提出日内优化调度模型的可行性和算法的有效性。

1 微电网优化调度决策模型

1.1 公路自洽能源微电网结构

风/光/氢蓄储能公路自洽能源微电网结构如图 1 所示。在供给侧,系统利用清洁能源发电,并将多余的电力存储在蓄电池与电动汽车充电站中,同时通过电解水设备制氢并储存于储氢罐。在电价低峰时段,系统外购电力储能;而在负荷高峰和风光发电低谷时段,系统会联合使用氢燃料电池,结合氢能与风光发电机组供电,仍不足时则通过外购电力的方式直接供应负荷。转换侧负责能源的转换与存储,包括电解槽、蓄电池组和电动汽车充电站。负荷侧作为能源系统的终端,由监控、通信、收费和服务区等子系统组成。

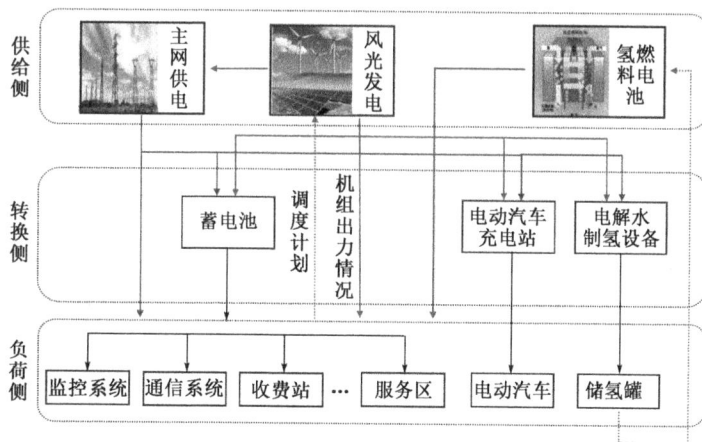

图 1 风/光/氢蓄储能公路自洽能源微电网结构

1.2 微电网日内优化调度决策模型

日内优化调度决策模型通过对微电网内部各种能源的调控,可以有效减轻高比例可再生能源并入电网所带来的波动性。该模型将微电网系统的最小日内运行总成本作为主目标函数,将可再生能源消纳率、碳排放量作为次目标函数。各系统出力需满足的约束条件包括风力、光伏机组出力约束、主电网出力约束、储氢设备容量约束、蓄电池充放电功率约束以及电动汽车站有序充放电约束。

1.2.1 目标函数

各目标函数的计算方式如下。

(1)日内运行总成本。

日内运行总成本由风、光、氢等可再生能源

的供电成本、设备维护成本、能源储存成本和电力交易成本构成。通过合理的资源配置,最大限度地减少微电网的日内运行成本,其计算表达式如下:

$$\min C(t) = \sum_{t=1}^{24} \begin{pmatrix} P_{\mathrm{W},t} C_{\mathrm{W}} + P_{\mathrm{PV},t} C_{\mathrm{PV}} + \\ P_{\mathrm{Q},t} C_{\mathrm{Q}} + P_{\mathrm{X},t} C_{\mathrm{X}} + \beta + \\ P_{\mathrm{M.b},t} C_{\mathrm{b},t} - P_{\mathrm{M.s},t} C_{\mathrm{s},t} \end{pmatrix} \quad (1)$$

式中:C_{W}、C_{PV}、C_{Q}、C_{X}——风电、光伏、氢燃料电池、蓄电池的单位运行成本;

$C_{\mathrm{b},t}$、$C_{\mathrm{s},t}$——t时刻的购电价格和售电价格;

$P_{\mathrm{W},t}$、$P_{\mathrm{PV},t}$、$P_{\mathrm{Q},t}$、$P_{\mathrm{X},t}$——风电、光伏、氢燃料电池、蓄电池的发电功率;常数β为单位时间内的总设备维护成本。

(2)可再生能源消纳率。

可再生能源消纳率 AR 是指微电网系统中可再生能源的实际发电量占总供电量的比例,是系统可持续性和体现可再生能源利用效率的重要指标,其计算公式为:

$$\max \mathrm{AR}(t) = \sum_{t=1}^{24} \frac{P_{\mathrm{W},t} + P_{\mathrm{PV},t}}{P_{\mathrm{W},t} + P_{\mathrm{PV},t} + P_{\mathrm{M.buy}}} \quad (2)$$

(3)碳排放量。

为准确评估不同能源类型电力系统的环境友好程度,系统碳排放量可以通过将主网发电量等效成标准煤的消耗量,并乘以对应的碳排放因子来计算,其计算公式为:

$$\min F(t) = \rho \sum_{t=1}^{24} \frac{P_{\mathrm{M.buy}} \varpi}{\phi} \quad (3)$$

式中,取碳排放因子 $\beta = 0.7476$ 碳/标准煤;发电热值 $\phi = 6300 \mathrm{kcal/kg}$,煤耗系数 $\varpi = 0.45 \mathrm{kg/(kW \cdot h)}$。

1.2.2 约束条件

(1)风机、光伏板出力约束。

$$0 \leqslant P_{\mathrm{WP/PV}}(t) \leqslant P_{\mathrm{WP/PV}}^{\mathrm{pre}}(t) \quad (4)$$

式中:$P_{\mathrm{WP}}^{\mathrm{pre}}(t)$、$P_{\mathrm{PV}}^{\mathrm{pre}}(t)$——$t$时刻预测的风机、光伏板的出力功率。

(2)主网出力约束。

$$0 \leqslant P_{\mathrm{M,b}} \leqslant P_{\mathrm{I,max}} \delta_{\mathrm{I,t1}} \quad (5)$$

$$P_{\mathrm{I,min}} \delta_{\mathrm{I,t2}} \leqslant P_{\mathrm{M,s}} \leqslant 0 \quad (6)$$

$$0 \leqslant \delta_{\mathrm{I,t1}} + \delta_{\mathrm{I,t2}} \leqslant 1 \quad (7)$$

式中:$P_{\mathrm{M,b}}$、$P_{\mathrm{M,s}}$——系统从主电网中购买、售出的电功率;

$P_{\mathrm{I,max}}$、$P_{\mathrm{I,min}}$——主电网最大和最小交互功率;

$\delta_{\mathrm{I,t1}} + \delta_{\mathrm{I,t2}}$——限制输电方向为单向,确保购售电行为不同时进行。

(3)储氢装置容量约束。

$$Q_{\mathrm{H}_2}(t) = Q_{\mathrm{H}_2}(t-1) + \eta_{\mathrm{H}_2}^{\mathrm{in}} P_{\mathrm{H}_2}^{\mathrm{in}}(t) - \frac{P_{\mathrm{H}_2}^{\mathrm{out}}}{\eta_{\mathrm{H}_2}^{\mathrm{out}}} \quad (8)$$

$$Q_{\mathrm{H}_2}^{\mathrm{min}} \leqslant Q_{\mathrm{H}_2}(t) \leqslant Q_{\mathrm{H}_2}^{\mathrm{max}} \quad (9)$$

式中:$Q_{\mathrm{H}_2}^{\mathrm{min}}$、$Q_{\mathrm{H}_2}^{\mathrm{max}}$——储氢罐的容量上下限;

$\eta_{\mathrm{H}_2}^{\mathrm{in}}$、$\eta_{\mathrm{H}_2}^{\mathrm{out}}$、$P_{\mathrm{H}_2}^{\mathrm{in}}(t)$、$P_{\mathrm{H}_2}^{\mathrm{out}}(t)$——储氢罐的储、放氢效率和$t$时刻的储、放氢功率。

(4)蓄电池充放电功率约束。

$$\begin{cases} 0 \leqslant P_{\mathrm{X,ch}}^{t} \leqslant \tau_t P_{\mathrm{X,ch}}^{\mathrm{max}} \\ 0 \leqslant P_{\mathrm{X,dis}}^{t} \leqslant (1-\tau_t) P_{\mathrm{X,dis}}^{\mathrm{max}} \end{cases} \quad (10)$$

$$\mathrm{SOC}_{\mathrm{X,min}} \leqslant \mathrm{SOC}_t \leqslant \mathrm{SOC}_{\mathrm{X,max}} \quad (11)$$

式中:$P_{\mathrm{X,ch}}^{t}$、$P_{\mathrm{X,dis}}^{t}$——蓄电池的充放电功率;

$\mathrm{SOC}_{\mathrm{X,min}}$、$\mathrm{SOC}_{\mathrm{X,max}}$——蓄电池荷电状态的上下限;

τ_t——0~1间的变量,限制储能设备在任意时刻只能单向能量转移。

(5)电动汽车站有序充放电约束。

$$E_{\mathrm{n}}(t) = E_{\mathrm{n}}(t-1) + \eta_{\mathrm{Evcs}}^{\mathrm{ch}} P_{\mathrm{Evcs}}^{\mathrm{ch}} - \frac{P_{\mathrm{Evcs}}^{\mathrm{dis}}}{\eta_{\mathrm{Evcs}}^{\mathrm{dis}}} \quad (12)$$

$$\begin{cases} I_{\mathrm{Evcs},n}^{\mathrm{ch}}(t) + I_{\mathrm{Evcs},n}^{\mathrm{dis}}(t) = 1, \forall t \in [t_{n,r}, t_{n,t}] \\ I_{\mathrm{Evcs},n}^{\mathrm{ch}}(t) + I_{\mathrm{Evcs},n}^{\mathrm{dis}}(t) = 0, \forall t \notin [t_{n,r}, t_{n,t}] \end{cases} \quad (13)$$

式中:$P_{\mathrm{Evcs},n}^{\mathrm{ch}}$、$P_{\mathrm{Evcs},n}^{\mathrm{dis}}$——$t$时刻第$n$辆电动汽车的充放电功率;

$I_{\mathrm{Evcs},n}^{\mathrm{ch}}$、$I_{\mathrm{Evcs},n}^{\mathrm{dis}}$——充电桩的充放电标志位;

$t_{n,r}$、$t_{n,l}$——第n辆电动汽车的充电启、停时刻。

2 基于改进 Pareto 算法的优化调度模型

2.1 改进 Pareto 算法

Pareto 算法能够有效处理多目标优化问题。该算法通过权衡不同目标函数间的关系,并根据解集的优劣情况进行非支配排序,保留优秀个体并进行反复交叉寻优,使整个解集朝着最优方向迭代更新,生成 Pareto 最优解[10]。然而,在面对复杂的微电网系统时,原始 Pareto 算法优化过程往往会生成大量的非支配解,导致优化调度模型无法充分拟合。

为解决这一问题,引入了模糊粗糙算子,对可控电负荷数据参数进行属性约简。在模糊算子中,隶属度函数描述了特征属性对于模糊集合的隶属程度,而条件属性对决策属性的依赖度函数则衡量了目标函数对于约束条件的影响程度。在进行属性约简时,应保留与决策属性有较高依赖度的条件属性,去除冗余特征参数以简化决策模型。在模糊粗糙集中,模糊等价类被用来分类特征,而等价类可用于数据的特征降维和属性约简。通过这一过程,可以得到一组更加有效的特征集合,并通过迭代更新种群中心和隶属度,直到满足收敛条件。这种改进方法有助于解决 Pareto 算法在多维特征下易陷入局部最优解,无法充分拟合的问题。利用隶属度函数进行属性约简可通过下列公式计算实现:

$$\begin{cases} x_{\mathrm{pix}}(H_i) = \inf_y \max\{1 - H_{ix}(y), x_{H_i}(y)\}, \forall i \\ x_{\mathrm{psx}}(H_i) = \sup_y \min\{H_{ix}(y), x_{H_i}(y)\}, \forall i \\ x_{\mathrm{posp}}(y) = \sup_{H_i} \min\{H_{ix}(y), x_{\mathrm{posp}}(H_i)\}, \forall i \end{cases}$$

$$(14)$$

$$\lambda_k(Q) = \frac{|x_{\mathrm{posp}}(y)|}{|x|} = \frac{\sum x_{\mathrm{posp}}(y)}{|x|} \quad (15)$$

式中:H_i——论域与条件属性间的模糊等价类;

x_{pix}、x_{psx}——目标模糊隶属度函数和约束模糊隶属度函数;

x_{posp}——论域中数据参数在模糊域中的隶属度函数;

λ_k——条件属性对决策属性的依赖度函数。

2.2 求解流程

基于改进 Pareto 算法进行微电网优化调度决策的求解过程如图 2 所示,具体步骤如下:

步骤 1,模拟负荷需求和预测风/光发电功率。收集历史负载数据,对收集到的各类用电系统的负荷数据进行分析重组,模拟极热、极冷以及常态气候条件下的负荷需求。并采用多步预测效果较好的长短期记忆网络(Long Short-Term Memory, LSTM)算法[11]对风/光机组的发电功率做日前短期预测。

步骤 2,初始化和参数设置。构建风/光/氢蓄储微电网系统,根据目标函数和约束条件建立多目标优化调度模型。设定种群大小、交叉率、变异率等,并根据决策变量,将取值范围划分为若干个子区间,初始化个体位置。

步骤 3,改进 Pareto 算法。根据 LSTM 预测结果初始化种群。执行改进后的 Pareto 算法,包括选择、交叉、变异等操作,进行迭代优化。对每一代个体按照目标函数计算适应度函数值,并根据适应度对种群进行非支配排序。

步骤 4,获得 Pareto 最优解。根据非支配排序结果选择 Pareto 最优解集,输出最佳多目标优化调度方案。

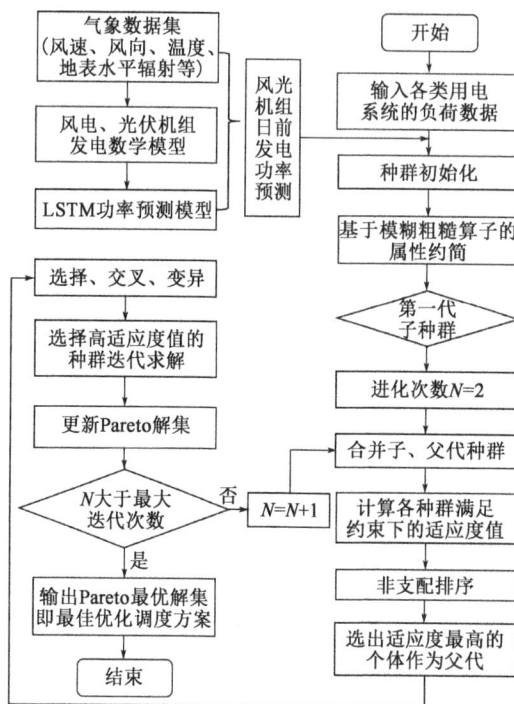

图 2 基于改进 Pareto 的优化调度求解流程图

3 算例仿真与结果分析

3.1 求解流程

研究案例选取新疆 S21 吉力湖公路路段,将 2013—2022 年内的相关 NWP(数值天气预报)数据作为输入,仿真时间步长设置为 1h。选取全年最高温、最低温与中间状态的过渡日作为典型日代表,各典型日内的风机出力和光伏出力变化曲线如图 3 所示。通过研究这三种典型日,可以更全面地了解微电网在不同气候条件下的运行特点,实施优化调度策略以实现削峰填谷和最大化能源消纳。

本文假设公路自洽能源微电网内的电负荷系统和储能调控系统均同意参与优化调度,选取的具体设备参数见表 1。参考公路服务区日内用电习惯,仿真得到各典型日下的电负荷用能数据,如图 4 所示。

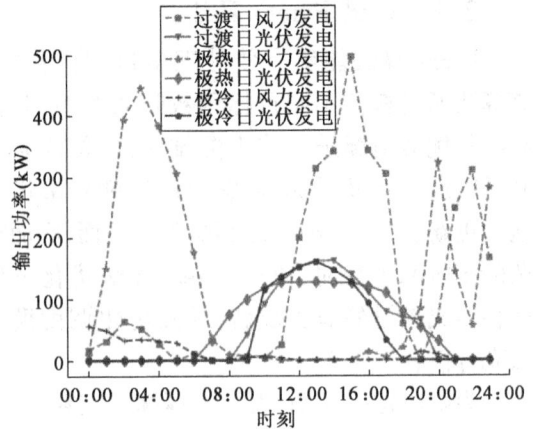

图 3　典型日内风电光伏机组功率预测曲线

公路微电网系统设备仿真参数　　　　　　　　　　表 1

调控项目	参数名称	数值	参数名称	数值
电动汽车充电桩	额定功率(kW)	13	充放电效率	0.87
	单机容量(kW·h)	15	运行成本[元/(kW·h)]	0.6
蓄电池组件	额定功率(kW)	3.7	充放电效率	0.97
	单机容量(kW·h)	3.8	运行成本[元/(kW·h)]	0.18
氢燃料电池	额定功率(kW)	8	充放电效率	0.4
	单机容量(kW·h)	20	运行成本[元/(kW·h)]	0.7
储氢罐	单机容量(L)	40	购置成本(元/个)	500
光伏组件	单机容量(kW)	1.7	运行成本[元/(kW·h)]	0.52
风电机组	单机容量(kW)	200	运行成本[元/(kW·h)]	0.75

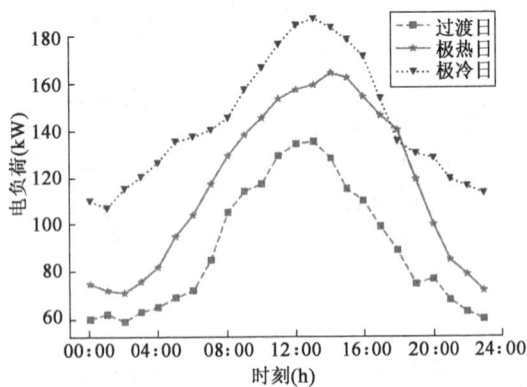

图 4　典型日内的系统电负荷需求变化曲线

聚合典型日内的风电/光伏机组的发电功率和系统用电负荷数据,设置微电网允许的最大负荷缺电率为 3%,初始化蓄电池 SOC 为 0.2,运行范围为[0.2,0.8],单位时间内充放电功率最大不超过储能的 30%。微电网与主电网间允许的交换功率不超过 150kW,运用改进 Pareto 多目标优化算法对微电网进行优化调度决策,调控方案如图 5 所示,此时微电网处于电平衡状态。

风/光/氢蓄储公路自洽能源微电网的优化配置结果如表 2 所示。相较于极冷日,由于极热日和过渡日的风能和光伏资源较为丰富,引入的氢存储系统可以有效减少蓄电池的配置数量,从而在运行周期内实现更有效地削峰填谷,最大化消纳风力和光伏能源的发电功率。在极冷日,由于负荷需求的增加以及风能和光伏资源的相对减少,优化调度模型综合考虑了系统的日内运行成本、可再生能源消纳及碳排放指标,决策方案为在电力价格低谷期从主网大量购电,并将其存储在蓄电池组件中。随后,在电力价格高峰期释放电能,以保障系统的稳定运行。

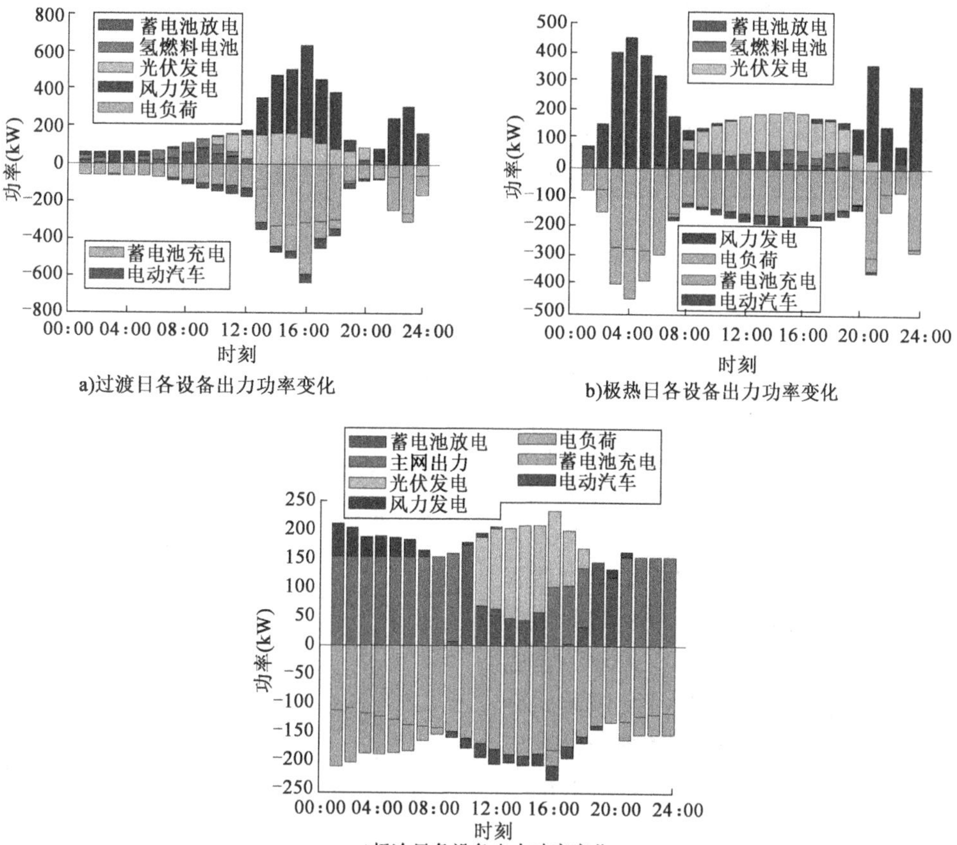

a)过渡日各设备出力功率变化

b)极热日各设备出力功率变化

c)极冷日各设备出力功率变化

图5　各典型日优化调度决策方案

各典型日最优配置方案　　　表2

参数名称	极热日	极冷日	过渡日
风电机组数量	3	1	3
光伏电站数量	2	1	2
蓄电池组件数量	25	60	30
氢燃料电池数量	16	0	10
40L 储氢罐数量	10	0	5
电动汽车充电数	46	28	70
日内运行总成本(元/天)	1482.7	1985.1	1697.8
可再生能源消纳率	97.4%	32.1%	95.3%
碳排放量(t)	0.007	0.018	0.009

根据上述实例验证结果表明,基于改进 Pareto 算法的风/光/氢蓄储系统日前优化调度模型能够调整不同设备的输出状态,以适应各种气候条件和能源需求的变化,减少不必要的能源浪费。

3.2　模型对比分析

为了验证基于改进 Pareto 的风/光/氢蓄储系统日前优化模型的优越性,本文设计了两组试验进行横向对比验证。

(1)为了验证风/光/氢蓄储结构的必要性,设计了以下方案1、2、3、4:

方案1采用传统的主网供电模式来满足负荷侧能源需求,微电网中不包含可再生能源,并且与主电网间的能量交换没有限制;

方案2的微电网中没有储能设备,当风/光机组的输出功率与负载需求不匹配时,不足的部分从主电网购买,多余的部分可向实时电力交易市场售卖;

方案3采用风/光联合发电和单一的蓄电池储能模式;

方案4采用本文建立的风/光/氢蓄储微电网优化模型。

(2)为了验证改进 Pareto 算法的优越性,设计了方案5、6,分别采用未改进的 Pareto 算法、多目标粒子群优化算法(MOPSO)对风/光/氢蓄储微电网系统进行优化调度。所有对比试验均使用过渡日的气象数据和负荷数据,不同方案下的系统运行参数对比结果见表3。

不同方案下的系统运行参数对比结果　表3

方案	优化算法	运行总成本（元）	可再生能源消纳率	碳排放量（t）
1	改进 Pareto	1896.6	0	0.11
2	改进 Pareto	1579.3	68.2%	0.07
3	改进 Pareto	1501.3	76.3%	0.03
4	改进 Pareto	1697.8	98.1%	0.024
5	Pareto	1854.2	91.7%	0.056
6	MOPSO	1761.9	85.2%	0.087

从表3可以看出，方案2、3、4中均引入了风/光联合发电系统，可再生能源消纳率逐渐提高，碳排放量逐渐降低，且日内运行总成本相比方案1分别减少了16.7%，20.8%和10.5%。方案2无储能调控系统，由于风力/光伏发电机组出力功率的波动性，其可再生能源消纳率仅为68.2%，出现了严重的弃风弃光现象。方案3中采用单一蓄电池储能，在风力/光伏能源的富集时段，该方式会导致过度充电，从而降低储能系统的寿命，同时，为了消耗过剩的电力，系统需要进行不必要的放电，导致资源的浪费。因此，其可再生能源消纳率为76.3%。方案4将氢蓄储能模块相结合，能够进一步提高可再生能源消纳率，将多余的风光能源转化为氢能进行储存，以备能源供需不平衡时使用。通过风/光发电、氢蓄储能和主电网联合调控，不仅实现了可再生能源的高比例消纳，也确保了微电网的稳定运行和能源的可持续供应。

在方案4、5、6中，分别使用了不同的多目标优化算法在相同的配置场景下进行试验。可以看出，基于改进 Pareto 的多目标优化算法表现更为出色，能够更好地实现周期内的电力削峰填谷，权衡不同负荷间的关系并做出最佳的调度决策。

4　结语

本文为解决公路微电网在能源供需管理和可再生能源利用方面不足的问题，建立了基于改进 Pareto 算法的公路自洽能源微电网日内优化调度模型。并对公路应用场景中全年最高温、最低温以及中间状态的过渡日进行研究，深入分析在不同能源类型供需平衡下的优化调度方案。通过与不同能源系统结构和不同优化调度算法进行对比，验证了所提出的改进 Pareto 调度算法能更精准地调控各系统模块的出力情况，最大程度地降低公路微电网的日内运行成本和碳排放量。

后续研究将致力于将风/光/氢蓄储日内优化调度模型与其他学科领域进行融合，包括碳交易市场、电力系统运行机制、环境影响评估等。通过结合不同学科领域的知识，可以更全面地分析系统的整体效益、环境可持续性和经济性，为优化调度模型提供更全面的决策支持，实现更高效、可持续的能源利用。

参考文献

[1] 甄敬怡. "双碳" 目标下交通运输如何当好 "开路先锋"[N]. 中国经济导报，2022-07-02（002）.

[2] 张友民，马冬冬. 交能融合背景下的高速公路绿色电力发展研究[J]. 光源与照明，2022，（12）：177-179.

[3] 王宁玲，窦潇潇，李承周，等. 含 P2G 和复合储能的高速公路服务区综合能源系统日前优化调度[J/OL]. 华北电力大学学报（自然科学版）：1-10[2023-06-11]. http：//kns. cnki. net/kcms/detail/13. 1212. TM. 20220810. 1622. 002. html.

[4] GANESHAN A，HOLMES D G，Meegahapola L, et al. Enhanced control of a hydrogen energy storage system in a microgrid[C]//2017 Australasian Universities Power Engineering Conference（AUPEC）. IEEE，2017：1-6.

[5] LI J，XIAO Y，LU S. Optimal configuration of multi microgrid electric hydrogen hybrid energy storage capacity based on distributed robustness[J]. Journal of Energy Storage，2024，76：109762.

[6] 王侃宏，赵政通，刘欢，等. 基于 HOMER 和 SA-PSO 算法的风光氢储系统的优化匹配[J]. 水电能源科学，2020，38（05）：207-210.

[7] HUANG L，SHI R，WANG D, et al. Low-carbon economic dispatch of virtual power plant considering uncertainty of wind power[C]//2023 10th International Forum on Electrical Engineering and Automation（IFEEA）. IEEE，2023：761-766.

[8] WANG L，LIN J，DONG H, et al. Demand response comprehensive incentive mechanism-based multi-time scale optimization scheduling

for park integrated energy system[J]. Energy, 2023, 270: 126893.

[9] ZHANG F. Constructing a Multi-Objective Optimization Model for Engineering Projects Based on NSGA-II Algorithm under the Background of Green Construction[J]. Decision Making: Applications in Management and Engineering, 2024, 7(1): 37-53.

[10] CHALABI N E, ATTIA A, BOUZIANE A, et al. An improved marine predator algorithm based on epsilon dominance and Pareto archive for multi-objective optimization[J]. Engineering Applications of Artificial Intelligence, 2023, 119: 105718.

[11] SUN H, CUI Q, WEN J, et al. Short-term wind power prediction method based on CEEMDAN-GWO-Bi-LSTM[J]. Energy Reports, 2024, 11: 1487-1502.

高速公路光伏潜力及其能源自洽率研究

罗凯振　刘　兵*
（武汉理工大学交通与物流工程学院）

摘　要　为了更准确地评估高速公路光伏潜力,本文基于高速公路时空特征,考虑了高速公路周围地形对其表面太阳辐射的影响。通过利用数字高程模型和高速公路矢量地图进行逐时山体阴影分析,识别高速公路遮阴区域。随后,以泉州至南宁高速公路桂林至柳州段为案例进行分析,计算得到其一年接收到的总太阳能为1460.14GW·h,总的光伏装机容量为607.32MW,年发电量为43.8GW·h。如果仅在应急车道上铺设光伏板,其光伏装机容量为114.9MW,年发电量为8.29GW·h。结合其运营期内一年的总耗电量18.73GW·h,若仅在应急车道上安装光伏板来为高速公路设施供电,能源自洽率可达44.3%,一年减少约0.65万t碳排放,能有效推动交通绿色低碳发展。

关键词　光伏高速公路　能源自洽　山体阴影分析

0　引言

交通与能源息息相关,随着交通运输规模的增长,交通能源系统完成由化石能源向可再生能源转型并形成零碳系统势在必行[1-3]。

我国占地面积广,可再生资源丰富,需结合我国国情与自然资源禀赋状况探索交通能源变革发展道路[4]。将太阳能转化为电能的应用中,太阳能光伏板具有可行性高和低成本的优点[5]。在碳达峰和碳中和目标的驱动下,已有研究评估了城市建筑光伏潜力[5]。基于中国土地资源的变化,研究了对太阳能光伏发电潜力的影响[6]。但上述研究缺乏对特定光伏应用的现实指导。

我国陆路交通系统自身蕴含了充足的自然资源禀赋,特别是在我国西部陆路交通可达的地区,充分利用这些自然资源禀赋,在交通可达的地区形成自主能源供给,能有效减少碳排放[1,7,8]。研究人员利用我国已建成的高速铁路网络,在高铁站房屋和站台屋顶上安装光伏板,评估其带来的经济效益和碳减排效能[9]。将道路上接收到的太阳辐射转化为电能以支持交通照明设施,不断探索和开发用于路面的太阳能光伏系统,并对其性能进行评估[10-12]。对其他交通基础设施与光伏系统结合的研究也随之展开,例如,在高速公路隧道顶部、充电站、道路隔声屏障上安装光伏电池板[13-15]。

截至2022年底,我国高速公路里程达17.73万公里[16],交通基础设施资产能源化潜力巨大。在高速公路上布设光伏系统可直接为充电站、服务区、收费站等交通基础设施提供电能,有助于实现脱碳目标,推动公路数字化转型。目前,虽然有研究评估了中国高速公路太阳能潜力[11],但这些研究基于以下前提假设:高速公路周围地形对其表面接收到的太阳辐射没有影响;每条高速公路接收的太阳总辐射量相等;隧道区域不排除在计算范围之外。

因此,本文将考虑周围地形对高速公路表面接收太阳辐射的影响,排除隧道路段,并利用每小时太阳辐射数据,对高速公路光伏潜力进行评估。同时,结合高速公路设施的能耗水平,探究光伏发电所能达到的能源自洽率。

1　研究方法

本文研究方法主要分为三个部分:高速公路遮阴区域识别、光伏潜力评估和能源自洽率计算,技术路线如图 1 所示。

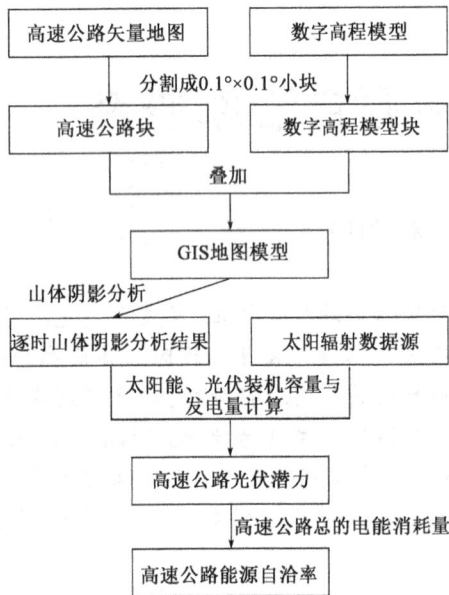

图 1　技术路线

1.1　高速公路遮阴区域识别

由于地势原因,高速公路周围地形会对其表面所接受的太阳辐射产生影响。为了更精确评估高速公路光伏潜力,需对高速公路遮阴区域进行识别。因此,本文对遮阴面积以 h 为单位进行估算,从而计算全年所接收的太阳能。

首先,将数字高程模型和高速公路矢量地图分割成 0.1° × 0.1° 大小的多个小块,并将两个图层进行叠加。然后利用 ArcGIS 中的山体阴影工具,对分割叠加后的每个小块进行山体阴影分析。山体阴影工具通过为栅格中的每个像元确定照明度,来获取表面的假定照明度,通过设置假定光源的位置并计算每个像元相对于相邻像元的照明度值。照明度值的范围是 0 ~ 255,值为 0 的栅格单元代表阴影区域。因此,如果研究路段覆盖区域的栅格单元值为 0,则认为该部分为遮阴区域,其接收到的太阳能为 0。在阴影分析过程中,需要利

用数字高程模型中的纬度信息来计算每个小块的太阳方位角、太阳高度角和太阳时角,然后在日出和日落期间进行高速公路逐时遮阴区域识别。此外,可根据每个数字高程模型小块的纬度获取 z 因子的值。以下是相关的计算模型。

太阳赤纬计算公式为:
$$\delta = 23.45° \times \sin\{360° \times [(284 + n)/365]\} \quad (1)$$
式中:n——一年中的第 n 天,23.45° 是黄道平面与地球自转赤道面之间的夹角。

相同经度的太阳时角相同,即太阳时角每小时改变 15°,在正午时为零(即位于天空的正中间),上午为负,下午为正,日出时为 −90°,日落时为 +90°,即
$$\omega = 15° \times (t_s - 12) \quad (2)$$
式中:t_s——真太阳时。

太阳高度角计算公式为:
$$H_s = \sin^{-1}(\sin\phi \times \sin\delta + \cos\phi \times \cos\delta \times \cos\omega) \quad (3)$$
式中:H_s——太阳高度角;
ϕ——地理纬度。

太阳方位角是以目标物的北方向为起始方向,以太阳光的入射方向为终止方向,按顺时针方向所测量的角度。计算公式如下:
$$A_s = \cos^{-1}\left(\frac{\sin H_s \times \sin\phi - \sin\delta}{\cos H_s \times \cos\phi}\right) \quad (4)$$
式中:A_s——太阳高度角。

上述参数的几何关系如图 2 所示。

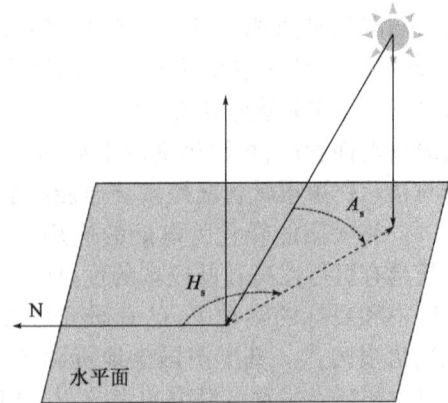

图 2　参数几何关系

此外,日出和日落时间可通过太阳赤纬和地理纬度进行计算:
$$\cos\omega = -\tan\phi \times \tan\delta \quad (5)$$

1.2　高速公路光伏潜力评估

基于高速公路遮阴区域数据和太阳辐射数

据,计算高速公路路面接收到的辐射量。由于遮阴区域以 h 为单位进行识别,所以太阳辐射数据也应该具有相同的时间分辨率。

首先计算每个小块每小时接收到的太阳能,然后对每天的总太阳能进行求和,得到其一年的总太阳能,最后将所有小块的年太阳能进行求和获得高速公路一年接收到的总太阳能。此外,公路隧道部分无法接收到太阳辐射,在计算总的太阳能时需要将其排除。

本文假定安装在高速公路路面的太能电池板尺寸为 1m × 1m,额定功率为 200W[17]。光伏装机容量和发电量计算方法如下:

$$P_{AZ} = P \times N \tag{6}$$

式中:P_{AZ}——光伏装机容量;

P——单个太阳能电池板的额定功率,即 200W/m²;

N——太阳能电池板的数量,即高速公路的面积。

$$E_P = P_{AZ} \times K \times H \tag{7}$$

式中:E_P——光伏发电量;

K——太阳能光伏系统的光电转换效率,取值为 0.15[18];

H——峰值日照时数,即:

$$H = Q/1000 \tag{8}$$

式中:Q——高速公路路面每平方米接收到的太阳能,$W \cdot h/m^2$。

1.3 高速公路能源自洽率计算

高速公路电能消耗主要包括六大区域:隧道、收费站、管理中心、互通立交、服务区和养护中心、配供电系统。其中隧道照明、通风系统耗电量占比最大。

高速公路能源自洽率计算方法如下:

$$R = \frac{E_p}{E_c} \tag{9}$$

式中:R——高速公路能源自洽率;

E_p——高速公路光伏发电量;

E_c——高速公路总的电能消耗量。

2 案例分析

2.1 研究路段

本文选取泉州至南宁高速公路桂林至柳州段(下称"桂柳高速")进行分析,其全长 101.5km,双向 8 车道,行车道宽 3.75m,应急车道宽 3.5m,隧道长 19.43km。

2.2 数据获取

从 OpenStreetMap 获取高速公路矢量数据;使用地球观测系统数据与信息系统(EOSDIS)提供的 12.5m 分辨率的数字高程模型数据;对于太阳辐射数据,则采用国家青藏高原科学数据中心提供的 1983—2018 年地表太阳辐射数据集[19]。

2.3 结果分析

以 2023 年 8 月 15 日为例,对桂柳高速进行山体阴影分析,经计算得到当天的日出时间为 6:15,日落时间为 19:20,对此期间的 14h 进行逐时山体阴影分析,如图 3 所示。结果表明,在日出和日落的 1h 里,遮阴区域占比较大。在之后的 1~2h 里,遮阴区域面积迅速减少。从上午 9 时至下午 4 时,高速公路所在区域能被太阳完全照射。

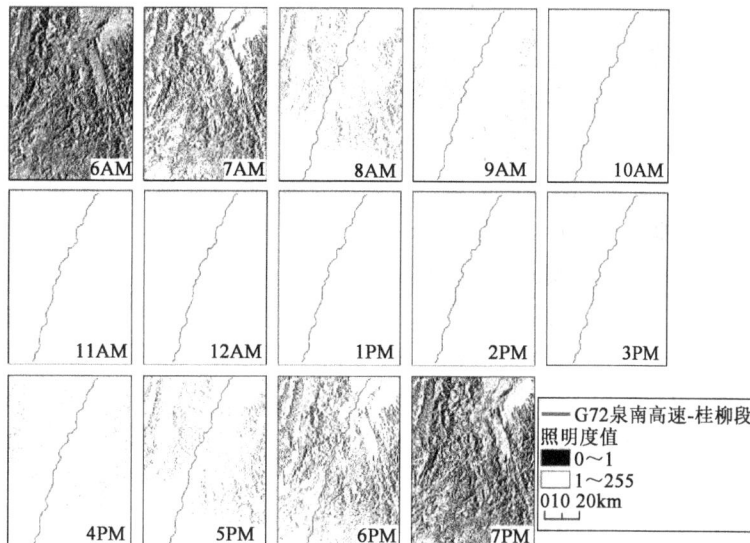

图 3 2023 年 8 月 15 日山体阴影分析结果

结合逐时山体阴影分析结果和太阳辐射数据,计算每月接收到的太阳能,如图4所示。从3月份开始,每月接收到的太阳能快速增加,在8月份达到峰值,之后便迅速减少。这种变化趋势与季节规律有关,在夏季和秋季,降雨较少,日照充足,且太阳辐射强、温度高。此外,一年中有7个月的总太阳能达到了100GW·h以上,太阳能资源较为丰富。

峰值日照时数是指将当地的太阳辐射量,折算成标准测试条件(辐照度1000W/m²)下的小时数。光伏组件的标称功率也是在1000W/m²下测试得来,因此在计算光伏发电量时采用峰值日照时数。本文计算的峰值日照时数如表1所示,尽管月总

日照时数达到了200h以上,但峰值日照时数仅占月总日照时数的25%~35%,所以直接利用普通日照时数计算光伏发电量会存在较大误差。

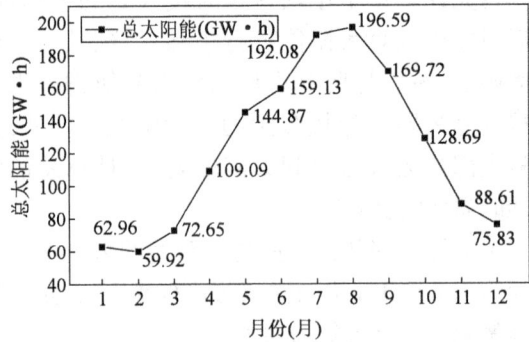

图4　每月接收到的太阳能

太阳日照时数　　　　　　　　　　　　　　　　　　表1

月份	1	2	3	4	5	6	7	8	9	10	11	12
月总日照时数(h)	248	243.6	291.4	306	334.8	330	341	325.5	300	279	252	248
月峰值日照时数(h)	20.7	19.7	23.9	35.9	47.7	52.4	63.3	64.7	55.9	42.4	29.2	25

根据上述相关计算结果,通过进一步计算得到桂柳高速总的光伏装机容量为607.32MW,年发电量为43.8GW·h。如果仅在应急车道上铺设光伏板,其光伏装机容量为114.9MW,年发电量为8.29GW·h。其中每月的光伏发电量如图5所示,图中两条光伏月发电量曲线与每月接收到的太阳能曲线(图4)具有相同的变化趋势,5~10月的光伏发电量明显高于其他月份。

对桂柳高速运营期内一年的能耗数据进行统计和计算,得到其运营期内年耗电量数据如表2所示,可知高速公路设施一年的总耗电量为18.73GW·h,

其中隧道的照明、通风、监控年耗电量最多。

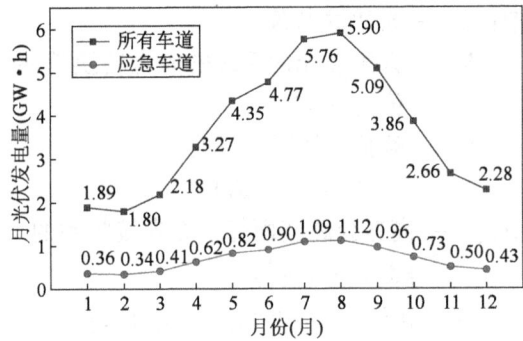

图5　光伏月发电量

高速公路运营设施年耗电量　　　　　　　　　　　　表2

高速公路能耗设施	隧道	收费站	管理中心	互通立交	服务区和养护区	配供电系统
年耗电量(GW·h)	12.62	1.72	0.52	1.23	1.80	0.85

若桂柳高速所有车道都用于光伏发电,其能源自洽率高达233%,可完全实现清洁能源的自洽供给,一年减少约1.47万t碳排放[电能碳排放因子为0.785kg/(kW·h)[20]]。考虑当前的光伏技术以及路面材料发展水平,在保证交通安全和光伏发电效能的前提下,在所有行车道铺设光伏板还存在许多难题未解决。目前,我国第一条光伏高速公路于2017年在济南建成,尽管车行道上的光伏电池板在一年后被拆除,但应急车道上的光伏电池板仍然保持正常工作[21]。如果仅在应急车道上安装光伏板来为高速公路基础设施供电,

其能源自洽率可达44.3%,一年减少约0.65万t碳排放,能有效推动交通绿色低碳发展。

3　结语

本文基于时空特征评估高速公路光伏潜力,主要在于通过逐时山体阴影分析,来探究高速公路周围地形对其表面太阳辐射的影响,从而更加准确地评估了泉州至南宁高速公路桂林至柳州段路面光伏潜力。同时,结合桂柳高速运营期内一年的耗电量,探究利用光伏发电所能达到的能源自洽率。

结合逐时山体阴影分析,计算得到桂柳高速公路路面一年接收到的太阳能为1460.14GW·h。其全长101.5km,排除隧道部分后,总的光伏装机容量为607.32MW,年发电量为43.8GW·h,高速公路光伏潜力大。如果仅在应急车道上铺设光伏板,其光伏装机容量为114.9MW,年发电量为8.29GW·h。由光伏发电量曲线可得,5～10月份的光伏发电量明显高于其他月份。基于其运营期内一年的总耗电量18.73GW·h,如果仅在应急车道上安装光伏板来为高速公路设施供电,其能源自洽率可达44.3%,一年减少约0.65万t碳排放,能有效推动交通绿色低碳发展。

结合本文高速公路路面光伏发电量计算方法,下一阶段还需对高速公路边坡光伏进行研究,提出精确计算边坡光伏发电量的方法,以实现我国高速公路光伏潜力的全面、准确评估。

参考文献

[1] 杨勇平,武平,程鹏,等.我国陆路交通能源系统发展战略研究[J].中国工程科学,2022,24(3):153-162.

[2] 李晓易,谭晓雨,吴睿,等.交通运输领域碳达峰、碳中和路径研究[J].中国工程科学,2021,23(6):15-21.

[3] 舒印彪,张丽英,张运洲,等.我国电力碳达峰、碳中和路径研究[J].中国工程科学,2021,23(6):1-14.

[4] 贾利民,师瑞峰,吉莉,等.我国道路交通与能源融合发展战略研究[J].中国工程科学,2022,24(3):163-172.

[5] LIU Z, LIU X, ZHANG H, et al. Integrated physical approach to assessing urban-scale building photovoltaic potential at high spatiotemporal resolution[J]. Journal of Cleaner Production, 2023, 388: 135979.

[6] WANG P, ZHANG S, PU Y, et al. Estimation of photovoltaic power generation potential in 2020 and 2030 using land resource changes: An empirical study from China[J]. Energy, 2021, 219: 119611.

[7] 贾利民,师瑞峰,马静,等.中国陆路交通基础设施资产能源化潜力研究[M].北京:科学出版社,2020.

[8] 贾利民,马静,吉莉,等.中国陆路交通能源融合的形态、模式与解决方案[M].北京:科学出版社,2020.

[9] DING F, YANG J, ZHOU Z. Economic profits and carbon reduction potential of photovoltaic power generation for China's high-speed railway infrastructure[J]. Renewable and Sustainable Energy Reviews, 2023, 178: 113272.

[10] DEZFOOLI A S, NEJAD F M, ZAKERI H, et al. Solar pavement: A new emerging technology[J]. Solar Energy, 2017, 149: 272-284.

[11] ZHANG K, CHEN M, YANG Y, et al. Quantifying the photovoltaic potential of highways in China[J]. Applied Energy, 2022, 324: 119600.

[12] ZHOU B, PEI J, NASIR D M, et al. A review on solar pavement and photovoltaic/thermal (PV/T) system[J]. Transportation Research Part D: Transport and Environment, 2021, 93: 102753.

[13] QI D, YANG S, SHU C, et al. An exploratory study on road tunnel with semi-transparent photovoltaic canopy—From energy saving and fire safety perspectives[J]. Building Simulation, 2022, 15(4): 537-548.

[14] WADHAWAN S R, PEARCE J M. Power and energy potential of mass-scale photovoltaic noise barrier deployment: A case study for the U.S[J]. Renewable and Sustainable Energy Reviews, 2017, 80: 125-132.

[15] ZHONG T, ZHANG K, CHEN M, et al. Assessment of solar photovoltaic potentials on urban noise barriers using street-view imagery[J]. Renewable Energy, 2021, 168: 181-194.

[16] 交通运输部.2022年交通运输行业发展统计公报[EB/OL]. (2023-06-15) [2023-10-01]. https:∥xxgk. mot. gov. cn/2020/jigou/zhghs/202306/t20230615_3847023. html.

[17] QI L, JIANG M, LV Y, et al. A celestial motion-based solar photovoltaics installed on a cooling tower[J]. Energy Conversion and Management, 2020, 216: 112957.

[18] HAN Z, ZHOU W, SHA A, et al. Assessing the Photovoltaic Power Generation Potential of Highway Slopes [J]. SUSTAINABILITY,

2023，15（16）：12159.

［19］ TANG W, YANG K, QIN J, et al. A 16-year dataset（2000—2015）of high-resolution（3h, 10km）global surface solar radiation［J］. Earth System Science Data, 2019, 11（4）: 1905-1915.

［20］ 郑国平,任兆丹,万飞.公路隧道照明系统能耗估算方法研究［J］.公路,2021,66（6）：391-394.

［21］ SUN L, ZHAO H, TU H, et al. The Smart Road: Practice and Concept［J］. Engineering, 2018, 4（4）: 436-437.

高速公路匝道合流区混合交通流效率安全与能耗排放分析

席　殊　　陈旭梅*

（北京交通大学综合交通运输大数据应用技术交通运输行业重点实验室）

摘　要　为探究智能网联环境下高速公路合流区混合交通流特性,分析在由人工驾驶车辆（human driven vehicle, HDV）、网联自动驾驶车辆（connected and autonomous vehicle, CAV）组成的混合交通流环境下安全、效率、能耗、排放的变化规律。本文基于 SUMO（Simulation of Urban Mobility）仿真平台,在考虑 CAV 等级影响的基础上,分别对不同类型车辆建立驾驶行为模型,通过设置不同车辆渗透率参数构建不同仿真场景,以分析合流区在通行效率、交通安全、能耗排放方面的混合交通流运行特性。结果表明: CAV 的渗透可以明显缓解合流区混合交通流的拥堵现象,有效降低了车辆平均延误,也在一定程度上提高了平均车速;网联自动驾驶车辆的安全性优于人工驾驶车辆,且高等级自动驾驶车辆表现出更为显著的安全效益;随着自动驾驶车辆渗透率的增加,混合交通流车辆的油耗量和排放量得到有效降低,在一定程度上减少了交通运行对环境的不利影响。研究成果可为高速公路引入自动驾驶方案提供决策依据和技术参考。

关键词　高速公路合流区　混合交通流　SUMO 仿真　通行效率　交通安全　能耗排放

0　引言

随着自动驾驶技术的快速发展,网联自动驾驶车辆对提高交通效率、改善交通安全和环境有着重大优势。但 CAV 的部署应用是一个渐进的过程,混合交通流将在道路环境中长期存在,道路交通流特性将被重塑。相比平面交叉口和城市街道等城市道路的间断交通流,高速公路的交通环境相对封闭,交通流的波动特性更加明显。考虑目前自动驾驶技术的发展阶段以及技术经济性等因素,高速公路更适合自动驾驶技术的发展及应用,但高速公路合流区由于匝道车流汇入主线,造成通行效率的降低,同时也是交通冲突的频发区域。因此,研究高速公路合流区混合交通流特性对于改善合流区交通流的安全效率及能耗排放具有一定意义。

研究人员一直关注 CAV 对交通流特性的影响。Morando 等[1]采用基于仿真的替代安全措施方法研究自动驾驶车辆的安全影响,通过使用 SSAM 模型（Surrogate Safety Assessment Model）从 VISSIM 中提取的冲突数量来评价安全影响。Papadoulis 等[1]利用仿真软件 VISSIM 的外部驱动模型应用程序编程接口,开发了一种决策 CAV 控制算法,采用 SSAM 对该算法进行了安全性评估。El-Hansali 等[3]采用基于仿真的替代安全度量方法来研究自动驾驶车辆的安全影响,选择碰撞时间（Time to Collision, TTC）分布、后侵入时间（Post Encroachment Time, PET）和冲突点进行安全度量,并利用冲突点输出估计每年的事故碰撞次数。Ghiasi 等[4]提出了一种基于马尔可夫链表示的异质随机车头时距空间分布的公路混合交通通行能力分析模型,验证不同 CAV 技术方案对混合交通流通行能力的影响。Talebpour 等[5]分析了为自动驾驶车辆预留车道对通行效率和行驶时间可靠性的潜在影响。Ye 等[6]提出了一种基本图方法,分析在不同 CAV 渗透率和需求水平下设置 CAV 专用道的优缺点,比较了不同 CAV 专用车道数对交通流量的影响。Pribyl 等[7]证明了在交通流中引入 CAV 可以实现在欧盟排放目标方面取得显著进展,即使在 CAV 的市场渗透率比较低的情况下,在道路上应用网联自动驾驶技术也可以减少 10% ~ 19% 的二氧化碳排放量。Zhao 等[8]分析了混合交通流中车辆的跟驰方式和车辆的比例关系,使用 SUMO 搭建仿真平台,获取车辆轨迹数据,并分析了不同场景下混合交通流的油耗和交通排放。

综上所述,目前的研究主要关注于城市道路环境中混合交通流的安全、效率和排放能耗特性,而较少研究涉及高速公路合流区。此外,现有研究往往只考虑单一自动驾驶技术水平,忽略了不同等级 CAV 逐步渗透的现实情况。因此,本文旨在探讨高速公路合流区中由 HDV 和多等级 CAV 组成的混合交通流的运行特性,并基于安全、效率和能耗排放 3 个方面进行分析,为引入网联自动驾驶技术到高速公路等道路环境提供理论基础。

1 混合交通流驾驶行为建模

美国汽车工程师学会根据人类在实际驾驶中的参与程度将自动驾驶分为 6 个等级,从 0 级(完全手动)到 5 级(完全自动)。本文定义混合交通流为人工驾驶车辆(HDV),表示自动驾驶等级为 L1、L2 的低等级自动驾驶车辆(low level connected and autonomous vehicle, L-CAV)以及表示自动驾驶等级为 L3、L4 的高等级自动驾驶车辆(high level connected and autonomous vehicle, H-CAV)。针对 HDV、L-CAV 和 H-CAV 分别进行驾驶行为建模。

人工驾驶车辆跟驰模型使用 SUMO 内置的 Krauss 模型。安全车速为:

$$v_s = v_1 + \frac{g - v_t t_\tau}{(v_1 + v_t)/2a + t_\tau} \tag{1}$$

式中:v_s——安全车速(m·s⁻¹);
    v_1——前车速度(m·s⁻¹);
    v_t——当前车速(m·s⁻¹);

    a——车辆最大减速度(m·s⁻²);
    t_τ——驾驶员的反应时间(s);
    g——车头间距(m)。

Krauss 模型根据计算出的安全车速更新计算下一个仿真步长的车速及车辆位置。

$$v_d = \min\{v_s, v_m, v_t + t_{sl}\} \tag{2}$$

$$v_0 = v_d - \varepsilon[v_s - (v_t - t_{sl} a_m)] \tag{3}$$

$$v_{t+1} = \operatorname{ran}(v_0, v_d) \tag{4}$$

$$x_{t+1} = x_t + t_{sl} v_{t+1} \tag{5}$$

式中:v_d——车辆期望速度(m/s);
    v_m——最大车速(m/s);
    t_{sl}——仿真时间步长(s);
    a_m——车辆的最大加速度(m/s);
    v_0——由于驾驶员的不完美驾驶而与期望速度所产生最大差值时的速度(m/s);
    ε——速度折减系数;
    v_{t+1}——下一仿真步长的车辆速度(m/s),在区间(v_0, v_d)内随机取值;
    x_{t+1}——下一仿真步长车辆位置(m)。

由美国加州大学伯克利分校 PATH 实验室提出的协同自适应巡航控制(CACC)模型被广泛用于模拟 CACC 车辆的跟驰特性[9],在本研究中,L-CAV 采用 CACC 模型驱动,控制 L-CAV 加减速行为,其模型表达式为:

$$v_n(t + \Delta t) = v_n(t) + k_p e_n(t) + k_d \dot{e}_n(t) \tag{6}$$

$$e_n(t) = s_n(t) - l - s_0 - t_c v_n(t) \tag{7}$$

式中:$v_n(t + \Delta t)$——车辆 n 在 $t + \Delta t$ 时刻的速度(m·s⁻¹);
    $v_n(t)$——车辆速度(m·s⁻¹);
    Δt——控制时间步长(s);
    k_p、k_d——控制系数;
    $e_n(t)$——实际车间距与期望车间距的误差项;
    $s_n(t)$——前后相邻车辆在 t 时刻的车头间距(m);
    l——车辆长度(m);
    s_0——安全停车间距最小值(m);
    t_c——车间时距 s。

智能驾驶员模型(Intelligent Driver Model, IDM)模型为期望度量模型[10],确保了安全车距,驾驶行为更加保守,符合高等级自动驾驶行为特

点,因此本文使用 IDM 模型刻画 H-CAV 的纵向跟驰行为:

$$a_n(t) = a\left\{1 - \left[\frac{v_n(t)}{v_f}\right]^{\delta} - \left[\frac{s_n^*(t)}{s_n(t) - l_{n-1}}\right]^2\right\} \quad (8)$$

$$s_n^*(t) = s_0 + Tv_n(t) + \frac{v_n(t)[v_n(t) - v_{n-1}(t)]}{2\sqrt{ab}}$$

$$(9)$$

式中:a——车辆最大加速度($\mathrm{m/s^2}$);

b——车辆期望减速度($\mathrm{m/s^2}$);

$v_n(t)$——车辆 n 的速度($\mathrm{m/s}$);

$v_{n-1}(t)$——前车的速度($\mathrm{m/s}$);

$s_n(t)$——车头间距(m);

l_{n-1}——前车车辆长度(m);

T——期望的车头时距(s);

δ——指数参数,常数值取4;

s_0——相邻两车的最小安全距离(m);

v_f——车辆自由流速度($\mathrm{m/s}$)。

参考相关文献,各类型车辆跟驰模型的相关仿真参数设置见表1[4,11]。

车辆跟驰模型仿真参数设置　　　　表1

参数	HDV	L-CAV	H-CAV
跟驰模型	Krauss	CACC	IDM
最大加速度($\mathrm{m \cdot s^{-2}}$)	2.5	2.5	2.5
最大减速度($\mathrm{m \cdot s^{-2}}$)	7.5	7.5	7.5
速度偏差	0.1	0.05	0.05
最小间距(m)	2.5	1.5	1
车头时距(s)	1.5	0.8	0.6
不完美驾驶系数	0.5	0	0

本文使用 SUMO 内置的换道模型 LC2013 刻画各类型车辆的换道行为。换道行为可分为战略式换道、合作式换道、速度增益式换道、保持右行式换道4种。换道行为因车辆自动化水平而异。对于 L-CAV,假设需要驾驶员干预来触发换道操作,因此与 HDV 表现出相似的换道行为。而对于 H-CAV,由于其可通过 V2V 和 I2V 通信技术感知路段其他车辆的交通状态,使得 H-CAV 在换道策略中表现出更强的预测能力,表现在加入驶出各车道时能够更早进行战略换道。此外,假设 H-CAV 受益于其广泛感知周围环境的能力而表现出更强烈的合作换道意愿。各类型车辆的换道模型参数见表2。

换道模型仿真参数取值　　　　表2

参数	HDV	L-CAV	H-CAV
换道模型	LC2013	LC2013	LC2013
战略式换道系数	0.5	0.5	1.0
换道合作意愿	0.5	0.5	1.0

2　合流区仿真场景构建

本文基于 SUMO 仿真平台对主线三车道高速公路合流区混合交通流汇入场景进行仿真实验。仿真场景如图1所示。高速公路全长 1.2km,其中主线上游路段长 500m,加速车道长 200m,主线下游路段长 500m。主线流量 4500veh/h,入口匝道流量为 800veh/h。

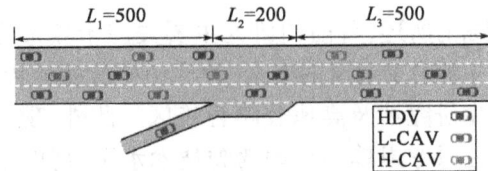

图1　高速公路合流区仿真场景(尺寸单位:m)

为分析不同等级 CAV 的市场渗透率对高速公路合流区交通流特性的影响,共设置了6种仿真场景,见表3。

各仿真场景交通流组成情况(%)　　表3

场景	HDV	L-CAV	H-CAV	CAV 渗透率
A	100	0	0	0
B	80	15	5	20
C	60	30	10	40
D	40	45	15	60
E	20	60	20	80
F	0	75	25	100

每组仿真场景使用不同的随机种子在 SUMO 中仿真5次,单次仿真时长设定为3600s,结果评价数据取平均值。

3　交通流特性分析

3.1　通行效率

合流区车辆运行时空轨迹如图2所示,可直观反映出不同场景下车辆速度的变化及合流区拥堵蔓延情况。图中横轴表示仿真时间,纵轴表示车辆位置,轨迹颜色表示速度大小。由图2可知,由场景 A 至场景 F,高速公路合流区车辆运行速度逐渐提高,拥堵蔓延情况得到明显改善。

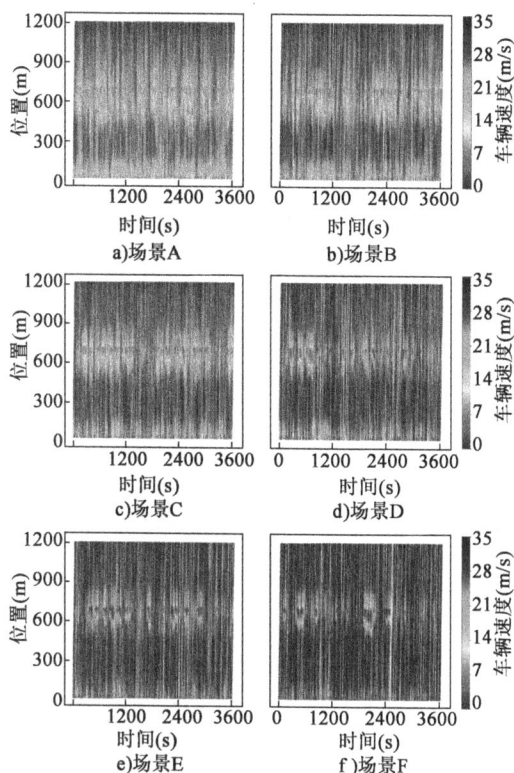

图2 车辆运行时空轨迹

使用车辆平均延误表征合流区交通通行效率的变化,车辆平均延误计算公式如下:

$$\bar{t} = \frac{1}{N}\sum_{i=1}^{n}\left(\frac{L}{v_t^i} - \frac{L}{v_f^i}\right) \qquad (10)$$

式中:N——车辆总数;

L——车辆行驶里程(m);

v_t^i——车辆的实际行驶平均速度(m/s);

v_f^i——车辆的自由流速度(m/s)。

图3为各仿真场景下车辆的平均延误变化情况。由图3可知,各类型车辆平均延误均随着CAV渗透率的增加而降低。场景A中平均延误为9.2 s,场景F中平均延误为4.0 s,平均延误得到有效降低。B、C场景中L-CAV车辆平均延误最低,随着H-CAV的渗透,到D、E场景H-CAV车型的平均延误低于L-CAV车辆。

为更全面地反映出不同仿真场景下通行效率的变化,计算车辆平均速度相对值及总行程时间。图4为各场景车辆平均速度比值和总行程时间,可知由场景A变化到场景F,平均速度总增幅为16%;车辆总行程时间由2.48×10^5 s降低到2.15×10^5 s,降低幅度为13.3%。

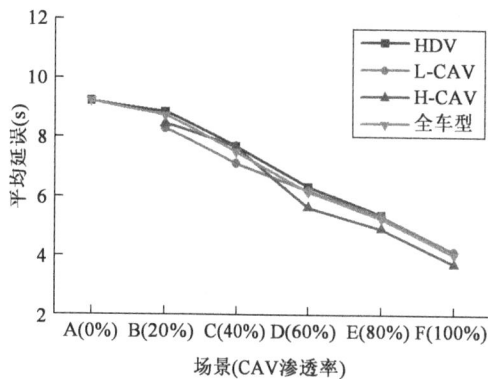

图3 各仿真场景车辆平均延误

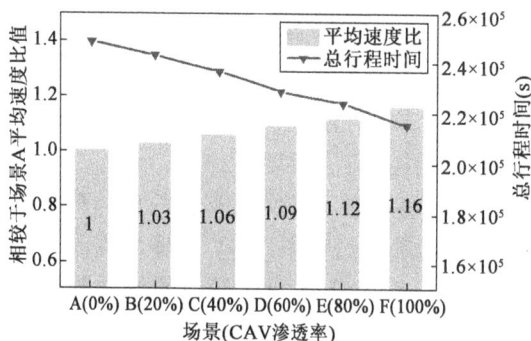

图4 各场景车辆平均速度比值和总行程时间

3.2 运行安全

选取TTC作为车辆运行安全的判定指标,TTC计算公式如下:

$$TTC_n(t) = \frac{x_{n-1}(t) - x_n(t) - l_{n-1}}{v_n(t) - v_{n-1}(t)} \qquad (11)$$

式中:$x_{n-1}(t)$——后车$n-1$在t时刻的位置(m);

$x_n(t)$——后车n在t时刻的位置(m);

l_{n-1}——前车$n-1$的车长(m);

$v_{n-1}(t)$——前车$n-1$在t时刻的速度(m/s);

$v_n(t)$——后车n在t时刻的速度(m/s)。

为不同类型车辆设定不同的TTC阈值,当TTC低于阈值时即认为两车发生冲突概率很大,属于危险工况。当CAV为跟驰车辆时,TTC阈值设定为0.75 s;当HDV为跟驰车辆时,TTC阈值设定为1.5 s[1]。

一般来说,每种车型的冲突数会随着其渗透率的增加而增加,难以真实反映一定渗透率的车辆发生冲突的频率。本文通过定义冲突参与程度反映不同类型车辆冲突率和渗透率的相对大小关系,计算公式如下:

$$\text{Ratio}_{vt(i)} = \left[\frac{\text{No. conflicts}_{vt(i)}}{\text{No. conflicts}_{(i)}} \right] \cdot \frac{1}{\text{penetration}_{vt(i)}} \tag{12}$$

式中：　　　vt——车辆类型；

　　　　　　i——仿真场景（A-F）；

No. conflicts$_{vt(i)}$——车辆类型 vt 参与的冲突总数；

No. conflicts$_{(i)}$——场景 i 下的冲突总数；

penetration$_{vt(i)}$——车辆类型 vt 在场景 i 下的渗透率。

通过计算冲突参与程度可确定各车辆类型卷入冲突的频率，并根据混合交通流中该类型车辆的渗透率进行标准化。计算结果大于 1 的值表示对应车型在该场景中所参与的潜在冲突比例大于其在交通流中的存在程度。相反，低于 1 的数值意味着这类车辆在潜在冲突中的参与比例低于其在交通车队中的存在程度。

图 5 为各场景下各类型车辆的参与程度。由场景 B 到场景 E 过程中，HDV 车辆冲突参与程度逐渐增加，L-CAV 车辆冲突参与程度先降低后增加，但数值一直低于 1，表明 L-CAV 车辆在场景 B 到场景 E 中，冲突发生频率低于其交通流存在程度；H-CAV 车辆在全场景中冲突参与程度始终保持最低，表明高等级自动驾驶车辆的渗透能够为混合交通流带来突出的安全效益。

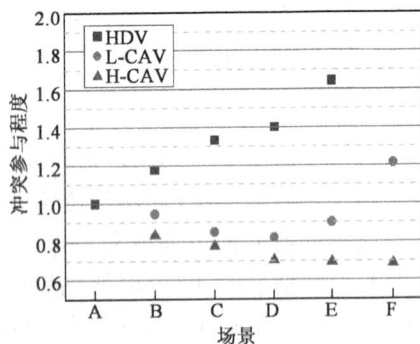

图 5　各场景车辆冲突参与程度

3.3　能耗排放

在本节中，分析不同场景下的车辆燃料消耗和尾气排放情况反映高速公路合流区混合交通流的排放特性。

通过仿真实验对车辆的油耗进行分析，并比较不同场景 CAV 渗透的变化效果。在 SUMO 仿真中，燃料消耗的测量单位是 mg。为了便于后续比较分析，将计量油耗改为以 L 为单位，油耗计算转化公式如下：

$$F_l = \frac{F_{mg}}{1 \times 10^6 \cdot \rho} \tag{13}$$

式中：F_l——单位转化后的油耗（L/km）；

　　　F_{mg}——单位转化前的油耗（mg/km）；

　　　ρ——汽油的密度，取值 0.7475g/cm^3。

图 6 反映了各场景下车辆的油耗情况，可以看出随着 CAV 渗透率的增加，各场景下的油耗变化范围出现先增加后减少的趋势，各场景下油耗中位数及车辆平均油耗均有明显下降，场景 F 相比场景 A 车辆平均油耗下降 16.4%。

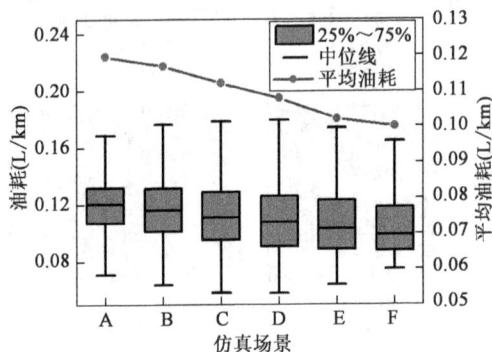

图 6　各场景车辆燃料消耗情况

各场景车辆尾气排放对比情况如图 7 所示，以场景 A（无 CAV 渗透）下的气体排放仿真数据作为对照，分析其他场景下 CAV 渗透对各类气体排放的影响，由图 7 可知，在 PM_x、NO_x、HC、CO、CO_2 5 种排放气体中，CAV 的渗透对 HC 和 CO 排放的减少最为有效，100% CAV 渗透率场景下，可分别减少 28.6% 和 25.4% 的排放量；相对而言，CO_2 气体对 CAV 渗透率的变化敏感度较低，各场景下减少幅度处于 1.9% ～ 11.6% 之间。此外，PM_x 和 NO_x 对 CAV 渗透较为敏感，气体排放量减少幅度处于 3.1% ～ 16.3% 之间。

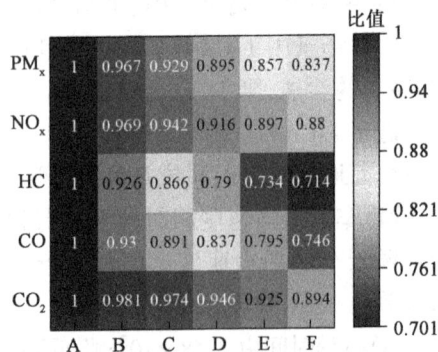

图 7　各场景车辆尾气排放量对比

4 结语

本文使用 SUMO 仿真平台搭建高速公路合流区研究场景,并考虑了 6 种由不同 CAV 渗透率组成的交通流情况,对传统人工驾驶车辆、低等级自动驾驶车辆、高等级自动驾驶车辆的驾驶行为分别建模,最后基于仿真和计算数据,量化分析高速公路合流区混合交通流通行效率、运行安全、能耗排放三大特性,所得结论如下:

(1)不同等级 CAV 的渗透对混合交通流通行效率有明显改善作用,车辆平均延误得到有效降低,平均车速得到一定的提高。说明自动驾驶车辆能有效提高车流运行效率及增加稳定性。

(2)CAV 相对于 HDV 车辆来说,其发生冲突的相对参与程度更低,且高等级自动驾驶车辆的渗透能够为混合交通流带来更加突出的安全效益。

(3)随着自动驾驶车辆渗透率的增加,混合交通流中的平均油耗和排放均有所下降,相比于无 CAV 渗透场景,平均油耗最大下降 16.4%,尾气排放亦有所改善,能明显降低 HC 和 CO 的排放量。

本文研究结论可为高速公路自动驾驶技术的部署应用提供一定参考。未来可根据自动驾驶实车测试数据标定不同技术水平 CAV 驾驶行为模型参数,考虑 CAV 编队、车辆加减速扰动对合流区混合交通流稳定性的影响,以及开展高速公路自动驾驶专用车道设置、合流区控制等方面的深入研究。

参考文献

[1] MORANDO M M, TIAN Q, TRUONG L T, et al. Studying the safety impact of autonomous vehicles using simulation-based surrogate safety measures[J]. Journal of Advanced Transportation, 2018,2018:1-11.

[2] PAPADOULIS A, QUDDUS M, IMPRIALOU M. Evaluating the safety impact of connected and autonomous vehicles on motorways [J]. Accident Analysis & Prevention, 2019,124:12-22.

[3] EL Y, FARRAG S, YASAR A, et al. Using surrogate measures to evaluate the safety of autonomous vehicles [J]. Procedia computer science, 2021,191:151-159.

[4] GHIASI A, HUSSAIN O, QIAN Z S, et al. A mixed traffic capacity analysis and lane management model for connected automated vehicles: A Markov chain method [J]. Transportation research. Part B: methodological, 2017,106:266-292.

[5] TALEBPOUR A, MAHMASSANI H S, ELFAR A. Investigating the effects of reserved lanes for autonomous vehicles on congestion and travel time reliability [J]. Transportation Research Record, 2017,2622(1):1-12.

[6] YE L, YAMAMOTO T. Impact of dedicated lanes for connected and autonomous vehicle on traffic flow throughput [J]. Physica A: Statistical Mechanics and its Applications, 2018,512:588-597.

[7] PRIBYL O, BLOKPOEL R, MATOWICKI M. Addressing EU climate targets: reducing CO_2 emissions using cooperative and automated vehicles[J]. Transportation Research Part D: Transport and Environment, 2020,86:102437.

[8] ZHAO B, LIN Y, HAO H, et al. Fuel consumption and traffic emissions evaluation of mixed traffic flow with connected automated vehicles at multiple traffic scenarios [J]. Journal of Advanced Transportation, 2022, 2022:1-14.

[9] MILANÉS V, SHLADOVER S E. Modeling cooperative and autonomous adaptive cruise control dynamic responses using experimental data [J]. Transportation Research Part C: Emerging Technologies, 2014,48:285-300.

[10] TREIBER M, HENNECKE A, HELBING D. Congested traffic states in empirical observations and microscopic simulations[J]. 2000,62(2):1805-1824.

[11] XIAO L, WANG M, SCHAKEL W, et al. Unravelling effects of cooperative adaptive cruise control deactivation on traffic flow characteristics at merging bottlenecks [J]. Transportation Research. Part C, Emerging Technologies, 2018,96:380-397.

道路交通噪声产生机理与防治措施研究综述

续安城[1]　朱洪洲[*1,2]

（1. 重庆交通大学土木工程学院；2. 重庆交通大学交通土建工程材料国家地方联合工程研究中心）

摘　要　随着我国经济和社会的高速发展，我国的汽车保有量逐年增加，随之带来的噪声问题也日益严重。道路交通噪声作为居民接触最多的噪声，严重影响着居民的日常生活甚至会诱发居民多种疾病。道路交通噪声的产生机理能对交通噪声的防治措施提供理论依据，选择合适的防治措施可以有效降低道路交通噪声对人体的影响。因此本文综述了道路交通噪声的产生机理和几种主要的防治措施。分析结果表明：轮胎-路面噪声是道路交通噪声的主要组成部分，其主要产生机理有空气泵吸、空气动力学效应、轮胎振动以及黏附机制，通过建立轮胎-路面耦合的三维模型进行仿真研究是未来研究轮胎-路面噪声的一种重要手段；目前常用的道路交通噪声防治措施有低噪声路面、声屏障和绿化带 3 种，低噪声路面适用性广泛，绿化带在城市道路中会受到空间的限制，声屏障降噪效果最好，但成本较高，建议制定一套综合评价体系来选择合理且经济的降噪措施，必要时可以考虑综合使用各种防治措施。

关键词　道路工程　交通噪声　产生机理　噪声防治　综述

0　引言

近年来，我国城镇化进程的不断加快，城镇居民的人口增加迅速，随之带来的交通噪声问题也越发的突出。2022 年全国噪声投诉情况中交通运输噪声投诉达到了 19.5 万件，与 2021 年相比提升了 0.1%，道路交通干线两侧区域的 4a 类声功能区夜间达标率仅为 70.4%，显著低于其他几类声功能区[1]。交通噪声对人体听觉系统和非听觉系统均会产生影响，会引起头痛、头晕、失眠多梦等症状[2]。儿童长期暴露与交通噪声会导致其听力系统早熟，并最终影响听力系统的发育[3]。交通噪声除了对人体听觉系统产生影响外，对心血管疾病的产生也有一定作用。暴露于交通噪声中的工人其血压和 HR 值会异常偏高[4]。更有研究表明当交通噪声每增加 1dB 时，心血管疾病死亡的风险会增加 1.183 倍[5]。夜间的交通噪声会使居民从睡眠中惊醒，影响居民的睡眠连续性[6]。由交通噪声引发的睡眠障碍甚至会诱发结肠癌[7]。

当前交通噪声污染已经对居民的健康产生了很大程度的影响，所以有必要采取一定的措施来降低交通噪声带来的影响，而交通噪声的产生机理可为后续采取的防治措施提供重要依据，为此本文汇总并梳理道路交通噪声的产生机理和防治措施方面的研究现状，以期能为更好地开展关于交通噪声防治研究提供一定的参考。

1　轮胎-路面噪声产生机理

道路交通噪声一般可分为动力噪声、非动力噪声以及轮胎-路面噪声[8,9]。动力噪声是由车辆动力系统产生的噪声，包括发动机、变速箱、增压器等产生的噪声。由于车辆制造技术的不断提高和针对发动机等动力系统的不断改进，由车辆动力系统产生的噪声已经得到了很大程度的减轻[10,11]。加之近年来纯电动汽车的推广，车辆动力噪声得到了进一步控制。非动力噪声主要由空气噪声、车辆底盘噪声、鸣笛噪声、刹车噪声等构成。研究表明，当车辆时速达到 50km/h 时[12,13]，轮胎-路面噪声会渐渐明显，而当车速达到 70km/h 时[14,15]，轮胎路面噪声就成为了道路交通噪声的主要构成部分。对于平均时速达到 50km/h 的一般道路来说，轮胎-路面噪声已经成为了交通噪声的主要部分。学界对轮胎-路面噪声的机理进行

项目基金：重庆市自然科学基金创新发展联合基金项目（CSTB2022NSCQ-LZX0063）；重庆市研究生联合培养基地建设项目（JDLHPYJD2020014）。

了一系列的研究,其主要产生机理有空气泵吸、空气动力学效应、轮胎振动、黏附机制等[9,11,13,16]。

1.1 空气泵吸机理

车辆在道路上行驶时,轮胎在路面上滚动或者滑动,由于轮胎为黏弹性材料,接触到路面的轮胎花纹受到挤压产生变形,此时轮胎花纹内的空间被压缩,空腔内的气压增大,气体被泵出。当轮胎花纹由于轮胎的滚动而脱离路面接触时,轮胎花纹变形逐渐恢复,腔体空间逐步增大,空气又重新进入花纹沟槽产生吸气效应。轮胎在滚动过程中花纹沟槽反复泵气和吸气(图1),快速进出的气流最终产生噪声,即轮胎-路面的空气泵吸噪声。

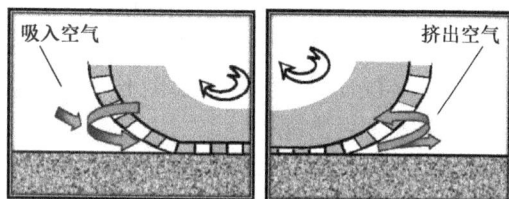

图1 轮胎-路面空气泵吸效应[17]

R. E. Hayden 于 1971 年最早提出轮胎-路面空气泵吸噪声,其将轮胎-路面接触处看作一个单级子源,提出了轮胎-路面空气泵吸噪声的半经验公式[13],该经验公式反映了泵吸噪声的声压级与轮胎花纹的深度、宽度、间距、沟数、沟槽体积变化以及轮胎滚动速度之间的关系。S. E. Samuels 对 Hayden 的模型进行了改进,其将轮胎-路面接触区域前后的空气泵吸噪声声源看作多个大小相等的单级子源,但该方法与 Hayden 的方法均无法反映泵吸噪声时域性等声源特性[14]。陆寅啸等[18]基于 Hayden 的模型基础,考虑轮胎花纹沟的位置效应,提出了一种改进的泵吸噪声预测模型,该模型比 Hayden 的模型精度高约 7dB,能将误差控制在 ±3dB。Berckmans 等[19]研究了单级子数量对泵吸噪声预测精度的影响,发现频率越高的噪声所需的单级子数量更多,且随着单级子数量的增加,计算结果的准确性也会有一定的提高。采用单级子模型来计算泵吸噪声时,假设轮胎-路面接触部分振幅波动较小,其中一个单级子即一点的空腔变化不会引起周围点的体积变化,这种假设类似于温克勒弹性地基模型。然而轮胎-路面接触周围的空气压缩是存在相互关联的,为了克服单级子模型的这一缺陷,KIM 等[20]采用一种混合方法

来研究轮胎-路面空气泵吸噪声,该方法将计算流体力学法(Computational Fluid Dynamics, CFD)和基尔霍夫积分法相结合,将噪声声源视作线源而非点源,该方法能够研究空气泵吸噪声的方向特性。结果表明,泵吸噪声声源的非线性不仅会影响噪声的频域特性,还会影响噪声传播的方向特性,其会增加轮胎行进方向的声发射。

空气泵吸噪声还与轮胎花纹参数具有紧密的关系。周海超等[21]基于流固耦合(Fluid-Structure Interaction, FSI)的方法研究了轮胎横向花纹沟的尺寸对轮胎-路面泵吸噪声的影响,研究表明,轮胎横向花纹沟的长度和宽度对泵吸噪声的影响显著,而深度对泵吸噪声的影响微弱,在其余条件一定的情况下,泵吸噪声的大小随长度的增大而减小随宽度的增大而增大(图2、图3),且变化幅度逐渐减小,导致这一现象的原因可能是横向花纹沟长度的增加使得轮胎-路面接触空腔内的气流进出更加顺畅,而宽度的增加则会阻碍气流的进出。

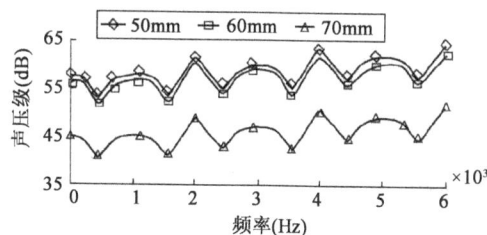

图2 横向花纹不同长度下的测点声压级[21]

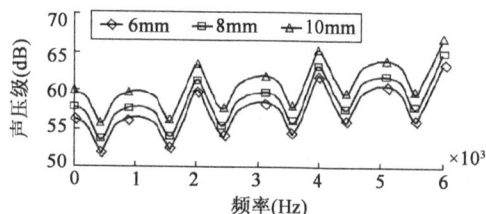

图3 横向花纹不同宽度下的测点声压级[21]

1.2 空气动力学效应

当车辆行驶在路面上时,轮胎的滚动会扰乱其周围的气流,轮胎前方的空气被撕开,而后方的空气被吸入(图4),受空气扰动的影响,不稳定的气流产生压力波动从而产生空气动力性噪声。由空气动力产生的噪声对整个轮胎路面噪声的贡献微弱,其并不是轮胎-路面噪声的重要噪声源[22-23]。只有当车辆时速达到 200km/h 时,这种空气动力学效应才较为明显[11]。

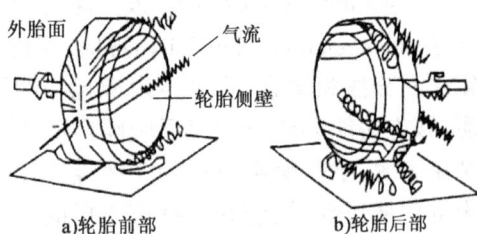

a)轮胎前部　　　　b)轮胎后部

图 4　轮胎周围气流[11]

1.3　轮胎振动噪声

车辆行驶在道路上时,由于路面的宏观纹理凹凸不平加之路面的起伏不定,轮胎在滚动的过程中会连续撞击路表,由于路表刚度大,轮胎会受到很大的冲击,这种冲击会引起轮胎花纹块的径向振动和横向振动(图5),从而产生轮胎振动噪声。轮胎上的花纹沟将胎体划分成许多个块体,在车辆行驶过程中,这些块体就如同一个个小型橡胶锤一样不断敲击路面,轮胎胎面振动是轮胎振动噪声的主要贡献者,由胎面振动产生的噪声比胎侧振动产生的噪声高约 10dB[16]。也有文献[13,24]将轮胎振动噪声归于以下几个方面:滚动时撞击产生的振动噪声、轮胎与地面接触时摩擦作用产生的噪声、轮胎花纹黏滞或滑移产生的振动噪声。

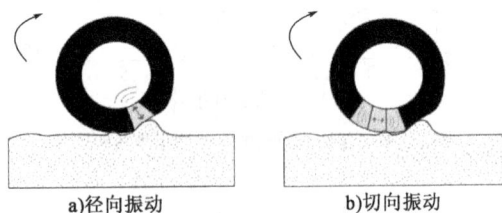

a)径向振动　　　　b)切向振动

图 5　轮胎径向振动与切向振动[25]

PÉRISSE[26]为研究轮胎在路面上滚动的径向振动情况,使用光滑轮胎来避免花纹块泵吸等的影响,在轮胎不同部位安装微型压电加速度计测量轮胎滚动时的径向位移。研究结果表明,振动主要集中在轮胎-路面接触区域,接触区域中心的加速度峰值大小与轮胎转速的平方成正比。Fujikawa 等[27]分析了路面粗糙度对轮胎-路面振动噪声的影响,发现胎面振动随路面粗糙度高度不均匀度的增大而增大,但与粗糙度高度本身无关,较小的路面凹凸间距和凹凸半径可以显著降低轮胎振动。张涛[28]通过有限元和边界元的方法建立了轮胎的三维模型来研究子午线轮胎振动噪声的特性。结果显示,滚动速度对轮胎振动噪声的影响显著,当滚动速度从 17km/h 增加到

34km/h 时,振动噪声的声压级增大 5～10dB,且轮胎表面振速分布与轮胎的二阶振型相似。Fabra - Rodriguez 等[29]通过有限元模拟分析轮胎在平坦、刚性和反射表面上加速时的冲击噪声来研究轮胎的振动噪声,结合边界元法开发了一种用于预测轮胎振动噪声的方法。

1.4　黏附机制

沥青是一种典型的黏弹性材料,而轮胎所用的橡胶也是一种黏弹性材料。当轮胎在沥青路面上滚动时会产生粘吸和黏滑现象,从而产生噪声。在夏季高温时,沥青路面和轮胎表面均会有一定程度的变软,黏性也会相应地增加,当轮胎滚动时,轮胎会压缩变形而被路面粘吸,这种现象类似于吸杯或吸盘的扣吸[16](图6)。在这种情况下,当胎面花纹离开路面时,产生的黏附力会产生激励使胎体发生振动,从而产生噪声,这种噪声在正常情况下一般不做考虑[11]。

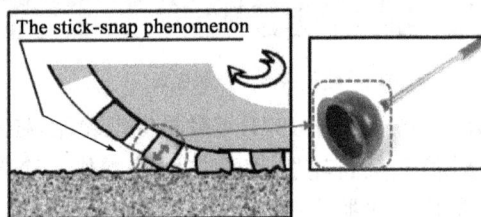

图 6　轮胎-路面粘吸现象[16]

黏滑现象是指轮胎与路表产生摩擦时,轮胎花纹块会发生变形,从而产生一个切向的力,当轮胎与路面间的摩擦力小于产生的切向力时,轮胎会出现滑移现象(图7),从而产生噪声,其类似于鞋底与光滑的地板摩擦发出的尖叫声,且多发生于车辆加速或制动时[16]。这种噪声的频率大约分布在1～3kHz,其大小主要受轮胎-路面间的阻尼和摩擦系数影响[25]。由轮胎-路面黏附机制所产生的噪声,其声源主要是由轮胎花纹块的振动产生的,故此也有文献[17]将该机制也归结于轮胎振动噪声。

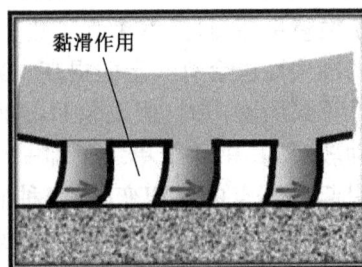

图 7　轮胎-路面黏滑效应[17]

不同的机理产生的噪声频率分布有所不同，其中空气泵吸机理产生的噪声频率大约在 8kHz 左右，轮胎振动噪声频率在 $0.2\sim1.2$kHz 左右，而黏附机制产生的噪声频率则在 $1\sim3$kHz 左右[9]。轮胎-路面噪声的产生机理十分复杂，且各个机理之间存在相互联系，目前针对轮胎噪声机理的研究难点在于如何将不同作用机理分隔开来进行单独的定量研究。随着计算机科学的不断发展一些仿真软件已经可以研究复杂的声学问题，已有学者[28~30]采用有限元、边界元等方法建立轮胎模型研究轮胎-路面噪声，未来通过建立轮胎-路面的耦合模型进行仿真研究或是研究轮胎-路面噪声的一种重要手段。此外轮胎-路面噪声在产生后会经过一系列的增强机理被放大，主要的增强机理为号筒效应、管柱腔体和亥姆霍兹共振[16-17]，轮胎胎体振动和轮胎内部声学共振也会使轮胎-路面噪声得到一定的增强，但其对噪声的影响很

小[11]。轮胎与路面在接触时，会形成一个类似于喇叭状的几何形状[图8a)]，喇叭口处的声波会被重复反射，最终向前集中，从而显著增大噪声水平，即号筒效应。号筒效应主要放大 $800\sim6000$Hz 的噪声，至少可放大该频域噪声 10dB，最大则可放大该频域上的噪声 22dB，对于 1000Hz 以下的低频噪声放大效果较弱，当噪声波长与轮胎宽度相近时，则不会产生放大效应[11,31]。轮胎花纹沟与路面间会形成许多类似于管道的空腔[图8b)]，当有气流通过时会产生共振，类似于管风琴，该效应能将 $300\sim800$Hz 的噪声放大 10dB 左右[25]。亥姆霍兹共振是当轮胎离开路面接触区域时，空气在轮胎花纹沟与路面形成的空腔内发生共振，犹如弹簧做往返运动一样[图8c)]，亥姆霍兹共振会对 $1500\sim2500$Hz 范围内的噪声放大[17]，但其影响要小于号筒效应。

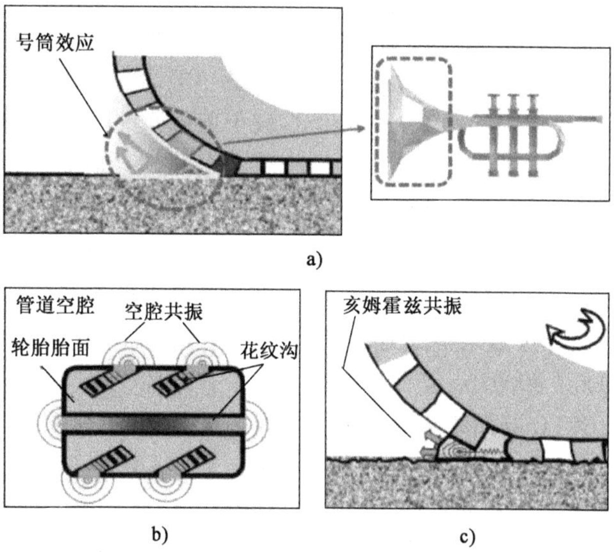

图8 轮胎-路面噪声主要增强机理[16]

2 防治措施

当道路交通噪声到达一定程度之后会干扰居民的正常生活，使居民引起一系列健康问题，对于噪声超标的地方需采取一定的防治措施。国内外学者对道路交通噪声的防治措施进行了一系列的研究。根据交通噪声不同的产生机理，采取适当的措施可以有效降低道路交通噪声的声压级。对于道路工程而言交通噪声防治措施主要有两种途径实现：一种是在噪声源处消减噪声，代表方法为低噪声路面；另一种方法是在传播过程中阻隔噪

声，常用措施为修建声屏障和绿化带。

2.1 低噪声路面

修建低噪声路面来降低道路交通噪声是一种有效的途径。低噪声路面是一个相对的概念，与水泥路面而言，沥青路面本身便是一种低噪声的路面。但随着公路技术的发展，对沥青路面的降噪特性有了更高的要求。目前的低噪声路面主要有提高沥青路面的孔隙率，如大孔隙开级配沥青磨耗层（Open Graded Friction Course，OGFC）和多孔沥青路面（Porous Asphalt，PA），或是在沥青中添

加改性剂对沥青进行改性,增加沥青路面的弹性和阻尼降低轮胎-路面的振动噪声,主要是添加橡胶类材料如胶粉、聚氨酯等[32]。此外也有研究[30]通过优化路表纹理来降低轮胎-路面的振动噪声,该方法对于沥青路面和水泥路面都适用。

通过孔隙降低路面噪声主要有空气黏滞效应和导热效应两种机理。空气黏滞效应使进入孔隙的声波与具有黏滞性的空气粒子产生摩擦,从而耗散掉一部分声能。而导热效应是由于入射进孔隙的声波压缩或膨胀空气,被压缩或膨胀的空气会产生温度差,在热传导过程中,部分声能以热量的形式耗散,相较于空气黏滞效应由导热效应降低噪声的效果微小,可将其忽略[33]。就噪声的产生机理而言,发达的孔隙主要削弱了轮胎-路面的空气泵吸噪声[25]。依靠路面孔隙吸声是降低道路交通噪声的有效方法。Liu 等[34]提出了一种双层多孔沥青路面结构,该结构由一层细集料和一层粗集料组成,上层孔隙率为10%,下层孔隙率为20%,该结构最大可以达到4.654dB 的降噪效果。张怡文等[35]研究了多孔沥青路面(PA)降噪性能的影响因素,发现多孔沥青路面噪声的频域分布在0.4～5kHz,路面厚度、TPS 改性剂用量和空隙率对降噪效果影响显著。Lai 等[36]通过试验测试了 OGFC-13、SMA-13、AC-13 和 MS-Ⅲ 的噪声水平,OGFC-13 由于其将近20%的孔隙率,显著降低了泵吸噪声,是上述4 种路面降噪效果中最好的,其降噪效果主要集中在1000～4000Hz,但在后期随着表面纹理深度的降低,OGFC 路面的降噪效果逐渐降低。

通过减振,提高路面阻尼特性降低轮胎-路面的振动噪声是低噪声路面设计的另一种思路。橡胶是一种拥有高弹性高阻尼特性的高分子聚合物,其可以通过分子弛豫吸收、热传导吸收和黏滞吸收3 种方式衰减声波能量[37]。因此橡胶沥青路面具有良好的降噪能力。由废旧橡胶轮胎制成的胶粉,不仅解决了废旧轮胎对环境的污染问题,将其掺入沥青中修筑的胶粉改性沥青路面降噪效果也较好。许雪莹等[38]为了研究橡胶沥青路面降噪机理,对 SMA 路面、AC 路面和胶粉改性沥青路面进行了一系列研究,发现几种路面的表面纹理、孔隙率和吸声系数相差不大,而差异在于动态模量和相位角。这也佐证了胶粉沥青路面主要是通过减振来降低路面噪声,乔建刚等[39]也得到了类

似的结论,其通过有限元软件分析了胶粉改性沥青路面和普通沥青路面的振动特性,发现胶粉改性沥青路面可以有效降低轮胎-路面的振动,降低噪声4.23dB。Vázquez 等[40]研究了含20%(占沥青重量)橡胶颗粒的橡胶改性沥青路面的降噪性能衰减情况,对比未改性的沥青路面,橡胶改性沥青路面噪声降低2.5dB,但随着服役时间的增长,降噪效果逐渐减弱,到服役3 年时,降低的噪声量为2dB,大约每年衰减0.17dB。Praticò 等[41]研究了不同百分比胶粉(CR)的掺量下,沥青路面道路声学响应(Road Acoustic Response,RAR)和路面频率响应函数(pavement Frequency Response Functions,FRF)之间的关系,结果表明,在400～3200Hz 范围内 RAR 和 FRF 具有很好的相关性,胶粉含量的增加有助于降低沥青混凝土的机械阻抗、动态刚度和声学响应。聚氨酯高弹多孔沥青路面(Polyurethane Porous Elastic Road Surface,PERS)既具有橡胶沥青路面的高弹高阻尼特性,也具有发达的孔隙,是一种优良的低噪声路面。文献[32]研究发现,聚氨酯高弹多孔沥青路面相较于普通沥青路面可降噪约7dB,有效降噪频率范围为0.5～5kHz,但随着老化和孔隙堵塞,预测4 年服役时间后降噪性能约会衰减20%。

2.2　声屏障技术

声屏障是为了降低交通噪声对附近居民的影响,而设置的一种声学板式结构,是降低交通噪声的主要设施之一。声屏障的结构形式有单边式、双边式、半封闭和全封闭式[42]。声屏障的降噪原理主要是在声波传播过程中进行阻碍,增长声波的路径,使声波能量衰减,从而降低噪声,其基础理论是惠更斯波动理论。噪声源传播遇到声屏障再到受声点一共有3 条路径[43]:一是绕过声屏障顶端到达受声点,二是直接透过声屏障到达受声点,三是在声屏障上发生反射(图9)。这3 种路径分别称为绕射、透射和反射。声波的绕射路径与直达路径的夹角称为绕射角,需绕射后到达的后部区域称为声影区,绕射角越大,声衰减越大,降噪效果就越好。声音的透射也会衰减一部分声能,声屏障的传声损失越大,透射能力越弱,对声音的衰减越大[42]。噪声通过多次反射也有可能到达受声点,为减少反射声到达受声点,通常会将靠近道路的一侧声屏障上设置吸声材料,吸收部分声能[44]。

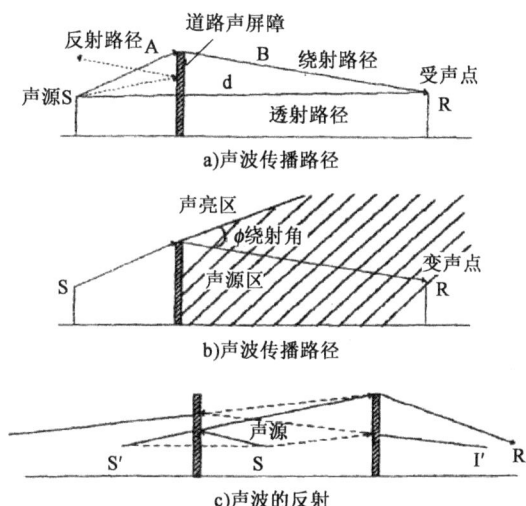

图 9　声音的传播路径[43]

我国声屏障的运用较晚,首例声屏障的应用是在 1992 年的贵州贵黄高速上,当时修筑了近百米的试验声屏障[44]。如今声屏障在道路上的运用已经很常见,目前关于声屏障的研究主要集中在结构的优化和材料的优选。Koussa 等[45]评估了低高度石笼声屏障在城市道路中运用的有效性,结果表明,石笼声屏障后的插入损失可以达到 8dB,能够有效降低噪声。Arenas 等[46]设计了一种粉煤灰基混凝土公路声屏障,该声屏障由 80% 的粉煤灰组成,可以有效降低声屏障的生产成本,且降噪效果也很不错。Lee 等[47]比较了塑料和金属声屏障的吸声特性,发现金属和塑料声屏障在高频率范围内的吸音表面性能比反射表面好,具有吸声表面的金属声屏障比塑料声屏障具有更好的吸声性能。声子晶体是一种具有显著的弹性波带隙特征新型人工周期性材料,可以抑制特定频率的声波[48],在声屏障的运用上具有一定潜力。Radosz[49]测试了一种基于声子晶体的 C 型谐振器声屏障的声学性能,发现对于不同频率的噪声,其衰减程度不一。秦晓春等[50]设计了一种沙漏型声子晶体声屏障,并对其降噪性能进行了测试,试验结果表明,相较于传统声屏障,这种声子晶体声屏障能提升 0.5 ~ 1kHz 频率范围内的降噪效果 0.9 ~ 14dB。纳米发泡材料是一种具有优良吸声性能的材料,能够弥补金属声屏障的低频共振得效应,且吸声频率范围广,在声屏障上的应用也很有前景[51]。

栾皓翔等[52]针对常用金属声屏障在使用过程中会出现铆钉松动的问题,设计了一种无铆型金属声屏障,这种新型声屏障将吸声板与吸声尖劈相结合,具有良好的力学性能和降噪效果。Wrona 等[53]提出了一种双层声屏障的半主动控制方法,这种方法可以降低双层声屏障的低阶共振,从而提高声屏障的噪声效果。当声屏障在道路两侧平行建造时反射的声波会发生干涉从而降低降噪效果。Xiao 等[54]提出了一种具有非线性双曲相位轮廓的干涉型势垒声屏障(图 10),其可以使反射声波在势垒之间会聚,从而减少可以逃逸的噪声能量,与之前开发的线性相位势垒声屏障相比,这种新型的声屏障可以有效降低厚度,从而节约成本。基于声屏障的广泛运用,有学者看到了将太阳能板与声屏障相结合的潜力,光伏噪声屏障系统将光伏系统与声屏障集成在一起,是一种很有前景的收集太阳能的方式。Zhong 等[55]提出了基于噪声屏障的太阳能光伏发电潜力的估算方法,王艳雯[56]对光伏技术在声屏障中的运用做了展望,声屏障逐步向着更绿色和环保的方向发展。

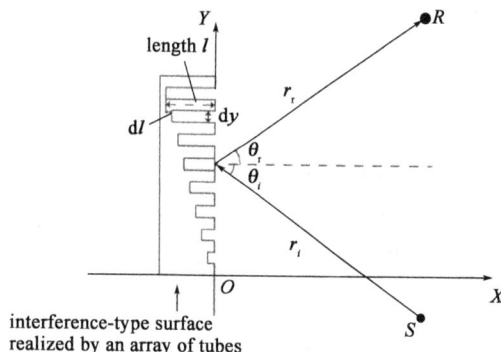

图 10　干涉型势垒声屏障[54]

2.3　绿化带

绿化带可以通过散射和反射等方式辐射道路噪声,植物的表皮和枝叶还能吸收一部分噪声,是一种天然的"声屏障"。当声波到达绿化带时,一部分声波还能与植物叶片枝干产生共振,从而消耗掉一部分能量[57]。绿化带不仅能降低道路交通噪声,对交通污染物也有一定的吸收作用,从而能减轻交通污染物对居民和行人的影响[58]。此外相较于声屏障,绿化带能为驾乘人员带来更好的视觉体验,从而在一定程度上缓解驾驶疲劳。绿化带对高频噪声和低频噪声都一定衰减作用,其中叶片主要衰减高频噪声,而根茎主要衰减低频噪声[57]。

绿化带的降噪效果受多种因素影响,如植物

的种类、高度、长度、密度以及排列组合等[59]。陈雷等[60]研究了 4 种不同类型的绿化带的降噪效果,发现降噪效果:乔木灌木混合型 > 全灌木型 > 全乔木型 > 全草型。曾旸等[59]研究了北京市 3 种不同类型绿化带降噪效果,以 3 种不同树木组合代表阔叶纯林、阔叶混交林和针叶混交林进行研究,结果表明,针叶混交林降噪效果最好,阔叶混交林次之,阔叶纯林最差,且降噪效果还受到噪声频率和高度的影响。树木的排列组合对降噪效果也有一定的影响,金邑霞等[61]研究了杭州 3 条实际道路的绿化带的降噪效果,结果显示乔木加灌木加草皮的形式降噪效果最好,且乔木灌木交错混合种植的效果优于分开种植的情况。李亚楠等[62]通过研究长三角地区的城市绿化带降噪效果,得到了与金邑霞相似的结论,且还发现枝下高度低于 2m 的林木降噪效果更佳。在选取种植时,首选分支点低、枝多、叶密的植物。不同类型的绿化带在不同季节降噪效果也有差异,一般夏季降噪效果优于冬季,全灌木的绿化带季节差异不大,全乔木型的差异最大,冬夏降噪差异达到了 3.84dB,乔木灌木混合型的差异最大也达到了 3.16dB[63]。

对于绿化带的研究多是关于局部小范围内绿化带的研究,为此张祥等[64]从城市尺度上来研究绿化对环境噪声的影响,发现提高绿化覆盖率,能有效改善噪声环境。也有学者提出了一种垂直的绿化系统,该系统由墙体和植被组成[65](图 11),通过植被的覆盖,可以提高墙体的降噪效果。为预测绿化带的降噪效果,Zhang 等[66]基于绿化带的降噪机理和声波传播特性建立了一种绿化带的降噪预测模型,与实测值相比误差为 4.1dB,具有一定的可靠性。

图 11　一种垂直绿化系统[65]

综上所述,目前关于道路交通噪声在路域范围内的防治措施主要包括以上 3 种。对于道路交通干线附近的敏感建筑物若采用以上措施无法达到理想效果,采用隔声窗可以有效降低室内噪声,控制受声点的噪声水平,可以作为道路交通噪声防治措施的最后一道保障[67]。此外,通过交通管制措施、设置减速带等[68]也能起到降低道路交通噪声的目的,但是该方法会对道路的通行能力有一定影响。吴伟等[69]研究了城市高架桥附近的道路环境噪声,提出了对于不同类型的声功能区域需采用不同的降噪措施,对于噪声限值要求不高的 4a 类声功能区域而言,采用低噪声路面即可,而对于噪声限值要求严格的一类声功能区则需采用低噪声路面与全封闭式声屏障相结合的综合防治措施。低噪声路面虽然可以在源头处降低噪声,但在使用过程会出现堵塞和老化等问题,从而影响路面的降噪效果,对于低噪声路面后期降噪性能的下降还有待进一步研究。此外,关于疏通多孔路面的堵塞方法将会是下一个研究的主要方向。声屏障占用空间小,降噪效果好,在降噪措施中占据主要地位,但目前其造价高,且在城市道路中会影响视距,对行人和车辆均会有一定的影响,特别是在弯道处。当楼层较高时,声屏障的作用效果会随之降低,声屏障的结构有待进一步优化,然而通过声屏障广阔的面积收集能量是一种极具潜力的发展方向,其既节能环保,产生的效应还能在一定程度上降低声屏障的成本。绿化带既具有生态价值还能降低噪声,是一种绿色环保的降噪措施,但其需要的空间较大,在有些城市道路中的应用受到一定的限制。在郊区道路上,对于零散的住宅来说具有足够的空间修建绿化带。目前还缺乏一套系统的研究来评价何种情况该使用何种控制措施,对于道路交通噪声的防治应当因地制宜,合理规划,必要时可以考虑多种措施综合控制,达到经济合理又能有效控制道路交通噪声的目的。

3　结语

本文围绕道路交通噪声问题梳理了轮胎-路面噪声产生机理和 3 种常用的防治措施。针对道路交通噪声的研究已经取得一系列的成果,但仍然存在一些问题。结合现有文献调研,给出如下结论与展望:

（1）轮胎-路面噪声是道路交通噪声的主要组成部分。轮胎-路面噪声产生的主要机理有空气泵吸机理、空气动力学效应、轮胎振动以及黏附机制。此外轮胎-路面噪声产生后会经过一系列的放大机制，如号筒效应、管道腔体、亥姆赫兹共振等。轮胎-路面噪声的产生往往伴随多个机制，通过试验研究往往难以将其区分开，一些仿真软件已经可以研究复杂的声学问题，通过建立轮胎-路面的耦合模型进行仿真研究或是未来的一种主要研究手段。

（2）道路交通噪声的防治措施有多种方式，针对道路工程而言，主要采用低噪声路面、声屏障和绿化带3种方式。声屏障的降噪效果最佳，但目前成本较高，且一些条件下不适宜修建声屏障。光伏声屏障在未来很有运用潜力，收集的清洁能源既可以降低污染，还能在一定程度上降低成本。低噪声路面的使用几乎可以不受限制，也是未来降低道路交通噪声的主要途径。绿化带在城市的应用很受限，但在郊区拥有广泛的应用空间。如何评估不同措施的综合应用效应，针对具体情况找到最佳防治措施是当前需要着重解决的一个问题。必要时建议综合采取各种控制措施，以达到更好的降噪效果，减少对居民的影响。

参考文献

[1] 生态环境部.2023年中国噪声污染防治报告[EB/OL].(2023-07-28)[2024-01-17]https://www.mee.gov.cn/hjzl/sthjzk/hjzywr/202307/W020230728374728553582.pdf.

[2] 黄婧,郭新彪.城镇化过程的交通噪声污染与健康问题[J].中华疾病控制杂志,2020,24(8):869-870,960.

[3] MARTÍNEZVILAVELLA G, PUJOL J, BLANCOHINOJO L, et al. The effects of exposure to road traffic noise at school on central auditory pathway functional connectivity.[J]. Environmental Research, 2023.

[4] GUHA A K, GOKHALE S. Urban workers' cardiovascular health due to exposure to traffic-originated PM2.5 and noise pollution in different microenvironments[J]. Science of the Total Environment, 2023, 859: 160268.

[5] WANG P, XIANG H, GUO M, et al. Indoor and roadside exposures to traffic noise and cardiovascular mortality and the role of urban environmental stressors across a high-rise, high-density environment: a case study in hong kong[J]. Building and Environment, 2023, 229: 109945.

[6] SANOK S, BERGER M, MÜLLER U, et al. Road traffic noise impacts sleep continuity in suburban residents: exposure-response quantification of noise-induced awakenings from vehicle pass-bys at night[J]. Science of the Total Environment, 2022, 817: 152594.

[7] ROSWALL N, THACHER J D, ÖGREN M, et al. Long-Term exposure to traffic noise and risk of incident colon cancer: a pooled study of eleven nordic cohorts[J]. Environmental Research, 2023, 224: 115454.

[8] 饶建成,马一娟.沥青混凝土路面噪声产生机理及抑制策略[J].工程技术研究,2022,7(9):121-123.

[9] 包健西,章毅,郑云鹏.路面噪声产生机理及评价方法综述[J].上海公路,2021(4):34-39.

[10] 黄志勇,张肖宁,陈搏,等.轮胎接触构造分布对沥青路面降噪特性的影响[J].科学技术与工程,2018,18(34):123-128.

[11] 谭伟,张崇高,曹卫东,等.轮胎/路面噪声机理与降噪路面[J].公路与汽运,2008(4):85-87.

[12] O BOY D J, DOWLING A P. Tyre/Road Interaction noise—a 3D viscoelastic multilayer model of a tyre belt[J]. Journal of Sound and Vibration, 2009, 322(4-5): 829-850.

[13] 陈柳晓.山地城市交通噪声特性分析及预测模型研究[D].重庆:重庆交通大学,2021.

[14] 高龙.基于FSI方法的轮胎横向花纹沟泵吸噪声研究[D].镇江:江苏大学车辆工程,2012.

[15] LI T, BURDISSO R, SANDU C. Literature Review of Models On Tire-Pavement Interaction Noise[J]. Journal of Sound and Vibration, 2018, 420: 357-445.

[16] LING S, YU F, SUN D, et al. A comprehensive

review of tire-pavement noise: generation mechanism, measurement methods, and quiet asphalt pavement [J]. Journal of Cleaner Production, 2021, 287: 125056.

[17] 郭秀林.基于表面构造和有限元模型的轮胎/路面噪声研究[D].广州:华南理工大学,2020.

[18] 陆寅啸,葛剑敏,刘恒彪,等.轮胎泵浦噪声非等强度多源模型试验[J].中国公路学报,2016,29(10):140-148.

[19] BERCKMANS D, KINDT P, SAS P, et al. Evaluation of substitution monopole models for tire noise sound synthesis [J]. Mechanical Systems and Signal Processing, 2010, 24(1): 240-255.

[20] KIM S, JEONG W, PARK Y, et al. Prediction method for tire air-pumping noise using a hybrid technique [J]. The Journal of the Acoustical Society of America, 2006, 119 (6): 3799-3812.

[21] 周海超,王国林,高龙,等.轮胎横向花纹沟泵吸噪声仿真研究[J].机械科学与技术,2014,33(2):212-216.

[22] 俞悟周,毛东兴,王佐民.轮胎/路面噪声及其测量[J].声学技术,2000(2):90-94.

[23] 蔡昶文.汽车轮胎噪声仿真分析[D].广州:华南理工大学车辆工程,2008.

[24] 于增信,赵桂范,杜星文.轮胎振动噪声研究进展[C]//中国振动工程学会.2000年全国振动(诊断、模态、噪声)技术及应用学术会议论文集.南京:南京航空航天大学,2000:762-765.

[25] 杨佳昆.基于有限元数值模拟进行沥青路面噪声特性研究[D].长春:吉林大学土木工程,2022.

[26] PÉRISSE J. A study of radial vibrations of a rolling tyre for tyre-road noise characterisation [J]. Mechanical Systems and Signal Processing, 2002, 16(6): 1043-1058.

[27] FUJIKAWA T, KOIKE H, OSHINO Y, et al. Definition of road roughness parameters for tire vibration noise control[J]. Applied Acoustics,

2005, 66(5): 501-512.

[28] 张涛.轮胎模态和振动噪声的数值分析[D].合肥:中国科学技术大学固体力学,2005.

[29] FABRA R M, PERAL O R, ABELLÁN L D, et al. Numerical sound prediction model to study tyre impact noise[J]. Applied Acoustics, 2023, 206: 109325.

[30] 梁遐意.低噪声功能路面表面纹理优化研究[D].广州:华南理工大学,2020:219.

[31] 冯超.利用轮胎—路面噪声实时测量路面构造深度的方法研究[D].重庆:重庆交通大学,2017:82.

[32] 田欣奇.聚氨酯高弹多孔混合料降噪功能衰变规律研究[D].重庆:重庆交通大学,2022:84.

[33] 陈德,韩森,韩霄,等.基于微观结构的多孔沥青混合料吸声模型[J].建筑材料学报,2017,20(4):575-581.

[34] LIU M, HUANG X, XUE G. Effects of double layer porous asphalt pavement of urban streets on noise reduction[J]. International Journal of Sustainable Built Environment, 2016, 5 (1): 183-196.

[35] 张怡文,韩森,刘亚敏.基于轮胎滚动下落法的Pa路面噪声性能影响因素研究[J].大连理工大学学报,2019,59(3):296-301.

[36] LAI F, HUANG Z, GUO F. Noise reduction characteristics of macroporous asphalt pavement based on a weighted sound pressure level sensor [J]. Materials, 2021, 14(16): 4356.

[37] 肖飞鹏,王涛,王嘉宇,等.橡胶沥青路面降噪技术原理与研究进展[J].中国公路学报,2019,32(4):73-91.

[38] 许雪莹,曹卫东,葛剑敏,等.骨架密实型低噪声路面降噪机理的实验研究[J].应用声学,2008,27(1):7-10.

[39] 乔建刚,孔伟伟,宋志旭.基于废旧胶粉沥青混凝土路面降噪效果分析[J].噪声与振动控制,2022,42(4):219-225.

[40] VÁZQUEZ V F, LUONG J, BUENO M, et al. Assessment of an action against environmental noise: acoustic durability of a pavement

surface with crumb rubber[J]. Science of the Total Environment, 2016, 542: 223-230.

[41] PRATICÒ F G, FEDELE R, PELLICANO G. Pavement frfs and noise: a theoretical and experimental investigation [J]. Construction and Building Materials, 2021, 294: 123487.

[42] 张琛良.道路声屏障的声学特性研究与优化分析[D].贵阳:贵州大学,2020:71.

[43] 卢向明.道路声屏障声学特性与声学设计研究[D].杭州:浙江大学环境科学,2004.

[44] 张晓娟.降噪声屏障的模型试验和声学特性研究[D].大连:大连交通大学载运工具运用工程,2005.

[45] KOUSSA F, DEFRANCE J, JEAN P, et al. Acoustic performance of gabions noise barriers: numerical and experimental approaches [J]. Applied Acoustics, 2013, 74(1): 189-197.

[46] ARENAS C, LEIVA C, VILCHES L F, et al. Technical specifications for highway noise barriers made of coal bottom ash-based sound absorbing concrete [J]. Construction and Building Materials, 2015, 95: 585-591.

[47] LEE H M, WANG Z, LIM K M, et al. Investigation of the effects of sample size on sound absorption performance of noise barrier [J]. Applied Acoustics, 2020, 157: 106989.

[48] 秦晓春,倪安辰,韩莹,等.声子晶体型高速公路声屏障的降噪性能[J].中国环境科学,2020,40(12):5493-5501.

[49] RADOSZ J. Acoustic Performance of Noise Barrier Based On Sonic Crystals with Resonant Elements[J]. Applied Acoustics, 2019, 155: 492-499.

[50] 秦晓春,倪安辰,陈正昊,等.包含共振机理的声子晶体声屏障设计与降噪性能测试[J].中国环境科学,2022,42(1):474-482.

[51] 王勤.纳米材料在道路声屏障中的应用探析[J].现代交通技术,2022,19(4):68-72,83.

[52] 栾皓翔,朱万旭,吴瑾,等.新型金属声屏障单元板工作性能研究[J].材料导报,2022,36(z2):284-288.

[53] WRONA S, PAWELCZYK M, CHENG L. Semi-Active links in double-panel noise barriers[J]. Mechanical Systems and Signal Processing, 2021, 154: 107542.

[54] XIAO Y, LAI H, LI Q, et al. Improved interference-type sound barriers: use of hyperbolic phase modulation [J]. Applied Acoustics, 2020, 161: 107186.

[55] ZHONG T, ZHANG K, CHEN M, et al. Assessment of solar photovoltaic potentials on urban noise barriers using street-view imagery [J]. Renewable Energy, 2021, 168: 181-194.

[56] 王艳雯.声屏障技术在交通噪声治理中的应用[J].上海船舶运输科学研究所学报,2022,45(4):75-78.

[57] 张晶,郭小平,王宝,等.绿化带降噪机理及模型研究进展[J].热带亚热带植物学报,2013,21(4):381-388.

[58] SANTIAGO J, BUCCOLIERI R, RIVAS E, et al. Cfd modelling of vegetation barrier effects on the reduction of traffic-related pollutant concentration in an avenue of pamplona, spain [J]. Sustainable Cities and Society, 2019, 48: 101559.

[59] 曾旸,郭小平,李雨珂,等.北京市3种配置模式绿化带降噪效果的空间变化规律[J].植物资源与环境学报,2017,26(2):68-75.

[60] 陈雷,杨善云,张丽微,等.城郊公路绿化带植物降噪服务功能及价值研究[J].广西林业科学,2020,49(3):410-414.

[61] 金邑霞,徐丽华,马仁锋,等.杭州快速路、主次干道植物群落降噪功能比较研究[J].中国环境管理,2018,10(5):43-49.

[62] 李亚楠,黄绍荣,格日乐图,等.长江三角洲地区11个县(市、区)城市道路林带降噪能力及其影响因素[J].浙江农林大学学报,2020,37(2):251-258.

[63] 陈雷,张丽微,杨善云,等.夏冬两季城郊公路绿化带的降噪效果差异分析[J].环境工程学报,2017,11(9):5320-5325.

[64] 张祥,赵骏,吴雪飞.城市绿地形态对区域环

境噪声的影响[J].风景园林,2022,29(4)：83-88.

[65] PÉREZ G, COMA J, BARRENECHE C, et al. Acoustic insulation capacity of vertical greenery systems for buildings [J]. Applied Acoustics, 2016, 110：218-226.

[66] ZHANG J, GUO X, ZHAO C. Nonlinear prediction model of noise reduction by greenbelts [j]. urban forestry & urban greening, 2015, 14(2)：282-285.

[67] 贺玉龙,张书豪,李静文,等.高架复合道路综合降噪措施对临街建筑降噪效果研究[J].噪声与振动控制,2022,42(2)：196-200,235.

[68] 《中国公路学报》编辑部.中国路面工程学术研究综述·2024[J].中国公路学报,2024(3)：1-81.

[69] 吴伟,廖公云,张乾坤,等.典型城市高架道路噪声环境降噪措施[J].长沙理工大学学报(自然科学版),2023,20(1)：75-85.

摩托车半主动悬架平滑天棚控制算法研究

张丽霞[*1]　方　建[1]　潘福全[1]　杨朝会[2]

(1.青岛理工大学机械与汽车工程学院;2.青岛青特集团有限公司)

摘　要　磁流变半主动悬架系统具有改善操纵稳定性的优点,成为摩托车悬架研究的热点问题。搭建了 2 自由度悬架动力学模型,针对天棚控制开关型算法存在震颤的问题,本文提出了平滑天棚控制。在 Simulink 中,从时域方面对比分析了平滑天棚控制和天棚控制的控制效果,在 Bikesim 联合仿真平台进行仿真结果对比分析。结果表明平滑天棚控制可以提高平顺性和操纵稳定性。通过实车试验,对比了平滑天棚控制和天棚控制对摩托车的控制效果。与天棚控制相比,在非铺装路面行驶时,平滑天棚控制前后簧上加速度均方根值分别降低了 7.17% 和 3.84%;在经过减速带时前后簧上加速度均方根值分别降低了 21.22% 和 13.45%,能够提高驾驶摩托车的操纵稳定性和平顺性。

关键词　半主动悬架系统　天棚控制　平滑天棚控制　操纵稳定性

0　引言

我国是摩托车生产大国,经过多年的快速发展,已经积累了一定的技术并且形成市场[1]。随着车辆半主动悬架系统的发展,摩托车悬架系统也有了新的发展方向。磁流变半主动悬架系统具有减振效果好、功耗低和响应快等优点[2]。

国内外对半主动悬架的控制算法很多,有经典的控制算法,如天棚控制、加速度阻尼控制、地棚控制等;现代控制算法有鲁棒控制、神经网络控制、模糊控制、以及多种控制算法结合的复合控制。目前在半主动悬架系统控制算法中,天棚控制算法和加速度阻尼控制算法运用尤其广泛,因为控制算法简单,对传感器和控制器硬件要求不高,易于在实车上实现;现代控制算法控制可以对车辆悬架性能进行综合优化,但因减振器的性能和控制器的限制,在实车试验时控制效果不佳。因此,本文选择了一种由经典控制进行改进的算法应用于半主动悬架控制器中。

综上所述,本文针对摩托车的磁流变半主动悬架,提出了"平滑天棚控制"的算法,该算法是在经典天棚控制的基础上进行改进的控制算法,可以避免天棚控制中的频繁切换问题,达到解决天棚控制中因阻尼切换导致的震颤问题,从而提高车辆乘坐舒适性与操纵稳定性[3]。

1　摩托车半主动悬架系统建模

1.1　磁流变减振器模型

磁流变减振器作为执行器,通过改变磁流变

基金项目:山东省自然科学基金项目(ZR2020MG021)。

减振器活塞中线圈电流的大小,进而改变减振器的阻尼[4]。为了建立准确的模型,驱动电流 0 ~ 2.5A,电流间隔0.2A,速度间隔0.05m/s。在建立磁流变减振器正模型中将减振器活塞速度和驱动电流作为自变量,减振器输出的阻尼力为因变量,磁流变减振器正模型如图 1 所示。在建立磁流变减振器逆模型时,将减振器输出的阻尼力和活塞速度作为自变量,驱动电流作为因变量,将不满足磁流变减振器力学特性的数据点进行限制,从而获得磁流变减振器逆模型如图 2 所示。

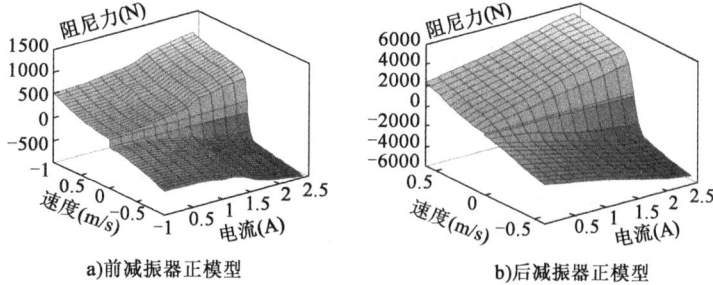

a)前减振器正模型　　　　b)后减振器正模型

图 1　磁流变减振器查表正模型

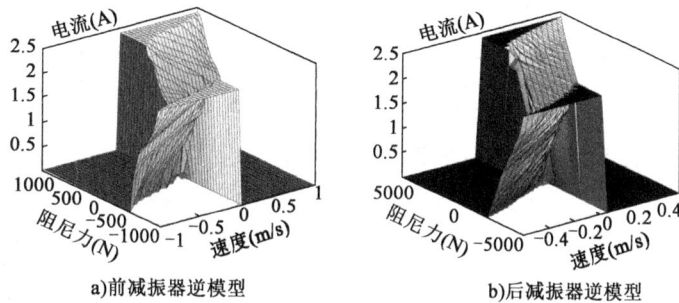

a)前减振器逆模型　　　　b)后减振器逆模型

图 2　磁流变减振器查表逆模型

1.2　2 自由度悬架模型

在研究悬架动力学特性时最常用的模型是 2 自由度悬架模型[5]。

将摩托车半主动后悬架简化为 2 自由度,建立悬架动力学模型[6],如图 3 所示。悬架模型具体参数,见表 1。

$$m_s \ddot{x}_s + c(\dot{x}_s - \dot{x}_u) + k_s(x_s - x_u) + f = 0 \quad (1)$$

$$m_u \ddot{x}_u - c(\dot{x}_s - \dot{x}_u) - k_s(x_s - x_u) + k_t(x_u - x_r) - f = 0 \quad (2)$$

式中:m_s——簧上质量;

m_u——簧下质量;

x_s——簧上位移;

x_u——簧下位移;

x_r——路面激励;

k_s——弹簧刚度;

k_t——轮胎刚度;

c——减振器阻尼系数;

f——可变阻尼力。

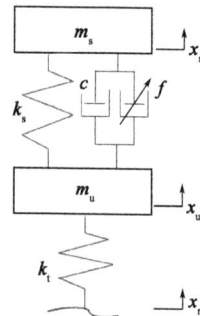

图 3　摩托车 2 自由度半主动悬架模型

悬架模型仿真参数　　　　表 1

参数模型	数值
$m_s(kg)$	160
$m_u(kg)$	30
$c(N \cdot s/mm)$	6
$k_s(N/mm)$	200
$k_t(N/mm)$	11.5

2　摩托车半主动悬架系统控制及仿真工况

2.1　平滑天棚控制

开关型天棚控制算法,只能使减振器的阻尼在最大值和最小值之间来回切换,减振器处于频繁地切换状态,易产生震颤的问题[7,8]。平滑天棚控制是在天棚控制的基础上进行改进的控制算法,可以解决天棚控制中因阻尼切换导致的振颤问题[9]。平滑天棚控制的数学表达式为

$$c = k_{sh} \cdot \dot{x}_s \cdot (\dot{x}_s - \dot{x}_u) + c_{nom} \qquad (3)$$

式中:k_{sh}——簧上速度与减振器相对速度乘积的增益;

　　　c_{nom}——标称阻尼,通过逆模型可以转化为基础电流;

　　　c——平滑天棚控制中的名义阻尼。

从公式(3)和图 4 可以看出,与天棚控制不同的是平滑天棚控制不再是以簧上速度和悬架相对速度的乘积作为"开"与"关"两种状态下阻尼切换的条件,而是以两者的乘积与标称阻尼之和通过逆模型,转换为平滑的磁流变减振器驱动电流。

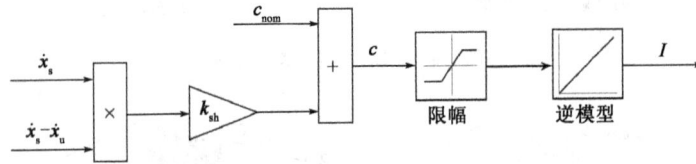

图4　平滑天棚控制示意图

在平滑天棚控制的参数确定中,不能单纯地使用某一评价指标,悬架的 3 个评价指标对车辆的行驶性能影响不同,因此建立综合评价指标。综合评价指标表达式为:

$$J = q_1 \frac{BA}{BA_0} + q_2 \frac{SWS}{SWS_0} + q_3 \frac{DLT}{DLT_0} \qquad (4)$$

式中:　q_1、q_2、q_3——簧上加速度权重系数、悬架动挠度权重系数、轮胎动载荷权重系数,q_1 为 0.6、q_2 为 0.25、q_3 为 0.15;

　　　BA、SWS、DLT——半主动悬架簧上加速度均方根值、悬架动挠度均方根值、轮胎动载荷均方根值;

　　　BA_0、SWS_0、DLT_0——被动悬架簧上加速度均方根值、悬架动挠度均方根值、轮胎动载荷均方根值。

在确定参数 c_{nom} 时,考虑磁流变减振器的速度特性以及节能,选择减振器驱动电流从 0.1 ~ 1.0A,间隔为 0.1A,选择车速为 60km/h,路面等级为 C 级路面激励,在 Simulink 中进行仿真,得到当 $c = c_{com}$ 时,综合评价指标 J 随电流的变化,如图 5 所示,电流为 0.3A 时,综合评价指标 J 最小。再经过逆模型的计算,此时的 c_{nom} 为 16。当

初步确定了参数 c_{nom} 后,通过粒子群算法优化综合性能评价指标 J[10],从而优化 c_{nom} 和确定 k_{sh} 的值。设置粒子群种群规模为 30,迭代次数为 25 次,经过粒子群优化算法计算[11],当 c_{nom} 为 12、k_{sh} 为 284 时,综合评价指标 J 最小,此时综合评价指标 J 为 0.9435。

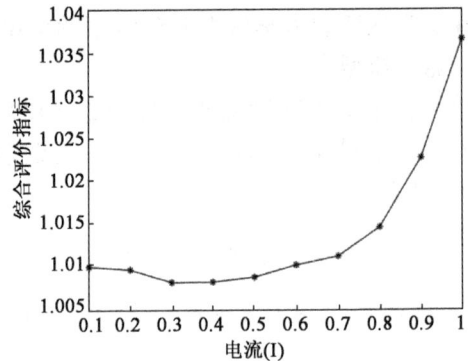

图5　综合性能评价指标 J 随电流变化

2.2　Simulink 仿真分析

在 Simulink 中建立仿真模型[12],路面输入为 C 级路面、冲击激励,随机路面为用正弦波叠加法生成的路面模型,冲击激励为模拟车辆通过减速带。仿真结果如图 6 和图 7 所示。均方根值见表 2 和表 3。

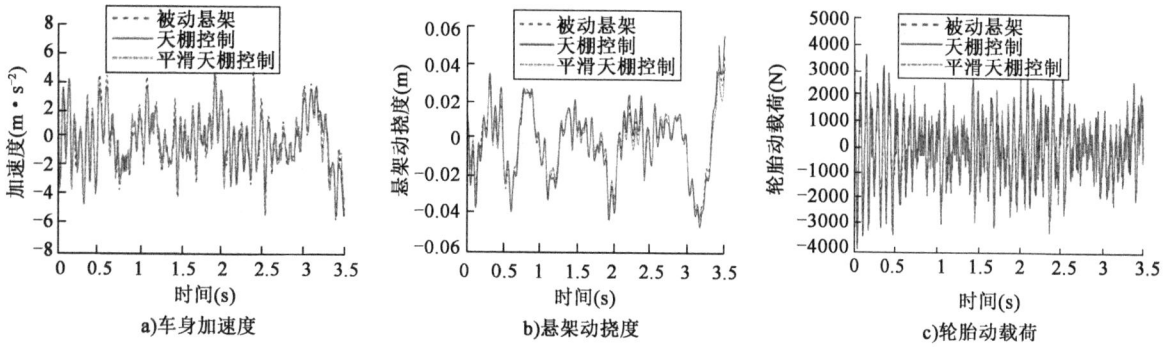

图6 C级路面仿真结果对比图

a)车身加速度　　b)悬架动挠度　　c)轮胎动载荷

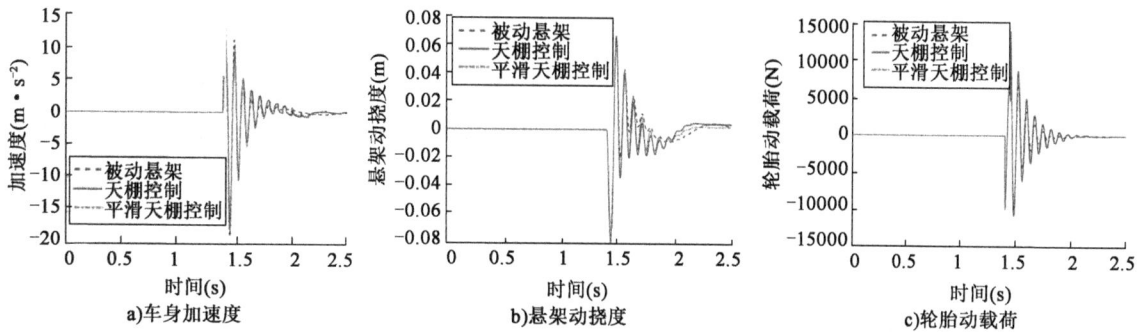

图7 冲击激励仿真结果对比图

a)车身加速度　　b)悬架动挠度　　c)轮胎动载荷

C级路面评价指标的均方根值 表2

性能指标	平滑天棚控制	天棚控制	被动悬架
车身加速度(m·s^{-2})	1.8087	1.8334	2.0055
悬架动挠度(m)	0.0159	0.0189	0.0169
轮胎动载荷(N)	1250.8	1275.9	1085.8

冲击激励评价指标的均方根值 表3

性能指标	平滑天棚控制	天棚控制	被动悬架
车身加速度(m·s^{-2})	2.2963	2.3108	2.5405
悬架动挠度(m)	0.0121	0.0122	0.0113
轮胎动载荷(N)	1851.7	1863.1	1620.8

通过评价指标的时域图6和图7,以及表2和表3均方根值可以看出,在C级路面和冲击激励下,平滑天棚控制相对于天棚控制,车身加速度的均方根值分别降低了1.34%和0.63%,悬架动挠度分别降低了15.87%和0.82%,轮胎动载荷分别降低了1.97%和0.61%。从评价指标的均方根值来看,"平滑天棚控制"的车身加速度、悬架动挠度和轮胎动载荷的均方根值有着明显的降低。说明"平滑天棚控制"相对于天棚控制对于车辆乘坐舒适性和操纵稳定性有明显提高。

3 摩托车半主动悬架系统联合仿真

3.1 BikeSim摩托车模型

BikeSim摩托车模型主要由车体、转向系统、前悬架总成、后悬架总成、车轮和发动机组成[13],通过选择不同的组件和更改不同模块的参数,建立摩托车模型。基于钱江某摩托车型号,见表4,在BikeSim中建立摩托车模型。

摩托车参数　　　　　　表4

车辆参数	配置
摩托车长、宽、高(mm)	2300/925/1398
轴距(mm)	1500
轮距(mm)	1675
整车质量(kg)	255
车簧载质量(kg)	192
质心高度(mm)	539.2
质心到前轴距离(mm)	728.2
前悬架刚度(N·mm^{-1})	11.5
后悬架刚度(N·mm^{-1})	328
前轮规格	120/70R17
后轮规格	160/60/R17
前叉后倾角(°)	20

3.2　C 级路面仿真

基于联合仿真平台,对摩托车采用天棚控制算法与平滑天棚控制算法在生成的 C 级路面上以 60km/h 的车速行驶,均方根值见表5,车身质心垂向加速度、车身质心俯仰角速度、悬架动挠度和轮胎动载荷仿真结果如图8 所示。

C 级路面评价指标均方根值　　　表5

性能指标	平滑天棚控制	天棚控制
垂向加速度(m·s^{-2})	2.5940	2.6814
俯仰角速度(deg·s^{-1})	5.2849	5.4358
前悬架动挠度(m)	0.0144	0.0152
后悬架动挠度(m)	0.0368	0.0362
前轮轮胎动载荷(N)	1717.2	1722.6
后轮轮胎动载荷(N)	2194.4	2194.6

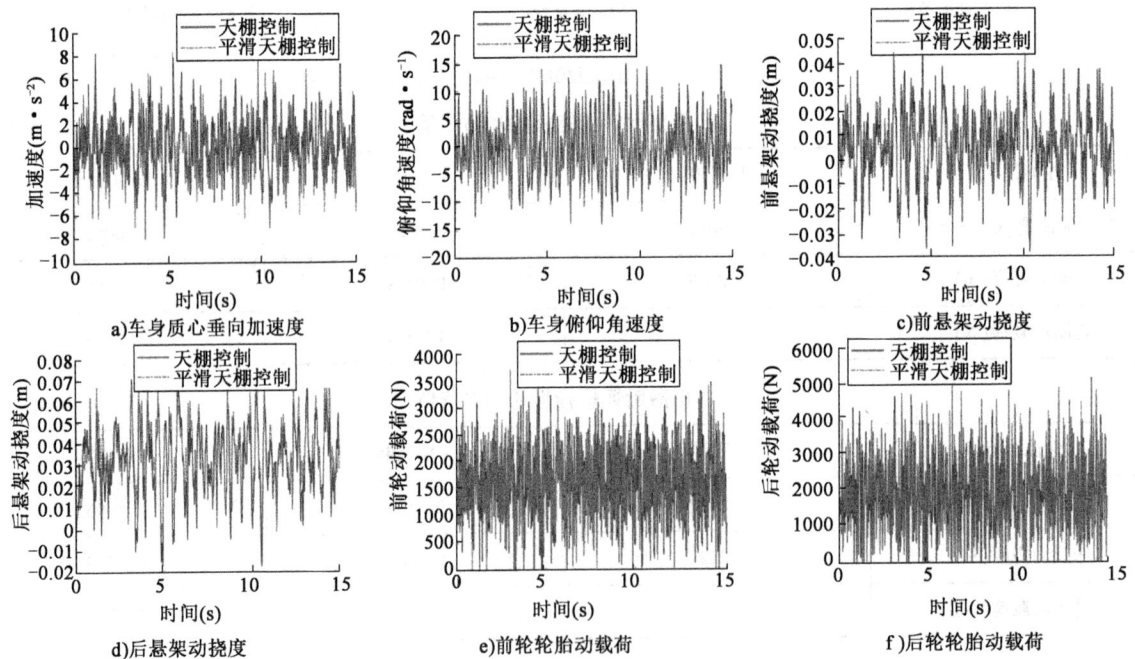

图8　C 级路面联合仿真结果对比图

从图8 和均方根值表5 可以看出,在 C 级路面上行驶时,与天棚控制相比,采用了平滑天棚控制的摩托车车身质心垂向加速度、俯仰角速度分别减少了3.26% 和2.76%,前悬架动挠度、前轮胎动载荷也都有不同程度地改善,仅后悬架动挠度的均方根值略有增加。因此,在 C 级路面上行驶时平滑天棚控制与天棚控制相比,可以降低车身振动,提高了舒适性。

3.3　冲击激励仿真

采用的工况是摩托车以 30km/h 的车速行驶过减速带,车身质心垂向加速度、质心俯仰角速度、悬架动挠度和轮胎动载荷的仿真结果如图9 所示,均方根值见表6。

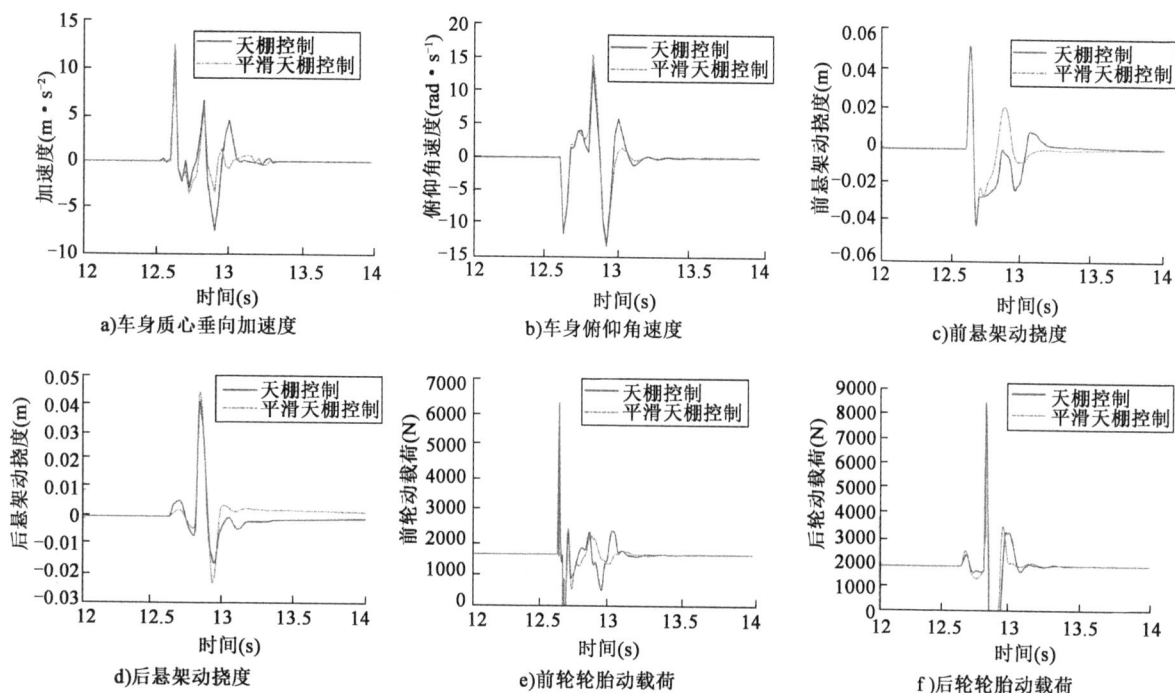

图9 冲击路面联合仿真结果对比图

冲击激励评价指标均方根值　　表6

性能指标	平滑天棚控制	天棚控制
垂向加速度(m·s⁻²)	1.7416	2.0909
俯仰角速度(deg·s⁻¹)	3.3621	3.2215
前悬架动挠度(m)	0.0096	0.0106
后悬架动挠度(m)	0.0073	0.0064
前轮轮胎动载荷(N)	1661.9	1666.2
后轮轮胎动载荷(N)	2057.0	2067.8

当摩托车经过减速带,从图9车身质心垂向加速度可以看出平滑天棚控制的峰值比天棚控制小。采用天棚控制时摩托车经过减速带后多余的振动较少,可以更快地稳定下来。对比两种控制算法的垂向加速度和俯仰角速度的均方根值,平滑天棚控制的垂向加速度均方根值降低了16.71%,俯仰角速度的均方根值提高了4.36%。降低垂向加速度的同时俯仰加速度会略有增大。对于悬架动挠度,可以看出虽然平滑天棚控制的悬架动挠度峰值比较大,但是悬架多余摆动较少。对于前后轮胎动载荷的均方根值,平滑天棚控制

的前后轮胎动载荷的均方根值都要小一些。因此在冲击激励下,平滑天棚控制的效果优于天棚控制。

4 摩托车半主动悬架实车试验

在搭建试验平台时,对实车从执行器、传感器、控制器三方面进行设计、改装与匹配。执行器进行了摩托车磁流变减振器的匹配,通过减振器示功试验,对比原车减振器的力值,设计了磁流变减振器的力值范围;根据控制算法的需要选择,选用了加速度传感器和前后位移传感器;为满足数据采集与控制算法的需求选择快速控制原型作为控制器。通过改装,使摩托车达到可以为算法调试验证及标定的要求,为摩托车半主动悬架的控制算法实车试验提供有效的验证条件。实验采用的摩托车与仿真的车型一致,试验工况为摩托车以40km/h的速度通过非铺装路面,以30km/h的速度通过减速带,测量摩托车前后簧上加速度和前后悬架动挠度,分析平滑天棚控制与天棚控制对摩托车行驶性能的影响。在非铺路面上行驶时前后簧上加速度和前后悬架动挠度如图10所示。在非铺路面上行驶时和经过减速带时簧上加速度和悬架动挠度的均方根值分别见表7和表8。

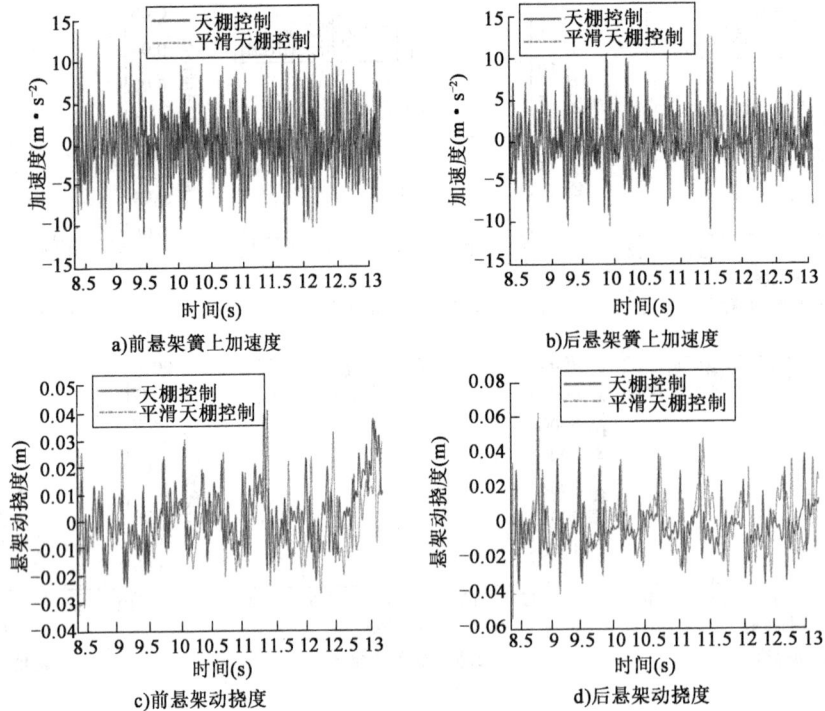

图 10　非铺装路面下试验结果对比

非铺装路面的评价指标均方根值　　表 7

性能指标	平滑天棚控制	天棚控制
前悬架簧上加速度($m \cdot s^{-2}$)	3.7543	4.0441
后悬架簧上加速度($m \cdot s^{-2}$)	3.0547	3.1766
前悬架动挠度(m)	0.0114	0.0108
后悬架动挠度(m)	0.0141	0.0123

经过减速带的评价指标均方根值　　表 8

性能指标	平滑天棚控制	天棚控制
前悬架簧上加速度($m \cdot s^{-2}$)	2.9386	3.7299
后悬架簧上加速度($m \cdot s^{-2}$)	3.2909	3.8025
前悬架动挠度(m)	0.0074	0.0082
后悬架动挠度(m)	0.0115	0.0123

　　通过对比在非铺装路面上行驶的摩托车前后悬架簧上加速度,可以看出采用平滑天棚控制时加速度峰值更小,前后悬架簧上加速度均方根值分别降低了 7.17% 和 3.84%。与天棚控制相比,前悬架动挠度相差不大,后悬架动挠度会有一定程度的增加。对比摩托车通过减速带时前后悬架簧上加速度的变化情况,可以看出平滑天棚控制的效果更好,前后簧上加速度均方根值分别降低了 21.22% 和 13.45%。因此采用平滑天棚控制的摩托车能够提高车辆乘坐舒适性和操纵稳定性。

5　结语

　　本文将平滑天棚控制算法应用于半主动悬架控制中,通过 Simulink 仿真和 BikeSim/Simulink 联合仿真以及实车试验,验证了平滑天棚控制的有效性,从而提高了摩托车的平顺性和操纵稳定性。

　　(1)在 Simulink 仿真中,在 C 级路面和冲击激励下,平滑天棚控制相对于天棚控制,车身加速度的均方根值分别降低了 1.34% 和 0.63%,悬架动挠度分别降低了 15.87% 和 0.82%,轮胎动载荷分别降低了 1.97% 和 0.61%,因此平滑天棚控制相对于天棚控制对于提高车辆乘坐舒适性、操纵稳定性有着明显优势。

　　(2)在 BikeSim/Simulink 联合仿真平台和实车试验中,对比了两种控制算法在不同路面下的仿真结果。在联合仿真中,在 C 级路面和冲击激励上行驶时,与天棚控制相比,采用了平滑天棚控制的摩托车车身质心垂向加速度分别降低了 3.26% 和 16.71%;实车试验中,在非铺装路面行驶时,平滑天棚控制前后簧上加速度均方根值分别降低了 7.17% 和 3.84%;在经过减速带时前后簧上加速度均方根值分别降低了 21.22% 和 13.45%,进一步证明了平滑天棚控制相对于天棚控制振动的抑制效果更好。

参考文献

[1] 赵颖,张志伟,冷传刚.新常态下摩托车企业生存环境及应对策略[J].小型内燃机与车辆技术,2021,50(5):86-89.

[2] 李刚,千宇,胡国良,等.车辆磁流变半主动悬架及其控制策略研究进展[J].磁性材料及器件,2023,54(3):105-112.

[3] LIU C, CHEN L, YANG X, et al. General theory of skyhook control and its application to semi-active suspension control strategy design [J]. IEEE Access,2019,7:101552-101560.

[4] 上官郑伟.汽车磁流变半主动悬架控制策略研究[D].北京:北京交通大学,2021.

[5] HARA S, NAKAGAMI K, MIYATA K, et al. Dynamics and control of self-standable motorcycle[C]//International Design Engineering Technical Conferences and Computers and Information in Engineering Conference. American Society of Mechanical Engineers California:15th International Conferences on Multibody Systems, 2019 V006T09A036.

[6] 魏帅帅.随机路面激励下二自由度悬架性能仿真分析[J].农业装备与车辆工程,2023,61(10):136-139.

[7] 王越,刘夫云,邓聚才,等.半主动悬架 SH-

LQR 阻尼控制策略仿真研究[J].噪声与振动控制,2022,42(3):68-72,79.

[8] LIU C, CHEN L, YANG X, et al. General theory of skyhook control and its application to semi-active suspension control Strategy design [J]. IEEE Access, 2019, 7: 101552-101560.

[9] 祝世兴,赵玉彬,魏戡,等.基于磁流变原理的复合天棚控制算法的改进与优化[J].西北大学学报(自然科学版)2022,52(3):459-467.

[10] 陈晨,程吉鹏,许家楠,等.基于混沌粒子群的主动悬架 LQG 控制研究[J].汽车实用技术,2023,48(23):56-62.

[11] SPANO M, ANSELMA P G, MISUL D A, et al. Exploitation of a particle swarm optimization algorithm for designing a lightweight parallel hybrid electric vehicle[J]. Applied Sciences, 2021, 11(15): 6833.

[12] 王圣坤,李欣,巨冶.天棚阻尼控制的快速原型验证[J].汽车实用技术,2023,48(19):81-86.

[13] CHENK ,SU H. A motorcycle driving simulator based on bikesim[C]//Advanced Science and Industry Research Center. Proceedings of 2019 International Conference on Computational Modeling, Simulation and Optimization. Lancaster:DEStech Transactions,2020,210960867.

智能网联环境下车辆群体的牵制控制策略研究

邓佳明[1,2,3]   王 灿[1,2,3]   李林恒[*1,2,3]   曲 栩[1,2,3]   冉 斌[1,2,3]

(1.东南大学交通学院;2.东南大学东南大学-威斯康星大学智能网联交通联合研究院;
3.东南大学现代城市交通技术江苏高校协同创新中心)

摘 要 智能网联环境下,受当前网联与自动驾驶车辆渗透率和算力成本的限制,交通控制效率低下。本文提出了一种牵制控制策略,通过将少量关键车辆视为分布式控制器,对其实施控制以更低成本实现交通流的多目标优化。首先,建立车辆群体系统状态方程和相应控制协议,并基于 Lyapunov 稳定性定理等理论完成一致性证明。然后,综合考虑网络拓扑结构和车辆动力学特征,提出动态融合法以识别

基金项目:国家自然科学基金项目(52202508)、江苏省研究生科研与实践创新计划项目(KYCX23_0308)。

关键节点,并结合比例-积分-微分控制方法对其实施控制。最后,通过数值仿真验证牵制控制策略的有效性。仿真结果表明,仅控制车队中少量车辆(30%)即可实现整个系统的一致性,证明了牵制控制策略在智能网联环境下的高效性。同时,控制效果受所采用的关键节点识别方法影响,采用动态融合法的牵制控制策略在不同控制率下,在收敛速度和降低能耗方面均优于采用介数中心性法,并且在较低控制率下(30%)表现出更显著的优势。

关键词　智能网联环境　牵制控制　动态融合法　Lyapunov 稳定性

0　引言

现代化社会快速发展,交通问题日趋严峻,当前存在的算力受限问题也限制了智能交通系统等前沿技术解决交通问题的潜力。近年来,我国交通基础设施的信息化升级和网联与自动驾驶汽车(Connected and Automated Vehicle, CAV)的迅猛发展也为交通管理与控制提供了新的方向。智能网联环境下,如何在有限算力条件下,通过对少量分散 CAV 实施控制,实现期望的面向整体交通流的控制效果是我们面临的一大关键科学问题,牵制控制策略为这一问题提供了一条可行的解决路径。

牵制控制起源于复杂网络领域,其核心思想是有针对性地选择网络中的一部分节点实施控制,从而使得网络中所有节点的状态同步于领导者。近年来,牵制控制在各个领域都取得了丰硕的研究成果。刘等[1]通过控制一部分无人机和无人艇运动,间接使得其他无人机和无人艇跟随牵制节点,实现期望的编队协同。Zhong 等[2]提出了一种基于网络结构的 BN 全局稳定的牵制控制策略,只利用相邻节点的状态信息,大幅度降低计算复杂度。在交通领域,牵制控制已经在宏观道路交通网络取得了一些应用。张意斌[3]提出了一种以关键交叉口为牵制节点的牵制控制策略,通过将路段的流量牵制控制在期望平衡值附近,实现城市道路交通网络的稳定状态。Zheng 等[4]以路段为牵制节点,利用牵制节点与绿灯时间的关系来控制交叉口处的信号,有效抑制了交通拥堵的蔓延。Pang 等[5]通过控制相邻交叉口入口匝道向干线调节流入的子系统对应的牵制节点,进而优化交叉口信号定时方案。

目前交通领域中牵制控制相关研究侧重于城市道路交通网络等宏观层面,对于微观层面的车辆群体研究不足。牵制节点选取方面:Liu 等[6]采用均匀分布来选取牵制节点,没有考虑到 CAV 的通信拓扑结构,无法保证识别出关键节点。Yao 等[7]提出了一种基于控制秩的牵制节点识别方法,虽然考虑到了网络拓扑结构,但是忽略了车辆本身的动力学特征。控制方法方面:Liu 等[8]在仿真中采用跟驰模型简化代替控制协议,没有使用控制论中的控制方法,难以完全发挥牵制控制的作用。

本文针对以上不足,首先构建系统状态方程并完成理论证明,然后综合考虑通信网络拓扑结构和车辆动力学特征,提出动态融合法。并且结合控制论中的比例-积分-微分(Proportional-Integral-Derivative, PID)控制方法对牵制车辆实施控制,以更低成本实现整体交通流的多目标优化,为交通领域微观层面的牵制控制相关研究提供参考依据。

1　控制协议与一致性证明

1.1　系统状态方程的构建

智能网联环境下,CAV 可以通过改变自身的位置、速度等状态信息来影响周围车辆的行为决策,同时也会受到其他车辆的影响。如图 1 所示,智能网联环境下,本文根据车辆之间状态信息的传递和通信情况,将现实世界中由大量车辆组成的车辆群体网络表达为通信拓扑网络,其中每辆车对应于通信网络中的一个节点,车辆之间的通信行为对应网络中的边。

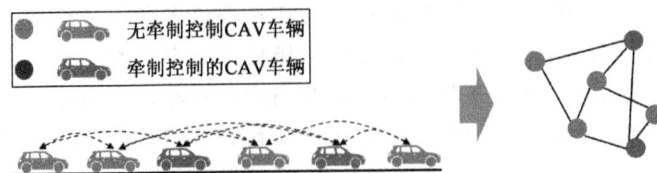

图1　物理网络与通信拓扑网络的联系

本文的研究对象是一个包含 N 辆 CAV,部分车辆之间存在信息通信的车队,其通信网络拓扑结构可以表示为图 G。本文做出以下三点假设:(1)通信网络拓扑结构是时不变的。(2)图 G 是无向图,即信息的传递是双向的。(3)信息传递良好,可以忽略信息传递过程中的时滞性。基于上述假设,本文针对研究问题和研究对象,构建了一个二阶离散系统状态方程,得到车队中每个个体的动力学状态方程为:

$$x_i(k+1) = x_i(k) + \alpha_1 v_i(k) \quad (1)$$
$$v_i(k+1) = v_i(k) + \alpha_2 u_i(k) \quad (2)$$

式中:$x_i(k)$、$v_i(k)$——第 i 辆 CAV 车辆在第 k 时刻的位置(m)和速度(km/h);

α_1、α_2——迭代步长;

$u_i(k)$——控制输入。

由式(1)和(2)可以得知,该系统的一致性可以理解为所有车辆的速度都达到一致,或任意两辆相邻的车的速度差值小于设定的阈值。令任意两辆车在第 k 时刻的速度差为 $e_i(k) = v_i(k) - v_j(k)$,若满足以下条件,则可认为所有车辆的速度达到一致:

$$\lim_{k \to \infty} e_i(k) = 0 \quad (i = 1, 2, \cdots, N) \quad (3)$$

1.2 系统控制协议的设计

为实现牵制控制一致性,本文充分考虑车辆间的速度耦合关系,并且根据期望的理想速度,对部分车辆实施额外控制,得到如下控制协议:

$$e_i(k+1) = v_i(k+1) - v_0$$
$$= v_i(k) + \alpha_2 u_i(k) - v_0$$
$$= e_i(k) + \gamma_i \alpha_2 c \sum_{j=1}^{N} a_{ij}(e_j(k) - e_i(k)) - \gamma_i \alpha_2 c a_{i0} e_i(k)$$
$$= e_i(k) - \gamma_i \alpha_2 c \sum_{j=1}^{N} l_{ij} e_j(k) - \gamma_i \alpha_2 c a_{i0} e_i(k) \quad (7)$$

其中,l_{ij} 是图 G 对应拉普拉斯矩阵 L 中的元素。令 $e(k) = [e_1(k)^T, e_2(k)^T, \cdots, e_N(k)^T]^T$,将式(7)改写为矩阵形式:

$$e(k+1) = [I_N - c\alpha_2 \Gamma(L+D)]e(k) \quad (8)$$

其中,$D = \text{diag}\{a_{10}, a_{20}, \cdots, a_{N0}\}$,$I_N$ 为 N 阶单位矩阵。假设 λ_i 为 $I_N - c\alpha_2 \Gamma(L+D)$ 的特征值,可以证明当且仅当 $|\lambda_i| < 1$ 时,系统状态方程(1)和(2)能够在控制协议(4)下,实现全局渐近牵制一致。下面结合 Lyapunov 稳定性理论进行证明:

令 $\phi = I_N - c\alpha_2 \Gamma(L+D)$,由定义知 ϕ 为实对称矩阵,一定存在可逆矩阵 P 使得 ϕ 相似对角化。

$$u_i(k) = \gamma_i c \sum_{j=1}^{N} a_{ij}[v_j(k) - v_i(k)] +$$
$$\gamma_i c a_{i0}[v_0 - v_i(k)] \quad (4)$$

式中:$\gamma_i > 0$——内部耦合矩阵 Γ 的元素,$\Gamma = \text{diag}\{\gamma_1, \gamma_2, \cdots, \gamma_N\}$;

c——耦合强度($c > 0$);

a_{ij}——图 G 的邻接矩阵中的元素;

v_0——理想速度(km/h);

a_{i0}——控制增益,其定义如下:若 $a_{i0} > 0$,则说明第 i 辆车被实施了牵制控制;若 $a_{i0} = 0$ 则没有。式(4)中前半部分表示车辆之间的耦合关系。大量研究表明,仅仅依靠耦合关系是无法保证一致性的,所以在本文中,对一部分车辆实施了牵制控制,即式(4)中后半部分所示。

1.3 一致性证明

在由 N 辆 CAV 组成的车队中,第 i 辆车在第 k 时刻的误差可以表示为:

$$e_i(k) = v_i(k) - v_0 \quad (5)$$

根据前述的一致性的条件,很容易得知对于任意一辆车,都满足:

$$\lim_{k \to \infty} e_i(k) = 0 \quad (i = 1, 2, \cdots, N) \quad (6)$$

则认为整个系统达到了一致性。

一致性证明过程如下:

ϕ 的特征值为 λ_i,则有以下等式成立:

$$P^{-1} \phi P = \Lambda = \text{diag}\{\lambda_1, \lambda_2, \cdots, \lambda_N\} \quad (9)$$

进而将式(8)改写为:

$$\tilde{e}(k+1) = \Lambda \tilde{e}(k) \quad (10)$$

其中,$\tilde{e}(k) = P^{-1} e(k) P$,我们定义一个实对称矩阵 Ξ 满足以下等式:

$$\Lambda^T \Xi \Lambda - \Xi = -I \quad (11)$$

其中,I 为单位矩阵,并且通过式(11)求得 Ξ:

$$\Xi = (I - \Lambda^2)^{-1} \quad (12)$$

然后展开 Ξ^{-1},得到:

$$\Xi^{-1} = \text{diag}\{1 - \lambda_1^2, 1 - \lambda_2^2, \cdots, 1 - \lambda_N^2\} \quad (13)$$

易知当 $|\lambda_i| < 1$ 时, Ξ^{-1} 为正定矩阵, 并且 Ξ 也为正定矩阵, 进而构造 Lyapunov 函数如下:

$$V(\tilde{e}(k)) = \tilde{e}(k)^T \Xi \tilde{e}(k) \qquad (14)$$

因为 Ξ 为正定矩阵, 所以 $V(\tilde{e}(k)) > 0$ 恒成立, 进而对 $V(\tilde{e}(k))$ 做差分:

$$\begin{aligned}\Delta V(\tilde{e}(k)) &= V(\tilde{e}(k+1)) - V(\tilde{e}(k)) \\ &= (\Lambda \tilde{e}(k))^T \Xi \Lambda \tilde{e}(k) - \tilde{e}(k)^T \Xi \tilde{e}(k) \\ &= \tilde{e}(k)^T (\Lambda^T \Xi \Lambda - \Xi) \tilde{e}(k) \\ &= \tilde{e}(k)^T (-I) \tilde{e}(k) < 0 \end{aligned} \qquad (15)$$

由于 $V(\tilde{e}(k)) > 0$ 且 $\Delta V(\tilde{e}(k)) < 0$, 因此由 Lyapunov 稳定性理论可知, 误差系统(10)的平衡状态 $\tilde{e}(k) = 0$ 能够实现渐近稳定。又因为 $\tilde{e}(k) = P^{-1}e(k)P$, 且 P 为可逆矩阵, 所以误差系统(8)的平衡状态 $e(k) = 0$ 也能实现渐近稳定, 即系统状态方程(1)和(2)能渐近实现牵制一致。

综上所述, 只要满足 $I_N - c\alpha_2\Gamma(L+D)$ 的所有特征值 $|\lambda_i| < 1$, 则系统状态方程(1)和(2)可以在控制协议(4)下渐近地实现牵制一致。下面结合圆盘定理, 进一步讨论系统达到渐近牵制一致的条件。

圆盘定理如下:

$$|\lambda_i^B - b_{ii}| \leqslant \sum_{j \neq i} |b_{ij}| \qquad (16)$$

其中 b_{ij} 是矩阵 B 的元素, λ_i^B 为矩阵 B 的特征值。由圆盘定理知, 矩阵 $I_N - c\alpha_2\Gamma(L+D)$ 的特征值满足如下条件:

$$|\lambda_i - [1 - c\alpha_2\gamma_i(l_{ii} + a_{i0})]| \leqslant \sum_{j=1, j \neq i}^{N} |0 - c\alpha_2\gamma_i(l_{ij} + 0)| \qquad (17)$$

即

$$|\lambda_i - [1 - c\alpha_2\gamma_i(l_{ii} + a_{i0})]| \leqslant c\alpha_2\gamma_i \sum_{j=1, j \neq i}^{N} |l_{ij}| \qquad (18)$$

又由拉普拉斯矩阵的定义, 得到:

$$|\lambda_i - [1 - c\alpha_2\gamma_i(l_{ii} + a_{i0})]| \leqslant c\alpha_2\gamma_i l_{ii} \qquad (19)$$

解得:

$$1 - c\alpha_2\gamma_i a_{i0} - 2c\alpha_2\gamma_i l_{ii} \leqslant \lambda_i \leqslant 1 - c\alpha_2\gamma_i a_{i0} \qquad (20)$$

由前述可知, 要实现系统状态方程(1)和(2)渐近牵制一致, 必须满足 $|\lambda_i| < 1$, 进一步根据式(20)求解得到:

$$0 \leqslant a_{i0} \leqslant \frac{2}{c\alpha_2\gamma_i} - 2l_{ii} \qquad (21)$$

综上所述, 只需式(21)成立, 系统状态方程(1)和(2)就能通过控制协议(4)实现渐近牵制一致。虽然仅依靠控制协议可以实现渐近牵制一致, 但是收敛速度较慢, 且易受外在干扰的影响。后续将结合控制论中的 PID 对牵制车辆实施控制。

2　关键节点选取及控制

在第一章已经证明, 只需控制车辆群体中的一部分车辆就可以实现整体的牵制控制一致性。然而, 由于不同的牵制车辆选择会导致最终车辆群体达到一致性所需的时间以及车队行进过程中的稳定性存在差异。因此, 本章将进一步研究如何识别这些牵制车辆, 以实现系统整体更好的控制效果。

2.1　常用的关键节点识别方法

交通领域常用的关键节点识别方法见表1。

交通领域常用关键节点识别方法　　　　　　　　　表1

关键节点识别方法	数学表达式	核心思想
度中心性[9]	$DC(i) = \frac{k_i}{n-1}$	通过计算某一节点直接相邻的节点数来衡量节点的重要性
接近中心性[10]	$CC(i) = \frac{n-1}{\sum_{j \neq i} d_{ij}}$	通过计算某一节点到其余节点的平均距离的倒数来衡量节点的重要性
介数中心性[11]	$BC(i) = \frac{2}{(n-1)(n-2)} \sum_{i \neq s \neq t} \frac{g_{st}^i}{g_{st}}$	网络中所有节点对的最短路径中经过一个节点的最短路径数越多, 该节点就越重要

表1 中的3 种关键节点识别方法在交通领域广泛应用, 特别是在道路交通网络分析中。针对研究对象, 通信网络拓扑结构是影响节点关键程度的因素之一。然而, 除了网络拓扑结构外, 车队运行过程中的动力学特征, 如速度、加速度等, 也是影响节点关键程度的重要因素, 在识别关键节点的过程中不能忽略。表1 中的3 种关键节点识别方法都是基于网络拓扑结构计算评价指标, 未

考虑车辆的动力学特征。为解决该问题,本文提出了一种基于车辆动力学特征的关键节点识别方法,并利用理想解法将其与上述 3 种常用方法结合,得到动态融合法。

2.2 基于车辆动力学特征的关键节点识别方法

由前述可知,目前常用的关键节点识别方法无法满足对研究对象的分析,还需考虑车辆行驶过程中的动力学特征。通过分析研究对象的动力学特征,本文选取了随时间波动较大的速度特征作为新的关键节点识别方法的核心,具体实现过程如下:

假设车队中包含 N 辆 CAV,其中车速最大值记为 v_{max},最小值记为 v_{min},并且定义每辆车的速度与理想速度之间的差距为:

$$\Delta v_i = |v_i - v_0| \tag{22}$$

并且有:

$$\Delta v_{max} = \max\{|v_i - v_0|\} \tag{23}$$

和

$$\Delta v_{min} = \min\{|v_i - v_0|\} \tag{24}$$

由上述式(22)至(24),可以定义一个基于速度特征的关键节点评价指标,速度偏差 VD:

$$VD(i) = \frac{\Delta v_i - \Delta v_{min}}{\Delta v_{max} - \Delta v_{min}} \tag{25}$$

其中,VD 反映了车辆初始速度与理想速度之间的差距,VD 值越大说明车辆偏离理想速度越大。通过控制这些速度偏差过大的车辆,可以使得系统整体能更快地收敛至理想速度。由此可见,车辆的 VD 值越大,其控制优先级越高。

2.3 动态融合法

针对本文的研究对象,识别其中的关键节点需要同时考虑到网络拓扑结构和车辆动力学特征。下面利用理想解法,将 2.1 节所介绍的 3 种常用关键节点识别方法和 2.2 中所提出的基于速度偏差的关键节点识别方法结合得到动态融合法,充分利用初始数据,更加全面准确地识别出关键节点。具体实现过程如下:

(1)计算研究对象的度中心性、接近中心性、介数中心性和速度偏差,进而得到初始评价指标矩阵:

$$X = \begin{pmatrix} x_{11} & \cdots & x_{14} \\ \vdots & \ddots & \vdots \\ x_{n1} & \cdots & x_{n4} \end{pmatrix} \tag{26}$$

其中,n 是网络中的节点总数,评价指标矩阵为 4 列,即包含 4 个评价指标。

(2)标准化所有评价指标。由于所有评价指标均为正向评价指标,故采用如下方式将其标准化:

$$y_{ij} = \frac{x_{ij} - \min_{1 \le i \le n}\{x_{ij}\}}{\max_{1 \le i \le n}\{x_{ij}\} - \min_{1 \le i \le n}\{x_{ij}\}} \tag{27}$$

其中,y_{ij} 为标准化矩阵中与 x_{ij} 相对应的元素。标准化后的评价指标矩阵 $Y = \{y_{ij}\}$:

$$Y = \begin{pmatrix} y_{11} & \cdots & y_{14} \\ \vdots & \ddots & \vdots \\ y_{n1} & \cdots & y_{n4} \end{pmatrix} \tag{28}$$

(3)计算理想解和负理想解。由于所有的评价指标均为正向评价指标,理想解为:

$$I_j^+ = \max_{1 \le i \le n}\{y_{ij}\} \quad (j = 1,2,3,4) \tag{29}$$

同理,负理想解为:

$$I_j^- = \min_{1 \le i \le n}\{y_{ij}\} \quad (j = 1,2,3,4) \tag{30}$$

(4)得到各节点离理想解和负理想解的欧氏距离为 d_i^+ 和 d_i^-。由于本文研究对象的特性,车辆动力学特征对于节点重要程度的影响相对较大,因此在计算欧氏距离时,应该将速度偏差(VD)的权重增大,实现过程如下:

$$d_i^+ = \sqrt{\sum_{j=1}^3 \beta_1 (y_{ij} - I_j^+)^2 + \beta_2 (y_{i4} - I_4^+)^2} \quad (i = 1,2,\cdots,n) \tag{31}$$

其中,y_{i4} 表示第 i 个节点的 VD 值,并且有 $\beta_2 > \beta_1$。

$$d_i^- = \sqrt{\sum_{j=1}^3 \beta_1 (y_{ij} - I_j^-)^2 + \beta_2 (y_{i4} - I_4^-)^2} \quad (i = 1,2,\cdots,n) \tag{32}$$

(5)计算各个节点的相对贴近度,并按照从大到小进行排序,得到所有节点的重要性顺序。相对贴近度定义如下:

$$T_i = \frac{d_i^-}{d_i^- + d_i^+} \tag{33}$$

其中,T_i 的取值在 0 和 1 之间。节点的 T_i 值越大,就意味着该节点越远离负理想解的同时越靠近理想解,即越有可能成为关键节点。

2.4 基于 PID 的控制协议

PID 是一种广泛应用于工业控制系统中的经典控制方法,用于调节系统的输入,使其输出趋近期望值。PID 由比例、积分、微分这 3 个控制器构成,分别根据当前误差、累计误差和误差变化率与

对应系数 k_p、k_i 和 k_d 产生一个输出，从而使得系统更快更稳定地消除误差，如下为 PID 控制器的离散形式：

$$u_k = k_p e_k + k_i \sum_{j=0}^{k} e_j + k_d(e_k - e_{k-1}) \qquad (34)$$

其中，e_k 和 u_k 分别为第 k 次迭代控制器的误差和输出。为了使得车队能够快速稳定地收敛至理想速度，本文在控制协议（4）的基础上结合 PID，对牵制车辆施加额外控制，此时控制协议改写成式（35）：

$$u_i(k) = \gamma_i c \sum_{j=1}^{N} a_{ij}(v_j(k) - v_i(k)) - a_{i0}[k_p e_i(k) + k_i \sum_{j=0}^{k} e_i(j) + k_d(e_i(k) - e_i(k-1))] \qquad (35)$$

其中，$e_i(k) = v_i(k) - v_0$，其他部分与式（4）相同。

3   数值仿真

本章将基于第一章中已经证明的牵制控制理论和第二章提出来的动态融合法，并结合 PID 控制方法开展仿真实验，进而验证本文所提出来的牵制控制策略的有效性。

本次的实验对象为 20 辆 CAV 组成的车队，考虑不同 CAV 之间的差异性通信拓扑，本文设置通信网络拓扑结构如图 2 所示，并且所有车辆的初始速度矩阵为 $V = [65, 60.3, 55.5, 57.1, 63.3, 60.5, 59.8, 58.1, 66.0, 75.7, 78.8, 72.9, 71.1, 69.1, 72.1, 67.7, 70.3, 78, 71.9, 83.1]$，单位为 $km \cdot h^{-1}$。

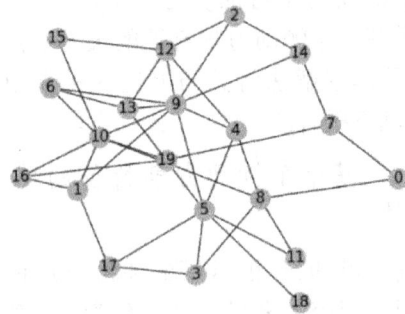

图 2   通信网络拓扑结构

基于第一章中设计的控制协议和第二章中的关键节点识别方法、PID 控制方法，通过 Python 来仿真该车队的运行过程：确定内耦合矩阵中的元素 $\gamma_i = 1$，耦合强度 $c = 0.5$，理想速度 $v_0 = 70km \cdot h^{-1}$，权值 $\beta_1 = 0.2$、$\beta_2 = 0.4$，设置 PID 中的 $k_p = 1.5$、$k_i = 0.1$、$k_d = 0.1$，并且将系统状态方程中的迭代步长设置为 $\alpha_1 = 0.1$、$\alpha_2 = 0.1$，设置牵制车辆的控制增益 $a_{i0} = 1$。通过以上初始值和参数的设置，进行仿真实验。

为模拟头车在运行过程中受到干扰，本文在仿真中对头车额外施加加速度 a，令 $a = -3m \cdot s^{-2}$，持续 4s 后令 $a = 3m \cdot s^{-2}$，持续 4s 后令 $a = 0$。同时，本文通过设置 0、30%、60% 和 100% 4 组不同控制率，来对比采用动态融合法和介数中心性法的牵制控制策略的控制效果，结果如图 3 ~ 图 6 所示。

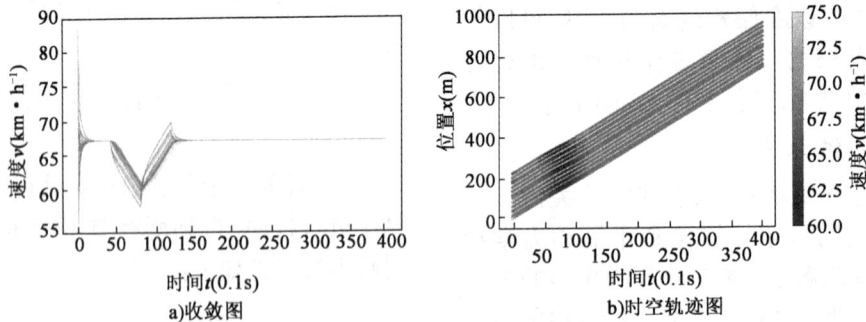

a)收敛图

b)时空轨迹图

图 3   控制率为 0 时的收敛图和时空轨迹图

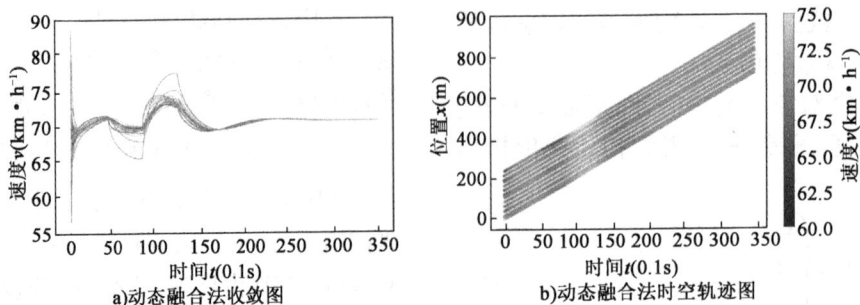

a)动态融合法收敛图

b)动态融合法时空轨迹图

图 4

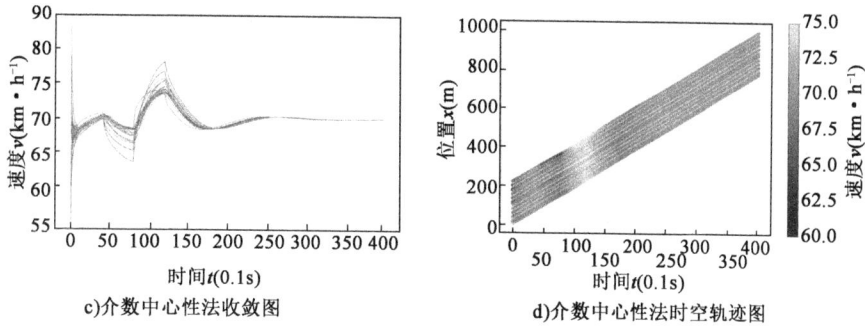

c)介数中心性法收敛图

d)介数中心性法时空轨迹图

图4　30%控制率下不同关键节点识别方法的收敛图和时空轨迹图

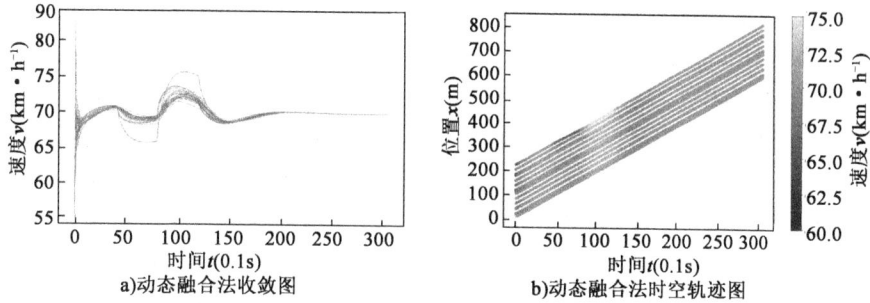

a)动态融合法收敛图

b)动态融合法时空轨迹图

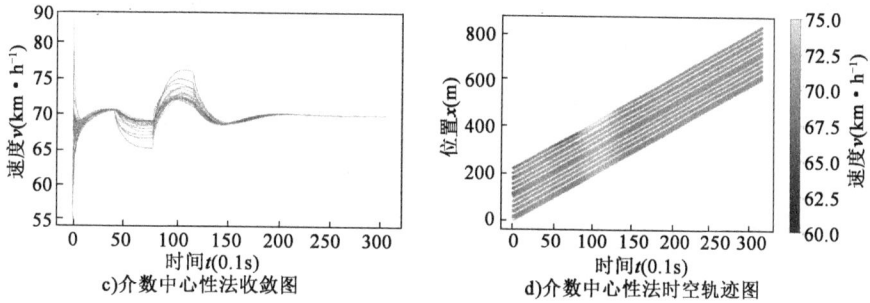

c)介数中心性法收敛图

d)介数中心性法时空轨迹图

图5　60%控制率下不同关键节点识别方法的收敛图和时空轨迹图

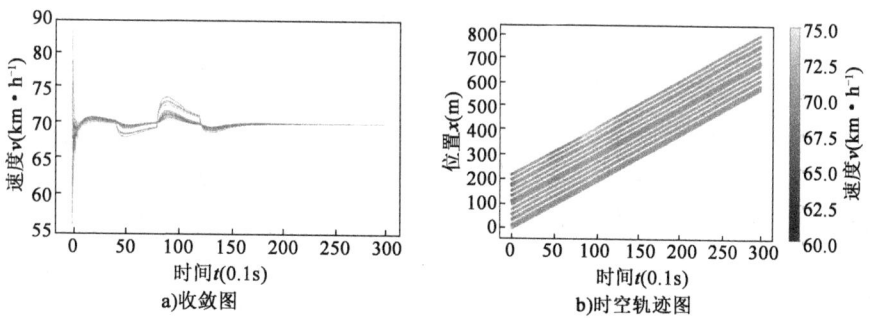

a)收敛图

b)时空轨迹图

图6　控制率为100%时的收敛图和时空轨迹图

由图3~图6的时空轨迹图可知:(1)当控制率为零时,由头车干扰造成的交通振荡很强,并且在车队上游迅速传播的过程中没有明显减弱;(2)随着控制率的提高,由头车干扰造成的交通振荡减弱,并且在向车队上游传播的过程中也逐渐减弱。

根据图3~图6的收敛图,得到不同控制率下采用不同关键节点识别方法的牵制控制策略收敛至理想速度的迭代次数见表2。

不同控制率下采用不同关键节点识别方法的迭代次数　表2

识别方法	0	30%	60%	100%
动态融合法	—	343	307	296
介数中心性法	—	403	315	296

由表2可知:(1)控制率为零时,因为车辆之间内部耦合关系的存在,会使得车辆速度收敛,但并不能收敛至理想速度;(2)控制率为30%和

60%时,采用动态融合法所需的迭代次数均少于介数中心性法,并且在较低控制率(30%)时动态融合法的优势更为明显,这说明利用本文所提出来的动态融合法能够选取出更为重要的节点进行控制,实现更好的控制效果;(3)采用动态融合法,在30%控制率下所需的迭代次数为343,其收敛速度达到100%控制率下的86%,说明利用较低的控制成本可以达到较快的收敛速度,实现期望的控制效果,也证明了牵制控制策略的有效性。

同时,为研究牵制控制策略在降低车辆能源消耗方面的作用,本文利用交通流中的微观能耗模型,假设车辆的质量为1500kg,得到不同控制率下采用不同关键节点识别方法的车队平均能耗,具体结果见表3。

不同控制率下采用不同关键节点识别方法的车队平均能耗(J)　表3

识别方法	0	30%	60%	100%
动态融合法	74983	56186	55660	46790
介数中心性法	74983	60811	58280	46790

由表3可知,随着控制率的提高,车队的平均能耗降低。同时,在30%和60%控制率下,采用动态融合法的牵制控制策略的车队平均能耗均低于采用介数中心性法,并且在较低控制率(30%)下优势更为明显。

4 结语

本文首先根据研究对象构建车辆群体的系统状态方程并设计了控制协议,进而基于Lyapunov稳定性定理等相关理论完成了一致性证明,然后结合PID对动态融合法识别出的关键车辆进行控制,最后通过数值仿真得出以下结论:

(1)控制率为零时,由头车干扰造成的交通振荡很强,并且在车队上游迅速传播的过程中没有明显减弱。随着控制率的提高,交通振荡会减弱,并且在传播过程中也会逐渐减弱。

(2)采用动态融合法的牵制控制策略在不同控制率下的控制效果均优于采用介数中心性法,并且在较低控制率(30%)下的优势更为明显,说明动态融合法能够更加准确地识别出真正关键的节点。

(3)采用动态融合法,只控制车队中的少部分车辆(控制率为30%)就可以实现整个车队系统

的一致性,并且具有不错的控制效果(100%控制率下的86%),证明了牵制控制策略的有效性。

(4)不论采用何种关键节点识别方法,随着控制率的提高,车队平均能耗均降低,这也验证了牵制控制策略在降低能耗方面的有效性。

参考文献

[1] 刘昊,刘德元,高庆,等.异构无人艇与尾座无人机分布式鲁棒牵制协同控制[J].指挥与控制学报,2023,9(6):717-725.

[2] ZHONG J, HO D W C, LU J. A new approach to pinning control of Boolean networks [J]. IEEE Transactions on Control of Network Systems, 2021, 9(1): 415-426.

[3] 张意斌.城市道路交通网络牵制控制方法研究[D].长春:吉林大学,2019.

[4] ZHENG L, ZHANG Y, DING T, et al. Study on pinning control methods of urban road traffic network [M]. [S. l.]: CICTP 2019. 2019: 3262-3273.

[5] PANG M, YANG M. Coordinated control of urban expressway integrating adjacent signalized intersections based on pinning synchronization of complex networks [J]. Transportation Research Part C: Emerging Technologies, 2020, 116: 102645.

[6] LIU Z, SUN D, ZHAO M, et al. CPS-based H∞ pinning approach for mixed traffic considering human driver differences [J]. Transportation Research Part C: Emerging Technologies, 2022, 140: 103674.

[7] YAO J, JIA Q, SHEN L. Pinning control of a new car-following model with the consideration of preceding and following cars [C] // 2015 IEEE Conference on Control Applications (CCA). Piscataway: IEEE, 2015: 816-821.

[8] LIU Z, SUN D, ZHAO M, et al. Pinning control strategy and stability analysis of mixed platoon: a cyber-physical perspective [J]. Physica A: Statistical Mechanics and its Applications, 2022, 594: 127049.

[9] AI J, SU Z, WANG K, et al. Decentralized collaborative filtering algorithms based on complex network modeling and degree centrality

[J]. IEEE Access, 2020, 8: 151242-151249.

[10] EVANS T S, CHEN B. Linking the network centrality measures closeness and degree[J]. Communications Physics, 2022, 5(1): 172.

[11] BERGAMINI E, CRESCENZI P, D'ANGELO G, et al. Improving the betweenness centrality of a node by adding links[J]. Journal of Experimental Algorithmics (JEA), 2018, 23: 1-32.

Influence of CAVs Platoon Intensity on CO_2 Emissions of Mixed Traffic Flow

Xu Meng*   Zixuan Hu   Shixin Wang

(School of Electronics and Control Engineering, Chang'an University)

Abstract The CO_2 emissions of a mixed traffic flow comprising Cooperative Adaptive Cruise Control (CAV) vehicles and Human-Vehicles (HV) within a smart grid environment are under investigation. Firstly, considering the characteristics of the smart grid environment, the research scope of this paper is defined as a mixed traffic flow composed of CAV-AV-HV, and a car-following model calibrated based on real data is applied to describe the following behavior of each vehicle model in the mixed flow. A model incorporating platoon intensity and CAV penetration is employed within a Markov chain framework to characterize the alignment of this heterogeneous traffic flow. Subsequently, numerical simulation experiments are devised to assess the impact of varying CAV penetration rates on the CO_2 emissions of the mixed traffic flow utilizing the moves emission model. Finally, the effect of CO_2 emission is analyzed at the level of CAV platoon intensity. The findings indicate that as the CAV penetration rate increases, there is a decreasing trend in the CO_2 emissions of the mixed traffic flow, which gradually stabilizes as the penetration rate continues to rise. Additionally, employing the methodology outlined in this paper reveals that the CO_2 emissions of the mixed traffic flow decrease progressively as the platoon intensity value (E) increases. And it presents different characteristics under different CAV penetration rates, and it can be seen that the CO_2 emission in the smaller value of platoon intensity (E < 0.4), the higher the penetration rate, the more obvious the proportion of reduction of emission. There is no significant difference in the percentage reduction of CO_2 emissions across the three permeability scenarios when E values range from 0.4 to 0.6. However, for E values exceeding 0.6, the reduction in emissions becomes more significant with lower permeability levels. The results of this study can be used as a reference for smart grid mixed traffic flow management strategies in terms of reducing CO_2 emissions.

Keywords Mixed traffic flow CO_2 emissions   CAV   Platoon intensity   Car-following model

0 Introduction

With the acceleration of urbanisation, urban and road traffic problems have increased significantly, mainly in the form of serious traffic congestion, traffic accidents and environmental problems. Traffic flow emission is one of the main characteristics of traffic flow, which has attracted great attention from relevant departments, scholars and engineers. Traffic flow emissions encompass tailpipe emissions, such as CO_2, CO, and NO_x emissions, generated by vehicles during travel. The focus on CO_2 emissions is paramount in addressing the greenhouse effect and ecosystem carbon sink capacity. The acceleration and deceleration of vehicles significantly influence CO_2 emissions, which can be assessed through microscopic car-following models to analyse their underlying mechanisms. Cooperative Adaptive Vehicles (CAVs) present novel prospects for energy conservation and emission reduction within transportation systems.

In this scenario, vehicles have the capability to integrate data regarding their own status, environmental factors (such as gradient and curvature), road conditions (including obstacles and speed limits), and traffic conditions (like congestion and traffic light information) in order to implement energy-saving and emission-reduction measures. When a vehicle is traveling on a road with dense traffic, it can use V2V communication technology to share information on speed, acceleration, and position with surrounding vehicles. This helps optimize the instantaneous speed of the vehicle in complex traffic flows, reduce fuel consumption due to acceleration and deceleration, minimize emissions from startup, prevent the vehicle from tilting, and improve the flow of traffic.

Therefore, this paper focuses on investigating CO_2 emissions and examines methods for enhancing their control within the context of mixed traffic flow involving CAVs, AVs, and HVs.

1　Literature reviews

1.1　CO_2 emission

In recent years, many scholars have proposed traffic emission measurement methods, and there are two main methods for evaluating the fuel consumption and emissions of CAV. The first approach involves optimizing the trajectory of CAVs with the aim of reducing fuel consumption and emissions, resulting in significant reductions in both. The second method utilizes a micro-control model for CAVs to simulate and analyse their impact on fuel consumption and emissions across various traffic scenarios, thereby enhancing the accuracy of traffic emission measurements. Yue et al[1]. introduced the VT-Meso model, which calculates traffic fuel consumption and emissions based on factors such as average speed, vehicle stops, and average stopping time.

Shabihkhani et al[2]. utilized data from ring detectors to estimate the duration of each driving mode, enabling the estimation of emissions associated with each mode. Sun et al[3]. combined the results of trajectory reconstruction with traffic emission for the first time by using the mobile sensor data to reconstruct the trajectory, and used the results of trajectory reconstruction in the microscopic Comprehensive Model Emission Model (CMEM). The results of trajectory reconstruction were used in the Comprehensive Model Emission Model (CMEM) model to calculate traffic emissions. Subsequently, Li et al[4]. reconstructed vehicle trajectories from video data and automatic license plate recognition data, respectively, and calculated traffic emissions from the MOVES emission model. Qin et al[5]. conducted an analysis of how Connected and Autonomous Vehicles (CAVs) affect fuel consumption and emissions in transportation systems, with a particular focus on traffic flow stability. Their numerical simulations demonstrated that enhancing traffic flow stability results in reductions in both fuel consumption and emissions.

1.2　Vehicle distribution

Previous research has demonstrated that the spatial arrangement of vehicles within a mixed traffic flow impacts the morphological traits of the traffic flow, particularly when considering specific CAV penetration rates. Qin et al[6]. proposed a uniform local queue model to describe the connection characteristics of CAV, but their assumed vehicle following scenario is too idealized and does not conform to the actual state of traffic flow. Hu et al[7]. provided a simplified description of the spatial distribution of vehicles, assuming that the mixed traffic flow on a road segment consists of periodic distributions of CAV and HV. However, this assumption is too idealized and does not apply in reality. Three platooning strategies with different spatial layout characteristics were proposed by Sharma et al[8]. The best platooning strategy is to place all CAV at the front and the worst strategy is to place CAV vehicles between two conventional vehicles, but this strategy has not been quantitatively described.

Due to the arrangement of vehicles in mixed traffic flows is inherently stochastic, certain studies have employed probability theory to examine the spatial distribution of vehicles. Yao et al[9]. analysed the characteristics of mixed traffic flows and the maximum platoon size of CAVs, and based on the Markov chain, proposed a probability distribution of fleet size in mixed traffic flows.

Optimising the speed of the controlled vehicle forces the rest of the vehicles to follow and slow down, resulting in an overall additional delay and increased fuel consumption for road vehicles. In this case, the vehicles can be optimised as a whole by formation, and the wind resistance of the vehicles in the formation can be reduced[10][11], and the existing studies show that reducing the distance between vehicles can save 5% ~ 20% of fuel consumption. However, reducing the intra-vehicle spacing after the formation of a convoy has little potential to further reduce fuel consumption[12], and the optimality of the fuel consumption strategy based on the formation of the same type of vehicles decreases when it is applied to the formation of different types of vehicles[13].

At present, significant advancements have been made in researching CO_2 emissions within mixed traffic flows; however, certain shortcomings persist:

(1) With the emergence of CAV, the mixed traffic flow will present the situation of CAV-AV-HV three types of vehicles travelling together. However, the existing findings from the aforementioned research on mixed traffic flow are relatively limited. Therefore, it is imperative to examine the influence of the defined mixed traffic flow on CO_2 emissions.

(2) To study the impact of CAV vehicles on the emissions of the whole traffic flow, it is not enough to analyze only the penetration rate of CAV vehicles. The positional arrangement of CAV in the platoon still has a great impact on the CO_2 emissions of the traffic flow.

To address the limitations of previous studies, this paper introduces an approach to incorporate the impact of CAV platoon intensity on the overall CO_2 emissions of a mixed traffic flow comprising three types of vehicles: CAVs, AVs, and HVs. And we analyse the influence role of the aggregation characteristics of CAV.

2 Mixed traffic flow modelling

2.1 Modelling of platoon

2.1.1 Platoon intensity

The positioning of vehicles within the mixed traffic flow not only dictates the following behaviour between vehicles but also indicates the level of CAV aggregation intensity. This aggregation intensity directly affects the likelihood of forming a CAV platoon, which is reflected in the spatial distribution of vehicles in a mixed traffic flow.

In thisstudy, a platoon is characterized by the real-time exchange of information (including position, speed, and acceleration) between the lead vehicle and the following vehicle within the same platoon, facilitated through communication. Therefore, HVs and AVs cannot form a platoon because they do not have communication capabilities. For the purpose of modelling and derivation, we assume that AV and HV are platoons of size 0, they are not platoon.

In order to better describe and quantify the aggregation and travelling behaviour of CAV in mixed traffic flows, the arrangement and distribution of CAV on a single lane are analysed. The following assumptions are given:

(1) The mixed traffic flow is a combination of random permutations of CAV and HV. We refer to M CAVs travelling consecutively as a platoon of size M (in particular, CAV travelling individually can be considered as a platoon of size 1).

(2) Two CAVs will join the same platoon as long as the platoon size limit is not exceeded.

Based on the above discussion, the CAV platoon rate is defined to measure the number of CAV platoons in a mixed traffic flow, and its mathematical expression is shown in Equation (1):

$$P_{\mathrm{R}} = \frac{S_{\mathrm{C}}}{N} \qquad (1)$$

Where, P_{R} denotes the formation rate of CAV, S_{C} denotes the number of CAV rows, and N denotes the number of vehicles in the whole traffic flow.

In order to achieve formal consistency, platoon intensity (E) is introduced and there is a one-to-one correspondence between E and CAV platoon rate as shown in the following Equation (2):

$$P_{\mathrm{R}} = (1 - E) * \min\{P_{\mathrm{H}}, P_{\mathrm{C}}\}, E \in [0, 1] \qquad (2)$$

Platoon intensity (E) can reflect the clustering strength of CAVs in mixed traffic flows, and higher values of E correspond to stronger clustering effects. In addition, E affects the likelihood that two consecutive vehicles are CAV.

2.1.2 Markov chain model for mixed traffic flow

A Markov chain model was proposed by Ghiasi et al. [14]. to capture the characteristics of mixed CAV and HV traffic flows. A Markov chain represents a stochastic process detailing the transition between states within a system. Each state transition depends solely on the preceding state and is independent of past states. Typically, a Markov chain model includes a state space, an initial state probability, and a matrix of state transition probabilities. In conclusion, at least three vehicle types (CAV, AV, and HV) must be considered in mixed traffic flows. Markov chains were developed to model the mixed traffic flow with CAV, AV and HV.

The state transfer probability matrix of the system is shown in equation (3):

$$T = \begin{bmatrix} t_{\mathrm{CC}} & t_{\mathrm{CH}} \\ t_{\mathrm{HC}} & t_{\mathrm{HH}} \end{bmatrix} \qquad (3)$$

Where the probability that the rear vehicle is of type V in case the front vehicle is of type U is denoted by where U and V are elements of the state space X. In other words: $t_{\mathrm{UV}} = \Pr(A_{n+1} = V | A_n = U)$.

The conditional probabilities of various following modes in mixed traffic flow are represented by the equations. And their values depend on platoon intensity (E) and CAV penetration (P_{C}).

$$t_{\mathrm{CH}} = P(X_{n+1} = HV | X_n = CAV)$$

$$= (1 - E) * \min\left\{\frac{P_{\mathrm{H}}}{P_{\mathrm{C}}}, 1\right\} \qquad (4)$$

$$t_{\mathrm{CC}} = P(X_{n+1} = CAV | X_n = CAV)$$
$$= 1 - t_{\mathrm{CH}} \qquad (5)$$

$$t_{\mathrm{HC}} = P(X_{n+1} = CAV | X_n = HV)$$

$$= (1 - E) * \min\left\{\frac{P_{\mathrm{H}}}{P_{\mathrm{C}}}, 1\right\} \qquad (6)$$

$$t_{\mathrm{HH}} = P(X_{n+1} = HV | X_n = HV)$$
$$= 1 - t_{\mathrm{HC}} \qquad (7)$$

The probability when HV1 follows another HV, forming an HV-HV vehicle pair, is given by the Equation (8):

$$P_{\mathrm{HV1}} = P_r(A_n = HV, A_{n+1} = HV)$$
$$= P_r(A_n = HV) P_r(A_{n+1} = HV | A_n = HV)$$
$$= P_{\mathrm{H}} * t_{\mathrm{HH}} \qquad (8)$$

In the case of HV2, this creates a CAV-HV vehicle pair when the CAV is located in front of it. The probability of this situation can be expressed by the Equation (9):

$$P_{\mathrm{HV2}} = P_r(A_n = CAV, A_{n+1} = HV)$$
$$= P_r(A_n = CAV) P_r(A_{n+1}$$
$$= HV | A_n = CAV)$$
$$= P_{\mathrm{C}} * t_{\mathrm{CH}} \qquad (9)$$

When CAV1 follows another HDV, forming an HV-CAV vehicle pair, the probability is given by the Equation (10):

$$P_{\mathrm{CAV1}} = P_r(A_n = HV, A_{n+1} = CAV)$$
$$= P_r(A_n = HV) P_r(A_{n+1} = CAV | A_n = HV)$$
$$= P_{\mathrm{H}} * t_{\mathrm{HC}} \qquad (10)$$

When CAV2 follows another CAV, forming a CAV-CAV vehicle pair, the probability is given by the Equation (11):

$$P_{\mathrm{CAV2}} = P_r(A_n = CAV, A_{n+1} = CAV)$$
$$= P_r(A_n = CAV) P_r(A_{n+1} = CAV | A_n = CAV)$$
$$= P_{\mathrm{C}} * t_{\mathrm{CC}} \qquad (11)$$

2.2 Car-following model

In a random mixed traffic flow, when a CAV vehicle follows a HV vehicle, the HV vehicle has no vehicle-to-vehicle communication function, which makes the CAV vehicle degenerate into an AV vehicle. And at the same time, the degraded AV vehicle is still equipped with vehicle-to-vehicle communication function, and the CAV vehicle following it will no longer be degraded. Therefore, there are three types of following models in the fleet.

2.2.1 The intelligent driver model (IDM)

The Intelligent Driver Model (IDM), considers factors like desired speed and desired spacing, offering a more accurate representation of real following behaviour. This model is extensively employed to capture driver attributes. The model is used to simulate HV-CAV and HV-HV following. The IDM is mathematically formulated as:

$$\dot{v}_n(t) = A\left[1 - \left(\frac{v_n(t-\tau_v)}{v_0}\right)^4 - \left(\frac{g_n^*(t)}{g_n(t-\tau_g)}\right)^2\right]$$
(12)

$$g_n^*(t) = g_0 + Tv_n(t-\tau_v) - \frac{v_n(t-\tau_v)\Delta v_n(t-\tau_{\Delta v})}{2\sqrt{AB}}$$
(13)

Where, v_0 and $g_n^*(t)$ are the desired velocity and desired gap, g_0 is the minimum standstill gap, T is the desired time gap, A is the maximum acceleration, and B is the desired deceleration. $A = 3\text{m/s}^2$, $B = 5\text{m/s}^2$. And set $\tau_g = \tau_v = 0$, for HV set $\tau_v = 0$ and $\tau_g > 0$. The relative delay is set to $\tau = \tau_g - \tau_v$, so CAV's $\tau = 0$, HV's $\tau = \tau_g$.

2.2.2 Cooperative adaptive cruise control model (CACC)

The CACC model proposed by the PATH lab at the University of California is a calibrated tracking model that can truly reflect the tracking characteristics of the CACC system, and the model equations are as follows:

$$\begin{cases} v_n(t+\Delta t) = v_n(t) + k_p e_n(t) + k_d \dot{e}_n(t) \\ e_n(t) = \Delta x_n(t) - t_c v_n(t) \end{cases}$$
(14)

Where: $e_n(t)$ is the error between the actual headway and the desired headway; $\dot{e}_n(t)$ is the differential term; Δt is the control step; t_c is the desired headway of the CACC vehicle; k_p and k_d is the model coefficient. The model parameters calibrated by applying the measured data are: $\Delta t = 0.01\text{s}, k_p = 0.45, k_d = 0.25, t_c = 0.6\text{s}$.

2.2.3 Adaptive cruise control model (ACC)

The PATH lab at the University of California has also calibrated the ACC model using measured data.

$$\dot{v}_n(t) = k_1(\Delta x_n(t) - t_a v_n(t)) + k_2 \Delta v_n(t)$$
(15)

where: t_a is the desired headway of the AV vehicle. k_1 and k_2 are the model coefficients. After calibration of the measured data, the values of the model parameters that can truly reflect the following characteristics of the ACC system under the current control level are: $k_1 = 0.23\text{s}^{-2}, k_2 = 0.07\text{s}^{-1}, t_a = 1.8\text{s}$.

3 Numerical case studies

The MOVES model is an integrated micro, meso and macro vehicle emission model, which measures the vehicle pollutant emission factors based on the Bin unit. The speed-specific power is categorized into speed intervals. Vehicle Specific Power (VSP) is defined as the power output of an engine per unit mass moved. Given its comprehensive consideration of vehicle weight, speed, acceleration, and torque parameters, VSP aligns more closely with the pollutant emission characteristics of the vehicle compared to vehicle speed alone. The calculation formulas are presented below:

$$\text{VSP} = \frac{A*v}{M} + \frac{B*v^2}{M} + \frac{C*v^3}{M} + (a + g*\sin\theta)*v$$
(16)

Where: v is the current instantaneous speed of the vehicle; a is the instantaneous acceleration of the vehicle; g is the acceleration due to gravity, $\sin\theta$ reflects the characteristics of the road gradient (0 on level ground); M is a fixed mass parameter (different values for different types of vehicles, in this paper the CAV, AV and HV have the same M); A, B and C are the load factors for road travelling (there are variations in the coefficients for different types of vehicles, in this paper the coefficients are the same for the CAV, AV and HV).

Since the measured trajectory data of large-scale CAV vehicles are not available effectively, simulation-based analyses can be used to effectively evaluate the impact of CO_2 emissions under different CAV penetration rates. In this paper, we use SUMO software to conduct simulation experiments to investigate the CO_2 emissions under different values of CAV penetration rate P_c and platoon intensity E. Under periodic boundary conditions, a fleet of 30 vehicles constitutes a mixed traffic flow and follows in a single lane loop. The vehicles within the convoy are synchronized with each other, and the spatial arrangement between convoy vehicles is influenced by the platoon intensity and Markov chain as discussed earlier.

According to the definition of mixed traffic flow in Section 1, when the CAV is guided by an HV, the CAV is degraded to an AV. At the simulation's onset, all vehicles are moving with balanced headway and speed. Subsequently, at a specific moment, the lead vehicle introduces a perturbation in spacing. During the propagation of the perturbation, with different CAV penetration and platoon intensity, the vehicle speeds and accelerations in the loop will fluctuate to different degrees. Then the vehicle speeds and accelerations will fluctuate to different extents. So as to analyse the effect of CO_2 emissions in this process.

Taking the CO_2 emissions of the pure HV traffic flow at $P_c = 0$ as the baseline, the percentage reduction in CO_2 emissions of the mixed traffic flow compared to the baseline amount for different CAV permeability P_c was calculated as shown in Figure 1.

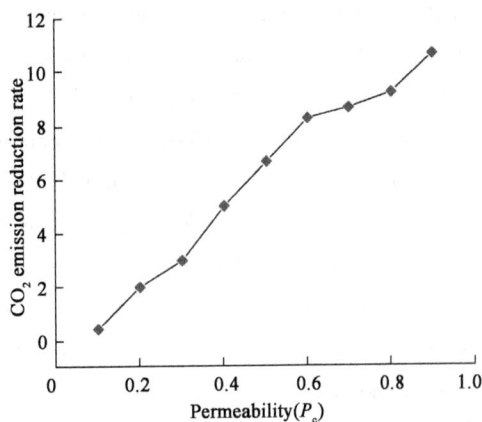

Figure 1　Impact of CAV permeability on CO_2 emissions

From the Figure1, it can be seen that when P_c increases to 1, pure CAV vehicle traffic flow compared to pure HV vehicle traffic flow, CO_2 emission can be reduced by 10.67%. Indicating that

the CAV vehicles are favourable to the reduction of CO_2 emission. Moreover, as the CAV penetration rate increases, the proportion of CO_2 emission reduction gradually flattens out relative to the lower CAV penetration rate. The reduction ratio of CO_2 emission is more obvious in the initial stage of the implementation of mixed traffic flow.

After that, in order to further analyse the effect of the platoon intensity E on the CO_2 emissions of the whole traffic flow, the percentage reduction of CO_2 emissions for different values of E is set up for the cases of permeability of 0.5, 0.6 and 0.7. Taking the CO_2 emission at $E = 0$, the case where all CAV vehicles are alone in a platoon, as a benchmark, the percentage reduction of CO_2 emission of the mixed traffic flow compared to the benchmark amount for different values of E is calculated and the results are shown in Figure 2.

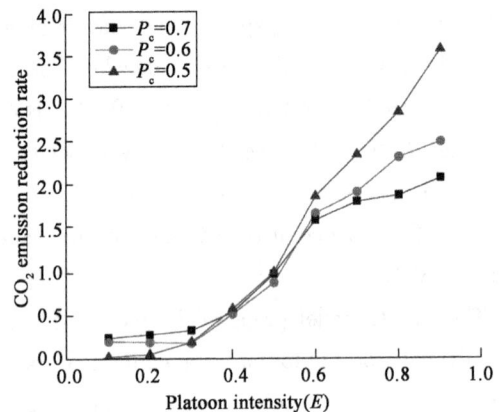

Figure 2　Impact of platoon intensity (E) on CO_2 emissions

As can be seen from the figure, CO_2 emission is gradually reduced with the increase of platoon intensity. And the reduction ratio can be up to 3.58% when the platoon intensity is increased to 1 when the permeability is 0.5, indicating that the increase of platoon intensity is favourable to the reduction of CO_2 emission. Moreover, it can be seen that the CO_2 emission is more obvious in the lower value of platoon intensity ($E < 0.4$), the higher the permeability, the more obvious the reduction ratio of emission. As the value of platoon intensity gradually increases, the reduction ratio of CO_2 emission in the three permeability cases does not differ much when the value of E is $0.4 \sim 0.6$, and when the value of platoon intensity is greater than 0.6, the lower the permeability, the more obvious the reduction ratio of emission. It indicates that the larger the platoon intensity is, the more obvious the suppression of CO_2 is in the case of small infiltration rate.

4 Conclusions

(1) In order to analyze the influence of CO_2 emission of mixed traffic flow of CAV, AV and HV, the numerical simulation experiment combined with CO_2 emission model is used to investigate the influence of CAV penetration rate on CO_2 emission. In the mixed traffic flow, with the increase of CAV penetration rate, the CO_2 emission of the mixed traffic flow shows a decreasing trend, and this influence tends to gradually smooth out with the increase of penetration rate.

(2) The CO_2 emission decreases as the platoon intensity increases. Moreover, the decreasing trend varies under different penetration rates, suggesting the adoption of different platoon arrangement strategies for different periods of the mixed traffic flow operation.

The proposed method in this paper for reducing CO_2 in mixed traffic flow involves adjusting the platoon intensity, which is a parameter with clear physical significance. This approach is highly implementable and can serve as a reference for management strategies in intelligent networked mixed traffic flow, specifically in terms of CO_2 emissions. Additionally, the quantitative analysis findings regarding CO_2 emissions in mixed traffic flow and the proposed enhancement approach will require validation in the future through the utilization of observation data obtained from extensive real - world vehicle testing.

References

[1] YUE H, RAKHA H. Validation of the VT-Meso vehicle fuel consumption and emission model [J]. Efficient transportation and pavement systems: Characterization, Mechanisms, Simulation, and Modeling, 2008, 97.

[2] SHABIHKHANI R, GONZALES E J. Analytical model for vehicle emissions at signalized intersection: Integrating traffic and microscopic emissions models[R]. [S. l. ;s. n.] 2013.

[3] SUN Z, HAO P, BAN X J, et al. Trajectory-based vehicle energy/emissions estimation for signalized arterials using mobile sensing data [J]. Transportation Research Part D: Transport and Environment, 2015, 34: 27-40.

[4] LI Z, SONG G, YU X, et al. Developing operating mode distributions from sparse trajectories for emission estimation [J]. Transportation Research Record, 2019, 2673 (2): 137-148.

[5] QIN Y, WANG H, RAN B. Stability analysis of connected and automated vehicles to reduce fuel consumption and emissions[J]. Journal of Transportation Engineering, Part A: Systems, 2018, 144(11): 04018068.

[6] QIN Y, WANG H. Analytical framework of string stability of connected and autonomous platoons with electronic throttle angle feedback [J]. Transportmetrica A: Transport Science, 2021, 17(1): 59-80.

[7] HU G, LU W, WHALIN R W, et al. Analytical approximation for macroscopic fundamental diagram of urban corridor with mixed human and connected and autonomous traffic[J]. IET Intelligent Transport Systems, 2021, 15(2): 261-272.

[8] SHARMA A, ZHENG Z, KIM J, et al. Assessing traffic disturbance, efficiency, and safety of the mixed traffic flow of connected vehicles and traditional vehicles by considering human factors[J]. Transportation research part C: emerging technologies, 2021, 124: 102934.

[9] YAO Z, WU Y, WANG Y, et al. Analysis of the impact of maximum platoon size of CAVs on mixed traffic flow: An analytical and simulation method[J]. Transportation Research Part C: Emerging Technologies, 2023, 147: 103989.

[10] GUO G, WANG Q. Fuel-efficient en route

speed planning and tracking control of truck platoons[J]. IEEE Transactions on Intelligent Transportation Systems, 2018, 20(8): 3091-3103.

[11] GUO G, LI D. PMP-based set-point optimization and sliding-mode control of vehicular platoons [J]. IEEE Transactions on Computational Social Systems, 2018, 5(2): 553-562.

[12] VELDHUIZEN R, VAN RAEMDONCK G M R, VAN DER K J P. Fuel economy improvement by means of two European tractor semi-trailer combinations in a platooning formation [J]. Journal of Wind Engineering and Industrial Aerodynamics, 2019, 188: 217-234.

[13] LEE W J, KWAG S I, KO Y D. The optimal eco-friendly platoon formation strategy for a heterogeneous fleet of vehicles [J]. Transportation Research Part D: Transport and Environment, 2021, 90: 102664.

[14] GHIASI A, HUSSAIN O, QIAN Z S, et al. A mixed traffic capacity analysis and lane management model for connected automated vehicles: a markov chain method [J]. Transportation Research Part B: Methodological, 2017, 106: 266-292.

Deep Reinforcement Learning-Based Dynamic Holding Control to Avoid Bus Bunching

Dong Liu[1]　Dapeng Zhang[2]　Feng Xiao[*2]

(1. School of Business Administration, Southwestern University of Finance and Economics;

2. School of Management Science and Engineering, Southwestern University of Finance and Economics)

Abstract　Influenced by internal and external factors, public transit operations often exhibit instability, leading to phenomena such as bus bunching. Bus bunching increases waiting times and travel times for passengers, as well as vehicle trip times and energy consumption for operators, significantly reducing the attractiveness of public transport. While holding control strategies can effectively mitigate this problem, traditional holding methods only consider the local implications of decisions, overlooking the long-term effects on future stops and trips, leading to locally optimal strategies. To address this, we propose a deep reinforcement learning-based holding method to capture the long-term effects of holding decisions, thereby resolving bus bunching and achieving system-level transit stability. Additionally, since the holding process is asynchronous and event-driven, we adopt a decentralized approach to allow agents to independently execute decisions. Extensive experiments are conducted and demonstrates the superiority of the reinforcement learning-based approach against benchmark methods. The proposed method achieves excellent performance in terms of occupancy dispersion, average waiting time, vehicle trip time and headway variation.

Keywords　Public transit　Bus bunching　Deep reinforcement learning　Holding control intelligent transportation

0　Introduction

The bus system, as an important part of urban public transportation, provides great convenience for residents' travel. Compared to travelling by private car, public transportation has several advantages, including emissions reduction (Carroll, Caulfield et al. 2019, Jing, Liu et al. 2022), traffic congestion relief (Adler, Liberini et al. 2021), air quality improvement (Sun, Zhang et al. 2019) and energy saving (Bu, Cui et al. 2021, Li, Gao et al. 2022). Due to these benefits, governments have the motivation to develop public transportation for achieving an environmentally friendly and energy-saving society. However, compared to rail-based transportation systems like subways, bus operations are more susceptible to surface conditions such as congestion, weather, and accidents, leading to the inherent instability of bus operations. One of the problems in an unstable bus system is bus bunching (Newell and Potts 1964), where two or more buses arrive at a stop at the same time. This phenomenon is undesirable for both passengers and operators. On the one hand, bus bunching would increase passenger waiting times and travel times. On the other hand, highly unbalanced bus loads signify wastage of vehicle resources and longer vehicle operating times consume more energy when bunching occurs.

Manystudies have developed various control strategies to mitigate bunching problem, such as bus holding (Wu, Liu et al. 2017, Wang and Sun 2020), stop-skipping (Gkiotsalitis 2021) and traffic signal priority (Liu, Zhao et al. 2022). This work focuses on the holding strategy, which is the most commonly used control method duo to its operational feasibility in reality. Rule-based holding methods do not consider the impact of decisions at one stop on the downstream stops and future trips, and thus result in a suboptimal strategy. In recent years, reinforcement learning methods have attracted researchers' attention for solving complex sequential decision-making problems, as this technology can capture the long-term effects of decisions and achieve system-wide efficiency.

This study investigates the potential of reinforcement learning-based holding control strategy to implement dynamic holding to address bus bunching and achieve operational stability. One contribution of this work is to model the holding problem as a multi-agent reinforcement learning problem and solve it using the actor-critic framework.

Since the decisions of this control problem are asynchronous and event-driven, the notion of agents controlled jointly at one timestamp in multi-agent systems seems to be inappropriate. The second contribution is the introduction of a decentralized fashion, in which the agents obverse their local observations and take actions independently on their own observation information when an event is triggered.

1 Related work

Most research on the bus holding problem focuses on aligning the actual headways with the planned ones by holding buses at stops. Fu and Yang (2002) designed two rule-based holding strategies: (1) one-headway-based holding control, in which a bus only considered the forward headway with previous bus to take decisions; (2) two-headway-based holding control, which involved the estimation of backward headway and determined the holding time based on forward and backward headways. Considering the negotiation between agents, Zhao, Bukkapatnam et al. (2003) used holding control to minimize passengers' waiting time. Zolfaghari, Azizi et al. (2004) considered the vehicle capacity limit and proposed a mathematical control model minimizing the waiting time of both boarding and leftover passengers.

Different fromthe notion of a pre-defined headway, Bartholdi III and Eisenstein (2012) formulated a self-coordination scheme to reduce the headway variation without adhering to a planned headway. Similar works (Daganzo 2009, Xuan, et al. 2011) introduced an adaptive control scheme that dynamically determines bus holding times based on real-time headway. These efforts mainly determine the holding decisions based local information and do not consider the effect of current action at a stop on the passengers at downstream stops and the future trips.

Recent studies have introduced reinforcement learning methods into the holding control problem. Chen, Zhou et al. (2016) and Alesiani and

Gkiotsalitis (2018) proposed reinforcement learning-based holding control to improve the reliability of bus services, however the action space in the works is discrete and limits the potential for more decision values. Adopting continuous action space, Wang and Sun (2020) implemented dynamic holding strategy in a multi-agent deep reinforcement learning framework in an environment with deterministic travel times. Some studies (Comi, Sassano et al. 2022, Shi, Nie et al. 2022) eliminated the bus bunching by integrating holding and speed adjustment. Nevertheless, the previous reinforcement learning algorithms are trained on simulators with fixed time steps and is not suitable for asynchronous and event-driven decision process. Besides, previous studies assume deterministic travel times and demand patterns and overlook the stochastic nature of bus systems, which causes the occurrence of bus bunching and the overall instability of bus operations.

2　Bus system model

This paper considers a single-line bus system, consisting of I bus trips and J bus stops, as shown in Figure 1. The buses depart from the original stop at fixed intervals of H and sequentially serve downstream stops. Upon a bus arriving at a stop, it dwells for a period of time for passengers boarding and alighting activities before leaving for the next stop. Passengers arrive randomly at each stop. The buses have capacity limits, and when the number of waiting passengers at a stop exceeds the remaining capacity of the bus, the excess passengers must wait for the next bus. Overtaking is not allowed in this system, and the buses strictly follow the order of operation.

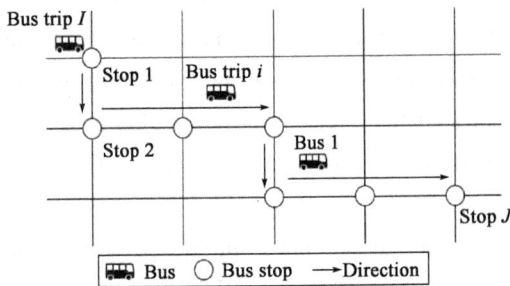

Figure 1　Bus System Model

The dispatching time of bus trip i at original stop (stop 1) is determined by the time interval, and then the arrival time at stop 1 is:

$$a_{i,1} = (i-1)H \qquad (1)$$

Where i is the index of bus trips and H is the dispatching interval.

When a bus trip arrives at downstream stops $(j=2,3,\cdots,J)$, the arrival time of trip i at stop j is written:

$$a_{i,j} = d_{i,j-1} + t_{i,j-1} \qquad (2)$$

where $d_{i,j-1}$ is the departure time of bus trip i at stop $j-1$ and $t_{i,j-1}$ is the actual travel time of bus trip i from stop $j-1$ to stop j.

The departure time of bus trip i at stop j is calculated as:

$$d_{i,j} = a_{i,j} + w_{i,j} + x_{i,j} \qquad (3)$$

where $w_{i,j}$ and $x_{i,j}$ are the dwell time and the holding time of bus trip i at stop j, respectively.

The above equations form the bus trajectories and next we present the evolution of the number of passengers and the interaction between vehicle trajectories and passenger numbers. As buses in most cities own two doors for passengers boarding and alighting respectively, the dwell time is the maximum value between boarding time and alighting time:

$$w_{i,j} = \max(t_a v_{i,j}, t_b \hat{u}_{i,j}) \qquad (4)$$

where t_a and t_b are the constant parameters for the alighting time and boarding time per passenger respectively. $v_{i,j}$ is the total passengers alighting from bus trip i at stop j and $\hat{u}_{i,j}$ is the actual total passengers boarding bus trip i at stop j.

When bus trip i arrives at stop j, we can calculate the total number of passengers wanting to board the bus at the stop for downstream stops:

$$u_{i,j} = \text{Poisson} \sim (a_{i,j} - a_{i-1,j})\lambda_{i,j} + l_{i-1,j} \qquad (5)$$

where $a_{i,j} - a_{i-1,j}$ represents the actual headway between trips $i-1$ and i at stop j, $\lambda_{i,j} = \overline{\lambda}_j + \widetilde{\lambda}_{i,j}$ is the actual demand rate of passengers at stop j, $\overline{\lambda}_j$ is the average demand rate at stop j, $\widetilde{\lambda}_{i,j}$ is the demand uncertainty for bus trip i at stop j and $l_{i-1,j}$ denotes the passengers left by previous bus trip $i-1$ due to the activation of capacity limit.

Considering the capacity constraint of each bus U, the actual number of passengers that could board bus trip i at stop j is calculated as:

$$\hat{u}_{i,j} = \min(u_{i,j}, U - o_{i,j-1} + v_{i,j}) \qquad (6)$$

where $o_{i,j-1}$ denotes the number of passengers onboard when bus trip i leaves previous stop $j - 1$. Hence the term $(U - o_{i,j-1} + v_{i,j})$ means the available space on bus trip i when approaching stop j.

Due to the capacity limit, the passengers left by bus trip i at stop j is updated based on the following equation:

$$l_{i,j} = u_{i,j} - \hat{u}_{i,j} \qquad (7)$$

The number of passengers when bus trip i arrives at stop j is equal to the value when the bus departs last stop and a proportion of the onboard passengers will alight at this stop:

$$v_{i,j} = o_{i,j-1}\rho_j \qquad (8)$$

where ρ_j is the percentage of passengers alighting at each stop.

The occupancy $o_{i,j}$ is the onboard passengers when bus trip i departs stop j and can be updated after finishing the boarding and alighting process:

$$o_{i,j} = o_{i,j-1} + \hat{u}_{i,j} - v_{i,j} \qquad (9)$$

We assume that the overtaking is not allowed so that bus i must not enter stop j until the leading bus $i - 1$ has left the stop:

$$a_{i,j} \geq d_{i-1,j} \qquad (10)$$

3 Methodology

This section introduces the implementation of the deep reinforcement learning framework based on the previous section.

3.1 General introduction

The bus holding control problem is a multi-agent system and modelled as a Markov game (Littman 1994). In general, a Markov game is defined as (N, S, A, P, R, γ), where N is the number of agents in the system, S is the set of states that the agents encounter, $A = \{A_1, \cdots, A_N\}$ is the set of joint actions of all agents, $P: S \times A \to S$ denotes the transition probability function from current state to next state after applying a joint action, γ is a discount factor,

$R = \{R_1, \cdots, R_N\}$ is the set of reward functions, and each reward R_i is determined by the current state and the joint actions.

However, the bus control problem herein is asynchronous and event-driven, and the decisions are triggered by bus arrivals, the notion of agents observed and controlled jointly is not suitable. One way to solve the intractability is to adopt decentralized fashion and model the control process as a decentralized partially observable Markov decision process (Dec-POMDP) (Oliehoek and Amato 2016). In the decentralized framework, each bus trip is regarded as an agent and can only access partial observations of the environment and must make decisions on the basis of its own observations. In our case, each bus agent observes its local observations and determines the holding time based on local information when it arrives at a stop.

In addition, if the agents in the system are homogeneous, their policies can be trained more effectively using parameter sharing techniques, since the data from interaction between different agents and the environment can be shared among agents. For this reason, this paper adopts parameter sharing techniques.

3.2 Components of MARL framework

3.2.1 State and observation space

The state of the holding control problem is composed of the state information from all bus trips. However, the observation space of an agent when arriving at a stop relies only on local information. The features included are as follows:

j: stop index

$\dfrac{h_{i,j}}{H}$: the headway $h_{i,j}$ reflects the bus's regularity and the planned headway H is used to scale the actual headway.

$\dfrac{u_{i,j}}{Z}$: the passenger demand $u_{i,j}$ is included and reflects the bus's regularity and Z is a normalizing constant.

$\dfrac{v_{i,j}}{Z}$: the alighting passengers.

Then, we have the observation space by concatenating the features:

$$s_{i,j} = \left[j, \frac{h_{i,j}}{H}, \frac{u_{i,j}}{Z}, \frac{v_{i,j}}{Z} \right] \qquad (11)$$

In reality, the information can be extracted from automated vehicle location (AVL) data, automatic passenger counting (APC) data and automated fare collection (AFC) data.

3.2.2 Action space

Upon arriving at a stop, a bus agent determines the holding time after finishing its boarding and alighting activities. The holding time is formulated as:

$$x_{i,j} = \alpha_{i,j} \Delta X, \qquad (12)$$

Where ΔX is the maximum holding duration used to avoid excessive delay, and $\alpha_{i,j} \in [0,1]$ is a strength parameter.

3.2.3 Reward function

The goal of mitigating bus bunching is to maintain consistent headways between vehicles and avoid excessively large or small gaps. To this end, the reward for bus agent i at stop j is calculated upon the bus agent's arrival at the next stop:

$$r_{i,j} = -\frac{|h_{i,j+1} - H|}{H} - \frac{x_{i,j}}{H} \qquad (13)$$

In this equation, $|h_{i,j+1} - H|$ represents the extent to which the actual headway deviates from the planned headway, and $x_{i,j}$ is adopted to penalize longer holding time.

3.3 Training algorithm

Due to infinite and continuous observation space and action space, the deep the deep deterministic policy gradient (DDPG) algorithm (Lillicrap et al. 2015) is chosen to train the agent. The DDPG algorithm is a model-free approach, allowing the agent to be trained without any prior model knowledge, relying on the collected experience data. Besides, DDPG is an off-policy learning method, which means the data used for training the neural networks can be drawn from an experience buffer, effectively improving sampling efficiency and training speed.

We establish two two-layer neural networks to represent the actor π and the critic Q in the actor-critic framework, parameterized by θ and ω. The actor neural network generates the action based on current observations and the critic neural network is used to approximate the Q-value function. It should be noted that the actor does not explicitly consider the constraints of the action space defined in Equation (12), so we constraint the output of the actor to the range of $[0,1]$, defined as embedding value $\alpha_{i,j}$ when a bus agent i arrives at stop j. In addition, target network technique (Mnih, Kavukcuoglu et al. 2015) is used to improve stability in the training process and θ' and ω' are the target parameters in the actor neural network and critic neural network respectively.

A replay buffer with a capacity of R is set up to store experiences, which are used for training the actor and critic neural networks. When a bus agent i arrives at stop j, it observes the current observation $s_{i,j}$ and the actor generates the action $\pi_\theta(s_{i,j})$ based on the current observation. To encourage more exploration in early stages of the training process and more exploitation in later stages, we add the noise ε to the embedding action value. The noise value is drawn from a normal distribution $N(0.5, \varepsilon_e)$, where ε_e decreases as the training progresses. Then we get the embedding action:

$$\alpha_{i,j} = \text{clip}(\pi_\theta(s_{i,j}) + \varepsilon, 0, 1) \qquad (14)$$

The embedding action is decoded into the actual action according to Equation (12). After the agent executes the action and then arrives at the next stop, the next observation $s_{i,j+1}$ is observed, and the corresponding reward $r_{i,j}$ is calculated. The newly generated experience $(s_{i,j}, \alpha_{i,j}, r_{i,j}, s_{i,j+1})$ is put into the buffer.

A batch of B experiences is sampled from the buffer, with which we can calculate the target Q-values $y_{i,j}$ based on target networks:

$$y_{i,j}^b = r_{i,j}^b + \gamma Q_{\omega'}(s_{i,j+1}^b, \pi_{\theta'}(s_{i,j+1}^b)) \qquad (15)$$

for all $b = 1, 2, \cdots, B$ in the minibatch.

The parameter ω of critic network is updated by minimizing the following temporal difference error:

$$\frac{1}{B}\sum_{b=1}^{B}(Q_\omega(s_{i,j}^b,\alpha_{i,j}^b)-y_{i,j}^b) \quad (16)$$

The update for the actor parameter θ is obtained by maximizing the following:

$$\frac{1}{B}\sum_{b=1}^{B}(Q_\omega(s_{i,j}^b,\pi_\theta(s_{i,j}^b))) \quad (17)$$

Adam optimizer is selected to update the parameters of the actor and critic neural networks, and the learning rates for the actor and critic are l_a and l_c respectively.

To ensure the stability and convergence of the training process, the target parameters of actor network and critic network are updated via the moving average:

$$\theta'\leftarrow\tau\theta+(1-\tau)\theta' \quad (18)$$

$$\omega'\leftarrow\tau\omega+(1-\tau)\omega' \quad (19)$$

Where τ is a small smoothing factor.

One training episode terminates when the last bus trip reaches terminal stop, and the training process will last for E episodes.

4 Numerical experiments

4.1 Experiment settings

The experiment is conducted on a bus system calibrated with data from a bus route in Suzhou of China. The bus system consists of 19 bus stops, and we set the number of bus trips to be 20. Buses are dispatched from stop 1 at equal intervals of 6 minutes, and the capacity of a bus is set as 70. The actual travel time for a bus to travel from stop j to stop $j+1$ is drawn from the normal distribution $N(\bar{t}_j,\beta^2\bar{t}_j^2)$, where $\bar{t}_j$ is the average travel from stop j to stop $j+1$ and β is a strength parameter ($\beta=0.2$ in this paper). The demand uncertainty is assumed to be uniformly distributed within a boundary $[-1,1]$ minutes. Figure 2 presents the average arrival rates at stops and the average travel times at links, and the alighting proportions at stops are given in Table 1.

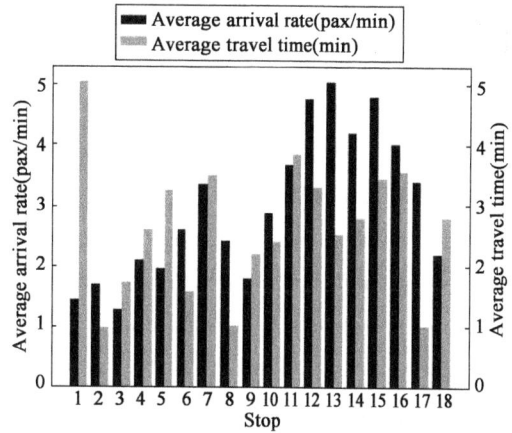

Figure 2　Average Arrival Rate and Average Travel Time at Each Stop/Link

The alighting proportions at stops

Table 1

Stop	1	2	3	4	5	6	7
$\rho_j(\%)$	0	5	10	15	20	25	30
Stop	8	9	10	11	12	13	14
$\rho_j(\%)$	25	20	25	30	30	30	40
Stop	15	16	17	18	19	—	—
$\rho_j(\%)$	50	55	60	70	100	—	—

For the architecture of the deep reinforcement learning framework, the actor neural network and critic neural network have two hidden layers consisting of 128 and 128 neurons with a rectified linear unit (ReLU) activation function. The output layer of the actor network is followed by a sigmoid activation function so that the output of the actor can be constrained to the range of $[0,1]$. Table 2 summaries the values of other parameters used in the reinforcement learning framework.

The values of parameters　Table 2

Parameters	Value
Exploration noise ε_e	0.8→0.01
Replay buffer size R	10000
Batch size B	32
Learning rate l_a, l_c	0.001, 0.002
Smoothing factor τ	0.01
Number of episodes E	300
Discount factor γ	0.99
Normalizing constant Z	10

4.2 Baseline and Evaluation Metrics

Several baseline methods are selected to compare the performance.

No control (NC). In this scenario, no proactive control will be implemented.

Schedule-based holding strategy (SH). Under SH, buses either depart on schedule or immediately after serving passengers if they arrive late.

Headway-based holding strategy (HH). HH strategy is triggered whenever the actual headway is smaller than a predefined threshold headway. The holding time is calculated as $x_{i,j} = \delta H - h_{i,j}$, where δ is a parameter called control strength with value range $[0,1]$. A δ-value of 0.8 is adopted in this paper since this value achieves the trade-off between travel time and passenger waiting time.

Meanwhile, we present some metrics to measure and compare the performance under different strategies:

(1) Occupancy dispersion at stops, which reflects the bus load variability and the utilization of vehicle resources.

(2) Average waiting time, which measure how long passengers in the system have waited on average and is a frequently-used indicator of the overall service level.

(3) Headway variation. Uneven headway results to the bus bunching and thus instability of bus system.

(4) Average trip time, which is a key operational metric for the operators.

4.3 Results and analysis

Figure 3 depicts the training process of the proposed method over 300 episodes. In the figure, the shadowed curves are the profiles of the cumulative reward at each training episode and the solid ones are the moving average values over 20 training episodes. We can see that the reward curves are generally stabilized after 200 episodes but show fluctuations due to the bus system intrinsic stochasticity and the explorative decision randomness.

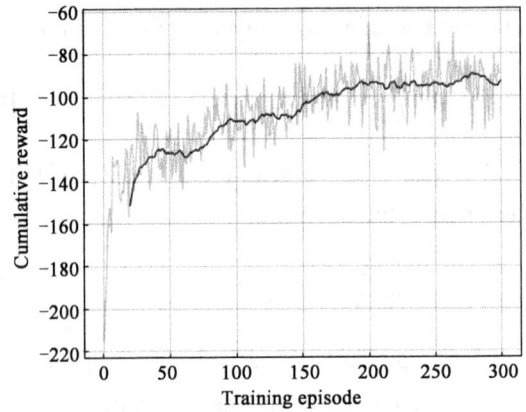

Figure 3　Training Process of the Proposed Method

Figure 4 displays the bus trajectories under different control strategies for a typical simulation run. The trajectories for NC case exhibit the most uneven headway between buses, which signals the most significant occurrence of bus bunching. We can observe that bus bunching problems more frequently occur at downstream stops since a slight delay would gradually accumulates, leading to bunching with following vehicles eventually. Under two rule-based control strategies (SH and HH), the headways are much more regular and the bunching phenomenon is greatly alleviated compared to NC. Among all control policies, the reinforcement learning-based approaches consider the long-term effect of decisions and thus are more effective in avoiding bunching problem.

Apart from the micro-level analysis, we also compare the performance of each method from a macro perspective. The results are the expected values from 30 simulation runs. Figure 5 demonstrates the occupancy dispersion at stops. The occupancy dispersion values are relatively small at stops 12, 13 14 under all case, since these stops have higher passenger arrival rate and the capacity constraint is in effect. SH marginally decrease the load variability while HH further improves the situation. Notably, the proposed approach achieves the most balanced loads and efficient utilization of public transport resources.

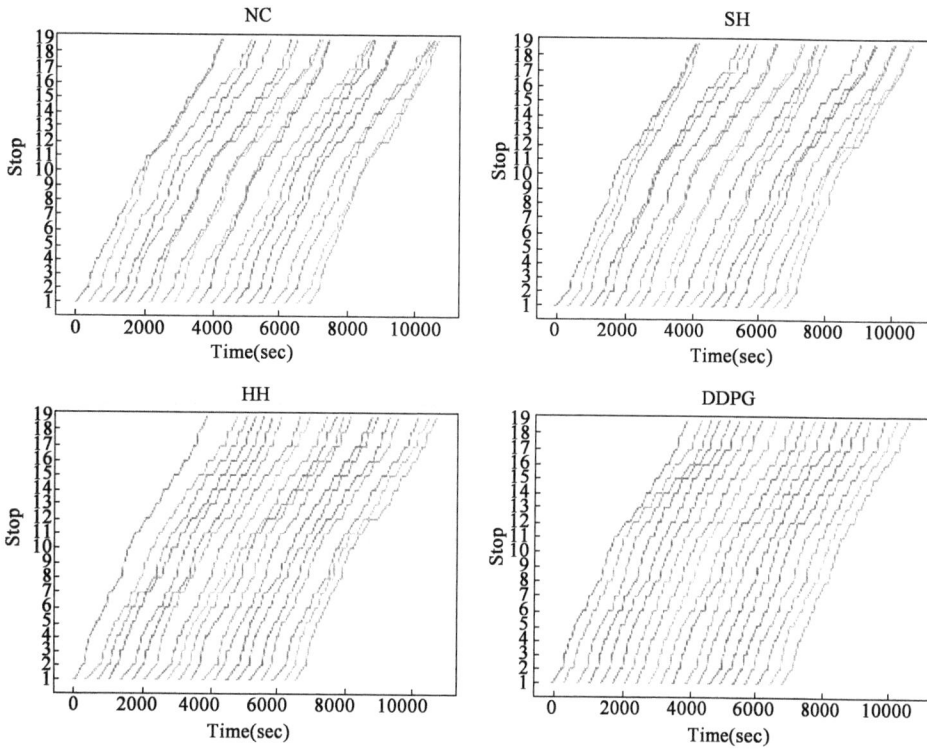

Figure 4 Bus Trajectories under Different Strategies

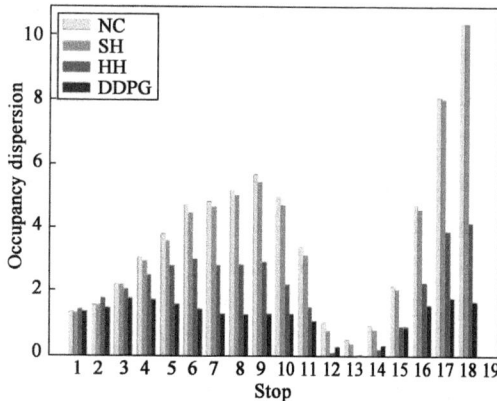

Figure 5 Occupancy Dispersion at Stops under Different strategies

Table 3 summarizes the performance of different control strategies in terms of three metrics: headway variation, average waiting time and average trip time. As can been seen, the reinforcement learning-based method outperforms other methods in terms of headway variation and average waiting time. This partly attribute to the additional passenger information used in the policy training process. Meanwhile, this reveals the capacity of deep reinforcement learning in capturing the dynamics of the stochastic system and the long-term effect of decision-making. As for trip

time, compared to NC case, DDPG is able to attain great improvement while SH and HH lead to an increase in trip time. This is because that SH and HH excessively implement holding decisions, leading delays of vehicles, while the reward setting in reinforcement learning framework penalizes excessive holding time at stops.

Performance Comparison under Different Strategies Table 3

Strategies	Headway Variation (s)	Average Waiting time (s)	Average trip time (s)
NC	210	402	4226
SH	205	392	4234
HH	129	377	4350
DDPG	**80**	**288**	**3926**

5 Conclusions

This paper proposes a deep reinforcement learning-based holding control approach for implementing real-time holding control to avoid bus bunching and maintain stability in the bus system so that a reliable bus service contributes to reducing emissions, encouraging the use of public transit and saving energy. The holding problem is viewed as a multi-agent problem. Considering the decision process is asynchronous and event-driven, a decentralized framework is adopted to allow agents to act independently based on their own observations. Within the Dec-POMDP framework, we carefully design elements of reinforcement learning and employ the DDPG algorithm capable of handling continuous observation and action spaces. During training and execution, all agents share a set of neural network parameters.

Reinforcement learning-based holding strategy is compared with classical holding methods SH and HH. Experimental results show that the proposed method achieves shorter average waiting time, smaller occupancy dispersion, shorter trip time, and smaller headway variation against baseline methods.

There are many research directions in this field worth exploring. This paper only investigates one strategy of holding control to address bus bunching. A futurework lies in the integration of different strategies for control in a connected environment, such as stop-skipping and traffic signal priority. Additionally, our framework employs simple neural network structures and off-the-shelf algorithms. Designing more advanced neural network structures and developing algorithms tailored to transit characteristics could be a potential research topic.

Acknowledgments

The work described in this paper was supported by the National Natural Science Foundation of China (No. 72301217, 72025104) and the Sichuan Science and Technology Program (No. 24NSFSC6306).

References

[1] ADLER M W, et al. The congestion relief benefit of public transit: evidence from Rome [J]. Journal of Economic Geography, 2021, 21(3): 397-431.

[2] ALESIANI F, GKIOTSALITIS K. Reinforcement learning-based bus holding for high-frequency services[C]. 2018 21st International Conference on Intelligent Transportation Systems (ITSC),

IEEE: 3162-3168.

[3] BARTHOLDI III J J, EISENSTEIN D D. A self-coördinating bus route to resist bus bunching [J]. Transportation Research Part B: Methodological, 2012, 46(4): 481-491.

[4] BU C, et al. Achieving net-zero emissions in China's passenger transport sector through regionally tailored mitigation strategies [J]. Applied Energy, 2021, 284: 116265.

[5] CARROLL P, et al. Measuring the potential emission reductions from a shift towards public transport [J]. Transportation Research Part D: Transport and Environment, 2019, 73: 338-351.

[6] CHEN W, et al. Real-time bus holding control on a transit corridor based on multi-agent reinforcement learning [C]. 2016 IEEE 19th International Conference on Intelligent Transportation Systems (ITSC), IEEE: 100-106.

[7] COMI A, et al. Monitoring and controlling real-time bus services: a reinforcement learning procedure for eliminating bus bunching [J]. Transportation Research Procedia, 2022, 62: 302-309.

[8] DAGANZO C F. A headway-based approach to eliminate bus bunching: Systematic analysis and comparisons[J]. Transportation Research Part B: Methodological, 2009, 43(10): 913-921.

[9] FU L, YANG X. Design and implementation of bus-holding control strategies with real-time information[J]. Transportation Research Record, 2002, 1791(1): 6-12.

[10] GKIOTSALITIS K. Stop-skipping in rolling horizons [J]. Transportmetrica A: Transport Science, 2021, 17(4): 492-520.

[11] JING Q L, et al. The Impact of Public Transportation on Carbon Emissions—From the Perspective of Energy Consumption [J]. Sustainability, 2022, 14(10): 6248.

[12] LI S, et al. Energy-saving methods for urban travel and public transportation in smart cities [J]. Journal of Interconnection Networks, 2022, 22(Supp04): 2146006.

［13］LILLICRAP T P, et al. Continuous control with deep reinforcement learning ［J］. arXiv preprint, 2015, arXiv:1509.02971.

［14］LITTMAN M L. Markov games as a framework for multi-agent reinforcement learning ［J］. Machine learning proceedings, 1994, Elsevier: 157-163.

［15］LIU M, et al. An optimal control approach of integrating traffic signals and cooperative vehicle trajectories at intersections ［J］. Transportmetrica B: transport dynamics, 2022, 10(1): 971-987.

［16］MNIH V, et al. Human-level control through deep reinforcement learning ［J］. nature, 2015, 518(7540): 529-533.

［17］NEWELL G F, POTTS R B. Maintaining a bus schedule ［C］. Australian Road Research Board （ARRB） Conference, 2nd, 1964, Melbourne.

［18］OLIEHOEK F A, AMATO C. A concise introduction to decentralized POMDPs ［M］. Springer, 2016.

［19］SHI H, et al. A distributed deep reinforcement learning-based integrated dynamic bus control system in a connected environment ［J］. Computer-Aided Civil and Infrastructure Engineering, 2022, 37(15): 2016-2032.

［20］SUN C, et al. Urban public transport and air quality: Empirical study of China cities ［J］. Energy Policy, 2019, 135: 110998.

［21］WANG J, SUN L. Dynamic holding control to avoid bus bunching: A multi-agent deep reinforcement learning framework ［J］. Transportation Research Part C: Emerging Technologies, 2020, 116: 102661.

［22］WU W, et al. Modelling bus bunching and holding control with vehicle overtaking and distributed passenger boarding behaviour ［J］. Transportation Research Part B: Methodological, 2017, 104: 175-197.

［23］XUAN Y, et al. Dynamic bus holding strategies for schedule reliability: Optimal linear control and performance analysis ［J］." Transportation Research Part B: Methodological, 2011, 45(10): 1831-1845.

［24］ZHAO J, et al. Distributed architecture for real-time coordination of bus holding in transit networks ［J］. IEEE Transactions on Intelligent Transportation Systems, 2003, 4(1): 43-51.

［25］ZOLFAGHARI S, et al. A model for holding strategy in public transit systems with real-time information ［J］. International Journal of Transport Management, 2004, 2(2): 99-110.

融合 PromptIR 和改进 YOLOv7 的雾天车辆检测算法

柴国庆[1]　仝秋红[*1]　苏胜君[1]　焦　焱[2]　王　凯[3]

（1. 长安大学汽车学院；2. 西安葡萄城信息技术有限公司；3. 长安大学信息工程学院）

摘　要　为提升检测算法在雾天场景下的车辆检测精度，本文提出了一种融合 PromptIR 和改进 YOLOv7 的雾天车辆检测算法。首先，该方法以 PromptIR 作为图像预处理单元，对有雾图像进行自适应恢复与增强；其次，引入 SPPFCSPC 模块，改进 YOLOv7 以增强其在雾天场景的适应性。为证明该方

基金项目：国家重点研发计划项目（2022YFC3002602）；"两链"融合企业（院所）联合重点专项-工业领域（2022LL-JB-03）。

法的有效性,组建了混合雾天车辆数据集。在该数据集上的试验结果表明,雾天交通场景下,所提方法的 mAP@0.5 为 74.4%,相比基准 YOLOv7 提升了 6.9%,证明了本文所提方法有效,具有科学研究价值。

关键词 雾天场景 图像恢复 PromptIR 车辆检测 YOLOv7

0 引言

雾天是一种典型的恶劣天气,相机在雾天采集的图像会出现细节模糊、对比度下降等问题[1-6]。对于在雾天行行的智能汽车而言,由于基于计算机视觉的车辆检测和识别算法以车载相机采集的图像作为信息源,因此,缓解雾对图像造成的退化,并有效地恢复与增强车辆细节信息,对确保车辆检测算法在雾天场景下检测的高精确率具有重要意义。

为提升检测算法在雾天场景的车辆检测精确率,近年来学者们开展了广泛而又深入的研究。总的来说,目前有两种比较普遍的解决方案。第一种思路是选用理论上检测性能更加优越,且可以通过优化自身组件以进一步提升检测性能的基准检测算法。例如,刘鸣瑄等[7]以 SSD 检测算法为核心并进行相关优化从而完成车辆检测任务。陈文玉等[8]考虑到车辆检测任务中小目标数目较多的问题,引入软池化处理,同时在网络中融入了坐标注意力机制,从而提升了 YOLOv3 的检测精度。院老虎等[9]采用引入通道空间注意力机制的方式改善了 YOLOv5s 在雾天场景中的目标检测能力。徐慧智等[10]融入 CBAM 改善了 YOLOX-S 算法的特征表达能力。张利丰等[11]通过采用多尺度融合,引入轻量型注意力机制,融入 SoftNMS 的方式增强了 YOLOv8 的检测精度。Kang 等[12]采用基于模糊注意的 YOLO 检测模型完成车辆检测。Xiong 等[13]通过优化 YOLOX 实现了准确有效的车辆检测。第二种思路是通过引入额外的检测设备,从建立多模态系统的角度克服上述问题。例如,王战古等[14]融合毫米波雷达和相机两种传感器,实现了低光照、雨天、雾天等复杂环境中优良的车辆检测效果。张炳力等[15]基于毫米波雷达和机器视觉,完成了多种工况下的车辆高精确率检测。尽管第二种思路检测精确率的提升相较前者更加显著,但是感知设备总体成本的增加及面向实际应用时布置难度的提升对于工业界而言是难以接受的。

总而言之,为了提升检测算法在雾天场景的车辆检测精度,本文从检测信息源的角度出发,提出了一种基于计算机视觉的雾天车辆检测算法。具体来说,该算法融合了 PromptIR[16] 和改进的 YOLOv7。首先,为了消除雾对信息源的干扰,引入了恢复算法 PromptIR 对相机采集的有雾图像进行去雾处理,其次,为了进一步增强 YOLOv7 检测算法[17]在雾天车辆检测任务中的适应性,引入 SPPFCSPC 模块以实现对基准 YOLOv7 的改进。为了验证所提方法的有效性,组建了雾天车辆数据集,在该数据集上的结果表明,本文方法的 mAP@0.5 为 74.4%,相比基准 YOLOv7 提升了 6.9%,证明了所提方法的有效性。

1 本文方法

1.1 图像恢复算法

雾天场景下由于空气中悬浮的微粒等其他介质的影响,光照强度被削弱,因而相机采集到的交通图像质量产生了衰减[18]。

正常情况下,智能汽车在行驶过程中,车载相机采集的自然雾图呈现出非均匀的雾浓度分布,浓雾和薄雾可能出现在图像的不同区域。同时,与己车相对距离较远的区域,车辆目标受雾的影响较为严重。虽然当下多数去雾算法的研究具有端到端恢复的优点,但未考虑到不同雾浓度对复原过程的影响,并且复原后图像中背景物体的细节仍需改善。PromptIR 是一个可用于去雾任务的图像恢复算法,如图 1 所示,其通过输入有雾图像,可以直接获得无雾图像。具体来说,PromptIR 是一个基于提示学习的恢复算法,其核心设计为提示模块,该模块连接了相邻层级的两个解码器。在解码器的每一个层级,提示块丰富了有利于后续恢复任务的输入特征,从而帮助网络针对不同退化进行专用级的图像恢复。因此,PromptIR 具有处理不同雾浓度的能力,并可以具有针对性地自适应恢复与增强受雾影响而退化的特征信息,所以,本节采用 PromptIR 作为去雾单元。

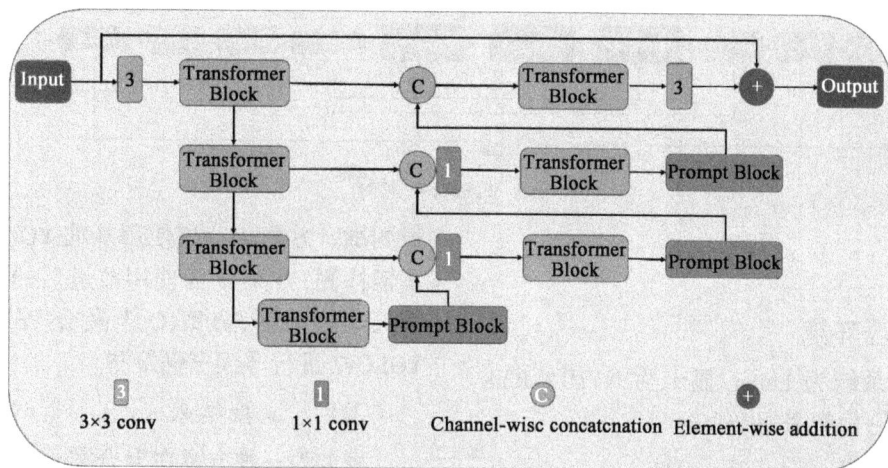

图 1　PromptIR 网络架构

1.2　车辆检测算法

YOLOv7 是一款优秀的单阶段目标检测算法，如图 2 所示，自 2022 年面世以来，在多个领域得到了广泛的应用[19-24]。就网络整体结构而言，YOLOv7 由 Input、Backbone、和 Head 三部分组成，其中 Backbone 部分主要由 CBS 结构、MP 结构、ELAN 结构组成，从而完成特征提取，Head 部分通过对提取的特征进行判断得出物体相关信息[17,25-27]。受益于上述设计，YOLOv7 具有强大的特征提取能力，因而相比之前的目标检测算法具有更高的检测准确率及更快的检测速度。

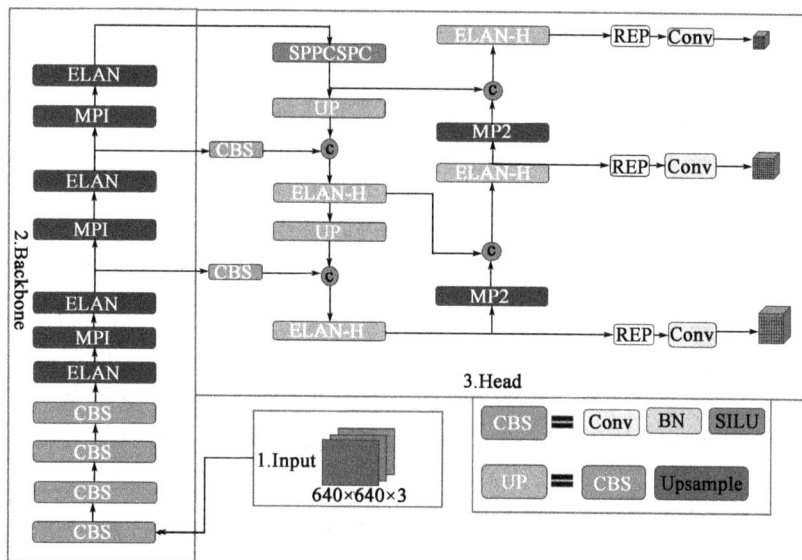

图 2　YOLOv7 网络架构

然而，尽管 YOLOv7 性能优越，但是在有雾的图像中，车辆的特征容易受到不同浓度雾的干扰，导致出现漏检和误检，故检测算法的精确率产生了衰退[28]，最终导致行车不安全。为解决这个问题，本文在图像信息源受检测之前，融入了 PromptIR 单元，旨在对被检测的图像进行恢复与增强，同时，为进一步提升 YOLOv7 的检测性能，本节引入了 SPPFCSPC 模块[29-30]对其进行改进，从而使其更加适用于雾天车辆检测，SPPFCSPC 模块的网络结构如图 3 所示。

基准 YOLOv7 算法中采用了 SPPCSPC 模块，其主要由 SPP 模块与 CSP 模块组成。虽然这种设计可以提升检测算法的性能，但是计算效率受到了影响，而 SPPFCSPC 模块则由于采用逐步池化而非并联池化的方式，保证感受野的同时，性能与速度得到了进一步优化，因此，本节采用 SPPFCSPC 模块进行改进。

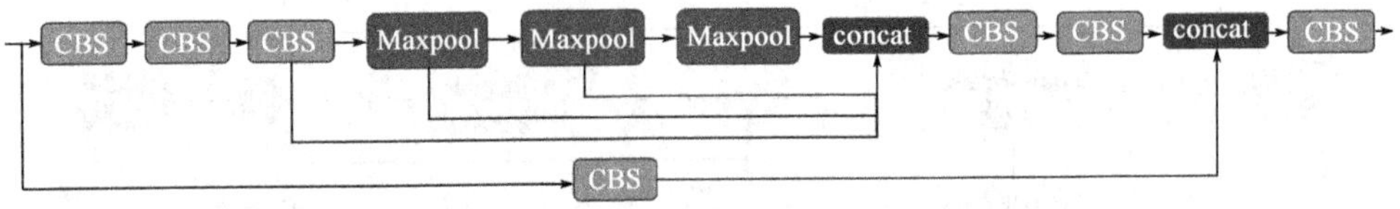

图3 SPPFCSPC模块

2 试验

2.1 试验环境

试验操作系统为 Linux,显卡为 NVIDA RTX A5000,深度学习框架采用 Pytorch。

2.2 数据集

本节根据智能汽车的工作环境构建了混合雾天车辆数据集。其包含 1800 张高质量的交通场景图和 400 张雾天交通场景图(高质量交通场景图由 COCO 数据集提供,雾天交通场景图由 RESIDE 数据集[31]提供),标签类别均定义为 vehicle。由于该数据集包含多种交通场景,且雾的浓度复杂多变,因此可以验证所提车辆检测算法的有效性与鲁棒性。

2.3 评价指标

本节使用精确率(Precision, P)、召回率 (Recall, R),平均精度均值 mAP 作为评价指标, 上述指标分别定义为

$$P = \frac{TP}{TP + FP} \quad (1)$$

$$R = \frac{TP}{TP + FN} \quad (2)$$

$$mAP = \frac{1}{n}\sum_{i=1}^{n}\left[\int_0^1 P_i(R_i)d(R_i)\right] \quad (3)$$

式中:TP——识别正确的车辆个数;

FP——识别错误的车辆个数;

FN——未被识别的车辆个数;

n——车辆类别;

i——第 i 个类别。

mAP@0.5 代表当预测框与真实框重叠面积超过 50% 时,则该检测结果正确。

2.4 对比试验细节

为验证所提检测方法的有效性,采用混合雾天车辆数据集中的 1800 张高质量交通场景图分别训练基准 YOLOv7 及改进后的 YOLOv7,使用训练完成的权重文件在 400 张雾天交通场景图中进行测试。方案 A 为仅使用基准 YOLOv7 进行雾天车辆检测,方案 B 为使用改进后的 YOLOv7 进行雾天车辆检测,方案 C 为融合 PromptIR 和改进 YOLOv7 进行雾天车辆检测。

2.5 试验结果

表1为三种方案在混合雾天车辆数据集的检测对比结果。

三种方案对比结果 表1

方案	mAP@0.5(%)
A	67.5
B	73.7
C	74.4

由表 1 可得,方案 A 的 mAP@0.5 值最低,为 67.5%,而方案 B 的 mAP@0.5 为 73.7%,相较于方案 A 提升 6.2 个百分点,方案 C 的 mAP@0.5 为 74.4%,相较方案 B 提升 0.7 个百分点,表明了由 PromptIR 进行去雾处理后可以提升图像质量,进而提升车辆检测算法的精确率。

为了更直观地说明本文方法的有效性,选取多种雾天场景进行可视化对比,结果如图 4 所示。由图可知,经 PromptIR 进行去雾处理后,图像的对比度得到了改善,细节信息更加清晰自然,同时,对于较远处的车辆目标,其可辨识度获得明显提升。具体来说,由图 4a)、b)可得,受益于 PromptIR,方案 C 比方案 A 的车辆检测框的位置更加精确,由图 4c)、d)、e)可得,经过 PromptIR 进行去雾后,方案 C 的车辆检测结果的置信度较方案 A 分别得到提升。综上所述,方案 C,即本文方法更适用于雾天交通场景车辆检测任务。

3 结语

针对雾天交通场景下智能汽车的车辆检测系统受雾影响导致检测精确率下降的问题,本文提出一种融合 PromptIR 和改进 YOLOv7 的雾天车辆检测算法,通过在混合雾天车辆数据集上的对比试验,得出如下结论。

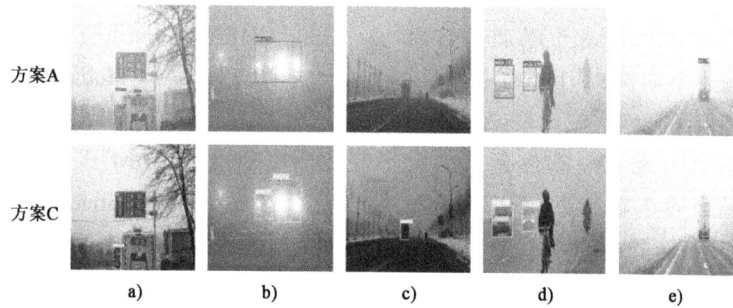

图4 方案 A 和方案 C 可视化对比结果图

（1）图像恢复算法 PromptIR 恢复效果优良，修复了雾天图像的细节，有效地改善了图像的对比度和质量。

（2）所提雾天车辆检测算法融合了 PromptIR 和改进 YOLOv7，将有雾图像输入 PromptIR，然后将 PromptIR 处理后的去雾图像传至改进 YOLOv7 实现车辆检测，在混合雾天车辆数据集上的试验结果表明，所提检测算法的召回率 R 为 63.2%，mAP@0.5 为 74.4%，相比基准 YOLOv7 提升了 6.9 个百分点。

从上述结果可以看出，本文方法从检测信息源和检测算法两个角度提升了 YOLOv7 在雾天的车辆检测精确率，具有科学研究价值。然而，由于图像恢复算法 PromptIR 的低时效性，该方法整体检测速度较慢，仅能满足车辆低速行驶状态下的实时检测。

参考文献

[1] JING K Z. Analysis of Causes and Hazards of China's Frequent Hazy Weather[J]. The Open Cybernetics & Systemics Journal, 2015, 9(1)

[2] 杨燕, 陈阳. 基于双支特征联合映射的端到端图像去雾算法[J/OL]. 湖南大学学报(自然科学版), 1-10[2024-02-04]. http://kns.cnki.net/kcms/detail/43.1061.N.20231213.1545.004.html.

[3] 王勇, 边宇霄, 李新潮, 等. 基于多尺度编码-解码神经网络的图像去雾算法[J/OL]. 吉林大学学报(工学版), 1-12[2024-02-17]. https://doi.org/10.13229/j.cnki.jdxbgxb.20231030.

[4] 王科平, 张自娇, 杨艺, 等. 基于双注意力卷积及 Transformer 融合的非均匀去雾算法[J/OL]. 北京邮电大学学报, 1-8[2024-02-22]. https://doi.org/10.13190/j.jbupt.2023-131.

[5] LI W, FAN G, GAN M. Progressive Encoding-Decoding Image Dehazing Network[J]. Multimedia Tools and Applications, 2024, 83(3): 7657-7679.

[6] HAOUASSI S, WU D. An Efficient Attentional Image Dehazing Deep Network Using Two Color Space (ADMC²-net)[J]. Sensors, 2024, 24(2): 687.

[7] 刘鸣瑄, 刘惠义. 基于特征融合 SSD 的远距离车辆检测方法[J]. 国外电子测量技术, 2020, 39(02): 28-32.

[8] 陈文玉, 赵怀慈, 刘鹏飞, 等. 基于改进 YOLOv3 的车辆检测算法[J/OL]. 控制与决策:1-9[2024-02-04]. https://doi.org/10.13195/j.kzyjc.2022.1044.

[9] 院老虎, 常玉坤, 刘家夫. 基于改进 YOLOv5s 的雾天场景车辆检测方法[J]. 郑州大学学报(工学版), 2023, 44(03): 35-41.

[10] 徐慧智, 蒋时森, 王秀青, 等. 基于深度学习的车载图像车辆目标检测和测距[J/OL]. 吉林大学学报(工学版), 1-13[2024-02-17]. https://doi.org/10.13229/j.cnki.jdxbgxb.20230321.

[11] 张利丰, 田莹. 改进 YOLOv8 的多尺度轻量型车辆目标检测算法[J]. 计算机工程与应用, 2024, 60(03): 129-137.

[12] KANG L, LU Z, MENG L, et al. YOLO-FA: Type-1 Fuzzy Attention Based Yolo Detector for Vehicle Detection[J]. Expert Systems with Applications, 2024, 237: 121209.

[13] XIONG C, YU A, YUAN S, et al. Vehicle Detection Algorithm Based on Lightweight YOLOX[J]. Signal, Image and Video

Processing, 2023, 17(5): 1793-1800.

[14] 王战古,高松,邵金菊,等.基于深度置信网络的多源信息前方车辆检测[J].汽车工程,2018,40(05):554-560,574.

[15] 张炳力,詹叶辉,潘大巍,等.基于毫米波雷达和机器视觉融合的车辆检测[J].汽车工程,2021,43(04):478-484.

[16] POTLAPALLI V, ZAMIR S W, KHAN S, et al. PromptIR: Prompting for All-in-One Blind Image Restoration[J]. arxiv preprint arxiv: 2023,2306:13090.

[17] WANG C Y, BOCHKOVSKIY A, LIAO H Y M. YOLOv7: Trainable Bag-of-Freebies Sets New State-of-the-Art for Real-Time Object Detectors[C] // Proceedings of the IEEE/CVF Conference on Computer Vision and Pattern Recognition. 2023: 7464-7475.

[18] 陈琼红,冀杰,种一帆,等.基于 AOD-Net 和 SSD 的雾天车辆和行人检测[J].重庆理工大学学报(自然科学),2021,35(5):108-117.

[19] 宋智伟,黄新波,纪超,等.基于 PCSA-YOLOv7 Former 的输电线路连接金具及其锈蚀检测方法[J/OL].中国电力,1-11 [2024-02-04]. http:// kns. cnki. net/kcms/detail/11. 3265. TM. 20240109. 1744. 010. html.

[20] 唐鲁婷,黄洪琼.基于 YOLOv7 的轻量化水下目标检测算法[J/OL].电光与控制:1-9 [2024-02-04]. http:// kns. cnki. net/kcms/detail/41. 1227. TN. 20240115. 1806. 002. html.

[21] 肖振久,林渤翰,曲海成.融合多重机制的 SAR 舰船检测[J].中国图象图形学报,2024,29(2):545-558.

[22] WANG S, WU D, ZHENG X. TBC-YOLOv7: A Refined Yolov7-Based Algorithm for Tea Bud Grading Detection[J]. Frontiers in Plant Science, 2023, 14: 122.

[23] CHEN X, XUE Y, HOU Q, et al. RepVGG-YOLOv7: A Modified Yolov7 for Fire Smoke Detection[J]. Fire, 2023, 6(10): 383.

[24] LUO F, ZHANG Y, XU L, et al. Mask Wearing Detection Algorithm Based on Improved YOLOv7 [J]. Measurement and Control, 2024: 20-29.

[25] 张小俊,奚敬哲,史延雷,等.面向路侧视角目标检测的轻量级 YOLOv7-R 算法[J].汽车工程,2023,45(10):1833-1844. DOI:10. 19562/j. chinasae. qcgc. 2023. 10. 006.

[26] 周启宸,王伯超.基于改进 YOLOv7 的太阳能电池片表面缺陷检测[J].计算机应用,2023,43(S2):223-228.

[27] 张震,周俊,江自真,等.基于改进 YOLOv7 轻量化模型的自然果园环境下苹果识别方法[J/OL].农业机械学报,1-14[2024-02-17]. http:// kns. cnki. net/kcms/detail/11. 1964. S. 20240116. 1744. 004. html.

[28] 赖镜安,陈紫强,孙文威,等.基于 YOLOv5 的轻量级雾天目标检测方法[J/OL].计算机工程与应用,1-13[2024-02-17]. http:// kns. cnki. net/kcms/detail/11. 2127. TP. 20231201.0922.004. html.

[29] 陈琳国,熊凌,代启亮,等.基于改进 YOLOv7 的 PDC 钻头复合片检测[J].计算机系统应用,2024,33(02):216-223. DOI:10. 15888/ j. cnki. csa.009427.

[30] 胡淼,姜麟,陶友凤,等.改进 YOLOv7 的自动驾驶目标检测算法[J/OL].计算机工程与应用,1-11[2024-02-17]. http:// kns. cnki. net/kcms/detail/11. 2127. TP. 20230922. 1630. 004. html.

[31] LI B, REN W, FU D, et al. Benchmarking single-image dehazing and beyond[J]. IEEE Transactions on Image Processing, 2019, 28 (1): 492-505.

4D Imaging Radar on Roadside: A Survey

Jinhui Lan*   Haoran Dong   Min Li

(Beijing Engineering Research Center of Industrial Spectrum Imaging, School of Automation and Electrical Engineering, University of Science and Technology Beijing)

Abstract   This paper presents a comprehensive survey of 4D imaging radar technology applications in roadside monitoring and surveillance, a relatively unexplored area in the field of advanced radar systems. In section one, we outlining the principles of 4D imaging radar technology, emphasizing its advantages over traditional 3D radar systems in terms of accuracy, reliability, and the ability to operate in adverse weather conditions. The study then delves into the current state of research and application of 4D radar in roadside settings, highlighting its utility in detecting and tracking vehicles, pedestrians, and other obstacles with high precision. Our survey underscores the significant potential of 4D imaging radar to revolutionize roadside surveillance and safety measures, paving the way for smarter, safer transportation systems.

Keywords   4D imaging radar   MIMO   Point cloud clustering   Object detection

0   Introduction

The advent of radar technology has been a cornerstone in the evolution of surveillance and monitoring systems across various domains, notably in traffic management and automotive safety. Recent advancements have ushered in the era of 4D imaging radar, a technology that transcends the capabilities of its predecessors by offering detailed insights into the environment. Unlike traditional radar systems that capture basic dimensions of distance and velocity or even 3D systems that add angular information, 4D imaging radar provides a comprehensive view by including elevation angles. This additional dimension facilitates a richer, more precise understanding of the surroundings, making it invaluable for roadside monitoring and surveillance applications.

Roadside monitoring plays a crucial role in ensuring traffic safety and efficiency, requiring technologies capable of operating under a broad spectrum of conditions. 4D imaging radar stands out for its ability to deliver high accuracy and reliability, irrespective of weather or lighting conditions. This capability is particularly critical given the dynamic and often unpredictable nature of roadside environments, where the detection and tracking of vehicles, pedestrians, and other obstacles demand exceptional precision.

However, the integration of 4D imaging radar into roadside surveillance systems is not without challenges. The technology's complexity, coupled with stringent hardware requirements, poses significant hurdles to widespread adoption. Furthermore, the nascent state of research in this area indicates a pressing need for a comprehensive survey to consolidate current knowledge, identify gaps, and guide future developments.

This paper aims to fill this gap by providing a thorough overview of the principles, applications, challenges, and future directions of 4D imaging radar technology in roadside monitoring. By examining current research and practical implementations, we seek to highlight the technology's potential to enhance the safety and efficiency of transportation systems. Moreover, we discuss the technical obstacles that must be overcome to realize this potential fully. Ultimately, our survey aims to underscore the transformative impact of 4D imaging radar on roadside surveillance and safety measures, paving the way for the development of smarter, more resilient transportation infrastructures.

1 Background of 4D radar

This section delves into the fundamental components that constitute the hardware backbone of 4D imaging radar, shedding light on how these technologies synergize to redefine the capabilities of roadside monitoring systems.

1.1 Construction methods of 4D radar systems

The development of 4D radar systems has been marked by significant technological innovations, particularly in the methods used to construct these advanced systems. Two primary approaches have emerged: multi-chip cascading and single-chip solutions. Each method has its unique set of characteristics, advantages, and challenges, influencing their application in various scenarios, including roadside monitoring and surveillance.

(1) Multi-Chip cascading.

Multi-chip cascading involves the integration of multiple radar chips to form a cohesive 4D radar system. This method allows for a modular design, where each chip can be optimized for specific functions within the radar system, such as signal generation, processing, or emission and reception of radar waves. The cascading approach enables the system to achieve high levels of complexity and functionality, supporting advanced features such as high-resolution imaging and extensive object detection capabilities. Figure 1 shows one type of cascading radar chips AWR2243 of Texas Instrument. As can be seen in the figure, the radar adopts four chip cascades.

These are the advantages of cascading:

Scalability: Multi-chip systems can be scaled up by adding more chips, enhancing the radar's resolution and detection range.

Flexibility: This method allows for the customization of the radar system to meet specific requirements, making it suitable for a wide range of applications.

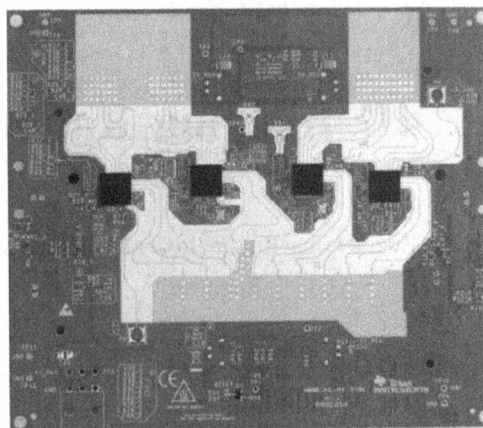

Figure 1 Texas instrument cascade radar, 4-chip cascade mode

High Performance: By leveraging specialized chips, multi-chip cascading can achieve superior performance in terms of resolution and accuracy.

There are also challenges of Multi-chip solutions:

Complexity: The integration of multiple chips increases the system's complexity, requiring sophisticated signal processing and synchronization.

Cost: Multi-chip systems tend to be more expensive due to the higher number of components and the complexity of the design and manufacturing process.

Power Consumption: The use of multiple chips can lead to increased power consumption, which may be a limiting factor in certain applications.

(2) Single-Chip solutions.

In contrast, single-chip solutions aim to integrate all necessary functionalities into a single radar chip. This approach benefits from advancements in semiconductor technology, allowing for the miniaturization and optimization of radar components. Single-chip systems are designed to offer a compact, energy-efficient alternative to multi-chip cascading, making them particularly appealing for applications where space and power are at a premium.

There are multiple advantages and challenges of this method:

Simplicity: The integration of all functionalities into one chip simplifies the radar system's design and reduces its size and weight.

Cost-Effectiveness: It can be more cost-effective due to reduced manufacturing complexity and fewer materials required.

Lower Power Consumption: By minimizing the number of components, single-chip systems typically consume less power, extending the operational life of battery-powered devices.

Limited Scalability: The complexity and performance of single-chip systems are inherently limited by the size and capacity of the chip.

Design Constraints: Achieving the optimal balance of performance across all radar functions within a single chip can be challenging, potentially compromising on certain capabilities.

The choice between multi-chip cascading and single-chip solutions in the construction of 4D radar systems depends on the specific requirements of the application, including performance, cost, size, and power consumption considerations. Multi-chip cascading offers scalability and high performance at the expense of complexity and cost, while single-chip solutions provide a compact, cost-efficient alternative with some limitations in scalability and performance. As technology advances, the development of more sophisticated single-chip designs and innovative approaches to multi-chip cascading will continue to push the boundaries of 4D radar capabilities, offering enhanced solutions for roadside monitoring and beyond.

1.2 MIMO antenna technology

At its core, MIMO antenna technology involves the use of multiple transmitting and receiving antennas to improve communication performance. In the context of 4D radar, this technology enables the system to emit multiple radar signals and receive the reflected signals from various objects simultaneously. This multiplicity of signal paths allows for a more detailed and accurate representation of the environment, significantly enhancing the radar's resolution and detection capabilities.

Figure 2 presents a simple spatial multiplexing system using a 2 plus 2 MIMO configuration. The system can be easily extended to more general MIMO systems. In this example, the first data symbol is transmitted from the upper transmitting antenna Tx 0

and the second data symbol from the lower transmitting antenna Tx 1. The transmission of both data symbols occurs simultaneously in the first symbol time. Transfer two data symbols simultaneously during the next symbol time. In this process, the data rate doubles because different symbols are emitted alternately from each antenna, and each symbol is transmitted only once.

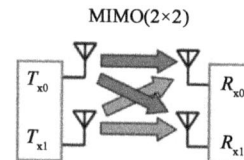

Figure 2　a simple spatial multiplexing system using a 2 plus 2 MIMO configuration

The application of MIMO technology in 4D radar systems facilitates several key advancements:

Enhanced Spatial Resolution: By employing multiple antennas, 4D radar systems can achieve higher spatial resolution, allowing for the precise localization of objects within a complex roadside environment. This is particularly beneficial for identifying small or closely spaced objects that traditional radar systems might overlook.

Increased Detection Range: MIMO technology extendsthe effective range of radar systems, enabling the early detection of vehicles, pedestrians, and other obstacles. This increased detection range is crucial for proactive safety measures and efficient traffic management.

Improved Reliability in Adverse Conditions: The redundancy provided by multiple signal paths enhances the radar system's reliability, ensuring consistent performance even in adverse weather conditions or when line-of-sight is obstructed.

1.3 Basic signal processing

The efficacy of 4D imaging radar systems in roadside monitoring hinges not only on their advanced hardware configurations but also on the sophisticated signal processing algorithms that underpin their operation. These algorithms transform raw electromagnetic signals into a detailed, multi-dimensional representation of the radar's surroundings, enabling the precise detection and tracking of objects. This section elucidates the key components and steps of the signal processing chain in 4D radar systems, highlighting their role in extracting actionable insights from radar data.

(1) Signal Acquisition and Analog-to-Digital Conversion.

The signal processing chain begins with the acquisition of reflected radar signals, which are captured by the radar's antenna array. These analog signals are then converted into digital form using high-speed analog-to-digital converters (ADCs). This conversion is critical for subsequent digital processing, as it allows for the manipulation of signals in a discrete format that computational algorithms can efficiently handle.

(2) Digital Beamforming.

Once in digital form, the radar signals undergo digital beamforming, a process that adjusts the phase and amplitude of the signals received from different antennas to focus the radar beam in specific directions. This technique enhances the radar's spatial resolution and sensitivity, enabling the precise localization of objects in the radar's field of view. Digital beamforming is particularly vital in MIMO radar systems, where the complex interplay of multiple transmitting and receiving antennas requires careful coordination to achieve optimal performance.

(3) Range, Doppler, and Angle Estimation.

The core of the signal processing chain involves the estimation of range, Doppler (velocity), and angle parameters for each detected object. Range estimation is achieved through the analysis of the time delay between the transmitted and received signals, while Doppler processing identifies the frequency shift caused by the relative motion between the radar and the object, providing velocity information. Angle estimation exploits the phase differences of signals received at different antennas to determine the azimuth and elevation angles of objects.

Effective signal processing algorithms enhance the radar system's ability to distinguish between different types of targets (such as vehicles, pedestrians, and other objects) in various conditions

and environments. By accurately estimating parameters like distance, velocity, and angle, signal processing enables the radar to determine the position and movement of targets with high precision. This is particularly crucial in complex scenarios where the presence of noise, clutter, and simultaneous multiple targets can significantly challenge detection accuracy.

2　Object detection methods

Inthis section, we delve into the core methodologies underpinning object detection within the realm of 4D imaging radar systems, particularly those deployed roadside. The advent of high-resolution 4D radar technology has paved the way for sophisticated object detection and classification techniques, crucial for various applications including traffic management, autonomous vehicle guidance, and pedestrian safety. Among these, point cloud clustering and learning-based classification stand out as pivotal approaches.

2.1　Point cloud clustering

The density-based clustering algorithm is mainly DBSCAN, which can identify clusters of arbitrary shape and deal with noise. The main idea of DBSCAN is to start at a point, if there are enough points in the neighborhood, form a cluster and then expand the cluster recursively. The key parameters of DBSCAN are the neighborhood radius ε and the minimum number of points.

At present, DBSCAN clustering algorithm is subject to various challenges in application. Its main research direction focuses on the selection of parameters such as neighborhood radius, large-scale data set optimization, and the treatment of noise and outliers. The specific points are as follows:

The performance of DBSCAN greatly depends on the choice of the neighborhood radius ε and the minimum number of points. Recent studies have attempted to determine these parameters through adaptive methods or heuristic algorithms to better accommodate different datasets and application scenarios.

For large-scale datasets, traditional DBSCAN

algorithms may become inefficient. The most recent studies include the development of optimized DBSCAN variants such as grid-based methods and sampling-based strategies to reduce the computational effort and improve the scalability of the algorithm.

DBSCAN Is naturally resistant to noise and outliers. The latest studies are further explored in this area, such as the strategy of outlier identification to improve the performance of the algorithm with an improved density estimation method and a large amount of noise.

2.2　Learning based classification

The abstracts and full manuscripts may be compiled into the conference Proceedings or Abstract Compendium.

For the current study, the similarity between 4D millimeter-wave radar point cloud and lidar point cloud makes it possible to use the pre-processing methods of lidar point clouds, including voxelization and Point Pillars.

Voxelization is a process of discretizing continuous point cloud data to simplify the complexity of point clouds and reduce the amount of data by dividing the point cloud space into regular, fixed size cube grids (called voxels) and aggregating the point cloud data that falls into each voxel. Each voxel can be represented by the statistical information of the points within the voxel (such as the center point coordinates, the number of points, the average reflection intensity, etc.), which not only reduces the computing resources required for processing, but also retains the spatial structure information for subsequent analysis and processing. Similar to voxelization, the core idea of Point Pillars is to organize point cloud data into columnar structures (Pillars), but unlike traditional 3 D voxerization, Point Pillars mainly operates on a plane perpendicular to the ground, projecting the point cloud onto a two-dimensional plane, and then forming "pillars" on this plane. Each "pillar" represents a series of point cloud data in a vertical direction, an approach able to retain sufficient spatial information while significantly reducing computational complexity.

For the processing of millimeter wave point cloud, different deep learning methods will consider choosing different preprocessing methods based on the characteristics of their own subsequent network. In general, networks that only consider 3 D feature extraction generally use voxel, and networks that combine two-dimensional image processing methods use Point Pillars and its variants. But it will also be adjusted according to different needs.

Because the 4D millimeter-wave radar point clouds have been relatively close to the lidar point clouds in shape, but there are still a series of characteristics such as irregular noise distribution and sparse point clouds. At present, most of the methods of deep learning used in 4D millimeter-wave radar point cloud target detection also make use for the idea of detection network construction of lidar point cloud. However, in the feature extraction stage, some methods are completely different from lidar point cloud, and this part is also the focus of deep learning researchers.

The application of spatial sparse convolution has been fully emphasized and considered.

The idea of spatially sparse convolution comes directly from scenarios with very sparse lidar point clouds, which are even more sparsity than 4D millimeter-wave radars. Spatially sparse convolution is specifically optimized for this sparsity, which performs convolution calculations only at locations where the data actually exists, thus significantly improving the processing efficiency. This method can effectively extract features in point cloud data while maintaining computational and storage efficiency, and is particularly suitable for processing large-scale point cloud data. In 4D millimeter wave point cloud data processing, spatially sparse convolution can be used to extract rich information about features that include not only the spatial distribution of point clouds, but also the dynamic change of clouds over time, such as the speed and direction of objects. In this way, target detection and classification can be performed more accurately, especially in complex environments.

In order to dig deep into the rich information

contained in sparse point cloud data, especially the complex relationship between local features and features, some studies are inspired by Transformer architecture and introduce its core idea —— self-attention mechanism into the field of point cloud processing. Transformer Initially a great success in natural language processing (NLP), its self-attention mechanism effectively captures long-distance dependency and context information, which has proved to be valuable for understanding and processing sparse point cloud data. The self-attention mechanism assigns a dynamic weight to each element by calculating the interrelationships and dependencies within the data, allowing the model to adaptively focus on the features that are most important to the current task. In the processing of sparse point cloud, this means that the model can not only capture the subtle differences of local geometry, but also understand the relative position and role of each local feature in the whole point cloud space, further improving the ability to understand complex spatial relations.

Another way is to first convert three-dimensional point cloud data into Bird's s Eye View (BEV) features, and then use two-dimensional boxes for target detection in this two-dimensional plane. The BEV feature map reduces three-dimensional spatial information to a two-dimensional plane by projection or other means, retaining location and size information but losing height information. In this way, in the detection classification stage, only the method based on 2 D images, such as the very mature R-CNN and its various variants, and finally the 2 D detection box can be converted into 3 D detection box.

The above methods do have defects, but the proposal of multi-perspective fusion network can be considered as a leap of the above methods.

3 Applications and challenges

This section delves into the multifaceted applications of 4D imaging radar on the roadside, highlighting its impact on enhancing road safety,

efficiency, and the overall driving experience.

3.1 Applications on roadside

4D imaging radar systems provide real-time, high-resolution data on vehicle speed, direction, and behavior, enabling more effective traffic management. By analyzing this data, traffic control centers can optimize traffic flow, reduce congestion, and respond proactively to changing traffic conditions. The technology's ability to function under various weather conditions and its non-intrusive nature make it an ideal solution for continuous traffic monitoring.

One of the standout features of 4D imaging radar is its exceptional ability to detect and track both vehicles and pedestrians with high accuracy. This capabilityis crucial for improving roadside safety, especially at intersections, pedestrian crossings, and in areas with high foot traffic. By providing early warnings about potential collisions or unsafe movements, 4D imaging radar systems can significantly reduce accident rates and enhance pedestrian safety.

As autonomous vehicle technology evolves, the role of 4D imaging radar on the roadside becomes increasingly significant. These radar systems can complement onboard vehicle sensors, providing additional data for vehicle-to-infrastructure (V2I) communication. This synergy enhances the situational awareness of autonomous vehicles, contributing to safer navigation and more robust decision-making algorithms.

3.2 Technical challenges

While 4D imaging radar technology marks a significant advancement in traffic management and vehicle detection systems, its deployment and optimization face several technical challenges. First and foremost, the complexity of signal processing for 4D radar data necessitates sophisticated algorithms to accurately interpret and classify the vast amounts of information captured. This involves not only distinguishing between static and dynamic objects but also accurately tracking their speed, direction, and behavior over time.

Additionally, the integration of 4D radar into existing traffic management and vehicle-to-infrastructure (V2I) systems presents interoperability challenges. Ensuring seamless communication and data exchange between diverse systems requires standardized protocols and interfaces that are still under development.

Environmental factors also pose significant challenges. The performance of 4D radar can be affected by adverse weather conditions, such as heavy rain, fog, or snow, which can degrade signal quality and lead to inaccuraciesin object detection and tracking. Overcoming these limitations requires ongoing advancements in radar technology and signal processing techniques.

Moreover, the scalability of 4D radar systems in urban environments presents another hurdle. Deploying these systems across extensive traffic networks involves significant logistical and technical considerations, from sensor placement and calibration to data management and privacy concerns.

4 Conclusions

Despite the advancements, challenges such as data integration, privacy, and standardization call for further research. Future work should focus on refining data processing algorithms, exploring the synergy with AI, and expanding the radar's adaptability to diverse environments. Ultimately, 4D imaging radar emerges as a pivotal technology for advancing intelligent transportation systems, promising a future of safer and more efficient roadways.

References

[1] ZHOU Y, LIU L, ZHAO H, et al. Towards deep radar perception for autonomous driving: Datasets, methods, and challenges [J]. Sensors, 2022, 22.11: 4208.

[2] RITTER, P, GEYER M, GLOEKLER T, et al. A fully integrated 78 GHz automotive radar system-an-chip in 22nm FD-SOI CMOS[C]. 2020 17th European Radar Conference (EuRAD). IEEE, 2021: 57-60.

[3] JIANG M, XU G, PEI H, et al. High-resolution automotive radar point cloud imaging and processing[C]//2022 Photonics & Electromagnetics Research Symposium (PIERS). IEEE, 2022: 624-632.

[4] SCHWARZ D, RIESE N, DORSCH I, et al. System performance of a 79 GHz high-resolution 4D imaging MIMO radar with 1728 virtual channels [J]. IEEE Journal of Microwaves, 2022, 2(4): 637-647.

[5] KARIMIAN-SICHANI N, ALAEE-KERAHROODI M, MYSORE RAMA RAO B S, et al. Antenna Array and Waveform Design for 4-D-Imaging mmWave MIMO Radar Sensors [J]. IEEE Transactions on Aerospace Electronic Systems, 2024, 60(2): 1848-1864.

[6] SICHANI N K, ALAEE-KERAHROODI M, RAEI E, et al. MIMO Virtual Array Design for mmWave 4D-Imaging Radar Sensors[C]//2023 31st European Signal Processing Conference (EUSIPCO). IEEE, 2023: 1569-1573.

[7] KIM J, SONG S, CHUN J. Joint Range and Angle Estimation of FMCW MIMO Radar[J]. The Journal of Korean Institute of Electromagnetic Engineering and Science, 2019, 30(2): 169-172.

[8] TAN B, MA Z, ZHU X, et al. Tracking of Multiple Static and Dynamic Targets for 4D Automotive Millimeter-Wave Radar Point Cloud in Urban Environments[J]. Remote Sensing, 2023, 15(11): 2923.

[9] PAN Z, DING F, ZHONG H, et al. Moving Object Detection and Tracking with 4D Radar Point Cloud[J]. arXiv preprint arXiv: 2023, 2309:97.

[10] SCHUMANN O, HAHN M, SCHEINER N, et al. Radarscenes: A real-world radar point cloud data set for automotive applications[C]// 2021 IEEE 24th International Conference on Information Fusion (FUSION). IEEE, 2021: 1-8.

[11] LIU J, ZHAO Q, XIONG W, et al. SMURF: Spatial multi-representation fusion for 3D

object detection with 4D imaging radar［J］. IEEE Transactions on Intelligent Vehicles，2023.

［12］ XU B，ZHANG X，WANG L，et al. RPFA-Net：A 4D radar pillar feature attention network for 3D object detection［C］// 2021 IEEE International Intelligent Transportation Systems Conference（ITSC）. IEEE，2021：3061-3066.

［13］ SHI W，ZHU Z，ZHANG K，et al. SMIFormer：Learning Spatial Feature Representation for 3D Object Detection from 4D Imaging Radar via Multi-View Interactive Transformers［J］. Sensors，2023，23（23）：9429.

［14］ ZHOU Y，HAO J，ZHU K. RMSA-Net：A 4D Radar Based Multi-Scale Attention Network for 3D Object Detection［C］// 2023 7th International Symposium on Computer Science and Intelligent Control（ISCSIC）. IEEE，2023：191-195.

［15］ SCHUMANN O，HAHN M，SCHEINER N，et al. Radarscenes：A real-world radar point cloud data set for automotive applications［C］// 2021 IEEE 24th International Conference on Information Fusion（FUSION）. IEEE，2021：1-8.

［16］ NIU J，WU Y F，CHENG Y J，et al. A sparse array for 77 GHz 4D high-resolution imaging radar based on entropy model and convex optimization［C］// 2021 IEEE International Workshop on Electromagnetics：Applications and Student Innovation Competition（iWEM）. IEEE，2021：1-3.

［17］ ZHANG J，ZHUGE H，WU Z，et al. 4DRadarSLAM：A 4D imaging radar SLAM system for large-scale environments based on pose graph optimization［C］// 2023 IEEE International Conference on Robotics and Automation（ICRA）. IEEE，2023：8333-8340.

考虑乘客候车感知情况的智能网联公交运行协同优化研究

周雪梅*　王乾林　张韫博　李伯千　赵骁驰
（同济大学交通运输工程学院道路与交通工程教育部重点实验室）

摘　要　为改善目前城市公交系统存在的运行状态不稳定、乘客满意度不高的问题，设计乘客候车感知情况调查问卷，对乘客在不同候车时长下的感知候车时间进行调查，并将感知候车时间与运营成本作为目标函数，建立双目标公交运行实时优化模型，并选用NSGA-Ⅱ方法进行求解。通过模型求解与对比，建立的考虑公交运行实时优化模型较为显著地改善了公交运行的稳定性，车头时距偏差减少至41s内。模型求解结果说明了所建立模型的有效性，同时也提升了乘客的出行满意度。

关键词　公交运行　车速诱导　协同优化　候车感知

0　引言

基于物联网、大数据等先进技术的智能网联，为通过公交实时控制策略解决传统公交车辆在城市道路环境中的运行问题提供了方案[1]。

公交实时控制策略按照实施位置被分为两大类，分别为站点控制和站间控制，前者在公交站点实施控制，后者在站点之间的路段上进行控制[2-6]。

站点控制方法主要分为三种，分别是滞站控制、越站控制以及上客限制。目前学界对于站点控制的研究大多采用一种或多种方式组合，基于到站时间或行程时间的预测结果，设定触发调度算法的判定条件，在满足判定条件的情况下，对公交车实行滞站、越站或上客限制，以调整前后车的车头时距，达到均衡不同班次公交车间隔、降低运营成本、减少乘客等候时间的目的。而在算法选择与模型验证上,大多选择启发式算法(如遗传算法、蚁群算法等)求解,采用仿真的手段对模型进行验证[2-7]。

站间控制主要分为两种,分别为车辆速度调控,以及公交车信号优先。目前学界对于公交信号的控制既有针对单信号交叉口也有交叉口群或主次交叉口的控制优化研究。彭飞[8]针对存在的信号相位静态调整及配时不够合理等问题,设计了一种基于博弈论算法的交通路口互斥模型和方法。任桂香[9]建立了基于站点时刻表的单交叉口公交信号控制方法,实现交叉口公交车优先和公交车驻车的控制策略。Melanie Janos[10]设计以绿灯时间延长、提前转红(绿)灯的信号口控制算法,并以仿真手段进行验证。此外,有部分学者[11-12]以多交叉口、主次交叉口协同为切入点,设计组合最优模型,以调整交叉口信号灯。一些学者从速度控制入手,以前后车车组为基本单位,给出逻辑控制与引导优化模型,以此控制区间运行速度,降低乘客等待时间。

基于目前的研究成果,学界目前在进行公交运行优化时,大多考虑的是公交全程运行成本、乘客等候总时长等因素,而鲜有从乘客主观心理层面着手,研究乘客出行心理对公交运行的影响。基于学界研究成果,考虑乘客候车时的主观感受,本文建立公交运行优化模型,以改善公交运行状况,提高乘客满意度。

1 乘客候车感知情况研究

1.1 乘客等候行为研究

在等候心理的作用下,乘客的候车时间可以分为两种:实际候车时间与感知候车时间[13-15]。实际候车时间是客观的,以实际时长为衡量标准而不受其他因素影响;感知候车时间则以乘客的主观感受为衡量标准,其长短受到个人心理、出行特征、环境等多种因素影响,与实际等待时间存在一定偏差。

当乘客的实际候车时间达到或超过公交候车时间容忍阈值时,乘客趋向于减少候车时间,可能会选择其他出行方式或有较为强烈的改变行为的意向,不但会使公交线路上的乘客满意度受到影响,同时也会影响乘客以后的出行方式选择。

1.2 乘客候车感知时间调查

为明确乘客候车感知时间的取值,探索候车感知时间对乘客公交满意度的影响,采用问卷调查的方法,调查不同等候时间段内,乘客的候车感知情况。

在问卷发放与预处理上,本调查共收集问卷211份,剔除填写时间过短或过长以及存在前后问题答案逻辑冲突的部分问卷,共收集到有效调查问卷160份。其调查结果如表1所示。

乘客候车感知时间调查结果表 表1

感知情况	几乎不花费时间	感觉候车时间在3min左右	感觉候车时间在5min左右	感觉候车时间在8min左右	感觉候车时间在10min左右	感觉候车时间在15min左右	感觉候车时间远超15min
实际候车不超过3min	65	46	49				
实际候车在3~5min	11	57	48	44			
实际候车在5~8min		14	38	38	70		
实际候车在8~10min			13	32	26	89	
实际候车在10~15min					9	39	112
实际候车超过15min						22	138

对调查结果进行分析可得,当实际候车时间较小时,乘客的感知候车时间与实际偏差较小,乘客候车心理较为平稳;当实际候车时间逐渐增大时(超过8min),乘客的感知候车时间与实际值偏差将不断增大,乘客的满意度将出现明显下降。

2 考虑乘客候车感知情况的公交运行协同优化模型构建

2.1 问题描述

本文以一条在公交专用道运行、单向行驶的

智能网联公交线路为研究对象进行建模,该线路站点共有 M 个站点,线路上运行的公交车辆一共有 N 辆,运行过程中不允许超车。

2.2 模型假设

本文的研究对象是智能网联环境下,具有公交车专用道的高频单线路公交车,且不考虑线路上的其他车辆和不确定因素的影响。在建立协同优化模型前,为简化研究,对该模型做出如下假设:

(1)公交车在始发站依据时刻表发车;

(2)各站点乘客到达情况服从泊松分布;

(3)不考虑公交车辆进站减速、出站加速以及开关门的延误时间;

(4)全线公交车辆车型一致,车辆充足;

(5)乘客上下车相互独立,互不干扰;

(6)各车站不考虑乘客候车中途离开的情况。

2.3 参数定义

模型参数说明见表2。

模型参数说明表 表2

参数表示	参数说明	单位
C_a	公交车到站时刻与理论时刻方差	
C_b	乘客感知候车时间求和	s
M	公交车班次数	
N	公交站点数量	
$A_{m,n}$	第 m 班公交车到达第 n 站的时刻	s
$L_{m,n}$	第 m 班公交车离开第 n 站的时刻	s
t_{on}	单个乘客上车时长	s
t_{off}	单个乘客下车时长	s
$On_{m,n}$	第 m 班公交车,在第 n 站的上车乘客数	个
λ_n	站点 n 的下客率	
H	期望的车头时距	s
v_a	公交运行期望的平均速度	km/h
$v_{m,n}$	第 m 班公交车驶离第 n 站时的诱导车速	km/h
V_{max}	路段允许的最大行驶速度	km/h
V_{min}	路段允许的最小行驶速度	km/h
$I_{m,n}$	第 m 班公交车在第 n 站的上客数量	
$W_{i,m,n}$	第 m 班公交车到达第 n 站所要上车乘客 i 的到站时刻	s
$T_{i,m,n}$	第 m 班公交车到达第 n 站所要上车乘客 i 的等候时长	s
$\alpha_{T_{i,m,n}}$	第 m 班公交车到达第 n 站所要上车乘客 i 的感知候车时间	s
$S_{m,n}$	第 m 班公交车离开第 n 站,车上乘客数量	
l_n	第 n 站与第 $n+1$ 站的站间距	m
β_1	车速诱导控制系数	
β_2	车速诱导控制系数	

2.4 模型建立

2.4.1 目标函数

(1)公交车到站时刻与理论时刻方差C_a。

公交站点车辆到达时间间隔过短出现串车现象,或延误时间过长导致公交站点长时间没有车辆到达的现象,不能保证客流的均衡性,而且会造成前后两辆车之间车头时距过长或过短,最终导致公交车实际到站时刻偏离固定时刻表。

因此,结合实际考虑,将公交车实际运行时间与理论值的方差作为衡量公交车运行稳定性的指标,得到C_a的计算公式如下:

$$\min C_a = \sum_{m=1}^{M}\sum_{n=1}^{N}\left[(L_{m,n+1}-L_{m,n})-\frac{l_n}{v_a}\right]^2 \quad (1)$$

式中:C_a——公交车到站时刻与理论时刻方差;

$L_{m,n}$——第m班公交车离开第n站的时刻(s);

l_n——第n站与第$n+1$站的站间距(m);

v_a——公交车运行期望的平均速度(km/h)。

(2)乘客感知候车时间求和C_b。

学界以往对该问题进行研究时,常采用乘客总候车时间最短作为模型的目标函数。而根据相关研究及本文问卷调查结果,乘客候车感知时间与实际候车时间有着一定的偏差,随着等待时间的增长,乘客的感知候车时间与实际候车时间的偏差将逐步拉大,乘客的心理波动情况也更加明显。

因此,本文考虑引入乘客满意度这一指标,在构建公交协同优化模型时,以该指标作为优化考虑的相关因素。

$$\min C_b = \sum_m\sum_n\sum_i \alpha_{T_{i,m,n}} \quad (2)$$

式中:C_b——乘客感知候车时间求和;

$\alpha_{T_{i,m,n}}$——第m班公交车到达第n站所要上车乘客i的感知候车时间。

2.4.2 约束条件

(1)乘客数量约束。

到站时上下客人数与车上人数间的数学关系表示为下式:

$$S_{m,n} = S_{m,n-1}\times(1-\lambda_n)+I_{m,n} \quad (3)$$

当$n=1$时(始发站发出时乘客数量):

$$S_{m,1} = I_{m,1} \quad (4)$$

当$n=N$时(公交抵达终点站时的乘客数量):

$$S_{m,N} = 0 \quad (5)$$

且存在不能使公交超载的数量约束:

当$S_{m,n-1}\times\lambda \geq I_{m,n}$时,无影响。

当$S_{m,n-1}\times\lambda \leq I_{m,n}$时,判断数量:

如果$S_{m,n-1}\times(1-\lambda)+I_{m,n}\leq 40$,无影响,

反之$I_{m,n}=S_{m,n-1}\times\lambda$。

其中:$S_{m,n}$——第m班公交车离开第n站,车上乘客数量;

λ_n——站点n的下客率;

$I_{m,n}$——第m班公交车在第n站的上客数量。

(2)车辆载客限制。

公交车驶离车站时,乘客数量不能超过公交车载客上限。据国家颁布的《机动车安全运行技术条件》,公交车载客量按站立乘客用的地板面积计算,城市公共汽车及无轨电车按每人不小于$0.125\mathrm{m}^2$核定。结合各地公交车出厂设定的参数,将单辆公交车的载客量上限设为40人。

$$0 \leq S_{m,n} \leq 40 \quad (6)$$

(3)停站时间表达。

在公交车停站过程,为便于计算,假定乘客上、下车的过程是相互独立互不干扰的,因此其最终的停站时间取决于上、下客时间中的较大值,具体表达如下式:

$$L_{m,n}-A_{m,n} = \max\{t_{on}\times I_{m,n}, t_{off}\times S_{m,n-1}\times\lambda_n\} \quad (7)$$

$$A_{m,n} = L_{m,n-1}+\frac{l_{n-1}}{v_{m,n-1}} \quad (8)$$

式中:$I_{m,n}$——各站点的上客人数,根据乘客到达规律系统随机生成;

t_{on}——单个乘客上车时长(s);

$S_{m,n-1}$——第m班公交车离开第$n-1$站,车上乘客数量;

t_{off}——单个乘客下车时长(s);

λ——中间站点的下客率。

(4)路段车速限制。

公交车辆在站间行驶过程中,其行驶速度应满足路段的最低与最高车速要求。下式表示诱导车速的速度限制

$$V_{min} \leq v_{m,n} \leq V_{max} \quad (9)$$

(5)乘客感知候车时间取值函数。

结合本文问卷调查的相关结果,构造乘客感

知候车时间取值分段函数,根据乘客的实际等待时间,采用加权计算的方法,计算不同等待时间段内的乘客平均感知候车时间。

$$\alpha_{T_{i,m,n}} = \begin{cases} 2.39, & 0 < T_{i,m,n} \le 3 \\ 4.77, & 3 < T_{i,m,n} \le 5 \\ 7.73, & 5 < T_{i,m,n} \le 8 \\ 11.98, & 8 < T_{i,m,n} \le 10 \\ 17.38, & 10 < T_{i,m,n} \le 15 \\ 23.63, & 15 < T_{i,m,n} \end{cases} \quad (10)$$

(6)车速诱导执行公式。

参考交通工程学对车头时距的定义,本文将公交车辆车头时距表述为在线路上行驶的相邻两辆公交车在离开同一站点的时刻差。具体的车速诱导执行公式如下:

$$\beta_1 \times \frac{l_n}{v_a} < \frac{l_n}{v_n} + L_{m,n} - A_{m,n} < \beta_2 \times \frac{l_n}{v_a} \quad (11)$$

$$\beta_1 \times H < L_{m+1,n} - L_{m,n} < \beta_2 \times H \quad (12)$$

式中:β_1、β_2——车速诱导系数;

H——理想的车头时距,s。

3　算例分析与模型求解

3.1　求解方法选取

为求解及验证前文提出的公交协同优化模型的优化效果,以模拟的一条公交线路作为算例,运用 Matlab 编程软件,采用 NSGA-Ⅱ算法对模型进行求解,得到了协同优化方案的结果。通过对比,以验证所建立的协同优化模型的有效性。NSGA-Ⅱ算法克服了 NSGA 算法存在的非支配排序的高计算复杂性、缺少精英策略、需要指定共享参数 share 等三处不足,成为多目标优化算法中应用最广、影响最大的遗传算法。

3.2　算例基本参数

仿真算例中设置的公交线路全长 10km,共有 11 个站点(包括首末站点)作为控制站点,各站站间距为 1km。根据相关文献以及有关学者的研究,目前城市常规公交车的站点运行速度大多在 10~25km/h 的区间,因此设定无协同优化环境下公交线路的运行速度落在 10~25km/h 内,由编程随机生成一系列均值为 15、标准差为 5 的正态分布随机数作为无协同优化环境下公交车的运行速度。

而在乘客相关参数设置中,假设公交乘客到站候车服从泊松分布,下车比例服从均匀分布,在仿真中由区间内随机数生成。区间设定的规则如下:越靠近首站的乘客到达率越高,越靠近末站的乘客到达率越低。

其中,每个乘客的上车时间取为 2s,下车时间为 1.5s,每个站点的乘客上车人数编程随机生成到达间隔服从泊松分布的随机数表示,每个站点的下车乘客人数为到达站点时的车内人数与该站点的下车乘客比例的乘积(表3)。

公交站点上下客率模拟区间　　　　　　表3

站点编号		1	2	3	4	5	6	7	8	9	10	11
到站率 (人/min)	λ_1	0.8	0.8	0.8	0.3	0.3	0.3	0	0	0	0	0
	λ_2	1.2	1.2	1.2	1	1	1	0.5	0.5	0.5	0.5	0
下站率 (人/min)	γ_1	0	0.2	0.2	0.3	0.3	0.3	0.2	0.2	0.2	0.2	1
	γ_2	0	0.4	0.4	0.5	0.5	0.5	0.3	0.3	0.3	0	1

3.3　结果对比与分析

运用 NSGA-Ⅱ算法对优化模型进行求解,算法中的父代种群个体数目为 200 个,交叉率为 0.9,变异率为 0.2,迭代次数为 200,求解得到 Pareto 最优解集及目标函数,每个 Pareto 解的目标函数值分布如图1所示。

3.3.1　公交运行可靠性对比

根据每班次公交车离开车站时各站点记录的时间,将无协同优化方案、考虑实际候车时间、考虑感知候车方案三种情况下,公交运行时空图绘制如图2~图4所示。

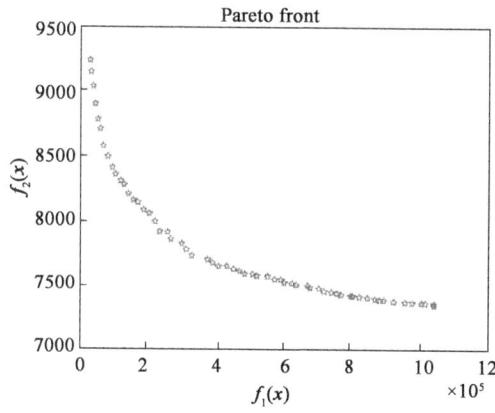

图1　Pareto 最优解集分布图

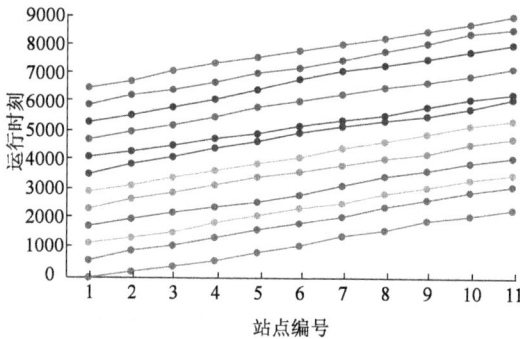

图2　无优化环境下公交运行时空图

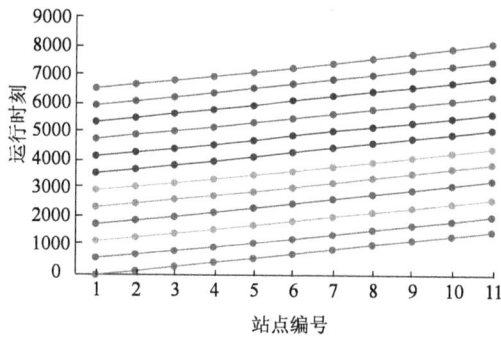

图3　考虑实际候车时间的公交运行时空图

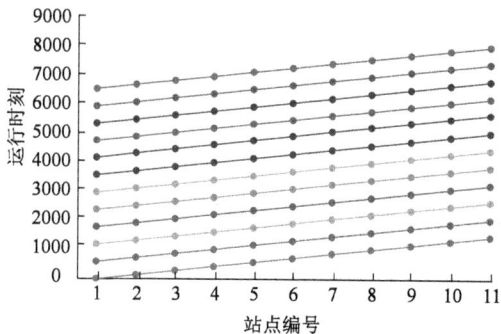

图4　考虑感知候车时间的公交运行时空图

在不采用任何控制方法的情况下,由于站点客流的随机性以及站间运行速度的波动,各班次公交车的运行稳定性相对较差,到站时间不均匀。而在采用该协同优化算法的场景下,无论是考虑

实际候车时间还是考虑感知候车时间,公交车辆的到站时间分布均较为均匀,公交运行稳定性得到了显著改善。

3.3.2　车头时距稳定性对比

车头时距的稳定性是衡量公交线路服务水平的关键指标之一,因此将计算仿真得到的车头时距与理想车头时距的偏差值,以车头时距偏差值为评价标准,对协同优化模型的结果进行评价(图5～图7)。

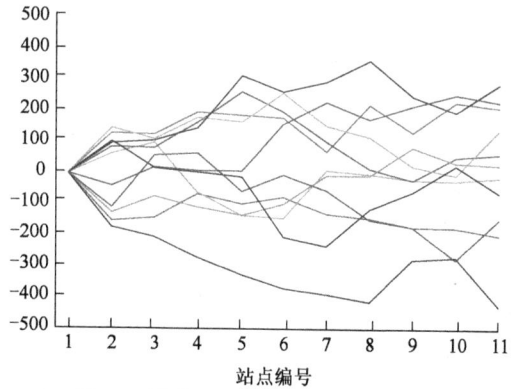

图5　无优化环境下公交车头时距偏差图

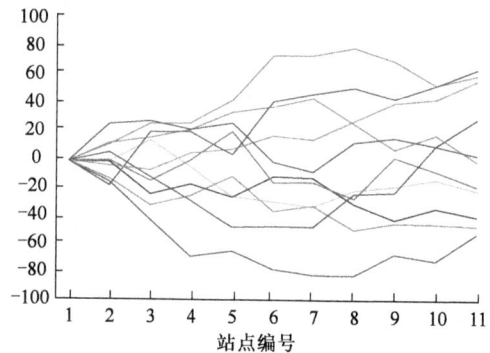

图6　考虑实际候车时间的公交车头时距偏差图

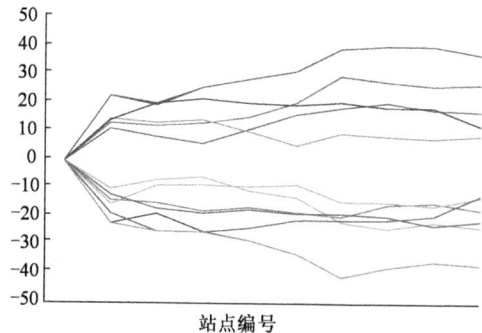

图7　考虑感知候车时间的公交车头时距偏差图

在没有采取任何协同优化方案的情况下,车头时距的偏差范围在[-426s,367s]之间,偏差相对较大,且偏差随着站点编号的增加,呈现出偏差不断增大的趋势。

而在考虑实际候车时长的协同优化场景下,

公交运行的稳定性有所提高,车头时距偏差随公交运行传播及扩大的趋势得到改善,各班次公交车头时距偏差也控制在[−81s,82s]区间内。

而在考虑感知候车时长的协同优化场景下,公交运行情况及服务水平得到了进一步改善,车头时距偏差控制在[−39s,41s]区间,说明提出的协同优化模型对公交的运行状况有着较好的改善效果。

4　结语

本文通过对乘客候车过程心理状态研究,考虑乘客候车心理状态及公交系统运行稳定性,建立智能网联条件下单线路公交协同优化模型。结果表明,本文所提出的协同控制方案对于保持公交运行稳定性,减小车头时距偏差具有较好的效果。未来可进一步将交叉口信号控制与公交行驶协同优化,提升公交系统的优化效果。

参考文献

[1] 丘源,丁小刚.应用车联网技术的自动驾驶公交车的设计探讨[J].时代汽车,2018,9.

[2] 郑思瑶.车车通信条件下的公交实时调度方法研究[D].北京:北京交通大学,2016.

[3] 尹婷婷.车路协同环境下公交车辆到站时间预测及控制策略研究[D].南京:东南大学,2017.

[4] CHANDRASEKAR P, LONG CH R, Chin H C. Simulation evaluation of route-based control of bus operations[J]. Journal of transportation engineering, 2002, 128(6): 519-527.

[5] DAGANZO C F, PILACHOWSKI J. Reducing bunching with bus-to-bus cooperation [J]. Transportation Research Part B: Methodological,

2011, 45(1): 267-277.

[6] 滕靖,金威敏.基于区间车速引导的公交运行控制方法[J].同济大学学报(自然科学版),2015,43(8):1194-1199.

[7] He S X. An anti-bunching strategy to improve bus schedule and headway reliability by making use of the available accurate information[M]. Pergamon Press, Inc. 2015.

[8] 林钰龙.车联网环境下动态交通信息服务关键技术研究[D].广州:华南理工大学,2013.

[9] 任桂香.网联环境下基于站点时刻表的交叉口公交信号控制方法[D].合肥:合肥工业大学,2018.

[10] 陈春晓,陈治亚,陈维亚.基于模糊逻辑的单线路公交实时控制方法[J].公路交通科技,2016,33(9):141-147.

[11] HEAD L, GETTMAN D, WEI Z. Decision model for priority control of traffic signals[J]. Transportation Research Record, 2006, 1978(1): 169-177.

[12] YANG M, SUN G, WANG W, et al. Evaluation of the pre-detective signal priority for bus rapid transit: coordinating the primary and secondary intersections[J]. Transport, 2018:1-11.

[13] 李书新,李辉,张旭,等.基于乘客满意度的公共交通系统评价[J].交通科技与经济,2022,24(02):18-23.

[14] 张璞.社会拥挤对感知等待时间的影响[D].扬州:扬州大学,2021.

[15] 梁洁.公交候车时间容忍阈值的特征及影响机理研究[D].昆明:昆明理工大学,2020.

公交车辆到站时间预测模型研究

周雪梅*　郭洹武　张韫博　赵骁驰　李伯千

(同济大学交通运输工程学院)

摘　要　精确预测公交时空运行轨迹,对于提高公交服务水平和优化公交运行方案十分重要。本文应用三次指数平滑法分别对公交车辆到站时间进行预测,形成初步的公交车辆到站时间预测模型,随后

基金项目:国家自然科学基金项目《供给约束条件下公交运行时空协同优化》(项目批准号:52372318)。

对初步预测结果用卡尔曼滤波加以修正,提出基于卡尔曼滤波改进的公交车辆到站时间预测模型,并以赣州市 K1 路公交线路数据为例进行实验验证,结果表明该模型比普通的卡尔曼滤波模型的预测结果更精确,具有良好的适应性,可以实际应用于公交车辆到站时间的预测。

关键词 公交车辆到站时间 卡尔曼滤波 三次指数平滑法 预测模型

0 引言

目前关于车辆轨迹数据预测的研究,大多集中于对公交到站时间和公交行程时间的预测,根据预测模型建立方法的不同,可分为以下几种:

(1)历史数据预测模型。

历史数据预测模型的基本假设是未来的交通状况与过去的交通状况基本一致,在足够的历史数据的基础上,总结探索公交车辆的运行规律,并以此为依据预测公交车辆在未来的运行时空轨迹。例如文献[1]运用指数平滑法建立公交到站时间预测模型,经过实验验证,该模型对近期的公交到站时间预测的精确程度较高。

(2)基于统计回归的预测模型。

基于统计回归的预测模型在大量观察与公交运行相关的数据的基础上,分析影响公交车辆轨迹的多种变量与公交车辆轨迹的回归关系,建议因变量与自变量之间的函数关系式,将该函数关系式作为预测模型。文献[2]选择了天气状况、空气质量、早晚高峰、站间距离等作为自变量,通过集成学习的方法分别建立公交车辆站间行驶时间预测模型和站点停靠时间预测模型。

(3)卡尔曼滤波预测模型。

卡尔曼滤波最早于 20 世纪 60 年代提出,一种利用线性系统状态方程对系统当前状态进行最优预测的算法,它能够根据系统当前时刻的观察值和前一时刻的预测值估计出当前时刻的预测值,可以有效地预测一个存在不确定信息的动态系统。文献[3]采用 AVL 和 APC 数据,建立了基于卡尔曼滤波的公交到站时间预测模型。文献[4]对比了卡尔曼滤波和时间序列算法两种方法建模的预测结果,得出前者的预测精度高于后者的结论。

(4)基于神经网络的预测模型。

伴随着计算机算力的大幅提升,越来越多的领域开始应用神经网络进行预测和优化,神经网络在处理复杂的非线性系统方面效果显著,近年来关于预测公交到站时间的研究大多以使用神经网络模型为主。

(5)支持向量机预测模型。

支持向量机(SVM)是用来解决分类问题的方法,它通过将低维空间中的非线性问题转化为高维空间中的线性问题来简化问题,并构造核函数来求解。文献[5]综合了 5 个变量特征,构建基于支持向量机的模型来预测公交车辆到站时间。

(6)组合预测模型。

组合预测模型指在一个预测模型中,将两种及以上的预测方法结合使用,以达到提高预测精确程度的目的。多个研究表明,各种模型组合使用的预测效果往往比单独使用某种方法的预测效果更好。文献[6]将公交停站时间分为非线性和线性两部分,采用差分自回归移动平均方法(ARIMA)和支持向量机方法对这两部分分别进行预测,并将两结果进行加和得到最终的预测结果。文献[7]在建立公交行程时间预测模型时,使用基于成分数据的动态权重分配方法来分配预测后果的权重,预测模型分别基于 BP 神经网络和卡尔曼滤波构建而成,得到最终的预测结果。文献[8]利用历史数据对支持向量机模型进行训练,随后把该模型预测的结果利用卡尔曼滤波模型进行动态调整,建立了结合支持向量机模型和卡尔曼滤波模型的组合预测模型。文献[9]首先通过非参数回归方法得到公交到站时间预测值,随后利用卡尔曼滤波进行修正,经过实例验证,基于卡尔曼滤波优化的模型预测误差明显减小。

基于目前的公交到站时间预测研究趋势,有以下几点建议:一是应进一步研究公交车辆在运行过程中的各种外界因素的影响,特别是考虑随机性的、动态性的不确定因素对公交运行过程的影响。二是应以多数据融合技术为基础,不断提高预测精度。三是应用预测结果为公交运行优化提供科学支持,提高公交运营管理水平和公交服务质量。

1 公交到站时间预测方法研究

1.1 公交行程时间预测

1.1.1 预测方法

三次指数平滑法通过对不同时期的观察值赋

予以不同的权重,随着靠近预测期,各观察期的观察值所占的权重按照等比级数不断增加,从而提高了近期观察值对预测结果的影响,降低历史数据的影响程度,使预测结果能够反映各影响因素在近期的变化趋势,但同时又不会舍弃历史数据。

公交车辆在同一天的站间行驶时间会因为出行时间段的不同发生变化,而且变化过程存在着一定的规律性,同时,前后连续运行的两辆公交车在相同路段行驶时由于交通流变化较小,行驶速度会比较接近,下一时刻公交车的站间路段行驶时间与当前的行驶时间具有很高的相似性,彼此之间可以互为参考。针对公交车辆运行的这种特性,可以使用三次指数平滑法对公交车辆在站间的运行速度进行预测。

三次指数平滑法预测模型的计算公式为:

$$F_{t+T} = a_t + b_t T + c_t T^2 \qquad (1)$$

$$a_t = 3S_t^{(1)} - 3S_t^{(2)} + S_t^{(3)} \qquad (2)$$

$$b_t = \frac{\alpha}{2(1-\alpha)^2}\big[(6-5\alpha)S_t^{(1)} -$$
$$2(5-4\alpha)S_t^{(2)} + (4-3\alpha)S_t^{(3)}\big] \qquad (3)$$

$$c_t = \frac{\alpha^2}{2(1-\alpha)^2}(S_t^{(1)} - 2S_t^{(2)} + S_t^{(3)}) \qquad (4)$$

式中:F_{t+T}——预测值;

　　$S_t^{(i)}$——t 时期 i 次指数平滑值;

　　α——加权因子。

1.1.2　预测模型

利用公交车载 GPS 数据,可以获取公交车在两站点间的出发时间、到站时间和站间运行距离,公交车辆在两站点间的历史平均运行速度为:

$$V_n^{ij} = \frac{A_n^j - D_n^i}{L_n^{ij}} \qquad (5)$$

式中:V_n^{ij}——站点 i、j 间第 n 辆公交车的历史平均运行速度;

　　A_n^j——第 n 公交车辆在 j 站的到达时间;

　　D_n^i——第 n 辆公交车在 i 站的出发时间;

　　L_n^{ij}——GPS 记录的第 n 辆公交车在 i、j 站间的运行距离。

若利用三次指数平滑法预测公交车辆 a 在 i、j 站间的路段平均运行速度为 V_a^{ij},则公交车 a 在 i、j 站间的路段行程时间预测模型为:

$$T_a^{ij} = \frac{L_{ij}}{V_a^{ij}} \qquad (6)$$

式中:T_a^{ij}——公交车辆 a 在 i、j 站间的路段行程时间;

　　L_{ij}——i、j 两站中心线间路程距离的平均值。

1.2　公交停站时间预测

公交车辆在站点的停靠时间受上下车乘客数量、上下车时间、站点类型等因素影响。其中上下车乘客数量和上下车时间是主要影响因素。一般情况下,上车乘客数量为上一辆车离开到前一辆车到达之间的时间段中到达站点的候车乘客数量,在同一个站点的同一时间段,到达的候车乘客数量应与先后到达的两公交车辆的车头时距成正比例,若该比例用历史乘客到达率来表示:

$$\sigma^j = \frac{D_a^j - D_b^j}{m_j} \qquad (7)$$

式中:σ^j——站点 j 的历史乘客到达率;

　　D_a^j、D_b^j——a、b 车在 j 站的到站时间;

　　m_j——j 站上车乘客数量。

若利用三次指数平滑法预测 j 站的乘客到达率为,则公交车 a 在 j 站间的停站时间预测模型为:

$$S_a^j = \sigma^j \cdot (D_a^j - D_b^j) \cdot t_d \qquad (8)$$

式中:t_d——乘客平均登车时间,一般取 2s/人。

1.3　公交到站时间预测模型

公式(6)和(8)分别给出了公交路段行程时间和公交站点停靠时间的预测模型,下面结合这两个公式给出公交到站时间的预测模型。假设当前时刻为 t,公交车辆 a 正在运行,预测公交车辆 a 从当前所处位置运行到达站点 j 的公交到站时间,预测模型为:

$$T_{(a,j)} = t + V_n^i \cdot L_i + \sum S_a^j + \sum T_a^{ij} \qquad (9)$$

式中:$T_{(a,j)}$——在公交车辆 a 从当前时刻所处位置运行到达站点 j 的预测公交到站时间;

　　t——当前时刻;

　　V_n^i——从当前所处位置到最邻近站点 i 的预测平均运行速度;

　　L_i——从当前所处位置到下游最邻近站点 i 的距离;

　　$\sum S_a^j$——从当前位置到站点 j 的所有停站时间之和,可由公式(8)给出,

　　$\sum T_a^{ij}$——从最邻近站点 i 到站点 j 的所有行程时间之和,可由公式(6)给出。

1.4 公交到站时间预测模型的修正

假设已知公交车到达站点 k,需要预测到达下一站点 $k+1$ 的公交到站时间,且卡尔曼滤波的观测噪声 $W(s)$ 和 $V(s)$ 互不相关,都被假设成均值为 0 的独立白噪声,协方差分别表示为 Q、R。以公式获得的初步公交到站时间预测值为输入变量,建立基于卡尔曼滤波修正的公交车到站时间的预测模型如下:

公交车到站时间更新方程:

$$X_{k+1} = X_k^* + T_a \tag{10}$$

$$P_{k+1} = \sqrt{(P_k^*)^2 + Q^2} \tag{11}$$

公交到站时间预测的卡尔曼滤波更新方程为:

$$Kg_{k+1} = \sqrt{\frac{(P_{k+1}^*)^2}{(P_{k+1}^*)^2 + R^2}} \tag{12}$$

$$X_{k+1}^* = X_{k+1} + Kg_{k+1}(t_{k+1} - X_{k+1}) \tag{13}$$

还需要更新 $k+1$ 状态下 X_{k+1} 的协方差,以确保卡尔曼滤波能够不断运行下去直到过程结束:

$$P_{k+1}^* = (1 - Kg_{k+1})P_{k+1} \tag{14}$$

式中:X_{k+1}——公交车辆到达第 $k+1$ 站时的到站时间的估计值;

X_k^*——公交车辆到达第 k 站时的预测值或实际到站第 k 站的时间;

T_a——公交车辆在第 k 站到第 $k+1$ 站之间的预测旅行时间,利用公式(9)得到的预测值作为卡尔曼滤波的输入变量;

P_{k+1}——先验估计误差的协方差;

P_{k+1}^*——最优估计误差的协方差;

Kg_{k+1}——卡尔曼滤波增益。

2 公交行程时间预测模型实例验证

2.1 预测流程

本文以赣州市 K1 路公交行驶路线在 2019 年 9 月 4 日的 IC 卡刷卡数据、车载 GPS 数据、营运车次信息、站点信息等基础,对 K1 路公交线路的到站时间进行预测,实例验证模型的可行性和精确性。预测流程如下:

(1)对 K1 路公交车辆路段运行时间进行预测。获取 K1 路公交线路 2019 年 9 月 4 日的运行数据,利用公式(5)得到各公交车在各路段的历史运行速度,用三次指数平滑法预测模型得到运行速度的预测值,计算两站点间的平均路程,将运行速度的预测值和两站点间的平均路程代入公式

(6),得到路段运行时间的初始预测值。

(2)对 K1 路公交车辆站点停靠时间进行预测。将 2019 年 9 月 4 日 K1 路公交线路的刷卡数据与站点信息进行匹配,得到各站点在各时间段的历史刷卡人数,计算公交车辆与其前车在站点到站时间的差值(车头时距),将历史刷卡人数与车头时距代入公式(7),得到历史乘客到达率,用三次指数平滑法预测模型得到乘客到达率的预测值,计算被预测车辆与其前车在站点到站时间的差值,将乘客到达率的预测值和车头时距代入公式(8),得到站点停靠时间的初始预测值。

(3)对 K1 路公交车辆到站时间进行初步预测。将(1)(2)中得到的路段运行时间和站点停靠时间的预测值代入公式(9),得到公交车辆到站时间的初步预测值。

(4)利用卡尔曼滤波模型对初步预测结果进行修正。第三步得到初步预测值后,把被预测的公交车辆在上一站的实际到站时间或预测的最优到站时间、车辆从上一站到被预测站点的初步预测到站时间代入公式(10)中,用公式(11)得到卡尔曼滤波增益,利用公交到站时间预测的卡尔曼滤波更新方程(12)(13)得到公交到站时间的最优估计结果。

2.2 参数设置

根据公式(1)~(4)可知,在使用三次指数平滑法预测模型时,需要首先确定参数 α 值。加权因子 α 是一个经验值,α 值的大小直接反映了最近的数据对预测值修正幅度的大小,α 越大说明最近的数据对预测值的影响越大,修正幅度越大。根据调查数据处理后发现时间数列变化较大,故 α 的取值在 0.6~0.9。下面将加权因子分别赋予 0.6、0.7、0.8、0.9,并以平均绝对误差(MAPE)作为指标,来确定加权因子的最终值。见表 1,$\alpha = 0.9$ 时精度较高。

不同加权因子预测值得平均绝对误差 表 1

MAPE	0.6	0.7	0.8	0.9
城市管理局——赣南妇婴医院	0.289	0.247	0.190	0.109
赣州汽车站——东门市场	0.133	0.105	0.086	0.065
市人民医院——新华书店	0.274	0.255	0.218	0.106

根据公式(10)~(14)可知,在使用卡尔曼滤波模型时,需要确定协方差 Q、R 的大小,Q 表示对预测值的信任程度,R 表示对测量值的信任程度。

通过对Q、R的调整,当$Q=0.7$,$R=0.3$时,可以获得最优的预测结果。

2.3 结果分析

2.3.1 预测结果

对K1路公交线路下行方向城市管理局站到赣南妇婴医院站在2019年9月4日的所有站间运行速度进行预测,结果如图1所示。

2.3.2 结果分析

对上述预测结果进行平均百分误差和均方根误差的计算,见表2所示。

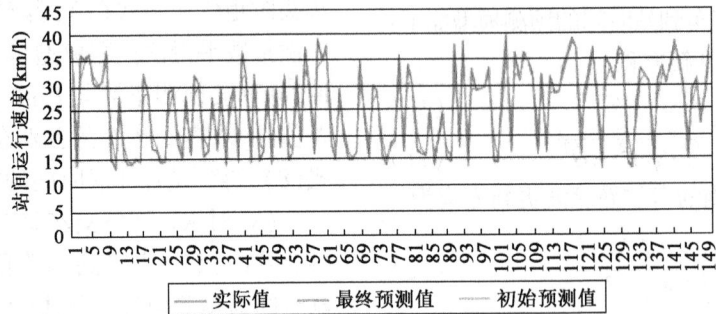

图1 站间运行速度预测结果

预测结果分析 表2

	初始预测值	最终预测值
MAPE	10.87%	0.85%
RMSE	8.5312%	0.0535%

初始预测结果中,MAPE和RMSE分别达到了10.87%和8.5312%,其中,各预测值的百分误差最大可达到47%,利用初始预测模型得到的站间运行速度的平均误差最大可达6.57km/h,对应的站间行程时间预测值的最大误差为639s,显然远远超出可接受的范围。在经过卡尔曼滤波校正后,最终预测结果的MAPE和RMSE分别为0.85%和0.0535%,其中,各预测值的百分误差最大为1.3%,利用初始预测模型得到的站间运行速度的平均误差最大为0.5km/h,对应的站间行程时间预测值的最大误差为38s,意味着对行程时间的预测误差控制在38s以内,且平均误差仅为0.85%,预测模型的准确度大大提高,具有较高的实用性。

3 结语

目前国内外关于公交车辆时空轨迹特别是公交到站时间预测的研究已较为成熟,各类数据、各种方法不断被应用于公交车车辆轨迹的预测中。本文针对公交到站时间预测问题提出的模型中,将三次指数平滑法与卡尔曼滤波模型结合起来,两者的预测结果不是简单的组合,而是用后者对前者的预测结果加以修正,大大提高了预测的精度。

参考文献

[1] 林雨平.公交到站时间预测方法研究[J].技术与市场,2021,28(7):61-65.

[2] 沈倩倩.城市公交车辆到站时间预测研究[D].山东:青岛大学,2019.

[3] SHABBY A,FARHAN A. Bus travel time prediction model for dynamic operations Control and Passenger Information Systems. Computer Science,Engineering,2003.

[4] 赵衍青.公交车辆到站时间预测方法研究[D].北京:北京交通大学,2017.

[5] 尹婷婷.车路协同环境下公交车辆到站时间预测及控制策略研究[D].南京:东南大学,2017.

[6] 杨敏,丁剑,王炜.基于ARIMA-SVM模型的快速公交停站时间组合预测方法[J].东南大学学报(自然科学版),2016,46(3):651-656.

[7] 林永.基于GPS数据的公交车辆到站时间预测研究[D].西安:长安大学,2020.

[8] 宋爽.基于SVM和Kalman滤波的公交到站时间预测方法研究[D].大连:大连海事大学,2018.

[9] 成佳磊.两种算法结合的公交到站时间预测[J].交通与运输,2019,35(1):9-12.

[10] 林永,张勇,何婷婷,等.公交到站时间预测研究综述与展望[C]//2019世界交通运输大会论文集(下).[S.1:s.n],2019:117-125.

Research on Cooperative Control Strategy of Highway Merging Area Vehicles in Connected Vehicles Environment

Shengfeng Wei   Yuanli Gu*

(School of Traffic and Transportation, Beijing Jiaotong University)

Abstract   This study focuses on the highway merging area and proposes a novel vehicle cooperative control method utilizing the information transmission function of inter-vehicle communication technology in the connected vehicle environment. Addressing issues such as conflicts between main road and ramp vehicles in the merging area, the method involves analyzing factors such as vehicle speed, acceleration and deceleration to calculate the time range for ramp vehicles to reach the conflict area in the merging zone and the speed range of main road vehicles approaching the merging area. Simulation and emulation of the control method are implemented using Python language and Sumo software, evaluating the simulation results based on parameters such as average vehicle speed and travel time. The research concludes that the cooperative control method significantly improves the efficiency of traffic flow in the merging area.

Keywords   Highway merging area   Cooperative control   Vehicular network   Ramp   Access efficiency

0   Introduction

The highway merging area is the intersection of main road lanes and ramps, including ramps, acceleration lanes, and the portion of the main road lanes that connects to them. With the significant increase in traffic volume carried by the highway, congestion and accidents at bottlenecks such as merging and diverging areas have become more frequent. Two streams of traffic from the ramp and the main road converge in the merging area, and the ramp vehicles and the main road vehicles need to take actions such as acceleration and deceleration and lane changing to complete the convergence process, so the vehicle operation characteristics in the merging area are more complex than other road sections, and the frequency and severity of the conflict is significantly higher than other areas. It has been shown that the characteristics of drivers, the geometry of the merging area, and the traffic volume and its composition all have a certain impact on the operation of the merging area (Hou et al., 2018).

The cooperative control of highway merging area under the environment of Telematics is to use vehicle-vehicle communication technology to collect and transmit information such as position and speed of vehicles near the merging area, to calculate and predict the safety conflicts and interference that may be triggered by vehicles arriving at the merging area of the main road and ramps. And to adjust the driving behaviors of the vehicles on the main road or ramps in advance through the control of cooperative algorithms, so as to reduce the chances of conflicts and congestion occurring (Scarinci and Heydecker, 2014). Optimizing the lane-changing coordinated decision-making and control system with Telematics as the operating environment can enhance the control effect of the system and indirectly improve the traffic efficiency in the merging area of the highway (Wen et al., 2022). In previous studies, Rios-Torres and Malikopoulos (2017) proposed an optimization strategy for the coordinated control of a single-lane highway with an entrance ramp lane. Yang et al. (2020) considered the operational characteristics of networked autonomous vehicles in highway merging area and proposed a conflict reduction coordinated control strategy applicable to networked autonomous vehicles under different road traffic conditions based on cooperative game theory.

Due to the increase of traffic demand and the change of traffic flow structure, the innovation of network connection technology improves the efficiency and safety of vehicle operation. Wu et al. (2022) established a safe interval calculation model for vehicles in the ramp that can meet the merging requirements, and integrated it into the control system of variable speed limit to construct the theory and model of variable speed limit collaborative control in the network environment. Letter and Elefteriadou (2017) proposed a longitudinal highway merger control algorithm targeting the average driving speed of networked vehicles, and the results show that the algorithm can effectively improve the average speed of vehicles before the traffic flow reaches a congested state. Zhou et al. (2020) proposed a collaborative driving strategy to illustrate that the increase in the market penetration of networked vehicles can effectively alleviate traffic congestion and improve the capacity and stability of traffic. Qin et al. (2017) showed that the mixed traffic flow with small penetration of connected vehicles exhibits instability when the vehicle speed is small and in an unstable state. Chae et al. (2017) proposed a decision-making algorithm based on the merging driving mode of self-driving vehicles in highway merging area and used it in the simulation, and the results show that the algorithm was able to determine the appropriate fusion position and lane change decision based on the surrounding vehicles and map information. However, the above research has the problem of poor control effect in terms of vehicle lane changing collision and vehicle congestion risk in highway merging area. In this paper, the coordinated decision-making and control system for lane changing in highway merging area is optimized and designed.

In this paper, under the environment of vehicle networking, we consider the two cases of vehicles entering the merging area with lower speed and acceleration lane with parking interference to design the cooperative control strategy of merging area. Taking the time of vehicles arriving at the conflict zone as a constraint, calculating the position and speed of the vehicles on the main road arriving at the conflict zone in this time, and then adjusting the traveling state of the vehicles on the main road, to reduce the conflict and congestion in the merging area. Based on Sumo to realize the simulation module of vehicle-vehicle communication, the passing efficiency of the control effect of this method is evaluated and verified by comparing the parameter indexes such as average speed, queue length and passing time.

1 Design of cooperative control method in merging area

The cooperative control of the area ahead of the merging area is mainly based on the ramp vehicle situation, predicting the time and position of the ramp vehicle that may arrive at the merging area. By dynamically adjusting the speed of the main road vehicles, the potential conflict zone in the merging area can be avoided, thus reducing the conflict with the ramp vehicles and providing enough space for the convergence of the ramp vehicles. The highway merging area cooperative control method in this paper combines the use of vehicle positioning and information interaction in the vehicle networking environment as follows.

1.1 Information acquisition and transmission of networked vehicles

Ramp merging area is a high incidence of traffic congestion and traffic accidents, which has become a bottleneck restricting traffic operation, and the development of vehicle-road cooperative technology provides a new method to alleviate ramp merging problems. Network-connected vehicles can coordinate the operation of vehicles in the merging area through vehicle-vehicle communication and vehicle-road communication, which in turn improves traffic efficiency and reduces the rate of traffic accidents. Under the networked environment, at any moment t, the time t_r when the front vehicle C_r arrives at the merging area and the time t_{r+1} when the rear vehicle C_{r+1} arrives at the merging area can be accurately derived. When C_r arrives at the merging area, in order to ensure the safety and efficiency of vehicles, with the help of cooperative control of vehicle-vehicle communication, the speeds of the two vehicles in front and behind should be equal as much as possible, and ensure a certain safety distance, the equations can be written as follows:

$$\min(v_{r,t_r} - v_{r+1,t_r}) \tag{1}$$

$$x_{r+1,t_r} = x_{r,t_r} - v_{r+1,t_r}T_{\min,1} \tag{2}$$

In theequation, v_{r,t_r} is the speed of the vehicle r at time t_r, x_{r,t_r} is the position of the vehicle r at time t_r, $T_{\min,1}$ is the minimum headway when merging main road and ramp vehicles.

If $t_{r+1} - t_r \leqslant T_{\min,1}$, the time difference between the two vehicles passing through the merging area is less than the minimum headway when vehicles merge on the main road and the ramp. In order to avoid a collision between C_{r+1} and C_r, the rear vehicle C_{r+1} needs to slow down and leave a sufficient safety distance. The acceleration of C_{r+1} is:

$$a_{r+1} = \min\{\min(a_m, d_c), a_n\} \tag{3}$$

In the equation, a_n is the normal acceleration, d_c is the comfortable acceleration, a_m is the acceleration in the merging area determined according to the equation of motion, the equation can be written as follows:

$$a_m = \frac{x_{r,t_r} - x_{r+1,t_r} - v_{r+1,t_r}T_{\min,1}}{0.5(t_r - t)^2 + T_{\min,1}(t_r - t)} \tag{4}$$

As shown in Figure 1, the position of the vehicle occupying the acceleration lane is set to be at a distance of x_m from the starting point of the merging area, in order to have the effect that the ramp vehicles enter the main road earlier within the confines of the merging area x. Therefore, x_m is the conflict zone of the merging area, and the value of x

is notified by the vehicle occupying the acceleration lane to the neighboring vehicles through vehicle-to-vehicle communication. The vehicle terminal can get the following parameters according to this information combined with the vehicle map: the distance of main road vehicle A from the starting point of the conflict zone of the merging area is x_A, the speed is V_A, and the acceleration is a_A. The distance of ramp Vehicle B from the starting point of the merging area is x_B, with a speed of V_B and an acceleration of a_B. Define the time for vehicle B to arrive at the start of the merging area as t_1 and the time for vehicle B to arrive at the end of the merging area conflict zone as t_2.

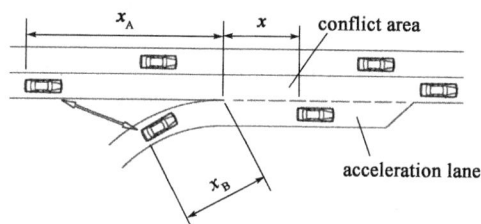

Figure 1 Vehicle Location Map of the Merging Area in the Telematics Environment

1.2 Determination of warning time

The warning position is the distance of the main road vehicle from the start of the mergingarea when warning of vehicles on the main road about to enter the merging area begins. The warning position is not a fixed value due to the different speeds, so it would be more reasonable to qualify it by time, which is also the reaction time for the driver of the main road vehicle to adjust the speed before reaching the starting point of the conflict zone of the merging area. The time set to start warning for main road vehicle A is within the driving time t_w from the starting point of the conflict zone of the merging area, and the warning time t_w is selected based on safety, comfort, energy saving and other factors.

Early warning time t_w value selection and vehicle A deceleration a_A size has a close relationship, if t_w is too small, the driver reaction time is short, the vehicle deceleration is too fast, which will cause safety hazards. If t_w is too large, the vehicle deceleration is slow, which will affect the smoothness of the traffic and increase the passage time. Usually, the braking deceleration speed in the range of 1.5 ~ 2.5 m/s² for comfort, safety and energy consumption. Here we take $a_A = 2.5$ m/s².

Assuming that the minimum reaction time is t_w, according to the time and speed equation $a_A = (V_0 - V_t)/t_w$, where V_0 is the starting normal speed of the vehicle, take the maximum speed limit of the highway to be 120 km/h. V_t is the speed of the vehicle arriving at the merging area, take 80 km/h. Driver reaction time $t_w = (120 - 80) \times 1000/(3600 \times 2.5) = 4.4$ s, can be taken from the ramp vehicle B from the starting point of the merging area $t_w = 5$ s of the driving time when the cooperative control of the vehicle A warning.

1.3　Determination of parameters related to merging area

Calculate the time t_1 and t_2 for ramp vehicle B to arrive at the start and end points of the conflict zone in the merging area. Vehicle A receives the information sent by Vehicle B. Vehicle A calculates the predicted time t_1 and t_2 for Vehicle B to arrive at the start and end points of the conflict zone of the merging area from its current position based on Vehicle B's current position, speed, acceleration, etc., and determines whether $t_1 \leq t_w$, and if it is satisfied, Vehicle A issues an early warning and performs cooperative control.

Vehicle B enters the mergingarea from the ramp as a nearly straight line of uniform acceleration, the acceleration is a_B, known as x_B, V_B, x, a_B, can be derived to arrive at the merging area conflict zone start and end of the time t_1 and t_2.

Assuming that the speed of ramp vehicle B is V_{Bt} during time t, it can be shown that the distance S_B when vehicle B travels at time t_1 is:

$$S_B = \int_0^{t_1} V_{Bt}(t)\,dt = \int_0^{t_1} (V_B + a_B t)\,dt$$
$$= V_B t_1 + \frac{1}{2} a_B t_1^2 \qquad (5)$$

in the equation $S_B = x_B$.

From equation (5), when vehicle B arrives at the starting point of the conflict zone in the merging area, we can get the time t_1:

$$t_1 = \frac{-2V_B + \sqrt{4V_B^2 + 4a_B x_B}}{2a_B} \qquad (6)$$

Similarly, when vehicle B reaches the end of the conflict zone in the merging area at $S_B = x_B + x$, we can get the time t_2:

$$t_2 = \frac{-2V_B + \sqrt{4V_B^2 + 4a_B(x_B + x)}}{2a_B} \qquad (7)$$

If the time for Vehicle B to reach the starting point of the conflict zone is not longer than the set warning time, i. e., $t_1 \leq t_w$, which satisfies the warning reaction time of Vehicle A, Vehicle A starts to carry out warning cooperative control.

Calculate the initial speed range (V_{A1}, V_{A2}) of vehicle A arriving in the conflict zone at the time (t_1, t_2). According to the conditions of the conflict, vehicle A and vehicle B in the same time (t_1, t_2) to arrive in the conflict zone, then it will conflict with vehicle B. That is, in front of the merging area, vehicle A's current traveling speed can reach the conflict zone in time (t_1, t_2) if it is within the conflict speed range (V_{A1}, V_{A2}), there is the possibility of a conflict with the vehicle B in the merging area of the conflict zone. Therefore take (t_1, t_2) as the constraints, calculate the initial speed range (V_{A1}, V_{A2}) of vehicle A in time (t_1, t_2) to reach the conflict zone $(x_A, x_A + x)$.

When Vehicle A arrives at the start of the conflict zone at time t_1, if x_A is the distance that Vehicle A arriving at the start of the conflict zone, from $x_A = \int_0^{t_1} (V_{A1} + a_A t)\,dt$, we can get:

$$V_{A1} = x_{A1}/t_1 - \frac{1}{2} a_A t_1 = x_A/t_1 - \frac{1}{2} a_A t_1 \qquad (8)$$

When Vehicle A arrives at the end of the conflict zone at time t_2, if $x_A + x$ is the distance that Vehicle A arrives at the end of the conflict zone, from $x_A + x = \int_0^{t_2} (V_{A2} + a_A t)\,dt$, we can get:

$$V_{A2} = (x_A + x)/t_2 - \frac{1}{2} a_A t_2 \qquad (9)$$

2　Simulation and evaluation of cooperative control effect in merging area

Simulation software Sumo is used to carry out

simulation and effect evaluation, and the cooperative control algorithm proposed in this paper is applied to the simulation environment through Python language, to realize the information transfer between vehicle-vehicle and vehicle-road, and carry out dynamic control and tracking of vehicles, traveling speed, acceleration, lane change, etc. , and analyze the effect of this scheme on the merging area of highway. The simulation is carried out respectively in two cases without cooperative control and with cooperative control, to analyze the passage efficiency situation through the average queue length, average passage time and average speed of vehicles and other parameters, and to evaluate the effect of the cooperative control algorithm described in this paper.

2.1 Sumo simulation environment construction

Simulation to Beijing-Tibet Expressway Shuitun Bridge into Beijing direction merging area traffic data for merging area simulation environment construction. The main road is 2 lanes, the ramp is a single lane, the length of the merging area acceleration lane is 100 m, the vehicle acceleration and deceleration take 2. 5 m/s^2. 30% of the vehicle types are large vehicles. The maximum speed of the ramp vehicle is 60 km/h, which is lower than the normal traveling speed of the main road. In order to better evaluate the effect of the algorithm, the unidirectional flow of the main road is 1800 veh/h, the ramp traffic flow is 700 veh/h, which is greater than the actual flow of the road, and the simulation running time is 1000 s.

2.2 Evaluation of traffic efficiency

2.2.1 Average queue length of merging area

The average queuing length is used to evaluate the vehicle traffic efficiency. Figure 2, shows the effect of queuing shown by the simulation software under cooperative control conditions and the situation of queuing vehicles entering the main road when there is a gap in the main road. Figure 3, shows the distribution of the average queue length along the time for both the no cooperative control and cooperative control conditions. As can be seen from Figure 3, in the case without cooperative control, the

ramp vehicles are difficult to enter the main road normally due to their slower speed, resulting in a longer queue length in the acceleration lane. And after the use of cooperative control, the main road vehicles provide the ramp with the space to enter, and the ramp vehicles are able to enter the main road smoothly, and the queuing length is reduced significantly or even disappeared, which reduces the possibility of conflict occurrence. After comparison, the queue length of vehicles with the cooperative control algorithm is reduced by 87. 4% compared to that without the cooperative control algorithm, moreover, the number of vehicles in the merging area that appear to have a speed of 0 is reduced from 119 to 26 in the evaluated time period, which significantly reduces the average probability of stopping. This significantly reduces the possibility of collision and improves the efficiency and safety of vehicle movement.

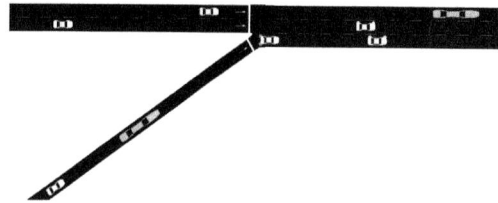

Figure 2   Simulation of Ramp Vehicles Entering the Main Road with Cooperative Control

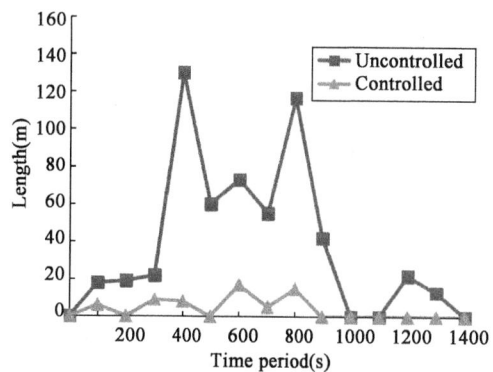

Figure 3   Average Length of Vehicle Queues in Merging Area

2.2.2   Average vehicle rravel time

Figure 4 and 5 show the average travel time distribution for all vehicles and main road vehicles for each time period. Figure 4 shows the results of evaluating the average travel time of all passing vehicles along the time distribution within a length of 300 m from the start of the merging area along the direction of vehicle travel. Although the main road vehicles were cooperative controlled to ensure safety and reduce conflicts, the passing time within the fixed passing length of the road did not increase compared to the passing time without cooperative control, but decreased by an average of 10.2%, which saves the passing time and improves the passing efficiency. In the evaluation of the main road vehicle passing time and ramp vehicle passing time respectively, the passing time of the main road vehicle after adopting cooperative control did not change much compared with the passing time without cooperative control, and the average passing time of the vehicle from the starting point of the main road to the end point of the main road increased only 1.2%, as shown in Figure 5.

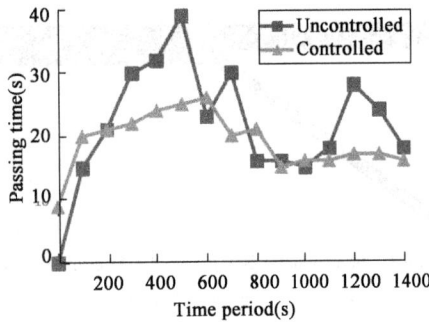

Figure 4　Average Travel Time for All Vehicles

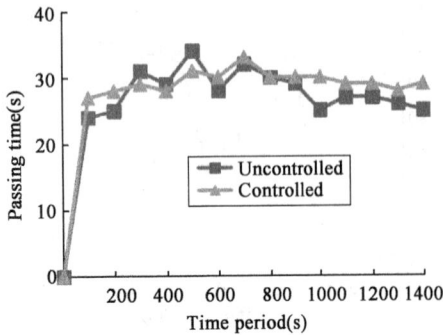

Figure 5　Average Vehicle Travel Time on Main Roads

2.2.3　Average speed of vehicles in merging area

Figure 6 shows the average speed distribution of vehicles in 20 m increments in the merging area section in the 1000 s time range. When there is no

cooperative control, at 60 m of the ramp, the average speed in the merging area decreases to about 15 km/h due to a vehicle occupying the acceleration lane. After 60 m of the ramp, the average speed with cooperative control is significantly higher than the average speed without cooperative control. Statistically, the average speed of the merging area section increases by 36.7% after the system adopts cooperative control. This indicates that the situation that the ramp vehicles cannot enter the main road smoothly not only increases the safety risk of the merging area, but also significantly reduces the speed of the merging area section, thus causing a greater impact on the passage of the main road, which is also the main reason for the congestion in the merging area. Cooperative control of vehicles in the merging area can effectively delay the formation of traffic congestion to a certain extent, and improve the efficiency of the merging area road.

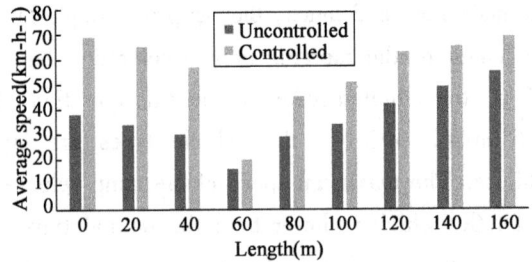

Figure 6　Average Speed of Vehicles in Merging Area

3　Conclusions

This paper proposes a cooperative control strategy for highway merging area, which is more effective in inducing vehicles to move, more efficient in algorithm, and less interfering with the safety of normaloperation of vehicles. Simulation results show that the use of cooperative control algorithms can significantly improve the safety of traffic in the merging area, reduce the merging area vehicle parking queuing time, improve the average speed of the merging area vehicles, and accelerate the efficiency of the road.

This method is a cooperative control for the normal traffic conditions in the merging area, and the highway selected in the study has two lanes on the main road and one lane on the ramp, and scenarios in which the main road has more lanes will be considered for future research. In addition, for the artificial driving environment, this study assumes that the driver obeys the information transmitted by vehicle-vehicle communication and vehicle-road communication. However, drivers may not always obey the commands completely in reality, and subsequent studies will take the driver obedience rate into consideration as well. With the gradual development of the application of Telematics technology, the impact of different penetration rate conditions on the traffic state is also something to be considered in the next study.

References

[1] CHAE H, MIN K C, Model predictive control based automated drivinchange control algorithm for merge situation on highway intersection[C]// SAE World Co Experience 2017: WCX17. United States: Society of Automotive Engineers, 2017:12222-12.

[2] HOU Q, TARKO A P, MENG X. Investigating factors of crash frequency with random effects and random parameters models: New insights from Chinese freeway study [J]. Accident Analysis and Prevention, 2018, 120: 1-12.

[3] LETTER C, ELEFTERIADOU L. Efficient control of fully automated connected vehicles at freeway merge segments [J]. Transportation Research Part C: Emerging Technologies, 2017, 80: 190-205.

[4] QIN Y Y, WANG H, WANG W, et al. Mixed traffic flow string stability analysis for different CACC penetration ranges [J]. Journal of Transportation Systems Engineering and Information Technology, 2017, 17(4): 63-69, 104.

[5] RIOST J, MALIKOPOULOS A A. A survey on the coordination of connected and automated vehicles at intersections and merging at highway on-ramps[J]. IEEE Transactions on Intelligent Transportation Systems, 2017, 18 (5): 1066-1077.

[6] SCARINCI R, HEYDECKER B. Control concepts for facilitating motorway on-ramp merging using intelligent vehicles [J]. Transport Reviews, 2014, 34(6): 775-797.

[7] WEN H, LI Q, ZHAO S. Research on spatiotemporal characteristic and risk of lane-changing behaviors of large vehicles in expressway merging area [J]. Journal of South China University of Technology (Natural Science), 2022, 50(5): 11-21.

[8] WU W J, ZHAN Y B, YANG L L, et al. Coordinated control method of variable speed limit in on-ramp area considering safety distance [J]. Journal of Jilin University (Engineering and Technology Edition), 2022, 52(6): 1315-1323.

[9] YANG M, WANG L C, ZHANG J, et al. Collaborative method of vehicle conflict resolution in merging area for intelligent expressway [J]. Journal of Traffic and Transportation Engineering, 2020, 20(3): 217-224.

[10] ZHOU Y J, ZHU H B, GUO M M, et al. Impact of CACC vehicles' cooperative driving strategy on mixed four-lane highway traffic flow [J]. Physica A: Statistical Mechanics and its Applications, 2020, 540.

Traffic Flow Prediction of Freeway Toll Stations Based on Toll Data

Chenxi Zheng[1,2,3]   Xu Qu[*1,2,3]   Can Wang[1,2,3]   Linheng Li[1,2,3]

(1. School of Transportation, Southeast University;

2. Institute on Internet of Mobility, Southeast University and University of Wisconsin-Madison;

3. Jiangsu Province Collaborative Innovation Center of Modern Urban Traffic Technologies,

School of Transportation, Southeast University)

Abstract   To enhance the accuracy of traffic flow predictions at freeway toll stations, this study introduces a Spatial-Temporal Graph Attention Convolutional Neural Network with Edge Information (STGATE). This method captures the spatial-temporal correlation of traffic flow through space-time integration, paying particular attention to the temporal delay and discreteness characteristics of traffic flow during spatial movement. The STGATE model was tested using a dataset from the toll flow records of the Yangli Freeway - Runyang Bridge section in Jiangsu Province's freeway network. The results demonstrate that the STGATE model not only effectively utilizes the characteristics of traffic flow transfer between stations but also surpasses other neural network models in prediction accuracy, more accurately extracting the spatiotemporal correlations of traffic flow. The study concludes that the STGATE model offers a novel solution for predicting traffic flow at freeway toll stations, aiding transportation management departments in more effective control and management of traffic flows.

Keywords   Traffic flow prediction   Freeway toll stations   Spatial-temporal correlation   Graph attention

0 Introduction

In recent years, China's rapid economic development has led to a significant increase in both the number of vehicles and travel volumes. This, in turn, has fuelled the rapid expansion of freeway infrastructure. According to statistics from the Ministry of Public Security and the Ministry of Transport, as of the end of 2022, China boasted a vehicle population of 319 million and a total freeway length of 177,000 kilometres.

With the increasing traffic pressure, intelligent transportation systems have emerged as crucial tools for traffic management, where short-term traffic flow prediction plays a pivotal role. This involves forecasting future traffic conditions, such as traffic volume and speed, using data collected through various devices and modelling techniques. However, most research on short-term traffic flow prediction now concentrates on specific road segments, while toll booth traffic flow prediction has received limited attention.

Research in toll booth traffic flow prediction can be broadly categorized into two main approaches. The first approach involves simple weighted averages of separate time and space models. For instance, Lu et al. (2018) separately employed ARIMA and Back Propagation neural networks (BP) for temporal and spatial modelling, respectively, followed by a weighted combination of their predictions. Similarly, He (2019) used Least Squares Support Vector Machines (LSSVM) for the temporal dimension and computed a traffic transfer matrix for the spatial dimension before combining predictions.

The second approach leverages complex neural network models capable of directly capturing spatial-temporal features. For example, 3D convolutional neural networks (Guo et al., 2019; Zhou et al.,

2022）can be employed to capture traffic flow's spatial-temporal characteristics. Besides, neural network models enable the modelling of time and space characteristics in different layers, which has garnered significant research interest (Cao et al., 2022; Xiao G et al.,2020; Guo J et al., 2020). Yu et al. (2018) employed a spatial-temporal graph convolutional network (STGCN) that combines GCN with gated convolutional layers (Gated-CNN). Ma et al. (2022) introduced an Adaptive Graph Convolutional Network (STAGCN) with attention mechanisms for improved time handling, while Chen et al. (2022) improved GCN with attention mechanisms for better spatial feature exploration. Guo et al. (2021) adapted the Transformer (Vaswani et al., 2017) architecture to fuse GCN and Transformer for spatial-temporal feature processing.

However, despite these advancements, existing research often overlooks critical factors such as temporal delay and discreteness in traffic flow. This study aims to address these gaps by employing a spatial-temporal approach and enhancing existing algorithms with traffic transfer features for improved toll booth traffic flow prediction.

1 Approach

1.1 Model architecture

Current research in the spatial dimension often simplifies the analysis of edge weights in traffic graphs. It typically considers only road connectivity or manually sets weights for spatial predictions. This approach, to some extent, underutilizes the edge information generated by the movement of traffic between stations. To address this issue, this study introduces Edge Origin-Destination (OD) attributes (traffic volume, temporal delay, and discreteness) into the Graph Attention Layer (GAT). This allows the GAT to use edge information to generate attention coefficients that consider OD attributes. Consequently, the model can autonomously generate edge weights related to OD attributes, enabling more effective extraction of spatial features from traffic flow.

In the temporal dimension, the model adopts a one-dimensional Gated Convolutional Layer (Gated-CNN) (Dauphin et al., 2017), which includes Gated Linear Units (GLU) in the convolutional layer. This choice was made because this model architecture is relatively large with many parameters. Gated Convolutional Layers, compared to Long Short-Term Memory (LSTM) layers, tend to converge more easily. They are also more effective than regular one-dimensional convolutional layers in extracting temporal features in time series data.

Both the Gated Convolutional Layer and the Graph Attention Layer have distinct advantages in the temporal and spatial dimensions, respectively. Therefore, the model combines them, forming the model architecture consisting of two spatial-temporal convolution modules and an output module. A schematic representation of the model framework is shown in Figure 1.

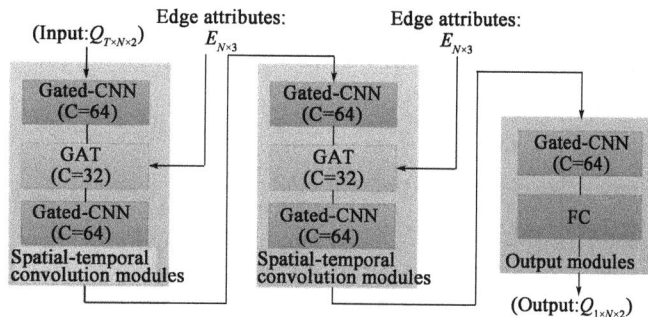

Figure 1   Schematic Representation of the Model Framework

1.2　Spatial-temporal convolution modules

The spatial-temporal convolution modules consist of a Gated Convolutional Layer (Gated-CNN) and a Graph Attention Layer (GAT). The input data undergoes a sequence of operations within this module, specifically Gated-CNN, GAT, and Gated-CNN. Gated-CNN is responsible for extracting temporal features, while GAT focuses on extracting spatial features. Additionally, to ensure comprehensive utilization of edge information, edge attributes are directly input into the Graph Attention Layer without passing through other components.

The combination of Gated-CNN and GAT allows neural network layers beyond the first Gated-CNN to have access to temporal or spatial information extracted by the previous neural network layers. For example, after passing through the first Gated-CNN, the output data consists of a temporal feature sequence extracted from the temporal feature sequence in the input data. When this data is subsequently input into GAT, GAT performs spatial feature extraction on a sequence that already contains temporal features, thereby achieving the extraction of spatial-temporal features.

1.2.1　Gated convolutional layer

The Gated Convolutional Layer (Gated-CNN) processes input data in the form of a three-dimensional tensor (T, N, C), where T represents the size of the time series, N is the number of stations, and C is the depth of the tensor, i. e., the number of data features. Since Gated-CNN aims to retain the spatial shape of the data, which should match the number of toll booths, it primarily processes the temporal dimension features of the data. The convolutional kernel is set to $(K_t, 1)$ in size, and C' convolution kernels are used to extract more features, allowing each kernel to perform one-dimensional convolution on the time series data for each station. As shown in Figure 2, where $K_t = 3$, the convolution results in a tensor of shape $(T - 2, N, C')$.

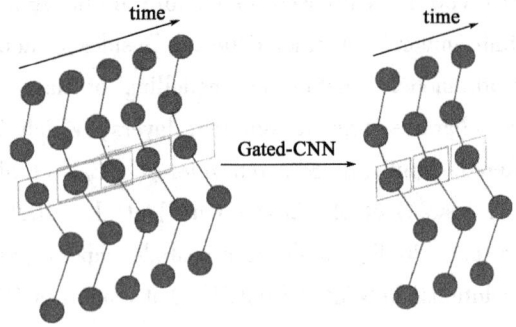

Figure 2　Implementation of convolution on input data

Furthermore, Gated-CNN differs from regular CNN layers. Gated-CNN performs two separate convolutions on the data, with one of them passing through a sigmoid activation function and the other undergoing a residual connection. The specific computation is defined in Equation 1.

$$h_l(X) = (X + X \times W_1 + a) \odot$$
$$\sigma((X \times W_2 + b)) \qquad (1)$$

Here, W_1 and W_2 represent the weights of the convolutional kernels for the two convolutions, while a and b are biases. X corresponds to the input at the position of the $(K_t, 1)$ convolutional kernel, and σ denotes the sigmoid activation function, and $\odot$ is the element-wise product between matrices. Figure 3 provides an illustration of the Gated Convolutional Layer.

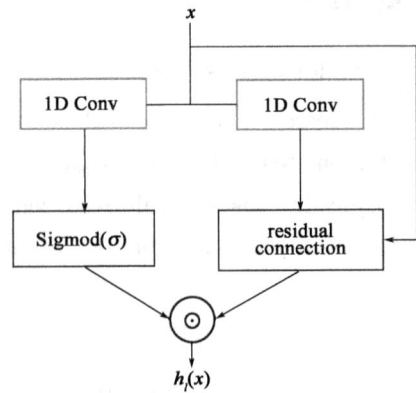

Figure 3　Implementation of Convolution on Input Data

1.2.2　Graph attention layer

The Graph Attention Layer (GAT) (Brody et al., 2021) takes input data in the form of a three-dimensional tensor (T, N, C). Since graph convolution is generally applicable to two-dimensional tensors, the input data is split into $T(N, C)$ two-dimensional tensors and sequentially input into the model for spatial feature extraction. In GAT, graph convolution is performed on each node and its neighbouring nodes. Graph convolution in GAT is achieved by weighted aggregation of neighbouring nodes based on an attention mechanism. After passing through GAT, the output data retains its dimensions in the temporal and spatial dimensions while the feature dimension is determined by C'. The implementation of graph convolution in GAT is depicted in Figure 4.

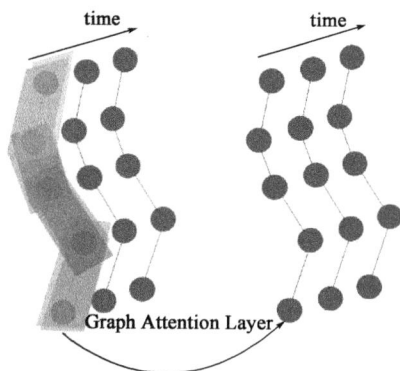

Figure 4　Implementation of Graph Convolution on Input Data

In GAT, the calculation of graph convolution is defined as shown in Equation 2:

$$x'_i = \alpha_{i,i} \mathbf{W} x_i + \sum_{j \in N(i)} \alpha_{i,j} \mathbf{W} x_j \qquad (2)$$

Where, x_i represents the input value of node i, x'_i represents the output value of node i, $N(i)$ denotes the set of neighbouring nodes of node i, $\mathbf{W}$ represents the model's trainable parameters, and $\alpha_{i,j}$ represents the weight for the weighted aggregation between node i and node j, i. e., the attention coefficient. The calculation formula for attention coefficients $\alpha_{i,j}$ is defined as shown in Equation 3:

$$\alpha_{i,j} = \frac{\exp\left(\begin{array}{c} \mathbf{a}^T \mathrm{LeakyReLU} \\ (\mathbf{W}[x_i \| x_j]) \end{array}\right)}{\sum_{k \in N(i) \cup \{i\}} \exp\left(\begin{array}{c} \mathbf{a}^T \mathrm{LeakyReLU} \\ (\mathbf{W}[x_i \| x_k]) \end{array}\right)} \qquad (3)$$

Here, $\mathbf{a}$ and $\mathbf{W}'$ are trainable parameters of the model, $\|$ denotes concatenation of tensors or vectors, and LeakyReLU is the activation function as depicted in Figure 5.

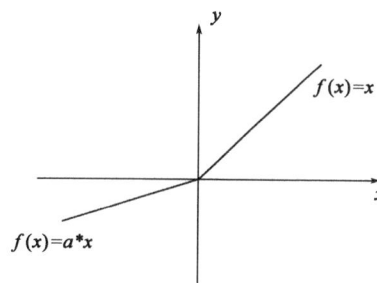

Figure 5　LeakyReLU Activation Function

This study aims to introduce edge features within the graph structure to consider the temporal delay, discreteness, and traffic transfer characteristics of traffic flow data when calculating the influence between different nodes. Therefore, the OD features of edges are directly input into the GAT layer, and the feature vectors of two connected nodes and their connecting edge are concatenated into a single vector for computation, allowing the OD features of edges to be incorporated into the attention coefficients.

Improvements have been made to the method for calculating attention coefficients in the graph attention neural network, as demonstrated in Equation 4:

$$\alpha_{i,j} = \frac{\exp\left(\begin{array}{c} \mathbf{a}^T \mathrm{LeakyReLU} \\ (\mathbf{W}[x_i \| x_j \| e_{i,j}]) \end{array}\right)}{\sum_{k \in N(i) \cup \{i\}} \exp\left(\begin{array}{c} \mathbf{a}^T \mathrm{LeakyReLU} \\ (\mathbf{W}[x_i \| x_k \| e_{i,k}]) \end{array}\right)} \qquad (4)$$

Here, $\mathbf{e}_{i,j}$ represents edge features.

1.3　Output module

The output module consists of a Gated Convolutional Layer (Gated-CNN) and a Fully Connected Layer (FC). The Gated-CNN further extracts temporal features from the output data of the spatial-temporal convolution blocks and transforms them into the required prediction time steps in the temporal dimension. The FC is used to transform the depth of the output tensor into the desired format, which is $(1, N, 2)$. This format implies that the study aims to transform the tensor in the temporal dimension into a single time step for prediction, maintain the same size as the number of stations in the spatial dimension for outputting at each station, and transform the feature dimension into two features representing the inflow and outflow at the toll booth.

In the Gated-CNN of the output module, the convolution kernel parameter K_t is set to be the same as the time step of the input data, which is (T, N, C), ensuring that $K_t = T$. This corresponds to performing one convolution operation over the entire time sequence. In the FC layer, the weights are set as a matrix of shape $(C, 2)$ and are multiplied with the tensor output from the Gated-CNN to transform the feature dimension, resulting in a tensor of shape $(1, N, 2)$.

2　Data processing and analysis

2.1　Data source and introduction

The data used in this study was obtained from the toll booth transaction records of certain regions in Jiangsu Province's freeway network in September 2020. These records capture specific details each time a vehicle passes through a toll booth, including various features. Table 1 provides an explanation of some of the recorded features.

Explanation of Transaction Record Features (Partial)　Table 1

Serial Number	Field Name	Alias	Type
1	ProgramStart Time	Start Time	Datetime
2	RecordNo	Flow Number	Int
3	ID	Transaction ID	varchar
4	PassCardType	Card Type	Int
5	CardID	Card Number	varchar
6	EnStationHex	Entry Station Hex Code	varchar
7	EntryLane	Entry Lane Number	int
8	...	...	...

The study focuses on the Yangli Freeway section of the freeway network, which includes the following toll booth stations: Jiangsu Guazhou Station, Jiangsu Shiyezhou Station, Jiangsu Zhenjiang West Station, Jiangsu Zhenjiang South Station, and Jiangsu Shangdang Station. Their corresponding hex codes in the transaction records are 3201D02, 3201D03, 3201D04, 3201D05, and 3201D06, respectively.

The main research problem addressed in this study is the prediction of traffic flow entering and exiting toll booths. To achieve this, it is essential to obtain data on traffic flow at different stations within various time intervals, as well as information on traffic transfer between stations and travel times. As a result, the raw transaction data needs to be processed and analysed to extract relevant insights for the study's objectives. This includes analysing the temporal and spatial distribution of traffic flow at toll booths and understanding the origin-destination (OD) characteristics between different toll booths.

2.2　Temporal distribution characteristics

The temporal distribution of traffic flow at toll booth stations is analysed by dividing the data into 15-minute intervals for the month of September 2020. Figures 6 and Figures 7 display the temporal distribution of traffic flow.

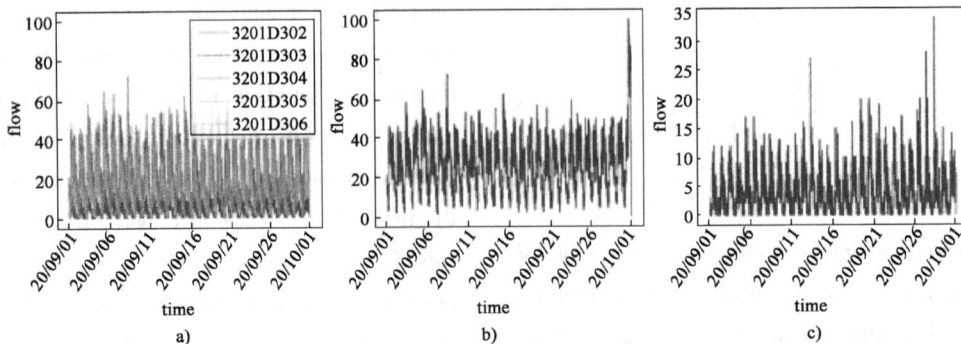

Figure　6

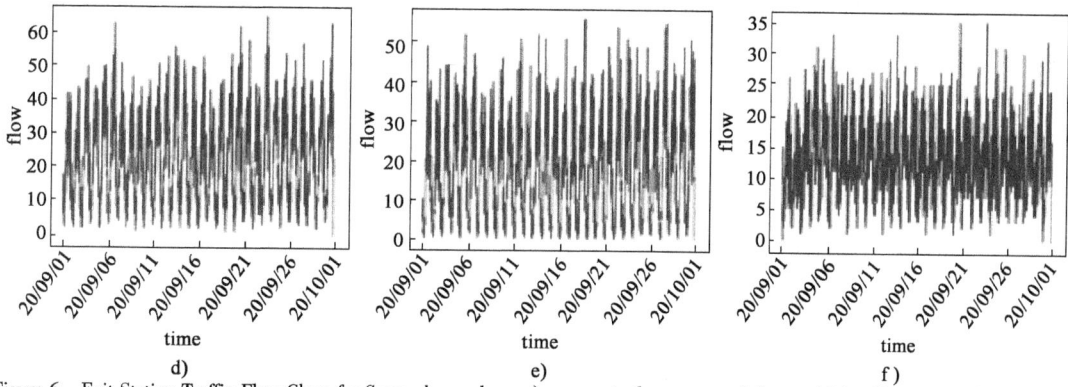

Figure 6   Exit Station Traffic Flow Chart for September, where a) represents the aggregated flow and b) ~ f) correspond to the toll booth stations 3201D02, 3201D03, 3201D04, 3201D05, and 3201D06, respectively.

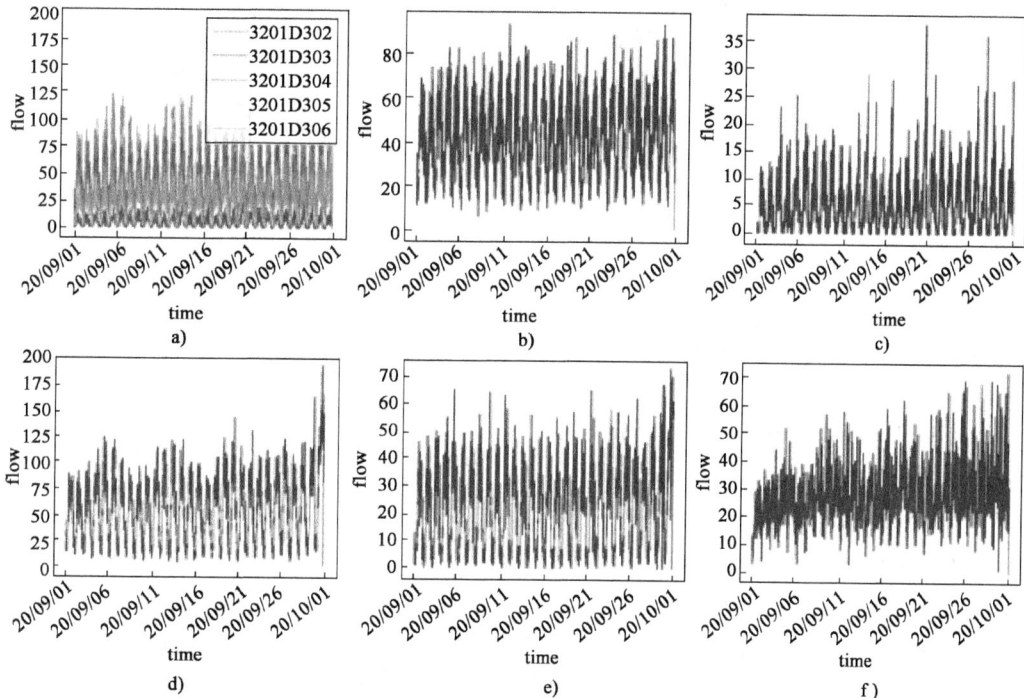

Figure 7   Entrance Station Traffic Flow Chart for September, where a) represents the aggregated flow and b) ~ f) correspond to the toll booth stations 3201D02, 3201D03, 3201D04, 3201D05, and 3201D06, respectively.

The data shows daily periodicity in traffic flow, with station 3201D302 having a higher flow than 3201D303, 3201D304, 3201D305, and 3201D306, except on September 30th.

2.3   Spatial distribution characteristics

Spatial-temporal traffic flow heatmaps, shown in Figures 8. These heatmaps have time on the horizontal axis and space on the vertical axis.

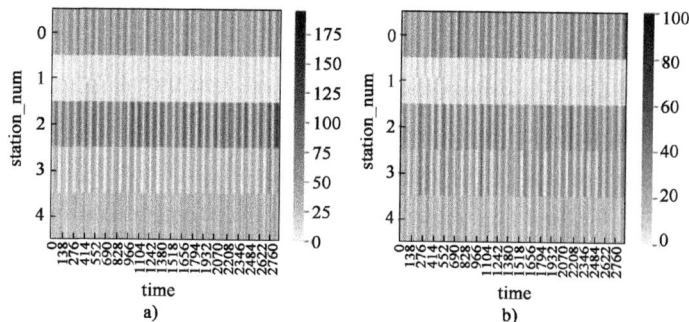

Figure 8   Spatial-Temporal Traffic Flow Heatmaps of the Exit Station, where a) corresponds to the entrance station and b) to the exit station. The figure shows station-level traffic flow heatmaps, with each unit on the vertical axis representing a toll booth (0 ~ 4 corresponding to 3201D302-3201D306).

The analysis also includes correlation coefficient heatmaps, as seen in Figures 9. These correlation coefficient heatmaps provide a deeper understanding of the relationships between traffic flow patterns at different toll booth stations and explain the rationality of predicting traffic flows by extracting spatial features from the data.

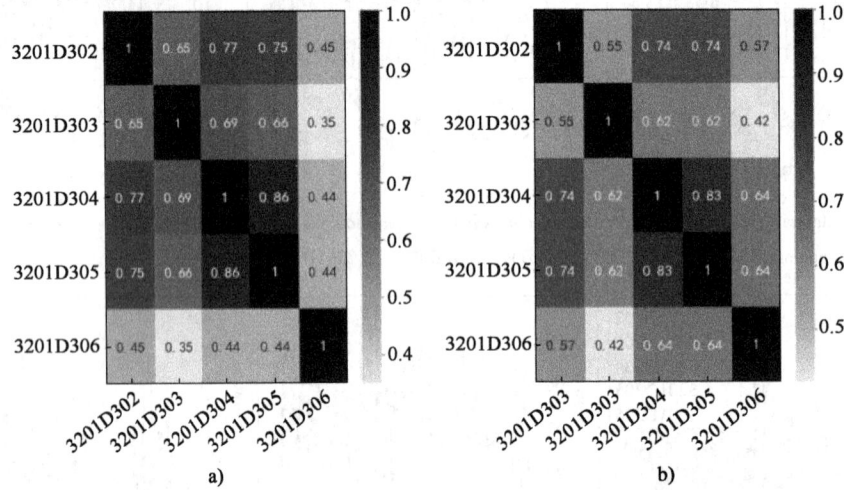

Figure 9 Traffic Flow Correlation Coefficient Heatmaps, with a) corresponding to the entrance station and b) corresponding to the exit station.

2.4 OD feature analysis

This study necessitates the integration of edge information into the model, which entails the extraction of salient Origin-Destination (OD) features characterizing traffic flow transitions between distinct toll booth stations based on traffic records. The extracted OD features, as depicted in Figure 10, encompass essential metrics. OD flow quantifies the traffic volume between stations, while temporal delay represents the temporal aspects of traffic flow, denoting the average travel time of all OD vehicles. Discreteness reflects the disparities in travel times among individual vehicles, quantified by the standard deviation of travel times for all OD vehicles.

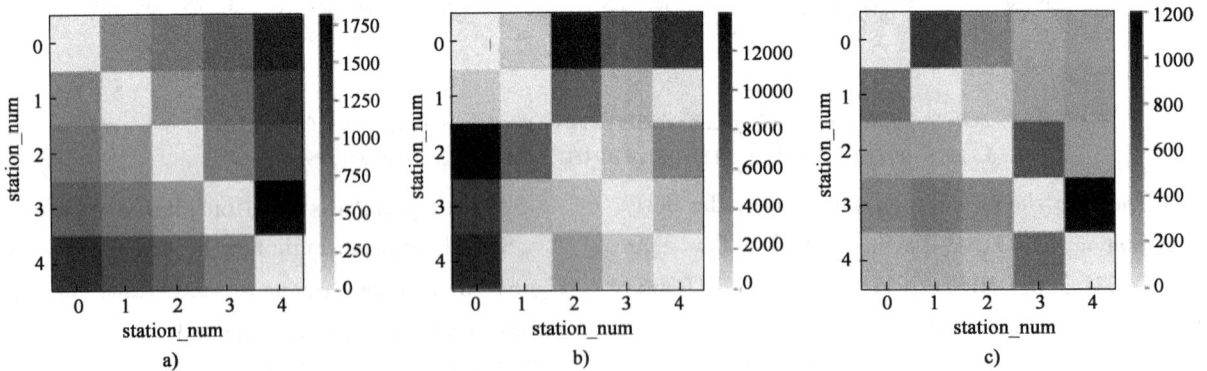

Figure 10 OD Features Heatmaps, with a), b), and c) corresponding to temporal delay, OD flow, and discreteness, respectively. The stations are labelled as 0~4, corresponding to toll booth stations 3201D302 through 3201D306, respectively.

These analyses provide essential insights into the spatial-temporal and OD characteristics of the traffic flow data, which are crucial for building effective traffic flow prediction models.

2.5 Data standardization

Traffic flow volumes at different stations vary significantly across time intervals, necessitating data standardization to facilitate faster and more accurate model convergence during training. In this study, we employ the z-score (z-score) to standardize the traffic flow data for each station separately along their respective time dimensions.

The z-score, also known as the standard score,

quantifies the distance of a data point from the mean of all data points in terms of the standard deviation of all data points. When the original data follows a normal distribution, the z-score transforms it into a standard normal distribution. In essence, the z-score effectively represents the relative position of data within the entire dataset. The calculation formula is shown in Equation 5.

$$z = \frac{X - \overline{X}}{s} \qquad (5)$$

Where, X represents the traffic flow data for a single time step, $\overline{X}$ represents the mean of traffic flow across all time steps, s represents the standard deviation of traffic flow across all time steps.

Furthermore, as OD features, which serve as edge attributes, have different scales, units, and magnitudes for flow, temporal delay, and discreteness, they also require z-score standardization. Similar to the flow data, we standardize each edge separately to obtain standardized feature data for each edge.

2.6　Model input data

Since the model's input data differs significantly from the toll booth flow data, we provide a brief explanation of the data's shape after preprocessing.

Firstly, for the flow data, each input to the model should encompass information related to time, space, and entry/exit characteristics. Therefore, the tensor shape of the input data is three-dimensional, as shown in Equation 6.

$$Q_{T \times N \times 2} = \begin{pmatrix} \begin{pmatrix} q_{111}, q_{121}, \cdots, q_{1N1} \\ q_{111}, q_{221}, \cdots, q_{2N1} \\ \vdots \\ q_{T11}, q_{T21}, \cdots, q_{TN1} \end{pmatrix}, \\ \begin{pmatrix} q_{112}, q_{122}, \cdots, q_{1N2} \\ q_{212}, q_{222}, \cdots, q_{2N2} \\ \vdots \\ q_{T12}, q_{T22}, \cdots, q_{TN2} \end{pmatrix} \end{pmatrix} \qquad (6)$$

In this data, q_{tn1} represents the inflow at the n-th

station during the t-th time interval, and q_{tn2} represents the outflow at the n-th station during the t-th time interval.

Secondly, for the edge data, the input tensor shape is two-dimensional, as shown in Equation 7.

$$E_{N \times 3} = \begin{pmatrix} e_{11}, e_{12}, e_{13} \\ e_{21}, e_{22}, e_{23} \\ \vdots \\ e_{N1}, e_{N2}, e_{N3} \end{pmatrix} \qquad (7)$$

In this data, e_{n1} represents the average journey time for all vehicles on the n-th edge (road) over the entire time (September), e_{n2} represents the standard deviation of journey times for all vehicles on the n-th edge over the entire time, and e_{n3} represents the total flow on the n-th edge (road) over all time intervals.

3　Experiments

3.1　Model settings

3.1.1　Model training environment

The environment for implementing and training the spatial-temporal traffic flow prediction model based on correlation is listed in Table 2.

Model Training Environment　Table 2

Hardware	Parameters	Software	Versions
CPU	Intel i9 13900HX	Python	3.8
GPU	NVIDIA GeForce RTX 4060 Laptop GPU	CUDA/CUDNN	11.8/8.8.1
RAM	16G	PyTorch	2.0.0
OS	Win11	PyTorch Geometric	2.3.0

3.1.2　Evaluation metrics

For evaluating the model's predictive results, this study employs Mean Absolute Error (MAE), Root Mean Square Error (RMSE), and R-squared (R^2) as evaluation metrics. Smaller MAE and RMSE values and a larger R^2 value indicate better model performance. The formulas are as follows:

$$MAE = \frac{\sum_{i=1}^{m} |\hat{y}_i - y_i|}{m} \qquad (8)$$

$$RMSE = \sqrt{\frac{\sum_{i=1}^{m}(\hat{y}_i - y_i)^2}{m}} \qquad (9)$$

$$R^2 = 1 - \frac{\sum_{i=1}^{m}(y_i - \hat{y}_i)^2}{\sum_{i=1}^{m}(y_i - \overline{y}_i)^2} \qquad (10)$$

Where, y_i represents the true values of the data, $\hat{y}_i$ represents the predicted values of the data, $\overline{y}_i$ represents the mean values of the data, m is the total number of data points.

3.1.3　Model parameters

The model parameters are set as follows:

(1) Time intervals are set to 15 minutes, and the dataset is split into training, validation, and test sets in a 7∶2∶1 ratio.

(2) For sliding window parameters, the window size is set to 12 with a delay of 3, meaning historical data from12-time steps are used to predict data for the third future time step. This is equivalent to using data from the previous 14-time steps to predict data for the next 3-time steps.

(3) In the model construction section, feature parameters for the Gated Convolutional Layer (GLU) are set to 64, and feature parameters for the Graph Attention Layer (GAT) are set to 32. The loss function is set to MAE, and the Adam algorithm is used as the optimizer.

3.1.4　Baseline Comparison Models

The spatial-temporal Graph Attention Convolutional Network with Edge Information (STGATE) model is compared with other baseline traffic flow prediction models:

(1) STGAT(GLU): Spatial-temporal Graph Attention Convolutional Network.

(2) STGCN: Spatial-temporal Graph Convolutional Network.

(3) STGAT (LSTM) (Huang et al., 2019): Spatial-temporal Graph Attention Convolutional Network with Long Short-Term Memory.

(4) GLU: Convolutional Network with Gated Linear Units.

(5) LSTM (B et al., 2015): Long Short-Term Memory.

(6) MLP: Multi-Layer Perceptron.

3.2　Model results

Table 3 summarizes the results of the STGATE model compared to other baseline models. Figures 11 and 12 display the comparison between the STGATE model's predictions and actual traffic flow for entry and exit stations, where the blue solid line represents real values, and the red dashed line represents predicted values. Each subplot corresponds to a specific toll booth station.

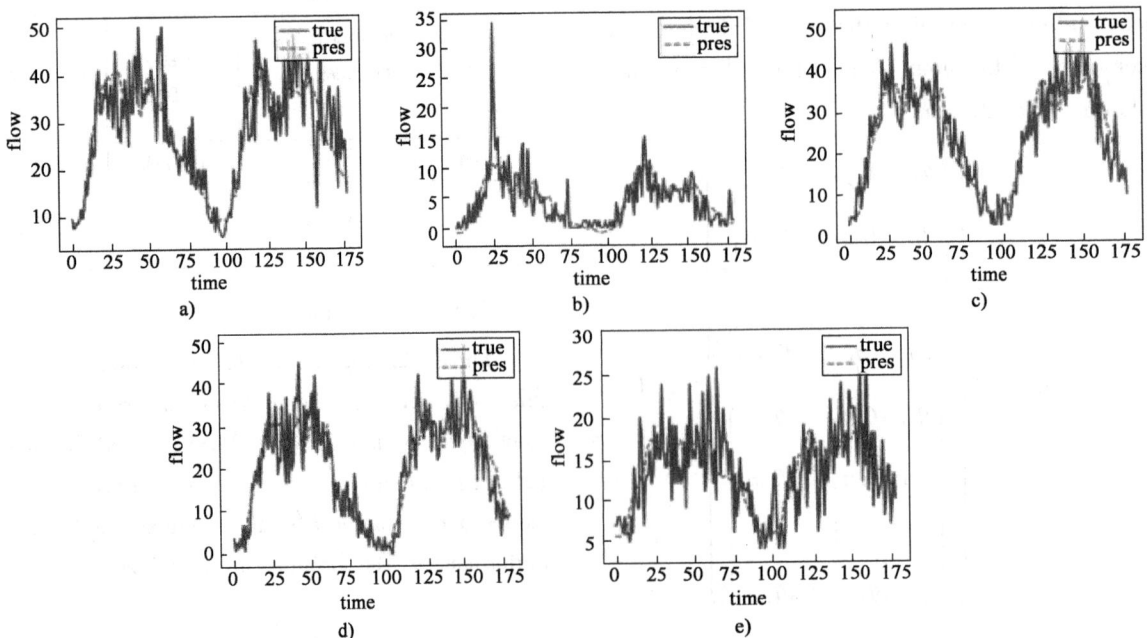

Figures 11　Prediction of Toll Booth Exit Traffic Flow (a) ~ e) corresponding to 3201D302-3201D306)

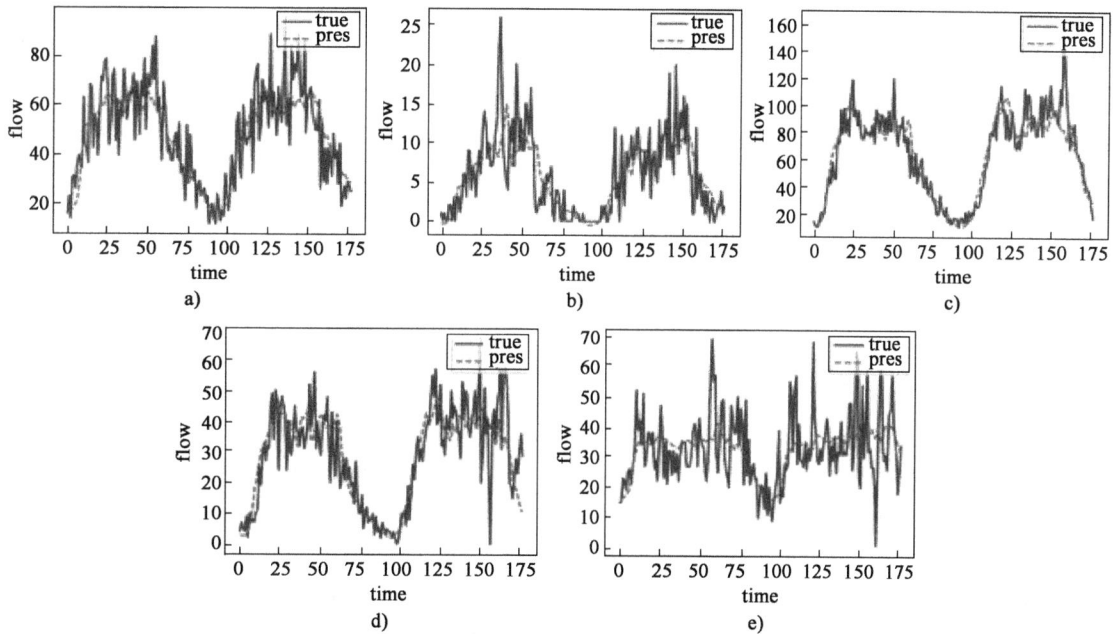

Figures 12 Prediction of Toll Booth Entrance Traffic Flow (a) ~ e) corresponding to 3201D302-3201D306)

Comparison of Different Models   Table 3

Prediction Method		STGATE	STGAT(GLU)	STGCN	STGAT(LSTM)	GLU	LSTM	MLP
MAE	Entry	**6.943**	7.05	7.084	7.35	7.346	7.384	7.444
	Exit	**3.580**	3.71	3.668	4.032	3.615	3.774	3.819
RMSE	Entry	**10.068**	10.187	10.188	10.368	10.55	10.496	10.53
	Exit	**4.928**	5.094	5.044	5.404	4.954	5.155	5.221
R^2	Entry	**0.865**	0.862	0.861	0.857	0.852	0.853	0.852
	Exit	**0.850**	0.84	0.843	0.82	0.849	0.836	0.832

From the model results, the following conclusions can be drawn:

(1) STGATE performs better overall compared to other models, indicating its effectiveness in predicting traffic at toll booth stations.

(2) STGAT (GLU) without edge information does not exhibit significant advantages over STGCN. In fact, it performs worse in predicting exit station traffic, suggesting that, for this dataset, Graph Attention Networks (GAT) may not be effective without edge information, and Gated Convolutional Networks (GCN) might perform better by assuming equal node weights.

(3) STGAT (LSTM) performs relatively poorly, especially in predicting exit station traffic. The large framework and model parameters might make it difficult to converge. This could explain why it performs worse than other models on exit station traffic predictions, especially when data fluctuations are minimal.

(4) Although MLP was constructed in both temporal and spatial dimensions in the study, its simple architecture limits its ability to extract data features, resulting in poorer performance.

(5) Spatial-temporal prediction models outperform single-dimensional prediction models, except for STGAT(LSTM) and MLP. This is because spatial-temporal prediction models capture both temporal and spatial features, whereas GLU and LSTM only capture the temporal dimension. However, GLU performs well for exit stations, indicating its superiority in relatively stable time series data.

4 Conclusions

This study introduced a dataset from Jiangsu Province's freeway network, shedding light on temporal and spatial distribution characteristics. Addressing the limitations of existing traffic flow prediction models, this paper proposed the Spatial-Temporal Graph Attention Convolutional Network with Edge information (STGATE). This model utilizes Gated Linear Unit (GLU) convolutional layers and Graph Attention Network (GAT) layers to capture both spatial and temporal features. By incorporating edge information, it enhances prediction accuracy compared to other models. In the future, research will focus on refining the model with improved datasets, expanding spatial coverage, and and further develop edge information.

References

[1] BRODY S, ALON U, YAHAV E. How attentive are graph attention networks? [J]. arXiv preprint arXiv:2105.14491, 2021.

[2] MA X, TAO Z, WANG Y, et al. Long short-term memory neural network for traffic speed prediction using remote microwave sensor data [J]. Transportation Research Part C: Emerging Technologies, 2015, 54: 187-197.

[3] CAO S, WU L, WU J, et al. A spatio-temporal sequence-to-sequence network for traffic flow prediction [J]. Information Sciences, 2022, 610: 185-203.

[4] CHEN Z, LU Z, CHEN Q, et al. Spatial-temporal short-term traffic flow prediction model based on dynamical-learning graph convolution mechanism [J]. Information Sciences, 2022, 611: 522-539.

[5] DAUPHIN Y N, FAN A, AULI M, et al. Language modeling with gated convolutional networks [C] // International conference on machine learning. Sychey: PMLR, 2017: 933-941.

[6] GUO J, SONG C, WANG H. A multi-step traffic speed forecasting model based on graph convolutional LSTM [C] // 2019 Chinese Automation Congress (CAC). NewYork: Gurran Associate, Inc, 2019: 2466-2471.

[7] GUO S, LIN Y, LI S, et al. Deep spatial-temporal 3D convolutional neural networks for traffic data forecasting [J]. IEEE Transactions on Intelligent Transportation Systems, 2019, 20 (10): 3913-3926.

[8] GUO S, LIN Y, WAN H, et al. Learning dynamics and heterogeneity of spatial-temporal graph data for traffic forecasting [J]. IEEE Transactions on Knowledge and Data Engineering, 2021, 34(11): 5415-5428.

[9] HE J. Traffic Forecasting of Freeway Toll Station Based on Spatio-temporal Correlation of the Networked Toll Data [D]. Chong Qing: Chongqing University, 2019.

[10] HUANG Y, BI H, LI Z, et al. Stgat: Modeling spatial-temporal interactions for human trajectory prediction [C] // Proceedings of the IEEE/CVF international conference on computer vision. New York: Curran Associates, Inc, 2019: 6272-6281.

[11] LU W, GU Y, CHEN L. Short-Term traffic flow forecasting of urban expressway based on spatial and temporal traffic characteristics [J]. Computer Integrated Manufacturing Systems, 2018, 35(9): 136-140.

[12] MA Q, SUN W, GAO J, et al. Spatio-temporal adaptive graph convolutional networks for traffic flow forecasting [J]. IET Intelligent Transport Systems, 2023, 17(4): 691-703.

[13] ASHISH V. Attention is all you need [J]. arXiv preprint arXiv: 1706.03762, 2017.

[14] XIAO G, WANG R, ZHANG C, et al. Demand prediction for a public bike sharing program based on spatio-temporal graph convolutional networks [J]. Multimedia Tools and Applications, 2021, 80: 22907-22925.

[15] YU B, YIN H, ZHU Z. Spatio-temporal graph convolutional networks: a deep learning framework for traffic forecasting [J]. arXiv preprint arXiv:1709.04875, 2017.

[16] ZHOU Q, CHEN N, LIN S. Fastnn: a deep

learning approach for traffic flow prediction considering spatiotemporal features ［J］.

Sensors，2022，22（18）：6921.

基于改进 Pointpillars 模型的路侧
三维点云目标检测方法

刘志远[1,2]　芮一康[*1,2]

（1.东南大学交通学院；2.东南大学东南大学-威斯康星大学智能网联交通联合研究院）

摘　要　交通感知技术是智能交通系统的重要组成部分,其主要依赖于各种传感器实现信息的采集与处理,而基于路侧布设的激光雷达获取的点云数据进行道路目标精准检测是交通感知技术最有价值的应用场景之一。本文完成了基于路侧点云数据的目标检测,设计了一种统计滤波与体素滤波相结合的混合滤波算法,去除离群点的同时实现降采样,最后基于Pointpillars模型原理,通过增大检测维度,优化检测范围与调整学习率参数,保证效率的同时提高了检测精度,并证明了模型的迁移能力。

关键词　路侧感知　激光雷达　点云数据　目标检测

0　引言

交通感知技术作为智能交通系统中不可或缺的一部分,是提高交通出行效率、提高交通安全以及加强交通要素之间联系的重要方法[1]。

在交通感知技术中,实现信息采集与处理需要依靠各类传感器。目前的主流传感器包括摄像机、毫米波雷达和激光雷达等,其中激光雷达检测精度高,范围广,可以在比较复杂的环境中工作,具有良好的应用前景,因此是本次研究的主要数据来源。

激光雷达获得的点云数据在实际使用前需要进行一系列的优化处理,低质量的点云会对其应用造成较大的影响。李广云[2]等在研究中指出点云数据具有海量性、不均匀性以及多样性等特点。鲁冬冬[3]等在研究中利用PCL实现了统计滤波与半径滤波两种方法,并验证了其降噪效果。Zhou[4]等在研究中提出了基于空间拓扑关系与弦高比理论,降低点云数据总量的同时,保留了信息的完整性。Fleishman[5]使用局部邻域在法线方向过滤网格顶点的方式,但这种新的方法导致复杂度较高。

对于点云数据的目标识检测,在传统的研究中以基于局部的几何特征与点云密度为主。Klaas[6]在研究中使用了三维雷达范围数据实现了

形状的识别,并提出了基于RBNN算法的聚类算法实现了形状的识别。同时还出现了三维点云数据的最小值分割方法[7],利用不同目标之间的关联度来设定参数范围与读取速度来实现目标检测。将位置相关形状、反射强度与随机选择的高度差等作为主要特征[8-9]的算法,通过随机森林等算法的方式也有学者使用。但这些较为传统的目标检测具有适用场景单一等问题,难以在复杂场景中发挥作用。

目前实现三维点云目标检测的主要方法为深度学习。Yue[10]等使用了卷积神经网络(DRGCNN),使用图卷积处理点云具有划时代意义的PointNet模型[11]利用卷积神经网络的特殊性获取点云特征,通过直接输入点云完成模型训练与目标检测。VoxelNet模型[12]进一步将输入的点云根据长宽高划分为体素,并引入特征编码进行统一的表示。

在研究场景方面,目前绝大多数关于激光雷达的目标检测都基于车载检测,而路侧场景作为车载系统的补充,能够有效地提高系统安全与效率。因此本文基于上述背景,利用改进后的点云数据目标检测算法可以实现路侧激光雷达布设的场景内道路目标检测。主要工作如下:

(1)提出了基于统计滤波与体素滤波相结合的点云滤波方法,能够在剔除离群点的同时实现

降采样,降低后续算法的时间复杂度。

(2)基于 Pointpillars 模型原理,对其进行检测范围、特征学习维度与学习率的改进,完成了基于路侧激光雷达的道路目标检测。

1　基于路侧激光雷达感知的道路目标检测方法

1.1　点云滤波混合算法设计

为了剔除离群点,避免其对模型精度的影响以及简化重叠冗杂的点云,提高后续算法的处理效率,本文设计了一种统计滤波与体素滤波相结合的混合滤波算法。

统计滤波的主要实现思想为对每个点的邻域进行一次统计分析,获取其对临近点的所有距离的统计学分布,再通过统计学方法计算平均值与标准差,将平均值记为 K,标准差记为 N,阈值范围最大值可以设定为 $(K-N, K+N)$。在点云中筛选出不符合定义区域内的点将其移除。

体素滤波器可以达到向下采样同时不破坏点云本身几何结构的功能,其主要功能是用来进行降采样。通过体素化网格进行数据的降采样,体素化原理是根据输入的点云,首先根据设定的分辨率,将该大立方体分割成不同的小立方体。对于每一个小立方体内的点,计算他们的质心,并用该质心的坐标取代一定范围内的点云,实现降采样。

通过统计滤波进行离群点的剔除,然后使用体素滤波器进行降采样,在有效去除离群点的同时保留点云最大特征,并减小了后续训练模型的时间复杂度。具体实现效果如图1所示。

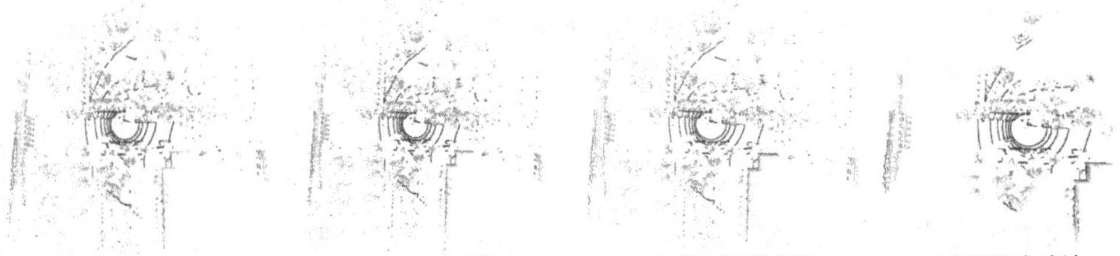

a)原始点云　　b)仅使用统计滤波　　c)仅使用体素滤波　　d)点云混合滤波

图1　点云滤波算法结果

1.2　三维点云目标检测模型构建

1.2.1　Pointpillars 模型原理

相比于之前提出的深度学习算法,Pointpillars 的主要创新点在于将复杂的三维卷积神经网络变为二维卷积网络,从而大幅提高了效率。同时 Pointpillars 模型可以实现只使用点云数据进行训练即可达到相同效果的目的。

其具体实现步骤如下所示,具体实现方法如图2所示。

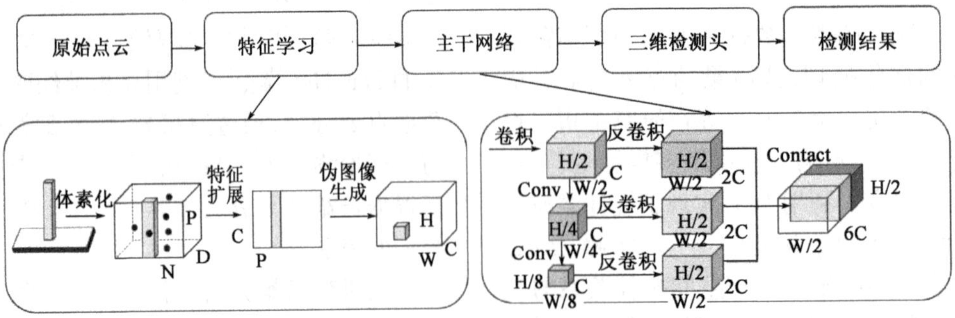

图2　Pointpillars 模型基本原理

(1)将点云数据按不限制 Z 轴的体素网格进行体素化,再通过特征编码转化为具有高维特征的稀疏二维伪图像。

(2)使用二维卷积神经网络将点云伪图像处理为高维度的代表特征,具体实现为卷积方向相反的两个子网络。

(3)使用检测头进行三维数据的检测与检测框回归,完成损失函数的计算与检测框的绘制与可视化。

实现 Pointpillars 的第一步就是将输入的点云

数据转化为二维伪图像,生成伪图像的首先将三维空间按 X,Y 区域分割为各个体素,对每个体素内的点进行第一次特征的扩展,生成 (D,P,N) 的张量,D 为点云维度,P 为每帧点云中的体素个数,N 即为每个体素中点云个数,再对每个 (D,P,N) 张量进行线性层的卷积神经网络变换,点云特征由 D 维提升到 C 维,最后通过最大池化操作提取 N 个点云中的最显著特征,将体素个数 P 转化为二维伪图像,长为 H,宽为 W,最后的伪图像结构为 (C,H,W)。

主干网络的目标是使模型完成对特征的学习。在本研究中通过两个子网络完成。一个网络实现自上而下的降采样实现特征的完全学习,特征图的分辨率逐步增大。另一个网络实现将升采样取得的三个特征输出维度相同,以适应不同维度的特征,再把它们拼接起来实现完全的特征学习。

检测头是模型训练的最后一步,具体为当模型训练时,返回模型检测的检测框数据等进行损失函数的计算;对于模型测试时,输出检测框并实现可视化。

1.2.2 路侧场景的 Pointpillars 模型改进

传统的 Pointpillars 模型基于车载点云,在检测范围内做了严格约束,并且也为了防止车载运动采集数据导致的畸变,设定了相应的处理算法,由此加大了算法的复杂度。对于路侧场景,本次研究首先将点云检测范围从车辆前方区域调整为以坐标原点为中心前后 40m 左右范围区域内作为检测范围,激光雷达在这个范围内的检测精度较为可信;其次基于对点云的预处理,去除了离群点的同时减小点云数目,进一步提高了点云处理效率,具体结果见表 1。

改进前后时间对比 表1

改进前后	单帧检测时间(s)
改进前	4.36
改进后	3.11

由上表可以看出改进后检测效率增加了 20% 以上,有效减轻了算法的时间复杂度。

Pointpillars 模型在设计上过于追求效率而舍弃了部分精度,具体体现在点云伪图像生成中维度的扩展上,默认的 64 维特征仅适用于大数据量的模型训练,本次实验将伪图像输出特征提高 1

倍,使得后续卷积中模型可以学习更多更详尽的特征,使得模糊的目标在提高输出特征维度被检测出来,在模型提取特征的过程中,输出扩展维度提取特征是通过线性神经网络实现的:

$$y_i = \sum_1^n x_i + b \qquad (1)$$

式中:y_i——输出神经元;

x_i——输入神经元,采用均方差作为评判标准:

$$MSE = \frac{1}{N}\sum_1^N (e^2(k)) \qquad (2)$$

式中:N——训练样本个数。

线性神经网络之后使用 BatchNorm 处理使模型训练更加稳定,避免梯度爆炸,最后通过 ReLU 函数激活,实现如下变换:

$$g(\{x_1,x_2,\cdots,x_n\}) \approx h(\omega(x_1),\omega(x_2),\cdots,\omega(x_n)) \qquad (3)$$

该公式即实现了点云到特征的输出集合,$\omega(x_i)$ 即点云在线性网络中的变化权重,具体效果如图 3 所示。

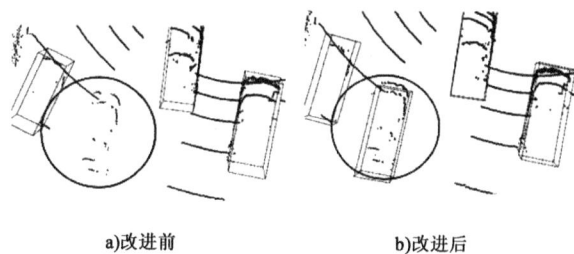

a)改进前　　　　　　b)改进后

图3 改进输出维度前后检测结果

最后,本次实验重新选取了学习率。学习率过小,就需要花费更多的时间来收敛,但是可以确保不会错过任何局部最小值,如果被困在局部最优点,那么就可能会导致陷入无限循环或者提前收敛。如果选择过高的学习率,则会导致梯度爆炸,损失函数不断振动,模型难以收敛,无法训练有效的模型,学习率选择过程见表 2。

学习率选择 表2

学习率初始值	测试损失函数值
0.004	0.9041
0.005	0.8721
0.006	0.8214
0.007	0.8015
0.008	0.7995
0.009	0.8001
0.010	0.8005

选取完学习率与损失函数后,本次研究采用 Adam 优化函数优化每一步的损失函数,将初始学习率设定在 0.008。

2 实验与结果分析

2.1 数据来源

为了训练出效果较好,分类较为精确以及更有说服力的模型,本次实验选取了自动驾驶感知领域内的重要的 KITTI 数据集作为模型训练来源,其有应用广泛、模型精度较高等特性。测试数据来自 2022 年 3 月 9 日来自 16 线的 Velodyne 激光雷达采集的数据。

2.2 点云滤波实验

本次使用的统计滤波方法主要有两个输入参数,一个是邻域点个数,一个是标准差乘数。邻域点个数划定了检测范围;标准差乘数划定了平均距离的范围,标准差乘数越小检测器越苛刻,本次实验采用最广泛使用的标准 2.0[13]。需要划定的即为邻域点个数,选取过程见表 3,该帧点云滤波前的点数为 20020。

统计滤波结果 表3

邻域点个数	滤波后个数
20	18502
30	18411
40	18403
50	18372
60	18313
70	18273
80	18245

从表中可以看出选取不同邻域点的选取对滤波后的点数影响不大,对此我们选用了较为合理的中值 50。

上述统计滤波完成后,将生成的点云输入到体素滤波器。体素滤波器的输入参数为体素块的边长,选取过程见表 4。

体素滤波结果 表4

单位体素网格长度	滤波后点云个数
0.050	16239
0.075	14568
0.100	12333
0.150	10189
0.175	9855
0.200	8644

体素网格大小选取 0.10 比较合适,既可以保证点云数据中各个特征的完整性,又能最大限度地减小点云个数,提高后续运算的效率。

2.3 三维目标检测模型训练

评价指标的第一部分为损失函数,本研究采用三要素损失函数设计,分别为定位损失、分类损失以及目标损失。首先计算其与真实边界框的残差,分为 7 个要素,分别为中心点的三维坐标,检测框的宽度、长度、高度以及旋转角度,即 (x,y,z,w,l,h,θ)。

因此总的定位损失函数如下:

$$L_{los} = \sum_{b \in (x,y,z,w,l,h,\theta)} \text{Smooth}L1(\Delta b) \quad (4)$$

其中,Smooth $L1$ 函数为平滑版 $L1$ 函数,Δb 为对应要素。

分类损失的目的是控制正负样本的权重以及控制容易分类和难分类样本的权重,本次研究中的实现函数如下所示:

$$L_{cls} = -\alpha_a (1-p^a)^\gamma \log p^a \quad (5)$$

其中,p^a 为该检测框分为某类的概率,$(1-p^a)^\gamma$ 成为调制系数,与 p^a 成反比例,由此来控制难易分类样本的权重。在本次实验中定义的 $\alpha_a = 0.25, \gamma = 2$。

损失函数的第三部分为目标损失函数,其由 Softmax 函数定义:

$$L_{dir} = -\sum_{i=1}^{k} p_i \log(1-p_i) \quad (6)$$

其中,p_i 为每个目标分类对应分类回归参数。Softmax 函数本质上是一种改进后的归一化函数,通过归一化重新计算其在损失函数中的权重,离真实值越远的预测值损失函数会越大,使后续的学习力迭代更加精确。

定义了上述损失函数的各部分后,总的损失函数如下所示:

$$L = \frac{1}{N_{pos}} = (\beta_{loc}L_{los} + \beta_{cls}L_{cls} + \beta_{dir}L_{dir}) \quad (7)$$

其中,N_{pos} 为预测正确的检测框个数,在本次研究中,$\beta_{loc}=2, \beta_{cls}=1, \beta_{dir}=0.2$。损失函数计算过程如图 4 所示。

本次研究输出的损失函数曲线大部分情况下符合收敛的特征,整体已经满足了收敛要求,可以用于下一步的使用。

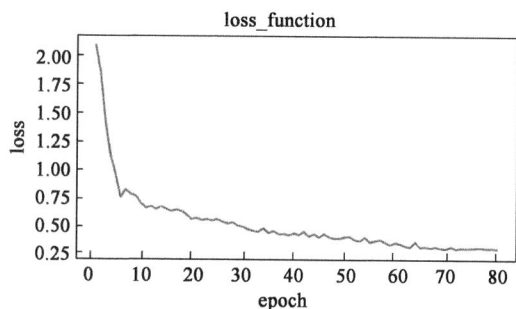

图4　损失函数曲线

检测精度方面,本次研究引入了平均精度作为模型评价的指标。在 KITTI 数据标注文件中规定了 Easy、Moderate 和 Hard 3 种难易程度,每个不同检测类别中分别计算对该 3 种难易程度目标的检测精度,并以 IoU 阈值作为判断依据。本次实验模型训练精度见表5。

改进模型精度   表5

类型/精度	Easy	Moderate	Hard	Average
Car	87.55	81.76	76.94	82.08
Pedestrian	52.33	45.62	42.15	46.70
Cyclist	68.19	57.44	53.00	59.54

改进前的模型精度见表6。

原始模型精度   表6

类型/精度	Easy	Moderate	Hard	Average
Car	85.49	76.87	79.43	80.60
Pedestrian	42.63	37.79	30.45	36.96
Cyclist	56.18	54.67	49.78	53.54

总的来说,本次研究改进的模型在适应路侧场景的前提下精度得到了提升,具有不错的应用场景。

2.4　道路目标检测实验

由于本次研究在 KITTI 数据集上进行训练,所以在道路目标检测方面首先选取了 KITTI 标准数据集中的进行计数测试,实验结果如下,其中类型为汽车、非机动车与行人三类的综合,结果如表7和图5所示。

KITTI 数据集检测结果   表7

类型	准确率
精确率	87.49%
召回率	90.32%
F1-score	88.89%

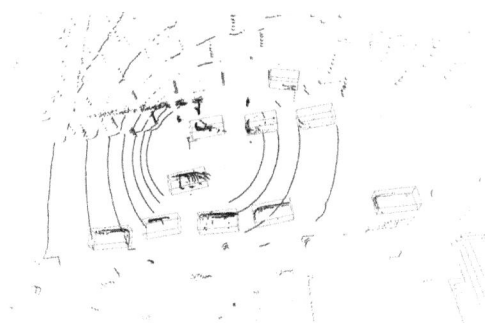

图5　道路目标检测结果

其次,为了验证模型的迁移性,在本次实验数据中进行了相关测试,结果见表8。

实验数据测试结果   表8

类型	准确率
精确率	79.40%
召回率	80.62%
F1-score	80.02%

由结果不难发现上述训练的目标检测模型在实验点云数据中依旧获得了不错的结果,能够准确检测出场景中的绝大部分目标,说明上述训练的模型具有较好的迁移能力。

3　结语

本研究首先对点云数据进行滤波处理,其次选定 Pointpillars 模型作为主要研究模型,因其优秀的检测效率大大提高了训练效率,通过优化检测范围、删减算法、提高输出维度和重新选取学习率提高算法精度,进行了模型的训练并证明了其迁移能力。

本研究主要基于单帧点云进行深度学习目标识别,如果能综合一段时间序列内的多帧点云寻找路侧应用场景,或许能更好地提升算法精度。

参考文献

[1] 卢春房,马成贤,江媛,等.中国车路协同产业研究与发展对策建议[J].中国公路学报,2023(36):225-233.

[2] 李广云,李明磊,王力,等.地面激光扫描点云数据预处理综述[J].测绘通报,2015(11):1-3.

[3] 鲁冬冬,邹进贵.三维激光点云的降噪算法对比研究[J].测绘通报,2019(S2):102-105.

[4] KEPING Z, XUE Z. Method for preprocessing

point cloud data of deep goaf and its application [J]. Mining and Metallurgical Engineering, 2015(11): 1-15.

[5] FLEISHMAN S, DORDI I. Bilateral mesh denoising[J]. ACM Transactions on Graphics, 2003,22 (3): 950-953.

[6] KLASING K, WOLLHERR D, BUSS M. A clustering method for efficient segmentation of 3D laser data [C] //. IEEE International Conference on Robotics and Automation. Piscataway IEEE, 2008:4043-4048.

[7] CHENG J, XIANG Z, CAO T. Robust vehicle detection using 3d lidar under complex urban environment [C] //. IEEE International Conference on Robotics and Automation. Piscataway:IEEE, 2014: 691-696.

[8] GOLOVINSKIY A, FUNKHOUSER T. Min-cut based segmentation of point clouds [C] //. IEEE International Conference on Computer Vision Workshops. Piscataway: IEEE, 2010: 39-46.

[9] WANG C, SHU Q, WANG X. A random forest classifier based on pixel comparison features for urban LiDAR data [J]. ISPRS Journal of Photogrammetry and Remote Sensing, 2018, 148:75-86.

[10] YUE C, WANG Y, TANG X. DRGCNN: dynamic region graph convolutional neural network for point clouds[J]. Expert Systems with Applications, 2022(205): 451-463.

[11] CHARLES R, HAO S. PointNet: deep learning on point sets for 3D classification and segmentation[C] //. Proceedings of the IEEE conference on computer vision and pattern recognition Piscataway: IEEE, 2017: 652-660.

[12] YIN Z, ONCEL T. VoxelNet: End-to-End learning for point cloud based 3D object detection [C] //. IEEE Conference on Computer Vision and Pattern Recognition. Piscataway:IEEE, 2018: 305-324.

[13] GUO R, ZHOU Y, ZHAO J, et al. Point cloud classification by dynamic graph CNN with adaptive feature fusion [J]. IET Computer Vision, 2021, 15(3): 235-244.

基于 ISM 和物元可拓理论的收费站运行效率评价

黄鑫阳[1,2,3]　曲　栩[*1,2,3]　李林恒[1,2,3]　冉　斌[1,2,3]
(1.东南大学交通学院;2.东南大学东南大学-威斯康星大学智能网联交通联合研究院;
3.东南大学现代城市交通技术江苏高校协同创新中心)

　　摘　要　高速公路收费站运行效率是高速公路运营管理的重要研究对象。本文分别建立了收费站运行效率综合评价体系和评价模型,对收费站运行效率进行科学、全面的综合评价。本文采用灰色系统理论筛选收费站运行效率评价指标,首次引入 ISM 模型构建收费站运行效率多层递阶评价体系,解决了现有研究所建立收费站评价体系缺乏层次性和方法支撑的问题。本文使用 DEMATEL 分析方法确定各评价指标的权重,结合物元可拓理论建立收费站运行效率物元可拓评价模型。本文基于江苏省高速公路联网收费数据,选取南京收费站、苏州收费站等作为实际案例对象,并将所构建的评价体系与模型应用于实际案例。将模型的评价结果与 DEA 模型的评价结果进行对比,结果表明了本文模型的准确性和合理性。此外,本文评价体系与模型可以为提高各收费站的运行效率提供针对性建议。

　　关键词　收费站　运行效率　灰色系统理论　解释结构模型　物元可拓理论

0 引言

高速公路收费站运行效率在一定程度上影响了高速公路的通行能力,限制了车辆的通过水平,是高速公路运营管理的重要研究对象。

现有关于收费站运行效率评价的部分研究利用排队论和计算机仿真获得车辆延误时间,主要以延误时间来对收费站运行效率进行评价[1~4],这种以单一指标进行的评价较为片面,难以针对提高收费站运行效率提出针对性建议。此外,多项研究分析了收费站运行效率的其他影响因素[5~7]。基于此,现有研究对收费站运行效率建立了不同的评价体系和评价模型[8~10],其缺点是所建立的综合评价体系缺乏层次性,且评价方法缺少创新性。

为解决现有研究存在的问题,本文使用灰色系统理论代替现有研究中的相关性分析理论进行评价指标筛选,更加适应收费站样本数量较少的特点。本文首次将解释结构模型引入对收费站的相关研究,用该模型构建收费站运行效率多层递阶评价体系,既克服了使用单一指标评价运行效率的片面性,又有利于针对提高收费站运行效率提出针对性建议。本文采用决策与实验室方法确定评价指标权重,并首次利用物元可拓评价法进行收费站的相关评价研究,具有一定创新性。

1 相关理论

1.1 灰色系统理论

灰色系统理论(Grey System Theory, GST)是由中国学者邓聚龙教授于1982年提出的一种处理不确定性信息的方法论,适用于信息不完全、数据量少且包含不确定性的系统分析和决策问题。其核心内容是灰色关联分析,步骤如下:

(1)确定参考序列。

$$X = \{x_0(1), x_0(2), \cdots, x_0(m)\} \quad (1)$$

(2)正向无量纲化。

灰色关联度以序列发展趋势判定事物或元素间的关联性,不能使用呈负相关的对象进行关联度计算。因此需要将所有指标统一转化为正向化指标并去除指标量纲。成本型指标和效益型指标的正向无量纲化方法分别如下:

$$y_i(k) = \frac{x_{k\text{-max}} + x_{k\text{-min}} - x_i(k)}{x_{k\text{-max}}} \quad (2)$$

$$y_i(k) = \frac{x_i(k)}{x_{k\text{-max}}} \quad (3)$$

式中: $x_i(k)$ 和 $y_i(k)$ ——变换前后第 i 个序列中第 k 个维度的值;

$x_{k\text{-max}}$ 和 $x_{k\text{-min}}$ ——所有序列中第 k 个维度的最大值和最小值。

(3)灰色关联系数计算。

第 i 个序列中第 k 个维度的值与参考序列中第 k 个维度的值的灰色关联系数 $\zeta_i(k)$ 为:

$$\zeta_i(k) = \frac{\min_i \min_k \Delta y_{ik} + \rho \cdot \max_i \max_k \Delta y_{ik}}{\Delta y_{ik} + \rho \cdot \max_i \max_k \Delta y_{ik}} \quad (4)$$

式中: ρ ——分辨系数,本文取 $\rho = 0.5$。

$$\Delta y_{ik} = |y_0(k) - y_i(k)| \quad (5)$$

(4)灰色关联度计算。

综合考虑全部 m 个维度,得到第 i 个序列与参考序列的灰色关联度 R_i 为:

$$R_i = \frac{\sum_{k=1}^{m} \zeta_i(k)}{m} \quad (i = 1, 2, \cdots, n) \quad (6)$$

1.2 解释结构模型

解释结构模型(Interpretative Structural Modeling, ISM)是一种能将复杂系统内元素之间抽象的关系转化为直观、可视的多层递阶解释结构模型的定性分析方法,步骤如下:

(1)确定系统影响因素。

评价体系中的各指标即为系统影响因素。

(2)建立影响因素邻接矩阵。

分析各影响因素间的相互影响关系,得到邻接矩阵 A。若系统中因素 R_i 对 R_j 存在直接影响关系,则矩阵中 R_i 所在行与 R_j 所在列对应的元素数值为1,否则为0。

(3)收费站运行效率影响因素可达矩阵。

邻接矩阵中的影响关系不完整,需要通过计算可达矩阵 M 将未能直接观察到的影响关系进行补充,计算方法如下:

$$M = (A + I)^k = (A + I)^{k+1} \neq (A + I)^{k-1} \quad (7)$$

式中: I ——单位矩阵。

(4)收费站运行效率评价系统层级抽取。

分解可达矩阵,得到可达集 $R(R_i)$ 和先行集 $A(R_i)$。可达集 $R(R_i)$ 表示因素 R_i 影响的所有因素组成的集合。先行集 $A(R_i)$ 表示影响因素 R_i 的所有因素组成的集合。求出可达集与先行集的交集 $R(R_i) \cap A(R_i)$,根据以下条件进行层级抽取:

$$R(R_i) \cap A(R_i) = R(R_i) \qquad (8)$$

将第一轮抽取的元素放置在递阶结构图第一层,再将可达矩阵中被抽取因素的相应行列删除,重复该步骤进行多轮层级抽取,直到所有因素都被抽取。

1.3　物元可拓理论

物元可拓理论是中国学者蔡文为了解决不相容问题而提出的理论和方法,主要包括物元分析和可拓论。物元可拓评价是其主要内容之一,主要步骤如下:

(1)确定物元分析对象。

物元可拓理论引入物元的概念,将事物的质与量都囊括到物元中,事物变化表现为物元质与量的转换。物元以有序三元组来表示:

$$R = (N, c, v) \qquad (9)$$

式中:R——物元;

N——事物;

c——事物特征;

v——特征量值。

(2)确定经典域和节域。

在物元可拓评价问题中,经典域指每个评价等级下各指标的量值区间。节域是经典域在各评价等级的并集,即各指标的量值总区间。

(3)计算指标与等级的关联度。

物元可拓理论将点 x 到区间 $X_0 = [a, b]$ 的距离 $\rho(x, X_0)$ 定义为:

$$\rho(x, X_0) = \left| x - \frac{a+b}{2} \right| - \frac{b-a}{2} \qquad (10)$$

第 i 个指标与第 j 个等级的关联度 $K_j(v_i)$ 定义为:

$$K_j(v_i) = \begin{cases} \dfrac{\rho(v_i, V_i)}{\rho(v_i, V_{ip}) - \rho(v_i, V_{ij})} & (v_i \notin V_{ij}) \\ -\rho(v_i, V_{ij}) & (v_i \in V_{ij}) \end{cases} \qquad (11)$$

式中:v_i——第 i 个指标的量值;

V_{ij}——第 i 个指标在第 j 个评价等级的经典域;

V_{ip}——第 i 个指标的节域。

以 $-\rho(v_i, V_{ij})$ 计算 $v_i \in V_{ij}$ 时关联度的计算方法使得在指标量纲差距较大时,不同指标的关联度有较大差异,从而影响综合评价结果。本文对 $v_i \in V_{ij}$ 时的关联度计算进行如下改进:

$$K_j(v_i) = \frac{-\rho(v_i, V_{ij})}{0.5(b_{ij} - a_{ij})} \quad (v_i \in V_{ij}) \qquad (12)$$

(4)关联度加权。

将指标在各等级下的关联度进行归一化,并按一定指标权重加权计算物元分析对象与评价等级之间的总关联度。物元分析对象与第 j 个等级的总关联度 $K_j(q)$ 为:

$$K_j(q) = \sum_{i=1}^{n} \alpha_i K_j(v_i) \quad (j = 1, 2, \cdots, m) \qquad (13)$$

式中:α_i——第 i 个指标所占权重。

(5)计算评价得分。

首先为各评价等级赋予一定的标准分值 S_j,结合物元分析对象与各评价等级的关联度进行分值的加权,计算评价得分 S 的方法如下:

$$S = \frac{\sum_{j=1}^{m} S_j K_j(q)}{\sum_{j=1}^{m} K_j(q)} \qquad (14)$$

2　研究思路

(1)数据预处理。

本文数据来源是江苏省高速公路联网收费数据,选取苏州工业园收费站、苏州收费站、苏州新区收费站、陆家收费站、南京收费站和三桥收费站作为研究对象,并提取以上收费站在2020年9月1日全天的出入口流水记录。依次对以上数据进行如下预处理工作:删除无效数据、提取相关字段、车道分类、时间格式转换、车头时距计算、关键车道筛选。

(2)收费站运行效率评价体系构建。

基于预处理后的收费数据,初步选取并计算各收费站指标值。对各收费站的指标数据进行灰色关联分析,筛除关联度大于设定阈值的指标。利用灰色聚类分析方法对指标筛选前后的各收费站进行聚类,验证指标筛选的有效性。采用解释结构模型确定各指标对收费站运行效率的影响程度,分析指标间的相互联系,构建收费站运行效率多层递阶评价体系。

(3)收费站运行效率评价模型建立与应用。

根据多层递阶评价体系构造直接影响矩阵,通过决策与实验室方法(Decision-making Trial and Evaluation Laboratory, DEMATEL)确定各指标权重,并结合物元可拓评价模型计算收费站运行效率评价得分。将本文模型评价结果与数据包络分析(Data Envelopment Analysis, DEA)模型评价结果进行对比,观察其异同。最后,基于多层递阶评价体系对提高各收费站运行效率提出针对性建议。

3 实例分析

3.1 评价指标初步选取与计算

本文从高峰期车辆通过水平、服务能力、来车特点3个方面初步选取了18个收费站运行效率评价指标。利用预处理后的数据,按照所设计的指标量化算法,对所选收费站的相关指标的量值进行计算,结果见表1。

初步选取的评价指标及其量值　　　　表1

收费站名称	苏州工业园	苏州	苏州新区	陆家	南京	三桥
R_{11}平均拥堵时间(s)	142.25	131.51	459.39	110.23	106.81	106.46
R_{12}最大拥堵时间(s)	359	602	1520	502	293	262
R_{13}拥堵时间占比	0.59	0.55	0.6	0.52	0.52	0.52
R_{14}车道平均拥堵次数(次)	7.75	8	7	8.6	9	8.75
R_{15}平均排队长度(veh)	5.68	5.47	17.18	4.55	4.21	3.96
R_{16}最大排队长度(veh)	14	26	56	20	12	9
R_{17}排队车次占比	0.71	0.68	0.73	0.63	0.63	0.64
R_{18}发生拥堵车道占比	0.67	0.83	0.44	0.63	0.67	0.4
R_{21}入口道人工平均服务时间(s)	10.57	9.21	10.52	9.92	9.38	10.45
R_{22}出口道人工平均服务时间(s)	25.35	24.24	25.61	24.22	25.21	26.71
R_{23}车型判断操作耗时(s)	5.72	4.01	4.49	4.58	3.72	6.9
R_{24}移动支付推广率	0.68	0.72	0.68	0.66	0.65	0.6
R_{25}收费站服务饱和度	0.56	0.47	0.43	0.52	0.54	0.4
R_{26}收费站通行能力(veh)	142.02	148.53	140.59	148.65	142.83	134.78
R_{27}收费站出口人工通道数(个)	6	6	9	8	9	10
R_{31}单车道小时平均车流量(veh)	79.01	69.54	60.92	77.49	77.76	53.28
R_{32}客车通过比例	0.61	0.98	0.64	0.58	0.92	0.46
R_{33}各通道小时车流量方差(veh^2)	329.39	547.3	82.12	217.68	134.25	20.32

3.2 基于灰色系统理论的评价指标筛选

3.2.1 评价指标的灰色关联分析

对指标进行正向无量纲化,再依次以各指标序列为参考序列,计算其他指标序列与参考序列的灰色关联度,形成灰色关联矩阵,如图1所示。

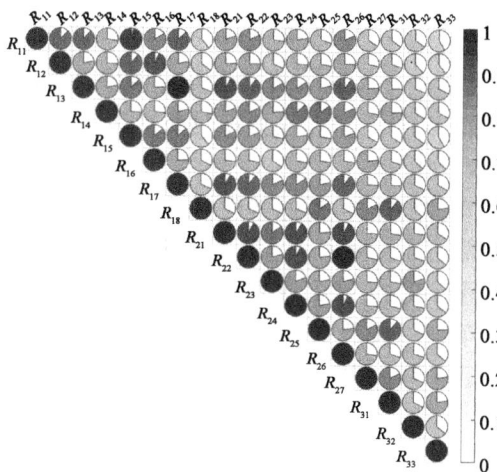

图1　评价指标灰色关联矩阵

根据灰色关联度矩阵,筛选出关联度大于阈值的各组指标。本文根据实际情况将阈值设为0.93,得到指标筛选集,见表2。

指标筛选集　　　表2

关联度较大指标组	关联度	筛除指标
平均拥堵时间、平均排队长度	0.9658	平均排队长度
最大拥堵时间、最大排队长度	0.9327	最大拥堵时间
拥堵时间占比、排队车次占比	0.9846	拥堵时间占比
出口道人工平均服务时间、收费站通行能力	0.9977	收费站通行能力
移动支付推广率、收费站通行能力	0.931	收费站通行能力

指标筛选集中的指标最终是否需要删除还依赖于该指标对收费站运行效率评价系统整体的影响,若删除指标更有利于体现收费站间的差异,对评价效果产生积极影响,则可将其删除,否则应予以保留。

3.2.2　基于灰色聚类的指标筛选有效性验证

收费站灰色聚类分析主要基于收费站的灰色关联分析来进行,即将一个收费站的所有指标值作为一个序列,计算两两收费站之间的灰色关联度。收费站指标筛选前后的灰色关联矩阵如图 2 和图 3 所示。

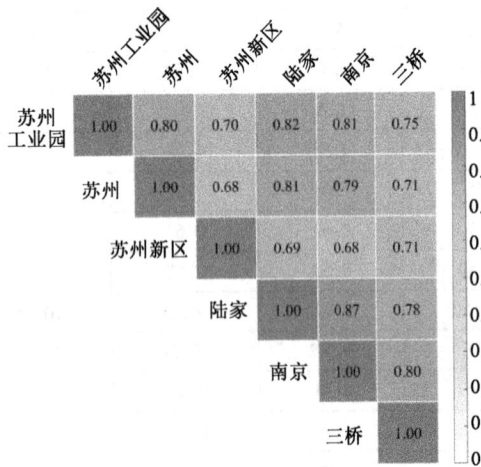

图 2　指标筛选前的收费站灰色关联矩阵

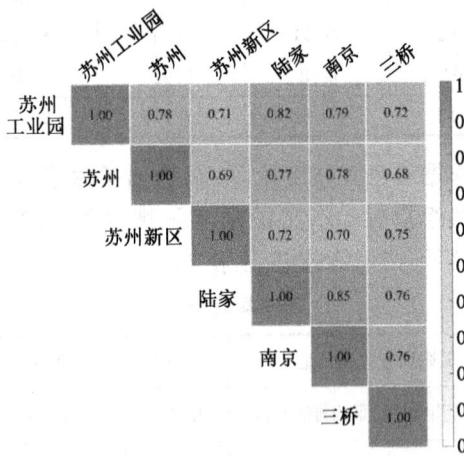

图 3　指标筛选后的收费站灰色关联矩阵

根据收费站间灰色关联度由大到小的顺序将收费站进行聚类。例如,指标筛选前的灰色关联度矩阵中元素的最大值为 0.87,则相应的陆家收费站和南京收费站聚为一类,删除相应的行和列后,重复上述过程,直到 6 个收费站聚为一类,并将聚类的过程和结果绘制成聚类谱系图。指标筛选前后的收费站聚类谱系图如图 4 和图 5 所示。

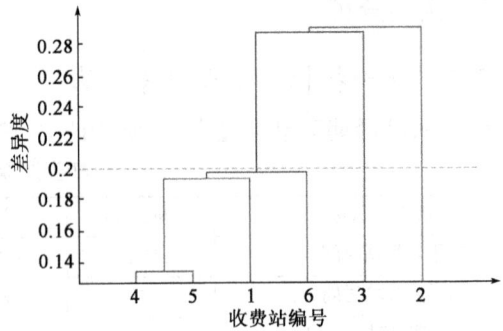

图 4　指标筛选前的收费站聚类谱系图

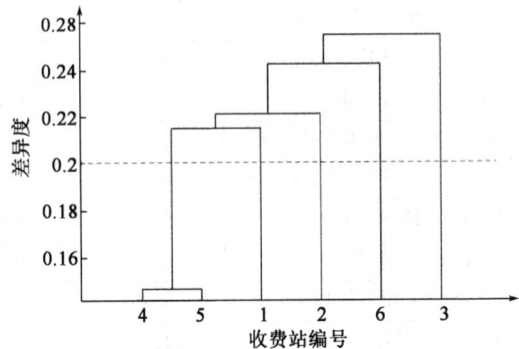

图 5　指标筛选后的收费站聚类谱系图

纵坐标差异度为 1 与灰色关联度的差。以 0.2 为差异度阈值,由图 4 可将指标筛选前的收费站聚类为:{{1,4,5,6},{3},{2}},共 3 类。由图 5 可将指标筛选后的收费站聚类为:{{4,5},{1},{2},{6},{3}},共 5 类。从聚类效果看,在相同的差异度阈值下,指标筛选后收费站聚类更加精细,更能体现收费站间的差异性,有利于对收费站运行效率的评价。因此,指标筛选集中的指标将从指标体系中删除。

3.3　基于 ISM 的多层递阶评价体系

本文为了构建收费站运行效率多层递阶评价体系,按以下步骤对收费站运行效率评价指标进行 ISM 分析:

(1)建立评价指标邻接矩阵和可达矩阵。

通过对收费站运行效率评价指标之间的影响关系进行判断,得到收费站运行效率影响因素邻接矩阵 A,并按照 1.2 节中的方法,计算评价指标可达矩阵 M,结果如下。

$$A = \begin{array}{c|cccccccccccccc}
 & R_{11} & R_{14} & R_{16} & R_{17} & R_{19} & R_{21} & R_{22} & R_{23} & R_{24} & R_{25} & R_{27} & R_{31} & R_{32} & R_{33} \\
\hline
R_{11} & 1 & 0 & 0 & 1 & 0 & 0 & 0 & 0 & 0 & 0 & 0 & 0 & 0 & 0 \\
R_{14} & 0 & 1 & 0 & 1 & 0 & 0 & 0 & 0 & 0 & 0 & 0 & 0 & 0 & 0 \\
R_{16} & 1 & 0 & 1 & 1 & 0 & 0 & 0 & 0 & 0 & 0 & 0 & 0 & 0 & 0 \\
R_{17} & 1 & 1 & 1 & 1 & 1 & 0 & 0 & 0 & 0 & 0 & 0 & 0 & 0 & 0 \\
R_{19} & 0 & 0 & 0 & 1 & 1 & 0 & 0 & 0 & 0 & 0 & 0 & 0 & 0 & 0 \\
R_{21} & 1 & 1 & 1 & 1 & 1 & 1 & 0 & 0 & 0 & 1 & 0 & 0 & 0 & 0 \\
R_{22} & 1 & 1 & 1 & 1 & 1 & 0 & 1 & 0 & 0 & 1 & 0 & 0 & 0 & 0 \\
R_{23} & 0 & 0 & 0 & 0 & 0 & 1 & 1 & 1 & 0 & 0 & 0 & 0 & 0 & 0 \\
R_{24} & 0 & 0 & 0 & 0 & 0 & 1 & 1 & 0 & 1 & 0 & 0 & 0 & 0 & 0 \\
R_{25} & 1 & 1 & 1 & 1 & 1 & 0 & 0 & 0 & 0 & 1 & 0 & 0 & 0 & 0 \\
R_{27} & 1 & 1 & 1 & 1 & 1 & 0 & 0 & 0 & 0 & 0 & 1 & 0 & 0 & 0 \\
R_{31} & 0 & 0 & 0 & 0 & 0 & 0 & 0 & 0 & 0 & 1 & 1 & 1 & 0 & 0 \\
R_{32} & 0 & 0 & 0 & 0 & 0 & 1 & 1 & 0 & 0 & 0 & 0 & 0 & 1 & 0 \\
R_{33} & 0 & 0 & 0 & 0 & 1 & 0 & 0 & 0 & 0 & 0 & 0 & 0 & 0 & 1 \\
\end{array}$$

$$M = \begin{array}{c|cccccccccccccc}
 & R_{11} & R_{14} & R_{16} & R_{17} & R_{19} & R_{21} & R_{22} & R_{23} & R_{24} & R_{25} & R_{27} & R_{31} & R_{32} & R_{33} \\
\hline
R_{11} & 1 & 1 & 1 & 1 & 1 & 0 & 0 & 0 & 0 & 0 & 0 & 0 & 0 & 0 \\
R_{14} & 1 & 1 & 1 & 1 & 1 & 0 & 0 & 0 & 0 & 0 & 0 & 0 & 0 & 0 \\
R_{16} & 1 & 1 & 1 & 1 & 1 & 0 & 0 & 0 & 0 & 0 & 0 & 0 & 0 & 0 \\
R_{17} & 1 & 1 & 1 & 1 & 1 & 0 & 0 & 0 & 0 & 0 & 0 & 0 & 0 & 0 \\
R_{19} & 1 & 1 & 1 & 1 & 1 & 0 & 0 & 0 & 0 & 0 & 0 & 0 & 0 & 0 \\
R_{21} & 1 & 1 & 1 & 1 & 1 & 1 & 0 & 0 & 0 & 1 & 0 & 0 & 0 & 0 \\
R_{22} & 1 & 1 & 1 & 1 & 1 & 0 & 1 & 0 & 0 & 1 & 0 & 0 & 0 & 0 \\
R_{23} & 1 & 1 & 1 & 1 & 1 & 1 & 1 & 1 & 0 & 1 & 0 & 0 & 0 & 0 \\
R_{24} & 1 & 1 & 1 & 1 & 1 & 1 & 1 & 0 & 1 & 1 & 0 & 0 & 0 & 0 \\
R_{25} & 1 & 1 & 1 & 1 & 1 & 0 & 0 & 0 & 0 & 1 & 0 & 0 & 0 & 0 \\
R_{27} & 1 & 1 & 1 & 1 & 1 & 0 & 0 & 0 & 0 & 0 & 1 & 0 & 0 & 0 \\
R_{31} & 1 & 1 & 1 & 1 & 1 & 0 & 0 & 0 & 0 & 1 & 1 & 1 & 0 & 0 \\
R_{32} & 1 & 1 & 1 & 1 & 1 & 1 & 1 & 0 & 0 & 1 & 0 & 0 & 1 & 0 \\
R_{33} & 1 & 1 & 1 & 1 & 1 & 0 & 0 & 0 & 0 & 0 & 0 & 0 & 0 & 1 \\
\end{array}$$

（2）评价指标层级抽取。

按照 1.2 节中层级抽取的结果优先规则进行收费站运行效率评价系统的多轮层级抽取,抽取结果如下:

$$L(1) = \{R_{11}, R_{14}, R_{16}, R_{17}, R_{18}\}$$
$$L(2) = \{R_{25}, R_{27}, R_{33}\}$$
$$L(3) = \{R_{21}, R_{22}, R_{31}\}$$
$$L(4) = \{R_{23}, R_{24}, R_{32}\}$$

根据该抽取结果,结合可达矩阵中评价指标之间的相互联系,并省略跨层联系,建立的收费站运行效率评价体系多层递阶评价体系,如图 6 所示。

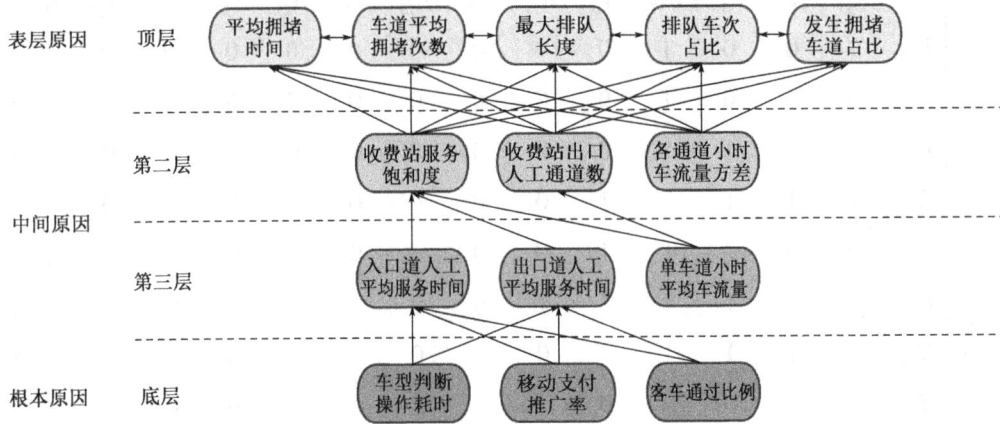

图 6　收费站运行效率多层递阶评价体系

由多层递阶评价体系可以看出,收费站运行效率评价指标可按对运行效率的影响程度分为 4 层。邻层之间为直接影响关系,跨层为间接影响关系。下层指标通过不同路径对上层指标产生影响,逐层影响收费站运行效率。此外,顶层各元素间存在着层内影响。顶层指标为影响收费站运行效率的表层原因,直接影响运行效率的高低,是运行效率的表征,受支配于下层指标。收费站运营者需要通过深入分析下层指标,寻找源头,才能改善表征运行效率的顶层指标。底层指标是影响收费站运行效率的根本原因,不受其他指标影响。

收费站运营者应该通过改善底层指标来从根源上提高收费站运行效率。

3.4　基于物元可拓理论的评价模型

3.4.1　指标权重计算

基于收费站运行效率多层递阶评价体系,为每个箭头所代表的影响关系赋予代表影响程度的值,得到直接影响矩阵。按照决策与实验室方法的实施步骤依次计算得到规范影响矩阵和综合影响矩阵。收费站运行效率各评价指标的中心度和主观权重的计算结果见表 3。

运行效率评价指标中心度与权重　　　　　　　　表 3

评价指标	中心度	权重
平均拥堵时间 R_{11}	3.7536	0.1236
车道平均拥堵次数 R_{14}	3.483	0.1147
最大排队长度 R_{16}	2.8645	0.0943
排队车次占比 R_{17}	4.0026	0.1318
发生拥堵车道占比 R_{18}	3.1878	0.105
入口道人工平均服务时间 R_{21}	1.5896	0.0523
出口道人工平均服务时间 R_{22}	1.9896	0.0655
车型判断操作耗时 R_{23}	1.4756	0.0486
移动支付推广率 R_{24}	0.9837	0.0324
收费站服务饱和度 R_{25}	2.7689	0.0912
收费站出口人工通道数 R_{27}	0.9989	0.0329
单车道小时平均车流量 R_{31}	1.3591	0.0448
客车通过比例 R_{32}	1.3116	0.0432
各通道小时车流量方差 R_{33}	0.5989	0.0197

3.4.2　收费站运行效率的物元可拓评价

基于物元可拓理论,本文将高速公路收费站看作物元。将各收费站用物元表示,收费站评价

指标为物元特征,评价指标值为物元特征量值。收费站运行效率物元可拓评价的经典域和节域见表 4。

物元可拓评价的经典域和节域 表4

评价指标	高	较高	一般	较低	低	节域
平均拥堵时间(s)	[0,90]	[90,120]	[120,140]	[140,180]	[180,500]	[0,500]
车道平均拥堵次数(次)	[0,6]	[6,7]	[7,8]	[8,9]	[9,12]	[0,12]
最大排队长度(veh)	[0,10]	[10,15]	[15,20]	[20,25]	[25,60]	[0,60]
排队车次占比	[0,0.5]	[0.5,0.6]	[0.6,0.7]	[0.7,0.8]	[0.8,1]	[0,1]
发生拥堵车道占比	[0,0.5]	[0.5,0.6]	[0.6,0.7]	[0.7,0.8]	[0.8,1]	[0,1]
入口道人工平均服务时间(s)	[0,6]	[6,8]	[8,10]	[10,12]	[12,15]	[0,15]
出口道人工平均服务时间(s)	[0,20]	[20,24]	[24,25]	[25,28]	[28,30]	[0,30]
车型判断操作耗时(s)	[0,3]	[3,4]	[4,5]	[5,6]	[6,10]	[0,10]
移动支付推广率	[0.8,1]	[0.75,0.8]	[0.7,0.75]	[0.65,0.7]	[0,0.65]	[0,1]
收费站服务饱和度	[0,0.4]	[0.4,0.5]	[0.45,0.5]	[0.5,0.55]	[0.55,1]	[0,1]
收费站出口人工通道数(个)	[9,12]	[8,9]	[7,8]	[6,7]	[0,6]	[0,12]
单车道小时平均车流量(veh)	[0,50]	[50,60]	[60,70]	[70,80]	[80,100]	[0,100]
客车通过比例	[0.9,1]	[0.8,0.9]	[0.7,0.8]	[0.6,0.7]	[0,0.6]	[0,1]
各通道小时车流量方差(veh^2)	[0,50]	[50,100]	[100,250]	[250,400]	[400,800]	[0,800]

本文为收费站运行效率各评价等级赋予的标准分值为：运行效率高-100，运行效率较高-85，运行效率一般-70，运行效率较低-55，运行效率低-10。按照1.3节中的方法，计算得到收费站运行效率与各评价等级的关联度及物元可拓评价结果见表5。

运行效率与各等级的关联度和评价结果 表5

评价等级	效率高	效率较高	效率一般	效率较低	效率低	评价得分
苏州工业园收费站	0	0.3751	0.8315	1	0.3242	58.61
苏州收费站	0	0.1633	1	0.3838	0.2757	59.11
苏州新区收费站	0	0.5611	0.5943	1	0.7471	52.29
陆家收费站	0	0.4918	1	0.8815	0.1605	63.89
南京收费站	0.0958	0.9996	1	0.5492	0	73.64
三桥收费站	0.6509	1	0.7509	0.83	0	76.83

3.4.3 评价结果对比

将本文模型评价结果与DEA模型的评价结果进行对比。DEA模型已经被应用于收费站的相关评价研究中[9]，其可行性和准确性得到了验证。在DEA评价模型的计算过程中，本文使用CRITIC(Criteria Importance Through Intercriteria Correlation)分析方法计算指标权重，并将权重的相对大小作为权系数约束添加到DEA模型中。此外，本文构造一个具有最优指标值的理想收费站，其DEA相对效率值为1，各实际收费站均小于1，使得实际收费站的优劣区分开来，便于对收费站进行DEA评价。分别以每个收费站为最优化目标，按照DEA模型计算每个收费站运行效率的相对有效值

并转化为百分制分数。两种模型对比结果如图7所示。

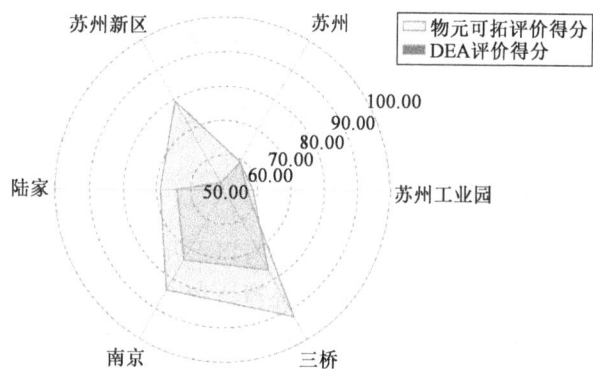

图7 收费站运行效率评价结果对比

从两种评价模型的结果对比可以看出,各收费站的运行效率排序基本一致。只有苏州新区收费站在物元可拓评价结果的排序中为第6位,而在DEA评价结果的排序中为第3位。其他收费站运行效率的相对排序完全一致。该结果反映了本文建立的物元可拓评价模型的科学性与合理性。

3.4.4　收费站薄弱环节分析

本文基于收费站运行效率指标量值和收费站运行效率多层递阶评价体系,可以对收费站进行薄弱环节分析,并对其改进提出建议。例如:在表层原因中,苏州工业园收费站在平均拥堵时间、排队车次占比及发生拥堵车道占比方面的表现较差,说明该站交通流较为拥堵。向下一层溯因发现,该站的服务饱和度最低,且各通道小时车流量方差也较大,这直接影响了表层原因。在更深层次原因中,该站的入口道人工平均服务时间最长,受根本原因层中车型判断操作耗时较长的影响;同时,该站的出口人工通道数最少,与单车道小时平均车流量最高的情况严重不符。因此,对苏州工业园收费站提出以下改进建议:增加收费站通道数,改良车型判断设备,调整各通道与主线的相对位置以达到各通道车流量的均衡。按照以上思路,可以对其他各收费站依次进行薄弱环节分析并提出改进建议,如图8所示。

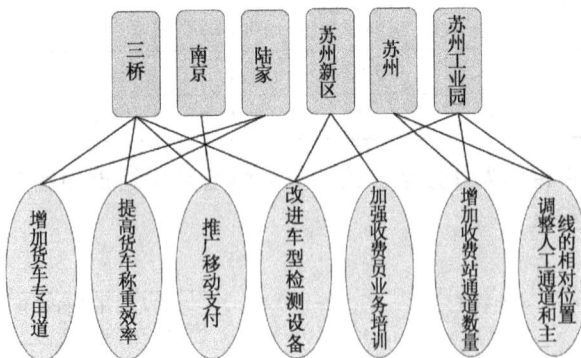

图8　收费站运行效率改进建议

4　结语

本文的主要工作与不足有以下几点:

(1)本文基于灰色系统理论和ISM模型构建了收费站运行效率多层递阶评价体系,对收费站运行效率评价和提高收费站运行效率具有重要意义。

(2)本文建立了基于物元可拓理论的收费站运行效率评价模型,并与DEA评价模型对比,验证了本文模型能准确、合理地对收费站运行效率进行有效评价。

(3)本文提出了分析收费站运行效率的薄弱环节和改进建议的方法。

(4)由于精力与时间的限制,本文仍存在一些不足。例如,物元可拓经典域的确定存在较强的主观性,未来要更加深入地关注收费站运行效率指标各等级区间划分的研究,将研究结果作为一项标准应用于收费站物元可拓评价和其他评价方法中,增强结果的客观性。

参考文献

[1] KLODZINSKI J, AL-DEEK H M. New methodology for defining level of service at toll plazas[J]. Journal of Transportation Engineering, 2002, 128(2): 173-181.

[2] AYCIN M F. Simple Methodology for Evaluating Toll Plaza Operations [J]. Transportation Research Record Journal of the Transportation Research Board, 2006, 1988(1): 92-101.

[3] MAHDI B M, LEONG V L. Assessment of queue length and delay at toll plaza using microscopic traffic simulation [J]. Applied Mechanics and Materials, 2015: 802-802.

[4] ABSELWAHAN H T. Traffic micro-simulation model for design and operational analysis of barrier toll stations[J]. Ain Shams Engineering Journal, 2017, 10(2): 125-147.

[5] MCKINNON I, KNODLER M, CHRISTOFA E. Operational analyses of varied toll plaza configurations[J]. New England Section of the Institute of Transportation Engineers, 2014: 11-16.

[6] 赵子雪,郑磊. 高速公路混合收费站车道通行能力研究[J]. 山东交通科技, 2022(4): 135-137.

[7] 李君美,周一晨,高志波,等. 基于收费数据的高速公路收费站通行能力分析[J]. 公路交通科技, 2021, 38(11): 106-116, 125.

[8] ZHANG C S, HAN F Q, WU Y Q, et al. Research on effectiveness evaluation method of expressway toll station based on entropy method

and TOPSIS method[J]. Journal of Physics: Conference Series, 2023, 2424(1).

[9] 庞悦. 基于AHP-DEA模型的高速公路收费站服务质量综合评价研究[D]. 陕西:长安大学, 2019.

[10] 石绍刚. 基于收费数据的高速公路收费站运行效率评价及通行能力分析[D]. 陕西:长安大学, 2016.

高密度场景下基于车载图像的多目标检测

王　琪*1　贾洪飞2　芮一康1
(1.东南大学交通学院;2.吉林大学交通学院)

摘　要　随着网联化和智能化的发展,自动驾驶成为未来交通领域的发展趋势,同时道路上的交通流越来越密集。针对自动驾驶车辆在高密度交通流场景中感知性能下降的问题,本文对目标检测算法YOLOv7进行了改进。考虑在遮挡情况下,物体部位被遮挡,在YOLOv7的骨干网络以及检测头中加入了坐标注意力机制来强化对关键信息的提取。同时,为了提高网络的空间感知性能,将特征融合网络中的卷积替换为坐标协同卷积。最后,使用EIOU损失优化了CIOU损失。在SODA10M和CUHK Occlusion的混合数据集下进行了试验。本文的改进方法对行人和车辆检测的召回率提高了1.8%,mAP值提高了2.0%,使得网络对高密度流量有了更好的检测性能。

关键词　高密度交通　目标检测　注意力机制　损失函数

0 引言

自动驾驶技术在当今交通中扮演着至关重要的角色,其中目标检测(Object Detection)是实现安全、高效自动驾驶的关键技术之一。目标检测涉及使用传感器和算法来识别周围环境中的对象,如其他车辆、行人、自行车、交通信号灯和道路标志等。良好的检测系统是实现高质量自动驾驶的第一步。目标检测分为单阶段和双阶段两类。单阶段目标检测是指采取单阶段目标检测方法通过一个阶段直接对图像中的目标进行分类和定位,不需要预先生成区域建议。常见的单阶段检测算法包含SSD、YOLO系列以及其对应的升级版本等。YOLOv1算法[1]将一张图像分成若干个子网格,每个子网格会有两个边界框,对子网格进行分类和回归预测。不同于YOLOv1,SSD算法[2]增加了先验框的数量,并进行了六个尺度的预测,同时使用放大缩小数据增强方法来提高鲁棒性,最终使对于不同大小目标的检测性能得到改善。双阶段目标检测方法首先生成一系列候选的对象区域(Region Proposals),然后对这些候选区域进行分类和边界框的精细调整。常见的双阶段检测算法包含R-CNN、Fast R-CNN、Faster R-CNN等。R-CNN[3]对每张输入图像进行候选区域的选择,然后提取候选区域的特征,进行分类回归任务。由于R-CNN输入的图像尺度有固定要求,Fast R-CNN[4]先做特征提取,后选择候选区域,将特征框池化为统一尺度,进而实现后续分类和回归预测。Faster R-CNN[5]在Fast R-CNN基础上实现了端到端的检测,使用RPN方法生成候选区域,进一步提高了检测性能。双阶段的目标检测算法比单阶段目标检测算法有着更高的精度,但检测速度却受到阻拦。单阶段目标检测算法虽然有着更高的检测速度,而精度却不如双阶段算法。为了保证自动驾驶车辆的安全正常运行,必须同时保证精度与速度兼具。

良好的目标检测算法是保证自动驾驶环境下交通系统稳定运行的首要一步,有必要保障感知算法的精确性和稳定性。目前,随着人们出行需求的增长,交通量急剧上升,在交通瓶颈处会出现大量的交通拥堵现象。同时,在早晚高峰时期,也会存在此类现象。高密度的交通流不利于交通系统的稳定运行,很容易造成交通事故,导致人员伤亡与财产损失。本文针对高密度的交通流环境,对YOLOv7算法进行了改良,在保证速度的同时,提高算法的精度,使算法能够更好地适应高密度流量环境。本文的主要贡献如下。

(1)注意力机制的应用:在 YOLOv7 原始算法的卷积、拼接、SPPCSPC 结构处,使用坐标注意力机制(Coordinate Attention),加深网络对关键位置的关注程度。

(2)损失函数的改进:为了更好地进行反向传播,替换了 YOLOv7 算法的 CIOU 损失函数,使用 EIOU 损失函数进行优化。

(3)卷积操作的替换:将部分原始卷积替换为坐标协同卷积,以便更好地感知空间位置信息。

(4)在 SODA10M 和 CUHK Occlusion 的混合数据集上进行了对比试验,发现改进方法的召回率提高了 1.8%,mAP 值提高了 2.0%。

1　YOLOv7 模型结构

YOLOv7 算法[6]是目前相对先进的单阶段目标检测算法,具有较快的检测速度与精度,包含 YOLOv7-tiny、YOLOv7、YOLOv7-X、YOLOv7-D6、YOLOv7-E6、YOLOv7-E6E、YOLOv7-W6 七个子结构。YOLOv7 算法整体的网络结构如图 1 所示。其共包含三个结构,分别为输入层、骨干网络、检测头。输入层输入 640×640 尺度的 RGB 图像,送到骨干网络进行特征提取,将得到的特征图送到检测头进行特征融合,得到分类回归的预测结果。

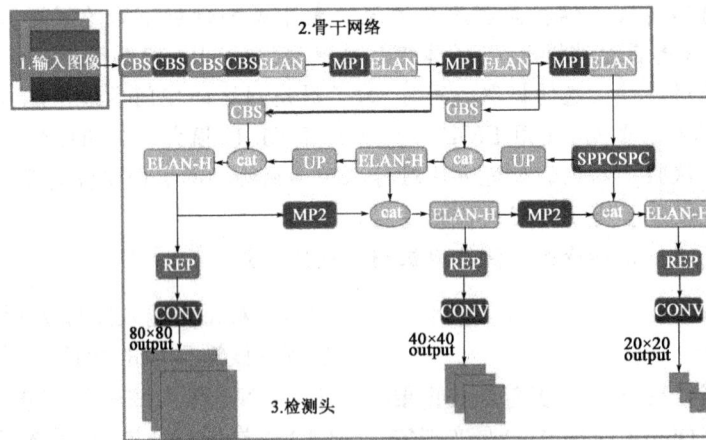

图 1　YOLOv7 算法网络结构图

2　基于 YOLOv7 改进的检测算法

本文对原始 YOLOv7 检测算法进行了三点改进,分别为注意力机制的应用、损失函数的优化、坐标协同卷积的使用。图 2 为改进 YOLOv7 算法的部分网络结构图,其中粉色部分代表使用了注意力机制,绿色部分代表使用了坐标协同卷积,黄色部分代表同时使用了注意力机制和坐标协同卷积,蓝色部分代表了原始网络结构。

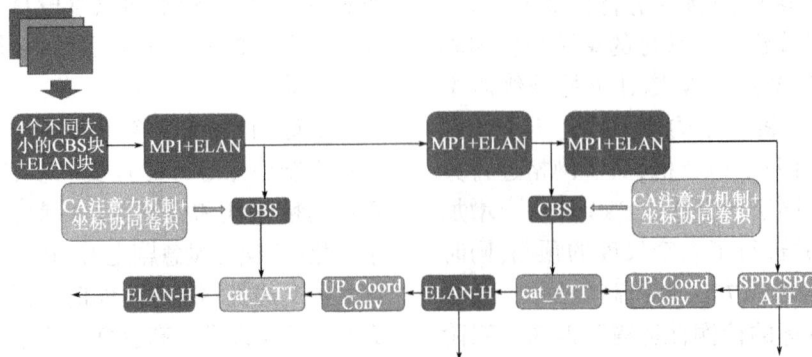

图 2　改进的 YOLOv7 算法部分结构图

2.1　注意力机制的应用

注意力机制在神经网络中类似于人的大脑对事物主要成分的注意,对于网络中的判别性特征起重点关注作用。在高密度的交通流下,目标数量多,提取的特征信息量大,需要加强对关键信息的提取能力。本文在原始 YOLOv7 网络中加入的坐标注意力机制(Coordinate Attention, CA)[7],其节省内存空间,是轻量级的通道注意力机制,既能学习通道间的相互关系,也可以学习空间上的全局相互关系。CA 的结构如图 3 所示。同样作为通道注意力机制的 SE 模块(Squeeze and Excitation Module),只提取了通道间的交互作用,缺少对空间位置信息的感知。CBAM 模块(Convolution and Block Attention Module)是常用的混合注意力机制,同时关注了空间和通道的两个维度信息,但由于利用卷积来获取空间权值只能得到局部关系,缺少了对空间层面长期依赖关系的捕获能力,且计算成本较高。

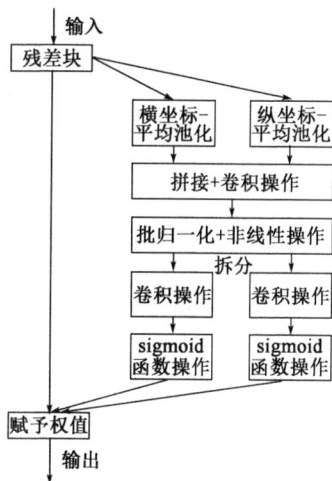

图 3　注意力机制运算图

对于输入的图像,CA 模块首先对其进行横纵空间的平均池化,得到大小为 $C \times H \times 1$ 和 $C \times 1 \times W$ 的两个向量,C、H、W 分别表示通道数、高度和宽度。计算公式如式 1 所示。

$$\begin{cases} z_c^h(h) = \frac{1}{W} \cdot \sum_{0 \leq i \leq W} x_c(h,i) \\ z_c^w(w) = \frac{1}{H} \cdot \sum_{0 \leq j \leq H} x_c(j,w) \end{cases} \quad (1)$$

式中:W、H——特征图的宽和高;

$x_c(h,i)$——c 通道中处于 (h,i) 位置的原始图像信息。

将公式(1)得到的两个特征图拼接后进行相应网络运算,具体计算过程如式(2)所示。

$$f = \delta[F_1([z^h, z^w])] \quad (2)$$

式中:$[z^h, z^w]$——空间维度上的拼接操作;

F_1——卷积操作;

δ——非线性激活函数操作。

然后,对 f 进行拆分操作得到 g^w 和 g^h,分开进行卷积运算,具体计算公式如式(3)所示。

$$\begin{cases} g^w = \sigma[F_w(f^w)] \\ g^h = \sigma[F_h(f^h)] \end{cases} \quad (3)$$

式中:σ——sigmoid 激活函数;

F_h、F_w——f^h 和 f^w 的卷积操作。

最后,依据上式的权值作用到原始图像上得到注意力图。计算公式如式(4)所示。

$$y_c(i,j) = x_c(i,j) \times g_c^h(i) \times g_c^w(j) \quad (4)$$

式中:$y_c(i,j)$——输出值;

$x_c(i,j)$——原始输入;

$g_c^h(i)$——通道 c 高度为 i 的权重值;

$g_c^w(j)$——通道 c 宽度为 j 的权重值。

2.2　损失函数的改进

YOLOv7 原始网络使用的损失函数是 CIOU 损失函数[8],CIOU 损失函数考虑了目标框的宽高比、位置以及方向信息,其计算公式如下:

$$\begin{cases} L_{CIOU} = 1 - LOU + \frac{\rho^2(B^{gt}, B)}{c^2} + \alpha v \\ v = \frac{4}{\pi^2}\left(\arctan\frac{w^{gt}}{h^{gt}} - \arctan\frac{w}{h}\right)^2 \\ \alpha = \frac{v}{(1 - IOU) + v} \end{cases} \quad (5)$$

式中:IOU——检测框面积与真实框面积的重叠度,其计算公式为 $IOU = \frac{B^{gt} \cap B}{B^{gt} \cup B}$;

B^{gt}——真实框;

B——检测框;

$\rho(B^{gt}, B)$——检测框和真实框中心点之间的欧式距离;

c——可以将目标框与检测框封闭起来的最小矩形框对角线长度;

α——权重系数;

w^{gt}、h^{gt}——真实框的宽和高;

w、h——检测框的宽和高。

由于 CIOU 损失函数中只使用到了目标框的宽高比,并未直接对实际宽高值进行优化,且式中 W 和 H 对于 v 的导数符号是相反的,会导致反向传播效果变差。然而,高密度的交通场景更需要高性能的检测算法,来有效识别被遮挡的目标。为了提升网络学习能力,本文采用 EIOU 损失函数[9]替换 CIOU 损失函数。EIOU 损失函数将宽高比分开,分别进行了宽度和高度的优化,使得网络训练得到更精准的预测值。EIOU 损失函数的计算公式如式(6)所示。

$$
\begin{cases}
L_{EIOU} = 1 - IOU + L_B + L_w + L_h \\
L_B = \dfrac{\rho^2(B^{gt}, B)}{c^2} \\
L_w = \dfrac{\rho^2(w^{gt}, w)}{c_w^2} \\
L_h = \dfrac{\rho^2(h^{gt}, h)}{c_h^2}
\end{cases}
\tag{6}
$$

式中:$\rho(w^{gt}, w)$、$\rho(h^{gt}, h)$——真实框与预测框宽度之差和高度之差;

c_h、c_w、c——最小外接矩形的长、宽以及对角线值。

2.3　卷积操作的替换

普通卷积在运算时是通过平滑点乘的形式进行特征提取,在运算前,通常会执行填充操作来更好地捕获边缘信息,具体运算步骤如图 4 所示。这种方法具有平移不变性,对于分类任务友好,但是对于回归任务的预测精度有待改善。坐标协同卷积(Coordinate Convolution, CoordConv)[10]在普通卷积的基础上添加了两个通道,分别用来存储像素点横纵方向的位置信息,这使坐标协同卷积具有平移依赖性,可以更好地对空间位置信息进行学习预测,进而加强对重叠物体的检测性能。图 5 展示了普通卷积和坐标协同卷积运算过程的对比,其中,n 表示特征图的通道数。

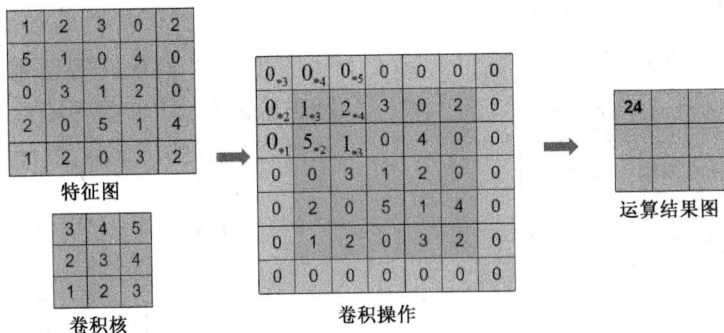

图 4　普通卷积运算过程图

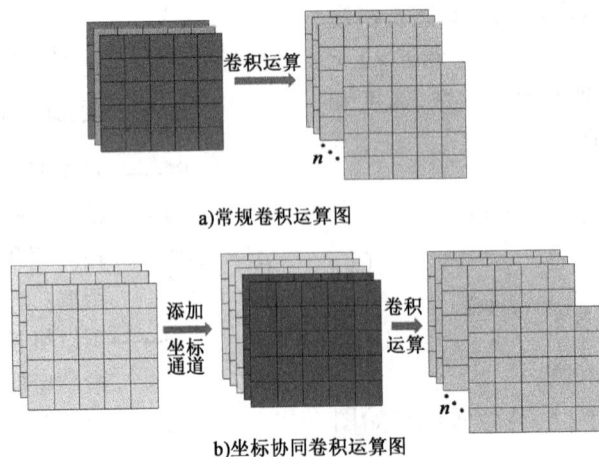

a)常规卷积运算图

b)坐标协同卷积运算图

图 5　普通卷积与坐标协同卷积的比较图

本文将原始 YOLOv7 网络中的部分普通卷积替换为坐标协同卷积,主要对特征融合网络中的 1×1 卷积进行了替换操作,以便更好地学习空间位置信息。

3 试验与结果

3.1 试验基础设置及评价指标

本文试验在配置为 RXT3090 的环境下运行,深度学习框架采用 1.9.0PyTorch,使用 11.1 版本的 CUDA 和 3.8 版本的 Python。

试验所采用的数据集为 SODA10M[11] 和 CUHK Occlusion[12] 的混合数据集,该数据集涵盖行人、自行车、小汽车、货车、有轨电车、三轮车六个类别目标,包含了大量的车辆与行人,且大多数是高流量密度时所采集的图像,覆盖白天和夜晚两个时域。

本试验的训练轮数为 250 轮,学习率是 0.001,优化器选取 Adam。训练集、验证集、测试集中图像的数量比为 6∶2∶2。同时,为了增强算法泛化能力,进行数据增强处理操作,如 fliplr、mosaic、mixup 算法。在训练时,采用加入坐标注意力与坐标协同卷积的网络进行特征提取,使用 EIOU 损失函数进行优化。

本文试验所采用的评价指标为召回率(Recall, R)、平均精度值(mean Average Precision, mAP)、每秒处理帧数(Frames Per Second, FPS)。首先,介绍精度(Precision, P),它是指结果得到的检测框数量中真实检测框数占的比例。召回率是指检测的正确目标框占总体真实目标框数量的比例。mAP 是指对于所有目标类别的平均精度,计算公式如式(7)所示。F1Score 是衡量算法整体性能优劣的指标,由精度和召回率计算得到,计算公式如式(8)所示。

$$mAP = \frac{\sum_{i=1}^{N} AP_i}{N} \tag{7}$$

$$F1Score = 2 \cdot \frac{precision \cdot recall}{precision + recall} \tag{8}$$

式中:N——目标的类别数;

　　AP——检测性能的指标,由精度-召回曲线积分求得;

　　AP_i——对于第 i 类别目标的 AP 值。

3.2 试验结果分析

3.2.1 训练过程

在训练过程中,对网络的召回率、损失、mAP 值进行了统计绘图。得到如图6所示的训练过程图。从图中可以看出,改进的 YOLOv7 算法相比原始算法具有更好的召回率,偏高的精度,两种方法的损失值变化基本一致。

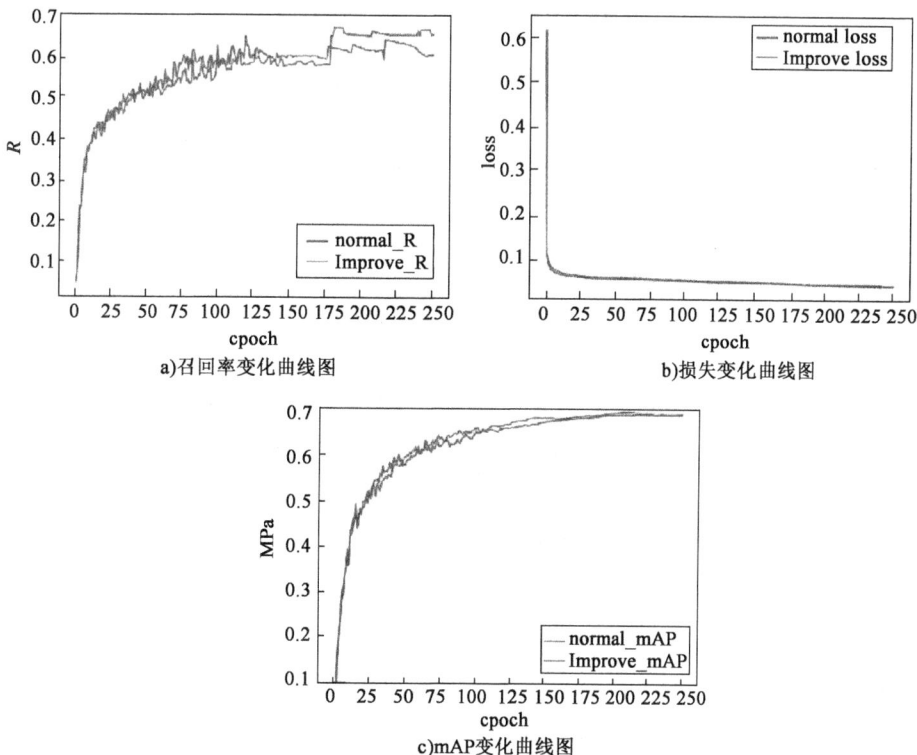

a)召回率变化曲线图

b)损失变化曲线图

c)mAP变化曲线图

图6 算法训练结果对比图

3.2.2 定量分析

通过试验结果,分别比较了原始 YOLOv7 方法和改进 YOLOv7 方法在对不同类别目标的检测效果。两种方法对于不同目标类的召回率变化如图 7 所示。对于不同目标类的 mAP 值变化如图 8 所示。从图中数据以及曲线可以看出,改进的方法对小汽车、货车和行人的召回率分别提高了1.3%、2.8%、0.8%,对小汽车、行人和三轮车的 mAP 值分别提高了 0.5%、2.6%、8.2%。由此可见,改进方法对于行人和小汽车这些常见目标的检测效果得到提升。

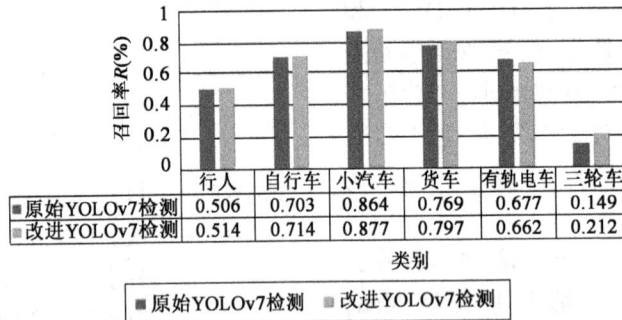

类别	行人	自行车	小汽车	货车	有轨电车	三轮车
原始YOLOv7检测	0.506	0.703	0.864	0.769	0.677	0.149
改进YOLOv7检测	0.514	0.714	0.877	0.797	0.662	0.212

■原始YOLOv7检测　■改进YOLOv7检测

图 7 对于不同类别目标的 R 检测效果对比图

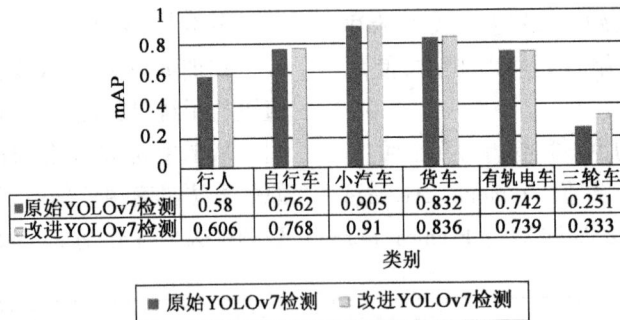

类别	行人	自行车	小汽车	货车	有轨电车	三轮车
原始YOLOv7检测	0.58	0.762	0.905	0.832	0.742	0.251
改进YOLOv7检测	0.606	0.768	0.91	0.836	0.739	0.333

■原始YOLOv7检测　■改进YOLOv7检测

图 8 对于不同类别目标的 mAP 检测效果对比图

图 9 展示了算法整体性能的比较,改进 YOLOv7 方法的召回率提高了 1.8%,mAP 值提高了 2.0%。且算法的检测速度没有发生过大变化,满足实时性要求,由此可见,改进的方法在保持检测速度的基础上具有更优的检测性能。

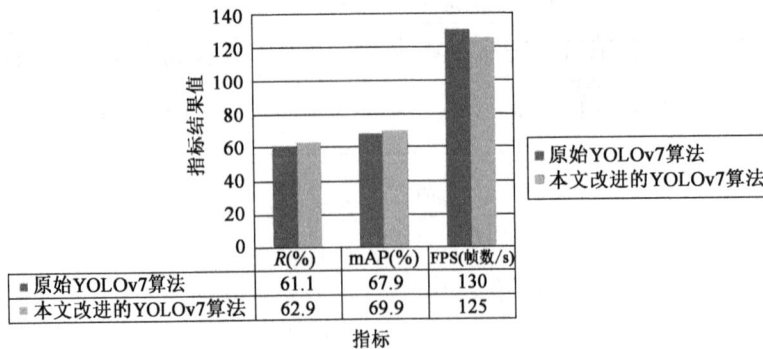

指标	R(%)	mAP(%)	FPS(帧数/s)
原始YOLOv7算法	61.1	67.9	130
本文改进的YOLOv7算法	62.9	69.9	125

■原始YOLOv7算法　■本文改进的YOLOv7算法

图 9 算法整体检测性能对比

3.2.3 定性分析

在进行定量试验之后,进行了定性试验,图 10 是改进 YOLOv7 算法的检测结果图,图 11 是原始 YOLOv7 算法的检测结果图。从图中可以看出,在检测车辆时,改进方法比原始方法有着更优的检测精度以及更高的召回率。在检测行人时,二者的检测精度相差不大,改进方法在遮挡情况下的召回率高些。

图10 改进 YOLOv7 算法部分检测结果图

图11 原始 YOLOv7 算法部分检测结果图

4 结语

本文讨论了在高密度的交通流环境下,对于车载图像的目标检测算法的性能问题,对 YOLOv7 单阶段目标检测算法进行了三点改进优化,从注意力机制、损失函数、卷积操作三方面入手,加强了网络的预测精度。最后进行对比试验,分别从定量、定性两个角度进行分析。根据试验结果得出,改进方法在高密度流量下有着更优的检测性能。后续工作可在此基础上,对多目标跟踪方法进行学习和研究。

参考文献

[1] REDMON J, DIVVALA S, GIRSHICK R, et al. You only look once: unified, real - time object detection [C] // Proceedings of the IEEE Conference on Computer Vision and Pattern Recognition (CVPR). [S. l.]: IEEE, 2016: 779-788

[2] LIU W, ANGUELOV D, ERHAN D, et al. SSD: single shot multibox detector [C] // European Conference on Computer Vision. [S. l.]: ECCV, 2016: 21-37

[3] GIRSHICK R, DONAHUE J, DARRELL T, et al. Rich feature hierarchies for accurate object detection and semantic segmentation [C] // Proceedings of the IEEE conference on computer vision and pattern recognition. 2014: 580-587.

[4] GIRSHICK R. Fast r-cnn [C] // Proceedings of the IEEE international conference on computer vision. 2015: 1440-1448.

[5] REN S, HE K, GIRSHICK R, et al. Faster r-cnn: Towards real-time object detection with region proposal networks [J]. Advances in neural information processing systems, 2015, 28.

[6] WANG C Y, BOCHKOVSKIY A, LIAO H Y M. YOLOv7: Trainable bag-of-freebies sets new state-of-the-art for real-time object detectors [J]. arXiv preprint arXiv: 2207.02696, 2022.

[7] HOU Q, ZHOU D, FENG J. Coordinate attention for efficient mobile network design [C] // Proceedings of the IEEE/CVF conference on

computer vision and pattern recognition. 2021: 13713-13722.

[8] ZHENG Z, WANG P, LIU W, et al. Distance-IoU loss: Faster and better learning for bounding box regression [C] // Proceedings of the AAAI conference on artificial intelligence. 2020, 34(07): 12993-13000.

[9] ZHANG Y F, REN W, ZHANG Z, et al. Focal and efficient IOU loss for accurate bounding box regression[J]. Neurocomputing, 2022, 506: 146-157.

[10] LIU R, LEHMAN J, MOLINO P, et al. An intriguing failing of convolutional neural networks and the coordconv solution [J]. Advances in neural information processing systems, 2018, 31.

[11] HAN J, LIANG X, XU H, et al. Soda10m: Towards large-scale object detection benchmark for autonomous driving[J]. arXiv preprint arXiv:2106.11118, 2021, 2(7).

[12] OUYANG W, WANG X. A discriminative deep model for pedestrian detection with occlusion handling [C] // 2012 IEEE conference on computer vision and pattern recognition. IEEE, 2012: 3258-3265.

STEAN: A Spatio-Temporal Embedded Attention Network for Traffic Prediction

Guanwen Wu　Yikang Rui*　Renfei Wu　Yan Zhao

(School of Transportation, Southeast University)

Abstract　Traffic prediction plays a crucial role in modern transportation systems for efficient traffic management, congestion mitigation, and route optimization. This paper proposes a new approach named Spatio-Temporal Embedded Attention Network (STEAN) with the encoder – decoder architecture for short – term multistep traffic prediction. Specifically, firstly, the directed graph is constructed on the basis of unidirectional traffic flow. The static spatial information and dynamic spatial information based on the directed graph are embedded into the input data to enhance the learning ability of the model on the road network information. The Spatio-Temporal attention memory block with Temporal-periodic information embedding is designed to capture the spatio – temporal correlation of the data. Experiments using real-world traffic dataset PeMS03 is conducted to evaluate the performance of STEAN, and results demonstrate that STEAN performs better in the prediction of long time horizons.

Keywords　Traffic prediction　Spatio-temporal embedding　Deep learning　Intelligent transportation system

0　Introduction

Traffic prediction is a critical aspect of modern transportation management systems, playing a pivotal role in ensuring the smooth operation of road networks and enhancing the overall efficiency of urban mobility. At its core, traffic prediction involves forecasting the future states of traffic conditions, including vehicle volumes, speeds, and congestion levels, based on historical traffic data, environmental factors, and real-time information. It serves as the foundation for numerous transportation-related applications, including traffic signal optimization, route planning, incident management, and infrastructure planning. By accurately anticipating traffic conditions, transportation authorities can proactively implement measures to alleviate congestion, minimize travel time, reduce emissions, and enhance the safety of road users.

Historically, traffic prediction has relied on various methodologies, ranging from simple statistical models to more sophisticated time series analysis techniques. Early approaches often utilized statistical methods such as autoregressive integrated moving average (ARIMA) models, exponential smoothing, and linear regression to model and forecast traffic patterns. In addition, time series analysis techniques such as stochastic cell transmission model are also used for short – term traffic state prediction (Pan et al., 2013). These methods, while effective to some extent, often struggled to capture the complex spatiotemporal dynamics inherent in traffic systems.

In recent years, there has been a surge in research focusing on leveraging spatio-temporal data for traffic prediction. Several methodologies have emerged, including traditional statistical models enhanced with spatiotemporal features, machine learning approaches such as support vector machines (SVMs) and random forests, and more advanced techniques like deep learning. Furthermore, some ensemble methods have been explored to improve prediction performance.

Deep learning methods, particularly convolutional neural networks (CNNs) and recurrent neural networks (RNNs), have shown remarkable promise in capturing the intricate spatiotemporal patterns of traffic data. CNNs are adept at extracting spatial features from traffic images or maps (Liu et al., 2020; J. Zhang et al., 2016; W. Zhang et al., 2019), while RNNs excel in modeling sequential data such as traffic time series (Z. He et al., 2021). Hybrid architectures combining CNNs and RNNs have been proposed to capture both spatial and temporal information effectively (Zang et al., 2019).

Additionally, graph – based methods, such as graph neural networks (GNNs), have gained traction for modeling traffic flow in road networks. These methods represent road networks as graphs, where nodes represent road segments and edges denote connections between segments. By incorporating graph convolutional layers into neural networks, GNNs can capture spatial dependencies between road segments and predict traffic flow patterns more accurately (Jiang et al., 2023; Ta et al., 2022; Yu et al., 2018). Some scholars have combined GNNs and attention mechanisms to better learn spatio-temporal features in data (Feng et al., 2023; Guo et al., 2019; Zheng et al., 2020).

In most of the existing studies on graph-based traffic prediction methods, the features of the undirected graphwere extracted from the complete road network information, and ultimately the spatio-temporal features were captured from the traffic data in order to achieve the prediction; considering that there are cases where complete traffic statistical data of all the vehicles on the road network cannot be obtained, in this paper, the historical data of the unidirectional traffic in the overall road network are inputted to make short-term multistep prediction of the future unidirectional traffic condition in the overall road network.

The main contributions of this paper are displayed as follows:

(1) A Spatio-Temporal embedded attention network (STEAN) for short-term traffic prediction is proposed.

(2) The learning capability of the model is enhanced by proposing a spatial (dynamic and static) information and temporal-periodic information embedding method.

(3) A Spatio-Temporal attention memory block based on attention mechanism and bi-directional LSTM for capturing spatio-temporal traffic data features is designed.

The remainder of this article is presented below: in Section 1, definitions are given of the concepts and the problem studied in this research; in Section 2, details of the methodology proposed in this paper are specified; in Section 3, experimental realisations are carried out to demonstrate (1) the validity of the methodology proposed in this study by comparing it with existing methodologies, and (2) the contributions of the model components to the whole methodology; and in Section 4, conclusions are given on the work done in this paper.

1　Preliminaries

In this Section, the concepts involved in the methodology used in this research are defined and a specific description of what this study addresses is given.

1.1　Definitions

(1) The main features of a road network are abstracted as a directed graph $\mathcal{G} = (\mathcal{V}, \mathcal{L}, \mathcal{C})$. For $\mathcal{G}$: Wherein $\mathcal{V} = \{v_n \mid n = 0, 1, \cdots, N\} \in \mathbb{R}^N$ indicates all the detection points on the road network represented by a set of N vertices in the directed graph; $\mathcal{L} = \{L_{v_i, v_j} \mid i, j = 0, 1, \cdots, N\} \in \mathbb{R}^S$ is a set of S directed edges from v_i to v_j in the directed graph, representing links between detection points on the road network; and $\mathcal{C} = \{C_{v_i, v_j} \mid i, j = 0, 1, \cdots, N\} \in \mathbb{R}^{N \times N}$ represents the cost adjacency matrix. C_{v_i, v_j} is the cost weight between vertices v_i and v_j which is measured by the distance between v_i and v_j in the road network, where $i, j = 0, 1, \cdots, N$.

$\mathcal{C}$ can be denoted as:

$$C_{v_i, v_j} = \begin{cases} \text{distance}, & \text{if } L_{v_i, v_j} \in L \\ -1, & \text{otherwise} \end{cases} \quad (1)$$

(2) The traffic delay penalty matrix is denoted as a 0-1 matrix $\mathcal{P} = \{P_{v_i, v_j} \mid i, j = 0, 1, \cdots, N\} \in \mathbb{R}^{N \times N}$, where P_{v_i, v_j} denotes the traffic delay on account of intersections or ramps on the links from v_i to v_j. The external traffic flow matrix is denoted as a 0-1 matrix $\mathcal{E} = \{E_{v_j, v_i} \mid i, j = 0, 1, \cdots, N\} \in \mathbb{R}^{N \times N}$, where E_{v_j, v_i} denotes the impact of traffic flows from outside the road network on the links from v_i to v_j. Here, $\mathcal{E}$ is represented as the transpose of $\mathcal{P}$.

$\mathcal{P}$ and $\mathcal{E}$ can be denoted as:

$$P_{v_i, v_j}, E_{v_j, v_i} = \begin{cases} 1, & \text{if there are any intersections} \\ & \text{or ramps on the link} \\ 0, & \text{otherwise} \end{cases} \quad (2)$$

Where $i, j = 0, 1, \cdots, N$.

(3) The traffic condition at each time step t_i, where $i = 0, 1, 2, \cdots, T$, can be denoted as a vector $\widehat{\mathcal{X}_t} = (X_{t_0}, \cdots, X_{t_T}) \in \mathbb{R}^{T \times N \times F}$ to discribe. To represent the traffic conditions at each vertex in each time step, $X_{t_i} = \{x_{t_i}^{v_j} \mid j = 0, 1, \cdots, N\} \in \mathbb{R}^{N \times F}$ is defined. For each element $x_{t_i}^{v_j} \in \mathbb{R}^F$ in set X_{t_i}, F is the number of indicators that indicate traffic condition (e.g., traffic occupancy, traffic volume, etc.).

1.2　Problem studied

For all of the vertices $\mathcal{V}$ in the directed graph $\mathcal{G}$, given the historical traffic condition in the road network of $\mathcal{P}$ time steps $\widehat{\mathcal{X}_{tp}} = (X_{t_1}, X_{t_2}, \cdots, X_{t_p}) \in \mathbb{R}^{p \times N \times F}$, the cost adjacency matrix $\mathcal{C}$, the traffic delay penalty matrix $\mathcal{P}$ and the external traffic flow matrix $\mathcal{E}$, the objective is to predict traffic volume of all vertices $\mathcal{V}$ in the next f time steps, represented as $\widehat{\mathcal{Y}_{tf}} = (Y_{t_1}, Y_{t_2}, \cdots, Y_{t_f}) \in \mathbb{R}^{f \times N}$.

2　Spatio-temporal embedded attention network

The model STEAN proposed in this paper is an encoder-decoder architecture (Figure 1), where the encoder mainly consists of several STAM blocks with residual connections (K. He et al., 2016), and the UniRepLKNet-S structure (Ding et al., 2023) with four stages of Lark blocks or Smak blocks is used in the decoder to obtain the final traffic prediction output. Throughout the encoder-decoder architecture, the input historical traffic data is processed by spatial embedding and temporal embedding. The details of the architecture are shown next.

To simplify the expression of the formulas in the following, a non-linear mapping is defined as:

$$f(x) = \text{ReLU}(\boldsymbol{\omega} x + \boldsymbol{b}) \quad (3)$$

Where $\boldsymbol{\omega}$ and $\boldsymbol{b}$ are both learnable parameters, ReLU is the activation function (Nair & Hinton, 2010) which implements a nonlinear transformation.

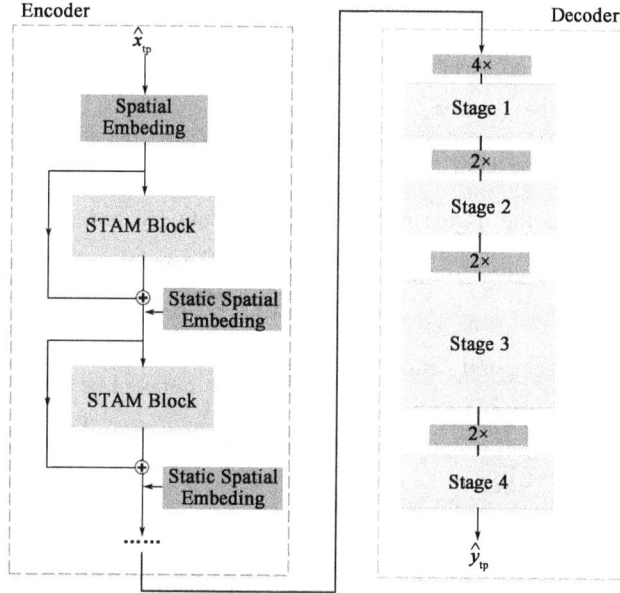

Figure 1   The architecture of Spatio-Temporal Embedded Attention Network (STEAN)

2.1   Static spatial information embedding

By calculating the distance of each L_{v_i,v_j} in road network, the cost adjacency matrix is obtained to represent the main travel cost. Considering that edges with intersections or ramps cause additional delays, which increases the travel cost on that edge, a traffic delay penalty matrix is introduced. The traffic delay information is learnt through the non-linear layer and added to the main travel cost. The static spatial dependencies are captured for information embedding by a convolutional layer. The output of static spatial information embedding is denoted as:

$$\mathrm{SE}_{\mathrm{sta}} = \mathrm{ReLU}(\, \boldsymbol{W}_c \circledast \langle f^1_{\mathrm{sta}}(\mathcal{C}) + f^2_{\mathrm{sta}}(\mathcal{P}) \rangle + \boldsymbol{b}_c\,) \tag{4}$$

Where $\mathrm{SE}_{\mathrm{sta}} \in \mathbb{R}^{N \times PF}$ is static spatial information embedding, $f^1_{\mathrm{sta}}(\,\cdot\,)$ and $f^2_{\mathrm{sta}}(\,\cdot\,)$ denote different non-linear mapping operations (Equation 3), $\boldsymbol{W}_c$ and $\boldsymbol{b}_c$ are learnable parameters, $\circledast$ represents convolution operation, and PF is hyper-parameter.

Then $\mathcal{P}$ of $\mathrm{SE}_{\mathrm{sta}}$ are concatenated into a vector $\mathrm{SE}^{\mathrm{out}}_{\mathrm{sta}} \in \mathbb{R}^{p \times N \times PF}$ as part of spatial information inputs, As illustrated in Figure 2a:

$$\mathrm{SE}^{\mathrm{out}}_{\mathrm{sta}} = (\,\mathrm{SE}_{\mathrm{sta}}, \mathrm{SE}_{\mathrm{sta}}, \cdots\,) \tag{5}$$

2.2   Dynamic spatial information embedding

The traffic information of all vertices of the road network in $\mathcal{P}$ time step $\widehat{\mathcal{X}_{t p}}$ is processed by static spatial information embedding. Considering that the road network and unidirectional traffic flow information represented by the directed graph is not comprehensive, other traffic flows converge in and out of the outside of the constructed directed graph. The traffic delay penalty matrix $\mathcal{P}$ is transposed as the external traffic flow matrix $\mathcal{E}$. The above information is fused and fed into the graph convolutional layers based on directed gragh together with the adjacency matrix to learn the dynamic spatial information at each time step. The dynamic spatial information embedding process is shown in Figure 2b.

$\mathcal{P}$ of matrix $\mathcal{E}$ are concatenated into $\mathcal{E}^{\mathrm{in}}_{\mathrm{dyn}} \in \mathbb{R}^{p \times N \times N}$:

$$\mathcal{E}^{\mathrm{in}}_{\mathrm{dyn}} = (\mathcal{E}, \mathcal{E}, \cdots) \tag{6}$$

After transforming the feature dimension of traffic condition $\widehat{\mathcal{X}_{t p}}$ from F to PF, The $\mathrm{SE}^{\mathrm{out}}_{\mathrm{sta}}$ is added to the traffic condition and fused with external traffic flow information to obtain $\mathrm{SE}^{\mathrm{in}}_{\mathrm{dyn}} \in \mathbb{R}^{p \times N \times PF}$:

$$\mathrm{SE}^{\mathrm{in}}_{\mathrm{dyn}} = f^{\mathrm{PF}}(\widehat{\mathcal{X}_{t p}}) + \mathrm{SE}^{\mathrm{out}}_{\mathrm{sta}} + f_{\mathrm{dyn}}(\mathcal{E}^{\mathrm{in}}_{\mathrm{dyn}}) \tag{7}$$

Where $f^{\mathrm{PF}}(\,\cdot\,)$ and $f_{\mathrm{dyn}}(\,\cdot\,)$ are different non-linear mapping operations (Equation 3). Then, $\mathrm{SE}^{\mathrm{in}}_{\mathrm{dyn}}$ is processing by graph convolutional layers based on directed gragh (Kipf & Welling, 2017):

$$\mathrm{SE}^{\mathrm{out}}_{\mathrm{dyn}} = \sigma[\,\widetilde{D}^{-1}\widetilde{A}\boldsymbol{W}^{(2)} \sigma(\widetilde{D}^{-1}\widetilde{A}\boldsymbol{W}^{(1)} \mathrm{SE}^{\mathrm{in}}_{\mathrm{dyn}})\,]$$
$$\in \mathbb{R}^{p \times N \times PF} \tag{8}$$

Where $W^{(2)}$ and $W^{(1)}$ are learnable parameters; σ is an activation function; $\tilde{A} \in \mathbb{R}^{N \times N}$ is adjacency matrix considering the self-connections of the vertices, which can be calculated by $\tilde{A} = A + I$ (A is adjacency matrix, I is identity matrix); and $\tilde{D} \in \mathbb{R}^{N \times N}$ is the degree matrix of $\tilde{A}$ which is defined as $\tilde{D}_{ii} = \sum_j \tilde{A}_{ij}$, i and j are index of vertices.

The inputs of the Spatio-Temporal attention memory block can be represented as $\widehat{\mathcal{X}_{tp}^{in}} \in \mathbb{R}^{p \times N \times O}$:

$$\widehat{\mathcal{X}_{tp}^{in}} = W_O \left[f^{PF}(\widehat{\mathcal{X}_{tp}}) + SE_{dyn}^{out} \right]$$
$$= (\widehat{X_{t_1}^{in}}, \widehat{X_{t_2}^{in}}, \cdots, \widehat{X_{t_p}^{in}}) \qquad (9)$$

Where W_O is learnable parameter. Figure 2c) indicates the proccess of two types of spatial information embedding.

2.3　Temporal-periodic information embedding

Due to the cyclical nature of the traffic spatio-temporal data, the temporal-periodic information embedding operation is designed to enhance the ability for model to recognise and learn the relative time at which each time step is located in the period.

Specifically, the operation transforms the time of the current time step in a day TS_{tod}, as well as the day of a week TS_{dow}, into sine and cosine functions characterising the periodic information. Here, $TS_{tod} = 1, 2, \cdots, T_{tod}$ (T_{tod} depends on the statistical period for which data on traffic conditions are collected at each monitoring point. e. g. , statistical period is 5 min, so $T_{tod} = 288$), and $TS_{dow} = 1, 2, \cdots, 7$.

The temporal-periodic information of each time step t is denoted as a vector $TE^{vect} \in \mathbb{R}^{N \times 4}$:

$$TE^{vect} = \left(\delta \left\langle \frac{TS_{tod}^t}{T_{tod}} \right\rangle_{(N)}, \vartheta \left\langle \frac{TS_{tod}^t}{T_{tod}} \right\rangle_{(N)}, \right.$$
$$\left. \delta \left\langle \frac{TS_{dow}^t}{7} \right\rangle_{(N)}, \vartheta \left\langle \frac{TS_{dow}^t}{7} \right\rangle_{(N)} \right) \qquad (10)$$

Here, $\delta \langle \cdot \rangle$ and $\vartheta \langle \cdot \rangle$ denote functions $\sin 2\pi(\cdot)$ and $\cos 2\pi(\cdot)$ respectively; (N) denotes that the dimension of each sine or cosine function is $\mathbb{R}^N$; $t = t_1, t_2, \cdots, t_p$. Then, the temporal-periodic information embedding $TE^{out} \in \mathbb{R}^{p \times N \times O}$ could be calculated as:

$$TE^{out} = \left[f_{TE}(TE^{vect_1}), f_{TE}(TE^{vect_2}), \cdots, \right.$$
$$\left. f_{TE}(TE^{vect_p}) \right] \qquad (11)$$

Where $f_{TE}(\cdot)$ is non-linear mapping operation.

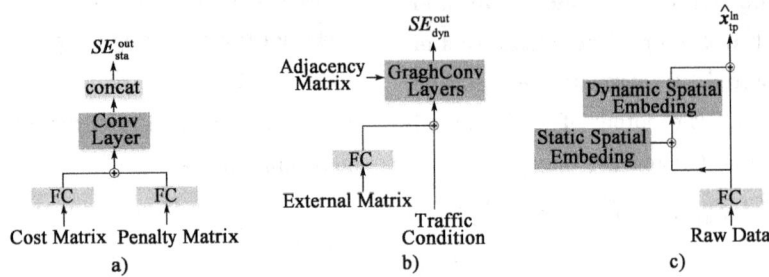

Figure 2　Spatio-Temporal Embedding

2.4　Spatio-temporal attention memory block

Here, a spatio-temporal attention mechanism based on bi-directional LSTM is devised. The previous cell state $c_{t_{c-1}}^f \in \mathbb{R}^H$ and hidden state $h_{t_{c-1}}^f \in \mathbb{R}^H$ output from the forward LSTM unit, the traffic condition data embedded with spatial information $\widehat{X_{t_c}^{in}}$ at the current time step t_c, and the time period information are input into the spatio-temporal attention unit (H is hyper-parameter). The temporal and spatial correlations between the time steps are

learnt by the unit, and the outputs of the unit are used as inputs to the forward LSTM unit of the current time step t_c (same for the backward LSTM). The forward direction and backward direction use independent spatio-temporal attention unit parameters and LSTM parameters, and propagate in two separate directions to capture spatio-temporal features in the data. As shown in Figure 3, the whole framework of Spatio-Temporal attention memory (STAM) block can be represented by the following equations:

$$\mathcal{S}_{t_c}^f = \text{sm}^{d-1}\Big[\frac{f^Q(h_{t_{c-1}}^f \oplus c_{t_{c-1}}^f)^r * f^K(\widehat{X}_{t_c}^{\text{in}} \oplus TE_{t_c}^{\text{out}})^{\text{T}}}{\sqrt{N}}\Big]$$

$$(12)$$

Where $\mathcal{S}_{t_c}^f \in \mathbb{R}^{N \times N}$ is correlation between the spatio-temporal information of the previous time step and that of the current time step in the forward direction; $f^Q(\cdot)$ and $f^K(\cdot)$ represent different non-linear mapping operations; $\oplus$ denotes the concatenation operation; " $*$ " denotes inner product of matrix; $(\cdot)^r$ denotes dimensional trans formation to feed into inner product operation; $(\cdot)^{\text{T}}$ denotes the matrix transpose operation; $TE_{t_c}^{\text{out}}$ is the t_c^{th} component of the TE^{out} vector; and N is the last dimension size of numerator, the operation $\frac{\cdot}{\sqrt{N}}$ effectively prevent numerical instability due to large dimension; $\text{sm}^{d-1}[\cdot]$ denotes a softmax function operating in the last dimension to calculate the weights of the spatio-temporal correlations.

$$\widehat{X}_{t_c}^{\text{lstm}} = [\mathcal{S}_{t_c}^f * f^V(\widehat{X}_{t_c}^{\text{in}} \oplus TE_{t_c}^{\text{out}})^{\text{T}}]^r \qquad (13)$$

$$(h_{t_c}^f, c_{t_c}^f) = \text{LSTM}_{\text{for}}(\widehat{X}_{t_c}^{\text{lstm}}, h_{t_{c-1}}^f, c_{t_{c-1}}^f) \qquad (14)$$

Where $f^V(\cdot)$ is non-linear mapping operation;

$\widehat{X}_{t_c}^{\text{lstm}} \in \mathbb{R}^{[N \cdot (KF+O)]}$ is the ouput of spatio-temporal attention unit at time step t_c, which is fed into the forward LSTM unit together with the previous cell state $c_{t_{c-1}}^f$ and hidden state $h_{t_{c-1}}^f$, to get output $h_{t_c}^f$ and $c_{t_c}^f$ (KF is hyper-parameter). Figure 4 indicate the structure of spatio-temporal attention mechanism in STAM block.

The structure in the backward direction is the same as in the forward direction. The hidden states at each time step on both directions are concatenated into vectors $H^f \in \mathbb{R}^{p \times H}$ and $H^b \in \mathbb{R}^{p \times H}$. Then, calculating the output of the STAM block through a gated fusion mechanism that controls the respective information weights of hidden states in both directions; the gate $\mathcal{D}$ is calculated by MLP:

$$H^{\text{out}} = \mathcal{D} \odot H^f + (1 - \mathcal{D}) \odot H^b \qquad (15)$$

$$D = \text{Sigmoid}[f^{hf}(H^f)W_f + f^{hb}(H^b)W_b + b_{fb}] \qquad (16)$$

Where $H^{\text{out}} \in \mathbb{R}^{\mathcal{P} \times N \times H}$ is the ouputs of the STAM block; $\odot$ denotes the element-wise multiplication of the matrix; Sigmoid $[\cdot]$ denotes the sigmoid function; $f^{hf}(\cdot)$ and $f^{hb}(\cdot)$ are different non-linear mapping operations; W_f, W_b, and b_{fb} are learnable parameters.

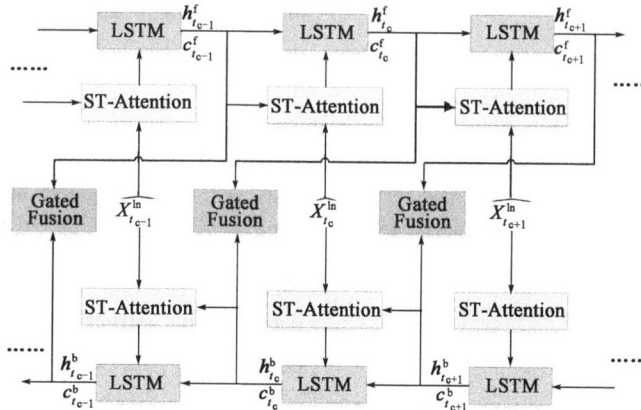

Figure 3   The framework of Spatio-Temporal Attention Memory (STAM) block

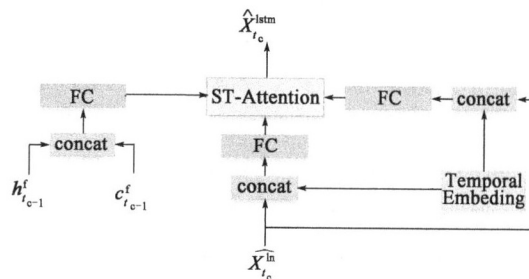

Figure 4   The spatio-temporal attention mechanism in STAM block

2.5　Encoder-decoder

A total of l STAM blocks are connected to form the Encoder of STEAN: the output of the mth STAM block $H^{(m)}$ is implemented by residual connection to prevent the vanishing gradient problem due to the network being too deep (K. He et al., 2016), where $m = 1, 2, \cdots, l$; the static spatial information is embedded again to enhance the model's ability to learn spatial information. the inputs of the $(m+1)^{th}$ STAM block $\widehat{\mathcal{X}}_{tp}^{m+1}$ can be denoted as:

$$\widehat{\mathcal{X}}_{tp}^{m+1} = W_m \widehat{\mathcal{X}}_{tp}^{m} + W_m^{SE} SE_{sta}^{out} + H^{(m)} \qquad (17)$$

Where $\widehat{\mathcal{X}}_{tp}^{m}$ and $\widehat{\mathcal{X}}_{tp}^{m+1}$ are traffic condition inputs of the mth and the $(m+1)^{th}$ STAM block respectively; W_m and W_m^{SE} are learnable parameters, which can transform the dimensions.

The UniRepLKNet-S architecture based on dilated convolution and large-kernel convolution, is used in the decoder. It is demonstrated to perform well on data of different modalities, including time series data. The output of the Encoder is fed into UniRepLKNet-S to obtain the final multistep traffic prediction output.

3　Experiments

In thisSection, the dataset used in the experiments of this paper will be described; several experiments with other models are set up to compare the performance of the models in traffic prediction; and the components of the model are split and experiments are conducted to validate the contribution of each component to the overall model.

3.1　Dataset

In these experiments, the dataset PeMS was collected by the California Department of Transportation in the United States. The Vehicle Detector Stations (VDS) in the north central district (PeMS03), the northern part of Sacramento, were selected; and the VDS that had only computed data were removed. A total of 14 VDS were selected, and Average occupancy, Total Flow, Average Speed attributes of each VDS were chosen. For these VDSs,

a total of six months of data from 1st July 2023 to 30th November 2023 were selected; 70% of this data is used as a training set, 10 % as a validation set and 20 % as a test set. Based on the adjacency of these VDS, an adjacency matrix is constructed as input. The cost adjacency matrix, the traffic delay penalty matrix, and the external traffic flow matrix are constructed by measuring the distances between the 14 VDS and checking whether there are intersections or ramps on the various road sections between them. All input data were normalised utilizing the Z-Score methodology.

3.2　Hyper-parameters

According to the previous experimental experience, the input experimental time step is selected as 12; after the experiments, PF is taken as 6 and KF is taken as 12, and a total of two STAM blocks are selected as the encoder; the hidden sizes of the first and the second layers of the encoder are 12 and 6, respectively; batch size is set as 32. The model is trained for a total of 100 epochs, using Adam as the optimizer; the learning rate is set using a segmented setting method, i. e., the initial learning rate is 0.001, which is adjusted to 0.0001 after 15 epochs and 0.00001 after 50 epochs; the drop rate is set as 0.1.

3.3　Comparison experiments

As a comparison, in this paper, we experiment with two models based on the PeMS03 dataset to validate the effectiveness of STEAN: STGCN (Yu et al., 2018), a deep learning model using only convolutional structures, constructs spatio-temporal convolution blocks to capture spatio-temporal correlations from multiple scales; DCRNN (Li et al., 2017), also a deep learning model with an encoder-decoder architecture, uses diffusion convolution structures to capture the spatio-temporal features. Both of them show superior performance on multiple traffic spatio-temporal datasets. The performances of these two models and STEAN on 15min, 30min, and 60min multistep prediction is shown in Table 1; Mean Absolute Error (MAE),

Mean Absolute Percentage Error (MAPE), and Root Mean Square Error (RMSE) are selected to evaluate their prediction performance.

From Table 1, some information can be obtained: STGCN performs the worst in the comparison of the three models, but it also presents a shorter training and inference time in the experiments; comparing the other two models, DCRNN performs the best in the 15min and 30min prediction; and STEAN shows the best performance among the three models in the 60min prediction. It can be inferred that STEAN can perform better on prediction for longer time steps.

Performance comparison of different methods   Table 1

Method	15min			30min			60min		
	MAE	RMSE	MAPE	MAE	RMSE	MAPE	MAE	RMSE	MAPE
STGCN	5.18	12.71	19.35	7.83	16.07	23.39	13.34	23.43	34.38
DCRNN	4.63	9.62	16.47	6.26	13.80	19.27	10.49	19.05	28.61
STEAN	5.67	9.85	17.40	7.34	13.44	21.91	9.82	17.57	25.83

3.4 Effect of each component

In order to prove the contribution and importance of eachcomponent of the whole model to STEAN, the whole model is split into sub-models and the experiments of 30min prediction is conducted. The results of the experiment are summarised in Table 2. As illustrated in Table 2, the Encoder only model, Decoder only model, and the model without spatio-temporal embedding are all involved in the comparison; each sub-model has its own performance in the three indexes, MAE, RMSE and MAPE, while STEAN is the best one. The encoder of STEAN extracts spatio-temporal features from the input data; the decoder converts these features into the original data form, and generates multistep traffic prediction; the spatio-temporal embeddings effectively capture the correlation between time and space to enable STEAN to better handle spatio-temporal data. The results are sufficient to prove the value of each component of STEAN to the whole model.

Performance comparison of each components

           Table 2

Model	MAE	RMSE	MAPE
Encoder Only	13.11	21.79	25.61
Decoder Only	9.68	17.20	27.08
Without Embedding	8.61	15.84	22.94
Encoder-Decoder	**7.37**	**13.44**	**21.91**

4 Conclusions

In this paper, a Spatio-Temporal Embedded Attention Network based on unidirectional traffic flow and directed graph is proposed to solve the short-term multistep traffic flow prediction problem with incomplete traffic data on the road network. Specifically, three spatio-temporal information embedding methods in this method allow the model to obtain more spatio-temporal information to improve the prediction performance; and the designed spatio-temporal attention memory block with Temporal-periodic information embedding can capture the spatio-temporal correlation of the data. Validated on a real dataset, STEAN outperforms the comparison methods at longer prediction steps. In the future, we will try to use the method to solve the problem of spatio-temporal data prediction in other fields.

References

[1] PAN T L, SUMALEE A, ZHONG R X, et al. Short-Term traffic state prediction based on temporal-spatial correlation[J]. IEEE Transactions on Intelligent Transportation Systems, 2013, 14(3): 1242-1254.

[2] LIU Y, LIU Z, VU H L, et al. A spatio-temporal ensemble method for large-scale traffic state prediction [J]. Computer-Aided Civil and Infrastructure Engineering, 2020, 35(1): 26-44.

[3] ZHANG J, ZHENG Y, QI D, et al. DNN-based prediction model for spatio-temporal data [C]//Proceedings of the 24th ACM SIGSPATIAL International Conference on Advances in Geographic Information Systems. New York: Association for

Computing Machinery, 2016: 1-4.

[4] ZHANG W, YU Y, QI Y, et al. Short-term traffic flow prediction based on spatio-temporal analysis and CNN deep learning [J]. Transportmetrica A: Transport Science, 2019, 15(2): 1688-1711.

[5] HE Z, CHOW C Y, ZHANG J D. STNN: A spatio-temporal neural network for traffic predictions [J]. IEEE Transactions on Intelligent Transportation Systems, 2021, 22(12): 7642-7651.

[6] ZANG D, LING J, WEI Z, et al. Long-term traffic speed prediction based on multiscale spatio-temporal feature learning network [J]. IEEE Transactions on Intelligent Transportation Systems, 2019, 20(10): 3700-3709.

[7] JIANG R, WANG Z, YONG J, et al. Spatio-temporal meta-graph learning for traffic forecasting [J]. Proceedings of the AAAI Conference on Artificial Intelligence, 2023, 37 (7): 8078-8086.

[8] TA X, LIU Z, HU X, et al. Adaptive spatio-temporal graph neural network for traffic forecasting [J]. Knowledge-Based Systems, 2022, 242: 108199.

[9] YU B, YIN H, ZHU Z. Spatio-temporal graph convolutional networks: a deep learning framework for traffic forecasting [C] // Proceedings of the Twenty-Seventh International Joint Conference on Artificial Intelligence. Vienna: International Joint Conference on Artificial Intelligence, 2018: 3634-3640.

[10] FENG S, WEI S, ZHANG J, et al. A macro-micro spatio-temporal neural network for traffic prediction [J]. Transportation Research Part C: Emerging Technologies, 2023, 156: 104331.

[11] GUO S, LIN Y, FENG N, et al. Attention based spatial-temporal graph convolutional networks for traffic flow forecasting [J]. Proceedings of the AAAI Conference on Artificial Intelligence, 2019, 33(01): 922-929.

[12] ZHENG C, FAN X, WANG C, et al. GMAN: a graph multi-attention network for traffic prediction [J]. Proceedings of the AAAI Conference on Artificial Intelligence, 2020, 34(01): 1234-1241.

[13] HE K, ZHANG X, REN S, et al. Deep residual learning for image recognition [C] // Proceedings of the IEEE Conference on Computer Vision and Pattern Recognition. New York: IEEE, 2016: 770-778.

[14] DING X, ZHANG Y, GE Y, et al. UniRepLKNet: A Universal perception large-kernel convnet for audio, video, point cloud, time-series and image recognition [M]. arXiv, 2023.

[15] NAIR V, HINTON G E. Rectified linear units improve restricted boltzmann machines [J].

[16] KIPF T N, WELLING M. Semi-supervised classification with graph convolutional networks [M]. arXiv, 2017.

[17] LI Y, YU R, SHAHABI C, et al. Diffusion convolutional recurrent neural network: data-driven traffic forecasting [EB/OL] // arXiv. org. (2017-07-06) [2024-02-18]. https://arxiv. dosf. top/abs/1707. 01926v3.